JN028194

見やすい

カタカナ新語辞典

三省堂編修所… [編]

三省堂

本書に関するご意見・ご要望などは以下のウェブサイトからお送りください。

https://dictionary.sanseido-publ.co.jp/form/dict/

郵送の場合は下記宛て先にお願いいたします。

〒102-8371 東京都千代田区麴町 5-7-2
株式会社 三省堂 辞書出版部「見やすいカタカナ新語辞典」編集部

本辞典は、登録商標・商号・商品名等の収録に際し、慎重を期し、語釈文中に商標名であることを記しましたが、一部に調査漏れや表示について不備があるかもしれません。しかし、本辞典では、記述の有無ならびに見出し語の表記について、当該見出し語の商標・商号・商品名としての法的権利関係について、何らかの判断を示したり、法的影響を与えるような意図はまったくないことを、あらかじめお断わりいたします。

[原稿執筆・校閲]　もり・ひろし　三省堂編修所
[装丁]　三省堂デザイン室

目　次

「よくわかる意味と使い方」

はじめに

5版刊行にあたって

私たちの社会や生活に変化が生じるとき、またそれに応じて新しい言葉や意味(新語義・新用法)が生まれます。そして現在にあっては、そのほとんどがカタカナで表記される語として現れてきます。

特に、この数年はコロナ禍という未曽有の事態に関連して、多くの新語が出現しました。コロナ禍のみならず、格段に進歩したAIなど、情報通信技術(ICT)の飛躍的な拡大、国際情勢の不安定化と「グローバルサウス」の影響力の増大、また深刻さを増す気候変動への対処の一環としての「グリーントランスメーション(GX)」等々。「オンライン」「リモート」など、従来よく見聞きしていた語も、「オンライン飲み会」「リモート授業」など、新たな使い方が定着しています。

今回の改訂でもまた多くの新語を追加し、削除した語と差し引きで前版より700語増の総項目数約14,500を収録、また、新しい試みとして、巻頭に置いた「ここ最近のトピック別新語例」では、今回の版で追加した語のいくつかをトピック別に例示しました。この索引を眺めると、この数年の時代のありようそのものが見えてくるように感じられないでしょうか。今回も全面的にご協力いただいた、もり・ひろし氏の巻頭コラム「ここ最近のカタカナ語事情」と合わせて読むことで、カタカナ語が表象する今の社会・世界、そして時代そのものの姿が理解できると思います。それぞれのカタカナ語を深く掘り下げる「よくわかる意味と使い方」にも「エンゲージメント」「フィジカル」の2語を追加いたしました。

本書が読者の方々のカタカナ語の理解の助けとなることを願ってやみません。

2023年7月
三省堂編修所

刊行の辞(初版「はじめに」)

日本語の文字の歴史にあって、外国からの新知識を取り入れ、また観念的な思考を表現する道具の役割は、そのはじまりの時から長きにわたって、漢字が担ってきました。

近世以降、西洋からの文化と知識の移入が続きますが、それらの知識・概念は漢字語への翻訳によって定着して行きました。明治になっても翻訳の営為は続き、漢字は日本語における文字の主役としての役割を果たし続けました。

しかしながら、近年では、情報量の増大や流通の加速から、外来の知識・概念をいち早く取り入れるために、カタカナが盛んに使用されるようになりました。

また一方で、昨今、外来語に限らず、従来漢字で書かれていた語も、カタカナで表記されることが多くなり、賛否両論あるものの、日本語表現の幅は大きく広がっているように見えます。

私たちはまさに膨大な「カタカナ語」の中で日々の生活を送っていると言っても過言ではないでしょう。

新しく取り入れられ、流通する知識や概念が、カタカナ語として現われてくるということは、漢字と並んでカタカナがその存在感をいっそう増しているということだと思えます。

そういう意味では、現代のカタカナ語辞典は、最も敏感に最新の知識に向き合う新知識辞典であり、日々生み出される時事用語・流行語辞典であるべきでしょう。

その一方で、カタカナ語の氾濫が、情報の円滑な流通を妨げているという批判もあります。2006 年の国立国語研究所「外来語」委員会による『「外来語」言い換え提案』は、増大し流通するカタカナ語が適切に説明されなければならない、という世の中の切実な要求を反映していると思います。

本書では、見やすい大きな文字で、最新の情報を含むカタカナ語を約 1 万 3,000 語収録し、どなたでもカタカナ語の適切な理解に至れるように意を尽くしました。

本書が読者の皆様のお役に立てることを願ってやみません。

2014 年 8 月
三省堂編修所

ここ最近のカタカナ語事情

もり・ひろし

●変異株で知るギリシャ文字

2020 年(令和 2)、WHO(世界保健機関)は新型コロナウイルス感染症 COVID-19 のパンデミックを宣言。本書はその渦中にあった 2021 年に第 4 版を、宣言から 3 年あまり経った 2023 年にこの度の第 5 版を刊行することになりました。

このうち第 4 版では、感染集団を意味するクラスターや、感染防止の手法であるソーシャルディスタンスなど、当時急速に話題になった言葉を取り上げています。しかし残念なことにパンデミックは長期化。今回第 5 版でも引き続きコロナ関連の医療用語を取り上げることになりました。例えば 2 回目のワクチン接種のあとに感染してしまうブレークスルー感染、3 回目以降のワクチンを追加接種するブースター接種、新型コロナ感染症の後遺症を意味するロングコビッド、インフルエンザとの同時感染を意味するフルロナなどの言葉を取り上げています。ギリシャ文字による変異株の命名も注目されました。前版の刊行時にはアルファ(α)株、ベータ(β)株、ガンマ(γ)株、デルタ(δ)株が話題でしたが、このたび第 5 版の編集時にはオミクロン(o)株が話題でした。

●遠隔と対面のハイブリッド

コロナ禍の長期化は、働き方にも大きな影響を与えました。パンデミックの当初こそリモートワークなどの「職場に出向かない働き方」が注目されましたが、コロナ禍の長期化に伴い「リモートと職場勤務を混ぜた働き方」も注目されるようになりました。その好例がハイブリッドワークという言葉。これはリモートワークとオフィスワークを適宜使い分ける働き方を意味します。ここでまず注目したいのはオフィスワークという言葉。従来は比喩的に「事務仕事」を意味する言葉でしたが、ここ最近では「物理的に事務所に行って行う仕事」も表すようになっています。もうひとつ注目したいのはハイブリッドワークに登場するハイブリッド(混合・混成)という言葉。例えばハイブリッドエンジンの場合、エンジンとモーターの混成を意味します。いっぽうハイブリッドワークの場合は、オンラインとオフラインの混成を意味するわけです。ほかにもハイブリッド開催やハイブリッドイベントなどの言葉でも登場、いずれも遠隔と対面の両方で、イベントや会議などを開く方式を意味します。これもコロナ禍の長期化がもたらした言葉の変化の一つです。

●長引くコロナ禍が生んだ新ビジネス

ハイブリッド化で対面での働き方も復活したとはいえ、引き続きリモートに対するニーズも残っています。この状況は、様々な業界において新種の概念を生み出しました。例えばコンピューターセキュリティーの業界では、ゼロトラスト(直訳で「信頼なし」の意)と呼ばれる概念が急速に普及しています。これはネット内外を隔てる壁でセキュリティー的な防御を行うのではなく、すべての通信を信頼の置けないものとして確認を行う方式を意味します。リモートワークの普及によって社外で仕事をする人が増えたために、このような概念も広まりました。いっぽう映画やドラマなどの映像製作の業界では、バーチャルプロダクションと呼ばれる新しい制作技術が急速に普及しています。これはおおまかに言えば、巨大なLEDディスプレーに背景を映し出して、その前で俳優が演技する撮影方法のこと。コロナ禍により海外などでのロケーション撮影が難しくなったため、この技術が注目されるようになりました。このほかリモート化の進んだ生活様式を背景として小売業界で勃興したクイックコマース(注文後数十分で日用品・食料品などが届く仕組み)などもあります。

●娯楽のトレンドも「非接触」に

コロナ禍は、仕事のみならず消費の姿も大きく変えました。ほかの人に近づかない「非接触」を志向するあらゆる娯楽が好まれるようになったのです。その傾向は家の「中と外」の両方で現れています。このうち家の「中」では、コロナ禍の初期からビデオチャットなどを通じて楽しむオンライン飲み会が流行。また自宅での娯楽として動画配信サービスも人気となり、それに伴い、ストリーミングデバイス(テレビに接続して動画配信やゲームなどの機能を加える機器)やコネクテッドティービー(ネット接続可能なテレビ)などへの注目度も高まりました。いっぽう家の「外」では、利用者どうしが対面せずにすむサービスが人気です。コロナ禍以前よりブームが起こっていたサウナの分野では、数人程度の人数で楽しめる個室型のサウナであるプライベートサウナの業態が登場。また宿泊分野では、ホテルへの宿泊でバカンス気分を楽しむ韓国発祥の概念、ホカンスが人気となりました。逆にコロナ禍で大きく逆風を受けたのが、営業自粛要請の影響を受けた飲食・酒販の業界です。その影響でノンアルコール飲料に注目が集まることに。アルコールを含まないカクテルを意味するモクテルなども注目されました。

●キエフがキーウに変わった

2022 年 2 月 24 日、ロシアがウクライナへの侵攻を開始。残念ながら、本コラムの執筆時点でいまだ紛争が継続中です。国際社会では西側諸国を中心としてロシアを非難する声が高まりました。関連していくつかの注目語も登場。対露経済制裁の話題で注目された SWIFT(国際的な決済システム)のほか、ロシア国内の反体制派が好んで使用したテレグラム(秘匿性の高い SNS)も話題になりました。

ところで言葉の観点からは、日本政府やマスコミを中心に行われた、ウクライナの首都名のキエフからキーウへの変更も注目されます。ちなみにキエフの表記・発音はロシア語由来である一方、キーウはウクライナ語由来。つまりこの動きは「呼称の変更によるウクライナへの連帯」を意味することになります。このような変更はチェルノブイリ→チョルノービリなど他の地名にも及びました。言葉の観点でのもうひとつの注目点は、親ロシア地域で「Z」が流行したことでしょう。この文字がロシア支持の象徴として広まったのです。由来は諸説ありますが、同国の戦車に記された識別記号を由来とする説がよく知られます。なおロシア語で用いるキリル文字に、Z の文字は存在しません。

●プライム・スタンダード・グロースなどの新制度・新組織

前版からの 2 年で新制度や新組織が続々と登場したので駆け足で紹介します。2021 年(令和 3)に本格運用を開始したマイナ保険証(マイナンバーカードを健康保険証として利用できる仕組み)では、医療機関におけるシステム導入の原則義務化が 2023 年 4 月に始まっています。また使用者が労働者に給与を支払う際にキャッシュレス決済業者でも支払可能とする制度であるデジタル給与についても、同月、決済業者からの申請受付が始まりました。東京証券取引所は2022年4月に市場を再編。従来の一部・二部・ジャスダック・マザーズに代えて、プライム・スタンダード・グロースの3市場を開設しました。これに伴いTOPIX(東証株価指数)の銘柄選定方法にも変更がありました。

2023年4月には、内閣府の新しい外局として「こども家庭庁」が発足。CDR(子供の死因究明)や日本版DBS(性犯罪履歴の管理組織)など政策の検討も進んでいます。

学術分野では2022年に31年ぶりに新しいSI接頭語が登場。クエタ(10の30乗)、ロナ(10の27乗)、ロント(10の−27乗)、クエクト(10の−30乗)が加わりました。

●どうなるキラキラネーム？

2023年(令和5)3月7日、戸籍法の改正案が閣議決定されました。国会で成立すれば、24年に施行される見通しです。この改正案の柱は、戸籍の記載事項に「氏名の読み仮名(カタカナ)」を導入すること。実は出生届の「よみかた」は住民基本台帳に記入されるものの、戸籍には記入されていませんでした。この話題に関連して世間の関心事は「今後生まれる子供の名前について、どこまでを読みとして登録可能とするのか？」という問題。平たくいえば「キラキラネームはアリなのか？」という問題です。法務省法制審議会の要綱案(2023年2月2日)では「一般に認められているもの」という趣旨の規定を設けるとしています。この規定について同審議会では①名乗り訓(隼人＝ハヤト)、②読みの一部利用(心＝ココ)、③外国語の引用(海＝マリン)、④意味の類推(星＝ヒカル)、⑤意味が正反対(高＝ヒクシ)、⑥間違い・不明・連想できない(太郎＝ジロウ・ジョージ)といった事例が議論されました(参考:NHK解説委員室)。執筆時現在では⑤⑥が認められない見通しとされており、今後法務省では通達を通じて指針を示す見込みです。

●テックとスマート

近年の情報通信技術(ICT)における流行の語といえば「テック」と「スマート」ではないでしょうか。テックは技術(テクノロジー)を表す言葉。本書では第4版までにフィンテック(金融系IT技術やそのサービス)などの言葉を取り上げましたが、本版第5版でもスポーツテック(スポーツに応用したIT技術やそのサービス)などの新語を取り上げています。なおビッグテック(大手IT企業)のように、「テック＝IT企業」という意味を持った言葉もあります。もうひとつの語は「スマート」。この場合のスマートは、情報通信技術によって高度化されていることを意味します。おなじみのスマートフォン(高機能携帯電話)が代表例でしょう。本版でもスマートディスプレー(画面付きのAIスピーカー)、スマートロック(スマホなどで施錠や解錠を行う装置)などの新語を取り上げています。また以上に比べると新鮮味には欠けますが「デジタル」も引き続き人気の語です。本版ではデジタルワークプレース(場所やデバイスを問わずに仕事できる環境)やデジタル給与(キャッシュレス決済口座への給与入金)などの新語を取り上げました。

●急速に盛り上がるAI技術

ここ最近の情報通信技術(ICT)分野で勢いのある流行概念が三つあります。メタバースとWeb3(ウェブスリー)とAI(人工知能)です。メタバースはアバター(化身)を通じてアクセスできる仮想空間のこと。近年VR(仮想現実)技術が発達したことから再注目されました。メタ(旧フェイスブック)のように社名を変更してまでも同分野への投資を進めた会社もありますが、将来性はいまだ不透明です。Web3は、仮想通貨で利用されるブロックチェーン(分散型公開台帳)技術を基盤とするウェブ環境のこと。中央集権的なウェブ環境からの転換を志向する概念です。こちらも将来性は不透明なのですが、スマートコントラクト(契約履行の自動化)などの重要概念もいくつか登場しています。いっぽう本稿執筆時にもっとも勢いがあるのがAIの分野。2022年ごろからプロンプト(文章による命令)を入力することで画像や文章を出力できる「生成AI」が一般にも公開され、その可能性に注目が集まっています。この技術は知的労働の広範な分野に影響を与えうるもの。近年注目されているリスキリング(職業的な学び直し)も、AIなどによる産業構造の転換を意識した概念とされます。

●無色無臭の水素にも「色」がある

色には想起されるイメージがあるものです。例えばブラック企業における「ブラック」には悪のイメージがあります。それと同様、グリーン電力(再エネ由来の電力)における「グリーン」には環境配慮のイメージがあるわけです。本版で取り上げた新語の中ではグリーントランスフォーメーション(脱炭素化による社会変革)やグリーンテック(環境技術)がこれに相当します。なかでも特に個性的な言葉がグリーン水素。水素社会(水素をエネルギー利用の基盤に置いた社会)の鍵となる水素について、色分けをして区別をしているのです。具体的にはグリーン水素が「再生可能エネルギーを用いて生成した水素」、ブルー水素が「生成過程で排出した二酸化炭素を回収・貯留した水素」、グレー水素が「排出した二酸化炭素を大気に放出する水素」と区別します。つまりここでの色のイメージは、二酸化炭素の扱いによって異なるのです。またこの応用として、アンモニアやメタノールを二酸化炭素の扱いで呼び分ける動きもあります。この分野における色とイメージの関係性には引き続き注目すべきでしょう。これは昨今話題になっているグリーンウオッシュ(見せかけの環境対策)の問題にも繋がる観点です。

●国体は国スポへ

スポーツ分野の注目語も駆け足で紹介します。毎年開催される「国民体育大会」の名称は、2024年(令和6)の佐賀県大会から「国民スポーツ大会」に変わる予定です(改正スポーツ基本法に基づく)。略称も「国体」から「国スポ」に代わります。ラグビーではジャパンラグビートップリーグを再編して、2022年からジャパンラグビーリーグワンが始まりました。2024年にパリ(フランス)で開催予定の夏季オリンピックではブレイキンと呼ばれる新競技が注目されています。これはいわゆるブレークダンスのこと。五輪では1対1のバトル形式でパフォーマンスの優劣を競います。スポーツクライミング競技では、これまでボルダリングと呼ばれていた種目がボルダーに代わります(日本山岳・スポーツクライミング協会が国際標準に合わせて2023年に変更)。またボート競技もローイング競技に変更となります(2023年、日本ボート協会が日本ローイング協会へ改称)。2026年にミラノ・コルティナダンペッツォ(イタリア)で開催予定の冬季オリンピックでは、スキー競技に新たにスキーモ(山岳スキー)と呼ばれる新種目も登場します。

●美容・ファッションのシェア感覚

ファッション・美容分野では共有感覚を持つ新語に存在感があります。例えば「ペアルックほどではないが似た雰囲気の服を着こなすスタイル」のシミラールックやリンクコーデといった語。また、化粧品の分野では恋人・家族などで同じ化粧品を共有するシェアコスメも注目されています。二十歳の集い(成人式)に参加する女性が母親の振袖を着るママ振袖も、昨今の厳しい経済事情を背景としつつ、母親との思い出の共有も志向しています。ネットでとりわけ近年注目されているのは、ワンホン(網紅)と呼ばれる中国のインフルエンサーたち。日本の女性の間では、特に美容系のインフルエンサーが注目されています。純欲メイク(純欲は中国語の新語で「純粋無垢ながら色気がある」こと)や白湯(さゆ)メイク(透明感のあるメイク)など、ワンホンが発信するトレンドも増えました。また動画の分野では、GRWM(get ready with me)と名付けられたハッシュタグが世界的に流行。これは化粧や身支度など、外出前の準備の様子を収めた動画を意味します。コロナ禍からの回復基調が加速すれば、この分野の新語はもっと増えそうです。

●アイドルの言葉をアップデート

アイドルの用語もずいぶん様変わりしました。グループの呼称、交流会の呼称、ファンの呼称が変化しているのです。グループの呼称として注目したいのがボーイズグループやガールズグループ。近年K-POPを中心に歌とダンスの両方に力を入れるアイドルグループが増えており、おおまかにはそのようなグループがこう呼ばれています。これらは使用機会が増えている割に、新語であることが気づかれにくい言葉ではないでしょうか。交流会の呼称としては、従来のファンミーティングに加えてミーグリという言葉も聞かれるようになりました。これは英語のmeet & greetを略した表現。直訳では「面会と挨拶」となりますが、実際は交流会を意味します。そしてファンの呼称として、近年ではファンネームという言葉も広まりました。これは特定アーティストのファンを総称する言葉。古くはビートルズのビートルマニア、近年ではBTSのアーミーがこれに相当します。近年ではボーイズグループがデビューする際に、ファンとメンバーが一緒になってファンネームを考える企画もよく見られます。

●ゲームの言葉が一般の言葉になった

1978年にインベーダーゲームが流行して40年以上。もはやゲームは文化として根付いています。そして日本語の観点でもその影響力は甚大です。例えばRPG用語として登場したことから「経験値」に新しい意味が加わった現象もそのひとつでしょう。かつて経験値とは、例えば「土曜の客入りは経験値で50％」のように「経験で把握した値」を意味する言葉でした。しかし、今では例えば「経験値の高い人を採用する」のように「経験の度合い」の意味で使う場合がほとんどです。この「経験値」のように、ゲーム用語をゲーム以外の場面で使う例は少なくありません。「プレゼンで突破すべきラスボス(最後の大物)は社長だ」などの言い方も聞きます。本版で取り上げたバグる、エンカウントも、そういった言葉の仲間だといえます。このうち「バグる」は、本来、「ソフトウエアの動作が不具合を起こす」という意味。しかしゲーム以外の場面でも「睡眠不足で脳がバグる」のように使うようになっています。つまり、何かが「期待される働きをしない」ことを意味するのです。また、エンカウントも、本来は「RPGで敵に遭遇すること」を意味しますが、ゲーム以外の場面でも「駅前で先輩とエンカウントした」などのように使われます。

●言葉は社会を映す鏡

言葉は社会を映す鏡です。2020年(令和2)に起こったマリトッツォの流行以後、流行を紹介するメディアではカッサータ、ズコット、ボンボローニといった菓子の名前も目にするようになりました。それらの多くがイタリア語であることに気づくと、イタリア発祥の菓子で二匹目のドジョウを狙おうとする菓子業界やメディアの思惑も見えてきます。ドラマや漫画の題名でPICU(小児集中治療室)やホス狂い(ホストに入れ込む人)などの言葉を目にした時は、製作者が作品を通して伝えたい社会の実体が見えてくることでしょう。――それぞれの言葉にはそれぞれの背景があるもの。本書では「社会の鏡となりうる言葉」を丁寧に取り上げたつもりです。ページをめくって出会った(「エンカウント」した)言葉から、その社会的背景に思いを巡らせていただけると幸いです。

ここ最近のトピック別新語例

●コロナ後の社会

●国際政治・国際社会

●経済・経営・ビジネス

●金融・決済

●マーケティング・広告・小売

●テクノロジー・開発

●情報通信技術（ICT）

●労働環境

●医療・福祉

●環境・社会・人権

●社会問題・犯罪

●教育・学問

●俗語・若者文化

●食文化

●スポーツ・運動

●美容・ファッション

●エンタメ・サブカルチャー

●ライフスタイル・趣味

凡　例

収録項目

『大辞林 第四版』(松村明・三省堂編修所編 2019 年)のカタカナ語をもとに、新たに採取した近年の語も加えて再編集し、日常使われるものから、この数年であらたに見聞きされるようになった最新のカタカナ語まで約 1 万 4,500 語のカタカナ語を収録した。外来語ではないが、よくカタカナ語で書かれる、いわゆる流行語・俗語・若者言葉の類も一部収録した。また、限られたスペースに収めるために人名・地名・作品名などの固有名詞の類は基本的に載せなかった。その他にも、動植物名や意味の自明である事物などは、多く割愛した。

見出し語と配列

見出し語は、その語の表記をカタカナの太字体活字を使用して示し、五十音順に配列した。

(長音)　配列上、長音記号「ー」は直前の仮名が含む母音に対応する仮名と同じ扱いとした。たとえば、**キーワード**は**キウイ**の前に並べてある。

(清濁等)　清音・濁音・半濁音の順に配列した。したがって**ハリ**、**バリ**、**パリ**の順となる。

(原綴)　カタカナでは同一の表記になるが、原語の異なるものは、別見出しとし、アルファベット順に配列した。**バス**【bass】　**バス**【bath】　**バス**【bus】の順となる。

(構成素の区切り)　原語が 2 つ以上の単語からなる複合語の場合、その語を構成している単語の区切りを、スペースを入れて示した。ただし原語がひとつづりのときは原則としてスペースを入れない(ひとつづりではあっても、構成要素のカタカナ語としての独立性が高いものはスペースを入れたものもある)。

アート ディレクター【art director】　**アウトプット**【output】
アーム バンド【armband】

ただし、カタカナ以外の語との複合語の場合は、その間には区切りを示さない。

アクリル樹脂　　**アボガドロ定数**

（アルファベットおよび数字・記号）　「ABS」「JIS マーク」「SSL」「Z 世代」などアルファベットおよび数字で始まる語は巻末の「A ～ Z」にまとめた。

新語

最近約 10 年ほどの間に、新しく使われるようになった語、また、その間に何らか話題になった語などには **新** のレーベルを表示して、区別した。

表記法

（原則）　原則として、1991 年[平成 3]の「外来語の表記」の内閣告示によった。現実に行われている有力な別表記も、とくにそれが離れた位置に配列される場合は、見出しとして収録した。

（二重母音・拗促音など）　原音が二重母音である場合、カタカナ表記で、長音にするか、母音 2 つをもってするかは、現実の使用度を考慮して決定した。

メイン【main】
メーン【main】

のように決定しかねる場合は、できるだけ両形を示して、どちらからでも検索できるように心がけた。促音「ッ」の挿入についても同様である。

-di-、-ti- などに - ディ -、- ティ - を当てるか、- ジ -、- チ - を当てるかは、現実の使用実態を考慮して決定した。いずれか一方に決めかねるものは、できるだけ両形から検索できるようにした。

「ヴ」の表記は行わず、「ヴァ」「ヴィ」「ヴ」「ヴェ」「ヴォ」で書かれることがあるものは、それぞれ「バ」「ビ」「ブ」「ベ」「ボ」で表記した。

原語

（元の綴り）　見出し語の原語は直後の【　】に示した。定着した語形が元の綴りと大きく異なる場合は、解説文の冒頭に(　)に入れて示したものもある。

（原語名表示）　原語が英語(アメリカ英語を含む)と固有名詞の場合は、原語名の表示を省略した。ただし、疑問のおきそうな場合には、英(英語)などと表示した。

（ラテン文字以外の原語）　ロシア語、ギリシャ語などの場合は、ローマナイズして示した。

イクラ【ロシア ikra】　　**ユリイカ**【ギリシャ heurēka】

（中国語など）　中国語など漢字で表記されるものは、その漢字を示した。

シャンツァイ【香菜】　　**チャーハン**【炒飯】

（和製語）　日本で独自に作られた、いわゆる和製英語・和製洋語は、次のように示してある。

タータン チェック【和製 tartan ＋ check】

アーモンド プードル【和製 英 almond ＋フランス pudre】

ただし、原語の綴りや発音を一部省略した語形で定着し通用している語には、特に和製とは示さないものもある。

解説文

解説文中のカタカナ語の構成素の区切りは - で示した。

データ-ファイル　ライム-ジュース

外国人名の名と姓の区切りは = を用いた。

ブリヤ=サバラン　コナン=ドイル

化学式・数式・単位・記号等は末尾にスペースを置いて、後続の文との区切りとした。

…記号 g　CGS 単位系の質量の基本単位。

語を列挙する際には基本的に・を区切りとした。

航空機・船舶・自動車　ハード-パワー・ソフト-パワー

「外来語」言い換え提案

国立国語研究所「外来語」委員会による『「外来語」言い換え提案』(2006年[平成18])に掲出されている176語については、その言い換え語を 案 を付して解説文末尾に示した。

「アップデート」

最近約10年ほどの間に、大きな話題となった語や関連する話題があった語について、解説文の末尾に アップデート 欄を設け、その内容を簡潔に記した。

「よくわかる意味と使い方」

よく見聞きし、使われているが、新たな意味・用法が生じていたり、多くの分野で使われたりしていて、その意味・用法のわかりにくいと思われるカタカナ語を詳しく解説する、三省堂辞書サイトの人気コラム「10分でわかるカタカナ語」から、とくにアクセスの多い42語を選び、再編集したもの、および新たに書きおろしたもの10語を加え、その見出し語の近くに置いた。その語が使われるようになった経緯や使い方なども合わせて、わかりやすく解説した。

※三省堂辞書サイト　https://dictionary.sanseido-publ.co.jp/

種々の記号

新 は最近約10年の間の新語や話題になった語に付した。

案 は、国立国語研究所「外来語」委員会による『「外来語」言い換え提案』(2006年[平成18])に掲出されている言い換え語に付した。

① ... ② ... は同じ見出し語に二つ以上の語義がある場合の区分である。

⇨は「次の見出し語を見よ」の意味で用いた。⇨の次がアルファベットまたは数字で始まる語の場合は巻末のABC略語を参照していただきたい。

→は「次の見出し語を参照せよ」の意味で用いた。

「　」で見出し語の使用例を示した。その中の ― は見出し語に相当する部分として用いた。

▷以下は、その見出し語またはその語義に関する補足説明。

アップデート は、その項目に関連する情報を紹介する欄に付した。最近約10年の間に話題になった事柄を取り上げている。

ア

アーカイバー【archiver】データ-ファイルの管理保存のためのコンピューター-ソフトウエア。特に、大きなファイルを圧縮するためのソフトウエアをいうことが多い。

アーカイブ【archive】▷古文書、公文書館の意。①大規模な記録や資料のコレクション。デジタル-データ化しての保存と世界的な相互利用が図られている。②デジタル化されたデータを圧縮する技術や方法。より少ない情報量でデータの転送・保存を行うことができる。③ライブ配信映像の録画。「―視聴」㊟保存記録／記録保存館

アーガイル【argyle】２色以上の菱形の格子の上に斜め格子を重ねた(編物の)柄。アーガイル-チェック。▷スコットランドの地名から。

アーキテクチャー【architecture】①建築。建築学。建築様式。②構造。構成。組織。③コンピューターを機能面から見たときの構成方式。記憶装置のアドレス方式、入出力装置の構成方式などをさす。

アーキテクト【architect】建築家。建築士。設計者。計画立案者。製作者。

アーク【arc】アーク放電の際、両極間に発生する光の弧。

アーケード【arcade】①連続したアーチを列柱で支える構造物。また、列柱に囲まれ、アーチ形の天井をもった空間。②商店街などの通路上部に、屋根をつけた施設。③⇨アーケード-ゲーム

アーケード ゲーム【arcade game】ゲーム-センターなどに設置されているゲーム機の総称。テレビ-ゲーム・ピンボール・クレーン-ゲーム・メダル-ゲームなど。業務用ゲーム。

アーシー【earthy】㊗新 泥臭い。土の匂いがするような。骨太の。

アース【earth】電気機器と地面とを銅線などの導体でつなぐこと。また、その導体。機器の電位が異常に上昇することを防いだり、雑音を低減したりする。接地。▷地球・大地の意。

アース カラー【earth color】褐色などの、大地を思わせる色。

アーチ【arch】①弓形に積み上げた石や煉瓦(れんが)などによって上部の荷重を支える構造。窓・門・橋桁(はしげた)などにみられる。②祝賀会・運動会などで仮設される門。上部を弓形にし、常緑樹の葉

でおおう。③円弧。弓形。④野球で、ホーム-ラン。

アーチェリー【archery】①西洋式の弓術。また、それに用いる弓。洋弓。②洋弓を用いるスポーツ。標的をねらい射って、得点を争う。ターゲット競技やフィールド競技などの種目がある。

アーティキュレーション【articulation】①発音の明瞭度。歯切れ。②音楽の演奏において、各音の切り方、あるいは次の音との続け方のこと。演奏上、フレーズ内部の分節を明確にする表現手段として重要。レガート・テヌート・スタッカートなど。

アーティクル【article】①新聞や雑誌の記事・論説。②法令や契約の条項。

アーティスティック【artistic】芸術的なさま。優雅なさま。趣のあること。

アーティスティック スイミング【artistic swimming】新 音楽に合わせて水中でさまざまな演技を行い、その美しさや技術を競う競技。ソロ(一人)・デュエット(二人)・チーム(団体)などの種目がある。旧称、シンクロナイズド-スイミング(シンクロ)。2017年より国際水泳連盟(FINA)が現名称に変更。AS。

アーティスト【artist】芸術家。特に、美術家・演奏家をいうことが多い。▷アーチストとも。

アーティチョーク【artichoke】キク科の多年草。地中海沿岸原産。夏、アザミに似た大きな紫色の頭花をつける。若い花の花托(かたく)と萼(がく)の肉質部を食用にする。

アーティフィシャル【artificial】人工的であるさま。人為的。不自然。→ナチュラル①

アート【art】①芸術。美術。②「アート紙」の略。印刷用紙の一種。鉱物性の白色顔料と接着剤などを混ぜた塗料を塗り、光沢機にかけて滑らかで緻密な紙面にした洋紙。再現性がよく、写真版印刷などに広く用いる。

アート ディレクター【art director】①映画・演劇などで、衣装・舞台装置・照明などを指導する人。美術監督。②広告製作で、デザイン・コピーなどを総合的に企画・決定し、製作する人。

アート フラワー【和製 art＋flower】生花を模して丁寧につくられた造花。

アート メイク【和製 art＋make】専用の針を用いて、眉・目の周辺・唇などの表皮下0.01ミリメートルの部分を色素で染める美容法。効果は数年ほど持続し、洗っても落ちない。アート-メイク。パーマネント-メークアップ。▷英語ではpermanent make-up、permanent cosmetics。

アート ロック【art rock】1960

年代後半に登場した、芸術的要素が強調されたロック音楽のスタイル。

アートワーク【artwork】①芸術作品。アート-ピース、アート-オブジェクトとも。②音楽のパッケージなどに表示する図版。

アーバン【urban】都市の。都会の。都会風の。

アーバン スポーツ【urban sports】新 都市型スポーツ。大規模な競技施設を必要とせず、気軽に楽しめるスポーツをいう。3x3(スリーエックススリー)・BMX・インラインスケート・スケートボード・スポーツクライミング・パルクール・ブレークダンス(ブレーキン)など。

アービトラージ【arbitrage】市場間の価格差を利用して利益をあげる経済行為。その結果として両市場の価格差は縮小する。裁定取引。

アーミー【army】軍隊。特に、陸軍。

アーミー ナイフ【army knife】小刀のほかに、はさみ・栓抜き・缶切り・ワイン-オープナーなどの機能を持つ部品を組み込んで、一つにまとめた折り畳み式ナイフ。

アーミー ルック【army look】軍隊・軍服風の服装やスタイル。ミリタリー-ルックともいう。

アーム【arm】腕。また、本体から腕状に出ている部分。

アーム カバー【arm cover】日焼けを防ぐなどの目的で、手首あたりから腕全体を覆う筒状の衣類。

アーム バンド【armband】①ワイシャツやブラウスの袖(そで)をたくし上げるための、装飾性のあるバンド。腕バンド。また、腕章。②情報機器(音楽プレーヤーや携帯電話など)を携帯するために腕につける、ホルダー付きのバンド。

アーム レスリング【arm wrestling】腕相撲(うでずもう)。

アーメン【amen】キリスト教徒が祈禱(きとう)・賛美歌・信条告白の終わりに唱える言葉。アメン。▷ヘブライ語で、まことに、たしかに、の意。

アーモンド【almond】バラ科の落葉高木。アジア西部の原産とされる。全体がモモに似ているが果実は平たく、果肉が薄い。仁(じん)に苦みのあるものは薬用、ないものは食用にする。アマンド。アメンドー。巴旦杏(はたんきょう)。▷「扁桃」とも書く。

アーモンド プードル【和製 英 almond＋フランス poudre】アーモンドの粉末。菓子などの材料にする。アーモンド-パウダー。アマンド-プードル。

アーリー【early】早い。初期の。

アーリー アクセス【early access】新 開発中のソフトウエアを、正式版の公開よりも前に提供すること。または、ユーザーがそのサービスを利用すること。開発中のゲームを有償で提供する場合など。早期アクセス。

アーリー アダプター 【early adopter】イノベーター理論の用語。新たに現れた革新的商品やサービスなどを比較的早い段階で採用・受容する人々。イノベーター理論の５つの顧客層のうち、イノベーター(革新的採用者)の次に受容する人々。常識的な価値観をもつ一方、新しい価値観や様式にも敏感だとされる。早期採用者。初期採用者。初期少数採用者。 →アーリー-マジョリティー・レイト-マジョリティー・ラガード

アーリー アメリカン 【Early American】アメリカの英領植民地時代・開拓時代の建築や家具などの様式。

アーリー マジョリティー 【early majority】イノベーター理論の用語。新たに現れた革新的商品やサービスなどを比較的追随的に採用・受容する人々。イノベーター理論の５つの顧客層のうち、アーリー-アダプター(初期採用者)の次に受容する人々。新しい価値観や様式の受容に慎重とされる。前期追随者。初期多数採用者。→アーリー-アダプター・レイト-マジョリティー・ラガード

アーリー リタイア 【early retirement】早期の引退。

アーリオ オーリオ 【イタリア aglio olio】ニンニクをオリーブ-オイルに入れ、弱火で加熱して香りと風味を移したもの。パスタなどに用いられる。▷アーリオはニンニク、オーリオは油の意。

アール 曲線や曲面。またその曲がり方の程度。「—を付ける(＝角をとって丸くする)」「—がきつい(＝半径が小さく急に曲がっている)」▷半径を表す記号が r であることから

アール 【フランス are】メートル法の面積の単位。1 アールは 100m²。約 30.25 坪。約 1 畝(せ)。記号 a

アール グレイ 【Earl Gray】ベルガモット油で風味づけをした紅茶の商品名。独特の香りがあり、アイス-ティーなどにされる。▷イギリスのグレイ伯爵が紹介したことから。アールは伯爵の意。

アールセップ 【RCEP】新 ⇨RCEP 協定 ▷ Regional Comprehensive Economic Partnership。

アール デコ 【フランス art déco】1910 年代から 30 年代にかけて、パリを中心に西欧で栄えた装飾様式。それ以前のアール-ヌーボーが曲線を主とするのに対し、現代都市生活に適した実用的で単純・直線的なデザインを特徴とする。1925 年様式ともいう。▷

arts décoratifs の略。装飾美術の意。

アール ヌーボー 【フランス art nouveau】19 世紀末から 20 世紀初頭、ヨーロッパ各国の建築・工芸・絵画などの諸芸術に流行した様式。モチーフを主に植物の形態に借り、曲線・曲面を用いて装飾的・図案的に表現した点に特徴がある。▷新芸術の意。

アール ブリュット 【フランス art brut】理性が関与しない芸術作品の意。芸術家ではなく、幼児や精神障害者が自分自身のためにつくった表現物の総称。原生芸術。 ▷フランスの芸術家デュビュッフェ(Jean Dubuffet [1901～1985])の用語。→サバン症候群

アイ 【eye】目。また、目の形をしたもの。目の機能をもつもの。他の語と複合して用いられる。

アイアール 【IR】 ⇨IR

アイアン 【iron】①鉄。②ゴルフで、ボールをたたくヘッドの部分が金属製のクラブ。→ウッド

アイーダ 【Aida】ベルディ作曲のオペラ。4 幕。エジプトにとらわれたエチオピア王女アイーダとエジプトの将軍ラダメスとの悲恋物語。スエズ運河の開通を記念して 1871 年カイロで初演。

アイオーエス 【iOS】 アップル社が提供する、スマート-デバイス用の基本ソフト。商標名。

アイギス 【ギリシャ aigis】ゼウスとアテナの持ち物の一つ。アテナのそれは、肩から羽織られる小さい肩掛けもしくは胸当てに似、普通多数の蛇の房で縁取られ、うろこ状の地の中央にゴルゴンの首をもつ。

アイキャン 【ICAN】 新 ⇨ICAN

アイグロス 【eye gloss】新 瞼(まぶた)に塗り、光沢と色味を与える化粧品。

アイコニック 【iconic】象徴的な。「ブランドの—なモチーフをあしらう」

アイコン 【icon】①コンピューターに与えるコマンドを記号や図形で画面上に表示したもの。その部分をマウスなどで指定・操作してコマンドを実行させる。→GUI ②象徴。③ある分野の代表としてたたえられる人や物。

アイ コンタクト 【eye contact】①相手の目を見たり、視線を交わすこと。意思や態度などを相手の目を見ることによって伝達しようとすること。②サッカーで、連携した動きを行うために、選手どうしが目と目を合わせて意思の疎通を図ること。

アイサイト 【eyesight】 視力。視覚。視界。視野。

アイシー 【icy】新 氷のような。冷たい。

アイ シャドー 【eye shadow】

目元に陰影をつけるために、まぶたに塗る化粧品。

アイシング【icing】①粉砂糖・バター・卵白などを泡立て、菓子類の表面にかぶせるもの。糖衣。②着氷。③アイス-ホッケーで、レッド-ラインの手前から打ったパックが直接相手のゴール-ラインを越えること。アイシング-ザ-パック。④筋肉を氷で冷やすこと。

アイスキューブ【ice cube】新 ①製氷機・冷凍庫でつくった四角い氷。角氷。②冷やして氷の代わりに用いる、ステンレスやプラスチックなどの立方体。③南極点付近(アムンゼンスコット基地)の地下にある国際共同ニュートリノ観測施設。2011年観測開始。▷icecube neutrino observatory。

アイス スレッジ レース【Ice sledge racing】下肢障害者が小型そり(スレッジ)に座った状態で氷上を滑り、そのスピードを競うレース。両手にスティックを持ち、氷をかいて移動する。アイス-スレッジ-スピード-レース。

アイス ダンス【ice dance】フィギュア-スケートの一部門。男女一組で、音楽に合わせて氷上を踊るように滑走し技術や芸術性を競う。

アイスバーン【ドイツ Eisbahn】雪面が凍結して氷のようになった場所。特に、凍結により摩擦係数が小さくなった路面。

アイスバイン【ドイツ Eisbein】ドイツ料理の一。塩漬けにした豚の脚を煮込んだもの。

アイス プラント【ice plant】ハマミズナ科の多肉植物。葉の表面についている氷の粒のような細胞に塩分が含まれる。食用に栽培する。▷葉の表面が凍ったようにみえることから。

アイスブレーカー【icebreaker】①氷を砕くためのもの。砕氷器や砕氷船。②研修やセミナーなど初対面の人が集まる場で、互いの緊張をほぐすために行うプログラム。自己紹介や簡単なゲームなど。アイスブレーク。アイスブレーキング。→ファシリテーション

アイゼン 登山靴の底につける、とがった爪をもつ滑りどめの金具。クランポン。▷シュタイクアイゼン(ドイツ Steigeisen)の略。

アイソスタシー【isostasy】地殻が、密度のより大きいマントルの上に浮かんでいる状態にある、という現象のこと。海水に浮かぶ氷山のように、高い山の地殻は地下深くまで厚く、海底の地殻は薄くなっている。

アイソタイプ【isotype】①(International System of Typographic Picture Education)視覚言語。絵文字言語。地図・統計

図表・標識などに用いられる図形や記号。②同種の個体中に共通に存在し、構造が異なる抗原。

アイソトープ【isotope】同一の元素に属し(すなわち、原子番号が等しく)、質量数が異なる原子。同位体。同位元素。

アイソトニック【isotonic】等張。等張性。

アイソメトリックス【isometrics】重い物を動かそうとするときのように、関節などの角度を一定にしたまま筋肉を一定時間緊張させて筋力を高めるトレーニング法。

アイソレーション【isolation】①分離。隔離。孤立。②電気的な絶縁。また、その尺度(多くはデシベル)。③バスケットボールやサッカーなどで一対一の攻撃を仕掛ける際、その攻防を孤立化させて攻撃選手の突破力を活かす戦術。④ダンスやパントマイムで、体の各部分を独立して動かすこと。⑤工事やメンテナンスで、作業対象となる設備・機器を稼働中のものから分離すること。

アイデアソン 新 アイディアを構想するイベント。短時間(1日ないし数日以内)で集中的に、テーマとなるアイディア(課題の解決法や新ビジネスなど)を構想する。グループごとに構想を競い合う形式が多い。→ハッカソン ▷アイディア(idea)とマラソン(marathon)の合成。

アイディア【idea】①思いつき。着想。アイデア。②哲学で、観念。理念。→イデア

アイ ティー【IT】⇨IT

アイディー カード【ID card】⇨ID カード

アイテム【item】①商品の品目。ファッションで、服の種類。②ビデオ-ゲームの中で利用する武器や道具。▷事項、項目の意。

アイデンティティー【identity】①物がそれ自身に対し同じであって、一個の物として存在すること。自己同一性。同一性。個性。②人間学・心理学で、人が時や場面を越えて一個の人格として存在し、自己を自己として確信する自我の統一をもっていること。自我同一性。主体性。同一性。③コンピューターで、一致。識別。案 独自性/自己認識 ➲ よくわかる「アイデンティティー」の意味と使い方(p.9)

アイデンティファイ【identify】同一の人、または物であることを確認すること。同定。

アイ トラッキング【eye tracking】眼球の動きを追跡すること。またその技術。視線がどこに向かっているかなどを分析する。

アイドリング【idling】機械・自動車などのエンジンに、負荷をかけず低速で空転させること。暖機

運転。

アイドリング ストップ【和製 idling＋stop】荷物の積み降ろしや停止信号での停車時などに自動車のエンジンを停止させること。案 停車時エンジン停止

アイドル【idle】名詞に付いて、「活動していない」「遊んでいる」などの意を表す。

アイドル【idol】①偶像。崇拝される人や物。②人気者。

アイドル タイム【idle time】①無作業時間。遊休時間。生産施設が稼働せずに労働力が空費されている時間。②流通のなかでの、物資の待機時間。

アイパッド【iPad】アメリカのアップル社が開発・製造するタブレット端末。2010年発売開始。商標名。

アイ バンク【eye bank】角膜の移植を仲介する機関。眼球提供者の登録、眼球の摘出・保存などを行う。角膜銀行。

アイビー【ivy】①蔦(つた)類の総称。②ウコギ科の常緑つる性木本。ヨーロッパ原産。庭園などに栽培され、斑(ふ)入りなど変種が多い。

アイフォーン【iPhone】アメリカのアップル社が開発・製造するスマートフォン。2007年発売開始。商標名。

アイブロー【eyebrow】①まゆ。まゆ毛。②アイブロー-ペンシルの略。鉛筆状のまゆ墨。▷アイブラウとも。

アイボリー【ivory】①象牙(ぞうげ)。②象牙色。アイボリー-ホワイト。③光沢のある淡いクリーム色の厚手の洋紙。

アイ マスク【eye mask】飛行機の機内などで、明るさを避けて、眠るために使う目かくし。

アイマックス【IMAX】⇨IMAX

アイ ライナー【eyeliner】アイ-ラインを入れるための化粧品。鉛筆状のものと液状のものがある。

アイラッシュ カーラー【eyelash curler】まつげを上向きにカールさせる道具。ビューラー(商標名)。

アイランド【island】島。

アイランド キッチン【island kitchen】壁から離れたところに独立した作業台を設置した台所。作業台に流し台やコンロを配置することもある。▷島のように見えることから。

アイリス【iris】①アヤメ科アヤメ属の植物の総称。また、園芸種のアヤメ属。②カメラのレンズの絞り。虹彩(こうさい)絞り。③虹彩。眼球の角膜と水晶体の間にある輪状の薄い膜。中央の孔が瞳孔(どうこう)で、虹彩中の平滑筋の伸縮によって瞳孔の開きを調節して、眼球内に入る光の量を調節

よくわかる「アイデンティティー」の意味と使い方

詳しい意味は？

アイデンティティー（identity）は、広義には、「同一性」「個性」「国・民族・組織などある特定集団への帰属意識」「特定のある人・ものであること」などの意味で用いられます。コンピューター関係で用いられるときは、「一致」「識別」のことです。

学術用語としての定義は、哲学分野では、「ものがそれ自身に対して同じであって、一個のものとして存在すること」です。心理学・社会学・人間学などでは、「人が時や場面を越えて一個の人格として存在し、自己を自己として確信する自我の統一を持っていること」と説明され、「本質的自己規定」をさします。

どんな経緯でこの語を使うように？

哲学分野では概念規定の用語として用いられていましたが、アメリカの精神分析医 E. H. エリクソン（1902～1994）が唱えた「アイデンティティー」の概念は、心理学のみならず社会学や精神医学などの学術領域で広く用いられ、さらに一般にも浸透しました。日本では、この精神分析学・心理学の用語として入ってきて、アメリカと同様に一種の流行語のように広まりました。

実際の使われ方は？

［アイデンティティークライシス（identity crisis）］　「自己認識の危機」のことです。例えば、「成長過程でアイデンティティークライシスに直面する時期」、あるいは「グローバル時代におけるアイデンティティークライシス」のように使われます。

［ブランドアイデンティティー（brand identity）／コーポレートアイデンティティー（corporate identity）］　日本では、和製カタカナ語で「ブランドイメージ」と言われていたものに近い概念です。一方、コーポレートアイデンティティーは、「CI」と略されることが多く、ロゴマークや企業イメージ統一戦略のように思われがちですが、漢字で表現すると正確には「企業理念」となります。

する。色素に富み、その色合いは人種ごとに特徴がある。また、個人によってそのパターンは異なる。

アイリッシュ【Irish】「アイルランドの(人)」の意。

アイロニー【irony】①皮肉。あてこすり。また、皮肉を含んだ表現。風刺。②実際とは反対のことを言って、暗に本当の気持ちを表現した言い方。反語。③哲学用語。知者を自認する相手を問いつめ、無知の自覚を促す、ソクラテス的問答法の一性格。

アイロニカル【ironical】皮肉を含んでいるさま。皮肉な。反語的。アイロニック。

アイロン【iron】①熱・水分・圧力の効果によって、衣服などのしわを伸ばし、形を整える器具。②髪にウエーブを出すための調髪用のこて。▷鉄の意。

アウェー【away】①サッカーなどで、相手チームの本拠地。→ホーム(home)④ ②場違いに感じられる状況。「—感」

アウスレーゼ【ドイツ Auslese】完熟の精選したブドウで造るドイツ産ワイン。

アウター【outer】①「外部の」「外側の」の意。②アウター-ウエアの略。上着類の総称。→インナー

アウティング【outing】新 ①外出すること。散策すること。②試合などに出場すること。③他人の秘密を暴露すること。他人のセクシュアリティーを暴露する場合に多く用いられる。

アウト【out】①他の外来語の上に付いて、外側・外部などの意を表す。②テニス・卓球などで、規定線の外側。また、球がその側に出ること。③野球で、打者または走者が攻撃の資格を失うこと。④ゴルフで、1ラウンド18ホールのコースの前半の9ホール。⑤規範や許容の範囲からはずれること。「法的に—」⑥失敗すること。→イン(in)

アウトカム【outcome】結果。成果。特に、行政による事業を評価する際に、どれだけ目的を果たしたかを表すときに用いられる。

アウト カメラ【和製 out＋camera】携帯電話やスマートフォンで、ディスプレーとは逆の面にレンズがあるカメラ。通常の撮影に用いる。→イン-カメラ

アウトサイダー【outsider】①社会の既成の枠組みからはずれて、独自の思想をもって行動する人。局外者。異邦人。②生産協定・賃金協定などに参加していない同業者。→インサイダー

アウトサイド【outside】①外側。外面。②外部。③野球で、本塁上の、打者から遠い方の側。→インサイド

アウトソーシング【outsourcing】①業務を外注すること。特に、情報通信システムの設計・運用・保守を企業外の専門業者に全面的に委託すること。資源の有効活用、費用の削減をめざして行われる。②海外で部品を安く調達すること。国際調達。海外部品調達。▷アウトソース・アウトタスキングとも。案 外部委託

アウトドア【outdoor】戸外。野外。→インドア

アウトバーン【ドイツ Autobahn】ドイツの高速自動車専用道路。ヒトラーが第二次大戦に備え、建設を始めた。原則として速度制限はなく、大型トラックのみ有料。

アウトバウンド【outbound】①航空機・船舶で、外国に向かう便。外国への輸送。②インターネットで、自社のウェブ-サイトに潜在的な顧客を誘導すること。③コール-センターの業務で、発信のこと。④海外(への)旅行。アウトバウンド-ツーリズム。▷中から外に出る意。→インバウンド

アウトプット【output】①内部に入っているものを外に出すこと。特に、コンピューターのデータを外部に取り出すこと。出力。②産出。産出量。→インプット

アウトブレーク【outbreak】暴動・戦争などの勃発。感染症・害虫などの大発生。また、感情などの爆発。

アウトライン【outline】①物の外側の線。輪郭。②あらまし。あらすじ。大要。

アウトライン フォント【outline font】フォントの形式の一。文字の形を輪郭線(アウトライン)で滑らかに表したフォントのこと。ベクトル-フォント。

アウトリーチ【outreach】①学習したいという意欲をもっていない人たちに学習の機会を与え、学習に対する要求や行動を誘発しようとする活動。②芸術に接する機会や関心がない人々に対し、芸術への興味と関心をもたせるために芸術家・企画者側から働きかけるさまざまな活動。▷広げる・伸びる意。

アウトリガー【outrigger】①カヌーなどで、舷側(げんそく)から張り出した腕木。先端に浮き木を付ける。②はしご車・クレーン車などの安定脚。③シット-スキーなどの障害者スキーで、手に持って用いる補助具。スキーのストックに似た役割を持ち、接地部分に小型のスキー板が付いている。

アウトルック【outlook】景色。見晴らし。展望。見通し。

アウトレージ【outrage】①(侮辱や非道に対する)激怒。憤怒。②(法や秩序などの)暴力的な侵害。乱暴。暴力。▷アウトレイジとも。

アウトレット【outlet】①出口。放出口。②メーカーや卸業者が、

在庫品などを処分するため、倉庫や直営店で価格を下げて販売すること。また、そのように販売される商品。

アウトレット モール【outlet mall】アウトレット-ストアが集まったショッピング-センター。

アウトロ【outro】ポピュラー音楽で、楽曲の終わりの部分。イントロ(序奏)に対していう。

アウトロー【outlaw】法律を無視する人。無法者。無頼漢。

アウフヘーベン【ドイツ Aufheben】ヘーゲル弁証法の根本概念。あるものをそのものとしては否定するが、契機として保存し、より高い段階で生かすこと。矛盾する諸要素を、対立と闘争の過程を通じて発展的に統一すること。揚棄(ようき)。止揚(しよう)。

アウラ【ラテン aura】①物体から発する微妙な雰囲気。オーラ。②癲癇(てんかん)発作に先行して現れる、運動・知覚・自律神経などの異常症状。前兆。

アオ ザイ【ベトナム ao dai】ベトナムの女性の着る伝統衣装。裾から腰までの深いスリットのある上衣とズボンを組み合わせたもの。

アカウンタビリティー【accountability】①責任。責務。②社会の了解や合意を得るために活動・業務の内容について対外的に説明する責任のこと。行政機関や企業が保持すべき倫理とされる。説明責任。㊮説明責任

アカウント【account】①勘定。計算。②勘定口座。③OSやネットワークを通してコンピューターを利用するための固有のIDナンバーやその権利。ユーザーの識別や、個別の情報の管理のために用いられる。④広告代理店の顧客。広告主。

アカウント サービス【account service】インターネット上でサービス利用者が、自分自身のアカウント情報や利用記録などを管理(閲覧や変更など)できるようにするサービス。また、そのウェブ-ページ。→マイ-ページ・アカウント③

アガシ お嬢さん。娘さん。▷朝鮮語。

アカシア【ラテン Acacia】①マメ科アカシア属の植物の総称。アフリカ・オーストラリア原産の常緑高木。葉は羽状複葉。初夏、黄色のまるい頭花を総状につける。観賞用のアカシアはギンヨウアカシアが主。②ハリエンジュ(ニセアカシア)の俗称。アカシアとは属が異なる。日本では多くこれを「アカシア」という。

アカシック レコード【akashic records】超常現象の分野で、全宇宙における過去・現在・未来すべての記録。「—-リーディング」

アカデミア【ラテン academia】①学園。学究生活。②紀元前387

年頃、プラトンがアテネの郊外に建てた学園。プラトンの死後も後継者が学頭となったが、529年東ローマ皇帝ユスティニアヌスにより異教思想の温床として閉鎖された。アカデメイア。

アカデミー【academy】①西洋諸国で、一国の知性の粋を集めて作った指導的団体。アカデミー-フランセーズが有名。②大学・研究所など、学問・学芸の中心となる団体・機関の総称。▷プラトンが創設したアカデミアに由来する。

アカデミー賞 新 アメリカ映画芸術科学アカデミーが、毎年1回贈る映画賞。作品・男優・女優・監督・外国優秀映画などの各部門につき、オスカーとよばれる彫像が与えられる。オスカー。

アカデミズム【academism】①学問研究や芸術の創作において、純粋に真理や美を追究する態度。②伝統的・保守的な立場を固持しようとする学風。官学風の学問的態度。

アカデミック【academic】①学問の上で正統的で堅実なさま。学術的。学究的。②純粋で手がたいが、やや古くさいさま。実際的でないという意を含めて用いることもある。

アカデミック ハラスメント【和製 academic harassment】教育・研究機関における、権力を利用した嫌がらせ。セクシャル-ハラスメントを伴う場合もある。アカハラ。

アカハラ ⇨アカデミック-ハラスメント

アガペー【ギリシャ agapē】①キリスト教における愛。罪深い人間に対する神の愛、人間どうしの兄弟愛など、自己犠牲的・非打算的な愛をいう。②キリスト教会で、礼拝のあと信徒が共同でする食事。古くは聖餐と密接に結びついていた。愛餐(あいさん)。

ア カペラ【イタリア a cappella】①器楽の伴奏のない合唱曲や重唱曲の様式。無伴奏体。②伴奏なしで歌うこと。▷「礼拝堂風に」の意。

アガリクス【agaricus】担子菌類ハラタケ科のきのこ。健康食品として煎(せん)じて飲まれる。

アカンサス【ラテン Acanthus】①キツネノマゴ科ハアザミ属の大形多年草の総称。南ヨーロッパ原産。葉は羽状に切れ込んでとげがある。夏、白または紫色の唇形花を穂状につける。②アカンサスの葉形を図案化した文様。コリント式の柱頭やローマ建築の壁面装飾、銀器の装飾などに用いられる。

アキュムレーター【accumulator】①流体の圧力を利用する機器で、仕事に供給する高圧流体を蓄えておく部分。蒸気溜(だ)めや水圧溜めなど。②コンピューターで、データを記憶するレジスターの一種。記憶された値と別の値の間で演算が行われ、結果がまたそこに記憶されるもの。

アキュラシー【accuracy】①フライング-ディスク競技の一。目標の輪にディスクを投げ込み、輪を通過したディスクの数を競う。②キャスティング競技の一。投げ釣りの正確さを競う。③スカイダイビング競技の一。地上に設けられたターゲットにできるだけ近づくように着地する。アキュラシー-ランディング。▷正確さ・精密さの意。

アキレス【Achilles】ギリシャ神話の英雄。ペレウスと海の女神テティスの子。ホメロスの叙事詩「イリアス」の主要人物。トロイ戦争におけるギリシャ軍の勇将。不死身であったが、敵将ヘクトルを討った後、トロイア王子パリスに唯一の弱点であるかかとを射られて死ぬ。▷アキレウスのラテン語形。

アキレス【achilles】新 食用とする、動物のアキレス腱。犬のおやつにも用いる。▷アキレス腱(けん)の略。

アキレス腱(けん) 新 ①かかとの骨とふくらはぎの筋肉とをつなぐ腱。人体中最大の腱で、歩いたりつま先立ちをするときに重要なはたらきをする。踵骨腱(しょうこつけん)。▷ギリシャ神話で、かかとを射られて死んだアキレスの故事による。②一番の弱点。

アクア【ラテン aqua】水。他の外来語と複合して用いられる。

アクアチント【aquatint】腐食銅版画法の一。微妙な濃淡(深浅)をもった水彩画風の効果が得られる。エッチングを併用することが多い。

アクア パッツァ【イタリア acqua pazza】イタリア料理(ナポリ料理)の一。白身魚をトマトやニンニクなどとともに水や白ワインで煮込んだもの。

アクア ビクス【和製 aqua＋aerobics】水中で行うエアロビクス。アクアサイズ。

アクアマリン【aquamarine】緑柱石のうち、藍緑(あいりょく)色透明のもの。美しいものは磨いて飾り石にする。

アクアリウム【aquarium】①水族館。②水生動物の飼育槽。養魚池。

アクエリアス【ラテン Aquarius】水瓶(みずがめ)座。

アクシデント【accident】事故。災難。不慮の出来事。

アクション【action】①動作。行動。②俳優の演技。特に格闘などの荒々しい演技。

アクション カム【action cam】新 アウトドアやスポーツなどの撮影に用いる、小形カメラのこと。身体に装着したり自転車やサーフボードなどの道具に取り付けたりすることで、迫力のある画像・映像を撮れる。アクション-カメラ。

アクション プログラム【action program】行動計画。アクション-プラン。㊄実行計画

アクセサリー【accessory】①身につける装飾品。ブローチ・ネックレス・イヤリングなど。装身具。②機械などの付属品。

アクセシビリティー【accessibility】利便性。交通手段への到達容易度。ある地点や施設への到達容易度。㊄利用しやすさ

アクセス【access】①情報システムや情報媒体に対して接触・接続を行うこと。②コンピューターで、記憶装置や周辺機器に、データの書き込みまたは読み出しをすること。③ある場所へ行く経路。目的地までの交通手段。また、交通の利便性。④市場に参入したり、サービス・資源などを利用したりすること。また、その利便性。㊄接続／交通手段／参入

アクセス ポイント【access point】商用のコンピューター-ネットワークなどが、各地に設けているホスト-コンピューターへの接続の中継点。

アクセス ログ【access log】ウェブ-サーバーへのアクセスに関する記録。多くの場合、日付と時刻・アクセスしたファイル・リンク元・アクセス者のIPアドレスやブラウザの種類など。

アクセラレーター【accelerator】㊊ ▷アクセレレーターとも。①加速器。②コンピューターで、処理速度や画面表示速度を上げるために使われる周辺機器。③ベンチャー企業に対する出資・支援。またその組織や枠組み。「シード―(＝創業直後の企業への支援)」 ▷類義語のインキュベーターは、起業前からの支援を指すことが多い。

アクセル ▷アクセラレーター-ペダル(accelerator pedal)の略。①自動車の加速操作に用いるペダル。②(比喩的に)速度や推進力を上げさせるもの。「景気回復の―をふかす」

アクセル パウルゼン ジャンプ【axel paulsen jump】㊊ フィギュア-スケートで(基本的な反時計回りの跳躍を行う場合)左足で前向きに滑走して、そのまま左足で踏み切り回転し、後ろ向きに着氷する跳躍演技。同競技で唯一前向きからのジャンプとなり最も難度が高い。アクセル。アクセルジャンプ。▷アクセル-パウルゼンは考案者の名。トリプル-アクセルの場合、実際には3回転半を回っている〕

アクセント【accent】①一つ一つの語について社会慣習的に決

まっている、相対的な高低や強弱の配置。②話し方の調子。語調。③音楽で、特に強く拍を打つ部分。強調される音。④デザインなどで、全体をひきしめるため、特に強調したり目立たせたりする部分や物。⑤強調する点。重点。

アクター【actor】俳優。特に、男の俳優。→アクトレス

アクチュアリー【actuary】保険数理人。生命保険会社や損害保険会社で保険金の算定や年金の掛け金の算定を行う者。

アクチュアル【actual】現実的であるさま。時局性をもっているさま。

アクチュエーター【actuator】油圧や電動モーターによって、エネルギーを並進または回転運動に変換する駆動装置。

アクティビスト【activist】新 ①活動家。行動主義者。②⇨アクティビスト-ファンド

アクティビスト ファンド【activist fund】上場企業の株式を一定以上保有した上で、その企業に対して企業価値増大や株主還元などの要求を積極的に働きかける投資家や投資ファンド。物言う株主。

アクティビズム【activism】新 社会・政治などの変革を目指して積極的に行動すること。またはそのような行動をとる主義。積極行動主義。

アクティビティー【activity】①活動。行動。②(旅行先での)遊び。

アクティビティー トラッカー【activity tracker】新 身体活動の計測装置。多くは腕時計やブレスレットに似た形状。身につけて、歩数・消費カロリー・心拍数・睡眠時間などを測る。

アクティブ【active】①元気で、活気のあるさま。よく動き回るさま。活動的。活発。②自ら進んで他に働きかけるさま。能動的。積極的。③動詞の文法形式で、能動態。→パッシブ

アクティブ クルーズ コントロール【active cruise control】⇨アダプティブ-クルーズ-コントロール

アクティブ サスペンション【active suspension】道路上の凹凸などの状況をセンサーで感知し、車輪の動きなどをコンピューター制御することで衝撃や振動を低減する装置。

アクティブ ノイズ コントロール【active noise control】騒音に対して逆位相の音を加え、音波干渉により騒音を低減する技術。騒音をマイクで入力し、逆位相の音をスピーカーから出力する。アクティブ消音。能動騒音制御。アクティブ騒音制御。ANC。

アクティブ ファンド【active

fund】運用担当者が独自に保有銘柄や資産配分を決定することによって、株価指数などの指標を上回る投資成果を目指す投資信託。指標に連動させる投資信託であるインデックスファンドに対していう。

アクティブ ユーザー【active user】インターネット上のサービスにおいて、継続的にサービスを使っている利用者のこと。狭義には会員登録が必要なサービスにおいて、一定期間内に利用実態のあったユーザーを指す。

アクティブ ラーニング【active learning】新 講師による一方的な講義ではなく、学習者の能動的な参加を取り入れた教授法。

アクティベーション【activation】 ⇨プロダクト-アクティベーション

アクティベート【activate】新 ①所定の手続きを行うことで、ハードウエア・ソフトウエア・サービスなどを利用可能な状態にする(利用制限を解除する)こと。有効化。「郵送されたクレジットカードを—する」②活性化。

アクト【act】①行為。②劇の一幕。

アクトレス【actress】女の俳優。女優。→アクター

アクネ【acne】にきび。

アクメ【フランス acmé】性交時の快感の絶頂。オルガスムス。

アグリ【agri-】おもに他の言葉の上について「農業の」の意を表す。「—ビジネス」

アグリー 俗に、同意や了解のこと。▷アグリーメント(agreement)の略。

アグリー【ugly】醜いさま。不快なさま。

アグリーメント【agreement】合意。協定。契約。

アグリカルチャー【agriculture】農業。

アグリゲーション【aggregation】まとまり。集団。集合体。

アグリゲーター【aggregator】新 ①自社で運用するサーバーに音楽や対戦ゲームなどのコンテンツを収集し、ネット上で提供するサービス。コンテンツ-アグリゲーター。②インターネット上のニュース-サイトやブログから情報を収集し表示するソフトウエア。RSS リーダー。③電力需給の調整を行う事業者。特定卸供給事業者。

アグリ テック【AgriTech】▷agriculture(農業)と technology(技術)の合成語。農業分野に応用した情報通信技術。またその技術を用いたビジネスやサービス。

アグリビジネス【agribusiness】農業生産とそれに関連する資材供給や加工分野における企業活動。また、農業関連企業や

農業関連産業総体をもいう。

アクリル【ドイツ Acryl】「アクリル樹脂」「アクリル繊維」などの略。

アクリル アミド【acrylamide】硫酸を触媒とするアクリルニトリルの水和で得られる無色の結晶。化学式 $CH_2=CHCONH_2$ 重合体を接着剤や塗料などに用いる。高濃度に暴露した場合、神経障害をきたすなどの毒性を有する。▷2002年、油で揚げるなどの高温加熱によって食品内のアスパラギン酸がアクリルアミドとなることが発表された。

アクリル樹脂 アクリル酸およびその誘導体の重合によってつくられた合成樹脂。透明度が高く、軽くて丈夫で、酸・アルカリに比較的安全であるが表面にきずがつきやすく、アセトンなどの有機溶剤に溶けやすい。有機ガラス・歯科材料・接着剤・塗料に利用される。

アクリル スタンド【和製 acrylic＋stand】新 アクリル樹脂製の板に、アニメ・ゲーム・漫画のキャラクターなどを印刷した装飾品。台座を付けてインテリアとするほか、飾りの部分をストラップなどに転用できる。アクスタ。

アグレッシブ【aggressive】①相手を常に攻め続けるさま。勢いよく攻めかかるさま。攻撃的。②物事を次々と行うさま。物事を思い切りよく行うさま。積極的。

アクロ【acro】フリースタイル-スキー競技の一。決められたコースで音楽に合わせて滑り、得点を競う。→エアリアル

アクロバット【acrobat】①軽業(かるわざ)。曲芸。また、それをする人。軽業師。②柔軟な身のこなしで踊る曲芸的な踊り。アクロバチック-ダンス。

アゲンスト【against】①反対して。逆らって。②ゴルフなどで、向かい風のこと。③前進が困難であること。また、そのさま。

アコースティック【acoustic】電子装置を用いない楽器。生の音での演奏。

アコースティック ギター【acoustic guitar】電気的増幅をしないギター。エレキ-ギターに対していう。

アコーディオン【accordion】蛇腹式のふいごを備えたリード楽器。胸の前にかかえ、両手で蛇腹(じゃばら)をのびちぢみさせ、同時に鍵盤(けんばん)またはボタンを押して旋律や和音を演奏する。

アコギ 俗に、アコースティック-ギターの略称。

アザー【other】多く他の語の上に付けて用いられ「別の」の意を表す。「—-カット」「—-サイド」

アサーション【assertion】①主張。表明。②プログラミング言語の仕様・機能の一。正しく実行されない時、エラーや例外を発生さ

せたり、メッセージを表示させる。

アサーティブ【assertive】新（相手の立場を尊重しつつ）自分の意見や考え方をしっかりと主張するさま。

アサーティブ コミュニケーション【assertive communication】新 相手の立場を尊重しつつ、自分の意見や考え方もしっかりと伝えること。アサーション。アサーティブネス。

アサイー【ポルトガル açaí】ヤシ科の高木。アマゾン流域に分布。幹は細く、高さ20メートル以上になる。果実は飲料などにする。アサイ。

アサイン【assign】①割り当てること。割り振ること。②コンピューターで、メモリー内のある領域を、プログラムに割り当てること。

アサインメント【assignment】割り当て。任務。研究課題。宿題。

アサシン【Assassin】イスラム教イスマーイール派中のニザール派に対するヨーロッパでの称。暗殺活動で知られ、この語は「暗殺者」を意味する普通名詞となった。

アサルト【assault】暴力。暴行。襲撃。

アサルト ライフル【assault rifle】攻撃用ライフル。特に、自動小銃をいう。

アザレア【azalea】ツツジの園芸種。中国原産で、西欧で改良されたもの。大形の花をつけ、色も多種。

アサンブラージュ【フランス assemblage】⇨アッサンブラージュ

アジ アジテーションの略。

アジアインフラ投資銀行【Asian Infrastructure Investment Bank】アジアを中心とする諸国に対して、社会基盤を整備するための資金を融資する国際開発金融機関。中国が主導して2016年に発足。AIIB。

アジール【ドイツ Asyl】犯罪人が復讐（ふくしゅう）などの制裁から守られるように、慣習的・法的に配慮された一定の領域。避難所。中世ヨーロッパにおける教会や自治都市など。サンクチュアリ。

アジェンダ【agenda】①実施すべき計画。行動計画。特に、国際的な取り組みについての行動計画。②議事日程。議題。案 検討課題

アシスタント【assistant】補助的な役目をする人。助手。

アシスト【assist】①人の仕事を手伝うこと。②サッカー・アイスホッケーなどで、得点に直接つながるパスを送ること。また、それを行った選手。

アシッド【acid】①酸。酸っぱいもの。②厳しい批評。辛辣（しんらつ）な言葉。③LSD（幻覚剤）の俗称。

アシッド ジャズ【acid jazz】

1980年代後半に生まれた音楽スタイル。70年代のファンクにヒップ-ホップの手法を混ぜ、ジャズ的な要素を加えたもの。

アジテーション【agitation】①そそのかすこと。扇動。②社会運動で、演説などによって大衆の感情や情緒に訴え、大衆の無定形な不満を行動に組織すること。アジ。

アジテーター【agitator】大衆を扇動する人。扇動者。

アジト 左翼運動などで、宣伝や扇動をするための、指導本部として使われる秘密の集会所。扇動指令部。また、非合法運動家のかくれが。▷agitating point から。

アシメトリー【asymmetry】①左右の大きさ・形・色などの釣り合いがとれていないこと。非対称。②ファッションにおいて、意図的にデザインされた左右非対称の形状。▷アシンメトリーとも。→シンメトリー

アジャイル【agile】新 ソフトウェアの開発手法の一。顧客とエンジニアが小規模なチームを作り、小規模・短期間で完遂できる区分により仕様決定・設計・実装・テストを行い、その区分を繰り返すことで全体の完成度を適応的に高めていくもの。アジャイル開発。アジャイル-ソフトウェア開発。▷「敏捷な」の意。

アジャスター【adjuster; adjustor】調節装置。調節器。

アジャスタブル【adjustable】調節可能。

アジャスト【adjust】調整すること。調節すること。

アジリティー【agility】①機敏さ。軽快さ。敏捷(びんしょう)さ。②ドッグ-スポーツの一。人の指示に従って犬がコース内の障害物をクリアしていく競技。▷1970年代後半に馬術競技を基にイギリスで考案。

アジる 俗に、自分の考えに同調して行動するよう過激な言葉でそそのかす。扇動する。▷アジテーションの略のアジを動詞化した語。

アシンメトリー【asymmetry】⇨アシメトリー

アスキー ⇨ASCII

アスキー アート【ASCII art】コンピューター上で、等幅フォントの文字(狭義にはアスキー-コード)を組み合わせて描くイラストレーション。電子メールの署名・広告や、掲示板の発言などで用いられる。単に絵文字とも。AA。

アスター【ラテン Aster】①シオンやミヤコワスレ・ノコンギクなどキク科のシオン属の総称。②キク科の一年草。中国原産。夏、淡紅色・青紫色・白色などの大きな頭花をつける。切り花や花壇用に栽培される。園芸品種が多い。

アスタリスク【asterisk】主に

欧文の印刷組版で使われる約物。「＊」。参照や注などを示すのに用いる。また、積の演算記号としても用いられる。アステリスク。

アスパラガス【ラテン Asparagus】ユリ科の多年草。欧州原産。高さ約1.5メートル。葉は退化し、緑色の枝が葉のように広がる(偽葉)。初夏に薄黄色の小花を開く。若い茎を食用とする。アスパラ。オランダキジカクシ。マツバウド。観賞用は別種。

アスパルテーム【aspartame】アスパラギン酸とフェニルアラニンとを結合してつくった合成甘味料。砂糖の200倍の甘さがある。

アスピリン【ドイツ Aspirin】解熱・鎮痛・抗炎症薬である、アセチルサリチル酸。もと商標名。

アスファルト【asphalt】天然には石油層に含まれ、また石油の分留精製の際に残留物として得られる黒色の固体または半固体物質。主成分は複雑な炭化水素。道路舗装・防水・保温・電気絶縁などの材料として利用される。

アスペクト【aspect】①外見。形勢。局面。見地。②文法用語で、相(そう)。

アスペクト レシオ【aspect ratio】縦横の比率。テレビや映画の画面の縦横、飛行機の翼の面積と長さの比率など。アスペクト比。

アスベスト【オランダ asbest】蛇紋石(じゃもんせき)や角閃石(かくせんせき)が繊維状になっているもの。熱・電気の不良導体で、防火・保温、電気の絶縁などに用いられた。中皮腫・肺癌(がん)の原因となるため、使用が規制されている。石綿(いしわた)。

アスペルガー症候群 乳幼児期に発症する発達障害の一。対人関係・社会性の障害や常同行動が見られ、自閉症に近いが、著しい言語発達の遅れがないことが特徴。▷オーストリアの精神医学者アスペルガー(Hans Asperger［1906～1980］)が報告したことから。

アスペルギルス【ラテン Aspergillus】麹黴(こうじかび)。

アスリート【athlete】運動選手。特に、陸上競技の選手。

アスレジャー【athleisure】新 ヨガ用、ランニング用などのスポーツウエアを、日常着とするファッションのこと。アスリージャー。▷アスレチック(運動の)とレジャー(余暇)の合成。

アスレチック【athletic】①「運動の」「運動競技の」の意。②屋外に置かれた遊具などの運動設備。

アセアン ⇨ASEAN

アセクシュアル【asexual】①男女の性別のないさま。また、そのようなファッション-スタイルのこと。②性的指向が存在しないこと。またその人。エイセクシュアル。Aセクシュアル。

アセスメント【assessment】①評価。査定。開発が環境に及ぼす影響の程度や範囲について、事前に予測・評価することなどにいう。②事前評価。ソーシャル-ワークにおける、クライアントに関する情報収集をいう語。▷略してアセスとも。㊟影響評価

アセチルコリン【acetylcholine】動植物中に含まれる塩基性物質。動物では、神経の興奮伝達物質として働く。

アセチレン【acetylene】可燃性の無色の気体。燃焼時に高温を出すので、照明・溶接・切断に利用する。合成樹脂・合成繊維・合成ゴムなど多くの有機化合物を合成する化学工業原料として重要。エチン。

アセット【asset】資産。財産。特に、流動資産や個人の金融資産をいう。

アセット アロケーション【asset allocation】経済主体が各種の金融資産を運用する際に、最大の収益となるように、運用資金と金融資産の組み合わせをすること。

アセット クラス【asset class】投資対象となる資産を、値動きやリスク特性の類似性で分類したときの種類。例えば国内株式、海外株式、国内債券、海外債権などのように分類する。資産クラス。

アセット マネージメント【asset management】資産管理。

アセテート【acetate】酢酸エステルおよび酢酸の塩の総称。また、アセテート繊維をいうこともある。

アセトアミノフェン【acetaminophen】非ピリン系の解熱鎮痛薬。小児の解熱によく用いられる。

アセトアルデヒド【acetaldehyde】特異な刺激臭をもつ無色の液体。有機化学工業の原料、合成染料・プラスチック・合成ゴムなどの中間原料として重要。エタナール。

アセトン【acetone】特異なにおいのある無色の液体。揮発性が大きく引火しやすい。有機溶媒に用いるほか、各種有機合成原料として用いられる。

アセロラ【acerola】キントラノオ科の低木。西インド諸島周辺に分布。サクランボに似た果実は食用で、ビタミンCを多量に含み、ジュース・ジャムなどに加工される。

アセンブラー【assembler】コンピューターで、アセンブリー言語(機械語を記号化してプログラムしやすくした言語)で記述されたソース-プログラムをオブジェクト-プログラムに変換するためのプログラム。

アセンブリー【assembly】①集会。②機械の組み立て作業や組み立て部品。

アソート【assort】詰め合わせになっていること。盛り合わせになっていること。

アソシエーション【association】①連盟。連合。協会。②心理学で、連想。連合。③誕生や進化などに共通性があるとみられる若い恒星の集団。散光星雲・暗黒星雲・散開星団の中に数十から数百個の星が一つの集落をなして存在し、拡散運動をしている。

アソシエート【associate】▷「結合すること」「連結すること」の意。アソシエイツとも。①仲間。②「准」「準」などの意。「—プロデューサー」

アダージョ【イタリアadagio】音楽の速度標語の一。ゆるやかに演奏せよの意。ラルゴとアンダンテの中間の速さ。また、その速さで演奏する曲や楽章。アダジオ。

アタック【attack】①運動競技で、攻撃すること。②登山で、登頂をねらうこと。また、難しい岩場やルートに挑戦すること。③一般に、難事にいどむこと。④器楽・声楽で、音の出し始め。⑤味覚の第一印象。

アタッシェ【フランスattaché】大公使館員として派遣される専門職員。駐在武官をいうことが多かったが、近年は科学・軍事・文化など各担当官の総称となる。

アタッシェ ケース【attaché case】書類などを携帯するための角型の手さげかばん。アタッシュ-ケース。

アタッチメント【attachment】①機能を高めたり、新しい用途を可能にしたりするために取り付ける、機械・器具などの付属品。②特定の人物に対する心理的な結びつき。多く、乳児が母親との接近を求める行動に現れるような、母子間の結びつきをいう。愛着。

アダプター【adapter】機械・器具を多目的に使用するための付属品。または、それを取り付けるための補助具。

アダプティブ【adaptive】適応できるさま。

アダプティブ クルーズ コントロール【adaptive cruise control】新 自動車において、前走車との車間距離を維持できるよう走行速度を自動で制御する機能。アクティブ-クルーズ-コントロール。ACC。→クルーズ-コントロール

アダプティブ ハイ ビーム【adaptive high beam】自動車で、対向車や前走車の状況に応じてハイ-ビームの光量や照射範囲をを自動的に変化させる機能。アダプティブ-ヘッドライト。

アダプティブ ヘッドライト【adaptive headlight】⇨アダ

プティブ-ハイ-ビーム

アダプティブ ラーニング【adaptive learning】新 生徒一人一人の状況(関心・適性・習熟度・進捗など)に最適化された学習方法。適応学習。

アダプト【adapt】①小説などの原作を映画・演劇などの脚本に書き直すこと。脚色・翻案すること。②外界に適合・順応すること。

アダルト【adult】①大人。大人用。②成人。成人用。特に、性を扱ったものであることを表す場合が多い。③大人らしく落ち着いたさま。

アダルト チルドレン【adult children】両親の愛情に乏しい幼年期を過ごしたために、家庭に対して不信感を持ったまま成長した大人。また母親の保護下にあることでしか安心感を得られないような共依存関係に頼ったままで、大人になりきれない大人をいう。AC。

アダルト ビデオ【和製 adult＋video】成人向けビデオ映画。AV(エー-ブイ)。

アチーブ アチーブメントの略。

アチーブメント【achievement】①達成。学習成績。②アチーブメント-テストの略。生徒が教科学習によって得た結果を測定する試験。一般的には、採点基準が客観的になるように工夫された試験をいう。学力テスト。アチーブ。AT。

アチャール【ヒンドゥスターニー achar】新 インド風の漬物。野菜・果実などを香辛料・塩・酢・食用油などで漬けたもの。ウールガイ。ピックル。

アッサンブラージュ【フランス assemblage】①組み合わせ。調合。寄せ集め。②既製品や廃品を寄せ集めて美術作品をつくること。第二次大戦後、盛んになった。③ワインをブレンドすること。特に、シャンパンの製造過程で、瓶詰めの前に各種の原酒をブレンドすること。▷アサンブラージュ、アセンブリッジとも。

アッシャー【usher】結婚式で、新郎の付き添い役となる男性。多くの場合、新郎と身近な関係にある、複数人の独身男性が務める。グルームズマン。→ベスト-マン

アッシュ【ash】欧州・北米産のトネリコ。材はかたく、弾力に富み、家具・バット・スキーなどに用いる。

アッシュトレー【ashtray】灰皿。▷アシュトレイとも。

アット【atto-】単位に冠して、10^{-18}すなわち100京(けい)分の1の意を表す語。記号 a ▷アトとも。

アット ホーム【at home】(家庭にいる時のように)くつろいださま。家庭的。アト-ホーム。

アット マーク【at mark; @】①単価…で。…につき。②コンピューターで用いられる情報交

換符号の一。電子メールのアドレスでは、ユーザー名とドメイン名を区切る符号として用いられる。▷英語の前置詞 at から。

アット ランダム【at random】⇨アト-ランダム

アッパー【upper】①他の外来語の上に付いて「上層の」の意を表す。②アッパー-カットの略。③物の上の方の部位。

アップ【up】①上がること。上げること。→ダウン① ②映画・テレビなどで、クローズ-アップ、クランク-アップの略。③うしろ髪を高くかき上げて襟足を見せ、頭頂部でまとめた女性の髪形。④ゴルフのマッチ-プレーで、ホール数で勝っていること。⑤他の外来語の上に付いて、上がること、上げること、または、仕上がる、仕上げるなどの意を表す。

アップグレード【upgrade】パソコンのハードウエア・ソフトウエアの性能を、CPU の交換・メモリーの増設などによって向上させること。

アップサイクル【upcycle】新 不用品や廃物を再利用して、以前よりも付加価値の高い商品を作り出すこと。古着を再利用して、高品質のバッグを作る場合など。→リサイクル

アップ セット【upset】ひっくり返ること。特にスポーツの番狂わせ。

アップタイム【uptime】新 機械やコンピューターなどが稼働中である時間。稼働時間。→ダウンタイム①

アップ ダウン【和製 up＋down】高くなったり低くなったりすること。また、上がったり下がったりすること。起伏。アップ-アンド-ダウン。

アップ ツー デート【up-to-date】最新の。現代的な。今日的な。

アップデート【update】①更新。②コンピューターで、ファイルに記録されているデータを新しい内容に変えること。アプデ。

> アップデート 英語の update には「最新の知識を取り入れる」という意味もあります。この辞書のアップデート欄では、そのキーワードに関する比較的最近の話題(2023 年から遡って 10 年以内の話題)を取り上げました。ぜひとも知識や情報のアップデートを試してみてください。

アップ テンポ【up-tempo】楽曲の速度が速く軽快なさま。

アップライジング【uprising】反乱。暴動。

アップライト ピアノ【upright piano】弦を垂直に張ったピアノ。主に家庭用。竪形(たてがた)ピアノ。

アップリケ【フランス appliqué】いろいろな形に切り抜いた小布や革などを布地の上に縫いつけたり、

貼りつけたりする手芸。また、そうしてつくったもの。アプリケ。

アップリンク【uplink】地上から通信衛星や宇宙船に情報などを送信すること。また、その通信回路。

アップル【Apple】パソコン、スマートフォンの開発・販売などを手がける大手 IT 企業。1976 年設立。

アップローダー【uploader】アップロードを行うソフトウエアの総称。

アップロード【upload】インターネットなどで、自分の端末からデータをサーバーへ転送すること。→ダウンロード

アディオス【スペイン adiós】さようなら。

アディクション【addiction】麻薬などを常用すること。酒におぼれること。

アディクト【addict】①薬物常用者・乱用者。②何かをとても好む人。偏愛する人。

アディショナル【additional】追加の。

アディショナル タイム【additional time】サッカーで、負傷選手の処置や競技者の交替などで費やされた時間。主審が計測を行い、その時間だけ試合時間を延長する。追加時間。追加タイム。▷ 2010 年(平成 22)日本サッカー協会により、これまでのロスタイムから名称変更。

アティチュード【attitude】①態度。姿勢。アチチュード。②バレエで、片足を軸にして立ち、他の足は軽く膝を曲げて前・横・後ろのいずれかに上げる動作。

アテスト【attest】①ゴルフで、一緒にゲームをしたパートナーのスコア-カードを確認すること。②アチーブメント-テストの略。→アチーブメント

アテナ【Athēnā】ギリシャ神話の女神。オリンポス十二神の一。知恵・学芸・工芸の神。ゼウスの額から生まれたとされ、武装した若い処女神の姿で表現される。しばしばフクロウを伴う。アテナイの守護神。ローマ神話のミネルバと同一視される。アテーナ。アテネ。

アデノウイルス【adenovirus】人のアデノイドから分離された DNA ウイルス。咽頭結膜熱(プール熱)・流行性角結膜炎・肺炎などを起こす。

アデュー【フランス adieu】(長期の)別れの際の挨拶(あいさつ)の言葉。さようなら。ごきげんよう。さらば。

アテンション【attention】注意。注目。

アデンダム【addendum】補遺。付録。

アテンダント【attendant】施設内で接客や案内を行う者。案内係。接客係。→キャビン-アテン

ダント

アテンド【attend】①人の世話をすること。接待すること。②介護をすること。

アド アドレスの略。住所。居所。

アド【ad】広告。▷アドバタイズメント(advertisement)の略。

アド イン【add-in】コンピューターや周辺機器やソフトウエアに組み込むことにより、その機能を高めるもの。拡張インターフェース-ボードなど。

アド オン【add on】コンピューター、ステレオなど電気製品の付属装置。付加機器。付属物。

アド テクノロジー【ad technology】新 広告技術。主にインターネット広告の配信・表示・効果測定に関連する情報通信技術を指す。アドテク。

アドニス【Adōnis】ギリシャ神話に登場する美少年。穀物の死と復活の神。狩りの最中に猪(いのしし)に突き殺され、その血からアネモネが生じたという。アフロディテに愛された。

アド ネットワーク【ad network】一つの事業者が複数のウェブサイトを広告配信対象としてネットワーク化し、広告を配信するサービス。

アドバイザー【adviser】助言者。忠告者。顧問。

アドバイザリー ボード【advisory board】諮問委員会。特に、社外の有識者らによって構成され、経営上の助言などをする経営諮問委員会のこと。

アドバイス【advice】助言すること。勧告。忠告。

アドバタイズメント【advertisement】広告。アド。

アド バルーン【和製 ad＋balloon】広告用の字幕などをつり下げて空にあげる気球。広告気球。アド-バルン。▷明治末頃、日本で考案されたもの。

アドバンス【advance】①(目標に向かって)進むこと。前進すること。進歩すること。②期日より前に支払われたり、手渡されたりする金。前払い金。前渡し金。③前納金。前借り金。

アドバンス ケア プランニング【advance care planning】人生の最終段階の医療・介護について、本人・家族・医療者・介護者がその方針をあらかじめ繰り返し話し合う取組み。ACP。

アドバンスト【advanced】①進んだ。進歩した。先取りの。②高等な。上級の。③(コンピューターなどで)拡張型の。高度な。④歳をとった。年配の。

アドバンテージ【advantage】①有利。利点。利益。得。②テニス・卓球で、ジュースになってから1ポイント先行すること。③ラグビー・サッカーなどで、反則行為があっても、それを罰しない方が反則を受けた側に有利になると審判が認めて、プレーを続行させること。アドバンテージ-ルール。

アドヒアランス【adherence】患者が積極的に治療方針の決定に参加し、その決定に従って治療を受けること。▷執着の意。コンプライアンス(患者に対する服薬遵守)から一歩進めて、医療者と患者が相談して治療法を決めることにより、患者の治療への積極的な参加を促し、治療成功をめざす。→コンプライアンス②

アトピー【atopy】①遺伝的な性質の強い過敏症。②アトピー性皮膚炎などの略。

アド フラウド【ad fraud】新 ネット広告で、広告の掲載者が不正な手法により広告料の水増しを行う詐欺行為。ボット(自動プログラム)によるクリックなど。▷フラウドは詐欺の意。

アドベンチャー【adventure】冒険。

アドベンチャー バイク【adventure bike】新 未舗装路での走行にも対応した自動二輪車や自転車。アドベンチャー-ツーリング-バイク。

アドベント カレンダー【Advent calendar】クリスマスまでの日数を数えるカレンダー。多く、12月1日から24日までの小窓が付いており、その日に小窓を空けて中にある絵などを楽しむ。もとは子供用。小窓(小箱)に化粧品・雑貨などを封入して販売する、福袋のような商品もある。

アドボ【スペイン adobo】豚や鶏の肉を酢に漬けて下味を付け、炒め煮にしたもの。フィリピンの家庭料理。▷アドボはスペイン語で漬ける意。

アドボカシー【advocacy】主張。弁護。特に、権利擁護の主張。

アド ホック【ラテン ad hoc】特にこのための。特別に。この問題に限る。▷日常的なものに対して、臨時的・専門的なものに用いる。

アトマイザー【atomizer】噴霧器。香水吹き(スプレー付きの香水容器)など。

アトミック【atomic】原子の、原子力の、の意。

アドミッション【admission】①(入場・入会・入学・入国などの)許可。②入場料。

アドミッション オフィス【admissions office】大学で、選抜も含めた入学業務全般を担当する専門部局。AO。→AO入試

アドミッション ポリシー【admissions policy】大学などが入学希望者に対して提示する募集方針。大学の理念や教育の目標に照らして、求める学生像などを示す。学生受け入れ方針。入学者受け入れ方針。▷アドミッ

ションは(入学)許可の意。

アドミニストレーション【administration】統治。行政。管理。

アドミニストレーター【administrator】管理者。行政官。→システム-アドミニストレーター

アドミン【admin】アドミニストレーター(管理者)・アドミニストレーション(管理)の略。

アトム【atom】①ギリシャ思想における「原子」。②近代自然科学における「原子」。▷ギリシャ語 atomos (分割できないもの、の意)に由来。

アトモスフィア【atmosphere】①大気。空気。②雰囲気(ふんいき)。気分。

アトラクション【attraction】①主となる催し物に添えて行う、客を集めるための出し物。余興。②人をひきつける力。

アトラクティブ【attractive】人の心をひきつけるさま。魅力的。

アトラス【Atlās】①ギリシャ神話の巨人神。ティタン神族の一人。オリンポスの神々との戦いに敗れ、罰として世界の西の果てで天空を支える役を課せられた。②(atlas)世界地図帳。▷メルカトル以来、地図帳の巻頭にアトラスの絵を描いたことから。

アト ランダム【at random】任意に選び出すさま。無作為にするさま。手当たり次第。アット-ランダム。

アトリウム【ラテン atrium】①古代ローマの住宅建築で、入り口の奥にある中庭風の広間。また、中世のバシリカ式教会堂の、柱廊に囲まれた前庭。②現代建築で、建物の内部に設けた中庭風の広場。総合設計制度のもとで公開空地とされる。

アトリエ【フランス atelier】①画家・彫刻家などの仕事部屋。画室。工房。スタジオ。②師匠とその弟子たちからなる芸術家の集団。③写真を撮影する部屋。スタジオ。

アトリビュート【attribute】①属性。特性。②神像・人物像などで、その神格や人物を表すのに不可欠とされる特徴や持物(じもつ)。また、象徴的にある神や人物を表すときの表徴。

アド リブ【ad lib】①ジャズで、一定のコード進行やテーマに基づいて、演奏者が即興的に行う演奏。インプロビゼーション。②演劇・放送で、出演者が台本にない台詞(せりふ)や演技を即興ではさむこと。また、その台詞など。

アドレス【address】①住所。宛て名。②ゴルフで、クラブをかまえて打つ姿勢をとること。③コンピューターで、メモリー(記憶装置)中の位置を識別するための数字。番地。④メール-アドレス・URL・IP アドレスなどの略。

アドレス バー【address bar】ウェブ-ブラウザーで、現在閲覧しているウェブ-ページのURL表示や、閲覧しようとするページのURL入力などを行う欄。ロケーション-バー。URLバー。▷この欄でウェブ検索を可能にするブラウザーもある。→URL

アドレス ホッパー【和製 address ＋ hopper】新 定住地を設けずに、各地の宿泊施設などを移動しながら生活や仕事をする人。

アドレセンス【adolescence】子供から大人への移行期。

アドレナリン【adrenaline】副腎髄質から分泌されるホルモン。血糖量を高める作用をもち、インシュリンと拮抗(きっこう)的に働いて血糖量の調節を行う。また、心臓の働きを強めて血圧を上げ、気管を拡張させる。強心薬・止血薬・喘息(ぜんそく)鎮静薬として利用。エピネフリン。→ノルアドレナリン

アトロピン【atropine】ハシリドコロ・チョウセンアサガオなどのナス科植物の葉や根に含まれるアルカロイド。副交感神経を抑制し、瞳孔(どうこう)散大薬・鎮痙(ちんけい)剤として用いられる。

アナ アナウンサーの略。

アナーキー【anarchy】①政府が機能しないで、社会秩序が混乱した状態。無政府状態。②社会の秩序や権威から自由なさま。

アナーキスト【anarchist】無政府主義者。アナキスト。

アナーキズム【anarchism】無政府主義。アナキズム。

アナウンサー【announcer】テレビやラジオ放送で、ニュースを報じたり、番組の司会や実況を行うことを職とする人。競技場・劇場・駅などの告知係をもいう。アナ。

アナウンス【announce】①マイクを通じて情報や連絡事項などを放送すること。②公式に発表すること。

アナグラム【anagram】言葉を綴(つづ)りかえて、元とは別の意味にすること。また、その遊び。

アナクロ アナクロニズム(anachronism)の略。その時代の一般的な流れに逆行していること。時代錯誤。

アナザー【another】「別の」「もう一つの」の意。

アナフィラキシー【ドイツ Anaphylaxie】抗原抗体反応の一。ある抗原で免疫を得た生体が、同じ抗原の再投与に対してショック症状などの過敏な反応を示すこと。

アナライザー【analyzer】①分析・解析をするための装置。②放送番組に対する視聴者の好みや反応を調査分析する記録装置。③教育機器の一種。生徒に反応ボタンを操作させ、正答率などを

分析する装置。

アナリシス【analysis】分解。分析。解析。

アナリスト【analyst】事象を分析し判断する専門家。精神分析医や証券アナリストなど。㊟分析家

アナリティクス【analytics】データ、統計を計算的に分析すること。

アナル【anal】肛門。アヌス。

アナログ【analog】①物質・システムなどの状態を連続的に変化する物理量によって表現すること。②先端的、電子的なありようとは逆に、直感や感覚的なものに重きをおき、より人間的であるさま。時代遅れであるさま。→デジタル

アナログ ゲーム【和製 analog＋game】新 コンピューターを使わないゲームの総称。カードゲームやボードゲームなど。

アナログ レコード【和製 analog＋record】新 レコード盤のこと。CD(コンパクトディスク)などのデジタル媒体に対して言う。

アナロジー【analogy】①似ている点をもとにして他の事を推し量ること。②論理学で、両者の類似性に基づいて、ある特殊の事物から他の特殊の事物へと推理を及ぼすこと。類比推理。類推。

アニー賞【Annie Award】国際アニメーション-フィルム協会(ASIFA)が、毎年1回、優秀なアニメ作品などに対して贈る賞。映画部門とテレビ部門があり、各々に作品賞や監督賞などを設ける。「アニメのアカデミー賞」との異名ももつ。1972年創始。

アニオン【anion】陰イオン。

アニサキス【ラテン Anisakis】回虫目アニサキス属の線虫の総称。成虫は体長5~20センチメートルで、イルカなどクジラ類の胃に寄生する。幼虫は第一中間宿主のオキアミ類を経て第二中間宿主の魚類やイカに寄生し、体長2センチメートルほどに育つ。魚類の生食に伴い人間の体内に入ると胃や腸壁に侵入して時に激痛や嘔吐(おうと)などを起こす。

アニソン ⇨アニメ-ソング

アニバーサリー【anniversary】記念日。記念祭。

アニマ【ラテン anima】①ユングの用語。男性の心にある無意識的な女性的傾向。→アニムス ②霊魂。

アニマル【animal】動物。

アニマル ウエルフェア【animal welfare】新 動物福祉。人間が動物を利用するのはやむを得ないが、動物が受ける苦痛は最小限に抑制するという考え方。アニマルライトへの反動から生まれた概念。家畜福祉。

アニマル セラピー【animal assisted therapy】動物との交

流によって、心理的・生理的・社会的効果をもたらす療法。AAT。

アニマル フリー【animal free】動物由来の素材を使用しないこと。ファッション、化粧品、食品などの分野で言われる。

アニマル ホーダー【animal hoarder】適正な飼育環境を保てないほど、過剰な数の動物を飼う人。

アニミズム【animism】事物には霊魂(アニマ)など霊的なものが遍在し、諸現象はその働きによるとする世界観。精霊崇拝。

アニムス【ラテン animus】ユングの用語。女性の心にある無意識的な男性的傾向。→アニマ①

アニメ アニメーションの略。

アニメーション【animation】動作や形が少しずつ異なる多くの絵や人形を一齣(ひとこま)ずつ撮影し、映写した時に画像が連続して動いて見えるようにするもの。ビデオ-レコーダーによるものやコンピューター-グラフィックスを応用するものもある。

アニメーションGIF(ジフ)【animated GIF】GIF と呼ばれる画像ファイル保存方式のうち、ごく簡易なアニメーション(音声なし)を表示できる仕組み。またこの仕組みを用いた画像ファイル。標準的なウェブ-ブラウザーで表示できる。アニメ GIF。→GIF

アニメーター【animator】アニメーションの絵を描く人。また、アニメーションの製作者。

アニメ ソング【和製 animation＋song】アニメーション作品の主題歌・挿入歌・イメージ-ソングの総称。広義には、特撮作品・ビデオ-ゲームで使用される楽曲や、声優などが歌う楽曲も含まれる。アニソン。

アニュアル【annual】年鑑。年報。

アヌス【ラテン anus】肛門(こうもん)。

アネクドート【anecdote】①逸話。奇談。②(ロシア anekdot)特にロシアで、鋭い風刺や体制批判を含んだ政治的な一口噺(ひとくちばなし)。旧ソ連や東欧の社会主義体制下で、検閲をかいくぐって盛んになった一種の民衆的フォークロア。

アネックス【annex】①付録。②別館。

アノード【anode】①媒質中に入れた一対の電極のうち、酸化反応の起こる電極。電気分解の場合の陽極。電池の場合は負極。②電子管(真空管)の電子を吸収する電極。プレート。陽極。→カソード

アノテーション【annotation】①文章の意味や語句について加えられる説明。本文に付け加えられる補足的な解説。注釈。注解。②データに注釈としてメタ-データを付与すること。特に、人

工知能の分野で使用される教師用データ作成のために元データに注釈を付与することをいう。

アノニマス【anonymous】作者不詳の。匿名の。

アップデート 言論の自由とネットの公正利用を標榜する「国際的ハッカー集団の名称」として有名です。アラブの民主化運動(2010年~11年)で、情報統制を行う政府組織へサイバー攻撃を行ったことでも知られます。その実態は匿名掲示板を通じて結びついた個人同士のネットワークだとされています。

アノマリー【anomaly】株式市場などでの経験則。理論では説明できないが経験的には説明できる市場変動の法則。▷原義は例外・変則などの意。

アノミー【フランスanomie】個人や集団相互の関係を規制していた社会的規範が弛緩(しかん)または崩壊したときに生ずる混沌(こんとん)状態。デュルケームが概念化した語。

アノレクシア【anorexia】食物をとることを拒否する症状。思春期の女性の神経性食欲不振症(思春期やせ症)に典型的にみられる。拒食症。

アパート 一棟の建物の内部をいくつかに仕切り、それぞれ独立した住居として貸すもの。共同住宅。▷アパートメント-ハウス(apartment house)の略。

アバウト【about】おおまかな。大ざっぱな。▷英語の「おおよそ」「大体」などの意からの転用。

アパシー【apathy】①ストア派がめざした精神的境地。本能や情感に乱されない無感動な心の状態。②政治的無関心。③勉学や仕事などへの意欲が乏しく、無気力な状態。無気力症。▷「パトスが無いこと」の意。

アバター【avatar】①ヒンドゥー神話で、この世に現れた神の化身。②インターネット上で、顔・髪形・服装・持ち物などを自由に選択してつくったオリジナルのキャラクター。自分の分身として、ネットワーク-ゲームやチャット-ルームなどで利用する。

アパタイト【apatite】リン酸カルシウム(フッ素・塩素などを含む)を主成分とする鉱物。骨や歯の主要構成物。褐色・緑色・灰色、多くは半透明。人工的にも合成され、人工骨・歯の材料とし、また感ガス・感湿センサーとして用いる。燐灰石(りんかいせき)。

アパッチ【Apache】①アメリカ合衆国のアリゾナ・ニューメキシコなどの州に居住するネーティブ-アメリカンの一民族。最後まで国家支配に抵抗。②WWWサーバーを構築するためのソフトウエアの一。フリー-ソフトウエアとして流通している。▷オープン-ソフトウエア運動の中で多くの改良(a patch)が加えられてきたことからの称。③アメリカ軍の攻撃ヘリコプターの名称。

アパルトヘイト【アフリカーンス apartheid】南アフリカ共和国がかつてとっていた人種差別政策。▷隔離の意。

アパルトマン【フランス appartement】アパート。

アパレル【apparel】服装。衣類。衣服。衣料。特に、既製服。▷服装の意。

アバン ギャルド【フランス avant-garde】①第一次大戦前後にヨーロッパに起こった芸術上の革新運動。主に抽象主義とシュールレアリスムをさす。前衛派。②特定の流派に限らず、表現・手法・芸術観の急激な変革を求める芸術精神。前衛芸術。③革新的な芸術活動を行う人。前衛。▷軍隊用語で、前衛部隊の意。

アバン ゲール【フランス avant-guerre】①第一次大戦前の芸術上の思潮。自然主義・現実主義・印象主義など。戦前派。②第二次大戦前に成人し、その思想・生活態度を身につけている人。戦前派。▷戦前の意。

アバン タイトル【和製フランス avant-＋英 title】映画やドラマで、タイトルが出る前に流すシーンのこと。

アバンチュール【フランス aventure】危険な恋愛。恋の火遊び。▷冒険の意。

アヒ【ハワイ ahi】鮪(まぐろ)。

アピアランス【appearance】①出現。出演。出廷。②外観。形勢。

アヒージョ【スペイン ajillo】タパスの一。魚介や野菜などを、にんにく入りのオリーブ油で煮込むスペインの小皿料理。具材をそのまま食べるほか、煮汁のオリーブ油にパンなどを浸して食べる。→タパス

アピール【appeal】①人々に訴えかけること。②訴えかける力。魅力。③運動競技で、選手が審判の判定に不服を申し立てること。▷アッピールとも。

アビタシオン【フランス habitation】アパート・団地などの名称に用いられる語。▷住む・住居の意。

アビューズ【abuse】①(権力・薬物などの)乱用、悪用。②誤用。③虐待。

アビリティー【ability】能力。技量。才能。

アピる 若者語で、アピールする。「好きな人に自分を—・る」

アフィリエート【affiliate】加入すること。提携すること。

アフィリエート プログラム【affiliate program】インターネット上のバナー広告からアクセスしてきたユーザーが買物をした場合、その金額に応じて広告主が広告の掲載者に対して報酬を支払うシステム。アソシエート-プ

ログラムとも。

アブー【アラビア Abū】アラビア語で「～の父」の意。例えば、アブー=バクルはバクルの父。

アフォーダブル【affordable】値段が手頃な。「―な価格」

アフォーダンス【affordance】知覚心理学者J.ギブソンの理論。環境の意味や価値は認識主体によって加工されるのでなく、環境からの刺激情報のうちにすでに提供され、固有の形をとっているという思想。

アフォリズム【aphorism】簡潔な表現で人生・社会などの機微をうまく言い表した言葉や文。金言。警句。箴言(しんげん)。「芸術は長く、人生は短し」の類。

アフガン【Afghan; afghan】①「アフガニスタンの」「アフガニスタン人(語)」の意。②毛糸で編んだ、柔らかい毛布・肩掛けなど。③アフガニスタンの略称。

アフガン編み 手編みの一種。先がかぎになった棒針を用いる、かぎ針編みと棒針編みの混合された編み方。

アブサン【フランス absinthe】リキュール酒の一種。ニガヨモギを主成分とした、アルコール分70％前後の緑色の洋酒。アブサン。アブサント。

アブストラクト【abstract】①文献などの、要約・抜粋。②抽象的なさま。→コンクリート

アフタ【aphtha】口腔粘膜に生ずる小さい有痛性の白斑状糜爛(びらん)。原因不明の再発性のものが多い。

アフター【after】①他の外来語に付いて「あとの」「のちの」などの意を表す。②飲み物や食べ物の香りや風味などの後味。③接客業の店員が終業後に客と飲食などに同伴すること。

アフターケア【aftercare】①患者の健康管理を行いつつ、社会復帰をするためのプログラム。②アフター-サービスに同じ。

アフター コロナ【after corona】新 コロナウイルス感染症COVID-19の世界的感染拡大(2020年)よりも後の時代。感染拡大が人々の価値観・行動などに大きな変化をもたらしたとする観点からいう。ポスト-コロナ。▷英語ではpost-COVIDなどの表現がより一般的。

アフター サービス【和製 after＋service】売った商品の修理や手入れについて、売り手が消費者に一定期間奉仕すること。

アフター ピル【和製 after＋pill】ECP(緊急避妊薬)の俗称。モーニング-アフター-ピルの略。

アフター ファイブ【和製 after＋five】①仕事を終えた後のプライベートな時間。▷一般に午後5時が終業であることから。②夜の集まりのための服装。夜の

フォーマル-ウエア。アフター-シックス。アフター-ダーク。

アフターマーケット【after-market】修理や管理など、商品販売後に生じる各種のサービス需要に対する市場。アフタービジネス。

アブダクション【abduction】①仮説的推論。②誘拐。

アプデ 新 アップデートの略。

アブノーマル【abnormal】正常な状態ではないさま。病的。変態的。→ノーマル

アプライ【apply】適用すること。申し込むこと。

アプライアンス【appliance】インターネットへの接続が可能な、パソコン以外の機器の総称。携帯電話・ゲーム機・情報家電など。インターネット-アプライアンス。▷装置の意。

アプリ 新 アプリケーション-ソフトウエアの略。特に、スマートフォンやタブレット用のものをいう。→アプリケーション-ソフトウエア

ア プリオリ【ラテン a priori】生物学・心理学などで、ある機能が生得的に与えられていること。また哲学では、認識・概念などが後天的な経験に依存せず、それに論理的に先立つものとして与えられていること。▷「より先のものから」「先天的」の意。→ア-ポステリオリ

アフリカ開発会議【Tokyo International Conference on African Development】アフリカの開発をテーマとする国際会議。日本政府、国連、アフリカのためのグローバル連合、世界銀行が共催し、アフリカ諸国、アジア諸国、援助国、国際機関などが参加している。1993年(平成5)以降、5年ごとに開催。TICAD。

アフリカ連合【African Union】2002年に、アフリカ統一機構(OAU)を改組して設立された、アフリカの地域的国際機構。アフリカ各国の政治的・経済的・社会的な連合を目指す。安全保障上の相互監視機構も有している。AU。

アプリケーション【application】①適用。応用。②申し込み。申請。③ ⇨アプリケーション-ソフトウエア

アプリケーション サービス プロバイダー【application service provider】サーバーにERP(統合業務用パッケージ)などのアプリケーション-ソフトを導入し、ユーザーにネットワークを介してそのソフトを利用させるサービス事業者。ユーザーはソフト更新や管理の手間を省くことができる。アプリケーション-ホスティングともいう。ASP。

アプリケーション ストア【application store】あるプラットホームの利用者を対象に、専用

アプリケーション-ソフトの閲覧およびダウンロード環境を提供するサービス。多くスマートフォンについていう。

アプリケーション ソフトウエア【application software】ワープロ-ソフト・表計算ソフトなどのように、特定の仕事をするためにつくられたソフトウエア。アプリケーション-ソフト。アプリケーション-プログラム(AP)。

アプリケーター【applicator】塗布や装着のために用いる器具。

アプリコット【apricot】杏(あんず)。

アプレ ゲール【フランスaprès-guerre】①第一次大戦後フランスやアメリカなどで興った風俗革命・新芸術運動。②戦後派。日本で、第二次大戦後、野間宏・中村真一郎などが旧世代の文学者と自らを区別するために用いたが、のちには無責任・無軌道な若者たちをもさすようになった。アプレ。▷戦後の意。

アフ レコ【和製 after＋recording】映画・テレビで、画面だけを撮影し、あとから台詞(せりふ)や音などを録音すること。ポスト-スコアリング。

アプレット【applet】小形のアプリケーション-ソフト。特に、プログラミング言語 Java で書かれた特定目的のための小さなプログラムをいう。▷ application＋-let(小さい意)から。

アフロ【Afro】①アフロ-ヘアの略。パーマをかけてちりちりに縮らせ、丸く刈りそろえた髪形。②他の外来語に付いて、「アフリカ(人)の」の意を表す。

アプローチ【approach】①ある目的のために人に近づくこと。親しくなろうとすること。②学問・研究などの、対象に接近すること。また、接近のしかた。研究法。③道路・門から建物・玄関口までの通路または導入室間。④ゴルフで、グリーン上のホールをめがけて打つ寄せ打ち。アプローチ-ショット。⑤スキーのジャンプ競技や陸上競技の走り幅跳びで、スタートから踏み切るまでの間。⑥登山で、目的の山の山域に至るまでの行程。

アフロディテ【Aphroditē】ギリシャ神話のオリンポス十二神の一。恋愛・美・豊饒(ほうじょう)の女神。ゼウスとディオネの娘とされるが、海の泡から生まれたともいわれる。ローマ神話のウェヌス(英語名ビーナス)と同一視された。

アベイラビリティー【availability】コンピューターで、システムの性能の度合い、または稼働率のこと。値が大きいほどアベイラビリティーが高いことを示す。可用性とも。

アベイラブル【available】利用できること。入手可能なこと。

ア

アペタイザー【appetizer】食欲をそそるための、食前酒や軽い前菜など。アピタイザー。

アベック【フランスavec】①男と女が二人連れであること。二人連れの男女。②二つのものが、同時に同じことをすること。「男女チームが一で優勝」▷「…とともに」の意。

アヘッド【ahead】球技などで、得点の上で先行していること。リード。

アベニュー【avenue】大通り。並木道。街路。

アベノミクス【Abenomics】新 安倍政権が2013年(平成25)に掲げた経済政策。長引く円高・デフレ不況から脱却し、雇用や所得の拡大をめざすとする。大胆な金融政策、機動的な財政政策、民間投資を喚起する成長戦略の3つの柱(3本の矢)からなる。▷安倍政権の「アベ」と経済を表す「エコノミックス(economics)」から。

アペリティフ【フランスapéritif】食欲をそそるため食前に軽く飲む酒。シェリー・ベルモット・マデイラ酒など。食前酒。

アベレージ【average】①平均。標準。②競技成績や能力の平均値。野球の打率、ボウリングの平均得点、ゴルフの平均打数など。

アペロ【フランスapéro】アペリティフ(食前酒)の略。

アベンジャー【avenger】仇(かたき)を討つ人。

アペンディックス【appendix】付録。追加。補遺。

アペンド【append】コンピューターで、作成済みのファイルにデータを追加すること。→インサート③

アポイント アポイントメント(appointment)の略。面会・会合の約束。アポ。

アボート【abort】コンピューター-プログラムの実行中に、故障やエラーなどによりプログラムの実行が不可能になり、データ処理を中断すること。

アボカド【avocado】クスノキ科の常緑高木。中米原産。果実は黒緑色または緑色の洋梨形または楕円形で、中に大きな種子が1個ある。果肉は黄緑色のチーズ状で、脂肪・タンパク質を含み、生食される。ワニナシ。▷アボガドとするのは正しくない。

アボガドロ定数 炭素12の12グラム中に含まれる炭素原子の数。1モルの物質中に存在するその物質の構成粒子(原子・分子・イオン)の個数に等しい。$6.02214076 \times 10^{23} mol^{-1}$ 記号 N_A または L ▷イタリアの物理学者・化学者アボガドロ(A. Avogadro)にちなむ。

アポカリプス【apocalypse】①天啓。黙示。②(the Apocalypse)新約聖書のヨハネ黙示録。

アポクリファ【Apocrypha】聖書の正典に入っていないキリスト教およびユダヤ教の典籍。聖書外典。

ア ポステリオリ【ラテン a posteriori】一般に何らかの機能の発生が生得的ではなく、経験・学習によって得られること。認識論では、認識・概念などが経験を根拠にして成り立っていること。▷「より後のものから」「後天的」の意。→ア-プリオリ

アポストロフィ【apostrophe】ローマ字表記で、文字の右肩に付けられる「'」の記号。英語では縮約形や所有格であることなどを表す。

アポ電 ①営業で面会を取り付けるための電話。②犯罪者が詐欺や強盗などの下調べや下準備を目的として、身内・警察・役所職員・銀行員などになりすまして対象者にかける電話。▷アポはアポイントメント(約束・面会)の略。

> アップデート この言葉が最初に有名になったのはゼロ年代後半のこと。当時は振り込め詐欺の犯人が被害者に接触するための手法として知られていました。しかしながら2018年(平成30)ごろから、強盗犯による事前接触の手法としても有名に。残念ながら19年にはアポ電強盗による殺人事件まで起こっています。

アポトーシス【apoptosis】細胞が自己のもつプログラムにより、計画的に脱落死する現象。オタマジャクシの尾の変態などにみられる。壊死(えし)とは区別される。

アポリア【ギリシャ aporia】問題を解こうとする過程で、出合う難関。難問。哲学では、同じ問いに対して二つの合理的に成り立つ、相反する答えに直面すること。論理的難点。▷「道がないこと」の意。

アボリジニ【Aborigine】ヨーロッパ人の渡来前からオーストラリア大陸に居住していた民族の総称。▷先住民の意。ヨーロッパ人による通称。アボリジニー・アボリジンとも。

アポロン【Apollōn】ギリシャ神話のオリンポス十二神の一。ゼウスとレトの子で、アルテミスの双生の兄。音楽・詩歌・弓術・予言・医術・家畜の神。フォイボス(光り輝く者、の意)ともよばれ、太陽神ヘリオスと同一視されることもある。崇拝の中心地であったデルフォイにおける神託は古代ギリシャ人の行動の重要な指針とされた。ラテン語形はアポロ。

アマゾン【Amazon】ネット通販・ウェブ-サービス・電子書籍・動画配信などを手がける大手IT企業。1994年設立。

アマチュア【amateur】芸術・学問・スポーツなどを、職業ではなく、趣味や余技として行う人。素人。愛好家。アマ。→プロフェッ

ショナル

アマチュアリズム【amateurism】主にスポーツの世界で、営利を考えず、純粋にスポーツを楽しもうとする考え方。アマチュア精神。

アマビエ 新 江戸後期、肥後国(ひごのくに)に現れたとされる半魚人の妖怪。疫病の際は自分の姿を人々に見せよと告げたと伝わる。2020年(令和2)に起こったCOVID-19(コビッドナインティーン)のパンデミックの際、イラストなどの創作が流行した。

アマルガム【amalgam】①水銀と他の金属との合金の総称。スズや銀のアマルガムは歯科治療に用いる。▷白金・鉄・ニッケル・コバルト・マンガンなどはアマルガムにならない。②転じて、異なったものが融合したようすをたとえていう。

アマレット【イタリアamaretto】イタリアのミラノ周辺でつくるリキュール。アーモンドに似た香味を有する。食後酒やカクテル材料のほか、カフェ-アマレットとしてコーヒーにも入れる。

アミ【フランスami; amie】親しい友人。また、愛人。

アミーゴ【スペインamigo】友達。友人。仲間。

アミド【amido】①アンモニアの水素原子を、アシル基で置換してできた化合物の総称。置換された水素原子の個数によって第1級アミド・第2級アミド・第3級アミドとよぶ。酸アミド。②アンモニアまたはアミンの水素原子を金属原子で置換してできた化合物の総称。金属アミド。

アミノ【amino】①1価の基$-NH_2$の名称。②アミノ基に関連していることを表す語。

アミノ酸【amino acid】塩基性のアミノ基と酸性のカルボキシル基とをもつ有機化合物の総称。タンパク質の構成単位で、タンパク質を加水分解して得る。アミノ基とカルボキシル基が同一の炭素原子に結合したα-アミノ酸が最も重要で、タンパク質を構成するアミノ酸はすべてα-アミノ酸である。グリシン・アスパラギン・グルタミン酸・リシンなどが代表的なもの。

アミューズ【amuse】楽しませること。面白がらせること。

アミューズメント【amusement】娯楽。遊戯。案 娯楽

アミューズメント パーク【amusement park】遊園地。→テーマ-パーク

アミュレット【amulet】お守りとする装飾品。

アミラーゼ【ドイツAmylase】デンプンやグリコーゲンを加水分解してマルトース(麦芽糖)やグルコース(ブドウ糖)を生成する酵素の総称。植物・動物・微生物に広く

存在し、動物では消化酵素として重要。

アミロイド【amyloid】アミロイドーシスで種々の器官に沈着する物質。類デンプン質。類デンプン体。

アミロース【amylose】アミロペクチンとともにデンプンの構成成分。数百個のブドウ糖が鎖状につながったもので、普通のデンプン中に20〜30％含まれている。ヨウ素デンプン反応により濃青色を呈する。

アミン【amine】アンモニアの水素原子をアルキル基などの炭化水素基で置換した形の化合物の総称。置換された水素原子の数により、第1級アミン・第2級アミン・第3級アミンに分類される。炭素数の少ない鎖状のアミンは生物体が腐敗する際に生じ、その悪臭の原因となる。化学合成上重要な物質。

アムール【フランス amour】愛。愛情。恋愛。

アムネスティ インターナショナル【Amnesty International】政治権力による人権侵害から人々を守るための民間の国際的人権擁護団体。「良心の囚人」の釈放、死刑・拷問の廃止、難民の保護などを目的とする。1961年創立。国際事務局はロンドン。AI。▷アムネスティは、恩赦、特赦の意。

アメージング【amazing】驚くべきさま。

アメーバ【ドイツ Amöbe】原生動物肉質綱、根足虫類の一群。体は1個の細胞からなり、分裂してふえる。大きさは0.02〜0.6mm。一定の形をもたず、葉状の仮足を出して運動する。淡水・海水・土壌中にすむが、寄生するものもある。アミーバ。

アメコミ　アメリカの漫画。カラー印刷の薄い月刊誌で単独の作品を連載することが多い。作品やキャラクターの著作権は、出版社に帰属する。スーパー-マンなどの作品が世界的に有名。▷アメリカン-コミックの略。

アメシスト【amethyst】紫水晶。▷アメジストとも。

アメショー　アメリカン-ショートヘア(ネコの一品種)の略。

アメダス　⇨AMeDAS

アメトラ　アメリカン-トラディショナル(ファッションの一分野)の略。

アメニティー【amenity】①快適さ。喜ばしさ。②都市計画がめざす居住環境の快適性。数量的に捉えにくい歴史的環境や自然景観などにも配慮した総合的な住み心地の良さ。③生活を快適にする施設・設備。文化施設。④ホテルなどの設備や調度の総称。また、客室内の備品の総称。案快適環境／快適さ

ア

アメラジアン【Amerasian】アメリカ人とアジア人を両親にもつ子ども。特に日本では、アメリカ軍人および軍属と日本人女性との間に生まれた二重国籍児をさす。▷American と Asian から。

アメリカーノ【Americano】エスプレッソに湯を加えてつくるコーヒー。

アメリカナイズ【Americanize】アメリカ化すること。アメリカ風になること。

アメリカン【American】他の外来語の上に付いて、「アメリカの」「アメリカ人の」「アメリカ式の」の意を表す。

アメリカン ドッグ【和製 American ＋ dog】串に刺したソーセージに甘味の衣を付けて、油で揚げた食べ物。

アメリカン トラッド【American trad】アメリカン-トラディショナルのこと。

アメリカン トラディショナル【American traditional】アメリカ東部の名門校の学生に多く見られる服装。アイビー-ルックやプレッピー-ルックなど。

アメリカン ドリーム【American dream】民主主義・自由・平等といった、アメリカ建国以来の理想。また、それを体現するアメリカの文化・社会。転じて、経済的・社会的な成功。

アモーレ【イタリア amore】①愛。恋。②愛する人。

アモルファス【amorphous】固体を構成する原子または分子・イオンが、結晶のような規則正しい配列をせずに集合している状態。また、そのような物質。非晶質。

アラート【alert】警報。また、警告のための音やメッセージ。

> アップデート 2021年(令和3)、環境省と気象庁が「熱中症警戒アラート」の発信を全国的に開始しました。気象庁の府県予報区等を単位として、熱中症の危険性が極めて高い(暑さ指数が33以上)と予測された際(前日17時と当日5時の1日2回)に発表される情報です。

アラーム【alarm】①警報装置。②目覚まし時計。

アライ【ally】①同盟国。連合国。②同盟者。協力者。盟友。味方。

アライアンス【alliance】①同盟。連合。提携。②企業連合。特に、航空産業での国際的な企業連合をいう。

アライメント【alignment】①一列に並べること。②機械装置のさまざまな部品を調節すること。

ア ラ カルト【フランス à la carte】メニューから好みの物を選んで注文する料理。一品料理。▷献立表によって、の意。→ターブル-ドート

アラカン 還暦を迎える60歳前後の年頃。また、その人。定年前後の人。アラ還。▷アラウンド還暦の略。この言葉がいわれ出した2008年(平成20)末時点では、団塊の世代が一部ここに含まれる。→アラサー・アラフィー・アラフォー

アラサー 30歳前後の年頃。また、その人。▷around 30(アラウンド-サーティー)の略。本来はコギャル文化を体験した世代の女性を指した。→アラカン・アラフィー・アラフォー

アラザン【フランスargent】砂糖とデンプンを混ぜて粒状にし、食用銀粉を付着させたもの。洋菓子の装飾に用いる。

アラビアータ【イタリアarrabbiata】赤唐辛子をきかせたトマト-ソース。イタリア料理でパスタ-ソースなどに用いられる。▷arrabbia-to(怒った、ぴりっとした)から。

アラビア数字 現在使用している算用数字。0・1・2・3…など。インドで考案され、アラビア人がヨーロッパに伝えたのでこの名がある。

アラブ【Arab】①アラブ人。②ウマの品種名。アラビア半島原産の乗用馬。サラブレッドより小柄で遺伝力が強く、世界各地の馬の改良に役立っている。スピードではサラブレッドに劣るが、耐久力に富む。アラビア馬。③アングロ-アラブ(Anglo-Arab)の略。ウマの品種名。フランスでアラブとサラブレッドを交配して作り出したウマ。性質がおとなしく、乗馬用として優れる。

アラフィー 50歳前後の年頃。また、その人。アラフィフとも。▷around 50(アラウンド-フィフティー)の略。2008年(平成20)末頃から言われるようになった。→アラカン・アラサー・アラフォー

アラフォー 40歳前後の年頃。また、その人。▷around 40(アラウンド-フォーティー)の略。アラサーをもじった語。もともとは2008年(平成20)頃、この世代であった女性(雇用機会均等法の第一世代)を限定的に指した。→アラカン・アラサー・アラフィー

アラブの春 2010年末から11年頃にかけてアラブ諸国で起こった反政府・民主化運動の総称。10年にチュニジアで起こったジャスミン革命が発端とされる。▷1968年の「プラハの春」になぞらえたとされる。→ジャスミン革命

アラベスク【フランスarabesque】①イスラム美術の装飾文様。偶像禁止の教義により、植物の蔓(つる)・葉・花の図案化、星形の展開など、対称性に富む文様が発達した。ルネサンス期以降のヨーロッパにも広まった。②①を思わせるような装飾的かつ技巧的な器楽

曲。③バレエで、片足で立ち、他の足を90度以上に開いて上げ、手を前後に伸ばすか両手を前に差し出したポーズ。

アラモード 【フランスà la mode】最新流行。また、その型。▷流行に沿って、の意。

アリア【イタリアaria】①オペラなどの劇音楽や宗教声楽曲で歌われる器楽伴奏つきの旋律的な独唱歌。詠唱。②演奏会用に作曲された抒情的な小歌曲や器楽曲。

アリアドネの糸 難問解決の手引き・方法。▷ミノタウロスを退治したテセウスにクレタ王ミノスの娘アリアドネ(Ariadnē)が糸玉を与えて迷宮を通り抜けさせたというギリシャ神話から。

アリーナ【arena】①古代ローマの円形劇場内の闘技場。一般には周囲に観客席のある競技場・演技場のこと。アレナ。②①の競技場部分に特設された観客席。

アリッサ 【アラビアharissa】 赤唐辛子・大蒜(にんにく)・植物油などでつくるペースト状の調味料。主に北アフリカの料理に用いる。ハリッサ。アリサ。

アリバイ【alibi】①犯罪などの事件が発生した時、被疑者がその事件の起こった現場にいなかったという証明。現場(げんじょう)不在証明。不在証明。②言い訳。取り繕うためのうそ。▷もとラテン語で「他の所に」の意。

アリラン 朝鮮の民謡。各地にあるが、いずれもアリランで始まり、哀愁に満ちた3拍子の曲。

アルカイダ【al-Qaeda】中東を拠点とする、イスラム過激派の国際ネットワーク。ウサマ=ビン=ラディンが1990年頃に創設。米国同時多発テロ事件(2001年)などを起こした。▷拠点・基地の意。

アルカイック 【フランスarchaïque】古拙な。古風な。アーケイック。▷美術発展の初期の段階、特に紀元前7世紀半ばから紀元前5世紀初めにかけてのギリシャ美術についていう。生硬・峻厳(しゅんげん)・素朴・生命力のたくましさなどをその様式的特色とする。

アルカイック スマイル 【archaic smile】古拙の微笑。ギリシャの初期の彫刻に特有の表情。唇の両端がやや上向きになり、微笑を浮かべたようにみえる。中国の六朝(りくちょう)時代や日本の飛鳥(あすか)時代の仏像にみられる同じ表情をもさす。アーケイック-スマイル。

アルカディア 【Arkadia】 ギリシャ南部、ペロポネソス半島中央部の山がちな地域。高山や峡谷で他の地域から隔絶され、古くから牧歌的理想郷の代名詞とされた。

アルカナ【arcana】新 ①秘密。神秘。②タロットの寓意札(大アルカナ)と数位札(小アルカナ)のいずれか。

アルカリ【オランダ alkali】水に溶ける塩基の総称。特に、水酸化ナトリウム・水酸化カリウムなどのアルカリ金属・アルカリ土類金属の水酸化物。 ▷もとアラビア語で「灰」の意。

アルカリ性 アルカリの示す性質。酸と作用して塩を生じ、赤色リトマス試験紙を青変、フェノールフタレインを赤変する。塩基性。

アルカロイド【alkaloid】植物体に含まれる窒素を含む塩基性の有機化合物。多くは酸と結合して塩になっている。毒性や特殊な生理・薬理作用をもつものが多い。タバコのニコチンや茶のカフェイン、ケシのモルヒネなど。植物塩基。

アルゴ【Argō】ギリシャ神話で、黄金の羊皮を求める英雄イアソンが、ギリシャ全土から集まった50人余の勇士を伴って黒海東端の地コルキスに遠征した時の乗船。人類最初の巨船とされ、その船首は人語を発したという。

アルコーブ【alcove】室内の壁面につくられたくぼみ。または、外側に張り出してつくられた付属的な小部屋。彫刻などの美術品を置くのに用いる。

アルコール【オランダ alcohol】①鎖式・脂環式炭化水素の水素原子をヒドロキシル(水酸)基で置き換えた化合物の総称。メタノール、エタノールがその代表的な例。無色、揮発しやすい液体で燃えやすく、有機物をよく溶かす。燃料・溶媒とするほか酒類や医薬の製造などに用いる。②(エタノールが主成分であることから)酒類のこと。

アルコール依存症 新 酒類を長期にわたって習慣的に飲用しているうちに、やめようとしてもやめられなくなる状態。胃腸炎症状、顔面や鼻の毛細血管の拡張、精神的・道徳的退廃などを生じ、禁酒すると禁断症状を起こす。慢性アルコール中毒。

アルコール ハラスメント【和製 alcohol＋harassment】飲酒の強要や酔ってからむ行為など、飲酒にまつわるさまざまないやがらせ行為の総称。アルハラ。

アルコール フリー【alcohol-free】新 飲食物・化粧品などで、アルコールが含まれていないこと。

アルゴリズム【algorithm】①計算や問題を解決するための手順・方式。②コンピューターのプログラムに適用可能な手続きや手順。▷もとは算用数字を用いた筆算のこと。アラビアの数学者アル=フワリズミの名にちなむ。

アルゴリズム取引 株式の売買において、株価や出来高などに応じ、コンピューター-システムが自

動的に注文する取引。→アルゴリズム

アルゴン【argon】希ガス元素の一。元素記号 Ar　原子番号 18。原子量 39.95。無色・無臭の気体。空気中に約 0.934％存在する。白熱電灯・蛍光灯などの充塡(じゅうてん)ガスに用いる。

アルジャジーラ【アラビア Al Jazeera】カタールの衛星テレビ局。アラビア語と英語によるニュースなどを放送する。1996 年設立。▷ the island(アラビア半島)の意。

アルタイル【Altair】鷲(わし)座のアルファ星。明るさ 0.8 等。地球からの距離 17 光年。夏の宵、天の川を隔てベガ(織女星)と対し、七夕にまつられる。中国名は牽牛(けんぎゅう)。彦星。

アルチザン【フランス artisan】①職人。②技術は優れているが、創造的精神の乏しい人。職人的芸術家。▷アルティザンとも。

アルツハイマー病 主として高齢期に発症し、記憶障害や見当識障害、パーソナリティー障害、失行症などが徐々に進行し、日常生活に支障を来すようになり、末期には全身が衰弱する。脳の広範な萎縮(いしゅく)が認められ、大脳皮質に老人斑などの変性が見られる。原因は不明。▷ドイツのアルツハイマー(A. Alzheimer［1864〜1915］)が報告。

アルティメット【ultimate】①究極の。最後の。②フライングディスクを使用する、アメリカンフットボールに似た競技。7 人構成のチームが攻撃と守備に分かれて対戦する。アメリカで考案。

アルデヒド【aldehyde】分子内にアルデヒド基をもつ化合物の総称。メチル基のついたアセトアルデヒドを単にアルデヒドということもある。酸化されてカルボン酸になる。還元性が強い。

アルテミス【Artemis】ギリシャ神話のオリンポス十二神の一。狩猟・月の女神、また誕生・多産の守護神。ゼウスとレトの娘、アポロンの双生の妹。美しい処女の猟人の姿をとる。ローマ神話のディアナ(英語名ダイアナ)と同一視される。

アルテミス計画 新　ナサ(NASA)が中心となって進めている月面探査計画。月面に人類の活動拠点をつくり、そこで持続的活動を行うことを目標とする。2019 年発表。▷計画名は月の女神アルテミスに由来。アポロ計画の由来となったアポロンとは双子の関係にある。

アル デンテ【イタリア al dente】少し歯ごたえの残るゆで加減のこと。主としてパスタの場合にいう。

アルト【イタリア alto】①低い音域の女声。また、その音域の声部や歌手。②多く管楽器で、アルトの音域の楽器。アルト-サクソフォーンなど。また、特にフランスでビオラの別名。▷「高い」の意。テノールより高いところから。

アルトコイン【altcoin】新 ビットコイン以外の暗号資産の総称。▷alternative coin(代替コイン)の略。

アルバイター【ドイツ Arbeiter】臨時雇いの労働者。アルバイト。バイト。→フリーター

アルバイト【ドイツ Arbeit】①学業や本業のかたわらに賃仕事をすること。内職。また、それをする人。バイト。②学問上の業績。③アルバイターに同じ。▷仕事・業績の意。

アルパカ【alpaca】①偶蹄目ラクダ科の家畜。体長2メートル、肩高1メートルほど。ラマに似るが毛が長い。主に毛を利用するために南アメリカのアンデス地方で飼育される。②①の毛の繊維から製した糸・織物など。光沢と弾力がある。

アルバトロス【albatross】①アホウドリ。②ゴルフで、そのホールの基準打数(パー)より3打少ない打数でホール-アウトすること。ダブル-イーグル。

アルバム【album】①写真・切手などを貼って保存するための帳面。②ブック型のレコード入れ。③いくつかの曲を集めてつくった作品集。

アルハラ ⇨アルコール-ハラスメント

アルヒ【モンゴル arkhi】モンゴルの蒸留酒。穀物を原料とするものと、家畜乳を原料とするものがある。

アルピニスト【alpinist】登山家。特に、専門的な技術を身につけて登山を行う人。

アルビノ【albino】動物で、先天的にメラニン色素が欠乏あるいは欠如している個体。白子(しらこ)。アルビーノ。

アルファ【alpha; A・α】①ギリシャ語アルファベットの第1字。②最初。はじめ。→オメガ ③野球で、最終回裏の攻撃が終了せずに後攻チームの勝利が決した時、未了の部分があることを表す符号。もとはαで、現在はXで表す。公式用語ではない。④基本となる数量に付け加える若干の量。

> アップデート 2015年10月、グーグルディープマインド社の人工知能「アルファ碁」とプロ棋士のイ・セドル九段が五番勝負に挑み、アルファ碁が4勝1敗で勝ちました。「人工知能がプロ棋士に勝つにはあと10年はかかる」と予想されたにもかかわらず、人工知能の実力を世界に知らしめた出来事でした。

アルファ ブロガー【alpha blogger】影響力をもつ読者が数多く訪れるブログの、執筆・運営者のこと。

アルファベット【alphabet】①

一定の順序に並べられた、西欧語の文字の総称。普通はローマ字をいう。▷ギリシャ文字の初めの２字α(アルファ)とβ(ベータ)とを合わせてよんだことから。②(Alphabet)IT企業大手のグーグルなどを傘下に持つ持株会社。2015年設立。

アルファルファ【alfalfa】マメ科の多年草。西アジア原産。栄養に富む良質の飼料作物。日本には明治初年にアメリカから渡来。芽生えたばかりのものをサラダなどにして食用とする。

アルブミン【albumin】動植物の細胞・体液などに含まれる一群の可溶性タンパク質の総称。単純タンパク質の一つ。水溶液を加熱すると変性して凝固する。卵の白身や血清・乳汁などに含まれる。卵白アルブミン・血清アルブミンなど。

アルペジオ【イタリア arpeggio】分散和音の一種。ピアノ・ハープシコード・ハープ・ギターなどで、一個の和音に属する各音を、連続的に速く奏すること。琶音。アルペッジョ。▷ハープを弾く、の意から。

アルペン【ドイツ Alpen】①アルプス。②(アルプス地方で発達したことから)スキー競技で、滑降・回転・大回転・スーパー大回転の4種目および、その複合競技。斜面を滑りおりる速さを競う。

アルマイト【和製 Alumite】アルミニウムの表面を、電解法などによって酸化させて酸化物の膜を作り、腐食しにくくしたもの。耐食性・硬さ・耐耗性・耐熱性が向上し、光沢が保持される。台所用品をはじめ多くの製品に利用される。もと商標名。

アルマゲドン【Armageddon】⇨ハルマゲドン

アルマナック【almanac】①ヨーロッパの伝統的な生活暦。日の出や日没時刻・月相・聖人祝日・祝祭などのほか、重要な歴史的事件や俚諺(りげん)も記載されている。②年鑑。イヤー-ブック。

アルマニャック【フランス armagnac】フランス南西部の旧アルマニャック地方で造られるブランデー。一般にコニャックに比べると辛口。

アルミ アルミニウムの略。

アルミナ【alumina】アルミニウムの精錬原料。白い粉末で、水に不溶の両性酸化物。研磨材・耐火材料としても使われる。天然には鋼玉やルビー・サファイア・金剛砂として産する。酸化アルミニウム。

アルミニウム【aluminium; aluminum】ホウ素族元素の一。元素記号Al　原子番号13。原子量26.98。比重2.70(20℃)。銀白色の軟らかくて軽い固体金属。加工しやすい上に、軽くて耐食性があるため、建築・化学・家庭用製品などに広く用いる。酸に弱い。

アレイ【array】整列。配列。

アレクサンドライト【alexandrite】金緑石の一。太陽光下で暗緑色、電灯光下で暗赤色を呈する宝石。アレクサンドル石。アレキサンドライト。▷アレクサンドル二世にちなむ称。

アレグロ【(イタリア)allegro】音楽の速度標語の一。「速い速度で、軽快に(演奏せよ)」の意。また、その速さで演奏する曲や楽章。

アレゴリー【allegory】ある物事を比喩(ひゆ)を用いて一つの話にまとめ風刺・教訓などを暗示的に表す文芸の技法。諷喩(ふうゆ)。寓喩(ぐうゆ)。

アレルギー【(ドイツ) Allergie】①ある種の物質の摂取または接触により生体内に抗体がつくられ、同じ物質の再摂取または再接触により抗原抗体反応が起きて病的症状が現れる状態。②ある物事を頭から拒否する心理的反応。

アレルゲン【allergen】アレルギー反応のうち、IgE 抗体が関与するものの原因になる抗原性物質。花粉・塵(ちり)や動物の毛など吸入性のもの、魚肉・鶏卵・牛乳など食物性のもの、金属・ゴムなど接触性のものなどさまざまある。

アレンジ【arrange】①並べること。整え、配列すること。②てはずを整えること。手配すること。③編曲すること。脚色すること。

アロイ【alloy】合金(ごうきん)。

アロエ【(オランダ)aloë】ユリ科アロエ属の多肉植物の総称。アフリカ原産。葉は剣状で、多く縁にとげがあり、互生または根生し、健胃・緩下・傷薬とする。観賞用・薬用に栽培。医者いらず。

アロケーション【allocation】割り当て。配分。

アロハ【(ハワイ) aloha】「こんにちは」「さようなら」の意の挨拶(あいさつ)言葉。

アロマ【aroma】香気。芳香。

アロマテラピー【aromatherapy】芳香性の物質を外用する治療・健康法。心理的作用が大きく、ストレスの緩和などに効果があるとされる。アロマセラピー。

アロマンティック【aromantic】新 他者への恋愛感情を抱かないこと。またその人。アロマとも。

アロワナ【arowana】オステオグロッスム目の淡水魚。体は側扁し、鱗(うろこ)が大きい。口は大きく、斜め上を向き、先端に２本のひげがある。体色は銀色で、虹色の輝きがある。観賞用の熱帯魚。南アメリカ大陸のアマゾン川流域などに分布。また、体形の似たレッドアロワナ・グリーンアロワナは東南アジアに分布。

ア

アワー【hour】時間。時間帯。他の外来語と複合して用いられる。

アワード【award】賞。賞品。アウォード。

アンインストール【uninstall】コンピューターにインストールされているソフトウエアを削除すること。→インストール

アンカー【anchor】①錨(いかり)。②リレーの最終走者・泳者。③綱引きで最後尾の人。④雑誌などで、取材記事を最終的にまとめあげる人。また、ニュース番組などの総合司会者。アンカー-パーソン。アンカー-マン。

アンガージュマン【フランス engagement】フランス実存主義の用語。状況に自らかかわることにより、歴史を意味づける自由な主体として生きること。▷関与・拘束の意。

アンガー マネージメント【anger management】新 自分自身に生じた怒りの感情をうまく制御すること。またそのための学習や訓練。

アンガス【Angus】新 ウシの1品種。スコットランド東部のアバディーンシャー州・アンガス州が原産。無角、黒色。食肉用として世界的に飼育されている。肉質が柔らかい。アバディーンアンガス。

アンカリング【anchoring】①視覚・聴覚などの感覚に対する刺激を利用して特定の感情を身体に記憶させ、再びその刺激を与えることでその感情を呼び起こすこと。②ゴルフにおいて、長尺・中尺パターを身体の一部に固定して打つこと。2016年1月より禁止となる。アンカーリングとも。▷アンカリングは錨(いかり)を下ろす意。

アングラ ⇨アンダーグラウンド②

アングラー【angler】釣り人。釣り師。

アンクル【uncle】おじ。おじさん。

アングル【angle】①角度。②カメラ-アングルの略。撮影するときのカメラの角度。③物の見方。観点。④かど。すみ。

アンクル パンツ【ankle pants】くるぶし丈のパンツ(ズボン)。

アンクレット【anklet】①足首につける飾り。②足首までの短いソックス。

アングロ【Anglo】イングランドの、英国(人)の、の意を表す接頭語。

アングロ サクソン【Anglo-Saxon】①5世紀頃よりドイツ北西部から移動、グレートブリテン島に定住したゲルマン民族の一派。現在のイギリス国民の多数を占める。②イギリス国民およびイギリス系の人々やその子孫。

アンケート【フランス enquête】①社会のいろいろな事柄や人々の意見などを調べるために、関係者や有名人に一定の質問形式で意見を問うこと。②街頭などで行う一定の質問形式による意見調査。▷調査・質問の意。

アンコー【暗刻】麻雀用語。手のうちで同一牌(パイ)が３つそろったもの。アンコ。▷中国語。

アンコール【encore】①音楽会で予定の演奏を終了したあと、客が演奏者に拍手や掛け声で追加の演奏を望むこと。また、その追加の演奏。②再上演。再放送。再上映。▷もう一度の意。フランス語の「アンコール」が英語で新しい意味となり、それが日本語の中に入った語。

アンゴラ【angora】アンゴラウサギ・アンゴラヤギの毛。▷アンカラの旧称から。→モヘア

アンコンシャス バイアス【unconscious bias】無意識の偏見。無意識の差別。

アンサー【answer】答え。返事。

アンサー ソング【answer song】既存の歌に対して、返答や反応として作られた歌。あるいはその後の展開として書かれた歌。

アンサング【unsung】▷原義は「歌われていない」の意。称賛されるべき人物なのに無名であること。「—ヒーロー」

アンサンブル【フランス ensemble】①合奏。合唱。重奏。重唱。②演奏団体。③合奏や演技の調和の具合。④組み合わせて着ることを意図してつくられた一そろいの服。スカートとブラウス、ワンピースとジャケットなど。⑤長着と羽織を同じ布地で仕立てた和服。

アンシャン レジーム【フランス ancien régime】革命以前の制度や社会。特に、フランス革命前の身分制度と封建特権のからみあった社会体制。旧制度。▷古い制度の意。

アンジュレーション【undulation】①起伏。うねり。②ゴルフ場のコース内の地面の起伏。

アンストラクチャー【unstructured】ラグビーで、攻守ともに陣形が崩れている状態。▷「構造化されていない」などの意。

アンセム【anthem】①イギリス国教会で用いられる礼拝用合唱曲。カトリック教会のモテットやドイツのプロテスタント教会のカンタータに相当する。②ある集団を象徴し、祝う曲。「ナショナル—」「サッカー—」「スポーツ—」

アンゼリカ【ラテン Angelica】セリ科の多年草。ヨーロッパのアルプス地方に自生。シシウドに似、芳香がある。茎を砂糖煮にし、洋菓子のデコレーションに使用する。

アンソロジー【anthology】一

定の主題・形式などによる、作品の選集。また、抜粋集。佳句集。詞華集。

アンダー【under】①写真で、露出または現像が不十分なため、画像が淡いこと。②他の外来語の上に付いて、「下」の意を表す。→オーバー ③下着。

アンダーグラウンド【underground】①地下の。秘密の。②商業性を無視した前衛芸術ないし実験芸術の風潮。また、その芸術。1960 年代のアメリカで映画を中心として興り、日本にも波及した。アングラ。

アンダークラス【underclass】下層階級。

アンダー コントロール【under control】支配下にあること。抑制・制御されていること。

アンダードッグ【underdog】新 勝ち目のない人。弱者。負け犬。

アンダー バー【under bar; _】下線符号。コンピューターで用いられる情報交換符号の一。ファイル名などで複数の単語を区切る際、空白符号(スペース)の代わりとして多用される。アンダー-スコア。

アンダーパス【underpass】立体交差で、鉄道や道路の下をくぐるように掘り下げている道路。

アンダーライン【underline】心覚えや注意をひくため、横書きの文章の必要な箇所の下に引く線。

アンタッチャブル【untouchable】①手をつけてはいけないこと。②インドのカースト制度のもとで、バルナ(四種姓)の外に置かれた最下層身分の人々の称。賤民(せんみん)扱いされてきた。1950 年、インド憲法の施行により法制度上、身分差別は廃止された。不可触民。

アンタレス【Antares】蠍座(さそりざ)のアルファ星。明るさ 1.0 等。地球からの距離は 500 光年。夏の宵、南天の地平線近くに見える赤い星。代表的赤色巨星。豊年星。中国名、大火・火。▷火星に対抗するもの、の意。

アンダンテ【イタリア andante】音楽の速度標語の一。モデラートとアダージョとの中間の速度。歩くくらいの速度。また、その速さで演奏する曲や楽章。

アンチ【anti】①名詞に付いて、「反対の」「…でない」「…に対する」などの意を表す。アンティ。②反対の態度をとる人。

アンチ エージング【anti-aging】老化を防止すること。多くの場合、若返りを目的にした医療・美容・整形などに対していわれる。抗老化。

アンチグレア【anti-glare】⇨ノン-グレア液晶

アンチテーゼ【ドイツ Antithese】

①ある理論・主張を否定するために提出される反対の理論・主張。②弁証法で、定立の命題を否定する命題。反定立(はんていりつ)。

アンチ ドーピング【anti-doping】ドーピングに対する反対運動。

アンチパターン【anti-pattern】問題への不適切な解決方法を分類した「べからず集」のこと。ソフトウエア開発やマネージメントなどの分野でいう。

アンチヒーロー【antihero】小説・ドラマなどで、一般的なヒーローの資質に欠ける主人公。英雄的でない主人公。

アンチモン【ドイツ Antimon】(ラテン stibium)窒素族元素の一。元素記号 Sb　原子番号 51。原子量 121.8。銀白色の固体金属で有毒。電気的には金属と非金属との中間の性質をもち、蓄電池用極板・軸受用合金・半導体材料などに用いる。アンチモニー。

アンチョビー【anchovy】地中海沿岸、ヨーロッパ近海、南アメリカ西岸などでとれるカタクチイワシに似た小魚。また、これを塩水に漬け、さらにオリーブ油に漬けた食品。

アン ツー カー【フランス en-tout-cas】特殊な粘土を高熱で焼いたレンガ色の土。多孔性で水はけがよい。また、それを使用した陸上競技場・テニス-コート。▷「すべての場合に」の意。

アンティーク【フランス antique】①古い物品。特に骨董(こっとう)品・古美術品・年代物の家具や装飾品など。②古風なさま。古風な趣。

アンティパスト【イタリア antipasto】イタリア料理で、スープやパスタの前に出る軽い料理。前菜。

アンティファ【ANTIFA】新 反ファシスト運動。またはその自律的な活動家ネットワーク。一部に急進的左派活動も見られる。赤または黒による２本の旗のロゴを用いることが多い。▷ anti-fascist の略。

アンテナ【antenna】①空間に電波を放射したり、空間を伝わって来た電波をとらえたりする装置。空中線。②(比喩的に)必要な情報をとらえる手段となるもの。

アンテナ ショップ【antenna shop】①新商品を試験的に売り出す小売店舗。消費者の反応を探るアンテナの働きをもつことからいう。パイロット-ショップ。②地方自治体が特産品を販売するために東京などに構える店舗。

アンド【and】「および」「そして」「…と」の意。

アントシアン【anthocyan】植物の花・葉・果実などに含まれる赤・青・紫などを呈する色素群の総称。色素であるアントシアニジンとその配糖体のアントシアニンの両者をさす。生体内では一般的に配糖体として存在する。

アントニム【antonym】反義語。対義語。→シノニム

アントルメ【フランスentremets】西洋料理で、食事の最後に出される甘い菓子や果物。

アントレ【フランスentrée】西洋料理で、魚料理の次に出す料理。主として鳥獣の肉を使ったもの。また、オードブルをいうこともある。▷入り口の意。

アントレプレナー【entrepreneur】新しく事業を起こす人。起業家。▷アントレプリナー・アントルプルヌールとも。

アントレプレナーシップ【entrepreneurship】新 起業家精神。また起業家としての資質・能力など。

アンドロイド【android】SFなどに登場するロボットや人工生命体のうち、外見のほか、思考や行動なども人間同様であるものの称。→ヒューマノイド

アンドロイド【Android】グーグル社が提供する、スマート-デバイス用の基本ソフト。商標名。

アントロポセン【Anthropocene】新 大気科学者のクルッツェン(Paul Crutzen)らが提唱している新しい地質時代。人類の活動を原因とする地質の変化に基づき、完新世(現行の最新時代)のあとに別の時代を設ける考え方。始まりの時期に議論があるが、20世紀中盤以降とする立場が有力。人新世(じんしんせい;ひとしんせい)。▷人(anthropo-)の世(-cene)の意。

アンドロメダ【Andromedā】ギリシャ神話に登場する女性。エチオピア王ケフェウスと妃カシオペイアの娘。怪物への生け贄(にえ)にされたとき、ゴルゴン退治後帰途についたペルセウスに助けられ妻となる。死後、夫・両親・怪物とともに星座となった。

アンニュイ【フランスennui】①退屈。倦怠(けんたい)感。②19世紀末のヨーロッパ文学にみられる憂鬱(ゆううつ)な感じ。③ものうげなさま。けだるいさま。憂鬱なさま。

アンノウン【unknown】知られていないさま。未知の。

アンバー【amber】琥珀(こはく)。琥珀色。

アンバー【umber】褐色の天然鉱物顔料。絵の具・塗料などの原料となる。

アンパイア【umpire】野球などの競技の審判員。

アンバサダー【ambassador】①大使。使節。②観光地・施設・商品などの魅力を紹介し、広報に協力する人。熱心なファン。

アンバランス【unbalance】釣り合いがとれていないこと。調和がとれていないこと。また、そのさま。不均衡。

アンビエント【ambient】周囲

の。大気の。環境の。

アンビエント ミュージック【ambient music】1970年代末にブライアン=イーノによって始められた環境音楽。人間を取り巻く外部環境の独特な雰囲気を表現するもの。リラクセーションや黙想などに用いられる。

アンビシャス【ambitious】大志をいだいているさま。大きな仕事を成し遂げようとする意欲にもえているさま。野心的。意欲的。

アンビバレンス【ambivalence】同一の対象に対して、愛と憎しみのような相反する感情や態度が同時に存在すること。両価性。両面価値。

アンビバレント【ambivalent】相反する感情や意見が同時にあるさま。また、相反する二つの特徴や状態が共存しているさま。

アンビュランス【ambulance】救急車。また、病人やけが人を運ぶ乗り物。

アンビリーバブル【unbelievable】信じられない。信じがたい。驚くべき。

アンプ アンプリファイアの略。

アンフィニ【フランス infini】無限。

アンフェア【unfair】不公平なさま。

アンフェタミン【amphetamine】覚醒剤の一。連用すると中毒性の疾患症状が現れ、不安や妄想を伴い、幻覚・錯乱症状を呈する。覚醒アミン。

アンプティ サッカー【amputee soccer】上肢または下肢の切断者や障害者が参加しやすいように工夫されたサッカー。7人でチームを組み、他のルールはサッカーと同様だが、移動に用いるクラッチ(杖)はボール操作には利用できない。アメリカ発祥。▷アンプティは手術で手足を失った人の意。

アンプラグド【unplugged】電気楽器を用いない演奏。▷プラグを必要としない、の意。

アンプリファイア【amplifier】増幅器(ぞうふくき)。アンプ。

アンプル【フランス ampoule】注射用の薬液などを密封するガラス容器。内容物を無菌・清浄の状態で保存できる。

アンブレラ【umbrella】傘。洋傘。

アンペア【ampere】SIの基本単位の一。また、電流のMKSA単位。大きさは電気素量を正確に1.602176634$\times 10^{-19}$C(クーロン)と定めることによって設定され、電気素量と秒の定義から導き出される。記号A ▷2018年11月改定され、2019年5月から導入された。

アン マッチ【和製 un＋match】新 ①不釣り合いなさま。不調和なさま。②不採用。

アンモナイト【ammonite】軟

体動物頭足類の化石動物。古生代のデボン紀に出現し、中生代の白亜紀まで繁栄した。現生のオウムガイに近縁で、平面的に巻いた螺旋(らせん)形の殻をもち、直径2センチメートルから2メートル以上まで種類が多い。海生で、種としての存続期間が短く、分布が広いので、示準化石とされる。アンモン貝。菊石。▷エジプトの太陽神アモンの角笛の意。

アンモニア【ammonia】鼻をつく強いにおいをもつ無色の気体。水に溶けやすく、塩基性を示す。また液化しやすい。硝酸・肥料(硫安など)・尿素樹脂など合成化学工業の原料に用いる。液体アンモニアは冷凍・製氷用冷媒に利用される。

アンラーニング【unlearning】新 学んだことを意識的に忘れること。過去の成功体験や知識、習慣を批判的思考により捨てること。

アンラッキー【unlucky】不運であるさま。

アンロック【unlock】解錠。解除。

イ

イーグル【eagle】①鷲(わし)。②ゴルフで、そのホールの基準打数(パー)より2打少ない打数でホール-アウトすること。

イー コマース【e-commerce】⇨e- コマース

イーサネット【Ethernet】アメリカのゼロックス社・デジタルイクイップメント社・インテル社が開発したLANの規格の一。1980年に発表され、最も一般的に使われている。

イーサリアム【Ethereum】新 ①ブロックチェーン技術により、スマートコントラクトの利用環境を構築できるプラットフォーム。またその開発プロジェクト名。2013年のブテリン(Vitalik Buterin)による構想に端を発する。②①の利用に必要な仮想通貨(暗号資産)の俗称。正しくはイーサ(Ether)。通貨記号はETH。

イージー【easy】安易なさま。気楽なさま。

イージー オーダー【和製 easy＋order】洋服の仕立てで、型を見本から選び客の寸法に合わせて仮縫いなしに仕立てる方法。イージー-メード。パターン-オーダー。

イージー パンツ【和製 easy＋pants】股上(またがみ)が深く、ゆったりとしたパンツ。ウエストにゴムやひもが使われる。

イージー ミス 【和製 easy＋miss】安易な失敗。つまらない失敗。凡ミス。

イージー リスニング 【easy listening】気楽にきくことのできる軽音楽。

イージス アショア 【Aegis Ashore】新 地上に配備できるイージス-システム(統合型防空システム)。

イージス艦 高性能の防空巡洋艦。強力なレーダー・コンピューターとミサイルを組み合わせ、同時に多数の目標に対処できる。エイジス艦。▷イージス(Aegis)はギリシャ神話でゼウスとアテナの持ち物の一つであるアイギスのこと。

イースター 【Easter】 復活祭。▷ゲルマンの春の女神の名に由来。

イースター エッグ 【Easter egg】 ①復活祭(イースター)の卵。卵を美しく彩色し、贈り物とする。②俗に、ソフトウエアの隠し機能のこと。

イースタン【eastern】「東方の」「東部の」の意。

イースト【yeast】酵母。酵母菌。

イー スポーツ 【e-sports】 新 ⇨e スポーツ

イーゼル【easel】カンバスや画板を立てかける台。画架。

イータ【eta・Η・η】 ギリシャ語アルファベットの第７字。エータ。

イート イン【eat-in】飲食店における商品提供方法の一。物販部分と客席部分とを併用する営業方法で、ファースト-フード店に多くみられる。

イーブン【even】スポーツ競技で、同点引き分けのこと。

イールド【yield】産出。収益。利回り。

イールド カーブ 【yield curve】同種類の債券の償還までの残存期間を横軸にとり、それに対応した利回りを縦軸にとったときに描かれる曲線のこと。右上がりの場合を順イールド、右下がりの場合を逆イールドとよぶ。利回り曲線。

イエス【yes】①肯定や承諾の語。はい。②賛成であること。→ノー

イエナカ新 自宅で過ごす満足・楽しみを志向する消費行動。▷家の中の意。

イエベ ⇨イエロー-ベース

イエロー【yellow】①黄色。黄。②黄色人種の蔑称。

イエロー カード 【yellow card】①サッカーなどで、悪質な反則やスポーツマンらしからぬ行為をした選手に審判が示す黄色のカード。②世界保健機関が制定した予防接種証明書。イエロー-ブック。③(①から)それ以上

は駄目という警告。▷表紙が黄色であることから。

イエロー ジャーナリズム【yellow journalism】 扇情的な記事を売り物にする新聞。イエロー-ペーパー。 ▷1890年代のニューヨークで、ワールド紙とジャーナル紙が黄色い服を着た少年の登場する漫画「イエロー-キッド」を奪い合って載せたことから。

イエロー ベース【和製 yellow ＋ base】俗に美容の分野で、肌の色味が比較的黄色に寄っていること。ブルベース(青色寄り)に対していう。イエベ。

イオ【Īō】①ギリシャ神話で、ゼウスの妃ヘラの女神官。ゼウスの愛を受けた。ヘラの嫉妬(しっと)を避けるためゼウスはイオを白い牝牛(めうし)に変えたが、イオはヘラの送った虻(あぶ)によって苦しめられ狂乱のうちに世界をさまよい続けてついにエジプトに着いた。エジプトの女神イシスと同一視される。 ②木星の第1衛星。1610年、ガリレイが発見。半径1821km。活動中の火山がある。

イオタ【iota・Ι・ι】ギリシャ語アルファベットの第9字。

イオン【ドイツ Ion】電気を帯びた原子や原子団。中性の原子や原子団が電子を得たり失ったりすると、負または正の電気を帯びた粒子が得られる。ファラデーが命名。▷ギリシャ語で「行く」の意。

イオン飲料 ナトリウムやカリウムなどの電解質を含み、体液と同程度の浸透圧に調整された飲料。発汗時の水分補給などに利用。

イカロス【Ikaros】ギリシャ神話中の人物。クレタ島の迷宮ラビリンスから脱出するため父ダイダロスのつくった翼をつけて飛んだとき、父の命にそむいて高く飛びすぎ、翼を固めていた蠟(ろう)が太陽の熱で溶けて海に墜死する。イカルス。

イクイップメント 【equipment】新 設備。装備。用具。▷エクイップメント、エキップメントとも。

イグニッション【ignition】(内燃機関の)点火装置。

イグノーベル賞 人々を笑わせて考えさせる研究に対して贈る賞。ノーベル賞のパロディー。疑似科学的な研究や、皮肉の対象としても賞を贈る。1991年創設。▷雑誌編集者のマーク=エブラハムズ(Marc Abrahams)が創設、企画・運営する。賞名(Ig Nobel Prize)は、Nobel と ignoble(あさましい)の洒落(しゃれ)。

> アップデート 日本人研究者は同賞の常連。特に2007年から2022年にかけては毎年受賞者が登場しています。近年では、ヘリウムガスでワニの声も高くなることを示した研

究(2020年・音響学賞)や、歩きスマホの人がいると集団全体の歩行速度が遅くなることを示した研究(2021年・動力学賞)で日本人が受賞しました。

イクボス 新 子育て中の部下を理解・支援する上司。育ボス。▷育児とボス(上司)を合わせた語。

イクメン 子育てに積極的に取り組む男性。育メン。▷育児とメン(men =男)を合わせた語。

イクラ 【ロシア ikra】サケやマスの卵を塩蔵した食品。特に、ベニザケ(紅鮭)の卵をいう。日本では、筋子(すじこ)に対して、成熟した卵粒を一つ一つにほぐしたものをいう。▷魚の卵の意。

イケオジ 新 お洒落で格好良い魅力的なおじさん。また、おじさんがそうであるさま。▷「いけてるおじさん」の略から。

イケボ 新 ネット利用者が使う俗語で、魅力的な男声。▷イケメンボイスの略。イケメンを想像させるような声であることから。

イケメン (主に若者言葉で)容姿がすぐれている男性。▷「いけてる(=かっこいい)」の略に「面」あるいは「men」をつけたものといわれる。

イコール 【equal】 ①等しいこと。同じであること。また、そのさま。②数学で、等号「=」のこと。

イコノグラフィー 【フランス iconographie】①古代ギリシャ・ローマ美術の肖像研究。肖像学。肖像の像主を判定する学問。②キリスト教美術を中心とする美術作品の意味・内容に関する研究・学問。図像学。③美術表現にみられる特定のイメージの由来ないし意味に関する研究の総称。図像学。

イコノロジー 【フランス iconologie】図像解釈学。イコノグラフィーに対し、美術作品が表している、特定の時代の文化や世界観などの深い意味を解明する学問。パノフスキーによって提唱された。

イコライザー 【equalizer】 音声信号などの全体的な周波数特性を加工・調節するための電気回路。録音特性、ホールやスピーカーの特性の補正、ボーカルの高域強調などに利用する。

イコン 【ドイツ Ikon】ギリシャ正教会やロシア正教会などの東方教会で礼拝の対象とした聖画像。多くは板絵で、キリスト・聖母・聖者・聖伝などを描いた。図像。アイコン。

イジェクト 【eject】 装置からディスクなどを取り出すこと。

イシュー【issue】①発行。発行物。発行部数。②論点。争点。

イズム【ism】主義。説。

イスラム原理主義 【Islamic fundamentalism】 イスラム世界の西欧化・世俗化を否定し、原点に帰ってイスラム法の適用された国家・社会を築こうとする思想運動。イスラム復興主義。

イスラム国 新 ⇨IS

イソ ⇨ISO

イソ【iso】有機化合物の異性体を区別するために用いる語。例えば、ノルマル-プロピルアルコールの異性体を、イソ-プロピルアルコールとよぶなど。▷「同一の」の意のギリシャ語から。

イソフラボン【isoflavon】ダイズなどマメ科の植物などに含まれる物質。化学構造が女性ホルモンのエストロゲンと似ているため、穏やかなエストロゲン様作用を示す。→エストロゲン

イタカジ イタリアン-カジュアル(ファッションの一分野)の略。

イタリアン【Italian】他の外来語の上に付いて、「イタリアの」「イタリア風の」の意を表す。

イタリアン パセリ【Italian parsley】パセリの一品種。葉に縮れがなく、香りが強い。

イタリック【italic】欧文書体の一。文字の縦の線がやや右方に傾斜したもの。注意すべき語句や他国語・出版物名・学名・船名などを示すのに用いられる。イタリック体。

イップス【yips】俗に、スポーツ(特にゴルフ)の集中すべき局面において、極度に緊張すること。また、そのために震えや硬直を起こすこと。▷「子犬が吠える」意味の yip が語源。

イデア【ギリシャ idea】プラトン哲学の中心概念。個々の事物をそのものたらしめている根拠である真の実在。近世では人間の意識内容としての観念(アイディア)、また理念などの意義をもつに至る。▷見られたもの、知られたもの、姿、形の意。

イディオム【idiom】慣用句。成句。熟語。

イデー【ドイツ Idee】物事のあるべき状態についての基本的な考え。哲学では、理性の働きとして得られる最高概念。理念。

イデオローグ【フランス idéologue】①観念学者。②イデオロギーの担い手。特定の、政治的・社会的な観念の提唱者・理論家。

イデオロギー【ドイツ Ideologie】①社会集団や社会的立場(国家・階級・党派・性別など)において思想・行動や生活の仕方を根底的に制約している観念・信条の体系。歴史的・社会的立場を反映した思想・意識の体系。観念形態。②一般に、特定の政治的立場に基づく考え。➲ よくわかる「イデオロギー」の意味と使い方(p.61)

イデコ【iDeCo】 ⇨iDeCo

イド【ラテン id】フロイトの精神分析の用語。リビドーとよばれる無意識的な心的エネルギーの源泉。快を求め不快を避ける快楽原則に従う。エス。→リビドー

よくわかる「イデオロギー」の意味と使い方

詳しい意味は？

イデオロギー（Ideologie）はドイツ語から来た言葉で、「ある時代や社会集団などに通底する、行動や思想を規定する固有の観念体系・意識形態」を意味します。つまり「イデオロギーとはその時代に生きる人々や社会集団構成員の行動・思想に対する、社会的・歴史的制約である」という見方もできます。

また、狭義には「特定の政治的立場のものの考え方」をいうこともあります。そのほか、俗に「空理空論」という意味で揶揄（やゆ）的に用いられることもあります。

どんな経緯でこの語を使うように？

マルクス主義思想とともに、「イデオロギー」という言葉は日本に入ってきました。そのため表面的には、階級闘争や資本主義と社会主義の対立を含意するような「政治的思想」という意味にとらえられがちです。その後、マルクス主義に対する批判から、今日では比喩的に「空論」という意味にも使われるようになりました。また、時代の経過や学術領域での研究が進み、マルクスの語彙を離れた、いわば語源的な、本来の意味でも「イデオロギー」という単語が使われることも増えてきました。

実際の使われ方は？

［イデオロギー分析］　「時代に即したイデオロギー分析」「日本の政策をイデオロギーの観点から分析」「政治的イデオロギーの分析」などのように用いられます。存在しているイデオロギーを分析することとは逆に、あるイデオロギーを発生させるための「イデオロギー装置」などという使われ方もあります。

［○○（として）のイデオロギー］　「おとぎ話イデオロギー」や「語り物イデオロギー」という言い方が、寓話（ぐうわ）や口承伝承が内包する価値体系や意識・思想を解明しようとする研究などで用いられています。

イトカワ【ITOKAWA】地球軌道と火星軌道の間の楕円軌道を1.5年周期で回る小惑星。二つの大きな塊が合体したような形で、最長部 約540m、最短部約210m。自転周期は約12時間で、主に岩石質からなる。1998年にアメリカで発見。▷名前は日本のロケット開発の先駆者である糸川英夫にちなむ。

イナ バウアー【Ina Bauer】フィギュア-スケートの技の一。両足を前後に開き(前足の膝を曲げて後ろ足を伸ばし)、つま先を左右に開いた状態を維持しながら、一定時間だけ横移動するもの。ジャンプの繋(つな)ぎなどに用いる。上半身を後ろに反らす技はレイバック-イナバウアーともよばれる。▷技を行なった旧西ドイツの選手の名にちなむ。

イニシアチブ【initiative】①率先して発言したり行動したりして、他を導くこと。主導権。②率先して提唱する方針。またその方針に賛同して、取り組みを推進する立場の集まり。「産官学の―」③有権者が法令の制定や改廃について提案すること。日本では、地方公共団体の住民が行う条例の制定・改廃請求が制度化されている。国民発案。直接発議。▷イニシャティブとも。 案 主導／発議

イニシエーション【initiation】特定の集団に成員として加入する際に行われる儀礼。それによって社会的・宗教的地位の変更が達成されるが、しばしば肉体的・精神的試練を伴う。若者組のような年齢集団への加入や成人式もその一例。加入儀礼。

イニシエーター【initiator】正常細胞のDNAに固定的な構造変化を生じさせ、突然変異等を起こさせる物質。

イニシャライズ【initialize】ディスクやメモリー中の既存のデータを消去し、新たに書き込める状態にすること。初期化。

イニシャル【initial】①名前などをローマ字や欧文で書いた場合の最初の文字。頭(かしら)文字。普通、大文字で書く。②最初のさま。当初の。▷イニシアルとも。

イニシャル コスト【initial cost】製品開発から製造開始までにかかる費用。技術開発費、機械・設備の購入費、据えつけ費など。初期費用。初期投資。→ランニング-コスト

イニシャル トーク【和製 initial＋talk】噂話などで、話題にのぼっている人(または物事)の名前を、頭文字に置き換えて婉曲に話すこと。「昨日、S君とTさんが一緒に歩いているのを見たよ」などのように話す。

イニング【inning】野球で、両チームが攻撃と守備とを一度ず

つ行う区分。インニング。回。

イヌイット【Innuit; Inuit】北アラスカからカナダ・グリーンランドの極北地帯に住む人々。▷カナダでは、エスキモーの公式名称であるが、アラスカではイヌイットもユッピックも居住するため、エスキモーの総称が用いられる。

イネーブル【enable】有効にすること。可能にすること。

イノセント【innocent】罪のないようす。汚れを知らないさま。無邪気なさま。無辜(むこ)。無垢(むく)。純潔。

イノベーション【innovation】①技術革新。新機軸。②経済学者シュンペーターの用語で、経済成長の原動力となる革新。生産技術の革新、資源の開発、新消費財の導入、特定産業の構造の再組織などをさすきわめて広義な概念。案 技術革新

イノベーター【innovator】革新者。新しい動向のつくり手。

イノベーティブ【innovative】革新的な。

イブ【eve】祭りの前夜。特にクリスマスの前夜。前夜祭。

イプシロン【epsilon・Ε・ε】①ギリシャ語アルファベットの第5字。エプシロン。②(ε)数学で、非常に小さい数。②(epsilon launch vehicle)イプシロン-ロケットの略。宇宙航空研究開発機構(jaxa)が開発する固体燃料ロケット。小型人工衛星の打ち上げに用いる。2013年(平成25)、試験機の打ち上げに成功。

イブニング【evening】①夕方。晩。②イブニング-ドレスの略。

イブニング ドレス【evening dress】夜会用の衣服。特に、胸や背を大きくくった床丈のドレス。夜会服。

イブプロフェン【ibuprofen】非ステロイド系抗炎症剤の一。鎮痛作用に優れ、リューマチ性疾患・気管支炎などに用いられる。胃腸障害・肝障害などの副作用がある。

イベリコ豚 ブタの一品種。スペインのイベリコ(Iberico)地方で、どんぐりなどを飼料として飼育された黒豚。肉質が良く、脂肪に独特な味があり、栄養価も高いことから珍重される。

イベント【event】①行事。催し。②スポーツで、競技種目。試合。▷エベントとも。

イマーシブ【immersive】新 没入できるさま。

イマージュ【フランスimage】⇨イメージ①

イマージョン【immersion】フィン-スイミング競技の一。酸素ボンベなどのスキューバ-ダイビング用機材を用いて一定区間を泳ぎ、その速さを競う。▷浸水の意。

イマージョン プログラム

【immersion program】ある言語を習得する際に、言語学習用の授業を受けるだけでなく、その言語を用いて行う他教科の授業も受ける学習法。1960年代にカナダで創始。没入法。▷イマージョンは「浸ること」の意。

イマジネーション【imagination】想像。想像力。空想。

イミグレーション【immigration】①移住。移民。②出入国管理。

イミテーション【imitation】①模造品。偽物。②模倣すること。まね。

イメージ【image】①心の中に思い浮かべる姿や情景。心象。形象。イマージュ。②心の中に思い描くこと。③心理学で、目の前にない対象を直観的・具体的に思い描いた像。

イメージ トレーニング【image training】実際に行動・体験するのではなく頭の中でそれらを思い描くことによって、必要な際に望ましい行動ができるよう習熟・慣熟する訓練方法。イメトレ。

イメージ ビデオ【和製 image＋video】対象となる事物のイメージを映像化したビデオ作品。

イメクラ イメージ-クラブの略。客の男性とコンパニオンの女性が仮想のシナリオを演じる性風俗店。

イメチェン イメージ-チェンジの略。外観・服装・化粧などをすっかりかえて、全くちがった印象を与えること。

イモビライザー【immobilizer】自動車の盗難防止装置の一。エンジン-キーをシリンダーに挿入した際、両者の電子的な照合を行い、合致しないとエンジンを始動させない仕組み。合鍵や不正侵入によるエンジン始動を防止する。エンジン-イモビライザー。▷「動けないようにする装置」の意。

イヤピース【earpiece】①帽子などについた防寒用や防護用の耳おおい。またはイヤホンの耳に装着する部分。②カナル式のヘッドホンで耳の穴に当たる部分。

イヤホン【earphone】電気信号を音響信号に変換し、耳に差し込んで一人だけに聞こえるようにする小型の装置。

イヤリング【earring】耳につけるアクセサリー。耳飾り。

イラク戦争 2003年3月、大量破壊兵器保有を理由にイラクに対してアメリカがイギリスなどとともに開始した戦争。同年4月に首都バグダッドを制圧したが、その後、イラク国内は内戦状態に陥った。2011年12月、戦争終結宣言。

イラストレーション【illustration】挿絵。図解。図・絵などによる解説。イラスト。

イラストレーター【illustrator】挿絵画家。図案家。

イラマチオ【irrumatio】男性が相手の口に自身の性器を突き出して愛撫させること。▷イマラチオは誤り。

イリーガル【illegal】法律に違反していること。不法。違法。非合法。→リーガル②

イリジウム【iridium】白金族元素の一。元素記号 Ir　原子番号 77。原子量 192.2。銀白色のもろい金属。酸に侵されず粉末は王水(おうすい)だけに溶ける。各種化学反応の触媒。白金との合金は硬度が高く電極・電気接点・万年筆のペン先などに利用する。密度 22.61 は全元素中最大。

イリジウム【Iridium】66 機の低軌道周回衛星を用いた、全地球を網羅する移動体通信サービス。1998 年利用開始。その後、加入者数が伸び悩み、2000 年サービスを停止するが、2001 年政府機関やメディア、防衛、海運業界などを対象にサービスを再開。▷当初はイリジウムの原子番号と同じ 77 機の衛星を用いる計画であったことから。

イリュージョン【illusion】①幻影。幻想。錯覚。幻覚。②二次元の画面に感じる、遠近感・立体感などの三次元的な錯覚。バロックの天井画はその代表例。③大掛かりで幻想的なマジック-ショー。

イル【ill】病気で。気分が悪い。

イルミネーション【illumination】たくさんの電灯をともした飾り。電光飾。電飾。

イレイザー【eraser】消すもの。消しゴム。黒板ふき。

イレギュラー【irregular】不規則なこと。変則的なこと。また、そのさま。→レギュラー①

イレブン【eleven】サッカーの 1 チームを構成し、競技に参加するメンバー。また、サッカー-チームのこと。▷ 11 人でプレーするところから。

イン【in】①他の外来語に付いて、内側・内部などの意を表す。②テニス・卓球などで、規定線の内側。また、球がその側にはいること。③ゴルフで、1 ラウンド 18 ホールのコースの後半の 9 ホール。④中に入れること。「シャツを―する」→アウト

イン【inn】(小さな)ホテル。

インカ【Inca】15、16 世紀頃、南アメリカのアンデス地方を支配した帝国およびその皇帝・部族の総称。▷元来は太陽(インティ)の子という意味で、部族の王をさした語。

インカム【income】収入。所得。

インカム ゲイン【和製 income＋gain】利子・配当による

収益。キャピタル-ゲインに対していう。

イン カメラ　【和製 in＋camera】携帯電話やスマートフォンで、ディスプレーと同じ面にレンズがあるカメラ。自分撮りやテレビ電話などに用いる。→アウト-カメラ

インカレ　インター-カレッジの略。

インキ【オランダ inkt】⇨インク

イン キー【和製 in ＋ key】⇨イン-ロック

インキュベーション【incubation】①抱卵。孵化(ふか)。培養。養育。②ベンチャー-ビジネスの起業に際して必要となる施設・機器・資金などの援助を行うこと。案 起業支援

インキュベーター　【incubator】①孵卵(ふらん)器。保育器。②ベンチャー-ビジネスを軌道に乗せるまでの間、施設・機器・資金などの援助を行う組織。また、広く出資者をいう。

インク【ink】筆記用または印刷用の、色のついた液体。インキ。▷江戸中期オランダ人により伝来。古くはインキ。現在でも印刷関係では多くインキという。

インク ジェット【ink-jet】プリンターの印刷方式の一。液状のインク粒子を飛ばして用紙に点を描き、その集まりで文字や図形を印刷する。

イングリッシュ ブレックファスト【English breakfast】卵料理とベーコン、トーストからなる朝食。

インクリメンタル サーチ【incremental search】データ検索の際、すべての数字や文字が入力されてから検索を始めるのではなく、1 字入力されるごとに検索が進む方式。

インクリメント　【increment】プログラミングで、繰り返し処理などの際に数値を一定の大きさで増加させること。▷増加の意。→デクリメント

インクルーシブ【inclusive】新 性別・人種・障害の有無などの多様な属性を受け入れるさま。排他的でないさま。「―社会(＝多様性を認め、あらゆる人を受け入れる社会)」▷「含めた」「包括的な」の意。

インクルーシブ教育　障害の有無にかかわらずすべての子どもを受け入れる教育。あらゆる立場の子どもが、同じ学校や学級に通い、必要に応じた教育支援を受けられること。1994 年、ユネスコのサラマンカ宣言で提唱。2006 年に国連総会で採択された「障害者の権利条約」で教育についての基本原則とされている。インクルージョン教育。

インクルージョン【inclusion】①含めること。②(鉱物などで)包

有物。③社会の多様性を受け入れること。

インコタームズ ⇨Incoterms

インゴット【ingot】製錬後、鋳型に流し込んで固化させた金属塊。圧延・鍛造などにより製品化する。鋳塊(ちゅうかい)。鋼塊。

インサート【insert】①挿入すること。差し込むこと。②映画で、一連の画面の間に手紙・新聞などのカットを大写しで入れること。挿入画面。③コンピューターで、データ-ファイルの途中に別のデータを挿入すること。→アペンド・オーバーライト

インサート カップ【insert cup】持ち手付きの外枠に差し込んで用いる、使い捨ての飲料容器。「—-ホルダー」「—-ディスペンサー」

インサイダー【insider】①ある集団や組織の内部にいる人。②同業の協定や組合に参加している人。③内部の事情に詳しい人。内幕に通じている人。消息通。事情通。㊟内部関係者 →アウトサイダー

インサイダー取引 証券会社の者や発行会社の役員・大株主など、証券の投資判断に影響を及ぼす重要な未公開の内部情報を有する者が、それを利用して行う不公正な証券取引。売買取引の公正と投資者保護のため規制される。内部者取引。

インサイト【insight】新 ①洞察。②マーケティングで、消費者が潜在意識で抱く動機。▷ニーズとは区別される。ニーズは「ラーメンを食べたい」、インサイトは「(無意識的に)空腹を満たしたい」の類。③情報システムの利用動向を示す情報。またそれを表示する機能。SNS で表示できる、自身の投稿の影響度など。

インサイド【inside】①内側。内面。内部。②野球で、本塁上の、打者に近い方の側。→アウトサイド

インサイド セールス【inside sales】電話や電子メールなどを利用した営業活動。

インサレーション【insulation】中綿(なかわた)。または中綿入りのジャケット。水鳥の羽毛を用いるダウンジャケットなど。「—ジャケット」「—ウエア」 ▷断熱(材)などの意。

インジェクション【injection】注入。注射。噴射。

インジケーター【indicator】①温度・速度・圧力などを指示する計器。指示器。②水素イオンの濃度を判定する試薬。指示薬。③野球の球審が、ボール-カウントを記録するために持つ小型の計数器。④内燃機関・空気圧縮器などで、ピストンとシリンダー内部の圧力の変化との関係を図示する機器。

インジゴ【indigo】藍(あい)の色素成分で、青色柱状の結晶。水・エタノールに溶けない。天然には、アイの葉に配糖体として存在する。古くは植物性染料としてキアイ、タデアイから採られたが、現在はアニリンから合成される。建染め染料の一種。インディゴ。

インシデント【incident】事故などの重大なアクシデントを起こしかねない出来事。「―レポート(＝医療機関におけるその報告書)」▷「出来事」「事件」「異変」などの意。

インシュアテック【InsurTech】保険事業に応用した情報通信技術。またその技術を用いたビジネスやサービス。フィンテックの一分野。→フィンテック ▷insurance(保険)とtechnology(技術)の合成語。

インシュアランス【insurance】保険。保険金。

インシュリン【insulin】脊椎動物の膵臓(すいぞう)のランゲルハンス島から分泌されるホルモン。組織におけるブドウ糖の取り込み・消費を高め、肝臓でのブドウ糖からグリコーゲンへの転換を促進することによって血糖値を低下させるはたらきがあるので、糖尿病の治療に用いられる。インスリン。

インスタグラマー【Instagrammer】新 インスタグラムで写真を発信する人。特に多数のフォロワーを持ち、流行などへの影響力が大きい人をいう。

インスタグラム【Instagram】メタ-プラットフォームズ社(旧フェイスブック)社が提供する写真共有アプリケーション。通称、インスタ。2010年提供開始。

インスタ映(ば)え 新 事物が多くの人の興味関心を集めるほど見栄えが良く魅力的な様子であること。▷インスタグラムで注目を集めることから。

> アップデート 2017年(平成29)の新語・流行語大賞では同語が年間大賞を受賞。さらに同語から派生した「映え(る)」という言葉も広まりました。読みは「はえ(る)」ではなく「ばえ(る)」です。そして英語でも同語に相当するinstagrammable(インスタグラマブル)という言葉が2010年代後半から普及しています。

インスタレーション【installation】現代芸術において、従来の彫刻や絵画というジャンルに組み込むことができない作品とその環境を、総体として観客に呈示する芸術的空間のこと。▷原義は、取り付け・据え付けの意。

インスタンス【instance】新 ▷実例の意。①オブジェクト指向プログラミングにおいて、あるクラスcから一つのオブジェクトoが生成された場合に、クラスcから見てオブジェクトoを指し示す概念。この時、オブジェクトoはクラスcのインスタンスであるという。②仮想化技術によって生成・起動した状態にある、ひとつひとつの仮想的なコンピューター。サーバーとして生成されたものなど。③複数サービスが連携できる分散型SNSにおける各々のサービス。別々の管理者が運営しており、利用者はそのサービス上でアカウントを取得する。同じサービス内の利用者どうしで交流できるほか、連携したサービスどうしの利用者も交流できる。④ネットワークゲームやメタバースで、共有的な仮想空間とは別に、少人数の利用者を受け入れる目的で用意する個別の仮想空間。ふつう複製した仮想空間のひとつひとつをいう。サーバーの負担が小さい。

インスタント【instant】①すぐにでき、手軽であること。また、そのさま。②他の語の上に付いて複合語をつくり、即席の、手軽な、の意を表す。

インスタント カメラ【instant camera】撮影後、短時間で印画ができるカメラ。フィルム・印画紙・現像処理薬が一体となった専用フィルムを用いる。

インスタント メッセージ【instant message】インターネットに接続している個人どうしが、リアルタイムに交換するメッセージ。あるいはそれを実現するソフトウエア。

インスティテュート【institute】研究所。学術協会。

インステック【InsTech】新 保険分野に応用した情報通信技術。またその技術を用いたビジネスやサービス。インシュアテック。▷insurance(保険)とtechnology(技術)の合成。

インストア【instore】(デパートやスーパーなどの)店内にあること。

インストゥルメンタル【和製instrumental】歌の入らない楽器のみの演奏や、そのような楽曲のこと。インスト。▷原義は「楽器の」という意味の副詞。

インストーラー【installer】①ソフトウエアをパソコンにインストールするプログラム。セットアップ-プログラム。②美術館などで美術品を設置する人。

インストール【install】①装置を設置して使える状態にすること。特に、購入したソフトウエアをユーザーのコンピューター-システムで使えるようにハードウエアやソフトウエアを設定すること。②美術館などで美術品を設置すること。▷取り付ける意。

インストラクション【instruction】①命令。指令。②心理学の実験やテストの際、被験者に問題のやり方などを指示すること。

教示。

インストラクター【instructor】教師。指導員。専任講師。技術などを指導する人。

インスパイアー【inspire】思想・感情を吹き込むこと。鼓吹。

インスピレーション【inspiration】直観的なひらめきや、瞬間的に思い浮かんだ着想。霊感。

インスペクション【inspection】検査。視察。査察。

インスペクター【inspector】検査者。監督者。監視員。

インスリン【insulin】⇨インシュリン

インセスト【incest】近親相姦。親子・兄妹・姉弟など、血縁関係の非常に近い男女が性的な交渉をもつこと。多くの社会では近親相姦の禁止(インセスト-タブー)が存在するが、何を近親相姦とみなすかは民族や文化によって異なる。

インセンス【incense】焚(た)いてその匂いを賞するもの。香木と、種々の香木・香料を粉末にして練り合わせた練り香とがある。沈香(じんこう)・伽羅(きゃら)・白檀(びゃくだん)・麝香(じゃこう)など。香(こう)。

インセンティブ【incentive】①目標を達成するための刺激。誘因。②企業が販売目標を達成した代理店や、営業ノルマを達成した社員などに支給する報奨金。㊟意欲刺激 ➲よくわかる「インセンティブ」の意味と使い方(p.71)

インソムニア【ラテン insomnia】十分に眠れない状態が続くこと。神経症・鬱(うつ)病・統合失調症のほか、体の調子の悪い時、興奮している時などに起こる。不眠症。

インター ①インターナショナルの略。②インターチェンジの略。

インターカレッジ 大学間の対抗試合。インカレ。▷ intercollegiate game から。

インターコース【intercourse】交際。交流。性交。

インターセックス【intersex】生物学的に両性の特徴を有する状態や、そのような人のこと。個体がもつ染色体・生殖腺・外性器について、性別が不明瞭である状態をさす。

インターセプト【intercept】球技で、相手側のパスを中間で妨害し、ボールを奪うこと。カット。

インターチェンジ【interchange】①複数の道路を相互に連絡するための連結路(ランプ)を備えた立体交差部分。走行する自動車が交錯しないように設計される。IC。▷高速道路どうしの場合はジャンクションともいう。②一般に、高速道路の出入り口の称。▷都市高速道路の出入り口はランプともいう。③交換する。入れ替わる。

よくわかる「インセンティブ」の意味と使い方

詳しい意味は？

インセンティブ（incentive）は「人の意欲を引き出すために外部から与える刺激」のことです。例えばプロスポーツチームと選手が成績による出来高制で契約を行う場合、「出来高の仕組みを選手に与えて動機付けとすること」をインセンティブと呼びます。また出来高払いによる報奨をインセンティブと呼ぶ場合や、まれにですが、そのようにして引き出される意欲をインセンティブと呼ぶ場合もあります。

なお似た意味の言葉にモチベーション（motivation）がありますが、こちらは自発的な動機付けも含んだ概念です。

どんな時に登場する言葉？

例えばマーケティングの分野では、販売促進手法の一環として見本品配布・プレゼント・キャンペーンなどが実施されますが、このような“消費者に対する刺激”がインセンティブと呼ばれます。また経営の分野では、社員のやる気を引き出すための報奨制度などの仕組みがインセンティブと呼ばれます。

実際の使われ方は？

[インセンティブを与える／高める]　ある人に意欲を引き出すために報奨のような仕組みを与える場合、「インセンティブを与える」と表現できます。またその仕組みをより効果的にすることは「インセンティブを高める」と表現できます。例えば「優良顧客には割引などのインセンティブを与える」「新技術開発のため、発明報奨金などによってインセンティブを高める」などの使い方があります。

[インセンティブ旅行]　企業が社員・代理店などのやる気を引き出すために実施する報奨旅行のことを「インセンティブ旅行（インセンティブツアー）」といいます。成績優秀な営業担当者を招待して行う旅行などがあります。

イ

インターナショナル【international】①国際間の。国際的。②社会主義運動の国際的組織。③革命歌。1871年フランス人E.ポチェの作詞に、P.ドジェーテルが作曲したもの。もと、ソ連の国歌。インター。

インターネット【Internet】アメリカ国防省の高等研究計画局の支援を受けたアーパネットから発展した地球規模のネットワーク。通信回線を介して、世界各地の個人や組織のコンピューターがつながっている。単にネットともいう。

インターネット カフェ【Internet café】店内でインターネットを利用できる喫茶店。

インターネット ストア【Internet store】⇨オンライン-ショップ

インターネット バンキング【Internet banking】銀行口座の残高照会や振り込みなどのサービスを、インターネットを通じて受けられるシステム。

インターネット プロトコル【Internet protocol】⇨IP

インターネット プロバイダー【Internet provider】インターネットへの接続サービスを提供する団体。営利を目的とするプロバイダーは第2種通信事業者の登録が必要。インターネット-サービス-プロバイダー(ISP)。

インターネット リテラシー【internet literacy】新 インターネットを使いこなすための知識や能力。機器やサービスを活用するための基本的な知識や能力に加えて、情報を正しく読み解けるか、正しく発信できるか、法律やモラルを守っているか、自身の安全を脅かしていないかなどの知識や能力もいう。ネットリテラシー。

インターハイ 全国高等学校総合体育大会のこと。競技種目別学校対抗で、夏季と冬季の2期に分けて行われる。高校総体。▷インターカレッジにならった和製語。

インターバル【interval】間隔。合間。また、休憩時間。

> アップデート 2019年(平成31)4月から「勤務間インターバル」制度の導入が、企業の努力義務になりました。これはある従業員が勤務を終えた時刻の後、次の勤務が始まる時刻まで、一定時間以上の休息時間(インターバル)を設ける制度のこと。長時間労働の是正(生活時間、睡眠時間の確保)を目的とする仕組みです。

インターバル タイマー【interval timer】設定した間隔で繰り返し作動するタイマー。

インターバンク【interbank】①銀行どうしの。銀行間。②金融機関が相互に短期の資金の貸借を行う市場。コール市場・手形売買市場など。インターバンク市場。

インターフェア【interfere】スポーツで、競技中に相手選手のプレーを故意に妨害すること。

インターフェース【interface】①コンピューター本体と各種周辺装置やコンピューターどうしを接続し、電気信号の大きさを調整したり、データの形式を変換したりして、両者間のデータのやりとりを仲介する回路や装置。また、人間がコンピューターなどの装置を円滑に使用できるようにするための操作手順。インターフェイス。インタフェイス。②人間の指示を機器に伝えたり、機器の出力を人間に伝えたりする仕組みや操作手順。③異なる物事を媒介すること。またその立場。

インターフェロン【interferon】ウイルス感染細胞で生産される分子量数万のタンパク質。ウイルスの増殖を抑制し、また抗腫瘍(こうしゅよう)作用もあり、ウイルス感染症・悪性腫瘍などの治療に応用される。ウイルス抑制因子。IF。IFN。

インタープリター【interpreter】①通訳者。説明者。②コンピューターで、高水準プログラム言語で記述されたソース-プログラムを直接解釈して実行するためのプログラム。会話的にプログラムを開発できるが、プログラムの実行は遅い。

インターベンション【intervention】①介入。調停。②為替介入。③主に心臓・血管などの病気に対する治療法の一。カテーテルとよばれる細いチューブを、皮膚に開けた直径数mmの穴から血管に挿入し、治療を行う。PTCA(経皮的冠動脈内腔拡張術)など。

インターポール【Interpol】(International Criminal Police Organization)国際刑事警察機構の通称。

インターホン【interphone】同一施設内で用いられる有線通話装置。内部電話。

インターロック【interlock】誤操作や誤動作による事故を防止するための仕組み。電子レンジで、扉が閉まらないと調理が開始されない仕組みなど。「—機構」▷連結・連動などの意。

インターン【intern】①教育実習生。会社や官公庁で職業体験をする実習生。②理容師・美容師・医師になろうとする人が、修学後、国家試験の受験資格を得るために課せられる実習訓練。また、その実習生。医師については1968年(昭和43)廃止された。

インターンシップ【internship】学生が企業で短期間業務を体験すること。実習訓練。就業

体験。案 就業体験

インダクション【induction】誘導。感応。

インダクタンス【inductance】ある回路を貫く磁束とその磁束を生じさせている電流との比。MKSA 単位はヘンリー(記号 H)。誘導係数。

インダストリアル【industrial】他の外来語の上に付いて、工業的・産業的の意を表す。

インダストリー【industry】産業。工業。

インダストリー 4.0【Industry 4.0】新 製造業で蒸気機関の導入、電気の導入、コンピューターによる自動化に続き、インターネットによる高度化が進んでいる状況のこと。ドイツで 2011 年に提唱された。第 4 次産業革命。

インダッシュ【in-dash】新 自動車で、カー-ナビゲーション-システムなどの装置をダッシュボードの内側に設置する方式。「―-モニター」

インタビュアー【interviewer】インタビューをする人。

インタビュー【interview】新聞・雑誌や放送の記者などが取材のために人に会って話をきくこと。

インタラクション【interaction】相互作用。

インタラクティブ【interactive】①相互に作用するさま。②情報の送り手と受け手が相互に情報をやりとりできる状態。現在のコンピューターによる情報処理の形式。対話型。案 双方向的

インタレスト【interest】①興味。関心。②利害関係。

インタンジブル【intangible】①実体がないさま。②人材や技術、特許、ブランドなどの無形資産。▷無形の、実体のないなどの意。→タンジブル

インチ【inch】ヤード-ポンド法の長さの単位。1 フィートの 12 分の 1。2.54cm。

インディアカ【indiaca】羽根付きのボールをネット越しに素手で打ち合うバレーボールに似たゲーム。また、そのゲームで使用する羽根付きのボール。1 チーム 4 名。▷ 1936 年にドイツでブラジルの伝統的なゲーム「ペテカ」を基に考案。

インディア ペーパー【India paper】辞書・聖書などの印刷に用いる、しなやかで丈夫な薄い西洋紙。主として麻類を原料とする。イギリスで最初につくられた。インディア紙。

インディアン サマー【Indian summer】①アメリカで、晩秋から初冬のころ、通常より暖かく穏やかな日和(ひより)の続く現象。小春日和。②(比喩(ひゆ)的に)晩年の穏やかで落ち着いた生活の続く一時期。

インディーズ【indies】映画やCD製作などで、大手の製作会社に所属しないで、独自に製作・販売を行うプロダクションや会社。また、それにかかわる作家・音楽家。▷インディペンデントから生じた語。

インディオ【(スペイン)indio】中部アメリカ・南アメリカの先住民の総称。

インディカ米 インド型の粒が長い米。炊いても粘りが出ず、硬め。→ジャポニカ米

インディゴ【indigo】 ⇨インジゴ

インティファーダ【Intifadah】ヨルダン川西岸地区およびガザ地区での、イスラエルの占領に対するパレスチナ住民の抗議運動。▷アラビア語で住民蜂起(ほうき)の意。

インディペンデント 【independent】①「独立の」「無所属の」の意。②業界を支配している大資本に対し、独立した小資本の会社。インディー。

インティメート【intimate】親しいさま。

インテーク【intake】援助を求めて相談機関・施設を訪れた者に、ソーシャル-ワーカーなどが面接し、問題をききとること。ケースワークの最初の段階。▷受け入れの意。

インテグリティ【integrity】完全な状態。統一(性)。

インテグレーション【integration】①統合。集大成。②障害者など社会福祉の対象者が、他の人と区別なく地域社会で生活できるようにすること。また、そのための支援や課題解決。→ノーマライゼーション ③さまざまな教科や教材を一貫して組織化すること。④数学で、積分法。⑤農業分野などで、契約栽培や飼育が、大資本の系列などに組み込まれて生産・加工・販売の一貫した体系の中で行われること。⑥システム-インテグレーションの略。

インテグレーター 【integrator】 ⇨システム-インテグレーター

インテグレート 【integrate】①統合すること。完成すること。②教育で、課目別の知識を互いに関連させて総合的な思考力を養わせること。③特殊教育の対象となる障害児を普通学校に通学させること。統合教育。→ノーマライゼーション

インデックス【index】①索引。見出し。②指数。指標。③情報処理で、目的の情報を探すために手がかりとなる文字または記号。

インデックス ファンド 【index fund】東証株価指数や日経平均株価などの平均株価指数を構成する銘柄を組み入れ、そのファンドの基準価格が指数と同

じ運用成果をあげるようにした証券投資信託。

インテリ インテリゲンチャの略。→インテリゲンチャ

インテリア【interior】建築物・部屋の内部空間。室内装飾。室内調度品。

インテリア コーディネーター【和製 interior＋coordinator】インテリア全般の専門家として提案や助言を行う人。

インテリゲンチャ【ロシア intelligentsiya】知識階級。知識階層。インテリ。▷インテリゲンチアとも。19世紀ロシアで、政治的・社会的責任を自覚した知識人をいった語。

インテリジェンス【intelligence】①知能。知性。理知。知恵。②情報収集活動。諜報。➲よくわかる「インテリジェンス」の意味と使い方(p.77)

インテリジェント【intelligent】①高い知能をもっていること。知性があること。②コンピューターの端末装置などが、データ処理能力をもっていること。③空調・照明などの装置が、中央のコンピューター-システムで集中管理されていること。

インテリジェント ビル【intelligent building】高度な情報・通信機器の設置とその十分な利用を目的に設計・施工されたビル。主としてオフィス-ビル。スマート-ビル。

インテレクチュアル【intellectual】知的であるさま。理知的。

インテンシブ【intensive】徹底的。集中的。

インデント【indent】ワープロソフトの機能の一。文書表示で、特定の範囲の行だけ文字の位置を変更するもの。字下げ。

インドア【indoor】室内。屋内。→アウトドア

イントネーション【intonation】話し言葉で、話の内容や話し手の感情の動きによって現れる声の上がり下がり。文音調。抑揚。語調。

イントラネット【intranet】インターネットの技術を利用した、組織内の情報通信網。電子メールやブラウザーなどで情報交換を行い、情報の一元化・共有化を図る。▷イントラは内部の意。

イントレ 映画の撮影などで用いられる、鉄製パイプを組み立てた足場。▷映画「イントレランス」の撮影で多用されたことからいう。

イントロ イントロダクションの略。

イントロダクション【introduction】①序説。序論。②音楽の序奏。導入部。イントロ。③映画の初めに登場人物や背景などを紹介する、物語の導入部。④核兵器の配置や貯蔵のための持

よくわかる「インテリジェンス」の意味と使い方

詳しい意味は？

インテリジェンス（intelligence）は、「知能」や「知性」を意味します。

intelligence の語源をたどると、おおもとはラテン語の inter と lego という言葉に行き着きます。このうち inter は「〜の間」、いっぽうの lego は「何かを集める、ひろい集める」という意味。これが組み合わさって「ものごとをうまく識別できる」つまり「理解力がある」という意味をもつようになりました。

いっぽう安全保障・軍事の分野におけるインテリジェンスは、敵や国際情勢などに関する「情報収集」や「情報分析」の意味をもちます。ラテン語の「何かを集める」「ものごとをうまく識別する」というイメージが、一般とは異なる形で生きていることになります。

実際の使われ方は？

[インテリジェンスを感じる]　何かに知性の高さを感じるような場合「インテリジェンスを感じる」「インテリジェンスが高い」などと表現できます。

[情報収集機関]　インテリジェンス（情報収集・分析）には多くの複合語が存在します。例えばインテリジェンスサービスやインテリジェンスエージェンシーとは「情報収集機関」のこと（この場合のエージェンシーは機関・局などの意味）。またカウンターインテリジェンスとは「相手に対抗して行う情報収集」を意味します。さらに近年では「情報通信技術を利用した情報収集」を意味するサイバーインテリジェンスという概念も登場しました。ちなみにサイバーとは「コンピューターネットワーク」に関係することを意味する接頭語です。

[ビジネスインテリジェンス]　ビジネス（経営）の分野では「企業が蓄積する情報を経営に活用すること」をビジネスインテリジェンス（BI）と表現します。またそのために利用する「データ分析用のソフトウェア」のことを、BI ツール、BI システムなどと呼んでいます。

ち込み。

イントロン【intron】真核生物のDNA中で遺伝情報をもたない部分。構造遺伝子の塩基配列のうち、伝令RNAが合成される過程で除外されるので、最終的にタンパク質に翻訳されない。

インナー【inner】①「内部の」「内側の」の意。②下着。インナー-ウエア。→アウター

インナー マッスル【inner muscle】表層筋の内部の骨に近いところにある筋肉。表層筋に比べて小さく、筋力も弱いが、関節を固定・保護する役割をもち、回旋系の動きに重要。深層筋。

インバーター【inverter】①論理回路において、入力と反対符号の出力を生成する演算要素、または回路。②直流の電力を電圧・電流・周波数の一定した、あるいは可変の交流電力に変換する装置。逆変換器。→コンバーター①

インハイ インターハイ(全国高等学校総合体育大会)の略。

イン ハウス【in-house】新 組織・企業内の。社内の。「—デザイナー」

インバウンド【inbound】①航空機・船舶で、本国に向かう便。帰国便。②インターネットで、自社のウェブ-サイトを訪れたユーザーに関心をもたせ、購買意欲に結び付けること。③コール-センターの業務で、着信(受信)のこと。④外国人の訪日旅行。▷外から中に入る意。→アウトバウンド

アップデート 2015年(平成27)に起こった中国人観光客による爆買いの流行以降、「インバウンド」はよく知られる概念となりました。しかしながら2020年(令和2)にコロナ禍が発生。インバウンド市場が一時壊滅的なダメージを受けてしまいました。本書最新版の発行時期(2023年)は、その復活が期待されています。

インパクト【impact】①バットやクラブに球が当たる瞬間。②強い影響や印象。案 衝撃

インパクト投資 社会課題・環境課題の解決と、財務的な利益の両立を目指す投資手法。社会的インパクト投資。▷impact investing。

インパネ 自動車などで、運転席に設けた計器盤。多く、計器や操作スイッチを並べた前面のパッド入りパネル全体をさす。▷instrument panelから。

インバランス【imbalance】不均衡。不釣り合い。

インパルス【impulse】①生物学で、神経繊維を伝わる活動電位。②物理学で、力が作用した時間と、その力との積。力積(りきせき)。③ごく短時間だけ続く、大きな電圧または電流。落雷のときの電流

がその例。衝撃電流。

インピーダンス【impedance】交流回路で、電流の流れにくさを表す量。一般にZの記号で表される複素量で、実部を抵抗、虚部をリアクタンスという。単位はオーム(記号Ω)を用いる。

インビジブル【invisible】目に見えないさま。不可視的な。

インビテーショナル【invitational】招待者限定の競技会。

インビテーション【invitation】招待。

イン ビトロ【in vitro】生物学で、生体の機能や反応を試験管内で行わせる試験や実験。▷ガラス器内で、の意。

イン ビボ【in vivo】生物学で、生体の機能や反応を生体内で行わせる試験や実験。▷生体内で、の意。

インファント【infant】①乳児。幼児。②未成年者。

インフィールド フライ【infield fly】野球で、無死または一死、走者が一・二塁または満塁のとき、内野手の容易に捕れる範囲内に打ち上げられたフェア-フライ。審判の宣告により、打者はアウトになる。

インフィニティ【infinity】無限。無限大。

インフィニティ プール【Infinity pool】新 水面の周囲が、外の風景(海面や空など)に溶け込んで見える構造のプール。

インフィル【infill】集合住宅の建物で、基本構造(スケルトン)以外の各戸の間取り・内装・設備など。

インフェルノ【inferno】地獄。インヘルノ。

インフォーマル【informal】非公式なさま。略式であること。

インフォーマント【informant】(言語・民俗調査などの)資料・情報提供者。

インフォームド コンセント【informed consent】医師が治療の目的や内容について患者に十分に説明し、患者の同意を得ること。▷説明をうけた上での同意の意。案 納得診療／説明と同意

インフォグラフィックス【infographics】複雑な情報やデータを視覚に訴えるように簡潔に表したもの。インフォグラフ。インフォメーション-グラフィックス。

インフォデミック【infodemic】▷情報(information)とエピデミック(epidemic)の合成語。デマなどを含む大量の情報が爆発的に広がること。

インフォマーシャル【informercial】商品を売り込む姿勢を前面に出さず、商品の詳細な情報提供という形で行う広告。▷information (情報)+commercial(広告)から。

インフォマティクス【informatics】情報科学。

インフォメーション【information】①情報。報道。知らせ。②受付。案内所。

インプット【input】①外部にあるものを内部に取りこむこと。特に、コンピューターのデータを内部に取りこむこと。入力。②投入。投入量。→アウトプット

インフラ インフラストラクチャーの略。案 社会基盤 ➲ よくわかる「インフラ」の意味と使い方(p.81)

インフラストラクチャー【infrastructure】経済活動や社会生活の基盤を形成する構造物。ダム・道路・港湾・発電所・通信施設などの産業基盤、および学校・病院・公園などの公共の福祉にかかわる施設が該当する。インフラ。

インプラント【implant】欠損あるいは外傷を受けた部位に埋め込むために、人工的に作製した器官・組織の代替物。または、それを埋め込むこと。人工関節・義歯・腱・血管など。

インプリ インプリメント・インプリメンテーションの略。

インブリード【inbreed】競走馬生産で、血統の５代前までに同一の祖先をもつ交配。

インプリメンテーション【implementation】コンピューターなどで、目的の機能を実現するためにハードウエアやソフトウエアを作成したり調整したりすること。

インプリメント【implement】①備品。②要求などを満たすこと。必要な手段や道具を与えること。

インフルエンザ【influenza】風邪の一種。病原体はウイルス。高熱が出て、肺炎・中耳炎・脳炎などの合併症を起こすことがある。流行性感冒。流感。インフル。

インフルエンサー【influencer】新 影響力を及ぼす人や事物。世間に大きな影響力をもつ人など。➲ よくわかる「インフルエンサー」の意味と使い方(p.83)

インフレ インフレーションの略。

イン プレー【in play】スポーツで、競技が進行中であること。

インフレーション【inflation】特定の経済部門の価格上昇にとどまらず、一般的な物価水準が継続的に上昇し、貨幣価値が下落すること。発生原因により需要・ボトルネック・財政・調整・コスト・賃金・輸入インフレなど、物価上昇の速さによってマイルド・クリーピング・ハイパー・ギャロッピング-インフレなどの分類がある。インフレ。→デフレーション

インフレーター【inflator】新 ①何かを膨らませる目的で気体を供給する装置。自転車の空気

よくわかる「インフラ」の意味と使い方

詳しい意味は？

インフラはインフラストラクチャー(infrastructure)の略で、もともとは「下部構造」という意味です。これが転じて「産業や生活の基盤として整備される施設」をさすようになりました。狭い意味では、道路・鉄道・上下水道・送電網・港湾・ダム・通信施設など「産業の基盤となる施設」をさしますが、広い意味では学校・病院・公園・福祉施設など「生活の基盤となる施設」もさします。このいずれの場合も「社会で共有する性格」を持っている点が特徴です。例えば、個人所有の住宅は生活基盤であってもインフラとは呼ばれませんが、自治体がニュータウンを整備するような場合は社会共有的な性格を持っているので「住宅インフラ」などと呼ばれます。

どんな経緯でこの語を使うように？

インフラストラクチャーも、その略語であるインフラも、古くから使われていた用語です。ただ、1990 年代の後半頃から、この語がマスコミに登場する頻度が増え始めました。この時期はちょうど、インターネットの爆発的な普及が進んでいる時期(つまりネットインフラが整備された時期)と一致します。

実際の使われ方は？

[通信インフラ]　○○インフラという形で、特定分野の基盤施設を表す事ができます。「産業インフラ」「通信インフラ」「交通インフラ」などの言い方があります。例えば「通信インフラの整備」と表現した場合、「公共のために通信施設や通信網を作り上げること」という意味になります。

[社内インフラ]　「社会共有的な施設を表す」という原則から、やや離れてしまいますが、「社内インフラ」などの局所的な用法もたまに見られます。例えば、会社内の各部署にＬＡＮ(ローカルエリアネットワーク)を整備するような際、「社内の通信インフラを整備する」という言い方をする場合があります。

入れや、自動車のエアバッグを膨らませる装置など。「―マット(＝膨らませて用いる敷物)」「CO_2(シーオーツー)―(＝自転車のタイヤに空気を入れるための携帯型二酸化炭素ボンベ)」②日本銀行が企業向けサービス価格指数(SPPI)を算出するにあたり、料率で取引が行われるサービス(証券委託手数料など)について、価格を算出するために料率に乗じる価格指数(消費者物価指数など)のこと。

インフレータブル【inflatable】空気注入式の。

インフレターゲット論 (inflation target) 中央銀行がインフレ率の目標を設定・公表し、この達成を優先する考え方。1990年代末には、デフレ-スパイラルに陥るのを防ぎ、景気を回復するためにこれに基づく政策が一部で主張された。インフレ率目標政策。▷悪性のインフレを抑えることと中央銀行の独立性の維持ということを主な目標にする点が、調整インフレ論と異なる。

インプレッション【impression】①印象。感想。②人の目に触れること。「―数(＝ウェブ広告などの表示回数)」

インフレ ヘッジ【inflationary hedge】株式・土地・宝石など、一般的な物価上昇率を上回って価格が上昇すると見込まれる資産に資金を投じ、インフレによる貨幣価値の下落から財産を守ること。

インプロビゼーション【improvisation】即興演奏。

インベスター【investor】投資家。株式や社債の保有者。

インベスター リレーションズ【investor relations】資金調達などのために、企業が投資家に向けて行う広報活動。財務広報。IR。

インベストメント【investment】投資。出資。

インペリアル【imperial】①帝国の。皇帝の。②皇帝ひげ。先のとがったあごひげ。

インベント【invent】発明すること。考案すること。

インベントリー【inventory】①在庫。在庫目録。②パソコンのハードウエア・ソフトウエアの構成情報管理機能。ネットワーク上などのCPU・記憶容量・OS・アプリケーション-ソフトの種類などの項目管理が可能になる。

インポ インポテンツの略。

インボイス【invoice】①送り状。特に貿易において、荷送人が発送貨物の品名・数量・価格・代金の支払い方法、その他売買・船積み・保険に関する事項などを記して、荷受人に送付する明細書。貨物通関手続に必要になる。②売上金額や税額が明記された伝票。

よくわかる「インフルエンサー」の意味と使い方

詳しい意味は？

「ソーシャルネットワーキングサービス（SNS）で多くのフォロワー数を持っており、その発信力をもって情報を広く拡散できる人物」を指します。有名なユーチューバーやインスタグラマーなどがこれに当たります。近年では彼らをマーケティングに活用する手法が広まっており、インフルエンサーが肩書きや職業名としても認識されつつあります。

どんな経緯でこの語を使うように？

英語 influencer の原義は「影響を与える人」。病名のインフルエンザ（influenza）と語源の同じ言葉でもあります。

現代的意味でのインフルエンサーが注目されるようになったのは、2000 年代の中盤以降のことです。ブログの仕組みが登場して、ブロガーの影響力が強まったためです。以後マーケティングの世界では、インフルエンサーはよく知られる言葉になりました。2017 年にはアイドルグループの乃木坂 46 が「インフルエンサー」と題するシングル曲を発表しており、一般での認知度も向上しました。

実際の使われ方は？

[インフルエンサーマーケティング]　インフルエンサーを通じて自社商品やサービスの宣伝などを行う手法をこう呼びます。SNS マーケティングとも言います。

[マイクロインフルエンサー]　一般的なインフルエンサーに比べるとフォロワー数は少ないものの、特定分野の事情に通じており、その分野に興味を持つ人々に大きな影響力を持つ人物のことをこう呼びます。

[バーチャルインフルエンサー]　2017 年ごろから、CG で作った仮想人物をインフルエンサーとして活用するマーケティング手法が海外を中心に広まっています。

インボイス方式 新 付加価値税の実施方法の一。製造元・卸売・小売と商品が流通する間の二重課税を回避するために、仕入商品のインボイス(納品書)に前段階までの支払税額が記され、次段階の税額からそれを控除する。EU 諸国で採用されている。インボイス制度。インボイス税額控除方式。▷日本では 2023 年(令和5)より消費税の仕入税額控除の方式(適格請求書等保存方式)として導入。

インポート【import】①輸入すること。また、輸入した品。②コンピューターで、あるアプリケーション-ソフトウエアが、別のソフトウエアで作成されたデータを取り込むこと。メーラーのアドレス帳の読み込みなど。→エクスポート

インボックス【inbox】受信箱。

インポテンツ【ドイツ Impotenz】男性の性的不能。疾患・精神的障害などによって陰茎が勃起(ぼっき)せず、性交ができない状態。インポ。陰萎(いんい)。→ED

インライ 新 インスタライブ(Instagram Live)の略。写真共有アプリケーションのインスタグラムで利用できる、動画の生配信サービス。

イン ライン スケート【in-line skates】車輪が縦 1 列についているローラー-スケート。

インレー【inlay】①歯冠修復のため虫歯の空洞にセメント・アマルガムなどを空洞に合う形に作って詰めること。また、その詰めるもの。②コンパクト-ディスクを入れるケースに入っている、はめ込み式の裏ジャケット。

イン ロック【和製 in ＋ lock】自動車の車内に鍵を残したまま車外に出てドアを施錠したため、鍵を取り出せなくなってしまうこと。

● ● ● ウ ● ● ●

ウイーク【weak】「弱い」の意。

ウイーク【week】①週。1 週。週間。②1 週間程度の期間を設ける日程や行事。「ファッション―」

ウイークエンド【weekend】週末。

ウイークデー【weekday】1 週間のうち日曜日以外の日。土曜日を含めない場合もある。週日。平日。

ウイーク ポイント【weak point】弱点。弱み。

ウイークリー【weekly】1 週間に 1 度発行される新聞・雑誌。週

刊紙。週刊誌。

ウィキ【Wiki】ウェブ-ブラウザーを利用して、ウェブ-サイト上の文書を編集できるようにするシステム。共同作業により文書を構築するためのもの。▷ハワイ語で「速い」の意。文書の更新が迅速であることから

ウィキペディア【Wikipedia】ウィキメディア財団が運営するインターネット上の百科事典。誰もが編集に参加でき、記述内容はコピーレフトに基づくライセンスで公開される。2001年運営開始。▷名称は、ウェブ上の文書編集システム「ウィキ(Wiki)」を利用する百科事典(encyclopedia)であることに由来。

ウィキリークス【Wikileaks】匿名の情報提供に基づいて、政府機関や企業などの機密情報を公開するウェブ-サイト。オーストラリアのジャーナリスト、アサンジ(Julian Assange)が2006年に設立。WL。▷文書管理システムのウィキ(Wiki)と、情報の暴露を意味するリーク(leak)を合わせた語。ウィキペディアを運営するウィキペディア財団とは無関係

ウィザード【wizard】①魔法使い。魔術師。②コンピューターのハードウエアやソフトウエアについて知り尽くした達人。③ユーザーに入力や指示をうながし、アプリケーション-ソフトウエアの設定などを行う機能。

ウィジェット【widget】①コンピューターのGUIで、ウインドー・テキスト-ボックス・ボタンなどの部品群の総体。②コンピューターのデスクトップ上に定常的に配置して用いる、小型・簡易型のアプリケーション。カレンダー・時計・計算器・天気予報・辞書など。ウェブ-サービスと連携したアプリケーションも多い。▷「名前のわからない何とかという部品・装置」の意。

ウイスキー【whisky】大麦・ライ麦・トウモロコシなどを麦芽の酵素で糖化し、これに酵母を加えて発酵させたのち、蒸留してつくる洋酒。樫(かし)や楢(なら)の樽(たる)に詰めて熟成させる。

ウイスキング【whisking】新 サウナ室で枝葉を束ねた道具を使い、身体に蒸気を送ったり叩いたりすること。主にバルト海の東部沿岸諸国で見られる文化。▷ウィスキングとも。

ウイズ コロナ【和製 with ＋ corona】2020年に世界的に感染が拡大したコロナウイルス感染症COVID-19と人類が共存すること。ウイルスの存在を前提として、感染拡大を防ぎながら社会生活を維持しようとする観点からいう。with コロナ。

ウイッグ【wig】鬘(かつら)。

ウイット【wit】その場に応じて

気の利いたことを当意即妙に言う才知。機知。とんち。

ウイナー【winner】競技やコンテストなどで勝利を収めた者。勝者。受賞者。入選者。

ウイニング【winning】勝利。

ウィル【will】意志。意欲。

ウイルス【ラテン Virus】①最も簡単な微生物の一種。核酸としてDNAかRNAのいずれかをもち、タンパク質の外殻で包まれている。動物・植物・細菌を宿主とし、ほとんどのものがその生合成経路を利用して増殖する。ウィルス。ビールス。バイラス。②⇨コンピューター-ウイルス

ウイン【win】戦争・競争・賭けなどに、勝つこと。優勝すること。

ウィン ウィン【win-win】交渉などで、双方にとって好都合なこと。

ウインカー【winker】自動車の、点滅式の方向指示灯。ターン-シグナル-ランプ。フラッシャー。

ウインク【wink】片目をつぶって合図すること。特に、異性に好意を示す際に行う。

ウイング【wing】①鳥・飛行機などのつばさ。②ラグビーなどで、各列の左右両端の定位置。サッカーでは、主にタッチラインに近い外側のエリアから攻撃する両サイドの選手。③建物の左右に伸びた部分。

ウイングレット【winglet】小さな翼。飛行機の主翼の端にある垂直方向に伸びた翼など。

ウインター【winter】冬。

ウインチ【winch】水平においた円筒状の巻き胴に取りつけた鋼索またはチェーンを巻き取って、重い物を引き寄せたりつり上げたりする機械。

ウインド【wind】①風。②吹奏楽器。管楽器。

ウィンドウ【window】⇨ウインドー③

ウィンドウズ【Windows】アメリカのマイクロソフト社が開発したパソコン用OS(オペレーティング-システム)の名称。商標名。

ウインドー【window】①窓。②ショー-ウインドーの略。陳列窓。③コンピューターのディスプレー画面上で情報の表示されている領域。▷③の意では、ウィンドウと表記することが多い。

ウインドー ショッピング【window-shopping】ショー-ウインドーに飾られている商品を見て歩いて楽しむこと。

ウインドサーフィン【wind-surfing】サーフ-ボードの上に帆を張り、風を利用して一人で水上を帆走するスポーツ。ウインド-セーリング。ボード-セーリング。

ウインド プルーフ【wind-proof】防風。「—-ジャケット」

ウインドブレーカー【wind-breaker】風を防ぐためのスポー

ツ用ジャンパー。もと商標名。

ウインドミル【windmill】風車。

ウインナ【ドイツ Wiener】①ウィーンの。ウィーン風の。②ウインナ-コーヒーの略。泡立てた生クリームをたっぷりと浮かせたコーヒー。③ウインナ-ソーセージの略。挽(ひ)き肉を羊または山羊(やぎ)の小腸に詰めた小形のソーセージ。

ウーシュー(武術) ①中国武術。素手で戦う徒手武術(拳法など)、刀や槍などの武器を用いる器械武術がある。②武術太極拳。中国武術を競技化したスポーツ。太極拳、長拳3種目総合、南拳などの種目がある。アジア大会では1990年の北京大会から正式競技。▷「ぶじゅつ」とも読む。

ウースター ソース【Worcester sauce】野菜や香辛料を煮込んでつくった西洋料理の調味料。単にソースと呼ばれることが多い。ウスター-ソース。▷イギリスのウースターシャー州でつくり始めたことから。

ウーファー【woofer】低音域再生用スピーカー。

ウーマン【woman】成人した女性。婦人。

ウーマンリブ【Women's Lib】性別による社会的差別や男性への従属から女性を解放し、女性の自由と自立をめざす運動。女性解放運動。

ウール【wool】羊毛。また、羊毛で織った織物。

ウエア【wear】着るもの。服。

ウエアハウス【warehouse】倉庫。上屋(うわや)。

ウエアラブル【wearable】身体に装着できること。

ウエアラブル カメラ【wearable camera】新 身体などに装着して用いる小形のビデオ-カメラ。耳やヘルメット、自転車などに装着する。手ぶらの状態で撮影が可能となり、スポーツ時に当事者が見ている情景の撮影などに適する。

ウエアラブル コンピューター【wearable computer】身体に着用できる小型コンピューター。胸や肩・腰に装着するものや腕時計型など。

ウエーイ 新 (主に若者が)仲間内の雰囲気が盛り上がったときに発する語。仲間と挨拶をするとき、乾杯のとき、何かに感動したとき、何かを茶化すときなどに用いる。

ウエーター【waiter】レストラン・喫茶店などの男性の給仕人。▷ウエイターとも。

ウエーダー【wader】防水性のある素材で作られた、衣服と靴のつながったもの。渓流釣りや磯釣りなどで使用する。股(もも)上丈、腰丈、オーバーオール形などがある。別の防水靴などと組み合わせる、足先のないものもある。▷水の中を歩く者の意。

ウエート【weight】①重さ。重量。体重。②お降り。重し。「ペーパー―」③重要視して、力を入れている点。力点。重点。重要度。④割合。比率。⑤加重平均で用いる重み。「―値」⑥フォントの太さ。▷ウエイトとも。

ウエート トレーニング【weight training】バーベル・鉄亜鈴・マシンなどを使って、筋肉の増強や筋力の強化を図るトレーニング。

ウエーブ【wave】①波。②髪の毛が波打っていること。また、その波形。③電波・音波などの波。④スポーツ競技場やコンサート会場などで、観客が少しずつずらして立ち上がっては座るという動作をすることによって、観客席全体に大きな波が打ち寄せているように見せるパフォーマンス。

ウエザー【weather】天候。天気。

ウエザー プルーフ【weather-proof】風雨への耐性があること。

ウエス 機械類の掃除などに使う布。▷waste から。「ぼろ布」の意。

ウエスタン【western】①西部劇。②アメリカ西部地方の木こり・カウボーイの歌・民謡などの地方色豊かな音楽の総称。▷西の、の意。特に、アメリカ西部地方をさす。

ウエスト【waist】①人体や洋服で、胴の一番細くくびれた所。また、その周囲の寸法。②ウエストライン。ウエストを1周する線。また、ワンピースで、身頃(みごろ)とスカートをつなぐ線。

ウエスト【waste】①ぼろ布や綿くずなど。ウエス。②ウエスト-ボールの略。野球で、投手が打者のバットが届かないようなところへ球を投げること。

ウエスト【west】西。西方。

ウエストナイル熱 ウエスト-ナイル-ウイルスによる感染症。主に蚊(イエカなど)によって媒介される。潜伏期間は3〜15日間で、頭痛や発熱などの風邪に似た症状が現れる。ほとんどは不顕性感染か、発症しても軽い症状のまま自然治癒するが、高齢者などでは脳炎や髄膜炎を起こす場合もある。西ナイル熱。

ウエッジ【wedge】ゴルフ-クラブのアイアンの中で、9番アイアンよりも角度(ロフト)が大きいクラブ。ピッチング-ウエッジとサンド-ウエッジがある。▷「くさび形」の意。

ウエット【wet】①湿っているさま。濡れているさま。②情にもろいさま。→ドライ①②

ウエット スーツ【wet suit】潜

水服の一。水をとおすが生地の中の気泡の保温力で体温の低下を防ぐ。

ウエット ティッシュ【wet tissue】不織布に精製水や薬剤などを染み込ませ、湿潤な状態を保たせたティッシュ-ペーパー。

ウエディング【wedding】結婚式。

ウエハー【wafer】半導体の単結晶を薄い板状に切断したもの。集積回路の基板となる。

ウェビナー【webinar】▷ウェブ(web)とセミナー(seminar)の合成語。オンライン上の講習会。ライブ配信やオンデマンド配信などの形式で実施する。オンラインセミナー。ウェブセミナー。

ウェブ【web】①網。網目。②⇨ワールド-ワイド-ウェブ

ウェブ サービス【web service】ネットワーク経由でアプリケーションの機能を連携させていく技術や仕組みのこと。インターネット上のさまざまなサービスをユーザーのニーズや目的に応じて自動的に結び付け、総合的かつ高度なサービスを構築・提供する。XMLをベースにした技術の標準化が進められている。→XML

ウェブ サイト【web site】インターネット上で展開されている、情報の集合体としてのホーム-ページ。また、そのインターネット上での場所。サイト。→ホーム-ページ

ウェブ ショップ【web shop】⇨オンライン-ショップ

ウェブ セミナー【web seminar】⇨ウェビナー

ウェブ トゥーン おもに、スマートフォンでの閲覧に適した表現方法を持つ漫画。カラーによる描画、縦長の画面構成(縦スクロールでの閲覧)などを特徴とする。韓国で発達。▷朝鮮語でweb(ウェブ)とcartoon(漫画)の合成語。

ウェブ フォント【web font】オンラインで利用できるフォント用データ。また、その提供サービス。ウェブ-ページの表示に用いる。情報機器の環境によらず、ウェブ-ページの制作者が意図した通りのフォントを表示できる。

ウェブ ブラウザー【web browser】ウェブ-ページを表示するための閲覧用ソフトウエア。単にブラウザーとよぶ場合が多い。

ウェブ ページ【web page】インターネットのホームページのこと。

ウエポン【weapon】武器。兵器。

ウエルカム ドリンク【welcome drink】ホテルにチェックインした時や、パーティーが始まる前などに、来客に振る舞われる

飲み物のこと。

ウエルカム ボード【welcome board】結婚式や披露宴などの会場入口に設けた、来客を迎えるための案内板。ウェルカム-ボード。

ウエル ダン【well-done】ビーフ-ステーキの焼き方で、内部まで十分熱を通すこと。→ミディアム⑤・レア

ウエルネス【wellness】健康を肉体面だけでとらえるのではなく、生活全体を積極的・創造的なものにして、健康を維持・増進させようとする生活活動。▷健康、好調の意。

ウエルフェア【welfare】①幸福。繁栄。②福祉事業。福祉援助。

ウオー【war】戦争。戦い。

ウオーカー【walker】新 ①歩く人。②歩行者。③ウオーキングを楽しむ人。④競歩の競技者。⑤歩行器。

ウオーキング【walking】①歩くこと。②有酸素運動(エアロビクス)の一。大股で速く歩くことにより、通常の歩行よりも高いカロリーを消費できる。ジョギングに比べ、膝(ひざ)への負担も少ない。

ウオーキング マップ【walking map】新 散歩やウオーキングなどに適したコースを記した地図。地方自治体が作成・公開することが多い。

ウオーク【walk】①歩くこと。歩行。②社交ダンスの歩き方。常に音楽とリズムに合わせてスムーズに歩くこと。

ウオークイン クローゼット【walk-in closet】主に衣服の収納を目的とした小部屋。納戸(なんど)。▷人が立ったまま入れる押し入れの意。

ウオーク スルー クローゼット【walk through closet】通り抜けできるクローゼット(衣類収納用の小部屋)。二つ以上の出入り口がある。

ウオー クライ【war cry】鬨(とき)の声。戦いやスポーツなどで気勢をあげるために発する叫び。▷特に太平洋諸国のラグビー代表チームが試合前に行うパフォーマンス(ニュージーランドによるハカなど)がよく知られる。

ウオーク ラリー【和製 walk+rally】グループ対抗競技の一。与えられたコース図に従って歩き、コース中に設けられたチェックポイントにおいて、その場所でしか解けない問題を解き、規定された所要時間でゴールする競技。時間得点と課題得点の合計点で順位が決まる。▷時間得点はあらかじめ決められた標準時間との差で決まるため、急ぐ必要はない。→オリエンテーリング

ウオーター サーバー【和製

water＋server】給水器。水の宅配サービスで使用される、交換式のタンクを持つ機器など。ウオーター-ディスペンサー。

ウオーター ジャンプ【water jump】スキーやスノーボードでジャンプ台を滑り、水に飛び込むスポーツ。

ウオーター スライダー【和製 water＋slider】プールに向かって降りるように設計された滑り台。水を流す、マットや浮き輪に乗るなどして、滑りやすくしてある。

ウオーター ディスペンサー【water dispenser】⇨ウオーター-サーバー

ウオーターフォール〖waterfall〗新 ①滝。落水。②情報システムの開発手法の一。仕様・工程をあらかじめ厳密に定めたうえで、各々の工程を順に完了させながら開発を不可逆に進めていく。▷落水のように元に戻らないことから。

ウオータープルーフ【waterproof】(時計などの)防水性。耐水性。

ウオーターフロント【waterfront】都市の、海や川に面した地区。臨海部。▷「水辺」の意。

ウォーターマーク【watermark】①透かし。②電子情報の著作権保護のために用いられる技術。通常ではわからないように、音声や画像データの中に情報を埋め込み、特別な処理をほどこすことでデータの所有者を識別する。不正なコピーや情報の加工などを検知するために用いられる。電子透かし。

ウオーニング【warning】⇨ワーニング

ウオーミング アップ【warming-up】①スポーツで、軽い準備運動。②転じて、物事を本格的に始める前にする軽いならし。▷ウオーム-アップとも。→クーリング-ダウン

ウオーム【warm】暖かいさま。

ウオーム ビズ【和製 WARM BIZ】環境省が提唱した、冬に過度な暖房に頼らないようにするライフスタイル。

ウォシュレット 温水洗浄便座の商標名。

ウオツカ【ロシア vodka】ロシアの代表的な酒。大麦・ライ麦・小麦・トウモロコシなどに麦芽を加えて糖化・発酵させ蒸留したのち、白樺(しらかば)の木炭で脱臭・濾過(ろか)してつくる。アルコール分 40〜60％。無色透明・無味無臭なので、カクテルのベースにも用いられる。火酒。▷ウォッカ・ウォツカ・ウオトカとも。

ウオッシュ【wash】新 ▷ウォッシュとも。①洗うこと。洗い流すこと。洗濯。ウォッシングとも。②水彩画などで、うすく溶いた絵の

具を平らに大きく塗ること。

ウオッシング【washing】新 ▷ウォッシングとも。 ①⇨ウオッシュ① ②プラモデルの塗装技法の一。うすい塗料を部品全体に塗って、それを拭き取ることによって質感を高める。

ウオッチ【watch】①携帯用の時計。懐中時計。②艦船などの見張り番。当直。ワッチ。

ウオッチドッグ　【watchdog】①番犬。②番人。監視者。

ウオッチャー【watcher】①観測者。②動向を注視する人。研究者。

ウオッチ リスト【watch list】監視対象の一覧。

ウオリアー【warrior】(古代の)戦士。ウオーリアとも。

ウォレット【wallet】①財布。札入れ。ワレット。②転じて、電子商取引で電子マネーの出し入れを行うアプリケーション-ソフト。

ウォン　大韓民国・朝鮮民主主義人民共和国の通貨単位。1 ウォンは大韓民国では 100 チョン、朝鮮民主主義人民共和国では 100 ジュン。▷朝鮮語。

ウスター ソース　【Worcester sauce】⇨ウースター-ソース

ウッド【wood】①木。木材。②ボールをたたく部分が木製のゴルフ-クラブ。近年は、チタンをはじめとする金属性のものが多く用いられている。→アイアン②

ウプシロン【upsilon; Υ・υ】ギリシャ語アルファベットの第 20 字。▷ユプシロンとも。

ウポポイ　アイヌ文化の復興・発展を目的に、国が北海道白老郡白老町に設置した、民族共生象徴空間の愛称。国立アイヌ民族博物館、国立民族共生公園、慰霊施設を擁する。2020 年(令和 2)に開業。▷アイヌ語で(大勢で)歌うことの意。

ウムラウト【ドイツ Umlaut】ゲルマン語、主としてドイツ語で、母音 a・o・u が後続の i または e に引かれてそれに近づいた音に変わること。また、その音。この音を文字の上で示す記号もいう。ä・ö・ü のように二つ並んだ小点で示す。変母音。変音符。

ウラノス【Ūranos】ギリシャ神話で、世界をはじめて支配した神。大地の神ガイアの夫。二人からティタン神族が生まれた。末子クロノスによって大鎌で陽物を切り落とされ、天地の支配権を奪われる。▷天の意。

ウラン【ドイツ Uran】(uranium)アクチノイド元素の一。元素記号 U　原子番号 92。原子量 238.0。天然にはピッチブレンド(瀝青(れきせい)ウラン鉱)・カルノー石などの鉱物に含まれる。同位体のウラン 235 と 233(人工放射性核種の一)は連鎖的核分裂反応をするので核燃料となる。ウラン 238

も中性子を捕獲して核燃料のプルトニウム239となる。ウラニウム。

ウルトラ【ultra】他の語の上に付いて複合語をつくり、「極端な」「過度の」「超」などの意を表す。

ウルトラソニック【ultrasonic】超音波の。

ウルトラブック【Ultrabook】新 薄型で軽量のノート-パソコンに関する構想。多くの場合、光学ドライブを持たずポート類も少ない。一方で、休止状態からの復帰が速く、バッテリー駆動時間が長いなどの特長をもつ。アメリカのインテル社が2011年に提唱。商標名。

ウルトラマラソン【ultramarathon】フルマラソン(42.195km)以上の距離、または100km以上の距離を走るマラソン。数日間かけて行われることもある。

ウルトラマリン【ultramarine】群青(ぐんじょう)。群青色。

ウルトラマン【和製 Ultraman】1966年(昭和41)から放映された特撮テレビ番組「ウルトラマン」の主人公。宇宙から来て、地球を守るためにさまざまな怪獣たちと戦う。

ウルフ【wolf】狼(おおかみ)。

ウレタン【urethane】①カルバミン酸のエステルおよびその誘導体の総称。狭義には、カルバミン酸エチルをさす。白色粉末で催眠薬として用いられる。②ポリウレタンのこと。

ウレタン フォーム【urethane foam】ポリウレタンを原料とする多孔性の合成ゴム。断熱材・吸音材とするほか、寝具などに使う。

エ

エア【air】①空気。大気。空中。②(工業などで)圧縮空気。③航空。飛行。④スケートボードやスノーボードなどの空中技。⑤実物が存在するかのように真似ること。ふりをすること。▷エヤーとも。

エア カーゴ【air cargo】空輸される貨物。

エア カーテン【air curtain】建物の出入り口の上方から空気を壁状に吹き下ろし、内外の空気の交流を遮断する装置。エア-ドア。

エア ガン【air gun】気圧を用いて弾を発射する玩具銃の総称。作動方式や形状はさまざま。殺傷能力はなくサバイバル-ゲームなどに用いられる。

エア ギター【air guitar】俗に、

ギターを弾く真似をすること。また、そのようにして真似される架空のギターのこと。空気ギター。

エア クリーナー【air cleaner】①空気清浄器。②エンジン類に取り込む空気をきれいにする浄化装置。

エアコン エア-コンディショナーの略。室内の空気の清浄度・温度・湿度などを調節する装置。

エア サーキュレーター【air circulator】空気循環器。直進性の高い風を発生する扇風機。単にサーキュレーターとも。

エアゾール【aerosol】①⇨エアロゾル ②缶などの容器に液化ガスとともに封入した薬品などを、ガスの圧力で霧状に吹き出させて使用する方式。また、そのもの。スプレー。

エア タオル【和製 air＋towel】ぬれた手を差し出すと自動的に温風が出る乾燥装置。ハンド-ドライヤー。

エア チェック【air-check】放送番組を受信して録音・録画すること。

エア ドラム【air drum】俗に、ドラムを演奏する真似をすること。

エアドロップ【airdrop】▷エアドロとも。①飛行機からの空中投下。②アップル社製のスマートフォンやパソコンどうしで、近距離通信により写真や動画などのデータを送受信する仕組み。▷AirDrop。③新方式の暗号資産(仮想通貨)を普及させる目的で、その方式のコインを既存の暗号資産の保有者に対して配るマーケティング手法。多くは無償で行われる。

エア バッグ【air bag】自動車の乗員保護装置の一。衝突などで車体が一定値以上の衝撃を感知すると、火薬に点火、発生した窒素ガスが瞬時に空気袋に充満して乗員を受け止め、衝撃を緩和する。

エアプ新 いかにも経験したかのように振る舞っているが、実は未体験であること。また、その人。▷エアプレーの略で、本来はゲームのプレイについていう語。2010年代に広まった。

エア フォース ワン【Air Force One】アメリカの大統領が搭乗する空軍機。

エア ブラシ【airbrush】圧縮空気を用いて、絵の具を霧状にして吹き付け、濃淡の調子を表す器具。また、そのようにして描く方法。ポスターの描画、写真版用原稿の修正などに用いる。エア-ブラッシュ。

エア ブレーキ【air brake】圧縮空気を利用したブレーキ。汽車・電車・大型自動車などに用いる。空気制動機。空気ブレーキ。

エアボード【Airboard】空気を

入れて膨らませたボードにうつぶせで乗り、雪面を滑り降りるスポーツ。また、これに使うボード。商標名。エアーボード。▷スイス人のスタイナー(J. Steiner)が1990年代に開発し、FUN-CARE社が2001年に商品化。

エア ポケット【air pocket】下降気流のため、飛行中の航空機が急激に揚力を失い降下する空域。山岳地帯の上空にあらわれやすい。

エアライン【airline】①定期航空路。②航空会社。

エアリアル【aerial】①フリースタイル-スキー競技の一。特設のジャンプ台から空中に飛び出し、空中演技(宙返りなど)・高さ・飛距離を競う。②天井から吊り下げた布や輪を使って行う空中演技。布を使うエアリアル-ティシューや、輪を使うエアリアル-リングなどがある。③サーフィンで空中に飛び出す技。エア。

エアリアル ヨガ【aerial yoga】🆕 ハンモック状に吊り下げた布を使って行うヨガ。反重力ヨガなどとも。

エアリー【airy】空気のように軽やかでふわふわした感じ。ファッションや美容の分野で言う。▷本来は「空気の・空中の・軽快な」などの意。

エアリプ🆕 ツイッター利用者が使う俗語で、誰かのツイートに対する返事(あるいはそれを匂わせる発言)を、ユーザー名を付けずにツイートすること。▷リプはリプライ(返事)の意。

エアレーション【aeration】廃水処理で、空気の吹き込みや攪拌(かくはん)などをして、液中に酸素を供給すること。有機汚濁物質を分解する微生物の働きを促す。曝気(ばっき)。

エア レース【air racing】飛行機を操縦して、速さなどを競う競技。

エアロ【aero】「空気の」「空中の」「航空の」などの意味を表す接頭語。

エアロゾル【aerosol】分散系の一。気体中に直径10^{-7}〜10^{-5}cmほどの液体または固体の微粒子が分散しているもの。分散している物質が液体のときは霧、固体のときは煙であるが、この区別は厳密なものではない。煙霧質。エアゾール。→コロイド

エアロビクス【aerobics】体内に酸素を多量に取り入れて、心臓や肺の機能を高める運動。有酸素運動。また特に、音楽に合わせて踊るように体を動かす運動。エアロビック。エアロビ。

エイジ【age】⇨エージ

エイジング【aging】⇨エージング

エイズ【AIDS】(acquired immunodeficiency syndrome)後

天性免疫不全症候群。HIVの感染によって起こる疾患。性交・輸血・血液製剤の使用などで感染することが多い。免疫機構が破壊され、通常なら発病しない細菌やウイルスでも発病し、カポジ肉腫など悪性腫瘍を発症する。

エイチアール テック【HR Tech】新 ⇨HRテック

エイティーズ【eighties】1980年代。特に、その時代に若者を中心に流行した服装や音楽。

エイド【aid】援助。助力。救援。

エイム【aim】新 コンピューターゲームで、敵などの対象物を狙い定めること。またその照準。

エイリアス【alias】コンピューターで使用するコマンド名や、電子メールのアドレス名などにつけられる別名。▷別名の意。

エイリアン【alien】①外国人。異国人。②SFで、宇宙人。異星人。

エウロパ【Europa】⇨ユーロパ

エーカー【acre】ヤード-ポンド法の面積の単位。10平方チェーンすなわち4840平方ヤード。約40.469アール。

エージ【age】①年齢。②時代。▷他の語の下に付けて用いる。「エイジ」とも。

エージェンシー【agency】①広告代理店。②行政効率向上のために省庁の事業実施部門を企画立案部門から分離独立させた法人。人事・運営内容などに関する裁量権を有する。独立行政法人とよばれる場合もある。1988年イギリスで導入。▷代理業、代理店の意。

エージェント【agent】①当事者に代わって物事を処理したり、意思表示をしたりする者。代理人。代行人。代理店。代理業者。②スポーツ選手の契約交渉や、選手が競技に集中できるような環境づくりを仕事とする者。代理人。③諜報活動を行う者。諜報部員。スパイ。秘密情報員。工作員。④コンピューターのユーザーが連続した操作をしなくても、自律的に情報収集や状況判断を行い、適切な処理動作を実行する機能。また、そのためのソフトウエア。

エージ シュート【和製 age＋shoot】ゴルフで、自分の年齢以下のスコアで18ホールを終了すること。

エージ フリー【age-free】年齢と関係のない。年齢によらない。

エージレス【ageless】年齢にこだわらない意。

エージング【aging】①生物が成長・分化・形態の形成などの後に必ず受ける、時間の経過に伴う衰退の過程。加齢。②物質を適当な温度・条件の下で長時間放置して、ゆっくりと化学変化を行わせること。熟成。③発酵したものが熟すること。特に酒などの味にうまみがでること。熟成。なれ。▷エイジングとも。

エース【ace】①トランプのA(1)の符号のカード。同じしるしのカードの中で一番強い力をもつ。ポイント。②野球で、主戦投手。③仲間の中で一番優れている人。第一人者。④テニス・卓球・バレーボールなどで、サーブまたはショットによる得点。

エータ【eta・H・η】⇨イータ

エーテル【オランダ ether】①2個のアルキル基が酸素原子によってつながれた構造をもつ有機化合物の総称。一般に中性で芳香のある液体。②①のうち特に、ジエチルエーテルをいう。特異な芳香をもち揮発性と麻酔性のある引火性液体。有機溶媒として用いられる。エチルエーテル。エトキシエタン。③かつて、光の波を伝える媒質として仮想されていた物質。19世紀末、マイケルソン-モーリーの実験によって否定された。

エーデルワイス【ドイツ Edelweiss】キク科の多年草。アルプスなどの高山に自生。葉はへら状。夏期、全体に白い綿毛でおおわれ、茎頂に白い苞葉(ほうよう)に包まれた数個の筒状花をつける。日本産のヒメウスユキソウ・ハヤチネウスユキソウなどは近縁種。西洋薄雪草。

エートス【ギリシャ ēthos】①性格・習性など、個人の持続的な特質。エトス。②社会集団・民族などを特徴づける気風・慣習。習俗。③芸術作品に含まれる道徳的・理性的な特性。気品。

エープリル フール【April fool】①4月1日の午前中は、軽いいたずらでうそをついたり、人をかついだりしてもとがめられないという風習。18世紀頃から西洋に起こり、大正頃から日本にも伝わる。万愚節。②①の日にかつがれた人。四月馬鹿。

エール【ale】イギリス産のビールの一種。ペール-エール・ビター-エールなどがある。

エール【yell】学生スポーツの試合で、選手を励ますときの叫び声。声援。

エキサイティング【exciting】見ている人を興奮させるさま。熱狂させるさま。

エキサイト【excite】興奮すること。熱狂すること。

エキシビション【exhibition】①展示。公開。陳列。模範演技。②エキシビション-ゲームの略。▷エキジビションとも。

エキシビション ゲーム【exhibition game】公開模範試合。公式記録としない競技。▷エキジビション-ゲームとも。

エキス ①薬効のある植物・動物などの有効成分を抽出して、濃い液体や粉末にしたもの。②物事のいちばん重要な部分。本質。エッセンス。▷エキストラクト(オランダ extract)の略。

エキストラ【extra】①映画・演劇などで、群衆シーンなどに、臨時に雇われる出演者。②特別なこと。臨時のもの。特別。

エキストラ バージン【extra virgin】⇨エクストラ-バージン

エキストラ ベッド【extra bed】(ホテルなどの)追加用の簡易ベッド。

エキスパート【expert】ある仕事に精通・熟練した人。専門家。熟練者。

エキスパート システム【expert system】特定分野の専門的な知識・問題解決の方法を体系化し、コンピューターに推論を行わせるシステム。医療診断やLSIの設計などに用いられる。専門家システム。

エキスポ【expo; Expo】博覧会。見本市。万国博覧会。エクスポ。▷exposition の略。

アップデート 国内での開催が20年ぶりとなる国際博覧会「2025年日本国際博覧会」(略称:大阪・関西万博)が大阪市此花(このはな)区の夢洲(ゆめしま)で開催されます。この博覧会では、細胞とモチーフとした独特のテイストのロゴマークや公式キャラ(ミャクミャク)が、ネットを中心に大きな話題になっています。

エキセントリック【eccentric】①性格や行動が、普通ではないさま。ひどく風変わりなさま。②筋肉を伸ばして力を発揮すること。伸張性収縮。

エキゾチック【exotic】外国の雰囲気・情緒のあるさま。

エクイティー【equity】①不偏。衡平。②イギリスにおいて、コモン-ローの欠陥を、衡平を基準として具体的に補おうとしたものが固定化・判例法化した法規範。衡平法。③株主の持ち分。転じて、自己資本。

エクイティー ファイナンス【equity finance】新株発行を伴う資金調達のこと。公募による時価発行増資・転換社債(CB)や新株引受権付社債(ワラント債、WB)の発行などがある。

エグザイル【exile】追放・流刑・亡命・放浪。また、そのような状態にある者。

エクササイズ【exercise】訓練。演習。練習。練習問題。

エクササイズ ボール【exercise ball】⇨バランス-ボール

エグジット【exit】出口。→エントランス①

エクスカーション【excursion】小旅行。遠足。

エクスキューズ【excuse】弁解。口実。

エクスクラメーション【exclamation】①絶叫。感嘆。②間投詞。感嘆詞。感嘆文。

エクスクラメーション マーク【exclamation mark】感嘆符。「！」

エクスクルーシブ【exclusive】排他的な。閉鎖的な。独占的な。専用の。

エクスターナル【external】外部の。外の。

エクスタシー【ecstasy】①気持ちがよくてわれを忘れてしまう状態。恍惚(こうこつ)。忘我。法悦。②神と合一した神秘的境地。フィロン・プロティノス・エックハルトなどの神秘主義思想で重要な概念。奪魂。法悦。エクスタシス。③⇨MDMA ▷原義は、魂が自分の身体の外に出る意。

エクスチェンジ【exchange】①交換。他国通貨との両替(りょうがえ)。②為替(かわせ)。他国通貨との為替相場。(通貨の)交換比率。③両替屋。取引所。交換所。

エクステ エクステンションの略。

エクステリア【exterior】建物の外回りや周辺域の塀、門扉、垣などの屋外構造物や植栽の総称。外構。

エクステンション【extension】①伸張。延長。拡張。②アクセサリー的に装着するつけ毛。エクステ。

エクステンション センター【extension center】社会人などを対象に、資格取得支援や生涯学習のための各種講座などを提供する大学などの付属機関。

エクストラ【extra】余分な。特別な。臨時の。

エクストラネット【extranet】複数の企業・組織のイントラネットを接続し、情報交換や取引に利用するネットワーク-システム。→イントラネット

エクストラ バージン【extra virgin】オリーブの熟果からとったオリーブ-オイルの中で、酸度が１％以下の上質なもの。エクストラ-バージンオイル。

エクストリーム スポーツ【extreme sports】新 バンジージャンプ・インラインスケート・ジェットスキー・ファンスキーなどの過激で挑戦的なスポーツ種目・競技方法の総称。サブカルチャーの一つとして発達。Xスポーツ。アクションスポーツ。▷極限のスポーツの意。

エクスプレス【express】急行。急行列車。急行便。

エクスプレッション【expression】①表現。表情。言い回し。②曲想。

エクスペリエンス【experience】経験。体験。

エクスペリメンタル【experimental】実験的な、の意。「——ミュージック」

エクスペリメント【experiment】実験。実際の試み。

エクスペンシブ【expensive】高価なさま。費用のかかるさま。

エクスポージャー【exposure】▷原義は、風雨などにさらされる意。①損失が起こりうる投資。リスクの大きい投資。②(特に心理学で)恐怖や不安の原因となる状況や刺激に段階的に直面させること。③写真で、露出。

エクスポート【export】①輸出すること。また、輸出した品。②コンピューターで、あるアプリケーション-ソフトウエアが、別のソフトウエアで使用可能なデータを書き出すこと。メーラーのアドレス帳の書き出しなど。→インポート

エグゼクティブ【executive】①企業で運営・管理などにあたる上級管理職。企業の幹部。②高級。贅沢。「―ルーム(＝ホテルの高級客室)」

エグゼクティブ サーチ【executive search】ヘッド-ハンティング(優秀な人材の探索や引き抜き)のこと。

エクセレンス【excellence】優越。優秀。美点。長所。

エクセレント【excellent】すぐれているさま。優良。

エグゾースト ノイズ【exhaust noise】排気の際に生じる音。排気音。

エクソシスト【exorcist】人に取り憑いた悪魔を払う儀式を行う司祭。悪魔払い師。払魔師(ふつまし)。

エクソダス【exodus】①集団での国外脱出。大量出国。②(Exodus)旧約聖書「出エジプト記」にあるイスラエル民族のエジプト脱出をいう。

エクトプラズム【ectoplasm】心霊学で、霊媒の体孔から出るといわれる流動性の物質。

エクリチュール【フランス écriture】書くこと。広義では、線・文字・図を書くこと、狭義では書かれたもの(特に文字言語)をさす。フランスの哲学者デリダにより、西欧の音声(ロゴス)中心主義を批判するのに用いられた語。

エクリプス【eclipse】食(蝕)(しょく)。日食や月食など。

エクレア【フランス éclair】細長くつくったシュークリームの上面にチョコレートを塗った洋菓子。エクレール。

エコ【eco】他の語の上に付いて「環境の」「生態の」「生態学の」の意味を表す。

エゴ【ラテン ego】①自我。自分。自己。意識や行為をつかさどる主体としての私。自分自身に関する主体としての意識の総体。②エゴイズムの略。

エゴイスティック【egoistic】利己的であるさま。自分本位であ

るさま。自分勝手。

エゴイスト【egoist】自分の事しか考えない人。利己主義者。

エゴイズム【egoism】自分の利益だけ重んじる考え。自分本位の考え方。利己主義。

エコー【echo】①こだま。やまびこ。反響。②こだまと同じ現象をつくり出す音響装置。また、それによってつくられた人工的な残響。③レーダーや音響測深機などにおける反射波。④「超音波診断」の俗称。▷ギリシャ神話のニンフの名前から。

エコー チェンバー【echo chamber】新 ①放送で、エコー効果を出すために特に設けられた部屋。反響室。また、エコー効果をつくり出す電子機器もいう。②閉じたコミュニティーの中だけでコミュニケーションが積み重なるため、特定の言説が増幅していく現象。エコーチェンバー現象。

エコール【フランス école】①学校。②学派。芸術上の流派。画派。

エコ カー【和製 eco＋car】二酸化炭素の排出を抑えるなど、環境に配慮した自動車の総称。低燃費車・ハイブリッド-カー・燃料電池車・電気自動車など。

エコ ガラス【和製 eco＋glass】窓ガラスからの熱の出入りを防ぎ、暖冷房によって発生する二酸化炭素排出量を削減するガラス。ガラスの内側に金属の膜をコーティングすることで、冬期には室内の保温が高まり(断熱性能)、夏期には太陽熱を遮断する(遮熱性能)。▷板硝子(ガラス)協会が定めた共通呼称。

エゴサ インターネットの検索サイトで、自分の名前やハンドル-ネームなどを検索して、どのような結果が出るのかを確認すること。エゴ-サーフィンとも。▷ ego search から。

> アップデート 近年一部でエゴサを拡張的な意味で用いる人も現れています。「好きなタレントの名前でエゴサする」といった使い方です。この場合、エゴサの意味が「単に名前で検索すること」と拡大解釈されているのかもしれません。なお他人の名前で検索する行為は、一部でパブサ(パブリックサーチ、和製英語)とも呼ばれています。

エコシステム【ecosystem】新 ①生態系。②情報通信や経営の分野で、互恵的に利益を生み出す関係にある複数の製品・サービス・企業・業界などの総体。ビジネス-エコシステム。

エコツーリズム【ecotourism】生態系や自然保護に配慮し、旅を通じて環境に対する理解を深めようという考え方。また、そのような旅のしかた。

エコデザイン【ecodesign】①エコロジーや環境問題を考慮に入れたデザイン。②環境配慮設計。

エコ ドライブ 【和製 eco＋drive】環境に配慮した運転方法。アイドリングをしない、急な発進・加速・減速をしない、無駄な荷物を積まないなど。消費燃料を節約し、二酸化炭素の排出削減をめざす。

エコノミー 【economy】①経済。理財。②節約。

エコノミー クラス 【economy class】徳用の等級。旅客機などの、普通料金の席をいう。

エコノミークラス症候群 飛行機の座席に、長時間、同じ姿勢で座り続けることによって発生する、深部静脈血栓症(俗に旅行者血栓症)のこと。ファーストクラスや列車・バス・乗用車などでも同様の症状が起こる。ECS。

エコノミスト 【economist】経済問題の専門家。

エコハウス 【ecohouse】エネルギー消費や二酸化炭素の排出を減らすなど環境保全に配慮し、また周辺の自然環境との調和を重視した住宅。環境共生住宅。

エコ バッグ 【和製 eco＋bag】⇨マイ-バッグ

エコビジネス 【ecobusiness】環境に関する事業。公害防止装置の開発、環境アセスメントの実施、省エネルギーやリサイクルの推進、快適な都市環境の創造、情報や教育などのソフトウエア提供などがある。エコロジー-ビジネス。

エコ ファー 【eco fur】新 フェイク-ファー(人工毛皮)のこと。

エコ ファンド 【eco-fund】投資対象企業の環境問題への取り組みを評価基準の一つとして、銘柄選定を行う投資信託の総称。環境ファンド。

エコマーク 【ecomark】財団法人日本環境協会が、環境保全を考慮していると認定した各種商品に付けられるマーク。

エコ マテリアル 【和製 eco＋material】製造・使用・廃棄の一連のサイクルでの消費エネルギーが少ないなど、環境への負荷が少ない材料。

エコミュージアム 【ecomuseum】子どもたちが生きものや自然の植生などとふれあい、自然を学ぶことができる教育施設。

エコ ラベル 【eco-label】環境ラベル。サービスや製品などが、環境への負荷が少ないものであることを示すマーク。

エコロジー 【ecology】①生物とそれを取り巻く環境の相互関係を研究し、生態系の構造と機能を明らかにする学問。生態学。②人間を生態系を構成する一員としてとらえ、人間と自然環境・物質循環・社会状況などとの相互関係を考える科学。社会生態学。人間生態学。③生態環境。自然環境。エコ。

エシカル【ethical】経済活動の場面で、環境・社会貢献などに配慮する様子。▷本来は、道徳の、倫理的ななどの意。

エシャロット【フランス échalote】①ユリ科の多年草。葉はネギに似る。鱗茎はラッキョウ形で、薬味にする。葉も食用。②ラッキョウを土寄せして育て、軟化させたもの。生で食する。

エシュロン【echelon】アメリカ、イギリスなどが運用しているといわれる通信傍受システム。世界中で通信されている電話・ファクシミリ・電子メールの内容をチェックできる。▷エシュロンは、軍事用語で梯隊(ていたい)(敵の攻撃を局所化するために部隊を縦長に配置する陣形)の意。

エス エフ【SF】⇨サイエンス-フィクション

エス エム【SM】⇨SM

エスカルゴ【フランス escargot】食用カタツムリ。殻は薄く、薄茶色の球形。ヨーロッパ原産。肉はフランス料理で珍重される。

エスカレーション【escalation】①段階的な拡大・激化。②上役や上部組織に報告すること。または対応を委ねること。エスカレとも。

エスカレーター【escalator】動力で人や荷物を上下に運ぶ階段状の昇降装置。

エスカレート【escalate】物事の規模や程度が段階をおって拡大・激化すること。

エスキス【フランス esquisse】下絵。スケッチ。見取り図。

エスキモー【Eskimo】ベーリング海峡沿岸からグリーンランド東岸に至る極北地帯に住む黄色人種。主として狩猟・漁労で生活する。夏は分散し、冬は集団で氷の家(イグルー)などに住む。▷自らは「人間」を意味するイヌイット・ユピックなどと称する。「生肉を食べる人」の意。

エスクロー【escrow】①一定の条件が満たされるまで、取り引きする物品や代金を第三者に預けておくこと。第三者預託。②販売者と購入者の間のトラブルを回避するため、代金と品物の交換を第三者が仲介すること。インターネットによる個人取引などで利用される。

エスケープ【escape】逃げる。抜け出す。

エスコート【escort】保護すること。つきそっていくこと。また、その人。多く女性を送る場合にいう。

エスコート キッズ【escort kids】サッカーの試合で、出場選手とともに入場する子どもたちのこと。フェア-プレー-キッズ。

エスタブリッシュメント【establishment】既成の秩序・権

威・体制。支配体制。権力や支配力をもつ階級・組織。

エステ エステティックの略。

エステート【estate】①地所。私有地。(封建)領地。②財産権。不動産権。

エステティシャン【フランス esthéticien】①美学者。②全身美容を施す美容師。▷エステシャン、エスティシャンとも。

エステティック【aesthetic】①美顔、痩身(そうしん)、無駄毛の脱毛などを行う全身美容。エステティーク。エステ。②エステティック-サロンの略。

エステル【ester】酸とアルコールとから水がとれてできる化合物の総称。普通、カルボン酸のエステルをさす。比較的分子量の小さいエステルは、芳香をもつものが多く、人工果実香料の原料となる。脂肪酸とグリセリンとのエステル(グリセリド)は、油脂として動植物に広く存在する。

エステ ローラー 肌の上で転がすローラー式の美容器具。

エストラゴン【フランス estragon】キク科の植物。西アジア・東ヨーロッパの原産。芳香をもち、葉を香辛料として、野鳥や獣肉の臭い消し、エスカルゴ料理などに用いる。タラゴン。

エストロゲン【estrogen】発情ホルモンの作用をもつ物質の総称。発情ホルモンとその誘導体および、全く構造の異なる合成物質がある。発情ホルモンと同義に使われることが多い。

エスニシティー【ethnicity】共通の出自・慣習・言語・地域・宗教・身体特徴などによって個人が特定の集団に帰属していること。

エスニック【ethnic】民族的であること。また、そのようなさま。異国風。

エスパー【和製 esper】超能力者。▷ESPをもつ者の意。

エスパニョール【スペイン español】スペインの。スペイン人。スペイン語。スペイン風。

エスプーマ【スペイン espuma】クリームやソースなどの食材に気体を混入して泡状に加工する調理法。または、そのための器具(ボトル状容器)のこと。さらにはそのようにして作った泡状の食材のこと。▷泡の意。スペインの有名料理店で開発され世界に広まった。

エスプリ【フランス esprit】①こころ。精神。②気がきいていること。機転。機知。

エスプレッソ【イタリア espresso】コーヒーをいれる器具の一。濾過器(ろかき)に強く焙煎(ばいせん)したコーヒー粉を入れ、これに蒸気圧で一気に熱湯を通すもの。また、この器具でいれた濃厚なコーヒー。

エスペラント【Esperanto】1887年ポーランド人ザメンホフによりつくられた国際補助語。28

の字母(母音5、子音23)をもち、文法体系は簡単。語彙(ごい)はゲルマン語・ロマンス語系統のものから共通性の高いものをとり、基礎語1900。▷エスペラント語で「希望ある人」の意。

エタニティ【eternity】永久。永遠。永劫(えいごう)。

エタノール【ドイツ Äthanol】酒の主成分で、無色、特有の芳香をもつ揮発性・可燃性液体。工業的には、デンプン・糖蜜(とうみつ)などをアルコール発酵させるか、エチレンから合成する。殺菌・消毒用、医薬・溶媒、不凍液の材料、燃料などのほか、種々の化学工業用原料として用いる。エチルアルコールは慣用名。

エチケット【フランス étiquette】礼儀作法。

アップデート 本来はインフルエンザや風邪の予防目的で啓発されていたのが「咳エチケット」。マスクを着ける、咳やくしゃみの際には口や鼻を抑える、そのあとは手を洗う、使ったティッシュは蓋付きのゴミ箱に捨てるなどの作法を指します。奇しくもこの作法が、2020年(令和2)のコロナ禍で再注目されました。

エチケット袋 嘔吐(おうと)物を入れるための袋。バス・航空機・船舶などで、乗り物酔いした際に用いる。ゲロ袋。吐袋(とぶくろ)。

エチュード【フランス étude】▷勉強・練習の意。①声楽や楽器演奏の練習のためにつくられた楽曲。練習曲。芸術的にすぐれた作品も多い。②絵や彫刻などで、習作・試作。→タブロー① ③演劇で(練習として行う)即興劇。

エチルアルコール【ドイツ Äthylalkohol】⇨エタノール

エチレン【ethylene】アルケン(エチレン系炭化水素)のうち最も簡単な物質。無色で、かすかに甘いにおいのある可燃性気体。反応性に富み、ポリエチレンなど種々の有機化学製品の原料となる。また、植物ホルモンの一種で、果実を成熟させたり、落葉を促進したりする働きがある。エテン。

エッグプラント【eggplant】茄子(なす)。

エッジ【edge】①はし。ふち。へり。②スキー板の滑走面の両側の下角。また、そこに付ける金属板。③スケート靴の滑走面の両側の角。④めりはり。シャープさ。⑤グラフ理論における辺。⑥エッジ-コンピューティングの略。

エッジ コンピューティング【edge computing】新 クラウド上のサーバーでなく、データ生成の現場に近いサーバーで、データを集約・処理する形態。遅延解消や負荷分散などを目的とする。

エッセー【英 essay フランス essai】①形式にとらわれず、個人的観点から物事を論じた散文。また、意の趣くままに感想・見聞などをまとめた文章。随筆。エッセイ。②ある特定の問題について論じた文。小論。論説。

エッセンシャル【essential】①本来の性質にかかわりのあるさま。本質的。②絶対に必要なさま。欠くことのできないさま。必須。③植物などのエキスを含むさま。

エッセンシャル オイル【essential oil】植物の花・葉・果実などから得られる芳香のある揮発性の油。テルペン系化合物・芳香族化合物などよりなる。

エッセンシャル ワーカー【essential worker】新 社会を維持するために必要不可欠とされる仕事に従事する人。おもに医療・福祉・保育・運輸・小売・通信・エネルギー・保安などの仕事に携わる人をいう。▷ 2020年、コロナウイルス感染症 COVID-19 のパンデミックに際して、その重要性や処遇改善の必要性が世界的に注目された。

エッセンス【essence】①物事の重要な部分。本質。真髄。精髄。②芳香性植物から抽出した香りの成分をアルコールなどに溶かしたもの。香料に用いる。

エッチ ①性的にいやらしいさま。また、そういう人。▷「変態」のローマ字書き hentai の頭文字から。②性交、性行為の婉曲表現。

エッチアール テック【HR Tech】新 ⇨HR テック

エッチング【etching】①銅板の表面に一種の蠟(ろう)で防食層をつくり、針などで書画を描いて銅を露出させ、硝酸などで腐食させて印刷用の凹(おう)版を作る技法。また、その版による印刷物。腐食銅版画。②ICやLSIの製造工程で、写真技術により基盤に回路を写し、不要な部分を除去する工程。

エディション【edition】①出版。刊行。②(出版物などの)版。

エディター【editor】①新聞・雑誌・書籍の編集者。編集人。②撮影された映画フィルムを、コンテによって整理・編集する技術者。また、その時に使われる機械。編集機。③コンピューターで、ソース-プログラムや文章などのファイルを修正・編集するためのプログラム。

エディット【edit】(映像・音楽・データなどの)編集。

エディトリアル【editorial】①社説、論説。②編集の、編集者の。

エディプス【Oedipus】 ⇨オイディプス

エディプス コンプレックス【Oedipus complex】精神分析の用語。子供が無意識のうちに、異性の親に愛着をもち、同性の親に敵意や罰せられることへの不安を感じる傾向。フロイトにより提唱され、多くは男子と母親の場合をさす。▷オイディプス王が父を殺して母を妻としたギリシャ神話にちなむ。→エレクトラ-コンプレックス

エデュケーション【education】教育。

エデン【Eden】旧約聖書創世記で、人類の祖アダムとイブのために神が設けた園。二人は神の命令に背き、善悪の知識の木の実を食べて、ここから追放された。エデンの園。楽園。パラダイス。▷ヘブライ語で「喜び」の意。

エトス【ギリシャ ēthos】⇨エートス

エト セトラ【ラテン et cetera】以下に列挙すべき語を省略する場合に用いる。…等々。…など。その他いろいろ。▷ etc.・& c. とも書く。

エドテック【EdTech】新 教育分野に応用した情報通信技術。またはその技術を用いたビジネスやサービス。▷ education(教育)と technology(技術)の合成

エトランゼ【フランス étranger】外国からの旅行者。異邦人。よそ者。エトランジェ。

エトワール【フランス étoile】花形スター。人気者。▷星の意。

エナジー【energy】⇨エネルギー

エナジー ドリンク【energy drink】機能性飲料の一。カフェイン、炭酸などを含み、気分を爽快にする、パフォーマンスを向上させるなどの機能を有するとうたったもの。

エナジー バー【energy bar】スポーツの合間などに手軽に栄養補給ができるよう、棒状に固めたスナック。シリアルやナッツ、ドライ-フルーツ等でつくられる。→シリアル-バー

エナメル【enamel】①顔料を含む塗料の総称。狭義には油ペイント(ペンキ)に対して油ワニスを用いたエナメル-ペイントのこと。エナメル-ペイントのほか硝酸セルロースを用いたラッカー-エナメルもある。光沢があり、木工品や皮革製品をはじめ機械・車両などの外部塗装に用いる。②琺瑯(ほうろう)。

エナメル革 表面にエナメルを塗った革。ハンドバッグや靴などに用いる。エナメル-レザー。パテント-レザー。

エヌ ジー【NG】⇨NG

エヌビーシー兵器 ⇨NBC 兵器

エネ ファーム【ENE FARM】家庭用燃料電池を用いたコジェネレーション-システムの愛称。都市ガスなどから水素を取り出して燃料電池で発電し、電力と排熱を利用するもの。燃料電池実用化推進協議会(FCCJ)が 2008 年(平成 20)より統一名称として使用。商標名。▷エネルギーと農

場を組み合わせた造語。

エネルギー【ドイツ Energie】①力。力を出すもと。精力。活動力。②物理量の一。物体や物体系がもっている仕事をする能力の総称。力学的仕事を基準とし、これと同等と考えられるもの、あるいはこれに換算できるもの。力学的エネルギー(運動エネルギー・位置エネルギー)、熱エネルギー、電磁場のエネルギー、質量エネルギーが代表的なもの。③動力資源。

エネルギー　マネージメント　システム【energy management system】▷エネルギー-マネジメント-システムとも。①⇨EnMS ②⇨EMS

エネルギッシュ【ドイツ energisch】活力にあふれているさま。精力的。

エノルメ【イタリア enorme】巨大。

エバー【ever】外来語の名詞の上に付いて、「常に」「持続性のある」の意を表す。

エバーグリーン【evergreen】常緑樹。転じて、名作・名画・名曲など、不朽の作品。

エバーラスティング【everlasting】新 永久・不朽であるさま。

エバンジェリスト【evangelist】①キリスト教で、福音の伝道者。②ある製品に関する熱狂的な信奉者で、他人にその良さを伝えようとする人。また、情報通信産業などで、自社製品の啓発活動を担当する者。

エピキュリアン【epicurean】享楽主義者。快楽主義者。▷本来はエピクロス派の哲学者の意。エピクロスの教説を後世、誤解したことによる語。

エピグラフ【epigraph】①碑文。碑銘。②本の巻頭に記す題詞。題辞。

エピグラム【epigram】ある思想を端的に鋭く表した風刺的な短詩。警句。格言詩。寸鉄詩。

エピゴーネン【ドイツ Epigonen】先行する顕著な思想や文学・芸術などの追随をし、まねをしているだけの人。独創性のない模倣者・追随者を軽蔑(けいべつ)していう語。亜流。

エピジェネティクス【epigenetics】DNA 一次配列の変化ではなく、ヒストンのアセチル化、DNA のメチル化などの細胞内部の分子的機構により、可変的に遺伝子情報の発現が制御される機構。

エピステーメー【ギリシャ epistēmē】①プラトン・アリストテレスが、単なる感覚的知覚や日常的意見であるドクサ(＝憶見)に対立させて、確かな理性的認識をさして呼んだ語。②フーコーの用語。各時代に固有のものの考え方の枠組み。思考の台座。▷哲学用語。

エピセンター【epicenter】①震央(震源の真上)。②拡大的に進行する(悪い)状況の始まりである点。

エピソード【episode】①本筋と直接的には関係なく物語中にはさみ込まれるまとまりのある小話。挿話。②ある人やある物事についての面白く、短い話。逸話。③楽曲の主要部分と主要部分との間の自由な挿入部分。挿句。間奏。

エピタキシャル【epitaxial】半導体製造の技術で、半導体の基板上に結晶を成長させること。

エピタフ【epitaph】墓碑銘。碑文。

エピック【epic】叙事詩。英雄詩。史詩。→リリック①

エピデミック【epidemic】病気が一定の地域を超えて流行すること。→パンデミック

エビデンス【evidence】証拠。根拠。証言。➲よくわかる「エビデンス」の意味と使い方(p.111)

エビデンス ベースド メディシン【evidence-based medicine】⇨EBM

エピペン【EpiPen】食物アレルギーや蜂毒などによるアナフィラキシー-ショックの症状悪化を防ぐために、アドレナリンを緊急に注射できるようにしたもの。アナフィラキシー補助治療剤。商標名。

エピローグ【epilogue】劇・小説・詩歌・音楽などで、全体をしめくくる言葉・終わりの部分。終章。→プロローグ

エフェクター【effector】①酵素が触媒として働く能力に影響を与える物質。モジュレーター。②電気・電子楽器に接続し、原音とは異なった音に変化させる装置・機器の総称。時間をずらしたり、音質などをコントロールするものなどがある。

エフェクト【effect】①効果。効力。効き目。②演劇・映画で、音響効果。

エフォート【effort】努力。骨折り。

エフォートレス【effortless】カジュアル-ファッションで、気張らずに、落ち着きと上品さをもった着こなし。また、そのような衣服。▷無理のない、ごく自然ななどの意。

エプソム ソルト【epsom salt】新 硫酸マグネシウムの７水和物。下剤、入浴剤などに用いる。瀉利塩(しゃりえん)。エプソム塩。▷イングランド南東部の街、エプソム(Epsom)の鉱泉で採れたことから。

エフ値 ⇨F ナンバー

エフ ナンバー ⇨F ナンバー

エプロン【apron】①衣服の保護のために胸または腰から膝(ひざ)へかける洋風の前掛け。②飛行

場で、格納庫の前の広場。また、乗客の乗降などのために飛行機を止める広場。③エプロン-ステージの略。劇場の舞台で、客席に向かって張り出している部分。

エベレスト【Everest】ヒマラヤ山脈、ネパールと中国のチベット自治区との国境に位置する世界の最高峰。海抜8848メートル。1953年イギリス登山隊のテンジンとヒラリーが初登頂。チベット語名チョモランマ。ネパール語名サガルマタ。▷イギリス人の測量家ジョージ=エベレスト[1790〜1866]にちなむ命名。

エポキシ樹脂【epoxy resin】分子の末端に反応しやすいエポキシ基をもつ樹脂状の化合物、およびその化合物と硬化剤とを重合させて生じる熱硬化性合成樹脂の総称。接着剤のほか、耐薬品性、防食性が高いので塗料、電気絶縁材などにも用いる。

エポック【epoch】①ある特色に彩られた、一つの時代。ある出来事から想起されるような、一つの時代。②新しい時代。新段階。

エポック メーキング【epoch-making】ある分野に新しい時代を開くほどであるさま。画期的。

エボナイト【ebonite】生ゴムに硫黄を30％以上加えて加熱して得る黒色の固体。ゴムに比べて硬く、ややもろい。熱を加えると加工しやすくなる。電気絶縁材、万年筆の軸などに利用。硬質ゴム。硬化ゴム。

エホバ【Jehovah】旧約聖書の神聖で口にすべからざる神名YHWHの伝統的な読み方。近年ヤハウェと読まれることが多い。

エボラ出血熱 1976年にスーダンとコンゴ(旧ザイール)の国境付近で流行した、ウイルス性出血熱。症状が進行すると吐血・鼻出血など全身にわたって出血傾向を呈し、致命率は70％以上に達する。感染症予防法で、危険性が極めて高い一類感染症に分類される。国際感染症の一。▷エボラ(Ebola)は患者の住んでいた村の川の名。

> アップデート 2014年、西アフリカでエボラ出血熱の大規模な流行が起こりました。この流行による死亡者数は1万人強(WHO調べ・2016年5月時点)に至っています。「葬儀で死者に触れて哀悼する習慣」が感染の要因になるなど、感染症対策の難しさを再認識させる話題も少なくありませんでした。

エボリューション【evolution】進化。

エマージェンシー【emergency】非常事態。緊急事態。

エマージェンシー キット【emergency kit】新 非常事態に備えて用意する物品一式。

エマージェンシー ブレーキ

よくわかる「エビデンス」の意味と使い方

詳しい意味は？

　エビデンス（evidence）は、英語で「根拠」「証拠」「証言」などの意味がありますが、日本語のエビデンスはおおよそ「根拠」「証拠」の意味で使われます。

実際の使われ方は？

［エビデンスがない、エビデンスがある］　根拠・証拠の有無を語る場合に「エビデンスがある」「エビデンスがない」などと表現をすることが可能です。また証拠・根拠に立脚することを「エビデンスに基づく」と表現することもできます。このほか「エビデンスを得る」「エビデンスを収集する」などの言い方もあります。

［EBM（根拠に基づく医療）］　1990年代以降の医療界で、EBM（evidence-based medicine：エビデンス・ベースド・メディシン）とよばれる新概念が定着しました。これは「病気にかかった人に実際に使って、その効果が確かめられている医療」のことです（参考：国立国語研究所「『病院の言葉』を分かりやすくする提言」）。日本の医療界で注目されるようになったのは1990年代中盤のこと。以来、一般社会でもエビデンスというカタカナ語への注目度が高まりました。

［そのほかの業界では？］　IT業界では「開発したシステムがうまく動作しているかどうかを示すための証拠資料」を、エビデンスとよぶ習慣があります。また銀行業界では、融資の可否を判断するための資料（住民票、源泉徴収票など）をエビデンスとよんでいます。

言い換えたい場合は？

　多くの場合、エビデンスを言い換える場合は「根拠」「証拠」「拠り所」「裏付け」などの言葉が使えます。根拠・証拠の実態が「資料や情報」である場合「根拠となる資料」「証拠となる情報」などの言い換えも可能です。医療分野におけるエビデンスの場合、「その治療法が良いといえる証拠」などの文章表現を試してみてください。

【emergency brake】自動車が障害物に近づいた際、運転者に警告したり、自動的にブレーキをかけたりする機能。衝突の回避、衝突時の被害軽減を目的とする。AEB。衝突被害軽減ブレーキ。プリ-クラッシュ-ブレーキ。「—-システム」

エマージング【emerging】急速に出現すること。

エマルション【emulsion】液体中に他の液体が微粒となって分散・浮遊しているもの。例えば、牛乳は水中に油が微粒となって分散しているものである。エマルジョン。乳濁液。

エミー賞【Emmy Awards】アメリカのテレビ芸術アカデミーが毎年、優秀なテレビ番組に授与する賞。1949年創設。

エミッション【emission】放出。排出。→ゼロ-エミッション

エミッター【emitter】トランジスタの電極の一。ベース領域の中に電子または正孔を注入する作用をする領域。記号E

エミュ　エミュレーターの略。特に、パソコン(パソコン上のOS)における、家庭用ゲーム機のエミュレーターをさす場合が多い。

エミュレーション【emulation】コンピューターで、他機種のプログラムを、エミュレーターを介して自分のコンピューターで実行すること。

エミュレーター【emulator】あるコンピューターが他のコンピューターの機能を模倣するための装置やプログラム。異種コンピューターで同一のソフトウエアの実行を可能にしたり、プロセッサーやOSの互換性を保つ。▷見習うもの、まねるものの意。

エメラルド【emerald】緑柱石のうち、翠緑(すいりょく)色透明のもの。磨いて宝石にする。雲母片岩、または石灰岩中の方解石脈より産する。緑玉。翠玉。翠緑玉。

エモい　(主に若者言葉で)心に響く。感動的である。▷感動を意味するエモーション(emotion)から。

> アップデート 外国語由来のカタカナ語は、サボタージュなどの名詞、サボるなどの動詞ともに数多く存在します。しかし形容詞となると広く一般化したものは、エロい、ナウい、グロい、など少ししかありません。今後「エモい」が広く定着するかどうか注目されます。

エモエモ 新　▷エモーション(emotion)から。心を揺さぶるさま。感動的なさま。

エモーショナル【emotional】情緒的。感動的。

エモーション【emotion】感動。情緒。感情。情動。

エラー【error】①やり損なうこと。失策。②計算あるいは測定された値と、理論的に正しい値との

ずれ。誤差。③野球で、野手の捕球や送球の失敗により、アウトにできるはずの走者を生かすこと。また、その失敗。失策。

エラストマー【elastomer】常温で非常に弾性に富む高分子化合物の総称。ゴム、合成ゴムなど。

エリア【area】地域。区域。

エリア マネージメント【area management】地域の特色や価値を維持・向上させるため、住民・事業主・地権者等が自主的にさまざまな取り組みを企画・運営すること。

エリア メール【Area Mail】NTTドコモが提供する、緊急情報の配信サービス。気象庁の緊急地震速報、津波警報、地方自治体の災害・避難情報などを、情報の対象エリア内にある全ての携帯電話端末(対応機種)に対して一斉配信するもの。登録商標。

エリート【フランス élite】ある社会や集団の中で、そのすぐれた素質・能力および社会的属性を生かして指導的地位についている少数の人。選ばれた者。選良。

エリザベス カラー【Elizabethan collar】犬や猫が傷口や手術痕(あと)などを舐(な)めないよう、その首もとに装着する半円錐状の保護具。▷エリザベス朝時代の襞襟(ひだえり)に似ていることから。

エリミネーション【elimination】新 ▷除去、排除の意。①競技会において、負けた時点で脱落する形式。またその形式における脱落。「—マッチ(＝チームの全員が負けた時点で勝敗が決する方式のタグマッチ)」②自転車のオムニアムで実施するレースの一。規定周回(2周か1周)ごとに最下位の選手が脱落して、最後の2名のうち先着した選手が1位となる。

エリンギ茸【イタリア eryngi】担子菌類ハラタケ目のキノコ。食用。人工栽培される。

エル クラシコ【スペイン El Clásico】▷英語でいうThe Classic。スペインのサッカーリーグ、リーガエスパニョーラにおける、レアルマドリードとFCバルセロナの試合。スペインダービー。

エルゴノミクス【ergonomics】人間の身体的・精神的機能や性質を研究し、それに適した機械や環境を設計し、開発する学問や考え方。▷アーゴノミクスとも。

エルゴメーター【ergometer】実際に運動をしているのと同じ負荷をかけて、使用者の体力トレーニングや体力測定を行う器具。自転車のペダル踏み装置など。作業計。

エルダー【elder】高齢者、年長者のこと。▷定年退職者の再雇用制度をエルダー制度、高齢者向け市場をエルダー-マーケットなどとよぶ。

エル ニーニョ【スペイン El Niño】ペルー沖でクリスマス頃から南東貿易風が弱まり、赤道海域から暖水塊が流れ込むために海水温が上昇する現象。また、数年に一度、東太平洋海域の海面水温が平年にくらべて高くなる現象。カタクチイワシの不漁や異常気象をもたらす。▷幼子(キリスト)、男の子の意。→ラ-ニーニャ

エルフ【elf】小妖精。チュートン(古代ゲルマン民族の)神話に出てくる魔力をもった小人のこと。

エルボー【elbow】①肘(ひじ)。また、衣服の肘の部分。②煙突・鉄管などの、L字形のもの。また、その部分。③(プロレス技などで)肘で突くこと。肘鉄砲。

エル マーク【和製 L+mark】日本レコード協会が、所定条件(レコード会社による許諾など)を満たす音楽配信事業者に対して発行する識別マーク。発行を受けた事業者は同マークを配信サイトに掲示する。2008年(平成20)運用開始。▷エル(L)は許諾(license)の意。

エルム【elm】ニレ科ニレ属の総称。北半球に約20種類ある。いずれも落葉高木。一般には、ハルニレをさす。

エレガンス【elegance】優美。典雅。気品。優雅。

エレガント【elegant】優雅なさま。上品なさま。

エレキ ①電気。▷オランダ語のエレキテルから。②エレキ-ギターの略。

エレキ ギター エレクトリック-ギターの俗称。

エレクト【erect】直立すること。勃起(ぼっき)。

エレクトーン【和製 Electone】日本で開発・製造された電子オルガンの商標名。

エレクトラ【Ēlektrā】ソフォクレス・エウリピデスの同名の悲劇作品などでよく知られる、ギリシャ神話・伝説中の女性。ミュケナイ王アガメムノンの娘。トロイア戦争から凱旋(がいせん)した父を謀殺した母クリュタイムネストラとその情人アイギストスを、弟のオレステスと力を合わせて殺し父の敵(かたき)を討った。

エレクトラ コンプレックス【Electra complex】精神分析の用語。エディプス-コンプレックスのうち、女子が無意識のうちに父親に愛着をもち、母親に反感を示す傾向をいう語。▷ギリシャ神話、アガメムノンの娘エレクトラにちなむ。→エディプス-コンプレックス

エレクトリック【electric】「電気の」「電気で動く」の意。他の外来語とともに用いる。

エレクトリック ギター【electric guitar】スチール弦の振動

を電気信号に変え、アンプで増幅してスピーカーから発音するギター。ブルース・ロック・ジャズなどの音楽のスタイルに応じて多様な形態や種類がある。エレキ-ギター。

エレクトロ【electro】①他の語について複合語を作り、「電気の」「電子の」などの意味を表す語。②リズム-マシンのリズムを基本とするダンス-ミュージック。

エレクトロニカ【electronica】①テクノなどの電子音楽の総称。②①のうち、特に前衛的・先進的なアプローチを行う電子音楽の総称。リスニング志向の強さや、実験的な音色・リズム・構成などを特徴とする。

エレクトロニクス【electronics】電子工学。

エレクトロニック【electronic】電子工学を応用した、の意。

エレクトロポップ【electropop】シンセサイザーの使用など、電子音楽の手法を用いたポピュラー-ミュージック(大衆音楽)の総称。1970年代後半に勃興。▷1980年代前半に勃興したエレクトロ(リズムマシンが奏でるリズムを基本とするダンス-ミュージック)とは別のジャンル。類義語のシンセポップに比べて、より電子音を強調した楽曲を指すことが多い。

エレクトロン【electron】①電子。②マグネシウムを主成分とし、アルミニウムと亜鉛を含む軽合金。自動車などの機械部品に使用。

エレジー【elegy】悲しみを歌った楽曲・歌曲・詩歌。

エレベーション【elevation】建築全体の外観を表す立面図。

エレベーター【elevator】人または貨物を収容する箱(ケージ)を、動力で垂直に昇降・運搬する装置。昇降機。

エレメンタリー【elementary】基本の。初歩の。初等の。

エレメント【element】①要素。成分。②化学元素。③素子。

エロ エロチック・エロチシズムの略。

エロい 俗に、性的にいやらしい。▷エロの形容詞化。

エロイカ ベートーベンの交響曲第3番の通称。1804年完成。▷イタリア Sinfonia eroica(エロイカは「英雄の」の意)。

エロス【Erōs】①ギリシャ神話の愛の神。有翼で弓と矢を携える。神々のうちで一番若く、時代が下るとともに、若者から少年・幼児へと姿を変えて描かれる。文学・美術では、アフロディテの子とされることが多い。ローマ神話のキューピッドと同一視される。②愛。智など自分に欠けたものを得たいと求める衝動として、プラトンによって用いられた語。→アガペー① ③性的な愛。④フロイトの用語。性本能・自己保存本能を含む生の本能をさす。→タナトス② ⑤小惑星の名。長径 38km。火星と木星との間に長い楕円形の軌道をもち、約 2 年ごとに地球に 2300 万 km の距離まで大接近する。1898 年発見。

エロチカ【erotica】性愛を描いた文学・絵画類の総称。

エロチシズム【eroticism】①愛欲的・性欲的であること。好色的。色情的。②芸術作品で、性的なものをテーマにしていること。官能的であること。▷愛の神エロスに基づく。本来は精神的な愛を意味する。エロティシズムとも。

エロチック【erotic】性的な欲望・感情を刺激するさま。肉感的。▷エロティックとも。

エンカウンター【encounter】出会い。心と心のふれあい。本音の交流。

エンカウント 新 ▷ encounter(遭遇)から。エンカとも。①ロールプレーイング-ゲームで、敵と遭遇して戦闘状態に入ること。②誰か・何かと会うこと。

エンカウント ダンスで拍をとるときの裏拍。練習の際「ワン、エン(アンド)、ツー、エン、スリー、エン、フォー」のように声掛けすることから。▷アンドカウントの略。

エンクロージャー【enclosure】①囲い込むこと。②機器類を入れる箱。筐体(きょうたい)。③同封物。

エンゲージ【engage】婚約。

エンゲージメント【engagement】①取り決め。約束。婚約。②積極的な関与。また、それにより醸成される信頼感。「従業員—(=会社への信頼感や愛着心)」③企業価値の向上を目的に、機関投資家が投資先企業と建設的な対話を行うこと。④インターネット広告や sns の分野で、閲覧者による興味のこと。またその興味に基づいて行うクリックや書き込みなどの反応。➲ よくわかる「エンゲージメント」の意味と使い方(p.117)

エンゲージ リング 婚約のしるしとして男性から女性に贈る指輪。贈られる人の誕生石をつけたものが多い。婚約指輪。▷ engagement ring から。

エンゲル係数 生計費中に占める飲食費の割合を示す係数。一般に所得水準が高くなるに従って低下するとされる。▷ドイツの統計学者 Ernst Engel から。

エンコーダー【encoder】入力信号を次の処理段階に適するように符号化する装置。符号器。→デコーダー

エンコード【encode】情報を暗号化・記号化すること。→デコード

よくわかる「エンゲージメント」の意味と使い方

詳しい意味は？

大きく分けると二つの意味があります。ひとつは「婚約」という意味。婚約指輪を意味するエンゲージメントリング（エンゲージリング）などの用法があります。

もう一つの意味は「誰かとよりよい関係を築くこと」。こちらは人材管理・CSR・投資などの企業経営やマーケティングなどの分野でよく登場します。対象とする相手に積極的に関わることや、それによって醸成される信頼感を含意します。

そもそも英語の名詞 engagement の原型である動詞 engage は「抵当に入れる」ことを語源とする言葉です。したがって、ここから派生したいずれの意味も「何かを拘束する」ニュアンスを伴っています。つまり婚約ならその相手が、人材管理であれば企業と従業員が、互いに拘束し、拘束される関係となるわけです。ただし拘束のニュアンスはあっても、「エンゲージメント」には「束縛」などの悪い意味はありません。「深い関与」程度に捉えておけばよいでしょう。

実際の使われ方は？

[ステークホルダーエンゲージメント]　企業が利害関係者（従業員、取引相手、株主、地域社会などのステークホルダー）と積極的に対話を重ねて、そこで交わされた内容を経営に活かすプロセスをこう呼びます。

[従業員エンゲージメント]　企業経営の分野で「従業員が企業に対して『貢献したい』と自発的に思う気持ち」という意味です。「～を向上させる」などの表現も登場します。

[集団的エンゲージメント]　複数の機関投資家が、企業価値の向上を目的に投資先企業との建設的な対話を行うことです。

[エンゲージメント率]　マーケティング分野では、ネット広告やソーシャルメディアにおける「閲覧者の興味」をエンゲージメントと呼びます。例えば広告をクリックする行為や、投稿を共有する行為などがそうです。そして閲覧者に占める行為者の割合（百分率）を「エンゲージメント率」と呼びます。

エンサイクロペディア【encyclopaedia】百科事典。百科全書。

エンジェル【angel】①天使。天人。エンゼル。②創業後間もない企業家に資金提供や経営指導などの支援を行う個人投資家のこと。▷アメリカで、ミュージカルの制作に当たり資金提供を行う個人(スポンサー)が、エンジェルとよばれたことから。

エンジニア【engineer】機械・電気・土木などの技術者。技師。

エンジニアリング【engineering】科学技術を応用して物品を生産する技術。また、それを研究する学問。工学。工学技術。

エンジニアリング プラスチック【engineering plastics】耐熱性・機械的強度・耐摩耗性にすぐれ、機械・自動車・電子機器などの部品に使用されるプラスチック。熱変形温度が120℃以上のものをいう。エン-プラ。

エンジョイ【enjoy】楽しむこと。享受すること。

エンジン【engine】①種々のエネルギーを機械的力または運動に変換する機械または装置。機関。発動機。②特に、内燃機関。③コンピューターで、専門的な機能を提供するためのプログラム。検索機能を提供する検索エンジン、ゲーム-ソフト用の汎用機能を提供するゲーム-エンジンなどがある。④(比喩的に)力を生み出すもの。「成長の—」

エンジン コントロール ユニット【engine control unit】自動車などのエンジンを制御するためのマイクロコントローラー。エンジン-コンピューター。ECU。→マイクロコントローラー

エンジン コンピューター【engine computer】⇨エンジン-コントロール-ユニット

エンスト 自動車などの、エンジンが不意に止まってしまうこと。▷エンジン-ストップ(ストール)の略。

エンターテイナー【entertainer】人に娯楽を提供する人。特に、芸能人。▷エンターテーナーとも。

エンターテイメント【entertainment】人を楽しませるもの。楽しむためのもの。娯楽。▷エンターテーメント、エンターテインメントとも。

エンタープライズ【enterprise】①事業。企業。大仕事。企て。企画。②新しい試みに取り組もうとする心。進取の気性。冒険心。③(大規模な)事業・法人に向けた市場。また、他の語に付いて「事業用の」「法人用の」の意を表す。④(Enterprise)アメリカの原子力空母の名称。

エンタシス【entasis】円柱につけられた微妙なふくらみ。建物に

視覚的な安定感を与えるためのもの。ギリシャ・ローマ・ルネサンス建築の外部の柱に用いた。日本では、法隆寺金堂の柱などにみられる。胴張り。

エンタメ エンターテイメントの略。

エンタルピー【enthalpy】熱力学で用いる物理量の一。圧力と体積との積に内部エネルギーを加えた量。圧力一定の条件のもとで、系に出入する熱量はエンタルピーの変化量に等しい。熱関数。

エンティティー【entity】①(客観的な)存在。実物。②オブジェクト指向プログラミングで、オブジェクトを定義する際に対象とするもの。実体。→オブジェクト指向

エンディング【ending】終わり。終わりの部分。終末。

エンディング ノート【和製ending+note】自分の終末期や死後について、その方針などを書き留めておくノート。

エンデミック【endemic】特定の地域や季節的周期において、その病気の罹患率が一定していること。風土病などがこれに相当する。▷風土病の意。→エピデミック・パンデミック

エンデュランス【endurance】①忍耐。辛抱。耐久力。持久力。②馬術競技の一。数十キロメートル以上のコースを走り、所要時間を競う。定められた区間ごとに獣医が馬の健康診断を行い、これに合格しない場合は失格となる。

エンド【end】①終わり。おしまい。②端。先端。

エンドース【endorse】①裏書き。保証。②正規運賃で購入した航空券を同一路線の他社便に振り替えること。▷証明のために航空券に裏書きされることから。

エンド クレジット【end credit】⇨スタッフ-ロール

エンド ツー エンド【end to end】端から端まで。E2Eとも。

エンド ユーザー【end user】末端の利用者。一般使用者。コンピューターで、自分ではプログラムを組まず、アプリケーション-プログラムだけを利用するユーザーをさす。

エントランス【entrance】①入り口。玄関。②入ること。

エントランス フィー【entrance fee】参加費。入場料。入会金。入学金。

エントラント【entrant】①新入生。新入社員。②競技などへの参加者。

エントリー【entry】①参加。出場。参入。また、その申し込み。②入門(用)。初心者用。「—モデル」③ブログで一回分の記事。

アップデート 新卒の就活では一般に「二段階の申し込み」を行います。選考参加に必要な情報を求める申

し込みと、本選考への申し込みです。困ったことにこれらを意味する用語が就活サイトや企業によりまちまちです。例えば「エントリーと応募」「プレエントリーとエントリー」と呼び分ける場合があり、注意が必要です。

エントリー シート【entry sheet】就職を希望する者が、志望する企業に提出する書類。ES。

エンドルフィン【endorphin】哺乳類の脳および脳下垂体中に含まれるペプチド。モルヒネと同じ鎮痛作用を示す。

エンドレス【endless】果てしなく続くさま。終わりがないさま。

エンド ロール【end roll】映画やテレビなどで、映像作品の最後に出演者・制作者・協力者などの氏名を流れるように示す字幕。スタッフ-ロール。エンディング-ロール。

エントロピー【entropy】①系の乱雑さ・無秩序さ・不規則さの度合を表す量。物質や熱の出入りのない系ではエントロピーは決して減少せず、不可逆変化をするときには、常に増大する。19世紀中頃、ドイツの物理学者クラウジウスが熱力学的量の一つとして導入した。②情報理論で、情報の不確かさの度合を表す量。

エンバーミング【embalming】薬品などを用いて防腐・保存のための処置を施すこと。特に遺体に対していう。

エンパイア【empire】帝国。帝権。

エンパシー【empathy】新 他人の気持ちを理解・共有する能力。▷共感などを意味するシンパシー(sympathy)が他者を自己と同化させて感じることであるのに対し、エンパシーは同化することなく他者の心情を推し量ることを意味する。

エンパワーメント【empowerment】①権限を与えること。能力をつけさせること。②力をもたないものが、変革の主体となる力をつけること。特に、女性が力をつけ、連帯して行動することによって自分たちの置かれた不利な状況を変えていけるようになること。③権限の委譲。企業において従業員の能力を伸ばすためや、開発援助において被援助国の自立を促進するために行われる。案 能力開化／権限付与

エンハンス【enhance】拡大すること。拡張すること。

エンフォースメント【enforcement】①強制。強要。②施行。執行。▷法律や特許などの行使についていう場合が多い。案 法執行

エンプティー【empty】空っぽであること。中身のないこと。空虚なこと。

エンプラ エンジニアリング-プラ

スチックの略。

エンブレム【emblem】①象徴。象徴的文様。寓意(ぐうい)画。視覚的形象において直示的ではなく表現されている物や意味のこと。②紋章。記章。特に、ブレザーの胸につける校章など。ワッペン。

エンプロイ【employ】雇用すること。

エンペラー【emperor】皇帝。

エンベロープ【envelope】封筒。

エンボス【emboss】模様を彫刻したロールを加熱しながら押しつけて、紙・布・皮革などに凹凸模様をつけること。

エンリッチ【enrich】食品にビタミンなどを加えて栄養価を高めること。また、その食品。強化食。▷豊かにする意。

オ

オアシス【oasis】①砂漠の中で、水がわき、樹木の生えている場所。②人々の気持ちを和らげたり、いやしたりしてくれる場所。いこいの場。

オイスター【oyster】牡蠣(かき)。

オイスター ソース【oyster sauce】牡蠣(かき)の煮汁を加熱濃縮した調味料。主に広東料理で用いる。牡蠣油。蠔油(ハオユー)。

オイディプス【Oidipūs】ギリシャ神話中の人物。テーベ王ライオスとイオカステとの子。男の子ならば父を殺し母を妻とするという神託により、生まれてすぐ捨てられる。成長後、父とは知らずにライオスを殺し、スフィンクスの謎を解いてテーベ王となり、母イオカステを妻とする。のち、真実を知って苦悩し、両目をえぐり、娘アンティゴネに導かれつつ諸国を流浪したという。エディプス。

オイマヨ 新 オイスター-ソースとマヨネーズを混ぜたソース。

オイル【oil】①油。食用・燃料用・潤滑用など広く「あぶら」の意で用いられる。②特に、石油。③油絵。油絵の具。

オイル サンド【oil sand】原油または粘稠(ねんちゅう)な炭化水素類を含んでいる砂や岩。油砂。タール-サンド。

オイル シェール【oil shale】炭素・水素・窒素・硫黄などの高分子からなる油母(ゆぼ)とよばれる複雑な有機化合物を含む黒褐色の緻密な頁岩(けつがん)。砕いて乾留し、石油を得ることができる。カナダのアルバータ地方や、オーストラリアのクイーンズランド、中国の東北地方などのものは有名。石油頁岩。油母頁岩。含油頁岩。

油頁岩。

オイル ショック【oil shock】1973年の第四次中東戦争を機にアラブ産油国が原油の減産と大幅な値上げを行い、石油輸入国に失業・インフレ・貿易収支の悪化という深刻な打撃を与えた事件(第一次)。また、1979年のイラン革命に伴って産油量が減り、原油価格が急騰した事件(第二次)。石油ショック。

オイル ヒーター【oil heater】①石油ストーブ。 ②(oil-filled heater)ラジエーター内部に密封したオイルを電気で暖めて循環させ、その放熱を利用する暖房機。

オウン ゴール【own goal】サッカーなどで、誤って自陣ゴールにボールを入れて相手に与えた点。自殺点。OG。

オウンド メディア【owned media】新 トリプル-メディアの一。企業が自社で所有・管理するメディア。独自の記事を発信する自社管理の広報誌・ブログなど。▷オウンドは所有の意。

オーカー【ochre】黄土(おうど)。また、黄土色。→オークル

オーガズム【orgasm】⇨オルガスムス

オーガナイザー【organizer】①団体を組織した人。組織者。設立者。②催し物を主催した人。主催者。案 まとめ役

オーガナイズ【organize】組織すること。編成すること。設立すること。

オーガニゼーション【organization】組織。構成。機構。

オーガニック【organic】有機栽培。また、有機栽培された農産物。▷有機の意。

オーガンジー【organdie】平織りで、薄く透けた生地の織物。ウエディング-ドレスなどに使われる。

オーク【oak】カシワ・カシ・ナラなど、ブナ科の大木になる樹木の総称。材質がかたく、建築材・船材・樽(たる)材として用い、また木目が美しいので家具に用いる。

オークション【auction】競(せ)り売り。競売。

オークス【Oaks】①イギリス、ロンドン南郊のエプソムで毎年行われるサラブレッド4歳牝馬(ひんば)のクラシック-レース。現在、距離1.5マイル(約2414m)で競う。1779年、第12代ダービー伯が「オークスの森の処女」と称されていた新妻との結婚記念に創始。 ②中央競馬の「優駿(ゆうしゅん)牝馬競走」の通称。①にならい、1938年(昭和13)に創設された牝馬のクラシック-レース。距離2400m。

オークル【フランス ocre】①酸化鉄の粉末。粘土に混ぜてくすんだ黄色の顔料・塗料などにする。オー

カー。黄土(おうど)。②黄土色。

オーケストラ【orchestra】①管楽器・弦楽器・打楽器など多くの楽器で合奏する音楽。管弦楽。②管弦楽を演奏する楽団。管弦楽団。

オーケストラ ピット【orchestra pit】舞台と客席の間に設けられたオーケストラ用の演奏場所。客席より低い位置にあり、一部を舞台下に埋め込んだものもある。オーケストラ-ボックス。

オーサー【author】著者。作者。

オーサリング【authoring】①著すこと。生み出すこと。②マルチメディア作品の製作過程における、異種データの組み合わせやデザイン・レイアウトなどの一連の編集作業のこと。

オージー【Aussie】オーストラリア人。オーストラリアの。オーシーとも。

オージー【OG】(和製 old＋girl)女性の卒業生。

オージー【orgy】古代ギリシャのディオニュソス祭やローマのバッカス祭などにみられた乱痴気騒ぎ。転じて、そのような無秩序が支配する祝宴。

オーシャン【ocean】大洋。大海。

オーシャン ビュー【ocean view】(建物や部屋が)海に面していること。(窓から)海が眺められること。

オーセンティック【authentic】本物であるさま。正真正銘。信頼できるさま。ファッションでは正統派をいう。

オーセンティック ユニホーム【authentic uniform】新 一般向けに販売されるスポーツチームのユニホームのうち、実際に選手が着用するものと同じであるか、それに準じた仕様のもの。普段着に適する仕様のレプリカユニホームに対していう。▷オーセンティックユニフォームとも。

オーソドックス【orthodox】一般に正統的と認められているさま。伝統的に承認されているさま。

オーソライズ【authorize】正当と認めること。公認すること。権威づけること。

オーソリティー【authority】①ある分野での第一人者。権威者。②権威。

オーダー【order】①順序。②注文。特注。③工学・技術などで、概算に基づく規模。数値の桁数、アルゴリズムの計算量などについていう。

オーダー メード【和製 order＋made】注文によってつくること。また、そのつくられたもの。特に、注文服をいう。あつらえ。→レディー-メード①

オーダーメード医療 患者個人の体質に合わせて、治療法や予防法を選択する医療。遺伝子診断により体質を把握し、発病前に予防したり、治療薬やその投与量を選択したりすること。テーラー-メード医療。

オータム【autumn】秋。

オーディエンス【audience】聴衆。観客。聴取者。

オーディオ【audio】音響・音声に関すること。また、音響再生装置。

オーディオ グラス【audio glasses】新 ワイヤレススピーカーの機能が付いた眼鏡。情報通信機器と無線接続して用いる。着用した状態で、音楽のリスニングや通話などが可能になる。商標名。

オーディオ ビジュアル【audio-visual】映像機器と音響機器。また、それらを組み合わせたシステム。AV。

オーディオ ブック【audio-book; audio book】朗読・ドラマ・対談・インタビュー・講演などの録音を製品化した音声データ、CD・カセット-テープなど。

オーディション【audition】歌手・俳優などを選出するための実技テスト。

オーディット【audit】①コンピューター-システムで、システムの性能の度合や信頼性などを検査すること。②病院の看護などで、看護記録などからその看護内容の妥当性・適切性を当人や同僚、専門家が評価すること。▷監査の意。

オーディトリアム【auditorium】講堂・公会堂・劇場・音楽堂・映画館など、大勢の聴衆の入れる大ホールの総称。

オーディナリー【ordinary】平凡なさま。日常的なさま。

オーディン【Odin】古代チュートン族(ゲルマン民族)の神。北欧神話の最高神。元来は嵐の神。のち軍神・農耕神・死者の神とされた。オディーン。ウォータン。

オー デ コロン【フランス eau de Cologne】さわやかな香りのアルコール性化粧水。▷コローニュ(ドイツのケルン)の水の意。

オート【auto】①自動車。▷「オートモビル(automobile)」の略。②他の語に付いて、「自動車の」「自動の」の意を表す。

オート【oat】燕麦(えんばく)。オート麦。

オート キャンプ【和製 auto＋camping】自分で自動車を運転し、その車で寝泊まりしながら各地を移動する旅行。

オート クチュール【フランス haute couture】高級衣装店。特に、パリの高級衣装店協会加盟店。また、その店でつくられる高級注文服のこと。

オート コール【和製 auto＋call】新 リスト化された電話番

号に対して自動で電話をかけて、広告・アンケート・督促などを目的とする音声を流すこと。またその仕組み。相手がボタン操作で返答できる仕組みもある。

オート チャージ【和製 auto＋charge】新 電子マネーの残高が一定額を下回った場合、クレジット-カード決済により、自動的に一定額を補塡(ほてん)すること。また、そのサービス。利用者は入金(チャージ)の手間を省くことができる。自動入金とも。

オー ド トワレ【フランスeau de toilette】香水の一。アルコール・香料とも香水とオー-デ-コロンの中間の濃度のもの。オー-ド-トワレット。

オート バイ【和製 auto＋bicycle】小型エンジンを備えた二輪車。

オート ハイ ビーム【auto high beam】⇨オートマチック-ハイ-ビーム

オート バス【和製 auto ＋ bath】 湯張り・足し湯・追い焚(だき)・温度調整などを自動で行う機能を持つ浴室。

オートファジー【autophagy】新 細胞や組織が、自己のもつ酵素によって分解されること。自己分解。自己消化。

オート フィード【auto feed】自動給紙。

オート フォーカス【auto-focus】被写体にレンズを向けると自動的に焦点が合う機構。また、それを備えたカメラ。AF。

オー ドブル【フランスhors-d'oeuvre】 西洋料理で、スープの前に出る軽い料理。冷肉・野菜などの取り合わせ。前菜。オール-ドーブル。▷原義は、番外料理・献立外料理の意。

オートマチック【automatic】①操作が自動的に行われる装置や機械。また、機械が自動的に操作されるさま。②オートマチック-トランスミッションの略。自動変速装置。

オートマチック ハイ ビーム【automatic high beam】自動車で、対向車や前走車の状況に応じて、ハイ-ビームとロー-ビームを自動的に切り替える機能。ハイ-ビーム-アシスト。オート-ハイ-ビーム。自動ハイ-ビーム。AHB。

オートマトン【automaton】自動的に情報処理を行う機械、あるいはその抽象的な機能に着目した数学的モデル。機械を、有限個の入力と内部状態とから有限個の出力を放出する機構としてとらえる。自動機械。

オートミール【oatmeal】①燕麦(えんばく)をひき割りにした食品。水・牛乳などでかゆのように煮て食べる。②ツイードの織柄の一種。割麦柄。

オートメーション【automation】各種の機械装置を組み合わせて自動的に作業を行う仕組み。自動化方式。自動制御。

オート ロック 【和製 auto＋lock】①ドアを閉めると自動的に鍵(かぎ)がかかる錠(じょう)。自動施錠。 ②マンションのセキュリティー-システムの一。共同玄関は施錠式の自動ドアでの開閉となり、来訪者は居住者の確認なしに入館することができない。▷オート-ロック-システムの略。

オーナー 【owner】①所有者。持ち主。②船の所有者ではあるが、自分でその運航にはあたらない人。純船主。

オーナー シェフ 【和製 英 owner＋フランスchef】レストラン経営者も兼ねている料理長。

オーナー シップ 【ownership】①所有。所有権。②主体性。㊟所有権／主体性

オーナス 【onus】重荷。▷人口転換の過程において、生産年齢人口に比べ従属人口の割合が増大する時期や状態のことを「人口オーナス」という。年金などの財政支出が増大するため、現役世代の大きな負担となり、経済発展も阻害される。日本では1990年代以降がこの時期にあたる。逆に、従属人口に比べ生産年齢人口の割合が増大する時期や状態のことは「人口ボーナス」という。労働力が豊富で社会の生産性が高く、経済活動の重要な好機といわれる。日本では1960年代から90年代がこの時期にあたり、高度経済成長を支える重要な要素となった。

オーナメント 【ornament】①飾り。②装身具。腕輪。首飾り。

オーバー 【over】①オーバーコートの略。②数量や程度がある限度を超えること。③写真の、露出または現像が過度であること。④他の外来語の上に付いて、「上に着る」「上を越す」などの意を表す。⑤表現や態度がおおげさであるさま。→アンダー

オーバーエージ 【overage】オリンピックの男子サッカー競技で、代表チーム選手の年齢制限(23歳以下)を適用しない選手の参加を1チームに3人まで認めるというルール。1996年のアトランタ大会から採用。OA。▷適齢を超えたなどの意。

オーバーオール 【overall】①汚れを防ぐ目的で衣服の上に着るもの。②胸当て付きのズボン。仕事着・遊び着用。サロペット。③全体的・総合的であること。

オーバーキル 【overkill】①過剰な殺傷力をもつ兵器による攻撃。核兵器による殺戮(さつりく)。②景気引締政策の行き過ぎ。例えば、インフレ抑制のために歳出を大幅に減らし、金利を引き上げ過ぎたりすると、景気の悪化や失業の

増大を招く。

オーバーシューティング【overshooting】①行き過ぎ。やり過ぎ。オーバーシュート。②変動為替相場制において、為替レートが短期的に目標点を超えて大きく乖離(かいり)すること。

オーバーシュート【overshoot】⇨オーバーシューティング

オーバーステイ【overstay】超過滞在。特に、ビザの在留期限を越えた不法な長期滞在。

オーバーダイ【overdye】新 先染めの生地や衣料について、追加的な染色を行うこと。「―加工」▷ダイは染料・染色の意。

オーパーツ【OOPARTS】製造されたと思われる年代にはなかったはずの技術や知識で作られている出土品や遺物。▷Out of Place Artifacts の略語。

オーバーツーリズム【overtourism】新 観光客の過剰な増加。またそれに伴う地域への悪影響。

オーバードーズ【overdose】薬の適量を超過した大量摂取。▷麻薬や向精神薬などの大量摂取で使われることも多い。

オーバー ドクター【和製 over＋doctor】大学院博士課程を修了したが就職できないでいる状態。また、その人。

オーバードライブ【overdrive】①自動車の変速装置で、エンジン側の軸回転数に対する車輪側の軸回転数の比が1を超すギア。減速比が1以下となる。速度を下げずにエンジンの回転数を下げることができる。オーバー-トップ。OD。②(日本での用法)ゴルフで、先にティー-ショットした人よりも遠くまで、球を打って飛ばすこと。▷英語ではアウトドライブ(outdrive)。

オーバーパス【overpass】新 立体交差で鉄道や道路の上を跨ぐ道路。

オーバーハング【overhang】岩壁の傾斜が、頭上に庇(ひさし)のようにおおいかぶさっている部分。

オーバーヒート【overheat】(エンジンなどが)過熱すること。

オーバーブッキング【overbooking】旅客機・ホテルなどで、解約を見越して定員以上の予約をとること。

オーバーフロー【overflow】①液体があふれ出ること。②洗面台・貯水槽・プールなどで、あふれる水を排水するための流し口。③コンピューターで、計算処理の結果がCPUなどの取り扱い範囲を超えること。

オーバーヘッド【overhead】①コンピューターで、利用しているプログラムの作業に直接は関係のない処理のこと。ハードウエア制御やプログラム管理などに要する処理。②間接費。オーバーヘッド-コスト。▷頭上の、一般の、などの意。

オーバーホール【overhaul】一定の使用期間を経た機械・エンジンなどを分解して検査・修理すること。

オーバーユース【overuse】新 使いすぎ。乱用。酷使。▷自然公園内の施設(登山者用のトイレなど)の酷使による環境破壊や、スポーツのやりすぎによる体の故障などについていう。

オーバーライト【overwrite】コンピューターで、すでにあるデータ-ファイルの上に別のデータ-ファイルを記録すること。前にあったデータ-ファイルは消えてしまう。上書き。

オーバーラップ【overlap】①映画・テレビの技巧の一。ある画面の上に他の画面が重なって浮かび出し、次第に鮮明になるにつれて、もとの画面が消えるもの。二重写し。②意識の中に二つの物事が重なり合って生じること。③サッカーで、後方の選手がボールをキープしている味方選手を追い越して前線に走り上がること。主にディフェンダーの攻撃参加時に見られる動き。

オーバーラン【overrun】①勢いあまって、止まるべき地点を走り抜けてしまうこと。②機械を許容限度を超えて稼動させること。

オーバーレイ【overlay】①かぶせること。表面をおおうこと。②コンピューターのプログラムが大きな場合、いくつかの小さなプログラムに分割し、必要に応じてメモリーで不要になった領域に読み込んで実行させる方法。

オーバーロード【overload】過負荷(かふか)。

オーバーローン【overloan】市中銀行が貸し出し能力を超えて貸し出しを行なったため、中央銀行または他の金融機関からの借り入れに恒常的に依存している状態。貸し出し超過。

オーバーワーク【overwork】過度の労働。働き過ぎ。

オーバル【oval】①卵形。長円形。楕円。②楕円形の競技場。モーター-スポーツのオーバル-トラック(オーバル-コース)や、クリケットの競技場など。

オービー【OB】(old boy)在校生に対してその学校の卒業生をいう語。特に、男性の卒業生をいう。

オービー【OB】(out-of-bounds)ゴルフで、コースの区域外のこと。また、そこにボールを打ち出してしまうこと。

オービス【ORBIS】速度違反を犯した自動車を発見し、違反速度と運転者・ナンバープレートの写真を自動的に記録する装置の俗称。▷アメリカ、ボーイング社の商標名が一般化したもの。

オービタル【orbital】新 ①軌道。「―サンダー(＝楕円軌道を細かく描く動作をする研磨機)」②ピアスの装着方法の一。ひとつのリングでふたつの穴を通す。▷リングの形状を軌道に見立てた表現。

オーファン【orphan】孤児。みなしご。

オープニング【opening】開始。開会。開店。

オーブン【oven】天火(てんぴ)。

オープン【open】①開くこと。開店。開業。開場。②主に外来語に付いて、「屋外」「制限されていない」「公式でない」などの意を表す。③かくしだてがなく、あけっぴろげであるさま。

オープン アクセス【open access】学術論文を無料公開する方式。無料学会誌(オープン-アクセス雑誌)で公開する方式や、ネット上のサーバー(オープン-アーカイブなど)で無条件公開する方式がある。▷購読によって閲覧する従来的手法に対していう。

オープン イノベーション【open innovation】新 企業などで、革新的なものを創出するため、組織内だけでなく、外部の技術やアイディアなどを積極的に活用すること。▷2003年、アメリカの経営学者チェスブロウ(Henry W. Chesbrough)が提唱。

オープン ウオーター スイミング【open water swimming】海・湖・川などで行う水泳。また、その競技。10キロメートル以下の距離を泳ぐロング-ディスタンス-スイミングと、10キロメートル以上の距離を泳ぐマラソン-スイミングに大きく分けられる。2008年より夏期オリンピックの正式競技。OWS。

オープン エデュケーション【open education】新 ①オープンスクールのかつての言い方。②開かれた教育。より多くの人が高品質の教育資源や教育体験にアクセスできるようにする運動。主にインターネットを活用した取り組みをいう。

オープン エンド【open-end】終わりが決められていないこと。中途で変更が可能であること。オープン-エンディッド。

オープン カー【open car】屋根のない、あるいは屋根が折り畳み式や格納できる機構を備えた自動車。

オープン価格 メーカーが自社製品に設定した希望小売価格や標準価格に対し、小売店が自由に設定した販売価格。

オープン カフェ【open cafe】街路に面した壁や屋根を取り払い、日差しや風を取り込むように設計された開放的な喫茶店やレストラン。

オープン カレッジ【open college】大学などの教育機関が一般市民を対象に行う公開講座。

オープン カンパニー【和製 open＋company】新 会社説明会。企業などが就職活動中の学生などを集めて実施するイベント。企業や業界を紹介する説明会・講演会・見学会・交流会などがある。就業体験は含まない。

オープン キッチン【和製 open＋kitchen】①レストランなどで、客席から見えるようにつくられている調理場。②台所と食堂とが一緒になっている部屋。ダイニング-キッチン。

オープン キャンパス【open campus】入学希望者を対象として、大学などが行う説明会や学校見学会。

オープンコースウェア【open-courseware】新 大学などの高等教育機関が、一般向けにインターネットを通じて講義内容(動画や資料など)を無償公開する取り組み。OCW。→MOOCs

オープン システム【open system】①外界とエネルギーおよび物質の交換をする系。生体はその例。開いた系。②異なったコンピューターと接続するための、標準規格化されたインターフェースを持つコンピューター-システム。③建築のプレハブ化の方法の一。独立して生産された部材を組み合わせる建築システム。広範囲でのプレハブ化が可能。

オープン ショルダー【open shoulder】肩の部分について肌の露出を多くした、婦人服のデザイン。→オフ-ショルダー

オープン スクール【open school】子どもの能力や適性に応じて個別に教育計画を立て、開放された空間で自主的な学習を進める教育形態。あるいは、そうした教育を行う学校。

オープン ソース【open source】コンピューター-プログラムのソース-コードの利用において、複製・修正・再配布などが自由に認められていること。

オープン チケット【open ticket】搭乗便の予約をしていない航空券。

オープン データ【open data】新 ①広く開かれた利用が許可されているデータ。②狭義では、機械判読に適したデータ形式で、二次利用が可能な利用ルールで公開された公共データ。行政機関が保有する地理空間情報、防災・減災情報、調達情報、統計情報など。行政機関の透明性・信頼性の向上、国民参加・官民協働の推進、経済の活性化・行政の効率化に資する。

オープン テラス【open terrace】建物の外側に広く張り出したテラスのこと。

オープン ファクトリー【open factory】新 工場見学会。

オープン ルーム【和製 open＋room】①住宅の販売に際して、該当物件の内部を見学するために設けられた部屋。②不特定の人が随意に入ることができる部屋・場所。

オープン ワールド【open world】 コンピューター-ゲームにおいて、広大な仮想世界の中をプレーヤーが自由に行動できる形式。またはそのような仮想世界。

オーベルジュ【フランス auberge】ゆとりと贅沢(ぜいたく)さを売り物にし、高級イメージを強調した、宿泊施設つきのレストラン。

オーボエ【イタリア oboe】リードが2枚の木管楽器。普通は木製で、管の長さは約70センチメートル。音域は変ロ音を基音として2オクターブ半にわたり、音色は繊細・典雅な趣をもつ。オーボー。

オーム【ohm】電気抵抗のSI単位。導体の2点間の電位差が1Vでその間に流れる電流が1Aである時、その2点間の電気抵抗を1オームとする。記号Ω

オーラ【aura】人や物が発する、視覚ではとらえられない一種の雰囲気。▷アウラの英語読み。→アウラ

オーライ 「よろしい」「さしつかえない」の意を表す語。▷all right から。

オーラス 麻雀で、1ゲームの中における最終局の勝負。▷all last から。

オーラル【oral】他の外来語の上に付いて「口頭の」「口述の」「口の」などの意を表す。

オーラル ケア【oral care】虫歯や歯周病の予防のために、歯や口の中を清潔に保つ手入れをすること。口腔(こうくう)衛生。

オーリー【ollie】新 スケートボードやスノーボードで、テール(ボードの後方)側を踏み切ってジャンプするトリック(技)。▷考案者ゲレファンド(Alan Gelfand)のニックネームに由来。→ノーリー

オール 若者言葉で、徹夜のこと。▷オール-ナイト(all night)の略。

オール【all】他の語の上に付いて、「全部(の)」「すべて(の)」「全…」などの意を表す。

オール【oar】ボートをこぐのに使う櫂(かい)。

オール イン ワン【all-in-one】①複数の必要なものを、ひとつに収めたもの。②ブラジャーとガードル、またはコルセットがひと続きになった下着。ボディー-スーツ。③本体部分とディスプレーが一体化したパソコン。

オ

オール オア ナッシング【all-or-nothing】すべてか、さもなくば無か。全部か無か。

オールディーズ【oldies】昔はやった流行歌やポピュラー-ソングの名曲。懐かしのメロディー。映画にもいう。

オール電化住宅 冷暖房・給湯・調理のエネルギーを、すべて電気でまかなう住宅。

オールド【old】他の外来語の上に付いて、「年とった」「古い」「年を経た」の意を表す。

オールド スクール【old school】従来的、伝統的、保守的であること。またはそのようなスタイル。ヒップ-ホップ文化における黎明期(70年代から80年代)のスタイルなど。

オールド ファッション【old-fashioned】(様式・スタイルなどが)流行おくれ。時代おくれ。

オールマイティー【almighty】①トランプで、いちばん強い札。切り札。普通、スペードのエースをさす。②なんでも完全にできること。また、その人。全能。

オール ラウンド【all-round】多くの方面のことを巧みにこなすさま。万能。

オーレ【スペイン olé】スポーツ選手や演技者、演奏者などに送る声援の言葉。いいぞ。がんばれ。

オーロラ【aurora】主として両極地方の超高層大気中にみられる発光現象。太陽面からの帯電粒子が極地の上空に侵入したときに現れる。カーテン状・放射状・コロナ状などの形をとり、赤・緑・黄・青・ピンクなどの美しい色彩を呈する。極光。

オーロラ ソース 新 ▷フランス sauce aurore から。①ホワイトソースやトマトピューレなどを混ぜてつくるソース。②マヨネーズやトマトケチャップなどを混ぜてつくるソース。▷日本では②が一般的。

オカルト【occult】神秘的なこと。超自然的なこと。

オキシダント【oxidant】酸化力の強い物質の総称。特に、汚染大気中のオゾン・二酸化窒素、各種の有機過酸化物などの酸化性物質。自動車や工場などから排出される窒素酸化物や炭化水素などが、大気中で日射によって光化学反応を起こして生成する。光化学スモッグの主な原因とされている。

オキシドール【oxydol】約３%の過酸化水素を含む無色透明の水溶液。日本薬局方名。傷の消毒・洗浄、口内および喉(のど)の消毒・洗浄、毛髪の脱色などに用いる。

オクシモロン【oxymoron】相反する内容をもつ言葉を組み合わせる表現法。「公然の秘密」「永遠の一瞬」「輝く闇」などの類。矛盾撞着語法。矛盾形容語法。

オクターブ【フランスoctave】①全音階上の任意の音から数えて8番目にあたる音。第1番目と同じ音名・階名でよばれる。②①の両音のへだたり、すなわち完全8度の音程をさす。物理的には、完全8度をなす2音のうち、高い方は低い方に対して2倍の周波数をもつ。

オクタン【octane】アルカンの一。ノルマルオクタン・イソオクタンなど22種類の異性体が存在し、いずれも常温で無色の液体。イソオクタンは、アンチノック性(ノッキングの起こりにくさ)の高い燃料として知られる。

オクタン価 ガソリンのアンチノック性を表す数値。アンチノック性の高いイソオクタンとアンチノック性の低いノルマルヘプタンとの混合物(標準ガソリン、標準試料)と試料のガソリンとを比べ、試料と同じアンチノック性を示す標準ガソリン中のイソオクタンの体積百分率を、その試料のオクタン価とする。

オクテット【octet】①八重唱、あるいは八重奏。また、その編成で演奏する曲。八重奏曲。②八重奏団。八重唱団。

オクトーバーフェスト【ドイツOktoberfest】①ドイツのミュンヘンで毎年開催されるビール祭り。1810年に皇太子の婚礼を祝った祭りが始まりといわれる。ビールや料理を楽しむ大小のテント式レストランが名物。原則10月の第1日曜日を最終日とする16日間開催する。②①を模して開催するビール祭り。日本を含む世界各地で開催されている。▷10月の祭りの意。

オクラ【okra】アオイ科の一年草。アフリカ原産か。果実は角(つの)状で、若いものを食用とする。

オシログラフ【oscillograph】機械的振動や電流・電圧などの時間的変化を観測・記録する装置。ペン書き・フィルム印画・ブラウン管などで表示する。記録した図形をオシログラム、ブラウン管で表示するものをオシロスコープという。

オスカー【Oscar】アカデミー賞の受賞者に贈られる彫像の名。また、アカデミー賞の別名。

オストミー【ostomy】人工肛門・人工膀胱(ぼうこう)。また、そのための手術。

オストメイト【ostomate】人工肛門保有者。また、人工膀胱(ぼうこう)保有者。

オストリッチ【ostrich】ダチョウ。特に、バッグ・ベルトなどの材料としてのダチョウの革(かわ)。オーストリッチ。

オセロ【Othello】二人でするゲーム。縦横それぞれ8区画ずつの64区画からなる盤上に、表

オ

裏が黒白に塗り分けられた円形の駒を交互に置き、相手の駒をはさんで自分の色の駒とすることを繰り返して、全区画が埋まったときの駒の色の数により勝敗を争う。商標名。

オゾン【ozone】酸素の同素体。特有のにんにくのような生臭いにおいをもつ微青色の気体。空気中で放電したり紫外線をあてたりすると発生する。酸化力が強く殺菌・消毒・漂白などに利用される。目や呼吸器をおかすので有毒。

オゾン層 オゾン濃度の高い大気の層。地上10～50kmのあたり。太陽からの紫外線を吸収する。

オゾン ホール【ozone hole】成層圏のオゾン層に形成される、オゾン濃度が穴の空いたように激減した部分。特に南極上空で著しいが、近年は北極や中緯度地域でも生じており、人体や生態系への影響が問題となっている。

オタ活(かつ) 新 オタクとしての活動。好きなものを収集する、好きなアイドルのコンサートに行くなど。▷「ヲタ活」とも。

オタク 俗に、特定の分野・物事を好み、関連品または関連情報の収集を積極的に行う人。アニメーション・ビデオ-ゲーム・アイドルを好む人など。▷二人称に「おたく(御宅)」を用いる人が多かったからとする説が有力。1980年代中頃から用いられるようになった。

オタサー おたくが集まるサークル。

オダリスク【フランス odalisque】オスマン帝国のスルタンの後宮の女奴隷。18世紀以来の西欧のオリエンタリズム(東方趣味)の中で特に美術の題材として好まれた。アングル・ドラクロア・マチスなどによる作品が有名。

オックス【ox】牛。雄牛。去勢牛。

オッズ【odds】競馬・競輪などの概算配当率。賭(か)け金に対する倍率で示される。また、予想配当のこと。

オッド アイ【odd eye】左右の眼(虹彩)の色が異なること。また、その眼。猫に多く見られるため、そのような猫をさすこともある。

オットマン【ottoman】①畝(うね)織物の一。絹・綿・毛などで織り、横畝が大きく、厚みがある。主に婦人服地。②背もたれのない長椅子。③足のせ台。

オデュッセイア【Odysseia】ホメロスの作と伝えられる長編叙事詩。トロイ戦争から凱旋(がいせん)の帰途難破し、10年の漂流生活ののち帰国したオデュッセウスが、留守中妻に言い寄った男たちを皆殺しにする物語。オデッセー。

オナー【honor】ゴルフで、各ホールのティーで最初にプレーする権利をもつ人。前ホールで打数の最も少ない人がオナーとなる。▷栄誉の意。

オナニー【ドイツ Onanie】手などを使って自分の性器を刺激し性的快感を得ること。自慰。手淫。マスターベーション。▷旧約聖書創世記の中の人物オナンの名による。

オニオン【onion】玉ねぎ。

オニックス【onyx】①縞瑪瑙(しまめのう)。オニキス。②化学的沈殿による縞状模様を呈する半透明な石灰岩。鍾乳(しょうにゅう)石などにみられ、産出はきわめて限られる。工芸・装飾に用いる。

オノマトペ【フランス onomatopée】擬音語・擬声語・擬態語を包括的にいう語。

オパール【opal】真珠のような光沢をもつ、半透明の鉱物。白・黄・紅・緑・青などの色を呈する。光の具合で異なる色を生ずるのが特色。主成分はケイ酸。良質のものは宝石として珍重される。蛋白(たんぱく)石。

オピオイド【opioid】麻薬性鎮痛薬。

オピニオン【opinion】意見や考え。特に、一般の人の社会的な問題に対する意見。

オピニオン リーダー【opinion leader】世論や集団の意志形成に大きな影響力をもっている人。案 世論形成者

オフ【off】①スイッチが切られていること。また、機械が停止中であること。→オン① ②時期がはずれていること。③球技などで、ゲーム開始の意。複合語として用いられる。④値引き。⑤除くこと。入っていないこと。「糖質—」⑥オフ-タイムの略。⑦ある状態や範囲などの外の意。「—ライン」「—バランス」

オファー【offer】申し入れ。申し込み。特に、売買契約において、売り手もしくは買い手が、条件を提示して相手に返事を求めること。

オフィサー【officer】①役員。幹部。責任者。「チーフ-エグゼクティブ—(=最高経営責任者; CEO)」②海技免状を有する高級船員。船舶職員。③士官。将校。

オフィシャル【official】公式的。公認の。

オフィス【office】①会社・官庁などで、主に事務的な仕事をするところ。事務所。②官庁。役所。

オフィス アワー【office hours】①業務・勤務・営業などを行っている時間。②大学で、教員が学生の質問や相談を受けるために待機している時間。

オフィス オートメーション【office automation】事務部門

における能率向上のために行われる自動化。特に、パソコンなどの導入により、書類の作成・保存・検索・送付などの事務を合理化することをいう。OA。

オフィス ラブ 【和製 office＋love】社内恋愛。

オフィス ワーク 【office work】①事務仕事。事務作業。②事務所に出向いて行う仕事。リモート-ワークなどに対していう。

オフェンシブ【offensive】「攻めの」「攻撃の」などの意。

オフェンス【offense】スポーツで、攻撃。また、攻撃する側。→ディフェンス

オフ会 ネットワーク上ではなく実際に顔を合わせる集まりのこと。オフライン-ミーティング。

オフ グリッド【off (the) grid】新 送電網(グリッド)から独立している状態。またはその状態による電力の自給自足。

オブザーバー【observer】①会議などで、特別に出席することを許された人。発言はできるが、議決権や発議権をもたない出席者。陪席者。②視察や監視を行う役割の人。▷観察者の意。案 陪席者／監視員

オフ サイト【off-site】特定の場所や施設から離れていること。

オフサイド【offside】サッカー・ラグビーなどの反則の一。各競技のルールに定められた侵入禁止地域にプレーヤーが入ったり、プレー禁止地域でプレーしたりすること。

アップデート サッカーのワールドカップでは、2022年のカタール大会から「半自動オフサイド技術」が導入されました。場内のカメラ群やボール内のセンサーを利用して、ボールと選手の位置をリアルタイムで追跡。オフサイドが疑われる際、ビデオ判定ルームに警告を自動的に送信する仕組みです。判定根拠がCGで表示される点も特徴です。

オフサイト センター 【和製 offsite＋center】原子力関連施設で事故が発生した際に利用される活動拠点。関連施設の近辺に設置され、国・地方自治体・事業者の関係者が集まり、情報収集や避難指示などの対策を行う。原子力災害対策特別措置法に基づく。緊急事態応急対策拠点施設。案 原子力防災センター

オフ シーズン 【off-season】シーズン外のこと。季節外れ。シーズン-オフ。

オブジェ 【フランス objet】ダダイスム・シュールレアリスム以降の現代芸術の手法の一。日用の既成品・自然物などを、本来のその機能やあるべき場所から分離し、そのまま独立した作品として提示して、日常的意味とは異なる象徴的・幻想的な意味を与えようとす

るもの。▷物体の意。

オブジェクション【objection】異議。反対。

オブジェクト【object】①英文法で、目的語。②対象。客観。→サブジェクト ③オブジェクト指向プログラミングにおいて、内部構造をもつデータ。いくつかの内部データと、その内部データを操作する方法をひとまとまりにして管理したものをいう。データの利用方法が統一化されるので、再利用可能なプログラムが記述可能になり、大規模なプログラム開発が容易になる。→クラス④・オブジェクト指向

オブジェクト指向 (object-oriented)プログラミング手法の一。データをそれぞれの性質に応じた動作をも含むオブジェクトとして定義し、プログラムの設計と実現とを行う。従来の手続きを中心としたプログラミングに比べ、大規模なプログラムの開発が容易になるといわれる。

オブシディアン【obsidian】黒曜石。

オフショア【offshore】①他の語に付いて、「海外での」「域外の」の意を表す。②海上。洋上。③船釣り。④サーフィンなどで陸風(陸から海に向かう風)。→オンショア

オプショナル【optional】他の外来語の上に付いて、任意の、選択自由の、の意を表す。

オプショナル ツアー【optional tour】団体旅行で、旅程に入っていない所へ、別料金を支払って行く追加の小旅行。

オフ ショルダー 肩から胸背にかけての肌を多く露出したデザイン。イブニング-ドレスなどに見られる。オフショル。▷off-shoulder neckline から。

オプション【option】①選択権。自由選択。②契約の締結や手付金の支払いによって生じる、将来、物件を取引できる権利。③航空機の仮発注。④各種機器で、標準仕様のほかに、購入者が随意に選択して取り付けられる装備・部品。オプショナル-パーツ。⑤コンピューターで、コマンドの働きを変更するためにコマンドに付加する文字列。

オプション取引 (option transaction)選択権付取引。商品・株式・債券・通貨などを一定期日に特定の価格で売買する権利を、当事者間で対価(プレミアム)を介在させて約する取引。買い手側の権利をコール-オプション、売り手側の権利をプット-オプションという。

オフセット【offset】①平版印刷の一。版面の画線に付けたインクをゴム-ブランケット面に転写し、それから被印刷体に印刷する間接印刷法の総称。平版印刷

全体をいう場合もある。②増幅回路などで、基準とする電圧・電流などの値と実現値との間に生じたり、また意図的に設定したりする定常的な偏差。③相殺。→カーボン-オフセット

オフ タイム 【和製 off＋time】 勤務時間外。また、休日。休暇。余暇。

オプチカル 【optical】 ①視覚の。目の。②光学の。▷オプティカルとも。

オプチミズム 【optimism】 楽天主義。楽観論。オプティミズム。→ペシミズム①

オプト アウト 【opt out】新 ①脱退する。脱落する。手(身)を引く。②広告宣伝などの電子メールの受け取りについて、ユーザーが事後的に拒否すること。③個人情報の利用を、本人からの求めに応じて停止すること。→オプト-イン

オプト イン 【opt in】新 ①参加する。加わる。②広告宣伝などの電子メールの受け取りについて、ユーザーが事前に承諾すること。③個人情報の利用について、本人からの事前同意を要すること。→オプト-アウト

オプトエレクトロニクス 【optoelectronics】 エレクトロニクスの一分野で、光と電気との関連を扱う学問。光通信・光ディスクなどの技術の基礎研究を行う。光電子工学。フォトニクス。

オフ バランス 【off balance】 貸借対照表に数字が計上されていないこと。▷帳簿外の意。

オフピーク 【off-peak】 最盛期から外れた時期や時間。閑散期。

オフ ホワイト 【off-white】 わずかに灰色や黄色を帯びた白。純白でない白。オフ白。

オブラート 【オランダ oblaat】 デンプンと寒天でつくった、半透明の薄い膜。粉薬などを包んで飲む。

オフライン 【offline】 コンピューター-ネットワークに接続していない状態。また、そのようなシステムや社会活動。「—システム」「—ミーティング」→オンライン①

オブリガート 【イタリア obbligato】 ① 17~18 世紀の楽譜で、省くことのできない声部、あるいは楽器を指定したもの。②古典派以後の音楽で、主旋律と競うように奏される独立した旋律的伴奏。助奏。▷義務づけられたの意。

オブリガード 【ポルトガル obrigado】 ありがとう。▷男性形。女性形は obrigada。

オフ リミット 【off-limits】 立ち入り禁止。

オフレコ 記者会見やインタビューで語られた内容の一部を、公表したり記録したりしないこと。▷ off-the-record から。

オフ ロード 【off-road】 舗装さ

れていない道。また、公道でない脇道。

オペ ①手術。オペラチオン(ドイツ Operation)の略。②中央銀行による公開市場操作。オペレーションの略。「売り—」「買い—」③運転者。操作者。オペレーターの略。

オペック ⇨OPEC

オペラ【イタリア opera】歌唱を中心とする舞台劇。扮装(ふんそう)した歌手の歌と管弦楽・舞踊・振りなどで構成される。17 世紀初めにイタリアにおこり、ヨーロッパで発達した。歌劇。

オペラ グラス【opera glasses】観劇などに使う小型の双眼鏡。

オペラ ハウス【opera house】歌劇場。

オベリスク【obelisk】①古代エジプトの太陽の神を象徴する石柱。上方に向かって細くなり、先端がピラミッド形の巨大な 1 個の石の四角柱。各面に象形文字の碑文や図像が刻まれている。寺院・宮殿の入り口の両脇に建てられた。方尖(ほうせん)柱。②①の形をした記念碑。▷ギリシャ語で、焼き串の意。

オペレーション【operation】①手術。②中央銀行が行う、証券売買による市場操作。売りオペレーションと買いオペレーションがある。公開市場操作。オペ。③軍事上の行動。軍事作戦。④機械の操作や運転。⑤事業の運営。操業。㊫公開市場操作／作戦行動

オペレーションズ リサーチ【operations research】限られた資源を有効に利用して目的を最大限に達成するための意思決定を、数学的・科学的に行う手法。第二次大戦中に軍事作戦研究として英米で発達し、その後在庫管理・生産計画など企業経営の手法として用いられるようになった。OR。

オペレーター【operator】①(機械を)操作・運転する人。計算機類の操作者、無線通信士・電話交換手など。②(船主に対して)みずから船舶を運航する海運業者。運航業者。③ DNA 上で遺伝情報の転写を調節する部位。オペレーター遺伝子。作動遺伝子。

オペレーティング【operating】①経営に関する。運営に関する。②手術の。手術用の。

オペレーティング システム【operating system】コンピューターで、プログラムの実行を制御するためのソフトウエア。ジョブ管理・入出力制御・データ管理およびこれらに関連した処理を行う。基本ソフト。OS。

オペレーティング リース【operating lease】ファイナンス-リース以外の短期間のリースの

総称。→ファイナンス-リース

オペレッタ 【イタリア operetta】 19世紀中頃にパリで生まれヨーロッパ全般に広まった、せりふと踊りを含む陽気で風刺的なオペラ。軽歌劇。喜歌劇。オッフェンバック・スッペ・レハール・サリバンらの作品が有名。

オペロン【operon】遺伝子の形質発現に関する、DNA上の機能単位。一つのオペレーターおよびこれによって制御される、いくつかの構造遺伝子群よりなる。

オマージュ 【フランス hommage】 ①尊敬の気持ちを表したもの。敬意。②ほめたたえるもの。賛辞。崇拝のしるし。

オミクロン【omicron・O・o】ギリシャ語アルファベットの第15字。

オミット【omit】①除外すること。②スポーツで、反則などにより失格すること。

オム 【フランス homme】 ①男性。人間。②ファッションで男性用。

オムそば 焼きそばを卵焼きで包んだ料理。また、卵焼きを載せた焼きそば。▷オムはオムレツの略。

オムニアム【omnium】自転車競技のトラック競技種目の一。1日のうちに4種目のレース(スクラッチ・テンポレース・エリミネーション・ポイントレース)をこなし、合計点による総合順位を競う個人競技。オムニウム。▷2012年のロンドン五輪より正式種目に採用。当初、二日間6種目だったが、2016年のルール改正で現行の枠組みとなった。

オムニチャネル 【omnichannel】新 実際の店舗やオンライン-ショッピングなどを含む、あらゆる販路を統合すること。▷omniは「すべての」を表す接頭語。

オムニバス 【omnibus】 ①映画・演劇・ドラマなどで、数編の独立した話を並べて一つの作品に構成したもの。②乗り合い馬車。乗り合い自動車。バス。③いくつかの物を一つにまとめたもの。ひとまとめにしたもの。

オムライス【和製 フランス omelette＋英 rice】油でいためケチャップなどで味つけした飯を薄い卵焼きで包んだ日本独特の料理。

オムレツ 【フランス omelette】溶きほぐした卵に塩・こしょうを加え、木の葉形に焼いた料理(プレーン-オムレツ)。また、炒めた玉ねぎ・ひき肉・きのこ・チーズなどを卵にまぜて焼いたり、卵焼きに包んだりしたもの。

オメガ【omega; Ω・ω】①ギリシャ語アルファベットの第24字、すなわち最後の文字。②最後のもの。最終のもの。→アルファ③電気抵抗オームを表す記号(Ω)。

オモニ 母。母親。▷朝鮮語。

オラオラ　乱暴に呼び掛けたり、威嚇するようなときに発する語。「—、そこをどけ」▷俗に、強引かつ自分本位であるような男性の態度や性格もいう。

オラクル【oracle】神のおつげ。神託。

オラシオン【スペイン oración】祈り。

オラトリオ【イタリア oratorio】一般に宗教的内容をもつ長い物語を、独唱・合唱・管弦楽のために劇風に構成した作品。普通は舞台装置や衣装、演技などを伴わずに演奏する。17世紀イタリアに発生し、18世紀イギリス・ドイツで芸術的頂点に達した。ヘンデルの「メサイア」、ハイドンの「天地創造」などが有名。聖譚曲(せいたんきょく)。▷祈禱所の意。

オリーブ【フランス olive】モクセイ科の常緑小高木。地中海地方原産。5、6月香りのある淡緑白色の小花をつける。果実は楕円形の核果で、未熟なものを塩漬けにして食用とし、熟果からはオリーブ油をとる。枝葉は平和の象徴とされる。

オリエンタリズム【orientalism】①東洋の言語・文学などの研究。オリエント学。東洋学。②(近世ヨーロッパにおける文学上・芸術上の一風潮としての)東方趣味。異国趣味。

オリエンタル【oriental】東方の。東洋の。東洋風の。

オリエンテーション【orientation】①方位。方位測定。指標。②自己と新しい環境および過去との関係を正しく認識する精神作用。新しい環境への適応。③学校・会社などの組織で、新入者がそこでの生活・活動に早く適応できるようにはからうこと。

オリエンテーリング【orienteering】自然の山野において、地図上に指定されたいくつかの地点(ポスト)を地図と磁石を用いて発見・通過し、できるだけ短時間でゴールまで到達することを競う競技。OL。▷19世紀にスウェーデンで発祥。略称のOLはドイツ語のOrientierungs laufが語源。

オリエント【Orient】①世界最古の文明が形成された西アジアとエジプトの総称。古代東方。②東洋。東方諸国。

オリオン【Ōrīōn】ギリシャ神話に登場する巨人で美男の狩人。ヒュリエウスあるいはポセイドンの子。女神アルテミスを犯そうとし、女神の放ったさそりに刺されて死んだ。死んで星となったあとも、同じく星になったさそりに追われているという。

オリゴ糖【oligosaccharide】糖類のうち、構成単糖類の分子数が2個ないし10個ぐらいのものの総称。二糖類のスクロース(ショ糖)やマルトース(麦芽糖)など。オリゴ糖類。寡糖類。少糖類。

オリジナリティー【originality】独創性。創意。

オリジナル【original】①複製・模写・翻訳などに対して、原型となるもとのもの。原作。原物。②独自に創作したもの。③独創的なさま。

オリジン【origin】起源。根源。出所。

オリ パラ オリンピックとパラリンピックの総称。

オリフィス【orifice】①液体を入れる容器の側面または下面に設けられた流出口。一般に円形。→ノズル ②流量の測定に用いるため、流体を通す管の内部に設けた、中心に円形の孔(あな)のある仕切り板。▷穴の意。

オリンピアン【Olympian】オリンピック選手。オリンピック競技大会に出場した人。

オリンピック【Olympic】①古代ギリシャのオリンピア祭での競技大会。古代オリンピック。②国際オリンピック委員会(IOC)が主催する競技大会。近代オリンピック。フランス人クーベルタン男爵の提唱に始まる国際競技大会。古代オリンピックにならって4年に1回開かれる。第1回は1896年ギリシャのアテネで開かれた。1924年以降、冬季オリンピックも行われる。オリンピアード。五輪大会。③国際的な競技会の通称。

オルカ【orca】マイルカ科の哺乳類。背びれは長大で、体長の4分の1以上になる。体は背面が黒く、腹面は白い。性質は荒く、オットセイや鯨類を群れで襲い食べる。世界中の海洋に分布。鯱(しゃち)。

オルガスムス【ドイツ Orgasmus】性行為における快感の絶頂感。オーガズム。

オルガノイド【organoid】新 生体外で組織幹細胞や多能性幹細胞を培養してつくる、複数の細胞種からなる小型立体構造物。実際の臓器と似た構造や機能を示すことから、創薬、再生医療、病態解明などの研究に利用される。ミニ臓器。▷臓器のようなものの意。

オルガン【ポルトガル orgão】鍵盤楽器の一。元来は音管を発音源とするパイプ-オルガンをいったが、日本では簧(した)を発音源とするリード-オルガンを含めて呼ぶ。また、電気的に音響を発する電子オルガンもある。

オルグ 労働運動や大衆運動の組織者。運動および組織運営の指導を行うために上部機関から派遣される者。また、その活動をすること。▷オルガナイザー(organizer)から。

オルゴール【オランダ orgel】手回しやぜんまい仕掛けで自動的に楽

曲を奏する器具。回転する円筒あるいは円盤に植えたとげが櫛(くし)状に並んだ細長い鋼片の音階板をはじいて、楽音をだす。

オルソケラトロジー 【ortho-keratology】特殊な構造のハード-コンタクト-レンズを装着して角膜の形状を変化させ、屈折異常(近視)を一時的に矯正する方法。就寝中に装着し、矯正効果が持続する日中の時間を裸眼で過ごす。角膜矯正療法。

オルタナ右翼 ⇨オルトライト

オルタナティブ 【alternative】①複数のものから、一つを選ぶこと。二者択一。②代わりとなるもの。代替物。代案。③既存のものに取ってかわる新しいもの。④それまでの伝統や型を破って登場する文化現象。特に、1990年代の若者文化(オルト-カルチャー)やロック音楽(オルタナティブ-ロック)のこと。▷オルターナティブとも。➲よくわかる「オルタナティブ」の意味と使い方(p.145)

オルタナティブ スクール【alternative school】⇨フリー-スクール

オルタナティブ投資 株式や債券など伝統的な投資対象・手法以外での投資の総称。ヘッジ-ファンド、未公開株、不動産ファンドへの投資などがある。オルタナティブ-インベストメント。代替投資。

オルタネーター 【alternator】交流発電機。

オルチャン 新 最高に美しい顔。美男子や美人をさす。▷韓国の流行語。オルグル(顔)とチャン(最高)の合成語。俳優やモデルなどについていわれることが多い。→モムチャン

オルト【alt.】オルタナティブの略。

オルト【ortho】①ベンゼン環上の隣り合った位置にあることを示す語。また、二つの置換基を隣り合った位置にもつ異性体を表す接頭語。記号 *o* ②オキソ酸のうち、最も水和度の高いものを表す接頭語。

オルトライト 【alt-right】新 2010年代のインターネットで台頭した、アメリカの新しい右翼思想。また、その人。明確な定義はないが、白人至上主義、排外主義などが特徴とされる。オルタナ右翼。▷ alternative right の略。

オレオレ詐欺 振り込め詐欺の一。主に高齢者に「おれだよ、おれ」と子供や孫を装って電話をかけ、理由をつけて金を振り込ませる詐欺。

オレガノ 【スペイン orégano】シソ科の多年草。地中海沿岸原産。夏から秋にかけて茎頭に淡紅紫色の小花を穂状につける。葉はイタリア料理には欠かせない香辛料となる。

オ

オレンジ【orange】①みかん・夏みかん・ネーブルなどの総称。柑橘(かんきつ)類。②柑橘類のうち、スイート-オレンジの類の称。③黄色と赤色の中間の色。だいだい色。オレンジ色。

オワコン インターネットの俗語で、終わったコンテンツのこと。旬が過ぎた、人気がなくなったとして、アニメ作品やゲーム作品などを揶揄(やゆ)する場合に用いる。終わコン。▷2010年(平成22)頃からいわれるようになった。

オワハラ 新 企業が就職活動中の学生に対して、他社での就職活動を行わないように仕向ける嫌がらせ。就職活動の終了を内定決定の条件とする場合などがある。就活オワハラ。▷「就活終われハラスメント」の略。

オン【on】①スイッチが入っていること。また、機械が作動中であること。→オフ① ②ゴルフで、ボールがグリーンにのること。③オン-タイムの略。④ある状態や範囲に含まれる意。「—ライン」⑤加えること。乗せること。

オン エア【on the air】放送すること。また、放送中。

オングストローム【angstrom】長さの補助単位。100億分の1m。電磁波の波長測定や、原子物理学・結晶学・分子学などで用いる。記号Åで表す。

オン コール【on call】当直などの勤務体制ではないが、緊急の際には出動できるよう待機していること。▷呼び出しに応じて、の意。

オンコロジー【oncology】腫瘍(しゅよう)学。

オン サイト【on-site】①現地。現場。その場。「—での勤務」②オンサイト-サービスの略。

オン サイト サービス【on-site service】コンピューターなどの故障の際に、メーカーや販売店の修理者が現地に出張して行う修理サービス。

オン ザ ジョブ トレーニング【on-the-job training】仕事の現場で、業務に必要な知識や技術を習得させる研修。現任訓練。OJT。

オン ザ ロック (on the rocks)氷の塊の上にウイスキーなどの酒を注いだ飲み物。

オンショア【onshore】新 ①国内。域内。他の言葉に付いて「国内での」「域内の」の意を表すことが多い。②陸上。他の言葉に付いて「陸上の」の意を表すことが多い。③サーフィンなどで海風(海から陸に向かう風)のこと。→オフショア

オンス【ounce】ヤード-ポンド法の単位。①重さの単位。常用オンス(記号oz.av.)。1ポンドの16分の1で約28.35g。または、薬量オンス(記号oz.ap.)および

よくわかる「オルタナティブ」の意味と使い方

詳しい意味は？

オルタナティブ（alternative）は、もともとは「AとBから1つを選ぶ」、すなわち「二者択一」という意味です。例えば「コストと安全性はオルタナティブな関係であってはならない」といった用例がこれにあたります。ただし日本語では、このような使われ方はまれです。

いっぽう、「Aに代わるB」という意味もあります。このうちAは、多くの場合「既存・主流の何か」を意味します。そこでオルタナティブは「既存・主流のものに代わる何か」という意味でも使われます。例えば「オルタナティブな政策」とは「既存・主流のものに代わる政策」を意味します。

どんな経緯でこの語を使うように？

オルタナティブという概念が注目されたのは1960～1970年代のこと。この時代にオルタナティブテクノロジー、オルタナティブトレード、オルタナティブメディシン（オルタナティブメディスン）といった新概念が相次いで登場しました。

このうちオルタナティブテクノロジーは「省エネルギーまたは無公害の技術」のこと。またオルタナティブトレードは、現在で言う「フェアトレード（公正貿易）」のこと。さらにオルタナティブメディシンとは「西洋医学とは異なる医療的手法」、すなわち漢方、鍼灸（しんきゅう）、ヨガなどを指します。

言い換えたい場合は？

まず「オルタナティブな○○」を言い換えたい場合は「従来とは異なる○○」「主流とは異なる○○」「代替的な○○」「代わりの○○」「もうひとつの○○」「別の○○」などの表現を、名詞の「オルタナティブ」を言い換える場合は「代替（手段・手法・案…）」「別の可能性」「ほかの選択肢」などの表現を試してみてください。

さらに複合語の言い換えについては、オルタナティブを「代替」に差し替える方法が定着しています。

トロイ-オンス(記号 oz.t.)。1ポンドの12分の1で約31.10g。②液量オンス。体積の単位。アメリカでは1パイントの16分の1、約29.57mL。イギリスでは1パイントの20分の1、約28.42mL。記号 fl.oz.

オン ダイ【on-die】特定回路を半導体チップに組み込んでいること。マイクロプロセッサーが2次キャッシュを搭載している状態など。▷ダイは半導体チップの意。

オン タイム【on time】①時間通り。定刻。②勤務時間中。

オン デマンド【on demand】利用者の注文に応じて、商品やサービスを提供すること。▷要求に応じての意。㊪ 注文対応

オンドル 朝鮮半島や中国東北部の家屋で用いられている暖房装置。たき口で火を燃やし、床下に設けた煙道に煙を通して床を暖める。▷朝鮮語。

オントロジー【ontology】知識工学の用語。エキスパート-システムを構築する際に用いられる知識表現の語彙(ごい)または基本となる概念の体系。

オン パレード【on parade】①(俳優などの)勢ぞろい。総出演。②(比喩(ひゆ)的に)事柄や物がずらりと並ぶこと。

オンブズ パーソン【スウェーデン ombudsman＋英 person】国民の行政機関に対する苦情処理や、行政活動の監視・告発などを行うことを職務とする者。行政監察委員。▷「代理人」の意。

オンブズマン【スウェーデン ombudsman】⇨オンブズ-パーソン

オンプレミス【on-premise】①情報サービスを、自社内のハードウエアとソフトウエアによって運用する方式。自社運用型。②製造から販売までを1か所で行う店舗。自家製のベーカリーなど。▷原義は「構内の」などの意。

オンボーディング【onboarding】組織・サービスなどに人を定着させるための取り組み。企業が新入社員などに対して行う研修・支援や、サービスの提供者が顧客に対して行う支援など。

オン眉(まゆ) 新 眉よりも上の位置で切りそろえた前髪。▷オンザ(on the)眉毛の略。

オンライン【online】①コンピューター-ネットワークに接続している状態。また、そのようなシステムや社会活動。「—ゲーム」「—会議」→オフライン ②(on the line)球技で、ボールの落ちた地点が区画線上であること。オン-ザ-ライン。

オンライン カジノ【online casino】新 ネット上で提供される賭博(とばく)サービス。クレジット-カードなどで仮想チップを購入

し、ルーレットやポーカーなどに参加する。ネット-カジノ。インターネット-カジノ。

アップデート 2022年(令和4)4月、山口県阿武郡阿武町が新型コロナ対策の特別定額給付金4630万円分を一世帯の口座に誤送金。送金先の人物が返還を拒み話題になりました。この人物が入金額を使い込んだとされる場所がオンライン-カジノでした。岸田文雄首相は同年6月、国会答弁で同サービスが違法との認識を示しました。

オンライン ゲーム【online game】コンピューターをネットワークでつないで行うゲーム。1対1で対戦するものや、同時に複数のプレイヤーが参加するものがある。ネットワーク-ゲーム。

オンライン サポート【online support】インターネットを通じて行うユーザー-サポート。また、その窓口。→サポート②

オンライン サロン【和製 on-line＋salon】新 専門的な知識・経験を持つ人などが主催者となり、有料入会者が参加する、オンライン上の交流会。またその運営基盤を提供するサービス。ビジネスのノウハウを共有するための会などがある。

オンライン ショップ【online shop】インターネット上で通信販売のサービスを提供するウェブ-サイト。また、そのサービス。インターネット-ショップ(ストア)。ウェブ-ショップ(ストア)。オンライン-ストア。eショップ(ストア)。バーチャル-ショップ(ストア)。ネット-ショップ(ストア)。

オンライン飲み会 新 ビデオチャットを利用して、離れた場所にいる人どうしが行う飲み会。オン飲み。リモート飲み会。

オンリー ワン【only one】①たった一つの。たった一人の。②最高のもの。最高の人。③特別注文の服。

オンワード【onward】前進的なさま。

カ

カ

カー【car】車両。自動車、特に乗用車。多く他の外来語と複合して用いる。

カーキ色（ヒンディー khākī）黄色に茶色の混じった色。枯草色。▷カーキは「土ぼこり」の意。

カーゴ【cargo】①積み荷。貨物。②カーゴ-プレーン（貨物機）、カーゴ-シップ（貨物船）の略。

ガーゴイル【gargoyle】ゴシック建築の屋根にある、怪物をかたどった雨水の落とし口。

カーゴ バイク【cargo bike】荷物を運搬するための装備をもつ自転車。

カーゴ パンツ【cargo pants】太股（ふともも）または膝（ひざ）の部分に、ひだ付きのポケット（カーゴ-ポケット）が付いたパンツのこと。▷貨物船（cargo ship）の乗組員がはいていたことが由来。

カーサ【スペイン casa】家。住居。住宅。▷集合住宅の名称などに使われる。

カー シェアリング【car sharing】自動車のレンタル-サービス。

カースト【caste】①インド古来の身分・階層（バルナ）のこと。②インドの社会集団（ジャーティ）のこと。③転じて、他の地域・社会にみられる、類似した身分階層制度をもいう。▷カストとも。

ガーゼ【ドイツ Gaze】良質の綿糸で目をあらく織った柔らかい布。脱脂し、消毒したものを包帯など医療に用い、また、肌着・ハンカチーフなどにする。

カーソル【cursor】コンピューターなどのディスプレー画面上で、入力位置や、入力待ちであることを表示する下線や記号。

ガーター【garter】靴下どめ。靴下つり。

ガーター【gutter】①ボウリングで、レーンの両側にある溝。②①にボールが落ちること。得点は零点になる。▷「ガター」とも。

カー チェイス【car chase】自動車どうしの追跡。また、映画でそのような場面。

ガーディアン【guardian】保護者。守護者。

カーディオ【cardio】新 心肺機能を強化する目的の運動。

カーディガン【cardigan】毛糸編みまたはニットでつくる、襟のない前あきの上着。▷考案者の名前から。

ガーデニング【gardening】園芸。庭いじり。▷洋風、特にイギリス式のものにいう。

カーテン【curtain】①光・音などをさえぎったり、部屋を仕切ったりするために、窓や室内につるす布。②交流・交渉などをさえぎるもののたとえ。③劇場で舞台と客席との間を隔てる布。

ガーデン【garden】庭園。遊園。楽園。花園。

カーテン コール【curtain call】演劇・オペラなどで、終幕が下りたあと、観客が拍手喝采して出演者を幕の前に呼び出すこと。

カート【cart】①手押し車。ショッピング-カートなど。②小型の自動車。ゴルフ場の電動カートなど。

カート【kart】小型のレーシング-カー。鉄パイプ製などのフレームに小型エンジンを積んだもの。▷商標名のゴーカート(go-kart)が語源で、手押し車などのカート(cart)と区別する。

カード【card】①四角に切った小さい厚紙やプラスチックの薄板。通信用の二つ折りのものもいう。②トランプ。また、その札。③試合の組み合わせ。④クレジット-カード・キャッシュ-カードなどの略。

カード【curd】乳汁に酸あるいは凝乳酵素(レンニンやペプシンなど)を加えると生ずる凝固物。牛乳を飲むと、胃の中で牛乳中のカゼインなどが凝固してカードになる。

ガード 道路の上にかけた鉄道橋。陸橋。また、市街地の鉄道高架橋。▷girder(桁(けた))から。

ガード【guard】①守ること。保護すること。防護。②アメリカン-フットボールで、スクラムを組んだ時にセンターの両側にいる選手。③バスケット-ボールで、守備をしている選手。④ボクシング・フェンシングなどで、防御。⑤ガード-レールの略。

カートゥーン【cartoon】漫画。特に、風刺漫画。

カード ゲーム【card game】カードを使うゲーム。トランプを使うゲームや、専門のカードを使うゲームなど。

カード リーダー【card reader】カードに磁気で記録されている情報や、カードに内蔵されているICチップの電子情報などを読み取る装置。

カートリッジ【cartridge】▷「薬莢(やっきょう)」の意。装置にはめこむことが可能で、かつ簡単に取り替えることができる格納容器や格納装置全般でいう。①レコード-プレーヤーのアームの先にとりつけ、溝をなぞった針の動きを電気信号に変換する部品。②万年筆の軸に容器ごととりつける交換用インク。③テープ・フィルムなどを、ケースごと機器に装着するためにケースに入れたもの。④

弾薬筒。⑤薬包。

ガードル【girdle】女性の下着の一。腹部から腰部へかけての体型を整えるために用いるもの。伸縮性のある素材でつくる。

カードレス【cardless】新 ①決済などで物理的なカードが介在しない方法を用いること。②クレジットカードなどの金融サービスで、物理的なカードを発行せずに、カード番号やスマートフォン上での利用環境を提供する形式。

カード ローン【和製 card＋loan】クレジット-カード・キャッシュ-カードなどを使って、現金自動支払い機により行う貸し付け。

カートン【carton】①蠟(ろう)をひいた厚紙でつくった箱。②巻きタバコの箱を10あるいは20箱入れた箱。また、それを数える語。③物流の分野で輸送用紙器のこと。多くの場合、段ボール箱でできた外箱のことをさす。

カー ナビ カー-ナビゲーション-システムの略。

カー ナビゲーション システム【car navigation system】走行中の自動車の現在位置・進行方向などの情報を人工衛星・地磁気計・走行距離計などを利用して測定し、運転席の画面に表示して運転者に知らせる装置。ナビゲーション-システム。カー-ナビ。

ガーニッシュ【garnish】①西洋料理の付け合わせ。ガルニチュール。②自動車の装飾品。「サイド -—」「リア -—」

カーニバル【carnival】①謝肉祭。②にぎやかなお祭りさわぎを伴う催し。

カーニング【kerning】組版ソフトやワープロ-ソフトなどで、文字の間隔を調整して見やすい並びにする機能。

ガーネット【garnet】石榴石(ざくろいし)。宝石として、また、研磨材に利用。

カーネル【kernel】オペレーティング-システムの中で最も基本的な機能を受け持つ部分。通常、ユーザーは直接制御できない。

カーバイド【carbide】炭素と金属元素との化合物のこと。特に、カルシウム-カーバイドをさす。水を加えるとアセチレンガスが発生する。炭化カルシウム。炭化石灰。

カービー【curvy】体型などに、曲線美の備わっているさま。

カービング【carving】①彫ること。切ること。②彫り物。また、木彫りで室内装飾品をつくること。

カーフ【calf】皮革製品の材料としての小牛。また、その皮。

カーブ【curve】①円弧を描くように曲がること。また、その曲がっている部分。曲線。②野球で、打者の手元で曲がりながら落ちる投球。

カーフ スキン【calfskin】子牛のなめし革。皮質がよく、コート・ハンドバッグ・靴などに用いられる。

カーペット【carpet】絨緞(じゅうたん)。敷物。

ガーベラ【ラテン Gerbera】キク科の多年草。南アフリカ原産。葉は根生し、タンポポに似るが大きく、裏面に毛がある。初夏に頭状花を1個つける。一重と八重があり、花色は紅・黄・白・桃など。花壇および切り花用にする。

カーペンター【carpenter】大工。

カーポート【carport】屋根と柱だけの簡便な車庫。

カーボ ローディング【carbo loading】スポーツ競技の前に炭水化物を多量に摂取して体内にグリコーゲンを貯蔵し、競技中のスタミナ切れを防ぐ食事法。グリコーゲン-ローディング。

カーボン【carbon】①炭素。炭。②(気候変動問題における)二酸化炭素。また温室効果ガス。➲よくわかる「カーボン」の意味と使い方(p.153)

カーボン オフセット【carbon offset】自ら排出した二酸化炭素を何らかの方法で相殺すること。旅客機の搭乗者が飛行中に排出した二酸化炭素を相殺するために、航空会社が用意したオフセット事業(植林事業やバイオ燃料の開発事業など)に、排出相応分の金額を寄付するなど。▷オフセットは埋め合わせの意。

カーボン ゼロ【carbon zero】二酸化炭素を(実質的に)排出しないこと。

カーボン ナノチューブ【carbon nanotube】層状構造の炭素が筒状になった分子。幾何学的な形状に対応して電気的な性質が変化することや、極めて微小なカプセル状の構造を取り得ることなどから、新素材として注目される。▷1991年(平成3)、飯島澄男が発見。

カーボン ニュートラル【carbon neutral】二酸化炭素の放出と吸収が相殺されている状態。炭素中立。

カーボン フットプリント【carbon footprint】個人活動や商品のライフ-サイクル全般(原材料調達から廃棄まで)で排出された温室効果ガスを二酸化炭素排出量に換算したもの。▷炭素の足跡の意。→ライフ-サイクル-アセスメント

カーボン プライシング【carbon pricing】新 炭素税や排出量取引などの仕組みにより、炭素の排出量に価格付けを行うこと。二酸化炭素排出量の削減に向けた経済的な動機付けを目的とする。炭素の価格付け。

カ

カーボン フリー【carbon free】二酸化炭素を(実質的に)排出しないこと。「—エネルギー」

カーボン リサイクル【和製 carbon ＋ recycle】二酸化炭素を資源と捉えて回収し、化学品や燃料などに加工して再利用すること。経済産業省が推進。

カーマ【サンスクリット Kāma】インド神話で、愛欲・恋愛の神。古くリグ-ベーダでは、宇宙創造の原動力とされた。

カーマイン【carmine】①塩基性色素の一種。エンジムシの雌から採取・精製される粉末状の赤色色素。染料・分析試薬として、また生体の核・染色体の染色に用いられる。コチニール。カーミン。カルミン。②わずかに紫がかった赤色。

ガーリー【girly】少女らしい状態や、女性がひかれるもの全般を俗にいう語。ファッション・アート・その人自身などを通して表現される。1990年代中盤のアメリカで発祥した考え方。▷少女(girl)をもじったもの。蔑称の girlie と区別されることが多い。

カーリー ヘア【curly hair】髪形の一。全体をカール(巻き毛)で構成する。

ガーリック【garlic】ニンニク。

ガーリック バター【garlic butter】すりおろした大蒜(にんにく)を混ぜ込んだバター。ガリバタ。

ガーリッシュ【girlish】(服装などが)少女のようであるさま。少女風。

カーリング【curling】氷上スポーツの一。4人一組みの2チームで、円盤状の重い石を滑走させ先にある円の中に入れて得点を争う競技。石のスピードや方向を調節するため、進路をほうき(ブルーム)で掃く。

カール【curl】髪の毛に巻きぐせをつけること。また、巻きぐせのついた髪の毛。巻き毛。

カール【ドイツ Kar】氷河の浸食作用によって山頂近くにできた半円形の窪地(くぼち)。日本では飛驒(ひだ)山脈や日高山脈に見られる。圏谷(けんこく)。

ガール【girl】少女。女の子。娘。若い女性。→ボーイ

ガールズ グループ【girls group】新 若い女性メンバーで構成されており、歌とダンスのパフォーマンスをみせるグループ。ガールグループ。

ガールズ トーク【girls' talk】女の子どうしのおしゃべり。

ガールズ バー【和製 girls＋bar】カウンター内にいる女性従業員との会話を楽しめるショット-バー。キャバクラとバーの中間的業態。2006年(平成18)前後から登場した形態。

ガールズ バンド【girls band】女性だけで構成されるバンドの

よくわかる「カーボン」の意味と使い方

詳しい意味は？

カーボンの意味は大きく分けて二つあります。

ひとつは「炭素・炭」という意味。具体的には元素としての炭素(元素記号C・元素番号6)やそれが集まった分子のことをカーボンと呼びます。例えば炭素原子が筒状に並んだものをカーボンナノチューブ、アクリル繊維などを炭化させて作った繊維で、質量の多くが炭素で構成されるものをカーボンファイバーと呼びます。かつて筆記の複写に用いたカーボン紙も、元々油煙から作る顔料を用いたことに名前の由来があり、電子メールのCC(カーボンコピー)機能にその名残があります。

もうひとつは「二酸化炭素」という意味。こちらは気候変動、地球温暖化問題の議論が活発化する2000年代以降にこのような意味の用法が増加しました。また広く、二酸化炭素などの温室効果ガス全体を指すこともあります。なお「炭素」という語も、例えば「脱炭素社会」などのように二酸化炭素を指す場面が増えました。

実際の使われ方は？

[カーボンニュートラル]　二酸化炭素を含む温室効果ガスの排出と吸収が相殺される状態です。日本は2020年(令和2)に2050年までにカーボンニュートラルを実現させる、と宣言しました。

[カーボンオフセット]　温室効果ガスの排出量を減らす自主的な努力ののち、排出量に見合う排出削減事業への投資なども行うことで、排出量を埋め合わせする考え方を言います。

[カーボンプライシング]　二酸化炭素の値付け。炭素税(二酸化炭素の排出量に応じた課税)や排出量取引制度(企業の排出量上限を定め、超えた企業が超えてない企業から排出枠を買取る)などの仕組みで、二酸化炭素の排出を抑制することです。

[カーボンフットプリント]　直訳すると「炭素の足跡」。対象となる製品などについて、原材料調達から廃棄に至るまでに排出される温室効果ガスの二酸化炭素換算による総量をいいます。

こと。主にロックやポップスなどの音楽でいう。

カ

カイ【chi; Χ・χ】⇨キー(chi)

ガイ【guy】男。やつ。▷アメリカの俗語から。

ガイア【Gaia】①ギリシャ神話で、大地の女神。カオス(混沌(こんとん))から生まれて、ウラノス(天空)を生んだ。その子ウラノスとの間に12柱のティタン神などの子をもうけた。ゲーともよばれる。ローマ神話ではテルス。②巨大な生態系としての、地球をいう語。

ガイガー カウンター【Geiger counter】放射線検出器の一。金属円筒にアルゴン・アルコールなどのガスを入れ、その中心に張った金属線(陽極)と円筒(陰極)との間に1000ボルト前後の電圧をかけておくと、粒子が入射するたびに封入ガスがイオン化され放電がおこる。この放電を計測して放射線を検出する。1928年ドイツのガイガーとミュラーが考案。ガイガー-ミュラー計数管。

カイザー【(ドイツ) Kaiser】ドイツ皇帝の称号。日本では、特にウィルヘルム2世をさすことが多い。カイゼル。▷古代ローマのカエサルに由来。

ガイダンス【guidance】①指導。特に、ある事柄について初心者に与える入門的指導。②生活・学習のあらゆる面にわたり、生徒が自己の能力や個性を最大限に発揮しうるように与える援助。

カイト【kite】洋凧(ようだこ)。

ガイド【guide】①案内すること。また、その人。②旅行者を通訳を兼ねて案内する人。③手引き。④指針。目印(めじるし)。⑤釣りで、道糸を通すためにリールに取り付ける丸い輪形の用具。

ガイドブック【guidebook】①案内書。手引書。②参考書。

ガイドライン【guideline】①罫(けい)線。②政府や団体が指導方針として掲げる大まかな指針。
案 指針

ガイ ヤーン【(タイ) gai yang】タイ・ラオス風の焼き鳥。

カイロプラクティック【chiropractic】19世紀末にアメリカで創始された神経機能障害に対する治療法。脊椎(せきつい)の歪(ゆが)みを整え、神経機能を正常化させ、組織や器官の異常を治す。

カイン【kine】地震による揺れの強さを地動の速度振幅で表す単位。1カインは1cm/秒。

ガウス【gauss】磁束密度のCGS電磁単位およびガウス単位。$1cm^2$当たり1マクスウェルの磁束が貫くときの磁束密度の大きさを1ガウスという。記号G ▷ドイツの数学者・物理学者ガウスの名にちなむ。→テスラ

カウチ【couch】休息用の長いす。寝いす。ソファー。

ガウチョ パンツ【gaucho pants】[新] 南米のカウボーイの衣服に似た、すそ幅の広い女性用の七分丈ズボン。

カウボーイ【cowboy】アメリカ合衆国西部の牛飼い牧童。

カウル【cowl】航空機やオートバイのエンジンをおおう流線形のカバー。空気抵抗を減らす。カウリング。

ガウン【gown】①ベルトなどを締めない、羽織って着る長い外衣。大学教授・法官・聖職者などが儀式・行事に用いる。②(日本で)くつろぐ時や湯上がりに羽織るゆったりした衣服。

カウンシル【council】評議会。審議会。会議。

カウンセラー【counselor】臨床心理学などを修め、個人の各種の悩みや心理的問題について相談に応じ、解決のための援助・助言をする専門家。

カウンセリング【counseling】専門的な手続きに基づく相談。個人のもつ悩みや不安などの問題について話し合い、解決のために援助・助言を与えること。

カウンター【counter】①逆の。反対の。②スポーツで、相手の攻撃の力を利用して、逆に攻撃すること。③フィギュア-スケートで、ターンする時、それまでとは逆方向に弧を描くこと。

カウンター【counter】①帳場。勘定台。②計算器。計数器。③酒場などで、客席と調理場とを仕切り、客が飲食をする細長い台。

カウンターカルチャー【counterculture】ある社会に支配的にみられる文化に対し、その社会の一部の人々を担い手として、支配的な文化に敵対するような文化。→サブカルチャー

カウンター キッチン【和製 counter＋kitchen】食事室の方を向きながら食事の支度や後片付けができるように流し台やガスコンロが配列されている台所。対面式キッチン。

カウンター セールス【counter sales】来店した顧客に対して行う営業活動。

カウンターテナー【countertenor】女声のアルトにあたる声部を歌う男性歌手。主に教会音楽で女声の代わりに用いられ、ファルセットで歌う。

カウンターパート【counterpart】対の片方。片われ。対照物。[案] 対応相手

カウント【count】①数を数えること。②スポーツで、得点や時間を数えること。また、その数値。③野球で、ボール-カウントのこと。

カウントダウン【countdown】数を大きい方から小さい方へ順に数えること。特に、秒読みのこと。

カウント フリー 【和製 count ＋ free】携帯電話事業において、特定サービスが使い放題になるサービス。特定サービスで発生するデータ通信量を、通信制限の対象外とする。ゼロ-レーティング。

カオス【ギリシャ khaos】①混沌(こんとん)。混乱。②ギリシャ神話の宇宙開闢(かいびゃく)説における万物発生以前の秩序なき状態。また、同時にすべての事物を生みだすことのできる根源。ケイオス。→コスモス ③初期条件・境界条件を定めると以後の運動が決まるような簡単な系であっても、初期条件のわずかな差で大きく違った結果を生ずるような現象。気象現象・乱流や生態系の変動などにみられる。

カオス マップ 【和製 chaos＋map】新 ある業界の現況を俯瞰(ふかん)するため、業界内の企業・製品・サービスなどを分野別に分類して示した図。▷2010年に米国企業により発表された業界地図から。

カオス理論 カオス③についての研究。生命現象や社会現象への応用が注目されている。

カオ ソーイ【タイ khao soi】タイ・ラオス風のココナッツミルク入りカレーラーメン。揚げ麺などをトッピングする。

カオティック【chaotic】混沌としたさま。混乱したさま。秩序のないさま。

カオ マン ガイ 【タイ khao man gai】タイ料理の一。鶏のスープで調理した米飯に、茹でた鶏肉を盛り合わせた料理。ナンプラーと酢で作るたれを添える。

カオリン【kaolin】カオリナイトを主成分鉱物として含む粘土。陶磁器・耐火材の原料、化粧品の製造原料などに用いられる。高嶺土。高陵土。白陶土。▷「高嶺」の中国音から。中国、江西省景徳鎮近くの高嶺に産したのでいう。

カカオ【cacao】アオギリ科の常緑高木。熱帯アメリカ原産。果実はウリ状果で、厚い果肉の中に球状の種子を50〜100個含む。種子をココア・チョコレートの原料とする。ココアの木。

カクタス【cactus】①サボテン科植物を総称した英語名。②ダリアなどの花型の一。カクタス咲き。

ガクチカ新「学生時代に力を入れてやっていたこと」の縮約した言い方。就職活動で、エントリーシートや面接でよく問われる質問。

カクテキ 大根のキムチ漬け。カクトゥギ。▷朝鮮語。

カクテル【cocktail】①ジン・ウオツカなどアルコール度の高い蒸留酒をベースとし、リキュール・シロップ・果汁・香料などを混合してつくった飲み物。コクテール。

②いろいろなものが混じり合ったもの。③オードブルの一種。エビ・カニなどをカクテル-ソースであえ、グラスに盛ったもの。コクテール。

カクテル パーティー 【cocktail party】カクテルと軽食を卓上に出して行う立食形式のパーティー。

ガジェット【gadget】①こまごまとした日用品。小さな装飾品や道具。小物。小道具。小間物。②携帯できる小型の電子機器類。③コンピューターのデスクトップに置いておき、ちょっとした用途に使う小さなソフトウエア。➲よくわかる「ガジェット」の意味と使い方(p.159)

カシス【フランス cassis】①ユキノシタ科の落葉低木。果実は黒く熟して酸味が強く、ジャム・ゼリーなどに加工する。クロスグリ。②リキュールの一。つぶした①の実を漬けたアルコールに砂糖を加え、濾過(ろか)してつくる。

カジノ 【イタリア casino】 ①ルーレット・ダイス・カード遊びなどの賭博(とばく)専門の娯楽場。賭博場。モンテカルロやラスベガスが有名。②音楽・ダンスなどを楽しむ娯楽場。▷小さい家の意。

> アップデート 観光立国化を推進する観点で、国内に統合型リゾート(IR)を整備しようとする動きがあります。IRとはカジノを中核としてホテル、商業施設、劇場などを複合したリゾート施設のことです。2016年(平成28)12月には、基本法と位置づけられる「IR推進法」(通称)が成立しました。

カシミヤ【cashmere】カシミヤ糸を使用した織物。柔軟で保温性に富む。カシミヤ織物。▷カシミアとも。

カシャーサ 【ポルトガル cachaça】 ブラジルの蒸留酒。砂糖黍(さとうきび)の絞り汁を発酵・蒸留して造る。アルコール分38〜54%。カシャッサ。ピンガ。

カジュアル【casual】(服装などが)堅苦しくないさま。くつろいでいるさま。多く複合語として用いる。→フォーマル

カジュアル ゲーム 【casual game】短い時間でも遊べる、簡単なルールのコンピューターゲーム。

カジュアル シック 【和製 casual＋chic】新 気軽でお洒落しゃれな装い。シックカジュアル。

ガス【オランダ gas】①広く気体一般をさす。②燃料として使われる気体。都市ガス・プロパン-ガスなど。③海・山などに出る濃い霧。④特に毒性の気体。⑤おなら。屁。⑥ガソリンのこと。

> アップデート 2022年、ロシアのウクライナ侵攻などの情勢を背景に、日本はエネルギーの安定供給が脅かされる状況に直面。そこで日本政

府は都市ガスの使用抑制を企業や家庭に呼び掛ける制度について検討を行いました。この検討で登場したのが節電ならぬ「節ガス」という言葉です。なお言葉自体はこれ以前から存在していました。

ガス エンジン【gas engine】ガスを燃料とするエンジン。

カスク【フランス casque】①頭だけを覆うヘルメット。②自転車競技者が着用する革製のヘルメット。

カスクルート【フランス casse-croûte】バゲットなどを使ったフランス風のサンドイッチ。カスクート。▷フランス語で「軽食」の意。

ガス クロマトグラフィー【gas chromatography】試料の成分ガスを分離し、定性と定量を行う化学分析法。ガス-クロ。

カスケード【cascade】①岩場を段になって流れ落ちる滝。②庭園などにつくられる、階段状に連続した滝。水階段。③段々になっているもの。段階的に連なっているもの。

ガス欠(けつ) ▷ガスはガソリンの意の米語。①自動車などの燃料がなくなること。②疲れ果てること。勢いがなくなること。

カスタード【custard】牛乳・卵・砂糖を混ぜ、香料を加えてクリーム状にしたもの。

ガス タービン【gas turbine】圧縮空気と燃料を混合して燃焼させ、発生した高温・高圧のガスで駆動するタービン。

カスタマー【customer】商品を購入した人。製品やサービスを利用している人。顧客。得意先。カストマー。

カスタマー エクスペリエンス【customer experience】顧客経験価値。商品やサービスの品質以外に、顧客が購入から利用に至る全体的な体験から得る価値のこと。感覚・情緒・知性・好奇心・生活様式・自己実現などを満足するような価値をさす。

カスタマー サクセス【customer success】新 製品・サービスの提供者が、利用者である顧客の成功を能動的に支援する取り組み。CS。

カスタマー ジャーニー【customer journey】新 マーケティングにおいて、想定顧客が商品・サービスを購入・利用する際に辿ると思われる、行動・思考・感情・体験などの経過。時系列に沿って図示して分析する。▷顧客の旅の意。

カスタマー ハラスメント【和製 customer ＋ harassment】新 顧客や取引先から受ける、悪質な苦情・要求・迷惑行為などの総称。カスハラ。

カスタマー レビュー【customer reviews】新 購入者・利用者による、商品・サービスの批

よくわかる「ガジェット」の意味と使い方

詳しい意味は？

もっとも一般的な意味は「小型のデジタル機器」です。たとえばスマートフォン、タブレット端末、スマートウオッチ、デジタルカメラ、電子書籍リーダー、携帯音楽プレーヤー、携帯用ゲーム機、IC レコーダー、ワイヤレスイヤホン、小型ドローン、モバイルバッテリーなどの多様な装置を総称します。

特定分野に特化したガジェットもあります。例えば音楽分野ではシーケンサー、シンセサイザー、リズムボックス、サンプラーなどのガジェットも存在します。

またハードウエアではなくソフトウエアで実現するガジェットもあります。多くの場合、パソコンのデスクトップやスマホなどのホーム画面に、ニュースや天気などのちょっとした情報を表示できる仕組みを指します。これはウィジェット（原義は「名前のわからない部品・装置」）とも言います。

総じて、目新しいアイデアを持っており、便利に利用できる小型の道具や装置（原義ではハードとソフト、デジタルとアナログを区別しない）をガジェットと呼ぶ傾向があるようです。

どんな経緯でこの語を使うように？

英語の gadget は「小さな機構・装置・道具」などの意味です。

国内のメディアでガジェットの用例が増え始めるのは 2000 年代の前半以降のこと（雑誌記事索引データベース「ざっさくプラス」参照）。これは携帯電話端末や携帯音楽プレーヤーの普及期に重なります。

実際の使われ方は？

［モバイルガジェット］　携帯可能なガジェット。スマートホーム用コントローラーなど、携帯での使用を前提としないガジェットもあるため、これらを呼び分ける際に用いる表現です。

評記事。またネット上でその記事を投稿・閲覧できるサービス。

カスタマイズ【customize】①特別注文でつくること。注文に応じてつくり替えること。②コンピューターで、アプリケーション-ソフトの操作方法やいろいろな設定値を利用者が使いやすいように変更すること。③一人のためだけにデザインされたり、手を加えられたりした衣服。

カスタム【custom】①習慣。慣習。②関税。また、税関。③特別仕様。あつらえ。

カスタム メード【custom made】⇨オーダー-メード 案 特注生産

カステラ【ポルトガル castella】鶏卵と砂糖を泡立てて小麦粉を合わせた生地を天火で焼いた菓子。室町末期にポルトガル人が長崎に伝えたという。カステーラ。カステイラ。▷カスティリャ王国の名から。

カストラート【イタリア castrato】少年の声を保持するために変声期以前に去勢した男性歌手。16～18世紀のイタリアで盛行。

ガストロノミー【gastronomy】美食学。

ガス抜き ①炭坑などでガス爆発を予防するために、発生し始めたガスを除去すること。②パンなどをつくる際に、イースト発酵によって生地の中にたまった空気を抜くこと。③集団・組織内部の不満が極限に達する前に、それを発散させて、破局を回避する手だてを講ずることをたとえていう。

ガス ハイドレート【gas hydrate】海底や永久凍土などの特定の温度・圧力条件下において、水分子の中にメタンなどの気体分子が取り込まれて形成されるシャーベット状のガス水和物の総称。

ガスパチョ【スペイン gazpacho】スペインの冷たい野菜スープ。

カゼイン【ドイツ Kasein】乳に多く含まれるリンタンパク質の一種。牛乳ではタンパク質のほぼ80％を占める。栄養上重要なすべてのアミノ酸を含む。チーズの原料。乾酪素。酪素。

カセット【cassette】①中身が封入してある小さな容器やケース。そのまま機器に装着できる。②カセット-テープの略。

ガゼット【gazette】定期刊行物。官報。学内報。

カソード【cathode】①媒質中に入れた一対の電極のうち、還元反応の起こる電極。電気分解の場合の陰極。電池の場合は正極。②電子管(真空管)の電子を放出する電極。陰極。→アノード

ガソリン【gasoline】比較的低沸点(30～200℃)の炭化水素の混合物。ガソリン-エンジンの燃料などに使われる。

カタコンベ【オランダ catacombe】古代キリスト教徒の地下基地。迫害時には礼拝所としても使用された。カタコンブ。

カタストロフィ【catastrophe】①自然界および人間社会の大変動。変革。②劇や小説の悲劇的な結末。破局。▷カタストロフ・キャタストロフィとも。

カタパルト【catapult】航空母艦などの甲板上から航空機を飛びたたせるための装置。蒸気圧・圧搾空気などによりシリンダー内のピストンを走行させ、それに航空機を連動させて射出する。射出機。

カタル【オランダ catarre】粘膜細胞に炎症が起きて、多量の粘液を分泌する状態。風邪のときに鼻水が止まらないといった状態をいう。

カタルシス【ギリシャ katharsis】①悲劇がもっている、観る人の心に怖れと憐(あわ)れみを呼び起こし、その感情を浄化するという効果。アリストテレスが「詩学」で展開した語。②精神分析で、抑圧された感情や体験を言葉や行動として外部に表出して、心の緊張を解消すること。③(一般に)心の中に解消されないで残っていたある気持ちが、何かをきっかけにして一気に取り除かれること。▷浄化・排泄(はいせつ)の意。➲よくわかる「カタルシス」の意味と使い方(p.163)

カタログ【catalog(ue)】①商品や展覧会の作品の目録・説明書。②営業案内。

ガチ 主に若者言葉で、本気。真剣。また、本当に。▷がちんこ(相撲用語で真剣勝負の意)から。

カチオン【ドイツ Kation】陽イオン。

ガチ恋(こい) アイドルのファンがアイドルに対して、本気の恋愛感情を抱くこと。

ガチ勢(ぜい) 新 (主に若者言葉で)何かに本気で取り組んでいる人々。「―と張り合う」

ガチ中華(ちゅうか) 新 中国人向け中華料理店の俗称。日本人向けではない、本場のメニューや味付けを提供する。

ガチャ ①ガチャポンのこと。②転じて、ソーシャル-ゲームの中でアイテムやカードを購入するシステムの一形式。数種類の中から何があたるかわからないもの。③他の語に付いて、その運不運によって人生が左右されることをいう語。「親―(＝出自による格差を批判的にいう語)」→ガチャポン

ガチャポン 玩具(がんぐ)入りカプセルの手動式販売機。硬貨を入れハンドルを回転させて、カプセルを取り出す。ガチャガチャ・ガシャポンとも。▷ガチャポン・ガシャポンは商標名。

カチューシャ 髪飾りの一。弧の形で、前方から両耳までの髪をお

さえるヘア-バンド。▷大正時代に女優の松井須磨子が演じた、トルストイの小説「復活」の女主人公の名から。

カチューム ゴム紐(ひも)が付いているカチューシャ(髪飾り)。▷カチューシャとゴムの合成。

ガチンコ (相撲界で)真剣勝負。また、真剣勝負の稽古(けいこ)をすること。転じて、真剣に取り組むこと。本気で行うこと。がちんこ。ガチ。

カツ カツレツの略。

ガツ (料理用の)牛の第1胃。豚の胃についてもいう。▷英語のgutに由来する。

カッサータ【イタリアcassata】新 ①砂糖漬けの果物を刻み込んだクリームとアイスクリーム、または数種のアイスクリームを層状に型に詰めて冷やし固めたもの。イタリア料理のデザートに供される。②洋菓子の一。泡立てたリコッタチーズに砂糖・香料・果物の砂糖漬け・チョコレートなどを加え、スポンジケーキと組み合わせたもの。

カッター【cutter】①ヨットの一種。1本マストで船首の長い小帆船。②艦船に搭載する大型のボート。8～12人がオールで漕(こ)ぎ、帆走もできる。③物を切る刃物。工作用刃物や裁断器など。

カッターシャツ ワイシャツで、襟とカフスがとりはずしのできないもの。▷もと商標名。

ガッツ【guts】根性。やる気。

カッテージ チーズ【cottage cheese】軟質のナチュラル-チーズの一種。脱脂乳を乳酸発酵させてつくり、熟成させない。サラダなどに使用。

カット【cut】①切ること。また、一部を取り除くこと。②野球で、他の野手への送球を途中で捕球すること。また、ファウル-ボールを打つこと。③球技で、相手チームがパスしたボールを途中で奪うこと。④卓球やテニスで、ラケットを斜めにして切るように球を打ち、逆回転を与えること。カッティング。⑤映画・テレビなどの撮影で、1台のカメラが写し始めてから写し終わるまでの一つの場面。ショット。⑥印刷物に入れる小さな挿絵。⑦カードの山を途中で分けること。並びを入れ替える際などに行う。

ガット【GATT】 ⇨GATT

ガット【gut】羊・豚などの腸からつくった細い紐(ひも)・糸。ラケットの網や楽器の弦などに用いる。腸線。

カット アウト【cut-out】ラグビー・サッカー・ハンドボールなどで、タッチラインの方へ急に進路を変えて走ること。

カット イン【cut-in】①映画・テレビで、あるショットに別の

よくわかる「カタルシス」の意味と使い方

どんな時に登場する言葉？

哲学思想分野で用いられます。演劇学概論では、最初にならう専門用語のひとつです。ということからもわかるように、演劇・映画をはじめとするパフォーマンスや文芸関係に頻出します。例えば、「仮構の世界に陶酔することよってカタルシスをおこなう」とか、「アリストテレスが悲劇の効用として論じたカタルシス」といった表現は珍しくありません。

心理学・精神医学・カウンセリングなどでも登場します。「サイコドラマにおけるカタルシス」「カタルシスの必要性」といった言い方がされます。

また、俗に「苦痛を吐き出して解消すること」程度の意味で、個人的独白を綴った個人ページのタイトルなどにも見受けられます。

実際の使われ方は？

[アリストテレスのカタルシス論]　アリストテレスは『詩学』で、作品としてまとまりがあり、演技者の再現代行行為によって、観る人が「あわれみ（エレオス）とおそれ（ポボス）を通じて、そのような感情の浄化（カタルシス）を達成するものである」（1449b）と、悲劇を定義しています。

[カタルシスを○○する]　「言語化によるカタルシスを体験する」「観客をカタルシスへ誘う」「カタルシスを喚起する」「カタルシスを味わう」という使い方をします。

言い換えたい場合は？

広範囲に用いられるところでは、「浄化」「浄化作用」です。演劇学ではふつう「カタルシス」を言いかえませんが、「浄化作用」とかっこ付きで説明をくわえることもあります。精神療法の場合は、「通痢（つうじ）」「煙突掃除療法」などの用語があります。場合によっては、「排泄」「瀉出」という表現も考えられないことでもありませんが、カタカナ語で用いられる意味において言い換えるのであれば、「語源的には」と前置きをつける方が無難でしょう。

ショットを挿入すること。②ラグビー・サッカー・ハンドボールなどで、タッチ-ライン沿いから急に内側に進路を変えて走ること。③バスケットボール・ホッケーなどで、相手の防御陣の間に切り込むこと。

カット オーバー 【和製 cut＋over】情報システムが完成すること。

カット オフ【cut off】①切断。分離。②野球で、走者の進塁を防ぐために内野手が外野手の送球を途中で捕球すること。③兵器用の高濃縮ウランやプルトニウムの生産を禁止すること。

ガット ギター【gut guitar】クラシック-ギターのようにガットを用いた弦を張って演奏するギター。

カット グラス【cut glass】彫刻や切り込み細工をしたガラスやガラス器。切子(きりこ)ガラス。

カット ソー 【和製 cut＋sew】編み機で編んだニットを、型紙に合わせて裁断し、縫製した衣類の総称。ポロシャツやスエット-スーツなどに多い。カット-アンド-ソー、カット-アンド-ソーンともいう。

カットバック【cutback】①映画で、二つ以上の場面を、長さを変えながら交互に見せて緊張感を高めたりする編集技法。②サッカーで、相手を避けて後方に進路を変えること。③アメリカン-フットボールで、ボールをもった選手の走り方の一つ。オープン方向に走っていた選手が突然方向を変えてラインの内側に走り込むもの。▷「切り返し」「繰り返し」の意。

カット モデル 【和製 cut＋model】新 美容師や理容師の練習台となる人。技術を向上させるため、原則無報酬でサービスを提供する相手をいう。

カッパ【ポルトガル capa】雨の時に着る防水性の上着。雨ガッパ。

カッパ【kappa; Κ・κ】ギリシャ語アルファベットの第 10 字。

カップ【cup】①取っ手の付いた西洋風のうつわ。②ふたのない丸い洋風のうつわ。足のついた杯形のものもいう。③料理で、材料の量をはかるための取っ手のついたうつわ。普通 200mL。計量カップ。 ④賞杯。優勝杯。 →トロフィー ⑤ブラジャーの乳房をおおう椀(わん)形の部分。 ⑥ゴルフで、ホールの別名。⑦うつわ状のもの。→サクション-カップ

カップ アンド ソーサー 【cup and saucer】コーヒー・紅茶用のカップとその受け皿。また、その組み合わせの一組み。

カップリング【coupling】①一般に、二つのものの間に相互作用をもたせて結びつけること。②動力を一方の軸から他方の軸へ伝

えること。また、そのための装置。軸継ぎ手。③芳香族ジアゾニウム化合物と他の芳香族化合物とが反応してアゾ化合物ができる反応。ジアゾ-カップリング。④二つ以上の生化学的反応について、一つの反応の生成物が他の反応の基質になっていること。共役。⑤CDで販売する楽曲のうち表題曲でない方の曲。⑥恋愛・結婚などの相手を探している人どうしを結び付けること。

カップル【couple】男女ふたりの組み合わせ。夫婦。恋人同士。

カツレツ【cutlet】西洋料理の一。牛・豚肉などの切り身に小麦粉・とき卵・パン粉をつけて油で揚げたもの。カツ。

カテーテル【オランダ katheter】体腔(たいこう)または胃・腸・膀胱(ぼうこう)などにたまった液体の排出や、薬品などの注入に用いる管。

カテキン【catechin】植物界に広く分布し、特に緑茶の渋味成分として存在する物質。加熱・酸などにより容易に重合してタンニンを形成する。抗菌作用がある。

カテゴライズ【categorize】分類すること。カテゴリーに分けること。

カテゴリー【ドイツ Kategorie; 英 category】①同じ性質のものが属する部類。部門。領域。範疇(はんちゅう)。ジャンル。②哲学で、実在や思惟の根本形式。概念のうちで最も一般的・基本的な概念。➲よくわかる「カテゴリー」の意味と使い方(p.167)

カテドラル【フランス cathédrale】ローマ-カトリック教会の司教区で、司教座の置かれている聖堂。大聖堂。

カテナチオ【イタリア catenaccio】サッカーで、固い守備。また、伝統的に守備の固いイタリアのサッカースタイル。▷閂(かんぬき)の意。

ガテン系 建築・土木など、主として肉体労働や技能労働を行う現場の職種の通称。▷求人情報誌の名から。

ガトー【フランス gâteau】菓子。洋菓子。ケーキ。

ガトー ショコラ【フランス gâteau au chocolat】チョコレート味のスポンジケーキ。ガトー-オ-ショコラ。

カドミウム【cadmium】12族(亜鉛族)元素の一。元素記号Cd　原子番号48。原子量112.4。青みを帯びた銀白色の軟らかい金属。軸受合金・易融(いゆう)合金・半導体の製造に用い、耐食性に富むので鍍金(めっき)に用いる。また、中性子を吸収するので原子炉の制御材として使用。カドミウム塩・カドミウム蒸気は有毒で、イタイイタイ病の主因とされる。

カトラリー【cutlery】食卓用のナイフ・フォークなどの金物類。刃物の総称。

カトリック【オランダ katholiek】カト

リック教会。また、その信仰、信徒。カソリック。

カナート【アラビア qanāt】イランなどの乾燥地域にみられる水利施設。山麓(さんろく)で得た地下水を、蒸発しないよう長い地下水路を通して遠くの集落や耕地に導き、地上に流出させて配水するもの。カレーズ。北アフリカではフォガラ。▷地下水路の意。

カナッペ【フランス canapé】小さく薄く切ったパンを焼いたり揚げたりして、その上に肉・魚・チーズ・ペースト・キャビアなどをのせた食べ物。オードブルに用いる。

カナル式 ヘッドホンのうち、耳の穴にさし込んで用いる方式。遮音性が高い。カナル型イヤホン。▷カナルは外耳道(ear canal)のこと。

カニバリズム【cannibalism】人肉を食べること。狭義には、その社会の中で宗教的儀礼として認められた食人の慣習をいう。人肉嗜食(ししょく)。食人。

カヌー【canoe】①丸木船。また、骨組みをつくり、毛皮や樹皮を張った小舟。②①を模した、競技用の小舟。

アップデート 2016年のリオ夏季五輪では、カヌーのスラローム(ゲートを規定方向に通過する回転競技)カナディアンシングルで、日本代表選手の羽根田卓也(はねだ・たくや)が銅メダルを獲得しました。カヌー競技でのメダル獲得は男女通じて日本人初となる出来事でした。

カヌレ【フランス cannelé de Bordeaux】フランスのボルドー地方の修道院でつくられた伝統的な焼き菓子。縦に溝のついた独特の焼き型に蜜蠟(みつろう)を塗り生地を入れて焼く。外側は固く濃い焼き色が付き、内部は柔らかい。

カネロニ【イタリア cannelloni】①パスタ料理の一。ホウレンソウとひき肉を板状のパスタで筒形に巻き、ソースをかけてオーブンで焼いたもの。カネローネ。②大形で筒状のパスタ。

カノープス【ラテン Canopus】竜骨(りゅうこつ)座のアルファ星。明るさは−0.7等で、シリウスに次ぐ。地球からの距離310光年。晩冬の宵、南に低く見える。

カノン【canon】①古代ギリシャの建築・彫刻において、全体と部分あるいは各部分相互の比率。②対位法による多声音楽の作曲技法、またその楽曲。主題となる旋律を奏する先行声部を、後続声部が一定の関係を厳格に保ちながら模倣し追行する。追復曲。③キリスト教で、信仰や行為についての規則。また、信仰教義の正しい基準としての聖書の正典。規範。基準。キャノン。

カノン砲 口径の割に砲身が長く、弾丸の発射速度が速く、平射弾道をなす大砲。軍艦や戦車の

よくわかる「カテゴリー」の意味と使い方

詳しい意味は？

カテゴリー(英 category, ドイツ Kategorie)とは、簡単に言えば「部類・分類・ジャンル」のことです。例えば、柴犬やプードルは「犬」というカテゴリーに属しますし、三毛猫やシャム猫は「猫」というカテゴリーに属します。さらに犬や猫は「動物」というカテゴリーに属することになります。このようにカテゴリーは階層構造をなす事も多く、その具体的な構造は文化・時代・分野などによって大きく異なります。

どんな経緯でこの語を使うように？

もともとカテゴリーは、哲学や論理学の分野で用いられていた用語です。古代ギリシャの哲学者アリストテレス(前 384〜前 322)は、世の中の概念を区別する基本項目として「実体・量・性質・関係・場所・時・状況・所持・能動・受動」という 10 のカテゴリー(＝事物を述語へと一般化する究極のもの)を提示しています。

実際の使われ方は？

[カテゴリーに属する]　カテゴリーの語は、「属する」という動詞とセットにして用いられる事が多いようです。例えば「この検索システムを使えば、同じカテゴリーに属する商品が一覧で表示される」などの用例があります。

[カテゴリー検索]　インターネット上の検索サービスでは、「キーワード検索」と「カテゴリー検索」という二つの検索方法を用意しています。このうちキーワード検索では、ページ上の検索窓に検索したい語を入力することによって該当する情報を引き出します。一方、カテゴリー検索では「ニュース→テレビ→テレビ番組→ドラマ」のように大分類から小分類に向かってリンクを辿っていき、必要な情報を引き出します。

主砲、高射砲など。加農砲。キャノン。▷オランダ kanon から。

カバ【スペイン cava】 スペイン産スパークリング-ワインのなかで特に、シャンパンと同様の瓶内二次発酵方式で醸造されたもの。▷ワインの地下酒蔵の意。

カバ【kava】 コショウ科の多年草。根は塊形で刺激性の苦味があり、砕いて水を加えアルカロイド飲料をつくる。これはオセアニアの広い地域で、儀礼などの際に用いられる。

カバー【cover】 ①物を覆うこと。また、覆うもの。②欠けたところや足りないところ、また損失などを補うこと。③為替総合持高を、直物市場・先物市場・スワップ取引などを通じて、売持ちでも買持ちでもない状態(スクエア)にすること。相場変動のリスクを避けるために行う。④ある楽曲を、別の人による歌唱や演奏で録音したもの。カバー-バージョンの略。⑤野球やソフトボールで野手や捕手が塁を離れたとき、他の選手がその塁での守りに入ること。⑥為替総合持高を、直物市場・先物市場・スワップ取引などを通じて、売持ちでも買持ちでもない状態(スクエア)にすること。相場変動のリスクを避けるために行う。

カバーリング【covering】新 ①覆いを被せること。またその覆い。カバー。「—ソファ(＝カバーの着脱が可能なソファ)」②スポーツやコンピューターゲームで、守備の援護。

カバディ【ヒンディー kabaddi】インド発祥のスポーツ競技。1チーム7人で、攻撃側は一人が相手陣地へ入り、「カバディ、カバディ…」と連呼しながら息の続く間に守備側の選手にタッチして自陣に戻れば得点になる。守備側はそれをタックルなどで妨害する。

ガバナー【governor】 ①統治者。総督。州知事。②エンジンの回転数を測定して燃料の供給を調節し、回転数を一定に保つ装置。

ガバナンス【governance】 ①統治。支配。管理。②統治するための機構。管理するための方法。案 統治 →グローバル-ガバナンス・コーポレート-ガバナンス ➲よくわかる「ガバナンス」の意味と使い方(p.169)

ガバメント【government】 ①政治。②政府。

ガバメント クラウド【Government Cloud】新 デジタル庁が行政機関・地方自治体に向けて用意する、クラウドコンピューティング環境。地方自治体などが情報システムを構築するにあたり、共通的な基盤や機能を利用できるようにするもの。

カバレッジ【coverage】あることが及ぶ範囲。あることが適用さ

よくわかる「ガバナンス」の意味と使い方

詳しい意味は？

ガバナンス（governance）は英語で「組織などをまとめあげるために方針やルールなどを決めて、それらを組織内にあまねく行き渡らせて実行させること」という意味で、「統治」「支配」「管理」という語に相当します。

「統治」というと「権力者」が「国」を治めるイメージを思い浮かべますが、ガバナンスの主体は「権力者」とは限りませんし、ガバナンスの対象も「国」とは限りません。

どんな経緯でこの語を使うように？

マスメディアでガバナンスという言葉をよく見かけるようになったのは1990年代のことでした。例えば新聞では、「ガバナンス」が登場する記事数が1990年代後半に増えました（注：毎日・朝日・産経・読売調べ）。

実際の使われ方は？

[ガバナンスを強化する]　ガバナンスと結びつきやすい言葉には「強化」「向上」「改善」「確立」「改革」「発揮」などがあります。例えば「強化」の場合は「ガバナンス（の）強化」とか「ガバナンスを強化する」などの表現が可能です。

[コーポレートガバナンス（企業統治）]　株主などの利害関係者が、企業の経営を監視することを言います。経営陣による経営の私物化（それに伴う不利益）や企業の不祥事を防ぐことを目的としています。この場合、ガバナンスの主体は「株主などの利害関係者」、ガバナンスの対象は「企業（狭義には経営陣）」です。

この概念は1960年代のアメリカで誕生しました。当時、企業の様々な非倫理的な行動（黒人の雇用差別など）が問題になっていたことが背景にあります。いっぽう、日本で同概念が注目されたのは1990年代のことでした。バブル崩壊で倒産する企業が相次ぎ、経営健全化の手段として米国型の企業統治が注目されたためです。2000年代には企業の不祥事が相次いだことから、それを防ぐ方法としても注目されました。

れる範囲。保護や保障の及ぶ範囲、放送局のサービス-エリアなどに用いる。▷広告の訴求範囲として用いられることも多く、この場合、放送されている区域や視聴者数、新聞・雑誌の配布地域や購読者数が具体的な内容になる。

カピバラ【capybara】カピバラ科の哺乳類。頭胴長130センチメートルほどで、世界最大の齧歯(げっし)類。全身茶褐色の粗い毛に覆われる。前肢は4指、後肢は3指で、後肢には水かきがあり、巧みに泳ぐ。水辺の森林にすみ、草や水生植物を食べる。パナマからアルゼンチン東部に分布。肉は美味。

カブ【cub】ボーイ-スカウトの幼年団。8歳から10歳までの児童が対象。カブ-スカウト。▷ライオンなどの野獣の子の意から。

カフェ【フランス café】①コーヒー店。喫茶店。②(大正・昭和初期の語)女給のいる洋風の酒場。キャフェ。▷カフェーとも。

カフェイン【ドイツ Kaffein】アルカロイドの一。コーヒー豆・カカオの実・茶の葉などの中に含まれる。苦味のある無色の結晶。興奮剤・利尿剤などとして用いる。茶素。テイン。

カフェイン フリー【caffeine free】⇨カフェイン-レス

カフェイン レス【和製 caffeine＋less】カフェインを含んでいないこと。

カフェ オレ【フランス café au lait】コーヒーに、ほぼ等量の温めた牛乳を入れた飲み物。

カフェ活(かつ) 新 カフェめぐりなどを楽しむ活動。

カフェ テラス【和製フランス café＋フランス terrasse】喫茶店などで、店から歩道や庭などの戸外に張り出して椅子・テーブルを並べたところ。

カフェテリア【cafeteria】客が好みの料理を自分で食卓に運んで食べる形式の料理店。キャフェテリア。

カフェ バー【和製フランス café＋bar】喫茶店・バーなどを兼ねた、しゃれた室内装飾の店。▷1980年代に流行。

カフェ モカ【cafe mocha】エスプレッソ、チョコレート-シロップ、スチームド-ミルク(蒸気で温めた牛乳)を混ぜ合わせた飲み物。多くの場合、仕上げにホイップ-クリームなどを加える。▷コーヒーのモカに似た芳醇(ほうじゅん)さを持つことから。

カフェラッテ【イタリア caffellatte】温めたミルクを入れたエスプレッソ-コーヒー。カフェラテ。

カプサイシン【capsaicin】トウガラシの果皮に含まれる辛味成分。食欲の増進、脂肪の分解、血圧の抑制などの効果がある。

カフス【cuffs】洋服の袖口に付けられたバンド状の布。

カフスボタン【和製 英 cuffs＋ポルトガル botão】ワイシャツなどのカフスをとめる実用と装飾を兼ねたボタン。

カプセル【ドイツ Kapsel】①ゼラチン製の小さな円筒状の容器。粉薬や油状の液剤を封入してのみやすくするのに用いる。②密閉した容器。

カプセル トイ【和製 ドイツ Kapsel＋英 toy】新 小形カプセルに入れて販売される玩具(がんぐ)。ガチャガチャなどとよばれる自動販売機で売られる。カプセル玩具。

カプセル ホテル【和製 capsule＋hotel】ベッド上で起臥できるだけの大きさのカプセル状の小室を並べた簡易ホテル。

カプチーノ【イタリア cappuccino】強く煎(い)ったコーヒー豆を用いるイタリア風コーヒー。多くはホイップ-クリームを浮かべ、シナモンで香りをつける。

カプラー【coupler】連結装置。異なった二つの回路の結合器。

ガブリエル【Gabriel】後期ユダヤ教・キリスト教・イスラム教における大天使。新約聖書では聖母マリアにイエスの受胎を告げたとされる。

カブリオール【フランス cabriole】バレエの跳躍で、飛び上がり斜めの姿勢で両足を打ち合わせるもの。

カブリオレ【フランス cabriolet】折り畳み式の幌(ほろ)や格納できる屋根を備えたオープン-カー。→コンバーティブル・ロードスター

カプリ パンツ【Capri pants】脚にぴったりとフィットした7分丈のパンツ。▷イタリアのカプリ島で流行したことから。

カポエラ【ポルトガル capoeira】ブラジルの格闘技の一。打楽器(ビリンバウなど)を中心としたリズム演奏にのせ、二人一組みで踊るようにして足技を繰り出す。勝敗はつけない。カポエイラ。▷黒人奴隷がアフリカの格闘技を発展させたもの。練習をカムフラージュするため、民族舞踊に見せかけた歴史をもつ。

カマンベール【フランス camembert】ナチュラル-チーズの一種。独特の白カビを生やして熟成させる。軟らかく、特有の芳香がある。▷フランスのノルマンディー地方の地名から。

カミーノ【スペイン camino】道。道のり。

カミング アウト【coming out】①出てくること。現れること。②自分が、社会一般に誤解や偏見を受けている(同性愛者などの)少数派の立場であることを公表すること。アウト。カム-アウト。

カム【cam】主に、回転運動を往復運動・揺動運動などに変換する機械構造。板カム・円筒カム・円

錐カムなど。

ガム【gum】チューイン-ガムの略。口中でかんで味わう菓子。植物性樹脂などのガム-ベースに甘味料・香料などを混ぜて固めたもの。

カムイ 神。▷アイヌ語。

カムジャタン🆕 韓国の鍋料理の一。豚の背骨、ジャガイモなどを辛いスープで煮込んだもの。ガムジャタン。▷朝鮮語。ジャガイモスープの意。

ガム シロップ【gum syrup】乳化剤としてアラビア-ゴムを加えて煮溶かしたシロップ。

カムフラージュ【フランス camouflage】①敵の目をくらますために、武器・車両・船・飛行機・兵士などに種々な色を塗ったり、物をとりつけたりして発見されにくくすること。偽装。迷彩。②本当のことを悟られないように人目をごまかすこと。▷カモフラージュとも。

ガムラン【マレー gamelan】インドネシアのジャワやバリの伝統音楽。ゴングやガンバン(木琴)などを中心とする器楽合奏。舞踊劇や影絵芝居の伴奏に用いられる。

カメオ【cameo】①瑪瑙(めのう)・貝殻などを素材とした浮き彫り。ブローチなどにする。②映画で、主要キャスト以外の脇役なども有名俳優で固めること。また転じて、作品中に有名俳優などのゲストが少しだけ出演すること。カメオ出演。▷①と同様、「浮き出ていない部分も作品として重要である」ことから。

カメラ【camera】①物体の像を記録する装置の総称。写真を撮影する写真機や映画・テレビ・ビデオの撮影機など。キャメラ。②カメラマンの略。

カメラ スタビライザー【camera stabilizer】映像のぶれや振動を抑えるため、カメラを安定させる機材。カメラマンが歩行しながら撮影を行う場合や、カメラを車に搭載して撮影を行う場合などに用いる。▷ステディカムは商標名。

カメラマン【cameraman】①写真家。また、写真撮影担当者。②映画・テレビの撮影技師。

カメラ目線 カメラに向ける視線。

カメリア【ラテン Camellia】ツバキ。また、ツバキ科ツバキ属の植物。

カモフラージュ【フランス camouflage】⇨カムフラージュ

カモミール【chamomile】カミツレ。また、カミツレ花。

カヤック【kayak】①イヌイットやネイティブ-アメリカンなどが使う、海豹(あざらし)の皮を張ってつくった小舟。②競技用カヌーの一。両端に水掻(みずか)き(ブレード)のある櫂(かい)(パドル)を使う。▷

日本では、腰から下を船体に収められる形状のものをカヤックとよび、そうでない形状のものをカヌーとよぶ傾向がある。

ガラ【フランスgala】祭典。祝祭。ガーラ。

カラー【ラテンCalla】サトイモ科の多年草。南アフリカ原産。夏、長い花茎を出し、白色・黄色などの仏炎苞(ぶつえんほう)に包まれた肉穂花序を立てる。切り花用。

カラー【collar】①洋服の襟。②詰め襟の内側につける、とりはずしのできる細長い布やセルロイド。

カラー【color】①色彩。色。②白黒だけではなく、色彩がついていること。→モノクローム ③絵の具。④ある集団や地域などに特有の気風・傾向。また、その特色。⑤カラー-フィルム・カラー-テレビなどの略。

カラー コンタクト レンズ【color contact lens】虹彩(こうさい)の部分を彩色した、コンタクト-レンズ。ファッションなどの装飾目的で用いるもの。度入りと度なしがある。カラー-コンタクト。カラコン。

カラード【colored】①有色人種。②南アフリカ共和国の住民のうち、アジア系移民、およびオランダ移民とアフリカ人との混血によって生まれた人々の総称。もともと現地に住んでいたアフリカ人は含めない。白人による人種差別を受けてきた。

カラー ボール【colored ball】①色のついた球。色付きのゴルフ-ボールなど。▷和製用法。②防犯目的で用いる、特殊塗料入りの球。逃走者などに投げつけて当たると球内部の塗料が対象に付着する。

カラーリング【coloring】①色をつけること。着色。彩色。②色の取り合わせ。色使い。配色。

カラオケ 伴奏音楽だけが吹き込まれている音楽テープやディスク。また、それに合わせて歌うための装置。それに合わせて歌うことにもいう。▷カラは空(から)の意。オケはオーケストラの略。

ガラケー ガラパゴス携帯の略。→ガラパゴス

カラコン カラー-コンタクト-レンズの略。

ガラ コンサート【gala concert】特別公演。祝賀音楽会。

ガラス【オランダglas】①高温で溶融状態にあったものが急速に冷却されて、結晶化せずに固化したもの。また、その状態。無定形状態の一つで、立体的な網目状構造をとる。②ケイ酸塩ガラスのこと。ケイ砂・炭酸ソーダ・炭酸石灰などを高温で溶融し冷却してつくる。透明・硬質で、もろい。種々の器具・建材などに用いる。③(比喩的に)繊細で、壊れやすいこ

と。④(比喩的に)包み隠すものがなく、見通しがよいこと。「—張りの行政」⑤(比喩的に)明らかにされていいないが、障壁となっていること。「—の天井」→グラス-シーリング

ガラス セラミックス【glass ceramics】結晶核となる成分を加えて融解・成形されたガラス。強度、硬度が高く、調理器具や建築用材、歯科材料などに用いられる。セラミックガラス。

ガラス トップ【glass top】表面または上部がガラス素材でできていること。特に、ガスこんろやクッキング-ヒーターなど。グラス-トップ。

ガラスの崖 危機的な状況にある組織であるほど、そのトップに女性が就任しがちな性差別の傾向。グラスシーリング(ガラスの天井)をもじっていう。社会心理学者のライアン(Michelle K. Ryan)とハスラム(Alexander Haslam)による2004年の造語。ガラスの断崖。▷ glass cliff。

ガラスの天井 ⇨グラス-シーリング

カラット【carat; karat】①宝石の質量を表す単位。200mgに当たる。記号K,ct ②金の純度を表す単位。純金を24カラットとする。記号K,kt

ガラナ【guarana】ムクロジ科のつる性低木。南アメリカ原産。種子はコーヒーの3倍のカフェインを含み、興奮性の飲料や強壮薬とする。

ガラパゴス 孤立した環境で独自に発達した物事。また、そのさま。▷ガラパゴス諸島(Galápagos)に由来。➲ よくわかる「ガラパゴス」の意味と使い方(p.175)

ガラパゴス携帯 日本市場向けに開発・販売される日本製のフィーチャー-フォンの俗称。おサイフケータイなど国内独自の機能をもつためガラパゴス化の象徴とされる。ガラケー。

カラビナ【ドイツ Karabiner】岩登り用具の一。岩壁に打ち込んだハーケンとザイルを連絡する鋼鉄製の輪。

カラフェ【フランス carafe】食事の際などに水やワインなどを入れて卓上に置く水差し。

カラフル【colorful】色数の多いさま。多彩。

ガラホ 新 外見や操作方法はガラパゴス携帯(ガラケー)に似ているが、基本ソフトなどの中身はスマートフォン(スマホ)の仕組みを用いている携帯電話端末。商標名。▷ガラケーとスマホの合成。

カラム【column】①コンピューターの表形式のデータなどで、縦の列のこと。→ロー ②柱状の管や器官。

ガラム マサラ【garam masala】チョウジ・カルダモン・シナモ

よくわかる「ガラパゴス」の意味と使い方

詳しい意味は？

ガラパゴスは、孤島という閉じられた環境の中で、生物が独自の進化を遂げたガラパゴス諸島の名からきています。生物が他の影響を受けずに固有種に進化していくように、ある閉じられた社会環境で、技術・サービス・システムなどが独自に発達していくさまを表して使われます。また、内部だけに適応して、外部に対してはまったく通用しない、というニュアンスも含まれることがあります。

どんな時に登場する言葉？

独自に発達した技術・サービス・システムなどを表す場合によく登場します。特に、日本の中だけで独特の発達の仕方をしたものが、世界標準のものとはかけ離れたものであったり、競争の中で淘汰(とうた)されたりする現象をさして使われることがあります。

どんな経緯でこの語を使うように？

火山活動によってできたガラパゴス諸島は、大陸と地続きになったことがなく、常に外の世界から隔離された環境にありました。そこで島々の生物は独自の進化を遂げ、多くの固有種が見られる特殊な生態系ができあがったのです。

このように、外の世界と切り離され孤立した環境で独自に発達したものをたとえて、「ガラパゴス」と呼ぶようになりました。例えば、「小笠原は東洋のガラパゴスだ」のような使われ方から、さらに、「日本の携帯産業はガラパゴスだ」のように使われるようになりました。

言い換えたい場合は？

「(孤立した環境で)独自に発達した物事」「独自進化のため競争力を失った(失いつつある)物事」などと表現できます。

「ガラパゴス化」の場合は「独自進化」「独自化」「孤立」「タコツボ化」などと表現する方法があります。「ガラパゴス携帯」については「従来型携帯電話」という代替表現が定着しています。

ンなどを原料とした混合香辛料。インド料理に広く用いられる。▷ヒンディー語。ガラムは辛い、マサラは混ぜたものの意。

カラメル【フランス caramel】ショ糖・ブドウ糖などの糖類を加熱して得る黒褐色の粘度の高い物質。食品の着色剤・風味料として用いる。

カラン【オランダ kraan】水道の蛇口(じゃぐち)。

カリ【オランダ kali】①カリウムの略。②炭酸カリウム、または水酸化カリウムの俗称。③化合物の名に用いて、カリウム塩の意を表す。

ガリ 鮨(すし)に添えて出すショウガの薄片。軽くゆでて甘酢に漬けてある。▷がりがりとかむところからいう。がりとも表記する。

カリウム【ドイツ Kalium】(potassium)1族元素(アルカリ金属)の一。元素記号K 原子番号19。原子量39.10。ケイ酸塩として長石・雲母など岩石の成分となって地殻中に広く分布。また、イオンとして動植物の生理に重要な役割をもつ。単体は銀白色の軟らかい金属。水と激しく反応し、水素を発生して水酸化カリウムになる。ポタシウム。

カリオカ【ポルトガル carioca】⇨キャリオカ

カリカチュア【caricature】事物を簡略な筆致で誇張し、また滑稽(こっけい)化して描いた絵。社会や風俗に対する風刺の要素を含む。漫画。戯画。風刺画。カリカチュール。

カリキュラム【curriculum】学校の教育目標を達成するために、児童・生徒の発達段階や学習能力に応じて、順序だてて編成した教育内容の計画。教育課程。

カリグラフィー【calligraphy】①文字を美しく書く術。能書法。書道。②絵画における書道的表現。現代抽象絵画で書道の筆勢や漢字の形体を応用した手法。

カリスマ【ドイツ Charisma】①超自然的・超人間的・非日常的な資質や能力。預言者・英雄などにみられる。②転じて、一般大衆を魅了するような資質や技能をもった人気者。

カリナリー【culinary】新 台所の。料理の。「—-スクール」

ガリバー【Gulliver】①スウィフトの小説「ガリバー旅行記」の主人公の名。②(ガリバー①が小人国で、巨人として扱われたことから)他のものとくらべてとび抜けて大きいたとえ。

カリフ【caliph】ムハンマドの死後、全イスラム教徒を統率した、宗教上・政治上の最高権威者。13世紀に廃絶。ハリファ。▷元来アラビア語で後継者の意。

カリプソ【calypso】西インド諸島のトリニダード島で黒人の間に起こった民族音楽。4分の2、

2分の2拍子のはずむようなリズムをもつ。

カリフラワー【cauliflower】キャベツの一変種。結球せず、直立した茎の頂上に白いつぼみが球状に密集する。これをゆでて食べる。ハナキャベツ。ハナヤサイ。

カリブロ ロマネスコ(カリフラワーの一種)の商品名。▷カリフラワーとブロッコリーの合成。→ロマネスコ

カリヨン【フランスcarillon】多数の鐘を音律に従って配列し、鍵盤(けんばん)や機械仕掛けにより打ち鳴らす楽器。中世ヨーロッパで流行した。組鐘。カリオン。カリロン。カンパネッタ。ベル。

ガル【gal】加速度のCGS単位。1ガルは1cm/s^{2}の速度変化を表す。主として、地震波の加速度を表すのに用いられる。記号Gal ▷ガリレイ(G.Galilei)の名にちなむ。

カルーア【スペインKahlúa】コーヒー-リキュールの一。コーヒーとサトウキビのスピリッツ(蒸留酒)などで造る。商標名。

カルーア ミルク カルーアをミルクで割ったカクテル。

カルーセル【carousel】メリー-ゴー-ラウンド(回転木馬)。

カルキ【オランダkalk】クロルカルキの略。さらし粉の俗称。▷石灰の意。

カルグクス 新 韓国風の手打ちうどん。牛・鶏・昆布・貝・イワシなどの出汁をベースにする温かいスープに茹でた麺を入れて、刻みネギなどの具材を加える。▷朝鮮語。包丁で切った麺の意。

カルシウム【calcium】2族元素(アルカリ土類金属)の一。元素記号Ca　原子番号20。原子量40.08。銀白色の柔らかい金属で、酸素・塩素と激しく化合する。合金成分、高真空用ゲッター、金属の脱酸剤などに用いる。動物の骨・歯の主要成分。イオンは多くの生命現象で重要な調節機能に関与している。

カルス【callus】①植物の師管内で篩板(ふるいばん)の両面に沈殿して、その孔(あな)をふさぐセルロースに似た後形質。カルス板。肉状体。②植物体に傷をつけた時、傷口にできる不定形の癒傷組織。③茎、根などの分裂組織の細片を人工培養して得られる不定形の細胞塊。ランなどの無性繁殖に利用される。

カルスト地形 石灰岩地域に特徴的な地形。石灰岩が雨水に溶食されてカレンフェルト(墓石状地形)・ドリーネ・鍾乳洞などを形づくる。日本では秋吉台などに見られる。▷カルスト(ドイツ Karst)は、スロベニア共和国、ディナル-アルプス山脈北部の地方名から。

カルソン【フランスcaleçon】⇨スパッツ①

カルダモン【cardamon】ショウガ科の大形多年草。インド原産。蒴果(さくか)は長楕円形でショウノウに似た芳香とほろ苦味がある。香辛料・健胃薬などにする。

カルチャー【culture】教養。文化。

カルチャー ショック【culture shock】自己の行動や考え方の枠組みを与える文化とは異なった文化に接した時に受ける精神的な衝撃。

カルチャー センター【和製culture＋center】新聞社などが開講する、社会人を対象とした教養講座。学芸・趣味など多岐にわたる。

カルチョ【イタリアcàlcio】サッカー。

カルテ【ドイツ Karte】①医師が患者ごとに作成する診療記簿。医師法により、5年間の保存が義務づけられる。診療録。診察簿。②美容室やエステティックサロンで顧客の状態を記録した資料。③課題検討の目的で対象となる事物の現状を記録した資料。「防災―(＝地域ごとに災害リスクや防災活動の現状などを記した資料)」

カルティエ【フランスquartier】球形の材料を縦に四つ割りにする切り方。レモン・トマト・カブなどに用いられる。

カルテット【イタリアquartetto】四重奏。四重唱。また、その楽曲・楽団。▷「クアルテット」「クワルテット」とも。

カルデラ【caldera】火口周辺の崩壊・陥没によってできた大規模な円形または馬蹄形の窪地(くぼち)。日本では阿蘇山のものが有名。▷スペイン語で釜の意。

カルテル【ドイツ Kartell】寡占状態にある同一業種の企業が競争を避けて利益を確保するため、価格・生産量・販路などについて結ぶ協定。各企業の独立性が保たれている点でトラストと異なる。独占禁止法で原則として禁止されている。企業連合。→トラスト・コンツェルン ▷「麻薬カルテル」のように、事業自体が非合法のものもある。

カルト【cult】既成の社会から正統的とは見なされない宗教的集団。転じて、趣味などで愛好者による熱狂的な支持をいう。▷宗教的な崇拝の意。

カルネアデスの板 古代ギリシャの哲学者カルネアデスが示した問題。難破で海に投げ出された人が、一人しか摑(つか)めない板を奪い取り自分の命を救う行為について正当性を問う。カルネアデスの舟板。

カルパッチョ【イタリアcarpaccio】生の牛肉を薄く削ぎ切りにし、オリーブ油などをかけたイタリア料理。魚を用いる場合もある。▷イタリアのルネサンス期の画家

Vittore Carpaccio の名から。

カルバドス【フランス calvados】リンゴ酒を蒸留したブランデー。▷フランス、ノルマンディー地方の地名から。

カルビ ばら肉のこと。▷朝鮮語。

カルボナーラ【イタリア spaghetti alla carbonara】炭焼き風スパゲッティ。ベーコン・卵・チーズ・黒胡椒などを混ぜて作るスパゲッティ。▷黒胡椒が炭の粒のように見えることからいう。

カルマ【サンスクリット karma】①身体・言語・心による人間の働き・行為。行為は必ずその結果をもたらし、また現在の事態は必ずそれを生む行為を過去にもっているとする思想は、インド思想に広くみられる。羯磨(かつま)。業(ごう)。②人が担っている運命や制約。主に悪運をいう。

カレイドスコープ【kaleidoscope】万華鏡(まんげきょう)。

カレー【curry】①淡黄色粉末の、非常に辛みのある香辛料。クミン・カルダモン・シナモン・黒胡椒・ターメリックなど30~40種の香辛料を配合してつくる。インドが主産地で、熱帯諸国で盛んに用いる。カレー粉。②①を用いてつくった料理。特に、カレー-ライスのソース。③カレー-ライスの略。

ガレージ【garage】自動車の車庫。ギャレージ。→カーポート

ガレージ キット【和製 garage+kit】少量生産による組立模型。ガレキとも。

ガレージ セール【garage sale】不要になった家具などを、自宅のガレージに並べて売ること。アメリカで盛んになった。

カレーズ【ペルシャ karez】⇨カナート

カレッジ【college】①(学生生活を送る場としての)大学。②アメリカで、大学院課程のない大学。単科大学。→ユニバーシティー ③イギリスの大学の学寮。これが集まるとユニバーシティーとなる。

カレット【cullet】ガラス瓶(びん)を破砕して球状の粒にしたもの。コンクリート骨材や舗装材などに利用される。

ガレット【フランス galette】①フランスで、平たい円形の焼き菓子の総称。②アメリカやカナダなどで、発酵した生地を用いない平たい円形の即席パンやパンケーキ。

ガレリア【イタリア gallerìa】高い位置にガラスなどの屋根をもつ歩行者空間。アーケード。

カレンシー【currency】通貨。

カレンダー【calendar】暦(こよみ)。七曜表。

カレント【current】①他の外来語と複合して、現在の、流行の、通例の、などの意を表す。②コンピューターで、その時点で参照さ

れているファイル装置をさす。カレント-ディレクトリー・カレント-ドライブなど。

カロテノイド【carotenoid】動植物界に広く分布し、黄橙・赤・赤紫色を示す色素の総称。カロテン・キサントフィルなどがある。ニンジン・トマト・カキなどに含まれる。カロチノイド。

カロテン【carotene】カロテノイドのうちの炭化水素の総称。動物の体内でビタミンAに変わり、視覚・光合成などで重要な機能を果たす。ニンジンやトウガラシに多量に含まれる。カロチン。

カロリー【フランスcalorie】熱量の単位。記号cal　1カロリーは4.18605ジュール。水1gを1気圧のもとで、14.5℃から15.5℃に上げるのに必要な熱量4.1855ジュールとする定義もある。栄養学では1kcalを単位に用いる。

ガロン【gallon】液体の体積の単位。イギリス-ガロンは、約4.546L。アメリカ-ガロンは、約3.785L。日本では、後者を使用。

カン【オランダkan; 英can】①金属、特にブリキ製の入れ物。②助数詞。缶にはいった物を数えるのに用いる。▷漢字(缶・鑵)は当て字。

ガン 若者言葉で、程度を強調する語。▷ガンガンの略。→ガングロ

ガン【gun】①鉄砲。銃。②噴霧器。

ガングロ（多く、若い女性が)顔面を化粧や日焼けで黒くさせていること。また、その人。▷語源は「顔黒」とも「ガンガン黒い」からとも。1990年代中期から末期にかけて、コギャルなどの間でみられた。→コギャル

カンジダ症（ラテン candida)酵母菌の一種のカンジダ菌の感染によっておこる炎症性の病気。皮膚角層・角膜・口腔・性器・粘膜などがおかされる表在性カンジダ症と、皮膚深部・気管支・肺・消化管などの内臓がおかされる深在性カンジダ症とがある。モニリア症。

カンスト 新 ①カウンターストップの略。ゲームの得点などが上限に達してそれ以上は計数されない状態。②俗に、上限に達すること。極まること。

ガンスミス【gunsmith】銃の製造・修理にあたる職人。▷直訳で鉄砲鍛冶の意。

カンタータ【イタリアcantata】17～18世紀のバロック時代に発展した声楽曲の一形式。独唱・重唱・合唱と器楽伴奏よりなる。交声曲。

カンツォーネ【イタリアcanzone】①イタリア民謡の総称。日本では、ナポリ地方の流行歌をいう。②14～18世紀イタリアの抒情詩。また、これに基づく歌曲および器

楽曲。カンツォーナ。

カンテラ【オランダkandelaar】携帯用の灯油ランプ。

カンデラ【candela】光度の単位。SI基本単位の一。記号cd　周波数$540×10^{12}$Hzの単色光源の放射強度が683分の1W毎ステラジアンである方向の光度。

カント【cant】①道路や線路の曲線部で、外側を内側より高くしたもの。また、その傾き。遠心力で車が走路外にとび出そうとするのを防ぐ。②自転車競走の走路の傾斜部分やバンク。

カント【cunt】女性の性器。

ガント チャート【Gantt chart】アメリカのガント(H.L. Gantt［1861〜1919］)による管理図表。時間を区切った図表に計画を示し、各計画に対応する時間の実績を逐次記入する。ある時点における計画と実績が一目で把握できる。

カントリー【country】他の外来語に付いて、「田園(の)」「郊外(の)」「国(の)」などの意を表す。

ガントリー【gantry】①門型の構造物。多く、移動可能なものをいう。ガントリー-クレーンなど。②宇宙ロケットの移動式発射台。

カントリー リスク【country risk】外国の政府や企業に投融資を行う場合、その国固有の事情により資金が回収不能となる危険性。融資先の企業や個人の責任に帰することができない。

カンナビジオール【cannabidiol】新 大麻草の成熟した茎・種子から抽出する成分。化粧品・健康食品などに利用される。CBD。▷同成分は大麻取締法の規制対象外だが、精神作用を生じさせる成分であるテトラヒドロカンナビノール(THC)の含有可能性について注意する必要がある。

カンニング【cunning】試験のとき、他人の答案や隠しもった本・メモなどを見るなどの不正行為をすること。▷「ずるい」の意。

カンパ 政治活動・労働争議・罹災(りさい)者の援助などのために、資金を広く大衆から集めること。また、その呼びかけに応じて金を出すこと。また、その金。▷カンパニア(ロシア kampaniya)の略。

カンバス【canvas】①油絵をかく布。麻布などの上に塗料を塗ったもの。主に亜麻(あま)布が用いられる。画布(がふ)。キャンバス。②⇨キャンバス

カンバセーション【conversation】会話。対話。

カンパニー【company】①会社。商社。商会。多く、会社などの名前の一部として使う。略号Co. ②演劇やダンスなどの制作集団。劇団や舞踊団など。一座。一団。

カンパリ【イタリアcampari】イタリアのビタースの一。ルビーのよう

な赤色が美しく、快い苦みとさわやかな口当たりのため、カクテルなどに用いられる。▷開発者のガスパーレ=カンパリの名にちなむ。

カンピロバクター 【ラテン Campylobacter】 グラム陰性菌の一。螺旋(らせん)型をなす。敗血症・髄膜炎をおこす菌種、経口感染により急性腸炎をおこす菌種などがある。▷キャンピロバクターとも。

カンプ 広告のプレゼンテーションなどで、制作意図を正確に知らせるため、仕上がりに近く描かれた絵や図。▷ comprehensive layout の略。

カンファレンス 【conference】 ⇨コンファレンス

カンフー【功夫】中国拳法。コンフー。▷中国語。

カンフル【オランダ kamfer】①クスノキから得られる昇華性の結晶。特異な芳香をもつ。防虫剤・局所刺激薬など用途は広く、化学的にも合成される。かつては強心剤としても用いられた。②活性を失った物事に対し、即効的回復効果を期待して行う事柄。カンフル注射。

カンマ【comma】 ⇨コンマ

ガンマ【gamma; Γ・γ】①ギリシャ語アルファベットの第３字。②質量の単位。1ガンマは100万分の1g。マイクログラム。③有機化合物において、炭素原子の位置を示す記号。基本となるものから３番目のものを示す。④金属・合金の相の区別を表す記号の一。⑤写真感光材料の階調度を示す数値。値が大きいほど画調は硬くなる。▷ガンマーとも。

●●● キ ●●●

ギア【gear】①歯車。また、歯車を組み合わせた装置。ギヤ。②装備。用具。道具一式。

ギアラ 新 (料理用の)牛の第4胃。ギャラ。赤センマイ(アカセンマイ)。アカセン。

キー【chi; Χ・χ】ギリシャ語アルファベットの第22字。▷カイとも。

キー 【key】 ①鍵(かぎ)。②解決の手がかり。③物事の重要な部分。基準となるもの。中心となるもの。④ピアノ・オルガンなどで、音を出す操作のために指で押さえる所。鍵盤(けんばん)。⑤長音階もしくは短音階の出発音(音階第1音)をある一定の音高に定めたもの。調。⑥コンピューターのキーボードや計算機で、入力のために指で押さえる所。

ギー【ghee】インドの主要な食用油。水牛などの乳からつくるバターを溶かして漉(こ)したもの。

ギーク【geek】奇人。変人。コンピューターやインターネットなどの知識は豊富だが、社会性に欠けるような人を俗にいう。

キーストローク【keystroke】①キーボードで、キーを押す前の状態から、押し下げた状態までの深さのこと。②キーボードを打鍵する動作のこと。

キーノート【keynote】①音楽で、ある調の中心となる主音。主調音。②文学作品などの中心思想。基調。②キーノート-スピーチ(基調講演)の略。

キーパー【keeper】ゴールキーパーの略。

キー パーソン【key person】物事の動向を左右する重要な人物。キー-マン。

キービジュアル【key visual】商品やサービスの象徴として制作する、イラストや写真などで構成する図案。パッケージ、広告などに使用する。メーンビジュアル。

キープ【keep】①確保すること。保持すること。また、預かること。②サッカー・バスケットボールなどで、ボールを相手側に渡さず保持すること。ラグビーでは、味方のものになったボールをスクラムの中に保持すること。

キープ アウト【keep out】新 立入禁止。「―テープ(＝立入禁止区域を示す黄色のテープ。規制線)」

キー ポイント【和製 key＋point】問題・事件などの解決・処理に際しての重要な点。主眼点。要点。

キーボード【keyboard】①楽器の鍵盤(けんばん)。②鍵盤楽器の総称。日本では多く電子鍵盤楽器をさす。③コンピューターの入力に用いるタイプライター状の鍵盤。

キー ホルダー【和製 key＋holder】鍵(かぎ)をまとめてたばねておくための道具。

キーマ カレー【keema curry】ひき肉のカレー。▷キーマはヒンディー語で細かい物の意。

キーマン【Keemun】中国、安徽(あんき)省祁門(きもん)で産する紅茶の銘柄。いぶしたような独特の香りをもち、高級品とされる。チーメン。

キーマン【keyman】⇨キー-パーソン

キール【keel】船の竜骨。

キール【フランス kir】食前酒の一。辛口の白ワインにカシス②を混ぜたもの。

キーレス エントリー【keyless entry】鍵を使わず、音波や電波を用いてドアを施錠したり解錠するもの。

キー ロガー【key logger】パソ

コンのキーボード操作の内容を記録するソフトウエアの総称。不正操作の監視などに用いられるが、他人のIDやパスワードなどの個人情報を盗み出すために悪用されることもある。▷ロガーは自動記録器の意。

キー ワード【key word】①文章の理解や問題解決の手がかりとなる語。②情報検索で、データを引き出すときの索引となる語または記号。索引語。

キウイ【kiwi】ダチョウ目キウイ科の3種の鳥の総称。ニュージーランド特産。ニワトリ大で脚は太く短い。翼は退化し、尾もない。羽毛は灰褐色で毛状。長いくちばしの先端近くに鼻孔があり、嗅覚(きゅうかく)が発達している。夜行性で土中のミミズ・昆虫などを食べる。キーウィ。

キウイ フルーツ【kiwi fruit】マタタビ科のつる性落葉果樹。中国南部原産。果皮は褐色で全面に毛があり、鳥のキウイに見たててこの名がある。果肉は緑色で生食のほか、ジャムなどにする。

キオスク【kiosk】①トルコやイランなどのイスラム式庭園に多くみられる四阿(あずまや)。②公園の売店のような簡易建造物。日本では駅構内の売店の名称として使われている。キヨスク。

キオスク端末 街角や店頭などに設置される情報端末の総称。交通や観光の案内、証明書の交付、チケットの発券、オン-ライン-ショッピングなどのサービスが提供される。

ギガ【giga】①単位に冠して10^9(10億)を表す語。記号G ②ギガバイトの略。③主に若者言葉で、携帯電話などのデータ通信で、契約範囲の通信量を俗にいう語。

ギガスクール構想 新 ⇨GIGAスクール構想

キキクル 新 土砂災害・浸水害・洪水災害に関する現在の危険度を、地図上に色分けで示すサービスの愛称。気象庁がウェブを通じて提供するほか、協力事業者を通じた情報提供も行う。2021年(令和3)に愛称を導入。▷「危機が来る」から。

ギグ【gig】(小会場での)演奏会やパフォーマンス。

ギグ エコノミー【gig economy】新 インターネットを通じて、単発的な仕事を都度請け負う働き方。オンライン配車サービスで、登録運転手が運転業務を依頼される場合など。▷この場合のgigは「単発・短期の仕事」の意。

アップデート 2020年(令和2)のコロナ禍では、料理の出前サービスであるフードデリバリーの人気が高まりました。このひとつであるウーバーイーツ(日本事業はウーバージャパンが展開)は「配達員が単発で配達を請け負う形式」のギグエコノミー事業といえます。

ギグ ワーカー【gig worker】新 インターネットを通じて、単発的な仕事を都度請け負う労働者。→ギグ-エコノミー

キシリトール【xylitol】5炭糖の糖アルコールの一。野菜や果実に含まれる。工業的にはキシロースに水素を添加して製造される。虫歯の原因菌が酸を代謝するのを抑制するため、予防のために食品・菓子などに用いられる。

キシレン【xylene】芳香族炭化水素の一。特有の臭気をもつ無色の可燃性液体。普通、石油の改質油から分留・抽出される。溶剤として広く利用。合成樹脂などの原料。キシロール。

キス【kiss】①接吻(せっぷん)。口づけ。キッス。②ビリヤードで、一度触れた玉と玉とが再び触れ合うこと。キッス。

キス アンド クライ【kiss and cry】俗にフィギュア-スケートの大会で、演技を終えた選手とコーチが採点の発表を待つための場所。▷採点の結果を目にして抱き合って喜んだり、失意の涙を流すことからとも言われている。キスクラ。

キセノン【xenon】18族元素(希ガス)の一。元素記号Xe 原子番号54。原子量131.3。無色・無臭の気体。大気中に微量存在する。希ガスのうちで最初に化合物がつくられた。キセノン-ランプに利用される。クセノン。

キセル【カンボジア khsier】①刻みタバコを吸う道具。金属製のものや、竹の管の両端に金属製の雁首(がんくび)と吸い口をつけたものなどがある。②(①が途中は竹だが両端が金属(金(かね))であるところから)鉄道の乗車区間のうち、乗降駅付近だけの乗車券や定期券を持ち、途中をただ乗りすること。

ギター【guitar】撥弦(はつげん)楽器の一。普通、裏表平らなひょうたん形の共鳴箱に棹(さお)をつけ6本の弦を張る。左手の指で弦を押さえて音程を調え、指先・爪・ピックなどで弦をはじいて演奏する。

キチネット【kitchenette】簡易台所。小さなキッチン。

キチン【chitin】窒素を含む多糖類の一種。甲殻類・昆虫類などの節足動物の外骨格や細菌・菌類の細胞壁に含まれる。化学構造がセルロースに似る。生体への適合性に優れ、人工皮膚・縫合糸など医療用に用いられる。

キッカー【kicker】新 ①サッカーやラグビーなどで、ボールをける人。②スノーボードやフリースタイルスキーなどのジャンプ台。③アメリカンフットボールのプレースキッカー。フィールドゴールをける人。

キック【kick】けること。サッ

カーやラグビーなどでボールをけること、水泳で水をけること、格闘技で相手をけることなどをいう。

キックオフ【kickoff】①サッカー・ラグビーなどで、球をけって試合を開始、または再開すること。②キックオフミーティング(新プロジェクトの発足会)の略。

キックオフ ミーティング【kickoff meeting】ビジネスで新しいプロジェクトを始めるとき、そのメンバーなどが集まって行う会合。

キック スクーター【kick scooter】新 ⇨キックスケーター

キック スケーター【和製 kick ＋skater; 英語では scooter が一般的】新 乗り物の一。細長いボードの前後に車輪が付いており、前方に細長いT字状のハンドルが垂直に伸びた形状。ボードの上に立ち、ハンドルを持って乗車する。動力がない場合は、足で地面を蹴って進む。動力の有無やその速度制限などによって道路交通法・道路運送車両法上での扱いが変わる。キックボード(商標名)。キックスクーター。

キックダウン【kickdown】オートマチック車でアクセルを急速に踏み込んだ際、より低速のギアに切り替わること。またその仕組みや操作のこと。

キックバック【kickback】①謝礼目的の手数料・謝礼金・礼金など。割戻し。バック-マージン。リベート。▷多く、不正な授受をさす。②機械などで、意図と異なる強い反動。

キックボード【Kickboard】新 キックスケーターの商標名。

キッシュ【フランス quiche】溶き卵に生クリームまたは牛乳を混ぜたものをパイ生地に流し込んで焼いたもの。中に、チーズやハム、野菜などを入れることもある。▷キシュとも。

キッズ【kids】子ども。ファッションなどでいうことが多い。

キッチュ【ドイツ Kitsch】①まがいもの。俗悪なもの。②本来の目的とは違う用途で使うこと。また、そのもの。

キッチン【kitchen】台所。調理場。キチン。

キッチン ドリンカー【kitchen drinker】主婦の飲酒常習者を俗にいう語。

キッティング【kitting】部品などを使用可能な状態まで組み立てること。

キット【kit】①模型などを組み立てる材料一組み。②特定の目的のための道具一式。

キッド【kid】①子山羊(こやぎ)。また、子山羊のなめし革。キッドスキン。②(ひとりの)子ども。若者。ちびっこ。

ギネス【Guinness】スタウト-

ビールの商品名。また、それを製造する会社名。→スタウト

ギネス ブック【Guinness Book】さまざまな世界一の記録を集めた本。1956年に出版、以後毎年発行。▷ギネスはイギリスのビール会社。

キネティック【kinetic】運動の。運動に関する。動的な。

キネマ【kinema】キネマトグラフの略。映画。シネマ。

ギブ アップ【give up】降参すること。あきらめること。

ギブ アンド テーク【give-and-take】相手に利益を与え、自分もまた利益を得ること。互いに取るものは取りながら妥協・協調すること。▷ギブ-アンド-テイクとも。また、俗にギブとも。

ギプス【ドイツ Gips】骨折や靭帯(じんたい)損傷などの場合に患部を固定し、保護するため、包帯を石膏(せっこう)で固めたもの。ギブス。

ギフティング【gifting】新 ▷贈与の意。①企業などがインフルエンサーに対して商品やサービスを無償で贈ること。また、そうすることで情報の拡散などを促すマーケティング手法。②ネット上で、応援したい人に対してアイテムを贈ること。ライブ配信の視聴者が配信者に対して贈る場合など。

ギフテッド【gifted】新 生まれつき卓越した知的能力を持つ人。▷天賦の才を授かった人の意。

ギフト【gift】贈り物。

キマイラ【ギリシャ Khimaira】⇨キメラ

ギミック【gimmick】①からくり。仕掛け。細工。トリック。②合成や照明による、映像上の特殊効果。③奇をてらった演奏。また、普通では出せないような音を用いた演奏。

キムチ 朝鮮の漬物の総称。白菜・大根などを塩漬けにし、さらに魚介の干物・唐辛子・ニンニクなどを混ぜて漬け込んだもの。▷朝鮮語。

ギムナジウム【ドイツ Gymnasium】ドイツの中等教育機関。修業年限9年で、大学準備教育を目的とする。古典教養を重視。

ギムレット【gimlet】カクテルの一種。ジンまたはウオツカとライム果汁を混ぜてつくる。

キメラ【英 Chimera; ギリシャ Khimaira】①ギリシャ神話で、ライオンの頭・ヤギの胴・ヘビの尾をもち口から火を吐く怪獣。キマイラ。②生物の一個体内に同種あるいは異種の別個体の組織が隣り合って存在する現象。また、その個体。接ぎ木の癒着部位の芽など。また動物では若い胚(はい)を融合させてから育てたもの。

キモい 若者言葉で、気持ち悪いこと。

ギモーブ【フランス guimauve】マ

シュマロのこと。▷ウスベニタチアオイのフランス名。元来はその根の粘液を使って作った。

ギヤ【gear】⇨ギア

ギャグ【gag】観客を笑わせるために筋と関係なく挿入される即興風な台詞(せりふ)や動作。

ギャザー【gather】洋裁で、布地を縫い縮めて寄せたひだ。▷寄せ集める意。

ギャザリング【gathering】①集まり。集会。集めること。収集。収集物。②腫(は)れ。腫れ物。③衣服のひだ。ギャザー。

キャスク【cask】使用ずみ核燃料の輸送容器。▷ cask は樽(たる)の意。

キャスケット【フランスcasquette】大きめのクラウン(帽子の山の部分)に、短い前びさしが付いている帽子の総称。ハンチング-キャップ(鳥打ち帽)など。カスケット。

キャスター【caster】①家具・ピアノなどの脚につける、方向の自在に変わる小さな車輪。脚輪。②テレビで、解説を交えた報道番組などを主宰する出演者。③塩・胡椒(こしょう)・辛子(からし)などを入れて食卓に置く容器。薬味入れ。カスター。

キャスティング【casting】①演劇や映画などで、役を割りふること。また、配役。②投げ釣り。海で行うサーフ-キャスティングや、川や湖で擬餌鉤(ぎじばり)を使って行うルアー-キャスティング・フライ-キャスティングなど。③②を競技化したスポーツ。正確さ・飛距離、擬餌鉤の種類、リールの違いなどによる種目がある。▷キャスチングとも。

キャスティング ボート【casting vote】二つの大きな勢力がほぼ等しい場合、大勢を決める力をもっている第3の勢力。

キャスト【cast】①映画や演劇などで、出演者に割りふられた役割。配役。②従業員。テーマパークなどの娯楽を提供する業態でいう。③型にはめること。④放つこと。投げること。

キャズム【chasm】新 (岩や地面などの)割れ目。隙間。(感情や意見などの)隔たり。▷カズムとも。

キャセロール【フランスcasserole】西洋料理用の蓋(ふた)つきの厚手鍋。ココット。

キャタピラー【caterpillar】鋼板を帯状につなぎ、前後の車輪を取り巻くように取り付けた装置。地面との接触面が大きく、悪路・急坂でも走行できる。戦車・ブルドーザーなどに用いる。無限軌道。カタピラー。商標名。▷芋虫の意。

キャッサバ【cassava】トウダイグサ科の落葉低木。熱帯諸国で広く栽培される。地下にサツマイモに似た太い根があり、これからタピオカとよぶ食用のデンプンをとる。イモノキ。

キャッシュ【cache】 ⇨キャッシュ-メモリー

キャッシュ【cash】①現金。お金。②現金払い。即金。③資金。また、金融。

キャッシュ オン デリバリー【cash on delivery】現金着払い。代金引換払い。コレクト-オン-デリバリー。COD。

キャッシュ カード【cash card】銀行などの、現金自動預け入れ支払い機に用いるプラスチック製磁気カード。端末機に挿入し、一定の操作を行うと、預金の出し入れができる。

キャッシュ ディスペンサー【cash dispenser】 ⇨CD

キャッシュ バック【cash back】買い物の代金の一部が払い戻されること。以後の購入時に値引きされたり、購入証明の送付により返金を受けられるものなどがある。

キャッシュ フロー【cash flow】①現金の収入と支出。②投資に必要な資金とそれから得られる収益。

キャッシュ メモリー【cache memory】 コンピューターの記憶装置の一。処理を高速化するために、何度も使われるプログラムやデータを一時的に保持する機能をもつ。▷キャッシュは、隠し場所・貯蔵所の意。

キャッシュレス【cashless】銀行口座への振り込みやクレジット-カードによる支払いなどのように、現金のやりとりなしで決済がなされること。

キャッシング【cashing】CDやATMなどを利用して、消費者金融などから借金をすることを、否定や批判の意を伴わないでいう語。▷日本での用法。

キャッスル【castle】城。

キャッチ【catch】①とらえること。つかまえること。②球技でボールをとらえること。捕球。③手やオールで水をとらえること。④客引き。キャッチ-セールスの略。⑤キャッチ-コピーの略。

キャッチ アップ【catch up】追いつくこと。㊇追い上げ

キャッチ アンド リリース【catch and release】釣り上げた魚をその場で逃がしてやること。

キャッチ コピー【和製 catch＋copy】消費者の心を強くとらえる効果をねらった印象的な宣伝文句。

キャッチ セールス【和製 catch＋sales】街頭などで通行人に声をかけ、言葉巧みに商品を売りつけたり、契約させたりする販売方法。キャッチ商法。

キャッチフレーズ【catch-phrase】宣伝・広告などで、人の

心をとらえるように工夫された印象の強い文句。うたい文句。

キャッチ ホン 【和製 catch＋phone】割り込み電話サービス。通話中に電話がかかってきたとき、前の通話者を待たせて後の人と話すことができる。商標名。

キャッチャー【catcher】捕手。

キャッチライト 【catchlight】人物写真や動物写真を撮影する際、瞳に映り込ませる光のこと。また、そのような撮影手法。生き生きとした表情を演出できる。

キャッツ アイ 【cat's-eye】①猫目石(ねこめいし)。②道路上の交差点や中央線付近に埋め込まれた鋲(びょう)。夜間、ヘッド-ライトを受けて発光する。

キャッピング【capping】上限を定めて、抑制すること。

キャップ グループなどの長。▷captain から。

キャップ ⇨CAP

キャップ【cap】①縁なしの帽子。野球帽・スキー帽など。②万年筆・鉛筆などにかぶせる鞘(さや)。③(瓶やカメラ-レンズなど)の蓋(ふた)。④ラグビーの選手が、テスト-マッチ(国際試合)に出場すること。

ギャップ【gap】①すき間。間隙(かんげき)。②考え方や意見などの隔たり、また食い違い。③思考・印象・状態などの隔たり。

ギャップ イヤー 【gap year】大学への入学が決まっている学生が、社会的な見聞を広めるために一定期間(通常 1 年程度)、入学を遅らせること。また、その期間。イギリスで 1990 年代から普及した制度で、利用する学生はこの間を旅行やボランティア、職業体験などで過ごす。▷ギャップは隙間(すきま)などの意。

キャディー【caddie】ゴルフで、プレーの間、プレーヤーのクラブを持ち運び、助言などの援助をする人。

キャド ⇨CAD

キャニオニング 【canyoning】急流に身を任せたり、滝壺たきつぼに飛び込んだりしながら川を下るスポーツ。→シャワー-クライミング ▷峡谷の意のキャニオンから。

キャニスター【canister】紅茶・コーヒーなどを入れる蓋(ふた)つきの容器。

キャノピー【canopy】①建物の入り口の上などにある天蓋(てんがい)形の庇(ひさし)。②航空機の操縦席をおおう風防。

キャノン【cannon】⇨カノン砲

キャノン【canon】⇨カノン

キャパ キャパシティーの略。

ギャバ ギャバジンの略。背広・コートなどの服地とする織物。

ギャバ【GABA】(gamma-aminobutyric acid)抑制的にはたらく神経伝達物質の一。アミノ酸の一種で、生体内ではグルタミン酸から合成される。茶葉や発芽玄米の胚芽中に蓄積する。γ-アミノ酪酸。

キャバクラ【和製 フランス cabaret＋club】女性店員が、男性客の席について接客する飲食店。高級クラブと異なり、時間制の料金体系であることが多い。1980 年代に登場した業態。キャバ。

キャパシティー【capacity】①能力。受容力。うつわ。②容量。容積。▷略してキャパとも。

キャバレー【フランス cabaret】①舞台で演じられる寸劇や歌などを楽しんだり、ダンスに興じたりできる酒場。19 世紀末、パリで興り、ヨーロッパ中に広まった。日本でも昭和初期に流行。②第二次大戦後に生じた、ホステスのサービスで飲食をする酒場。

キャビア【caviar】チョウザメの卵を塩漬けにした食品。イラン・カスピ海沿岸などに産する。高価で珍味。カビア。

キャピタル【capital】①頭文字。大文字。②首府。首都。③事業を行うための資金や資産。資本。資本金。④西洋建築で、円柱や角柱などの頭部。彫刻などが施される。柱頭(ちゅうとう)。

キャピタル ゲイン【capital gain】不動産や有価証券などの値上がりによる利益。特に、株式の値上がりによる利益をいう。案資産益 →インカム-ゲイン

キャピタル フライト【capital flight】政治的・経済的条件の変化によって一国の貨幣価値の大幅な下落が予想される場合、その危険や損害を避けて、資金がその国から安全な他国に移動すること。また、株式などの高リスクの金融資産から国債などのより低リスクの資産へと避難する動きをいう。資本逃避。

キャビネ【フランス cabinet】乾板・シート-フィルム・印画紙の大きさ。横 12cm、縦 16.5cm を標準とする。カビネ。キャビネ-サイズ。キャビネ版。

キャビネット【cabinet】①箱。特に、テレビ・ラジオ・ステレオなどの外箱。②飾り棚。③書類・備品などを収納する戸棚。④内閣。

キャビン【cabin】①船室。②飛行機の客室。

キャビン アテンダント【cabin attendant】旅客機の客室乗務員。フライト-アテンダントとも。CA。

キャブ【cab】①タクシー。②機関車・トラックなどの運転室・運転席。

キャプション【caption】①新聞・雑誌などで、見出し。また、写真・挿絵などにつける説明文。②映画の字幕。

キャプチャー【capture】①捕らえること。捕まえること。捕獲。

獲得。②コンピューターにデータを取り込むこと。また、ディスプレー上に表示されている画像データを、ファイルとして保存すること。

キャプテン【captain】①スポーツのチームの主将。②船長。艦長。③機長。

キャブレター【carburetor】ガソリン機関に供給する燃料と空気の混合気をつくる装置。燃料の霧化・気化、空気との混合および燃料・空気の計量を行い、最適の空気と燃料の比を設定する。気化器。

ギヤマン【オランダ diamant】①江戸時代、ダイヤモンドのこと。②ガラス、またはガラス製品の古風な呼び名。▷ガラスを切るのにダイヤモンドを用いたところから。

キャミソール【camisole】婦人用の袖なし下着。肩からひもでつる腰丈までの短いもの。ペチコートと組み合わせて用いる。カミソール。

キャム ⇨CAM

キャメル【camel】①ラクダ。また、ラクダの毛から製する繊維。②ラクダ色。

キャラ キャラクターの略。

ギャラクシー【galaxy】銀河。

ギャラクシー賞 新 日本の放送文化の向上を目的に、優秀な番組・個人・団体を顕彰する賞。放送批評懇談会が毎年実施。テレビ・ラジオ・CM・報道活動の4部門で、大賞・優勝賞などを授与する。またテレビ部門では月間賞の発表も行う。1963年(昭和37)に始まる。

キャラクター【character】①性格。人格。また、そのものの持ち味。②小説・漫画・映画・演劇などの登場人物。③文字。記号。「—-ディスプレー」▷若者言葉では、略してキャラとも。

キャラクター ビジネス【和製 character＋business】映画やアニメの登場人物(キャラクター)などの人気を利用したビジネス。

ギャラ飲み 新 俗に、参加した女性に対して、男性が報酬(ギャランティー)を支払う飲み会。

キャラバン【caravan】①砂漠を隊を組んで行く商人の集団。隊商。②ある目的のために、隊を組んで遠征したり各地を回ること。また、その集団。③商品の販売・宣伝のため、各地を回ること。④キャラバン-シューズの略。底に厚い合成ゴムを貼った、防水ズックの編み上げ靴。山歩き・ハイキング用。

キャラ変(へん) 新 その人の性格やイメージが変わることを俗にいう語。キャラ変え。キャラ-チェン。

キャラ弁 食材の色・形を工夫して盛り付けることで、アニメーションやマンガのキャラクターなどを表した手作り弁当。キャラクター弁当。

キャラメル【caramel】牛乳・バター・水飴(みずあめ)・小麦粉などにバニラなどの香料を加えて煮固めた飴菓子。小さく切って一粒ずつ包装する。→カラメル

キャラメル マキアート【caramel macchiato】仕上げにキャラメル-シロップを加えたカフェ-マキアート。あるいはカプチーノ。

ギャラリー【gallery】①回廊。長廊下。②美術品を陳列するための部屋。画廊(がろう)。③ゴルフ・テニスなどの観客席、また観客。④教会・劇場などのホールで、壁から突き出た席。

ギャラン【フランスgalant】色男。女たらし。しゃれ者。

ギャランティー【guarantee】出演料。契約金。ギャラ。▷保証金の意。

キャリア【career】①経歴。経験。②職業。特に、専門的な知識や技術を要する職業。③日本の中央省庁で、国家公務員試験I種に合格している職員。

キャリア【carrier】①電気通信事業者。輸送業者。航空会社。②保菌者。③担体(たんたい)。④搬送波(はんそうは)。⑤自動車の屋根に取り付ける、スキー道具などを運ぶための荷台。また、自転車やオートバイの荷台。▷運ぶ者の意。キャリアーとも。

キャリア ウーマン【career woman】熟達した知識や技術をもち、専門職についている女性。キャリア-ガール。

キャリア教育 勤労観および職業観を育てる教育。主体的に進路を選択する能力・態度を育て、職業生活との円滑な接続を図る。

キャリア決済 電子商取引に伴うオンラインでの決済のうち、その仲介を携帯電話事業者(キャリア)が行う形式。携帯電話事業者は購入者に対して、月々の通話・通信料金に代金を上乗せした金額を請求する。

キャリア センター【carrier center】大学などで求人情報の収集・提供から業界動向、履歴書の書き方など細部にわたり就職支援をする部門・施設。アメリカの学校では多く設けられている。▷日本でも導入が進んでおり、大学以外でも転職紹介企業や人員整理の際に企業内に置かれる部署をいう場合も多い。

キャリア ハイ【career-high】スポーツ選手の自己最高記録。

キャリア パス【career path】労働者の能力や適性の観点から見た職歴。また、それを形成するための職種。

キャリー【carry】①運ぶこと。②ゴルフで、飛距離。

キャリー オーバー【carry over】①宝くじなどで、賞金を次回に持ち越すこと。②食品や化

粧品などで、原材料に含まれる添加物が加工品に持ち越されて残ること。表示の義務がない。▷繰り越す意。

キャリオカ【ポルトガル carioca】①(Carioca)リオ-デ-ジャネイロ生まれの人。②サンバに似たブラジルの舞曲およびダンス。▷カリオカとも。

キャリセン キャリア-センターの略。→キャリア-センター

キャリブレーション【calibration】①計器の目盛りを正しく調整すること。②規格や基準に整合するよう電子回路を調整すること。また、それに使用する基準媒体。スキャナー・ディスプレー・プリンターの色調整などにいう。

ギャル【gal】若い女。女の子。特に、陽気で若さにあふれた女性。

> アップデート この数十年間で、ギャルの指し示す範囲は大きく変化しています。70年代から90年代前半にかけてのギャルとは「若い女性全般」のことでした。しかし90年代中期にコギャルが登場して以来「媚(こ)びることなく独自のファッションやライフスタイルを志向する若い女性たち」がギャルを自称するようになりました。

ギャルソン【フランス garçon】ホテル・レストランなどの給仕。ボーイ。ガルソン。▷男の子の意。

ギャル ピース【和製 gal＋peace】新 ピースサインを作り、手のひらを上に向けた状態で前に付きだすポーズ。2022年(令和4)ごろに流行した。ギャルピ。

ギャレー【galley】船内あるいは機内の調理室。ガレー。

キャロット【carrot】ニンジン。

キャロット ラペ【フランス carottes râpées】千切りにした人参(にんじん)のサラダ。

ギャロップ【gallop】乗馬で、馬の最も速い駆け方。4本の足が一度に地面を離れるように速く走ること。

ギャロップ【galop】19世紀初期にヨーロッパでおこった速い4分の2拍子の旋回舞曲。ガロップ。

キャロル【carol】クリスマスまたは復活祭の祝歌。カロル。

キャンギャル 広告・宣伝活動のために、コマーシャルやイベントなどに出演する女性のこと。キャンペーン-ガール。イメージ-ガール。▷キャンペーン-ギャルの略。

ギャング【gang】犯罪者のグループ。特にアメリカの組織的な暴力的犯罪者の集団。ギャングスター。

キャンサー【cancer】癌(がん)。

キャンセル【cancel】①(契約・予定・予約・操作などの)取り消し。特に、売買契約を取り消すこと。②打ち消し。相殺すること。

キャンセル カルチャー【cancel culture】新 行動や発言が問題視された人物や組織について、問題に対する直接の批判にとどまらず、その地位や業績なども否定する文化。差別発言を行った音楽家について不買運動が起こる場合など。

キャンセル ポリシー【cancellation policy】新 旅行・宿泊・飲食・美容・医療などの業者が利用者に対して示す、予約を取り消す場合の対応方針。取り消しを受け付ける方法や期間、キャンセル料などの規定を示す。

キャンティ【イタリア chianti】イタリアのトスカーナ地方で産出する赤ワイン。

キャンドル【candle】蠟燭(ろうそく)。

キャンドル ナイト【candle night】電灯などの照明を消し、キャンドル(蠟燭(ろうそく))をともして過ごすことを提唱する運動。▷アメリカの原発建設に反対してカナダで起こった自主停電運動(2001年)をきっかけに、NPOを中心として日本で始まった運動。03年から実施。

キャンパー【camper】①キャンプする人。野営する人。②キャンピング-カー。

キャンバス【canvas】①綿・麻などの太い糸で密に織った厚地の織物の総称。種類が多く、帆布・テント・画布・手芸用基布などに使用される。カンバス。②野球の、一・二・三塁のベース。③①製の画布。④ボクシングなどのリング。カンバス。⑤コンピューターで描画用の画面領域。またその機能。⑥一枚の紙面・画面を枠で区切り、その各々に書き込むべき項目が設定してある雛形。計画立案に用いる。

キャンパス【campus】①大学などの構内。また、校庭。②大学。

キャンパス ハラスメント【和製 campus＋harassment】大学内における嫌がらせ行為の総称。学生や教職員などが関与する、セクシュアル-ハラスメント、アカデミック-ハラスメント、パワー-ハラスメントなどを総称する。

キャンプ【camp】①山・高原・海岸などにテントを張り、野営すること。②兵営。③スポーツ練習のための合宿。④収容所。抑留所。

> アップデート 近年キャンプの流行が再燃中。手ぶらで豪華なアウトドア体験ができるグランピング、一人きりでキャンプを楽しむソロキャンプなどの新語も登場しています。2020年の新語・流行語大賞ではソロキャンプがトップテンに入賞。キャンプ動画で人気の芸人ヒロシさんが授賞式に登壇しました。

ギャンブル【gamble】賭(か)け事。博打(ばくち)。投機。

キャンペーン【campaign】大衆に対する、一定の目的をもった各種の組織的な運動や働きかけ。

キュイジーヌ【フランス cuisine】料理。→ヌーベル-キュイジーヌ

キュー【cue】ビリヤードで、玉を突くのに用いる棒。

キュー【cue; Q】放送などで、演出者が俳優や他のスタッフなどに示す合図。きっかけ。

キュー【queue】①列。特に、順番を待つ人の列。②コンピューターで、先に格納したデータを先に取り出すデータ構造。待ち行列。

キューアール コード ⇨QRコード

キューカンバー【cucumber】胡瓜(きゅうり)。

キュー値 ⇨Q値

キューティクル【cuticle】①⇨クチクラ ②つめの甘皮。

キュート【cute】かわいらしく魅力的であるさま。

キューピー【Kewpie】キューピッドを戯画化した人形。頭の先がとがり目が大きい、裸体の人形。商標名。

キュービズム【cubism】20世紀初め、ピカソ・ブラックによってフランスに興った芸術運動。抽象美術の母胎となり、造形の各分野に大きな影響を及ぼした。キュビスム。立体派。

キュービック【cubic】「立方体の」「三次の」の意。

キューピッド【Cupid】ローマ神話の恋の神クピドの英語名。愛欲の意。ウェヌスの子。翼をもつ幼児で、その黄金の矢で射られた者は恋にとらわれ、鉛の矢で射られた者は憎悪するという。→エロス

キューブ【cube】立方体。

キューポラ【cupola】最も一般的な鋳鉄用溶解炉。外側は鋼板で円筒形につくり、内側を耐火煉瓦(れんが)で裏張りしてある。溶銑(ようせん)炉。キュポラ。

キュビスム【フランス cubisme】⇨キュービズム

キュプラ【cupra】銅アンモニア溶液に溶かしたセルロースを水中に押し出して糸状にした再生繊維。銅アンモニアレーヨン。

キュラソー【フランス curaçao】リキュール酒の一種。西インド諸島のキュラソー島特産のオレンジの皮を味つけに用いるのでこの名がある。やや苦みのある、甘い洋酒。酒精分30〜40%。色は、無色・褐色・緑色など。

キュリー【curie】放射能の壊変強度を表す単位。1秒間あたりの原子の崩壊数が3.7×10^{10}である場合の放射能を1キュリーという。ラジウム1gの放射能はほぼ1キュリーである。記号Ci ▷キュリー夫妻にちなむ。

キュレーション【curation】何

らかのテーマや価値観などに基づいて、事物を選択・分類・提示し共有すること。

アップデート 2016年(平成28)、キュレーションプラットフォームを標榜していた医療情報サイト「WELQ」(ウェルク)が、記事の公開休止に追い込まれる出来事がありました。記事を他メディアから無断転用したり、不正確・荒唐無稽な内容の記事を公開したりなどの行為が問題視されたためです。

キュレーター【curator】①欧米の美術館において、作品収集や展覧会企画という中枢的な仕事に従事する専門職員。日本でいう学芸員よりも専門性と権限が強い。②学芸員の呼称の一。③インターネット上の情報を収集・選択・分類・提示する人。

キュロット【フランス culotte】①ひざ丈のズボン。②キュロット-スカート。女性用の、ズボンのように股の分かれたスカート。

キュン死に（主に若者言葉で）死にそうなぐらい胸がときめくこと。▷キュン死とも。中原アヤの少女漫画「ラブ★コン」の台詞せりふが広まったもの。

キヨスク【ドイツ Kiosk】⇨キオスク

キラー【killer】①多く他の語と複合して用いる。特定のものに対して特に強い力・魅力を発揮するもの。②毒素を放出して同一種の別の個体を殺す個体および系統。ゾウリムシや酵母に見いだされる遺伝形質。▷殺人者の意。

キラー コンテンツ【killer contents】あるシステムにおいて、そのシステムの普及のきっかけになるようなサービスのこと。家庭用ビデオ-ゲーム機における人気ゲーム-ソフトなど。

キラー細胞 他の細胞や異物を攻撃する細胞。細胞性免疫におけるキラーT細胞や腫瘍細胞を溶解させるナチュラル-キラーなど。

キラキラネーム 新 通常の名付けの型にはまらない名前を俗にいう語。漢字の特異な当て字によるものなど。

ギランバレー症候群（Guillain-Barré）急性多発性神経炎の特徴的な病気の症状。神経根と末梢神経が障害され、左右の足の下肢から上肢に広がっていく麻痺(まひ)、疼痛(とうつう)、知覚異常など。このような障害が延髄・脳橋に及ぶと呼吸困難などを呈する。ランドリー-ギランバレー症候群。

キリ 最後のもの。最低のもの。▷クルスの転か。クルス(十字架)すなわち「十」の意からきたという。→ピン

ギリ 俗に、「ぎりぎり(許される範囲いっぱい)」の略。

キリシタン【ポルトガル Christão】室町後期にザビエルらによって日

本に伝えられたローマ-カトリック系のキリスト教。また、その信徒。のち江戸幕府によって信仰・布教を厳禁される。

アップデート 2018年、長崎と天草地方の潜伏キリシタン関連遺産が世界遺産として登録されました。ちなみに「潜伏キリシタン」とは、広義の隠れキリシタンのうち「禁教の時代に表向きは仏教徒として暮らした信者」のこと。その信仰が変化して現代もなお続いている土着的宗教の信者を、狭義の「かくれキリシタン」と呼びます。

ギリシャ神話 古代ギリシャ民族が生み出した神話・伝説の総称。ホメロス・ヘシオドスらによって大綱が与えられ、ローマ帝政期に体系化が行われた。天地創造、主神ゼウスおよびオリンポスの神々の神話、ヘラクレス・オデュッセウスらの英雄伝説などからなり、西洋文化に広く深い影響を及ぼしている。

ギリシャ文字 ギリシャ語を書き表すのに用いられる表音文字。フェニキア文字に由来するもので、ローマ字やロシア文字の基ともなった。普通は24字で、大文字と小文字とがある。

キリスト 【ポルトガル Christo】 救世主。イエスの敬称。クリスト。

キリマンジャロ【Kilimanjaro】①タンザニア北東部にあるアフリカ大陸の最高峰。二重式死火山。赤道の近くに位置するが、山頂には氷河がある。山麓でコーヒーの栽培が盛ん。主峰はキボ山で海抜5895メートル。②①で産するコーヒー豆の銘柄。強い酸味が特徴。

キリル文字 (Cyrillic alphabet)ギリシャ人宣教師キュリロス(ロシア名キリル)とその兄メトディオスが作ったグラゴール文字をもとに、9世紀末頃作られた文字。現在のロシア文字はこれを多少改訂したもの。スラブ文字。

キル【kill】①殺すこと。枯らすこと。弱めること。②機械・回路・プログラムなどの動作や処理を(強制的に)停止すること。

ギルガメッシュ 【Gilgamesh】バビロニア神話の半神半人の英雄。ウルクの王。

キルシュ【ドイツ Kirsch】サクランボウでつくったブランデーの一。アーモンド香があるが、無色透明で甘みはない。キルシュワッサー。

ギルティー【guilty】新 ①有罪の。犯罪的な。②罪の意識をもつ。やましい。うしろめたい。

アップデート うしろめたい意味のギルティーは、近年、食べ物の分野でよく聞く言葉となりました。例えば「ギルティーフード」とは健康に悪そうだが食欲をそそる高カロリーの食べ物。「ギルティーフリー」とは逆に食べ物が低カロリーである状態を意味します。また「背徳グルメ」

「背徳飯」のような類似する概念の言葉も登場しています。

キルティング【quilting】表布と裏布の間に綿などの芯(しん)を入れて、刺し縫いにし、模様を浮き出させる手芸の技法。また、そのようにして縫ったもの。

キルト【kilt】スコットランドで男子が着用する格子縞(じま)のひだスカート風の民族衣装。

キルト【quilt】キルティングした羽毛布団。

ギルド【guild】新 ①中世ヨーロッパの都市に行われた商工業者の特権的同業者組合。②同業組合。協会。③ネットワークゲームで、互助的に共闘するプレーヤーどうしが組むチーム。またその仕組み。チーム内での交流や、チームどうしの戦いなどが可能。「—バトル(＝チーム対抗戦)」

ギルト フリー【guilt-free】罪悪感なく食べられるさま。おもに健康や美容に配慮したとされる食品についていう。「—なスイーツ」

キレート【chelate】配位子中の複数の原子が、蟹(かに)が2本の鋏(はさみ)で獲物を挟みもつような形で、中心の金属原子あるいはイオンに配位してできた錯体。クロロフィルやビタミン B_{12} などがその例。▷蟹の鋏の意。

キレ芸 テレビのバラエティー番組などで、キレる(怒ったり見境がなくなる)様子を見せることで笑わせる芸。

キレる 突然怒ったり、見境がなくなることを、俗にいう語。▷動詞「切れる」から。

キロ【フランスkilo】①単位に冠して1000倍の意を表す語。記号k ②「キログラム」「キロメートル」などの略。

キログラム【フランスkilogramme; 英kilogram】メートル法・SI(国際単位系)の質量の基本単位。大きさはプランク定数の値を正確に $6.6260607015 \times 10^{-34}$ と定めることにより設定され、プランク定数とメートル・秒の定義から導き出される。摂氏4度の水1立方デシメートルとほぼ同じ質量。記号kg ▷かつては、国際キログラム原器の質量をもって1キログラムとされたが、2018年11月新定義に改定され、2019年5月から導入された。

ギロチン【guillotine】2本の柱の間につるした刃を落として首を切る死刑執行具。断首台。断頭台。ギヨチン。▷フランス革命の際、使用を提案した医師ギヨタン(J. I. Guillotin)の名による。

ギンガム【gingham】先染め糸と晒糸(さらしいと)を組み合わせて格子縞(こうしじま)を表した平織り綿布。さらりとして薄く、色落ちしない。夏の婦人服・子供服などに用いる。

キンキー【kinky】①縮れていること。ねじれたさま。②突飛なさま。異様な様子。

キング【king】①王。国王。王様。②トランプで、王様の札。③チェスで、王の駒(こま)。④他の外来語に付いて、最上・最高の者、並はずれて大きいこと、などの意を表す。

キング サーモン【king salmon】サケ目の海魚。全長2mに達し、サケ・マス類では最大。和名マスノスケ。

キングダム【kingdom】①王国。②学問・芸術などの、領域・分野。

キングメーカー【kingmaker】(総理大臣などの)要職の人選を左右する実力者。

キンパ【新】韓国風の海苔巻き。日本の海苔巻きが流入して独自に発達したもの。胡麻油で味付けした飯や海苔、キムチなどの具材を用いる。キムパプ。キムパ。キンパプ。▷朝鮮語。

ク

グアッシュ【フランス gouache】⇨グワッシュ

クアッド【quad】①四つ。4倍。4重。多く他の外来語と複合して用いる。②日本、アメリカ、オーストラリア、インドの4か国による協力的枠組みの通称。自由で開かれたインド太平洋の実現を目指す。2021年に初の首脳会談を実施。

グアニン【guanine】プリン塩基の一。核酸を構成する成分の一つで、DNAの二重螺旋(らせん)の中ではシトシンと水素結合して塩基対をつくっている。略号G

グアバ【guava】フトモモ科の常緑小高木。熱帯アメリカ原産。果実は卵形で、生食し、また缶詰・ゼリーなどに加工する。

クアハウス【ドイツ Kurhaus】温泉を利用した保養と健康づくりのための施設。入浴施設とスポーツ施設を備え、医学や生理学の専門家の指導により、個々の利用者に適したトレーニングを行う。▷保養・治療の家の意。

クアルテット【イタリア quartetto】⇨カルテット

クイア【queer】同性愛者などを含むセクシャル-マイノリティーの総称。元来は同性愛者などに対する蔑称であったが、近年では肯定的な意味で用いられるようになった。▷奇妙な、風変りな、などの意。

クイーン【queen】①女王。王妃。皇后。②トランプで、女王の札。③チェスで、女王の駒(こま)。④ある集団の花形である女性。

アップデート 2022年9月8日、イギリスの女王エリザベス2世が崩御しました。在位期間は70年で同国最長の記録でした。崩御に伴いチャールズ3世が国王として即位。その際、国歌であるゴッド-セーブ-ザ-クイーン(女王陛下万歳)の題名・歌詞が、ゴッド-セーブ-ザ-キング(国王陛下万歳)に改められました。

クイーン サイズ【和製 queen＋size】婦人服で特別大きいサイズ。キング-サイズに倣った語。

クイズ【quiz】問題を出して相手に解答させる遊び。また、その問題。

クイック【quick】①他の外来語と複合して、すばやい、はやい、の意を表す。②クイックステップ。社交ダンスの一で、4分の4拍子の軽快で速いステップのもの。

クイック コマース【quick commerce】新 食料品や日用品などの即時配達を行うサービス。オンラインでの注文から数十分以内に配達が完了する仕組み。Qコマース。

クイニ アマン【kouign amann】フランスのブルターニュ地方の伝統的な焼き菓子。パン生地にバターと砂糖を折り込んだ発酵菓子。クイニー-アマン。▷ブルターニュ地方の方言で、バター菓子の意。

クイリング【quilling】細長い紙をくるくる巻いたパーツを組み合わせてさまざまな形を作るペーパー-クラフト(紙工芸)。カードや額の装飾などに用いる。ペーパー-フィリグリーとも。

クインテット【イタリアquintetto】五重奏。五重唱。また、その演奏曲や演奏団。

グー ①いい。すばらしい。②「よし」という意の掛け声。▷goodから。

グーグル【Google】世界的に使われる検索エンジン。アメリカの持ち株会社アルファベット社が保有するグーグル社が運営する。1998年サービス開始。

グーズベリー【gooseberry】ユキノシタ科の落葉小低木。スグリに似る。果樹として栽培。液果は酸味があり、生食するほか、ジャムにする。セイヨウスグリ。

グー タッチ 新 二人が互いの握りこぶし(じゃんけんのぐうの状態)を突き合わせるしぐさ。▷野球監督の原辰徳が、活躍した選手と両手の握りこぶしを突き合わせたことから広まった呼称。

クー デター【フランスcoup d'État】①既存の政治体制を構成する一部の勢力が、権力の全面的掌握または権力の拡大のために、非合法的に武力を行使すること。国家権力が一つの階級から他の階級に移行する革命とは区別される。②(比喩的に)会社などの組織において、ある勢力が既存の勢力に対して謀略などの手段によって強引に体制の転換をはかること。

グーパンチ 拳(こぶし)を握った状態(じゃんけんのグーの状態)で殴ること。

グーフィー スタンス 【goofy stance】新 サーフィン・スノーボード・スケートボードで、右足を前にする姿勢。グーフィー。▷goofy は「風変わりな」などの意。→レギュラースタンス

クーペ【フランス coupé】ツー-ドアで、セダンよりやや屋根が小さく、前席主体のスポーティーな乗用自動車。▷箱型の馬車の意。→セダン

クーポン【フランス coupon】①使用目的の違う何枚かの切符を1冊にとじて、切り取り式にしたもの。乗車券・指定券・宿泊券・観覧券などをとじ合わせたものなど。クーポン券。②各種の切り取り式証券類。債券の利札や回数券・景品券・配給券など。

クーラー【cooler】①冷房装置。冷房器。冷却器。②携帯用の保冷箱。飲み物や釣った魚などを入れる。

クーラント【coolant】(機械などの)冷却液。

クーリエ【courier】急使。特使。特に、外交文書や外交行嚢(こうのう)を運ぶ使者。伝書使。

クーリング【cooling】冷却の。冷却用の。

クーリング オフ 【cooling-off period】割賦販売や訪問販売で、購入の申し込み・契約をした消費者に、一定期間内ならば違約金を支払うことなく契約の解除、申し込みの撤回を認める制度。

クーリング ダウン 【cooling down】⇨クール-ダウン

クール【cool】①(温度や色などが)冷たいさま。涼しいさま。②冷静であるさま。物事に感情が動かされないさま。③かっこいいさま。素敵。➲よくわかる「クール」の意味と使い方(p.203)

クール【フランス cours】放送で、連続番組の一区切りの単位。13週(3か月)が1クール。

クール【ドイツ Kur】医療で、特定の治療の効果あるいは副作用を見るために定めた期間。▷治療の意。

クール ジャパン 【和製 COOL＋Japan】漫画・アニメ・ファッションなど、日本独自の文化が海外で高く評価されている現象。また、そうした文化。▷2010年(平成22)経済産業省がこうした文化を日本の経済活動とし、海外進出・人材育成を促進するため

よくわかる「クール」の意味と使い方

詳しい意味は？

クール(cool)は、英語の形容詞で「涼しい」「冷えた」という意味を表します。また、「落ち着いた」「冷静な」という意味でも使われます。「クールな外見」「クールな態度」「クールな知性と熱い情熱を合わせ持つ」「自分は自分、他人は他人とクールに割り切る」や「クールな配色」などのように使われます。

さらにまた近年では、英語のくだけた用法で「かっこいい」という意味でも使われるようになっています。「この曲は最高にクールだ」「クールなクリエーター」「クールに着こなす」などです。

実際の使われ方は？

[クールだ]　「冷静である」や「かっこいい」という意味のクールは、「クールだ」「クールな」「クールに」などのように使われます。例えば「この音楽はクールだ」「クールなナンバー(＝曲)」「クールな装い」「どんな客にもクールに対応する」といった表現が可能です。

[クールジャパン]　日本は、独自のサブカルチャー(アニメ・マンガ・ゲーム・音楽・ファッション・食などにおける新興の大衆文化)が開花している国です。この日本をさして、近年「クールジャパン」と表現する機会が増えました。これは1990年代後半に英国で流行した概念である「クールブリタニア」(Cool Britannia)に倣った表現で、ゼロ年代(2000年〜09年)の中期に広まった概念でした。もちろんこの場合のクールは「かっこいい」の意味です。

言い換えたい場合は？

冷静のクールは「冷静である」「落ち着いている」「すましている」「冷淡である」「冷ややかである」「感情に左右されない」などの表現が使えます。

かっこよさのクールは「かっこいい」「よい」「すごい」「決まっている」「お洒落な」「いけてる」「洗練されている」「見事な」「秀逸な」「面白い」「最高な」などと表現できます。

クールジャパン室を創設。

クール スポット 【和製 cool＋spot】夏の午後に涼しく過ごせる場所。森林・公園やプール、博物館や役所など。▷家庭における電力需要を減らすための方策として、午後の電力需要ピーク時に地方自治体が地元のクール-スポットへの訪問を促すなどしている。

クール ダウン 【cool down】激しい運動をしたあとで、心臓循環器系や筋肉の興奮をしずめ、平静に戻すために行う軽い運動。クーリング-ダウン。→ウオーミング-アップ

クール ビズ【和製 COOL BIZ】環境省が提唱する、夏のビジネス用軽装の愛称。ネクタイなし上着なしのスタイルなど。▷ビズはビジネス(business)の略。クールに「格好良い」と「涼しい」の意味をもたせている。

クーロン 【coulomb】電気量のSI単位。1Aの電流が1秒間に運ぶ電気量。記号C ▷C. A. クーロンの名にちなむ。

クエーサー【quasar】非常に遠方にあって、銀河の中心核が爆発しているものと考えられている天体。光学望遠鏡では、暗い恒星状に見える。強い電波を発する天体として発見されたが、その後電波の弱いものも多数見つかっている。準星。恒星状天体。

クエクト【quecto】新 単位に冠して、10のマイナス30乗の意を表す語。記号q ▷国際度量衡委員会の単位諮問委員会が、2022年に数の単位を表すSI(国際単位系)接頭語として追加した。

クエスチョン 【question】疑問。質問。

クエタ【quetta】新 単位に冠して、10の30乗の意を表す語。記号Q ▷国際度量衡委員会の単位諮問委員会が、2022年に数の単位を表すSI(国際単位系)接頭語として追加した。

クエリー【query】データベースの検索で、指定された条件を満たす情報を取り出すために行われる処理の要求。問い合わせともいう。▷質問の意。

クオーク 【quark】ハドロンに属する素粒子を構成する基本粒子。2/3・eの正電荷をもつu・c・t、1/3・eの負電荷をもつd・s・bがあり、それぞれが3種の「色(カラー)」とよばれる自由度をもつ。

クォーター 【quarter】①競技で、試合時間の4分の1。②長さの単位。4分の1ヤードまたは4分の1マイル。③体積の単位。主に穀物に用いる商業用単位。8.26ブッシェル、約290.95L。④質量または重さの単位。イギリスでは28ポンド、約12.7kg。アメリカでは4分の1トン。⑤祖

父母の一人がルーツの異なる混血。両親の一人がハーフであることからいう。

クォーターバック　【quarterback】アメリカン-フットボールで、攻撃側のバックスの一。作戦を決め、ゲームの展開を図る攻撃の要。

クオータ制　雇用や議員選出などの際に、人員構成に性別、人種などによる偏りが生じないように、一定の比率を定めて行う制度。割り当て制。

クオータリー【quarterly】年に4回刊行する定期刊行物。季刊。

クオーツ【quartz】①石英。また、その大きな結晶(水晶)。②小型の水晶発振器を組み込んだ高精度の時計の称。電池によって作動する。

クォーテーション【quotation】引用。引用文。

クォート【quart】ヤード-ポンド法で、液体の体積の単位。4分の1ガロン。コート。

クオリア【qualia】人間が主観的に経験する質感。熱いものに触れた時に感じる「熱い感じ」など。物質である脳と、意識との関係を問う際などに登場する概念。感覚質(かんかくしつ)。

クオリティー【quality】品質。性質。

クオリティー オブ ライフ【quality of life】人々の生活を物質的な面から量的にのみとらえるのではなく、精神的な豊かさや満足度も含めて、質的にとらえる考え方。医療や福祉の分野で重視されている。生活の質。生命の質。人生の質。QOL。

クオンツ【quants】金融工学の手法を用い、金融市場の動向などに対して分析や予測を行う業務。また、その専門家。

ググる　俗に、検索エンジンのGoogle(グーグル)を利用して、インターネットの中から目的に応じた情報を検索すること。

クグロフ【フランスkouglof】新 イーストを使った生地に、干しブドウなどを入れ、型に入れて焼いた菓子。また、それに用いる型。クーグロフ。

クサイ【xi・Ξ・ξ】ギリシャ語アルファベットの第14字。クシー。

クシー【xi・Ξ・ξ】　⇨クサイ

クスクス【フランスcouscous】北アフリカの料理。砕いた小麦を蒸し、野菜や肉の煮込みとともに食べる。

クスクス【ラテン Cuscus】有袋目クスクス科クスクス属の哺乳類の総称。尾は長く、枝などに巻きつける。雌は育児嚢(のう)をもつ。森林にすみ、樹上で葉や果実・昆虫などを食う。ニューギニア・オーストラリアとその周辺に分布。カスカス。

クソリプ　つまらない返信(リプ

ライ)や不快な返信などのこと。▷ツイッター利用者が使う俗語から。

クチクラ【ラテン cuticula】生物の体表の細胞(表皮細胞・上皮細胞)から分泌してできたかたい層の総称。体の保護・水分蒸散防止などに役立つ。角皮(かくひ)。キューティクル。

クチュール メゾン【フランス couture maison】新 服飾店。特にオートクチュール(パリの高級衣装店協会加盟店)のこと。メゾンドクチュール。メゾン。

クチュリエ【フランス couturier】高級婦人服店の男性デザイナー。▷女性デザイナーはクチュリエール(couturière)という。

クッカー【cooker】調理器具の総称。

クッキー【cookie】洋菓子の一。小麦粉に砂糖・バター・香料などを入れてねり、天火で焼いたもの。

クッキー【Cookie】インターネットのWWWサーバーが利用者を管理・識別するための文字列情報、または管理する仕組み。

アップデート クッキーの利用方法の一つにトラッキングがあります。例えば「ある通販サイトで購入した種類の商品が、別サイトで広告表示される」などの動作を実現する手法です。しかしこの方法は閲覧者のプライバシーを毀損する懸念もあります。そこで近年、クッキーを法的・技術的に規制する動きが世界的に広まりました。

クッキー シュー【和製 英 cookie＋フランス chou】シュー-クリームの生地にクッキーの生地をのせて焼き上げ、その空洞内にクリームを詰めた洋菓子。クッキー-シュー-クリーム。

クック チル【cook-chill】加熱調理済み冷蔵食品。食べる時に再加熱する。

グッ ジョブ【good job】いい仕事(だ)。上出来(だ)。グッド-ジョブ。

クッション【cushion】①羽毛・綿などをつめた座布団。椅子(いす)の背もたれなどに用いる。②椅子・座席などの弾力性。③物の間にあって、衝撃的な力を柔らげる役目をするもの。比喩(ひゆ)的に、影響力やショックを柔らげる方法・措置などの意で使われることが多い。④球突き台の縁の、球の当たる所。

グッズ【goods】商品。品物。

グッド【good】①良い。優れている。②テニス・卓球などで、球が規定線内に入ること。イン。セーフ。

アップデート 英語に「永遠に」を意味するfor goodという成句があります。社会課題を扱う分野では、この成句をプロジェクト名などに用いる手法が広がりました。例えば2018

年にアムステルダムで開館した展示施設Fashion For Good Museumの場合、持続可能なファッションに関連する情報発信を行っています。

グッドウィル【goodwill】①善意。親切。②営業活動から生まれる、得意先関係・仕入れ先関係・営業の秘訣・信用・名声など、無形の経済的財産。暖簾(のれん)。

グッド プラクティス【good practice】①規範となるような、優れた行動・取り組み。②2003年(平成15)に文部科学省が導入した大学教育改革支援の対象となる優れた取り組み。GP。

グッド ラック【good luck】別れの挨拶(あいさつ)語。ごきげんよう。幸運を祈る。頑張って！

グッド ルーザー【good loser】良き敗者。潔く負けを認める人、勝者を祝福する人など。スポーツなどでいう。

クッパ 薬味や具をのせた飯の上に、牛肉を煮込んだ熱い汁をかけて食べる朝鮮料理。▷朝鮮語。

グミ【ドイツ Gummi】やわらかくガムのような歯ごたえのある飴(あめ)。グミ-キャンデー。▷「グミ」はゴムの意。

クミン【cumin】セリ科の一年草。種子には辛みと苦みと芳香があり、香辛料、また健胃・駆風薬とする。

クラーク【clerk】①書記。事務員。②店員。

クライアント【client】①専門家に仕事を依頼した人。特に、広告代理店に依頼した広告主。また他に、弁護士・会計士・建築家などの依頼人をいう。②問題を抱えてカウンセリングに訪れた人。来談者。③社会福祉機関による援助やサービスを受ける人。④コンピューター-ネットワーク上でサービスを受ける側にあるシステム。サービスを提供する側のサーバーに対していう。㊟顧客

クライシス【crisis】①危機。②経済上の危機。恐慌。

グライダー【glider】エンジン・プロペラをもたずに滑空する航空機。プライマリー・セコンダリー・ソアラーに大別される。滑空機。

クライテリア【criteria】①判断や評価を下すとき、その拠り所となる尺度や基準。判定基準。②特徴。

クライマックス【climax】①緊張や興奮が最も高まった状態。映画・演劇などで、最も盛り上がった場面。最高潮。②植物の群落遷移の最終段階。その地域の気候条件に最も適応し、長期にわたって安定した状態に達した段階。極相。

クライマックス シリーズ【和製 climax+series】プロ野球セパ両リーグで行う、日本シリーズ出場権を争う試合。ペナント戦の

上位3球団が出場して、2位・3位球団が3回戦制で対戦、その勝者と1位球団(アドバンテージ1勝)が6回戦制で対戦する。ただし両リーグの優勝球団はペナント戦の勝率1位の球団とする。2007年(平成19)より実施。CS。

クライミング【climbing】登ること。特に、ロック-クライミングをいう。

クライミング ウオール【climbing wall】フリー-クライミングで用いる人工壁。要所にホールド(突起)が設けられており、それを手掛かりや足掛かりにして登攀(とうはん)する。

クライム【crime】犯罪。法律上の罪。

クライム アクション【crime action】殺人・強盗などの犯罪行為を主題として扱うアクション-ゲームやアクション映画のこと。

クライム ムービー【crime movie】犯罪映画。

クライメート【climate】①気候。②風土。風潮。思潮。クライメイト。

アップデート 温室効果ガスの排出で世界の平均気温が長期的に上昇する地球温暖化(global warming)の問題。その結果生じる諸現象が気候変動(climate change、クライメートチェンジ)と呼ばれます。英語圏ではこれらの問題を表す場合に、climate change の方をより多く用いる傾向があるようです。

クラインガルテン【ドイツ Kleingarten】簡易宿泊施設のある滞在型市民農園。1区画ごとに休憩や簡易宿泊が可能な小屋(ラウベ)が設けられる。▷小さな庭の意。ドイツで19世紀前半に実施された失業救済事業の貸し農園が原型とされ、以後、都市住民の健康維持やレクリエーション、都市の緑化などを目的に普及・発展した。日本では1990年代初めから全国各地に誕生。

グラインダー【grinder】①円板形の砥石(といし)を回転させて、工作物の表面を研磨したり、削ったりする工作機械。②胡椒・コーヒー豆などを挽く器具。ミル。

グラインド【grind】▷「挽く」「砕く」の意。①(ダンスなどで)腰を回転させること。②焙煎したコーヒー豆を挽くこと。③ゴルフクラブのソール(底)を削ること。またその形状。④スケートボードなどで、車輪ではない部分を縁石などに当てて滑らせること。またそのトリック(技)。スケートボードではトラック(車輪と板をつなぐt字型の金属製部品)を当てることをいう。

クラウド【cloud】①雲。②煙・ほこりなど雲状のもの。③「クラウド-コンピューティング」「クラウド-サービス」などの略。

クラウド【crowd】群衆。人ごみ。大衆。

クラウド コンピューティング【cloud computing】自分のパソコンやLANサーバーではなく、インターネット上に存在するサーバーを利用してデータ処理する形態。▷ネットワークをクラウド(雲の意)に見立てた考え方。

クラウド サービス【cloud service】クラウド-コンピューティングを利用して提供されるサービスの総称。書類や写真・動画などをクラウド上に保管し、情報端末からアクセスできるようにするサービスなど。▷クラウド(cloud)は雲の意。→クラウド-コンピューティング

クラウドソーシング【crowd-sourcing】新 インターネットを通じて、不特定多数の人々に対してアウトソーシングを行うこと。

クラウド ファンディング【crowd funding】不特定多数の支援者・賛同者から資金を集めること。主に寄付型・投資型・購入型の3種がある。クラファン。CF。▷クラウド(crowd)は群衆、ファンディング(funding)は資金調達の意。

クラウド ワーカー【crowd worker】新 クラウドソーシング経由で仕事を受注する、個人の労働者。

クラウド ワーク【crowd work】新 クラウドソーシングによって、個人に対して発注する仕事。

クラウン【clown】道化。道化役者。

クラウン【crown】①冠。王冠。②帽子の山の部分。

グラウンド【ground】▷地面・地の意。グランドとも。①運動場。競技場。野球場。②他の語に付いて「地面」「地上」などの意を表す。「—フロア」③格闘技の寝技。またその体勢。④回路における動作の基準となる電位。gnd

グラウンド ゴルフ【和製ground＋golf】専用の木製クラブでボールを打ち、ホール-ポストに入れるまでの打数を競うスポーツ。個人競技と団体競技がある。グランド-ゴルフ。

グラウンド ゼロ【ground zero】ゼロ地点。爆撃地点。核爆発の直下地点。▷1945年(昭和20)広島に原爆が投下された際の爆心地や、2001年(平成13)に発生したアメリカ同時多発テロ事件で崩壊した世界貿易センタービルの跡地などにも用いられる。

クラクション【klaxon】自動車の警笛。警音器。▷製造会社の名クラクソンの訛り。もと商標名。

グラサージュ【フランス glaçage】チョコレートやソースなどを流しかけて、菓子の表面をコーティングすること。

クラシカル【classical】 古典にみられるようなさま。古典にならったさま。古典的。

クラシック【classic】①古代ギリシャ・ローマのすぐれた美術・文学などの作品。古典。②クラシック音楽。古典派音楽。③古典的で、いつの時代でも高い評価を受けるようなすぐれた模範的作品。また、その傾向。④やや古めかしく、落ち着いた感じのするさま。古雅であるさま。⑤スポーツなどの伝統的なレースや大会。

クラス【class】①学校などにおいて、組分けしてできた生徒の集団。学級。級。組。②等級。階級。層。③種類。部類。④オブジェクト指向プログラミングにおいて、オブジェクトの構造を記述するための抽象データ型。各クラスは、オブジェクトの内部データに対応する属性とその内部データの操作手続きに対応するメソッドにより定義される。→オブジェクト指向・オブジェクト・メソッド

グラス【glass】①ガラス製のコップ。②レンズ・コップなどガラス製品の意で、多く複合語として用いる。

グラス【grass】草。芝。草地。多く複合語として用いる。

グラス シーリング【glass ceiling】ガラスの天井。職場などで、目に見えない形で存在する人種差別や性差別。

クラスター【cluster】①数えられる程度の複数の原子・分子が集まってできる集合体。個数10〜100のものはマイクロクラスターとよばれ、特殊な原子のふるまいが見られる。②都市計画で、道路や各種建築物を互いに関連させて配置し、一つにまとめた区域。③コンピューターのディスク装置の記憶領域の単位。1クラスターの物理的な記憶容量はオペレーティング-システムの設定によって変化する。④集団。▷同じものの群れの意。➲よくわかる「クラスター」の意味と使い方(p.211)

クラスター爆弾 本体に多数の小型爆弾(または地雷など)を内蔵し、目標上空でそれらを広範囲にばらまいて、一定区画を面的に攻撃する爆弾。集束爆弾。

クラスター分析 多変量解析の手法の一。データをある基準に基づいて集団に分けて解析する。

クラスタリング【clustering】①複数のコンピューターを統合し、一つのサーバーシステムとして扱うための技術。処理能力の向上や、一部に障害が生じても他に影響を及ぼさないといったリスクの分散を目的とする。②クラスター分析。

グラス ファイバー【glass fiber】ガラスを引き伸ばしてきわめて細くした人造繊維。耐熱性・

よくわかる「クラスター」の意味と使い方

詳しい意味は？

「房・集団・群れ」などの意味です。同種の人や物が多数集まったときの、その「塊」を指す言葉です。

どんな時に登場する言葉？

化学、都市開発、産業、軍事、コンピューター、統計・解析、音楽、自動車、言語学など多岐にわたり、専門用語で登場する機会が多い言葉です。一方、近年ではインターネット上の俗語として、愛好者の意としての使用が見られます。例えばゲームクラスターとは、ゲームが好きな人々を意味します。2020 年(令和 2)に発生した新型コロナウイルス感染症の拡大に際しては、「感染者の集団」をいう言葉として頻出しました。

実際の使われ方は？

[各専門分野のクラスター]　化学分野では、数えられる程度の原子・分子が集まった集合体を「クラスター化合物」と呼びます(例:フラーレンなど)。軍事分野では、本体内に小型爆弾を内蔵して目標上空でそれを広範囲にばらまく爆弾を「クラスター爆弾」(集束爆弾)と呼びます。コンピューター分野では相互に接続された各々のコンピューターの総体や、ディスク装置の記憶領域の単位のことをクラスターと呼びます。産業振興分野では、地域内で特定産業の企業・金融機関・研究機関・教育機関などが有機的に結びつく状態を「産業クラスター」と呼びます(例:シリコンバレーなど)。統計分野では、似たデータどうしを自動分類する手法を「クラスター解析」と呼びます。自動車産業の分野では、部品が組み合わさったユニットをクラスターと呼びます(例:メータークラスターなど)。

[感染症患者のクラスター]　感染症の感染者集団のことをクラスター、このうち大規模なものをメガクラスターと呼びます。感染症対策の初期においては、クラスターの早期発見と追跡が、感染の連鎖を止めるための重要な作業となります。

耐食性・耐湿性が高い。断熱材・防音材・絶縁材・光通信用材などに用いる。広義にはガラス-ウールも含む。ガラス繊維。

グラスホッパー【grasshopper】(昆虫の)バッタ。

グラスホッパー効果 ⇨バッタ効果 ▷ grasshopper effect。

クラスメート【classmate】級友。同級生。

グラス ワイン【和製 glass+wine】飲食店でグラス一杯単位で提供するワイン。

グラタン【フランスgratin】魚介類・肉・パスタ・野菜などにホワイト-ソースを合わせ、パン粉・粉チーズなどをかけて焼き皿に入れ、天火で表面に焦げ目がつく程度に焼いた料理。

クラッカー【cracker】①塩味をつけた薄い堅焼きのビスケット。②円錐状の紙製の玩具。先端についているひもを引くと大きな音をたてて破裂し、中から紙テープなどが飛び出す。③利用する資格をもたないコンピューター-システムに無許可で侵入し、データやプログラムを改変させるなどの犯罪行為を行う人。→ハッカー

クラッキング【cracking】①接触分解または熱分解により、原油の高沸点留分から分解ガソリンを得ること。また、石油ナフサを熱分解してエチレン・プロピレンなどを得るナフサ分解のこと。②利用する資格を持たないコンピューター-システムに悪意をもって侵入したり、そのシステムを破壊・改竄すること。

クラック【crack】①壁・天井・岩壁などにできる、割れ目・裂け目。②コカインを精製した麻薬。③クラッキング②のこと。

クラッシュ【crash】①ぶつかること。衝突すること。特に、自動車競技で自動車が衝突すること。②コンピューターの故障。特に、ハード-ディスク装置の障害によるデータの破壊をいう。

グラッセ【フランスglacé】①シロップで煮た菓子。②バターを加えて煮つめ、つやを出した料理。

クラッチ【clutch】①原動軸と従動軸との間で、動力の伝達を断続する装置。連動器。②起重機のつめ。

クラッド【clad】他の金属の保護被膜で被覆した金属。▷被覆する意。

グラッパ【イタリアgrappa】イタリアのブランデー。ブドウの搾りかすを発酵させ、蒸留してつくる。

グラディエーター サンダル【gladiator sandal】革などを背骨と肋骨(ろっこつ)のような形に編み上げたサンダル。日本では2008年(平成20)から流行。単にグラディエーターともよぶ。ボーン-サンダル。▷古代ローマの剣闘士

(グラディエーター)が履く靴に似ていることから。

グラデーション【gradation】①写真・絵画などの濃淡の段階的な推移。階調。ぼかし。濃淡法。②(比喩的に)度合いが連続的または段階的に異なること。

グラニテ【フランスgranité】果汁ベースのシロップを凍らせてつくる氷菓。

グラニュー糖【granulated sugar】精製糖の一。ざらめ糖のうち結晶の最も細かいもの。糖分は99.8%以上。コーヒー・紅茶などに使用。

グラノーラ【granola】シリアルの一。オートミールなどにナッツ類やドライフルーツを加え、植物油と糖類を混ぜてオーブンで加熱したもの。

クラバー【clubber】クラブで遊ぶ人。クラブのメンバー。→クラブ

グラビア【gravure】①グラビア印刷。写真製版による凹版印刷の一。原画の色の濃淡を凹版のへこみの深さによって調子よく再現する印刷法。写真や美術画の複製、またフィルムなどへの印刷に用いられる。②グラビア印刷で印刷されたもの。③グラビア-ページ。グラビア印刷による書籍・雑誌の口絵。

クラブ【club】①研究や趣味など共通の目的をもつ人々の集まり。同好会。また、学校の課外活動での集まり。②社交や遊戯・スポーツを目的とした会員組織による集まり。また、その集会所。③団体が集会・社交用に設けた建物や部屋。④会員制を建て前とするバーや娯楽場。⑤トランプのカードの種類の一。黒い三つ葉のクローバーの模様のあるもので、棍棒(こんぼう)を図案化したものという。⑥ゴルフで、球を打つための棒状の用具。先端が木製のものと金属製のものがある。⑦1980年代以降に流行した、音楽やダンスを楽しませる娯楽施設。→ハウス-ミュージック

クラブ【crab】蟹(かに)。

グラフ【graph】①関連する二つまたは二つ以上のものの数量や関数関係などを図形で表したもの。②写真や絵を主にした雑誌。

グラブ【glove】⇨グローブ

グラブ【grab】新 ▷「つかむ」の意。 ①スケートボード、スノーボード、サーフィンなどのスポーツで、ボードなどをつかむ技。②グラブ-バケットの略。クレーンなどの先につけ、二枚貝のように開閉して、石炭・鉱石・土砂などをすくいあげるもの。建設機械や浚渫(しゅんせつ)船などに用いる。

グラファイト【graphite】黒鉛(こくえん)。炭素の同素体の一。金属光沢のある黒色不透明の六角板状結晶。電気をよく伝え、融点が

高く、化学的に安定しているので、電極・るつぼ・原子炉の中性子減速剤などに用いる。また、減摩剤・鉛筆の芯(しん)にも用いる。

グラフィック【graphic】①視覚に訴える面の強いさま。印刷・デザイン・アート・コンピューターなどの分野でいう。②写真・絵画図版などを多く用いる出版物。

グラフィック カード【graphic card】⇨ビデオカード ▷グラフィックス-カードとも。

グラフィックス【graphics】①製図法。製図学。②コンピューターのディスプレー画面に表示される図形や図表。

グラフィック ノベル【graphic novel】アメリカで、コミックの一ジャンルとして従来とは違った内容・体裁をもつ作品をさす呼称。単行本形式でコミックに比べて長く複雑なストーリーをもつ。▷日本の漫画や、それに影響を受けた新しい表現形態をさす。

グラフィック レコーディング【graphic recording】新 会議などでの発言内容を、その場でイラスト・図表・文章などに書き起こしてまとめる手法。グラレコ。

グラフィティー【graffiti】落書き。いたずら書き。

グラフェン【graphene】炭素原子が六角形の網目状に結合した二次元構造をとる炭素原子の単層膜。層の厚さは原子1個分。薄くて強く、銅と同程度の電気伝導性があり、熱伝導性も高い。

クラブ サンドイッチ【club sandwich】⇨クラブハウス-サンド

クラブ チーム【crab team】地域社会の同好の士が集まってクラブを結成し、そこで編成されたチーム。

クラフツマンシップ【craftsmanship】⇨クラフトマンシップ

クラフト【craft】①手づくりの工芸品。また、手づくりの感じをもたせた手工業による製品。②製造者の個性が強くあらわれた製品。小規模な製造者による製品や、製法が独自である製品など。「―ビール」

クラフト【kraft】クラフト-パルプなどから製する丈夫な褐色の紙。セメントや肥料の袋・包み紙・封筒などに用いる。クラフト紙。

クラフト コーラ【和製 craft＋cola】新 独自の製法で作るコーラ風炭酸飲料。またその商品。シロップのみを販売する場合もある。▷ビールでいう地ビール、クラフトビール等に近い。

クラフト ビール【craft beer】新 小規模な醸造所が作るビール。手工芸品(クラフト)に例えて言う語。クラフト-ビア。▷地ビールが地域性に注目した用語であるのに対して、クラフト-ビールの場合はビールの個性に注目することが多い。

クラフト封筒 クラフト紙で作った封筒。

クラフトマン【craftsman】工芸家。職人。

クラフトマンシップ【craftsmanship】職人芸。職人気質。クラフツマンシップ。

クラブハウス【clubhouse】クラブ②の会員の集会所。また、その建物。ゴルフ-クラブの建物など。

クラブハウス サンド【clubhouse sandwich】パンを3枚重ねる大きなサンドイッチ。鶏肉・ハム・レタスなどをはさむ。クラブハウス-サンドイッチ、クラブ-サンドイッチとも。

グラベル【gravel】新 未舗装路。おもに自動車・自転車の分野でいう。「―-ラリー」▷砂利、砂利道の意。

グラベル バイク【gravel bike】新 未舗装路での走行にも対応したロード-バイク。グラベル-ロード。グラベル-ロード-バイク。アドベンチャー-ロード。アドベンチャー-ロード-バイク。アドベンチャー-バイク。

グラボ グラフィック-ボード(ビデオカード)の略。→ビデオカード

グラマー【glamor】若い女性が肉感的で、性的魅力のあるさま。また、そのような女性。肉づきのよいさまにもいう。

グラマー【grammar】文法。文法書。文典。

グラマラス【glamorous】女性の体が豊満で、肉感的な魅力に富んでいるさま。

クラミジア【ラテン Chlamydia】クラミジア目の微生物。人工培地で培養できず生きた細胞内でのみ増殖、濾過(ろか)性でインターフェロン感受性があるなどウイルスに似た性質を示すが、リケッチアや細菌に似た性質ももつ。オウム病・鼠径(そけい)リンパ肉芽腫症・トラコーマなどの病原体がある。

クラム【clam】ハマグリの類。→クラム-チャウダー

クラム【crumb】パンやケーキの裁ち落としや、スポンジ生地などの切りくずのこと。また、ケーキの表面に装飾として用いる、小麦粉・砂糖・バターに香料などを練り合わせてつくる小片。ケーキ-クラム。▷パンくず・パン粉の意。

グラム【glam】ラメ・サテン・スパンコールなどの光る素材を用いたファッション。グリッター-ルック。▷1970年代に流行したロック音楽スタイル、グラム-ロックの派手なステージ衣装から。

グラム【フランス gramme; 英 gram】質量の単位。キログラムの1000分の1。記号 g　CGS単位系の質量の基本単位。

クラム チャウダー【clam

chowder】ハマグリとベーコン・野菜などを煮込んだスープ。

グラム ロック【glam-rock】1970年代前半に流行した、派手なファッションと退廃的な雰囲気をもつロック音楽のスタイル。

クラレット【claret】フランスのボルドー地方産の赤ワイン。また、その赤紫色。

クラン【clan】祖先を同じくするという認識のもとに構成される血縁集団。しばしば外婚の単位となっている。一般には、父系もしくは母系の単系血縁集団である。氏族(しぞく)。

クランク【crank】①クランク機構。往復運動を回転運動に、また回転運動を往復運動に変換するもの。内燃機関などの往復ピストン機械の基本的メカニズム。②クランク機構に用いる鉤(かぎ)の手に曲がった回転軸。③②の形をしたもの。

クランク アップ【crank up】映画やテレビ-ドラマの撮影が完了したこと。

クランク イン【crank in】映画やテレビ-ドラマの撮影を開始すること。

グラン クリュ【フランスgrand cru】フランス産のワインの格付けの一。特級。特級畑。また、特級畑のブドウを原料としたワインをさす。

クランケ【ドイツ Kranke】患者。

グランジ【grunge】①アメリカのシアトルから始まったロック音楽のジャンル。歪んだギター音による荒々しい演奏と内面的な歌詞で、1990年代に流行した。②色あせたり破れたりした古着風の服。また、それを重ね着するファッション。▷粗末な、うす汚い意。

クランチ【crunch】①嚙(か)んだとき砕けるような歯触りが特徴の洋菓子。アーモンド入りのチョコレートなど。②不足。停滞。危機。

クランツ【ドイツ Kranz】セイヨウヒイラギなどの葉を環状にまとめたクリスマスの飾り。→リース

グラント【grant】(国の)交付金。補助金。

グランド【grand】「大きな」「壮大な」などの意で、複合語として用いる。

グランド【ground】⇨グラウンド

グランド スラム【grand slam】①スポーツで、年間の主要な試合のすべてに優勝すること。②(grand-slam homer)野球で、満塁ホーム-ラン。③トランプのブリッジで、13組全部をとること。

グランド デザイン【grand design】大規模な事業などの、全体にわたる壮大な計画・構想。案全体構想

グランド トリック【ground

trick】新 スノーボードにおいて、傾斜が比較的に緩い雪面で行うトリック(技)。グラウンドトリック。グラトリ。

グランド フィナーレ 【grand finale】ショー・祭典などの最も盛り上がる最後の部分。

グランピング 【glamping】新 キャンプのようなアウトドア体験を、手間を掛けずに楽しめる宿泊サービス。またはそれを利用すること。テントやロッジなどの宿泊施設が事前に設営されており、食事などホテル並のサービスも利用できる。▷「魅力的な」を意味するグラマラス(glamorous)とキャンピング(camping)の合成。

クランプ【clamp】①機具などを他の物に固定するための、ねじのついたコの字形の金具。②棒状の物を締めつけて固定するための、湾曲した帯状の金具。③外科手術の用具。鉗搾子(かんさくし)。

グラン フォンド【イタリアgran fondo】新 自転車で長距離の山岳コースを走るイベント。

グラン プリ 【フランスgrand prix】大賞。各種のコンクール・競技などで最高位の賞。

クランベリー 【cranberry】ツツジ科の小果樹。北アメリカ原産。果実は大豆大で、美しい赤色。ソースやゼリー・パイなどに用いる。

クリア【clear】①明らかなさま。澄みきったさま。②競技などで、障害や課題をのりこえること。③(計算機などで)数値や指示が与えられていない状態にすること。④サッカーで、味方のゴール近くに迫ったボールを大きく蹴り出すこと。▷クリヤーとも。

クリア カット【clear-cut】輪郭のはっきりした。明らかな。明確な。明快な。

クリア ケース【clear case】書類などを入れる携帯用のプラスチック-ケース。

クリア ファイル 【和製 clear + file】透明または半透明のプラスチック製の紙鋏(ばさ)み。

クリアランス【clearance】①取り払うこと。片付けること。また、在庫などを一掃すること。②出港・入港・管制などの手続き。通関手続き。③清算。決済。手形交換。④(腎臓や肝臓などの)浄化率。

クリアランス セール 【clearance sale】在庫一掃の大売り出し。

クリアリング【clearing】①清掃。除去。②清算。手形交換。

クリアリング ハウス 【clearing house】①手形交換所。商品取引における清算業務を行う機関。②情報センター。情報を収集・提供する機関。

クリーク【cleek】ゴルフ-クラブのウッドの５番。

クリーク【creek】①入江。②小川。また、排水や灌漑(かんがい)・交通などのために掘られた小運河。

グリース【grease】粘度の高い潤滑剤。通常、鉱油に金属石鹸類をまぜて半固体状にしたもの。機械の軸受けなどに用いる。グリス。

クリーチャー【creature】生き物。特に創作上の生き物。

グリーティング【greeting】あいさつ。あいさつの言葉。

グリーティング カード【greeting card】クリスマスや誕生日に言葉を添え書きして贈るカード。

グリード【greed】強欲。

クリーナー【cleaner】①電気掃除機。②汚れ落とし。③エア-クリーナーの略。

クリーニング【cleaning】①洗濯。多く、ドライ-クリーニングをいう。②洗浄。浄化。

クリープ【creep】はう。ゆっくり動く。忍び寄る。

グリーフ【grief】深い悲しみ。悲嘆。嘆き。

グリーフ ケア【grief care】家族などの近親者・大切な人を亡くした人に対する心のケア。▷グリーフは悲嘆の意。→グリーフ-ワーク

グリーフ ワーク【grief work】近しい人を亡くした人が、その悲嘆を乗り越えようとする心の努力。死別に伴う苦痛や環境変化などを受け入れようとすること。喪の作業。喪の仕事。モーニング-ワーク。▷グリーフは悲嘆の意。これを支援するのがグリーフ-ケア。→グリーフ-ケア

クリーミー【creamy】クリーム状であるさま。また、クリームが多いさま。

クリーム【cream】①牛乳からとれる脂肪質。黄白色の乳液状で、バター・アイスクリームなどの原料とし、調理にも用いる。②卵・牛乳・砂糖などでつくった、淡黄色のねっとりとした食品。カスタード-クリームなど。③アイスクリームの略。④肌や髪の手入れに用いる基礎化粧品。乳剤・油脂・蠟(ろう)およびグリセリンなどを合わせて乳化させたもの。▷クレームとも。

クリーム ブリュレ【フランス crème brûlée】洋菓子の一。砂糖をかけたカスタードの表面に直火で焼き色をつけたもの。クレーム-ブリュレ。▷焦げたクリームの意。

クリーン【clean】①きれいな。清潔な。②みごとなさま。③為替(かわせ)相場が市場介入の影響を受けていないさま。④環境負荷が少ないさま。環境汚染、二酸化炭素の排出などがない状況をいう。

グリーン【green】①緑色。②緑地。草の生えた土地。③ゴルフ場

で、パッティングのために、特に整備してある区域。④名詞について、「環境に配慮した」「環境に優しい」などの意を表す。

クリーン アップ 【clean up】⇨クリーンナップ

グリーン イノベーション 【和製 Green＋Innovation】 環境関連の技術を核とした産業の創出や発展。環境問題を新技術やシステムの転換で克服し、経済と環境を両立させて成長させようとする産業戦略。▷緑の革命の意。

クリーン インストール 【clean install】新 オペレーティングシステム(基本ソフト)を完全に消去してから再インストールすること。上書きによる方法(一部の既存データを保持する方法)に対していう。

グリーン インフラストラクチャー 【green infrastructure】自然がもつ防災・水質浄化などの機能を取り入れ、環境に配慮して設計された社会基盤整備。屋上や道路の緑化、自然再生型護岸など。グリーン-インフラ。

グリーンウオッシュ 【greenwash】①企業が環境保全を支持する立場を示すために行う広報活動。転じて、見せかけだけの環境対策。▷世間の非難を取り繕う手段を、ホワイトウオッシュということから。 ②▷green-back (ドル紙幣)＋washから。⇨マネー-ロンダリング

クリーン エネルギー 【和製 英clean＋ドイツ Energie】化石燃料の燃焼や原子力などと違って、廃棄物によって環境を汚染することのないエネルギー。太陽熱・地熱・風力・波力など。

クリーンエネルギー自動車 新 ガソリン自動車と比較して、二酸化炭素や大気汚染物質の排出量が少ない自動車の総称。電気自動車、燃料電池車、プラグインハイブリッド車、クリーンディーゼル車などがある。CEV (セブ)。▷clean energy vehicle。

グリーン カーテン 【和製 green＋curtain】つる性植物で外壁を覆って、遮光・断熱・景観美化などの効果を得る手法。またその覆い。家庭や学校などで、環境対策の一環として取り組む動きが広がっている。緑のカーテン。

グリーン カード 【green card】①アメリカ政府が外国人に対して発行する労働許可証。また、広く永住権をいう。▷許可証が緑色をしていたことから。②サッカーで、フェア-プレーを称えるために審判が示す緑色のカード。該当選手に贈呈する場合もある。

グリーン カーボン 【green carbon】大気中の二酸化炭素から、光合成によって陸上生態系に固定される炭素。→ブルー-

カーボン

グリーン カレー【green curry】新 タイ風カレーの一。ココナッツミルクや青唐辛子などで味付けする。

グリーン購入 環境への負荷が少ない製品・サービスを優先的に購入すること。

グリーン コンシューマー【green consumer】消費者が環境問題に配慮して商品選択を行うこと。また、そのための情報提供活動のこと。環境問題に対する消費者運動全般についてもいう。

クリーン シート【clean sheet】サッカーで、無失点のまま試合を終えること。またその試合。自チームの得点に関わらずいう。チーム・選手のディフェンス力の高さを表す。▷白紙の意。

グリーン商品 環境への負荷が少ない商品(またはサービス)のこと。生産・流通・消費・廃棄などの各段階を通じて、環境負荷の少ない商品をさす。環境ラベルが付与された商品など。→グリーン購入

グリーン水素 新 再生可能エネルギー由来の電力によって、水を電気分解してつくる水素。▷これに対して化石燃料からつくり二酸化炭素の排出が伴う水素をグレー水素、化石燃料からつくるが二酸化炭素を回収・貯留・利用する水素をブルー水素と呼ぶ。

グリーン調達 政府や企業などが調達する物品選択の際に、生産・使用・廃棄の各段階において、可能な限り環境に与える負荷の少ない製品を選択し調達すること。

グリーン ツーリズム【green tourism】都市住民が農山漁村に滞在し、地域の自然や文化、人々との交流を楽しむ余暇活動。

クリーン ディーゼル【clean diesel】NOx や粒子状汚染物質を排ガスとしてほとんど出さないディーゼル-エンジン車。→NOx

グリーン テック【green tech】新 持続可能な社会の構築に寄与する技術。

グリーン電力 自然エネルギーから生まれた、環境負荷の少ない電力。風力、太陽光、地熱など。

グリーン トランスフォーメーション【green transformation】新 脱炭素化に伴うビジネスや社会の変革。GX。

クリーンナップ【cleanup】①取り除くこと。一掃すること。②クリーンナップ-トリオの略。野球で、走者を一掃できるような長打力をもつ三人組の打者。普通、3・4・5番の打者をいう。

グリーン ニューディール【green new deal】環境分野への重点投資により経済再生を図ろうとする考え方。またこれに基

づく政策。▷2008年にイギリスのニュー-エコノミック財団が発表した、金融・気候・エネルギーの危機に対応するための政策提言が原型。翌年発足したアメリカのオバマ政権も同様の政策をとった。

グリーンピース【Greenpeace】科学調査と非暴力直接行動を特徴とする世界的規模の環境保護団体。本部アムステルダム。1971年設立。多くの国に支部をもつ。

グリーン ピース【green peas】⇨グリン-ピース

グリーン ビルディング【green building】新 環境や健康に配慮した設計・建築・管理・解体が行われる建築物。緑の建築。

グリーン ファクトリー【green factory】環境配慮型の工場。省エネルギーや温室効果ガスの削減など、環境への負担を減らす仕組みを取り入れた工場をさす。

グリーン ボンド【green bond】地球温暖化対策や環境保護などのプロジェクトに必要となる資金を調達するために発行される債券。2008年に世界銀行が発行した債券が始まりとされる。

グリーン リカバリー【green recovery】新 コロナウイルス感染症COVID-19の世界的な感染拡大(2020年)により打撃をうけた経済について、気候変動対策や持続可能な開発(サステナブル-デベロップメント)に軸足を置いて経済復興を目指そうとする考え方。

クリーン ルーム【clean room】①極めて高度な防塵(ぼうじん)設備を施した部屋。半導体の製造工場などでいう。②通常よりも化学物質の濃度を抑えた部屋。

グリエ【フランス griller; grillé】肉や魚・野菜などを金網にのせて焼くこと。また、その料理。

クリエーション【creation】創造。創作。

クリエーター【creator】①造物主。神。②創始者。創設者。③創造的な仕事に携わる人の総称。デザイナー・カメラマンなど。④広告制作者。▷クリエイターとも。

クリエーター エコノミー【creator economy】新 あらゆる個人が発信者・販売者・生産者であり、消費者でもある双方向的な経済。ソーシャルメディアにより個人による情報発信がしやすくなったこと、収益化の仕組みが普及したことが、勃興の背景にある。▷クリエイターエコノミーとも。

クリエーティビティー【creativity】①創造性。独創力。②広告制作。

クリエーティブ【creative】①創造的なさま。独創的。②広告制作。また、広告制作者。▷クリエイティブとも。

クリエーティブ コモンズ【Creative Commons】著作権を保持しながら、非営利目的での使用などを事前に許諾していることを表示し、柔軟な著作権ルールを実現しようとする考え方。CC。→オープン-ソース

クリオネ【Clione】マキガイ綱ハダカカメガイ目の一種ハダカカメガイの通称。貝殻をもたない貝の仲間。体長約二センチメートル。日本ではオホーツク海沿岸で流氷と共に見られ、白く透き通った体にあるはねを動かして泳ぐ。流氷につくプランクトンを主な餌とする。

クリケット【cricket】イギリスで盛んな打球技。二つのウィケット(木製の三柱門)のところに投手と打者が対峙し、投打の技を競う。投手の投げるボールがウィケットに当たれば打者はアウト。打者はそれを防ぎながらボールを打ってウィケット間を走れば得点。その間に野手がボールをウィケットに当てるか、フライを捕球すればアウト。1チーム11人。10アウトで攻守交代。

グリコーゲン【ドイツ Glykogen】動物の肝臓・筋肉などに含まれる多糖類の一。容易にブドウ糖にかわり、動物のエネルギー源として重要な役割を果たす。

クリシェ【フランス cliché】決まり文句。常套(じょうとう)句。

グリシン【glycine】最も簡単なα-アミノ酸。白色の結晶で水に溶けやすい。多くの動物性タンパク質、特にゼラチン・エラスチンなどに多量に含まれる。甘味とこくを加えるため多くの食品に少量添加されている。略号 Gly　グリココル。

グリス【grease】⇨グリース

クリスタル【crystal】①水晶。②クリスタル-ガラスの略。屈折率・透明度が高く、輝きに富むガラス。③結晶。

クリスチャン【Christian】キリスト教の信者。キリスト教徒。

クリスピー【crispy】食べ物の食感がぱりぱりしていること。砕けやすいこと。

クリスプ【crisp】クリスピーに同じ。

クリスマス【Christmas】キリストの降誕を祝う祭り。12月25日に行われる。太陽の新生を祝う冬至祭と融合したものといわれる。キリスト降誕祭。

グリセリン【glycerin】油脂の加水分解によって、脂肪酸とともに得られる無色透明で甘みと粘り気のある液体。医薬品・爆薬・

化粧料・潤滑剤など広く用いられる。グリセロール。

クリック【click】①カチッという音。②コンピューターで、マウスなどのポインティング-デバイスを使って画面上のカーソルを希望するアイコンなどに移動し、ボタンを押してすぐ離す操作。③(音声学で)吸着音。

クリック アンド コレクト【click and collect】新 オンラインショッピングで購入した商品を、消費者自身が店舗や専用ロッカー、ドライブスルーなどで受け取る仕組み。クリック＆コレクト。C&C。

クリック アンド モルタル【click & mortar】電子商取引で、インターネット上の仮想の店舗と実在する店舗の両者を販売経路として並立させようとする考え方。また、広くネットワークと実際の世界を対比していう語。▷「実際の家屋」の意のブリック-アンド-モルタル(bricks and mortar)のもじり。

グリッシーニ【イタリア grissini】イタリアの細長くて堅い棒状のパン。

グリット【grit】(困難を克服する)気概。気骨。意志力。

グリッド【grid】①格子。②作図や図示で用いる、等間隔に直交する基準線。③送電網。電力網。「スマート―(＝次世代送電網)」

グリッド コンピューティング【grid computing】ネットワーク上に存在する複数のコンピューターを連携させ、分散処理を行うことで、個々のユーザーが必要とするだけの処理能力や記憶容量を利用できるようにすること。コンピューター-グリッド。▷1999年にイアン＝フォスター(Ian Foster)らが提唱した概念。

クリッピング【clipping】①新聞・雑誌の記事や動画の切り抜き。②クリップで挟むこと。

クリップ【clip】①書類を挟んでとめる金具。②ペンなどのキャップについている留め金。③針金製の紙どめ。ゼム-クリップ。④ヘア-ピンの一。ピン-カールなどに用いる、幅の広いもの。⑤映像・音声・画像の素材。またはミュージックビデオ(楽曲を宣伝するための映像)のこと。

グリップ【grip】①バット・ラケット・ハンドルやゴルフ-クラブなどの、握る部分。また、その握り方。②タイヤや靴が摩擦力によって路面をとらえること。③組織・人・物事の掌握。

クリップ アート【clip art】イラストや写真などの画像データを集めたもの。

クリップボード【clipboard】パソコンなどで、データを一時的に保存しておくための機能。アプリケーション間のデータ移動などに用いる。▷書類をとめておく筆記板の意。

クリティカル【critical】①検討を加え、評価するさま。批判的な。批評的な。②きわめて危ない状態であるさま。危機に瀕しているさま。重大な。危機的な。

クリティカル シンキング【critical thinking】批判的分析を伴った客観的な思考方法。批判的思考とも。

クリティカル パス【critical path】①計画を進める上で最も時間がかかり困難な部分。危機経路。②治療や看護の手順を標準化し、診療の効率化や均質化、コスト削減を図るための診療計画。

クリティカル ヒット【critical hit】新 ロールプレーイングゲームなどで、決め手となりうる大きなダメージを与えること。クリティカル。

クリティック【critic】批評家。評論家。

クリテリウム【criterium】自転車競技のロード競技種目の一。一般道路上に1周800m以上の周回コースを設け、規定周回数ごとに先頭走者に得点を与える。最終周回時のフィニッシュ-ラインへの着順、完走した周回数と獲得した得点で順位を競う。

クリトリス【clitoris】陰核。

グリドル【griddle】新 調理用の鉄板。またはそれを含む加熱用の調理器具。

クリニカル【clinical】新 医療や臨床に関わるさま。他の言葉の上について、その意を表す場合もある。「―インディケーター(＝臨床指標。医療の質の評価指標)」

クリニカル パス【clinical path】⇨クリティカル-パス ▷臨床の経路の意。

クリニック【clinic】①診療所。②臨床講義。

グリフィン【griffin】⇨グリフォン

グリフォン【griffon】①ベルギー産の小形犬。②オリエント文化圏にみられる幻獣。ギリシャ神話では一般にワシの頭とライオンの胴体をもち有翼。聖書ではエデンの園の門番。グリフィン。グリュプス。

クリプト【crypto】新 ▷cryptocurrency(暗号通貨)の略。①暗号通貨。②他の語の上に付いて、暗号通貨の技術に関連する意を表す。

クリぼっち（主に若者言葉で）クリスマスをひとりぼっちで過ごすこと。

クリヤー【clear】⇨クリア

グリュイエール【フランスgruyère】フランス国境に近いスイスのグリュイエール村が原産の硬質チーズ。チーズ-フォンデューに用いられる。グリエール-チーズ。

グリュプス【Gryps】 ⇨グリフォン

グリル【grill】①肉や魚を焼く焼き網。また、それらを含む加熱用の調理器具。また、それで作った料理。②(grill room)ホテルなどの洋風軽食堂。③(grillz とも)歯に被せるアクセサリー。おもに貴金属製。ヒップホップ文化で見られる。

グリル【grille】自動車の前部につける飾り格子。

グリル鍋 新 電気加熱式の卓上調理器。取り外し可能な鍋・皿・蓋などが付いており、焼き物、炒め物、煮物、蒸し物などに幅広く利用できる。

クリンカー【clinker】①粉砕された鉱物を溶融温度で焼きかためたもの。特に、セメントの製造過程でできる塊状の物質。これを粉砕してセメントをつくる。②炉壁などに付着する灰やかす。

クリンチ【clinch】ボクシングで、形勢不利なとき、相手のパンチを防ぐため組みつくこと。

グリン ピース【green peas】完熟しないうちにとった青いエンドウの実。料理用に加工する。グリーン-ピース。

グル【guru】①ヒンズー教で、導師。教師。②転じて、コンピューターに関し高い技術をもち、他のプログラマーなどの指導的立場にある人。

クルー【crew】①船の乗組員。高級船員(オフィサー)を含めないことが多い。②ボート競技で、チームを組んで同じボートを漕(こ)ぐ選手たち。③航空機の乗員。操縦士・機関士・航空士・パーサーなどのチーム。④取材チーム。⑤ブレーク-ダンスなどで、同じチームの仲間。

グルー ガン【glue gun】熱で溶かした樹脂を接着剤として吐出する工具。ホット-ガン。

クルーザー【cruiser】①巡洋艦。②寝室などの居住設備をもち、外洋を航海できるヨットやモーターボート。

クルージング【cruising】①大型のヨット・モーターボート・帆船などによる周航。②自動車での長距離ドライブ。

クルーズ【cruise】客船による観光旅行。周遊船旅行。

クルーズ コレクション【cruise collection】秋冬と春夏の二大ファッション-シーズンの合い間に開かれる、寒い時期に南国や避暑地へのクルーズ(観光旅行)で着用するためのファッション発表会。クルーズ-ライン。

クルーズ コントロール【cruise control】自動車の速度を一定に保つ機能。オート-クルーズ。

クルーズ トレイン【和製 cruise ＋ train】新 鉄道で各地

を巡り観光するための豪華寝台列車。

グルーピー【groupie】芸能人に熱狂的につきまとう女の子。

グルービー【groovy】新 音楽の乗りがよいさま。

グルーピング【grouping】組み分けすること。

グルーブ【groove】音楽に乗った状態。その曲のリズムや雰囲気などが気持ち良く感じる状態。▷「レコード盤の溝」の意。

グループ【group】集まり。集団。仲間。

グループウエア【groupware】新 グループによる共同作業を効率的に行うためのソフトウエア。またそのシステム。メッセージの送受信、スケジュール・タスク・資料の作成・管理等の機能を持つ。

グループ ステージ【group stage】新 いくつかのグループに分けて行う予選。プール。グループ-リーグ。

グループ ホーム【group home】①保護者のいない児童や障害者などが援助を受けながら共同生活を営む施設。特に、少人数の知的障害者や精神障害者が就労しつつ、日常生活の援助を受けて共同で生活する施設をいう。②介護の必要な高齢者が共同生活をおくるための、個室と共用スペースを備えた小規模施設。介護保険制度ではサービス提供指定事業者としての指定を受けられる。グループ-リビング。

グループ リーグ【和製 group ＋ league】新 いくつかのグループに分けて行う予選。プール。グループ-ステージ。

グループ ワーク【group work】個人や集団が抱える問題に効果的に対処するため、グループ活動を通じて援助する社会福祉実践の一方法。ソーシャル-グループ-ワーク。→ケースワーク

グルーミー【gloomy】陰気なさま。憂鬱(ゆううつ)なさま。

グルーミング【grooming】新 ①髪やひげ、また全身を手入れし、清潔に保つこと。②動物の毛繕(けづくろ)い。③子どもに対する性暴力の準備として行われる懐柔行為。加害者が被害者に対して、当初は親身な態度を取ること。チャイルド-グルーミング。

クルエルティ フリー【cruelty-free】新 おもに化粧品の分野で、開発や製造の過程で動物実験や動物の殺傷を行っていないこと。「—-コスメ」

グルカゴン【glucagon】脊椎動物の膵臓(すいぞう)にあるランゲルハンス島から分泌されるホルモン。血糖量を増加させる作用がある。グリカゴン。

グルコース【glucose】炭素数6個の単糖類。デンプン・グリコーゲンの加水分解により得ら

れる。水に溶けて還元性を示す。遊離の状態で甘い果実の中に多量に分布し、ヒトの血液中にもわずかに存在する。動植物のエネルギー代謝の中心に位置する重要な物質。葡萄(ぶどう)糖。

グルコサミン【glucosamine】グルコースの水酸基がアミノ基で置換されたアミノ糖の一種。動物の皮膚・軟骨、甲殻類の殻に含まれる。

クルセーダー【crusader】①十字軍の戦士。②社会改革運動家。

グルタミン酸【glutamic acid】α-アミノ酸の一種。タンパク質の構成成分として広く分布する。カゼイン・グルテンの加水分解によって得られる。白色の結晶。生体内ではケトグルタル酸とアンモニアから生じ、他のアミノ酸の合成・分解に重要な役割を果たす。略号 Glu

グルチャ 新 グループ チャットの略。

グルテン【ドイツ Gluten】小麦粉などに含まれる各種のタンパク質の混合物で、灰褐色の粘り気のある物質。グルタミン酸を多量に含む。麩(ふ)の原料。

グルテン フリー【gluten free】新 食品にグルテンが入っていないこと。また、そのような食品のみを食べること。▷アレルギー対策などとして行う。→グルテン

クルトン【フランス croûton】賽(さい)の目に切ったパンを油で揚げるか、バターで焼いたもの。スープに浮かせる。

グルニエ【フランス grenier】屋根裏部屋。

グルマン【フランス gourmand】健啖(けんたん)家。大食漢。

グルメ【フランス gourmet】食通。美食家。

グレア【glare】視野における照度の分布が不均等なために、対象が見えにくくなったり、一過性の盲目状態になったりする現象。強い光を見たとき、また水晶体・ガラス体に混濁があるときなどに起こる。▷まぶしさの意。

グレア液晶 表面に光沢のある液晶画面。鮮やかな画面を楽しめる。光沢液晶。▷グレア(glare)はまぶしい光の意。

グレイ【gray; grey】⇨グレー

グレイシー柔術 ⇨ブラジリアン柔術

グレイン【grain】穀物。▷グレーンとも。

グレイン フリー【grain free】新 ペット-フードに穀物が入っていないこと。

クレー【clay】①粘土。②クレー射撃で、標的として飛ばす皿状のもの。粘土の素焼き、または石灰とピッチをまぜて固めたもの。クレー-ピジョン。③テニスのクレー-コート。表面を粘土または赤土

でおおったテニス-コート。

グレー【gray; grey】灰色。鼠(ねずみ)色。

クレー アニメーション【clay animation】粘土による造形を少しずつ変化させて、撮影・制作したアニメーション。

グレージュ【和製 英gray＋フランス beige】グレーとベージュの中間の色。

グレージング【glazing】新 ▷原義は「ガラスをはめる」意。グレイジングとも。①窓材などのガラス。②つや出し。

グレース【grace】優雅。優美。上品。気品。

グレーズ【glaze】①薄く溶いた透明な油絵の具で、すでに乾いた絵の具層の上に薄く塗ること。また、その薄い膜。輝きと深みを与える効果がある。グラシ。グラッシ。②魚を冷凍貯蔵する際、空気に触れて変質するのを避けるため魚の表面につくる薄い氷の被膜。③陶磁器の釉(うわぐすり)。

グレー スケール【gray scale】明度の異なる灰色を、白から黒まで数段階に塗り分けたもの。テレビや写真の露出調整などに用いる。

グレー ゾーン【gray zone】どっちつかずのあいまいな領域。判断が分かれるもの。中間領域。

アップデート 暴力団に所属しない反社会的人物を意味する「半グレ」という言葉。このグレの部分には複数の意味があるとされます。一つは「彼らがカタギとヤクザのグレーゾーンにいる」という意味。もう一つは「半分グレている」あるいは「半分愚連隊である」という意味です(なお愚連隊の語源は「ぐれる」で「愚連」は当て字)。

クレーター【crater】惑星・衛星などの表面にみられる噴火口状の地形。隕石(いんせき)の衝突や火山活動によるものとされる。

グレート【great】①偉大な。偉い。②大きな。巨大な。広大な。③素晴らしい。すてきな。

グレード【grade】階級。等級。

グレード アップ【和製 grade＋up】等級・品質を上げること。格上げ。

グレート ウォール【Great Wall】銀河系から約3億光年の遠方にある長さ10億光年にも達するとみられる大規模な銀河集団の壁。アメリカのゲラー(M.J.Gueller)らによって発見された。

クレードル【cradle】電子機器を、卓上に設置するための台。機器を設置した状態で、充電やデータの転送などが可能。クレイドル。▷揺りかご、受け台などの意。

グレービー【gravy】肉を煮たり焼いたりする時に出る汁。煮つめてソースに使用。ジュー。

クレープ【フランス crêpe; 英 crepe】①強撚糸(きょうねんし)を使って縮緬(ちりめん)のように布全体に細かい皺(しぼ)を出した織物。②小麦粉に牛乳・卵などを加えて溶き、鉄板上で薄く焼いた菓子。ジャムなどをくるんで食べる。

グレープ【grape】ブドウ。

グレープフルーツ【grape-fruit】ミカン科の常緑小高木。ザボンに近縁。果実はナツミカンほどで、ブドウのように房状に実る。果肉は軟らかく多汁。

クレープリー【フランス crêperie】新 クレープの専門店。クレプリ。

グレー ヘア【gray hair】新 灰色の髪。女性の自然な白髪など。シルバー-ヘア。

アップデート 40代~50代の女性の間で、自然な白髪を楽しむ人が少しずつ増えています。このヘアスタイルを紹介した書籍が2016年(平成28)に出版されたこと、有名芸能人による実践が知られるようになったことなどが背景にあります。なお18年の新語・流行語大賞では同語がノミネートされました。

クレーマー【claimer】苦情を申し立てる人。特に、本来の苦情の領域を超えて、あら探しのような苦情を企業に寄せたり、執拗に抗議を繰り返したりする人をさしていう。▷主張者、申請者などの意。

クレーム【claim】①商取引で契約当事者から出される損害賠償の請求を伴った苦情。②(一般に)苦情。注文。

クレーム【フランス crème】①クリーム。②濃厚で甘口のリキュール。

クレーム ダンジュ【フランス crémet d'Anjou】新 チーズケーキの一。チーズ(フロマージュブラン)、生クリーム、メレンゲを混ぜ合わせ、型に入れて冷やしたもの。果物やそのソースなどを添える。フランス北西部、アンジュー(Anjou)地方のデザート。

クレーム ブリュレ【フランス crème brûlée】⇨クリーム-ブリュレ

クレー モデル【clay model】粘土模型。自動車を開発する際、車体の形状を検討するために作る模型など。

クレーン【crane】重量物を動力でつり上げ、上下・左右・前後に移動させる機械。起重機。

グレーン【grain】ヤード-ポンド法の質量または重さの単位。1ポンドの7000分の1。薬量グレーンは薬量ポンドの5760分の1。ともに約0.0648gにあたる。ゲレン。記号 gr ▷穀物の意。

クレーン ゲーム【crane game】ゲーム-センターなどに置いてあるゲーム機の一。クレーンで景品をつかみ取るゲーム。

クレオール【creole】①(Cre-ole)新大陸で生まれたスペイン系の人々。②宗主国と植民地な

ク

どの二つの言語が混成した言語。母語とする話者をもつ点で、ピジンと区別される。③アメリカのルイジアナ州ニューオーリンズを発祥とするスペイン系の料理。スパイスの風味が強いのが特徴。また、トマトやピーマンを用いたピラフ料理をいうこともある。▷クリオール・クリオーリョとも。

クレカ クレジット-カードの略。

クレジット【credit】①商取引や金銭の貸借において、客に対する信用。商品やサービスを購入する際に、販売業者や金融機関が消費者に供与する。②月賦などの信用販売。③国際金融で、借款。④書物・記事などに文章や写真を使用したときに明記される、著作権者や写真提供者などの名。⑤スタッフ・キャストの名前を記した映画・テレビの字幕。クレジット-タイトル。▷信用の意。また、会計用語で貸方の意。

クレジット カード【credit card】信用販売に用いられるカード。決済手段などを定めた契約に基づき発行され、提示をすれば直接に現金を支払うことなく買い物や飲食ができる。

クレジット スコア【credit score】新 クレジット-カードにおいて、ある利用者の支払い能力を数値化した情報。

クレジット チャージ【和製 credit＋charge】 クレジット-カードからプリペイド型の電子マネーに入金を行うこと。電子マネーへの入金をクレジット-カードで決済する。

クレジット ヒストリー【credit history】クレジット-カード利用者の利用履歴。クレヒス。▷カード会社が、加入希望者の支払い能力を審査する際に参照する。

クレズマー【klezmer】東欧で発展したユダヤ音楽。バイオリンとクラリネットの演奏が特徴。クレッツマー。

クレセント【crescent】引き違い窓などの、半月形の締め金具。鍵の役割をする。

クレソン【フランス cresson】アブラナ科の多年草。ヨーロッパ原産。葉は卵形の小葉数対からなる羽状複葉。帰化して水辺の湿地に自生。また野菜として栽培される。

クレッシェンド【イタリア crescendo】音楽の強弱記号の一。次第に強くの意を示す。cresc. と略す。▷クレシェンドとも。

クレド【ラテン Credo】①ミサの式文の一。信仰宣言。「われは信ず、唯一の神」の句で始まる。②企業経営において、経営者や従業員が意思決定や行動の拠り所にする基本指針。▷簡潔かつ具体的な表現を用いる点、作成や改訂に従業員が関与できる点、実務に直結する点などが、経営理念や社訓などと異なる。

グレナディン シロップ【grenadine syrup】ザクロの果汁から作られる鮮紅色のシロップ。カクテルやシャーベットなどに用いる。▷ザクロの意のラテン語 granatum から。

クレバー【clever】賢いさま。利口な。

クレバス【crevasse】氷河や雪渓の深い割れ目。シュルント。

クレパス 顔料をワックスなどで練り、柔らかく固めた棒状の画材。クレヨンとパステルの中間的なもので、盛り上げ・重ね塗り・混色が容易。商標名。▷クレヨンとパステルの合成。

クレマ【(イタリア)crema】エスプレッソの表面にできる細かい泡。▷イタリア語でクリームの意。

クレマチス【(ラテン)Clematis】①キンポウゲ科センニンソウ属のテッセン・カザグルマなどの交配によって作られた園芸品種。つる性。花は萼辺(がくへん)が発達したもので、車輪状に平たく開く。②キンポウゲ科センニンソウ属の総称。

クレヨン【(フランス)crayon】パラフィンに顔料をまぜ、蠟(ろう)などで固めて棒状にした絵の具。クレオン。→コンテ(conté)

クレリック シャツ【cleric shirt】襟と袖口に白無地の生地を用いた色物や柄物(がらもの)のシャツ。

クレンジング【cleansing】①きれいにすること。特に、化粧を落とすこと。②クレンジング-クリームの略。化粧を落とすために使う油性クリーム。③エスニック-クレンジング。多数派が少数派の社会集団や民族を追放、場合によっては虐殺すること。民族浄化。

クレンリネス【cleanliness】清潔さを維持すること。

グロ グロテスクの略。

グロい 俗に、異様で気味が悪い。グロテスクな。▷グロテスクから。

クロイツフェルトヤコブ病 脳に異常型プリオンが蓄積することにより、脳の機能が障害される疾患。50～70歳代に多く発症し、性格の変化や失見当識などの症状から、急速に認知症症状が進行する。神経系の運動障害(震え・痙攣(けいれん)・麻痺(まひ))なども伴い1年以内に死に至るケースが多い。CJD。▷ドイツのクロイツフェルト(H. G. Creutzfeldt)とヤコブ(A. M. Jakob)が報告。

グロー【glow】グロー放電のとき管内のガス分子に電子が衝突して発する光。

グローカル【和製 glocal】国境を越えた地球規模の視野と草の根の地域の視点でさまざまな問題を捉えていこうとする考え方。グローカリズム。▷グローバル

(global)とローカル(local)からの造語。

クロークルーム【cloakroom】ホテル・劇場などで、客のコートや携帯品を預かる所。クローク。

クローザー【closer】野球で、勝っている状況で最後に登板する投手。アメリカでの呼称。▷日本では、抑え、ストッパーなどとよばれている。→セットアップ

グローサリー【grocery】食料雑貨店。また、食料雑貨類。

クロージング【closing】①閉じること。閉めること。しめくくり。結び。終結。②閉鎖。閉幕。閉店。③締め切り。決算。④取引所の大引け。⑤成約に至ること。契約を履行すること。

クローズ【close】閉じること。閉めること。閉店。終了。

グロース【gross】⇨グロス

グロース【growth】新 ①成長。発展。②東京証券取引所でスタンダードに次ぐ市場。成長が期待できる新興企業向け。2022年(令和4)4月、旧一部・二部・ジャスダック(スタンダード・グロース)・マザーズの各市場を再編して開設。グロース市場。東証グロース。→プライム・スタンダード ▷ growth market。

クローズ アップ【close-up】①映画撮影で、被写体を画面に大うつしにすること。大うつし。②対象となる事柄を大きくとり上げること。▷英語読みはクロース-アップ。

クローズド【closed】「閉じた」「閉じられた」の意で、外来語の複合語に用いられる。→オープン

クローズド キャプション【closed caption】新 テレビ番組・ビデオソフト・動画配信などで表示を選択できる字幕。狭義には、米国で開発された聴覚障害者用機器が表示する字幕を指す。CC。

グロース ハック【growth hacking】新 商品・サービス自体にオンラインマーケティングの仕組みを融合させ、伝統的なマーケティングを行った場合よりも効率のよい事業成長を実現する考え方。米国の起業家エリス(Sean ellis)が提唱。

クローゼット【closet】①⇨クロゼット ②秘密にすること。特に自分のセクシュアリティーを秘密にする場合に多く用いられる。

クローニング【cloning】クローンを作ること。特に、特定の遺伝子をもつDNA断片のクローンを作ること。

クローバー【clover】マメ科の多年草、シロツメクサの別名。倒卵形の小葉3個から成る複葉を互生。夏、白の蝶形花をつける。

グローバリズム【globalism】国際社会における相互依存関係の緊密化や通信手段の発達によ

る情報伝達の加速化などにより、世界を国家や地域の単位からではなく、それらを連関した一つのシステムとしてとらえる考え方。

グローバリゼーション【globalization】世界的規模に広がること。政治・経済・文化などが国境を越えて地球規模で拡大することをいう。グローバル化。㊂地球規模化

グローバル【global】①世界的な規模であるさま。国境を越えて、地球全体にかかわるさま。②情報・通信の分野で、範囲が全体に及ぶさま。ネットワークの範囲や、プログラミング言語における変数の適用範囲などについていう。㊂地球規模

グローバル ガバナンス【global governance】多様な価値が共生する世界をめざして、国家・組織・個人などの異なる利益を調整し、地球的な問題解決に地球的観点で取り組む動き。また、その結果構築される新しい秩序のこと。

グローバル戦略【global strategy】グローバリゼーション(政治・経済・文化などが地球規模で拡大すること)を前提として採用する戦略。特にビジネスでは、自国内にとどまらず地球規模の事業展開を行う戦略をいう。

グローバル コンパクト【Global Compact】㊗新 参加企業に対し、人権・労働・環境・腐敗防止に関する10原則の支持と実践を求める国際イニシアチブ。1999年の世界経済フォーラムで、当時の国連事務総長アナンが提唱した。国際連合グローバルコンパクト。

グローバル採用 日本企業の採用活動において、外国人も募集・採用の対象にすること。

グローバル サウス【Global South】㊗新 世界のグローバル化による利益から取り残された国や地域。アフリカや中南米など南半球を中心とした途上国や新興国。

グローバル資本主義 経済自由化を推し進めた国際市場において展開される、世界規模の資本主義。

グローバル スタンダード【global standard】①金融システムや経営システムなどにおいて、国際的に共通しているとされる理念やルールのこと。②工業製品などの国際標準規格。▷世界標準の意。

グローバル ヘルス【global health】㊗新 保健・医療の課題を、国・地域を越えた多様なセクターの連携によって解決しようとする取り組み。保健・医療の課題が、経済・社会・安全保障などの国際的リスクにもつながるという問題意識が背景にある。

クローブ【clove】丁字(ちょうじ)の

蕾(つぼみ)を干した香辛料。さわやかな香味があり、肉料理やシチューなどに用いられる。

グローブ【globe】①球体。②電球をすっぽり包みこむ電球傘。

グローブ【glove】①手袋。特にスポーツで用いるものについていう。②野球で、捕手・一塁手以外の選手が用いる、5本指の革製の捕球用手袋。グラブ。③ボクシングで用いる革製の手袋。ウエートにより重量の差が設けてある。

クローム【chrome】⇨クロム

グロー ランプ【glow lamp】蛍光灯についている点灯用の放電管。グロー-スターター。点灯管。

グローリー【glory】周囲の開けた山頂に霧があり、太陽光線が水平に近い角度で入射するとき、太陽を背にして頂上に立つと、その人の影が前面の霧の壁に映り、影の回りに光の輪が現れる現象。霧粒にさしこんだ光が回折して起こる。御光。後光。

クロール【ドイツ Chlor】塩素。クロル。

クロール【crawl】①泳法の一。ばた足で水をけり、両手で交互に水をかいて進む。最も速い泳法。②検索エンジンなどが、インターネットを自動巡回するクローラーというプログラムを使ってウェブサイトの情報を収集すること。クローリング。

クローン【clone】①1個の細胞あるいは個体から無性生殖によって増えた細胞群あるいは個体群。全く同一の遺伝子をもつ。クロン。②本物そっくりにまねた複製品。

クローン病 消化管、特に回腸の末端から盲腸にかけて好発する原因不明の慢性肉芽腫性腸炎。特定疾患の一。▷アメリカの医師クローン(B.B.Crohn)が1903年に報告。

クロコダイル【crocodile】ワニ目クロコダイル科に属する爬虫(はちゅうるい)類の総称。アリゲーター科のワニにくらべ、口先は先端にいくにつれて幅が狭くなり、口を閉じた時、下の第4歯が外から見える。性質は荒い。ナイルワニ・イリエワニ・アメリカワニなど。

クロス【cross】①交差すること。横切ること。②十字架。③サッカーで、タッチライン付近からゴール前に送るパス。

グロス【gloss】光沢があること。つやがあること。また、つや出し用の化粧品。

グロス【gross】①12ダース(144個)を一組みとして数える際の単位。②売り上げの総額。収入の総額。③正味(ネット、net)ではなく、容器や包みなどをふくめた重さ。④ゴルフで、ハンディキャップを差し引く前のスコアの総計。▷グロースとも。

クロスオーバー【crossover】ロック・ジャズ・ソウル・ラテンなど異なったジャンルの音楽の要素を混合すること。また、その音楽。▷交差の意。

クロス カルチャー【cross culture】異文化どうしの交差。

クロス カントリー【cross-country】野原・丘・森などを横断して走る長距離競走。

クロストーク【crosstalk】①ある回線を伝わる信号が他の回線に漏れること。伝送品質の劣化の原因となる。②対談。おしゃべり。雑談。

クロス プレー【cross-play; crossplay】▷多くの場合クロスプレーと記す。①異性装のコスプレ。②ネットワークゲームでのプレーのうち、異なるプラットホーム(異なる会社のゲーム機など)からプレーヤーが参加できる形式のこと。またその機能やサービス。「—機能」▷cross-platform play とも。

クロスボー【crossbow】⇨ボー-ガン

クロス ボーダー【cross-border】国境を超える。「—取引」「—M&A」

クロスメディア【cross-media】さまざまなメディアを戦略的に組み合わせること。▷メディア-ミックスが各メディアに予算を振り分けるだけであるのに対し、クロス-メディアはインターネットやモバイルを中心に据えて各メディアの相乗効果を狙った、より戦略的な展開。→メディア-ミックス

クロス ライセンス【cross licence】自社の技術を提供することを条件に、他企業から新しい技術を導入すること。相互技術供与。

クロス レビュー【和製 cross + review】雑誌などにおける批評記事の形式の一。批評対象と批評者をもれなく組み合わせて、各々の組み合わせによる批評や評価を列挙するもの。

クロゼット【closet】①衣類などを収納する戸棚。②トイレット-ルーム。▷クローゼットとも。

クロッキー【フランス croquis】対象を短時間でおおまかに写しとること。また、その絵。特にコンテなどを用いてモデルを手早く描くものをいう。略画。速写。

グロッキー ①疲れ切ってふらふらなさま。②ボクシングで、強く打たれてふらふらになること。▷グロッギー(groggy)から。

クロック【clock】①時計。②コンピューターで、デジタル回路の同期をとるための周期的信号。この周波数がクロック周波数で、その値が大きいほどコンピューターの実行速度が速い。

クロック マダム【フランス

croque-madame】 クロック-ムッシューに、半熟の目玉焼きなどをのせた、温かいサンドイッチ。

クロック ムッシュー 【フランス croque-monsieur】ハムとチーズをパンで挟んで表面を焼いた、温かいサンドイッチ。クロック。▷カリカリと音がする(croque)ことから。

グロッサリー 【glossary】 ある特定の作家や著作などの用語集。また、それを辞書風にしたもの。

グロット 【grotto】洞窟。洞穴。岩屋。

クロッフル 【croffle】新 ワッフル用の型で焼き上げたクロワッサン。▷ 2010 年代の末期に韓国で広まり、その後、世界各地でも親しまれるようになった。

グロテスク 【フランス grotesque】①異様で気味の悪いさま。不快になるほど異常なさま。グロ。②装飾文様の一。怪異な人物や生物などを曲線模様にからませた文様。

クロニクル 【chronicle】記録。年代記。編年史。

クロノグラフ 【chronograph】①ごく短い時間間隔を、精密に記録する装置。②ストップウオッチの機能もある携帯時計。

クロノス 【Khronos】 ギリシャ神話で、ウラノスとガイアの子。ゼウスの父。自分の子に主権を奪われるとの予言により、生まれた子を次々に飲みこむが、難を逃れたゼウスにより、冥府(めいふ)に幽閉された。ローマ神話のサトゥルヌスと同一視された。

クロノメーター 【chronometer】①天文観測・経緯度観測・航海などに用いる、精度の高い携帯用のぜんまい時計。現在では水晶の固有発振を利用したものが使われている。時辰儀。経線儀。②国際的に公認された機関の検定に合格した高精度の時計に与えられる名称。

クロマ キー 【chroma key】テレビで用いられる画面合成技法。色合いの差によってある被写体だけを抜き出し、別の画面にはめこむもの。

クロマチック 【chromatic】「半音の」「半音階の」の意。多く複合語として用いる。

クロマトグラフィー 【chromatography】混合物の分析法の一。固体または液体の固定相(吸着剤)中で、液体または気体の移動相(展開剤)に試料を加えて移動させ、試料混合物の各成分の吸着性や分配係数の差に基づく移動速度の差を利用してそれぞれを分離する方法。分離・精製・同定・定量に用いられる。→ガス-クロマトグラフィー

クロマニヨン人 1868 年、フランス南西部のクロマニヨン(Cro-Magnon)岩陰遺跡で発見

された化石人骨。同類の人骨はその後ヨーロッパ各地で発掘された。身長は高く、約1.8メートル。年代は約4万~1万年前と推定される。新人に属し、後期旧石器文化をもつ。

クロム【ドイツ Chrom】6族(クロム族)に属する遷移元素の一。元素記号Cr　原子番号24。原子量52.00。銀白色で光沢ある硬い金属。強磁性。耐食性が強く、めっき用・合金材料として用いられる。クローム。

グロリア【ラテン gloria】①キリスト教で、「栄光あれ」の意。②通常のミサに用いられる祈禱(きとう)文の第2段。歓喜を表す。また、多声ミサ曲の第2楽章。③経(たて)糸を絹、緯(よこ)糸を梳毛(そもう)で斜文織りにした薄地の織物。傘地や婦人服地に用いる。

クロレラ【chlorella】緑藻類クロレラ目の淡水藻。原生動物や海綿の細胞中に共生。体は微小な球形で中に葉緑体一個があり、光合成能力は大きく繁殖力旺盛。飼料・飲食品・化粧品などに混入するほか、汚水浄化に利用。

クロロフィル【chlorophyll】葉緑体に含まれる緑色色素。光合成で中心的役割を果たす。葉緑素。

クロロホルム【chloroform】無色揮発性で甘いような特有のにおいのある液体。メタンを塩素と反応させてつくる。有機化合物の溶剤、フロンの原料。以前は外科手術の吸入用麻酔剤として使われた。トリハロメタンの主成分。

クロワッサン【フランス croissant】バターをたっぷり使った軽い三日月形パン。三日月パン。

グワカモレ【スペイン guacamole】⇨ワカモレ

グワッシュ【フランス gouache】不透明水彩絵の具の一。また、それを用いた絵画や画法。水溶性のアラビアゴムを媒剤とする。ガッシュ。グァッシュ。

クンニ　舌や唇でする女性性器への愛撫(あいぶ)。▷クンニリングス(cunnilingus)から。

ケ

ケア【care】①世話・保護・介護・看護など、医療的・心理的援助を含むサービス。②心づかい。配慮。③注意。手入れ。管理。案 手当て／介護

ケア ハウス【和製 care＋house】軽費老人ホームの一。高齢者の生活に配慮した構造や設備をもつ集合住宅で、入浴・食事などのサービスが提供されるも

の。

ケア プラン【care plan】介護保険制度で要介護認定を受けた場合、本人の希望や必要性に応じて利用限度額・回数のなかでどのようなサービスを組み合わせて受けるかの計画。自分でも作成できるが、依頼すれば介護支援専門員が作成する。介護サービス計画。

ケア マネージメント【care management】①保健・医療・福祉の専門家や機関が、相互に協力し合い、総合的な福祉サービスを施すこと。ケース-マネージメント。②介護保険制度下で、個々人の要求に対応し、各種サービスを調整して適切で効果的なケアを提供すること。

ケア マネジャー【care manager】介護保険制度で、要介護認定の訪問調査やケア-プラン作りなどを行う専門職。都道府県が行う資格試験の合格後、研修を受けたのち資格認定がなされる。介護支援専門員。ケア-マネ。

ケアラー【carer】新 家族など身近な人の介護・看病・世話などを無償で行う人。▷報酬を得て介護するケア-ワーカー等は含まない。

ケアレス ミス【careless mistake】注意していれば防げたはずの間違い・失敗。

ケア ワーカー【和製 care＋worker】高齢者や障害者など日常生活の援助を必要とする者に、衣服の着脱・入浴・食事などの介助を行う職業。

ゲイ【gay】同性愛の人。特に、男の同性愛者。

ケイジャン【Cajun; Cajan】①アメリカ、ルイジアナ州南部のフランス系住民。②同地方の郷土料理。

ケイパー【caper】フウチョウソウ科の落葉低木。南ヨーロッパ原産。つぼみはピクルスにすると独特の風味がある。ケッパー。

ゲイン【gain】①利益。利得。収益。②電子回路の増幅度。

ケインジアン【Keynesian】ケインズ学派の経済学者。

ケインズ経済学 ケインズ(J. M. Keynes)が打ち立てた経済学。有効需要の水準によって国民所得と雇用とが決まるとし、政府による有効需要の管理の重要性を説く。

ケーキ【cake】洋風の生菓子の総称。特に、スポンジ-ケーキを台にして、クリームや果物を加えた菓子。

ケーキ缶 新 円筒状の容器にケーキを入れたもの。また、その形態の商品。飲料缶に似た形状の透明容器を使う場合、側面からの見た目も楽しめる。2021年(令和3)ごろ流行。

ケーキポップ【cakepop】ロリ

ポップ(棒付きキャンデー)に似た形のケーキ。棒に一口サイズのケーキを付けて、チョコレートなどでコーティングする。

ケーク サレ【フランスcake salé】フランスの、甘くないケーキ。野菜やチーズ、ハーブなどが入ったパウンド-ケーキ。▷塩ケーキの意。

ケージ【cage】①鳥かご。おり。②エレベーターの、人や荷物をのせる箱状の室。③危険防止のため、ハンマー投げ・円盤投げの投擲(とうてき)者やバッティング練習の打者のまわりにめぐらせた金網。

ゲージ【gauge】①鉄道線路の内側の距離。軌間。②機械工作物の寸法や形状を測定する際に基準となるもの。また、測定のための計器。③編み物で、一定の寸法内にある編み目の目数・段数。④電磁気学において、電磁ポテンシャルの値に対する規準の与え方。ゲージ関数。

ケース【case】①物を入れる容器・入れ物。②展示用のガラス張りの箱。③事例。場合。

ケース スタディー【case study】一つの社会的単位(個人・家族・集団・町など)を事例として取り上げ、その生活過程を社会的・文化的背景と関連させながら詳細に記述し、そこから一般法則を見いだしていく研究法。事例研究法。ケース-メソッド。案 事例研究

ケース バイ ケース【case-by-case】個々の事情に即した、適切な対応をすること。

ケースワーカー【caseworker】ケースワークに従事する専門職。

ケースワーク【casework】何らかの社会的援助なしには、精神的・身体的・社会的な生活上の問題を解決できない個人や家族に対して、個別的にその問題解決を援助する社会福祉実践の一方法。ソーシャル-ケースワーク。→グループ-ワーク

ケーソン【caisson】水中あるいは軟弱な地盤や地下水などの多い所で土木工事を円滑に行うために用いるコンクリート製の箱。圧縮空気を送り、中で掘削などの作業をする。潜函(せんかん)。

ケータイ 携帯電話の俗称。▷1990年代後半の若者言葉が一般化した。

ケータリング【catering】①パーティー会場などに出張し、そこで料理をつくって提供すること。食卓の設営や配膳なども行うことが多い。②家庭に料理を配達すること。また、その料理。

ケーデンス【cadence】自転車のペダル(クランク)の回転数。毎分当たりの回転数(rpm)で表す。▷原義は動きなどの一定の調子の意。

ゲート【gate】①門。出入り口。関門。搭乗口。②競馬で、スター

ト時に馬を入れて一斉に発馬させるために用いる前後に扉のついた仕切り。スターティング-ゲート。③電界効果トランジスタの電極の一。ソースとドレーンの間に流れる電流を制御する。通常のトランジスタにおけるベースに対応。④入力信号を切断したり接続する回路。コンピューターなどでは、アンド(and)やオア(or)のような基本演算を行う電子回路。通常、数個のトランジスタにより構成されている。ゲート回路。

ゲート アレイ【gate array】時間的・経済的な製造効率を上げるため、内部の回路設計を特定の目的ごとに行わずに、基本的な回路を組み合わせてつくるLSI。

ゲートウエー【gateway】①(通行を制御可能な)出入り口。②異なる通信ネットワークを接続する役割を持つ装置やソフトウエア。▷ゲートウェイとも。

> アップデート 2020年(令和2)3月14日、東京都港区で高輪(たかなわ)ゲートウェイ駅が開業。山手線として49年ぶりの新駅であることだけでなく、同路線で初めてカタカナが入った駅名であることも注目されました。このゲートウェイという命名は、江戸時代の高輪にあった大木戸(都市の玄関にあたる関門)に由来します。

ゲートキーパー【gatekeeper】①門番。②ネットワーク上でゲートウェイに対してその機能を制御すること、またはそれを行うコンピューター。③投資などでそのリスクを評価したり、コンサルティングを行う専門家。

ゲート ボール【和製 gate＋ball】スティックでボールを打ち3個のゲートを順に通過させ、最後に中央のゴール-ポールに当てて上がりとする競技。日本で考案された。

ゲートル【フランス guêtres】ズボンの裾(すそ)を押さえて、足首から膝(ひざ)まで覆うもの。多く軍服用。1枚の厚布や皮革製で脇でとめるもの、小幅の布を巻きつけるもの(巻きゲートル)などがある。日本では後者をいうことが多い。

ケーパビリティー【capability】能力。才能。可能性。将来性。

ケープ【cape】肩から背・腕を覆う釣り鐘形の外衣。

ケーブリング【cabling】ケーブルの配線。

ケーブル【cable】①針金や麻をより合わせてつくった、太くて丈夫な綱。②多数の電線をそれぞれ絶縁して束ね、外被をかぶせたもの。③海底電線。④海上で用いる慣習的な長さの単位。1ケーブルは200〜240ヤード。

ゲーブル【gable】住宅建築などで、切妻(きりづま)のこと。

ケーブル テレビ【cable television】アンテナを用いずに、映像を同軸ケーブル・光ファイバー-ケーブルを用いて伝送する有線のテレビ。双方向通信が可能。回線は電話・インターネットにも用いられる。有線テレビ。CATV。▷CATVは、元来community antenna television(共同体アンテナ-テレビ)の略で、難視聴地域解消のために導入された。

ケーブルレス【cableless】新 機器どうしが、ケーブルによって接続されていない状態。「—で無線接続する」

ゲーマー【gamer】ゲームをする人。またはゲームで遊ぶことを趣味にする人。主にビデオ-ゲームの分野でいう。

ゲーミフィケーション【gamification】ゲームをデザインする際の手法をサービスやシステム構築、課題解決などに利用すること。

ゲーミングPC【gaming PC】ゲーム-ソフトの利用に適した仕様を持つパソコン。高機能のグラフィックス-カードを搭載したパソコンなど。

ゲーム【game】①(勝ち負けをあらそう)遊び。遊技。②(スポーツの)試合。競技。また、その回数。③テニス・卓球などのセットを構成する単位。④ゲーム-セットの略。試合終了。

ゲーム チェンジャー【game changer】新 形勢・動向を大きく変える存在。試合の流れを変える選手や、市場競争の仕組みを変える画期的ビジネスや企業などのこと。

ゲームの理論 利害の対立する事態にある集団の行動を数学的にとらえる理論。ゲームにおけるプレーヤーの行動様式をモデルにしたもので、経済現象の分析や軍事的シミュレーションなどに応用される。▷1940年代、数学者のフォンノイマン(J.von Neumann)と経済学者のモルゲンシュテルン(O.Morgenstern)によって創始。

ゲーム メーカー【game maker】サッカーなどで、状況を的確につかみ、攻守の組み立てを行う中心的選手。

ケール【kale】アブラナ科の一、二年草。キャベツの類だが結球せず茎が立ち、葉は長楕円形・円形で茎の上部に密生する。料理の飾りに用い、また、しぼった青汁を飲用する。飼料にも用いる。

ケサディーヤ【スペイン quesadilla】新 トルティーヤにチーズなどの具材を挟んで焼いた料理。メキシコなどで親しまれている。ケサディージャ。

ケジャン新 ワタリガニを調味料に漬け込む料理。ゲジャン。「カンジャン—(=醤油に漬けたもの)」「ヤンニョム—(=辛味調味料に漬けたもの)」▷朝鮮語。

ケ

ゲシュタポ【ドイツ Gestapo】1933年に組織されたナチス-ドイツの秘密国家警察。超法規的な強い権限を有し、反対派・ユダヤ人・占領地住民などに対してテロ・弾圧を加えた。

ゲシュタルト【ドイツ Gestalt】哲学・心理学で、一つの図形やメロディーのように、個々の要素の総和以上のまとまった意味と構造をもち、変化・変換を通じて維持される形姿。形態。

ゲス【guess】推測すること。憶測すること。推定。当て推量。

ゲスい 俗に、品性が下劣な様子。▷下衆(げす)の形容詞化。

ゲスト【guest】①客。招待客。→ホスト・ホステス ②臨時の出演者。→レギュラー ③ホスト-コンピューターに一時的な接続を許可された端末。

ゲスト スピーカー【guest speaker】招待により講演や演説などを行う人。

ゲストハウス【guesthouse】①訪問者のための宿泊施設。②安価な宿泊施設。▷元来は高級下宿をいう語。

ケ セラ セラ【スペイン Que será será】「なるようになるさ」の意。アメリカ映画の主題歌の名から広まる。

ゲゼルシャフト【ドイツ Gesellschaft】社会類型の一。人間がある目的達成のため作為的に形成した集団。基本的に合理的・機械的な性格をもち、近代の株式会社をその典型とする。近代社会は共同社会に対してこの利益社会が優越的であるところから、近代社会の性格を示す言葉としても使われる。利益社会。→ゲマインシャフト

ケタミン【ketamine】麻酔薬の一。大量摂取すると幻覚や妄想、離脱感を引き起こす。日本では麻薬に指定。▷俗称は「スペシャルK」など。

ケチャ【インドネシア kechak】インドネシア、バリ島の民俗芸能。円陣を組んだ男性の、忘我状態に至る単純な身振り・発声に合わせて、ラーマーヤナなどを題材とする舞踊芸を行うもの。治癒儀礼に起源をもつ。

ケチャップ【ketchup】野菜などを煮て裏ごししたものに、調味料・香辛料を加えて煮つめたソース。普通、トマトを主原料にしたものをさす。

ゲッ ツー【get two】⇨ダブル-プレー

ゲット【get】①アイス-ホッケー・バスケットボールなどで、得点すること。②若者言葉で、手に入れること、獲得すること。ゲッツ。

ゲットー【ghetto】①ヨーロッパの都市で、ユダヤ人が強制的に居住を指定された区域。20世紀にはほとんど消滅。ユダヤ人街。

②第二次大戦中、ナチス-ドイツが設けたユダヤ人強制収容所。③特定の人種や社会集団の居住する区域。

ケトル【kettle】やかん。湯わかし。

ケトルベル【kettlebell】薬缶(やかん)に似た形状のダンベル。錘(おもり)となる本体に取っ手が付いている。▷kettle(薬缶)とdumbbellから。

ケナフ【kenaf】アオイ科の一年草。茎の繊維で網や布を作るために栽培される。二酸化炭素を多く吸収し生長が早い。また、その繊維は木材パルプの代替物として製紙に用いられる。

ゲネプロ 演劇・オペラ・舞踊などで、初日の前日に本番と全く同じ手順で行う総稽古(けいこ)。ゲネ。▷ドイツ Generalprobeから。

ゲノム【ドイツ Genom】配偶子に含まれる染色体あるいは遺伝子の全体。普通の個体(2倍体)の細胞は雌性配偶子と雄性配偶子に由来する2つのゲノムをもつ。3つまたは4つのゲノムをもつものは、それぞれ3倍体・4倍体という。

ゲバ ゲバルトの略。

ケバブ【トルコ kebab】中東で、焼き肉料理の総称。ドネル-ケバブ(回転焼き肉)、シシ-ケバブ(シシ-カバブ、串焼き肉)など。→シシ-カバブ

ゲバルト【ドイツ Gewalt】主に学生運動で、権力に対する実力闘争をいう。ゲバ。

ゲマインシャフト【ドイツ Gemeinschaft】社会類型の一。血縁に基づく家族、地縁に基づく村落、友情に基づく都市などのように、人間に本来備わる本質意思によって結合した有機的統一体としての社会。共同体。協同体。共同社会。→ゲゼルシャフト

ケミカル【chemical】「化学的」「化学的に製した」の意で他の語と複合して用いられる。

ケミカル ウォッシュ【和製 chemical ＋ wash】ジーンズなどのデニム製品を、化学薬品で洗い脱色すること。

ケミカル ピーリング【chemical peeling】グリコール酸などの弱い酸を塗布して皮膚表面や毛穴の古い角質を剝離(はくり)し、新しい角質の再生を促す治療・美容法。

ケミカル ライト【chemical light】新 化学発光を利用したライト。棒状・輪状などのものがある。暗所での警備・案内、イベントやパーティーの演出などに利用される。▷商標名はサイリウム、サイリューム、サイリュウムなど。

ケミカル レザー【和製 chemical＋leather】合成皮革。

ケミストリー【chemistry】①化学。②相性。また比喩としての

化学反応(組み合わせによって起こる意外な変化)。

ゲラ ▷galleyから。①活字組版を収める箱状のもの。②活字組版を①に収めたまま、校正用に刷ったもの。また広く、校正用に刷ったもの。校正刷り。ゲラ刷り。

ケラチン【keratin】毛髪・爪・ひづめ・角・羽毛などの主成分となっている硬タンパク質の総称。水に溶けにくく安定している。角質。

ゲリマンダー【gerrymander】自党に有利になるように選挙区の区割りをすること。▷1812年アメリカのマサチューセッツ州知事E.ゲリーが自党に有利になるようにつくった選挙区の形が、伝説上の怪物サラマンダー(火蛇)に似ていることを反対派が風刺したのに始まる。

ゲリラ【guerrilla】敵の後方や敵中を奇襲して混乱させる小部隊。遊撃隊。▷スペイン語で、小戦争の意。

ゲリラ豪雨 都市で局地的に短時間だけ降る集中豪雨。ヒート-アイランド現象も要因の一つと見られている。▷気象学上の定義はなく、発生の予測が難しいことからゲリラとよばれる。

ゲリラ ライブ【和製 guerrilla+live】ミュージシャンが告知なしで突然行うライブ演奏。

ゲル【ドイツ Gel】ゾルが流動性を失って固化した状態。コロイド粒子が互いにつながりあって立体網目状構造をとり、その空間を水などの液体が満たしている状態。固化した寒天やゼラチン、シリカゲルなど。弾性のある一様なゲルを一般にゼリーという。ジェル。→ゾル

ゲル【gher】⇨パオ

ゲル インク【gel ink】増粘剤を加え、半固形のゲル状にしたインク。ボールペンなどに利用される。ゲル-インキ。

ケルティック【Celtic】他の外来語の上に付いて「ケルトの」「ケルト民族の」「ケルト式の」の意を表す。「—-クロス」

ケルト【Celt】インド-ヨーロッパ語族に属する民族。紀元前ヨーロッパに広く分布、前5~1世紀に活躍したが、ゲルマン・ローマの発展により衰退。現在はアイルランド・ウェールズを構成する主要民族。

ゲルニカ【スペイン Guernica】ピカソの代表的な絵画作品。スペイン内乱の際、スペイン北部バスク地方の小さな町ゲルニカに対するナチスの無差別爆撃に抗議して描かれた。

ケルビン【kelvin】SI(国際単位系)の熱力学温度(絶対温度)の基本単位。ボルツマン定数の値を正確に1.380649×10^{-23}と定めることによって設定され、ボルツ

マン定数と秒・メートル・キログラムの定義から導き出される。記号K　▷2018年11月改定され、2019年5月から導入された。イギリスの物理学者W. T. ケルビンにちなむ。

ケルベロス【Kerberos】ギリシャ神話で冥府(めいふ)に通じる入口の番犬。二つないし三つの頭をもち、蛇の尾をもつ姿あるいは首や胴体から何匹もの蛇が頭をもたげる姿で表される。ヘラクレスによって地上に引きずり出されたが、のち冥府に再び戻されたという。

ゲルマニウム【ドイツ Germanium】14族(炭素族)元素の一。元素記号Ge　原子番号32。原子量72.61。やや青みがかった灰白色の結晶。ケイ素と並ぶ典型的な半導体で、トランジスタやダイオードなどに利用される。

ゲルマン【ドイツ Germane】ゲルマン語派に属する民族。バルト海沿岸を原住地とし、北部ヨーロッパ一帯に部族国家を築き、農耕牧畜に従事した。民族大移動期には各地で王国を建設した。

ケルン【cairn】山頂や登山路に石を積みあげて、記念や道標とするもの。

ケレン　①演劇で、軽業的な手法を用いた演出。大道具・小道具の仕掛け物や、宙乗り・早替りなど。②他人の気を引いたり、自分を正当化したりするための、おおげさで不自然な言動。ごまかし。はったり。▷「外連(けれん)」から。

ゲレンデ【ドイツ Gelände】スキーができるように整備した場所。▷土地の意。

ケロイド【ドイツ Keloid】火傷や切り傷のあとなどにできる瘢痕(はんこん)組織が過剰に増殖し隆起したもの。

ケロシン【kerosene】灯油。ロケット燃料などにこの名で使われる。

ケンタウロス【Kentauros】ギリシャ神話で、半人半馬の怪物。テッサリアなどの山岳森林地帯に住む野蛮な部族。近隣のラピタイ族の王ペイリトオスの婚礼に招かれ、酔って花嫁や他の女たちに乱暴しようとして大乱闘となったが、ラピタイ族に制圧され土地を追われたという。複数形ケンタウロイ。

ケンネル【kennel】①犬小屋。②犬を売買する店。

コ

コア【core】①物の中心部。核。②地球の核。③コイルなどの鉄心。④鋳物の中子(なかご)。⑤原子炉の炉心。⑥建物で、共用施設をまとめて設置した所。⑦非常に熱心であるさま。また、その人。→コア-システム 案 中核

コア カリキュラム【core curriculum】学習者の現実生活の問題解決の学習を中核におき、その周辺に基礎的な知識・技術を学習する課程を配する教育課程。

コア コンピタンス【core competence】企業が競合他社に対して圧倒的に優位にある事業分野や、他社にはない独自の技術やノウハウを集積している中核となる部門。コア-コンピテンス。

コア シーピーアイ【core CPI】新 消費者物価指数(CPI)から、数値の変動が激しい品目を除いた指数の通称。日本では生鮮食料品を除く。コア CPI。▷さらにエネルギーを除いた指数をコアコア CPI と呼ぶが、国際的にはこれをコア CPI と称することが多い。

コア システム【core system】建築計画の一方式。階段・エレベーター・便所などの共用施設を建物の各階の同じ位置にまとめて設置し、その周囲に事務室または居住室を配置する方式。

コア タイム【core time】フレックス-タイム制で、必ず就労していなければならない時間帯。

ゴア テックス【Gore-Tex】透湿防水性素材の一。微細な孔をあけたフッ素樹脂(ポリテトラフルオロエチレン)の膜。汗などの蒸気は逃す。むれない防水加工が得られる。商標名。▷アメリカの化学者 W. L. Gore の発明。

コア バリュー【core value】企業やブランドなどが有する中心的な価値観。

コアラ【koala】有袋類の一種。尾は痕跡的に残るのみ。子グマに似た姿をしている。雌の腹部には育児嚢(のう)がある。樹上生活をし、ユーカリの葉だけを食べる。性質は温和で、動作は緩慢。オーストラリア東部に分布。コモリグマ。

コアントロー【フランス Cointreau】キュラソーの一種。食後酒のほか、健胃薬としても用いられる。商標名。

コイル【coil】①線を円形または円筒形に巻いたもの。②導線を①のように巻いたもの。インダクタンス素子として用いる。

コイン【coin】①硬貨。②硬貨に似た役割を持たせた物やデータ。またその単位。

コイン トス【coin toss】サッカー・ラグビーなどで、先攻・後攻を硬貨の表裏で決めるために、硬貨を親指ではじき上げること。

コイン ランドリー【coin laundry】硬貨を入れると作動する自動洗濯機や乾燥機を置き、客が洗濯できるようにした店。

コエンザイム キュー テン【Coenzyme Q10】生体内のエネルギー生産にかかわる補酵素の一。人間の体内のすべての細胞に存在する。抗酸化作用があり心筋代謝改善薬、栄養補助食品として用いられる。ビタミンと同じような働きをすることからビタミンQともいわれる。CoQ10(コーキューテン)。ユビキノン。

コーカソイド【Caucasoid】白色(はくしょく)人種。

コーキング【caulking】①窓枠の周囲、部材の接ぎ目などの小さいすき間にパテ状の充塡(じゅうてん)材を詰めること。②リベット継ぎ手からの流体の漏出を防ぐため、リベット締めをする方の鉄板の縁をたがねで打って地と密着させること。

コーク【cork】新 ⇨コークスクリュー③

コークス【ドイツ Koks】石炭を高温で乾留して揮発分を除いた灰黒色・多孔質の固体。発熱量が大きく、燃料として重要。また、冶金やガスの製造などにも用いる。

コークスクリュー【corkscrew】新 ①螺旋(らせん)状の釘のあるコルク栓抜き。②①のような斜めの紋の表れる綾織物。一本綾。③スノーボードやbmxなどで、横方向と縦方向の回転を同時に行う空中技。コーク。

ゴーグル【goggle】①目の部分をすっぽりおおう大形の眼鏡。登山やスキー、オートバイに乗るときなどに使う。②バーチャル-リアリティー(VR)などで用いるメガネ状の表示装置。

コージェネレーション【co-generation】1種類のエネルギー源から複数のエネルギーを取り出すこと。特に、発電の際に生じる熱エネルギーを再度発電に利用すること。廃熱発電。熱電併給。熱併給発電。▷コジェネレーションとも。案 熱電併給

コーシェル【kosher】ユダヤ教の食事規定。カシュルート。カシュル。コーシャー-フード。コーシェ。コーシャ。

コーシャ【kosher】⇨コーシェル

ゴージャス【gorgeous】きらびやかで、ぜいたくなさま。豪華。豪奢。

コーション【caution】用心。注意。警戒。

コース【course】①進んで行く時にたどる一定の道筋や順序。進路。②スポーツの競技を行う、区分けされた進路。③その中から選択するように設定された枠組や過程。④物事が進行する道筋。⑤西洋料理で、一組になった料理。

コースター【coaster】①遊園地にある、起伏のあるレールの上を疾走する乗り物。②コースター

-ブレーキの略。自転車の後輪車軸に取り付け、ペダルを逆に回すと作動する。③コップや杯の下に敷くもの。④食卓上で、洋酒などを載せておく盆。

コースタル【coastal】新 ①他の言葉の上に付いて「海岸の」「沿岸の」の意を表す。②建物・インテリアなどが、海辺にあるリゾート施設のような雰囲気を持つ(多くは白を基調とする)さま。他の言葉の上に付いて、その意を表すこともある。③コースタルローイングの略。オープンウオーターで行うボート競技。

コースト【coast】沿岸。海岸。

ゴースト【ghost】①幽霊。②テレビ(アナログ方式)の画像に建物などの反射電波の影響でできる二重像や乱像。ゴースト-イメージ。③逆光で写真撮影した時、レンズの縁などに光が反射したためにできる光の輪。④回折格子の格子間隔が不規則なために、回折スペクトルの両側に重複してできるスペクトル像。

ゴースト タウン【ghost town】鉱山の廃止などで住む人がいなくなって荒れ果てた街。幽霊都市。

ゴースト ライター【ghost writer】著者になりかわって文章や作品を執筆する人。

ゴースト レストラン【ghost restaurant】新 配送専門で実店舗を持たない飲食店。調理場のみで営業を行う。フードデリバリーのサービスを用いて、料理の受注と配送を行う。デリバリーレストラン。クラウドキッチン。

コーダ【coda】(children of deaf adults)聴覚障害者である親のもとに生まれ育った耳の聞こえる子ども・人。

コーダ【イタリア coda】一つの楽曲や楽章、または楽曲中の大きな段落の終わりに終結の効果を強めるためにつけ加える部分。結尾部の終結部。楽曲中の小規模なコーダは特にコデッタ(小結尾)ともいう。

ゴーダ【Gouda】オランダ、ゴーダ地方原産のチーズ。硬質で風味にくせがない。プロセス-チーズの原料にも多く用いられる。

コーダー【coder】①符号器。エンコーダー。 ②コンピューターで、プログラムを作成する(コードを書く)人。コーディングする人。

コーチ【coach】①運動競技の技術を指導すること。また、それをする人。コーチャー。②コーチングを行う専門家。相手が定めた目標を達成できるようコミュニケーションによってサポートする。→コーチング

コーチング【coaching】①コーチをすること。技術を指導すること。②目標を達成するために必要な能力や行動をコミュニケー

ションによって引き出す、ビジネスマン向けの能力開発法。

コーデ コーディネートの略。女性誌で多くみられる表現。

コーディアル【cordial】①心からのようす。誠実なさま。真底からの。②ライムなどの果実風味の甘いアルコール飲料。

コーディガン新 コートのように身丈が長いカーディガンのこと。▷コートとカーディガンから

コーディネーター【coordinator】①物事が円滑に行われるように、全体の調整や進行を担当する人。②全体の統一性を考え、衣服や装身具の組み合わせの助言や決定をする人。ファッション-コーディネーター。

コーディネート【coordinate】①物事を調整し、まとめること。②衣服や装身具などで、色・材質・形などを調和させて組み合わせること。コーデ。

コーティング【coating】①表面を薄い膜で覆うこと。②光が入射する際の反射損失を防ぐため、レンズの表面にフッ化マグネシウムなどの薄い膜をつくること。③耐熱・防水加工のために、木材・布地などをゴム・パラフィン・合成樹脂などでおおうこと。

コーディング【coding】①一連の情報を適切な符号系を定めて符号に変換すること。符号化。②プログラム言語を用いて、プログラムを作成すること。

コーデック【codec】情報を符号化・復号化する装置やソフトウエア。映像をデジタル-データに変換し、それをアナログ-データとして再生する場合など。▷符号器(coder)と復号器(decoder)から。

コーデュロイ【corduroy】縦方向に毛羽のある畝(うね)を表した織物。摩擦に強いので洋服地・足袋地にする。コール天。▷語源は王の綱、の意のフランス語。

コート【coat】①寒さや雨などを防ぐため、またおしゃれのために、外出の時に衣服の上から着るもの。洋服の上に着るオーバーコート・レーンコートや、和服の上に着る東(あずま)コートなど。②スーツの上着。③物の表面を薄く覆うこと。またその技法や素材。コーティング。④動物の被毛。

コート【court】①テニス・バレーボール・バスケットボールなどの球技を行う長方形に仕切られた競技場。②一画。区画。「フードー」③中庭。「一ハウス(=中庭付きの住宅)」④法廷。裁判所。

コード【chord】①(弦楽器の)弦(げん)。②和音(わおん)。

コード【code】①規則。規定。特に、新聞社・放送局が番組・紙面の作成の指針として設ける倫理規定であるプレス-コードなどをいう。②通信やコンピューターに

おける、データの表現規則。また、その符号。③コンピューターのソース-プログラム。

コード【cord】①ひも。細引き。②細い銅線の束に、ゴム・ビニールなどの絶縁被覆を施した電線。

ゴート【goat】①ヤギ。②山羊座。

コード決済 スマートフォンなどによる決済のうちQRコードを用いるもの。店側がコードを表示して利用者側が読み取る方式とその逆がある。実際の支払いは連携したカード口座などを通じて行う。QRコード決済。

コードシェア【codeshare】提携航空会社どうしが路線ネットワークを活用しあい、座席や販売などを提携して運航すること。共同運航。路線提携。

コード ネーム【chord name】ジャズやポピュラー音楽で用いる和音の記号。例えばCm.・G7など。

コードバン【cordovan】スペインのコルドバ産のヤギ皮で製した、つやのあるなめし革。また、これに似せた、馬の背・尻からとったなめし革。靴・ベルトなどを作る。

コードレス【cordless】コード不要の。コードなしの。

コーナー【corner】①囲まれた区域の角の部分。リング・コート・部屋などの隅(すみ)。②コースのカーブしている部分。③ある目的のために設けられた一区画や一部分。

コーナー タップ【和製 corner＋tap】プラグと複数のコンセント(差し込み口)が一体化した、電源の接続用器具。

コーパス【corpus】言語資料体。個別言語・一作家のテキストや発話を大規模または網羅的に集めたもの。

コーピング【coping】ストレスを評価し、対処しようとすること。

コープ（cooperative society）消費生活協同組合。

ゴーフル【フランス gaufre】洋菓子の一種。クリームなどを2枚の薄いせんべい状のもので挟んだ菓子。商標名。

コーポ コーポラスの略。

コーホート【cohort】人口学で、同じ時期に出生・結婚などの出来事を経験した集団。コホート。▷群れ・集団の意。

コーポラス 集合住宅。多く鉄筋建ての分譲アパートをいう。コーポ。▷和製語。corporate＋houseからか。

コーポラティブ【cooperative】①協力的な。協調的な。協同の。②協同組合。

コーポラティブ ハウス【和製 cooperative＋house】同一敷地に共同で住むことを希望するものが組合をつくり、住宅の設計から管理までを運営する集合住宅。各世帯の条件に合わせて個別に住戸を設計することが可能になる。協同組合住宅。

コーポレーション【corporation】会社。法人。略語 corp. →カンパニー

コーポレート【corporate】外来語の上について、企業の、団体の、の意を表す。

コーポレート アイデンティティー【corporate identity】⇨CI

コーポレート ガバナンス【corporate governance】会社の不正行為の防止あるいは適正な事業活動の維持・確保を実現すること。具体的には取締役の行為のチェック-システムとの関連で問題とされる。企業統治。

コーポレート ガバナンス コード【corporate governance code】新 企業がコーポレート-ガバナンスを徹底するために遵守すべき行動規範。英国で 1992 年に制定された。日本では金融庁と東京証券取引所が 2015 年(平成 27)に制定。法的拘束力はないが、コンプライ-オア-エクスプレインと呼ばれる説明責任がある。

コーポレート ファイナンス【corporate finance】企業による資金調達。または資金運用。

コーポレート ベンチャー キャピタル【corporate venture capital】投資会社ではない企業が、自社の事業分野と関連するベンチャー企業に対して投資する資金。またその投資を行うために設立する組織。事業におけるシナジー効果を創出することが狙い。CVC。「—-ファンド」

コーム【comb】櫛(くし)。

ゴーヤ ウリ科のつる性一年草ツルレイシ(苦瓜)の沖縄での呼称。ゴーヤー。

コーラ【ラテン Cola】①熱帯アフリカ原産のアオギリ科の常緑高木。その種子はカフェイン・テオブロミン・コラニンを含有する。コラ。コーラノキ。②①の種子を主材料としたり、それに似せた風味を持たせたりした炭酸清涼飲料の総称。

コーラー【caller】新 ①スクエアダンスで、動作の指示を出す人。②デモなどで、シュプレヒコールを先導する人。③視覚障害者のスポーツ競技で、音を出して選手の補助をする人。陸上競技のフィールド種目などでいわれる。

コーラス【chorus】①多人数が声を合わせて歌曲を歌うこと。合唱。また、その歌曲。合唱曲。女声・男声・混声の区別がある。②①の合唱団体。合唱団。③ジャズなどの楽曲で主題を提示している部分。序奏部分とは区別され、繰り返し演奏される。④ポピュラー

音楽の楽曲構成で、繰り返される構成部分の1回分。「ワン―」「フル―」

コーラル【coral】①珊瑚(さんご)。②わずかに黄みのまじった明るい赤色。

コーラン【Koran】イスラム教の聖典。ムハンマドが唯一神アッラーから受けた啓示を集録したもの。114章からなる。イスラム教の信仰に関することだけでなく、日常生活の規範をも示す。7世紀中頃に第3代正統カリフ、ウスマーンにより最終的に成立。

ゴーリー【goalie】アイスホッケーで、ゴールの守備を専門にする選手。ゴールテンダー、ネットマインダーとも。

コーリャン【高粱】中国北部で栽培されるモロコシの一種。多数の系統がある。食料・飼料、またコーリャン酒の原料とする。カオリャン。こうりょう。▷中国語。

コール【call】①呼び出し。電話や電信で呼び出すこと。②宣告すること。大声で告げること。③請求すること。要求すること。④きわめて短期間にやりとりされること。⑤飲酒時の合いの手。▷飲酒強要は健康・人権上の問題行動となる。

コール【coal】石炭。

ゴール【goal】①競走・競泳などで、着順の決まる一番最後の地点。決勝点。フィニッシュ。②サッカー・バスケットボール・ラグビーなどで、ボールを入れ得点すること。また、その得点となる一定の枠内。③最終的な目標点。

コール アンド レスポンス【call and response】音楽演奏における、楽器・歌・声などを用いた掛け合いのこと。演奏者同士で行う場合や、演奏者と観客の間で行われる場合がある。コーレス。C&R。▷喚起と応答の意。

ゴール裏(うら) サッカー競技場の観客席のうち、ゴールの裏側に相当するエリア。多くの場合、場内にふたつあるエリアをホーム用とアウェイ用の応援席に振り分ける。

コールスロー【coleslaw】細かく切ったキャベツをドレッシングであえたサラダ。

コール センター【call center】顧客からの受注や問い合わせなどに対応する電話窓口。また、その部署・企業・施設。コルセン。

コール タール【coal tar】石炭を高温乾留して得られる油状液体。石炭ガスやコークス製造の副成物。真っ黒で粘性があり、比重1.1～1.2。種々の芳香族炭化水素およびその他の有機化合物の混合物からなる。木材や鉄器の防腐塗料としても用いる。

ゴールデン【golden】①他の語の上に付いて、金の、金色の、価値が最高の、の意を表す。②(比喩的に)他の語の上に付いて価値が最高である意を表す。「—コンビ」③ゴールデン-タイムの略。

ゴールデン アワー【和製golden＋hour】放送番組の視聴率が最も高い時間帯。普通、夜の7時から9時頃。

ゴールデングローブ賞【Golden Globe Award】ハリウッド外国人映画記者協会が、毎年1回贈る映像作品賞。映画作品とテレビ番組についてドラマ部門とミュージカル-コメディー部門を設け、それぞれの作品賞・主演男優賞・主演女優賞などを会員投票によって決める。

ゴールデン タイム【和製golden＋time】テレビ視聴率測定における時間区分の一。午後7時から午後10時までをさす。→プライム-タイム

ゴールデン ミルク【golden milk】新 ターメリック(ウコンから作る香辛料)などを加えて作るホットミルク。ターメリックミルク。ターメリックラテ。

コールド【cold】①他の語の上に付いて、寒い、冷たい、の意を表す。→ホット ②稼働中の情報システムとは独立しているの意。「コールド—」

ゴールド【gold】①金。黄金。金色。②特別・上級・上位などであること。「—会員」

コールド ケース【cold case】未解決事件。

コールド チェーン【cold chain】冷凍・冷蔵によって低温を保ちつつ、生鮮食料品を生産者から消費者まで一貫して流通させるしくみ。低温流通体系。

コールド ブリュー コーヒー【cold brewed coffee】新 水出しコーヒー。

ゴールド ラッシュ【gold rush】①新しく金が発見された土地へ採掘者が殺到すること。特に1848年カリフォルニアでの金発見を機とするアメリカの金採掘ブームをいう。②金の投機に人々が殺到すること。

コールバック【callback】呼び戻すこと。折り返し電話をかけること。

ゴール ポスト【goalpost】新 ①ラグビー・サッカーなどで、クロスバー(横木)とともにゴールを作り上げている2本の柱。②達成すべき要件や目標。多くの場合「—を動かす」などのように表現して、望ましい結果を得る目的で勝手に要件や目標を変えることを意味する。▷英語の慣用表現(move the goalposts など)から。

コーン【cone】①円錐。②アイスクリームを入れる円錐形のウエハースの容器。③スピーカーに用いる円錐形の振動板。④道路や工事現場で使われる、円錐形の

標識。セーフティー-コーン。

コーン【corn】トウモロコシ。

コーンスターチ【cornstarch】トウモロコシからつくったデンプン末。食品・繊維・紙類の糊料(こりょう)として利用する。

コーン ビーフ【corned beef】⇨コン-ビーフ

コーンロウ【cornrow】頭皮に沿った三つ編みの列を多数つくる髪型 ▷直訳でトウモロコシの列。

コカイン【cocaine】コカノキの葉から抽出したアルカロイド。無色無臭の柱状結晶。粘膜の麻酔に効力があり、局所麻酔薬として用いる。習慣性が強く慢性中毒を起こすので、麻薬取締法の対象になっている。

ゴキ ゴキブリの略。

コキール エビ・カニ・魚などを下調理してソースであえ、貝殻または貝殻形の器に盛って天火で表面を焼いた料理。コキーユ。▷フランスcoquilleの英語読み。

コギト【ラテンcogito】人間の思考作用をさす。デカルトが絶対に確実な第一原理として以来、近代哲学の中心問題となる。▷「私は思考する」の意。

コギャル 1990年代の中期に登場した、流行の派手な服装をして盛り場などに集まった女子中高生たち。ガングロ、茶髪、ルーズソックスなどのファッションで身をまとい、ポケベルやプリクラなどの文化を発信した。後に続くギャル文化の祖。▷語源は子ギャル、小ギャル、あるいは高校生ギャルの略ともいわれるが、詳細ははっきりしない。

コキュ【フランスcocu】妻を寝取られた男。コキュー。

コグニティブ【cognitive】認知・認識・認知科学に関連するさま。「—-コンピューティング」

コケティッシュ【coquettish】なまめかしく色っぽいさま。男の気をそそるさま。

ココア【cocoa】カカオ豆を炒(い)って皮などを除き、すりつぶしたものからカカオ-バターを除いて粉にしたもの。また、これを湯で溶き砂糖などを加えた飲料。

ココット【フランスcocotte】①厚手鍋。→キャセロール ②卵料理に用いる一人用の小型容器のこと。また、それに盛った料理。

ココナッツ【coconut】ココヤシの実。ココナット。ココナツ。

コサージュ【corsage】婦人が襟元に飾りとしてつける小さな花や花飾り。コサージ。

ゴシック【Gothic】①「ゴシック式」に同じ。②和文書体の一。全体に同じ太さの線でできているもの。辞典の見出し語や文中の強調したい言葉などに用いる。ゴチック。ゴジック。ゴチ。▷ゴート(人)的、の意。

ゴシック ロリータ　【和製 Gothic＋Lolita】 ⇨ゴスロリ

ゴシップ【gossip】世間に伝えられる興味本位のうわさ話。

ゴジベリー【goji berry】新 枸杞(くこ)の実。ウルフ-ベリーとも。

コスチューム　【costume】 ①(髪形・アクセサリーなども含めた)時代・地方・民族などに特有の服装。身なり。②舞台衣装。また、仮装用の衣装。③(ひとそろいになった)婦人服。ドレス。衣装。

コスト【cost】①商品を生産するために必要な費用。原価。生産費。出費。②物の値段。

コスト カット【cost-cut】費用を削減すること。

コスト センター【cost center】企業内の部門のうち、利益には直接関与しない部門。

コスト ダウン　【和製 cost＋down】単位当たりの生産費を引き下げること。

コスト パフォーマンス【cost performance】 ①要した費用(コスト)と、そこから得られた成果(パフォーマンス)との対比。コンピューター-システムの評価に用いる。システムの価格とCPUの速度の比。性能対価格比。②転じて、支出した費用に対して得られた満足度の割合。

コスパ　コスト-パフォーマンスの略。支出した費用に対して得られた満足度の割合。

コスプレ　アニメーション・マンガ・ゲームなどのキャラクターや、さまざまな職業の扮装をして楽しむこと。▷コスチューム-プレイの略。

コスプレイヤー　コスプレをする人。コスプレを趣味にする人。レイヤー。

ゴスペル【gospel】①神の国と救いに関する福音。②新約聖書の初めの4つの福音書の総称。③黒人霊歌とジャズの要素とが入った伝道用賛美歌。19世紀後半のアメリカにおける信仰覚醒運動で歌われた聖歌に始まる。ゴスペル-ソング。

コスミック【cosmic】宇宙の。宇宙的な。神秘的な。コズミック。

コスメ　コスメティック(cosmetic)の略。化粧品。

コスモス【ギリシャ kosmos】秩序ある世界。無限定な混沌と対極的な、万物を秩序立てて統一している世界。宇宙。→カオス

コスモポリス　【cosmopolis】世界各国から人々が集まる大きな都市。国際都市。

コスモポリタン　【cosmopolitan】①コスモポリタニズムを信奉する人。世界主義者。②一つの国や民族にとらわれず、全世界を自国として考え、生活する人。世界市民。国際人。③世界国家の成員としてとらえた個人のこと。世界公民。

ゴスロリ　少女ファッションの一。退廃的・悪魔的・耽美的(ゴシック的)で、かつ少女的(ロリータ的)なファッションのこと。黒を基調にした服装をベースに、レースやリボンなどの装飾や、十字架やどくろなどのアクセサリーがコーディネートされる。ゴシック-ロリータ。▷ゴシックとロリータから。

ゴチ　主に若者言葉で、ご馳走(ちそう)の略。

コチュジャン　朝鮮料理独特のトウガラシみそ。コチジャン。▷朝鮮語。

コック【cock】パイプの先端や途中につけて、液体や気体の流量を調節したり止めたりする装置。活栓。

コック【オランダ kok】料理をつくることを仕事とする人。料理人。クック。

コックス【cox】競技用ボートのかじとり役。舵手(だしゅ)。

コックピット【cockpit】①航空機の操縦室。②レーシング-カーやスポーツ-カーの運転席。③小さな船の操舵室。▷コクピットとも。

コックローチ【cockroach】ゴキブリ。

ゴッド【god; God】神。特に、キリスト教の神。

ゴッド ハンド【God's hands】新 神業のような技術。またその技術を持つ人。神の手。

コットン【cotton】①綿。木綿。また、綿布。綿製品。②化粧用の脱脂綿。

コットン キャンディー【cotton candy】綿菓子。綿飴。

コットン ベルト【Cotton Belt】アメリカ合衆国南部の綿花栽培地帯の呼称。

コッパー【copper】銅。▷カパーとも。

コップ【cop】警官。おまわり。

コップ【オランダ kop】飲料を飲むのに用いる、円筒形の容器。

コッヘル【ドイツ Kocher】①鍋・皿・やかんなどが組になっている携帯用の炊事道具。②手術用の止血鉗子(かんし)。

コテージ【cottage】山小屋。また、山小屋風の建物。

コ ドライバー【co-driver】新 自動車のラリーでドライバーの横に座り、走行の指示を出すなどの役割を担う人。ナビゲーター。ナビ。コドラ。

コニファー【conifer】針葉樹。球果植物。また特に、常緑針葉樹の園芸品種をいう。

コニャック【フランス cognac】フランス西部コニャック地方産のブランデー。白ワインを蒸留したのち、樽(たる)に詰めて熟成させたもの。

コネ　コネクションの略。

コネクション【connection】①手づるとして利用する縁故関係。

コネ。②連絡。関係。つながり。③麻薬の密売組織。

コネクター【connector】電線と、電線あるいは電気装置とを接続するもの。ピンの突き出たものと、それを受けるものとの一組からなる。

コネクティング ルーム【connecting room】ホテルの客室などで、隣り合った2部屋を内部ドアで連結して使用できる構造のもの。ドアを閉鎖して個々の部屋として使用したり、ドアを開放してジュニア-スイート-ルームとして用いられる。

コネクテッドTV（ティービー）【connected TV】新 インターネットの動画配信サービスを視聴できるディスプレー装置。内蔵装置や、主にストリーミングデバイスや家庭用ゲーム機などの外部機器でインターネットに接続する。CTV。

コネクテッド カー【connected car】新 常時ネットに接続しており、情報通信端末としての機能も持つ自動車。事故が起きた際の自動通報、盗難された際の追跡、保険に加入する際の算定情報の提供など、多様な付加価値の創出が期待されている。

コノテーション【conotation】①言外の意味。含意。②内包。共示。潜在的意味。→デノテーション

コパ アメリカ【Copa América】 南米サッカー連盟(CONMEBOL)が主催する、南米各国の代表チームによる選手権大会。加盟国と招待国チームが参加し、原則として4年に1度開催される。旧称は南米選手権で、1975年より現名称となる。第1回大会は1916年にアルゼンチンで開催。

コパイロット【copilot】副操縦士。▷コーパイロットとも。

コバルト【cobalt】①9族(鉄族)に属する遷移元素の一。元素記号Co　原子番号27。原子量58.93。灰白色の金属。展性・延性があり強磁性を示す。高速度鋼などの合金製造のほか、酸化物はガラス・陶磁器などの顔料に利用される。②コバルト-ブルーに同じ。③人工放射性同位体のうちで、特に、コバルト60のこと。

コバルト ブルー【cobalt blue】青色顔料の一。酸化コバルトと酸化アルミニウムを混合・加熱してつくる。また、その顔料の緑色を帯びた濃い青色をいう。コバルト。コバルト色。

コピー【copy】①複写。複製。写し。②本物に似せたもの。③広告のキャッチフレーズや説明文案。

コピー アンド ペースト【copy and paste】コンピューターのデータ編集で、文字・図形など

のデータの一部を複写し、他の部分へ貼り付ける編集作業。略してコピペとも。

コピー ガード【copy guard】ソフトウエアの著作権を守るため、複製ができないようにしておく仕掛け。

コピーキャット【copycat】模倣犯。また、模倣者を揶揄(やゆ)していう語。

コピーボード【copyboard】書き込んだ字や絵を、印刷したり電子データに変換できるホワイトボード。電子黒板。

コピーライター【copywriter】広告文案を書くことを職業とする人。

コピーライト【copyright】著作権。© と略記。

コヒーレンス【coherence】互いに干渉することができる波動の性質。可干渉性。

コヒーレント【coherent】①論理学などで、整合性・論理的一貫性などの意を表す語。②波動などが、互いに干渉し合う性質をもつことを表す語。干渉可能な。

コピペ ①コピー-アンド-ペーストの略。②ネットの掲示板などで定型的に書き込まれる文章。▷これが雛形化したもの(アレンジの原型になったもの)をテンプレート③と呼ぶ。

コピる コピーする。複製・模倣する。

コプチャン 新 ⇨マルチョウ ▷朝鮮語。

ゴブラン織り フランスのゴブラン織物工場で作られるつづれ織り。種々の色糸を用いて人物・風景などを表した精巧な織物。壁掛けとする。また、これを模した織物もいう。▷創製者(Jean Gobelin)の名にちなむ。

コフレ【(フランス) coffret】宝石や化粧品などの小物を入れるための、小さなケースやバッグ。また、それに入れて販売される化粧品のセット。▷小箱の意。

ゴブレット【goblet】脚付きのグラス。

コペルニシウム【copernicium】 典型元素の一。元素記号 Cn　原子番号 112。原子量 288。1996 年 2 月、ドイツにおいて亜鉛と鉛から合成された。銀白色の液体金属と推定される。▷命名は天文学者コペルニクスにちなむ。ウンウンビウム(元素記号 Uub)とよばれていたが、2010 年 2 月、国際純粋応用化学連合(IUPAC)により正式名が発表された。

コホート【cohort】 ⇨コーホート

コボット【cobot】新 人間と同じ空間で作業を行える産業用ロボット。人間の安全を確保するため、柵などで隔離されている産業用ロボットに対していう。協調ロボット。▷ collaborative robot の略。

コマ【coma】①彗星(すいせい)の核から放出されたガスや微粒子が球状に広がって輝いている部分。②収差の一。光軸から離れた物点から斜めに入った光が、レンズを通して結像する場合、点とならず、広がって彗星状に見える現象。コマ収差。

コマーシャル【commercial】①民間放送のラジオ・テレビで、番組の前後や途中に放送される広告・宣伝。CM。②他の外来語に付いて、「商業に関する」「宣伝のための」の意を表す。

コマーシャル ペーパー【commercial paper】⇨CP

ゴマージュ【フランスgommage】皮膚表面の古い角質を取り除く美容法の総称。また、そのための化粧品。垢擦(あかす)りや、専用の洗顔剤を用いる方法など。→ケミカル-ピーリング

コマース【commerce】①商業。商取引。通商。貿易。②交流。交渉。

コマンド【command】①命令。指令。②コンピューターに特定の機能の実行を指示する命令。また、その命令を表す記号。装置を遠隔制御するための信号をもいう。

コマンド【commando】突撃隊員。奇襲隊員。また、ゲリラ隊員をいうこともある。コマンドー。

コミカライズ【和製 comic＋(novel)ize】漫画以外の原作や原案(映画やドラマなど)をもとにして漫画作品を制作すること。漫画化、コミック化とも。→ノベライズ

コミカル【comical】滑稽(こっけい)なさま。おどけた感じを与えるさま。

コミカレ コミュニティー-カレッジの略。

コミケ マンガやアニメーションなどに関する同人誌の、大規模な即売会。会場ではコスプレも盛ん。▷コミック-マーケット(comic market)の略。コミケットとも。

コミック【comic】①漫画。劇画。②滑稽(こっけい)なさま。喜劇的。コミカル。

コミック バンド【和製 comic＋band】音楽で、観客を笑わせる演芸的要素を取り入れたバンド。

コミッショナー【commissioner】プロ野球・プロボクシングなどの協会で、裁断権をもつ最高権威者。

コミッション【commission】①物事を他人にまかせること。自分の代わりにやってもらうこと。委託。委任。②委託された業務に対する手数料。③ある権限を委託された専門の委員会。④手続きや準備を代行する組織。⑤

賄賂。

コミッティー【committee】委員会。

コミット【commit】①関係すること。参加すること。かかわり合うこと。②確約すること。約束すること。案 かかわる／確約する

コミットメント【commitment】①かかわり合い。肩入れ。②委託。委任。③公約。責任。案 関与／確約

コミューター【commuter】①短・中距離路線で用いられる20～30人乗りの小型旅客機。また、それを用いた近距離の航空輸送。②短距離を移動するための乗り物。「シティー―」

コミューン【フランス commune】①中世ヨーロッパで、領主・国王から住民による自治を許されていた都市。②フランス・イタリアなどで、市町村にあたる地方行政の最小区画。▷コンミューンとも。誓約団体の意。

コミュ障 新 他人とのコミュニケーションが苦手な性格や人のことを俗にいう語。

コミュニケ【フランス communiqué】公式の声明。外交会議などの際に公式会議の経過や関係国の意思を表した声明書。案 共同声明

コミュニケーション【communication】人間が互いに意思・感情・思考を伝達し合うこと。言語・文字その他視覚・聴覚に訴える身振り・表情・声などの手段によって行う。

コミュニケート【communicate】伝えること。伝達。

コミュニスト【communist】共産主義者。

コミュニズム【communism】共産主義。

コミュニティー【community】①人々が共同体意識をもって共同生活を営む一定の地域、およびその人々の集団。地域社会。共同体。②転じて、インターネット上で、共通の関心をもちメッセージのやりとりを行う人々の集まり。案 地域社会／共同体 →アソシエーション

コミュニティー エフエム【和製 community＋FM】市町村など、一部の地域を対象としたFM放送。地域の情報を、微弱な電波を利用して放送する。コミュニティ放送局。ミニFM。

コミュニティー カフェ【community cafe】地域の人や団体などが自由に交流、情報交換できるように提供された場。地域住民の世代間交流や地域活性化などの支援を行う。

コミュニティー カレッジ【community college】アメリカで、地域社会のために創設された短期大学。コミカレ。

コミュニティー センター【community center】地域社

会の結合の中心的役割を果たす施設。集会所・公民館・学校・図書館・勤労福祉会館などの類。コミ-セン。

コミュニティー デザイン【和製 community＋design】新 地域コミュニティーの活性化を目的に、その仕組みを作り上げること。

コミュニティー バス【community bus】地域の需要に合わせて運行される路線バス。地方公共団体が運行することが多い。小型バス・低床バスの利用、停留所の間隔の短縮などで利用者の便を図る。

コミュニティー ビジネス【和製 community＋business】住民が主体の地域密着の事業活動。営利活動とボランティア活動の中間的業態で、地域活性化などに利用される。

コミュ力(りょく) ▷「コミュニケーション能力」の略。①コミュニケーション能力。②俗語で、人づきあいや会話の場の仕切りのうまさ。「―が高い」

コミンテルン【ロシア Komintern】1919年レーニンらの指導の下、ロシア共産党を中心としてモスクワに創設された国際共産主義運動の指導組織。43年解散。国際共産党。共産主義インターナショナル。第三インターナショナル。

ゴム【オランダ gom】①天然ゴム・合成ゴムなど、特有な弾性(ゴム弾性)をもつ物質の総称。天然ゴムはゴムの木の分泌する乳液(ラテックス)から得られる固形物で、主成分イソプレンの高重合体。合成ゴムは、イソプレンやそれに類似の物質を人工的に重合させたもの。弾性ゴム。ラバー。②アラビアゴム・トラガカントゴムなどのように、植物体から分泌される粘着性の高分子多糖類。最近では、根や果実に蓄積されるマンナンや海草に含まれるカラゲナンなどの高分子多糖類も含める。アイスクリームの添加物や糊(のり)・インクなどに用いられる。③消しゴム、輪ゴム、ヘアゴムなどの略。④コンドームの俗称。

コムタン 牛の肉や内臓を煮込んで作るスープ。朝鮮料理の一。▷朝鮮語

ゴム ボート【和製オランダ gom＋英 boat】ゴム製の船体に空気を入れて用いる小舟。

コメ 新 コメントのこと。特にネット上の記事・投稿に対して閲覧者が残す書き込み。

コメット【comet】彗星(すいせい)。

コメディー【comedy】喜劇。

コメディエンヌ【comedienne】喜劇や滑稽な芸を演ずる女優。喜劇女優。

コメンタール【ドイツ Kommentar】⇨コンメンタール

コメンタリー【commentary】注釈。解説。注解書。コンメン

タール。

コメンテーター【commentator】解説者。評論する人。

コメント【comment】①問題・事件などについての意見や見解を述べること。論評。解説。説明。②コンピューターのプログラムに加筆できる注釈。実行の対象外となる。

コモディティー【commodity】生活必需品。日用品。商品。

コモディティー化【commodification; commoditization】従来は特別な価値をもっていた商品やサービスが、何らかの理由で日用品化すること。機能・品質・ブランドなどによる差別化が困難となり、価格の低下や供給量の増加などが起こると生じる。部品の標準化により差別化が困難になったパソコンなどがその例とされる。→コモディティー

コモン【common】①共同の。共有の。共通の。②公共の。一般の。③ありふれた。普通の。よくある。

コモンウェルス【Commonwealth】イギリス連邦。

コモンズ【commons】所有権が特定の個人でなく共同体や社会全体に属する資源。入会地、公海の水産資源など。▷共有地・公有地の意。

コモン センス【common sense】常識。良識。

コモン ロー【common law】①イギリスで、通常裁判所により判例の形で集積された法体系。②大陸法と区別される英米法の法体系。

コヨーテ【coyote】イヌ科の哺乳類。オオカミに似るがやや小形で、耳が大きく尾が太い。夏毛は明るい黄褐色、冬毛は灰色を帯びる。ウサギなどを捕食する。中央・北アメリカの草原に分布。

コラ【kola】西アフリカの擦弦楽器。巨大な瓢箪(ひょうたん)に弦を張ったもの。

コラ 新 主にネット上に出回る、合成で作った画像・動画。▷(フォト)コラージュの略。

コラーゲン【collagen】硬タンパク質の一。動物の結合組織の細胞間物質の主成分。繊維状で水に溶けにくい。腱(けん)・皮・骨に含まれている。膠(にかわ)の原料。

コラージュ【フランスcollage】新聞・布片・針金など絵の具以外のものをさまざまに組み合わせて画面に貼りつけ、特殊な効果を出す現代絵画の一技法。写真に応用したものはフォト-コラージュという。▷糊(のり)付けの意。

ゴラッソ【スペインgolazo】サッカーで、素晴らしいゴール。

コラボ コラボレーションの略。→コラボレーション

コラボレーション【collaboration】共同で行う作業や制作。

特に、複数企業による共同開発や共同研究、芸術家たちによる共同制作や共演などをいう。コラボ。案 共同制作

コラボレート【collaborate】共同で行うこと。ともに働くこと。協力すること。

コラム【column】①新聞や雑誌で、短い評論や解説記事を載せる欄。また、そこに載せる文章。囲み記事。②古代ギリシャ・ローマ建築に用いられた石の円柱。③⇨カラム

コラムニスト【columnist】コラム①に執筆する記者や社外の寄稿者。

コリアン【Korean】①韓国人。朝鮮人。②韓国語。朝鮮語。③韓国の。朝鮮の。

コリアンダー【coriander】セリ科の一年草。夏、白色の小花をつける。若葉は食用、果実は香辛料などにする。香菜(こうさい)。シャンツァイ。パクチー。

コリーダ【スペイン corrida】闘牛。

コリオグラフィー【choreography】⇨コレオグラフィー

コリオリの力(ちから) 慣性系に対して回転する座標系において現れる慣性力のうち、物体の速度に関係してはたらく力。座標系の回転軸に垂直な面内で、速度に垂直な方向にはたらく。地球上、北半球では、地球の自転に基づくコリオリの力は、物体の運動方向に向かって右向きにはたらく。偏向力。転向力。

コリジョン【collision】新 他の外来語の上に付いて、衝突・不一致などの意を表す。

コリジョン ルール【collision rule】新 野球で、本塁における危険なクロス-プレーを回避するためのルール。走者による捕手・野手への体当たり、捕手・野手による走者へのブロックや走路封鎖を禁じるもの。衝突ルール。▷コリジョンは衝突の意。日本のプロ野球では2016年(平成28)に導入。

コリドー【corridor】回廊。離れている二つの国の間または内陸国と海との間を結ぶ細長い地域のこと。

コ リビング【co-living】新 シェアハウスとコワーキングスペースを合わせた、職住一体型の空間を提供するサービス。多くの場合、個人用の居住空間、共用の居住空間、共用のオフィスからなる。数週間から数か月程度の滞在を想定したサービスが多い。

コル【フランス col】峠。山の鞍部(あんぶ)。

コルク【オランダ kurk】樹木の、コルク形成層の外側につくり出されるコルク組織を切りとって加工したもの。軽くて弾性に富み、水・ガス体・熱などを通しにくい。栓・保温材・防音材・救命具などに利用。キルク。

ゴルゴ線 俗に、目頭の下から両頬の中心に向かって「八の字」型に広がる皺しわのこと。▷漫画ゴルゴ13の主人公(通称デューク東郷)の顔に描かれていることから。

ゴルゴンゾーラ 【イタリアGorgon-zola】イタリア、ミラノ北東のゴルゴンゾラ地方のブルー-チーズ。ゴルゴンゾラ。

コルセット【corset】①胸の下から腰までを締めつけて細く見せるための婦人用下着。②整形外科で、患部の支持・固定・矯正などの目的で体幹部につけるかたい装具。→ギプス

コルドン ブルー 【フランスcor-don-bleu】 一流の料理人。名コック。▷ブルボン王朝の「青綬章」が原義。

ゴルフ【golf】杖(つえ)状の用具(クラブ)でボールを打って、通常18か所のグリーン上の穴(ホール)にボールを入れて順に回る球技。打数の少ない者を勝ちとする。競技方法はストローク-プレーとマッチ-プレーに大別される。

ゴレイロ 【ポルトガル goleiro】 フットサルのゴールキーパー。→フットサル

コレオグラフィー 【choreog-raphy】舞踊などの振り付け。振付法。舞踏技法。

コレクション【collection】①美術品・骨董(こっとう)品・切手などを趣味として集めること。また、集められたもの。収集。②高級衣装店やデザイナーが、そのシーズン用に発表する作品。また、その発表会。

コレクター【collector】①収集家。②電子管内で電子またはイオンを集める電極。③トランジスタの電極の一。ベースとエミッター間に加えて増幅した信号電流を取り出す極。記号C

コレクティブ 【collective】①集められた。集合的な。②集団の。共同の。③集団。集合体。共同体。

コレクティブ ハウス 【和製collective＋house】 私生活の領域とは別に共用空間を設け、食事・育児などを共にすることを可能にした集合住宅。

コレクティブル 【collectible】収集の対象となる品物。コレクタブル。

コレクト【collect】①集めること。収集。②代金引き替え。

コレクト コール【collect call】電話で、料金受信人払いの通話。

コレステロール 【cholesterol】生体内に広く分布する脂肪に似た物質。肝臓で生合成される。細胞膜の構成成分であり、胆汁・ステロイド-ホルモン・ビタミンDの前駆体としても重要。また、老化に伴って血管壁に沈着し動脈硬化症と深く関係する。コレステリ

ン。

コレスポンデンス【correspondence】①一致。対応。②通信。文通。③外国為替(かわせ)銀行が外国の銀行と為替取引決済のために結ぶ取引契約。また、国内の銀行同士が結ぶ為替業務の相互代行契約。コルレス契約(correspondent arrangement)。

コレラ【オランダ cholera】経口的に感染したコレラ菌による消化器系の感染症。下痢と嘔吐(おうと)による脱水症状、および筋肉のけいれんなどを起こす。インド・東南アジア・アフリカに常在する。

ゴロ 野球で、地面をころがるか、バウンドしていく打球。グラウンダー。▷ grounder からか。

コロイド【colloid】物質が0.1〜0.001 μm 程度の微粒子(コロイド粒子)となって液体・固体・気体の中に分散している状態。膠(にかわ)・デンプン・寒天・卵白・マヨネーズ・煙などの類。

コロキュアル【colloquial】(文語に対して)口語の。日常会話の。

コロケーション【collocation】①文や句における、二つ以上の単語の慣用的なつながり方。縁語関係。連語関係。②⇨ハウジング②

コロシアム【Colosseum】イタリアのローマにある古代の円形闘技場。西暦80年頃に完成。屋根はなく、周囲は524mで4層の観覧席に約5万人を収容した。コロッセウム。コロセウム。

コロッケ【フランス croquette】挽(ひ)き肉・野菜・魚介などを、ゆでてつぶしたジャガイモかホワイト-ソースをつなぎにしてまとめ、パン粉をまぶして油で揚げた料理。

コロナ【corona】①太陽大気の最外層。皆既日食の時、太陽の周りに真珠色の淡光として見える。②太陽や月の周りにできる視半径2〜3度の小さな光の輪。内側が青色、外側が赤色を帯びる。空気中の水滴によって光が回折して生じる。光冠。③送電線相互、送電線と大地間などに生じるコロナ放電に伴って発せられる光。④コロナ-ウイルスの略。

> アップデート 2020年(令和2)コロナ禍に際しては、コロナを冠した多数の複合語が登場しました。主なものだけでもアフター-コロナ、ウイズ-コロナ、コロナ危機、コロナ-バブル、コロナ倒産、コロナ鬱などの新語が登場しています。コロナ禍もそのひとつです。

コロナ ウイルス【corona virus】コロナウイルス科に属する一本鎖RNAウイルス。哺乳類・鳥類にさまざまな疾患を引き起こす。▷ウイルス粒子の表面に長い突起があり、太陽のコロナのように見えることから。

コロナ禍 新 新型コロナウイルス

感染症(COVID-19)のパンデミック(2020年)に伴って発生した社会的悪影響の総称。

コロニアル【colonial】①植民地風であること。また、そのさま。②特に17～19世紀、植民地時代のアメリカの建築様式。コロニアル-スタイル。

コロニー【colony】①植民地。集団居住地。②障害者が一定地域で社会生活を営みながら治療・訓練などを受ける総合的な社会福祉施設。③一地域をある程度の期間占有する同一種または数種の生物の集まり。④群体。分裂や出芽によって生じた個体がそのまま分離せず形成する個体群。植物ではボルボックス・ケイソウなど、動物では海綿動物・腔腸(こうちょう)動物などにみられる。⑤集落。バクテリアが固体培養基の上につくった集団。

コロネット【coronet】①(王侯などの)宝冠。②宝石などで飾った冠状の飾り。

コロポックル アイヌの伝説で、アイヌよりも以前から北海道に住んでいたとする小人。コロボックル。▷アイヌ語。蕗(ふき)の下の人の意。

コロン【フランスCologne】オー-デ-コロンの略。

コロン【colon】欧文の句読点の一。「:」。説明・引用の前などに用いられる。重点。二重点。

コロン【colon】結腸。

コワーキング【coworking】ワークスタイルの一。フリー-ランスなど、さまざまな業種・業態の人々が作業スペースや打ち合わせスペースを共有し、個々の仕事を進めるだけでなく、異業種交流や共同作業などを行うこと。▷働くの意のworkingに共同を意味する接頭辞co-をつけた語。

コンカフェ 新 コンセプトカフェ②の略。

コンキリエ【イタリアconchiglie】貝殻形をした小形のパスタ。シェル。

コンク【conc.】濃縮した、の意。▷concentratedの略。

コンクール【フランスconcours】芸術を奨励するために行う、作品の優劣を競う催し。競技会。▷競争の意。

コンクラーベ【ラテンconclave】枢機卿(すうききょう)の互選による教皇選挙会議。また、それが行われる部屋。群衆は煙突からの煙によって選挙終了を知らされる。

コングラチュレーション【congratulation】おめでとう。

コンクリート【concrete】①セメントに砂と砂利などの骨材と水を適当な割合で混ぜ、こねたもの。また、これを固めたもの。土木建築用材として広く用いられる。コンクリ。②具体的なさま。→アブストラクト

コングレス【congress】代表者・委員などによる正式の会議。

コングロマリット【conglomerate】業種の異なる企業間の合併や買収によって成立した、多業種にまたがる巨大企業。複合企業。

コン ゲーム【con game】信用詐欺。ゲームのように、騙(だま)し騙されするストーリーをいう。「—小説」▷ confidence game の転。

コンコース【concourse】公園などの中央広場。駅・空港などの中央ホールや大通路。

コンコルド【Concorde】超音速ジェット旅客機の一種。英・仏共同で開発され、1975 年就航。2003 年定期運航を終了。

コンサート【concert】音楽会。演奏会。

コンサートマスター【concertmaster】管弦楽団の第 1 バイオリンの首席奏者。バイオリンの独奏部を受け持ち、楽団の指導的役割を果たし、時には指揮者の代わりも務める。

コンサイス【concise】簡潔な。簡明な。

コンサバティブ【conservative】保守的なさま。また、そのような人や党派。コンサバ。→プログレッシブ

コンサル コンサルティング・コンサルタント・コンサルテーションの略。

コンサルタント【consultant】ある分野についての経験や知識をもち、顧客の相談にのって、指導や助言を行う専門家。特に、企業の経営・管理術などについて、指導や助言をする専門家。相談役。コンサル。

コンサルティング【consulting】専門的な事柄の相談に応じること。コンサル。

コンサルテーション【consultation】①専門家などに相談したり、診断を受けたりすること。特に、企業が経営などについて、外部の機関に相談すること。コンサル。②専門家による会議。審議会。協議会。

コンシード【concede】相手の勝ちを認めること。ゴルフ、カーリングなどで言う。

コンシーラー【concealer】目の下の隈(くま)やしみなどを隠すための下地化粧品。▷隠すものの意。

コンシェルジュ【フランス concierge】①(特にフランスで)アパートなどの管理人。②ホテルの接客係で、客の要望に応じて観光の手配、観劇券の購入、交通の案内などを行う者。③転じて、特定の分野や地域情報などを紹介・案内する人。▷コンシェルジェとも。

コンシャス【conscious】意識のある。自覚している。意識的な。

自覚した。

コンシューマー【consumer】消費者。購買者。

コンスタント【constant】①いつもかわらないさま。一定であるさま。②数学・物理学で、不変数。常数。定数。

コンステレーション【constellation】星座。

コンストラクション【construction】①構造。組み立て。構成。②建設。建造。

コンストラクション マネージメント【construction management】専門の工事管理者が、設計と施工の中間的な立場から総合的な管理業務を行う方式。CM。

コンセッション方式 国や自治体が公共設備などの所有権を持ったまま、運営権を民間に売却する方式。▷コンセッション(concession)は譲渡の意。

コンセプト【concept】①概念。考え。②意図。構想。テーマ。案 基本概念 ➲ よくわかる「コンセプト」の意味と使い方(p.269)

コンセプト カフェ【和製 英 concept＋フランス café】新 ①あるテーマに沿って、内装・メニュー・サービス等を統一し提供するカフェ。動物と触れ合えるカフェなど。②①のうち、コスプレ姿の従業員が接客するカフェやバー。メイド喫茶や執事喫茶など。コンカフェ。

コンセンサス【consensus】意見の一致。合意。共感。案 合意 ➲ よくわかる「コンセンサス」の意味と使い方(p.271)

コンセント【和製 concentric＋plug】電気の配線器具の一。電気器具のコードを配線に接続するため、壁などに設けるプラグの差し込み口。

コンセントレーション【concentration】集中。専念。

コンソーシアム【consortium】①組合。連合。②大規模開発事業の推進や大量の資金需要に対応するため、国際的に銀行や企業が参加して形成する借款団や融資団。案 共同事業体

コンソール【console】①壁に隙間なく付けて用いる小型の机。②操作・制御に必要な装置を組み込んだ机。操作卓。制御卓。③自動車の運転席と助手席の間に設けられた部分。コンソール-ボックス。④テレビや音響機器などで、足の付いている形のもの。⑤パイプ-オルガンの演奏台。⑥家庭用ゲーム機。コンソール-ゲーム。⑦パソコン上で、文字の入出力により命令・実効・結果表示を行うソフトウエア。⑧ネットワークなどの制御やジョブ管理のため、サーバーに直接取り付けられた制御用のモニターとキーボード。

よくわかる「コンセプト」の意味と使い方

詳しい意味は？

コンセプト(concept)は、本来「概念」を表す言葉です。しかしながら、日本語でコンセプトの語を用いる場合は、「全体を貫く基本的な概念」を表すことが多いようです。例えば「今度開店するレストランのコンセプトは“近未来”でいこう」と言った場合、レストランの店名・内外装・メニュー・広告などに、近未来的な演出を施そうという意味になります。

どんな時に登場する言葉？

企画立案が関わるすべての分野で、広くこの語が用いられています。例えば「競合優位な独自の切り口とコンセプトは何か？」(小売)「劇的空間のコンセプトはワビサビ」「ニューヨークがコンセプトのスタイリッシュ空間」(飲食)「風をコンセプトにした町おこし」(地域振興)などの使用例があります。

実際の使われ方は？

[コンセプトを○○する]　企画立案を進める際に、その基本思想を考え出す事を「コンセプトを考える・考案する・具体化する・具現化する・構築する・構成する・デザインする」などと表現できます。また、あやふやな基本思想をはっきりさせる場合は「コンセプトを明確化する」などの表現を用いる事が出来ます。

[○○コンセプト]　開発コンセプト・商品コンセプト・広告コンセプト・デザインコンセプトなどの言い方をすることで、「何に関する基本思想か？」を表す事が出来ます。例えば「開発コンセプト」と表現した場合、開発の全体を通じて拠り所になるような、基本的な思想や方向性をさし示すことができます。

[コンセプトモデル／コンセプトカー]　メーカーでは、新しい方向性をさし示すための試作品が製作されることがありますが、このような試作品を「コンセプトモデル」と呼ぶ場合があります。例えば自動車メーカーが、モーターショーなどに試作車を参考出品する場合、これを「コンセプトカー」と呼びます。

コンソメ【フランス consommé】澄んだスープ。

コンダクター【conductor】①オーケストラなどの指揮者。②ツアー-コンダクターの略。

コンダクタンス【conductance】回路における電流の流れやすさのこと。すなわち、電気抵抗の逆数。記号G　単位ジーメンス(記号S)、またはモー(記号℧)。

コンタクト【contact】①相手と連絡・交渉をもつこと。接触。交際。②コンタクト-レンズの略。

コンタクト スポーツ【contact sport】選手どうしの激しい接触が生じうるスポーツ。アメリカン-フットボールやアイス-ホッケーなど。

コンタクト センター【contact center】企業活動における顧客との接触(勧誘・受注・問い合わせなど)を、あらゆる通信手段で統合的かつ双方向的に実現する仕組みのこと。電話・郵便・ファックス・電子メールなど複数の通信手段を用いる。顧客だけでなく、営業社員や提携企業との接触を支援するものもある。→コール-センター・CRM(customer relationship management)

コンタクトレス【contactless】非接触。IC カード等を利用した非接触決済など。

コンタクト レンズ【contact lens】涙の表面張力を利用して角膜に密着させ、目の屈折異常を矯正する薄いレンズ。素材により、ソフト-コンタクト-レンズとハード-コンタクト-レンズに大別される。コンタクト。

コンタミネーション【contamination】①汚染。汚染物質。②意味・形態の似た二つの語・句または文が混ぜ合わされて、新しい語・句や文ができること。「とらえる」と「つかまえる」とから「とらまえる」ができる類。混成。混交。

コンチェルト【イタリア concerto】協奏曲。コンツェルト。

コンチネンタル【continental】ヨーロッパ大陸風の、の意。

コンツェルン【ドイツ Konzern】独占的金融資本や持ち株会社を中核とし、その支配下に、法律上は独立した多数の各種分野の企業が従属して形成される独占形態。カルテル・トラスト以上に独占の進んだ形態。企業連携。→カルテル・トラスト

コンテ　①映画で、撮影台本。シナリオをもとにして1カットごとに、画面の構成や登場人物の動き、カメラの位置など、演出上の指定を詳細に記したもの。②ラジオの放送台本。▷コンティニュイティの略。

コンテ【フランス conté】鉛筆と木炭の中間の柔らかさで、濃淡も容易に

よくわかる「コンセンサス」の意味と使い方

詳しい意味は？

コンセンサス(consensus)とは「複数の人による合意」のことです。複数の人(狭義には大多数の人)が関与するところが特徴で、単に「同意」を表すアグリーメント(agreement)とはこの点で異なります。

例えば「首相公選制に関しては国民のコンセンサスが得られていない」「事業拡大は、経営陣全体のコンセンサスとなっている」などの用法がありますが、これらのいずれも「複数の人による合意」をさします。

ただし、コンセンサスの語を用いる文章の中には、「完全一致による合意」を表すものと、「大多数による合意」を表すものが混在しているので、読解には注意してください。

実際の使われ方は？

[コンセンサスをとる／得る]　目的となる人やグループについて、ある事柄の合意を取り付けるような場合、これを「コンセンサスをとる／得る」と表現できます。「新商品の方向性について、営業部のコンセンサスを取っておいて」などの用法があります。ビジネスの場でこの用法が登場した場合は、「根回し」のニュアンスを持つことも多いようです。

[コンセンサスの形成／コンセンサスの醸成]　ある事柄について、集団内での合意を形成するような場合、これを「コンセンサスの形成」「コンセンサスの醸成」などと表現できます。「ごみ出しのルールについて、マンションの住民全体でコンセンサスを形成する必要がある」「首相公選制について、国民全体のコンセンサスを醸成することを考えている」などの用法があります。

言い換えたい場合は？

「意見の一致」「合意」「同意」「総意」「共感」などの語を試してみてください。ビジネスなどの分野では「根回し」、また政治の分野では「世論」の語を用いることも可能です。

出せるクレヨンの一種。デッサン・クロッキーに適する。フランスの科学者コンテ[1755～1805]が発明。

コンディショナー【conditioner】①調節装置。②整髪剤。

コンディション【condition】状態。条件。体調。

コンティニュアス【continuous】(時間・空間などが)続いていること。途切れのないこと。

コンティニュー【continue】①続ける。続く。②ビデオ-ゲームにおいて、一度終了したゲームを、終了した時点から続けて始めること。

コンディメント【condiment】調味料。香辛料。薬味。

コンテキスト【context】①文章などの前後の関係。文脈。②事件や出来事にかかわる事情・背後関係。▷コンテクストとも。

コンテスト【contest】作品の出来ばえや技術・容姿などを競う催し。競技会。コンクール。

コンテナ【container】新 ▷コンテナーとも。①貨物輸送用の金属製の容器。輸送の迅速化・省力化を図ることができる。②植物を栽培するための容器。鉢やプランターなど。③容器。入れ物。④コンピューターの分野で、規格化された構造に格納されたひとまとまりの情報。プログラミング言語ではリストなどのデータ構造で扱う情報の1単位、ファイルフォーマットでは異種の情報を格納できるファイル、仮想化技術ではゲストOSなしに構築できる仮想化環境をいう。

コンデンサー【condenser】①向かい合わせにした二つの電極の間を真空にするか、間に空気やプラスチック-フィルムなどの誘電体をはさんで、大きな静電容量をもたせた装置。電圧をかけると、電荷・静電エネルギーが蓄えられる。構造や誘電体の種類などにより種々のものがある。キャパシター。②光学器械の集光レンズまたは集光鏡。

コンデンス【condense】凝縮すること。濃縮すること。

コンテンツ【contents】①中身。内容。②情報の内容。放送やネットワークで提供される動画・音声・テキストなどの情報の内容をいう。③書籍の目次。案 情報内容

コンテンツ プロバイダー【contents provider】インターネット上で、デジタル-コンテンツを提供する業者のこと。ニュース・音楽・映画・ソフトウエアなどを配信したり、データベース検索・ネットワーク-ゲームなどのサービスを提供する。コンテンツ-サービス-プロバイダー。CSP。

コンテンツ マネージメント システム【content management system】 ⇨CMS

コンテンポラリー 【contemporary】①現代的であるさま。②同時代に属しているさま。

コンテンポラリー ダンス 【contemporary dance】 バレエ・モダン-ダンス・ジャズ-ダンス・舞踏などの影響を受けながら、それらに分類されない新しいダンス。コンテ。

コント 【フランス conte】①短編小説。特に、風刺やひねりの利いた軽妙な短い物語。②風刺に富んだ軽妙な寸劇。

コントゥアリング 【contouring】新 明暗を強調することによって、顔の立体感を引き立たせる化粧法。「—-メーク」

コンドーム 【フランス condom】性交の際に避妊あるいは性病予防のために、陰茎にかぶせる薄いゴム製の袋。スキン。サック。ゴム。

コンドミニアム 【condominium】①分譲マンション。②分譲ホテル。区分所有ホテル。③キッチンや洗濯機など生活用具が備え付けられた宿泊施設。また、ホテルなどの客室タイプで、そのような設備のあるもの。▷共同所有の意。

ゴンドラ 【gondola】①イタリアのベネチアで、交通・遊覧に用いる平底の細長い手こぎの舟。船首・船尾がそり上がっている。②高い所からつり下げた乗り物。飛行船・気球のかご、ロープウェーの客室など。

コントラクター 【contractor】①契約者。契約人。②工事などの請負人、請負業者。

コントラクト 【contract】契約。

コントラスト 【contrast】①対比。対照。②絵画やテレビ・写真などの画像の、明暗の差や色彩の対比。

コントラバス 【ドイツ Kontrabass】西洋の擦弦楽器の一。バイオリン属中、最も形が大きく、高さ約2メートル。最低音部を奏する。ダブル-バス。ダブル-ベース。バス。ベース。

コンドル 【condor】①タカ目コンドル科の鳥の総称。6種が知られ、南北アメリカにのみ分布。いずれも頭が裸出し、腐肉を主食とする。②南米アンデスの高山に生息する、①の一種。

コントローラー 【controller】①制御装置。制御器。②航空管制官。③企業経営の管理者、または管理機関。④喘息(ぜんそく)の長期管理薬。

コントロール 【control】①制御すること。統制すること。管理。②球技で、ボールをねらいどおりのところに投げたり、蹴(け)ったりできる能力。

コントロール センター 【control center】統制・管理を行う機関や施設。

コ

コンパ 学生などが、会費を出しあって飲食し、親睦を深める会合。懇親会。▷コンパニーの略。

コンバージョン 【conversion】①変えること。変わること。変換。転換。②機種の異なるコンピューター間で共通のデータが使用できるように、その表現形式を変えること。③新しい信仰に目覚めること。回心。④建物の用途を転用すること。オフィス-ビルを改修して居住用に用途を変更することなど。⑤あるウェブ-サイトの来訪者が、実際に何かの申し込み(会員登録、資料請求、商品の注文など)を行うこと。⑥自動車の改造。⑦ラグビーで、トライの後に行えるゴール-キック。コンバージョン-ゴール。

コンバーター 【converter】①交流の電気を直流に変える装置、および交流の周波数を変える機器の総称。また、通信で、高周波信号をそれより低い中間周波数に変換する装置をいう。変換器。→インバーター ②情報の形態を変換する装置、またはソフトウエア。

コンバーティブル 【convertible】①折り畳み式の幌(ほろ)や屋根の付いた自動車。コンバーチブル。 →オープン-カー・カブリオレ・ロードスター ②形を変えて着ることのできる襟やカフス。▷形を変えることができる、の意。

コンバート 【convert】①変換すること。②野球などで、選手が専門とする守備位置を転向すること。③ラグビーで、トライの後、ゴール-キックに成功すること。④コンピューターで、データを異なる形式に変換すること。

コンパートメント 【compartment】仕切られた一区画。特に、列車や飲食店の仕切られた客室。コンパート。

コンパイラー 【compiler】コンピューターで、コンパイラー言語で記述されたソース-プログラムを、オブジェクト-プログラムに変換するためのプログラム。→インタープリター

コンパイル 【compile】 コンピューターで、ソース-プログラムをオブジェクト-プログラムに変換すること。▷編集する意。

コンバイン 【combine】①結合する。混合する。②1台で、刈り取り・脱穀・選別の機能を兼ね備えた大型の農機具。

コンバインド 【combined】新 ①結合した、一体となったの意。「—サイクル発電(＝ガスタービン発電と蒸気タービン発電を組み合わせた発電方式)」②スポーツの複合競技・種目。

コンパクト 【compact】①小型で中身が充実しているさま。無駄を省いて小さくまとめてあるさま。簡潔な。②白粉(おしろい)とパフを納

めた鏡付きの携帯用化粧用具。

コンパクト カー 【compact car】小さなサイズの乗用車。アメリカで低燃費要請が高まったとき、エンジンや車体を小さくした規格の乗用車につけられた呼称。

コンパクト シティー 【compact city】市街地の有効利用や都市機能の集約化により、都市の規模を小さくしようとする考え方。また、そのような都市。→スプロール

コンパクト ディスク 【compact disk】⇨CD

コンパクト フラッシュ 【Compact Flash】フラッシュ-メモリーを利用した、音楽・画像などのデータの記録媒体の一。デジタル-カメラやICレコーダーの記録媒体に使われる。商標名。CF。CFカード。

コンパクト マンション 【和製compact＋mansion】新 世帯当たりの専有面積が30～50平方メートル程度のマンション。ワンルームと家族向けの中間であるような物件をさす。

コンパス 【オランダkompas】①製図器の一。自由な角度に開閉できる2本の脚から成る。円を描いたり、線分の長さを移すのに用いる。②羅針儀。羅針盤。③俗に、人の歩幅。また、脚の長さ。

コンパチビリティー【compatibility】①他のもの、特に他の機械部品などと取り換え可能であること。②コンピューターのプログラムを変更することなく他のコンピューターで実行できること。▷互換性の意。

コンパチブル 【compatible】互換性(コンパチビリティー)のあるさま。また、互換性のあるもの。コンパチ。

コンバット【combat】戦い。戦闘。

コンパニー 【company】①会社。商会。カンパニー。②仲間。交友。

コンパニオン 【companion】①仲間。連れ。②催し物などで、案内や接待に当たる女性。③手引き書。

コンパニオン アニマル 【companion animal】伴侶や家族のような関係で、人間の側にいる(人間に飼育されている)動物のこと。アニマル-コンパニオン。ファミリー-アニマル。▷動物と人間の精神的な結びつきに注目して、ペット(愛玩動物)を言い換えたり、ペットと区別する語。

コンパレーター【comparator】精密測定に用いる測長器の総称。測定物と標準尺とを、顕微鏡で比較測定して長さを求めるものが代表的。

コンビ コンビネーションの略。何かをするに当たっての二人の

組み合わせ。また、その二人。

コンビーフ【corned beef】牛肉の塊を煮て、細かくほぐし、調味してから牛脂とともに缶詰にしたもの。コーンド-ビーフ。コーン-ビーフ。

コンピタンス【competence】(課題を解決するための)能力や技術。▷コンピテンスとも。→コア-コンピタンス

コンピテンシー【competency】優秀な業績をあげるための特性。業績の優秀な者の行動パターンから抽出され、人事評価の具体的な基準として利用される。▷能力・資格・適性の意。コンピタンシーとも。

コンビナート【ロシア kombinat】生産工程の密接に関連する近接の工場を物理的に結合し、生産の効率化を図るために集団化したもの。石油化学コンビナートなど。

コンビニ コンビニエンス-ストアの略。

コンビニエンス【convenience】便利。好都合。

コンビニエンス ストア【convenience store】早朝から深夜まで、あるいは無休で日常生活に必要な品を中心に扱う小型のスーパー-ストア。コンビニ。CS。CVS。

コンビニ ジム新 比較的に低価格で利用できる小規模なスポーツジム。24時間営業であることが多い。▷コンビニ感覚で通えるジムの意。

コンビネーション【combination】①組み合わせ。取り合わせ。配合。②上下ひとつづきの下着。③異なる素材や色を組み合わせた洋服・靴・バッグなど。コンビ。④スポーツで、選手が連係して行う動き。

コンビネーション サラダ【combination salad】多種類の野菜を使ったサラダ。または、野菜に肉・魚介・卵などを組み合わせたサラダ。

コンピューター【computer】電子回路を用い、与えられた方法・手順に従って、データの貯蔵・検索・加工などを高速度で行う装置。科学計算・事務管理・自動制御から言語や画像の情報処理に至るまで広範囲に用いられている。

コンピューター ウイルス【computer virus】他のコンピューターのプログラムの中に潜り込んで、データを破壊したり消去したりするプログラム。▷ネットワークや記憶媒体を通じて他のコンピューターに伝染することから。→ワーム

コンピューター グラフィックス【computer graphics】コンピューターによる図形処理。コンピューターで、データから図形表

示へ、あるいは図形表示からデータへ変換する処理のこと。CAD・アニメーション作成などに利用される。CG。

コンピューター ゲーム【computer game】コンピューターで行うゲームの総称。家庭用ゲーム機で行うゲームや、パソコンで行うPCゲームなど。→ビデオ-ゲーム・PCゲーム

コンピューター ネットワーク【computer network】通信回線を利用して複数のコンピューターを接続したシステム。コンピューター資源の共同利用、データ処理の機能分散が実現される。

コンピレーション【compilation】特定の編集方針に基づいて複数の楽曲を一つにまとめた作品集。一人の音楽家の代表的な楽曲をまとめたり、あるジャンルの楽曲をまとめたりする。コンピレーション-アルバム。▷編集・編集物の意。

コンプ コンプリートの略。

コンファレンス【conference】①会議。協議会。②アメリカン-フットボールなどで、リーグの下位区分。▷カンファレンスとも。㊟会議

コンフィ【フランス confit】①砂糖・蒸留酒・酢などに漬けた果物や野菜。②ガチョウ・カモ・ブタなどの肉を脂肪に漬けたもの。

コンフィギュレーション【configuration】配置。構成。

コンフィデンシャル【confidential】機密。裏情報。▷内密の、の意。

コンフェクショナリー【confectionery】①菓子。特に、砂糖菓子。②菓子屋。菓子製造業。

コンフェッション【confession】告白。告解。

コンフォータブル【comfortable】くつろでいる。心地よい。落ち着いている。

コンフォート【comfort】①慰め。慰安。②快適さ。気楽。安楽。

コンフォート シューズ【comfort shoes】履き心地のよさを重視して作られた靴。

コンフォート ゾーン【comfort zone】比喩的に、居心地のよい場所。

コンブチャ【kombucha】㊪ 紅茶きのこ(紅茶に酢酸菌などを加え発酵させてつくる飲料)。日本では1975年(昭和50)ごろに自家製の飲料が流行。欧米などでは2010年代に市販の健康食品として普及した。昆布茶とは異なる。語源不明。

コンフュージョン【confusion】混乱。混雑。

コンプライアンス【compliance】①法令遵守。特に、企業活動において社会規範に反することなく、法律や企業倫理を遵守し、公正・公平に業務遂行するこ

とをいう。②服薬遵守。処方された薬剤を指示に従って服用すること。▷命令に従う意。㊟法令遵守 ➲よくわかる「コンプライアンス」の意味と使い方(p.279)

コンプライアンス チェック【compliance check】㊅ 法律・倫理の遵守状況を確かめること。企業が取引相手に対して実施する、反社会的勢力であるかどうかの確認作業(反社チェック)など。

コンプリート【complete】①すべての部分が完全にそろっていること。最初から最後まで完結していること。目標や目的を完全に達成していること。②俗に、コレクションを完成させることや、ゲームを完全に終了させること。コンプリ。コンプ。

コンフリクト【conflict】①(意見・利害などが異なる立場の間で生じる)衝突・対立・紛争・矛盾・摩擦・葛藤など。②心の中に相反する欲求が同時に起こり、そのどちらを選ぶか迷うこと。葛藤(かっとう)。③コンピューターで、複数のソフトウエアが影響し合って不具合を起こす状態。競合。

コンプリヘンシブ【comprehensive】包括的。総合的。

コンプリメント【compliment】褒め言葉。賛辞。称賛。

コンプレックス【complex】①自分が他より劣っているという感情。劣等感。②精神分析の用語。強い感情やこだわりをもつ内容で、ふだんは意識下に抑圧されているもの。エディプス-コンプレックス・劣等コンプレックスなど。③複合(体)。「シネマ—(＝複合型映画館)」

コンプレッサー【compressor】空気圧縮機。圧縮装置。

コンペ ①(ゴルフの)競技会。②建築設計の競技。建築などのすぐれた設計案を、複数の設計者の競技により求めること。競技設計。▷コンペティションの略。

コンベアー【conveyor】⇨コンベヤー

コンベクション【convection】㊅ ①対流。②コンベクション-オーブン(対流で加熱する方式のオーブン)で用いる、高温の空気や水蒸気による対流。またコンベクション-オーブンの略。

コンベクション オーブン【convection oven】㊅ 対流で加熱する方式のオーブン。高温の空気や水蒸気を庫内で循環させる。

コンペティション【competition】競争。競技。競技会。コンペ。

コンペティター【competitor】競合する者。競争相手。

コンペティティブ【competitive】①競争的な。「—な市場に挑戦する」②競争力のある。「—なプレイヤー」

よくわかる「コンプライアンス」の意味と使い方

詳しい意味は？

コンプライアンス(compliance)のもとは、動詞のコンプライ(comply)で「(何かに)応じる・従う・守る」を意味します。

日本語でこの語が用いられるのは、主にビジネスや経営の分野。その場合「企業が、法律や企業倫理を遵守(じゅんしゅ)すること」を意味します。ちなみに医療の分野では「処方された薬剤を指示に従って服用すること」を意味します。これらのいずれも「(要求に)従うこと」を意味するわけです。

どんな時に登場する言葉？

企業倫理を話題にする際に、よく登場する言葉です。特に経営者やコンサルタント、証券業界(法律遵守が市況に影響を与えるため)、マスコミ(企業の不祥事を扱うため)などが、この言葉を用いているようです。例えば「我が社はコンプライアンス体制の確立が必要だ」「この企業は、コンプライアンスへの取り組みが見られるようになった」「コンプライアンスは経営戦略の重要な要素になった」などの言い方をします。

実際の使われ方は？

[コンプライアンス体制(の確立)]　企業の中で法令遵守の仕組みづくりをする場合、それを「コンプライアンス体制(の確立)」などと呼ぶ事ができます。具体的には、コンプライアンスオフィサーと呼ばれる責任者を設け、その責任者のもとでコンプライアンスプログラムと呼ばれる仕組みを作ります。このような経営方法を「コンプライアンス経営」と呼ぶこともあります。

[コンプライアンスプログラム]　企業の中で、法令や倫理を遵守する仕組みを作る場合、その仕組みのことをコンプライアンスプログラムと呼ぶことがあります。多くの場合三つの分野で構成され「遵守のためのガイドラインの作成」「教育・啓蒙プログラムの実施」「問題発生時の対応マニュアルの作成」などが行われるようです。

コンベヤー【conveyor】材料や貨物を載せて連続的に移動・運搬する装置。ベルト式・チェーン式・ねじ式などがある。

コンベンショナル【conventional】①月並な。ありきたりな。②合意によるさま。契約によるさま。

コンベンション【convention】①古くから伝わっている習慣や風俗。因習。習俗。②人が多く集まる会。大会。集会。③大きな会議。国際的な会議。

コンボ【combo】①小編成のジャズのバンド。②異なる料理を組み合わせたセット。③コンピューター-ゲームにおける技の連鎖。

コンポ ⇨コンポーネント

コンボイ【convoy】①護衛。護送。②護衛艦。護送船団。③大型トラックやトレーラーの集団。

コンポーザー【composer】作曲者。

コンポート【compote】①砂糖漬けや砂糖煮にした果物。②果物や菓子を盛る、足付きの皿。また、それに似た形の花器。

コンポーネント【component】①構成要素。構成部品。②ステレオで、チューナー・アンプ・プレーヤー・スピーカーなどが、それぞれ独立した機器で、自由に選んで組み合わせることのできるもの。コンポ。

コンポジション【composition】①写真・絵画・図案などの構図。小説などの構成。②作文。特に、英作文。③作曲。作曲されたもの。音楽作品。

コンポジット【composite】複合。混成。合成。

コンポスト【compost】①生ごみや下水汚泥などを発酵腐熟させた肥料。②園芸用培養土。配合土。③たい肥を作るための容器。コンポスター。▷堆肥の意。
[案] たい肥／生ゴミたい肥化装置

コンマ【comma】①欧文など横書きの文の句点の一。数字の桁の区切りにも用いる。「，」の符号。カンマ。②小数点。

コンマス コンサートマスターの略。

コンメンタール【ドイツ Kommentar】注釈。論評。注釈書。

サ

サー【Sir】①英語で、男性に対する丁寧な呼び掛けの語。②イギリスで、準男爵またはナイトのクリスチャン-ネーム(洗礼名)につける尊敬語。卿。

サーガ【saga】 ⇨サガ

サーカス【circus】動物を使ったり、曲芸・軽業を行なったりする見世物。曲馬団。▷昔、ローマで競馬・闘牛などを行なった円形競技場の名から。

サーカディアン リズム【circadian rhythm】光・温度などの外界の周期的変化を排除した状態で生物にみられる、生理活動や行動のほぼ1日周期の変動。概日リズム。▷サーカディアンは「ほぼ24時間周期の」の意。

サーキット【circuit】①電気回路。②自動車競走用の環状道路。③演劇・映画で、興行系統。④回転。循環。⑤スポーツの巡回試合・競技会。

サーキット ブレーカー【circuit breaker】①回路遮断器。②先物相場の急激な変動が株式相場の混乱に拍車をかけるのを防止するために、先物取引を一時中断する措置のこと。

サーキュラー【circular】①円の。円状の。循環状の。②円形に裁断したもの。

サーキュラー エコノミー【circular economy】循環型経済。資源を極力廃棄せずに循環させるよう設計された、持続可能な経済。

サーキュレーション【circulation】①循環。流通。②広告を伝える媒体の流布の度合。新聞・雑誌の発行部数やラジオ・テレビの普及率・視聴率など。

サーキュレーター【circulator】①空気やガスの循環器。②⇨エア-サーキュレーター

サークル【circle】①円。円周。②社会的な問題や文化・芸術・スポーツなどに関心をもつ人々の私的な集まり。同好会。

ザーサイ【搾菜】中国、四川省特産の漬物。搾菜というカラシナの変種の根茎を香辛料・塩などで長期間漬け込んだもの。ザーツァイ。▷中国語。

サージ【serge】梳毛糸(そもうし)の綾(あや)織り服地。綾目が緯(よこ)糸に対して45度の角度で現れる。学生服などにする。綿・絹・ナイロン製のものもある。

サージ【surge】①電流・電圧の急激な変動。②爆発によって噴出されるもの。

サージカル【surgical】外科の。外科的処置の。手術(用)の。

サーズ ⇨SARS

サーターアンダギー 沖縄の伝統的な揚げ菓子。小麦粉と砂糖と卵などを混ぜ合わせて種をつくり、丸めて油で揚げる。▷「さあたああんだぎい」とも書く。「さあたあ」は砂糖、「あんだぎい」は揚げ物の意。

サーチ【search】①調べること。調査。②データの検索。

サーチ エンジン【search engine】インターネットの中から目的に応じた情報(主にウェブページ)を検索する機能。また、そのためのサーバーやサービス。検索エンジン。検索サービス。

サーチャー【searcher】コンピューターの各種データベースを使い、ある特定の調査・研究資料を作成する人。

サーチャージ【surcharge】①一定の額にさらに加えて徴収する金銭。追加料金。割増料。②法外な利益や不当な価格。

サーチライト【searchlight】探照灯。

サーディン【sardine】①鰯(いわし)。②鰯のオリーブ油漬け。オイル-サーディン。

サード【third】①３番目。第３位。②野球で、三塁。また、三塁手。③自動車の変速装置の第３速。

サード パーティー【third party】①第三者。②ある企業やその提携企業が構築したビジネス-モデルに、第三者的に参加する企業のこと。コンピューター市場における周辺機器のメーカーやソフト制作会社、物流におけるサード-パーティー-ロジスティクスなど。

サード パーティー ロジスティクス【third party logistics】荷主に対して商品の受発注・在庫管理、情報化まで包括的な物流改革を提案し、一括して物流業務を受託する者。3PL。

サーバー【server】①バレーボール・テニス・卓球などで、サーブをする人。②料理・飲料の提供に用いる食器類。料理をのせる盆、取り分けに用いる道具(スプーンやフォークなど)、飲料を注ぐための容器や機器をいう。③コンピューター-ネットワーク上で、他のコンピューターにファイルやデータを提供するコンピューター。また、そのプログラムをいう。→クライアント

サーバント【servant】召し使い。使用人。従僕。

サービサー【servicer】金融機関や一般会社の債権を譲り受けたり、委託を受けて回収・管理する専門会社。債権回収会社。

サービス【service】①相手のために気を配って尽くすこと。②品物を売るとき、値引きをしたり景

品をつけたりして、客の便宜を図ること。③球技のサーブ。④物質的財貨を生産する労働以外の労働。具体的には運輸・通信・教育などにかかわる労働で、第三次産業に属する。用役。役務。

サービス アパートメント【service apartment】新 家具や食器類など日常生活に必要なものを備えた高級賃貸マンション。

サービス エリア【service area】①特定のラジオやテレビの受信可能区域。カバレッジ。②サーブを打つための決められた区域。③高速道路で、給油・食事・手洗いなどの設備のある休憩所。

サービス残業 労働者が会社に残業申請をしないで行う時間外労働。時間外手当がつかない。サビ残。

サービス ステーション【service station】①自動車の給油所。②商品に関する相談やアフター-サービスをする出張所。

サービス付き高齢者向け住宅 バリア-フリーなどの設備環境と、生活相談などのサービスを併せ持つ高齢者向け住宅。高齢の単身または夫婦世帯が居住を安定確保できるよう、国土交通省と厚生労働省が協同して実施する制度。登録住宅には補助・融資・税制優遇の措置がある。サ高住。

サービス トーク【和製 service＋talk】俗に、聞き手にとって耳触りのいい発言や会話。

サービスマン【serviceman】機械や機器の修理員。

サービス ルーム【和製 service＋room】①ホテルなどでクリーニングなどの注文を受ける部屋。②マンションなどの間取りのうち、窓の大きさが足りないなど、建築基準法の基準を満たさないために居室として扱われない空間。間取り図ではSで表記する。フリー-ルーム。スペア-ルーム。

サーフ【surf】①波。②サーフィン。

サーブ【serve】バレーボール・テニスなどで、プレーを始めるとき、最初に球を打ち出すこと。また、その打球。サービス。

サーフィン【surfing】サーフ-ボードの上に立ち、巧みにバランスをとりながら波のうねりに乗って楽しむスポーツ。

サーフェス【surface】①表面。面。平面。表層。地表。水面。②見かけ。外見。第一印象。③陸上輸送と水上輸送。空中輸送・地下輸送に対していう。④テニスで、コートの表面。⑤フィン-スイミング競技の一。身体の一部を常に水面から出した状態で一定区間を泳ぎ、その速さを競う。

サープラス【surplus】軍の放出品。▷余り・余剰の意。

サーベイ【survey】調べること。測ること。確かめること。調査。探

サ

査。測量。測定。

サーベイヤー【surveyor】検査官。鑑定人。測量技師。

サーベイランス【surveillance】①警戒して見張ること。注意深く監視すること。よく見て調べること。②感染症などの疾病の発生状況や変化を継続的に監視すること。また、それによって対策のためのデータを体系だてて収集・分析すること。③システムなどの、定期的な監査。▷サーベランスとも。㊎ 調査監視

サーベル【オランダ sabel】西洋風の長い刀。洋剣。洋刀。第二次大戦まで警察官や軍人が用いていた。サーブル。

サーボ機構 自動制御の一。制御の対象の状態を測定し、基準値と比較して、自動的に修正制御する機構。サーボ。

サーボモーター【servomotor】サーボ機構の駆動装置。

サーマル【thermal】熱や温度に関すること。熱や火力によること。→プル-サーマル

サーマル リサイクル【thermal recycle】廃棄物を焼却したときの熱を熱エネルギーとして再利用すること。

ザーメン【ドイツ Samen】精液。

サーモグラフィー【thermography】体の表面の温度を測定・画像化し、診断に用いる方法。

サーモスタット【thermostat】バイメタルや水銀の膨張を応用したスイッチにより、自動的に熱源を制御する温度調節装置。

サーモン【salmon】鮭(さけ)。

サーモン トラウト【salmon trout】新 海にくだるニジマスを養殖したもの。トラウト-サーモン。トラウト。

サーロイン【sirloin】牛肉のうち、背の中央からももの間の部位のもの。肉質は軟らかく、木目(きめ)が細かい。

サイ【psi】(psi phenomena)超心理学の用語。ESP と念力とによる現象の総称。霊魂信仰を伴わず、現象のみをさす。サイ現象。

サイエンス【science】科学。学問。特に、自然科学。

サイエンス カフェ【science café】 喫茶店などを会場にして、科学者などの専門家と一般の人々が科学技術について語り合う集い。イギリスやフランスで1990 年代後半から始まる。科学カフェ。カフェ-シアンティフィーク。

サイエンス フィクション【science fiction】通常の時間と空間の枠組みを超えた出来事を科学的仮想に基づいて描いた物語。ジュール=ベルヌ・H. G. ウェルズなどを草分けとする。SF。空想科学小説。

サイキック【psychic】超能力者。また、超能力的な事柄。

サイクリック【cyclic】周期的なさま。循環するさま。サイクリカル。シクリカル。

サイクリング【cycling】自転車で道路を走るスポーツ。また、自転車での遠乗り。

サイクル【cycle】①あるものの状態が一定の変化を経過した後、再び元の状態に戻ること。周期。循環過程。②振動数または周波数の単位の慣用呼称。→ヘルツ ③自転車。

サイクル ヒット【cycle hits】野球で、一人の選手が1試合に単打・二塁打・三塁打・本塁打のすべてを打つこと。

サイクロトロン【cyclotron】加速器の一種。原子核の人工破壊・放射性同位体の製造などに利用。向かい合わせた直流電磁石の極の間に、中空円板を二つに切断した形の電極を置いて高周波をかけ、イオンを磁場の作用で回転させながら電場で加速して高エネルギーの粒子線をつくり出す装置。1930年代頃から核反応実験のために用いられた。その後は高速度になるにつれて周波数を変化させるシンクロ-サイクロトロンや、周波数を変えずに粒子の軌道に沿って周期的に磁場の強さを変化させ、さらに高いエネルギーに加速できるAVFサイクロトロンが用いられている。

サイクロプス【Cyclops】ギリシャ神話の野蛮で残忍な人食いの巨人。額の中央に一つの目をもつ巨人族。キュクロプスの英語読み。

サイクロン【cyclone】①インド洋・ベンガル湾・アラビア海に発生する強い熱帯低気圧。台風と同じ性質をもつ。②気象用語で、低気圧のこと。③流体を旋回させ、その遠心力を利用して粉塵を分離する装置。

サイケ サイケデリックの略。▷昭和40年代に流行した語。

サイケデリック【psychedelic】LSDなどの幻覚剤によって起こる幻覚や心理的恍惚(こうこつ)状態に似たさま。サイケ。

サイコ【psycho】①「精神」「心理」「霊魂」などの意。他の外来語の上について複合語をつくる。②精神病患者。神経症患者。

サイコアナリシス【psycho-analysis】精神分析。精神分析学。

サイコキネシス【psychokinesis】念力で物を動かす能力。念動力。テレキネシス。PK。超心理学の用語。

サイコ スリラー【psycho thriller】心理的描写に重点をおいたスリラー作品。

サイコセラピー【psychotherapy】心理療法。精神療法。

サイコパス【psychopath】俗に、精神病質の者をいう語。

サ

サイジング【sizing】インクのにじみを防ぐため、紙にサイズを塗ること。

サイズ【size】衣料品や器具類の大きさ。寸法。

サイズ アウト【和製 size＋out】新 身体が大きくなり服や靴の大きさが合わなくなること。多く子供の成長に伴うものをいう。

サイダー【cider】炭酸水に香料・砂糖などを加えた清涼飲料。▷本来は、リンゴ酒の意。

サイディング【siding】建物の外壁に使用する、耐水・耐天候性に富む板。下見板。

サイト 手形などの決済期限。▷at sight(一覧で、提示あり次第、の意)から。

サイト【site】コンピューターにおいて、ローカル-エリア-ネットワークが設置されている場所。あるいはインターネット上で、ホーム-ページやデータが置かれているサーバーのこと。▷「敷地」「用地」の意。

サイド【side】①片方の側(がわ)。側面。わき。②(ラグビー・テニスなどスポーツで)敵・味方それぞれの陣地。③(相対するもののうちの)一方の側。④他の外来語と複合して「副次的」「補助的」などの意を表す。

サイド オーダー【side order】飲食店で、コース料理に加えて追加注文すること。また、その料理。

サイトカイン【cytokine】細胞から放出されて、免疫作用・抗腫瘍(しゅよう)作用・抗ウイルス作用・細胞増殖や分化の調節作用を示すタンパク質の総称。インターロイキン、インターフェロンなど。

サイド ビジネス【和製 side＋business】副業。内職。サイド-ワーク。

サイドボード【sideboard】①食器類を収納する、棚や引き出しのついた家具。食器棚。②列車の横についている行き先標示板。

サイト マップ【site map】ウェブ-サイトにおいて、目次のような役割を果たすウェブ-ページのこと。サイト内の各コーナーへのリンクが、一覧で表示されている。

サイド ロード【sideload】新 パソコンやスマートフォンなどで、正規のアプリケーションストア以外の場所からアプリケーションソフトウエアをダウンロードしてインストールすること。サイドローディング。

サイネージ【signage】新 広告・公共などの目的で表示する、文字・記号・図形・標識・看板など。→デジタル-サイネージ

サイバー【cyber】主に外来語の上について複合語をつくり、コンピューター-ネットワークに関する、の意を表す。▷電脳とも訳される。第二次世界大戦後に提唱された学問分野であるサイバネ

ティックスを源とし、サイバースペースなど、1980年代中頃から広く用いられるようになった。

サイバー インテリジェンス【cyber intelligence】新 コンピューターのネットワークを利用して行われる諜報活動のこと。国家や企業などの機密情報の逆取を目的として行われるサイバー諜報活動。

サイバー攻撃 コンピューターのネットワーク上で、特定のコンピューター-システムや、ネットワークそのものなどに対して行われる電子的な攻撃。不正アクセスによるデータの改竄かいざんや破壊、サービス拒否攻撃、コンピューター-ウイルスによるものなど。サイバー-アタック。

サイバースペース 【cyberspace】 コンピューター-ネットワークなどの電子メディアの中に成立する仮想空間、情報宇宙。特に人間の身体知覚と電子メディアが接合して生まれるメディア環境。アメリカのSF作家ギブスン(William Gibson)が小説の中で描いた。

サイバー戦争 異なる国や地域の住民が、互いの情報設備に対してサイバー攻撃(不正アクセスやサービス拒否攻撃など)を仕掛けること。

サイバー テロ【cyber terrorism】国家や社会基盤の混乱を目的に、それを維持するために必要な情報システムへの侵入・破壊工作を行うこと。

サイバー パトロール 【cyber patrol】各都道府県警がインターネット上で行う巡回活動。ネット上の有害情報や違法行為を発見し、取り締まるために行う。被害者からの相談や情報提供も受け付ける。

サイバーパンク【cyberpunk】ハイテク化が極度に進行した未来社会を描くサイエンス-フィクション。 ▷ cybernetics(サイバネティックス)とpunk(パンク)から。

サイバー フィジカル 【cyber physical】新 現実空間の情報を仮想空間に再現して、両者を連携させること。またその技術。センサー技術・ネットワーク技術などによる情報収集、大規模データ処理技術などによる分析や予測、ロボティクス技術などによる現実空間への働きかけを総称する。

サイバー マンデー 【Cyber Monday】アメリカで、感謝祭(11月の第4木曜日)後の初めての月曜日。感謝祭翌日(ブラック-フライデー)に実際の小売店で売上が急増するのに続き、通販サイトでも売上が急増する傾向がある。▷時間差の原因については「週末は外出するから」「職場のネット環境で買い物をするから」

サ

などの説がある。

サイバー レジリエンス【cyber resilience】新 情報システムやその運用者が持つ、サイバー攻撃に対する適応力や回復力などのこと。

サイ ハイ【thigh-high】腿(もも)まであること。膝までの高さであるニー-ハイに対していう。タイ-ハイ。→ニー-ハイ

サイバネティックス【cybernetics】アメリカの数学者ウィーナーによって創始された学問。生物および機械における制御・通信・情報処理の問題・理論を、両者を区別せず統一的に扱う。サイバネチックス。

サイファー【cypher】新 ラップやダンスなどで、集まったパフォーマーが一人づつ中央に出て、即興でパフォーマンスしあうこと。またその集まり。▷ゼロの意。集まったパフォーマーが輪になる様子から。

サイボーグ【cyborg】生物に、生物本来の器官同様、特に意識しないでも機能が調節・制御される機械装置を移植した結合体。宇宙空間など、生物体にとっての悪環境下での活動のために発想されたが、その後、電子義肢・人工臓器など、医療面での研究が進められるようになった。▷ cybernetic organism から。

サイホン【siphon】①圧力差を利用して、液体をその液面より高い所へいったん導いて低い所に移す曲がった管。また、その装置。②コーヒー沸かし器の一種。フラスコの上にコーヒーを入れる漏斗(ろうと)形のガラス管を取り付けたもの。フラスコを熱して熱湯を漏斗に上げコーヒーを煮出す。③家庭などで炭酸水を作る器具。▷サイフォンとも。

サイマル【simul】①同時にすること。②同時通訳。▷日本での用法。

サイマルキャスト【simulcast】同じ番組をデジタル放送とアナログ放送など、複数のメディアやチャンネルで同時に放送すること。サイマル放送。

サイリウム【psyllium】オオバコの種皮。キシランを主鎖として高度に分岐した構造の多糖体を含む。特異な流動性および保水性をもち、食品繊維素材としても有用。また、整腸作用・血糖値抑制作用・血中脂質調整作用などの性質ももつ。

サイリウム【Cyalume】新 ▷商標名。⇨ケミカルライト

サイリスター【thyristor】出力直流電流を制御する半導体整流素子。シリコンの npnp の 4 層からなり、両端の電極とゲートとよばれる第 3 の端子をもつ。動作が速く、効率がよく、小型で長寿命である。SCR。

ザイル【ドイツ Seil】登山用の綱。ロープ。

サイレージ【silage】青刈り作物や生の牧草をサイロ内で乳酸発酵させて貯蔵した飼料。埋め草。埋草(まいそう)。

サイレン【siren】穴の開いた円板を回転させて音を出す装置。また、その音。時報・警報・信号などに用いる。号笛。

サイレン【Siren】ギリシャ神話に登場する海の怪物。二人あるいは三人。乙女の顔、鳥の姿をし、美しい声で近くを通る船乗りをひき寄せ、殺したという。のちに、音楽との関連が強調され、女神ムーサの娘ともされた。セイレン。

サイレント【silent】①無言であること。静寂であること。②発音しない文字。英語の knee の k やフランス語の chat の t など。無音。③無声映画。→トーキー

サイレント キラー【silent killer】新 めだった症状が現われにくく、心臓病や脳卒中などによる突然死の危険因子となる病気を指していう語。高血圧など。

サイレント マジョリティー【silent majority】公の場で意思表示をすることのない大衆の多数派。1969 年にアメリカ大統領ニクソンが、声高に政府批判をする者は少数派であるとする意をこめて言った語。物言わぬ大衆。

サイレント モード【silent mode】携帯電話の着信音も振動も発生しないようにした状態。また、その機能。公衆の場での他人への迷惑を考慮して使用する。

サイロ【silo】①青刈り作物や生の牧草を詰めサイレージを作るための、石・れんが・コンクリートなどでつくった貯蔵庫。②穀類・セメント・肥料・石炭などをばら荷の状態で貯蔵する倉庫。③ミサイル発射装置を格納するための地下設備。

サイロ化 新 組織や情報システムなどが他と連携せずに自己完結してしまい、全体の効率が悪くなること。サイロ(貯蔵庫)の中からは周囲が見えないことから。「組織の—」

サイン【sign】①合図。暗号。また、合図すること。②署名すること。

サイン アウト【sign out】情報システムの利用者が、利用しているシステムの接続を絶つための手続きを行うこと。また、そのようにして接続を絶つこと。▷外出時の署名の意。

サイン アップ【sign up】新 ①雇用や加入の際に、署名によって契約すること。契約署名。②インターネットで、プロバイダーや各種サービスへの加入手続き。登録申し込み。

サイン イン【sign in】情報シ

ステムの利用者が、認証を受けるための情報を入力すること。また、その入力を経て情報システムを利用可能な状態にすること。▷到着時の署名の意。

サイン オン【sign on】署名すること。登録すること。特に、オンライン上でユーザーIDとパスワードを入力すること。

サイン ボード【sign board】看板。

サインポール【和製 sign＋pole】理髪店の看板に用いる赤・白・青のらせん模様の棒のこと。有平(アルヘイ)棒。

サイン レス【和製 sign＋-less】クレジット-カードで決済を行う際、本人確認用の署名を省略する仕組み。小売店などが、決済時間を短縮する目的で実施する。▷サイン-レス-システムの略。

ザウアークラウト【ドイツ Sauerkraut】ドイツの漬物の一種。塩漬けキャベツを発酵させて酸味をもたせたもの。サワークラウト。シュークルート。

サウスポー【southpaw】①野球で、左腕投手。②ボクシングなどのスポーツで、左利きの選手。▷サウスは南、ポーは手の意。ホーム-ベースは東南向きが原則で、その結果左腕投手の手は南側からくり出されるからとも、アメリカ南部出身の大リーグ投手に左腕投手が多かったからともいう。

サウダージ【ポルトガル saudade】昔のことをなつかしく思いだす気持ち。郷愁。ノスタルジー。

サウナ【フィンランド sauna】フィンランド風の蒸し風呂(ぶろ)。石塊を入れた鉄釜を下から熱した熱と、その石に水をかけて発する蒸気熱とで室内の温度・湿度を高め、その室内に入って汗を流す。

> アップデート 近年サウナを題材にした書籍・ドラマ・漫画などが人気に。サウナの愛好家がサウナーと呼ばれるようになるなど、サウナ周辺の話題が賑やかになっています。サウナと水風呂の交互浴を経て多幸感を得ることは、サウナーの間で「ととのう」と呼ばれます。

サウナー 新 俗に、サウナの愛好家。

サウンド【sound】音。音響。

サウンド エフェクト【sound effects】映画・テレビ・放送劇などの効果音。音響効果。擬音。SE。

サウンドスケープ【soundscape】目に見えるランドスケープ(景観)に対し、ある地域固有の音や創造された音によって演出される音の環境。音環境。▷カナダの作曲家マリー＝シェーファーの造語。

サウンド デモ【和製 sound＋demo】新 音響機器を搭載した自動車が先導し、その音楽に合わせて踊りながら行進するデモ。

サウンド トラック【sound track】映画フィルムの録音帯。音声を記録した、フィルムの縁の部分。また、そこに録音された音楽。サントラ。

サウンド ロゴ【sound logo】企業やブランドなどをアピールするために使用する短い音(音声・音楽・効果音など)の総称。テレビやラジオのCMに使われる、企業名を短い旋律で表現した音声など。

サガ【Saga】古ノルド語による古代・中世の北欧散文物語の総称。主に13世紀以降、アイスランドで成立。アイスランド植民以後のことを年代記風に記したもの。長短百数十編に及ぶ。サーガ。▷アイスランド語で、物語の意。

サ活(かつ) 新 サウナ活動の略。サウナを楽しむこと。

サクション カップ【suction cup】新 ゴム製・合成樹脂製などの吸盤。

サクセス【success】成功。

サクセス ストーリー【success story】成功談。出世物語。

サクリファイス【sacrifice】犠牲。供犠(くぎ)。

サ高住(こうじゅう) ⇨サービス付き高齢者向け住宅

サザン【southern】南の、の意。

サザン クロス【Southern Cross】南十字星。

サジェスチョン【suggestion】暗示。示唆(しさ)。サゼッション。

サジェスト【suggest】①暗示すること。示唆(しさ)すること。②サジェスト機能の略。検索などの入力途中で候補文字列を表示する機能。

サ終(しゅう) ネット利用者が使う俗語で、サービス終了のこと。主にオンラインのサービスについていう。「―する」▷「サおわ」とも。

サステナビリティ【sustainability】持続可能性。地球の環境・社会・経済が長期的に維持可能であること。サステイナビリティ。

サステナビリティー トランスフォーメーション【sustainability transformation】新 社会・企業の持続可能性を重視する経営方針への変革。SX。

サステナビリティー ボンド【sustainability bond】新 社会と環境の双方の持続可能性に貢献するため、そのプロジェクトに必要となる資金を調達する債権。

サステナブル【sustainable】持続可能であるようす。特に地球の環境・社会・経済が長期的に維持可能であること。サステイナブル。➡ よくわかる「サステナブル」の意味と使い方(p.293)

サスペンション【suspension】①自動車などで、車輪と車体をつなぎ、路面からの衝撃や振動が

サ

車室に伝わるのを防ぐ装置。懸架装置。②固体の微粒子が液体中に分散している混合物。粒子の大きさはコロイド粒子程度かそれよりも大きい。泥水や墨汁・印刷インキなど。懸濁液。

サスペンス【suspense】①不安感。特に映画・小説などで、危機的な場面に観客・読者が覚える、はらはらする感情。②サスペンス映画、サスペンス小説などの略。

サスペンダー【suspender】①ズボンつり。②靴下どめ。ガーター。

サターン【Saturn】①古代ローマの農耕神。ギリシャのクロノスと同一視される。サトゥルヌスの英語名。②土星。

サタン【Satan】悪魔。魔王。聖書には、神に反抗して天国を追われた悪魔(もとは天使)として登場。

サッカー (seersucker)縦縞の平織りの木綿地。縞の部分を縮ませて皺(しわ)を出す。主として夏服用。シアサッカー。

サッカー【soccer】11人でチームを構成し、ゴールキーパー以外は手を使えず、ボールを手以外の足から頭までを使って扱い相手のゴールに入れてその点数を争う競技。

サッカリン【saccharin】人工甘味料の一。甘味はショ糖の約500倍。食品添加物に指定されており、使用に制限がある。

サック【sack】①こわれやすいものや、危険なものを安全に保護・保存するための袋・さや。②アメリカン-フットボールで、ディフェンスのプレーヤーが、パスを投げようとするクォーターバックをタックルすること。③コンドーム。

ザック【ドイツ Sack】背負い袋。リュックサック。

サックス【sax】木管楽器の一。1枚リードの歌口をもつJ字形の管で金属製。アルト・テナーなど音域により数種ある。木管と金管の中間をいく特有の柔らかい音色をもち、音量・表現力ともに豊か。ジャズに好んで用いられる。サキソホン。サクソフォーン。

サッシ【sash】金属製の窓枠。サッシュ。

サッシュ【sash】①柔らかい布の飾り帯。ウエストに巻いたり、肩から掛けたりする。②「サッシ」に同じ。

ザッハトルテ【ドイツ Sachertorte】オーストリアのチョコレート-ケーキの一。創作者にちなんだ名。

ザッピング【zapping】テレビを視聴する際、リモコンを使って頻繁にチャンネルを変えること。

サップ【SUP】 ⇨スタンド-アップ-パドルボード

ザディコ【zydeco】米国ルイジアナ南部で盛んなケイジャンに、

よくわかる「サステナブル」の意味と使い方

詳しい意味は？

サステナブル(sustainable)はもともと英語で、「持続可能な」という意味です。

この「持続可能な」とは「そのやり方が将来も継続できる」ことを意味します。多く、環境を中心とする分野において言われます。

どんな経緯でこの語を使うように？

サステナブルという言葉が注目されたきっかけは「持続可能な開発(sustainable development)」という概念にありました。これは「『持続可能性』と『開発』は両立できる」という考え方、つまり「『環境保全』と『社会の発展』は両立できる」という考え方をさします。もっと言えば「『将来世代』と『現役世代』の利益は両立できる」とも言っているわけです。

この概念が提唱されたのは1987年のことでした。国連の「環境と開発に関する世界委員会(通称、ブルントラント委員会)」が本概念を中核に据える提言を行ったのです。以後サステナブルという言葉は「環境」や「社会的課題」と深く結びつけて使われています。

なお日本の新聞記事(注:毎日・朝日・産経・読売調べ)で、サステナブルの登場頻度が増えたのはゼロ年代(2000年～09年)以降のことです。

言い換えたい場合は？

ほとんどの場合「持続可能」を使って言い換えることが可能です。例えば「サステナブルな発展」は「持続可能な発展」と表現できます。ただし「持続可能」と言い換えただけでは、「持続可能な開発」の概念が伝わらないかも知れません。その場合は適宜、「環境負荷の少ない」「将来にわたって利益享受できる」といった補足説明を加えると良いでしょう。

カリブ系の音楽やリズム-アンド-ブルースの要素が加わったダンス音楽。

サディスティック【sadistic】サディズムの傾向があるさま。→マゾヒスティック

サディスト【sadist】サディズムの傾向にある人。サド。→マゾヒスト

サティスファクション【satisfaction】満足。

サディズム【sadism】相手に肉体的・精神的苦痛を与えることで、性的満足を得る心理。サド。▷フランスの作家サドがこの加虐性欲にふけったという話から、オーストリアの精神科医クラフト-エービング(Kraft-Ebing)がその著書「性的精神病質」の中で命名。→マゾヒズム

サテライト【satellite】①衛星。人工衛星。②他のものに付属していること。また、付属している機関や施設。③日本プロ-サッカー-リーグ(J リーグ)の、二軍チーム。

サテライト オフィス【和製 satellite＋office】本社と情報通信ネットワークで結ばれた都市周辺部の衛星的な小規模オフィス。職住近接を可能にする。

サテライト スタジオ【satellite studio】本局から離れた街頭などに設けられたガラス張りの小スタジオ。サテライト。

サテン【オランダ satijn; 英 satin】繻子(しゅす)。たて糸とよこ糸の交わる点を少なくし、布面にたて糸あるいはよこ糸のみが現れるようにした織物。

サド サディスト・サディズムの略。

サドル【saddle】自転車・オートバイなどの、腰をのせる台。▷鞍(くら)の意。

サドン デス【sudden death】①突然死ぬこと。突然死。②スポーツの試合の延長戦などで、一方が勝ち越した時点で試合を終了する方式。

サナトリウム【sanatorium】療養所。海浜・高原などの閑静で日当たりがよく空気のきれいな場所に建てられ、慢性病、特に結核患者の療養を目的とする施設。

サニタイザー【sanitizer】殺菌剤。消毒剤。消毒薬。清浄剤。

サニタリー【sanitary】①「衛生的な」の意。多く複合語として用いる。②浴室・トイレ・洗面所など水まわりに関すること。

サニタリー ショーツ【和製 sanitary＋shorts】①女性用下着の一種。生理用ショーツ。▷サニタリー-パンツとも。②犬の生理用パンツ。

サニタリー パンツ【sanitary pants】⇨サニタリー-ショーツ

サバイバル【survival】①異常な事態の下で、生き延びること。また、そのための技術。②超心理

学の用語。肉体が死んだあとも、しばらくの間、意識が存続するという仮説。

サバイバル シート【和製 survival ＋ sheet】新 ⇨レスキュー-シート

サバティカル イヤー【sabbatical year】一定期間ごとに大学などの教員に与えられる、研究のための長期休暇。サバティカル-リーブ。サバティカル。▷旧約聖書、出エジプト記などで、7年目ごとに休耕し大地を休ませた安息の年から。

サバト【ポルトガル sábado】①キリシタン用語で、安息日。日曜日。②ユダヤ教で、安息日。金曜日の日没から土曜日の日没まで。③土曜日の夜に開かれるとされていた魔女集会。ヨーロッパでの俗信。

サバラン【フランス savarin】ラム酒などを入れたシロップに浸して、酒の味をつけたケーキ。▷美食家ブリヤ=サバランの名から。

サバン症候群 知的障害者や自閉症患者などのごく一部が、特定分野に限って常人をはるかに超える能力を発揮する現象。1回読んだだけで書籍の内容を全部覚えてしまう能力や、指定された年月日から曜日を導き出す能力など。▷サバン(savant)はフランス語で賢人の意。→アール-ブリュット

サバンナ【savanna】熱帯・亜熱帯地方にみられる乾性の草原。明瞭な乾季と雨季がある。年降雨量200〜1000mmで、丈の高いイネ科植物が密生し、低木が点在する。アフリカのスーダン地方・南アメリカのリャノスやカンポなどがこれに属する。サバナ。

サブ【sub】①補欠。補充員。②他の外来語に付いて、「補助的」「次位の」などの意を表す。

サファイア【sapphire】鋼玉の一。青く透き通っており、良質のものは宝石とする。9月の誕生石。人工的にも合成される。

サブアカ 新 ▷SNSの書き込みなどで使われる俗語。サブ垢とも書く。サブアカウント。副垢。

サファリ【safari】狩猟を目的とした遠征。▷スワヒリ語で「旅行」の意から。

サフィックス【suffix】接尾辞。語・式・名称などの末尾に添えたもの。→プリフィックス

サプール【フランス sapeur】新 サップ(コンゴ共和国・コンゴ民主共和国に見られる男性ファッション)の実践者。

サブカルチャー【subculture】ある社会に支配的にみられる文化に対し、その社会の一部の人々を担い手とする独特な文化。例えば、若者文化・都市文化など。副次文化。下位文化。サブカル。

サブコン 請負業者から専門工事を請け負う工事業者。下請業

者。▷サブコントラクター(subcontractor)から。→ゼネコン

サブサハラ【Sub-Sahara】サハラ砂漠の南辺から南のアフリカ。差別的表現とされるブラック-アフリカ(黒人が多く住むことから)を言い換えた呼称。「—-アフリカ」

サブジェクト【subject】①主題。話題。項目。事項。②英文法で、主語。主格。③主観。主体。→オブジェクト

サブスクリプション【subscription】製品やサービスの一定期間の利用に対して代金を支払う方式。サブスク。

サブスタンス【substance】①実体。本体。②物質。③実質。内容。

サブセット【subset】ある全体的なものの一部。ソフトウエアの限定機能版や、ある規格を基にして設計された限定的な規格など。▷部分集合の意。→フル-セット

サブ フォー フル-マラソンを4時間以内で完走すること。▷sub-four hourから。サブ4とも。

サブプライム【subprime】①上部に次ぐ位。②マーケティングなどで、信用リスクの大きい消費者。一般に中低所得者をいう。→プライム

サブプライム ローン【subprime lending】信用力の低い人を対象としたアメリカの住宅などのローン。通常のローンに比べ、審査基準が低いかわりに金利が高い。▷2006年12月以降、アメリカの住宅ブームが失速し、サブプライム-ローンを取り扱う金融機関が経営破綻したことから問題が表面化。この住宅ローンは証券化され取引されていたため、アメリカ経済のみならず世界経済に影響を及ぼした。→サブプライム・プライム

サブ ブランド【sub brand】下位にあるブランド。あるブランドから派生したブランドなど。

サブマリン【submarine】①潜水艦。②野球で、アンダー-スローのこと。また、その投手。▷球が浮き上がるように進むことから。

サブミクロン【submicron】1mmの1000分の1であるミクロン以下であること。

サブミット【submit】コンピューターで、情報を送信したり処理を依頼したりすること。ウェブ-ページの所定記入欄に文字を入力して送信ボタンを押す場合など。▷提出・投稿などの意。

サブラージュ【フランス sabrage】シャンパンの開け方の一。瓶の口を専用の剣(シャンパン-サーベル)で切って開ける。祝宴などで行う演出。

サプライ【supply】①必要に応じて、物を与えること。供給。支給。補給。②市場に物を出すこと。供給。③供給量。→デマンド

サプライ サイド【supply side】経済活動における供給者側。案 供給側

サプライズ【surprise】①驚き。仰天。②思いがけず驚かせること。「―パーティー」

サプライ チェーン【supply chain】製造業において、原材料調達・生産管理・物流・販売までを、一つの連続したシステムとして捉えたときの名称。

サプライヤー【supplier】物品の供給者。商品を供給する人や企業、原料を輸出する業者や国などをいう。供給者。→バイヤー

サフラン【オランダ saffraan】アヤメ科の多年草。南ヨーロッパ・小アジア原産。観賞用・薬用植物として栽培。花柱を乾燥し、鎮静・止血・通経薬とするほか、菓子や料理の黄色染料にする。▷本来サフランの名は薬用に用いたときの名。

サプリ サプリメントの略。

サブリース【sublease】①転貸。②不動産所有者からビルを一括して借り受け、第三者に転貸するシステム。所有者は管理運営をすべて業者に任せることができ、入居者の有無にかかわらず、一定の賃料を受け取ることができる。業者は賃料相場に応じ、差額を損益として得る。

サブリナパンツ【和製 Sabrina ＋pants】ぴったりとした七分丈のパンツ。▷1954年の映画「麗しのサブリナ」で主人公サブリナ役のオードリー＝ヘップバーンがはいて大流行したことから。

サブリミナル【subliminal】映像や音声に、通常の視覚・聴覚では捉(とら)えられない速度・音量によるメッセージを隠し、それを繰り返し流すことにより、視聴者の潜在意識に働きかけること。▷「識閾(しきいき)下の」「潜在意識の」の意。

サプリメント【supplement】日常生活で不足しやすい栄養成分の補給や特別の保健の用途に適する食品のうち、錠剤・カプセルなど通常の食品の形態でないもの。栄養補助食品。▷補遺、付録の意。案 栄養補助食品

サブルーチン【subroutine】コンピューターのプログラムの中で、特定の機能を果たすためにひとまとまりにした部分。→ルーチン

サブレー【フランス sablé】小麦粉・バター・卵黄・砂糖を混ぜてこね、型抜きして焼いた菓子。さくさくした歯ざわりがする。▷砂の意。

サボ サボタージュの略。

サポーター【supporter】①スポーツをするとき、関節や急所の

保護に用いるゴム布製のバンドや下着。②支持者。支援者。③サッカーなどで、ある特定チームを熱烈に応援する人。ファン。

サポート【support】①支えること。支援すること。また、その支援。②メーカーが使用者に対して行う情報提供や保守のサービス。

サポート詐欺 新 パソコンの画面に偽のウイルス感染警告を表示して利用者に電話をかけさせ、有償サポートの契約などを促す詐欺手法。

サポカー 新 安全運転サポート車(事故防止のための先進安全技術を備えた自動車)の愛称。一般向けのサポカー(自動ブレーキを搭載)と、高齢者向けのサポカーS(加速抑制装置などを追加搭載)がある。2017 年(平成 29)より国土交通省と経済産業省が普及啓発を開始。▷セーフティ-サポート-カーの略。

サボタージュ【フランス sabotage】①労働者による争議行為の一。仕事には従事しているが、意図的に仕事の能率を低下させること。怠業。サボ。②一般的に、怠けること。▷もとフランスの労働者が争議中木靴(サボ)で機械などをたたきながら意思表示したことにちなむ。

サボテン サボテン科の多肉植物の総称。南北アメリカ大陸などの乾燥地に多い。茎は緑色で多肉、柱状・球状・板状等になって茎節に分かれ、茎節に葉の退化した刺(とげ)がある。多くは夏に美しい花をつけ、観賞用として広く栽培される。カクタス。シャボテン。

サポニン【saponin】多くの植物に含まれる環状構造をもつ配糖体の一類。水に溶けると泡立つ。去痰(きょたん)作用・溶血作用、また魚を麻痺させる作用などがある。去痰薬・強心薬などとして薬用に用いるほか、起泡剤・洗浄剤などとする。甘草・キキョウ・茶などに含まれる。

サボる 怠ける。▷「サボ」を動詞化したもの。

ザボン【ポルトガル zamboa】ミカン科の常緑小高木。マレーシア原産。四国・九州で果樹として栽植する。果肉は淡黄色で、淡紅紫色のものはウチムラサキという。果皮は厚く、砂糖漬けにする。ボンタン。文旦(ぶんたん)。

サマー【summer】夏。

サマー タイム【summer time】①夏の一定期間、日照時間を有効に使うため、時計を標準時より1時間進める制度。現在欧米では広く行われている。②(summer-time)夏季。夏期。③夏期限定の日程。企業が就業時間を早い時間にずらす場合や、店舗が営業時間を延長する場合がある。

サマー リーグ【summer

league】スポーツにおける(非公式の)夏季リーグ戦。NBA(全米バスケットボール協会)がシーズンオフに実施するトーナメント戦など。

サマナー【summoner】新 ファンタジー作品に登場する召喚者。魔法・魔術によって何かを呼び出す人。サモナー。

サマリー【summary】内容や要点を簡潔にまとめたもの。概要。要約。大要。案 要約

サミット【summit】①主要先進国首脳会議。主要国首脳会議。1975年以降毎年1回開催される国際会議。参加国は英・米・日・仏・独・伊・カナダ・ロシアなど。開催地の地名を冠した会議名でよばれる。②転じて、各団体・組織の責任者たちによる会議をいう。▷山頂の意。

サム【sum】合計。総額。

サム【thumb】親指。拇指(ぼし)。

サムギョプサル 新 ▷朝鮮語で三枚肉(バラ肉)の意。スライスした豚バラ肉の焼き肉。

サムゲタン【参鶏湯】ひな鶏の腹にもち米・ナツメ・朝鮮人参を詰めて水炊きにする朝鮮料理。▷朝鮮語。

サムシング【something】何か。ある物。ある事。

サムズ アップ【thumbs up】親指を垂直方向に立てて、他の指を握りしめるポーズ。主に欧米で同意・満足・承認などの意味を持つが、地域により侮蔑や猥褻の意味を持つ場合もある。

サムターン【thumbturn】ドアの内側に取り付けられている、施錠・解錠用つまみ。案 内鍵(うちかぎ)つまみ

サムネイル【thumbnail】①広告や誌面のイメージを簡単に視覚化したもの。カンプの一つ手前の段階。②コンピューターで、データの中身を開かないまま、その概要を確認するための画像。画像・動画などの内容を小さく表示したもの。一覧表示に適する。サムネ。▷親指の爪の意。

サムライ ブルー【SAMURAI BLUE】男子サッカー日本代表チームの愛称。▷日本サッカー協会(JFA)が2009年10月発表。06年ドイツW杯ではキャッチフレーズとして使用された。

サム リング【thumb ring】親指にはめる指輪。

サ飯(めし) 新 サウナを楽しんだあとの食事。サウナ飯。

サモサ【samosa】香辛料を入れて炒めたひき肉や野菜を、小麦粉を練って薄くのばした皮に包み、三角形の形に整えて油で揚げたインドのスナック。

サモナー【summoner】新 ⇨サマナー

サライ【serai】宿舎。隊商宿。

サラウンド【surround】オー

ディオなどで、前方からだけでなく、左右や後方からも音が聞こえるような状態。また、そのようにする仕組み。立体音響。▷「取り巻く」の意。

サラ金(きん)　「サラリー-マン金融」の略。会社員・主婦などの個人に貸し金業者が行う、小口の現金貸付け。また、その業者。無担保・無保証の半面、高金利である。▷厳しい取り立てに窮した債務者の自殺が多数発生するなど社会問題化したため、消費者金融と言い替えられることが多くなった。

サラダ【salad】生野菜をドレッシングやマヨネーズであえたものを基本に、果物、ゆで卵、ハムなどの具を加えた料理。

サラダ チキン　【和製 salad＋chicken】新 下味を付けて蒸した、鶏の胸肉。サラダの具材などに用いる。

サラブレッド【thoroughbred】①ウマの一品種。英国の在来種にアラブ種を交配して競走用に作られたもの。時速 60km 以上の速さで走ることができる。サラ。②血統のよい人。

サラマンダー　【salamander】①伝説上の動物。火の中にすむトカゲ。②サンショウウオ。

サラミ【salami】牛と豚の肉に豚脂を混ぜ、食塩・ニンニクを強くきかせ、乾燥させたソーセージ。保存がきく。

サラリー【salary】月給。給料。俸給。

サラリー マン【salaried man】給料生活者。俸給生活者。勤め人。月給取り。

サリチル酸　(salicylic acid) 昇華性のある無色針状結晶の有機物質。化学式 $C_6H_4(OH)COOH$　医薬・防腐剤に用いるほか、各種アゾ染料の中間原料となる。

サリドマイド　【thalidomide】1958 年に旧西ドイツで開発された睡眠薬の一種。妊娠初期に服用すると胎児にアザラシ肢症などの障害が生じることが判明し、61 年製剤・使用が禁止された。

サリン　【Sarin】 神経中毒剤の一。無色・無臭の液体。沸点は 147℃だが気化しやすい。生体に吸収されると急速にアセチルコリンエステラーゼを阻害して神経麻痺(まひ)を起こし、嘔吐(おうと)・痙攣(けいれん)・縮瞳(しゅくどう)などの症状を示す。第二次大戦中、ドイツにおいて農業用殺虫剤の製造過程で発見された。▷ Sarin は、4 人の開発者の頭文字から。オウム真理教が起こした松本サリン事件(1994)や地下鉄サリン事件(1995 年)で使われたことでも知られる。

サルーン【saloon】①ホテルなどの大広間、飛行機の客室、船舶の談話室・食堂など。サロン。②酒場。③自動車の型の一。セダンのこと。

サルエル パンツ【sarrouel pants】股(また)の部分を裾(すそ)の近くまで下げて裾を絞った、全体的にたっぷりと布を使ったパンツ。サリュエル-パンツ。▷イスラム圏の民族衣装でズボンの意のサルールから。

サルコー ジャンプ【salchow jump】フィギュア-スケートで(基本的な反時計回りの跳躍を行う場合)左足で後ろ向きに滑走して、そのまま左足で踏み切り回転し、後ろ向きに着氷する跳躍演技。踏み切る直前に足が「ハ」の字になる。サルコウ(ジャンプ)。▷初めてこの技で飛んだ選手の名、サルコー(ulrich salchow)に由来する。

サルコペニア【sarcopenia】新 加齢に伴う筋肉の量や筋力の減少。また、それによる身体能力の低下。▷ギリシャ語で筋肉を意味するsarksと喪失を意味するpeniaの合成。→フレイル

サルサ【スペイン salsa】①アメリカのポピュラー音楽。キューバの民族音楽を起源とし、ジャズなどの影響を受けて発展。1960年代から70年代にかけて盛行。②料理のソースの一種。トマトを主体とし、酸味と辛味が強い。

サルベージ【salvage】①沈没船の引き揚げ作業。②海難船舶の救助作業。

サルモネラ【ラテン salmonella】腸内細菌の一属。グラム陰性の桿菌(かんきん)で、胞子を形成せず鞭毛(べんもう)をもち運動する。チフス菌・パラチフス菌、食中毒の原因菌などきわめて多数の菌が含まれる。サルモネラ菌。

サレ【フランス salé】塩分を含んでいる。塩からい。

サロモ 新 ⇨サロンモデル

サロン【フランス salon】①客間。応接室。②(フランスで)上流婦人がその邸で催す社交的な集まり。③(ホテル・客船などの)談話室。大広間。サルーン。④西洋風の酒場・喫茶店・美容院などの店。⑤現存作家による公式の美術展覧会。▷ルーブル宮のサロンでフランス-アカデミーの展覧会が開かれたことから。

サロン【インドネシア saron】インドネシアの打楽器。青銅板を鉄琴のように並べたもの。1セットが1オクターブを受け持ち、4つの異なる音域のものがある。ガムランの高音部の旋律を受け持つ。

サロン【sarong】マレー半島からインドネシア諸島の民族服。一枚の布で、スカート風に腰に巻いて装う。男女ともに用いる。▷マレー語から。

サロン系 美容師(特に東京・原宿のサロンに勤める美容師)が好

サ

むような男性ファッション。古着やアクセサリーなどを活用した、中性的なスタイルを特徴とする。美容師系。

サ

サロン バス【和製 salon ＋ bus】後方にある座席の配列をコの字型(中央を囲む形状)に変更できるバス。

サロン モデル【和製 salon＋model】新 美容室(サロン)専属のモデル。美容室の広告などに登場する。サロモ。

サワー【sour】①カクテルの一種。ウイスキー・ジンなどにレモン・ライムなどのジュースを入れて酸味をもたせたもの。②乳酸などを用いた酸味のある飲み物。▷酸っぱい、の意。

サワー クリーム【sour cream】牛乳からとったクリームを乳酸菌で発酵させた食品。やや酸味がある。料理に用いる。

サン【sun】太陽。他の語と複合して用いられる。

サンキャッチャー【suncatcher】透過性・反射性のある部品を中心に構成される、インテリア用の装飾品。多くの場合、窓辺に吊るして用いる。

サンキュー事故 交差点を直進しようとする自動車が、対向車線の右折車に道を譲るために発生する事故。直進車が停止すると左から二輪車が飛び出して、右折車と衝突してしまうなどの事故。▷道を譲られた車が感謝しながら右折することから。

サンクション【sanction】社会的規範からはずれた行為に対して加えられる懲罰的な振舞い。社会的制裁。

サンクス【thanks】感謝。感謝の気持ち。謝意。お礼。

サンクチュアリ【sanctuary】①鳥獣の保護区・禁猟区。②中世ヨーロッパで、法律の力の及ばなかった寺院・教会など。③敵の攻撃を受けない安全地帯。また、ゲリラの安全な隠れ場所。▷サンクチュアリーとも。聖域・聖所の意。

サングラス【sunglasses】直射日光や紫外線から目を保護するためにかける、レンズに色のついた眼鏡。

サングリア【スペイン sangría】赤ワインにレモン・オレンジなどの果汁を混ぜてつくる、スペインの代表的な飲み物。

サンシャイン【sunshine】日光。日差し。

サンスクリット【Sanskrit】インド-ヨーロッパ語族のインド語派に属する古代語。紀元前４世紀にパーニニの文典によって完成され、長く文章語・公用語として文法的に固定化されたまま文学・宗教・学術・法令などに用いられた。広義では、その古形であるベーダ語も含めていう。梵語(ぼんご)。▷完成された語の意。

サン セリフ【sans serif】欧文活字の書体の一種。セリフ(ひげ飾り)のない書体で、日本ではゴシック体と呼ばれる。→セリフ

サンダー【thunder】雷。雷鳴。

サンダー【sander】新 研磨機。サンディングマシンとも。▷サンダとも。

サンダーバード【thunderbird】アメリカ西部のネーティブ-アメリカンが、雷鳴・電光を起こすと信じていた想像上の巨鳥。

サンダル【sandal】足をおおい包まず、底や台をひもやバンドで足にとめる履物の総称。古代エジプト時代から用いられ、材質・形式ともに種類が多い。

サンタン【suntan】炎症を起こさない程度の日焼け。

サンチュ チシャの一種。韓国風の焼き肉を包んで食べる。▷朝鮮語で「千金菜」の意。隋(ずい)の人々が千金(大金)を出して買ったことから。

サンディング【sanding】新 やすりなどによる研磨。

サンデー【sundae】アイス-クリームに、果物やクリームを添えたもの。アイスクリーム-サンデー。クリーム-サンデー。

サンデー【Sunday】日曜日。

サンド サンドイッチの略。

サンド【sand】砂。

サンドイッチ【sandwich】①薄く切った二枚のパンの間に肉・野菜・卵などを挟んだ食べ物。▷イギリスのサンドイッチ伯爵の始めたものという。②両側から挟まれること。また、挟むことの形容。

サンドバッグ【sandbag】砂を入れた長円筒の袋。ボクシングなどで打撃練習用に使う。

サンドブラスト【sandblast】エア-コンプレッサーを用いて、鋳物・陶磁器・ガラス器などの表面に金剛砂(こんごうしゃ)などの研磨材を吹き付け、仕上げや彫刻を施す加工法。また、それに用いる機械。砂吹き。

サンドペーパー【sandpaper】紙やすり。

サンドボックス【sandbox】①砂場。②試行や安全などの目的で設ける閉じた環境。「規制の−制度」

サントラ サウンド-トラックの略。

サンバ【ポルトガル samba】ブラジルの民族舞曲。2拍子系で急速なテンポと特有のリズム-アクセントをもつ。

サンバーン【sunburn】肌に炎症を起こすような日焼け。

サン バイザー【sun visor】①自動車で、直射日光をさけるための遮光板。②帽子のひさし部分だけでできていて、頭にかぶる日よけ。▷バイザーは日よけの意。

サンプラー【sampler】外部か

ら入力した音を録音・再生する楽器の総称。狭義にはデジタル信号で記録する方式のものをさす。自然音に音階をつけて演奏するなどの使用方法がある。

サンプリング【sampling】①調査を行いたい母集団(全資料)の中から、直接、調査の対象となる標本を抜き出すこと。標本抽出。抽出法。②自然音、楽器音などの現実音をデジタル方式で録音し、それを音楽制作や音響効果などに音源として利用する手法。③広告・試供品などの配布。

サンプル【sample】見本。標本。

サンボ【ロシア sambo】ロシアの民族格闘技。柔道とレスリングを合わせたようなルールをもつ。ソビエト連邦時代(1930年代)に国内外の格闘技を統合して、国技として普及させたもの。

サンマーメン 醤油または塩のスープに細麺を入れ、あん掛けのもやし炒(いた)め(またはもやし主体の野菜炒め)をたっぷりのせたラーメン。サンマー麺。生馬麺。生碼麺。三馬麺。▷語源については、広東語からとする説、三種類の野菜を使用していた名残とする説などがある。

サンラー【酸辣】新 酢の酸味と唐辛子の辛さが合わさった味。スーラーとも。▷中国語。

サンラータン【酸辣湯】新 中国、四川料理の一。酸味と辛味をきかせたとろみのあるスープ。酸辣湯(スーラータン)。▷中国語。

サンライズ【sunrise】日の出。

サンルーフ【sunroof】開閉できる天窓付きの屋根。

サンルーム【sunroom】屋根・壁面などをガラス張りにして、日光が多く入るように設計した部屋。

シ

シアー【sheer】(織物などが)透き通るように薄いさま。

シアター【theater】劇場。映画館。

シアトリカル【theatrical】演劇的である様子。「—な演出のライブ」

シアトル系コーヒー 俗に、アメリカのワシントン州シアトルを発祥地とするコーヒー-チェーン店のコーヒーのこと。エスプレッソなどイタリア風のコーヒーが多い。

シアン【オランダ cyaan】①無色で刺激臭のある猛毒の気体。冷水に溶かすと特異な臭気と毒性を有する、シアン化水素とシアン酸になる。ジシアン。青素。②絵の具・

印刷インクなどの三原色の一。青緑色。シアン-ブルー。

シー【sea】海。海洋。

シー カヤック【sea kayak】海で使用するカヤック。多くの場合、河川で使用するリバー-カヤックより頑丈で大きく、安定性・直進性能に優れる。舵(かじ)が付くことも多い。→カヤック

シーク【seek】探すこと。求めること。探し出すこと。また、見つけ出そうとすること。

シークァーサー 沖縄原産のミカン科の常緑低木または小高木。果実は酸味と香りが強く、ジュースやゼリーの材料として用いる。ヒラミレモン。シイクワシャー。

シークエンス【sequence】⇨シーケンス

シーク バー【seek bar】音楽や動画の再生ソフトなどで、現在の再生位置をさし示す表示。またその機能。初めから終わりのどの位置を再生しているかを棒状に表示する。マウスなどでつまみを移動すると、再生位置を任意に変えることができる。

シー グラス【sea glass】新 海岸などで発見できる小型のガラス片。自然に放置された割れガラス(ガラス瓶の破片など)が、長期間の摩耗を経て滑らかな形状となったもの。ビーチ-グラス。→ビーチコーミング

シークレット【secret】秘密。機密。

シークレット サービス【Secret Service】大統領など国家要人の特別護衛などを任務とするアメリカ合衆国の機関。

シークレット セール【secret sale】新 小売店が顧客や期間などを限定して実施する売り出し。オンラインで実施するものもある。

シーケンサー【sequencer】①自動演奏をするための装置やソフトウエア。シンセサイザーの周辺機器、あるいは本体に内蔵された機構。②DNAの塩基配列やタンパク質のアミノ酸配列を読み取る装置。

シーケンシャル【sequential】連続して起こること。逐次。順次。→ランダム

シーケンス【sequence】①映画で、いくつかのシーンによって構成される挿話。②カリキュラム編成に際して選択された、教育内容の学年的配列または学習の順序。→スコープ ③トランプで、数の連続した同種の3枚以上のカード。④自動制御で、あらかじめ定められた動作の順序。⑤DNAの塩基配列。タンパク質のアミノ酸配列。▷シークエンスとも。「連続」の意。

シーザー サラダ【Caesar salad】レタスなどの生野菜に、パルメザン・ニンニク・卵・クルトン・ア

ンチョビなどを混ぜてつくるサラダ。▷メキシコのレストラン名からついた名といわれる。

シーシャ【アラビア shisha】水タバコ。香りづけしたタバコの葉を過熱して、その煙をガラス瓶の水に通したうえで吸う。主に中近東で親しまれている。水ぎせる。

シージャック【seajack】船舶を乗っ取ること。

ジージャン ジーンズの布地を素材としたジャンパー。▷ジーンズ-ジャンパー(和製 jeans＋jumper)の略。

シース【sheath】①筆記具を入れる革やビニール製のケース。②電線・ケーブルなどの線心を保護するカバー。▷鞘(さや)の意。

シーズ【seeds】企業が新たに開発することによって、消費者に提供される技術・材料・サービス。▷日本での用法。案 種 →ニーズ

シースケープ【seascape】海の景色。海景。

シーズナル【seasonal】季節の。季節ごとの。季節だけの。

シーズニング【seasoning】①調味料。②(紙・木材などの)乾燥。③鉄製の鍋を油に慣らすための手入れ。

シー スルー【see-through】肌が透けて見えること。また、透ける布地を使って、肌を見せるファッション。

シーズン【season】①季節。②ある物事をするのによい時期。また、盛んに行われる時期。③ドラマなどのテレビ番組で、一連の話数を放送する一定の期間のこと。また、その順序。シリーズとも。

シーズン シート【season seat】新 試合会場で、一定金額を支払うと一定期間だけ特定の座席を専有できる仕組み。またその座席。

シーズン パス【season pass】一定期間について有効となる入場券。

シーズンレス【seasonless】季節とは関係なく。通年の。

シーソー【seesaw】長い板の中央に支点を置き、板の両端に人が乗って互いに上がったり下がったりして遊ぶ遊具。また、その遊び。

シータ【theta; Θ・θ】ギリシャ語アルファベットの第８字。▷テータとも。

シー チキン【和製 sea＋chicken】マグロなどの魚肉をサラダ油に漬けた缶詰。商標名。▷鶏肉のように低カロリー・高タンパクで脂肪が少ないことから。

シーチング【sheeting】敷布用に織られた平織の広幅綿布。洋裁で仮縫いや立体裁断にも用いる。

シーツ【sheet】寝具用の敷布。

シート【seat】①座席。席。②野球で、選手の守備位置。

シート【sheet】①1枚の紙や薄板。特に、切り離していない郵便切手。②雨よけや日よけなどに使う防水したビニールや布。③岩床(がんしょう)。

シード【seed】①種子。種。②トーナメント式の試合で、強い選手・チームどうしが最初に対戦しないように組み合わせること。また、その組み合わせをつくる際に、ある選手・チームを選び出すこと。③企業の成長段階のうち、創業直前の準備段階のこと。「―ラウンド(＝創業準備期の資金調達)」④コンピューターで疑似乱数を生成する際の初期値。

シート ベルト【seat belt】航空機・自動車などの座席に付いているベルト。衝撃などで身体が座席から投げ出されるのを防ぐもの。安全ベルト。

シート マップ【seat map】座席表。

シードル【フランス cidre】りんご酒。▷サイダーと同源。

ジーニアス【genius】天才。

ジーニスト【和製 jeanist】ジーンズを愛用する人。また、ジーンズの似合う人。

シーパップ【CPAP】 新 ⇨CPAP

ジーパン【和製 jeans＋pants】ジーンズでつくった、丈夫な作業用ズボン。もと、アメリカの労働着。

ジープ【jeep】四輪駆動の小型自動車。アメリカで軍用に開発された。馬力が強く荒れ地の走行に適する。商標名。▷ general purpose car の略 GP の転とも、漫画「ポパイ」に登場する架空の小獣の鳴き声からともいう。

シー フード【seafood】魚介類・海藻など水産食品の総称。

シープ ドッグ【sheep dog】牧羊犬。また、牧羊のために改良された犬。

シーマン【seaman】船乗り。船員。

シーム【seam】縫い目。継ぎ目。合わせ目。

シームレス【seamless】①縫い目のないこと。継ぎ目のないこと。②滞りのないこと。途切れのないこと。

シー メール【she-male】女装した男性や、女性に性転換した元男性の俗称。狭義には、後天的に女性化させた乳房とペニスを兼ね備えた男性のこと。▷ she(彼女)と male(男)の合成。→ニュー-ハーフ

ジー メン【G-men】(Government men)アメリカ連邦捜査局(FBI)に属する捜査官の通称。日本では、麻薬摘発などの特殊任務に当たる捜査官や組織・団体の不正摘発に当たる捜査官の通称にいう。

ジーメンス【siemens】電流の

コンダクタンスのSI単位。電気抵抗の単位オームの逆数をいう。記号S　モー。▷ドイツの電気技術者の名にちなむ。

シーモス ⇨CMOS

シーラー【sealer】①目止め剤。下塗り剤。「水性―」②ポリ袋などを熱で溶かして密封する機器。密封機。「卓上―」

シーラカンス【coelacanth】シーラカンス目の海魚。古生代に出現し、白亜紀に絶滅したと考えられていたが、1938年、南アフリカ東海岸で発見。原始的な形質を有するので、生きた化石といわれる。コモロ諸島周辺に多い。

シーリング【ceiling】①天井。天井の板。②公的に定められている賃金・価格・数量などの最高限度。③予算編成における概算要求枠。特に、財務省に対する各省庁の概算要求について、閣議で申し合わせた要求限度額。概算要求基準。

シーリング ガン【sealing gun】シーリング材を吐出する工具。コーキング-ガン。

シーリング材(ざい)【sealing compound】水密性や気密性を得るために、目地に充塡(じゅうてん)する材料。

シール【seal】①アザラシ。②スキーで登山する際、滑り止めに使うもの。アザラシの皮やナイロンなどでつくる。③シールスキンの略。

シール【seal】封印。また、そのために使う用紙。装飾その他に用いる、絵や文字などが描いてある紙やプラスチックの小片をもいう。

シールスキン【sealskin】①アザラシ、またはオットセイの毛皮。②パイル織りの一。アザラシの毛皮に似せてつくったもの。室内装飾・オーバー地などに用いる。

シールド【shield】①ある空間を外部の力の場から遮断(しゃだん)したり、内部の力の場を外部と遮断したりすること。特に静電界中の導体で囲まれた空間、また、磁界中の強磁性体で囲まれた空間などが、外部電界、外部磁界から遮断される場合にいう。②シールド工法で使われる鋼鉄製の円筒。▷盾(たて)の意。

シー レーン【sea lane】一国の通商上・戦略上、重要な価値を有し、有事に際して確保すべき海上交通路。

シーン【scene】①映画・演劇や小説などの一場面。②情景。光景。③(ファッション・音楽などの)世界。業界。

ジーン【gene】遺伝子のこと。

ジーンズ【jeans】細綾織りの丈夫な綿布。また、その布地で仕立てたズボン。▷フランス drap de Gênes(ジェノバの布)から。

シェア【share】①分けること。分配。②共有すること。③特定期間内における、当該業界の総売り上げに対する特定の会社の製品の売り上げの比率。市場占拠率。マーケット-シェア。市場占有率。案 占有率／分かち合う／分け合う

シェアード サービス【shared service】 企業の間接業務(総務・経理・人事・法務など)を受託するサービス。間接業務にかかる費用を削減する目的などで利用される。グループ企業が専門子会社を設立し、間接業務を一括して委託する手法が一般的。▷シェアードは「共用の・共有の」の意。

シェアウエア【shareware】 ネットワークなどを通して自由に配布されるPDS(パブリック-ドメイン-ソフトウエア)の中で、著作者に一定の使用料を支払う必要のあるもの。

シェア オフィス【shared office】複数の利用者が共有できる事務所。また、その提供サービス。

シェア キッチン【shared kitchen】新 貸し出し用の調理場。またその提供サービス。主にゴーストレストランの調理場として利用できるものをいう。

シェア コスメ【和製 share＋cosmetic】新 化粧品を恋人どうしや家族どうしで共用すること。また、その化粧品。

シェア サイクル【和製 share＋cycle】新 自転車のレンタル-サービス。

シェア ハウス【share house】新 1軒の家を複数の人で借りること。ハウスシェアリング。

シェア ボタン【share button】新 ニュース-サイトやブログなどの記事に設置できる、SNSへの投稿用・共有用のボタン。SNSボタン。ソーシャル-ボタン。

シェア ホルダー【shareholder】新 株主。

シェアリング【sharing】分かつこと。共有すること。シェア。

シェアリング エコノミー【sharing economy】新 人・物・金などのリソース(資源)を交換・共有する経済システム。自動車を共有するカー-シェアリングのように、ソーシャル-メディアを利用して必要なリソースを必要な時だけ利用できるビジネスについていう。共有経済。共有型経済。

> アップデート 海外で新興の共有ビジネスが急成長したことから、この概念が広く知られるようになりました。有名企業にはライドシェア(自動車の運転者と利用者をマッチングさせる)のUber(ウーバー)、民泊(部屋の所有者と利用者をマッチングさせる)のAirbnb(エアビーアンドビー)などがあります。

シェイプ【shape】形。形状。外形。格好。姿。体つき。

シェイブ アイス【shave ice】新 かき氷。特にハワイ風のかき氷(数種類のシロップを使って色分けするかき氷)のこと。

シェイプ アップ【shape-up】美容や健康増進のために、運動や減量をして体形を整えること。

ジェイル ブレイク【jail break】新 スマートフォンや家庭用ゲーム機などで、製造元がシステムに対して設定している利用制限を、利用者が勝手に解除してしまうこと。非正規の利用方法となる。脱獄。▷脱獄の意。

シェーカー【shaker】カクテルをつくるために、酒や氷などを入れて振る容器。

シェーク【shake】①振り動かすこと。②カクテルを作るために、容器(シェーカー)を振ること。③牛乳・アイスクリーム・果物・チョコレートなどを混ぜて作る冷たい飲料。シェーキ。④卓球で、シェーク-ハンド(握手のような握り方)の略。

シェード【shade】①日よけ。電車の窓の日よけの布や、店舗の折りたたみ式の庇(ひさし)など。②電灯や電気スタンドのかさ。③日陰。④黒みがかった色。⑤色合い。

シェーバー【shaver】かみそり。特に、電気ひげそり器。

シェーマ【ドイツ Schema】①形式。図式。図解。②心理学で、外界の認知や行動の際の一定の様式。枠組み。

シェール ガス【shale gas】天然ガスの一種。油やガスのもととなる有機物に富んだ剝離(はくり)性の泥質岩(シェール；頁(けつ)岩)の中に貯留される。▷採掘が難しく放置されてきたが、技術が確立されたことで近年開発が一気に進んだ。

シエスタ【スペイン siesta】(昼食後の)昼寝。

ジェスチャー【gesture】①身振り。手振り。しぐさ。また、身振り・手振りで、ある事柄を表現すること。②見せかけの態度。おもわせぶり。▷ジェスチュア・ゼスチャーとも。

ジェット【jet】①細い穴から連続的に流体などが噴き出ること。噴出。噴射。噴流。②ジェット機(ジェットエンジンの飛行機)の略。③ジェット-エンジンやウオーター-ジェット推進装置の略。④高エネルギーの素粒子が原子核と衝突して、その延長線上に中間子の多重発生を起こす現象。⑤宇宙ジェット。原始星やブラックホールなどからガスが高速で噴き出す現象。⑥黒玉(こくぎょく)。磨くと光沢が出る、樹木の化石。

ジェット コースター【和製 jet + coaster】①遊園地にある乗り物の一種。急勾配の高所から滑走し、その速度を利用して起伏・曲折のあるレールの上を疾走する豆列車。ローラー-コースター。②比喩的に、変化が目まぐるしい状況(であるさま)。「―相場(＝乱高下する相場)」

ジェット スキー【jet ski】エンジンとハンドルの付いた舟形の台に乗って水上を滑走するオートバイ。商標名。

ジェット セット【jet set】仕事や遊びなど、ジェット機で世界中を飛び回る富裕層。ジェット-セット族。ジェット(機)族。ジェット-セッター。

ジェット バス【jet bath】浴槽にお湯を噴出する方式の風呂。また、噴出させる装置。吸水口から取り込んだお湯を、浴槽に循環させる。マッサージ効果があるとされる。

ジェット風船　飛ばすことを目的としたゴム風船。細長い形をしており、口の部分に空気が抜けるときに音を出す笛が付いている。プロ野球の試合で、ファンが応援のため飛ばすことで知られる。商標名。

ジェネラリスト【generalist】広範な分野の知識・技術・経験をもつ人。ゼネラリスト。→スペシャリスト

ジェネラル【general】⇨ゼネラル

ジェネリック【generic】①ある集団に共通であること。②商標登録の適用を受けないこと。③一般名。総称。

ジェネリック家電(かでん) 新 広く普及している技術を用いた家電。機能は少ないが、低価格で販売される。→後発医薬品 ▷ジェネリック医薬品(後発医薬品)にちなむ語。

ジェネリック薬(やく)　新薬の特許期間終了後に製造・販売される、化学的には同じ成分の医薬品。後発医薬品。

ジェネレーション【generation】世代。また、同世代の人々。▷ゼネレーションとも。

ジェネレーション ギャップ【generation gap】世代の違いから生じる、価値観の相違。世代間のずれ。

ジェネレーター【generator】①何かを発生させる機器やソフトウエア。発電機(パワージェネレーター)や画像ジェネレーターなど。②何かを生み出す人。

ジェノサイド【genocide】集団殺害。集団殺戮(さつりく)。

シェフ【フランス chef】コック長。

シェヘラザード【Shahrazād】9世紀頃成立したアラビアの説話集「千夜一夜物語」の語り手として登場する女性の名。架空の人物。シェエラザード。

ジェラート【イタリア gelato】イタリア風のアイス-クリーム、シャーベット。

ジェラシー【jealousy】嫉妬(しっと)。やきもち。

シェラック【shellac】ラックカイガラムシの分泌するスチラックからアルコール抽出などにより取り出した天然樹脂。セラック。ラック。

ジェラテリア【イタリアgelateria】ジェラートの専門店。→ジェラート

シェリー【sherry】スペインのアンダルシア地方で産する白ワイン。独特の芳香があり、アルコール度は普通のワインより高い。セリー。

シェル【shell】①貝殻。②競漕用ボートの一種。外板に薄い一枚板を張ったもので、軽量で高速。③オペレーティング-システムのプログラムの一部で、ユーザーからの入力と出力に関する動作を受け持つ部分。

ジェル【gel】①ゼリー状の整髪料や石鹸(せっけん)。②⇨ゲル

シェルター【shelter】①防空壕(ごう)。特に、核攻撃から逃れるための地下施設。②危機的な状況から身を守るための一時的な避難所。

シェルパ【Sherpa】①ネパール東部の高地に住む、チベット系の民族。ヒマラヤ登山隊の荷揚げや道案内に従事する者が多い。②首脳会議で事前準備および首脳の補佐を担当する各国の高官。

ジェンダー【gender】①文法上の性。インド-ヨーロッパ語において、名詞・代名詞・形容詞などにみられる、男性・中性・女性などの文法上の区別。②生物上の雌雄を示すセックスに対し、歴史的・文化的・社会的に形成される男女の差異。また、その差異に対する知識。

ジェンダー アイデンティティー【gender identity】自分自身が自覚・認識している性別のこと。心の中の性。性自認。

ジェンダーエンパワーメント指数 ⇨GEM

ジェンダー開発指数 ⇨GDI

ジェンダーギャップ指数 新 経済・教育・政治・保健の観点で、各国における男女格差の現状を算出した指数。世界経済フォーラムが毎年発表する。GGI。世界男女格差指数。通称、男女平等ランキング。▷ Global Gender Gap Index。

ジェンダー バイアス【gender bias】性的偏見。ジェンダーに基づく偏見。

ジェンダー フリー【和製 gender＋free】従来の固定的な性別による役割分担にとらわれず、男女が平等に、自らの能力を生かして自由に行動・生活できること。

ジェンダー フルイド【gender-fluid】新 自身の性自認が恒常的ではなく流動的に変わるこ

と。またその人。

ジェンダー リビール 【gender reveal】新 妊婦が身近な人たちに、赤ちゃんの性別を発表すること。またそのイベントやパーティー。

ジェンダーレス 【genderless】社会的・文化的な性差がないこと。または、なくそうとすること。ファッション・美容などの分野では、中性的な装いをすること、性差に関係ない装いをすることをいう。

ジェンダー ロール 【gender role】性別によって社会から期待されたり、自ら表現する役割や行動様式。性別役割。

ジェントルマン 【gentleman】教養のある立派な男性。紳士。▷ゼントルマンとも。→レディー

シオニズム 【英 Zionism; ロシア sionizm】19世紀末、ユダヤ人迫害の高まりの中で、ヨーロッパに起きたユダヤ人の国家建設運動。1948年のイスラエル建国をもって目的は一応の実現をみたが、新たなパレスチナ問題を生み出すことになった。

ジオパーク【Geopark】科学的に見て貴重な地質遺産(地層・地形など)をもち、考古学や生態学、歴史文化的にも重要な価値がある一定の地域を保存する自然公園。観察路の整備やガイド付きツアーの実施などを通じて科学・環境教育に利用していこうとするもの。2004年からユネスコが認定・支援を開始し、世界ジオパーク-ネットワーク(本部パリ)が発足。

ジオフロント 【和製 geo-＋front】地下空間。特に、都市開発のために活用しうる地下空間の意で用いられる。▷ウオーター-フロントにならった造語。

ジオメトリー 【geometry】幾何学。

ジオラマ【フランス diorama】①明治中期に流行した見世物の一。遠近法を用いた長大な背景の前に小道具を配し、照明を施したものを窓からのぞき見るもの。実際の光景を見ているような感じを楽しむ。②撮影や展示などに用いる立体模型。ディオラマ。

シカ【CICA】新 ツボクサ由来のスキンケア成分。

シガー【cigar】葉巻タバコ。

シカト 無視することを俗にいう語。▷「鹿(しか)の十(とお)」で、花札の10月の絵柄の鹿が横を向いているからという。

ジカ熱 新 (Zika feaver; Zika virus infection)ジカウイルスによる感染症。蚊により媒介され、アフリカ・中南米・アジア太平洋地域の熱帯に多い。軽度の発熱、頭痛・関節痛・筋肉痛などの症状が見られるが、症状が出ない場合もある。妊娠中の感染により、胎児の小頭症との関連が疑われて

いる。ジカウイルス感染症。

シガレット【cigarette】紙巻きタバコ。

ジグ【jig】①機械工作の際、刃物や工具を加工物の正しい位置に導くために用いる補助工具。②ルアーの一。小魚に似せた金属製のもの。

ジグザグ【zigzag】直線が左右に何回も折れ曲がっている形。また、そのようなさま。Z字形。稲妻形。

ジグソー【jigsaw】切り抜きはめ絵。厚紙、または薄い板に絵や写真を印刷し、これを不規則に切り離して、その断片を合わせて元の絵に復元する遊び。ジグソー-パズル。▷ジグソーは糸のこぎりの意。

シグナル【signal】①合図。信号。②信号機。

シグネチャー【signature】①署名。サイン。②薬の容器に書かれている用法注意。③有名人の名前を冠するモデル。「―シューズ」④コンピューター-ウイルス対策ソフトで、ウイルスの検知に用いるパターン情報。▷シグニチャーとも。

シグネチャー ブランド【signature brand】デザイナーの名前を冠したブランド。

シグマ【sigma; Σ・σ・ς】①ギリシャ語アルファベットの第18字。②数学で、同種の数値の総和を表す記号。総和記号(Σ)。

シクロ【cyclo】東南アジアなどで使用されている三輪自転車タクシー。

シケイン【chicane】自動車レースで、強制的に減速させるためにコースの上に設置される人工障害物。

ジゴロ【フランス gigolo】女にたかって生活する男。ひも・男妾(だんしょう)の類。

シザース【scissors】①はさみ。②両脚を前後、あるいは左右に開閉する運動。

シシ カバブ【トルコ şiş kebab】トルコ料理の一。羊肉を串(くし)に刺して焼いたもの。シシケバブ。シャシリック。

ジス ⇨JIS

シスオペ ①効率よく、使いやすいシステムを実現するための、ホスト-コンピューターの管理者。②コンピューター-ネットワークで、電子会議室の運営者のこと。▷システム-オペレーターの略。

シスジェンダー【cisgender】新 生まれた時に割り当てられた性別と、性自認が一致している人。トランス-ジェンダーに対していう。

シスター【sister】①姉または妹。姉妹。②ローマ-カトリック教会で、修道女。③女学生間の同性愛の相手。シス。エス。

シスター フッド【sisterhood】

女性どうしの連帯。▷姉妹(関係)の意。

システマチック【systematic】組織的・体系的であるさま。

システム【system】①個々の要素が有機的に組み合わされた、まとまりをもつ全体。体系。系。②全体を統一する仕組み。また、その方式や制度。③コンピューターで、組み合わされて機能しているハードウエアやソフトウエアの全体。

システム アドミニストレーター【system administrator】コンピューターを利用する側の立場からの情報化を推進・実施する専門家として、経済産業省が認定する資格。シス-アド。

システム インテグレーション【system integration】利用目的に合わせて、多種多様のハードウエア・ソフトウエア・メディア・通信ネットワークなどのなかから最適のものを選択し、組み合わせて、コンピューター-システムを構築すること。SI。

システム インテグレーター【system integrator】ユーザーの用途に合わせて、システム-インテグレーション(コンピューター-システムの構築)を行うことを業務とする企業。インテグレーター。SI。SIer(エスアイアー)。→システム-インテグレーション

システム エンジニア【systems engineer】コンピューター-システムの分析と設計に携わる人。情報処理技術者。SE。

システム エンジニアリング【systems engineering】複雑な人工的システムの最適化をはかるための手順・方法・考え方を体系的に扱う工学の一分野。その応用は生産工程の管理、情報処理システム、経営管理や宇宙開発など広範な領域に及ぶ。SE。システム工学。

システム キッチン【和製 system+kitchen】広さや使い勝手に応じ、収納具、調理・洗浄設備、作業台などを組み合わせて一体化した台所。

システム思考 新 問題解決が必要とされる物事を、個々の要素が有機的に組み合わさったシステムととらえ、そのふるまいを多面的・俯瞰的に分析・把握したうえで、問題解決に必要な手立てを得る思考方法。

システム手帳 使用者が、使用目的に合わせて、スケジュール表・住所録などの差し替え用紙を選びセットして用いる手帳。

システム フォント【system font】コンピューターで、メニューやダイアログ-ボックスなど、システムの基本部分に使用されるフォント。

システム ボード【system board】⇨マザー-ボード

ジステンパー【distemper】犬、特に幼犬がかかる急性の熱性感染症。病原体はウイルス。

ジストマ【ラテン Distoma】扁形動物吸虫綱の一群の総称。肺臓ジストマ・肝臓ジストマなどがある。二口虫。▷口吸盤と腹吸盤を両方とも口だと思って、di (二個) stoma(口)と呼んだもの。

シズル【sizzle】①ステーキなどの肉や揚げたての食べ物が、ジュージューと音をたてていること。また、その音。②転じて、食欲や購買意欲を刺激するもの。

シソーラス【thesaurus】①語句を意味によって分類・配列した語彙集。類義語集をいう場合もある。②情報検索において、キー-ワードの示す範囲、キー-ワードと関連語の類似・対立・包含関係などを記述したリスト。

シタール【ヒンディー sitār】北インドの撥弦(はつげん)楽器。弦は金属で、主弦7本のほか多数の共鳴弦がある。金属製の爪で演奏し、可動フレットはラーガ(旋法)に応じて調律する。

シチズン【citizen】市民。民間人。

シチュー【stew】肉・ジャガイモ・タマネギなどをいため、スープで長く煮込んだ洋風の煮込み料理。

シチュエーション【situation】①状態。事態。状況。局面。場合。場面。②境遇。また、特に小説・劇・映画などで、登場人物のおかれている境遇。

シチュエーション コメディー【situation comedy】登場人物の置かれる状況(シチュエーション)によって笑わせるコメディーのこと。アメリカのテレビ-ドラマ-シリーズなどが知られる。略してシットコムとも。

シック【フランス chic】上品で落ち着いているさま。

シックス シグマ【six sigma】不良品率を100万個中3、4個にする製品品質管理手法。現在では、この考え方が経営全般に広く適用されている。▷シグマ(σ)は統計学でばらつきを示す用語。

シックス センス【sixth sense】第六感。

シックスナイン【sixty-nine】男女が体を逆方向に向け合って口で行う性行為。シックスティー-ナイン。▷69の形から。

シックス パック【six pack】割れた腹筋についていう。鍛えられた腹筋が6つの部分に割れて見えるさま。

シックハウス症候群【sick-house syndrome】建材・塗料・家具などから発生するホルムアルデヒドなどのVOC(揮発性有機化学物質)による室内空気汚染によって引き起こされる病気や症状。近年、住宅の高気密化によ

り顕在化してきた。→ホルムアルデヒド

シッター【sitter】子供やペットの世話をする人。「ベビー -—」「ペット -—」

シットコム【sitcom】⇨シチュエーション-コメディー

ジッパー【zipper】ファスナーに同じ。もと商標名。

シップ【ship】①洋式帆船の形式の一。3本マスト以上で、すべて横帆を張り、最後尾のマストにガフセールを加えたもの。②船。

シップ【ship】新 他の外来語の下に付いて「…である状態・性質」「…の身分・地位・立場」「…の技術・能力」「…の気質・資質・精神」などの意を表す。

ジップライン【zip line】高所から低所に張ってあるワイヤーを、滑車にぶら下がりながら滑り降りる遊び。

シティー【city】①都市。都会。市。②(City)ロンドンの中心地区。テムズ川の北岸に位置。イギリスの商業金融の中心地。

シティー ポップ 1970年代後半から1980年代の日本で流行したポピュラー音楽。洋楽の影響を背景とする、洗練された都会的なセンスの音楽をいう。2010年代には海外での再評価も進んだ。▷和製 city＋pop。多く、シティ-ポップと書く。

アップデート 海外のネット文化では2010年代初頭からフューチャーファンクなどの音楽・動画文化が勃興。これらがシティポップの楽曲をよく引用したことから流行の素地が生まれました。以後動画共有サイトを通じて『プラスティック・ラブ』(竹内まりや・1984年)や『真夜中のドア』(松原みき・1979年)などの人気曲も誕生しています。

シティー ホテル 【和製 city＋hotel】都心部や駅周辺にあるホテル。各種宴会や展示会などを行う施設やレストランを備える。

シトシン【cytosine】ピリミジン塩基の一。核酸を構成する成分の一つで、DNAの二重螺旋(らせん)の中ではグアニンと水素結合して塩基対をつくっている。略号C

シトラス【citrus】柑橘(かんきつ)類。

シトロン 【フランス citron】①ミカン科の常緑低木。インド原産。果樹としてヨーロッパで古くから栽植される。果実は長さ15cm内外の卵形で、果皮が厚く、香気がある。果肉は酸味が強く苦みがある。果実を砂糖漬けや飲料とし、果皮や葉からは香油をとる。②レモン汁・香料・砂糖などの入った清涼飲料。

シナジー【synergy】①共同作用。相乗作用。②経営戦略で、販売・設備・技術などの機能を重層的に活用することにより、利益が相乗的に生みだされるという効果。

シ

シナジー効果【synergy effect】経営の相乗効果。小売店に銀行端末を設置することで店への来客数が増え商品購入につながる、新商品を出すとき既成の設備や技術が利用できるなど、企業活動の相乗効果をいう。

シナプス【synapse】ニューロンとニューロンとの接続部。また、その接続関係。伝達される興奮の増幅や抑制を行う。

シナモン【cinnamon】①セイロン-ニッケイ。クスノキ科の常緑高木。セイロン島原産。古来、香味料を採取する木として知られる。②セイロン-ニッケイの樹皮を乾燥して得る香味料。甘い香りと刺激的な味をもつ。

シナリオ【scenario】①映画・演劇・ドラマ・ゲームなどの脚本。②筋書き。

シニア【senior】年長者。上級生。シニヤ。→ジュニア

シニカル【cynical】冷笑的であるさま。皮肉であるさま。シニック。

ジニ係数 所得や資産の分布の不平等度を表す指標の一。係数は0と1の間の値で示され、完全に平等なとき最小値0をとり、不平等度が大きいほど1に近づく。イタリアの統計学者ジニ(C. Gini［1884〜1965］)が考案。

シニシズム【cynicism】①キニク学派の主張。無所有と精神の独立を目指し、世俗的慣習を否定した。犬儒主義。②社会風習や道徳・理念などに対して懐疑的で冷笑するような態度をとる傾向。冷笑主義。▷シニスムとも。

シニック【cynic】シニカルに同じ。

シニフィアン【フランス signifiant】ソシュールの用語。言語記号の音声面。能記。

シニフィエ【フランス signifié】ソシュールの用語。言語記号の意味内容。所記。

シニョン【フランス chignon】女性の、洋風に結い上げた髪の髷(まげ)。ドーナツ-シニョン・エスカルゴ-シニョンなど。

シネコン ⇨シネマ-コンプレックス

シネフィル【フランス cinéphile】映画通。映画愛好家。映画ファン。

シネマ【フランス cinéma】映画。キネマ。▷シネマトグラフの略。

シネマ コンサート【cinema concert】映画の上演形式の一。台詞・効果音の部分をそのまま再生して、音楽の部分をオーケストラが生演奏する。シネマティック-コンサート。

シネマ コンプレックス【cinema complex】入場券売り場や映写室、売店などを共有する複数の映画館が集合している施設。複合型映画館。シネ-プレックス。シネマ-マルチプレックス。シネコ

ン。

シネマ ティック【cinematic】映画のようであるさま。

シネマテーク【フランス cinémathèque】⇨フィルム-ライブラリー

シノニム【synonym】語形は異なるが、ほぼ同じ意味をもつ語。同義語。→アントニム

シノプシス【synopsis】要約。梗概(こうがい)。演劇や映画の粗筋。

シノワ【フランス chinois】西洋料理で使う漉(こ)し器の一。逆円錐形をしており、スープ・ソースなどを漉す。

シノワズリー【フランス chinoiserie】絵画・工芸品・服装などにおいて中国風の題材・表現を好む傾向。17 世紀後半から 19 世紀前半にかけてヨーロッパで流行した。

シバ【サンスクリット Śiva】ヒンズー教の三主神の一。破壊と創造の神。仏教に入って大自在天となった。

ジハード【アラビア jihād】イスラム教徒が信仰を迫害されたり、布教を妨害された場合に、武力に訴える行為。聖戦。▷原義は「努力」の意。

シビア【severe】要求・条件が過酷であるさま。また、批評・言動などが容赦なく、手厳しいさま。シビヤー。

ジビエ【フランス gibier】狩猟の対象となり、食用とする野生の鳥獣。またはその肉。ウズラ・ノウサギなど。

シビック【civic】①都市の。市の。②市民の。公民の。

シビック テック【civic tech】新 IT(情報通信技術)の活用によって、市民と行政との関係を強化する取り組み。またその技術。行政業務の効率化や透明性向上、行政サービスの拡充、市民どうしの意思疎通や意思決定の支援など。ボランティアや非営利組織などの形で、市民が主体的に関与する取り組みをいう。

シビリアン【civilian】①(軍人に対して)一般市民。民間人。②(武官に対して)文官。文民。③軍隊の中での非戦闘員。軍属。

シビリアン コントロール【civilian control】政府の文民の指揮のもとに職業軍人である軍隊の最高指揮官が置かれなければならないという近代国家の原則。軍隊の政治への介入から民主政治を守るために唱えられる。文民統制。

シビリゼーション【civilization】文明。

シビル【civil】市民であること。民間にかかわるさま。

シフォン【フランス chiffon】経(たて)緯(よこ)ともに同じ太さの片撚(かたよ)り生糸を用いた平織物。薄く柔らかい。ベール・イブニング-ドレス・リボンなどに用いる。絹モスリン。

シフォン ケーキ【chiffon

cake】卵白を硬く泡立てて加えることにより、ふわっと膨らませたスポンジ-ケーキ。

ジプシー【gypsy】①ヨーロッパに散在する少数民族ロマの他称。エジプトから来たとする誤解から生まれた呼び方。→ロマ ②(ロマが移動生活を送っていたことから)各地・各界を転々とする者。

ジフテリア【diphtheria】ジフテリア菌の飛沫伝染による感染症。幼児・学童が多くかかる。発熱とともにのどが痛み、顎下リンパが腫(は)れて呼吸困難を起こす。後遺症として神経麻痺や心臓・腎臓の障害を起こすことがある。▷「実布垤里亜」とも書く。

シフト【shift】①位置を変えること。②状態や体制を移行すること。③野球で、野手が通常の守備位置とは異なる守備態勢をとること。案 移行

ジベル【ドイツ Dübel】接合する木材の間に挿入して、ずれを防止する金物。

シマチョウ【縞腸】新 ⇨テッチャン

シミュレーション【simulation】①物理的あるいは抽象的なシステムをモデルで表現し、そのモデルを使って実験を行うこと。②サッカーで、反則を受けた振りをして、審判を欺こうとする行為。有利な判定を得るために行われる。反スポーツ的な行為として警告の対象になる。③試しに考えてみたり、やってみたりすること。案 模擬実験

シミュレーター【simulator】シミュレーションを行うための装置。航空機の地上操縦訓練装置などがこれにあたる。

シミュレート【simulate】模擬。本物・実際を真似て試すこと。

シミラー ルック 新 恋人・家族・友人どうしで、互いに似た雰囲気の服を着るスタイル。ペアルックに比べて縛りが少ないものを指す傾向がある。▷韓国式英語の similar look が流入したもの。

シミリ【simile】修辞法における比喩の一。一つの事物を直接に他の事物にたとえること。「柳のように美しい眉」「静かなること林の如し」のように「たとえば」「ごとし」「ようだ」などとはっきりと比喩であることを示した言い方。直喩(ちょくゆ)。明喩。→メタファー

シム ⇨SIMM

ジム【gym】①トレーニングのための屋内施設。②プロ-ボクシングの選手を養成し、試合の交渉や選手の世話などをする組織。▷ gymnasium の略から。

ジム ボール【gym ball】⇨バランス-ボール

シャー【shah】ペルシャの帝王の称号。▷元来ペルシャ語で、支配者・王の意。

ジャー【jar】飲み物・御飯などを

いれる保温容器。広口の魔法瓶。

ジャーキー【jerky】干し肉。乾燥肉。

シャーク【shark】鮫(さめ)。

ジャーク チキン【jerk chicken】新 ジャマイカ料理の一。スパイスなどに漬け込んだ鶏肉を焼いたもの。

ジャーゴン【jargon】専門語。職業用語。訳のわからない言葉。

ジャー サラダ【jar salad】新 ガラス製の広口瓶にドレッシングと食材を彩りよく詰めたサラダ。▷ジャー(jar)は広口瓶の意。

シャーシー【chassis】①自動車・電車などの車台。②ラジオ・テレビなどのセットを取り付ける、鉄・アルミニウムなどの台。▷シャーシ・シャシーとも。

ジャージー【jersey】①柔らかく伸縮性のある厚手のメリヤス地の布。洋服地に広く用いる。②ラグビー・サッカーなどの選手のユニホーム。③イギリスのジャージー島原産の乳牛。乳は脂肪が多くバター用としてすぐれている。▷①②はジャージとも。

ジャージャー麺 肉味噌などの具材を茹でた麺にのせた料理。中国北部で発祥。韓国・台湾などでも親しまれている。ジャージャン麺。

シャー芯 シャープ-ペンシルの芯。

シャーデンフロイデ【ドイツ Schadenfreude】他人の不幸を喜ぶ気持ち。

ジャーナリスティック【journalistic】①ジャーナリストとしての特質を備えているさま。時流に敏感なさま。②ジャーナリズムが好んで取り上げそうな特質を備えているさま。

ジャーナリスト【journalist】新聞・雑誌などの編集者・記者などの総称。

ジャーナリズム【journalism】新聞・雑誌・テレビ・ラジオなど時事的な問題の報道・解説を行う組織や人の総体。また、それを通じて行われる活動。

ジャーナリング【journaling】新 ▷記録を書き込むの意。①頭の中の物事を紙などに書き出す行為。マインドフルネスや言語学習などで行われる。②コンピューターで、データベースやファイルシステムにおける変更履歴の記録。異常時における復旧処理の拠り所にする記録をいう。

ジャーナル【journal】①新聞・雑誌などの定期刊行物。②日刊新聞。③軸が軸受けに包まれる部分。

ジャーニー【journey】旅。小旅行。

シャープ【sharp】①音楽で、変化記号の一。幹音を半音高める記号。嬰(えい)記号。「♯」で表す。→フラット ②シャープ-ペンシルの略。③頭の働きの鋭いさま。判断力のあるさま。鋭敏。④映像・輪郭などがはっきりしているさま。鮮明。

シャープ ペンシル【和製 sharp＋pencil】ばね仕掛けにより芯(しん)を押し出して使う筆記具。シャーペン。

シャーベット【sherbet】果汁に砂糖液を加え、かきまぜながら凍らせた菓子。氷菓子。

シャーペン シャープ-ペンシルの略。

シャーマニズム【shamanism】シャーマンが超自然的存在との直接的交流により、卜占(ぼくせん)・予言・病気治療、祭儀などを行う宗教現象。世界的に広く行われる。

シャーマン【shaman】神仏や霊的存在と直接的に交わる能力をもった、呪術・宗教的職能者。日本では「みこ」「いちこ」「いたこ」「ゆた」などがその例。

ジャーマン【German】「ドイツの」「ドイツ人(語・風)」の意。

シャーリング【shirring】洋裁で、細かいギャザーを寄せて模様や変化を出すこと。

シャーレ【ドイツ Schale】小形のふたつきガラス皿。生物・医学などで検査物などを入れたり、微生物や動植物の組織を培養するのに用いる。ペトリ皿。▷皿の意。

シャーロッキアン【Sherlockian】シャーロック＝ホームズの愛好家・研究家。

シャイ【shy】内気で恥ずかしがりであるさま。

ジャイアント【giant】巨人。巨大なもの。

ジャイアント キリング【giant-killing】大物食い。特に、スポーツの試合で下位の者が上位の者に勝つこと。

ジャイカ【JICA】(Japan International Cooperation Agency)国際協力機構。外務省所管の独立行政法人の一。国際協力事業団の業務を引き継ぎ、2003年(平成15)発足。発展途上国への政府開発援助、青年海外協力隊の派遣、海外移住者の指導・援助などを行う。政府開発援助(ODA)の実施機関の一つであり、開発途上地域等の経済および社会の発展に寄与し、国際協力の促進に資することを目的としている。

ジャイブ【jive】社交ダンスのうちラテン-ダンスの一種目。ジルバを原型とする。幅広いリズムに対応できる。

ジャイロ ジャイロコンパス・ジャイロスコープなどの略。

ジャイロスコープ【gyroscope】上下対称な独楽(こま)の軸を、輪形の支台で支え、さらにその輪をその輪に直角な輪で支え、かつまた二つの輪に直角な輪で支えたもの。独楽が回転すると、その軸は、外力を加えない限り一定の方向を指し、支台を動かしても変わらない。羅針盤や船の安定装置に応用される。回転儀。

ジャイロセンサー【gyrosensor】航空機や船舶、自動車などの移動体の方向変化を計測する装置。GPS による位置情報を補うために、車速センサーとともにカー-ナビゲーション-システムで用いる。

シャイン マスカット【Shine Muscat】新 ブドウの栽培品種の一。安芸津(あきつ)21 号と白南(はくなん)を交配したもの。黄緑色で大粒の実を結ぶ。果皮が薄く糖度が高い。2006 年(平成 18)に品種登録。

シャウト【shout】叫ぶこと。また、叫ぶように歌うこと。

ジャカード【jacquard】ジャカード機で織った紋織物。

シャギー【shaggy】①毛足の長い毛織物。②髪の先をわざと不揃いにする切り方。

ジャグ【jug】取っ手のついた広口の水差し。陶・金属・ガラス製で蓋(ふた)のつくものもある。→ジョッキ

ジャクージ【Jacuzzi】噴流式の風呂。数か所の吹き出し口から気泡を発生させる。商標名。▷ジャグジーとも。

ジャグラー【juggler】大道芸人。特に玉など物を投げて器用に扱う人。

ジャグリング【juggling】①曲芸。特に、玉・輪・ナイフなどを空中に投げる曲芸。②詐欺。

ジャケット【jacket】①洋服の上着の総称。普通はズボンやスカートと対をなさない丈の短いものをいう。ジャケツ。②レコード・書籍などの外側の覆い。カバー。

ジャケット買い ジャケットから受ける印象を動機に(音楽を試聴することなく)レコードや CD などを購入すること。ジャケ買い。

ジャケパン ジャケットとパンツを組み合わせたファッション。

シャシー【chassis】 ⇨シャーシー

ジャズ【jazz】20 世紀初頭アメリカのニュー-オーリーンズに発祥したポピュラー音楽。アメリカ黒人の民俗音楽とヨーロッパ音楽の融合によって成立。躍動的なオフ-ビートのリズム、即興的演奏などを基本的特徴とする。

ジャスダック ⇨JASDAQ 市場

ジャズ ダンス【jazz dance】ジャズなどの躍動的なリズムに合わせて踊るダンス。ミュージカルのステージ-ダンスをヒントにして考案。

ジャスティス【justice】正義。公正。

ジャスト【just】時間や金額などが切りのいい数値であること。ちょうど。きっかり。

ジャスト ミート 【和製 just＋meet】球の中心をとらえてうまく打つこと。

ジャスミン 【jasmine】 ①モクセイ科オウバイ属の植物の総称。熱帯・亜熱帯に分布。花は香気が高い。観賞用に植え、また花から香油をとる。オウバイ・ソケイ・キソケイ・マツリカなど。②①の花からとった香油の名。

ジャスミン革命 2010年末から11年にかけてチュニジアで起こった政治変動。青年の抗議のための焼身自殺をきっかけとして反体制運動が拡大し、ベン=アリ大統領が11年1月に亡命、23年に及ぶ独裁体制が崩壊した。▷ジャスミンがチュニジアの国花であることから。→アラブの春

ジャスラック ⇨JASRAC

ジャズ ロック 【jazz rock】ジャズとロックの要素が融合した音楽ジャンル。

シャツ【shirt】①上半身に着る洋風の下着。②中衣として着る襟とカフスのついた衣服。普通ワイシャツをいうが、開襟(かいきん)シャツ・ポロ-シャツなどをもいう。

シャツ イン 【和製 shirt＋in】俗に、シャツをズボンの中に入れるスタイル。

ジャッキ【jack】人力で操作し、重量物を持ち上げる器具。ねじ・歯車・水圧・油圧などを利用する。

ジャッキ アップ 【jack up】ジャッキで何かを持ち上げること。

ジャック【jack】①トランプの絵札の一。兵士の姿を描いたもの。②電気器具のさしこみ口。

ジャック オランタン【Jack-o'-Lantern】 南瓜(かぼちゃ)で作る提灯(ちょうちん)。ハロウィーンに作り用いる。南瓜全体を頭に見立てて中を繰り抜き、目・鼻・口の部分も切り抜いて、その中に蠟燭(ろうそく)を立てて火を灯す。ジャック-オー-ランタン、ジャック-ランタン、ジャッコ-ランタンなどとも。▷ランタン持ちの男の意。 →ハロウィーン

ジャックナイフ 【jackknife】畳み込み式の大形ナイフ。海軍ナイフ。

ジャッジ【JADGE】 ⇨JADGE

ジャッジ【judge】判定。判定すること。また、判定する人。

ジャッジメント 【judgment】審判。判断。判決。

シャッター【shutter】①フィルムなどの感光材料に光を当てるために一定時間だけ開くカメラの露光装置。②薄い小幅の金属製の板を簾(すだれ)状につないで、巻きこめるようにした戸。

シャッター通り 俗に、集客力を失った都市中心部の商店街のこと。シャッター商店街。 ▷シャッターをおろしたままの空き店舗が多いことから。

シャットアウト【shutout】①しめだすこと。②スポーツで、相手に1点も与えずに勝つこと。完封。

シャッフル【shuffle】①トランプのカードを切り混ぜること。②無作為に位置や順序を入れ替えること。

シャッポ【フランス chapeau】①帽子。シャポー。②(転じて)団体の首脳。かしら。

シャトー【フランス château】①城。宮殿。②大邸宅。③西洋料理で、野菜の切り方の一。ニンジン・ジャガイモなどを長さ5cmほどの卵形または櫛(くし)形に切り、面取りをしたもの。④フランスのボルドー地方で、ワインの醸造場や貯蔵庫を備えた広大な葡萄園。

シャドー【shadow】①影(かげ)。陰影。②ユング心理学で、人格の影の面を指す元型の一つ。自分が生きられなかった半面が無意識の中に残されてつくられるイメージ。③シャドー-ボクシングの略。④実体・実態が見えにくいこと。

シャドー アイティー【shadow IT】新 職場の許可を得ないまま、従業員が私物の情報機器を業務利用すること。情報漏洩の危険性があるなど、安全上の問題点が指摘されている。→BYOD

シャドーイング【shadowing】①外国語を練習する方法の一。外国語によるスピーチを聴きながら、ほぼ同時進行でそれを復唱する。リスニングと発音の練習になるほか、発話のスピードやリズムに慣れることができる。②コンピューター-グラフィックスで、物体の陰影部分を描くこと。▷シャドウイングとも。

シャドー バンキング【shadow banking】新 政府の規制対象である商業銀行以外の、インベストメント-バンク(投資銀行)やヘッジ-ファンドなどの金融業態。通常の銀行との取引に比べ規制が緩いとされる。影の銀行。

アップデート 米国のサブプライムローン問題では、同業態の発行証券が不良債権化したことが経済危機の発端となりました。また中国では、高利回りの「理財商品」で集められた資金が、銀行の融資を受けにくい地方政府の不動産開発などに流れており、その破綻リスクが指摘されています。

シャトーブリアン【フランス chateaubriand】牛ヒレ肉の最良のところを焼いたもの。作家のシャトーブリアンのコックがつくり出したという。

シャドー ボクシング【shadow boxing】ボクシングで、相手がいるものと仮想して一人で打ち合いの練習をすること。

シャトル【shuttle】①シャトル

コックの略。バドミントン競技で打ち合う羽根球。②特定の経路を定期的に往復する交通機関。シャトル便の略。③スペース-シャトルの略。④織機の杼(ひ)。

シャトル外交 ①2国間の首脳による定期的な相互訪問。②国際紛争などにおいて、第三国の仲介者が当事者国間を往復して調停にあたること。▷シャトルは往復する意。

シャトル ラン【shuttle run】新 一定間隔で鳴る電子音から電子音の間に一定距離(通常20メートル)を走ることを繰り返す運動。1分ごとに電子音の間隔が短くなり、設定された速度を維持できなくなったところで終了する往復持久走。

ジャバ ⇨Java

ジャパニーズ【Japanese】日本人。日本語。また、日本式の意。

ジャパニメーション【Japanimation】日本製のアニメーション作品。特に、欧米で人気を博している日本製アニメーション作品のことをさす。▷Japan＋animationから。もともと蔑称(べっしょう)であったが、日本で良い意味に転じ逆輸出された。

ジャパネスク【Japanesque】日本調の。日本式の。

ジャパンディ【Japandi】新 日本と北欧(スカンジナビア)の要素を組み合わせたインテリアの様式。またその様式であるさま。簡素さ、自然の風合い、温かみ、機能性の重視などを特徴とする。2020年ごろから、海外で広まった概念。▷Japanese と Scandinavian の合成語。

ジャパン ラグビー リーグ ワン【Japan Rugby League One】新 同名の一般社団法人が主催する、日本のラグビー競技のリーグ。ジャパンラグビートップリーグを再編して2022年(令和4)に開始。三部制。通称、リーグワン。

ジャブ【jab】ボクシングで、前方に構えた手で軽く小刻みに打つ攻撃法。

シャフト【shaft】①動力を伝達するための回転軸。②ゴルフ-クラブの柄の部分。③炭坑のたて坑。

シャブリ【フランス chablis】フランス、ブルゴーニュ地方の町シャブリで産出する辛口の白ワイン。

シャベル【shovel】土砂をすくったりまぜたり、また、穴を掘ったりするために使う、長い柄が付いて先端がさじ形の道具。ショベル。→スコップ

ジャポニカ米 日本型の、粒が短い米。炊くと粘りがある。→インディカ米

ジャポニスム【フランス japonisme】19世紀後半のヨーロッパ美術にみられる日本趣味。フランスの印

象派やイギリスのラファエル前派などに顕著。→シノワズリー

シャボン【ポルトガル sabão】石鹸(せっけん)。

ジャミング【jamming】①宣伝放送などの妨害のために発する電波。大型飛行機の爆音のような音がする。②クライミングで、岩の割れ目に手足を押し込んで体を保持すること。

ジャム【jam】①果物に砂糖を加えて加熱し、濃縮した食品。②プリンターなどで、用紙が内部で詰まり動かなくなる状態。ペーパー-ジャム。③ジャム-セッションの略。▷詰まる、込み合うの意。

ジャム セッション【jam session】ジャズ演奏家が、くつろいだ気分で自由に集団即興演奏や競演をする形態、またはその集まり。ジャム。

シャモ ニワトリの一品種。闘鶏用に飼育されるが、食肉用としてもすぐれている。天然記念物。▷江戸時代、シャムから渡来したことからいう。

シャリアピン ステーキ【和製 Shalyapin＋steak】牛肉をたたいて薄くのばし、すりおろしたタマネギ・ニンニクなどに漬けて焼き、いためたタマネギのソースをかけた料理。ロシアのバス歌手シャリアピンが好んだというのでこの名がある。

シャルキュトリー【フランス charcuterie】新 食肉加工品(主に豚肉によるもの)の総称。またその製造業や販売店。ハム・ベーコン・ソーセージ・パテ・テリーヌ・リエットなど。

シャレオツ 俗に、お洒落なこと。▷オシャレ(御洒落)の倒語。

シャローム【shalom】ユダヤ人が挨拶に用いる語。こんにちは。▷ヘブライ語で、平和の意。

ジャロジー【jalousie】細長のガラスを縦、あるいは横に羽目板状に重ねて並べ、その角度を調節することで採光・通風を行う窓。ジャルジー。

シャワー【shower】①如雨露(じょうろ)のような噴出口から水や湯を雨のように出して浴びる装置。また、そこから出る水や湯。②高エネルギーの粒子が物質に入射して多数の二次粒子を発生させる現象。

シャワー クライミング【和製 shower＋climbing】沢登りのこと。→キャニオニング

シャワートイレ【和製 shower＋toilet】温水洗浄便座の商標名。

シャワープルーフ【showerproof】撥水加工や防水加工をしてあること。また、そのような加工をした衣服や布地。

シャン【ドイツ schön】美しいこと。また、美しい女性。▷昭和初期に

流行した学生語。

ジャンキー【junkie】麻薬常用者。転じて、何かに病み付きになっている人。

ジャンキー【junky】新 俗にジャンクフードの(ような)味であること。また、そのさま。栄養が偏っている(と感じさせる)ものの美味しい様子をいう。

シャンク【shank】ゴルフで、クラブ-フェースの付け根で球を打つミス-ショット。

ジャンク【junk】①値打ちのないもの。役に立たないもの。がらくた。特に、自動車・電気製品などの廃品。くず。②麻薬。

ジャンク アート【junk art】新 廃品を使って制作される芸術、およびその作品。物質文明への批判的視点の提供をねらいとする。

ジャンク ジャーナル【junk journal】新 様々な素材をコラージュする手作り冊子。またその創作活動。包装紙・本のページ・切手・チケット・写真・シール・布地・ビーズなどの素材を自由に用いる。スクラップブッキングに比べて、雑然さを楽しむ傾向がある。

ジャンクション【junction】①結合。接合。連結。②複数の高速道路を相互に連結するための立体交差部分。→インターチェンジ

ジャンク フード【junk food】カロリーは高いが栄養価の乏しい、スナック菓子類やファースト-フードなどの食品。

シャングリ ラ【Shangri-la】理想郷。▷ヒルトン(J. Hilton)の小説「失われた地平線」中、仏教徒のユートピアであるシャンバラをモデルにして描かれたユートピア。

ジャングル【jungle】①樹木、つる植物、下草などが密生する熱帯地方の森林。②1990年代にイギリスのクラブから始まった音楽。サンプリングによる速いテンポのドラムと重低音のベースによるダンス-ミュージック。

ジャングル ハット【jungle hat】⇨ブーニー-ハット

シャンソン【フランス chanson】フランスの歌曲。本来フランス語による歌曲の総称であるが、日本では一般にフランスの現代大衆歌曲をさしていう。

シャンタン【上湯】中国料理で、上等なスープのこと。▷中国語。

シャンツァイ【香菜】⇨コリアンダー ▷中国語。

シャンティ【サンスクリット shanti】平和。寂静(じゃくじょう)。

シャンディー ガフ【shandy gaff】ビールとジンジャー-エールを混ぜた飲み物。

シャンデリア【chandelier】ガラスや金属などで華やかに装飾した室内灯。普通、天井からつり下げる。

シャント【shunt】電気回路の

分流器。

ジャンパー【jumper】①ウエスト丈・長袖(ながそで)で、裾(すそ)・袖口をぴったりさせたジャケット。作業・レジャーなどに広く用いられる。▷ジャンバーとも。→ブルゾン ②陸上やスキーのジャンプ競技の選手。

シャンパーニュ【フランスChampagne】①フランス、パリ盆地の東部地方。ブドウ栽培とシャンパンの生産で名高い。中心都市ランス。②(champagne)シャンパンの正称。→シャンパン

ジャンバラヤ【jambalaya】クレオール料理の代表的な米料理。主な具はベーコンとトマト。スペイン料理のパエーリャがアメリカ南部でアレンジされたもの。

シャンパン【フランスchampagne】フランスのシャンパーニュ地方特産の瓶内二次発酵方式によるスパークリング-ワイン。シャンペン。

シャンパン サーベル【フランスchampagne sabre】シャンパンを開けるための剣。サブラージュの際に用いる。シャンパン-サーブル。→サブラージュ

シャンパン ファイト【champagne fight】喜びを分かち合うためにシャンパンを掛け合うこと。スポーツ大会の優勝者やチームが、表彰式や祝勝会で行うことが多い。

ジャンピング【jumping】紅茶をいれたときに、葉がポット中の湯の対流によって上下にゆっくり回転すること。

ジャンプ【jump】①とぶこと。とびこすこと。跳躍。②スキー競技の一。人工のジャンプ台を使って飛型と飛距離を競う。ジャンプ競技。③陸上競技で、走り幅跳び・三段跳び・走り高跳び・棒高跳びの総称。ジャンプ競技。④コンピューターで、リンクをたどって画面が切り換わること。⑤物価や相場が急に上がること。

ジャンプ アップ【jump-up】新 順位・成績などが急上昇すること。▷飛び上がることの意。

シャンプー【shampoo】洗髪剤。また、洗髪すること。

シャンペン【フランスchampagne】⇨シャンパン

ジャンボ【jumbo】①巨大であること。大柄であること。②いくつもの削岩機を台車に取り付けた坑道掘削装置。③写真を自動的に一定のサイズに引き伸ばし、焼き付ける装置。④大型ジェット旅客機。特に、ボーイング747の愛称。

ジャンボリー【jamboree】ボーイ-スカウトの大集会。キャンピング・競技・作業などの催しを行う。

ジャンル【フランスgenre】部門。種類。特に芸術作品を様式・内容に

よって区分する場合にいう。

ジャンル映画 アクション映画、ホラー映画など、特定ジャンルに属する映画の総称。

シ

ジュ【フランス jus】肉・野菜・果実の搾(しぼ)り汁の総称。または、肉から出る肉汁のこと。

シュア【sure】確実な。確かな。

ジュークボックス【jukebox】①レコードの自動演奏装置で、硬貨を入れ、曲目のボタンを押すと、自動的に再生されるもの。②コンピューターの周辺装置の一。複数のCDや光ディスクを収め、必要に応じて切り換える。

シュー クリーム【フランス chou à la crème】小麦粉を卵で練り、天火で焼いて内側を空洞にした皮の中に、クリームを詰めた洋菓子。

シューゲイザー【和製 shoegaze＋-er】ロック-ミュージックの一。浮遊感のある音像、シンプルなリフ、甘いメロディーなどが特徴。1980年代後半のイギリスで勃興。シューゲイズ。シューゲイジング。▷足元を見下ろし演奏する様子を、音楽誌が「靴(shoe)を凝視する人(gazer)」と揶揄(やゆ)したことが由来。

ジューサー【juicer】野菜や果物などを自動的に磨り潰し、漉(こ)してジュースをつくる電気器具。

ジューシー【juicy】果汁分や水分が多いさま。

シューズ【shoes】靴。

アップデート 近年マラソンの世界で厚底シューズが注目されています。これを使用した選手による高記録が続出したからです。ワールドアスレチックス(世界陸連)は2020年4月より「厚さ40ミリメートルを超える靴底の使用を禁じる」新ルールを適用しました。これは裏返すと「40ミリ以下の靴底を容認する」決定でした。

ジュース【deuce】テニス・卓球・バレーボールなどの試合で、あと一つ点をとれば1セットの勝負がきまるときに同点となること。以後、どちらかが続けて得点するまで試合は続けられる。デュース。

ジュース【juice】果物や野菜をしぼった汁。また、それに似せて加工した飲料の総称。

シューズ イン クローゼット【和製 shoes ＋ in ＋ closet】靴などの収納空間。玄関に隣接しており、多くは靴を履いたまま利用できる。SIC。SCL。

シューター【shooter】①射撃手。▷和製用法。②球技でシュートする選手。③シューティング-ゲームを愛好する人。→シューティング-ゲーム

シューティング ゲーム【shooting game】標的を打ち落とすゲームの総称。多くの場合

コンピューター-ゲームをさす。プレーヤーが操作するキャラクターから弾を発射して、標的を打ち落とすもの。▷シューティングは射撃・発射の意。

シュート【shoot】①野球で、投手の投球が投手の方から見て、右投手なら右へ曲がること。また、その球。▷日本だけの用語。②バスケットボール・サッカー・ホッケーなどで、ゴールをねらって、球を投げたり蹴(け)ったり打ったりすること。③木の幹や根元から長くのび出る枝。

ジュート【jute】綱麻(つなそ)、また綱麻の繊維。粗くて弱い。穀物を入れる袋・包装布などに用いる。黄麻。印度麻。

シュー フィッター【shoe fitter】足に合う靴を選ぶ専門家。

シュール ①シュールレアリスム(超現実主義)の略。②転じて、現実を超越していて、真の理解が不能だというさま。理性による合理的な解釈ができないさま。不条理な、奇抜な、難解な様子。➲よくわかる「シュール」の意味と使い方(p.333)

ジュール【joule】仕事・熱量・エネルギーのSI単位。1ニュートンの力が働いて、その力の方向に1m動かすときの仕事。1ジュールは0.24カロリーに等しい。記号J ▷物理学者ジュールの名にちなむ。

シュールストレミング【スウェーデン surströmming】缶詰で発酵させたニシンの塩漬け。また、その缶詰。主に北部スウェーデンで食される。俗に、世界一臭い缶詰とも言われる。シュールストロミング。

シュールレアリスム【フランス surréalisme】理性の支配をしりぞけ、夢や幻想など非合理な潜在意識の世界を表現することによって、人間の全的解放をめざす20世紀の芸術運動。ダダイスムを継承しつつ、フロイトの精神分析の影響下に1924年発刊されたブルトンの「シュールレアリスム宣言」に始まる。超現実主義。

ジューン【June】6月。

ジューン ブライド【June bride】6月の花嫁の意。6月は家庭の守護神ジュノーの月であることから、西洋では6月に結婚した女性は幸福になれるとされる。

ジュエリー【jewelry】宝石・貴金属類。

ジュエル【jewel】宝石。

ジュエル ケース【jewel case】CDなどの光ディスクを収納するプラスチック製パッケージ。ライナー-ノートなども格納できる。CDケース。→ライナー-ノート

シュガー スポット【sugar spot】成熟したバナナに現れる茶色や黒色の斑点。斑点が現れ

た時が食べ頃とされる。

シュガーレス【sugarless】砂糖が含まれていないこと。また、そのような飲食物。

シュクメルリ【グルジア shkmeruli】新 ジョージア(旧グルジア)料理の一。焼いた鶏肉に大蒜(にんにく)を加え、牛乳などで煮込んだもの。

シュシュ【フランス chouchou】髪飾りの一。布を筒状に縫い合わせてゴムを通し、輪にしたもの。束ねた髪に通すなどして使う。

ジュニア【junior】①年下の人。年少者。→シニア ②下級。下級生。③大学の専門課程に対して教養課程をいう。④英・米の人名で、父と息子が同名である場合、姓名のあとにつけて息子であることを表す語。また、転じて、一般的に息子のこと。

ジュニア オリンピック【Junior Olympics】⇨JOC ジュニア-オリンピック-カップ

ジュニア ユース【junior youth】新 主にスポーツで、中学生世代のこと。またその世代のクラブチーム。

ジュニパー【juniper】ヒノキ科の常緑針葉低木。また、その果実より得られるエッセンシャル-オイル。ヒノキに似た、さわやかな木の香り。利尿作用、リフレッシュ作用が知られる。ジンの香りづけにも利用される。ジュニパー-ベリー。

シュノーケル【ドイツ Schnorchel】①潜水艦が水中航行中に海面に出す給排気用装置。②潜水具の一。J字形の管の一方を口にくわえ、他方を水面に出し水中で呼吸する。③排煙装置を備えた消防車。シュノーケル車。▷スノーケルとも。

シュバリエ【フランス chevalier】フランス-チーズの普及啓発に貢献した者に対して、フランス政府が授与する称号。1954年に発足。フランス-チーズ鑑評騎士。シュバリエ-ド-タスト-フロマージュ(Chevalier du Taste-Fromage)。▷騎士・受勲者の意。

ジュピター【Jupiter】ローマの三主神の一。元来天空の神で気象現象をつかさどる。また正義・徳・戦勝の神で法の守護者。ギリシャ神話のゼウスと同一視される。ジュピテル。▷ユピテルの英語読み。

ジュビリー【jubilee】①25周年・50周年などの記念祭。②喜び。歓喜。

シュプール【ドイツ Spur】スキーの滑降によって雪面にできた跡。▷「足跡・航跡」の意。

ジュブナイル【juvenile】①少年・少女。年少者。②少年・少女むけの本。児童図書。

シュプレヒコール【ドイツ Sprechchor】①詩の朗読や踊りなどを組み合わせた合唱劇。また、舞台

よくわかる「シュール」の意味と使い方

詳しい意味は？

シュールは本来、フランス語のシュルレアリスム（surréalisme）の略語で「超現実主義」という意味です。これは1920年代にフランスで興った前衛芸術運動の名前です。この芸術運動では「まるで夢の中をのぞいているような独特の現実感」を持つ作品が多く創作されました。これが転じて、略語のシュールも「超現実的な・不条理な・奇抜な・難解な様子」を表すようになったのです。

どんな経緯でこの語を使うように？

前述した通り、シュールは芸術運動であるシュルレアリスム（超現実主義の意味）の略語です。この運動はダダイスムに続いて1920年代に興ったもので、一般にはサルバドール=ダリ（Salvador Dali）の絵画がよく知られます。フロイトの精神分析の手法にも大きな影響を受けており、「意識下の世界を客観的に表現する」ことを理論的支柱にしていました。

実際の使われ方は？

［シュールな○○］ 日本語のシュールは、多くの場合、形容動詞的に用いることが可能です。「シュールな映像作品を見た」「この映像作品はシュールだ」「映像作品をシュールに演出した」などの表現方法があります。

言い換えたい場合は？

芸術運動のシュール（シュルレアリスム）を漢字で言い換える場合は「超現実主義」という訳語を用いて下さい。また、一般の意味のシュールを言い換える場合は、「超現実的・不条理・奇抜・難解・現実離れ・非日常的」などの表現を絡めると良いでしょう。例えば「シュールな小説」を言い換える場合、「超現実的（奇抜・難解）な筋書きの小説」などと言い換える方法があります。

で一団の人々が一つの台詞(せりふ)を朗誦する表現形式。②デモ・集会などでスローガンを全員で一斉に叫ぶ示威行為。

シュミレーション ⇨シミュレーション ▷シミュレーションの誤り。

シュラスコ【スペイン churrasco】大きな肉の塊を、焼き串に刺して直火で焼く料理。ラテン-アメリカで広く行われる。チュラスコ。

ジュラルミン【duralumin】アルミニウムに銅・マグネシウム・マンガン・ケイ素などを混ぜた合金。軽量で強度が大きいため、飛行機・建築などの材料にする。

シュリンク【shrink】①ちぢむこと。萎縮(いしゅく)すること。②衣服の形崩れを防ぐために、裁断の前に布目を正したり、耳のつれを伸ばしたりすること。地伸し。

シュリンプ【shrimp】シバエビなど小形の、えび。

シュレッダー【shredder】紙を細かく切りきざむ機械。機密書類の処分などに使う。

シュレッド【shred】新 ①細かく切ること。②シュレッドチーズ(細かく刻んだチーズ)の略。③ヘビーメタルなどでギターの速弾き。

ショア【shore】海・川・湖などの岸。岸辺。

ジョイ【joy】喜び。

ジョイ スティック【joy stick】コンピューターの入力装置の一。スティック(棒)を上下左右に倒して、対象物の位置を任意に移動させる。ゲームの操作などに使われる。

ジョイン【join】①つなぐこと。結合すること。連結すること。②加わること。参加すること。加入すること。

ジョイント【joint】①継ぎ手。②連携すること。連結すること。合同すること。

ジョイント ベンチャー【joint venture】資金力・技術力・労働力の調達などからみて、一企業では請け負うことのできない大規模な工事・事業を複数の企業が協力して請け負うこと。共同企業体。JV。

ジョイント マット【和製 joint ＋ mat】正方形のパーツをジグソー-パズルの要領でつなぎ合わせることができる敷物。パズル-マット。

ショー【show】①視覚的な要素を重んじた舞台芸術。②展示会。展覧会。③映画・演劇などの興行。④見る価値のある出来事。

ジョー【jaw】あご。

ジョーカー【joker】①道化者。②トランプ-カードで、どのマークにも属さない番外の札。道化師の絵が描いてあることが多い。切り札・代札などに用いる。ばば。

ジョーク【joke】冗談。しゃれ。

ショーケース【showcase】商店などで品物を並べて見せるための棚。陳列棚。

ショーケース【showcase】新 ①商店などで品物を並べて見せるための棚。陳列棚。②宣伝の目的で何かを披露する場所や機会。

ジョーゼット【georgette】経緯(たてよこ)ともに撚(よ)りの強い糸を用いて平織りにした、細かい皺(しぼ)のある織物。婦人服などに用いる。

ショータイム【showtime】ショーの開始時間。

ショーツ【shorts】①股下の短い、ぴったりした女性用下着。②膝(ひざ)上丈のズボン。ショート-パンツ。

ショート【short】①短いこと。多く他の外来語に付いて短いという意を表す。→ロング ②電気回路の2点間を直結したり、きわめて小さい抵抗でつなぐこと。また、絶縁不良などのため抵抗の小さい回路ができること。電気器具の破損や出火の原因になることがある。ショート-サーキット。③ショートストップの略。

ショート アニメ【short animation】新 短時間のアニメーション作品。数分から長くとも十数分程度の作品をいう。

ショート カット【short cut】①女性の髪形の一。短く切った髪形。②近道。③コンピューターのソフトウエアで、手順にそって行う一連の長い操作手順を、短縮して行えるようにする機能。

ショートカット キー【shortcut key】コンピューターで、メニューからマウスで選択して行う操作を、いくつかのキーを組み合わせて押すことにより実現できる機能。また、そのキー。

ショートショート 短篇小説よりもさらに短く、意外なアイディアに満ちた小説。▷ short short story の略。

ショート ステイ【和製 short＋stay】市町村による在宅福祉サービスの一。在宅介護を受けている高齢者や障害者を、介護者の休養などの理由で福祉施設などが短期間預かる制度。介護保険でも利用できる。▷短期入所または短期療養の意。

ショート動画 新 収録時間が数十秒(長くとも数分)程度の動画。主に専用の動画共有アプリやサービスで公開・閲覧される動画をいう。ショート-ビデオ。ショート-ムービー。

ショートニング【shortening】精製した動植物油脂のみでつくった、バター状のもの。パン・菓子などの製造に用いる。

ショート ビデオ【short video】新 ⇨ショート動画

ショート フィルム【short film】短編映画。数分から数十分程度の映像作品の総称。ショート-ムービー。

ショート ブラック【short black】エスプレッソ。オーストラリア、ニュージーランドでの呼称。

ショート ムービー【short movie】①⇨ショート-フィルム ②⇨ショート動画

ショー ビジネス【show business】芸能の興行。

ショーマン シップ【showmanship】観客を楽しませようとする芸人の心意気。サービス精神。

ショール【shawl】婦人用の肩かけ。普通、長方形のものをいう。

ショールーム【showroom】商品の陳列室。展示室。

ジョガー【jogger】ジョギングを楽しむ人。競技で勝つことを目指すのではなく、走ることそのものを楽しむ人。

ジョギング【jogging】ゆっくり走ること。競走前のウォーミング-アップ、趣味や気分転換、健康法として行われる。

ショコラ【フランスchocolat】チョコレート。

ショコラティエ【フランスchocolatier】チョコレートの製造業者・専門店・職人など。チョコラティエ。

ショタコン 俗に、同性愛の対象を年少の男の子に求める心理。また、年少の男の子を同性愛の対象として扱ったマンガ・イラストなど。ショタ。▷正太郎コンプレックスの略。横山光輝作の漫画「鉄人28号」に登場する半ズボンの少年「金田正太郎」が由来。ロリコンに対比する形で、1980年代初頭から使われ始めた。

ジョッキ ビール用の、取っ手のついた大型のコップ。ふた付きのものもある。▷jugから。

ジョッキー【jockey】競馬の騎手。

ショック【shock】①物理的な打撃や衝撃。②予想外のことに出あったときの心の動揺。③末梢(まっしょう)の血液循環不全をきたし、急激に血圧低下・意識混濁・感覚鈍麻などが起こった状態。

> アップデート 衝撃的な出来事はよく○○ショックと表現されます。歴史的には「オイルショック」が有名な事例でしょう。近年では、新型コロナ感染拡大の影響で2021年ごろに木材価格が高騰した「ウッドショック」、同年9月に岸田文雄首相の発言(金融所得課税見直し)がきっかけで株価が暴落した「岸田ショック」などの事例がありました。

ショック アブソーバー【shock absorber】自動車や火砲などの機械的・電気的な衝撃を緩和する装置。衝撃吸収器。緩衝器。→ダンパー

ショック プルーフ【shockproof】衝撃への耐性があること。

ショット【shot】①テニスやゴルフなどで球を打つこと。また、その球。②映画の撮影でカメラが回り始めてから止まるまで連続撮影された一連の画像。③射撃。④ウイスキーなど、強い酒のひとくち。⑤ある場面を撮った写真。「オフ—(＝休日に過ごす姿を撮った写真)」

ショットガン【shotgun】散弾を発射する銃。鳥や小動物の狩猟、およびクレー射撃に用いる。散弾銃。

ショット クロック【shot clock】新 バスケットボールなどで、ボールを占有できる時間。またその残り時間。バスケットボールの国際ルールでは、チームにおけるシュートまでの時間を24秒と定める。「—バイオレーション(＝占有時間を超える反則)」

ショット バー【和製 shot＋bar】ウイスキーなどを軽く一杯飲むためのバー。

ショッパー【shopper】新 ①買い物客。②買い物用のバッグ。特に、店が商品を入れて客に渡す紙やビニールの袋。

ジョッパーズ【jodhpurs】乗馬ズボンの一。股(もも)の部分がゆったりふくらみ、膝(ひざ)下から足首までぴったりしたズボン。ジョドパーズ。▷インド北西部の地名ジョドプル(Jodhpur)から。

ショッピング【shopping】買い物をすること。

ショッピング センター【shopping center】小売店の集中した区域や建物。SC。

ショッピング モール【shopping mall】遊歩道や広場などのある大規模な商店街。車両の乗り入れが禁じられている。

ショップ【shop】店。商店。多く他の語について複合語をつくる。

ショップ イン ショップ【shop in shop】ショッピング-センターなどの店内に、専門店が出店する形式。またその店舗。イン-ショップ。

ショップ ブランド【和製 shop＋brand】パソコンや部品の小売店が、汎用部品を組み合わせて独自に製造・販売するパソコン。主に中上級者向けの製品を廉価で提供する。用途に応じた特別仕様にも対応しやすい。ホワイト-ボックス。

ジョブ【job】①仕事。作業。②コンピューターの仕事の単位。一連のプログラムの流れで一つのまとまった業務。

ジョブ型雇用 職務内容、勤務地、労働時間などのいずれかを明確に定められている形態の正社員。これらが限定されないメンバーシップ型雇用(新卒一括採用と終身雇用)に対していう。

ジョブ カフェ 【和製 英job＋フランスcafé】若年者を対象に、職業紹介のほか適正診断・職業訓練・職場体験など、就職に向けての支援を一括して行う事業および機関。都道府県が主体となり、官民が協力して運営する。

ジョブ コーチ【job coach】精神障害者や知的障害者の雇用支援を行い、職場への適応を援助する者。通勤時から付き添い、職場での作業や同僚など周囲との関係づくりを指導するとともに、職場内の人々に障害の理解を深めてもらうための啓発活動などにも携わる。

ジョブ ディスクリプション【job description】従業員が果たすべき職務について、具体的な内容を記した書類。職務記述書。

ジョブ ローテーション 【job rotation】企業にとって将来必要な人材の育成を目的に、計画的にさまざまな職場で勤務させたり、各種研修を受けさせる方法。

ショベル【shovel】①シャベル。特に大型のシャベル。②パワー-ショベルの略。長い柄のついた大きなシャベルを動力によって動かし、土を削り取る土木機械。地面より高い部分の掘削に適する。

ショルダー 【shoulder】 ①肩。多く他の外来語につけて用いる。②洋服の肩の部分。

ショルダー バッグ 【shoulder bag】肩に掛けて持つ鞄(かばん)。

シラバス【syllabus】1年または1学期間の、講義の計画と内容を解説したもの。講義概要。

シラブル【syllable】音節。

シリアス【serious】①まじめなさま。厳粛なさま。②事件・問題などが重大で深刻なさま。

シリアル【cereal】穀類を加工して、そのまま、あるいは簡単な調理で食べられるようにしたもの。オートミール・コーンフレークスなど。セリアル。

シリアル【serial】①連続していること。順を追っていること。②電気で、直列。③コンピューター-システムで、機器を接続する際に1列にすること。また、通信で、1本の伝送路を使ってデータを送ること。→パラレル

シリアル キラー【serial killer】連続殺人者。▷シリアルは連続する意。

シリアル ナンバー 【serial number】通し番号。メーカーが品質管理などの目的で用いる通し番号や、中央銀行が偽造防止などの目的で紙幣に記載する通し番号など。シリアル番号。キー-コード。プロダクトID。

シリアル バー【cereal bar】シリアルを棒状に固め、手軽に食べられるようにしたもの。→シリアル

シリーズ【series】①スポーツで、特別の組み合わせによる一続きの試合。②一貫した意図のもとに企画された、新聞・雑誌の連載読み物やテレビ・ラジオの番組、映画の製作・上映など。③一定の形態や傾向に基づいて逐次刊行される書物など。

シリウス【ラテン Sirius】大犬座のアルファ星。全天第1の輝星。光度−1.5等。距離8.6光年。2月から3月の宵に南の空に現れる。白色矮星(わいせい)の伴星をもつ。鋭く輝くところから、西洋では犬の目にたとえられ、中国でも天狼(てんろう)星と称せられる。

シリカ【silica】二酸化ケイ素の別名。共有結合による巨大分子をつくっており、沸点・融点ともきわめて高い固体。天然には石英・水晶・ケイ砂などとして存在する。ガラスや陶磁器などの原料として重要。無水ケイ酸。シリカ。

シリカ ゲル【silica gel】ケイ酸のゲルで、半透明の白色の固体。吸着力が強く、乾燥剤などに用いる。

シリコーン【silicone】シロキサン結合(-Si-O-)を骨格とし、ケイ素原子にアルキル基などが結合した構造をもつ高分子有機ケイ素化合物の総称。耐熱性・耐薬品性・電気絶縁性が高く、水をよくはじく。

シリコーン ゴム(silicone rubber)シリコーンの一。ゴム状弾性を示す固体。熱安定性がよく、高温あるいは低温用の弾性体に用いるほか、耐熱性・耐薬品性パッキングに用いる。

シリコン【silicon】ケイ素。半導体素子として用いられる。

シリコン スチーマー【silicone steamer】シリコーン-ゴム製の容器。密閉性に優れ、電子レンジで加熱することで蒸し料理などの調理ができる。→シリコーン-ゴム

シリコン バレー【Silicon Valley】アメリカ合衆国、カリフォルニア州サンフランシスコ湾南岸のサンノゼ周辺一帯の通称。半導体関連企業が多数立地したことから。

シリンジ【syringe】液体の注入・吸引等に用いる器具。注射器、洗浄器、浣腸(かんちょう)器、スポイトなど。

シリンジ ポンプ【syringe pump】医薬品等を充塡(じゅうてん)した注射器(シリンジ)から、一定時間で一定量の薬剤を注入できる機器。薬剤を正確な分量だけ注入する際に利用される。輸液ポンプに比べて精度が高く、流量の微量管理が可能。

シリンダー【cylinder】①円筒。円柱。また、そのような形状のもの。②蒸気機関・内燃機関などの主要部分の一。中空の円筒状を

なし、その内部でピストンを蒸気圧やガス圧によって往復運動させる。気筒。

シリンダー錠 円筒内に設けた数本のピン(ピン-タンブラー)の下端を鍵(かぎ)でそろえて開閉するしくみの錠。

シルエット【フランス silhouette】①輪郭の中を真っ黒に塗りつぶした画像。影絵。②影絵のような輪郭だけの黒い実景。

シルキー【silky】絹のような。すべすべした。

シルク【silk】蚕がつくる繭から取った繊維およびそれを用いた製品の総称。生糸。絹。絹布。

シルクスクリーン印刷 (silk-screen printing) ⇨スクリーン印刷

シルク ハット【silk hat】礼装用の円筒形の高い帽子。黒の絹張り。トップ-ハット。

シルク ロード【Silk Road】中央アジアを横断する古代の東西交易路の総称。中国から地中海沿岸に達する、物資・文化・民族などの東西移動の最も重要な幹線。絹の道。

> アップデート 2013年、中国の習近平国家主席は「一帯一路」と名付けた経済圏構想を打ち出しました。これは「シルクロード経済ベルト」と「21世紀海上シルクロード」の総称。前者はユーラシアを横断して中国と欧州を結ぶ経済連携、後者は南シナ海・インド洋などを経由して中国・アフリカ・欧州を結ぶ経済連携を指します。

シルト【silt】砂と粘土との中間の粒径をもつ砕屑(さいせつ)物。

ジルバ 社交ダンスの一。スイング-ジャズに合わせて、向かい合った男女が速いテンポで陽気に踊るもの。ジタバグ。▷ jitterbug の転。

シルバー【silver】①銀。②銀色。③他の語に付いて、高年齢である意を表す。④他の語に付いて、上位に準じるランクの意を表す。「—会員」

シルバー ウイーク【和製 silver＋week】9月の大型連休。SW。▷ 2003年(平成15)に敬老の日が9月15日から第3月曜日に移動。この影響で09年に大型連休(土日・敬老の日・国民の休日・秋分の日の5連休)が登場したことからゴールデン-ウィークとの連想、さらに敬老との連想でいわれるようになった。条件が揃った年だけ登場する。

シルバー カー【和製 silver ＋ car】高齢者の歩行を補助する手押し車。買い物などを入れる収納スペースや、休憩用の座面などを備える。シルバー-カート。

シルバー カート【和製 silver ＋ cart】⇨シルバー-カー

シルバー シート【和製 silver ＋seat】高齢者や体の不自由な

人が優先的に座ることのできる、電車・バスなどの席。

シルバー パス【和製 silver＋pass】高齢者に発行される無料または割引の乗車券。

シルバー ヘア【silver hair】新 ⇨グレー-ヘア

ジレ【フランス gilet】①チョッキ。ベスト。②婦人服で、袖なしの胴衣。▷ジレーとも。

ジレンマ【dilemma】自分の思い通りにしたい二つの事柄のうち、一方を思い通りにすると他の一方が必然的に不都合な結果になるという苦しい立場。板ばさみ。ディレンマとも。

シロガネーゼ 俗に、東京都港区白金(しろかね)界隈(かいわい)を拠点に活動するお洒落(しゃれ)な主婦のこと。▷女性誌による造語。

シロッコ【sirocco】サハラ砂漠に発し、アフリカ北岸から地中海周辺に吹く熱風。

シロップ【オランダ siroop】①果物の汁に砂糖を加えたもの。果物の香りのする香料などを加えた濃厚な砂糖液もいう。シラップ。②ホット-ケーキなどにかける、水あめ状の風味ある液体。③濃厚な砂糖液。

ジン【gin】蒸留酒の一。ライ麦・トウモロコシを発酵させ、杜松(ねず)の実の香味をつけて蒸留したもの。

ジン【アラビア jinn】アラブ世界で信じられている、神が創造した知力と体力を備えた超自然的な存在。

シンカー【sinker】野球で、打者の近くで急に沈むような投球。球の回転は少なく、小さくストンと落ちる。

シンガー【singer】声楽家。歌手。歌い手。

シン ガード【shin guard】⇨レガース

シンギュラリティー【singularity】新 ①特異日。②科学技術が発達し、現在の理論や通念が通用しなくなる時点。特に、人工知能が人間の能力を超える時点。

シンク【sink】台所・調理場の、流し。

ジンクス【jinx】因縁のように思う事柄。縁起。本来は縁起の悪い物事をいう。

シンク タンク【think tank】さまざまな領域の専門家を集めた研究機関。社会開発や政策決定などの問題や経営戦略などについて、調査・分析を行い、問題解決や将来予測などの提言をする。案 政策研究機関

シン クライアント【thin client】クライアント-サーバー-システムで、TCO(維持管理総経費)の低減をめざしたパソコンのハードウエアの構想。サーバーとのインターフェース処理にのみパソコンを使うことで、コスト低減を可

能にする。▷シンは(余分な)肉のない意。

シングル【single】①ボタンが1列の洋服。ズボンの裾の折り返しのないものにもいう。②ゴルフで、ハンディが一桁(ひとけた)であること。③シングルスの略。テニス・卓球・バドミントンなどで、一人対一人の試合。④シングル-ベッドの略。また、(ホテルなどで)一人用の客室。⑤ウイスキーの量の単位。小グラス1杯分。約30mL。⑥シングル-ヒットの略。⑦シングル盤の略。⑧独身者。シングルズ。▷ダブルに対して、一つ・一人などの意。

ジングル【jingle】①調子よく響くことばや音。②放送で、番組とコマーシャルの間に流す短い曲。

シングル エリミネーション【single elimination】新 一度負けた時点で脱落が決定するトーナメント。狭義のトーナメントのこと。→ダブルエリミネーション

シングル介護 高齢の親を、独身の子どもが介護すること。▷近年、非婚者の増加に伴い顕在化している。仕事との両立が困難であるなどの問題がある。

シングル サインオン【single sign-on】新 1回のユーザー認証で、アクセスが許可されているすべてのアプリケーション・サービスを利用することができるシステム。SSO。▷署名1回の意。

シングル タスク【single task】①コンピューターで、一度に一つの処理を実行すること。②複数の仕事・作業を並行させるのではなく、単一の仕事・作業をこなしてから次に進むこと。

ジングル ベル【Jingle Bells】アメリカ民謡。橇遊(そりあそ)びの歌であるが、クリスマスのころ盛んに歌われる。

シングル マザー【single mother】未婚の母。また、離婚・夫との死別などにより、一人で子供を養育している母親。シングル-ママ。シン-ママ。

シングル モルト ウイスキー【single malt whisky】他のモルトを混ぜていないウイスキー。一つの蒸留所でつくられたモルト-ウイスキー。

シングル ユース【single use】ホテルなどで、ツイン-ルームやダブル-ルームなど定員2名以上の客室を一人で使用すること。ルーム-チャージ制では宿泊定員内であれば、基本的には人数による室料の変更はないが、シングル-ユースの割安料金の設定をしている場合もある。

シンクロ【synchro】①⇨シンクロナイズ ②⇨シンクロナイズド-スイミング

シンクロトロン【synchrotron】加速器の一種。磁場の強さを増すとともに、高周波電場の

周波数を変化させて、粒子の軌道半径を一定に保ちながら加速する。サイクロトロンでは到達することのできない高エネルギーまで電子または陽子を加速できる。

シンクロナイズ【synchronize】①映画・テレビなどで、画面と音(台詞(せりふ)・音楽・効果音など)とを一致させること。②写真機のシャッターの開閉と、フラッシュやストロボの発光する時間を一致させること。▷時間的に一致させる意。シンクロとも。

シンクロナイズド スイミング【synchronized swimming】アーティスティック-スイミングの旧称。

シンクロニシティー【synchronicity】心に思い浮かぶ事象と現実の出来事が一致すること。共時性。

シンコペーション【syncopation】強拍と弱拍の通常の位置関係を変え、音楽のリズムに緊張感を生み出す手法。一般には、弱拍の音を次に続く同一音高の強拍の音とタイで結ぶことによってつくり出す。移勢法。切分法。切分音。

シンジケート【syndicate】①企業の独占形態の一。カルテルの発達したもので、競争関係にある企業が競争を緩和するために共同の中央機関を設け、生産割り当てや共同購入・販売などを行うようにした企業組合。②有価証券の引き受け団体。国債などについて、引き受け額を分担するため結成される。③売春・暴力などの、大がかりな犯罪組織。

シンジケート ローン【syndicate loan】複数の金融機関が融資団(シンジケート)を結成し行う融資。危険分散や多額の資金調達が可能となる。

ジンジャー【ginger】①ショウガ。また、干しショウガの粉。②ショウガ科の多年草。インド・マレー原産。観賞用に栽培。全形はショウガに似る。秋に白または黄色で香りのよい花をつける。

ジンジャー エール【ginger ale】炭酸を含む清涼飲料水。アルコール分は含まない。ジンジャー・レモンなど種々の香料を入れ、カラメルで着色したもの。ジンジャ-エール。

シンセサイザー【synthesizer】電子楽器の一。発振回路で得た音を電子回路で加工し、さまざまな音色を生成する。多くは鍵盤(けんばん)楽器状。シンセ。

シンセ ポップ【synth-pop】シンセサイザーを使用したポピュラーミュージック(大衆音楽)の総称。1970年代後半に勃興。→エレクトロポップ

シンタックス【syntax】①統語論。統辞論。構文論。②コンピューターのプログラム言語にお

ける字句間の関係。構文。

ジンテーゼ【ドイツ Synthese】弁証法において、互いに矛盾する、定立の「正」と反定立の「反」の、契機を統一すること。合(ごう)。総合。

シンデレラ ガール【和製 Cinderella＋girl】何らかの出来事がきっかけとなり、無名の状態から突如として名声や幸運などを得た女性。童話「シンデレラ」の主人公に似た状況であることから。単にシンデレラとも。

シンデレラ サイズ【Cinderella size】新 小さい靴のサイズの名称。20～22センチメートルのもの。

シンデレラ ストーリー【Cinderella story】何らかの出来事がきっかけとなり、無名の人物が突如として名声や幸運などを得る成功物語。童話「シンデレラ」と似た状況であることから。

シンデレラ フィット【和製 Cinderella＋fit】新 収納・ファッションなどで、思いもよらぬ物どうしのサイズが奇跡的に合うこと。また、そのさま。あるメーカーの棚に、別のメーカーの容器が純正品のように収まる場合などをいう。▷童話シンデレラに登場する「ガラスの靴」のエピソードにちなむ。

シンデレラ ボーイ【和製 Cinderella＋boy】何らかの出来事がきっかけとなり、無名の状態から突如として名声や幸運などを得た男性。童話「シンデレラ」の主人公に似た状況であることから。

シンドローム【syndrome】ある特定の疾患もしくは病的変化を基盤として出現する一群の身体・精神症状。原因の異なる疾患が同一の症候群を現すことがある。症候群。

シンナー【thinner】塗料の原液を薄めて粘度を下げ、塗りやすくするために用いる有機溶媒。酢酸アミル・酢酸ブチル・酢酸エチル・トルエンなどを配合する。狭義にはラッカー用シンナーのこと。

シンパ 同調者。特に、特定の運動に共鳴して、陰で精神的・物質的な支持援助をする人。▷シンパサイザー(sympathizer)の略。

シンパシー【sympathy】同情。同感。共鳴。

ジンバル【gimbal】中心に置いたものを、常に水平に保つための機構。またその機構を組み込んだ、カメラ用の雲台。

シンフォニア【イタリア sinfonìa】①交響曲。②18世紀の器楽形式で、組曲やオペラの序曲として用いられたもの。交響曲の前身。イタリア風序曲。

シンフォニー【symphony】交響曲。

シンフォニック【symphonic】

交響曲を感じさせる、交響曲のような、の意。「—な編曲」

シンプル【simple】①単純なさま。簡単なさま。②飾りけのないさま。素朴。

シンポジウム【symposium】一つの問題について、数人の人が意見を発表し、それについて聴衆の質問に答える形で行われる討論会。公開討論会。▷「共に飲む」意のギリシャ語から。略してシンポとも。

シンボリック【symbolic】象徴的なさま。

シンボル【symbol】①象徴。直接的に知覚できない概念・意味・価値などを、それを連想させる具体的事物や感覚的形象によって間接的に表現すること。また、その表現に用いられたもの。例えば、ハトで平和を、王冠で王位を、白で純潔を表現する類。②任意につくられた、意味をもつ記号。

シンメトリー【symmetry】①左右の大きさ・形・色などの釣り合いがとれていること。対称。均斉。②ファッションにおいて、左右対称の形状。→アシメトリー

シンメトリック【symmetric】左右が対称であるさま。

ス

スイーツ【sweets】甘いもの。特に、食後の甘いもの。デザート。

スイート【suite】①ホテルで、居間と寝室の続いた部屋。スイート-ルーム。②音楽で、組曲のこと。③ワープロや表計算などの複数のアプリケーション-ソフトを一つのパッケージにまとめたもの。

スイート【sweet】①甘いこと。②(洋酒などの)あまくち。→ドライ ③心地よいさま。甘美なさま。

スイート スポット【sweet spot】ボールを打ったときに最も有効な打球を生む、ラケットやクラブ-ヘッドの中心点。

スイーパー【sweeper】①床や道などに落ちているごみを取り除くための掃除機。②サッカーで、ディフェンダーのうち、マークする特定の相手をもたず、ゴールキーパーの直前に位置する選手。リベロと同じポジションだが、攻撃にはほとんど参加せず、ディフェンスのカバーを中心にプレーする。→リベロ ③カーリングの掃き手。

スイカ ⇨Suica

スイッチ【switch】①電流を通したり止めたり、また、切り替えたりする装置。②鉄道線路の切り替え装置。転轍(てんてつ)器。ポイント。③位置・方向・やり方などを切り

替えること。④カードによる決済を可能にする、金融機関と小売り店間のオン-ライン-システムのこと。

ス

スイッチ スタンス【switch stance】新　サーフィン・スノーボード・スケートボードで、その選手の通常の姿勢(レギュラースタンスとグーフィースタンスのいずれか)とは逆向きで滑走すること。単にスイッチとも。→レギュラースタンス・グーフィースタンス・フェイキー

スイッチング【switching】切りかえること。乗りかえること。買いかえること。

スイミング【swimming】水泳。泳ぐこと。

スイムスーツ【swimsuit】水着。

スイング【swing】①バットやクラブなどを振ること。②ボクシングで、腕を大きく振り、相手を横なぐりに打つこと。③ジャズに特有な、自然に体が揺れ動き出すようなリズム感。特に、1930年代に流行したスイング-ジャズの演奏スタイル。▷スウィングとも。

スイング ステート【swing state】アメリカで、民主党と共和党の勢力が拮抗している州のこと。無党派層や浮動票が多く、選挙のたびに結果が揺れることからいう。オハイオ州やフロリダ州など。→ブルー-ステート・レッド-ステート

スイング トレード【swing trade】数日から1週間程度の短期間で保有する株を売買すること。→デイ-トレード

スウェット【sweat】「汗」「汗取り」の意。▷スエットとも。

スウェット シャツ【sweat shirt】⇨トレーナー③ ▷スエットとも。

スウェット スーツ【sweat suit】トレーニング-ウエアに同じ。

スー女(じょ) 新 俗に、相撲ファンの女性。

スーツ【suit】同一の布地でつくったひとそろいの服。男性の背広上下、女性の上着とスカートのひとそろいなど。

スーツケース【suitcase】(洋服などを入れて運ぶ)旅行用のかばん。

スート【suit】新　トランプやタロットの各マーク。トランプではスペード・クラブ・ダイヤ・ハートのいずれか、タロットでは棒・金貨・剣・聖杯のいずれかをいう。

スーパー【super】①外来語の上に付いて複合語をつくり、とびぬけている、特にすぐれている、などの意を表す。②スーパーマーケットの略。③スーパーインポーズの略。

スーパー アプリ【super app】スマートフォンなどで、日常の

あらゆる場面を支援する多様なサービス(SNS、買い物、手配、決済など)をひとつにまとめたアプリケーション-ソフトウエア。→ミニ-アプリ

スーパー イングリッシュ ランゲージ ハイスクール 【和製 Super English Language High School】 ⇨SELHi

スーパーインポーズ 【super-impose】画面に重ねて合成した文字や図。映画やテレビの画面に挿入した、会話・ナレーションの翻訳・説明の字幕など。

スーパー クール ビズ 【和製 SUPER COOL BIZ】クール-ビズをさらに進化させた取り組み。更なる軽装の奨励や、勤務時間を朝型へシフトするなど。超クール-ビズ。▷ 2011 年(平成 23)の東日本大震災による電力不足に対応するため、環境省が提唱。→クール-ビズ

スーパーグローバル大学 世界レベルの教育研究を行うトップ大学や、先駆的取り組みを行なって国際化を牽引する大学など、徹底した国際化と大学改革を断行する大学。公募による申請校に対して審査を行い、文部科学省が指定する。高等教育の国際競争力を強化することを目的として、2014 年(平成 26)に同省が創成支援事業を開始。

スーパー グローバル ハイスクール 【Super Global High School】文部科学省が指定・支援する、国際的に活躍できる人材育成を重点的に行う高等学校。SGH。

スーパー コピー 【和製 super＋copy】精巧な偽ブランド商品のこと。プロでも真贋(しんがん)の区別が困難であるようなコピー商品を指す。

スーパー コンピューター 【supercomputer】並列処理機能などの採用により、膨大な量の演算を超高速で行うコンピューター。

スーパー サイエンス ハイスクール 【和製 Super Science High School】 ⇨SSH

スーパー サブ 【和製 super＋sub】試合の途中で交代出場し、勝敗を左右するような活躍をする選手。

スーパー シティ 【Super City】 新 最先端の技術を活用することで、未来の暮らしを先行的に実現した都市。またその構想。個別分野ではなく生活全般にまたがった先端的サービスを提供して、一時的な実証実験ではなく、住民目線の取り組みであることを満たした都市を「まるごと未来都市」と呼び、その実現を目指す。同構想を制度的に支援する改正国家戦略特別区域法が 2020 年(令和 2)9 月に施行された。

スス

スーパー スプレッダー【super spreader】新 感染症の病原体を保有する人のうち、通常よりも多くの人への2次感染をもたらす人。

スーパー セル【supercell】巨大な積乱雲。通常の積乱雲よりも寿命が長く、竜巻などの原因となる。

スーパーセンター【supercenter】生活用品や衣料品のディスカウント-ショップと食品を主体とするスーパーマーケットを組み合わせた新形態のショッピング-センター。1990年代後半からアメリカで発達。

スーパー台風 アメリカの合同台風警報センターによる台風の強さの分類で最も強い階級。最大風速が130ノット(毎秒約67m)以上という極めて強い台風をさす。▷super typhoon。日本の分類法ではないが、台風被害の増大や地球温暖化への不安から、強い台風の代名詞として普及しつつある。

スーパー堤防 堤防の上部の幅を50メートルから100メートルと広くとって、水があふれたときの安全性を高めるとともに水辺を有効に利用できる高規格の堤防。

スーパーバイザー【supervisor】①管理者。監督者。②システムの動作を制御するためのソフトウエア。一般にオペレーティング-システムをいう。③福祉事務所において、カウンセラーやソーシャル-ワーカーなどの現業員の指導・監督を行う者。

スーパー ハイスクール【和製 super high school】学習指導要領の範囲を超えて特定の教科を重点的に教育する高校。理数系に重点をおくスーパー-サイエンス-ハイスクール(SSH)と英語に重点をおくスーパー-イングリッシュ-ランゲージ-ハイスクール(SELHi)がある。→SSH・SELHi

スーパービジョン【supervision】 精神医学やソーシャル-ワークなどにおいて、熟練した指導者(スーパーバイザー)が、事例の担当者であるソーシャル-ワーカーなどに、示唆や助言を与えながら行う教育のこと。

スーパーフード【superfood】一般の食品に比して、ビタミンやミネラルなどの栄養・健康成分を突出して多く含む食品の俗称。

スーパー フレックス【和製 super+flex】新 ⇨フルフレックス

スーパー ボウル【Super Bowl】全米フットボール-リーグ(NFL)の王座決定戦。ナショナル-コンファレンス(NFC)とアメリカン-コンファレンス(AFC)の優勝チームがレギュラー-シーズン終了後に対戦する。

スーパー ボール【Super Ball】よく弾むゴム製の小さいボール。商標名。

スーパーマーケット【supermarket】主に食料品などの日用品を扱い、セルフ-サービス、大量仕入れによる廉価販売を原則とする店。多くは広い売り場面積をもつ。スーパー。

スーパームーン【supermoon】新 月と地球が最も接近した際に、満月もしくは新月であること。また、そのときの月。

スーパーモデル【supermodel】世界的なコレクションなどで活躍する一流ファッション-モデル。

スーパー ラグビー【Super Rugby】新 南半球にあるクラブ-チームを中心としたチームが参加する、ラグビーの国際リーグ戦。3か国からなるラグビー連合協会SANZAR(サンザー)が主催。1996年から開始。2011年より現名称。

スープ【soup】西洋料理の汁物。コンソメ・ポタージュなどがある。

スープ カレー【和製 soup＋curry】大きな具の入ったスープ状のカレー。札幌の名物として知られる。スープとして、またはスプーンにすくったご飯をくぐらせて食べる。スープ-カリー。

スープ ジャー【和製 soup＋jar】スープなどを保温・携帯できる広口の魔法瓶。

スーブニール【フランス souvenir】①記念品。また、記念。思い出。②土産物。▷スーベニール・スーベニアとも。

スーベニア【souvenir】⇨スーブニール

スーペリア【superior】優秀な。上位の。上質の。

ズーム【zoom】①映画・テレビで、ズーム-レンズを用いて被写体の像を拡大したり縮小したりすること。②ズーム-レンズの略。レンズ系の一部を動かすことによって、焦点距離(倍率)を連続的に変えることができる撮影用・映写用レンズ。

ズーム【Zoom】新 米企業ズームビデオ-コミュニケーションズが提供する、インターネット上のビデオ会議サービス。2012年提供開始。

ズーム アウト【zoom out】映画などで、ズーム-レンズを使用して連続的に離れていく映像を得ること。

ズーム イン【zoom in】映画などで、カメラの位置は固定したままズーム-レンズによって連続的に接近する映像を得ること。

スーラー【酸辣】新 ⇨サンラー ▷中国語。

スエード【フランス suède】小山羊(やぎ)・小牛などの裏皮をけばだ

たせたなめし革。柔らかで靴・手袋などに用いる。

スエット【sweat】⇨スウェット

スカ【ska】1960年前後にジャマイカで生まれた音楽。アメリカのリズム-アンド-ブルースの影響を受けたもので、レゲエの土台となった。ブルース-ビート。

スカーチョ 新 スカートのようなシルエットである、ガウチョ-パンツのこと。▷スカートとガウチョ-パンツの合成

スカート【skirt】①主に婦人服で、ウエストから下半身をおおう筒状の衣服。長さ・形などに変化が多く、独立したものと身頃から続いたものがある。②車両などの下部をおおう、保護や装飾用のおおい。

スカーフ【scarf】首に巻いたり、頭をおおったり、肩に掛けたりするのに用いる薄い方形の布。

スカーレット【scarlet】鮮やかな赤色。深紅色。緋色(ひいろ)。

スカイ【sky】空。天。

スカイスクレーパー【sky-scraper】超高層ビル。摩天楼(まてんろう)。

スカイダイビング【skydiving】飛行中の航空機から飛び降り、パラシュートを用いて空中を降下するスポーツ。

スカイライン【skyline】①地平線。②山や建物などの、空を背景とした輪郭線。③高山地帯を周遊する観光用のドライブウエー。

スカイ ラウンジ【sky lounge】ビルの高層階にある、展望室やレストラン。▷和製用法。

スカウティング【scouting】①スカウトすること。②スポーツで、相手チームの選手や戦略などの情報を試合前に収集・分析し、研究すること。③ボーイ-スカウト・ガール-スカウトでの活動。▷scoutは、人材発掘、偵察の意。

スカウト【scout】①斥候(せっこう)。偵察兵。②有能な人材を探し出し、誘って引き入れること。また、それを仕事とする人。③ボーイ-スカウト・ガール-スカウトの略。

スカウト型採用 新 ⇨ダイレクトリクルーティング

スカッシュ【squash】①果実のしぼり汁に炭酸水を加え、砂糖などで味つけした飲み物。②四方壁に囲まれたコートで、二人のプレーヤーが床や壁にバウンドしたボールをラケットで打ちあうスポーツ。19世紀にイギリスで考案。

スカトロジー【scatology】汚物をめぐる話。糞尿譚(ふんにょうたん)。世界各地の神話や文学作品にみられる。スカトロ。

スカベンジャー【scavenger】①掃除人。廃品回収業者。②腐食動物。動物の死骸(しがい)や排泄(はいせつ)物を食する動物。③体内

の活性化酸素を分解する作用のある物質。ビタミンC、ベータ-カロテン、ポリフェノールなど。抗酸化物質。

スカラー【scalar】速度のような大きさと向きをもつ量に対して、温度のように大きさだけをもつ量。ベクトルに対して、普通の数。

スカラシップ【scholarship】奨学金。また、奨学金を受ける資格。

スカラップ【scallop】①ほたて貝またはその形に似た鍋(なべ)に入れた西洋料理。スカロップ。②襟・裾(すそ)などの波形の縁。

スカラベ【フランス scarabée】①タマオシコガネ(フンコロガシ)とよばれる一群の黄金虫(こがねむし)の称。古代エジプトでは太陽神ケペリを表し、生成・創造・再生のシンボルとして神聖視され、彫刻・印章・護符・装身具などにその意匠が彫られた。②古代エジプトの甲虫形の護符。スカラブ。

スカル【scull】一人が左右にオールを1本ずつ持って漕(こ)ぐ軽いボート。また、そのローイング競技(ボート競技)。シングル(一人乗り)とダブル(二人乗り)がある。スカール。

スカル【skull】新 髑髏(どくろ)。頭蓋骨。

スカルプ【scalp】頭皮のこと。

スカルプ ケア【scalp care】育毛を促進するために、頭皮にマッサージなどを施すこと。

スカルプ シャンプー【scalp shampoo】スカルプ-ケアの効果を重視したシャンプー。頭皮シャンプー。→スカルプ-ケア

スカルプチャー【sculpture】彫刻。

スカンジウム【scandium】3族(希土類)元素の一。元素記号Sc　原子番号21。原子量44.96。銀白色の金属。タングステン製錬の副産物として得られる。

スカンツ 新 スカートのようなシルエットであるワイド-パンツ。2016年(平成28)ごろ流行。▷スカートとワイド-パンツの合成。

スキー【ski】①雪の上を滑ったり歩いたりするため、両方のくつにつける2本の細長い板。②①をつけて雪の上を滑ること。また、そのスポーツ。

スキーマ【schema】①図式。図表。また、大要。概要。②データベースで、論理構造や物理構造を定めた仕様。③新しい経験をする際に用いられる、過去の経験に基づいてつくられた心理的な枠組みや認知的な構えの総称。

スキーマー【skimmer】偽造カードを作成するため、磁気カードを不正に読み取る装置。→スキミング

スキーム【scheme】①計画。枠組み。②案。特に、公的な政策

案など。③たくらみ。→ポンジ-スキーム 案 計画 ➲ よくわかる「スキーム」の意味と使い方(p.353)

スキーモ【SKIMO】新 山岳をスキーで登降するスポーツ。またその着順を競う競技。登攀(とうはん)の際はスキーの裏に滑り止めを付ける。またスキーを担いで登る場合もある。2026年から冬季五輪の公式競技。山スキー。山岳スキー。▷ ski mountaineering の略。

スキゾ【schizo】①スキゾフレニア(schizophrenia)の略。統合失調症。②ドゥルーズとガタリが提示した概念。常に制度や秩序から逃れ出てゆく、非定住的・分裂的傾向。消費を中心とする脱近代社会のモデル。→パラノ

スキット【skit】語学教育などで用いられる、寸劇。

スキッド【skid】自動車の横すべり。

スキッパー【skipper】①小型船の船長。艇長。②小型のヨットで、舵をとる人。

スキップ【skip】①かわるがわる片足で軽くとびはねながら行くこと。②途中を抜かすこと。③カーリングのキャプテン。多くの場合、各エンド最後の2投を担当する。

スキニー【skinny】体にぴったり張りつくような形状やデザインのファッション。▷骨と皮ばかりの、瘦(や)せこけたなどの意。

スキニー パンツ【skinny pants】脚にぴったりフィットするような細身のパンツ。▷スキニーは瘦(や)せこけたの意。

スキミング【skimming】①大まかな内容をつかむために文章などにさっと目を通すこと。②磁気データを盗み取り、クレジット-カードなどを偽造する犯罪の手口。→スキーマー ▷ skim はすくい取るの意。

スキム ミルク【skim milk】脱脂乳。

スキャット【scat】ジャズ-ボーカルで、「ルルル…」「ダバダバ…」など、意味のない音でメロディーを即興的に歌うこと。

スキャナー【scanner】①⇨CT ②コンピューターの入力装置の一。絵や写真の画像を取り込んだり、文字やバーコードを読み取ったりする装置。イメージ-スキャナー。

スキャニング【scanning】①必要な情報を文章から探し出す技術。②スキャナーを使ってデータをコンピューターなどに取り込むこと。

スキャルピング【scalping】新 ▷利ざや稼ぎの意。外国証拠金取引(FX)の取引手法の一。わずかな利幅を狙う短時間の取引を多数繰り返すもの。

スキャン【scan】細かく調べること。走査。

よくわかる「スキーム」の意味と使い方

詳しい意味は？

スキーム（scheme）とは「枠組みを伴った計画」や「計画を伴う枠組み」のことです。このような計画や枠組みは「組織立って」「継続的に」実行されることが期待されており、この点が、単純に計画を表すプラン（plan）や、単純に枠組みを表すフレームワーク（framework）と異なるところです。

どんな時に登場する言葉？

特に政治・行政や経済・ビジネスの場において頻出する傾向にあります。例えば政治・行政の場では、基本計画や基本構想などのことを、スキームと言い換えている場合が多いようです。なお、人をだます策略もスキームといいます（→ポンジスキーム）。

どんな経緯でこの語を使うように？

専門家の間で、古くから用いられている言葉のようです。1990 年代の中頃からは「分かりにくいカタカナ行政用語」の代表格として語られる機会も増えました。

実際の使われ方は？

［事業スキーム／ビジネススキーム］　事業計画や事業の仕組み（いわゆるビジネスモデル）のことを「事業スキーム」または「ビジネススキーム」と呼ぶ事が出来ます。例えばレンタルソフト会社は「ＣＤやビデオを購入して、それを会員に貸し出して貸出料を受け取り、著作権者には著作権使用料を支払う」という事業スキームで成り立っています。

言い換えたい場合は？

「計画」と「枠組み」のどちらの意味に軸足を置くかによって、表現方法が異なってきます。「計画」に軸足を置く場合は「（基本）計画・構想・案」などの語を用いる事ができます。枠組みに軸足を置く場合「（基本的）枠組み・仕組み・図式・体系」などの語を用いることができます。

ス

スキャンダル【scandal】名誉を汚すような不祥事。金銭や異性などに関係した、よくないうわさ。醜聞。

スキャンティー【scanty】きわめて小さいパンティー。▷日本での用法。

スキューバ【scuba】(self-contained underwater breathing apparatus)自給気式潜水装置。圧搾空気をつめたボンベを背負い、圧力自動調節器を通してマウスピースから呼吸するもの。アクアラングは、商標名。

スキル【skill】訓練や経験などによって身につけた技能。ある人が有している力量や技術。熟練。腕前。案 技能

スキル アップ【skill up】技能や能力を向上させること。もっている技術を磨くこと。

スキン【skin】新 ①皮膚。肌。②コンドームのこと。③皮。皮革。④ソフトウエアで変更可能な外観。アプリケーションソフトウェアの外観、コンピューターゲームのキャラクターやアイテムの外観など。

スキン ケア【skin care】肌の手入れ。また、肌を保護する化粧品。

スキン シップ【和製 skin＋ship】(親と子、教師と児童などの)肌と肌との触れ合いによる心の交流。

スキン ダイビング【skin diving】簡単な装備をつけて水中に潜るスポーツ。シュノーケル・ゴム製潜水衣・足ひれなどをつける。▷素潜(すもぐ)りの意。

スキン タッチ【和製 skin＋touch】親が乳幼児の皮膚を撫(な)でたりこすったりして、つぼを刺激する健康法。小児鍼(しょうにはり)を応用したもの。スプーンや歯ブラシなどを用いる。疳(かん)の虫などに効果があるとされる。

スキン パック【skin pack】新 ①食品の包装方法の一。トレーなどの上に肉や魚などの食品を置き、その上に加熱したフィルムをかぶせたうえで、空気を抜きながら密着させる。②コンピューターゲームのキャラクターやアイテムなどについて、変更可能な外見を複数まとめて提供するデータ。

スキン ヘッド【skinhead】(現代の若者などの)頭髪をすべて剃(そ)り落としたり、極端に短く刈りこんだ頭。また、その人。

スクイーズ【squeeze】しぼること。しぼり取ること。しぼり出すこと。

スクイズ【squeeze】スクイズ-プレーの略。野球で、三塁走者と打者とが示し合わせ、投球と同時に走者が走り、打者がバントして走者を生還させる攻撃法。

スクーター【scooter】①足をそろえて腰掛ける形で乗る、小型

のオートバイ。②子どもの遊び用の乗り物。車輪を備えた細長い板にハンドルをつけたもの。片足を板に乗せ、一方の足で地面をけって走らせる。

スクープ【scoop】①報道記者が、他の記者の知らぬうちに重大ニュースをさぐり出して報道すること。また、その記事。特種(とくだね)。②アイスクリームをすくうさじ。③ホッケーで、スティックによってボールを空中にすくいあげること。▷スコップですくいとる意。

スクーリング【schooling】通信教育における一定期間の面接指導。㊜登校授業

スクール【school】①教育を行う機関や施設。技能や知識を授ける会や団体。学校。教習所。養成所。②学派。流派。

スクール カースト【和製 school＋caste】学校生徒の人間関係に見られる人気の階級・序列構造。人気の高い順からいくつかの階層グループが生まれる。下位グループほど不利益(いじめなど)を被りやすい。▷インドの身分制度であるカーストから。もとはネット利用者の俗語。

スクール カウンセラー【school counselor】学校で児童・生徒の生活上の問題や悩みの相談に応じるとともに、教師や保護者に対して指導・助言を行う者。日本では1995年(平成7)より旧文部省が小・中・高校に配置。

スクール ソーシャル ワーカー【school social worker】いじめや不登校、虐待などの問題解決のために学校に配置される専門家。学校の状況だけでなく、家庭、地域など、子どもにかかわるすべての背景や状況を視野に入れて判断し、問題の解決をめざす。子どもを取り巻く環境への働きかけに社会福祉的アプローチが求められるようになったことから、2008年(平成20)度より、文部科学省の事業として全国的に導入。SSW。→スクール-カウンセラー

スクール ロイヤー【和製 school ＋ lawyer】🆕学校で発生する諸問題(体罰、非行、いじめ、不登校、学級崩壊、保護者と教職員とのトラブルなど)について、法律家の立場から指導・助言を行う弁護士。SL。スクール弁護士。

スクエア【square】①四角形。方形。②四つ辻の方形広場。③地積の単位。100平方フィート。④直角を描いたり、検査するときに用いる定規。一辺は厚く、他辺は薄い。金属製と木製がある。スコヤ。⑤几帳面(きちょうめん)なさま。堅苦しいさま。⑥貸借のないさま。特に、外国為替(かわせ)の買い為替と売り為替の各合計額が同額になることをいう。

スクエア ダンス【square dance】フォーク-ダンスの一種。8人が二人ずつ組になり、相手を順々に替えつつ、四辺形を描いて踊るダンス。

スクショ 新 スクリーンショットの略。

スクデット【イタリアscudétto】イタリアのプロ-サッカー-リーグ、セリエAの優勝チームに与えられる盾形のワッペン。優勝したチームはこのワッペンをユニホームに縫い付けて翌シーズンを戦う。また、このことから優勝と同義に用いられる。▷小さな盾の意。

スクバ 若者言葉で、スクール-バッグ(学校鞄)の略。特に、革製の鞄ではない学校指定のボストン-バッグをさす。

スクラッチ【scratch】①ひっかくこと。②ゴルフやボウリングで、ハンデをつけないでプレーすること。また、ハンデ0のこと。③野球で、まぐれ当たり。④音楽で、ターン-テーブルを手で動かしノイズを出す演奏方法。ヒップ-ホップなどで多用される。⑤映画フィルムなどに付いたすり傷。⑥自転車競技のトラック競技種目の一。参加競技者のカテゴリーに応じて定められた距離(5〜20km)を走り、完走時の着順を競う。

スクラッチ カード【scratch card】コインなどでひっかくと削り落とすことができる蠟(ろう)状の物質で、籤(くじ)の結果や賞品内容などを示す部分を覆い隠す加工を施したカード。

スクラップ【scrap】①新聞・雑誌などの記事の切り抜き。②鉄などの金属の切り屑(くず)。鉄屑。屑鉄。

スクラップ アンド ビルド【scrap and build】(工場設備や組織などで)採算や効率の悪い部門を整理し、新たな部門を設けること。

スクラバー【scrubber】洗浄機。廃棄物焼却炉のガス洗浄搭。

スクラブ【scrub】①ごしごしこすること。②毛穴の汚れを落とすための細かな粒子の入っている洗顔剤。

スクラム【scram】原発の緊急炉心停止系のこと。原子炉自体の異常や地震などのときに、制御棒を急速に挿入し、核分裂の連鎖反応を停止させる。

スクラム【scrum】①ラグビーで、両軍の選手が肩を組んで押し合い、足もとに投げ入れられたボールを奪い合うこと。ラック・モールが膠着(こうちゃく)した場合や、軽い反則後のプレー再開のときに行われる。②大勢の人々が肩や腕を組み合って、がっちりと固まること。③団結すること。一丸となること。

スクランブル【scramble】①

緊急発進。防空識別圏内に敵機または国籍不明機が侵入した場合に迎撃戦闘機が最短時間で離陸する行動。②アメリカン-フットボールで、パスが投げられないと判断したときに、自らボールを持って走ること。③オートバイ-レースの一種。凹凸の激しい砂地や草地のコースで行うもの。スクランブル-レース。④放送を特定の受信者しか受信できないように、電波信号を変調させること。

スクランブル エッグ【scrambled eggs】卵にミルクなどを加え、バターでいり上げた料理。洋風いり卵。

スクランブル交差点 交差点内に入るすべての方向の車両を一時停止させ、歩行者がどの方向にも自由に横断できるようにした交差点。

スクリーニング【screening】①必要な資格を有しているかを調べること。適格審査。②健康な人も含めた集団から、目的とする疾患に関する発症者や発症が予測される人を選別すること。案ふるい分け

スクリーム【scream】新 ▷スクリーミングとも。①金切り声・悲鳴・絶叫(をあげること)。②音楽で①を用いた歌唱法。

スクリーン【screen】①映画の映写幕。②映画。また、映画界。③写真製版で、原画の濃淡を網点で表現するために用いるガラスまたはフィルムの網目のある幕。④テレビ・レーダーなどの映像面。⑤印刷で、原画や写真原稿などを製版するとき、原稿の濃淡を網点の大小に変えて再現するために用いる網目のついたフィルム。⑥視野をさえぎるためのもの。ついたて。

スクリーン印刷 (screen printing)孔版印刷の一。木または金属の枠に張った絹・ナイロンなどを版材とし、画線部は細かい織り目を通してインクを定着させる印刷法。版画・標識・インテリア-デザインなど幅広く応用されている。初め、スクリーンに絹を用いたところから、シルク-スクリーンともいう。シルクスクリーン印刷。

スクリーンショット【screenshot】パソコンやスマートフォンなどの表示画面を記録した画像。スクリーン-キャプチャー。スクショ。

スクリーン セーバー【screen saver】コンピューターのディスプレーに同じ画像を長時間表示させたままにしておくと起こる焼き付きを防ぐためのソフトウエア。一定時間操作しないと自動的に表示を消したり不規則に動く画像を表示し、キーボードやマウスに触れると元の状態に戻す機能をもつ。

スクリーン リーダー【screen reader】新 パソコンやスマートフォンなどで、視覚障害者による機器の利用を合成音声などで補助するソフトウエア。表示されている文字、入力した操作、利用可能な機能などを読み上げなどの方法で知らせる。

スクリーン ロック【screen lock】パソコンやスマートフォンで、通常の操作画面を隠したうえで、ロック解除以外の操作を受け付けない状態にすること。画面ロック。

スクリプト【script】①手書き文字に似せた欧文活字の書体。儀礼的な印刷物やカタログなどに用いられる。②映画・放送の台本。③映画の撮影現場で各場面の様子や内容を記録する係(スクリプター)によって記された記録。④コンピューターに対する一連の命令などを記述したもの。コンパイルを必要とするプログラミング言語によるものに対し、より簡易な言語で記述されたものをいう。

スクリュー【screw】①船の螺旋(らせん)推進器。回転軸端についている金属羽根が螺旋面をなし、その回転によって船を前進させる。プロペラ。②ねじ。また螺旋状のもの。

スクリュー ドライバー【screwdriver】①ねじまわし。ドライバー。②カクテルの名。ウオツカにオレンジ-ジュースをまぜたもの。

スクレイピング【scraping】ウェブ-ページに記載されている情報の中から、必要部分だけを自動抽出すること。商品紹介のページ群から価格情報だけを抜き出して、それらを別のウェブ-サイトで集計表示する場合など。Web スクレイピング。Web スクレーピング。▷削ることの意。

スクレーパー【scraper】①土木工事に用いる掘削機の一。削土のほか、削った土の運搬にも用いる。②石器の一。搔(か)き取ったり削り取ったりする道具。③パンなどの生地を混ぜたり、かき集めたりするのに用いるへら状の器具。スケッパー。

スクロール【scroll】コンピューターのディスプレー画面で、一画面で表示しきれないとき、巻物を巻くように表示内容を上下・左右に動かすこと。

スクロール ホイール【scroll wheel】マウスなどの入力装置に組み込まれている、操作用の円盤。指で回転させることで、スクロールなどの操作が可能になる。→ホイール-マウス

スクワット【squat】①上半身を伸ばしたまま行う膝(ひざ)の屈伸運動。②パワー-リフティング種目の一。しゃがんだ姿勢でバーベルを両肩にかつぎ、そのまま立ち上

がる競技。▷しゃがむ意。

スクワッド【squad】特定の目的で編成される、少人数の部隊やチーム。

スケーター【skater】新 スケートをする人。スケートの選手。

スケート【skate】①氷上を滑るための用具。底に金属製のブレード(板)をとりつけた靴。アイス-スケート。②①を用いてするスポーツ。

スケート ボード【skateboard】約 70 センチメートルの縦長の厚板の底の前後に２つのローラーをつけたもの。また、その上に乗って平地や斜面を滑走するスポーツ。スケボー。

スケープゴート【scapegoat】①古代ユダヤで、人の罪を負って荒野に放たれたヤギ。贖罪(しょくざい)のヤギ。②他人の罪を負わされ身代わりとなる者。いけにえ。

スケーラビリティー【scalability】大規模化してもコストなどが規模に比例して増えないこと。コンピューターの分野では、システムが有する拡張性のことをいい、システムへの要求の変化に応じたり、それに伴って自らの性能を柔軟に変化させるようすをさす。

スケーラブル【scalable】大規模化してもコストなどが規模に比例して増えないさま。

スケーリング【scaling】歯根表面の歯垢(しこう)・歯石などを除去し、表面を滑らかにすること。

スケール【scale】①物事の規模。また、人の度量・見識の大きさ。②物の長さや角度を測る目盛りをつけた器具。地図や図面の縮尺目盛り。③はかり(の皿)。④音階。

スケール アウト【scale out】情報システムにおいて、サーバーの数を増やすことでシステム全体の性能を向上させること。水平スケール。→スケールアップ

スケールアップ【scaleup】①規模が大きくなること。→スケールダウン ②情報システムにおいて、既存サーバーの機能を強化すること(性能の良いサーバーへの交換など)によってシステム全体の性能を向上させること。垂直スケール。→スケール-アウト

スケールダウン【scaledown】①縮尺すること。②規模を縮小すること。→スケールアップ

スケール メリット【和製 scale＋merit】規模を大きくすることで得られる利益。案 規模効果

スケジュール【schedule】日程。予定。また、日程表。予定表。

スケッチ【sketch】①眼前の風景やものなどを大まかな絵にかくこと。また、その絵。②風景・情景などを作為をまじえずに小文にすること。また、その小文。③描写的な小曲。

スケルトン【skeleton】①骨格。(船・建物の)骨組み。②ガス-ストーブなどの、網の目のような燃焼板。③プログラムを作成する場合に使用するひな型。④中身が見えるような半透明の状態。また、そのような素材を使用した製品。⑤そり競技の一。鉄製の刃のような滑走部と板状の車台のみで構成されたそりを用いる。頭を前方にしてうつ伏せに乗り、重心移動により操作する。

スコア【score】①スポーツやゲームの得点。②音楽の総譜(そうふ)。合奏(唱)や重奏(唱)、管弦楽などのすべての声部の譜表をまとめて書いたもの。

スコア ボード【scoreboard】競技場の、得点・選手名などの表示板。スコア-ボールド。

スコアラー【scorer】スポーツで、試合の経過や得点を記録する係。記録員。

スコアリング システム【scoring system】採点や評点の仕組み。スポーツ競技の得点計算法や、クレジット-カード会社が融資希望者を審査するために用いる評点システムなど。

スコアレス ドロー【scoreless draw】スポーツの試合で、無得点の引き分けのこと。0 対 0 のこと。

スコート【skort】①テニス用のショート-スカート。②女子学生が運動のときに着る、キュロット式の丈の短いプリーツ-スカート。商標名。

スコーピオン【scorpion】蠍(さそり)。

スコープ【scope】①(視野・見識・作用などの)範囲。領域。②光学器械の名の一部として、「見る道具」の意を添える。③カリキュラムを編成する際、あらかじめ設定される教育内容の範囲。また、それを決定する基準や観点。→シーケンス

スコール【デンマーク skål】乾杯。

スコール【squall】熱帯地方で、強風を伴って襲う激しいにわか雨。

スコーン【scone】①小麦粉やオートミールなどでつくった生地を丸く焼いた、小型のパンケーキ。②小麦粉・卵・バター・牛乳・ベーキング-パウダーなどを混ぜて焼いた小型のパン状の焼き菓子。バター・ジャムなどとともに供される。

スコッチ【Scotch】①スコットランドの・スコットランド風の、の意。②スコッチ-ウイスキー。

ズコット【イタリア zuccotto】新 イタリア、フィレンツェの伝統的菓子であるドーム型のケーキ。型枠に帯状のスポンジ生地を敷き並べ、空洞にクリームなどを詰める。

スコットランド ヤード【Scotland Yard】ロンドン警視庁の

別称。▷もと本部の建物がスコットランド-ヤード(ロンドン中心街の通りの名)に所在したことから。

スコップ【オランダ schop】主に土砂をすくうために使う道具。ふつうシャベルよりも小型のものをいう。

スコラ【ラテン schola】学校。

スコンク【skunk】勝負で、1点もとれずに負けること。零敗。スカンク。

スター【star】①星。②人気のある俳優・運動選手など。花形。③高エネルギーの素粒子が原子核と衝突したとき、四方にハドロンが放出される現象。

スターター【starter】①競技で、出発の合図をする人。②スタートする人。競技を始める人。③自動車などのエンジン始動装置。▷始める人やもの、の意。

スターダスト【stardust】星屑(ほしくず)。小さな星々。

スターダム【stardom】人気スターの地位。

スターチ【starch】澱粉(でんぷん)。

スターティング メンバー【和製 starting＋member】試合開始時の出場選手。先発メンバー。スタ-メン。

スタート ⇨START

スタート【start】出発。出発点。

スタート アップ【start-up】①コンピューターで、システムやプログラムを起動すること。②起業。新設したばかりの企業。

スタート ページ【start page】ウェブ-ブラウザーを起動した際に、最初に表示されるウェブ-ページ。またはその用途のために公開されているウェブ-ページ。

スターマイン【starmine】多数の花火を、絶え間なく連続して打ち上げる仕掛け花火。

スタイ 乳児・幼児用のよだれかけ。

スタイラス【stylus】携帯情報端末などで使われるペン型の入力装置。スタイラス-ペンとも。

スタイリスト【stylist】①服装などに気を配る人。おしゃれな人。②芸術上の様式主義者。形式主義者。③独自な文体を意識的に用いる作家。④俳優やモデルの髪形・衣服などについて助言・指導する職業。また、その人。

スタイリッシュ【stylish】しゃれているさま。流行を意識しているさま。

スタイリング【styling】(デザインの)様式・型。また、ある様式に整えること。

スタイル【style】①体つき。姿。風采(ふうさい)。②服装や髪形。③製品の型。デザイン。④表現上の様式。表現形式や表現手法。⑤個人・階層・社会に特有な行動の仕方や考え方。

スタイル シート【style sheet】コンピューターのアプリケーショ

ス

ン-ソフトにおいて、レイアウトを統一できるように、文字の大きさやフォントなどの書式を登録しておく書類。→CSS

スタウト【stout】強いホップの香りと濃い味を持つ濃色ビール。焦がした麦芽を用いて造られる。アルコール分もやや強い。

スタグネーション【stagnation】経済の停滞。不景気。

スタグフレーション【stagflation】経済活動が停滞しているにもかかわらず、インフレが進む現象。▷stagnation(停滞)とinflationの合成。

スタジアム【stadium】観客席のある競技場。野球場・陸上競技場など。

スタジアム ジャンパー【和製stadium＋jumper】身頃と袖の色が異なり、胸や背にワッペンやロゴがついたジャンパー。野球選手がウオーミング-アップのときに着ていたことから流行。

スタジオ【studio】①芸術家・工芸家などの仕事場。工房。アトリエ。②写真館。写真の撮影場。③映画の撮影所。④放送局の放送室。⑤(レコード・テープなどの)録音室。

スタ ジャン スタジアム-ジャンパーの略。

スタッカート【イタリアstaccato】音楽で、1音符ずつ切り離して歯切れよく演奏すること、また歌うこと。また、それを示す符号。

スタッカブル【stackable】積み重ねが可能であること。

スタッキング【stacking】積み重ねること。積み重ねが可能であること。

スタック【stack】①コンピューターで処理中のデータを一時的に退避させること。また、そのための記憶領域。②コピー機で複数の紙を複写する際に、原稿1枚ごとにまとめて印刷する機能。▷「積み重ねる」の意。

スタック【stuck】動かなくなること。動けなくなること。

スタッズ【studs】⇨スタッド

スタッツ【stats】スポーツで、選手のプレー内容に関する統計数値。特に、フットボールなどでいう。▷統計の意のスタティスティックス(statistics)から。

スタッド【stud】①鋲(びょう)。スパイク-タイヤに打ち込んである鋲。②飾り鋲。飾りボタン。

スタッドレス タイヤ【studless tyre】滑り止め用の鋲(びょう)を使わず、トレッド面のゴムの成分や溝の形状を積雪路や凍結路に適合させたタイヤ。スパイク-タイヤの鋲が、路面を削って粉塵公害を引き起こすことから、代わりに使われる。

スタッフ【staff】①ある仕事について、それぞれの部門を担当している人々。また、その人々の陣容。顔ぶれ。②劇・映画などで、出演者を除いて、制作に携わる人々。③企業組織で、製作・販売に直接携わらず、その企画・助言・補佐を行う間接的部門。→ライン

スタッフ【stuff】①西洋料理で詰め物。ファルシール。②材料。原料。

スタッフィング【stuffing】①詰めること。また、詰め物。②雑誌や新聞などの埋め草。

スタッフ ロール【staff roll】映画やテレビ番組、コンピューター-ゲームなどの終了時に画面に流れる製作関係者の名称一覧。クレジット-ロール。エンド-クレジット。

スタディー【study】勉強。研究。

スタティック【static】静止した状態にあるさま。静的。→ダイナミック

スタビライザー【stabilizer】①船舶の動揺を軽減する装置。②飛行機の揺れを減少させ姿勢を安定させる装置。安定板。垂直尾翼・水平尾翼など。③自動車のローリングを抑えて安定をはかる装置。ロール-スタビライザー・アンチ-ロール-バーをさす。④(火薬などの)安定剤。▷安定させるもの、の意。

スタビリティー【stability】①安定性。すわり。②船舶や飛行機の復原力。

スタミナ【stamina】持久力。体力。精力。

スタリオン【stallion】種馬(たねうま)。

スタン ガン【stun gun】護身用の高圧電流銃。

スタンス【stance】①姿勢。態度。構え。②物事に対するときの心構え。態度。③野球やゴルフで、打者が構えたときの両足の幅。案 立場

スタンダード【standard】新 ①標準。基準。標準的であるさま。②ジャズ・ポピュラー音楽などで、いつの時代にも根強い人気をもつ曲目。スタンダード-ナンバー。③東京証券取引所でプライムに次ぐ市場。国内中心で事業展開を行う企業向け。2022年(令和4)4月、旧一部・二部・ジャスダック(スタンダード・グロース)・マザーズの各市場を再編して開設。スタンダード市場。東証スタンダード。→プライム・グロース ▷standard market。

スタンツ【stunts】①組み体操。また、チアリーディングなどで組んで行う演技。②パーティーやキャンプファイヤーなどでグループごとに披露する寸劇などの出し物。

スタンディング【standing】立っていること。立ち見。

スタンディング オベーショ

ン【standing ovation】立ち上がってする拍手喝采(かっさい)。スタ-オベ。

スタンディング デスク【standing desk】立った状態で利用する机。

スタント【stunt】①離れ業。②撮影などで、危険な場面での代役をつとめること。

スタンド【stand】①競技場の周囲に高く設けられた観覧席。②「電気スタンド」の略。机上や床に置いて用いる電灯台。③物を立てたりのせたりするための台。④立ったままで飲食できるようになっている店。⑤街路や駅などの売り場。

スタンド アップ パドルボード【stand up paddleboard】大きめのサーフ-ボードに立った状態で乗り、パドルでバランスを取りながら水面を滑走するスポーツ。スタンド-アップ-パドル-サーフィン。SUP。

スタンド アロン【stand-alone】①情報通信技術の分野において、独立に動作・運用する状態のこと。ネットワークに接続せず運用する情報機器など。②企業や組織が独立した経営状態であること。

スタンドパイプ【standpipe】火災消火の際に用いる金属製パイプ。消火栓・排水栓に差し込んでホースを接続する。

スタンドプレー ①スポーツなどで、観客の拍手を受けようとして行う派手なプレー。②自分の存在を目立たせようとして意識的に行う行為。▷ grandstand play から。

スタンバイ【standby】①指示があれば直ちに行動できる態勢をとること。待機。②航海・航空用語で、(出港・出発などの)用意、準備。③放送用語で、準備、準備完了。あるいは、事故のときのために用意しておく、予備番組や出演者。

スタンバる 若者語や放送用語などで、スタンバイ(準備・待機)する。

スタンピード【stampede】新 動物や人の集団が、なにかに驚いて暴走すること。

スタンプ【stamp】①印(いん)。特に、大きめのゴム印。印章。②郵便物などにおす消印。③切手・印紙・証紙などの総称。④メッセージアプリで、文字の代わりにイラストを送信できる機能。またそのイラスト。

スタンプ ラリー【和製 stamp＋rally】一定の経路を巡って各ポイントに置いてあるスタンプを集めるゲーム。

スチーム【steam】①蒸気。②蒸気による暖房装置。

スチーム クリーナー【steam cleaner】新 高温の蒸気を噴射

して、汚れを落とす機器。スチーム掃除機。スチーム洗浄機。

スチームド ミルク【steamed milk】蒸気で温めた牛乳。カプチーノなどに用いる。スチーム-ミルク。

スチール【steal】①盗む。盗み取る。②野球で、盗塁。

スチール【steel】鋼鉄。はがね。

スチール【still】①静止画像、また、写真。②映画の宣伝用などに使う写真。スチル。

スチール カメラ【still camera】ビデオや映画用のムービーカメラに対して、特に写真撮影用のカメラ。

スチール ギター【steel guitar】水平な盤面に6弦をもち、指板上に金属の棒を滑らせて演奏する電気ギター。多くハワイアン・ウエスタン音楽に用いられる。ハワイアン-ギター。

スチール ドラム【steel drum】トリニダードで考案された、ドラム缶から作る打楽器。

スチューデント アシスタント【student assistant】大学において授業の補助を行う仕事のうち、学士課程の学生が従事するもの。SA。→ティーチング-アシスタント

スチュワーデス【stewardess】女性のキャビン-アテンダントの旧称。

スチュワード【steward】①料理番。司厨(しちゅう)員。給仕。②男性のキャビン-アテンダントの旧称。

スチュワードシップ コード【stewardship code】新 機関投資家が責任ある株主行動を行うために遵守すべき行動規範。英国で2010年に公表。日本では2014年(平成26)に金融庁が制定。法的拘束力はないが、コンプライ-オア-エクスプレインと呼ばれる説明責任がある。▷スチュワードは財産管理人の意

スチレン【styrene】無色で芳香のある引火性液体。工業的にはエチルベンゼンの脱水素反応により大量に合成され、ポリスチレンや合成ゴムの原料となる。スチロール。

スツール【stool】背もたれのない腰掛け。

ズッキーニ【イタリア zucchini】カボチャの一種。北米南部・メキシコ原産。果実は形がキュウリに似ており、果皮は緑色または黄色。若い果実をフライや炒(いた)め物などにする。

ズック【オランダ doek】①麻・木綿の繊維を太く縒(よ)った糸で織った布地。帆布・テント・靴などに用いられる。②①でつくった運動靴。

スッチー 俗に、スチュワーデスのこと。

ズッ友 若者言葉で、ずっと友達であること。またはその友達。

ステア【stair】階段。また、段。

ス

ステア【steer】舵(かじ)をとること。操縦すること。進路を定めること。

ステアリング【steering】①ステアリング-システムの略。自動車の方向変換装置。②ステアリング-ホイールの略。自動車などのハンドル。

ステイ【stay】滞在すること。泊まること。

スティープ【steep】傾斜が急なさま。険しいさま。

スティグマ【stigma】個人に非常な不名誉や屈辱を引き起こすもの。アメリカの社会学者ゴフマンが用いた。▷ギリシャ語で、奴隷や犯罪者の身体に刻印された徴(しるし)の意。

ステイケーション【staycation】新 夏休み等の長期休暇の間、旅行をする代わりに自宅や自宅の近所でゆっくりとリラックスして過ごすこと。(特に金銭的な理由から)どこにも行けないので家にいるという消極的な捉とらえ方ではなく、近所を探検する、読みたかった本を読む等、自宅でも充実した休みを過ごそうとする積極的な考え方。▷留まる意のステイ(stay)と休暇を表すバケーション(vacation)を組み合わせた造語。

スティッキー【sticky】付箋(ふせん)の俗称。紙製のものの他、パソコンの画面上で実現したものなどをいう。

スティック【stick】①棒状のもの。②ホッケーなどで、球を打つための先端の曲がった棒。打棒。

スティック型掃除機 新 本体が縦に長く、底面の床用吸い込み口と一体化した形状の掃除機。モップのように用いる。スティック-クリーナー。スティック掃除機。スティック型クリーナー。

スティック ミキサー【stick mixer】手持ち式で、縦長の形状のミキサー。鍋やボウルに入れてある具材をそのまま潰したり混ぜたりすることができる。

ステイ ホーム【stay home】新 感染症の流行拡大を防ぐために行われる、外出しない自宅生活の呼びかけ。▷感染症・COVID-19(コビッドナインティーン)のパンデミック(2020年)を受けて、世界各国でこの呼びかけが行われた。

ステイヤー【stayer】①長距離走者。②競馬で、長距離のレースを得意とする馬。長距離馬。

ステイン【stain】木材や合板の着色仕上げ剤。染料や顔料をアルコールや油に溶いたもので、木目を美しく仕上げるのに用いる。

スティンガー【stinger】①とげや針をもつ動植物。あるいはそのとげや針。ヘビの毒牙。②カクテルの一。ブランデーにミント-リキュールを加えたもの。③(Stinger)アメリカ陸軍の歩兵携行式の小型地対空ミサイル。日本の陸上自衛隊も採用。スティンガー-ミサイル。

ステー【stay】①船舶で、マストを支える索。支索。維持索。②建築で、支柱。③工業関係で、強度の不足する部分の補強材。

ステーキ【steak】厚めに切った肉を焼いた料理。特に、ビーフ-ステーキのこと。

ステークス【stakes】競馬で、馬主が出した特別の出馬登録料を付加賞金とするレース。特別賞金レース。

ステークホルダー【stake-holder】利害関係をもつ人。企業の場合、株主・社員・顧客のほか、地域社会までをも含めていう場合が多い。

ステージ【stage】①舞台。演壇。②段階。

ステーショナリー【statio-nery】文房具。

ステーション【station】①駅。停車場。②ある業務を集中的に取り扱う所。③詰め所。

ステーション ワゴン【station wagon】貨物兼用の乗用車。後部座席は折り畳み式で、後面が荷物の出し入れに便利なように開閉できる。ワゴン。

ステータス【status】①社会的地位や身分。また、社会的地位の高さ。②状態。③ホテルやレストランで、予約の状況。

ステート【state】①国家。②(アメリカ合衆国・オーストラリアなどの)州。

ステートメント【statement】①政治や外交について公式に発表される意見。声明。声明書。②コンピューターのプログラム言語で記述された文。コンピューターに動作を指示する。③(ファッション分野で)存在感がある。「—ジュエリー(＝大ぶりの宝飾品)」

ステープラー【stapler】⇨ホチキス

ステープル【staple】電気コードなどを取り付けるのに使うU字形の釘(くぎ)。

ステーブル コイン【stable coin】新 価値変動を抑制する仕組みを持つ仮想通貨。主に法定通貨を担保にするもの、他の仮想通貨を担保にするもの、無担保ではあるが通貨供給量を自動調整できるものがある。

ステッカー【sticker】貼り札。多く、広告やスローガンなどを印刷してあるものをいう。

ステッチ【stitch】①縫い目。針目。また、縫い方・刺し方の技法。②飾りミシン。

ステッパー【stepper】集積回路の製造で、回路パターンを比例縮小して基板上に露光転写する装置。→リソグラフィー

ステップ【step】①列車・バスなどの乗降口の踏み段。②足の運び。足どり。歩調。特にダンス

でいう。③三段跳びの、二段目の跳躍。④スポーツで、足を踏み出すこと。⑤登山で、氷壁などを登降するとき、アイゼンやピッケルで刻む足場。⑥物事をおしすすめる際のひとつの段階。⑦コンピューターの高級言語における命令の最小単位。

ステップ【steppe】①ウクライナからカザフスタンにかけての草原。肥沃(ひよく)な栗色土または黒色土が発達し、小麦・牧羊地帯をなす。②内陸部の半乾燥地帯にある、短い草だけが生えている草原。

ステップ アップ【step up】①上達。進歩。上昇。昇進。②債券で、償還までに利率が段階的に引き上げられること。また、住宅ローンなどで年間返済額が途中で段階的に引き上げられること。

ステップファミリー【step-family】血縁でない親子関係を含んだ家族。

ステディー【steady】①現在方向のまま進め、という船の号令。宜候(ようそろ)。②デート相手として互いが固定している間柄。

ステディカム【Steadicam】カメラ-スタビライザーの商標名。→カメラ-スタビライザー

ステビア【ラテン Stevia】キク科の多年草。パラグアイ原産。葉にはステビオサイドという甘味成分を含む。アマハステビア。

ステマ ステルス-マーケティングの略。→ステルス-マーケティング

ステルス【stealth】▷隠密の意。①航空機・ミサイルなどに電波吸収材としてフェライトを塗ったりするなどして、レーダーによる早期発見を困難にさせること。②なにかを隠すこと。また、こっそりと何かをすること。

ステルス値上げ 新 日用品や食料品などの小売商品について、価格を変えないまま内容量を減らすこと。実質的な値上げとなる。

ステルス マーケティング【stealth marketing】仕掛け人の存在や意図を、消費者に悟られないような手法によって行う宣伝活動。一般人を装った担当者が、街角でさりげなく商品を持ち歩くような手法など。ステマ。

ステレオ【stereo】録音・再生のための二つ以上の独立したアンプ・スピーカーを用い、立体感・臨場感を得られるようにした音響方式や音響装置。3D。→モノラル

ステレオカメラ【stereocamera】立体写真撮影用のカメラ。1台のカメラに人間の両眼の視差と同じ間隔の2系統のレンズ系を取り付けたもので、同時に左右2枚の写真を撮影できる。

ステレオタイプ【stereotype】①原版からとった紙型に、溶融した鉛などを流し込んでつくった複

製版。鉛版。ステロ版。ステロ。②ものの見方・態度や文章などが型にはまって固定的であること。紋切り型。▷ステロタイプとも。案 紋切り型

ステロイド【steroid】炭素6原子からなる環状構造3個と炭素5原子からなる環状構造1個とを含む構造を基本骨格にもつ一群の有機化合物の総称。誘導体には各種のホルモンとしてのはたらきをはじめ、さまざまな生理作用・薬理作用をもつものが多い。動植物体に広く分布するほか、天然にないものも多数人工合成されている。

ステロタイプ【stereotype】⇨ステレオタイプ

ステンシル【stencil】謄写印刷・捺染(なっせん)印刷などで用いる一種の型紙。文字や模様の部分を切り抜き、インクが通過するようにしたもの。

ステンド グラス【stained glass】色ガラスを組み合わせて、いろいろな模様・画像などを描き出したガラス板。ゴシック様式の特徴の一つで、10世紀以後教会の窓などに用いられてきた。▷着色ガラスの意。

ステンレス【stainless】ステンレス鋼の略。▷錆(さ)びない、の意。

スト ストライキの略。→ストライキ

ストア【ギリシャstoa】ギリシャ建築で、列柱のある細長い建物。柱の前方は広場に面し、遊歩場・集会場に用いられた。柱廊。

ストア【store】店。商店。

ストイシズム【stoicism】①ストア学派の学説。②ストア学派風の克己禁欲主義。厳格主義。

ストイック【stoic】禁欲的に厳しく身を持するさま。▷ストア哲学の信奉者の意から。

ストーカー【stalker】特定の相手に対し、つきまといや待ち伏せなどの行為を繰り返す人。特定の人を執拗(しつよう)に付け回して交際を強要する人。▷隠れて忍び寄る意。

ストーブ【stove】石炭・石油・ガスなどを燃やしたり、電熱を利用した室内用暖房器具。

ストーマ【stoma】人工肛門(こうもん)。人工膀胱(ぼうこう)にともなう尿の排泄(はいせつ)口。▷ラテン語で「穴」の意。

ストーム【storm】①嵐。暴風雨。②集団でどんちゃん騒ぎをすること。

ストーリー【story】①物語。②小説・映画・演劇などの筋。筋書き。物語全体の概要。

ストーリーテラー【storyteller】筋の面白さで読者をひきこむ作家。

ストーリーライン【storyline】物語の展開や構成。

ストール【stall】①飛行機の失速。②自動車などで、急加速したときなどに、エンジンが停止する現象。

ストール【STOL】(short take-off and landing airplane)上昇性能を良くし、500m 以下の短い滑走路で離着陸できるようにした飛行機。エストール。

ストール【stole】①婦人用の細長い肩掛け。毛皮・絹・レースなどで作り、防寒・装飾に用いる。②主にカトリックの聖職者が使用する、細長い帯状の肩掛け。ストラ。

ストーン【stone】①石。②ヤード-ポンド法の重さの常用単位。1ストーンは 14 ポンド。

ストーン ウオッシュ【stone-washed】ジーンズや皮革を砕石と共にもみ洗いして、古着の味わいをもたせる加工法。

ストッキング【stocking】長い靴下。特に、婦人用の薄い長靴下。

ストック【stock】①物を蓄えること。また、蓄えた物。在庫品。②株券。③ある時点に存在する財の総量。マクロ経済学では貨幣供給量・外貨準備高など、ミクロ経済学では資本金・負債残高など。→フロー ④住宅政策などの観点から、既存の住宅のこと。⑤スープなどに使う、肉・骨などの煮出し汁。⑥アブラナ科の多年草、アラセイトウの別名。観賞用に栽培。

ストック【ドイツ Stock】スキーで用いる杖(つえ)。

ストック オプション【stock option】あらかじめ決めた価格で自社株式を購入する権利。また、それを定めた制度。会社に貢献した特定の個人や機関に、報酬として会社が認める。

ストック フォト【stock photo】多数の写真素材のこと。また、出版社や広告会社などの利用者に対して、その写真の利用権を販売するサービス。

ストックホルダー【stockholder】株主。シェアホールダー。

ストックホルム症候群
(Stockholm syndrome)長期にわたる監禁状態の中で、人質が警察に対する恐怖と敵意、犯人に対する好意的感情を抱く現象。▷ 1973 年にストックホルムで発生した人質立てこもり事件から。

ストックヤード【stockyard】資源ごみなど、リサイクルに供するものを一時保管しておく場所。案 一時保管所

ストッパー【stopper】①機械などを静止させる装置。②物を静止させておく器具。③続いていることを止める人。④球技などで、相手の攻撃を止める選手。特に野球で、勝ち試合の最後に投げる救援投手。

ストップ【stop】①とまること。とめること。やめること。②「とまれ」の信号。③オルガンなどの音栓。

ストップオーバー【stopover】①旅行の途中で立ち寄ること。また、その立ち寄り先。②途中下車。③途中降機。航空機を利用する旅客が自分の意思で経由地に24時間以上滞在すること。

ストップ モーション アニメーション【stop-motion animation】アニメーションの制作技法の一。物体を少しずつ動かしたり変形させたりしながら、ひとコマずつ撮影(コマ撮り)して動画にするもの。粘土による造形物を撮影対象にするクレー-アニメーションなど。

ストマック【stomach】胃。

ストライカー【striker】サッカーなどで、強いシュート力をもち高得点をあげる選手。

ストライキ【strike】①労働者が労働条件改善などの目的貫徹のため、団結して業務を停止する行為。②学生・生徒が、団結して授業や試験を受けないこと。▷略してストとも。

ストライク【strike】①野球で、投球のうち、ストライク-ゾーンを通過したもの、打者が空振りやファウルしたものをいう。→ボール ②ボウリングで、第1投で全部のピンを倒すこと。

ストライク ゾーン【strike zone】①野球で、本塁上の空間のうち、打者が自然な打撃姿勢をとったときの、腋(わき)の下から膝頭(ひざがしら)の上部までの範囲。②転じて、(主に若者言葉で)異性に対する好みの範囲のこと。

ストライド【stride】歩幅。また、歩幅の大きいこと。

ストライプ【stripe】縞(しま)。縞模様。

ストラクチャー【structure】①構造。組織。体系。②建造物。構築物。

ストラクチャード ファイナンス【structured finance】資金調達のための債権・資産の流動化の手段の一。特定の資産を信託や特定目的会社等の仕組みを通じて、企業のバランス-シートから切り離し証券化する。仕組み金融。

ストラップ【strap】①(携帯電話などの)吊(つ)りひも。②衣類の肩ひも。

ストラップ ホール【strap hole】ストラップの取り付けを可能にするため、携帯電話などに設ける穴のこと。ストラップ穴(あな)。

ストラテジー【strategy】ある目的を達成するために、総合的に進められる計画や運用方法。戦略。▷元来は軍事用語だが、現在では産業や経済の分野でも用いられる。

ス

ス

ストラテジスト【strategist】証券アナリストの一分野。証券や投資の資金調達・運用などについて、分析・評価・助言などを行うだけでなく、資産配分などを戦略的に計画・立案し、投資家に提供する者。▷戦略家・兵法家の意。

ストランド【strand】(ロープや鋼索の)子縄。より糸。

ストリーキング【streaking】(意図的に)全裸になって街の中を走り回ること。

ストリート【street】新 ①街路。通り。市街。② 音楽・ダンス・ファッションなどの若者文化が生じる場所としての路上。「—文化」③スケートボード競技のうち、街中にある階段、斜面、ベンチ、手すりなどを模したコースを用いて技の難易度を競う種目。

ストリート アート【street art】ゲリラ的に路上での表現を行う芸術。スプレーによる落書き(グラフィティー)など。

ストリート カルチャー【street culture】路上で自然発生した表現やパフォーマンスを発祥とする文化の総称。ストリート-ファッション・ヒップ-ホップ・Xスポーツなど。

ストリート ダンス【street dance】路上で発生した踊り。ヒップ-ホップやブレーク-ダンスなど。→ヒップ-ホップ・ブレーク-ダンス

ストリート チルドレン【street children】(戦災・自然災害・貧困・家庭崩壊などで)住む家がなく、路上で物売りや物乞いなどをしながら生きている子供たち。

ストリート バスケット【streed basket】ひとつのバスケット-リングを使ってゴールを争うバスケット-ボール。3人対3人などで試合をすることから、スリー-オン-スリー(three on three)とも呼ばれる。

ストリート パフォーマンス【street performance】路上や公園で、歌や踊り、演技などを行うこと。大道芸。

ストリート ピアノ【street piano】新 駅などの公共空間に設置されており、通りかかった人が誰でも自由に弾けるピアノ。

ストリート ファイト【street fight】路上や空き地などの場所で行う、素手による喧嘩。賭けで行う喧嘩など。

ストリート ファッション【street fashion】街の中の若者たちのファッション。自然発生的に形成されたもの。ストリート-カジュアル。ストリート-スタイル。

ストリート ミュージシャン【street musician】路上で演奏活動を行うミュージシャン。

ストリート ライブ【street live】路上で、不特定の人に対し

て演奏活動を行うこと。路上ライブ。

ストリーマー【streamer】新 ▷「流れるもの」の意。 ①コンピューターの外部記憶装置の一。ディスク装置のデータを連続的に磁気テープに記録させるための装置。▷ストリーマとも。②擬餌鉤(ぎじばり)の一。小魚に似せた毛鉤(けばり)。ストリーマーフライ。③動画のライブ配信者。ライブストリーマーとも。④放電に先行して生じる繊維状のプラズマ。▷ストリーマとも。⑤吹き流し。

ストリーミング 【streaming】通信回線で送受信される音声や動画のデータを受信と同時に再生する技術。インターネット放送などに用いられる。再生装置側でデータを保持したり、データを蓄積する必要がない。

ストリーミング デバイス【streaming device】新 テレビに接続して、動画配信やゲームなどのサービスを利用可能にする装置。メディアストリーミング端末。

ストリーム【stream】①小川。せせらぎ。②人や物の流れ。③時流。時勢。趨勢(すうせい)。傾向。

ストリップ【strip】①人前で着物をぬぐこと。裸になること。②ストリップ-ショーの略。③金属の薄板。

ストリング 【string】 ①糸。緒(お)。②弦楽器の弦。③ビリヤードで、得点。④アーチェリーの弓の弦。⑤記号列。一続きの文字・数値。

ストリングス【strings】①オーケストラの弦楽器部。②弦楽器を主体とした演奏。また、その奏者。

ストレイテナー 【straightener】真っ直ぐにするもの。

ストレージ 【storage】デジタル情報を記録・保存するハード-ディスクや光磁気ディスク-ドライブなどの記憶装置の総称。ストーリッジ。

ストレート【straight】①まっすぐなこと。一直線なこと。②行動や表現が率直なこと。③ボクシングで、手をまっすぐに伸ばして相手を打つこと。④野球で、直球。⑤途中で他のものをさしはさまないこと。⑥生(き)のままであること。混ぜものをしないこと。⑦トランプのポーカーの役の一。5枚の札の数が連続しているもの。

ストレート パーマ (straight permanent wave)頭髪をまっすぐに伸ばすためのパーマ。

ストレート プレー 【straight play】一般的な舞台演劇。台詞劇(せりふげき)をミュージカルから区別するのに用いる。

ストレーナー【strainer】調理の際、濾(こ)すために用いる道具。濾し器。

ス

ストレス【stress】①精神緊張・心労・苦痛・寒冷・感染などごく普通にみられる刺激(ストレッサー)が原因で引き起こされる生体機能の変化。一般には、精神的・肉体的に負担となる刺激や状況をいう。②強弱アクセントで、強めの部分。強勢。③物体に加えられる圧力。④外的圧力に対する弾性体内部の反発力。

アップデート 水資源の不足は、SDGs(持続可能な開発目標)でもその克服が目標とされるほどの国際的な社会課題です。一般に生活・経済を維持するのに最低限必要とされる水資源量は、年間1人当たり1700立方メートル。これを下回ると「水ストレス」下にあるとされ、1000以下で水不足、500以下で絶対的水不足の状態とされます。

ストレス チェック【和製stress ＋ check】新 ①ストレス(心理的負担)の度合いなどを検査・診断すること。②労働者を対象として、医師・保健師などがストレスの検査を行う制度。労働安全衛生法に基づき、従業員50名以上の事業所が1年以内ごとに1回実施する義務がある。2015年(平成27)12月、制度開始。

ストレス テスト【stress test】①金融機関に対する審査。経済情勢が悪化した場合の損失を査定し、自己資本の不足額を試算する。健全性審査。②原子力発電所に対する検査。地震や津波などの災害が原発の設備や機能に与える影響をシミュレーションで調べる。安全評価。耐性検査。

ストレス フリー【stress free】ストレスがないこと。

ストレスフル【stressful】緊張・ストレスが大きいこと。

ストレッチ【stretch】①伸縮性に富む布・素材。スパンデックスなどの合成繊維を用いたものと、製織後熱処理によって伸縮性をもたせたものがある。②競技場・競馬場などの直線コース。③ストレッチングに同じ。

ストレッチャー【stretcher】患者を寝かせたまま運ぶ車輪のついたベッド。担送車。

ストレッチング【stretching】腱(けん)・筋肉・関節を伸ばす体操。肉ばなれなどの傷害を防ぐ準備運動や、腰痛・肩こりなどの防止に適する。ストレッチ。ストレッチ体操。

ストレプトマイシン【streptomycin】放線菌の一種ストレプトマイセス属から分離された抗生物質。結核・淋疾(りんしつ)・肺炎球菌感染症・細菌性赤痢(せきり)などの多くの細菌性疾患に有効。副作用として難聴などがみられる。ストマイ。

ストレリチア【ラテン Strelitzia】バショウ科の多年草。数種あるが、日本では多くゴクラクチョウカが温室栽培される。花茎の先端に羽を広げた鳥のような橙黄色の花をつける。

ストレングス【strength】力。勢い。強さ。

ストレンジャー【stranger】見知らぬ人。外国人。異邦人。エトランゼ。

ストロー【straw】①麦わら。②液体を飲むための、麦わらやビニールなどでつくった細長い管。

ストローク【stroke】▷「ひと打ち」の意。繰り返す動作の一回分をいう。①手やオールなどで水をかくこと。②クラブやラケットでボールを打つこと。③往復機関で、シリンダー内をピストンが一端から他端まで動く距離。行程。

ストロー ハット【straw hat】麦わら帽子。かんかん帽。

ストローラー【stroller】新 乳母車。主に折りたたみ可能で腰掛け式の四輪車を指す。ベビーカー。ベビーバギー。

ストロベリー【strawberry】イチゴ。特に、オランダイチゴのこと。

ストロボ【strobo】①写真用光源の一。キセノンなどのガスを封入した放電管に高圧電流を通してガスをイオン化し、強い閃光(せんこう)を得るもの。②ストロボスコープの略。回転体の回転速度や回転中の運動の様子、また振動の周波数を測定する装置。▷もと商標名。

ストロング【strong】①強いさま。強力なさま。②コーヒーなどの味が濃いさま。→マイルド

ストロング系 新 度数7～9％程度の缶入りアルコール飲料。「一缶酎ハイ」

スナイパー【sniper】①狙撃手。②俗に、オークションの終了直前に現れて、落札する人。

スナック【snack】①(通常の食事以外に食べる)簡単な食事。軽食。②気軽に食べることのできる菓子の総称。ポテト-チップ・ポップコーンなど。スナック菓子。③スナック-バーの略。軽い食事もとれるバー。

スナッグ ゴルフ【SNAG golf】プラスチック製クラブとテニス-ボールに似たボールを用いて行う、簡易版ゴルフ。面ファスナー製の目標にボールを付けることでホールが終了する。入門・基本練習用の競技として開発された。商標名。 ▷SNAGはStarting New At Golf(ゴルフを始めるために)の略。

スナッフ【snuff】嗅(か)ぎタバコ。

スナップ【snap】①衣服のあきをとめる、凸形と凹形で一組みの留め具。ホック。②スナップショットの略。③スポーツなどで、動作の瞬間にはたらかせる手

ス

首の力。

スナップ豌豆(えんどう) 【snap pea】新 さやごと食べることができるエンドウの品種。アメリカから導入された。▷スナックエンドウなどの通称もあったが、1983年(昭和58)に農林水産省が呼称をスナップエンドウに統一した。

スナップショット 【snapshot】 ①人物などの瞬間的な動作をすばやく写すこと。早撮り写真。スナップ。スナップ写真。 ②コンピューターの開発中・運用中のシステムにおいて、ある瞬間のソース-コードやデータの様子などを抜き出したもの。

スニーカー 【sneaker】 底がゴムでできた、布あるいは革製の運動靴。

スニーカー ヘッズ 【sneaker heads】 スニーカーの熱狂的な収集家。

スニーク 【sneak】 内密なようす。不意の。

スニッフィング 【sniffing】 ネットワーク上を流れるデータを傍受すること。▷においを嗅ぐ意。

スニペット 【snippet】 断片。小片。特にコンピューターの分野で、検索結果の説明スペース、再利用可能なソースコードなどをさす。

スヌーカー 【snooker】 ビリヤード競技の一。21個のカラー-ボール(赤が15個、黄、緑、茶、青、ピンク、黒が各1個)と白の手玉(てだま)を用いる。赤ボールと他のカラー-ボールとを交互にポケットに落とし、カラー-ボールの点数がプレーヤーの得点になる。イギリスで盛ん。▷snookとは「相手をばかにするしぐさ」の意。相手を窮地に陥れる戦術を多用することから。

スヌーズ 【snooze】 目覚し時計で、一度警報音を止めても、一定時間ごとに警報音が繰り返し鳴る機能。二度寝を防ぐために用いる。▷原義はうたた寝の意。

スヌード 【snood】 ①後頭部から項(うなじ)にかかる髪をまとめて束ねるネットでできた筒状の帽子。▷もとはスコットランドの未婚女性が頭に巻いたヘア-バンドのこと。 ②筒状の襟巻き。ネック-ウォーマー。

スノーシュー 【snowshoes】 雪の上を歩くレジャー用の履き物。かんじきのようなもの。新雪の上でも、足を沈めることなく歩行可能。

スノー スクート 【snow scoot】 雪上走行が可能な乗り物の一。あるいはそれを用いたスポーツ競技。BMX(モトクロス競技用自転車)の車輪の代わりに2枚のスキー板を付けたような形状。スノーサイクル。▷1991年にフランスで考案された。

スノー ドーム 【和製 snow＋dome】球形や半球形の透明な容器の中に小さな建物などを置き、白い粉を含んだ透明な液体で満たして雪景色を表現した置物。スノー-グローブ。ウオーター-グローブ。

スノー パーク【snow park】スキー、スノーボード、雪遊びなどを楽しめる滑走場。

スノー ブラシ【snow brush】自動車に積もった雪を落とすための道具。多くの場合ブラシやゴム製のブレード(刃)などがつく。

スノーボード【snowboard】雪の斜面を滑り降りるための細長い板。また、それを使って行う競技。板の上に両足を固定し、ストックを使わずに雪の斜面を滑り降りる。速さを競う種目、ジャンプ・ターンの巧みさを競う種目などがある。スノボ。

スノーモービル【snowmobile】オートバイの前輪をスキー、後輪をキャタピラーに変えたような小型雪上車。

スノッブ【snob】教養のある人間のように振る舞おうとする俗物。えせ紳士。

スノビズム【snobbism】教養人を気どる俗物根性。紳士気どり。

スノボ スノーボードの略。

スパ【spa】温泉。鉱泉。

スパ新 他の語について、スパゲッティの意を表す。「―カツ」「あんかけ―」

スパーク【spark】放電などによって火花が出ること。また、その火花。

スパークリング【sparkling】発泡性。

スパークリング ワイン【sparkling wine】液中に炭酸ガスを含むワイン。白ワインに糖分を加え再発酵させ、発生した炭酸ガスをワインに保有させて密封する。シャンパンがその代表。人工的に炭酸ガスを吹き込んでつくる方法もある。

スパート【spurt】競走・競泳・競漕(きょうそう)などで、全速力を出すこと。

スパイ【spy】ひそかに相手の陣営に入り込み、相手方の機密情報を探り出すこと。また、それをする者。間諜(かんちょう)。密偵。

スパイ ウエア【spyware】利用者のプライバシー情報を制作者に送信するソフトウエア。何らかのフリーウエアと共にインストールされることが多い。利用者のウェブ参照履歴を送信するものなどがある。▷制作者によってプライバシー-ポリシーが明確に示されている点などから、ウイルスなどと区別される。→キー-ロガー・プライバシー-ポリシー

スパイク【spike】①靴底やタイ

ヤに、滑り止めのためにつける金具。また、そのような金具のついたもの。②バレーボールで、味方がトスした球をジャンプして相手側コートに強く打ち込むこと。③スパイク-シューズ・スパイク-タイヤの略。④急上昇して急降下すること。グラフが鋭く突出する形からいう。「血糖値が—する」

スパイシー【spicy】料理の味つけに香辛料がきいているさま。

スパイス【spice】香辛料。香味料。胡椒(こしょう)・辛子(からし)など。

スパイス カレー【和製 spice ＋ curry】スパイスを独自に調合して作る、大阪発祥の創作カレーの総称。

スパイダー【spider】蜘蛛(くも)。

スパイラル【spiral】①螺旋(らせん)。螺旋形。②フィギュア-スケートで、氷面を螺旋を描くように滑ること。③数学で、平面上の螺線。④物価・企業収益・賃金などが、循環するように変動すること。

スパゲッティ【イタリアspaghetti】イタリアの、細くて長く、管状でない麺(めん)。マカロニとともにパスタを代表するもの。▷スパゲティとも。

スパコン スーパー-コンピューターの略。

スパダリ 新 俗に、パートナーとして飛び抜けて理想的な男性。▷スーパー-ダーリンの略。もともとは腐女子(ボーイズ-ラブなどを好む女性)の用語。

スパッタリング【sputtering】薄膜を形成するための技術の一。金属などに不活性ガスを吹きつけ、それにより弾き出された分子を目的物の表面につける。均一で高品質の膜が形成され、半導体の製造過程などで用いられる。

スパッツ【spats】①伸縮性のある素材でつくった、脚にぴったりつく長いパンツ。カルソン。②靴の上からつけて足首の上まで覆うカバー。19 世紀末頃流行。

スパナ【spanner】ボルトおよびナットの締め付け、取り外しに用いる工具。板スパナ・両口スパナ・自在スパナなど。レンチ。

スパニッシュ【Spanish】スペインの、スペイン風、の意で、他の外来語の上に付いて複合語をつくる。

スパム【spam】①豚肉をソーセージのように加工して缶詰にした食品。ポーク-ランチョン-ミート。商標名。②⇨スパム-メール

スパム メール【spam mail】俗に迷惑な電子メールの総称。不特定多数に向けて、一方的に送付される広告メールなど。単にスパムともいう。ジャンク-メール。▷スパム①から。

スパルタ【Sparta】古代ギリシャの都市国家。ドーリア人がペロポネソス半島南部に建設。ペロ

ポネソス戦争でアテネを破り、ギリシャ全土を支配したが、紀元前371年テーベに敗れ、以後衰退。軍国主義的政治体制、勤倹・尚武の厳しい教育を行なった。

スパルタン【Spartan】鍛え上げられている様子。質実剛健であるさま。簡素なさま。▷古代ギリシャの都市国家スパルタから。

スパン【span】①梁(はり)・小屋組み・アーチ・橋などの、支点間の距離。梁間(りょうかん)。支間。径間。わたり。②飛行機の、翼端から翼端までの長さ。翼幅。③時間的な間隔。期間。

スパンキング【spanking】尻叩き。

スパングル【spangle】金属・プラスチック製の薄いボタン状の小片。光を反射して輝く。ドレスなどに縫いつけて装飾とする。スパンコール。

スパンコール【spangle】⇨スパングル

スピーカー【speaker】①ラジオ・テレビ・拡声器などで、電気信号を音にかえる装置。ラウド-スピーカー。②話す人。話し手。シンポジウムにおける話題提供者など。

スピーチ【speech】会合・パーティーなどに集まった人の前でする話。

スピーディー【speedy】てきぱきと手早くものごとを進めていくさま。敏速なさま。

スピード【speed】①速さ。速度。速力。②アンフェタミンの俗称。興奮剤・覚醒剤の一種。

スピードスター【speedster】高速である物や人。スポーツにおける俊足の選手など。

スピカ【Spica】乙女座のアルファ星。白色の1.0等星。距離260光年。春の宵、南の空に見える。

スピッツ【ドイツ Spitz】①口吻(こうふん)と立ち耳の先端がとがった北方系犬種の総称。シベリアン-ハスキー・サモエドなど。②イヌの一品種。日本原産。サモエドを小形化し改良したもの。被毛は純白で豊富。口吻・耳の先端はとがる。シュピッツ。日本スピッツ。▷先のとがったの意。

スピナー【spinner】胴体に回転する金属片がついた擬餌鉤(ぎじばり)。回転の動きとその音で魚を誘う。

スピナッチ【spinach】菠薐草(ほうれんそう)。

スピリタス【ポーランド spirytus】ポーランドの蒸留酒。ライ麦などの穀物を原料とする。アルコール分95～96％。スピリトゥス。

スピリチュアル【spiritual】①18世紀後半から19世紀末にアメリカ合衆国で生まれた宗教的民謡。伝統的な詩編歌や賛美歌と区別するための呼称で、白人のホワイト-スピリチュアルズと黒人のブラック-スピリチュアルズ(黒人霊歌)に区別される。②占いなど、超自然的・神秘的な行為・活動。「—に傾倒する」③「精神の」「霊的な」の意。

スピリット【spirit】①精神。魂。②強い酒。ジン・ウオツカなど。▷スピリッツとも。

スピルリナ【ラテン spirulina】アフリカや中南米に生息する藍藻類の一。メキシコなどで食用とされてきた。高栄養で消化吸収率の良い栄養補助食品として利用される。

スピロヘータ【ドイツ Spirochäte】①螺旋(らせん)状で活発な回転運動を行う一群の微生物の総称。スピロヘータ・トレポネマ・ボレリア・レプトスピラなどの属に分類される。スピロヘータ属のものは病原性を示さない。他の属のものはヒトに感染して、回帰熱・ワイル病・梅毒・黄疸(おうだん)出血症などを起こす。②梅毒の病原体であるトレポネマ-パリズム(旧学名スピロヘータ-パリダ)の通称。

スピン【spin】①回転。転回。旋回。②フィギュア-スケートで、一点に片足立ちし体を回転させること。③飛行機のきりもみ降下。④量子力学的な粒子または系が、軌道運動による角運動量とは別に、固有にもっている角運動量。

スピン アウト【spin-out】①自動車レースで、自動車が回転してコースの外に飛び出すこと。②⇨スピン-オフ

スピン オフ【spin-off】①個人またはグループで、既成の組織を飛び出し独立組織をつくること。スピン-アウト。▷元の組織や会社との関係が切れるものをスピン-アウト、元の組織や会社の支配下にはないが関係を持ち続けているものをスピン-オフ、と使い分ける場合もある。②会社の一部門を分離独立させ、別会社として経営させること。通常、子会社の株は親会社の株主に分配される。分社化。スピン-アウト。③特定の分野で開発された新技術を他の分野へ応用すること。

スピン オフ ドラマ【spin-off drama】既存映画やドラマなどの外伝(メイン-ストーリーから漏れたエピソード)としてつくられるドラマ。単にスピン-オフとも。▷スピン-オフは副産物・焼き直しなどの意。→スピン-オフ-ムービー

スピン オフ ムービー【spin-off movie】既存映画の外伝(メイン-ストーリーから漏れたエピソード)としてつくられる映画作品。スピン-オフ。→スピン-オフ-ドラマ

スピンドル【spindle】軸。一般に、回転する短い軸をいう。

スフ　ステープル-ファイバーの略。

スフィンクス【Sphinx】①エジプト・アッシリアなどにおける神殿・王宮・墳墓などを守護する人頭獅子(しし)身の巨大な石像。ギリシャ神話では女性化され、翼をもつ姿に変化。②ネコの一品種。アメリカ原産。全くの無毛。大きな耳と、アーモンド形の目が特徴。

スプール【spool】(simultaneous peripheral operation on-line)コンピューターで、CPUと周辺機器とのデータ入出力時に、外部記憶装置をバッファーとして用い、CPUの待ち時間を減らし、システム全体の効率を向上させる機能。

スプーン【spoon】①洋風の匙(さじ)。②ゴルフ-クラブのうち、ウッドの3番。③ルアーの一。匙形の金属板がついた擬餌鉤(ぎじばり)。水中でゆらゆらと動き魚を誘う。→ルアー

スプマンテ【イタリアspumante】イタリアのスパークリング-ワイン。

スプライト【sprite】①妖精。小妖精。小鬼。また、妖精のような人。②コンピューター-グラフィックスで、背景になる画像と、別の画像や図形パターンを合成して、一つの画面として表示する方法。

スプラウト【sprouts】食用とする植物の新芽の総称。以前からあるもやし、豆苗(トーミョウ)などや近年流通するようになったブロッコリー・マスタードの新芽など。ビタミンやミネラルが豊富で、成長した野菜よりも効率的な栄養摂取が可能とされる。▷植物の芽、新芽の意。

スプラッシュ【splash】①ボートをこぐとき、水しぶきを飛ばすこと。②飛び込み競技で、選手が入水するときに上がる水しぶき。

スプラッター ムービー【splatter movie】生首がとんだり内臓がえぐりだされたりして血がたくさんとび散る残酷描写の多い映画。

スプリッター【splitter】電話用の音声信号と、通信用のデジタル信号を分配・混合する機器。データ伝送技術であるADSLなどで、電話線における両信号の共存を可能にする。POTS(ポッツ)スプリッターとも。▷分波器とも。→ADSL

スプリット【split】①分割する。②ボウリングで、第1投目で残したピンが2本以上あるとき、それらの位置が離れ離れになっていること。第2投でスペアがとりにくい。

スプリット ソール【split sole】靴の底を全部に張らず、土踏まずの部分を除き前後に分けて張った底。バレエやモダン-ダンスなどのダンス-シューズに使われることが多い。

スプリット タイム【split time】マラソンなどの長距離走

で、一定の距離ごとに要した時間。ラップ-タイム。

スプリング【spring】①春。②スプリング-コートの略。春や秋に着る薄手の外套(がいとう)。間(あい)オーバー。トップ-コート。③ばね。

スプリンクラー【sprinkler】①畑や庭園の作物や草花などへの灌水(かんすい)のための散水装置。②消火用の自動散水装置。一定の熱で栓があき、自動的に散水する。

スプリンター【sprinter】①短距離競技の選手。②競馬で、1000〜1400m のレースを得意とする馬。短距離馬。

スプリント【sprint】①陸上・水泳・スケートなどの短距離レース。また、短い距離の疾走ないし力泳。②自転車競技のトラック競技種目の一。トラックを２周または３周して着順を競うもの。距離はおよそ 1000m で、最後の 200m で一気にスパートする。

スプルース【spruce】マツ科の常緑高木。トウヒ属。北米から輸入される主要な木材の一。シトカ-スプルースが主で、材は淡黄白色で軽軟。建築材・器具材・楽器材などに用いる。ベイトウヒ。

スフレ【フランスsoufflé】フランス菓子の一。くだものやチーズなどの裏漉(うらご)しに卵白を合わせてふんわり焼いたもの。熱いうちに食べる。

スプレー【spray】水や液状の薬品・塗料などに圧力をかけ、霧状に噴出させて吹きつけること。また、その装置。

スプレッド【spread】①広がること。広がり。②パンやクラッカーに塗る、調味した軟らかいバター状のもの。③値幅。差額。上乗せ金利。利鞘(りざや)。

スプレッドシート【spread-sheet】パソコン・オフコン用のアプリケーション-プログラムの一。行と列からなる表の形式をしており、財務管理・販売管理などに広く利用できる。表計算ソフト。▷集計用紙の意。

スプロール【sprawl】都市の急激な発展で、市街地が無計画に郊外に広がっていく現象。上下水道や交通機関といった社会資本の非効率化や、都市中心部の空洞化などを招く。スプロール化。スプロール現象。▷むやみに広がる意。

スペア【spare】①予備。予備の品。スペヤ。②ボウリングで、第１投で倒しそこねて残ったピンを第２投で全部倒すこと。

スペアミント【spearmint】シソ科の多年草。葉から採った精油には甘い芳香があり、菓子・料理の香料とする。ミドリハッカ。オランダハッカ。

スペアリブ【spareribs】豚の骨付き肋肉(あばらにく)。煮込みやローストにする。

スペース【space】①空間。②場所。平面。③新聞・雑誌などの紙面。④文字と文字の間の空白の部分。⑤宇宙空間。

スペース シャトル【space shuttle】有人宇宙連絡船。アメリカ航空宇宙局(NASA)が開発。地球と宇宙空間を貨物や人を運んで往復飛行する。1981年初飛行。2011年最終飛行。

スペース デブリ【space debris】地球軌道上の宇宙空間に放置されている人工物体。運用が終了した人工衛星や、分離したロケットの破片など。デブリ。宇宙ごみ。宇宙デブリ。▷デブリは破片の意。

スペード【spade】トランプのカードの種類の一。黒い♠形の絵柄のもので、剣を図案化したもの。

スペキュレーション【speculation】①相場の変動によって利益を得るための売買。投機。②トランプで、スペードのエース。

スペクタクル【spectacle】①壮大な光景。②映画や演劇などの豪華・壮大な見せ場。また、そういう見せ場のある作品。

スペクトラム【spectrum】分光すること。

スペクトル【フランスspectre】①可視光線その他の電磁波を分光器によって波長順に分解したもの。②ある複雑な量を単純な成分に分け、ある特定の量の大小によって分布を示したもの。

スペシャリスト【specialist】特定分野について深い知識やすぐれた技術をもった人。専門家。→ジェネラリスト

スペシャリテ【フランスspécialité】(フランス料理店の)看板料理。名物料理。

スペシャリティー【speciality】①特性。特質。特色。②専門。専攻。本業。本職。③名産。名物。特産品。特製品。

スペシャル【special】特別。特殊。他の外来語と複合して用いる。

スペシャルティー コーヒー【specialty coffee】生産地の風土・社会に由来する特徴を有しており、生産・流通・消費の各段階において、品質などの適切な管理が行われているコーヒー。

スペシャル ドラマ【和製 special＋drama】テレビなどが、通常時の番組編成とは別枠で放送するドラマ。編成改変の時期に放映するドラマなど。特別ドラマ。

スペック【spec】①仕様。仕様書。規模・構造・性能などをまとめた表。②人物を特徴づける要素の総称。性別・年齢・容姿・体型・学歴・職業・趣味など。「高スペックの男子」などの言い方で用いる。▷specificationの略。

スペリング【spelling】欧米語の字のつづり。また、そのつづり字法。スペル。

スペルチェック【spellcheck】欧文の綴(つづ)りに誤りがないかを確認すること。

スペルマ【ラテン sperma】精子。精液。

スポイト【オランダ spuit】インク・薬液などの液体を吸い上げて他の物へ移すときに使う、一端にゴム袋などのついたガラスなどの細管。

スポイラー【spoiler】①航空機の主翼上面の可動板。揚力を減少し抗力を増加させる。②自動車に取り付けられ、車体に沿って流れる空気を調節し、車体が浮き上がるのを抑えるもの。

スポイル【spoil】①本来もっている良い性質を損なうこと。物事をすっかり台無しにすること。②(子どもや犬などを)甘やかしてだめにすること。

スポーク【spoke】車輪の部分の名。軸受けから放射状に延びてリム(枠)に連なり、車輪を支えている鋼線。輻(や)。

スポークスマン【spokesman】政府や団体などの意見を発表する役割の人。代弁者。スポークスパーソン。

スポーツ【sport】余暇活動・競技・体力づくりのために行う身体運動。陸上競技・水泳・各種球技・スキー・スケート・登山などの総称。

> アップデート 近年、体育をスポーツに呼び替える動きが広まっています。2018 年(平成 30)には公益財団法人の日本体育協会が「日本スポーツ協会」へ改称、2020 年(令和 2)には体育の日が「スポーツの日」へ改称しました。また 2023 年(令和 5)の開催分から国民体育大会(国体)が「国民スポーツ大会」(国スポ)に改称します。

スポーツ クライミング【和製 sports＋climbing】人工のクライミング-ウオールを用い、登攀(とうはん)の速度・難易度を競うスポーツ。リード(ロープあり)、ボルダリング(ロープなし)、スピード(早さを競う)の各種目と、それらの混合種目がある。

スポーツ調停裁判所 スポーツにかかわる係争を調停・解決するために設けられた IOC(国際オリンピック委員会)の独立機関。1996 年設立。国際スポーツに詳しい法曹家で構成される。本部はスイスのローザンヌ。スポーツ仲裁裁判所。CAS。

スポーツ振興くじ 新 スポーツ振興の財源を得るために行われるくじ。プロサッカー、J リーグなどの試合結果を予想し投票する。→トト

スポーツ チャンバラ【和製 sports＋chambara】簡単な防

具を着用し、空気を入れた棒状の道具で打突して勝負を争う競技。体のどこを打っても一本となる。日本で考案。

スポーツ庁 新 文部科学省の外局の一。スポーツの振興に関する企画・立案や、スポーツに関する施策の総合的推進に関する行政事務を行う。2015年(平成27)設置。

スポーツ ツーリズム【sports tourism】スポーツの観戦や参加を目的として、その地域を訪れる観光活動。

スポーツ テック【Sports-Tech】新 スポーツ分野に応用した情報通信技術。トレーニング・指導、栄養・健康管理、計測・統計・分析、チーム運営、観戦などの応用分野がある。

スポーツ ドリンク【sports drink】運動時の水分補給に適するように浸透圧を体液に近づけた飲料水。スポ-ドリ。

スポーツのひ【スポーツの日】新 国民の祝日の一。10月第2月曜日。スポーツを楽しみ、他者を尊重する精神を培うとともに、健康で活力ある社会の実現を願う日。1966年(昭和41)に体育の日として制定。64年(昭和39)開催の東京五輪開会式にちなみ10月10日としたが、2000年(平成12)より現行の日程となり、20年(令和2)に改称。▷2020年など日付が変わった年もある。

スポーツ バー【sports bar】野球・サッカー・バスケットボールなどのテレビ観戦を呼び物にする飲食店。スポーツ-カフェ。スポーツ-パブ。スポーツ-レストラン。

スポーツ ファーマシスト【Sports Pharmacist】最新のアンチドーピング規則に関する知識を持つ薬剤師。日本アンチドーピング機構(JADA)が認定。

スポーツ ブラ【sports bra】スポーツ時の着用に適した構造のブラジャー。スポブラ。

スポーツマンシップ【sportsmanship】スポーツマンの備えているべき精神。

スポーツ ミックス【sports mix】新 ファッションで、スポーツ系のアイテムを取り入れたコーディネート。

スポーティー【sporty】服装などが、軽快で活動的であるさま。

スポーン【spawn】新 ①(魚の)卵。産卵。②コンピューターゲーム(FPSやMMORPGなど)で、ゲーム開始時にキャラクターが配置されること。

スポ根(こん) 漫画・アニメ・ドラマなどで、スポーツ選手の主人公が強靱な精神力と努力によって成功をおさめる物語をさす。▷「スポーツ根性もの」の略。「巨人の星」「サインはV」など。1960～70年代に流行。

スポチャン　スポーツ-チャンバラの略。

スポッティング スコープ【spotting scope】⇨フィールド-スコープ

スポット【spot】①点。しみ。よごれ。②場所。地点。③ビリヤードで、目印として小さな黒点のついた白球。または、球を置くために台上に付けられた小黒点。④飛行場で、乗客が乗降したり、貨物を積み下ろしする地点。駐機場。⑤スポット広告の略。ラジオ・テレビで、番組の間に流される短いコマーシャル。スポット CM。⑥スポットライトの略。舞台の1点だけを特に明るく照らす照明。転じて、ある一つの事に話題を集めること。⑦スポット価格の略。長期契約ではなく、1回ごとの契約で取引される場合に成立する市場価格。特に、原油価格の場合にいう。

スポット エアコン【和製 spot + air + conditioner】室内機と室外機の機能が一体化した空調設備。室外機の設置が難しい場所、閉め切っていない場所などでも使用できる。

ズボン　主に男子の衣服で、両足を別々に包む形で下半身にはくもの。スラックス・パンタロンなどの総称。▷フランス jupon からか。

スポンサー【sponsor】新 ①(資金面の)後援者。②ラジオ・テレビで、商業放送の広告主。番組提供者。③人材育成のスポンサーシップ制度(メンター制度より踏み込んだ支援を行う制度)における支援者。▷支援を受ける人はスポンシー(sponsee)と称する。

スポンサー シップ【sponsorship】新 ▷後援・援助・支援などの意。①スポンサー(後援者・提供者)であること。企業がスポーツチームやイベントなどに対して、広告などを見返りに資金や人などを提供する場合など。②社員のキャリアを形成する目的で、支援者が当該社員やその周辺人物に対して働きかけを行うこと。相談や助言を主体とするメンター制度と比べ、より踏み込んだ働きかけ(実力者への推薦、成果につながる仕事の紹介など)も行う。女性管理職を育成する場合などに用いる手法。

スポンサード【sponsored】新 ①「スポンサー付き」「金銭などの支援を受けている」などの意を表す。②スポンサーとしての支援。

スポンジ【sponge】①海綿を繊維状の骨格だけとしたもの。多孔性で吸水性に富む。②①を模してつくられたゴム・合成樹脂製品。

スポンジ ケーキ【sponge cake】小麦粉・砂糖・卵を主材料としてスポンジ状に焼いた西洋

風の菓子。

スマート【smart】①からだつきがほっそりしていて格好がよいさま。②手際がよく、しゃれているさま。洗練されているさま。③賢いさま。利口なさま。④情報通信技術を用いて高度化したさま。➲ よくわかる「スマート」の意味と使い方(p.389)

スマート アイシー【和製 smart＋IC】高速道路の本線上やパーキング-エリア、サービス-エリアにETCゲートを設置して一般道と接続する、ETC搭載車専用のインターチェンジ。スマート-インターチェンジ。→ETC

スマート アグリ【smart agriculture】新 情報通信技術を応用して、生産や販売などの効率化や高度化を図った農業。スマート-アグリカルチャー。スマート農業。

スマート ウオッチ【smart watch】新 腕時計のように手首に装着するウエアラブル-コンピューター。→スマートフォン・ウエアラブル-コンピューター

スマート エントリー【smart entry】新 スマート-キーを認識して、解錠や施錠などを自動で行うこと。またその仕組み。

スマート キー【smart key】新 スマート-エントリー用の小型無線装置を内蔵した鍵。

スマート グリッド【smart grid】電力の需給をITによって効率的に制御する送電網。次世代送電網。

スマート工場 新 高度な工場自動化や人工知能技術を用い、工場内の機器・設備だけでなく、他施設とも通信接続するなどして、生産効率を高めた次世代型の工場。

スマート コミュニティー【smart community】再生エネルギーの活用、交通システムなどのインフラ整備、IT制御などを中心とした持続可能な都市。スマート-シティー。環境配慮型都市。→スマート-グリッド

スマート コントラクト【smart contract】新 ブロックチェーン技術によって実現する、自動化された契約。事前に定義された契約条件を満たすことで、第三者を介さず自律的に契約の履行などを行う仕組み。▷よく自動販売機の動作に例えられる。自動販売機は利用客による入金や商品の指定を確認すると、売買契約の成立を自律的に判断してそれを履行する。

スマート シティー【smart city】⇨スマート-コミュニティー

スマート スピーカー【smart speaker】新 音声での対話によって操作を受け付ける情報家電。AIを活用し、インターネットでの情報検索、家電製品の制御、

商品の注文など、人間のアシスタントとして役立つ機能をもつ。AIスピーカー。

スマート センサー【smart sensor】光や音などの感知機能に、情報処理機能が付加されたセンサー。

スマート タグ【smart tag】新 無くしたら困るものに取り付けておき、持ち主との距離が離れたときに通知する機能を持つ小型の電子機器。紛失防止タグ。忘れ物防止タグ。

スマート ディスプレー【smart display】新 音声やタッチで操作できる、ディスプレー型の情報通信機器。主に家庭で、卓上に置いたり壁に掛けたりして用いる。音楽や動画の再生、ビデオ通話、家電製品の制御、ニュースや天気の表示、ショッピングなどが可能。

スマート デバイス【smart device】新 スマートフォンやタブレット端末の総称。→スマートフォン・タブレット端末

スマート テレビ【smart TV】新 ネットに接続できるテレビの俗称。インターネット経由の映像を見たり、パソコンやスマートフォンなどと連携させることができる。

スマート ハウス【smart house】新 太陽光発電・スマート-メーター・HEMSなどを利用し、電力使用を効率的に制御する家。スマート-ホーム。→HEMS

スマート パワー【smart power】軍事力だけでなく、経済や思想面での浸透を通して掌握する国際的な指導力。▷スマートは賢明である意。アメリカの戦略国際問題研究所(CSIS)が2007年に次期政権への提言として発表。オバマ政権の国務長官に任命されたヒラリー=クリントンが政策の基本方針として示した。

スマートフォン【smartphone】パソコンに準じる機能をもつ携帯電話端末。通話機能のほか、メールやブラウザーなどのネット機能、住所録や日程管理などの情報管理機能などをもつ。多くの場合、高度なカスタマイズが可能。スマートホン。

スマート ブレスレット【smart bracelet】新 活動量計などの高度な機能を持つブレスレット。フィットネス-トラッカー。スマート-リストバンド。

スマート ホーム【smart home】新 照明・空調・家事・防犯・防災・娯楽などの家庭生活に関連する装置について、その高度な管理や操作を可能にした住宅。またそのような環境を実現する技術やサービス。スマートフォンやスマートスピーカーを用いて、以上を自動または遠隔で操作できるようにしたシステムなど。

よくわかる「スマート」の意味と使い方

詳しい意味は？

英語のスマート(smart)にはもともと「洗練された」、「賢い」、「すばやい」など多くの意味があります。日本語では「ほっそりした」「格好いい」「手際がいい」「洗練された」という意味です。

「洗練された」という意味の「スマート」は、行動・態度・姿形(すがた かたち)を表現するときに登場します。例えば「彼の振る舞いはスマートだ」といえば、彼の行動・態度について「粋である」「気が利いている」といった意味を表します。また「彼の服装はスマートだ」といえば、彼の姿形(服装)について「お洒落(しゃれ)だ」「格好いい」といったニュアンスを表しています。

この意味に付随するのが、「やせている」という意味です。例えば「彼はスマートな体型だ」とか「スマートな形の機体だ」と言えば、身体や機体が「細い(細くて格好いい)」ことを意味します。実は英語の smart には、この意味が存在しません。

さらに近年では、「スマートフォン(smartphone)」のように英語の「賢い」の意味をもつ語が移入されて使われるようになりました。これらは、何かが IT(情報通信技術)によって高機能化している様子を表すものです。

実際の使われ方は？

[スマートな行動]　「洗練された」「ほっそりして格好良い」を意味するスマートは、「スマートな」「スマートに」「スマートさ」などの形で使うことができます。例えば「スマートな行動」「長身でスマートな人」「スマートさを欠く」といった具合です。

[スマート○○]　IT によって高機能化した装置は多くあります。例えば「スマート家電」といえば、自動節電機能のついたエアコンや、外出先から中身が確認できる冷蔵庫などが挙げられます。このほか「スマートウオッチ(smartwatch)」「スマートスピーカー(smart speaker)」「スマートグラス(smartglasses ／眼鏡型のコンピューター端末)」などの装置も存在します。どれも、IT を応用することによって従来のものにはない高度な機能が付加されていることが特徴です。

スマート メーター【smart meter】 高度な機能をもつ電子式の電力量計。短時間ごとのデータ蓄積やその送信などが可能。利用傾向の分析、多様な料金制度などへの応用が可能となる。

スマート メディア【Smart Media】 フラッシュ-メモリーを利用した、音楽・画像などのデータの記録媒体の一。デジタル-カメラやICレコーダーの記録媒体に使われる。商標名。SSFDC(solid state floppy disk card)。

スマート リストバンド【smart wristband】 ⇨スマート-ブレスレット

スマート リモコン【smart remote controller】新 高度な機能を持つ学習リモコン(ひとつで複数の電器製品を制御できるリモコン)。スマートフォンや音声などで操作可能な、据え置き型の機器であることが多い。

スマート ロック【smart lock】新 スマートフォン、ICカード、暗証番号、生体認証などを利用して施錠や解錠を行う装置。電子錠。

スマート ワーク【smart work】新 情報通信技術の活用で実現する、時間や場所を選ばない柔軟的かつ効率的な働き方の総称。テレワーク(リモートワーク)が代表例。

スマイリー【smiley】 電子メールなどで、記号を組み合わせて筆者の感情を表現するマーク。笑顔を表す(^＿^)や(^o^)など。顔文字。

スマイル【smile】 微笑。ほほえみ。

スマイル ジャパン【Smile Japan】 女子アイス-ホッケー日本代表チームの愛称。2013年(平成25)に日本アイス-ホッケー連盟が発表。

スマック【smack】 棒状に固めたアイス-クリームに薄くチョコレートをかけたもの。▷風味の意。

スマッシュ【smash】 テニス・卓球などで、球を相手のコートに急角度に強く打ち込むこと。

スマッシュ ヒット【smash hit】 映画や音楽などで、大当たり。大ヒット。

スマホ 俗に、スマートフォンの略。スマフォ。スマフォン。スマホン。→スマートフォン

スマホ ショルダー新 肩からかけて用いるスマートフォン用のかばん・ストラップなど。2022年(令和4)ごろ流行した。

スミチオン【Sumithion】 有機リン系殺虫剤の一。フェニトロチオン(fenitrothion)の商標名。農水省による一般名はMEP。松枯れ対策のために空中散布される。ポストハーベスト農薬の一つで、神経毒性がある。

スミッシング【smishing】新　携帯電話のSMS(ショートメッセージサービス)を利用したフィッシング詐欺。▷SMSとフィッシング(phishing)の合成語。

スムージー【smoothie】ヨーグルトや牛乳・豆乳に野菜や果物などを加え、ミキサーにかけた飲み物。▷スムーズな口当たりから。

スムーズ【smooth】①物事が滞らずに、すらすらとなめらかに進むさま。円滑。なめらか。②硬式テニスのラケットで、飾り糸の編み目のこぶが平滑な方の面。トスの際、ラケットの表裏をこれで見分ける。▷「スムース」とも。→ラフ(rough)

スメタナ【ロシア smetana】ロシア料理で伝統的に用いられるサワー-クリーム。

スメハラ 新 ⇨スメル-ハラスメント

スメル【smell】におい。

スメル ハラスメント【和製 smell ＋ harassment】新 俗に、体臭・口臭・香水・柔軟剤などの匂いによって周囲に不快感を与えること。スメハラ。

スモア【s'more】焼いたマシュマロとチョコレートを、全粒粉のクラッカーで挟んだお菓子。アメリカなどで、キャンプファイアの時に楽しむお菓子の定番される。▷「もう少し(欲しい)」を意味するsome moreを省略した語。

スモーカー【smoker】①喫煙者。愛煙家。②薫製器。

スモーキー アイ【smoky eye】目元を強調した化粧法。アイ-ラインをはっきりと描き、複数のアイ-シャドーで陰影をつける。スモーキー-メイク。スモーキー-メイクアップ。スモーキー-メーキャップ。

スモーキー マウンテン【Smokey Mountain】フィリピン、マニラ北部にあったスラムの通称。1954年にごみ投棄場になり、以降、廃品を回収して生活をする人々が住み着く。95年に閉鎖され、住民は退去させられた。▷名称は、ごみの山が自然発火し、常に煙を上げていることから。

スモーキング ガン【smoking gun】決定的証拠。硝煙の残る銃が、発砲の動かぬ証拠であることから。スモーキング-ピストルとも。▷コナン=ドイル(Arthur Conan Doyle)の小説「グロリア-スコット号」での表現が語源。

スモーク【smoke】①煙。②演出のために、ドライアイスなどを使って出す煙。③(smoked)燻製(くんせい)にすること。

スモーク ウッド【smoke wood】燻煙材の一。木材の細片(スモーク-チップ)を棒状に固めたもの。→スモーク-チップ

スモーク チップ【smoke

chip】燻煙材として用いる、木材の細片。単にチップとも。→スモーク-ウッド

スモール【small】小さい。小さな。

スモール スタート【small start】新 新しい取り組みを小規模から始めること。取り組みが軌道に乗った場合は、順次、規模を拡大する。

スモール バイク【small bike】小型フレームに小径ホイールを組み合わせた自転車。折りたたみ式や分解式の自転車もある。

スモック【smock】①ゆったりした上っ張り。画家・婦人・子どもなどが用いる。②布地を縫い縮めてひだを寄せた上をかがって模様を表し、ひだを固定する技法。スモッキング。

スモッグ【smog】大都市や工業地帯にしばしば発生する塵埃(じんあい)や煤煙(ばいえん)の粒子が凝結(ぎょうけつ)核となった霧。また、自然の霧とは関係なく、大気汚染の濃度の高い場合にも用いられる。どちらも住民の健康に害を及ぼす。▷ smoke (煙)と fog (霧)とから合成された語。

スライサー【slicer】①野菜・肉・パン・チーズなどの食品を薄く切る道具。②コンピューターで、表示したいデータをフィルタリングできるユーザー-インターフェース。

スライス【slice】①薄く切ること。薄く切ったもの。②ゴルフで、打球が右打ちの場合右に、左打ちの場合左に曲がりながら飛ぶこと。→フック ③テニス・卓球で、ボールに逆回転を与える打ち方。

スライダー【slider】新 ①野球で、打者の近くで、投手の投げた腕と逆の方へ滑るように水平に曲がる球。②滑る機構や、その機構を持つ道具・装置・部品など。往復する仕組みのものが多い。「キーボード―(＝コンピューターのキーボードを出し入れできる机)」▷スライダとも。③ウェブページの画面デザインで、大きな画像などのコンテンツを横方向に順番に入れ替えて表示する仕組み。スライドショー。カルーセル。④通常より小さなサイズのハンバーガー。また、そのサイズのバンズを用いたサンドイッチ。

スライド【slide】①滑ること。滑らせること。②ある数量の変化に応じて他の数量を変化させること。③事態の変化に応じて予定の順序を変えずにそのままずらすこと。④映写機にかけて拡大投影する透明陽画。また、その陽画を投影すること。また、その機器。幻灯。⑤スライド-ガラスの略。顕微鏡などの光学機器で、観察する材料を載せるガラス板。⑥ギターなどの弦楽器において、開放以外の弦を鳴らした後、押さえて

いる指をそのまま指板上をすべらせることで音程を変化させる奏法。

スライド ボード【slide board】新 ①上に乗ってスケートで滑るときの動作を行う、板状のトレーニング器具。スライディングボード。② ⇨トランスファーボード

スライム【slime】①粘着物。ねばねばしたもの。②鉱石・石炭などの微粒子が水と混合して軟泥状になったもの。

スラグ【slag】金属製錬の際、溶融した金属から分離して浮かび上がるかす。道路の路盤材、セメントの原料などにする。

スラッガー【slugger】野球で、強打者のこと。

スラック【slack】企業、特に、その成長期に蓄積された未利用の余剰資源。余剰人員・遊休設備など。▷ゆとりの意。

スラックス【slacks】ズボン。一般に、上衣と対でないものをいう。

スラックライン【slackline】支点2か所の間に伸縮性のあるベルトを張り、綱渡りの要領で乗りこなすスポーツ。人が乗るとベルトが少しだけ緩むようになっている。乗りながら左右にベルトを揺らす、ジャンプして飛び降りるなどの技がある。スラックライニング。▷スラックは緩いの意。アメリカのヨセミテ渓谷でロック-クライミングを楽しむ人々から発祥したといわれる。

スラッジ【sludge】①工場廃水や下水処理に伴って出る泥状物。汚泥。へどろ。②タンク内の油分・さびなどの沈殿物。③人をだますなどの悪い目的で用いられるナッジ(自発的行動を促す後押し)。▷ナッジ(nudge)との洒落。

スラッシュ【slash】①言葉の切れ目や、「または」の意などを示すために入れる斜線。「／」の類。また、コンピューターで用いられる斜線符号。フォルダーやディレクトリーの区切り記号などに用いられる。スラッシュ-マーク。→バック-スラッシュ ②洋裁で、服に入れたあき。両端の閉じたあきをいうことが多い。

スラッシュ【slush】①(油脂類の)残り物。廃物。②廃油。

スラッシュ メタル【slash metal】早いリフによるスピード感を特徴とするヘビー-メタルのスタイル。

スラップスティック【slap-stick】無声映画に始まる、激しい動き、誇張した演技、発作的展開などを特徴とする喜劇。どたばた喜劇。スラップスティック-コメディー。▷道化が相手役を打つ棒の称から。

スラップ訴訟 ⇨SLAPP

スラブ【slab】①登山で、なめらかな一枚岩のような岩盤。②石・

コンクリートなどの厚板。特にコンクリートの床板。③製鋼の圧延工程の中間製品の一。厚板状の鋼片。鋼板・帯鋼の加工用素材。

ス

スラブ【Slav】スラブ語派に属する民族。ヨーロッパの東部から中部にかけて居住する。

スラム【slum】近代都市において、貧しい人々が集まって住んでいる区域。貧民街。

スラム ダンク【slam dunk】バスケットボールで(強烈な)ダンク-シュート。→ダンク-シュート

スラリー【slurry】どろどろした粥(かゆ)状のもの。液体と固体粒子との懸濁液。

スラング【slang】特定の社会や仲間うちの間だけで通じる卑俗な語。卑語。俗語。

スランプ【slump】①気力や体調が一時的に衰え気味で、仕事の能率や成績が落ちる状態。②不景気。不況。③生コンクリートの軟度を表す数値。円錐台形の枠に詰めたコンクリートの頂部が、枠を取り去ったとき何cm低くなるかで表す。

スリー クッション【three cushion】ビリヤード競技の一。手玉(てだま)を撞(つ)き、二つの的玉(まとだま)に当てる技を競う。2個目の的玉に当てるまでに、3回以上クッションさせる。

スリーディー【3D】⇨3D

スリー ピース バンド【three piece band】3人編成の音楽バンド。特にロック音楽でいう。それぞれ異なる楽器を演奏し、少なくとも一人がボーカルを担当する。パワー-トリオ。

スリーブ【sleeve】①袖。②各種の配管や配線を通すために設けた、径のひとまわり大きい管。鞘管(さやかん)。

スリープ【sleep】睡眠。眠ること。

スリープオーバー
【sleepover】新 (主に子どもが友人宅で行う)お泊り会。

スリープ テック【sleep tech】新 良質な睡眠を提供するための情報通信技術。また、その技術を用いたビジネスやサービス。睡眠をモニタリングする機器など。

スリープ モード【sleep mode】電子機器で、機能を一時的に停止した状態。消費電力を節約するために、一定時間操作が行われない場合に生じる。

スリック【slick】光沢紙や上質紙を用いた雑誌。また、通信販売のための高級カタログをいう。▷てかてかした様子をいう語で、ネイル-アートなどでも用いる。

スリット【slit】①細長いすき間。②上衣やスカートの裾(すそ)に入れるあき。活動を楽にし、装飾も兼ねる。③光や電子の流れを絞る細いすき間。細隙(さいげき)。

スリット パンツ【slit pants】裾から切り込みを入れたパンツ(スボン)。

スリッパ【slipper】足の先を滑り込ませて履く、留め金やひものついていない洋室内の履物。

スリップ【slip】①滑ること。特に、自動車や自転車のタイヤが路面を滑ること。②女性の洋装用の下着。すべりのよい素材でつくり、肩ひもでつって胸から腰をおおうもの。③伝票。また、特に売り上げ・補充注文伝票とする、書籍にはさむ細長い紙片。

スリップストリーム【slipstream】高速走行中の車両背後に気流の働きで生じる気圧の低い領域。空気抵抗が小さくなるため、追随車はより小さなパワーで走行できる。

スリム【slim】ほっそりしたさま。細いさま。

スリラー【thriller】小説・映画・演劇などで、読者や観客を恐怖でどきどきさせたり、ぞっとさせたりする要素に満ちた作品。

スリリング【thrilling】恐怖や興奮でぞくぞくするさま。スリルがあるさま。

スリル【thrill】恐怖や興奮でぞくぞくしたり、はらはらしたりするような緊張感。戦慄(せんりつ)。

スルー【through】俗に、やり過ごすこと。気にしないこと。無視すること。▷原義は通過などを意味する前置詞・副詞・形容詞。

アップデート 近年、おもに若い社会人世代の間で、飲み会スルー(職場などの飲み会に出席しないこと)、忘年会スルー(職場などの忘年会に出席しないこと)、年賀状スルー(葉書の年賀状を出さないこと)などの表現が広まっています。いずれも「因習を見直す行動」という共通点があります。

スルー スキル【和製 through＋skill】新 誰かに煽(あお)られた際などに、それを無視したりやり過ごしたりできる能力。

スルー パス【through pass】サッカーなどで、相手ディフェンダーの間をすり抜けるように送るパス。

スループット【throughput】入力から出力までを含めたコンピューター-システムの総合的な処理能力。コンピューターが一定時間に処理できる仕事量あるいは処理する時間。

スルタン【アラビア sulṭān】イスラム圏で、カリフから特定地域における非宗教的な権力を委任された支配者、または特定地域の自立君主。サルタン。

スレイブ【slave】①奴隷。②他のコンピューターによって制御されている装置をさす。制御する側をマスターとよぶ。▷IT業界ではポリティカル-コレクトネスの観点でこれを言い換える動きも進む。

スレート【slate】①粘板岩の薄板。石盤・屋根葺(ふ)き材料とする。②セメントに石綿などを混ぜて①を模してつくった板状のもの。屋根・天井・内装・外装に用いる。③①のような暗い灰色。

スレッド【thread】①基本ソフト(OS)が一つのアプリケーション-ソフトウエアの処理(プロセス)を複数に分割して処理できる場合の、最小の処理単位。並列処理によって、処理効率を向上させる。②インターネット上のメーリング-リストや掲示板などにおいて、特定のテーマに関連した一連の発言のこと。また、アプリケーション-ソフトウエア上で、それらをまとめて表示する方法。▷議論や物語における筋の意。

スレ主(ぬし)「スレッドを立てた主」の略。→トピ主

スレンダー【slender】ほっそりとしたようす。すらりとしたさま。

スロー【slow】遅いさま。ゆっくりしているさま。

スロー【throw】投げること。特に、球を投げること。多く他の外来語とともに用いる。

スロー イン【throw-in】サッカー・バスケットボールなどで、フィールドやコートの外からボールを投げ入れること。

スローイング【throwing】スポーツで、球などを投げること。また、投げ方。

スローガン【slogan】団体や運動の主張や目標を強く印象づけるために、効果的に要約した文章。標語。

スロー ジューサー【slow juicer】新 野菜や果物などを、一般的な機器に比べてゆっくり圧搾する形式のジューサー。野菜や果物の風味を損なわないとされる。低速ジューサー。

ズロース【drawers】股下(またした)が比較的長く、ゆったりした形の女性用下着。

スロープ【slope】傾斜。勾配(こうばい)。坂。

スロー フード【slow food】食生活を見直そうという提言。また、そのための運動。ファースト-フードが健康や味覚に及ぼす影響について考え、食文化や暮らし方を問い直していこうとするもの。1980年代にイタリアで始まった運動が世界的に広まった。

スロープ スタイル【slope style】新 フリースタイル-スキー競技およびスノーボード競技における種目の一。障害物の上を滑ったり、ジャンプ台で技を披露したりしながら斜面を滑走するもの。審判員による採点で順位を決める。

スローモー 動作がのろいこと。反応が遅いこと。また、そのさま。▷スロー-モーションの略。

スロー モーション【slow motion】①高速度で撮影したフィルムを通常の速度で映写したときの画面に見られる、実際より遅い動き。また、そのように映した映像。②スローモーーに同じ。

スロー ライフ【和製 slow＋life】スピードや効率を重視した現代社会とは対照的に、ゆったりと、マイ-ペースで人生を楽しもうというライフスタイル。

スロー レジ 新 スーパーマーケットなどに設ける、ゆっくり精算したい人向けの有人レジ。▷ slow＋register から。

スロット【slot】①公衆電話などの硬貨投入口。②パーソナル-コンピューターで、ロム-カセットや拡張ボードを差し込む穴。③枠。時間枠、発着枠など。

スロット カー【slot car】溝(スロット)付きのコースを走らせることができる模型自動車。金属製の溝を通じて電力を受け、モーターで走行する。操作には専用コントローラーを用いる。

スロット マシン【slot machine】コインを入れてレバーを引き、回転する複数の絵柄を合わせ、その結果によってコインが戻ったり戻らなかったりする自動賭博(とばく)機械。

スロットル【throttle】①絞り。②流体の流路がせばまった部分。③絞り弁。通路の断面積を変化させ、そこを通る流体の量を加減する方式の弁。スロットル-バルブ。

スロップ シンク【slop sink】新 掃除道具、靴、園芸用品などを洗うための流し。マルチシンク。▷ slop は汚水などの意。

スワイプ【swipe】新 タッチ-パネルを用いたインターフェースで、一本または複数の指を置いてから、特定の方向に滑らせていく入力操作。ロック画面の解除や、ページの切り替えなどに用いる。

スワッグ【swag】新 葉・花・実などのついた枝を束ねて、それを壁にかける飾り物。多くの場合、束ねた部分を上にして飾る。

スワッピング【swapping】⇨スワップ

スワップ【swap】①交換すること。②コンピューターで扱っている情報の一部を一時的に他の記憶装置に転送し、再び必要になったときに戻す操作。③スワップ取引の略。④夫婦交換。スワッピング。

スワップ取引 ①外国為替取引で、直物為替の売りまたは買いと、先物為替の買いまたは売りを同時に同額で行うこと。為替予約期間の延長、為替持高調整などの理由で行われる。スワップ。チェンジ-オーバー。②一定期間、現在価値が等価のキャッシュ-フローを交換する取引。金利スワッ

プ・通貨スワップ・コモディティー-スワップ・エクイティー-スワップなどの種類がある。→キャッシュ-フロー

スワップ ミート【swap meet】不用品交換会。フリー-マーケット。

スワロー【swallow】燕。

スワン【swan】白鳥。

スワン ボート【swan boat】湖などで娯楽用に貸し出す、白鳥形のボート。足でペダルを漕いで進む。

スンドゥブ(純豆腐) 朝鮮風の朧豆腐(おぼろどうふ)。またそれを入れた鍋料理であるスンドゥブチゲの略。豆腐・魚介・野菜などの具を、コチュジャンをベースにしたスープで煮込み、生卵を落とす。▷朝鮮語。

スンナ【アラビアSunnah】イスラム教で、預言者ムハンマドが生前に実践していた慣行。一般のイスラム教徒が従うべき規範とされる。コーランに次ぐ第２の法源で、預言者の言行録(ハディース)の研究から確定される。▷慣習の意。

セ

セイボリー【savory】香辛料の一。シソ科の植物で、葉に独特の芳香があり、肉料理・サラダ・スープなどに用いる。

ゼウス【Zeus】ギリシャ神話の最高神。天空神。オリンポス十二神の一で神族の長。クロノスとレアの子。父クロノスたちのティタン神族を征服した後、世界の統治を兄弟ポセイドン、ハデスとくじで分割し、天界の統治権を得て、世界の覇者となる。正義と法により人間社会の秩序を守る。妻はヘラ。多くの神々や人間の女とも交わり、アテネ・アポロン・アルテミス・ヘルメスなどを生んだ。ローマ神話のユピテル(ジュピター)と同一視される。

セージ【sage】シソ科の多年草。地中海地方原産。夏、淡青色または白色の唇形花を開く。全草に芳香があり、香辛料のほか、薬用にする。

ゼータ【zeta・Ｚ・ζ】ギリシャ語アルファベットの第６字。

セーター【sweater】毛糸などで編んだ上着。普通、頭からかぶって着るものをいう。スエーター。

セービング【saving】①救助。節約。貯蓄。②ラグビーやサッカーで、身を投げ出してボールを止めること。

セーフ【safe】①安全な。無事な。信頼できる。②野球で、走者

が得ようとしていた塁を占有する権利を有すること。→アウト ③テニス・卓球などで、球がぎりぎりで規定線内に入ったことを判定する語。イン。

セーブ【save】①過剰にならないようにおさえること。抑制。②プロ野球で、リードしている時に救援し、最後まで投げきって勝利に貢献した投手に与えられる記録。→ホールド ③コンピューターで、主記憶装置にあるプログラムやデータなどを補助記憶装置に移すこと。→ロード

セーフガード【safeguard】WTO(国際貿易機関)協定やGATT(ガット)の特例に基づく緊急輸入制限。特定品の輸入が急増して自国の生産者に重大な損害を与えるおそれのある場合に認められる。案 緊急輸入制限

セーフティー【safety】安全。他の外来語と複合して用いられる。

セーフティー ネット【safety net】①(サーカスなどで)高所から落下した人間を救うための網。安全ネット。②ある制度や秩序が破綻(はたん)した際に、安全を保証するもの。一部での不具合や破綻がシステムや社会全体に波及するのを防ぐ安全装置。社会保険・年金・雇用保険などを含むが、多くは1990年代以降の金融危機・雇用不安・規制緩和に関連して用いられる。案 安全網

セーブル【sable】黒貂(くろてん)。また、その毛皮。

セーラー【sailor】①船乗り。船員。水兵。②「セーラー服」の略。

セーリング【sailing】①帆走。帆走法。②航海。航法。③ヨットやウインドサーフィンなどを用いたスポーツ。また、それを競技化したもの。

セール【sail】帆(ほ)。

セール【sale】売り出し。多く一定の趣旨を掲げて一定期間行われるものをいう。

セールス【sales】①販売。特に、外交販売。②「セールスマン」の略。外交販売員。

セールス ポイント【和製 sales＋point】商品を売りこむ際、客に強調すべきその商品の特徴や利点。

ゼオライト【zeolite】①沸石(ふっせき)のこと。②ケイ酸質イオン交換体の総称。硬水の軟化や分子ふるい(モレキュラーシーブ)に用いる。合成ゼオライト。

セオリー【theory】①理論。学説。仮説。②持論。私見。

セカンダリー【secondary】二次的。第二。補助的なこと。

セカンド【second】①第2。2番目の。他の外来語と複合して用いる。②野球で、二塁。または、二塁手。③自動車の変速装置の第2速。セカンド-ギア。→セコン

ド

セカンド オピニオン【second opinion】第２の意見。特に、医師の診断や治療法が適切かどうかを判断するために、患者やその家族が求める別の医師による意見。㊮第二診断

セカンド キャリア【second career】①定年退職した人や、出産・育児などにより退職した人の再就職。▷二つ目の職業の意。②引退したプロ-スポーツ選手の再就職。

セカンド ソース【second source】 あるメーカーが開発した機器と同じ性能をもつ別のメーカーの機器で、開発企業の許諾を得ているもの。

セカンド バージン【和製 second＋virgin】初めての性行為を済ませた女性のうち、その後しばらく性行為を体験していない人。また、そのような状態。▷漫画家、岡崎京子の同名作品(1986 年)から一般化。

セカンド バッグ【和製 second＋bag】補助的に用いる小型の鞄。提げ手がなく抱えて持つ。

セカンド ハンド【second-hand】古物。中古品。セコンド-ハンド。セコハン。

セカンド ボール【和製 second＋ball】サッカーで、どちらのチームも主導権をにぎっていないボール。ゴールキーパーやディフェンダーなどがクリアしたボールや、パス-ミスや競り合いからこぼれたボールなど。

セカンド レイプ【second rape】性犯罪の被害者が、取り調べや裁判などの過程で、再び精神的な苦痛を味わってしまうこと。取り調べで被害の詳細について聞かれたり、社会から好奇の目で見られる状態など。

セキュア【secure】①安全であること。確実であるさま。②盗聴や傍受の行われる危険性がないこと。

セキュリティー【security】①安全。防犯。安全保障。②(有価)証券。③コンピューターを利用する上での安全性。コンピューターへの不正アクセスやデータの改竄(かいざん)などの問題を扱う分野。コンピューター-セキュリティー。㊮安全

セキュリティー カメラ【security camera】防犯カメラ。

セキュリティー キー【security key】アクセス制限が施された情報システムや情報媒体を利用する際、鍵の役割を果たす情報や装置など。

セキュリティー ホール【security hole】コンピューター-システムなどで、本来の手順を踏まずにアクセスが可能になるような保護設計上の欠陥。

セキュリティー ポリシー【security policy】(情報システムなどで)安全確保のための詳細な指針。

セクシー【sexy】性的な魅力のあるさま。また、性的な感じの強いさま。

セクシー女優 ①セクシーな雰囲気を持つ女優。② AV(アダルト-ビデオ)女優。

セクシズム【sexism】性別を理由に人を差別する制度、あるいはその制度を維持するような実践。1960年代アメリカの女性解放運動の中で生まれた語。性差別主義。性差別。

セクシャル【sexual】性・性欲にかかわるさま。性的な魅力のあるさま。性的。セクシュアル。

セクシャル ウエルネス【sexual wellness】性の健康。性生活の満足や安全を、健康の一部として捉える考え方。▷避妊具、避妊薬、性的玩具、潤滑剤、コスチュームなどの市場を総称して、セクシャル-ウエルネス市場ともいう。

セクシャル ハラスメント【sexual harassment】労働や教育などの場において、他者を性的対象物におとしめるような行為を為すこと。特に、労働の場において、女性に対して、女性が望んでいない性的意味合いをもつ行為を、男性が行うこと。性的いやがらせ。セクハラ。

セクシャル マイノリティー【sexual minority】セクシュアリティーにおける少数派の総称。性的指向における少数派、性同一性障害者の人など。

セクシュアリティー【sexuality】性別や性的特質、また性行為や性的欲求に関すること。

セクシュアル【sexual】セクシャルに同じ。

セクショナリズム【sectionalism】ひとつの組織の中で、自分の属する部局や党派の立場に固執し、他と協調しない傾向。縄張り意識。セクト主義。

セクション【section】①部分。仕切り。②(文章などの)節。項。③会社などの部課。④建築で、断面図のこと。

セクステット【sextet】六重奏。六重奏曲。六重唱。六重唱曲。また、六重奏団。六重唱団。

セクター【sector】①扇形。②区切られたある範囲の土地。地域。地区。区域。③物事のある範囲。全体のうちの一部分。社会を構成する一部分。④コンピューターで、情報を記録するための媒体上の区切り。案 部門

セクト【sect】①主に左翼運動で、主張を同じくするものの集団。党派。②宗派。分派的宗教集団。制度的教会(チャーチ)の対概念。③カルト。反社会的な宗教集団。

セ

セクハラ セクシャル-ハラスメントの略。

セグメンテーション 【segmentation】 ①市場を分類し、その性格にあった商品の製造・販売活動をすること。②コンピューターで、長文のプログラムを主記憶装置にロードするために短い単位に分けること。

セグメント 【segment】 ①部分。区分。分節。階層。②企業の会計情報などを開示する際に、事業の種類、事業所の所在地、営業の対象となる地域などによって行われる区分。③マーケティングなどで、購入者の年齢・性別・職業などによって区分された階層。④コンピューターで、メモリーの管理単位。長いプログラムを、短い単位に区分したもの。

セクレタリー 【secretary】 秘書。書記。

セコ【スペインseco】スペイン産のワインで辛口のもの。▷乾いたの意。

セコハン 中古品。お古。▷セコンド-ハンド(secondhand)の略。

セコンド【second】ボクシングなどの試合で、選手の介抱や作戦指示に当たる介添え人。

セサミ【sesame】植物のゴマ。

セサミン【sesamin】胡麻(ごま)に含まれる微量成分の一。生活習慣病や老化の予防に効果があると考えられている。

セシウム 【cesium】 1族(アルカリ金属元素)の一。元素記号Cs 原子番号55。原子量132.9。銀白色の軟らかい固体金属。アルカリ金属中反応性は最大。融点は28.45℃。光電管の製造に用いる。

セ シ ボン【フランスC'est si bon.】とてもすてき。

ゼスター【zester】柑橘類の皮をすりおろす調理器具。

ゼスチャー【gesture】 ⇨ジェスチャー

セゾン【フランスsaison】季節。シーズン。

ゼタ【zetta】新 単位に冠して、10^{21}を表す語。単位Z。ゼッタとも。

セダン【sedan】自動車の型式の一。4~6人乗りで、座席は前向きに2列。乗用車の中で最も一般的なもの。箱型自動車。サルーン。リムジン。→クーペ

セック【フランスsec】①一般的に、ワインの辛口のもの。ドライ。②スパークリング-ワインの中辛口のもの。シャンパンでは醸造過程での許容加糖量が、1Lあたり17~35gのもの。▷乾いたの意。

セックス【sex】①生物上の男女・雌雄の別。性。→ジェンダー ②性交すること。③性器。

セックス テック 【SexTech】 性生活の分野に応用した情報通信技術。またその技術を用いたビジネスやサービス。

セックス ドラッグ【sex drug】性行為の際に使用される違法薬物。

セックスレス【sexless】病気や暴力といった特殊事情が存在しないカップルの間で、性交などの性的関係がほとんどない状態。

ゼッケン【ドイツ Decken】競技に参加する者が胸や背につける番号を書いた布。また、その番号。

セッション【session】①集団で行う活動がなされる期間。また、その集団。②複数の演奏家による演奏。③コンピューターのネットワーク接続で、ある通信の開始から終了までの一連のやりとり。また、その通信。

セッティング【setting】①(適切な位置に)装置などを配置すること。②物事を配置したり設けたりすること。

セット【set】①道具などの一揃(ひとそろ)い。②映画撮影時、演技の舞台とするためにつくる建造物。③テニス・卓球・バレーボールなどで、1試合を構成する基本単位。④組み立てたり備えつけたりすること。用意・準備などをしておくこと。⑤髪形を整えること。洋髪についていう。

セットアッパー【和製 setup＋er】⇨セットアップ

セットアップ【setup】野球で、7、8回に登板し抑え投手につなぐ中継ぎ投手のこと。セットアッパーとも。▷アメリカではセットアップ-マン(setup man)。→クローザー

セット アップ【set up】①組み立てること。利用できるように準備すること。②設立すること。③ボウリングで、ピンを定位置に立てること。④同じ素材でつくられた上衣とボトムス。セット-アップ-スーツ。

セットアップ スーツ【和製 set-up＋suit】新 同じ素材でつくられた上衣とボトムス。上下でサイズの異なった服や、一方のみの購入ができ、スーツとしても単品としても着用できる。セットアップ。

セット スコア【set score】テニスや卓球などで、双方の競技者がそれぞれ勝ち取ったセット数。

セット トップ ボックス【set-top box】ケーブル-テレビのケーブルと受像機を接続する装置。双方向通信を用いて、インターネット接続やビデオ-オン-デマンドの機能をもつものもある。STB。▷テレビ-セットの上に置いたことから。

セットバック【setback】建築物の外壁を敷地境界線から後退させて建てること。また、建築物の上部を段状に後退させること。案 壁面後退

セット リスト【set list】コンサートでの演奏曲順の一覧。セト

り。

セツルメント【settlement】貧しい住民の住む地区に宿泊所・診療所・託児所などを設け、住民の生活向上のために助力する社会事業。また、その施設。隣保事業。

セニョーラ【スペイン señora】奥様。夫人。また、姓に付けて敬称としても用いる。

セニョール【スペイン señor】だんな様。ご主人。また、姓に付けて敬称としても用いる。

セニョリータ【スペイン señorita】お嬢さん。令嬢。また、姓に付けて敬称としても用いる。

ゼネコン 土木一式工事を請け負う土木総合工事業者と、建築一式工事を請け負う建築総合工事業者の総称。または日本標準産業分類における総合工事を請け負う業者をいう。総合業者。総合建設業者。総合工事業者。▷general contractor の略。contractor は(工事)請負契約者の意。→サブコン

ゼネスト ゼネラル-ストライキの略。→ゼネラル-ストライキ

ゼネラリスト【generalist】⇨ジェネラリスト

ゼネラル【general】①将軍。総督。ジェネラル。②「一般の」「総体的な」の意。

ゼネラル ストライキ【general strike】全産業あるいは一産業の労働者による全国的規模のストライキ。また、一地域の各産業が一斉に行う大規模なストライキもいう。ゼネスト。

ゼノフォビア【xenophobia】外国人嫌い。外国人恐怖症。

セパ タクロー【マレー sepak takraw】バレーボールとサッカーを組み合わせたような球技。1チーム3人。ネットをはさんで対陣し、手・腕を使わず3回以内のタッチでボールを相手側に返す。

セパレーツ【separates】①上下に分かれ、他の服と組み合わせができるように仕立てられた婦人服。②上下に分かれた女性用水着。

セパレート【separate】①分離する。分ける。②一組みの装置で構成要素を自由に組み合わせて使えるようにしたもの。

セピア【sepia】①イカ・タコの墨を乾かし、アルカリ液に溶かし、希塩酸で沈殿させてつくる、黒茶色の絵の具。水彩画・ペン画素描に用いる。②黒茶色。

セプテンバー【September】9月。

ゼプト【zepto】単位に冠して、10^{-21}を表す語。記号z

ゼブラ【zebra】シマウマ。

ゼブラ企業 新 社会貢献と利益追求の両立を志向する企業。▷ユニコーン企業へのアンチテーゼとしていう。相反とされる要素の

共存を、シマウマ(ゼブラ)の縞模様に重ね合わせた命名。

セフレ セックス-フレンドの略。SF。▷1990年前半ごろからの若者言葉。

セブン【seven】①7。七つ。②ラグビーで、フォワード7人で組むスクラム。

セブン サミット【seven summits】七大陸の最高峰(の登頂に成功すること)。ヨーロッパのエルブルース、アフリカのキリマンジャロ、アジアのエベレスト(チョモランマ)、北米のマッキンリー(デナリ)、南米のアコンカグア、南極のビンソン-マシフ、オセアニアのコジウスコまたはカルステンツ-ピラミッドをさす。

セブンズ【sevens】フォワード3人・バックス4人の1チーム7人で行うラグビー。ルールやグラウンドは15人制のラグビーと同じだが、試合時間が短い。7人制ラグビー。セブン-ア-サイド。▷1883年、スコットランドで創始。

> アップデート 2016年のリオ夏季五輪からは五輪の正式種目として採用されました。男子日本代表チームはこの大会で4位入賞を果たしています。なお同競技の女子日本代表チームには「サクラセブンズ」という愛称があります。2013年(平成25)に公募を経て命名されたものです。

セマンティック ウェブ【semantic web】インターネット上のデータに属性を示す情報(メタデータ)を付加し、データの意味を含めた検索を可能にしたシステム。単に検索対象となる語が含まれているか否かではなく、コンテンツの意味情報から検索できるため、検索結果の精度が向上する。▷セマンティックは「意味に関する」の意。→メタデータ

セミ【semi】外来語の上に付いて用いられ、「なかば」「半」「準」などの意を表す。

ゼミ ゼミナールの略。

セミコロン【semicolon】欧文の句読点の一種。「;」

セミコンダクター【semiconductor】半導体。

セミダブル【和製 semi＋double】ダブルベッドに準ずる二人用の寝台。幅が1000～1200mmのもの。

セミナー【seminar】⇨ゼミナール

ゼミナール【ドイツ Seminar】①大学で、小人数の学生が集まり、教師の指導の下に自ら研究し、発表・討論を行う形式の授業。演習。ゼミ。②小人数を対象とし、討議などをまじえた講習会。▷セミナーとも。

セミプロ ①本職ではないが、技芸などが本職に準ずるもの。半玄人。②スポーツで、職業選手でないのに、それに準じた身分・待遇

などを受けている選手。▷ semi-professional から。

セム【SEM】(scanning electron microscope)試料に電子ビームを当て、表面から放出された二次電子をとらえてブラウン管上に表示する電子顕微鏡。走査型電子顕微鏡。

セメスター【semester】学校における学期制のこと。また、その学期のこと。狭義には、二学期制とその学期をさす。

セメント【cement】①土木建築用の結合剤やコンクリート・モルタルの主原料とする無機質の粉末。水で練り、型に流しこんだり塗りこんだりして放置すると、水和作用により凝固・硬化する。セメン。②広く接着剤をいう。

セモリナ【semolina】デュラム小麦を粗挽きにし、胚乳部分を粗く砕いて、ふすまをのぞいたもの。

セラー【cellar】①地下室。②酒などを貯蔵しておく蔵(くら)。

ゼラチン【gelatin】酸やアルカリで処理した獣皮・獣骨を煮て得られる抽出液を濃縮、乾燥したもの。湯に溶かして冷やすとゼリー状になる。食品原料・薬用カプセル・培地・写真乳剤などに用いる。ゲラチン。

セラピー【therapy】治療。治療法。

セラピスト【therapist】社会復帰のための療法を専門に行う人。療法士。治療士。

セラミック【ceramic】セラミックスにかかわること。セラミックスを用いていること。陶器の。陶製の。

セラミド【ceramide】肌の角質細胞間に存在する脂質。美容などで、肌に弾力、張り、保湿力を与えるといわれている。

ゼリー【jelly】①ゼラチンまたは寒天などで固めた食品。②果汁に砂糖を加えて煮詰めペクチンを固めたもの。ジェリー。

セリエ アー【イタリアSerie A】イタリアで、サッカーやバレーボールなどのプロ-スポーツの最上位リーグ。下位リーグにセリエBなどを持つ。▷最上位の級・シリーズ(serie)の意。

セリフ【serif】欧文活字で、HやLなどの線の端にある小さな横線やひげのような飾り。これのない書体はサン-セリフ(sans serif)という。

セリング【selling】有価証券募集や売り出しを不特定多数に対して行う業務。

セル【cell】①細胞。②コンピューターの表計算ソフトの集計の単位。縦横の罫線で区切られた枡目(ます め)になる。

セル生産 一人または数人の多能工化した作業者を1単位とするセルごとに、部品や製品を生産する方式。▷多品種少量生産への対応や作業者の能力を高めるシステムとして導入される。

セルツァー【seltzer】新 炭酸水。▷鉱泉で知られるドイツの地名に由来。

セルフ【self】①「自分自身で」「自動的に」の意。他の外来語の上に付いて複合語をつくる。②客体としてとらえられた自分自身。③ユング心理学で、無意識を含む心全体の中心であり、かつ心の外にもあって意識と無意識の調和を図る超越的な存在。

セルフィー【selfie】新 自分で自分の写真を撮ること。また、その写真。自撮り。

セルフィーユ【フランス cerfeuil】セリ科のパセリに似た植物。さわやかな芳香をもつ。葉をスープ・ソースや魚料理に用いる。チャービル。

セルフ カバー【和製 self＋cover】ポピュラー音楽で、過去に作った楽曲(他のアーティストに提供した楽曲や自分で発表した楽曲)を、自分で新たに録音して発表すること。

セルフ ケア【self-care】(健康について)自分で自分自身の面倒を見ること。自己療法。→セルフ-メディケーション

セルフ コントロール【self-control】①感情や欲望を抑えること。自制。克己。②自動制御。

セルフ サービス【self-service】店側のサービスの一部を客が行うこと。客が、商品を持ち運ぶスーパーマーケット、料理を運ぶファストフード店、給油作業を行うセルフ式ガソリンスタンド、会計作業を行うセルフレジなど。

セルフ写真館 新 客がセルフサービスで自撮り写真を撮影できるよう、スタジオや撮影機器を貸し出す写真館。韓国発祥。

セルフ ネグレクト【self-neglect】高齢者の生活能力・意欲が低下し、生活上必要な行為をせず、自己の心身の安全や健康が脅かされる状態。食事をしない、食べ物やごみを放置する、他者とのかかわりや医療を拒むなど。放置すると事故や孤独死に至る危険がある。自己放任。

セルフ プレー【和製 self-＋play】ゴルフで、キャディーをつけずにプレーヤーだけでホールをまわること。

セルフ メディケーション【self-medication】 自己治療。狭義には、患者が自分自身で病状の診断を行い、売薬を用いて治療を行うことをさす。→セルフ-ケア

セルフ ラーニング【self learning】独学。独習。

セルフ レジ【和製 self + register】小売店において、買い物客が自分自身で精算処理を行う方式のレジ。無人レジ。

セルライト【フランス cellulite】皮下脂肪の塊。また、その塊を原因とする肌の凹凸。血流から遊離した脂肪細胞に老廃物がたまり塊が形成される。セリュライト。

セルリアン【cerulean】空色の。青空色の。紺碧の。

セルロイド【celluloid】硝酸セルロース約75％に樟脳(しょうのう)約25％を加え練ってつくったプラスチック。玩具(がんぐ)・文房具・フィルム・眼鏡枠などに広く利用されたが、引火しやすいため他の合成樹脂にとって代わられた。

セルロース【cellulose】植物細胞の細胞壁・植物繊維の主成分をなす多糖類。β-グルコースが多数結合した長い鎖状の分子。レーヨン・セロファンなどの原料となる。繊維素。セルローズ。

セルロース ナノファイバー【cellulose nanofiber】新 木材繊維などを微細化してつくる、直径数~数十ナノメートル程度の繊維状物質。製造・廃棄時の環境負荷が少ない、軽量で強度がある、熱による伸縮が少ないなどの特徴がある。CNF。

セレクション【selection】①選び出すこと。選択。選抜。選考。②選び出された物事。「ベスト―」

セレクト【select】よりわけること。選別。

セレクト給食 ⇨リザーブ給食

セレクト ショップ【和製 select＋shop】一定の嗜好(しこう)をもった顧客に合わせて、一つのメーカーやブランドに固定せず、衣類、家具、小物、雑貨などの商品をそろえる店舗。

セレソン【ポルトガル seleção】代表。選抜。特に、サッカーのブラジル代表チームをさす。

セレナード【serenade】①夜、恋人の部屋の窓の下で歌ったり、弾いたりする甘く美しい曲。②18世紀に発達した器楽形式の一。管楽・弦楽・小管弦楽のための、娯楽的・祝典的性格の多楽章から成る組曲。小夜曲。夜曲。セレナーデ。

セレネ【Selēnē】ギリシャ神話の月の女神。羊飼いの美少年エンデュミオンを愛したという。のち、多産の女神アルテミスと同一視された。

セレブ 有名人。名士。女性誌などでは、流行やファッションをリードしたり、華やかな話題を提供するモデル・デザイナー・俳優などに対して用いられることが多い。▷セレブリティー(celebrity)の略。

セレモニアル【ceremonial】儀式(の)。式典(の)。

セレモニー【ceremony】儀式。式典。

セレモニー ドレス【ceremony dress】初宮参りや食い初めなどの行事で、乳児が着用するための服。▷和製用法。

セレン【ﾄﾞｲﾂ Selen】16族(酸素族)元素の一。元素記号Se　原子番号34。原子量78.96。常温で固体。金属セレン(灰色)、結晶セレン(赤色)、無定形セレン(黒色)などの同素体がある。金属セレンは光電管・光電池材料などに利用。セレニウム。

セレンディピティー【serendipity】思いがけないものを発見する能力。特に、科学分野でケアレスミスなどから思わぬ大発見を生む時などに使われる。▷おとぎ話The Three Princes of Serendipの主人公たちがこの能力をもっていることから、イギリスの作家H. ウォルポールが造った言葉。

ゼロ【zero】①ある数に加えても、ある数から引いても、もとの数を変えないような数。正でも負でもない数。記号0　また、アラビア数字を用いて数を表す場合、空位を示す。零(れい)。②試合で、得点のないこと。無得点。③全くないこと。

ゼロ イチ 新 ①存在しない状態からつくりだすこと。②どちらかひとつであること。「あるかないか」など。▷「0(ゼロ)」と「1(いち)」から。

ゼロ ウェイスト【zero waste】新 ごみを処理するのではなく、ごみの発生自体を抑制すること。英経済学者ロビン=マレーが提唱。

ゼロエネルギー住宅 新 ⇨ZEH

ゼロ エミッション【zero emission】リサイクルを徹底することにより、最終的に廃棄物をゼロにしようとする考え方。異なった業種の連携により、ある産業では廃棄物となるものを、別の産業で原料として使い、産業廃棄物を社会全体で利用しつくそうとするもの。国連大学が提唱。▷エミッションは放出、排出の意。案 排出ゼロ

ゼロ コロナ【和製 zero＋corona】新 2020年のコロナウイルス感染症COVID-19の世界的感染拡大を受けて、都市封鎖などの手法により、その市中感染を徹底的に抑え込もうとした政策。とくに中国で顕著に見られた。▷英語ではZero-COVID。

ゼロ サム【zero-sum】ある社会やシステム全体の利益と損失の総和はゼロであり、一方が利益を得れば必ず他方が損失を出すということ。▷ゲーム理論に由来する語。総和がゼロである意。

ゼロ サム ゲーム【zero-sum game】ゲームの理論で、参加者それぞれの選択する行動が何であれ、各参加者の得失点の総和

がゼロになるゲーム。零和ゲーム。

ゼロゼロ物件 賃貸住宅で、契約の際に敷金と礼金が必要ない(双方ともゼロ円である)物件のこと。

ゼロ デイ アタック【zero day attack】インターネット上のシステムにおいて、セキュリティ上の脆弱性(ぜいじゃくせい)が見つかったとき、問題の存在が広く公表される前にその脆弱性を狙う不正アクセスのこと。脆弱性の存在や対策法が、広く知れわたる前の攻撃をさす。ゼロ-デイ。 →セキュリティー-ホール・パッチ ▷脆弱性の発見直後なのでゼロ-デイ(0日)と呼ばれる。

ゼロテープ 【和製 Cellotape】セロハン-テープの商標名。

セロトニン 【serotonin】 インドールアミンの一。体内でトリプトファンから合成される。腸管などの平滑筋の収縮や中枢神経細胞の興奮伝達に働く。5-ヒドロキシトリプタミン。

ゼロ トラスト【zero trust】新 コンピューターネットワークのセキュリティー対策で、信頼できる内側と信頼できない外側との間に境界を設けて防御するのではなく、すべてのアクセスを信頼せずに検証する考え方。

ゼロ年代 西暦 2000 年から 2009 年までの 10 年間。80 年代(1980 年から 1989 年まで)などに倣っていう。

セロハン【cellophane】木材パルプから得たビスコースを狭い隙間(すきま)から酸性液中に押し出して薄い膜状に固めたもの。包装に用いる。▷「セロファン」とも。

ゼロベース【zero-base】 物事を始める際に、白紙の状態にすること。特に、予算編成時の各支出項目に関して、新規の増分だけでなく、過去の実績についても白紙の状態から検討すること。

ゼロ リスク【zero risk】リスク(危険の可能性)がないこと。またはそのような状況を求める考え方。

センイル ケーキ 新 誕生日ケーキ。推し(応援対象のアイドルなど)の誕生日を祝う際などに楽しむ。▷朝鮮語でセンイルは誕生日の意。

センサー【sensor】音・光・温度・圧力・流量など、計測の対象となる物理量を検知し、処理しやすい信号に変換する素子。また、その装置。

センサス【census】公的機関などにより行われる大規模な調査。案 全数調査/大規模調査

センシティブ【sensitive】①感じやすいさま。鋭敏。②微妙なさま。

センシュアル【sensual】新 肉感的であるさま。官能的。肉欲

的。

センシング【sensing】センサーによる観測。「—技術」「リモート-—」

センス【sense】物事の微妙な感じや機微を感じとる能力・判断力。感覚。

センセーショナル【sensational】人々の関心を強くひくようなさま。扇情的。

センセーション【sensation】世の中をあっといわせる事柄や事件。

センター【center】①中央。中心。また、中心となる機関・施設・場所。多く他の語と複合して用いられる。②球技で、中央のポジション、またそこを占める選手。③(center field(fielder)の略)野球で、中堅、または中堅手。

アップデート この言葉はアイドル用語としても登場します。女性グループアイドルが曲を披露する際、中央に立ってリードボーカル(主要な旋律を担当する歌い手)を務める人物を指します。

センタリング【centering】①中央に置くこと。②サッカーなどで、サイドライン近くからゴール前にボールを送ること。→クロス

センチ センチメンタルの略。

センチ【フランスcenti】①メートル法の単位に冠して100分の1の意を表す語。記号c ②センチメートルの略。

センチメンタル【sentimental】ちょっとしたことにも感じやすいさま。涙もろいさま。感傷的。

センチメント【sentiment】感情。情緒。感傷。

センチュリー【century】世紀。100年。

センディング【sending】①コンピューター-ネットワークなど通信で、送信。②海外への団体旅行などで、航空会社や旅行会社などから航空券やクーポンなどを回収し、出発日に空港の団体受付カウンターなどで客に渡してチェックインをサポートする業務。この業務を行う専門業者をセンダーという。

センテンス【sentence】文。あるまとまった内容を表現し、言い切りとなるもの。

セント【cent】アメリカ・カナダ・オーストラリアなどの補助通貨単位。1ドルの100分の1。

セント【Saint】キリスト教で、聖人・聖者。名に冠して用いる。聖。サント。セイント。略号St.S.

センド バック【send back】コンピューターなどの故障の際に、製品などをメーカーに送り、修理後、返送してもらうサービス。

セントラル【central】①他の外来語に付いて、「中心の」「中央の」の意を表す。②日本のプロ野球リーグの一。セントラル-リーグの略。

セントラル キッチン【central kitchen】レストランのチェーン店や病院・学校などの集団給食用の集中調理施設。

セントレア 中部国際空港(および、その商業施設も含めた業態)の愛称。▷中部(central)と空港(airport)の合成語。

セントロニクス【centronics】パソコンのプリンター用インターフェース規格の一。アメリカのセントロニクス-データ-コンピューター社が開発。

センマイ【千枚】新 (料理用の)牛の第３胃。

ソ

ソイ【soy】①大豆。②ソイ-ソースの略。

ソイ ソース【soy sauce】醬油(しょうゆ)。

ソイ ミート【soy meat】大豆を原料とする植物肉。大豆ミート。大豆肉。

ソイ ミルク【soy milk】豆乳。▷ソイは大豆の意。

ソウル【soul】①精神。魂。②ソウル-ミュージックの略。

ソウル フード【soul food】①アメリカ南部の郷土料理。アフリカ系アメリカ人が奴隷制時代に工夫して作り上げていった料理をルーツにもつ。牛や豚の内臓やとうもろこし・豆などが多く用いられる。②転じて、ある地域やエスニシティー(あるいは個人)にとって、日常の食生活で欠かすことのできない食材や料理のこと。日本人にとっての味噌汁など。→エスニシティー

ソウルフル【soulful】魂のこもったさま。感情のこもったさま。

ソウル ミュージック【soul music】ゴスペル音楽とリズム-アンド-ブルースが融合した音楽。強いリズム感をもつ。

ソーイング【sewing】縫うこと。裁縫。

ソーキ 沖縄地方で、豚の軟骨付きあばら肉。また、それを煮込んだもの。▷あばら骨の意。

ソーサー【saucer】コーヒー-カップなどの受け皿。

ソーシャル【social】他の外来語の上に付いて、「社会的」「社交的」の意を表す。▷ソシャル・ソシアルとも。➲よくわかる「ソーシャル」の意味と使い方(p.413)

ソーシャル アカウント【social account】新 ソーシャル-ネットワーキング-サービス(SNS)のアカウント。

ソーシャル イノベーション

よくわかる「ソーシャル」の意味と使い方

詳しい意味は？

ソーシャル（social）は英語の形容詞で、「社会の」「社交の」を意味します。ソーシャルビジネス、ソーシャルメディアなどのように、他の語に付いて使われます。ソシアルダンス（社交ダンス）などのようにソシアルと表記される場合もあります。

実際の使われ方は？

[ソーシャルワーカー]　社会的弱者（貧困・障害・差別などの問題で生活に困っている人）のために行う直接的または間接的な支援活動を「ソーシャルワーク（social work）」と呼びます。またこの活動を行う人を「ソーシャルワーカー（social worker）」と呼びます。学校を活動拠点とする場合は「スクールソーシャルワーカー（school social worker / SSW）」、保健・医療を専門とする場合は「医療ソーシャルワーカー（medical social worker / MSW）」となります。

[社会的課題のソーシャル]　1987 年に「持続可能な開発」という概念が世界的に注目されました。それ以来、国際社会は環境・資源・エネルギー・貧困・教育・人権といった「社会的課題」により大きな関心を向けています。その影響で、ソーシャルを冠した新概念も数多く日本語に入ってきました。

例えば「ソーシャルビジネス（social business）」は、社会的課題をビジネスの手法で解決しようとする事業。そのようなビジネスを行うベンチャー企業（革新的な小企業）を「ソーシャルベンチャー（social venture）」と呼びます。

[ソーシャルネットワーキングサービス（SNS）]　IT（情報通信技術）の分野では、ゼロ年代（2000 年～09 年）の初頭から「ソーシャルネットワーキングサービス（social networking service）」、略して「SNS」が普及しました。インターネット上で結びついた人どうしが情報交換できるサービスです。日本でそのはしりとなったのは mixi（ミクシィ、2004 年サービス開始）であり、2010 年代に入ってからは Facebook（フェイスブック）、Twitter（ツイッター）、LINE（ライン）などの利用が急速に広がりました。

【social innovation】新 社会的な課題(環境・貧困・人権・教育など)の解決を目的とする、新規的手法を伴う社会革新。

ソーシャル インクルージョン【social inclusion】社会的排除や摩擦を受け孤立する人々を援護し、公的扶助や職業訓練、就労機会の提供などを通じて社会的なつながりの中に内包し、共に地域社会の構成員として支えあうこと。

ソーシャル エンジニアリング【social engineering】①社会問題の解決や社会システムの制御を工学的方法を用いて行おうとする学問。社会工学。②俗に、情報通信分野のセキュリティーに関する重要情報を、技術的手法ではなく、話術による聞き出し、盗み見や盗み聞き、ごみ箱あさりなどの手法によって入手すること。

ソーシャル ギフト【social gift】SNS(ソーシャル-ネットワーキング-サービス)上の知人に対してプレゼントを送付できるサービス。

ソーシャル キャピタル【social capital】信頼関係・規範・相互扶助・人的ネットワークなど、人と人や組織などとのつながりを資本・資源としてとらえたもの。社会関係資本、人間関係資本などともいわれる。

ソーシャル グッド【social good】環境・人権などの社会課題の解決に資すること。またそのような活動・製品・サービス。

ソーシャル ゲーム【social game】SNS(ソーシャル-ネットワーキング-サービス)が提供するゲーム-サービス。特別なソフトウエアを導入することなく、ウェブ-ブラウザーの仕組みだけで遊ぶことができる。SNS上の人間関係を用いた仕掛け(友達を誘う機能など)が多い。▷ゼロ年代にパソコン用・ガラケー用のSNSで提供されたのが始まり。そこで確立されたゲーム-システム(ガチャによる課金など)が、のちにスマホ用ゲーム-アプリでも応用されるようになった。このためSNSが提供しないスマホ用ゲーム-アプリも、ソーシャル-ゲームと総称されるようになった。

ソーシャル コマース【social commerce】SNS上で販売促進活動を行う電子商取引。狭義には、消費者がSNS上で購入の手続きまでできるものをいう。

ソーシャル サービス【social service】社会事業。社会福祉事業。

ソーシャル サポート【social support】社会的支援。ある個人が社会的ネットワークから受けるさまざまな形の支援・援助。問題解決のために必要な資源を提供する(お金を貸す、情報を提供する、仕事を手伝うなど)道具的サポート、情緒面に働きかける(共感する、慰める、勇気づけるなど)情緒的サポートなどがある。

ソーシャル スキル 【social skill】対人関係における、挨拶・依頼・交渉・自己主張などの技能。社会的スキル。

ソーシャル セクター 【social sector】環境・人権などの社会課題の解決に取り組む組織。NPO法人、社団法人、財団法人、ソーシャル-ビジネス企業など。

ソーシャル ダンス 【social dance】社交ダンス。

ソーシャル ディスタンス 【social distance】新 感染症の流行拡大を防ぐため、人どうしで物理的距離をとって生活すること。社会的距離。ソーシャルディスタンシング。

ソーシャル ネットワーキング サービス【social networking service】ネット上で共同体を構築できるサービス。参加者はプロフィールや趣味を公開し、日記の掲載、情報交換などを行う。ソーシャル-ネットワーク-サービス。SNS。

ソーシャル ビジネス 【social business】環境問題や貧困・福祉など、社会的・地域的課題の解決をビジネスとして成立させながら追求しようとする事業。SB。→コミュニティー-ビジネス

ソーシャル ブックマーク 【social bookmark】自分が編集したブックマークをインターネット上に公開できるウェブ-サイト。またそのブック-マーク。公開者は各々の登録URLにタグ(分類用の語句)を付記できる。閲覧者はタグ・人・URLを糸口に関連情報を辿れる。

ソーシャル ボタン 【social button】ブログなどに設置できるSNS(ソーシャル-ネットワーキング-サービス)との連動用ボタン。記事に対する閲覧者のコメントをSNSに投稿する機能など。

ソーシャル ボンド 【social bond】新 社会課題を解決するため、そのプロジェクトに必要となる資金を調達する債権。社会貢献債。

ソーシャル マーケティング 【social marketing】環境保全、地域社会への貢献など、企業がその社会的責任を果たすことを重視し、顧客のみでなくすべての生活者を考慮するというマーケティングの考え方。

ソーシャル メディア 【social media】 インターネットにおいて、個人を主体にした情報発信や情報交換を可能にするメディアの総称。SNS(ソーシャル-ネットワーキング-サービス)、ブログ、ソーシャル-ブックマーク、口コミ

サイトなど。

ソーシャル リクルーティング【social recruiting】企業が採用活動で、ソーシャル-メディアを有効活用する手法のこと。→ソーシャル-メディア

ソーシャル リスニング【social listening】新 ソーシャル-メディアにおけるコメントを収集・分析することで、企業が消費者の生の声を把握するマーケティング手法。市場調査、商品やサービスの評判調査、宣伝効果の評価、消費者への働きかけなどを可能にする。

ソーシャル レンディング【social lending】ネットを通じ、お金の貸し手と借り手を個人どうしで結びつけるサービス。または、そのような融資。まず借り手はサイト上で希望額や借入理由を提示。次に貸し手は融資額と金利を入札。ネット-オークションの要領で、借り手と複数の貸し手との融資契約を成立させる。サイトは賃借双方から手数料を得る。P2P 金融。→P2P・ネット-オークション

ソーシャル ログイン【social login】新 ソーシャル-ネットワーキング-サービス(SNS)のアカウントを利用して、その SNS と連携している別サービスにログインすること。別サービスに新規登録する場合に比べて、情報登録の手間が省けるなどの利点がある。

ソーシャル ワーカー【social worker】専門的職業としてソーシャル-ワークに従事する者の総称。社会福祉士。

ソーシャル ワーク【social work】貧困・疾病その他の社会的な問題の解決を援助するための社会福祉の実践的活動。ケースワーク・グループ-ワーク・コミュニティー-オーガニゼーションなどの専門的社会事業。

ソース【sauce】①西洋料理で用いる液体調味料。ベシャメル-ソース・トマト-ソース・ドレッシング-ソースなど、きわめて種類が多い。② ⇨ウースター-ソース

ソース【source】①情報などの出所。情報源。② ⇨ソース-プログラム ③電界効果トランジスタの３電極の一。電子流が流れ出す電極。→ゲート・ドレーン

ソース プログラム【source program】コンピューターで、プログラム言語で記述されたプログラム。コンピューターで実行させるには、コンパイラーやアセンブラーで CPU が直接理解できるオブジェクト-プログラムに翻訳しなければならない。原始プログラム。ソース。ソース-コード。

ソーセージ【sausage】牛・豚・羊の腸などに調味した挽(ひ)き肉を詰め、湯煮した食品。湯煮ののち薫製にしたものもある。腸詰

め。

ソーダ【ｵﾗﾝﾀﾞsoda】①狭義には、炭酸ナトリウムの俗称。広義には、水酸化ナトリウムや炭酸水素ナトリウムなども含めていう。古くは、炭酸ナトリウム類似のアルカリ性の結晶性物質をすべてさした。②水に無機塩類と炭酸ガスを混和させた飲み物。種々のシロップを加えたものもある。炭酸水。ソーダ水。

ソート【sort】五十音順・アルファベット順・数の大小など一定の基準によって並べ換えること。ソーティング。▷分類の意。

ソード【sword】①剣。刀。②(swords)タロットのスート(マーク)のうち剣のこと。トランプのスペードに相当する。

ゾーニング【zoning】用途などの観点で場所を区分けすること。都市計画、建築、売場などでいう。

ソープ【soap】①石鹸。シャボン。②ソープ-ランドの略。

ソープ ランド【和製 soap＋land】個室式の特殊浴場。女性によるマッサージなどの入浴サービスを伴う。▷第二次大戦後に始まり、一時期「トルコ風呂」と称された。

ソーホー ⇨SOHO

ソーラー【solar】太陽の熱や光を利用していること。他の語の上に付けて用いられる。

ソーラー カーポート【solar carport】新 ソーラーパネルを屋根に設置したり、屋根と一体化させたりしたカーポート。

ソーラー システム【solar system】①太陽系。②太陽熱を利用して、冷暖房や給湯、発電などを行う設備・装置。

ソーラー チャージャー【solar charger】新 太陽電池で充電できる機器。ソーラー充電器。

ソーラー ハウス【solar system】太陽光線からエネルギーを得て、暖房・給湯などに利用する設備・構造を備えた住宅。

ソール【sole】靴・ゴルフ-クラブなどの底。

ソールド アウト【sold out】売り切れ。

ゾーン【zone】①地帯。区域。範囲。主に他の外来語と複合して用いる。②(スポーツなどで)集中力が極度に高まった状態。「―に入る」

ソケット【socket】①電球などの電子管を、ねじ込んだり差し込んだりして、電気を導くための器具。②ゴルフ-クラブのクラブ-ヘッドがシャフトとつながる部分。また、そこへ球があたるミス-ショット。③IPアドレスとポート番号からなるネットワーク上のアドレス。

ソサエティー【society】①社会。社交界。②会。協会。団体。

ソサエティー 5.0【Society 5.0】新 日本政府が提唱する未来社会のビジョン。サイバー空間とフィジカル空間(現実社会)が高度に融合したシステムにより社会課題解決と経済発展を両立させる、人間中心の社会。2016 年(平成 28)発表の第 5 期科学技術基本計画で提唱。▷5 は狩猟社会、農耕社会、工業社会、情報社会に続く新たな社会の意。

ソシアル【social】⇨ソーシャル

ソシオパス【sociopath】新 俗に、反社会的気質を持つこと。また、そのさま。また、その人。

ソシャゲ ソーシャル-ゲームの略。

ソックス【SO_x】⇨SO_x

ソックス【socks】足首くらいまでの短い靴下。

ソックス イン【和製 socks ＋ in】パンツ(ズボン)の裾に、靴下をかぶせる着こなし。靴下イン。

ソックス ブーツ【socks boots】素材に伸縮性があり、靴下のように足にぴったり張り付く形状のブーツ。ストレッチ-ブーツとも。

ソテー【フランス sauté】少量の油でいため焼きにする調理法。また、その料理。

ソドミー【sodomy】獣姦(じゅうかん)や同性愛・少年愛などのこと。▷創世記に出てくる町ソドムから。

ソナー【sonar】(sound navigation (and) ranging) 水中の物体を、音波を利用して探知する機器。信号音を発射して、目標からの反射音を受信するものと、自分からは信号を発射しない水中聴音機がある。水上艦艇・潜水艦・機雷などの探索のほか、魚群探知機・音響測深機などにも使用。

ソナタ【イタリア sonata】器楽曲の形式および曲種の一。16～17 世紀に出現し、バロック-ソナタから古典派ソナタへと発展した。古典派ソナタは第 1 楽章に速いソナタ形式をとる対比的な多楽章からなり、ハイドン・モーツァルト・ベートーベンなどによってその形式的可能性が極限まで追求された。奏鳴曲。

ソナチネ【イタリア sonatine】第 1 楽章を簡略なソナタ形式とした器楽曲で、全体が短い 2、3 の楽章から構成されたもの。ピアノ教材として多く書かれている。小奏鳴曲。▷小さなソナタの意。

ソニック【sonic】音の。音波の。音速の。

ソネット【sonnet】14 行からなる定型抒情詩。近世、イタリアに始まり、ルネサンス期にドイツ・フランス・イギリスに広まった。4・4・3・3、または 4・4・4・2 と行分けし、技巧的な押韻をする。14 行詩。小曲。

ソバー キュリアス【sober curious】新 酒を飲まないことを敢

えて選択するライフスタイル。▷sober は「しらふの」、curious は「好奇心が強い」の意。ソバキュリとも。

ソバージュ【フランス sauvage】髪形の一。毛先のほうから弱く細かいパーマをかけてウエーブをつけたもの。▷野性の意。

ソファー【sofa】背もたれがあり、クッションのきいた長椅子。

ソフィア【ギリシャ sophia】知恵。英知。

ソフィスティケート【sophisticate】趣味や態度などを洗練すること。

ソフィスト【sophist】紀元前5世紀頃、アテネを中心として弁論術や政治・法律などの教養を教えた職業的教育家たち。プロタゴラス・ゴルギアス・ヒッピアス・プロディコスを代表者とする。論争修辞に走ったと評されるところから、現代では詭弁(きべん)家という意味に転用されている。▷ギリシャ語で知者・賢者の意。

ソフト【soft】①やわらかいさま。おだやかなさま。②ソフトウエアの略。③ソフトボールの略。④ソフト-クリームの略。⑤建物・設備などの物に対して、運営・交流・教育など人のかかわり。

ソフトウエア【software】①コンピューター-システムに関係するプログラム。システムの運用に関する文書化された情報を含めることもある。ソフト。②映像・音楽・マルチメディアなどの作品。③特にハードウエアに対して、知識、思考による産物を集積したもの。→ハードウエア

ソフトウエア キーボード【software keyboard】コンピューターや情報端末の画面にキーボードの画像を表示して、タッチ入力やマウス入力などにより文字入力を行う仕組み。また、そのキーボード表示のこと。オンスクリーン-キーボード。

ソフト クリーム【和製 soft-+cream】軟らかいクリーム状にしたアイス-クリーム。

ソフト シェル クラブ【soft shell crab】脱皮直後の蟹(かに)。素揚げなどの方法で、殻ごと食べられる蟹をさす。

ソフト食(しょく) 高齢者が食べやすく食欲もわくように、食材と調理法を工夫した食事。しっかりと形があり、口への取り込みや嚥下(えんげ)がしやすいよう工夫されている料理をさす。高齢者ソフト食。

ソフト テニス【soft tennis】ゴム製の軟球を使用するテニス。明治初期、硬球の代用品としてゴム-ボールが考案されて以後、日本を中心にアジア・太平洋地域に普及。軟式庭球。軟式テニス。

ソフト ドリンク【soft drink】アルコール分を含まない飲料。清

涼飲料水の類。

ソフト ハウス【software house】コンピューターのソフトウエアを開発販売する企業。システム-ハウス。

ソフト バレーボール【和製 soft＋volleyball】ゴム製の柔らかいボールを用いるバレーボール。４人１チームでプレーし、ルールは６人制バレーボールとほぼ同じ。ソフト-バレー。▷福井県小浜市で考案された。

ソフト パワー【soft power】政治権力を構成する要素のうち、軍事力や警察力などの物理的強制力(ハード-パワー)でない、経済力や世論、文化や思想などの影響力。

ソフトボール【softball】野球のボールよりもやや大形の軟らかいボール。また、それを用いてする野球に似たスポーツ。野球に比べて各塁間はやや短く、投手は下手投げ。試合回数は原則として７回。ソフト。

ソフト マター【soft matter】柔らかい物質。高分子、液晶、コロイド、界面活性剤、生体分子などの総称。

ソフト ランディング【soft landing】過熱状態の景気を、急激な景気後退を招くことなく、安定成長に移行させる経済政策。また、産業構造の転換等を円滑に進めることにもいう。▷(宇宙船などの)軟着陸の意。㊟軟着陸

ソプラノ【イタリアsoprano】①女声の最高声域。また、その声域をもつ歌手。男児の声にもいう。②同族楽器の中で最高の音域を受け持つもの。

ソブリン【sovereign】①主権者。元首。君主。②独立国。主権国。

ソフレ 俗に、恋人ではないが添い寝まではできる異性関係。またそのような関係の人。▷添い寝フレンドの略。

ソム タム【タイsom tam】タイ・ラオス風のサラダ。細く刻んだ青パパイヤなどの具材に、唐辛子、大蒜(にんにく)、ライム、ナンプラー、砂糖などを調味料として加える。

ソムリエ【フランスsommelier】ワインに関する専門的知識をもち、レストランなどで客の相談に応じてワインを選ぶ手助けをする給仕人。

ソムリエ ナイフ【和製 フランスsommelier＋knife】ワイン用の栓抜きとキャップのシールをはがすナイフが一体になったもの。

ソラニン【solanine】ナス科植物に含まれるアルカロイド配糖体。ジャガイモの新芽に多く含まれる。苦みがあり有毒で、腹痛・めまいなどの中毒症状を起こす。

ソリスト【フランスsoliste】①独唱者。独奏者。②バレエのソロを踊る踊り手。第１舞踏手。

ソリチュード【solitude】孤独。

ソリッド【solid】①かたいこと。堅実なこと。②固体状であること。

ソリッド ステート ドライブ【solid state drive】⇨SSD

ソリューション【solution】①問題を解決すること。解決法。②溶解。溶体。溶液。[案]問題解決 ➲よくわかる「ソリューション」の意味と使い方(p.423)

ゾル【ドイツ Sol】コロイド粒子が液体の中に分散し、全体が流動性を示すもの。卵白・牛乳などがその例。コロイド溶液。また、コロイド粒子が気体中に分散したものをエーロゾルといい、広義にはこれも含める。→ゲル

ソルジャー【soldier】軍人・戦士。特に、陸軍の下士官や兵士をいう。

ソルティ ドッグ【salty dog】ウオツカにグレープフルーツ-ジュースを加えたカクテル。グラスの縁に塩をつけたスノー-スタイルで供す。

ソルト【SALT】(Strategic Arms Limitation Talks(Treaty))戦略兵器制限交渉、またその条約。㋐(ソルトI)米ソにより1972年に締結された条約。戦略ミサイルの数量制限を中心とする。㋑(ソルトII)米ソにより1979年に調印された条約。同年のソ連のアフガニスタン侵攻により未発効のまま失効。

ソルト【salt】塩。食塩。

ソルフェージュ【フランス solfège】音楽の基礎教育のうち視唱力・読譜力・聴音能力などを養う教育課程の名称。本来は、楽譜を母音またはドレミの音節で歌う声楽訓練を意味した。

ソルベ【フランス sorbet】リキュール・シャンパンなどを加えて、やわらかくつくった氷菓。

ソルロンタン 朝鮮料理のスープ料理の一。牛の肉や内蔵や骨を長時間煮込んで作る。→コムタン ▷朝鮮語。

ソレイユ【フランス soleil】①太陽。②ヒマワリ。

ソレノイド【solenoid】導線を円筒状に均一に巻いたコイル。

ソロ【イタリア solo】①歌唱・楽器演奏・舞踊などを一人で行うこと。②協奏曲において、トゥッティ(総奏)に対する独奏部分。③ソロ-ホーマーの略。野球で、塁上に走者がいないときのホーム-ラン。④一人だけで行うこと。単独。「—競技」

ソロ活(かつ) [新] (一般的には複数人で楽しむことが多い)娯楽・食事・趣味などを、積極的に一人で楽しむこと。焼き肉を一人で楽しむ場合など。

ソロ キャンプ【和製 solo＋camp】一人で行うキャンプ。

ソワレ【フランス soirée】①夜会。②

夜会服。③夜間興行。

ゾンデ【ドイツ Sonde】①体腔・臓器・組織などの中に挿入し診断・治療に用いる細い管状の器具。消息子。②ラジオ-ゾンデの略。気球に小型の自動観測器をとりつけた上層気象観測装置。

ゾンビ【zombie】①ブードゥー教でいう蛇体の神。②怪奇映画などに登場する無言・無意志で歩き回る死体。③意義・意図などがないのに、何らかの理由で存在し続ける物事。

ゾンビ企業　俗に、経営が破綻(はたん)しているにも関わらず、銀行などによる支援が継続されているため、倒産しない企業のこと。

よくわかる「ソリューション」の意味と使い方

詳しい意味は？

ソリューション（solution）は、「問題を解決する」「解答を出す」などを意味する英語の動詞 solve の名詞形で「解決・解明・解答」などの意味です。日本語でこの語が使われるのは、主に情報と経営の分野。その場合「経営上の問題を、情報技術などを用いて解決していくこと」という限定的な意味になり、具体的には「専門の業者が、顧客の要望に応じてハードウエア・ソフトウエア・人員などを組み合わせてシステムを構築し、これを提供する」ことを言います。

実際の使われ方は？

[システムソリューション]　解決手段を語頭につけて、○○ソリューションという熟語を作ることができます。例えばシステムソリューションと表現した場合、「システム構築によって経営上の問題を解決する」ことを意味します。同様の熟語にはインターネットソリューションなどがあります。

[ソリューション事業]　ソリューションを行う事業のことをソリューション事業と表現できます。同様の熟語にソリューションサービス、ソリューションサポート、ソリューションビジネスなどがあります。

[ソリューションプロバイダー]　ソリューション事業を行う事業者のことをソリューションプロバイダーと表現できます。ここで言うプロバイダーは、「提供者」を意味します。同様の熟語にはソリューションベンダーなどがあります。ベンダーは「納入業者」などの意味です。

[ソリューション（型）営業]　「問題解決」の意で用いる熟語に「ソリューション（型）営業」があります。これは、顧客が抱える問題の解決法を提案し、それを実現するような商品やサービスを受注する営業手法をさします。

タ

タ

ターキー【turkey】①七面鳥。②ボウリングで、ストライクを3回続けること。

ターキー【Turkey】トルコ。「—-レッド(＝トルコ赤)」

ダーク【dark】①暗いこと、黒ずんでいること。また、そのさま。→ライト ②印象が暗い、邪悪なこと。また、そのさま。③隠れていたり、観測できなかったりすること。また、そのさま。

ダーク ウェブ【dark web】新 匿名化機能を持つウェブ-ブラウザーでしかアクセスできないウェブ-サービスの総称。▷反社会的内容を含む闇サイトの運用など、犯罪に利用され問題化している。

ダーク ストア【dark store】新 宅配専門のスーパーマーケット。またその配送拠点。店舗での販売と宅配を並行する業態に対して、宅配のみを行う業態をいう。地域に細かく拠点を置くことによって、数十分程度での配送を可能にする。▷消費者の入店がないためダーク(隠れた)と呼ばれる。

ダーク ツーリズム【dark tourism】新 災害・事故・事件・戦争・紛争などの遺構を訪れて、その歴史を学ぶ観光活動。

ダークネス【darkness】暗闇。

ダーク パターン【dark pattern】新 オンラインのサービスで、利用者にとって不利になる誘導を巧妙に行うユーザーインターフェース。解約手続きの場所が分かりにくい、利用者に不利益な選択肢があらかじめ選択されている、手数料などの存在が決済直前まで隠されている、などの類。

ダーク ホース【dark horse】①その能力がよくわからない競走馬。伏兵。穴馬。②競技や選挙などで、番狂わせを演じそうな選手や候補者。

ダーク マター【dark matter】銀河系や銀河の間に大量に存在すると考えられているが、光や電波・X線などではまったく見ることのできない物質。暗黒物質。

ターゲット【target】①標的。まと。②光線または粒子線を当てる物質や電極。

ターゲティング【targeting】ユーザーが事前に登録した情報やユーザーの行動分析に基づき、嗜好(しこう)や興味に合わせた広告を配信すること。より効果的な広告宣伝が可能。▷「目標を設定する」の意。

ターコイズ【turquoise】トルコ

石。

ダージリン【Darjeeling】インド北東部、ヒマラヤ山脈の南麓にある保養都市ダージリンで産する紅茶の銘柄。香りが高いのが特徴で高級品とされる。

ダース【dozen】品物12個を一組みとする数量の単位。

タータン チェック【和製 tartan＋check】赤・緑・黄・黒などの格子縞の模様・織物。タータン。▷本来は、スコットランドの各氏族が他と識別するために用いた格子。

ダーツ【darts】①洋裁で、布を体形に合わせて立体化させるため、体の凹凸に沿ってとった錐形のつまみ。②円形の標的に投げ矢(ダート)を当てて得点を競うゲーム。ダーツ競技。

ダーティー【dirty】①(道徳的に)きたないさま。よごれているさま。②為替(かわせ)相場が市場介入の影響を受けているさま。

ダート【dart】ダーツに用いる小形の投げ矢。

ダート【dirt】▷泥(どろ)の意。①ダート-コースの略。土と砂とをまぜ合わせ、水はけをよくした競馬場の走路。②(舗装されていない)土の地面であること。

タートル【turtle】海亀。

タートル ネック【turtleneck】首に沿って筒状に伸びた襟。折り返して着る。とっくり襟。

ターニング ポイント【turning point】転換点。分岐点。

ターバン【turban】インド人やイスラム教徒の男性が頭に巻く布。

ダービー【Derby】①イギリス、ロンドン南郊のエプソムで毎年行われるサラブレッド4歳馬のクラシック-レース。現在、距離1.5マイル(約2414m)で競う。1780年ダービー伯の創始。②中央競馬「東京優駿(ゆうしゆん)競走」の通称である「日本ダービー」の略。イギリスのダービーにならい1932年(昭和7)に創設されたクラシック-レース。③プロ野球などで、投手や打者の成績の首位争い。④ダービー-マッチのこと。

ダービー ハット【derby hat】山高帽子のこと。ダービー競馬を創始したイギリスのダービー伯にちなむ。▷現在でもダービー競馬の開催時に観客がかぶることで知られる。

ダービー マッチ【derby match】サッカーなどで、同じ都市に本拠を置くチームどうしの試合。

タービン【turbine】流体を動翼に吹き付け、それによって軸を回転させて動力を得る原動機。

ターフ【turf】芝。芝生。

ターボ【turbo】ターボチャージャー(turbocharger)の略。排ガスを利用してタービンを回し、

タ

混合気を強制的にシリンダー内に送り込んで圧力を高める、エンジンの補助装置。出力・トルクを高め、併せて燃費向上に役立つ。

ターマック【tarmac】新 舗装路。主に自動車・自転車の分野でいう。▷もと商標名。

タ

ターミナル【terminal】①終点であること。末端であること。末期であること。②鉄道やバスの多くの路線が集中して、発着が行われる所。③ターミナル-ビルの略。④電池や電気器具などの、端子(たんし)。⑤コンピューターで、入出力を行う端末装置。またそのエミュレーター。

ターミナル アダプター【terminal adapter】パソコンのインターフェースを特定のインターフェースに交換する装置。TA。

ターミナル ケア【terminal care】治癒の可能性のない末期患者に対する身体的・心理的・社会的・宗教的側面を包括したケア。延命のための治療よりも、身体的苦痛や死への恐怖をやわらげ、残された人生を充実させることを重視する。終末ケア。→クオリティー-オブ-ライフ

ターミネーター【terminator】①終結させるもの。絶滅させるもの。②コンピューターの周辺機器を接続する信号線路の終端に挿入する部品。信号波形を整える機能をもつ。

ターム【term】①術語。専門用語。②期間。期限。

ターメリック【turmeric】ウコン(鬱金)の根茎を乾燥して粉末にした黄色の香辛料。カレー粉の主原料、たくあんの着色料などにする。

ダーリン【darling】最愛の人。愛するあなた。恋人・夫婦の間でいう。

タール【tar】有機物を熱分解して得る粘性のある褐色または黒色の油状液体。主成分は芳香族系の炭化水素とその誘導体。コール-タール・木タール・石油タールなどがある。

ターレット トラック【turret truck】動力源・駆動輪などが車台前部の塔状部に納められた運搬車。市場や構内で使われる。ターレット式構内運搬自動車。ターレット。ターレ。

ターン【turn】①まわること。回転すること。②進路を変えて、まがること。③来た方に戻ること。折り返すこと。④音楽で、装飾音の一。主要音の上の音に始まり、主要音の下の音を経て、主要音にかえる。回音。⑤順番制のゲームにおける、各プレイヤーの番。

ターンアラウンド【turnaround】①方向転換。転回。②航空機・船舶・自動車などの往復所要時間。

ターンオーバー【turnover】

①反転。②スポーツで、ボールの所持権が相手に移ること。③両面を焼いた目玉焼き。④皮膚の表皮組織の新陳代謝のこと。

ターン オフ【turn off】オンからオフの状態に切り替わること。

ターン オン【turn on】オフからオンの状態に切り替わること。

ターンパイク【turnpike】有料(高速)道路。トール-ロード。

タイ【tie】①ネクタイ。②試合や競技で、得点・記録などが等しいこと。③楽譜で、高さの同じ二つの音符を弧で結んだもの。一続きに演奏される。

ダイア ⇨ダイヤ

タイ アップ【tie up】手をつないで力を合わせること。提携すること。

ダイアモンド【diamond】 ⇨ダイヤモンド

ダイアリー【diary】日記。日記帳。

ダイアル【dial】 ⇨ダイヤル

ダイアローグ【dialogue】▷ダイアログとも。①対話。対談。②劇や小説中の人物の言葉のやりとり。また、対話劇。→モノローグ ③対話を目的とする会議やシンポジウムなど。

ダイアログ ボックス【dialogue box】コンピューターのプログラムがユーザーからの入力、あるいは指示をうながす場合に表示する箱状の画面。

ダイ イン【die-in】核兵器の開発・配備などに抗議して、集会の参加者が犠牲者に擬して大地に横たわる示威行動。

ダイエット【diet】①健康や美容のために、食事の量や種類を制限すること。食事制限。②食事制限や運動などにより体重を減らすこと。③余分なものや無駄なものをなくすこと。

ダイオード【diode】２端子の半導体素子。整流・検波・発光などに用いる。pn 接合ダイオード・MOS ダイオードなどがある。→LED

ダイオキシン【dioxin】ポリクロロジベンゾジオキシン(PCDD)の俗称、また特にその中で最も毒性の強い 2・3・7・8- テトラクロロジベンゾパラジオキシン(TCDD)のこと。除草剤 2・4・5-T などの製造の際の副産物として生成する。毒性が強く分解されにくい化合物で、皮膚・内臓障害を起こし、催奇形性・発癌(はつがん)性があるものが少なくない。都市のごみ焼却の灰、製紙の汚泥、自動車の排ガス中にも見出されており、環境汚染物質として問題となっている。ジオキシン。PC。

タイガ【ロシア taiga】ユーラシア大陸・北アメリカ大陸の北部(亜寒帯)に発達する針葉樹林。▷シベリア地方の針葉樹林の意。

タイガー【tiger】虎。

タ

ダイ カスト【die casting】溶かした金属を、圧力をかけて金属製の鋳型に注入する鋳造法。良質・精密な製品ができ、大量生産に適する。ダイ-キャスト。

ダイキリ【daiquiri】カクテルの一。ラム酒にライム-ジュース、砂糖少量を加えてつくる。

ダイジェスト【digest】ある文章や出来事などの内容を要約すること。また、要約された出版物や放送番組など。

ダイス【dice】①さいころ。また、さいころを使ってする勝負事。②料理で、さいのめ。

ダイス【dies】①雌(め)ねじの一部を刃とした、雄(お)ねじを切る工具。雄ねじ切り。②針金など線材の外径を仕上げるのに用いる金型。

タイ ダイ【tie-dye】絞り染めのこと。また、絞り染めした生地や衣服。

タイタン【Titan】①ギリシャ神話で、オリンポスの神々以前に天地を支配していた巨人族の神。天空神ウラノスと大地神ガイアの子供たち。オリンポス神族の長ゼウスと戦って敗れ、タルタロスに幽閉された。▷ティタンの英語名。②土星の第7衛星。土星の衛星中最大で大気をもつ。

タイツ【tights】腰から足先までをぴったり包む長靴下風の衣服。一般に、やや厚手の編み地のものをいう。

タイテ 新 タイムテーブル(時間表・進行表)の略。

タイト【tight】①衣服などが、身体にぴったりしているさま。②堅く結んであるさま。きつく縛ってあるさま。③隙間なく、ぎっしり詰まっているさま。スケジュールなどにいう。④管理や統制が厳しいさま。

タイド グラフ【tide graph】各地の潮汐の予報数値をグラフ化したもの。

タイトル【title】①表題。見出し。②映画やテレビの字幕。③選手権。④ある部門の最高記録をもつ者や、最優秀として認められた者に贈られる称号や地位。

タイトル バー【title bar】コンピューターで、ウインドー画面の上端にあり、ソフトウエア名やファイル名を表示する部分。

タイトル バック【和製 title＋back】映画やテレビの題名・配役・制作スタッフなどの文字の背景として映る画面。

タイトル ロール【title role】映画・演劇で、「ハムレット」「リア王」などのように、主人公の名が題名となっている作品の主役。主題役。題名役。

タイトロープ【tightrope】①綱渡り用の綱。②危ない橋を渡ること。

ダイナマイト【dynamite】ニ

トログリセリンを基材とした爆破薬。1866年ノーベルがニトログリセリンをケイ藻土に吸収させてつくったのが最初。現在はニトログリセリンとニトログリコールの混合物を硝酸アンモニウム・木粉・デンプンなどとともに硝酸セルロースと混ぜてゲル化させてつくる。

ダイナミクス【dynamics】①力学。動力学。②原動力。ダイナミックス。

ダイナミズム【dynamism】①内に秘めたエネルギー。力強さ。活力。②機械や人間の力強い動きを作品に表現しようとする、芸術上の一主義。③あらゆるものの存在とその生成を、いくつかの、または一つの力や作用から説明するような考え方や立場。力動説。

ダイナミック【dynamic】①力強く、生き生きとしているさま。躍動的。力動的。②変化するさま。変動するさま。→スタティック

ダイナミック パッケージ【dynamic package】旅行商品の一。ネット上で日程、目的地、交通手段、宿泊施設、そのほかのオプションを自由に組み合わせたうえでそれらを一括で予約できる。DP。

ダイナミック プライシング【dynamic pricing】その時々の需給バランスの変化に応じて、適宜、価格や料金を変更して、利益の最大化を図る方式。

ダイナミック レンジ【dynamic range】増幅回路などで、扱うことのできる最も大きな信号と最も小さな信号との大きさの比。

ダイナモ【dynamo】発電機。

ダイニング【dining】①食事。②ダイニング-ルームの略。食事をする部屋。

ダイニング キッチン【和製 dining＋kitchen】台所と食堂とが一緒になった部屋、またその間取り。DK。

ダイニング バー【和製 dining＋bar】酒類のほか食事も提供するバー。カウンター席とテーブル席を併設する。

ダイニング ルーム【dining room】食事をする部屋。食堂。

タイパ新 費やした時間に対して得られる成果・満足度の割合。時間対効果。▷タイムパフォーマンスの略。録画したドラマや映画を倍速で視聴する、粗筋だけ分かるように編集されたファスト映画を見る、音楽のさびのみを聴くなどの行動に見られる、できるだけ時間を掛けずに効率よく成果を得ようとする風潮の中で多く使われる。

ダイバー【diver】①潜水夫。②水泳の飛び込み種目の選手。③レジャーとして潜水をする人。④

スカイ-ダイビングをする人。

ダイバーシティー【diversity】多様な人材を活用すること。▷多様性の意。➲よくわかる「ダイバーシティー」の意味と使い方(p.431)

タ

ダイバーシティー マネージメント【diversity management】多様な価値観を反映した企業経営。年齢・性別・障害の有無・人種・民族・文化・キャリアなどを背景にした多様な価値観と、それを有する多様な人材を、企業経営に活かす取り組みをさす。→ダイバーシティー

タイ ハイ【thigh high】⇨サイ-ハイ

ダイビング【diving】①水に飛び込むこと。また、水泳の飛び込み競技。②飛び込むこと。宙に身を躍らせること。③飛行機の急降下。④潜水。

タイプ【type】①型。型式。②人間をその性格によって分類した場合に、ある共通性で特徴づけられる性格。類型。③タイプライターの略。また、タイプライターや文字入力用のキーボードを打つこと。

ダイブ【dive】①(頭から)飛び込むこと。突っ込むこと。②水中にもぐること。ダイビング。③飛行機の急降下。

タイフーン【typhoon】台風。

タイプ ミス【和製 type＋miss】キーボード使用時における文字の打ち間違い。ミス-タイプ。

タイ ブレーク【tie break】試合が長引くのを防ぐための方法。テニスやソフトボール、バレーボール、野球などで導入されている。ソフトボールではタイブレーカーともいう。

ダイベストメント【divestment】新 投資を引き揚げること。→インベストメント

タイポ【typo】印刷物における誤植。またはタイプ-ミスや誤変換。▷typographic error の略。

タイポグラフィー【typography】①活版による印刷術。②デザインにおいて、活字の書体や、字配りなどの構成および表現。

ダイマ 新 ネット利用者が用いる俗語で、宣伝の意図を隠さないで宣伝を行うこと。主にSNSの書き込みで、自発的になにかを勧める際に用いる。ステマ(ステルスマーケティング)に対していう。▷ダイレクトマーケティングの略から。

タイマー【timer】①時間記録係。計時員。②ストップウオッチのこと。③任意の時間に自動的に電源を入れたり切ったりする装置。タイム-スイッチ。④カメラのセルフ-タイマー。

タイミング【timing】物事をする時期。ころ合い。

よくわかる「ダイバーシティー」の意味と使い方

詳しい意味は？

英語でダイバーシティー(diversity)は「多様性」を意味します。特に「人間の多様性」を表現する場面でよく登場します。具体的には性別・年齢・国籍・人種・宗教・性的指向・障害の有無などの多様性のことを指します。

ダイバーシティーの使い方を実例で教えて！

[ダイバーシティーマネージメント] 多様な人材を活用する経営(マネージメント)のことです。「ダイバーシティー経営」とも言います。

ここでいう多様性とは、性別・年齢・国籍・人種・宗教・性的指向・障害の有無などの多様性のことです。したがってダイバーシティーマネージメントとは「性別・年齢・国籍・人種・宗教・性的指向・障害の有無などの多様な従業員を活用する経営手法」を意味するわけです。日本ではとりわけ「女性」人材の活用だけが注目されることも多い概念ですが、それは目標の一部に過ぎません。

[無線の「ダイバーシティー」] 無線通信分野では「ひとつの無線信号を複数のアンテナで受信したうえで、複数の受信信号をうまく選択・合成することで、信頼性の高い信号を確保する技術」をダイバーシティーと呼んでいます。この分野では慣習的に「ダイバーシチ」ということもあります。またこの技術を用いたアンテナ群を「ダイバーシティーアンテナ(diversity antenna)」といいます。携帯電話の基地局などで一般的に用いられている技術です。

[生物多様性] 地球上に多様な種の生物がいること、同じ種の中にも多様な遺伝子があること、さらには多様な生態系があることを意味する「生物多様性」を英語で表現するとbiodiversity(「バイオダイバーシティー」)となります。この言葉もダイバーシティーの仲間ということになります。

タイム【thyme】シソ科の小低木。南ヨーロッパ原産。全草に芳香のある精油を含み、料理の香味料や咳(せき)止めの薬として利用される。

タイム【time】①時。時刻。時間。②競走・競泳など時間を競う競技で、所定の過程を終了するのに要した時間。③スポーツ競技で、競技を一時中断すること。また、その命令。

タイム【TIME】アメリカのニュース週刊誌。1923年創刊。内外の政治・経済ニュースの解説を主眼とする。

タイム アウト【time-out】スポーツで、競技休止時間。作戦協議・選手交代・反則処理などのための、短い中断時間。時間制競技の場合、試合時間には算入しない。

タイム アタック【time attack】終了までの時間の速さを競うこと。

タイム アップ【和製 time＋up】規定の時間が切れること。時間切れ。

タイム カード【time card】タイム-レコーダーに挿入して出退勤の時間を記録するカード。また、それを模した勤怠記録。

タイム シート【time sheet】時間表のこと。勤怠管理表など。

タイム シフト【time-shift】①時間をずらすこと。②⇨タイムシフト視聴

タイムシフト視聴 ①テレビ番組などを、放送時間ではなく自分の好きな時間に視聴すること。録画機による視聴だけでなく、動画配信サービスによる視聴についてもいう。▷リアルタイム視聴に対していう語。②放送中のテレビ番組をハード-ディスクに記憶させながら、同時に視聴すること。一時停止・巻き戻し・早送りなどの機能を使っての視聴も可能。

タイム スタンプ【time stamp】①タイム-レコーダー。また、押印・記録された日付や時刻など。②コンピューターで、ファイルなどに記録されているデータの作成日時。③ある電子データが、ある時刻に存在していたこと、以降改竄されていないことを証明するサービス(タイム-スタンプ-サービス)での証明情報。

タイム スリップ【和製 time＋slip】SF小説などで、通常の時間の流れから逸脱し、過去や未来の世界に移動すること。

タイム セール【和製 time＋sale】スーパーマーケットや百貨店などで、時間を限定して行う特売。タイム-サービス。

タイム ゾーン【time zone】標準時が同じ地域の全体。時間帯。標準時間帯。

タイム チャート【time chart】①標準時一覧表。時差一覧表。

②特定の時代に関する歴史年表。

タイムテーブル【timetable】時間表。予定表。タイテ。

タイム トライアル【time trial】①ゴールするまでの所要時間で順位を決めるレース。②自転車競技のトラック競技種目の一。1000mまたは500mの距離を各選手が一人ずつ走り、その完走時間で順位を競う。

タイム パラドックス【time paradox】SF小説などで過去に移動した人が、過去の出来事に介入することで生じる矛盾の総称。

タイム ピース【time piece】時計。

タイム ビジネス【和製 time＋business】正確な時刻の配信・記録、その時刻の正当性の証明などを行うビジネスの総称。

タイム ライン【time line; timeline】新 ①年表。スケジュール表。時刻表。②災害時におけるリスクを評価し、事前に用意した時系列の行動計画。③SNS(ソーシャル-ネットワーキング-サービス)などにおける情報の時系列表示。TL。

タイム ラグ【time lag】ある現象の反応がすぐに起こらず、遅れて起こる際の時間のずれ。案 時間差

タイムラプス【time-lapse】新 長時間にわたり一定間隔で撮り続けた静止画を連続して表示する手法。時間が急速に進み、その間の変化が動画のように見られるようにしたもの。

タイムリー【timely】①物事がちょうどよい折に行われるさま。時機にかなっているさま。②タイムリー-ヒット(適時打)の略。

タイム リミット【time limit】時間の限度。時間切れ。時限。

タイム レコーダー【time recorder】タイム-カードに時刻を記録する機械。また、それを模したシステム。

タイムレス【timeless】新 時を超越していること。「—なファッション」

タイヤ【tire】自動車・自転車などの車輪の外周をおおうゴム製の輪。普通、内側のチューブを含めていう。タイア。

ダイヤ ダイヤグラムの略。ダイア。

ダイヤ ①ダイヤモンドの略。②トランプのカードの種類の一。ダイヤモンドを図案化した赤色の菱(ひし)形の絵柄のもの。▷ダイアとも。

ダイヤグラム【diagram】一定の線路の列車運転状況を表した図表。縦軸に距離と駅、横軸に時刻をとり、列車のおりおりの位置を斜線で示す。ダイヤ。ダイアグラム。

タ

タ

ダイヤモンド【diamond】①炭素からなる鉱物。立方晶系に属し、普通は八面体をなす鉱物。純粋なものは無色透明、ときに黄・赤・青・緑色など。美しい光沢をもち、宝石として珍重される。硬度は天然に存在する物質中で最大。金剛石。ダイヤ。②野球で、内野のこと。③ビリヤードで競技台の外枠にはめ込まれている印。▷ダイアモンドとも。

アップデート 2020年(令和2)のコロナ禍。日本での騒動の始まりは、同年2月に横浜港に入稿した英船籍のクルーズ客船『ダイヤモンド・プリンセス』号で発生した集団感染でした(712名が感染、13名が死亡)。各国を行き来する客船の感染症対応では、国際ルールの不備も指摘されています。

ダイヤモンド ダスト【diamond dust】細氷。空気中の水蒸気が細かい氷の結晶となって大気中を落下、または浮遊する現象。寒冷地で気温がきわめて低いときに見られる。視程は1キロメートル以上ある。▷太陽に輝いてキラキラと見えることからいう。

ダイヤモンド富士 富士山の山頂に日の出あるいは日没時の太陽が重なってみえる状態。富士山が西か東の方角に見える場所で気象条件が良好な場合、一つの地点からなら年に2回だけ見ることができる。→パール富士

ダイヤル【dial】①電話器の、数字の書いてある文字盤。また、それを回して電話をすること。②ラジオ・テレビの周波数を示してある目盛り盤。また、それを動かすつまみ。▷ダイアルとも。

ダイヤル アップ【dial-up】電話回線を利用すること。特に、データ通信に電話回線を使用すること。

ダイヤル イン【和製 dial＋in】多数の電話をもつ事業所などで、外部から直接個々の電話を呼び出せる方式。直通電話。

ダイリューション【dilution】①希釈。②株式増資などによって起きる、1株あたりの配当・資産の減少。希薄化。

タイル【tile】床や壁などに張りつける陶磁器製やプラスチック製などの薄板。装飾をかねて仕上げに用いる。

タイル カーペット【和製 tile ＋ carpet】正方形のパーツをタイルの要領で敷き詰める方式の絨毯(じゅうたん)。カーペット-タイル。

ダイレクト【direct】直接的なさま。途中に何も介さないさま。

ダイレクトOTC薬 医療用医薬品として承認されているが使用実績のない新有効成分を含む一般用医薬品。▷ OTC(over the counter)薬は、一般用医薬品の意。

ダイレクト マーケティング

【direct marketing】 従来の広告・販売よりも、より直接的に消費者に広告・販売をする活動。ダイレクト-メールによる広告、通信販売など。

ダイレクト メール 【direct mail】個人あてに直接郵送する宣伝広告。あて名広告。DM。

ダイレクト リクルーティング 【和製 direct＋recruiting】 新 企業自身が能動的かつ直接的に人材探しを行ったり、その人材への接触・交渉を行ったりする方式の採用活用。人材探しを外注する方式に対していう。求職者データベースを活用する方法などがある。DR。スカウト(型)採用。ダイレクトソーシング。

ダイン 【dyne】 力の大きさのCGS 単位。1g の質量を持つ物体に 1cm/s^2 の加速度を生じさせる力の大きさを 1 ダインとする。記号 dyn →ニュートン

タウ【tau; Τ・τ】ギリシャ語アルファベットの第 19 字。

ダウ ⇨ダウ平均

ダウ【dhow】帆船の一。1 本マストで三角帆。モンスーンを利用し、インド洋を航海する。

ダウジング【dowsing】 占い棒や振り子、L 字の針金などを用いて、目的の物を探り当てたり予測する技術。水脈・鉱脈の探索や、占いなどに用いられる。▷古くから世界各地で行われている技術だが、科学的な根拠は明らかにされていない。

ダウト【doubt】①疑い。②トランプのゲームの一。手札を裏側にして番号順に出してゆき、手札を早くなくした者が勝者となるもの。番号が疑わしいと思った時ダウトと声をかけ、偽札であったら出した者が、偽札でない場合はダウトをかけた者が場札をとる。

ダウ平均 アメリカのダウ=ジョーンズ(Dow Jones)社の開発した平均株価。修正平均株価の代表的なもの。ダウ式平均株価。▷米国の S&P ダウ=ジョーンズ-インデックスが発表。

タウリン【taurine】アミノ酸の一。シスチンの生体内酸化によりつくられる。各種の胆汁酸と結合して胆汁中に排泄される。

タウン【town】町。都会。

ダウン【down】①下げること。また、下がること。→アップ ②倒れること。③それ以上続けられなくなること。稼動しなくなること。④アメリカン-フットボールのゲームの単位。攻撃権を得たチームが第 1~第 4 までのダウンを行う。

ダウン【down】羽毛。綿毛。

ダウンサイクル 【downcycle】不用品や廃物を再利用して、以前よりも質を下げた商品を作り出すこと。古着を再利用して、雑巾を作る場合など。→アップサイクル

タ

ダウンサイジング【downsizing】①機器などを、従来のものより小型にすること。特に、大型の汎用コンピューターに代えて、ワーク-ステーションやパソコンを採用すること。②企業など団体や組織が、人員やコストを削減すること。

ダウンシフター【downshifter】高所得ではあるがストレスの多いキャリア重視型の生活を、自分の時間や家族を大切にする簡素な生活に変える人のこと。

ダウン症候群 染色体異常症の一。多くは21染色体の過剰による。一般に精神発達や発育が障害され、先天性の心疾患を伴うこともある。▷1866年ダウン(J. Langdon Down［1826～1896］)が報告。

ダウンタイム【downtime】新 ①機械やコンピューターを運転・稼働していない時間。中断時間。休止時間。→アップタイム ②美容医療で施術直後から回復までの期間。腫れやあざなどが収まるまでの期間。

ダウンタウン【downtown】下町。商業地域。

ダウンバースト【downburst】積乱雲などの中で発達する下降気流が地表に衝突して四方に発散する、爆発的な吹き出し風。

タウン ハウス【town house】共用の庭をもち、各戸が地面に接している低層の連棟式集合住宅。

ダウンヒル アシスト コントロール【downhill assist control】自動車で急な坂道をおりる際、自動的に走行速度を抑制する機能。DAC。

ダウンフォース【downforce】下向きの力。特に、自動車が高速で走る場合、車体上部を流れる気流と床下を流れる気流によって生じる揚力を抑えるため、スポイラーなどで得るもの。

ダウン プルーフ【down proof】 ダウン-ジャケットなどで、羽毛が外に出にくいよう加工されていること。「―加工」

タウン ミーティング【town meeting】政治家と市民による対話集会。狭義には、アメリカの一部自治体が開催する住民参加型の政策決定会議をさし、アメリカ民主主義の原点ともいわれる。

ダウン ラウンド【down round】新 スタートアップ企業が資金調達を行った際、前回の資金調達時より低い企業価値となる(ひと株あたりの株価が下がる)こと。企業の成長性が疑問視されるほか、既存株主の持ち株比率が低下する可能性もある。▷この場合のラウンドは「資金調達の段階」の意。

ダウンロード【download】インターネットなどで、サーバーに

置かれているデータを自分の端末に転送すること。→アップロード

タオ【tao】中国の道教や老荘思想で、宇宙の根本原理としての道。

タオル【towel】①織物の片面または両面に輪奈(わな)を織り出した厚手の綿織物。タオル地。②①の布地でつくった手ぬぐい。

タオル ケット【和製 towel+blanket】厚手のタオル地で作った毛布風の寝具。

ダガー【dagger】①短剣。②欧文の符号活字の一。「†」のこと。参照や注などを示すのに用いる。短剣符。剣印。

ダ カーポ【イタリア da capo】音楽で、曲の初めに戻り、もう一度繰り返して演奏することを指示する演奏記号。略号D.C. ▷「はじめから」の意。

タキオン【tachyon】光速を超える速さで運動する仮想的な粒子。その存在は特殊相対性理論とは矛盾しないが、力を加えると減速して光速に近づくという性質をもつ。

タキシード【tuxedo】男子の夜間用略礼服。燕尾(えんび)服の代用として用いる。黒羅紗(ラシャ)などでつくり、上衣は背広形で襟は綾絹(あやぎぬ)でおおう。ズボンにも側線に綾絹の飾り縁がつく。黒の蝶(ちょう)ネクタイを着用。ディナー-コート。タクシード。

タギング【tagging】札を付けること。特に、万引き防止などのために、レジを通過しないと警報を発するタグを付けること。店舗ではなく、生産段階で商品に付けることをソース-タギングという。

タグ【tag】①付け札。標識。荷符。②商品に付けてある札。商品名・価格・種類・製造会社などが記されている。③コンピューターで、データの一部に構造や内容を識別するために付けられる目印。

タクシー【taxi】客の求めに応じて、目的地まで客を運び、距離・時間に応じて料金を取る営業用自動車。

タクソノミー【taxonomy】分類。分類法。分類学。▷生物学における生物の分類、企業が開示情報をつくる際のひな形(EDINETタクソノミなど)、環境配慮に資する事業を定義した分類(EUタクソノミーなど)などがある。

タクタイル【tactile】キーやスイッチを押した際に、かちっとした触感が得られる様子。「—スイッチ」

タクティックス【tactics】戦術。策略。かけひき。

タクト【ドイツ Taktstock】音楽の指揮。また、指揮棒。

ダクト【duct】冷暖房や換気などのために空気を送る管。送風

タ

管。風道。

タグボート【tugboat】引き船。

タグ マッチ【tag match】プロレスで、複数の選手が組になって行う試合。一人がリング内で試合をし、タッチ(=タグ)によって交代する。タッグ-マッチ。

タグ ライン【tag line】①演劇などで、結び文句。②企業の広告などで用いるキャッチ-フレーズ。ロゴ-マークに隣接して記すことが多い。

タクる 俗語で、タクシーに乗る。タクシーを利用する。

タコグラフ【tachograph】時計・速度計・走行距離計を組み合わせ自記装置を備えたもの。自動車に取り付けて運行記録とする。記録式回転速度計。

タコス【スペイン tacos】メキシコ料理の一。トウモロコシ粉で焼いたクレープ状の皮に、炒(いた)めた挽(ひ)き肉やチーズ・レタスなどをはさみ、香辛料をきかせたトマト-ソースで食べるもの。

タコメーター【tachometer】エンジンなどの、単位時間における回転数を表示する計器。回転速度計。

タコ ライス【和製 taco+rice】沖縄料理の一。ご飯にタコス風の具を載せたもの。炒(いた)めた挽(ひ)き肉・トマト・レタス・チーズなどの具や、サルサ-ソースが用いられる。▷南米移民の帰省者(二世・三世)、あるいは米軍関係者によって沖縄に持ち込まれたタコスが起源といわれる。

タジン【tagine】モロッコやチュニジアなどの北アフリカの鍋料理。肉や野菜を蒸し煮にするもの。また、その料理に使う、浅い胴体と円錐(えんすい)形の蓋(ふた)からなる鍋。蒸気を逃がさないため、少量の水で煮込み料理が可能。

タスク【task】①課せられた仕事。課題。②コンピューターで処理される作業の最小単位。案 作業課題 →ジョブ ➲ よくわかる「タスク」の意味と使い方(p.439)

タスク フォース【task force】①機動部隊。② ⇨プロジェクト-チーム 案 特別作業班

タスク ライト【task light】机上で用いる作業用照明。

ダスター【duster】①ほこりよけの薄地のコート。ダスター-コートの略。②ほこりやごみを払うもの。はたき・ぞうきんなど。③ダスト-シュートに同じ。

ダスト【dust】①ちり。ほこり。ごみ。②ちりのように細かいもの。

ダスト シュート【和製 dust+chute】高層建築の各階にごみの投入口を設け、下へ落ちてきたものを収集する設備。ダスター。

ダダ【フランス dada】ダダイスムの略。

ダダイスム【フランス dadaïsme】第一次大戦中から戦後にかけて国際的に展開された芸術革命運

よくわかる「タスク」の意味と使い方

詳しい意味は？

タスク（task）はもともと英語で、「やるべき作業」を意味します。

この言葉のニュアンスは、類義語と比べることで理解できます。「作業」を意味するカタカナ語には、「ワーク（work）」「ジョブ（job）」「タスク」などがあります。このうちワークは「作業一般」を表す概念（英語では不可算名詞の扱い）。いっぽうジョブやタスクは「具体的なやるべき作業」をさします（英語では可算名詞の扱い）。

どんな時に登場する言葉？

作業や仕事にかかわる場面で登場する言葉です。またコンピューターの分野では「処理の実行単位」という意味でタスクという言葉が登場します。

タスクの使い方を実例で教えて！

［タスク管理］ これから行うべき作業・行動を一覧表にまとめて管理することを「タスク管理」と呼びます。近年ではスマートフォンなどで「タスク管理アプリ」や「タスク管理ツール」を活用する人も増えているようです。

［タスクフォース］ 「特別な目的のため臨時に編成するチーム」をタスクフォース（task force）と呼びます。TF と略す場合もあります。

本来は軍隊用語のひとつ。特別任務を遂行するために、通常の組織とは別に編成する「特別部隊」や「機動部隊」を指します。部隊を意味する「フォース」という語を含むのはこのためです。

転じてビジネスや行政などの分野でも「特別作業班」のことをタスクフォースと呼ぶようになりました。例えば日本政府は 2009 年に「JAL（日本航空）再生タスクフォース」を、また 2010 年に「自殺対策タスクフォース」を設置しています。

動。理性を優位におく既成のあらゆる価値観を否定し、芸術の自由な発想と表現をめざした。反合理主義・反道徳の態度を特色とする。ダダイズム。ダダ。

タタミゼ【フランス tatamiser】日本風の生活様式や調度品などを取り入れた生活をおくること。▷フランスの造語で、畳の上で暮らすという意味。

ダッカルビ 韓国の鉄鍋料理の一。肉と野菜とコチュジャンなどを合わせて炒める。元来は、骨付きの鶏肉でつくる韓国・春川地方の家庭料理。タッカルビ。▷朝鮮語で、鶏のカルビの意。

タッカンマリ 新 朝鮮風の鶏の水炊き。狭義には鶏1羽を丸ごと使うものをいう。具材の野菜はジャガイモやネギなどを用いる。唐辛子やニンニクなどで作るたれに付けて食べる。▷朝鮮語で鶏1羽の意。

タック【TAC】一定の海域における漁種別の年間漁獲量の上限。海洋生物資源保存のために定める。漁獲可能量。

タック【tuck】洋裁で、装飾または身体に合わせるために、布地をつまんで折ったもの。

タッグ【tag】①プロレスのタッグ-マッチで、チーム内の選手が交替する際に互いに手を打ち合わせる合図。② ⇨タグ

ダック【DAC】(Development Assistance Committee)開発援助委員会の略称。OECD(経済協力開発機構)の内部委員会の一。途上国に対し先進国が行う援助実績の調査や勧告・調整などを通じて経済協力を推進する。

ダック【duck】あひる(家鴨)。カモ目カモ科の水鳥。マガモを改良した飼い鳥。首が長く、泳ぎが巧み。

タックス【tax】税金。租税。

ダックスフント【ドイツ Dachshund】イヌの一品種。ドイツ原産。胴長で脚が短い。小型化されたものは、ミニチュア-ダックスフントという。被毛の違いによって、滑らかな短毛種のスムース-ヘアード、粗い短毛種のワイアー-ヘアード、長毛種のロング-ヘアードに分類される。▷アナグマの猟犬の意。

タックス ヘイブン【tax haven】外国企業に対して税制上の優遇措置を与えている国または地域。租税回避地。

> アップデート 2016年、国際調査報道ジャーナリスト連合が「パナマ文書」を公開。租税回避地に設立されたペーパーカンパニーの実態が暴露されたのです。各国の有名政治家がリストに載っていたことも話題になりました。この出来事はタックスヘイブンの実態を世界に知らしめる契機となりました。

タッグ マッチ【tag match】

⇨タグ-マッチ

タックル【tackle】①相手に飛びかかって組み付くこと。②ラグビー・アメリカン-フットボールなどで、ボールを持っている相手チームの選手に組みついて前進をはばむこと。③釣り道具。

ダッシュ【dash】①全力で走ること。突進すること。②句と句との間に入れ、接続することを示す「—」の符号。ダーシ。③数字・文字などの右肩につける符号。「A′」「1′」のように用いる。

ダッシュボード【dashboard】新 ①自動車の運転席とエンジン室の間の仕切り板。速度計などの計器を取り付ける所。▷多く、仕切りに付属する収納空間を含めていう。②コンピューターで、表やグラフなどで表現された複数の関連情報を一覧できるようにしたユーザーインターフェース。多くの場合、表示内容を編集可能。BI(ビジネスインテリジェンス)ツールなどに見られる。

タッチ【touch】①触れること。さわること。②絵画などの筆づかい。ピアノ・オルガンなどの音を出す時の指づかい。③ある物事に関与すること。かかわること。④文章などの筆致。表現の仕方。⑤スクラム・タックルなどの接触プレーがない6人制ラグビー。ボールを持つ敵選手にタッチして攻撃を防ぐ。タッチ-ラグビー。

ダッチ【Dutch】「オランダの」の意。他の外来語と複合して用いる。

タッチ アップ【和製 touch＋up】野球で、打者がフライを打ち上げた時、次塁へ進もうとする走者が、元の塁に足をつけていること。走者は野手が捕球する前に走り出してはならない。

ダッチ オーブン【Dutch oven】ふた付きの鋳鉄製の鍋(なべ)。焼く、蒸す、炒める、煮るなど多用途に使用できる。アウトドアで使われることが多いが、家庭用もある。▷アメリカの西部開拓時代、開拓者が使用した。オランダ系あるいはドイツ系移民(Dutch)が販売したことから。

タッチ決済 新 非接触型ICカードやその機能を持つスマートフォンなどによって実現する決済機能。店舗が用意する専用端末にカードや情報機器をかざすと、無線通信により決済を行う。非接触型決済。非接触決済。コンタクトレス決済。

タッチ タイピング
【touch-typing】　キーボードのキーを見ずにタイプすること。ブラインド-タッチ。

タッチパッド【touchpad】コンピューターの入力装置の一。板状で四角いセンサーを指でなぞってマウス-カーソルの移動などを指示したり、併設のボタンを押してクリックなどの動作を指示する。ノート-パソコンに搭載されることが多い。トラック-パッド。スライド-パッド。→ポインティング-デバイス

タッチ パネル【touch panel】コンピューターの入力装置の一。シートパネルに電気的なボタンとしての機能をもたせ、指や専用のペンで画面に触れることで操作する。

タッチ フォーカス【touch focus】デジカメやスマートフォンで、モニター画面に表示されている被写体に触ることで焦点を合わせる機能。また、そのようにして焦点を合わせること。

タッチ ポイント【touchpoint】新 顧客接点。企業と消費者との接点の総称。広告、販売、問い合わせなど。

タッチレス【touchless】新 触れないこと。特に機器・装置に触れないまま、何らかの指示を与えること。

ダッチ ロール【Dutch roll】飛行機が横揺れと横すべりを繰り返しながら左右に蛇行(だこう)すること。8の字蛇行飛行。

ダッチ ワイフ【Dutch wife】①竹夫人(ちくふじん)。だきかご。②性的な目的で使用するための、女性の形を模した人形。

タット【tut】新 両腕や手や指で作り出す形の変化を見せるダンス。タッティング。▷ツタンカーメンの通称、King Tutが語源。古代エジプトの壁画に描かれた人物のポーズに似るため。

ダット ⇨DAT

タッパーウェア【Tupperware】合成樹脂製の食品密閉容器。商標名。タッパー。

タップ【tap】①雌(め)ねじを切る工具。雌ねじ切り。②鍛造作業に用いる工具。上下一対の金型で、叩(たた)いて丸棒・角棒などの延ばし作業に用いる。③トランスやコイルなどで、必要に応じて中間に設ける引き出し接続点。

タップ【tap】①床を踏み鳴らすこと。また、タップ-ダンスのこと。②軽くたたくこと。軽く当てること。

タップ イン【tap-in】新 ゴルフ・サッカーなどで、カップやゴールの近くにあるボールを軽く押し込むこと。

ダッフル コート【duffle coat】フード付きのスポーティーな短めの丈のコート。打ち合わせはダブルで、トッグルを紐で留める。

タトゥー【tattoo】入れ墨。刺青。

タナトス【ギリシャ Thanatos】①ギリシャ神話で、「死」を擬人化した神。②フロイトの用語。攻撃、自己破壊に向かう死の本能をさす。→エロス

タパス【スペイン tapas】酒のつまみ。

タバスコ【スペイン Tabasco】赤唐辛子(とうがらし)でつくったソース状香辛料。ピザ・スパゲッティなどに用いる。商標名。

タピオカ【tapioca】キャッサバの根からとったデンプン。食用とする。

タピオカ ミルク ティー【和製 tapioca ＋ milk ＋ tea】新 タピオカでできた小粒(タピオカ-パール)が多数入っているミルク-ティー。太めのストローで、小粒ごと飲む。台湾で発祥。タピオカ-ティー。バブル-ティー。

アップデート この飲料の流行は2度起こっています。最初の流行は1990年代後半。発祥地である台湾のチェーン店が日本に進出したことがきっかけでした。2度目の流行は2010年代後半。インスタ映えする外見などが流行の要因とされます。一部の若者には「タピる」という言葉も広まりました。

タピストリー【tapestry】⇨タペストリー

ダビング【dubbing】①映画・放送などで、台詞(せりふ)や音楽など別々に録音したものをミックスし、音響表現して1本のサウンドとする作業。②すでに録音・録画されている記録媒体(テープなど)から、新たな記録媒体に再録音・再録画をすること。

ダビング 10【和製 dubbing＋10】デジタル放送の録画について、9回分のコピーと10回目のムーブ(複製元のデータは消去)を認めるコピー制御方式。総務省が規則を定め、電子情報技術産業協会(JEITA; ジェイタ)が呼称を定めた。地上デジタル-テレビ放送などで2008年(平成20)7月より運用開始。

タフ【tough】頑強で、少しくらいのことには参らないさま。

タブ【tab】①タイプライターやコンピューターのソフトウエアで、事前に設定した位置まで用紙やカーソルを移動する機能。また、そのためのキー。②コンピューターのGUI画面における表示部品の一。帳簿やカードのへりに付ける見出し用のつまみを模して、切り替え可能な画面の種類(表題)を一覧表示したもの。→GUI ③衣服の肩や袖口(そでぐち)につける布飾り。④帽子の耳おおい。▷tabulator の略。

タブ【tub】桶(おけ)。ふろ桶。

ダブ【dub】ジャマイカから始まった音楽スタイルの一つ。既製の録音曲の特定の音を強調したり、抜いたり、新しい音を足し込んだりすることで独特の効果を与えたり、別の曲のようにしたりする。

タフィー【taffy】糖蜜(とうみつ)を煮つめて、ナッツなどを加えて固めたキャンディー。

タブー【taboo】①聖・俗、浄・不

浄、正常・異常を区別し、両者の接近・接触を回避・禁止し、それを犯した場合には超自然的制裁を受けるとする観念・慣習の総称。禁忌。②言及したり行ったりしてはいけないこと。▷ポリネシア語で、明確にしるしをつける意。

ダブスタ 新 俗に、ダブルスタンダード(二重基準)の略。

タフネス【toughness】タフなこと。頑強なこと。

ダフ屋 劇場・野球場などの入場券を買い込んでおいて、券を持っていない客に高く売って利をかせぐ者。だふ屋。▷「ダフ」は「ふだ(札)」を逆にした隠語。

タブリエ【フランスtablier】エプロン。前掛け。

ダブる ①文字や情景が二重になる。また、別の二つのものが重なる。②同じことを二度する。二重に行う。▷ダブル(double)を動詞化した語。

ダブル【double】▷シングルに対して「二つ」「2重」「2倍」などの意。①ダブル-ブレストの略。洋服の上衣・外套(がいとう)などの前身頃が広く、ボタンが2列になっているもの。②ダブル-カフスの略。折り返して二重になっているカフス。 ③(ホテルなどで)ダブル-ベッドを入れた二人用の客室。④ダブル幅の略。洋服地で、シングル幅の2倍の幅。約142センチメートル。⑤ボウリングで、ストライクを連続して2回出すこと。⑥ウイスキーの量の単位。約60mL。⑦異なる人種・民族である父母の間に生まれた人。ハーフに代わる表現。ミックスとも。

ダブル インカム【double income】夫婦の共働きにより、1世帯に二つの収入があること。→DINKS

ダブル ウオール グラス【double wall glass】2重構造のグラス。耐熱性に優れる。

ダブル クリック【double click】コンピューターで、マウスのボタンを素早く2回押す操作。

ダブル クリップ【double clip】新 折り畳める持ち手がついたクリップ。持ち手を開いた状態でクリップを開閉し、それ以外の時は持ち手を折り返しておくことが可能。バインダークリップ。フォールドバッククリップ。

ダブル ケア【和製 double ＋ care】新 子育てと親の介護を同時に担うこと。

ダブルス【doubles】テニス・卓球・バドミントンなどで、二人で一チームを作り対戦する試合。複試合。

ダブルスープ【和製 double ＋ soup】異なる二種のスープのブレンド。動物系スープ(豚骨や鶏がらなど)と魚介系スープ(鰹節や昆布など)のブレンドなど。W(ダブル)スープ。

ダブル スクール【和製 double＋school】同時に複数の学校で勉強すること。主に、大学生・短大生が、資格を取ることなどを目的に専門学校に通うこと。

ダブル スコア【double score】スポーツやゲームで、一方の得点が他方の２倍であること。また、その得点。

ダブル スタンダード【double standard】対象によって適用する基準を変えること。二重基準。二重標準。

ダブル ダッチ【double Dutch】縄跳び競技の一。二人の回し手が２本の長いロープを同時に回し、一人か二人の跳び手がそれを飛ぶ。規定種目・スピード種目のほか、演技の自由度が高いフリースタイル種目などがある。▷元来オランダ人(Dutch)の遊びであったことが語源。

ダブル ダブル【double-double】バスケットボールで、一人の選手が１試合中に、得点・リバウンド・アシスト・スチール・ブロック-ショットのうち２種類を二桁以上記録すること。→トリプル-ダブル

ダブル デッカー【double-decker】２階付きのバス・船。

ダブル ネーム【double name】①戸籍名と通称を使い分けること。日本において、既婚女性が旧姓を名乗る場合など。②異なった分野の二つのブランド名が共存する商品。

ダブル バインド【double bind】同時に相矛盾する二つの次元のメッセージを受け取った者が、その矛盾を指摘することができず、しかも応答しなければならないような状態。ベートソンが提唱。▷二重拘束の意。

ダブル ブッキング【double-booking】①座席やホテルの部屋など、キャンセルを見越して二重に予約を受け付けること。→オーバーブッキング ②先約があったのに、それと重なる別の約束をしてしまうこと。

ダブル プレー【double play】野球で、守備側の選手が、連続した動作で二人の走者、または打者と一人の走者をアウトにすること。ゲッ-ツー。併殺。重殺。

ダブル ベース【double bass】⇨コントラバス

ダブルヘッダー【doubleheader】野球で、同じ２チームが同じ日に同じ球場で２回続けて試合をすること。

ダブル ミーニング【double meaning】言葉や文章に込められる、２重の意味。

ダブル ワーク【double work】同じ人が持つ二つの仕事のこと。本業と副業を持っている状態など。

タ

タブレット【tablet】①錠剤。②鉄道の単線区間で、一定区間に２列車が同時に入るのを防ぎ、列車運行の安全を保つため、駅長から運転士に交付される通行票。通票。③コンピューターの入力装置の一。平面板とペンから構成され、板面をペンでなぞるとディスプレー画面上のカーソルが移動する。コマンドの選択や図形の入力に使用。→マウス ④１枚ずつはぎ取って使える便箋(びんせん)帳やメモ帳。➲ よくわかる「タブレット」の意味と使い方(p.447)

タブレット端末 薄い板状のコンピューターの総称。多くはタッチ-パネル式入力で、無線ネットに接続する。携帯性に優れ、音楽や動画・ゲームなどを楽しむことができる。

タブロイド【tabloid】「タブロイド判」の略。普通の新聞紙１ページの半分の大きさの新聞・雑誌。宅配ではなく、駅で売られるのが基本のため、派手な見出しがつけられることが多い。

タブロー【フランスtableau】①習作に対して完成した作品。→エチュード ②壁画や彫刻に対して、カンバスや板に描(か)かれ、額縁に納められ持ち運び可能な絵。

タペストリー【tapestry】色とりどりの糸で風景・人物像などを織り出したつづれ織り。あるいは、その壁掛け。タピストリー。タピスリー。

ダボ ダブル-ボギー(double bogey)の略。ゴルフで、そのホールの基準打数(パー)より２打多い打数でホール-アウトすること。

ダボス会議 新 毎年１月スイスのダボスで開かれる世界経済フォーラム(本部ジュネーブ)の年次総会。正称、世界経済フォーラム会議。世界各国の政財界のリーダーや学者らが参加し、賢人会議ともいわれる。

ダミー【dummy】①替え玉。身代わり。②模造品。③マネキン。人形。④ラグビーで、パスするとみせて、逆をついてすり抜けるプレー。⑤ダミー会社。企業が、税金逃れのためや、自社名を隠して営業したい場合に、別名で設立する実体のない会社。替え玉会社。

タミフル【Tamiflu】抗ウイルス薬の商標名。A型およびB型のインフルエンザ-ウイルスの増殖を抑制する。一般名、リン酸オセルタミビル。

ダム【dam】治水・利水・砂防などのために、河川・渓流などを堰(せ)き止める構造物。使用材料からコンクリート-ダム・フィル-ダム、構造方式から重力ダム・アーチ-ダムなどに分類される。

タムレ【タヒチtamle】タヒチの民族音楽。また、民族舞踊。打楽器と掛け声によるリズムにのせて、女

よくわかる「タブレット」の意味と使い方

詳しい意味は？

タブレット(tablet)は英語で本来「小さな板状のもの」を意味します。

英語では、書字板(文字を書いたり消したりできる板)、銘板(建物や施設などに掲示する板)、錠剤、鉄道の通票(通行許可票)などを表します。近年では板状の入力装置や情報端末(「タブレット端末」)をさす言葉としても使われています。

以上のうち日本では、「錠剤」「鉄道の通票」「板状の入力装置や情報端末」の意味で使われてきています。

タブレットの使い方を実例で教えて！

[入力装置の「タブレット」]　コンピューター用語の「タブレット」は、まず 20 世紀中に「ペンタブレット(pen tablet)」の略称として普及しました。ペンタブレットとは、平面板とペン状の棒で構成されている入力装置のこと。パソコンでイラストを描く時によく使われます。利用者の間では「ペンタブ」という略称も普及しました。

[情報端末の「タブレット」]　2000 年代に入ると、コンピューターの一形態としての意味も加わるようになりました。平らな板のような形で、パソコンに近い機能を備えた機器のことです。

まず 2002 年にマイクロソフトが「タブレット PC (Tablet PC)」と呼ぶ概念を発表。板のような形状で、タッチパネルやペンによる操作が可能なパソコンでした(キーボード付きの端末も、そうでない端末も存在した)。つづいてアップルが 2010 年に iPad(アイパッド)を発表。これ以後、このようなコンピューターが「タブレット端末」と総称されるようになりました。なおタブレット端末やスマートフォンなどの情報機器は、スマートデバイス(→スマート)と総称されます。

性が手や腰を激しく振るもの。ハワイの伝統舞踊フラの起源といわれる。タヒチアン-ダンス。▷1960年代前半、国内で流行したニュー-リズム歌謡でも取り上げられた。

ダメージ【damage】損害。痛手。

ダメージ ケア【和製 damage＋care】俗に痛んだ髪の毛(ダメージ-ヘア)を手入れすること。

タメロ(ぐち)（主に若者言葉で）相手と対等の立場でものをいうこと。▷「ため(タメ)」は、かつて賭博(とばく)用語でぞろ目をさすことばだったものが「五分五分」という意で不良少年が転用し、「同年齢、同級生」の意となる。

タラソテラピー【thalasso-therapy】海洋環境・海洋資源(海水・海藻・海泥など)を、病気治療・健康増進・美容に利用する方法。海洋療法。

タラップ【オランダ trap】船や飛行機の、乗降用の梯子(はしご)。

タラモ サラダ【ギリシャ taramosalata】タラコとゆでたジャガイモを和え、オリーブ油・レモン汁などで調味したギリシャ料理の一。

タランチュラ【tarantula】クモ目オオツチグモ科に属するクモの総称。全世界に約800種が存在する。毒をもつものが多い。

タリバン【Talibaan】アフガニスタンのイスラム原理主義組織。パキスタンなどの支援を受け、イスラム国家建設を求めて武力闘争を開始、1996年首都カブールを制圧、アフガニスタン北東部を除く地域を制圧。2001年の9.11同時多発テロ事件後、アメリカの武力攻撃を受け、政権は崩壊したが、武力闘争は続き、2021年アメリカ軍の撤退を機に政権を奪取した。▷アラビア語でイスラム神学生および求道者の意。

タリフ【tariff】①関税。また、関税率を示した表。②料金表。運賃表。

タルク【talc】①滑石(かっせき)。②滑石の粉末にホウ酸末・香料などを加えた化粧用の打ち粉。タルカム-パウダー。

ダルク【DARC】(drug addiction rehabilitation center)薬物依存者のための民間リハビリ施設。グループ-セラピー(集団療法)やレクリエーションなどを通して、薬物依存からの回復を図る。日本各地で活動。

ダルゴナ コーヒー 新 透明なグラスに牛乳を注ぎ、その上にホイップ状にしたコーヒーを重ねた飲料。ホイップ部分が、ダルゴナ(韓国式のカルメ焼き)の味や見た目に似ていることからいう。▷朝鮮語。

タルタル ステーキ【tartar steak】細かく刻んだ牛肉に、タマネギ・ピクルス・ケイパーなどの薬味を加えて混ぜ合わせ、塩・胡椒・オリーブ油などで調味した料理。

タルタル ソース【tartar sauce】ソースの一。ピクルス・タマネギ・パセリ・ゆで卵などを刻んで、マヨネーズと混ぜ合わせたもの。魚・貝・鶏肉などに添える。

タルティーヌ【フランス tartine】フランス風のオープン-サンドイッチ。バゲットなどに好みの具材をのせたもの。▷バターやジャムを塗った薄切れのパンの意。

タルト【オランダ taart】南蛮(なんばん)菓子の一。柚子餡(ゆずあん)をカステラで巻いた生菓子。松山名産。

タルト【フランス tarte】パイ生地またはビスケット生地を型に入れて焼き、クリームや果物をのせた菓子。

タルト タタン【フランス tarte Tatin】切った果物をバターと砂糖で炒めて型に敷き詰め、生地をかぶせて焼き上げたタルト。天地を逆にして供する。タタン。▷タタンは考案した姉妹の名。

ダルメシアン【Dalmatian】イヌの一品種。クロアチアのダルマチア地方原産。体高 55~60 センチメートル。体形はポインターに似る。短毛で、白地に黒色か暗赤茶色の小斑が全身に散る。鳥猟犬・番犬として用いる。ダルマシアン。

タレント【talent】①才能・技量。②テレビ・ラジオなどに出演する芸能人。

タレント マネジメント【talent management】新 企業などの組織が、人材の採用・育成・配置・評価などを戦略的・統合的に実施するための取り組み。「―システム」

タロット【tarot】22 枚の寓意(ぐうい)札と 56 枚の数位札からなる一組み 78 枚のカード。占いに用いる。タロー。

タワー【tower】塔。

タワー マンション【和製 tower＋mansion】超高層の集合住宅。

タン【tan】タンニンでなめした獣皮のような、鈍い黄赤色。

タン【tongue】舌。特に料理に用いる牛・豚の舌のこと。

タン【湯】①湯菜(スープ料理)のこと。②中国料理でだし(スープ)のこと。▷中国語。

タンカー【tanker】油などの液体を運搬するために船腹にタンクを備えた船。油送船。油槽船。

タンガロイ【Tungalloy】炭化タングステンとコバルトの焼結合金。ダイヤモンドに次ぐ硬度をもち、切削工具材料に利用。日本での商標名。

タンキニ【tankini】胸部にタンク-トップを、下半身にビキニを着用するスタイルの女性用水着。セパレーツの一種。▷1990 年代後半から呼ばれ始めた。

タンク【tank】①液体や気体を入れる容器。水槽・油槽・ガス槽など。②戦車。

ダンク シュート【和製 dunk＋shoot】バスケットボールで、ボールをバスケットの真上から強くたたき込むこと。▷正しい英語ではダンク-ショット(dunk shot)という。ダンクはパンをコーヒーなどに浸す意。

タングステン【tungsten】(ドイツ Wolfram)6族(クロム族)に属する遷移元素の一。元素記号W　原子番号74。原子量183.8。光沢ある灰色の金属。融点は約3380℃と単体中最高で、フィラメント・電極、また合金材料として用いる。ウォルフラム。

タンク トップ【tank top】ランニング-シャツ形のニットの上衣。▷ワンピース形の水着(タンク-スーツ)の上半身、の意。

タングラム【tangram】正方形の板を7つの異なる形に切り分け、それを組み合わせる中国のパズル。

タンク ローリー【和製 tank＋lorry】主としてガソリン・液化ガスなどを運ぶ、タンクを備えたトラック。タンク車。

ダンケ【ドイツ danke】ありがとう。

タンゴ【tango】4分の2拍子、または8分の4拍子のダンス曲。また、それに合わせて踊る社交ダンス。19世紀末に民俗音楽から生まれたアルゼンチン-タンゴは、20世紀初頭ヨーロッパに紹介され、洗練されて、コンチネンタル-タンゴとして世界中に広まった。

タン塩(しお) 焼肉で、塩味をつけた牛の舌(タン)。レモン汁をかけて食べることが多い。塩タン。

タンジブル【tangible】①手で触れられるなど、実体があるさま。②現金、金融資産、売掛債権、商品・原材料の在庫、土地、建物、設備などの有形資産。→インタンジブル

ダンジョン【dungeon】①地下牢。土牢。②転じて、ロール-プレーイング-ゲームやビデオ-ゲームに登場する迷路状の構造物。

ダンス【dance】踊り。舞踊。舞踏。

ダンス ドリル【dance drill】生徒・学生などによるダンスの訓練。またその成果として、専門の競技大会やスポーツの応援などで行うパフォーマンス。米国の高校で発祥・発展。

ダンス バトル【dance battle】ヒップ-ホップ(ブレーク-ダンス)で、二組みに分かれたダンサーが互いの技を披露し合い、その優劣を競うパフォーマンス。

ダンス ミュージック【dance music】踊るための楽曲や音楽ジャンルの総称。

タンタル【ドイツ Tantal】5族(バ

ナジウム族)に属する遷移元素の一。元素記号 Ta　原子番号 73。原子量 180.9。灰黒色の金属。属性・延性に富む。きわめて耐酸性が強く、高温でも強度が強い。工業用耐酸材料・電子管材料などに用いられる。

タンタンメン【担担麵】芝麻醬(ジーマージャン)・醬油・ラー油などで調味し、ザーサイのみじん切りをのせた四川風そば。昔、担いで売り歩いたことから。▷中国語。

ダンディー【dandy】男性の服装や態度が洗練されていること。また、そのさま。

ダンディズム【dandyism】粋や洗練を好み、それを態度や服装に誇示してみせる性向。19 世紀前半、イギリスの上流階級の青年たちに流行した伊達(だて)気質に始まる。

タンデム【tandem】①縦並びに馬をつなげた 2 頭立ての馬車。②縦にサドルを連ねた二人乗りの自転車。タンデム自転車。③自転車競技のトラック競技種目の一。二人乗りの自転車でトラックを 3~6 周し、ゴールへの着順を競う。④大統領と首相など、二人が共に政権を運営する体制。双頭体制。二頭体制。

ダンデライオン【dandelion】西洋タンポポ。

タンドール【tandoor】新 壺型の竈(かまど)。下部で炭や薪を燃やして温め、内側にナンをはりつけたり、串刺しの鶏肉を置いたりして焼き上げる。北インドなどでみられる。▷タンドゥールとも。

タンドリー チキン【tandoori chicken】インド料理の一。ヨーグルトと香辛料に漬け込んだ鶏肉を、壺(つぼ)形の竈(かまど)(タンドリー)で焼いたもの。

タンニン【tannin】茶など、多くの植物の木部・樹皮・種子・葉などから抽出される、加水分解によって水溶性多価フェノール酸を生じる混合物の総称。黄色または淡褐色。

タンニング【tanning】日焼け。また、日焼けさせること。

ダンパー【damper】①ばねやゴムのような弾性体などを用いて、衝撃を弱めたり、振動が伝わるのを止めたりするための装置。緩衝器。②ボイラーなどの煙道や空調装置の空気通路に設けて、煙の排出量、空気の流量を調節するための装置。③ピアノ・チェンバロで、弦の振動を抑える装置。

タンパリング【tampering】▷tamper は不正な干渉をする、改竄(かいざん)するなどの意。①プロ野球で、契約球団を通さない、選手への干渉。事前交渉。②店頭での商品へのいたずら。　③コンピューター-ネットワークへの不正アクセス。

ダンピング【dumping】公正な

タ

競争を妨げるような不当に低い価格で販売すること。特に、外国市場で国内価格よりも安く販売すること。投げ売り。㊟不当廉売

ダンプ【dump】①ダンプ-カーの略。荷台を動力によって傾斜させ、土砂などの積み荷をおろせるようにしたトラック。②コンピューターの記憶装置の内容を、プリンターやディスプレー装置などに出力すること。

タンブラー【tumbler】①平底の大コップ。②回転式衣類乾燥機。

タンブリング【tumbling】跳躍・転回などの運動。前・後方宙返り、腕立て転回、側転など。

タンフル ▷朝鮮語。果実を飴でコーティングした菓子。フルーツ飴。▷もとは屋台販売の菓子。2019年ごろから韓国で流行して広まった。

ダンベル【dumbbell】亜鈴(あれい)。

タンポン【ドイツ Tampon】消毒した綿・ガーゼなどを円筒状あるいは球状にしたもの。膣(ちつ)・鼻腔(びこう)などに挿入し、止血や分泌物の吸収に用いる。

タンメン【湯麺】いためた野菜をのせ、塩味のスープをかけた中華そば。▷中国語。本来は汁そばのこと。

チ

チア シード【chia seed】新 シソ科の植物であるチアの種子。食用。

チアノーゼ【ドイツ Zyanose】血液中に酸素が減少し、二酸化炭素が増加したため、皮膚や粘膜が青紫色を帯びること。唇・爪・四肢の先などで目立つ。呼吸困難や心臓の障害で起こる。

チアリーダー【cheerleader】女子応援団員。そろいの服装で音楽に合わせて踊ったり、ポンポンを振ったりする。

チーク【teak】クマツヅラ科の落葉大高木。熱帯アジアに分布。高さ30m内外。材は暗褐色で堅く、虫害に強く伸縮率が小さいので、船舶・建築・家具などの用材として重用される。

チーク ダンス【和製 cheek＋dance】男女がお互いに頰をすり寄せて踊るダンス。チーク。

チーズ【cheese】動物の乳のタンパク質を酵素を加えて分離、凝固させ、発酵させた食品。そのままのものをナチュラル-チーズ、加工したものをプロセス-チーズという。

チーズ タッカルビ 新 溶かしたチーズを絡ませて食べるタッカルビ。日本で2018年(平成30)ごろに流行。チーズ-ダッカルビとも。→ダッカルビ

チーズ ドッグ【cheese dog】新 韓国式のアメリカン-ドッグ。ソーセージの代わりにチーズが入っており、砂糖・ケチャップ・マスタードなどを付けて食べる。2018年(平成30)ごろ東京の大久保などで流行。ハットグ。

チーズ フォンデュ【cheese fondue】⇨フォンデュ①

チーター【cheater】コンピューター-ゲーム(主にオンライン-ゲーム)の内部的なデータを不正改造して、ゲームを進行させるプレーヤー。または、チート-キャラやチート-アイテムなどを用いるプレーヤー。→オンライン-ゲーム

チート【cheat】①ごまかす。あざむく。②コンピューター-ゲームで、プレーヤーが、ゲームの進行にかかわる内部的なデータを改変(不正改造)すること。

チート シート【cheat sheet; cheatsheet】①カンニング-ペーパー。②転じて、参照すべき物事を簡潔にまとめた一覧表。

チート デイ【cheat day】新 ダイエットの期間中に意図的に設ける、たくさん食べて良い日。

チーフ【chief】集団で作業する場合などの中心になる者。また、上位の者。主任。

チープ【cheap】値段の安いさま。安っぽいさま。

チーマージャン【芝麻醤】中国料理の調味料の一。炒った白ごまをすりつぶし、ごま油などの植物性油でのばしたもの。担担麺(タンタンメン)などに用いる。ジーマージャン。▷中国語。

チーム【team】①共同で仕事をする人々の集まり。団。②競技で戦い合う、それぞれの組。

チーム ケア【team care】医療と福祉などの専門職が連携して行う介護。

チーム ティーチング【team teaching】複数の教師が指導計画の作成、授業の実施、教育評価などに協力してあたること。TT。

チーム パシュート【team pursuit】自転車競技のトラック種目やスピード-スケートで行われる競技種目。2チームがトラックの正反対の位置から同時にスタートし、規定距離を走りきる順を競う。相手チームを追い抜くとその時点で勝ち。団体追い抜き。団体パシュート。チーム-パーシュート。▷パーシュートは追跡・追撃の意。

チームワーク【teamwork】チームの人々の統制のとれた共同動作。また、そのための団結力。

チーユ【鶏油】鶏の脂身でつく

る油。中華料理で常用する。チー油。チー-ヨウ。▷中国語。

チェア【chair】椅子。

チェア スキー【和製 chair＋ski】1枚のスキー板の上に椅子を取り付けた雪上滑走具。先端に小さなスキーを付けたストック(アウトリガー)で補助しながら滑る。▷海外ではモノスキー(1枚スキーの総称)やシット-スキー(着席可能なスキーの総称)などとよばれる。

チェアマン【chairman】①議長。司会者。チェアパーソンとも。②Jリーグの最高責任者。Jリーグを代表し、業務を統括管理する。

チェアリング【和製 chair＋-ing】新 公園や森林などの屋外に携帯用の椅子を置き、そこに座ってくつろぐ活動・レクリエーション。

チェイサー【chaser】①追っ手。追跡者。②強い酒を飲む時に添える水・炭酸水・ビールなど。▷チェーサーとも。

チェーン【chain】①鎖(くさり)。②積雪時、スリップを防ぐ目的で自動車のタイヤに巻きつける金属の鎖。③自転車やオートバイなどで、動力を駆動輪に伝えるための鎖の輪。④同一資本のもとにある、ホテル・小売店・映画館などの系列。⑤ヤード-ポンド法の長さの単位。22ヤード(約20.12m)をいう。

チェーン オペレーション【chain operation】チェーン-ストアの経営手法の一。チェーン全体の商品仕入れや販売戦略などを本部が一括して管理し、各店舗は販売・営業のみを行う手法。ストア-オペレーション。

チェーン ストア【chain store】同一資本のもとに組織された同一業種の複数の小売店。連鎖店。

チェーン ソー【chain saw】携帯できる動力鋸(のこぎり)の一種。刃を持ったチェーンを小型エンジンで回転させて樹木などを切る機械。

チェーン メール【chain mail】ネット上で、次々と転送を重ねていくメール。内容はデマやいたずらが多い。→スパム-メール

チェキ 新 富士フイルムのインスタントカメラ「インスタックス」シリーズの愛称。また、俗に、そのカメラとフィルムで撮影・印画した写真。商標名。「―会(＝アイドルのライブなどで、ファンとツーショットのインスタント写真を撮影して販売するイベント)」

チェス【chess】ゲームの一。白と黒に分かれ、それぞれ王(キング)・女王(クイーン)各1、ビショップ(僧正)・ナイト(騎士)・ルーク(城)各2、ポーン(歩兵)8の16の駒を持って、縦8列、横8列に区切った市松模様の盤上で勝負を争うもの。日本の将棋に

似るが取った駒は使えない。西洋将棋。

チェスト【chest】①胸。胸部。胸郭。→バスト ②貴重品などを入れる、ふた付きの大きな箱。また、整理だんす。

チェダー【Cheddar】ナチュラル-チーズの一。硬質で、おだやかな酸味がある。イギリス、サマーセット州チェダー村の原産。

チェッカー【checkers; chequers】①ゲームの一。8行8列の市松模様の盤の上に、赤・黒各12個の丸い駒を相対して並べ、斜め前に一つずつ進み、相手の駒を飛び越して取り合うもの。②市松模様。格子縞。チェック。③チェッカー-フラッグの略。④検査・確認用の装置・ソフトウエアなど。⑤スーパー-マーケットのレジ係。キャッシャー。

チェッカー フラッグ【checkered flag】自動車レースで、スタートやゴールなどの合図に振る市松模様の旗。チェッカー。

チェック【check】①小切手。②市松模様。格子縞。チェッカー。③点検すること。照合すること。また、それが済んだという印。「レ」など。④チェスで、王手。また、その宣言。

チェックアウト【checkout】ホテルなどの宿泊施設を、料金を精算して引き払うこと。

チェックイン【checkin】①ホテルなど宿泊施設に手続きして入室すること。②旅客が行う、飛行機の搭乗手続き。

チェックオフ【checkoff】労働組合が組合費を各人から徴収する代わりに、使用者が賃金から差し引いて一括して組合に渡す制度。

チェック サム【check sum】データ通信で、伝送時のエラー検出方式の一。送り手側はブロックごとのデータ列の総和を送信データに添付し、受け手側は、受信データで総和を求める。両者が一致すればエラーが起きていないとみなす方法。

チェック ディジット【check digit】コンピューターで、数字のエラーを検出するために付加的につけられる末尾の数字。

チェック ボックス【check box】コンピューターのGUIにおいて、オンとオフの状態を選択するためのボタン。複数の選択肢にこれがある場合、0個または複数個の選択を行うことが可能。多くの場合、四角い形状。→ラジオ-ボタン

チェックメート【checkmate】チェスで、王手詰め。また、その宣言。チェック。メート。

チェリー【cherry】①桜の実。さくらんぼ。桜桃(おうとう)。西洋実桜(みざくら)。②アメリカの俗語で、童貞・処女。初心者。

チェロ【cello】バイオリンに似た形の、大形の擦弦(さつげん)楽器。弦は4弦。低く荘重な音色をもつ。奏者は椅子(いす)に座り、楽器を床に立てて演奏する。セロ。▷イタリア語ビオロンチェロ(violoncello)の略。

チェンジ【change】①変えること。変わること。取り替えること。②野球やアメリカン-フットボールで、攻守が入れ替わること。③釣り銭。小銭。

チェンジ アップ【change-up】野球で、投球法の一。球速や球質に変化をつけて打者のタイミングをはずす投げ方。特に、速い球のあとに同じ投球フォームで投げるゆるい球。チェンジ-オブ-ペース。

チェンバー【chamber】室。会議室。

チェンバロ【イタリアcembalo】 ⇨ハープシコード

チキータ【スペインchiquita】新 ▷少女の意。①バナナの商品名。▷Chiquita。②卓球でバックハンドによる打法の一。台上で横回転を加える。ボールの軌道がバナナのように曲がることに由来する。チェコのコルベル(Petr Korbel)が考案。

チキン【chicken】①鶏肉。②臆病者。腰抜け。▷鶏のひなの意。

チキン ハート【chicken heart】臆病な気持ち。弱気。また、臆病者。意気地なし。

チキン レース【chicken race】2台の自動車を反対方向から走らせ、正面衝突寸前で先にハンドルを切ったほうが負けになるゲーム。チキン-ゲーム。チキン。▷チキンは弱虫・憶病者の意。

チゲ 朝鮮料理の鍋物。豆腐や魚介を具にしたものが多い。▷朝鮮語。

チケット【ticket】切符。乗車券・入場券・食券などをいう。▷札(ふだ)の意。

チケットレス【ticketless】新 チケットが必要ないこと。紙以外の方法で、チケットと同等の効力を与える方式。

チゲ鍋 ①チゲ(朝鮮料理の鍋物)用の鍋。②俗に、チゲのこと。

チコリー【chicory】キク科の多年草。ヨーロッパ・アフリカなどの温帯に分布。茎は直立し、高さ約80センチメートル。葉は根生し、また茎に互生する。地中で軟白させた若い葉や芽をサラダなどに用いる。また、根をコーヒーの代用として増量に用いる品種もある。フランス名が「アンディーブ(endive)」のため、しばしばエンダイブと混同される。キクニガナ。チコリ。

チター【ドイツZither】南ドイツ・オーストリアの民族楽器。撥弦楽器で、平たい箱型の共鳴胴の上に、30本程度の伴奏用の弦と、5、

6本の旋律用の弦を張り、親指にはめた義甲と、他の指で演奏する。ツィター。ジター。

チタン【ドイツ Titan】4族(チタン族)に属する遷移元素の一。元素記号Ti　原子番号22。原子量47.88。銀灰色の鋼に似た金属。軽くて強度があり、耐食性も強い。ほとんどすべての金属と合金をつくる。タービン翼や飛行機の機体の材料などに利用される。工業材料として重要。チタニウム。

チヂミ　朝鮮風お好み焼き。小麦粉や卵でつくった生地に、野菜や魚介類などを加えて薄く焼き、チョジャン(辛口酢味噌)をつけて食べる。パジョン。▷朝鮮語。

チック　①コスメチックの略(cosmetic)。化粧品。②名詞に付いて、それに似ているさまを表す語。

チック【tic】顔面・頸(けい)部・肩などの筋が不随意的に急激かつ律動的に収縮を反復する症状。脳や神経の病変によるものと心因性のものがある。

チップ【chip】①(賭博(とばく)などで)賭(か)け金代わりに使う、象牙・骨・プラスチックなどの賭け札。②野菜などを薄く輪切りにしたもの。また、それを油で揚げたもの。③木材を細かく切ったもの。パルプの原料となる。④集積回路の、電気回路部分を納めるケース。また、ケースに納めた集積回路。

チップ【tip】①(飲食・宿泊・運輸などの)サービス業の従業員に客が与える、料金以外の金。祝儀。心づけ。②ファウル-チップ(foul tip)の略。野球で、打者のバットをかすり、直接捕手に捕らえられた球。③ボール-ペンの先。

チノ パン【和製 chino＋pants】チノクロスでつくられたパンツ。色はベージュやカーキ、白、紺など。チノ-パンツ。▷chinoは「中国の」の意。中国から輸入した生地を用いたことから。

チバニアン【Chibanian】新 更新世を4分した場合の3番目の地質時代で、約77万4000年前から約12万9000年前までの地質時代の正式名称。前代との境界時期に地球最後の地磁気逆転現象が起きた。2020年(令和2)、国際地質科学連合(IUGS)により認定。▷千葉県市原市の養老川流域で地層が発見されたことにちなむ名称で「千葉時代」の意。

チマ　朝鮮の女性の民族服。巻きスカート。胸からくるぶしまでの丈で、上着のチョゴリと組み合わせて着る。▷朝鮮語。

チマヨ【chimayo】ネーティブ-アメリカンの伝統的な模様。菱形をモチーフにした幾何学的な模様が特徴。「—柄」

チムニー【chimney】①煙突。

チ

②(登山で)岩壁に縦に走っている、体を入れられる程度の割れ目。中に入り、手足の突っ張りを利用して登る。③海底で熱水を吹き出している煙突状の地形。

チャージ【charge】①充電すること。②自動車などに燃料を入れること。③料金。④電荷。荷電。⑤ラグビーで、相手方のキックを阻止するため、ボールに向かって体を投げかけること。⑥プリペイド-カードなどに入金・補充すること。

チャージ バック【charge-back】クレジットカードの利用における支払いの取り消し。不正利用のため利用者が異議申し立てを行った場合などに実施する。

チャージャー【charger】充電をするための装置。充電器。

チャーシュー【叉焼】中国料理で、豚肉のかたまりを調味液に浸し、天火で焼いたもの。切って料理に用いる。焼き豚。▷中国語。

チャーター【charter】船・飛行機・バスなどを借り切ること。

チャート【chart】①海図。②図表。グラフ。③株価や出来高を図示したもの。

チャート【chert】石英の微粒から成る緻密で硬い堆積岩。乳白色で、不純物によって灰・黒・緑・茶・赤など色調に変化がある。古くから火打石として用いられ、また現在では耐火材原料として用いる。角岩。

チャート イン【和製 chart+in】 曲がヒットして、ヒット-チャートに入ること。

チャーハン【炒飯】中国料理の一。米飯に肉や野菜・卵などをまぜて油でいため味をつけた飯料理。▷中国語。

チャーミング【charming】人の心をひきつけるさま。かわいらしくて魅力あるさま。魅惑的。

チャーム【charm】人をひきつけること。また、魅力。多く他の語と複合して用いる。

チャーム ポイント【和製 charm+point】(姿・服装などで)他人をひきつけるところ。魅力となるところ。

チャーン【churn】新 より良い品質や価格を求めて、同種のサービスを他のものに次々と乗り換えていく顧客。▷かきまぜる、激しく動くなどの意。

チャイ【ヒンディー chai】茶のこと。日本では、インドで飲まれるスパイス入りのミルク-ティーをさすことが多い。砂糖を加える。▷インド以外でも、茶の呼称として用いられる場合がある。

チャイナ【China】①中国。また、中国風の。②(china)陶磁器。

チャイナ シンドローム【China Syndrome】事故による原子炉の炉心溶融。アメリカの原発で事故が起きると、溶融物が地球の反対側の中国まで達するという想像から。

チャイナ ドレス【和製 China＋dress】詰め襟で体にぴったりとして、裾にスリットの入った女性中国服。旗袍(チーパオ)。

チャイボーグ 新 中国人美女。またそれ風の化粧をした人。人間離れした美しさをサイボーグに例えた語。白い肌、太い眉、赤いリップなどが特徴とされる。2020年(令和2)頃に流行した。「—メイク」▷チャイナ(China)とサイボーグ(cyborg)の合成語。

チャイム【chime】①打楽器の一。音階に合わせて組み合わせた一組みの鐘。ハンマーで打って奏する。②扉や置き時計に仕掛ける、①に似た音を出す装置。

チャイルド【child】子ども。

チャイルド アビューズ【child abuse】児童や幼児などに対する虐待行為の総称。肉体的な虐待のほか、性的虐待・精神的虐待・ネグレクト(育児放棄)などの行為も含まれる。小児虐待。

チャイルド シート【child seat】子供用のベルト付きの座席。自動車が衝突した際に、乗っている幼児の安全を守るために考案された。6歳未満の幼児に着用が義務づけられている。

チャウダー【chowder】西洋料理の一。魚介類と野菜などを煮込んだ実だくさんのスープ。

チャウ チャウ【chow chow】イヌの一品種。中国原産。体高45〜55センチメートル。スピッツ系で、舌が青黒色。被毛は豊富で密に生える。食用にされた時代もあった。愛玩犬。

チャオ【イタリア ciao】親しい者どうしの挨拶(あいさつ)の言葉。「おはよう」「こんにちは」「さようなら」などの意。

チャオ【炒】中国料理で、炒(いた)め煮のこと。▷中国語。

チャクラ【サンスクリット cakra】ヨーガの身体観で、会陰(えいん)部から頭頂部までの各所に存在する、エネルギーの集結部。諸説あるが普通6か所とする。▷輪の意。

チャコール【charcoal】①木炭。活性炭。②木炭色。

チャック ファスナーの商標名。▷「巾着(きんちゃく)」の「ちゃく」からの造語という。

チャック【chuck】①ハンド-ドリル・電気ドリルなどで、ドリルをくわえて固定する部分。②旋盤に、加工する材料あるいは刃物(チャック-リーマーなど)を取り付ける装置。

チャット【chat】コンピューター-ネットワークで、二人または複数人がリアル-タイムにメッセージをやりとりすること。また、そのようなシステムの総称。狭義には文字情報によるやりとりをさす。▷

おしゃべりの意。

チャットGPT【ChatGPT】新 →ChatGPT

チャツネ【ヒンディー catṇī】インド料理で用いる薬味。マンゴーなどを酢・砂糖・香辛料で煮つめたもの。

チャネリング【channeling】霊界と交信すること。

チャネル【channel】⇨チャンネル

チャバッタ【イタリア ciabatta】北イタリアの扁平(へんぺい)なパン。パスタに使用されるデュラム小麦を用いる。発酵時間を長くとるため、かすかな酸味と香りがある。名前は形状に由来。チャバタ。▷スリッパの意。→デュラム小麦

チャプター【chapter】①(書物・論文などの)章。主要題目。②映像コンテンツを時間的に大きく分けたまとまり。また、その区切り。

チャプチェ ▷朝鮮語。朝鮮料理の一。春雨に細切りの牛肉・野菜を加えて炒め、甘辛く味付けするもの。

チャペル【chapel】キリスト教の礼拝堂。学校・病院・結婚式場などに設けられたものをいう場合が多い。

チャラい 若者言葉で、ちゃらちゃらした様子のこと。媚(こび)を振りまくさま、安手で派手な服装をしているさま、浮ついた振る舞いをするさまなど。

チャラ男(お) 若者言葉で、ちゃらちゃらした男性のこと。媚(こび)を振りまく男性、安っぽく派手な服装の男性、浮わついた態度の男性など。▷ちゃらちゃらした女性はチャラ子という。

チャリ 自転車をいう俗語。ちゃりんこ。

チャリ通(つう) 自転車通勤(通学)のこと。チャリ通勤(通学)。チャリンコ通勤(通学)。じて通。▷チャリンコ通勤(通学)の略。

チャリティー【charity】収益を社会事業や救済運動に寄付する目的で行う、各種の事業や催し。慈善。

チャレンジ【challenge】①挑戦。特に、困難な物事や未経験のことについていう。②審判にビデオによる確認を求めること。アメリカン-フットボールのNFLやテニスの世界大会などで採用されている。▷テニスの場合、複数台のカメラから得られた情報から作製したCG映像により確認する。

チャレンジド【challenged】障害者。狭義には、仕事などによって積極的に社会参加を果たそうとする障害者のこと。障害者を社会の保護対象としてではなく、その参加者としてとらえるもの。

チャレンジ モード【challenge mode】 コンピューター-ゲームで、通常とは異なる遊び方を提供するモード。

チャレンジング【challenging】困難なことに立ち向かうさま。積極的に挑むさま。

チャンキー ヒール【chunky heel】太くてどっしりとしたヒール。また、そのような女性靴。▷chunky はどっしりしているの意。

チャンク【chunk】大きな塊。(ある程度の量が)まとまったもの。特に、意味をもったことばのまとまり。

チャンス【chance】機会。特に、あることをするのに絶好の時期。好機。

チャンス テーマ【和製 英 chance＋ドイツ Thema】新 野球の応援団が、攻撃中の好機に演奏する楽曲。チャンテ。

チャンネル【channel】①無線通信・テレビジョンなどで、伝送のための周波数帯。②テレビジョンの、①を選択するためのボタンやつまみ。③一つの機器の中で、独立して作動する回路のそれぞれの系統。④航路となる水路。水道。海峡。⑤電界効果トランジスタにおける、ソース・ドレーンの２電極間の電流経路。⑥生体膜を介する物質輸送に際して、物質を選択的に透過させる通路。⑦(情報や物流などの)経路。道筋。▷チャネルとも。

チャンピオン【champion】①選手権保持者。優勝者。②ある方面の第一人者。代表者。

チャンプルー 沖縄料理の一。豆腐と各種の野菜を炒(いた)めた代表的家庭料理。▷混ぜる意。

チュアブル【chewable】①嚙(か)み砕けること。嚙み砕けるもの。②チュアブル錠のこと。嚙み砕いたり、唾液で徐々に溶かしたりして服用する錠剤。

チューター【tutor】個人指導の教師。研究会などの助言者。

チュートリアル【tutorial】①個別指導の。家庭教師の。②コンピューターのハードウエアやソフトウエアの技術的な使用説明書や補助教材。

チューナー【tuner】①受信機で、選局や同調操作を行う部分。テレビ受信機・FM 受信機でいうことが多い。②オーディオ-アンプ・ビデオ-モニターなどにつなぐ、同調回路から復調回路までをそなえた受信機。

チューナー レス テレビ【和製 tuner＋-less＋television】新 テレビ放送を受信するためのチューナーが付いていないディスプレー装置。従来的なテレビ受信機に準拠した画質・音響・リモコンなどを備える。また多くの場合、動画配信サービスの視聴に標準で対応する。

チューニング【tuning】①ラジオ・テレビ放送などで、受信機や受像機のダイヤルを回して周波数を同調させ、特定の放送局を選択すること。②楽器の音程を正確に合わせること。音合わせをすること。

チューバ【tuba】 金管楽器の一。荘重な低音を出す大型のらっぱ。管弦楽・吹奏楽の低音部を受け持つ。バス-チューバ。テューバ。

チューブ【tube】①管。くだ。②薄い金属板やビニール製の管状容器。粘性物をいれ、絞り出して用いる。③空気を圧入してタイヤの中に入れるゴム製でドーナツ状のもの。④サーフィンで、波によって囲まれたトンネル状の空間。バレル。⑤真空管。⑥(Tube)ロンドン地下鉄の通称。

チューブ トレーニング【tube training】ゴム製チューブを利用して行う筋力トレーニング。

チューン【tune】①旋律。調べ。また、楽曲。②機械などの調整。

チューン ナップ【tune-up】①機械を良好に作動するように仕上げること。②普通の乗用車を高性能車に改造すること。

チュクミ新 イイダコ。また、チュクミポックム(イイダコを辛い味つけで炒めた料理)の略。▷朝鮮語。

チュチュ【フランス tutu】バレリーナがつけるスカート。薄いチュール・オーガンディーなどを何枚も重ねたもの。

チュニック【tunic】①古代ローマ人が着用した膝(ひざ)の下まであるゆるやかな衣服。②腰から膝の上辺りまでの丈の衣服。③軍服の上着。

チョイス【choice】選ぶこと。選択。

チョーカー【choker】首にぴったりとした首飾り。また、高い立ち襟や襟巻き。▷窒息させるものの意。

チョーク【chalk】①白墨(はくぼく)。②白亜。白墨の原料にした。③ビリヤードで、すべり止めの粉。

チョーク【chock】①航空機や自動車などの車輪止め。②ドアを開けたままにするとき、下部に噛ませる木片。▷チョックとも。

チョーク【choke】①(格闘技などで)窒息させること。②自動車の気化器の空気絞り弁。気化器でガソリンの混合比を高めるのに用いる。

チョゴリ 朝鮮の民族服の上衣。男女とも同形。脚部に男はパジ、女はチマを着ける。▷朝鮮語。→チマ

チョコレート【chocolate】①カカオ豆を炒(い)って皮などを除き、すりつぶしたものに砂糖・カカオ-バター・粉乳などを加え、練って固めた菓子。②「ココア」に同じ。

チョコレート バー【chocolate bar】 ナッツやキャラメル、クッ

キー、シリアルなどをチョコレートで固めて棒状にした菓子。チョコ-バー。

チョッキ 袖なしでウエスト丈の胴着。ベスト。▷英語 jacket からという。

チョッパー【chopper】①周囲を簡単に打ち欠いた石器。片面に刃のあるものをいう。②肉や野菜などを細かく切り刻み、ひき肉やみじん切りにする器具。ミンサー。③直流電圧や電流を電力用半導体素子を用いて高頻度で断続することにより、電圧・電流の平均値を制御する装置。地下鉄車両などに広く用いられる。

チョップ【chop】①厚く切った、あばら骨つきの豚・羊の肉。また、それを焼いた料理。チャップ。②プロ-レスで、手を刀のように使って相手を打つこと。

チョップド サラダ【chopped salad】新 小さく刻んだ多種類の具材を盛り合わせたサラダ。▷chop は切り刻む意。

チョモランマ【Chomolungma】⇨エベレスト

チョリソー【スペイン chorizo】スペインの、辛味の強いセミドライ-ソーセージ。

チョンガー 独身の男子。独り者。▷もと朝鮮で成人前の男子の髪形の名。成人を過ぎても未婚でいる男性の蔑称(べっしょう)として用いられた。朝鮮語。

チラ裏 チラシの裏。

チリ コン カーン【chili con carne】メキシコやアメリカ南部の、チリ-パウダーをきかせた豆の煮込み料理。チリ-コン-カルネ。

チリ ソース【chili sauce】唐辛子その他の香料でトマトを煮て作る辛いソース。

チル【chill】新 ①冷やすこと。②リラックスすること。また、その雰囲気を持つこと。「—タイム」▷音楽用語のチルアウトから。

チル アウト【chill out】クラブで激しく踊った後などに、高ぶった気持ちを落ち着かせること。また、その際に聞く楽曲。▷落ち着く、冷静になるなどの意。→アンビエント-ミュージック

チルダ【tilde; ~】波線符号。コンピューターで用いられる情報交換符号の一。インターネットのURL を表す符号などに利用される。▷スペイン語表記で n などの上に付ける符号。

チルト【tilt】①傾けること。「—-ハンドル」②撮影時のカメラ操作の一種で、三脚に固定されたカメラを上下に動かすこと。▷ティルトとも。

チルド【chilled】0℃前後の凍結しない程度の温度で冷蔵されていること。

チルド飲料 製造から販売まで凍結しない程度の低温下で管理する飲料。コーヒー飲料やヨーグ

チ

ルト飲料など。冷蔵輸送の発達に伴い普及した。

チルト ホイール【tilt wheel】マウス(入力装置)のスクロール-ホイールのうち、円盤を左右に傾けることができるもの。左右スクロールなどの操作を可能にする。→スクロール-ホイール

チルドレン【children】①子供たち。②人名などに付け、その影響下にある次世代の人の意を表す。

チワワ【Chihuahua】イヌの一品種。メキシコ原産。体高12cmほどで、イヌの品種としては最小。短毛種と長毛種があり、毛色は白・クリーム・黒・赤など多様。

チン【chin】下あご。あごさき。

チンゲンサイ【青梗菜】アブラナ科の中国野菜。シャクシナの一系統。葉は杓子(しゃくし)形。葉身は緑色、葉柄は淡緑色で肥厚する。煮くずれしにくい。▷中国語。

チンザノ【イタリア Cinzano】イタリア産ベルモットの代表的な銘柄。また、その酒造メーカー。商標名。

チンする 電子レンジを用いて調理すること。▷初期の電子レンジが、「チン」という音で加熱の終了を伝えたことから。

チンタン【清湯】豚骨・鶏がらなどを弱火で煮込んで作る、澄んだスープ。「―スープ」→パイタン ▷中国語。

チンチャ 本当(に)。▷朝鮮語。

チンチラ【chinchilla】①チンチラ科の齧歯(げっし)類。尾はふさ状で体形はリスに似るが、目と耳は大きく、四肢は短い。草食性。体毛は青灰色で柔らかく、毛皮は最高級品の一つ。南アメリカのアンデスの高山地帯に分布。毛皮用に家畜化も行われている。毛糸ネズミ。②ペルシャ(ネコの品種)のうち、主に白い被毛の先に薄黒く色が付いた品種。▷①と同じような被毛をもつことから。

チンベル 新 押して鳴らす方式の卓上ベル。「ちん」と鳴ることからいう。呼び出しベル。コールベル。

ツ

ツアー【tour】①周遊旅行。団体旅行。②小旅行。遠出。③巡業。

ツアー コンダクター【和製 tour＋conductor】団体旅行などの添乗員。ツアー-ガイド。コンダクター。

ツアー バス【和製 tour＋bus】新 旅行代理店がバスを貸し切りにして、乗客の募集を行う旅行商品。またそのバス。都市部とスキー場とを結ぶスキーバスなど。

ツイート【Tweet】ツイッターを

利用した1回分のコメント。またはそのコメントを書き込むこと。▷さえずり声の意。ツイッターでは通常1回分のコメントが140文字以内に制限されている。→ツイッター・リツイート

ツイード【tweed】太い紡毛糸を使って平織りまたは綾織りにした、ざっくりした感じの織物。

ツイスト【twist】①ひねること。ねじること。②ロックン-ロールのリズムにあわせて腰をひねって踊るダンス。パートナーと手を組まずに、向かい合って踊る。③カヤックで、腰を入れ、上体のひねりを利用した漕(こ)ぎ方。

ツイッター【Twitter】ツイッター社が提供するミニ-ブログのサービス。1回140字以内(無料利用の場合)のコメントを書き込んで発信できる。商標名。▷さえずる(さえずり)の意。

ツイッタラー【Twitterer】ツイッター利用者が使う俗語で、ツイッター利用者のこと。

ツイル【twill】綾織り。斜文織り。また、その織物。

ツイン【twin】①ふたご。②対(つい)になったもの。③ツイン-ルームの略。

ツイン テール【和製 twin＋tail】新 女性の髪形の一。髪を頭の左右で束ね、それぞれの毛先を垂らしたもの。ツインテ。

ツイン ルーム【twin room】ベッドが2台備え付けてある部屋。二人用の部屋。

ツー サイド アップ【和製 two＋side＋up】女性の髪型の一。髪の一部を頭頂部付近で左右ふたつにまとめ、それらの毛先を垂らしたもの。後ろ髪もある。

ツー ショット【two-shot】①画面に二人の人を入れて写すこと。②男女二人だけの場面。③見知らぬ男女どうしを対話させるサービス。有料電話サービスや、インターネット上のチャット-サービスなど。

ツー トップ【two top】サッカーで、最前線に二人のフォワードを置くフォーメーション。

ツーバイフォー工法(two-by-four)北アメリカなどで行われている木造住宅の工法の一。柱を用いず、2×4インチの断面を標準とする規格材を組んで作ったパネル状の壁と床で支える工法。施工が簡単で工期が短い。枠組み壁工法。

ツーファクター認証 新 二つの認証方式を併用することで安全性を高めた認証システム。暗証番号と指紋認証を組み合わせるなど。デュアル-ファクター認証。2ファクター認証。二要素認証。▷two-factor authentication。

ツー フィンガー【two finger】ウイスキーの分量の表し方の一。グラスの底から指幅2本分の高

さまで注いだ分。

ツー ブロック【two block】頭の側面(さらに後頭部)だけを刈り上げ、上半分の髪を残す髪型。

アップデート 2020年(令和2)3月の東京都議会で交わされた「あるやるとり」が話題になりました。一部都立高校においてツーブロックを禁止している理由を問われた東京都教育委員長が「外見上の理由で事件・事故に遭うことを防ぐため」との旨、答弁したのです。この一件がネットで拡散すると「ブラック校則では？」などの声があがりました。

ツーリスト【tourist】①観光客。旅行者。②ツーリスト-ビューローの略。

ツーリズム【tourism】①観光旅行。周遊。②観光事業。旅行業務。

ツーリング【touring】①観光旅行。周遊旅行。②自動車・バイクなどで、遠出をすること。また、カヌーなどの舟にもいう。遠乗り。▷各地を回って帰る意。

ツール【tool】①道具。用具。工具。②プログラミングなどに使用する単機能の小プログラム。案 道具

ツール ド フランス【フランス Tour de France】フランス(またその周辺国)を1周する自転車のプロ選手によるロード-レース。1903年に始まり、毎年初夏に開催。約4000キロメートルを走破する。

ツールボックス【toolbox】道具箱。工具箱。

ツナ【tuna】マグロ。マグロの缶詰。

ツナマヨ ツナ(鮪(まぐろ))の缶詰)にマヨネーズを和えたもの。サンドイッチ、おにぎり、サラダなどの具にする。

ツベルクリン【ドイツ Tuberkulin】結核感染の有無を診断するために用いる注射液。1890年にコッホが結核の予防・治療をめざして創製。治療に効果はなかったが、既感染者に強い反応を起こすため、のちに結核感染の有無の判定に用いられるようになった。

ツボカビ症 ツボカビ門に属する真菌による感染症。カエルをはじめとする両生類に感染する。感染力が極めて高く、致死率は90％以上で、これまでに多くの種が絶滅したとされる。▷もともとはアフリカ固有の感染症であったが、1990年代からオーストラリアや中南米に広がり、2006年(平成18)12月、日本国内で初めて確認された。

ツリー【tree】①木。樹木。②クリスマス-ツリーの略。③枝分かれの構造。また、その表示や表記。

ツリー クライミング【tree climbing】新 レクリエーションとしての木登り。ロープやヘルメットなどの補助具を使って木

登りを楽しむ。

ツリー ハウス【tree house; treehouse】新 樹上に建築される小屋。

ツンデレ ゲーム・アニメなどの女性キャラクターが、普段はツンツンしているのに、ある男性と二人きりになると急にデレデレになるような性格や様子。または最初はツンツンしていたのに、時間がたつとデレデレするような性格や様子など。

ツンドラ【ロシア tundra】タイガの北に位置し、夏の間だけ永久凍土層の表面が融解して、わずかに蘚苔(せんたい)類・地衣類などが生育する荒原。ロシア連邦の北極海沿岸地方・カナダ北部・アラスカ地方にわたる。凍原。寒草原。

テ

テアトル【フランス théâtre】劇場。テアトロ。

テアニン【theanine】緑茶の旨味成分の一。煎茶(せんちゃ)には少なく、抹茶に多く含まれる。γ - エチルアミノ -L- グルタミン酸。

デイ【day】他の語と複合して、ある催しの行われる日、または、昼間、日中の意を表す。

ティア【tier】項目。層。段。

ティ アーモ【イタリア Ti amo】あなたを愛しています。ティアモとも。

ディアスポラ【ギリシャ Diaspora】パレスチナ以外の地に住むユダヤ人、またその社会をいう語。転じて、原住地を離れた移住者。▷離散の意。

ティアドロップ【teardrop】①一滴の涙。涙のしずく。②しずくの形をしたもの。

ディアボロ【英・フランス diabolo】鼓の形の独楽(こま)。中央のくびれた部分にひもをかけて操る。明治の末ごろ、流行した。空中ごま。

ティアラ【tiara】①宝石をちりばめた冠形の女性用髪飾り。②ローマ教皇の三重冠。

ティー【tea】茶。紅茶。

ティー【tee】台座。特に、球を置く台座。ティー-グラウンドのこともいう。

ディーゼル エンジン【diesel engine】 内燃機関の一。1893年、ディーゼルがその理論的考察を発表。シリンダー内の高圧高温に圧縮された空気中に、燃料として重油または軽油を噴射して爆発させるもの。点火栓を用いないので構造が簡単で故障が少なく、熱効率がよい。また、安価な燃料を使用できる。大型機関に適し、船舶・鉄道車両・大型自動車・工業機械などに広く使われている。ディーゼル機関。

ディーゼル排気粒子 (diesel exhaust particles)浮遊粒子状物質のうち、ディーゼルエンジンから排出されるもの。ベンツピレンなど発癌(はつがん)物質も含まれており、喘息(ぜんそく)の原因にもなる。DEP。→DPF

ディーセント【decent】礼儀正しいこと。良識があること。人並みであること。ディセント。

ディーセント ワーク【decent work】働きがいのある人間らしい仕事。人が働きながら生活するときに望まれる状態を全体的にとらえたもの。生計保持に十分な収入、労働の権利の保護、家庭生活との両立、労働条件や保険・年金などの確保、自己の成長、公正平等な扱いなど。▷1999年、ILO事務局長のフアン=ソマビア(Juan Somavia［1941～ ］)が就任時に理念・活動目標として示したもの。

ティーチング アシスタント【teaching assistant】大学において、授業(実験や演習など)の補助を行う仕事。また、その人。教育・研究能力の向上を目的として大学院の学生に従事させる。TA。

ディーバ【diva】オペラのプリマ-ドンナ。実力と人気を兼ね備えた女性歌手。歌姫。

ティー パーティー【tea party】①お茶と軽い食事の出る集まり。普通、午後、催される。茶話会。②(Tea Party)アメリカで2009年より始まった、草の根運動による保守派の集会。オバマ政権の医療保険改革や金融機関救済策に反対し「小さな政府」を標榜(ひょうぼう)する。▷1773年に、イギリス政府の茶法に反発して起こったボストン茶会事件に由来。また、“Taxed Enough Already”(もう十分に課税されている)の頭文字を兼ねる。

ティー バッグ【tea bag】紅茶などの葉を1杯分ずつ濾紙(ろし)の袋に入れたもの。熱湯に浸して煎(せん)じ出す。

ディープ【deep】「深い」「濃い」「奥深い」の意。

ディープ ステート【deep state】闇の政府。国家を影で支配する組織。米国で流布する陰謀論などでいわれる。

ディープ テック【deep tech】新 研究機関や企業が長期かつ大規模な投資で研究開発を重ね、生活様式や社会課題に革新的な影響を与える高度先端技術。バイオテクノロジー、ブロックチェーン、ロボット、再生可能エネルギー、自動運転、人工知能、先端材料、量子コンピューターなどについていう。

ディープ ハウス【deep

house】 ハウスミュージック(ハウス)のサブジャンルの一。ソウルやディスコなどの影響を受けた黎明期のハウス(またはそのようなテイストを持つハウス)を、のちに登場したサブジャンルから区別する場合などにいう。

ディープフェイク【deepfake】新 人工知能で作る偽造画像や偽造動画。またその生成技術。偽造元の動画に写っていた人物を、違和感なく別人の顔にすり替える場合など。

ディープ ラーニング【deep learning】新 多層化したニューラル-ネットワークを用いる機械学習のこと。深層学習。

ディーラー【dealer】①販売業者。メーカーの特約小売業者。②自己の負担で証券や為替(かわせ)の売買を行う業者。③カード(トランプ)の札を配る人。親。

ディーリング【dealing】 金融機関が自己の負担で為替(かわせ)や証券の取引を行うこと。

ディール【deal】新 ①取引。②トランプで札を配ること。

ティーン【teen】 ティーンエージャー(teenager)の略。十代の少年少女。▷13歳から19歳は英語で -teen の語尾をもつことから。

ティーンズ ラブ【和製 teens＋love】性的な描写を含む少女向け漫画。TL。→ボーイズ-ラブ

ディオニュソス【Dionȳsos】ギリシャ神話の酒と豊穣の神。ブドウの栽培を教えたという。本来トラキア、マケドニアの、集団的狂乱と陶酔を伴う秘儀における神であったが、ギリシャに伝播し主に女性の間で熱狂的な崇拝を受ける。オルフェウス秘儀との接触により、冥界とのつながりをもつに至り、ヘレニズム期以降彼自身の秘教が大流行した。ギリシャ演劇は、ディオニュソス神の祭儀から発達した。別名バッコス(Bakkhos)。英語名バッカス。

ディキシーランド ジャズ【Dixieland jazz】 ⇨デキシーランド-ジャズ

ディキャフ【decaf】 カフェインを除いたコーヒー・紅茶など。ディーカフ。デカフェ。▷decaffeinated(カフェインを除いた)の略。

デイ キャンプ【day camp】日帰りで行う野外活動や合宿のこと。

テイク【take】①手に取る。②映画・音楽などで、1回分の撮影・録音。▷テークとも。

ディグ【dig】▷発掘の意。①(レコードなどを)探し求めること。②バレーボールでスパイクレシーブのこと。

テイクアウト【takeout】ファースト-フード店などから食べ物を持って出ること。持ち帰り。

テ

アップデート 2020年(令和2)、コロナ禍が飲食業界に致命的なダメージを与える中、テイクアウトに活路を見出す飲食店も増えています。新たにテイクアウト用のメニューを開発したり、店先に専用の窓口を設けたりする動きが盛んになったのです。グルメレビューサイトの中にはテイクアウト専用サイトを公開した所もありました。

テイク オーバー【take-over】企業買収。乗っ取り。

テイクオフ【takeoff】①離陸。②発展途上国が発展の停滞状態から自立成長の可能な状態になること。

ディクショナリー【dictionary】辞書。辞典。字引き。

テイクダウン【takedown】①格闘技で、立っている相手を倒すこと。②インターネットで、ウェブ-ページなどを削除すること。

ディクテーション【dictation】読み上げた外国語を書き取ること。また、その試験。▷口述・書き取りの意。

ディグリー【degree】①資格。学位。②等級。③温度などの、度。▷デグリーとも。

デイ ケア【day care】在宅介護を受けている高齢者や障害者を、昼間のみデイ-ケア-センターなどの福祉施設に預かり、リハビリテーションや日常生活などの世話を行うこと。

ディケード【decade】10年間。

デイ サービス【和製 day＋service】在宅介護を受けている高齢者や障害者に対して行う、入浴・食事・介護などのサービス。デイ-サービス-センターへの通所によるものと家庭への訪問によるものがある。案 日帰り介護

ディザスター リカバリー【disaster recovery】地震・火災・水害・テロなど突発的な災害により致命的な打撃を被ったシステム障害の復旧作業。また、その危機管理体制。▷災害からの復旧の意。

ディジタル【digital】⇨デジタル①

ディシプリン【discipline】①訓練。修練。②学科。学問分野。

ディスカウント【discount】割引。値引き。

ディスカウント キャッシュ フロー【discounted cash flow】企業価値評価や不動産鑑定法の一。保有期間中に得られる純収益と期間終了後の売却予測価格を、あらかじめ設定する割引率で割り引いて算出したもの(価値・価格)の合計を評価対象の現在価値として求める手法。割引現在価値。DCF。

ディスカウント ショップ【discount shop】経費の低減などにより安売りを行う小売店。

ディスカッション【discussion】討論。討議。

ディスカバー【discover】見つけること。発見。

ディスク【英 disk; disc フランス disque】①円盤。円板。また、その形状のもの。②レコード。音盤。また、コンパクト-ディスクやDVD ディスクなど。③情報を記録する円盤。磁気ディスク(フロッピーディスク・ハードディスク等)、光ディスク(cd・dvd・ブルーレイディスク等)など。④(disks; discs)タロットのスート(マーク)のうち硬貨のこと。トランプのダイヤに相当する。コイン。ペンタクル。

ディスク アレイ【disk array】複数のディスク装置を一つの筐体(きょうたい)に収めた装置。RAID。

ディスクール【フランス discours】ことばによる表現。談話。言説。

ディスク ジョッキー【disk jockey】⇨DJ

ディスクレーマー【disclaimer】免責事項。免責条項。

ディスクレス【diskless】パソコンなどの情報機器に、光ディスクやハード-ディスクが搭載されていない状態。ゼロ-スピンドル。

ディスクロージャー【disclosure】企業や行政機関が現状や活動に関する情報を公開すること。➲よくわかる「ディスクロージャー」の意味と使い方(p.473)

ディスクローズ【disclose】内容を開示すること。情報を明らかにすること。秘密を暴露すること。→ディスクロージャー

ディスコ【disco】レコードでロック-ミュージックなどを流しダンスを楽しませる店。ディスコテーク。▷フランス discothèque の略。

ディスコード【discord】①不和。不一致。②不協和音。

ディスコグラフィ【discography】作曲家別・演奏家別・ジャンル別など、特定の目的のもとにそれに関するレコードを網羅し、その諸データを載録した目録。

ディス コミュニケーション【和製 dis- ＋ communication】互いに意思を伝えていないこと。意思が伝わっていないこと。

ディスタンス【distance】距離。間隔。

ディスティネーション【destination】①行き先。到着地。特に、旅行の最終目的地。②目的。最終目標。③通信で、受信者。

テイスティング【tasting】ワインなどの鑑定をすること。特に、ワインの栓を開けたとき、状態を確かめるために飲んでみること。試飲。また広く、試食、味見。テースティング。

テイスト【taste】①食物の味。味わい。②好み。趣味。▷テーストとも。

ディストピア【dystopia】陰鬱

で不安と絶望に満ちた想像上の世界。▷ユートピアに対する語。

ディストリビューション【distribution】①配ること。配分。配給。配達。配布。分配。②商品が生産者から消費者へと渡っていくこと。流通。販売。

ディストリビューター【distributor】①販売代理店。卸売業者。②配電器。分電器。

ディスパッチ【dispatch】①急いで送ったり、派遣したりすること。急送。急派。②手早く片づけること。迅速に処理すること。③コンピューターで、OSが処理の内容や用途に応じて、動作の割り当ての制御を行うこと。

ディスプレー【display】①展示。陳列。②コンピューターからの出力の表示。また、画像を表示する機械装置。③動物が他の個体に対して行う儀式化された行動様式。体の色彩や特定の部分を強調して示す姿勢や動作をすること。クジャクなどの求愛ディスプレー、シジュウカラなどの威嚇(いかく)ディスプレーが代表的。誇示。

ディスプレー オーディオ【display audio】新 自動車に搭載して用いる、映像・音声の出力装置。カーナビゲーションシステムからカーナビゲーション機能を省いたもの。スマートフォンとの連動が可能で、パネルへのタッチや音声などを通じてアプリを利用できる。DA。

ディスペンサー【dispenser】①自動販売機。②キャッシュ-ディスペンサーの略。→CD ③紙コップや紙タオル・液体石鹸・飲料などを一定量ずつ取り出すための装置・器具。

ディスポーザー【disposer】台所で出る生(なま)ごみを細かく砕いて下水道に流す機械。

ディスポーザブル【disposable】使い捨ての、使い捨てできる、の意を表す。ディスポーザブル-シート、ディスポーザブル-タオルなどがある。

ディスラプション【disruption】新 ①破壊。混乱。②新しいビジネスモデルの登場による、ビジネスの根本的な変革。

ディスラプター【disruptor】新 混乱させる人やもの。破壊者。特に市場を混乱させるほど革新的なビジネスを行う企業や経営者。

ディスラプト【disrupt】新 ①破壊させること。混乱させること。②新しいビジネスモデルの登場による、ビジネスの根本的な変革。

ディスる 見下す。けなす。罵倒する。disる。▷disrespect(敬意を欠く、軽蔑(けいべつ)するなどの意)の略とされる。

ディスレクシア【dyslexia】失読。視覚障害や構音障害がない

よくわかる「ディスクロージャー」の意味と使い方

詳しい意味は？

ディスクロージャー(disclosure)とは、もともと英語で「情報の開示」を意味します。

disclosure は、dis-(打ち消し)と close(「閉じる」)が結びついた動詞 disclose がもとになっています。したがって disclosure とは「閉じないこと」、ひいては「情報を隠さないこと」を意味するわけです。

どんな時に登場する言葉？

多くの場合、ディスクロージャーは「企業による経営内容の公開」を意味します。したがってこの言葉は経営分野でよく登場します。また行政による情報公開のこともディスクロージャーと言います。さらにコンピューターの分野でも脆弱(ぜいじゃく)性情報の公開のことをディスクロージャーと呼びます。

ディスクロージャーの使い方を実例で教えて！

[ディスクロージャー誌]　銀行・信用金庫などの金融機関は「ディスクロージャー誌(ディスクロ誌)」と呼ばれる資料を半期ごとに公開しなければなりません。その金融機関における最新の「財務状況や業務内容」を公開する必要があるのです。

これは銀行法や信用金庫法などの規定に基づいており、「預金者が自己責任で健全な取引先を選べるようにする」ことを目的にしています。

言い換えたい場合は？

単純に言い換える場合は「開示」「公開」「公表」「発表」などの言葉を試してください。

定まった代替表現を使う場合は、例えば、企業のディスクロージャーは「企業情報開示」、行政のディスクロージャーは「情報公開」、タイムリーディスクロージャーは「適時開示」と表現できます。

のに、文字や文章の音読や理解が不能となる状態。多くは失語症や視覚失認に伴って現れる。読字障害。失読症。

ディソナンス【dissonance】新 不協和(音)。

テ

ティッカー【ticker】①アメリカの株式市場で各企業や上場商品に付けられる銘柄コード。アルファベット数文字で表す。ティッカー-シンボル。②文字が流れたり、点滅したりする電子掲示板。

ティックトック【TikTok】新 バイトダンス社が提供する動画共有アプリケーション。音楽などの音声に合わせた短時間のパフォーマンスを、スマートフォンで撮影・編集・投稿できる。2016年提供開始。商標名。

ティッシュ【tissue】①生体の組織。再生医療に応用するため、組織の再生や代替を可能にする細胞などの研究をティシュー-エンジニアリングという。②絹などの、薄い織物。③ティッシュ-ペーパーの略。ティシュー。

ティップ【tip】先端。釣り竿、ダーツの矢、ビリヤードのキューなどについていう。チップとも。

ディップ【dip】①クラッカーや生野菜などにつけて食べるためのクリーム状のソース。生クリームやクリーム状のチーズなどに香味野菜や香辛料を加え調味したもの。②頭髪につけて固め、形を整えるためのゼリー状整髪料。

ディップ【DIP】(dual in-line package)集積回路を収納する容器。容器本体の両側からムカデ形にリード線が出ている構造のもの。

ティップオフ【tip-off】バスケットボールの試合を始めること。ジャンプ-ボールを行う(審判が両チームの二人の選手の間にボールを投げ上げる)。

ティップス【tips】(専門家による)助言。役立つ情報。注意。秘訣。

ディテール【detail】全体に対する細かい部分。全体から見ると末梢的な部分。細部。デテール。

デイトレーダー【day trader】デイ-トレードを行う個人投資家。

デイトレード【day trade】1日のうちに売買を完了させて利鞘(りざや)を得るような、株式の取引手法。オンライン取引の普及により一般化したもの。デイ-トレーディング。

ディナー【dinner】(西洋料理の)正式な食事。正餐(せいさん)。多く晩餐の意で用いる。

デイハイク【day hike】日帰りの登山やトレッキング。

ディバイス【device】⇨デバイス

ディバイダー【divider】製図用具の一。開閉できる2本の脚の先が針状になっているもの。寸法の写しとりや線分などの分割に用いる。分割器。デバイダー。

ディバイド【divide】⇨デバイド

デイ パック【day pack】ハイキングなどに用いる小型の荷負い袋。

ティピカル【typical】典型的なさま。代表的。

ディビジョン【division】①分割すること。②部門。

ディファレンシャル【differential】①差。格差。②差額。料金差。③差別的料金・関税。④微分。

ディフィニション【definition】定義(ていぎ)。

ディフェンス【defense】防御。防衛。特に、球技・ボクシングなどで、守り。また、守備や防御を行う選手。→オフェンス

ディフェンダー【defender】サッカーで、ゴールキーパーの前に位置して、主に守備を行う選手。DF。バックス。

ディフェンディング【defending】「守る」「防ぐ」の意。多く複合語として用いる。

ティフォージ【イタリア tifosi】スポーツの熱狂的なファン。ティフォシ。▷原義はチフス患者の意。日本では、サッカーのサポーターの間でティフォージ、F1(特にフェラーリ)のファンの間でティフォシとの語形が定着している。

ディフューザー【diffuser】拡散器。

ディフュージョン【diffusion】①放射。普及。②高級ブランドの普及版商品。ディフュージョン-ブランド、ディフュージョン-ライン、セカンド-ラインとも。

ディプロマ【diploma】卒業証書。(学位・資格などの)免状。

ディベート【debate】特定のテーマについて、肯定・否定の二組みに分かれて行う討論。

ティペット【tippet】毛皮・フェイク-ファーなどの襟巻き、あるいは取り外し可能な襟。または、ケープなど。▷肩掛けの意。

ディベロッパー【developer】①大規模な土地開発業者。②現像液。③ソフトウエアの開発業者。▷デベロッパーとも。

テイマー【tamer】新 ファンタジー作品で野獣・怪物などを手懐ける人。また、その能力を持つ人。▷「動物の調教師」の意。

ディマンド【demand】⇨デマンド

ディメンション【dimension】次元(じげん)。

デイ ユース【和製 day＋use】ホテルの料金制度の一。昼間の客室利用。おおむね、チェックアウト-タイムから当日のチェックイン-タイムのピーク前までを対象とする。主に都市のホテルで、稼働率を上げるために設定される。

テ

デイ-ユース-プラン。 ▷英語では、part day use。

ディライト【delight】大きな喜び。デライトとも。

ティラノサウルス【ラテン Tyrannosaurus】竜盤目に属する恐竜の一種。全長15メートル、体重6～8トン。大きく発達した後肢で歩き、前肢はきわめて小さい。白亜紀に出現し、草食性の恐竜を食用にしていたと考えられている。タイラノザウルス。チラノサウルス。暴君竜。Tレックス。

ティラミス【イタリア tiramisu】イタリアのケーキの一種。生クリームを加えたクリーム-チーズと、コーヒーやリキュールをしみこませたスポンジ-ケーキを重ねたもの。

デイリー【daily】⇨デーリー

デイリー ユース【daily use】日常使うもの。

ディル【dill】セリ科の一年草。インド・アフリカ原産。主に欧米で栽培。茎葉と種子は香辛料としてピクルスや魚料理に用いる。イノンド。ジラ。

ディレー【delay】遅らせること。延期すること。

ディレクション【direction】①方向。方角。方位。②指示。指揮。命令。指導。③監督。管理。

ディレクター【director】①映画の監督。また、演劇の演出者。②放送番組の演出担当者。③楽団などの指揮者。

ディレクターズカット版（director's cut）映画などで、最初の公開時には削除された部分や新映像などを加えて、再編集した作品。完全版、特別版などともいう。

ディレクトリー【directory】コンピューターの磁気記憶媒体で、その媒体上にあるすべてのファイルの名前・記録場所などを記録している部分。

ディレッタント【dilettante】学問や芸術を趣味として愛好する人。好事家(こうずか)。

ディンクス ⇨DINKS

ティント【tint】①色合い。濃淡。②白みがかった色。→シェード ③色落ちしにくい化粧品。

ティンパニ【イタリア timpani】打楽器の一。牛皮・プラスチック膜などを張った鍋形の太鼓で、ペダルあるいは把手(とって)で音の高さを変え、桴(ばち)で打つ。管弦楽で2、3個を組み合わせて用いる。ティンパニー。

ディンプル【dimple】①えくぼ。くぼみ。②ゴルフ-ボールの表面に施された小さなくぼみ。ボールを遠くまっすぐに飛ばす効果をもつ。

ディンプル キー【dimple key】本体側面に凹凸の刻みがなく、表面部にいくつかの円錐状のくぼみが施された鍵(かぎ)。防犯性に優れるとされる。

テーク【take】⇨テイク

デー ケア ⇨デイ-ケア

テースティング【tasting】 ⇨テイスティング

テースト【taste】 ⇨テイスト

テーゼ【ドイツ These】①定立(ていりつ)。何事かを肯定的に主張すること。また、そうした判断・命題。②政治運動などで、運動の基本的な方向・形態などを定めた方針ないし方針書。綱領(こうりょう)。

データ【data】①判断や立論のもとになる資料・情報・事実。②コンピューターの処理の対象となる事実。状態・条件などを表す数値・文字・記号。

データ ウエアハウス【data warehouse】企業戦略の立案などの目的で、未加工の膨大なデータを一元的に管理し、有用な情報を選択・分析するシステム。DWH。▷ウエアハウスは倉庫の意。→データ-マイニング

データ カタログ 組織内で保有する各種データ資産の目録情報。またはそれを管理・利用するためのツールやサービス。▷data catalog。

データ サイエンス【data science】新 統計学・情報科学などの手法を用いて、対象となるデータから何らかの知見を導き出すこと。

データ サイエンティスト【data scientist】ビッグ-データの分析を行う専門家。→ビッグ-データ

データ センター【data center】インターネットなどで、通信事業者などがユーザーのサーバーなどの機器を預かり管理するサービス。ハウジングに比べ、より高速・高品質な回線や高いセキュリティーを整えている。インターネット-データ-センター。IDC。→ハウジング・ホスティング

データドリブン【data-driven】データが起点となること。プログラミング分野では、データが計算を起動する仕組みのこと。経営やマーケティングなどの分野では、データに基づき次の行動を決めることを意味する。データ駆動。「—マーケティング」「—経営」

データベース【database】コンピューターで、相互に関連するデータを整理・統合し、検索しやすくしたファイル。また、このようなファイルの共用を可能にするシステム。

データ放送 放送用の電波のすき間を利用し、さまざまな情報を送信する放送。放送中の番組情報などを送信するものと、独自の情報を送信するものがある。

データ マイニング【data mining】大量に蓄積されたデータの中から、ある傾向や相関関係などの情報を見つけ出すこと。▷マイニングは発掘の意。

デート【date】①日付。②好意

をもっている男女などが前もって時間や場所を打ち合わせて、会うこと。

デート商法 アポイントメント-セールスの一。何らかの手段で接触した異性を、デートと偽りながら展示販売会(宝石・毛皮など)に誘い出し、商品を高額で売りつける。恋人商法。

テーパー【taper】円錐状に先細りになっていること。また、その先細りの勾配(こうばい)。

テーパード【tapered】次第に細くなること。特に、ファッションでは先になるほど細くなった形状のものをいう。

テーパリング【tapering】新 中央銀行が量的緩和を縮小させること。国債などの金融資産について購入を徐々に減らす。景気の加熱を引き締める目的で行う。▷漸減・先細りの意。

テーピング【taping】(運動選手などが事故防止や治療のために)関節・筋肉・靭帯(じんたい)などにテープを巻くこと。

テープ【tape】①薄くて細長い帯状のものの総称。材質や用途によりさまざまなものがある。②競走で、決勝線上に張るひも。③見送りや祝福の際に投げる紙製の長くて帯状のもの。

テーブル【table】①机。卓。食卓。②表。一覧表。

テーブルウエア【tableware】食卓用の食器具類。皿・グラス・ナイフ・スプーン・フォークなど。

テーブル ゲーム【table game】トランプ-ゲームやボード-ゲームなど、卓上で行うゲームの総称。→ボード-ゲーム

テーブル チャージ【和製 table＋charge】レストランなどで、飲食代とは別に支払う料金。席料。テーブル料。▷英語で正しくはカバー-チャージ(cover charge)という。

テーブル ワイン【table wine】食事とともに飲まれる手軽なワイン。

テープ レコーダー【tape recorder】磁気録音機の一。一定の速さで動く磁気テープを録音ヘッドのコイルに流れる信号電流で磁化させて録音する。テレコ。

テーマ【ドイツ Thema】創作や議論の根本的意図・題目・中心課題など。主題。

テーマ パーク【theme park】特定のテーマに基づき、施設、イベント、景観などが総合的に構成され演出されたレジャー-ランド。

デーモン【demon】①悪魔。鬼神。悪霊。②ギリシャ思想において、神と人との中間者で、個人の運命を導く神霊的な存在。ダイモン。

テーラー【tailor】紳士服を注文で仕立てる洋服屋。

テーラード【tailored】紳士服仕立ての婦人服。また、その仕立て方。

テーラー メード【tailor-made】特別にあつらえること。注文して仕立てること。また、婦人服が紳士服のように仕立ててあること。あるいは、その服。

テーラリング【tailoring】▷洋服の仕立ての意。企業や組織が定める標準的な業務プロセスや開発プロセスについて、個々の部署やプロジェクトの実態に合うよう詳細化・改変などを行うこと。

デーリー【daily】毎日の。日刊の。デイリー。

テール【tail】①尾。しっぽ。②スキー・サーフボードなどの後端。③航空機・自動車などの後尾。④食用にする牛・豚などの尾の部分。

デオドラント【deodorant】においを消し。防臭剤。

デカ【フランス déca】単位に冠して10倍の意を表す語。記号 da・D

デカール【decare】面積の単位。10a。デカアール。

デカゴン【decagon】十角形。

デカダン【フランス décadent】退廃的なさま。また、そういう人。

デカダンス【フランス décadence】①虚無的・退廃的な傾向や生活態度。② 19 世紀末の懐疑思想に影響を受けて、既成の価値・道徳に反する美を追い求めた芸術の傾向。退廃派。

デカップリング【decoupling】①切り離し。分離。②農業保護のため、生産刺激的機能と所得補償機能を切り離し、価格支持をやめ、農家に対して直接的な所得補償を行う政策。

デカフェ【decaf】⇨ディキャフ

デカンタ【decanter】卓上用のガラス製酒瓶。ワインの澱(おり)などを除いて注ぎ入れ、食卓に供する。ふた付きで、装飾の施されたものが多い。ディキャンタ。

テキーラ【スペイン tequila】リュウゼツランの一種の茎の汁を発酵させて蒸留した酒。メキシコ産。

デキシーランド ジャズ【Dixieland jazz】19 世紀末から 20 世紀初めのニューオーリンズで生まれた最も初期のジャズ。マーチのリズムにのって、ピアノ・ドラムなどをバックにトランペットなどの管楽器で即興的に演奏される。デキシー。ディキシー。トラディショナル-ジャズ。

テキスタイル【textile】織物。布地。

テキスト【text】①教科書。テキスト-ブック。②原文。原典。本文。③コンピューターの文字データ。

テキスト ファイル【text file】コンピューターの、文字データのみを記録したデータ-ファイル。

テキスト マイニング【text

テ

mining】データ-マイニングの手法を用いて、未加工の文書情報(テキスト-データ)群に含まれているある傾向や相関関係などを発見すること。またはその技術のこと。アンケートにおける自由回答の分析など。→データ-マイニング ▷マイニングは発掘の意。

デキストリン【dextrin】デンプンを酵素・酸などで分解して得られる種々の中間生成物の総称。白色または淡黄色の粉末で、やや甘味がある。水に溶けて粘着性を示す。糊剤(こざい)・乳化剤・酒造原料として用いる。糊精。

テクスチャー【texture】①織物の織り方。生地。②物の手ざわり・感触。③コンピューター上で画面を合成する際、背景に利用する画像。

テクスト【text】①テキストに同じ。②文より上のレベルの言語的構成体。ふつう、形式的あるいは意味的につながりがあり、特定のコミュニケーション機能をもつ文の集合をいう。ただし、1つの文だけでもテクストという。テキストとも。

テクニカル【technical】①専門の分野にかかわるさま。専門的。学術上の。②技術に関係のあるさま。技術的。

テクニカル ターム【technical term】術語。専門用語。

テクニカル タイムアウト【technical time-out】バレーボールの試合で、どちらかのチームが一定の点を先取した際、自動的に実施するタイム-アウト(試合の一時中断)。国際試合などでは、第1～第4セットで8点と16点を先取した場合に60秒実施する。TTO。

テクニカル分析(technical analysis)株価や出来高などの市場要因に基づいて相場の先行きを分析・予測する手法。すべての情報は株価に反映しているとする考え方から、市場から得られる情報のみを分析対象にして投資判断に利用する。

テクニカル ライター【和製technical＋writer】コンピューターを中心とした電子・電気分野やその応用的分野に関する著述を行う職業。マニュアルの執筆や技術的評論を行う。

テクニカル ライティング【technical writing】技術文書を書くための文章技術。また、その技術をもって、文章を書くこと。

テクニシャン【technician】高度の技巧を使う人。技巧派。

テクニック【technic】技術。技巧。テクニーク。

テクノ【techno】①「科学技術の」「技術の」の意で、外来語の複合語に用いられる。②テクノ-ポップの略。③1980年代の米国で誕生した、電子的なダンス-

ミュージック。▷テクノポップとは別のジャンル。

テクノクラート【technocrat】政治経済や科学技術について高度の専門的知識をもつ行政官・管理者。技術官僚。テクノクラット。

テクノ ストレス【techno-stress】職場に高度な情報機器が普及したことによって引き起こされるさまざまなストレス。

テクノ ポップ【techno-pop】1970年代後半に世界的に流行したポピュラー音楽の一傾向。アナログ-シンセサイザーの音色とシーケンサーによる反復を多用した無機的なフレーズを特徴とする。

テクノポリス【technopolis】①高度技術社会。②先端技術産業を中心とし地方経済の振興をめざす高度技術集積都市。旧通産省によって構想された。

テクノロジー【technology】科学技術。また、科学技術を利用する方法の体系をいう。

テクノロジー ドリブン【technology-driven】新 商品・サービス・事業などの創出や成長において、新しい技術が原動力となること。

デクリメント【decrement】プログラミングで、繰り返し処理などの際に数値を定まった大きさで減少させること。→インクリメント

デグレード【degrade】ソフトウエアの開発で、バージョンを上げた(改善を加えた)にもかかわらず、以前より品質や機能が悪くなること。ソース-プログラムが何らかの理由で先祖返りする場合など。デグレ。▷降格・凋落・悪化・退化などの意。→ソース-プログラム

デコ デコレーションの略。

デコイ【decoy】狩猟で、おとりに使う鳥の模型。

デコーダー【decoder】符号化されているデータをもとの形あるいは他の形に変換する装置。復号器。解読器。→エンコーダー

デコード【decode】暗号化・記号化された情報を元に戻すこと。コンピューターではバイナリー-データを通常の信号に戻すことをさす。→エンコード

デコトラ ⇨デコレーション-トラック

デコパージュ【フランス découpage】木・ガラスなどに切り抜いた絵を張り付け、上からニスを塗る装飾技法。またはその作品。デクパージュ。

デコ弁(べん) 食材の色・形を工夫し、装飾的な盛りつけをした手作り弁当。アニメのキャラクターを描いた弁当(キャラ弁)や、文字でメッセージを描いた弁当など。デコレーション弁当。▷デコはデコ

レーションの略。→キャラ弁

デコラティブ【decorative】飾りの多いさま。装飾的。

デコる 若者言葉で、派手に飾りつける。特にプリ帳(プリクラを張って収集するための手帳)や携帯電話などに、装飾用シールを張るなどの飾りつけをすること。凸るとも。▷デコレーション(decoration)からの転化。

デコレーション【decoration】装飾。飾り。

デコレーション トラック【和製 decoration＋truck】電飾、イラストレーションなどによって、派手な内外装を施したトラックの総称。デコトラ。アート-トラック。

テコンドー 朝鮮の伝統的な格技。空手に似るが、胴着を着用し、激しい蹴(け)り技で闘う。テクウォンド。▷朝鮮語。

デザート【dessert】洋食で食事のあとに供する果物やアイス-クリーム・コーヒーなど。デセール。

デザイナー【designer】デザインを工夫する職業。また、それを職業とする人。服飾デザイナー・工業デザイナー・グラフィック-デザイナーなど。

デザイナーズ マンション【designer's mansion】建築家の設計による、個性を重視したデザイン性の高いマンション。従来のマンションのような画一化された設計手法とは異なる斬新なデザインによる空間構築が特徴。

デザイナー ベビー【designer baby】人為的に形質(性別・知能・性格など)を選択または付与させて誕生させた子供のこと。特に、遺伝子操作による場合をさす。遺伝子工学の発展により、将来的に実現可能とされる。デザイナー-チャイルド。

デザイン【design】目的や要求に沿った形態や機能などを考案すること。またその結果としての形態や機能。意匠。設計。図案。

デザイン イン【design in】半導体や自動車部品などの生産において、設計・開発段階からメーカーとユーザーの技術者が連携し、必要機能を組み込んで製品開発を行うこと。

デザイン シンキング【design thinking】新 対象となる問題をつぶさに観察することで、より本質的な課題を導き出し、問題解決の方法を探っていく思考法。デザイナーがデザインを行う時の思考法であることから。デザイン思考。

デザイン ビルド【design build】新 主に建設工事の設計から施工までを一つの業者に発注すること。設計施工一貫方式。

テザリング【tethering】スマートフォンなどを外部モデムとして利用すること。また、その機能。携帯回線に接続できない情報機器(ノート型パソコンなど)でネット接続する際に用いる。スマートフォンと情報機器の接続方法は無線・有線ともさまざま。▷原義はつなぎ止める意。→スマートフォン

デシ【フランス déci】単位に冠して10分の1の意を表す語。記号d

デジカメ ⇨デジタル-カメラ

デシジョン【decision】①決定。決着。解決。②決心。決意。決断。③判決。④ボクシングの判定勝ち。また、スポーツの試合の最終スコア。

デジタイズ【digitize】文章・画像・音声・映像などの情報をコンピューターで扱える形式に変換すること。

デジタイズ【digitize】新 ⇨デジタル化①

デジタライズ【digitalize】新 ⇨デジタル化①

デジタライゼーション【digitalization】新 ⇨デジタル化②

デジタル【digital】①物質・システムなどの状態を、離散的な数字・文字などの信号によって表現する方式。ディジタル。②コンピューターによる処理のように、物事を効率良く、割り切って行うさま。→アナログ

デジタル アーカイブ【digital archive】⇨アーカイブ

デジタル オーディオ プレーヤー【digital audio player】デジタル形式で記録された音楽を再生する装置。HDDプレーヤーやシリコン-オーディオなど。多くの場合、携帯式の機器をさす。デジタル音楽プレーヤー。

デジタル化 新 ①文章・画像・音声・映像などの情報をコンピューターで扱える形式に変換すること。データを「0」「1」の組み合わせで扱う方式に変換すること。デジタイズ。デジタライズ。②産業・社会・生活などの活動について、情報システムを導入することにより効率化・最適化・高度化を図ること。デジタライゼーション。

デジタル カメラ【digital camera】フィルムを用いず、画像をデジタル情報としてメモリーなどに記録するカメラ。静止画を撮影するデジタル-スチル-カメラをさすことが多い。デジカメ。

デジタル給与 新 使用者が労働者に給与を支払う際、現金や銀行振込等を用いるのではなく、キャッシュレス決済業者(厚生労働大臣の指定を受けた資金移動業者)の口座へ入金すること。またその入金。労使協定に基づき選択可能。現金化できないポイント等での支払いは認められない。2023年(令和5)4月より、資金移動業者の指定申請の受付開始。デジタル払い。

デジタル教科書 情報通信技術を利用した教科書。パソコンや

情報端末を通じ、文字だけでなく、音声や映像、データなどを教材として利用する。

デジタル放送 デジタル方式を用いる放送(テレビやラジオ)の総称。アナログ放送に比べ、チャンネル数が飛躍的に増え、画質や音質も向上する。また、視聴者との双方向化が容易で、文字放送などデータ放送も充実する。

デジタル サイネージ【digital signage】情報通信技術を用いてターゲットに適したコンテンツを適宜表示する公衆型広告。自宅外で目にする広告用ディスプレーをさす。ネット化により、適切な時間・場所を選んだ広告表示が可能。電子看板。電子ポスター。デジタル掲示板。デジタル-ポスター。デジタル看板。▷サイネージは看板などの意。

デジタル シフト【digital shift】情報通信技術の積極的な導入によって、社会活動の効率を向上させたり、仕組みそのものを変えたりすること。多くの場合、企業経営についていう。

デジタル ズーム【digital zoom】デジタル-カメラの撮影画像・映像を、データ処理によって拡大すること。光学ズーム(レンズ調整による拡大)に対していう。

デジタル タトゥー【digital tattoo】新 ある人物についてネット上に残り続ける情報。とりわけ悪評など、当事者にとって不利益な情報をいう。タトゥ(入れ墨)のように消すことが難しいことから。

デジタル チケット【digital ticket】電子式のチケット(切符や入場券など)。ネット上で購入可能。スマートフォンでQRコードなどを表示して、使用時に読み取りを行なう方式などがある。デジチケ。

デジタル ツイン【digital twin】▷デジタルの双子の意。物理空間の情報を、仮想空間上でリアルタイムに再現する技術。製造業の場合、製造設備や製品の情報を仮想空間に再現して分析を行い、設備保全・品質向上・リスク低減・コスト削減などを図る取り組みをいう。

デジタル デトックス【digital detox】新 ▷デトックスは、解毒の意 ⇨ネット断食

デジタル デバイド【digital divide】情報をもつ者ともたない者との格差のこと。富裕層がデジタル機器を利用し情報を得てさらに経済力を高めるため、貧困層との経済格差が広がるとされる。デジタル-ディバイド。デジタル格差。▷アメリカ商務省が1999年に発表した報告書での造語。案 情報格差

デジタル テレビ【digital television】デジタル-テレビ放送の

こと。またはその受像機のこと。デジタル-テレビジョン。

デジタル田園都市国家構想 新 地方と都市の差を縮め、都市の活力と地方のゆとりの両方を享受できる国を目指す構想。デジタル基盤の整備、デジタル人材の育成・確保、地方の課題を解決するためのデジタル実装、誰一人取り残されないための取り組みを軸とする。第百代内閣総理大臣の岸田文雄が2021年(令和3年)に表明。

デジタル トランスフォーメーション【digital transformation】新 情報通信技術の浸透に伴うビジネスや社会の変革。DX。デジタル変革。

デジタル ネーティブ【digital native】パソコン・インターネット・携帯電話などのデジタル技術に、生まれ育った時から慣れ親しんだ世代。▷ネーティブは「その土地で生まれた人」の意。アメリカのジャーナリスト・コンサルタント、マーク=プレンスキー(Marc Prensky)による造語。

デジタル敗戦 新 日本の行政におけるデジタル化が、諸外国に比べて遅れている状況を批判していう語。行政情報化推進基本計画(1994年)以降、行政のデジタル化が推進されていたにも関わらず、2020年のコロナ禍において迅速な行政サービスを実施できなかった反省をいう。

デジタル払い 新 ⇨デジタル給与

デジタル フォト フレーム【digital photo frame】デジタル-カメラで撮影した画像を表示する液晶ディスプレー。写真立ての写真の掲示部分がディスプレーになっている。データはメモリー-カードやケーブルを経由して取り込む。デジタル写真立て。

デジタル フォレンジック【digital forensic】デジタル情報を保全・分析し、ハイテク犯罪の証拠をつかむ活動や手法。

デジタル ヘルス【digital health】健康・医療分野における情報通信技術の応用。

デジタル マーケティング【digital marketing】デジタル技術を活用して行うマーケティング活動。

デジタル万引き 書店の店頭で、カメラ付き携帯電話を用いて、未購入の雑誌や書籍の内容を撮影する行為。

デジタル リリース【digital release】新 音楽や映像などについて、ダウンロード販売やサブスクリプションサービスへの公開を始めること。→フィジカルリリース

デジタル ロック【和製 digital＋rock】ビッグ-ビートの日本での呼称。デジ-ロック。

デジタル ワークプレース

【digital workplace】新 業務に必要な情報やツールを、アクセスする場所やデバイスなどの違いに関わらず利用できるようにした情報通信環境。DWP。▷デジタルワークプレイスとも。

デジタル庁 新 デジタル技術の活用により、個人のニーズに合ったサービスを選ぶことができ、多様な幸せが実現できる社会を目指すことを目的とした内閣直属の政府機関。2021年(令和3)9月設置。

デシベル【decibel】①音圧または音の強さのレベルの単位。記号dB ②電力(エネルギー流)の減衰または利得を表す単位。記号dB

デジモノ 俗にデジタル製品のこと。パソコン、携帯情報機器、携帯電話端末、家庭用ゲーム機、携帯音楽プレーヤー、デジカメ、薄型テレビなど。またはその周辺機器など。

デジャ ビュ【フランス déjà vu】一度も経験したことのないことが、いつかどこかですでに経験したことであるかのように感じられること。既視感。

デ ジューレ スタンダード【de jure standard】ISOなど公的機関が定める標準。公的標準。デ-ジュアリ-スタンダード。▷デ-ジューレは「道理上の、法律上の」の意。→デ-ファクト-スタンダード

デシリットル【フランス décilitre】メートル法の容積の単位。1デシリットルは1リットルの10分の1。記号dL

デス【death】死。

デスク【desk】①机。特に、事務机。②新聞社などで、取材・編集を指揮する人。

デスクトップ【desktop】①机上用。また、特に机上用パーソナル-コンピューターのこと。②コンピューターのGUI(グラフィカル-ユーザー-インターフェース)において、ディスプレーの全体を占める基本画面のこと。机上の書類のように、アイコンやウインドウなどを表示できる。デスクトップ画面。

デスクトップ アプリケーション【desktop application】コンピューターにインストールして、デスクトップ環境で動作させるアプリケーション-ソフトウエア。単にアプリケーションとも。▷新しく登場したウェブ-アプリケーションに対し、従来のアプリケーションを言い直した語。

デスクトップ パソコン 机上などに据え置いて用いるパーソナル-コンピューター。多くの場合、本体と周辺装置(ディスプレーやキーボードなど)を分離している。デスクトップPC。デスクトップ。

デスク ワーク【desk work】机に向かってする仕事。また、事務

職。

デス ゲーム【death game】新 映画・漫画・小説などに登場する、敗者が死ぬルールのゲーム。またはそのゲームに巻き込まれる人々を描くジャンル。

テスター【tester】抵抗値、直流の電圧・電流、交流の電圧がスイッチの切り換えによって計測できる計器。回路計。ラジオ-テスター。

デスティニー【destiny】運命。必然。

デスティネーション【destination】①目的地。行き先。②通信の受け手。受信者。③コンピューターで、データの転送先。 ④目的。最終目標。

テスト【test】①物事の良否・能力などを調べるために試すこと。試験すること。検査。審査。②特に、学力を知るための試験。③放送・演劇などで、本番の前に行う練習。下稽古(げいこ)。

> アップデート 2021年(令和3)より大学入試センター試験に代えて、大学入学共通テスト(略称は共通テスト・共テ)が始まりました。制度変更の背景には「思考力・判断力・表現力を要する問題」を盛り込む意図がありました。一方、当初予定されていた国語・数学の記述式問題、英語の民間試験はいずれも断念されています。

テストステロン【testosterone】雄性ホルモンのうち、最も強い作用をもつ物質。主として精巣で合成され、第二次性徴の発現、タンパク質同化などの作用をもつ。また、筋肉の増加作用がある。▷筋力や筋持久力の増強を目的とした過剰摂取により、副作用やドーピングなどが問題になっている。

デス ボイス【和製 death＋voice】ヘビー-メタルの一種であるデス-メタルなどに見られる、濁声(だみごえ)を用いた歌唱法。グロウル、グラントなどの手法がある。デス声。

デス マスク【death mask】石膏などで型取りしてつくった死者の顔面の像。死面。

デス メタル【death metal】ヘビー-メタルの一種。メロディーラインのない絶叫に近いボーカルのスタイルが特徴。

テスラ【tesla】①磁束密度のSI単位。1m^2あたり1ウェーバの磁束が貫くときの磁束密度の大きさを1テスラとする。10000ガウス。記号T ②(Tesla)電気自動車の開発・販売を行う米国の会社。2003年設立。▷①②とも発明家テスラ(Nikola Tesla [1856～1943])の名にちなむ。

デセール【フランス dessert】①デザートのこと。②干菓子の一。デセル。▷以前はチーズも含んだが、現在ではチーズの後の菓子。

デタージェント【detergent】洗剤。洗浄剤。

デタント【フランスdétente】国際関係における対立や緊張が減少していく状態。特に、1960年代後半以降、79年のソ連によるアフガニスタン侵攻までの米ソ間の関係をいう。緊張緩和。▷「緩和」の意。

デチューン【detune】新 ▷ディチューンとも。①調整して(あえて)性能を下げること。②音程をずらすこと。また微妙に音程がずれている複数の音を鳴らし、厚みのある音をつくりだす音響効果。

デッキ【deck】①(洋船の)甲板。②車両の出入り口の床、また出入り口。③テープ-デッキの略。④陸(ろく)屋根。特に、桟橋・空港の送迎用の見晴台。⑤建物から庭や街路に向けて張り出した部分。テラス。⑥スケートボードで足を乗せる板の部分。⑦トレーディング-カード-ゲームで、各プレイヤーが組み合わせて用意する一揃い(数十枚程度)のカード。

テック【tech】①技術。技術者。技術系企業。「—人材」「ビッグ—(=技術系の大手企業)」②他の語のあとに付いて、その分野に応用する情報通信技術(またはそれを用いたビジネスやサービス)を表す。2010年代中期からいわれる。「フィン—」▷英表記は多くの場合Tech(先頭を大文字)とする。

テックス ①パルプかす、木材くずなどを圧縮してつくった板。建築の内装材として、天井・壁などにはる。乾質繊維板。防音テックス、吸音テックスなど。②織物。布地。多く商標名の一部に用いられる。▷織物、肌ざわりの意のテクスチュア(texture)から。

テックス メックス【Tex-Mex】テキサスのメキシコ系アメリカ人による音楽。メキシコ北部の民謡の影響が強く、二拍子のものが多い。

デッサン【フランスdessin】木炭・コンテ・鉛筆などで描いた単色の線画。普通、作品の下絵として描かれる。素描。

テッチャン 新 (料理用の)牛の大腸。シマチョウとも。▷朝鮮語テチャン(牛などの大腸)の転訛。

デッド【dead】①球技で、競技が一時中止の状態にあること。ボール-デッド。②ゴルフで、ホールに近接した位置でボールが止まってしまうこと。また、落下地点にボールが静止すること。③部屋・ホールなどの残響が極めて少ないさま。▷死んだ、の意。

デッド エンド【dead end】①行き止まり。袋小路。②物事が行きづまった状態。

デッド コピー【dead copy】①完璧な模造品。②企業が新製品を開発する際、他社製品を模造し、生産上の問題点・改良点を探ること。また、その模造品。

デッド ストック【dead stock】(資産価値のない)売れ残り品。不良在庫。

デッド スペース【dead space】有効に使えないむだな空間・場所。

デッド ゾーン【dead zone】①死角。デッドエリアとも。②海や湖のうち溶存酸素濃度が低下した水域。生物の生息が困難。自然に発生するもののほか、富栄養化など人間活動を原因とするものもある。死の海域。

デッド ヒート【dead heat】激しいせりあい。接戦。

デッドライン【deadline】①侵してはならない限界。死線。②最終期限。締め切り。

デッドロック【deadlock】①交渉などの行きづまり。停頓(ていとん)。②(lock＝錠(じょう)を rock＝岩とまちがえたところから)暗礁(あんしょう)。

テッポウ【鉄砲】新 (料理用の)牛・豚の直腸。

デトックス【detox】解毒。体にたまった有害物質を取り除くこと。

テトラ【ギリシャ tetra】ギリシャ語で、4の意。

デトラクター【detractor】新 商品・サービスへの満足度が低い人。プロモーター(推奨者)、パッシブ(中立者)に対していう。▷批判者・非難者の意。

テトラサイクリン【tetracycline】放線菌の一種から分離した抗生物質。広い抗菌スペクトルを示す。

テトラヒドロカンナビノール【tetrahydrocannabinol】新 大麻に含まれる精神作用を生じさせる成分。鎮痛などにも用いられる。THC。

テトラポッド【tetrapod】4本足のコンクリート塊。消波性が高く、海岸や河口などで、波による浸食を防ぐために使う。商標名。

テトリス【Tetris】コンピューター-ゲームの一。落下するピース(4個の正方形で構成)を回転・移動させて積み上げ、横一列に正方形を並べると列を消せる。1985年にソ連の技術者パジトノフ(Alexey Pajitnov)等が開発。数多くのゲームに移植された。商標名。

テトロドトキシン【tetrodotoxin】フグ毒の成分。有毒細菌によって生産され、プランクトンなどの食物連鎖により、特にフグの卵巣や肝臓に蓄積される。フグ以外の水生動物の数種からも見つかっている。微量でも呼吸筋や感覚の麻痺(まひ)を引き起こす。

テナー【tenor】⇨テノール

テナント【tenant】貸しビルなどの借り手。店子(たなこ)。

デニール【denier】糸の太さを

表す単位。長さ450mで、重さが0.05gのものを1デニールとする。略号d

テニス【tennis】球技の一。ネットを境にして相対し、ラケットを用いて所定の区画内にボールを打ち合って得点を競う競技。シングルス・ダブルス・混合ダブルスの種目がある。軟式と硬式に分かれる。庭球。

デニッシュ【Danish】①他の外来語の上に付いて、「デンマークの」「デンマーク人(語)の」「デンマーク式の」の意を表す。②菓子パンの一種。油脂の多いパイ状の生地に干しブドウや果物の細片を詰めたもの。デニッシュ-ペストリー。

デニム【denim】綾織りまたは繻子(しゅす)織りにした先染めの厚地綿織物。作業服・遊び着などに用いられる。

デニンス デニム風のレギンス(スパッツ)。

テノール【ドイツ Tenor】①高い音域の男声。また、その音域の声部や歌手。テナー。②多く管楽器で、①に相当する音域の楽器の呼称。テナー。

デノテーション【denotation】①裏の意味ではない、文字どおりの直接的な意味。②外示。言語記号の顕在的で最大公約数的な意味。→コノテーション

デノミ デノミネーションの略。

デノミネーション【denomination】貨幣の呼称単位の変更。特に、インフレによって商品などの金額表示が膨大となった時に、従来の貨幣の呼称単位を新しい単位に切り下げること。デノミ。▷日本での独自用法。原義は、呼称単位。

デパート 百貨店。広い売り場で、多種類の商品を部門に分けて陳列・販売する、大規模な小売り店。▷デパートメント-ストアの略。

デパートメント【department】①部。局。課。部門。②大学の学部・学科。③アメリカやイギリスの省。④活動分野。担当部門。専門分野。

デバイス【device】①電子回路を構成する基本的な素子。トランジスタ・IC・LSIなど。②コンピューター-システムの中で特定の機能を果たす装置。ハード-ディスク・プリンター・マウスなどの周辺装置を広くいう。▷ディバイスとも。

デバイスドライバ【device driver】⇨ドライバ

デバイド【divide】分けること。分裂させること。分割。区分。▷ディバイドとも。→デジタル-デバイド

デパ地下 俗に、デパートの地下食品売り場のこと。有名店の出店や高級品・限定品の提供などが

人気となり、1990年代中頃からいわれるようになった。デパチカ。

デバッグ【debug】コンピューターで、プログラム上の誤り(バグ)を発見して訂正すること。虫取り。→バグ

デバンニング【devanning】物流の過程で、コンテナに詰め込んである荷物を取り出す作業。デバン。バン出し。→バンニング

デビット カード【debit card】買い物の代金が、買い物をした時点で預金口座から引き落とされるカード。▷デビットは会計用語で借方の意。

デビュー【フランス début】①芸能界・スポーツ界・社交界、また、文壇・画壇などに初めて登場すること。初舞台。初登場。②初めて何かをしたり、始めたりすること。初体験。

デビル【devil】悪魔。

テフ【TEX】文書整形プログラムの一。クヌース(Donald Ervin Knuth［1938～　］)が開発。パブリック-ドメイン-ソフトウエアとして広く流通している。テック。

デフ　二つ以上の運動の差または和を一つの運動にして出力する歯車装置。遊星歯車装置などを応用する。自動車ではカーブを曲がるとき、左右の駆動輪の回転数とトルクの差を吸収してスムーズに走るために用いる。差動歯車装置。▷ディファレンシャル-ギア(differential gear)の略。

デフ【deaf】聾者(ろうしゃ)。▷英語圏では、アルファベットの頭文字を大文字にすること(Deaf)で、特に手話を使用する聾者をさす。

デフ【def】いかす。格好良い。最高の。▷英語圏の黒人文化において death の発音・語形が変化したもの。ラップの歌詞などに頻出する。→ラップ

デ ファクト【ラテン de facto】あらかじめ定められていたのではなく、結果としてそのようになっていること。事実上。

デ ファクト スタンダード【de facto standard】さまざまな規格のうち、多くの人が実際に使うことによって、結果的に標準規格として通用するようになること。また、その規格。業界標準。→デ-ジューレ-スタンダード

デフォルト【default】①債務不履行。債務者が契約上の給付義務を果たさない状態。債権者が債務不履行と判断し債務者、第三者に対して行う宣言をデフォルト宣言という。これにより債権者は返済期限が到来しなくとも融資分の回収ができる。発展途上国の累積債務返済危機にもいう。②コンピューター-システムで、ユーザーが特に指定しない場合に設定されている標準の動作条件。③②が転じて、基本的な状態(特段の理由がない場合の状

態)のこと。デフォとも。㊢債務不履行／初期設定

デフォルメ【フランス déformer】①美術において対象を変形させて表現すること。自然の形にゆがみを加えて表現すること。古代エジプト美術やマニエリスムにみられるが、特に、近代の絵画・彫刻に特徴的。変形。歪曲(わいきょく)。デフォルマシオン。②誇張して表現すること。物事をゆがめて伝えること。

デフ サッカー【deaf soccer】聴覚障害のある人のサッカー。基本的なルールはサッカーと同じ。主審は笛のほか旗を用いる。聾者(ろうしゃ)サッカー。

デブリ【フランス débris】▷「破片」「ごみ」の意。①崩れ落ちた岩石の砕片や雪塊。②地球軌道上の宇宙空間に放置されている人工物体。運用が終了した人工衛星や、分離したロケットの破片など。運用中の人工衛星に衝突する危険性がある。宇宙ごみ。スペース-デブリ。③原子炉の核燃料が臨界等によって溶融し、炉の構造物などと融合して固まったもの。燃料デブリ。④モータースポーツで、車体の破損などによりコース上に散らばった残骸。

デブリーフィング【debriefing】㊔ 業務・任務を終えたあとの状況報告(会)。▷ブリーフィング(簡潔な説明)と対比させて用いる場合も多い。その場合のブリーフィングは「事前」の説明などを意味する。

デフレ デフレーションの略。

デフレーション【deflation】貨幣および信用供給の収縮によって、貨幣供給量が流通に必要な量を下回ることから生ずる一般的物価水準の下落のこと。生産水準の低下と失業の増加が起こり、景気後退や不況に結びついてゆく。デフレ。→インフレーション

デフレーター【deflator】物価指数の一。国民総生産などの経済量の異時点間にわたる比較をする際、基準時からの価格変動による影響を取り除くための指数。価格修正因子。

デフレ スパイラル【deflationary spiral】物価の下落が企業収益・生産の縮小を引き起こし、それが景気をさらに後退させるという悪循環に陥ること。

テフロン【Teflon】フッ素樹脂の一つであるポリテトラフルオロエチレンの商標名。

デベロッパー【developer】⇨ディベロッパー

デポ【フランス dépôt】①物を保管したり貯蔵したりするところ。倉庫。保管所。貯蔵所。デポー。②商品を配送する際に拠点となる所。③(登山・スキーなどで)荷物の一部を登路の途中に置いておくこと。また、その地点。

デポジット【deposit】預かり保証金。㊫預かり金

テポドン【taepodong】朝鮮民主主義人民共和国が開発しているとされる弾道ミサイル。弾道ミサイル「ノドン」の後継機。▷アメリカ中央情報局(CIA)が、ミサイル基地のある地名、大浦洞(テポドン)から命名したとされる。→ノドン

デマ ①政治的効果をねらって、意図的に流される虚偽の情報。悪宣伝。②根拠・確証のないうわさ話。▷デマゴギーの略。

デマゴーグ【ドイツ Demagog】扇動政治家。普通、非難の意味を込めて使われる。

デマゴギー【ドイツ Demagogie】⇨デマ

デマンド【demand】需要。要求。▷ディマンドとも。→サプライ

デマンド レスポンス【demand response】電力の需給バランスを均衡させるため、需要家の電力使用を増加または抑制させるすること。電力料金を変更する方法や、需要家に対してインセンティブを提供する方法がある。DR。▷このうち需要家の電力使用を増やすものを上げDR、抑制するものを下げDRと呼ぶ。またインセンティブ型の下げDRをネガワット取引という。→ネガワット

デミグラス ソース【demiglace sauce】肉・野菜を煮込み、ブラウン-ソース、フォンなどを加えて煮つめた茶色のソース。シチューなどに用いる。ドミグラス-ソース。

デミタス【demitasse】小形のコーヒー-カップ。

デメリット【demerit】不利益。欠点。短所。→メリット

デモ デモンストレーションの略。示威運動。また、特に、デモ行進のこと。

> アップデート 2020年(令和2)、検察庁法改正案(検察官の定年を63歳から一般の国家公務員と同じ65歳に引き上げる)に反対する世論が噴出。コロナ禍で困難化したデモに代わり、ツイッター上で共通のハッシュタグを使いながら意思表示をする人が続出しました(ツイッターデモ)。のちに政府は法案の成立を見送ることを決めています。

デモーニッシュ【ドイツ dämonisch】悪魔にとりつかれたようなさま。鬼神にとりつかれたようなさま。

デモクラシー【democracy】民主主義。民主政体。

デモグラフィック【demographic】人口動態上の。人口統計上の。

デモンストレーション【demonstration】①実例で説明すること。実演。デモスト。②

テ

スポーツ大会などで、正式種目以外に行われる競技。公開演技。また、スキーなどでの模範滑走。③威力・勢力・技能などをことさらに示すこと。④政治的意思表示の一つとして行われる大衆的示威行動。特に、要求実現の圧力を加えるために行われる集団的街頭行進。デモ。

デュアル【dual】二つ。二重。両面。他の外来語とともに複合語をつくる。

デュアル カメラ【dual camera】新 一つの製品が二つの撮影機構(レンズなど)を搭載すること。スマートフォン、ドライブレコーダーなどでいう。デュアルレンズ。

デュアル システム【dual system】 ①２系統のコンピューターをオン-ライン接続して同一の処理をさせ、結果が二者で異なった場合には警告を出すという方式。②職業訓練学校で訓練を受けると同時に、実際に企業で働いて職能を身につける制度。→インターンシップ

デュアル ユース【dual-use】軍用にも民需にも利用可能なこと。軍民両用の。

デューティー【duty】①義務。本分。②職務。職責。③税金。関税。

デューティー フリー【duty-fee】関税のかからないこと。免税。

デュー デリジェンス【due diligence】投資用不動産の取引、企業買収などで行われる資産の適正評価。資産や買収対象企業の価値、収益力、リスクなどを詳細かつ多角的に調査し評価すること。DD。▷デュー-ディリジェンス、デューデリとも。

アップデート 近年の企業経営では、事業活動に内在する人権リスクの問題も意識されるようになりました。例えば「サプライチェーンのなかに強制労働などの人権侵害が存在しないか？」といった話題が意識されるようになったのです。企業がこの問題を特定して対処にあたる活動のことを、人権デューデリジェンス(人権 DD)と呼びます。

デュープ【dupe】①撮影した写真フィルムを複製すること。また、複製されたフィルム。②コンピューター-ゲーム(主にネットワーク-ゲーム)で、アイテム(武器などの装備品)などを不正に複製すること。▷複製などを意味するduplicate の略。

デュエット【duet】①二人の歌い手による重唱。二重唱。②二つの楽器による重奏。二重奏。③二人の踊り手による舞踏。

デュエル【duel】新 ①決闘。②トレーディング-カードゲームの対戦・勝負。③主にサッカーで、一対一の攻防。

デュオ【イタリア duo】二重唱、または二重奏のこと。

デュプリケート【duplicate】複写。複製。デュープ。

デュプレックス【duplex】二つの部分からなるさま。二重になっているさま。

デュラム小麦(こむぎ)(durum wheat)スパゲッティやマカロニの原料に用いる硬質小麦。

テラ【tera】単位に冠して、10^{12}すなわち1兆を表す語。記号T

テラ【ラテン terra】土。大地。

テラコッタ【イタリア terracotta】良質の粘土を焼いてつくった素焼きの塑像や器。古くからつくられ、メソポタミア・エジプト・ギリシャなどの遺跡から発掘される。現在でも彫刻や建築装飾の材料として用いられる。▷焼いた土の意。

デラシネ【フランス déraciné】故郷を喪失した人。▷根なし草の意。

テラス【英 terrace; フランス terrasse】①段々になっている台地。段丘。②建物から床と同じ高さで庭や街路に向けて張り出した部分。露台。③登山で、岩壁の途中などの、狭い棚状の場所。④体育館の床の上に張り出した通路または観覧席。

テラス ハウス【和製 terrace＋house】各戸が専用の庭をもった連続住宅。

デラックス【deluxe】豪華なさま。ぜいたくなさま。ドルックス。▷フランス語の英語読み。

テラリウム【terrarium】①陸生の小動物を飼育する容器。②園芸で、密閉されたガラス器や小口のガラス瓶などの中で、小形の植物を栽培する方法。

デリ ①デリカテッセンの略。②デリバリーの略。

テリア【terrier】獣猟用の一群の犬種の総称。ワイヤーヘアード・エアデール・スコッチなど品種が多い。ほとんどがイギリス原産。いずれも小・中形犬で、穴の中の獣を捕らえる習性があり、気が強く、利口で敏捷。愛玩用にもする。テリヤ。

デリート【delete】コンピューターの操作などで、文字やデータなどを削除・抹消すること。▷ディリートとも。

テリーヌ【フランス terrine】▷オーブンで焼くときの器の名から。①冷製の前菜の一。魚・鶏などの肉をペースト状にして調味し、器に入れてオーブンで焼いた料理。②バター・生クリーム・卵などにチーズやチョコレートなどの素材を混ぜ合わせ、器に入れて焼く菓子。

デリカシー【delicacy】感覚・感情などのこまやかさ。繊細さ。微妙さ。

デリカテッセン【ドイツ Delikatessen】ハム・サラダなどの調理済みの西洋風惣菜(そうざい)。また、それ

テ

を売る店。デリカ。デリ。

デリケート【delicate】①感受性が強いさま。繊細なさま。②細かい点に重大な意味のあるさま。微妙であるさま。

デリシャス【delicious】①味がよい。おいしい。②(Delicious)リンゴの栽培品種の一。北アメリカ原産。果実は大きく皮は濃紅色、肉は黄色味を帯び甘みと芳香がある。

デリック【derrick】クレーンの一種。回転する台に支柱と斜めに突き出したジブ(腕木)を乗せ、ジブの先端からロープを降ろして荷物をつり上げる。デリック-クレーン。

テリトリー【territory】①勢力圏。なわばり。②領土。領地。③動物の個体・集団などが捕食・生殖などのため、他の個体や集団の侵入を許さない占有区域。縄張り。

デリバティブ (derivative financial instruments) 債券・株式など本来の金融商品から派生した金融商品。先物取引・オプション取引・スワップ取引などによるものがあり、価格変動リスクの回避、低コストの資金調達、高利回りなどの特徴がある。金融派生商品。

デリバリー【delivery】①配達。配送。②客からの注文を受けて、料理などの商品を短時間で届ける商売。㊎配達

デリバリー ヘルス【和製 delivery＋health】自宅やホテルなど、顧客の指定する先へ女性が赴いて行う性風俗サービス。デリヘル。→ファッション-ヘルス

デリヘル ⇨デリバリー-ヘルス

デリミター【delimiter】コンピューターで、データの区切りを示す文字・符号。

デリンジャー【derringer】銃身の短い懐中用ピストル。リンカーン大統領暗殺に使われたことで知られる。

デルタ【delta; Δ・δ】①ギリシャ語アルファベットの第４字。②変数あるいは関数の変量を表す記号。③三角州。▷大文字と形状が似ているところから。

デルファイ【Delphi】ギリシャ中部、パルナソス山の南麓にある古代の遺跡、デルフォイの英語名。この地のアポロン神殿の神託は全ギリシャ人に信じられた。オリンピアと並ぶ古代ギリシャの聖地。

テルミン【ロシア termenvox】電子楽器の一。アンテナの近くで手を動かして電磁場を干渉し、音量と音程を微分的にコントロールする。1920年、ロシアの物理学者テルミン(Lev S.Termen)が発明。世界最古の電子楽器として知られる。

テレ【tele-】英語の接頭語の一。

「遠い」「遠距離の」のほか、「テレビの」「電信の」「コンピューター-ネットワークの」などの意を表す。

テレアポ 電話勧誘販売で行われる勧誘行為の俗称。また、そのような職業の俗称。▷テレホン-アポイントメントの略。

テレイドスコープ【teleidoscope】▷telescope（望遠鏡）とkaleidoscope(万華鏡)の合成語。柄を作るための小片が入っていない万華鏡。レンズによって外の景色を取り込み、回しながら覗き込むことで模様の変化を楽しめる。遠華鏡(えんげきょう)。

テレオペ 新 ⇨テレホンオペレーター

テレクラ 女性との会話を希望する男性のために、電話を取り次ぐサービス。店舗内の個室で待機する男性に女性からの電話を取り次ぐ店舗型と、電話をかけてきた男女を専用機器で取り次ぐ無店舗型(ツーショット-ダイヤルや伝言ダイヤルなど)がある。▷テレホン-クラブの略。

テレグラム【telegram】新 ①電報。②テレグラムメッセンジャー社が提供するインスタントメッセンジャーのサービス。サーバーでもメッセージが復号されないチャット機能が選択可能。2013年にサービス開始。商標名。▷Telegram。

テレコ ⇨テープ-レコーダー

テレコミューティング【telecommuting】⇨テレワーク

テレコム【telecom】電話・テレビ・ラジオなど有線または無線の通信方式を用いて情報を送受すること。電気通信。テレコミュニケーション。

テレパシー【telepathy】超心理学の用語。視覚や聴覚など通常の感覚的手段によることなく、直接、自分の意志や感情を伝えたり、相手のそれを感知したりする能力。精神感応。思念伝達。遠感。霊的交感。

テレハラ ⇨テレワーク-ハラスメント

テレビ ①画像・音声を信号に変換・送信し、遠隔の受信・表示装置で再生する仕組み。テレビジョンの略。TV。②①の受像器・放送・番組・メディア・業界などのこと。

テレビ会議 遠隔地にいる参加者が、互いの様子を映像と音声で送信しあい、意思の疎通を図る会議。テレコンファレンス。

テレビ ゲーム【和製 television＋game】コンピューター-ゲームのうち、表示にテレビを用いるものの総称。TVゲーム。ビデオ-ゲーム。→コンピューター-ゲーム

テレビジョン【television】→テレビ

テレビ ドラマ【television drama】テレビ番組として放送する

ドラマ。

テレビン油 テレビンチナを水蒸気蒸留して得られる精油。無色ないし淡黄色で特異な香気をもつ。ピネンなどのテルペンが主成分。皮膚の刺激・引赤薬として塗布するほか、ワニス・ペンキ・油絵の具などの溶剤、合成ショウノウの原料として用いる。▷テレピン油とも。

テレフォン【telephone】新 ⇨テレホン

テレ プレゼンス【tele-presence】利用者に対して、遠隔地にいる人とまるでその場に一緒にいるかのように感じさせる技術。遠隔地にいる会議メンバーと巨大ディスプレーを通じて対話する場合や、遠隔地のロボットを仮想現実空間を通じて操縦する場合など。テレイグジスタンス。▷プレゼンスは存在の意。

テレポート【teleport】①衛星通信の地上局などを核にして開発され、高度に情報化された地域。②自分自身や物体を念力で移動させること。テレポーテーション。

テレホン【telephone】新 電話。電話機。テレフォン。

テレホン オペレーター【telephone operator】新 電話による顧客対応業務の担当者。テレオペ。▷テレフォンオペレーターとも。電話交換手の意。

テレマーク ▷ノルウェーの地名から。【ドイツ Telemark】①スキーで、両スキーを前後にずらして片方のひざを折り、腰を落として滑降・回転する技術。ジャンプ競技の着地にも用いられる。② ⇨テレマーク-スキー

テレマーク スキー【Telemark skiing】つま先を固定して、かかとを固定しない方式のスキー。また、そのスキーによる滑走。現代スキーの源流にあたる。テレマーク。

テレマーケティング【telemarketing】電話を用いたマーケティング方法。顧客からの注文・問い合わせといったインバウンド方式と、売り手が顧客に対して商品訴求などの働きかけをするアウトバウンド方式がある。テレホン-マーケティング。

テレマティクス【telematics】車載する情報通信技術。移動体通信技術と情報処理技術を組み合わせたものをさす。現在の交通状況を加味したナビゲーション、現在位置に合わせた地域情報の提供、盗難時の自動通報などのサービスを実現する。▷通信(telecommunication)と情報科学(informatics)から。→ITS

テレメーター【telemeter】遠方から電気信号として送られてきた測定量を解読し、指示あるいは記録する装置。一般の装置産

業や医療技術・宇宙開発・原子力工業などの分野で利用される。

テレワーク【telework】新 ネットワークを利用して、職場から離れた場所で勤務する形態。自宅やサテライト-オフィスなどでの勤務がその例。テレコミューティング。リモート-ワーク。

テレワーク ハラスメント 新 在宅勤務のテレビ会議で生じる、セクシャルハラスメントやパワーハラスメントなどの行為。カメラ越しに映る相手のプライベートについて、過剰な詮索や干渉を行なう場合など。テレハラ。▷和製 telework ＋ harassment。2020年のコロナ禍において顕在化した問題。

テロ テロル・テロリズムの略。

テロップ【telop】テレビ放送などの字幕。▷ television opaque projector の省略形。元は字幕などの表示装置をさした。

テロメア【telomere】染色体の両端に見られる、一定の塩基配列の反復構造。染色体が無秩序に融合するのを防いでいると考えられる。細胞分裂にともない、次第に短くなる。

テロリスト【terrorist】テロルに訴えて自分の政治目的を実現させようとする者。

テロリズム【terrorism】一定の政治目的を実現するために暗殺・暴行などの手段を行使することを認める主義、およびそれに基づく暴力の行使。テロ。

テロル【ドイツ Terror】あらゆる暴力的手段を行使し、またその脅威に訴えることによって、政治的に対立するものを威嚇(いかく)すること。テロ。▷恐怖の意。

テロワール【フランス terroir】①農産地。②郷土、地方、国。③特にワインの生産地における自然環境。気候・土壌・地勢などの総合的な地域性。

テロンチ 新 比較的に柔らかい生地でつくるトレンチ-コート。多くの場合、前面にドレープが入っており、カーディガンのように着こなす。▷テロっと(テロンと)したトレンチ-コートの略。

テン【ten】10。とお。

デン【den】①野生動物のねぐら。巣穴。②隠遁所。隠れ家。③こぢんまりした私室。多くマンションなどで、書斎や趣味の部屋などに適した小部屋をさす。DEN。

テン ガロン ハット【ten-gallon hat】アメリカのカウボーイなどがかぶる山がきわめて高く、つばの広い帽子。カウボーイ-ハット。▷水が10ガロンも入るということから。

テン キー【和製 ten＋key】電卓・コンピューターで、0から9までの数字を入力するキー。

デング熱 (ドイツ Denguefieber)

デング熱ウイルスによる感染症。蚊により媒介され、熱帯・亜熱帯地方に多い。発熱、激しい頭痛・関節痛・筋肉痛、結膜充血、紅疹が見られる。

デンジャラス【dangerous】危険なさま。物騒なさま。

テ

テンジャン 朝鮮料理の調味料の一。大豆を発酵させてつくる味噌。▷朝鮮語。

テンション【tension】①緊張。不安。②物理学で、張力(ちょうりょく)。③(主に若者言葉で)気分の盛り上がりのこと。

テンセル【Tencel】パルプを原料とするセルロース繊維。イギリスで開発。廃棄後、土の中で分解される。

テンソル【tensor】三次元空間において5個以上の成分をもち、座標変換によって、いくつかの座標成分の積またはその一次結合と同じ形の変換を受ける量。例えば物体の慣性モーメントや歪(ひず)みはテンソルで表される。

テンダー【tender】提供。申し込み。入札。

テンダー【tender】柔らかいさま。傷つきやすいさま。

デンタル【dental】多く他の語の上に付けて用いられ、「歯の」「歯科の」の意を表す。

デンタル フロス【dental floss】歯間の汚物や歯垢(しこう)を除去するために用いる、ナイロンなどの加工糸。フロス。

テント【tent】雨・風・日光などを防ぐために用いる、厚い布製の幕。天幕。

デンドログラム【dendrogram】系統樹。

デンドロビウム【ラテン Dendrobium】ラン科デンドロビウム属の多年草の総称。熱帯地方に広く分布し、種類が非常に多い。日本では観賞用に多くは温室で栽培。岩や樹上に着生する。日本原産のセッコクなどもこの一種。

テン年代 西暦 2010 年から 2019 年までの 10 年間。

テンパー 俗に、10%のこと。▷テン-パーセントの略。

テンパイ【聴牌】麻雀で、あと一つ必要な牌(パイ)がくればあがることのできる状態。▷中国語。

テン バガー【ten-bagger】▷bagger は野球の塁打の意。株価が十倍になった(またはなりそうな)銘柄。

テンパリング【tempering】チョコレートを溶かして固める際、仕上がりを均質にするために行う温度調整作業。

テンパる ①麻雀で、聴牌(テンパイ)の状態になる。②転じて、目一杯の状態になる。▷聴牌の動詞化。

テンプ【temp】①テンポラリーの略。②一時雇い。能力や経験をもとに、自分の都合に合わせて働く者。テンポラリー-ワーカー。

テンプル【temple】神殿。寺院。聖堂。

テンプル【temple】こめかみ。眼鏡のつる。

テンプレ 雛型(ひながた)。定型。▷テンプレートの略。

テンプレート【template】①プラスチック板に文字・図形などの外形をくりぬいた製図用具。②文章・データ・ファイルなどの雛形。③ネットで、雛形を利用して記した文章。テンプレ。

テンペ【インドネシア tempe】インドネシアやマレー半島で食べられる、伝統的な食品。大豆を蒸して、テンペ菌を加えて発酵させ、白い菌糸でケーキ状に粒が固まったもの。スライスして油で揚げたり炒め物に使う。

テンペスト【tempest】①暴風雨。大あらし。②(TEMPEST)コンピューターから漏出する電磁波などからその情報を盗み見る技術。▷アメリカの国家安全保障局(NSA)でのコード-ネームといわれる。

テンペラ【tempera】卵黄や蜂蜜・膠(にかわ)などを混ぜた不透明な絵の具。また、それで描いた絵。

テンポ【イタリア tempo】①進み具合の速さ。②音楽で、その楽曲に指定された速度。

テンポラリー【temporary】一時の。当座の。

テンメンジャン【甜麺醤】小麦粉からつくる中国の甘味噌。▷中国語。

ト

ドア【door】(入り口・戸口などの)戸。扉。

ドア コック【和製 door+cock】鉄道車両やバスなどの自動ドアを手動で開閉できるようにする非常用装置。

ドア ツー ドア【door-to-door】①ある戸口から別の戸口へ。②次々に戸別訪問すること。

トイレ トイレット(toilet)・トイレット-ルーム(toilet room)の略。便所。

トイレタリー【toiletry】化粧品・化粧用具の総称。

トゥクトゥク【タイ tuk-tuk】新 三輪自動車。またそれを利用したタクシー。

トゥンカロン クリームなどの中身をたっぷり挟んだマカロン。韓国で発祥。▷朝鮮語で太ったマカロンの略。2019年(平成31・令和1)ごろに国内でも流行。

ドー【dough】小麦粉に水を加えて練った生地のこと。パン生地、うどん生地など。

トーア【Tor】発信元の特定を困難にするネット通信の中継システム。無作為で選ばれた複数のサーバーを経由してデータを送信し、タマネギのように何層ものセキュリティーでの保護によって、発信元のIPアドレスが匿名化される。▷the onion routerの略。経由するコンピューターには通信経路が記録されず、発信元の追跡が困難となっている。

トーイック ⇨TOEIC

トー イン【toe-in】自動車で、キャンバー角を付けたときに発生する横力を打ち消し、直進性を高めるために二つの前輪が、ごくわずか内側に曲げられていること。

トーキー【talkie】音声を伴った映画。フィルム上にサウンド-トラックを有し、画面とせりふなどの音声を同期させたもの。発声映画。→サイレント③

トーキング ドラム【talking drums】鼓(つづみ)に似たアフリカの打楽器。真ん中がくびれた胴の両端に皮が張ってあり、両端の皮をつないでいる複数のひもを締めることで音程が変えられる。J字形のスティックを使用する。

トーク【talk】(気楽な)話をすること。おしゃべりをすること。

トーク【toque】つばのない婦人帽。

トーク セッション【和製 talk＋session】⇨トーク-ライブ

トーク ライブ【和製 talk＋live】対談や座談会などを主軸とするイベント。トーク-イベント。トーク-セッション。

トークン【token】▷「符合」「しるし」の意。①(ゲーム機や自動入場機などで使う)代用硬貨。②プログラミング言語で、文法上の最小単位となる表記。③自然言語処理で、処理の最小単位となる文字列。④人称用のハードウエアやデータ。⑤暗号資産。

ドーズ【dose】①1回分の薬の服用量。1服。②放射線などの被放射量。③シャンペン製造の際に添加する、ある量の砂糖。

トースト【toast】パンを薄く切り、両面を軽く焼くこと。また、そのパン。

トータル【total】①合計すること。総計。②全体にかかわるさま。全体的。

トーチ【torch】①松明(たいまつ)。「スウェーデン―(＝切り込みのある丸太を使うかがり火)」②オリンピックで、聖火を灯して運ぶ棒状の道具。

トーチー【豆豉】蒸した大豆を発酵させ、干したもの。中国料理で調味料として使う。▷中国語。

トーチカ【ロシア tochka】鉄筋コンクリートで円形・方形・六角形などにつくり、機関銃・火砲などを備えた堅固な防御陣地。特火点。

▷点の意。

トーテム【totem】ある集団と特別の関係をもつと信じられている特定の動植物や自然現象。▷ネーティブ-アメリカン、オジブワ族の言葉 ototeman(彼は私の一族の者だ)に由来する語。

トーテム ポール【totem pole】トーテムを象徴する図案を描いたり、彫刻したりした柱。家の前に門柱のように立てられる。ネーティブ-アメリカンの間で見られる。

トート バッグ【tote bag】キャンバス地でできた、厚みのある手提げ袋。▷トートは「運ぶ」の意。

トートロジー【tautology】①特に繰り返したからといって何の意味も明瞭さも付け加えないような同じ言葉の繰り返し。同語反復。②論理学で、変項の値のいかんにかかわらず、常に真であるような論理式。論理学の規則の体系自身もトートロジーの集合とみなされる。恒真式。恒真命題。

ドーナツ【doughnut】小麦粉に砂糖・バター・卵などをまぜてこね、丸く輪にして油で揚げた菓子。ドーナッツとも。

トーナメント【tournament】1試合ごとに敗者を除き、勝者同士を戦わせ、最後に勝ち残った一人または1チームを優勝とする競技方法。→リーグ戦

ドーパミン【dopamine】カテコールアミンの一。生体内で、アドレナリン・ノルアドレナリンの前駆体。脳の神経細胞の興奮の伝達に重要な働きをする。

ドーピング【doping】①スポーツ選手が運動能力を高めるため、禁じられた薬物を用いること。②結晶やガラスなどの性質を制御するために、不純物を添加すること。半導体では電気的な性質を、光ファイバーでは屈折率を制御するために行われる。

ドープ【dope】①麻薬・マリファナなどの俗称。②格好良い。素晴らしい。

トーフル ⇨TOEFL

ドーミトリー【dormitory】学生寮。寄宿舎。

ドーム【dome】半球形をなした屋根あるいは天井。円(まる)屋根。丸天井。円蓋。

ドーム カメラ【dome camera】新 半球状の防犯用カメラ。天井などに取り付けて用いる。

トール【tall】高い。高さがある。

トール【Thor】北欧神話の雷電の神。

トール【toll】使用料。通行料金。

ドール【doll】人形。

トー ループ ジャンプ【toe loop jump】フィギュア-スケートで(基本的な反時計回りの跳躍を行う場合)右足で後ろ向きに滑走して、左足の爪先を氷に突く動作をきっかけに跳躍して、回転の

のち後ろ向きに着氷する跳躍演技。ループジャンプに爪先の動作を加えたもの。トー。トーループ。▷トーは、トゥ・トゥー・トウとも。

トール ケース 【和製 tall＋case】DVD などの光ディスクを収納するプラスチック製パッケージ。ライナー-ノートなども格納できる。CD 用のジュエル-ケースより縦長。DVD ケース。→ジュエル-ケース・ライナー-ノート

トール ペインティング 【tole painting; tole and decorative painting】家具や小物などの生活用品に、絵を描いたり装飾を施すこと。また、その技法のこと。トール-ペイント。

トーン【tone】①音の調子。音調。②色調。

トーン ダウン 【tone down】今までの勢いや調子が落ちること。また、落とすこと。

ドギー バッグ 【doggie bag】(レストランで)食べ残した料理を持ち帰るための袋。ドッギー-バッグ。▷ドギーは子犬の意。

ドキュメンタリー 【documentary】虚構によらず事実の記録に基づく作品。記録映画・記録文学など。

ドキュメンテーション【documentation】①文書・証拠書類・資料などを提示すること。文献情報活動。②記録などを体系的に整理し、文書化すること。

ドキュメント【document】①記録。文書。文献。②コンピューターで、ソフトウエアの仕様書、開発の過程を記録した文書、使用方法の説明書などの総称。

ドキュメント スキャナー 【document scanner】撮像素子を固定して、原稿を移動させる形式のイメージ-スキャナー。→スキャナー

ドクター【doctor】①博士。②医者。ドクトル。③ドクター-コースの略。大学院の博士課程。

ドクター イエロー 【和製 doctor ＋ yellow】東海道・山陽新幹線の架線や線路を点検する、黄色い車体の試験車両の愛称。

ドクター ヘリ 【和製 doctor＋helicopter】医師が搭乗して、患者を治療しながら輸送するヘリコプター。救急車より迅速な救助・治療・搬送が可能。日本では 2002 年(平成 14)よりドクター-ヘリ事業が実施されている。

ドクトリン【doctrine】①教義。②政治・外交における基本原則。[案] 原則

トクホ 特定保健用食品。

ドグマ【dogma】①宗教上の教義・教理。②(否定的に)独断的な説。教条。

トグル【toggle】①同じ操作をするたびに、二つの状態が交互に現れる機構。②浮子(うき)形の棒状ボタン。ダッフル-コートの打ち合わ

せの留め具に用いる。▷トッグルとも。

トコフェロール【tocopherol】ビタミンE群の総称。抗酸化作用に基づく抗不妊症活性がある。アルファからデルタまでの4種類があり、アルファの活性が最も高い。

ドス ①短刀。あいくち。②凄味(すごみ)。▷和語「脅す」の略か。

ドス【DOS】コンピューターで、基本的な外部記憶媒体として磁気ディスクを用いる比較的小規模のオペレーティング-システム。ディスク-オペレーティング-システム。

ドタキャン 俗に、予定を目前に控えたタイミングで、それを取り消すこと。土壇場(どたんば)でキャンセルの意。▷芸能・放送業界の業界語が一般化した。

トタン 「トタン板」の略。亜鉛をめっきした薄い鋼板。屋根ふき材・外装材などに用いる。亜鉛鉄板。▷ポルトガル語 tutanaga(銅・亜鉛・ニッケルの合金)からともいわれるが未詳。

トッカータ【イタリアtoccata】17～18世紀にかけて全盛となった、自由な形式の鍵盤(けんばん)楽曲。

ドッキング【docking】宇宙空間で、宇宙船どうしが結合すること。転じて、離れていた二つのものがくっついて一つになること。▷入渠(にゅうきょ)・ドック入りの意。

ドック【dock】①船の建造や修理などのために築造された設備。乾ドック・浮きドックなどの種類がある。船渠(せんきょ)。②「人間ドック」の略。生活習慣病の早期発見と心・肝・腎・肺などのはたらきの検査を目的とする精密な健康診断。

ドッグ【dog】犬。

ドッグ イヤ【dog-ear】本のページの隅が折れた状態。また、ページの隅を折ること。ドッグ-イア。▷犬の耳と形状が似ていることから。

ドッグ イヤー【dog year】情報技術分野における革新の速さを表した語。犬は人より寿命が短く、犬の1年は人の7年に相当することから、通常 、何年もかかって起こる変化が短時日のうちに起きることをいう。

ドッグ ラン【dog run】犬専用の広い運動場。引き綱を放した犬を自由に遊ばせることで、運動不足による精神的・肉体的なストレスを解消させる。ドッグ-パーク。

ドッジ【dodge】①すばやく避けること。たくみに身をかわすこと。②ラグビーやホッケーなどで、相手をかわしながら前に進むこと。

ドッジ ボール【dodge ball】球技の一。二組みに分かれてコートに入り、一つの大形のボールを投げあい、ボールをより多く相手に当てた方を勝ちとする。ドッチ-

ボール。デッド-ボール。

ドッター【和製 dot+-er】ドット絵を描く人。また、その職業。ドット絵師、ドット絵職人とも。→ドット絵

ドット【dot】①点。ポイント。②布地などの水玉模様。③音楽で、音符のあとに付けて2分の1だけ音を長くすることを示す符点。④ディスプレーやプリンターで、文字や図形を表す基本単位となる点のこと。

ドット絵 方眼紙状の升目(ドット)の一つ一つを埋めていくように、手作業で色づけした画像データ。また、その画像。3D(立体)画像のように、計算で自動的に升目を埋める方式に対していう。▷初期のコンピューター-ゲームで多用された。

ドット コム【.com; dot com】インターネットのドメイン名のうち、主にアメリカ企業を表すための記号。あるいはインターネット関連企業の総称。→ドメイン名

トッピング【topping】料理や食品の上にのせたり飾りにかけるもの。ピザにのせる具やアイス-クリームに振りかけるチョコレート-チップなど。また、それを行うこと。

トップ【top】①首位。1番目。また、最上級。最上部。②組織などの最高部に位置する者。最高幹部。首脳。③新聞のページで1番目につく、最上段の右にあたる所。④トップ-ギアの略。エンジンの変速機が、最高速度になるギア。

トップ シークレット【top secret】最高機密。

トップス【tops】①上半身に着る衣服。シャツ、ブラウス、セーター、ジャケットなど。②装飾を施したボタン。

トップ スピン【top spin】球技で、打球に与えられる前進回転。順回転。

トップ セールス【和製 top+sales】企業の社長などが、率先して宣伝販売活動を行うこと。

トップ ダウン【top-down】企業経営などで、上層部による意思決定が上位から下位へ伝達され、社員をそれに従わせる管理方式。→ボトム-アップ

トップ マネージメント【top management】企業の最高意思決定機関。また、それによる経営管理。

ドップラー効果 音波などの波源と観測者との一方または双方が媒質に対して運動しているとき、観測者が測定する波動の振動数が静止の場合と異なる現象。オーストリアの物理学者ドップラーが発見。波源と観測者が近づけば振動数は高く、遠ざかれば低くなる。光の場合、両者の相対速度だけで振動数の変化が決ま

る。

トップ ランカー【top ranker】新 スポーツなどで、ランキング(成績に基づく順位)の最上位にいる人。

トップ ランナー【和製 top＋runner】①リレー競走の第1走者。②陸上競技で、一流のランナー。一流走者。③転じて、ある時代や分野の最先端で活躍する人。

トップレス【topless】①女性の水着などで、上半身を露出したもの。▷1964年アメリカのデザイナーが発表。②女性が上半身裸の状態。

ドッペルゲンガー【ドイツ Doppelgänger】自分自身の姿を自分で見る幻覚の一種。自己像幻視。

トッポギ 新 棒状の餅(トック)を主体とする具材を、コチュジャンなどで甘辛く煮た料理。韓国では屋台の定番とされる。トッポッキ。トッポキ。▷朝鮮語。「餅炒め」の意。

トト【toto】スポーツ振興くじの愛称。サッカー(Jリーグなど)の指定試合について、その結果を予想するくじ。2001年(平成13)より実施。購入者が自分で予想を選択するtoto、mini totoなどや、コンピューターが自動的に予想を選択するBIG、mini BIGなどがある。▷イタリア語で払戻所などの意。

トトカルチョ【イタリア totocàlcio】プロ-サッカーの試合などを対象とした賭博(とばく)の一種。公認している国もある。

トドラー【toddler】幼児。よちよち歩きの子ども。ファッション分野などで、世代区分の語として用いられる。▷2〜4歳ぐらいの幼児をさすことが多い。

トナー【toner】①静電複写で、像を紙上に再現するための粉。転写ドラム上の静電画像に吸着し、紙に熱転写されて像となる。②化粧水。

ドナー【donor】①寄贈者。②臓器・骨髄移植で、臓器・骨髄の提供者。→レシピエント ③国際援助において資金を提供する側の国。④半導体の本体に余分な電子を与える不純物。シリコン・ゲルマニウムに対するリン・ヒ素など。電子供与体。案 臓器提供者／資金提供国

ドナー カード【donor card】死後の臓器・骨髄提供の意思を表示したカード。

ドナドナ 市場に売られる子牛の様子を歌うイディッシュ語の歌。▷Dona Donaなどいくつかの表記がある。この歌詞の連想から、俗に、(強制的に)荷台などに積んだり、連行したり、売却したりすることを「ドナドナする」ということがある。

ト

トナラー 新 空(す)いているのに隣に来る人。空いている駐車場・電車・飲食店などで、すでにいる車や人の隣に駐車・着席する人のこと。多くの場合、その行為を不快に感じる立場からいう。

トニー賞 ブロードウェーで上演された優れたミュージカル・演劇に対して授与される賞。1947年創設。▷トニーはアメリカの女優(Antoinette Perry1888～1946)の愛称。

トニック【tonic】①強壮剤。滋養剤。また、整髪剤。②音階の第1音。主音。キーノート。トニカ。③トニック-ウオーターの略。香味をつけた無色の炭酸飲料。

ドネル ケバブ【トルコ doner kebab】新 トルコ料理の一。羊や牛などの肉塊を回転させながらあぶり焼きにし、焼き上がった部分から切り落として数種類の野菜とともにパンで挟んだもの。中東を中心に世界の各地で親しまれている。

トパーズ【topaz】フッ素とアルミニウムを含むケイ酸塩鉱物。斜方晶系に属し、柱状結晶は硬くてもろい。透明または半透明。色は黄・青・紫・緑などがあり、黄色のものを宝石として珍重する。黄玉(おうぎょく)。

トピアリー【topiary】幾何学模様や動物の形などに刈り込んだ樹木。また、その技法。

トピック【topic】話題。論題。▷複数形で、トピックスとも。

トピックス ⇨TOPIX

トピックス【topics】話題。論題。▷トピック(topic)の複数形。

トピ主(ぬし) インターネットの掲示板で、最初に質問や話題提供などの投稿をした人。スレ主。▷「トピックを立てた主」の略。

トポス【ギリシャ topos】場。場所。

トポロジー【topology】①位相。極限や連続の概念が定義できるように、集合に導入される数学的構造。②位相幾何学。長さ・大きさなどの量的関係を無視し、図形相互の位置、つながり方などを、連続的に変形させて、その図形の不変な性質を見つけたり、またそのような変形のもとでどれほど異なる図形があるかを研究する幾何学。広義には位相の概念を他の方面の数学に拡張した位相数学をいう。

トマホーク【Tomahawk】アメリカ海軍の中距離巡航ミサイル。命中精度がきわめて高い。▷ネーティブ-アメリカンの使う斧(おの)の意。

トミージョン手術【Tommy John surgery】新 断裂した肘の靭帯を再建するための手術。野球の投手が受けることが多い。初めて同手術を受けた大リーグ選手、トミー=ジョンの名前にちなむ。1974年に整形外科医、フランク=ジョーブが考案。

ドミグラス ソース【demiglace sauce】⇨デミグラス-ソース

ドミナント【dominant】①最も優勢なもの。支配的なもの。②長・短音階で、主音の5度上の音。主音の5度下の下属音と区別する場合、特に上属音ともいう。属音。

ドミニオン【dominion】イギリスなどの自治領。▷支配・領地・占有権の意。

ドミノ【domino】①西洋カルタの一種。厚さ約8mmの、象牙・木・プラスチック製などの長方形の小札の表面の左右に、無印(0)と1から6までのしるしを二つ彫りつけたもの。普通、28枚が一組み。同じ目を並べ合わせて、早く手札を並べ終わった者が勝つ。②近接して立てたドミノが次々に倒れる「ドミノ倒し」のように、関連した物事が連鎖的に生じること。「辞任—」

トム ヤム【タイ tom yam】酸味と辛味とが混ざり合った、タイ料理の代表的スープ。ココナッツ-ミルクを入れるものと入れないものとがある。→トム-ヤム-クン

トム ヤム クン【タイ tom yam kung】タイ料理の代表的スープであるトム-ヤムのうち、エビを具にしたもの。→トム-ヤム

ドメイン【domain】①領地。領域。②ネットワーク上のコンピューターをグループ化して個々の識別を行うための概念。③企業などの組織が事業展開する際の活動領域などをいう。④⇨ドメイン名

ドメイン名 インターネットに接続されているコンピューターを階層構造のドメインに分別した際に用いられる名称。国別コード(日本はjp)、組織の種別コード(大学はac、政府関係はgo、企業はcoなど)、ホスト名から構成される。

ドメスティック【domestic】①家庭内のこと。家族の中のこと。②国内のこと。自国のこと。➲ よくわかる「ドメスティック」の意味と使い方(p.511)

ドメスティック バイオレンス【domestic violence】配偶者や恋人などから受ける、さまざまな暴力行為。肉体的暴力のほか、言葉の暴力、性的暴力、社会的暴力(交友の制限など)、物の破壊、経済的暴力(お金を渡さない)なども含むとされる。DV。

ドラ 麻雀で、場に積んである1牌(パイ)を表にめくり、その牌の次牌(五萬がめくられれば六萬)を手牌に含んで上がった場合、上がり点の翻数を1翻上げるようにする方法。また、その牌。

ドラアグ クイーン【drag queen】⇨ドラッグ-クイーン

トライ【try】①試みること。試

しにやってみること。②ラグビーで、相手のイン-ゴールにボールをつけること。得点5と、ゴール-キックを試みる機会を得る。

ドライ【dry】①乾いて水気のないさま。→ウエット ②合理的で情に流されないさま。→ウエット ③洋酒が辛口(からくち)であること。→スイート

ドライ アイ【dry eye】涙液が減少し、目が乾燥すること。目の痛み・かゆみ・充血などの症状を呈し、視力の低下をもたらすこともある。

ドライ アイス【dry ice】固体の二酸化炭素。圧縮・液化した二酸化炭素を減圧下で細孔から噴出気化させ、その気化熱により冷えて固体化した粉末を加圧成形してつくる。空気中で昇華し、工業用・家庭用の冷却剤として広く使われる。

トライアウト【tryout】①スポーツ選手や俳優などを選考する際の適性・実力試験。入団テスト。②試演。試験興行。

トライアスロン【triathlon】スイム(水泳)・バイク(自転車)・ラン(ランニング)の3種目を順に行い、所要時間を争う競技。標準的なルールの場合、スイム1.5km、バイク40km、ラン10kmで行われる。鉄人レース。

トライアル【trial】①試しにやってみること。②スポーツで、競技者に許される何回かの試技のこと。予選をいうこともある。③乗り物の運転技術を競う競技種目。④商品やサービスの試供。また、試し買い。

トライアングル【triangle】①三角形。②打楽器の一。鋼鉄棒を三角形に曲げて糸でつるし、金属棒で打って鳴らす。③三角形で囲まれた地域。

トライ アンド エラー【和製 try＋and＋error】試行錯誤。▷トライアル-アンド-エラーの誤り。

ドライ イースト【dry yeast】乾燥酵母。

ドライ エリア【dry area】地下室の外壁に沿って設けられる採光や換気などのための空堀(からぼり)。

ドライ カレー【和製 dry＋curry】みじん切りの野菜とそぼろ肉をカレー粉で味をつけて飯に添えたもの。また、カレー粉で味つけをした洋風いためごはん。

ドライ クリーニング【dry cleaning】水を用いず、有機溶剤を用いて汚れを落とす洗濯法。乾式洗濯。乾燥洗濯。クリーニング。

トライセプス【triceps】新 上腕三頭筋。上腕の後ろ側にある筋肉。▷トライセップスとも。

ドライバー【driver】①運転手。運転者。②ねじまわし。③ゴルフ-クラブで、ウッドの1番。最も飛

よくわかる「ドメスティック」の意味と使い方

詳しい意味は？

ドメスティック（domestic）は、多く、他の語に付いて、「家庭内の」や「国内の」という意味を表します。

メディアなどでよく耳にするのは、配偶者や恋人からの暴力を意味する「ドメスティックバイオレンス（domestic violence）」という語としてでしょう。この場合、ドメスティックは「家庭内の」を意味します。

ドメスティックはまた、「国内の」という意味でも使われます。例えばファッション分野では、国内のブランドのことを「ドメスティックブランド（domestic brand）」と呼ぶ習慣があります。

実際の使われ方は？

［ドメスティックな○○］ おもに国内を意味する文脈で「ドメスティックな○○」と表現することが可能です。例えば「ドメスティックな商品」と言えば「国内製、国内向けの商品」といった意味です。「ドメスティックな会社」と言えば「海外展開をしていない会社」「日本的な企業風土の会社」というニュアンス、「ドメスティックな作品」と言えば「（内容、流通などの面で）国内市場向け、内向きの作品」ということになります。

［ドメスティックバイオレンス］ 配偶者や恋人あるいは元配偶者や元恋人から受ける暴力のことです。「DV」と略される場合もあります。日本では、2001年にドメスティックバイオレンス防止法（正式には「配偶者からの暴力の防止及び被害者の保護等に関する法律」）が成立したことで、その対策が本格化しました。

なおDVのうち、恋人間で行われるDVのことを特に「デートDV（和製英語）」と呼びます。

言い換えたい場合は？

単純にドメスティックを言い換える場合は、「家庭内の」あるいは「国内の」を用いると良いでしょう。また航空分野では「国内線」に言い換えることが可能です。

距離を出すことができる。→ウッド ④(多く､｢ドライバ｣)コンピューターが周辺機器を利用するためのソフトウエア。基本ソフト(OS)の一部に組み込んで利用する。デバイス-ドライバとも。

ドライバーズ シート【driver's seat】運転席。

ドライ バッグ【dry bag】新 アウトドア用の防水袋。ドライ-サック。

トライバル【tribal】部族的なデザイン(アクセサリーやタトゥーなど)を取り入れたファッション。▷部族の、部族的なの意。

ドライブ【drive】①自動車を運転すること。また、自動車に乗って郊外・観光地などに遊びに行くこと。②スポーツで、打った球が強い順回転をすること。また、そのような打球。③コンピューターで、ディスク状記録媒体の駆動装置。

ドライブ イン【drive-in】①自動車で乗り入れることができる劇場・銀行・食堂などの施設。②道路沿いにあって大きな駐車場を備え、主に自動車に乗ってくる人たちを対象として営業する軽飲食・休憩用の店。

ドライブ スルー【drive-through】自動車に乗ったまま買い物などができる方式。また、その店。

ドライ フラワー【dried flower】咲いている草花を乾燥させたもの。装飾・観賞用。

トライフル【trifle】新 透明な器などに、スポンジ-ケーキ・カスタード-クリーム・果物・ゼリーなどを層状に重ねてつくる生菓子。イギリスで発祥。

ドライ フルーツ【dried fruit】貯蔵などのために、乾燥させた果物。

ドライブ レコーダー【和製 drive＋recorder】自動車に搭載する走行データ記録装置の一。速度・ハンドルの角度・アクセルの踏み具合などのデータを随時計測し、交通事故が発生した際、直前のデータを保持する。事故原因の究明・新車種の設計・運転教育や保安基準の再検討などに利用される。小型CCDカメラ、速度パルス受信部、加速度センサー、メモリー-カードが主要なパーツ。

トライボロジー【tribology】二つの物体がそれらの接触面に沿って相対運動するとき、接触面に現れる摩擦・摩耗・潤滑などの力学現象を研究する応用力学の分野。

ドライ マウス【dry mouth】口腔(こうくう)乾燥症。唾液の分泌の減少により口腔内が乾くこと。唇・舌・粘膜などにひび割れや炎症を生じ、味覚異常などを起こす。加齢・糖尿病などの代謝異常のほか、シェーグレン病・薬の副作用・

喫煙・ストレスなどが原因とされる。

ドライ マティーニ【dry martini】カクテルの一。辛口のマティーニ。通常のマティーニに比べ、ジンの割合が多い。

ドライヤー【drier】①乾燥器。特に、ヘア-ドライヤー。②乾燥剤。

トラウト【trout】①サケ科に属する魚の総称。ニジマス・ブラウン-トラウト・レイク-トラウトなど。② ⇨サーモン-トラウト

トラウマ【ドイツ Trauma】個人にとって心理的に大きな打撃を与え、その影響が長く残るような体験。精神的外傷。心的外傷。案心の傷

ドラキュラ【Dracula】アイルランドの作家ブラム=ストーカー(Bram Stoker［1847〜1912］)の怪奇小説「吸血鬼ドラキュラ」(1897年)の主人公。ルーマニアのトランシルバニアの古城に住む伯爵で、昼は棺(かん)の中で眠り、夜になると起き出して人の血を吸うという設定。ドラキュラ伯爵。

トラクション【traction】①レールと車輪、道路面とタイヤの間の、滑らずに引っ張る力。粘着摩擦。静止摩擦。②引っ張ること。牽引。

トラクション コントロール【traction control】駆動力制御装置。すべりやすい路面などで発進したり加速するとき、過度な駆動力で車輪が空転するのを抑えるため、エンジン出力を絞ったり車輪にブレーキをかけたりする自動制御装置。

トラクター【tractor】工業・農業などで、トレーラーや農耕機械類を引くために強力なエンジンを備えた作業用自動車。

ドラコン ドライビング-コンテスト(driving contest)の略。ゴルフで、特定のホールで第1打の飛距離を競うこと。

ドラゴン【dragon】ヨーロッパにおける架空の動物。翼と爪とをもち、火を吹く巨大な爬虫(はちゅう)類とされる。邪悪の象徴とされることが多い。竜。飛竜。

ドラゴン フルーツ【dragon fruit】新 サンカクサボテンの果実。果皮は赤色や黄色で、竜のうろこのような緑色の突起がある。果肉は赤色や白色で一面に黒い種子があり、甘味がある。ピタヤ。

トラス【truss】各部材の接合点をピンで連結し、三角形の集合形式に組み立てた構造。湾曲力に強く、橋や屋根組みに用いられる。結構。→ラーメン

ドラスティック【drastic】徹底的で激烈なさま。

トラスト【trust】①信頼。信用。②同一業種の企業が資本的に結合した独占形態。自由競争による生産過剰・価格低落を避け、市

場独占による超過利潤の獲得を目的として形成される。カルテルよりも結合の程度が高く、加入企業は独立性をほとんど失う。→カルテル・コンツェルン ③信託。④⇨ナショナル-トラスト

トラッキング【tracking】①追跡。追尾。②郵便物や荷物につけられた固有の番号を元に、現在の所在地などの状況を確認すること。③電波や光によって人工衛星を追跡し、位置や軌道を観測すること。④カメラを台車に据えて、移動しながら映像を撮ること。⑤ビデオの再生画像のちらつきなどを調整すること。

トラッキング火災 トラッキング現象が原因で起こる火災。→トラッキング現象

トラッキング現象 火災を誘発する現象の一。コンセントとプラグの間の埃(ほこり)に湿気が加わることで微電流が流れ、部品の絶縁部分が炭化・発熱・発火する。プラグを差したままにした場合や、コンセントを水気の多い場所で使用した場合などに発生する。▷炭化した部分が電路(track)になることから。

トラック【track】▷「通った跡」「経路」の意。①陸上競技場などの競走路。②「トラック競技」の略。陸上競技のうち、競走路を使用する競技。競走・障害物競走・リレーなど。③ディスクや録音・録画テープなどで、データの読み書きや信号の記録される帯状の部分。④音楽や動画を編集するソフトウエアで、素材となる音や映像などを記録する単位。⑤楽曲。

トラック【truck】①貨物運搬用の自動車。貨物自動車。②スケート-ボードで、車輪とデッキ(板)をつなぐT字型の金属製部品。

トラッグ【trug】柳や栗の薄い木の板を編んでつくった浅い楕円形のかご。ガーデニングで、花や草などを運ぶために用いる。

ドラッグ【drag】①ひきずる。引っ張る。②コンピューターで、マウスのボタンを押したまま、画面上のカーソルをある点から別の点まで移動させたのちボタンを離す操作。メニューを開いたり、図形を描く際に行う。

ドラッグ【drug】①薬品。薬物。②麻薬。

> アップデート 新種薬物と規制の「いたちごっこ」が続いています。これに伴い、合法ドラッグ・脱法ドラッグ・違法ドラッグなど、新種薬物の呼称がいくつか登場しています。例えば2014年に厚労省と警察庁が公募を経て命名した「危険ドラッグ」は、文字通りその危険性に主眼を置いた呼称でした。

ドラッグ アンド ドロップ【drag and drop】パソコンのマウスの操作法の一。アイコンを別

のアイコンの上に重ねることで、処理内容を指示する方法。

ドラッグ クイーン【drag queen】女性の性的特徴を強調するような、派手な服を着用する人。狭義には女装する男性同性愛者をさすが、男性異性愛者や女性をいう場合もある。保守的なセクシュアリティーに対する風刺行為。▷裾(すそ)を引きずるほど派手な衣装を着ることから。ドラアグ-クイーンとも。

トラックスーツ【tracksuit】ジャージー(運動着)。

ドラッグストア【drugstore】大衆薬のほか、化粧品・日用雑貨などを売る店。

トラック バイク【track bike】⇨ピスト

トラック パッド【track pad】⇨タッチパッド

トラック ボール【track ball】小型の台に、指先で全方向に回転できるボールが組み込まれたコンピューターの入力装置。操作のための場所をとらない。→マウス

トラック メーカー【track maker】ポピュラー音楽で楽器演奏の部分を製作する人。ヒップホップなどのジャンルでいう。ビート-メーカー。

ドラッグ ラグ【drug lag】海外で開発された新薬が、日本で認可され使用できるまでの時間差。▷薬の遅延の意。

トラック レーサー【track racer】⇨ピスト

ドラッグ レース【drag race】自動車・オートバイの加速性能を競うレース。スタートから400mの間で行われる。

トラック レコード【track record】過去の実績・成績などを記録したもの。投資における運用実績、不動産における運営実績など。

トラッシュ【trash】くず。ごみ。かす。

トラッド【trad】伝統的であるさま。特に、流行に左右されない服装などにいう。▷ traditional の略。

トラットリア【イタリア trattoria】気楽に入れる大衆向きの小さなイタリア-レストラン。

トラップ【trap】①罠(わな)。②排水管からの汚臭の逆流を防ぐための装置。管の一部をＵ字･S字などに曲げて、水をためておくもの。③蒸気暖房で、配管の凝結水を排出するための装置。④射撃の標的として粘土製の皿を発射する装置。クレー放出機。⑤ヒップ-ホップ音楽のジャンルの一。ハイハットの高速連打などの特徴を持つ。2000年代に勃興。▷この場合の trap は麻薬密売所の意。 ⑥サッカーやホッケーで、球を受け止めて、次のプレーのた

めに自分のコントロール下におくこと。トラッピング。

トラディショナル【traditional】伝統に忠実であるさま。昔からの習慣を守るさま。伝統的。

トラディション【tradition】①言い伝え。伝説。②伝統。しきたり。

トラバース【traverse】登山やスキーで、山の斜面を横断すること。

トラヒック【traffic】 ⇨トラフィック②

トラフ【trough】①海底の細長い谷。急な斜面と平らな底をもち、海溝よりは幅が広く浅い。その成因はさまざまである。②低気圧の中心から伸びた気圧の谷。

トラフィック【traffic】①交通。運輸。②通信網を通過する情報の流れ。情報の流れが通信網や通信機器を占有する延べ時間をトラフィック量という。トラヒック。

ドラフト【draft】①プロ野球で、新人選手採用の交渉権を、全球団で構成する選択会議で決めること。過当競争を避けるための方法。②空気の流れ。通風。また、排気。③下書き。下図。

ドラフト ビール【draft beer】醸造したままで、加熱殺菌をしないビール。生ビール。▷樽出しのビールの意。

トラブル【trouble】①いざこざ。紛争。悶着(もんちゃく)。②故障。

トラブルシューティング【troubleshooting】問題を解決すること。故障した機械を修理すること。

トラブル フリー【trouble-free】新 故障がない。手間いらず。円滑な。

トラブルメーカー【troublemaker】ごたごたをよく起こす人。もめごとの原因となる人。

トラベラーズ チェック【traveler's check】海外の旅行先で現金携帯の危険と不便を避けるために利用する小切手。旅行小切手。TC。

トラベル【travel】旅。旅行。

ドラマ【drama】①劇。特に、放送用に制作されたもの。②戯曲。脚本。③劇的な出来事。

ドラマチック【dramatic】劇のようなさま。劇的。

ドラマツルギー【ドイツ Dramaturgie】演劇・戯曲に関する理論。演劇論。作劇法。

ドラム【drum】①洋楽で使う太鼓類の総称。タンブール。②円筒形をした機械部品。③ドーム屋根を受ける円筒状の壁体。④石柱を構成する円筒形の部材。

ドラムン ベース【drum'n bass】 ダンス-ミュージックのジャンルの一。ジャングルが他のジャンルの要素を取り込んで発展したもの。→ジャングル

ドラレコ ドライブ-レコーダーの略。→ドライブ-レコーダー

トランキライザー【tranquilizer】正常な精神機能への影響がなく、緊張状態を緩和し、不安状態を消失させる薬の総称。抗精神病薬(メジャー-トランキライザー)と抗不安薬(マイナー-トランキライザー)に大別される。精神安定剤。

トランク【trunk】①旅行用の、大型で長方形の鞄(かばん)。②(乗用車の)荷物室。荷物入れ。トランク-ルーム。

トランクス【trunks】①水泳・ボクシングなどで用いる、男子用の短いパンツ。②①と同形の男子用下着。

トランク ルーム【和製 trunk＋room】①乗用車の荷物室。トランク。②家財保管庫。さしあたって使用しない家財・家具などを保管する倉庫。

トランザクション【transaction】①業務上の処理。取り扱い。②交流。取引。③オン-ライン-システムなどで、端末装置から入力される意味をもったデータや処理の要求。

トランシーバー【transceiver】送受信機が一つに組み込まれている無線機。

トランジション【transition】①移り変わり。変遷。②移行期。過渡期。③音楽で、転調。④サッカーやバスケットボールなどの球技で、ボールが敵から味方へ、あるいは味方から敵へ移ること。攻守の切り替わる局面。⑤映画・テレビなどで場面を切り換える際の技法。フェード-イン・フェード-アウト・ディゾルブ・ワイプなど。⑥トライアスロンなどで、スイムからバイクのように競技種目を転換すること。

トランジスタ【transistor】半導体結晶内の伝導電子や正孔(せいこう)(ホール)による電気伝導を利用して、増幅などを行う電子素子。ケイ素・ゲルマニウムなどを用い、3つ以上の電極がある。▷トランジスターとも。

トランジット【transit】①通過。②目的国へ行く途中で、他国の空港に立ち寄ること。また、その乗客。空港の外へは出られない。③トランジット-ビザの略。航空機の乗り換えなどのため、空港の外で宿泊する際などに発行される短時日の査証。通過査証。

トランス 変圧器。電磁誘導を利用して交流電圧を昇降させる装置。▷ transformer の略。

トランス【trance】①催眠やヒステリーなどの場合にみられる、常態とは異なった精神状態。宗教的儀礼の忘我・恍惚(こうこつ)の状態にもいう。②電子楽器を使った無機的なダンス-ミュージックのうち、サイケデリック(幻覚的)

なサウンドをもつもの。→サイケデリック

トランスクリプション【transcription】①書き換え。転写。②DNAのヌクレオチド配列を相補的RNAに写し取る反応。遺伝子の遺伝情報に基づくタンパク質合成反応の第1段階。転写。

トランスジェニック【transgenic】遺伝子移植の。遺伝子組換えの。

トランスジェンダー【transgender】自分の身体上の性別に違和を覚え、逆の性で社会生活を行う人。TG。

トランス脂肪酸(trans fatty acid / trans fat)トランス型の不飽和脂肪酸。通常シス型である不飽和脂肪酸から飽和脂肪酸(融点が高く酸化されにくいため商品価値が高い)を得るため水素を添加すると、副産物として生成される。天然には微量にしか存在しない。マーガリンやショートニングなどに含まれるが、多量摂取は心臓病などのリスクを高めるとも指摘されている。トランス-ファット。トランス型脂肪酸。

トランスセクシャル【transsexual】トランスジェンダーのうち、特に強く自己の身体上の性に対して不快感を持ち、外科的手術による解消を望む人。TS。▷トランスセクシュアルとも。

トランスファー【transfer】①移行。移転。転移。②乗り継ぎ。乗り換え。③海外旅行などで、到着空港や駅などに出迎えてもらい、乗り継ぎ案内やホテルまでの送迎をしてもらうサービスやそのためのスタッフ。

トランスファー ボード【transfer board】新 被介助者が車椅子とベッドなどを行き来する際、介助者がその移動を助けるために用いる板状の補助具。車椅子の座面とベッドなどを橋渡しする。移乗ボード。スライディングボード。スライドボード。

トランスフォーメーション【transformation】①変形。変革。変換。転換。②形質転換。

アップデート 近年本語は「ある分野の根本的変革」を表す場合によく登場します。典型はデジタル-トランスフォーメーション(DX)でしょう(Xはトランスフォーメーションの意)。これはITがビジネスや社会にもたらす根本的変革を意味します。同様の表現には、環境分野でいうグリーン-トランスフォーション(GX)などもあります。

トランスペアレンシー【transparency】①すりぬけること。透過性。②ネットワーク上の各種資源をその場所を意識せずに利用できること。③反転現像または焼き付けによって得られる陽画像フィルム。投映機によって鑑賞する。④オーバーヘッド-プロジェクター(OHP)用の透明フィルム-ベース。トラ-ペン。

トランスベスタイト【trans-vestite】異性の服を着ること、またはそうする人。狭義には、生物的・社会的な性転換を伴わない外面的な異性装や異性装者をさす。TV。→トランスジェンダー・トランスセクシャル

トランスポーター【transport-er】運送する人。また、運送する機器や装置。

トランスミッション【trans-mission】①動力伝導装置。変速機。②トランスミッション-ギアの略。歯車式の変速装置。特に、自動車などの変速装置。

トランスミッター【transmit-ter】送信機。送話器。

トランスレーション【transla-tion】①翻訳。②移行。橋渡し。

トランプ【trump】①カードを用いて行う西洋の遊戯。クラブ・ダイヤ・ハート・スペード各13枚とジョーカーからなり、いろいろな遊び方がある。②①に用いるカードのこと。▷切り札の意。

トランペット【trumpet】金管楽器の一。折り曲げた円筒管で、先端は朝顔状に開いている。バルブ装置の操作などによって音高を変える。明るく華麗な音を特徴とする。

トランポリン【trampoline】①運動用具の一。カンバス地の布を四角の枠にばねで張り、上で跳びはねて宙返りなどの技を行う。また、その運動。商標名。②①を競技化したもの。二人一組みで協調性を競うシンクロナイズド-トランポリン、跳馬の要領で演技するダブル-ミニ-トランポリンなど。

トリ　寄席などで最後に出演する人。▷「取り」から。

トリ【tri】ギリシャ語で、3の意。

ドリア【フランス doria】バター-ライスまたはピラフにホワイト-ソースをかけて天火で焼いた料理。

トリアージ【フランス triage】災害や事故などで同時発生した大量の負傷者を治療する際、負傷者に治療の優先順位を設定する作業。死亡・重傷・中等症・軽症を区分できるラベル(トリアージ-タッグ)を、負傷者の手首などに巻き付ける。限られた医療資源で最大限の救命効果をもたらそうとするもの。▷選別・分類の意。

ドリアン【durian】パンヤ科の常緑高木。マレー半島・スマトラ原産。果実は長さ約30cmの楕円形で、外殻に硬いとげ状の突起がある。果肉はクリーム状で、濃厚な甘味と酸味少々と独特の香りがあり美味で、「果物の王」といわれる。

トリートメント【treatment】手入れ。治療。特に、髪の手入れ。ヘア-トリートメント。

ドリーミー【dreamy】夢のようなさま。空想的なさま。魅力的なさま。

ドリーム【dream】夢。空想。夢想。

トリエンナーレ【イタリア triennale】3年目ごとに開かれる展覧会。イタリアのミラノで開かれる国際美術展が有名。▷3年ごとに、の意。→ビエンナーレ

トリオ【イタリア trio】①3人が一組みになっていること。三人組。②三重奏。三重唱。また、三声部で書かれた楽曲。

トリガー【trigger】①銃の引き金。②銃の引き金の方式を用いた、フィルムの巻き上げ装置。③一連の出来事のきっかけとなるもの。ある現象の牽引(けんいん)役となるもの。

トリガー ポイント【trigger point】①引き金となる点。②痛みの引き金となる部位。押したときにその部位もしくは違う部位に響くような痛みを感じる。

トリクル ダウン【trickle-down】新 富裕層が更に豊かになることで経済活動が活性化され、貧困層にも自然に富が浸透し、利益が再分配されるという考え方。▷滴り落ちるの意。

トリクロロエチレン【trichloroethylene】有機塩素系溶剤の一。無色でクロロホルム臭がある。不燃性で有毒。ドライ-クリーニングや半導体工場での洗浄に用いられるが、地下水の汚染が懸念され、水質汚濁防止法により規制される。

トリコット【フランス tricot】経(たて)メリヤスといわれる細い畝(うね)のある編み地。弾力・伸縮性があり、ほつれにくい。肌着・シャツ・靴下などに広く利用される。

トリコモナス【ラテン Trichomonas】原生動物鞭毛(べんもう)虫綱に属する寄生原虫の一種。体長5〜30 μm。体は洋梨形。数本の鞭毛と波動膜がある。多くの動物およびヒトの粘膜に寄生し、膣(ちつ)トリコモナス症などをひき起こす。

トリコロール【フランス tricolore】フランスの国旗。三色旗。▷(青・白・赤の)3色の、の意。

トリッキー【tricky】①奇をてらったさま。巧妙なさま。②油断のならないさま。ずるくて、まどわすようなさま。

トリック【trick】①人をだますはかりごと。ごまかし。詭計(きけい)。策略。②スポーツなどで、巧みな技のこと。

トリック オア トリート【trick or treat】ハロウィーンの夜、仮装した子どもたちが近所の家を一軒一軒訪ね歩きお菓子などをねだる行事。また、その決まり文句。▷お菓子をくれないと悪戯するぞの意。→ハロウィーン

トリックスター【trickster】①詐欺師。ぺてん師。手品師。②神話や民話に登場し、人間に知恵や道具をもたらす一方、社会の秩序をかき乱すいたずら者。道化などとともに、文化を活性化させたり、社会関係を再確認させたりする役割を果たす。

トリップ【trip】①短期間の旅行。②麻薬などによる幻覚状態。

ドリップ【drip】①コーヒーの入れ方の一。ネルや濾紙(ろし)でコーヒーを漉(こ)し出すもの。②凍結食品を解凍したときに、食品の内部から流出する液汁のこと。その食品本来の風味やうまみを含む。

トリップメーター【tripmeter】自動車の走行距離計の一。任意にゼロに戻せる。

トリトン【triton】陽子1個と中性子2個からなる原子核。三重水素の原子核。記号 T,t　天然にはきわめて微量しか存在しない。

トリトン【Triton】海王星の第1衛星。1846年発見。一般の大衛星と異なり、母惑星の自転の方向と逆の方向に公転している。

トリニティー【Trinity】①三位(さんみ)一体。②(trinity)三つで一組みになっているもの。三幅対。

トリハロメタン【trihalomethane】水道水の塩素消毒などによって生じる一群の有機ハロゲン化合物。分子中に塩素あるいは臭素もしくはその両者の原子をあわせて3個含む。代表的なものであるクロロホルムには発癌(はつがん)性の報告がある。THM。

トリビア【trivia】くだらないこと。瑣末(さまつ)なこと。雑学的な事柄や知識。▷俗語。

トリビアル【trivial】①瑣末(さまつ)なさま。末梢的なさま。②数学・論理学で、証明するまでもなく自明であること。

トリビュート【tribute】賞賛・感謝などのあかしとしてささげるもの。賛辞。贈り物。

ドリフト【drift】①流れ。漂流。②レーシング-カーなどで、後輪を横すべりさせてカーブを切ること。③多くの粒子がでたらめな運動をしながら、外力の作用を受けて移動する現象。電気伝導・熱伝導など。

トリプトファン【tryptophan】必須アミノ酸の一。種々のタンパク質中に少量ずつ存在し、発育・成長・体重保持などに必須。生体内で重要な代謝経路があり、生理学上重要。

トリプル【triple】3つ。3倍。3重。多く他の外来語と複合して用いる。

ドリブル【dribble】①ラグビーやサッカーで、ボールを小さく蹴りながら進むこと。②ハンドボールやバスケットボールで、手でボールをつきながら進むこと。③

ト

ホッケーやアイス-ホッケーで、スティックで球やパックをあしらいながら進むこと。④水球で、ボールを頭の前に置き、顔をあげて泳ぎながらボールを前進させること。⑤バレーボールで、一人の選手がボールに続けて二度以上触れる反則。⑥卓球・バドミントンで、ボールまたはシャトルコックを続けて二度打つこと。

トリプル 3(スリー) 【和製 triple＋three】新 プロ野球で、打者が1シーズン中に打率3割以上、本塁打30本以上、盗塁の成功30回以上を達成すること。

トリプル ダブル 【triple-double】バスケットボールで、一人の選手が1試合中に、得点・リバウンド・アシスト・スチール・ブロック-ショットのうち3種類を二桁以上記録すること。→ダブル-ダブル

トリマー【trimmer】犬などの毛を刈り込んで形を整えるのを職業とする人。ペットの美容師。グルーマー。

トリミング【trimming】①写真の原版を引き伸ばすとき、周囲の不要な部分を省いて画面を整えること。②服飾で、縁飾り。縁どり。③犬などの毛を刈り込んで形を整えること。

トリム【trim】①刈り込み。手入れ。→トリミング ②浮かんでいる船の釣り合い。空中での航空機の姿勢。

トリュフ 【フランス truffe】 ①子嚢菌(しのうきん)類セイヨウショウロ目のきのこ。径3～10cmの塊状で、地下に育つ。独特の芳香があり、フランス料理で珍重される。西洋松露。トリフ。②①に似た形のチョコレート菓子。

トリュフ塩(じお) 新 砕いたトリュフ①を塩に混ぜた調味料。トリュフ-ソルト。

トリリンガル【trilingual】①3か国語を自由に話すこと。また、その人。②3か国語で書かれている、または話されているなどの意を表す。

ドリル【drill】①機械加工で穴あけに用いる錐(きり)。②①を取り付けて回転させ穴をあける工具。③技術や知識の反復学習。また、その問題集。

トリレンマ【trilemma】①三者択一を迫られて窮地に追い込まれること。②ジレンマ(両刀論法)がその選言的前提において2つの選言肢を有しているのに対し、3つの選言肢をもつものをいう。三刀論法。③インフレ・失業・国際収支の赤字が同時に発生している状態。需要を抑制しても拡大しても3つを同時に解消することはできない。

ドリンク【drink】飲みもの。飲料。

ドリンク バー 【和製 drink＋

bar】ファミリー-レストランなどで、一定の料金を支払うことにより、ソフト-ドリンクがセルフ-サービスで飲み放題になること。また、そのような飲み物が置いてあるコーナー。

ドル【dollar】①アメリカ・カナダ・オーストラリア・ホンコン・シンガポールなどにおける貨幣単位。普通、アメリカ-ドルのことをいう。ダラー。記号$ ②金銭。おかね。

トルエン【toluene】芳香族炭化水素の一。特異臭のある無色の液体。石油の分解・改質や石炭のタール軽油などの分留で得られる。溶媒として広く使われるほか、合成化学工業での重要原料。トルオール。メチル-ベンゼン。

ドルおた 新 アイドル好きのおたく。ドルヲタ。

トルク【torque】回転軸のまわりの、力のモーメント。棒をよじる力や、原動機の回転による駆動力を示すのに用いる語。ねじりモーメント。

トルコ石 青または青緑色の鉱物。宝石や飾り石にする。12月の誕生石。トルコ玉。ターコイズ。

ドル コスト平均法 株など価格が変動するものに対し、定期的に一定の金額を投資することで、最終的に平均買付金額を引き下げようとする投資手法。

トルコ ライス【和製ポルトガル Turco＋英 rice】ピラフ(ドライ-カレー)・スパゲッティ・豚カツを一つの皿に盛り合わせ、その上にソースをかけた洋食料理のこと。長崎で発祥した。トルコ風ライス。

トルソ【イタリア torso】手・足・頭部を欠くかあるいは省略した胴体だけの彫像。トルソー。▷人体の胴の意。

ドルチェ【イタリア dólce】①音楽の発想標語の一。「柔和に」「甘美に」「優しく」の意。②イタリア料理で菓子・ケーキのこと。フルコースでのデザートについてもいう。③イタリア産のワインで甘口のもの。▷甘いの意。

トルティーヤ【スペイン tortilla】①スペイン風オムレツ。②メキシコ料理で、トウモロコシ粉を水でとき、薄焼きにしたもの。肉や野菜を包んで食べる。トルティリャ。→タコス

トルネード【tornado】①北アメリカの、主として中南部にみられる大規模な竜巻。特に、春から初夏にかけて多く発生し、破壊力が大きい。②アフリカ西海岸で3、4月と10月に発生する、旋風を伴った大雷雨。

ドルフィン【dolphin】イルカ。

ドルメン【dolmen】新石器時代の巨石記念物の一。数個の支石の上に一枚の大きな板石をのせたテーブル形の構造をもつ墳

墓遺構。世界的に分布するが、特に西ヨーロッパに多い。

トレイ【tray】浅い、皿状の盆。トレー。

トレイル【trail】⇨トレール

トレイル ミックス【trail mix】ナッツ・ドライフルーツ・チョコレートなどの高栄養食品を混ぜたもの。本来はアウトドア用の携帯食。

トレイン【train】⇨トレーン

トレーサー【tracer】①ある元素や化合物の、生物体内などでの行動を追跡するために用いられる物質。放射性同位体を人工的に含ませた化合物が用いられることが多い。追跡子。標識。②トレースをする人。写図者。

トレーサビリティー【traceability】①ある測定結果が必要な精度を満たすために、その測定機器の校正手段が、国際標準や国家標準などに対する連続した比較校正の流れの中に位置づけられていること。②食品の安全性を確保するために、栽培・飼育から加工、製造、流通などの過程を明確にすること。また、そのための仕組み。BSE問題や遺伝子組み換え食品をめぐる議論のなかで主張されるようになった。▷追跡可能性の意。㊇ 履歴管理

トレース【trace】①人や動物の跡をたどること。追跡。②登山で、踏み跡のこと。また、それをたどること。③フィギュア-スケートで、図形の滑り跡。④食品の生産履歴などの情報を調べること。→トレーサビリティー ⑤設計図や原図などの上に半透明の紙を敷いて、その形を写すこと。敷き写し。⑥コンピューターで、プログラムの誤りを見つけ出すために、各段階の動きをたどること。

トレーダー【trader】顧客のために証券を売買する株式証券業者。また、自己勘定で証券を売買する業者をいう。

トレーディング カード【trading card】収集や交換を行うことを主な目的とするカード。スポーツ選手の写真やアニメのキャラクターなどが題材になる。トレカ。

トレード【trade】①取引。貿易。商売。②プロ野球のチーム間に行われる選手の移籍・交換。

トレード オフ【trade-off】複数の条件を同時にみたすことのできないような関係をいう語。失業率を抑えると物価が上昇し、物価を抑えると失業率が上昇するといった、物価安定と完全雇用が二律背反になるような経済的関係などにいう。

トレードマーク【trademark】①登録した会社が専用する標識。登録商標。商標。②ある人を特徴づけているもの。

トレーナー【trainer】①練習の

指導者。特に、競技者の肉体的コンディションを整える面を受け持つ。②犬や馬の訓練者。調教師。③(日本での用法)競技者などが着る練習着。部屋着や普段着としても使われる。スウェット-シャツ。

トレーニング【training】訓練。練習。鍛練。

ドレープ【drape】垂らした布の、柔らかい流れるようなひだ。

トレーラー【trailer】①動力をもたず、他の牽引(けんいん)車に引かれて荷物や旅客を運ぶ車。付随車。牽引車を含めていう場合もある。②映画の予告編。③フィルムを巻いた際の保護用リーダー。

トレール【trail】オートバイで、山道・林道や原野などを走ること。▷山道の意。トレイルとも。

トレール バイク【trail bike】山道や原野などを走るためのオートバイ。

トレール ランニング【trail running】野山を走ること。また、その競技。トレール-ラン。トレイル-ラン。▷トレール(trail)は「踏み分け道・山道」などの意。

トレーン【train】①列車。「ブルー-―」②イブニング-ドレスなどのスカートの、後方に長く引いた部分。▷トレインとも。

ドレーン【drain】①排水管。下水溝。②電界効果トランジスタの３電極の一。ゲートに電圧を加えるとソースとドレーンの間の電流通路幅が変化し、ドレーンへの出力電流が制御される。→ゲート・ソース(source)③

トレカ ⇨トレーディング-カード

トレジャー 宝物。財宝。

トレジャー ハント【treasure hunt】宝探し。トレジャー-ハンティングとも。

ドレス【dress】①洋服・服装の総称。特に、婦人の洋服。②ワンピース形式の優雅な婦人服。

ドレス コード【dress code】ある場所の雰囲気を壊さないように求められる、ある一定の服装の基準。

トレセン 新 ①トレニングセンターの略。②日本サッカー協会(JFA)が整備する、若年世代(および指導者)の育成制度。地区トレセン、都道府県トレセン、地域トレセン、ナショナルトレセンを設け、選考された選手に対して良質なトレーニング環境を提供する。③競走馬の調教を行う施設の通称。日本中央競馬会(JRA)では栗東(りっとう)(滋賀県)と美浦(みほ)(茨城県)の２か所がある。

トレッキング【trekking】高山の山麓(さんろく)を徒歩で旅行すること。山歩き。

ドレッサー【dresser】①(日本独自の用法)着こなしの上手な人。②鏡の付いた化粧だんす。

ドレッシング【dressing】①衣

服を身につけること。身仕舞いをすること。②西洋料理、特にサラダなどにかけるソースのこと。③企業で、決算を粉飾すること。

トレッド【tread】①車両で、左右の車輪の中心間距離。輪距。ホイールベース。②タイヤの接地面に刻まれた溝。

ドレッド ヘア【和製 dread＋hair】髪形で、ドレッドロックス(dreadlocks)のこと。髪の毛を長く伸ばし、縮らせて束ねた髪形。レゲエのミュージシャンなどによくみられる。

トレッドミル【treadmill】①室内ランニング装置。ベルトの踏み台の上を走る。②踏み車。

ドレナージ【drainage】閉じられた腔にたまった滲出(しんしゅつ)液・膿(うみ)・血液などを排出すること。排液法。

トレハロース【trehalose】二糖類の一つでブドウ糖の二量体。キノコ類などに含まれる。

トレ ビアン【フランス très bien】とてもよい。▷ほめる時の言葉。

トレビス【イタリア treviso】キク科の多年草。チコリの一種。葉身は紫色で、葉肉は白く、結球する。苦みをもち、主に生食用。赤芽チコリとも。▷トレビスはイタリアの地名。

トレモロ【イタリア trèmolo】同じ音や異なった２音を小刻みに反復しながら持続する演奏法。マンドリンなどの弦楽器で特に用いられる。震音。▷震えるの意。

トレランス【tolerance】①寛容。②公差。許容誤差。

トレリス【trelis】鉢を吊るしたり、つる性植物をはわせたりするための格子状の垣。

トレンカ スティラップ-タイツのこと。タイツの爪先と踵(かかと)の部分をなくし、土踏まずに引っかけるためのループを残した形のもの。▷スティラップは鐙(あぶみ)の意。

トレンチ【trench】①塹壕(ざんごう)。②考古学で、発掘溝のこと。発掘地域内に適当な長さと幅をもった帯状の区画を設定し、その部分だけを掘り下げて調査する。③トレンチ-コートの略。

トレンチ コート【trench coat】打ち合わせがダブルで、共布の大きな肩当てがつき、ベルトを締めて着る活動的なコート。▷第一次大戦のとき、英国兵が塹壕内で着たことからの名。

トレンディ【trendy】流行の先端をいくさま。最新流行。トレンディー。

トレンディ ドラマ【和製 trendy＋drama】主にバブル経済期に流行した恋愛ドラマ。▷当時最先端とされた社会風俗や流行などを盛り込んだ。

トレンド【trend】傾向。趨勢(すうせい)。風潮。また、流行。はや

り。経済変動の長期的動向、ファッションや風俗の動向などにいう。案 傾向

トレンドセッター【trendsetter】新 流行を仕掛ける人。

トロ トロッコの略。

トロ マグロの腹側の肉で、特に脂肪の多い部分。

トロイア【Troia】トルコ、小アジア北西部のダーダネルス海峡に臨むヒサリクの丘に位置する古代都市遺跡。ホメロスの詩「イリアス」の中のトロイ戦争の舞台。1871年シュリーマンが発掘。トロイ。トロヤ。別称イリオン。

トロイカ【ロシア troika】①ロシアの3頭立ての馬そり。または馬車。②三者で運営すること。

トロイの木馬【Trojan horse】①外見とは異なる物が送り込まれ災いを招くたとえ。 ②コンピューターの不正プログラムの一様式。基本的には独立したプログラムで、ネットワークを介して侵入したターゲットに仕掛けられる。厳密にはウイルスと異なり増殖を目的としないで、侵入者がネットワークを介して直接操作したり、あらかじめ設定された時刻や他のプログラムを誘因にして起動する偽装プログラム。電子メールを介してこれらの不正プログラムが広まることから、広義にはウイルスの一種として扱われることも多い。▷トロイ戦争でギリシャ軍がトロイ軍を欺(あざむ)き攻略した故事から。

ドロー【draw】①スポーツの試合の組み合わせを決めるための抽選。また、そうしてできた組み合わせ。②ボクシングなどの試合で、引き分け。③線画。製図。ドローイング。④ゴルフで、真っすぐに飛んでいたボールが、右打ちの場合左に、左打ちの場合右に少し曲がりながら落下していく球すじのこと。ドロー-ボールの略。

ドローイング【drawing】①(単色の)線画。製図。ドロー。②試合の組み合わせなどを決める抽選。

トローチ【troche】口の中で徐々に溶解させて、口腔・咽頭(いんとう)の殺菌・消炎などを目的とする錠剤。

トローリング【trolling】船を走らせながら後方に餌(えさ)か擬餌鉤(ぎじばり)を付けた釣り糸を流して、カジキ・マグロなど大型の魚をねらう釣り。引き釣り。

トロール【trawl】底引き網の一種。左右に袖網を付けた三角形の袋網を、網口を広げながら機船で引くもの。トロール網。

トロール【Troll】北欧伝説で、山や森に住む妖怪妖精。さまざまな種族があり、ムーミンもトロールの仲間として創造された。

ドローン【drone】①無人航空機。→UAV ②小型の無人ヘリコ

ト

プター。▷雄のミツバチの意。➲よくわかる「ドローン」の意味と使い方(p.529)

トロッコ レールの上を走らせる土木工事用の手押し車。また、軽便鉄道の上を土砂などを載せて運搬する車。トロ。

トロッコ問題 【trolley problem】少数を犠牲にして多数を助ける行為の是非を問う思考実験。暴走トロッコの前方線路上に動けない５名がおり、待避可能な支線にも動けない１名がいる。この時トロッコをどう誘導するのかを倫理的に問う。哲学者フィリッパ=フット(Philippa Foot)が提起。

> アップデート 自動運転車の開発にあたり、この問題に類する倫理的問題が議論されています。例えば「乗員・歩行者のいずれかの絶命が回避できない状況において、どちらの救命を優先するか」「その判断の責任は誰に属するのか」といった話題です。

ドロップ【drop】①砂糖に香料を加え、色などをつけていろいろの形に固めた飴(あめ)。ドロップス。②物が下に落ちること。③抜け落ちること。脱落すること。④ゴルフで、池などに落ちたボールを拾い上げ、規則にしたがって置き直すこと。⑤コンピューターで、データ-ファイルのアイコンを移動し、アプリケーション-プログラムのアイコンの上に重ねて、ファイルを開くこと。

ドロップアウト【dropout】①(社会から)脱落すること。また、学校を中途退学すること。②ラグビーで、防御側が自陣の22mラインの後方からドロップキックを行なって競技を再開すること。

ドロップ イン【drop in】新 ▷(予告なく)立ち寄るなどの意。①コワーキングスペースの一時利用。月額などではなく時間単位で利用すること。②スケートボードやスノーボードなどで、傾斜の頂点から滑降を始めること。③サーフィンなどで、他の人がすでに乗っている波に割り込むこと。前乗り。

ドロップキック【dropkick】①ラグビーなどで、ボールを地面に落としはね返ってくる瞬間にけるけり方。②飛び蹴(げ)り。

トロピカル【tropical】①熱帯の。熱帯的な。②さらりとした夏向きの薄地梳毛(そもう)織物。

トロピカル フルーツ 【tropical fruit】熱帯産の果物。マンゴー・パパイア・パイナップルなど。

トロフィー【trophy】入賞や受賞を記念して贈られる杯。

トロリー【trolley】トロリーバス(trolleybus)の略。道路の上の架線から電力の供給を受け、路面を走る車両。無軌条電車。

よくわかる「ドローン」の意味と使い方

詳しい意味は？

ドローン(drone)は英語で、元々「蜂(はち)の羽音」や「オスの蜂」のことでしたが、「無人飛行物体」の意味でも使われるようになりました。

昨今よく見聞きする「ドローン」は「回転翼を複数持っている小型ヘリコプター」がほとんどですが、それはドローンの概念の一部にすぎません。例えば機体の形状が回転翼のヘリコプターであっても固定翼の飛行機であっても、どちらもドローンです。また機体がどんな大きさ(小型・大型)か、どんな操縦方法(遠隔操作・自律飛行)かによらず、「無人の飛行体」のことを「ドローン」と言います。

なお音楽の分野ではドローンに「同じ高さで鳴り続ける(低い)音」の意味もあります。

どんな時に登場する言葉？

もともとドローンは軍事分野で使われる言葉でしたが、用途の広がりとともに農業(農薬散布など)・物流・土木(建設物の点検など)・災害対策・娯楽(動画撮影など)・報道・警備など、民生の分野でも多岐にわたり使われています。

どんな経緯でこの語を使うように？

「女王蜂」という通称をもつイギリス海軍の標的機にちなんで、アメリカ海軍の標的機が「オスの蜂」の意でドローンと呼ばれたことに由来します。

また1980年代にアメリカで製造開始された遠隔操作による無人偵察機「プレデター」が開発されて以降は、無人偵察機や殺傷を目的とした無人機が実戦で使用されるようになりました。これらの無人機もドローンと呼ばれてきました。

いっぽう、2010年代には「回転翼を複数持つ小型ヘリコプター」をさすドローンが登場します。2010年にフランスのパロット社が「AR Drone」と名付けたクアッドコプターを発表。以後、ドローンの民生市場が急拡大したのです。

トロンプルイユ【フランス trompe-l'oeil】だまし絵。精密な描写で、実物そっくりに見せかける。現代絵画ではスーパー-リアリズムに見られる。▷目をあざむく意から。

トロンボーン【trombone】金管楽器の一。長いU字形の管を組み合わせた形で、管の一部をスライドさせて音高を変える。また、バルブ-ピストンをもつものもある。

トロンメル【trommel】鉱物分粒機の一。篩(ふるい)面が円筒形・円錐台形などをなす回転篩。傾けた軸の周りに回転させる。

トワイス アップ【twice up】ウイスキーに同量を水を加えた飲み方。氷は入れない。

トワイライト【twilight】うすあかり。たそがれ。

トワレ【フランス toillette】⇨オー-ド-トワレ

トン【ton】①質量の単位。記号tで書き表す。㋐メートル法で、1000kg。仏トン。メートル-トン。㋑イギリスで、2240ポンド(約1016kg)。英トン。ロング-トン。㋒アメリカで、2000ポンド(約907kg)。米トン。ショート-トン。㋓船の質量を排水量で表すのに用いるもの。軍艦に用いる。単位は英トンか仏トン。排水トン。㋔船の質量を表すもの。貨物船に用いる。単位は英トン。重量トン。重トン。②体積の単位。㋐商船の全体積をいう。船舶の積量を表すもの。㋑船の貨物積載量の体積。40立方フィート(約1.13m^3)。容積トン。㋒商船で、貨物や旅客のためのみに使われる船内の容積。総トンから、運航に必要な部分の容積を除いたもの。トン税や手数料計算などの基準になる。100立方フィート。純トン。登簿トン。

ドン【スペイン don】①スペインなどで、男性の名前の前につける敬称。→セニョール ②首領。親分。実力者。

ドンキー【donkey】驢馬(ろば)。

トング【tongs】物を挟む道具。

ドングル【dongle】コンピューターに接続して用いる小型装置。ソフトウエアの不正使用を防止するために用いる認証装置や、インターフェースの変換を行う装置、無線通信を行う装置などがある。

ドンタク ①日曜日。②休日。③5月3日・4日に福岡市で行われる年中行事、博多ドンタクのこと。▷オランダ zondag(日曜日)から。

ドント方式 比例代表選挙における当選人の決定方式の一。政党の得票数を、1から順に整数で割ってゆき、その商の大きい順に政党に議席を与える。▷考案者ベルギーの法学者ドント(Victor d'Hondt)の名にちなむ。

トンネル【tunnel】①山・川・海底・建物などの下を掘り貫いて、鉄道・道路・水路などを通すため地下に設けた穴。隧道(ずいどう)。②野球で、野手が球を股(また)の間を通して後方にのがすこと。③並木や花が道のうえに覆いかぶさった状態。④継続的な苦難。

ドンファン【スペインDon Juan】①スペインの伝説上の人物。放蕩無頼の色事師として文学作品に取り上げられる。英語・フランス語名ドン=ジュアン。イタリア語名ドン=ジョバンニ。②①から転じて、色事師。好色漢。女たらし。

ドンマイ スポーツなどで、仲間が失敗をしたときなどに励ます語。▷ don't mind から。心配するな、気にするなの意。

ナ

ナーサリー【nursery】①保育所。託児所。②子供部屋。

ナース【nurse】①看護婦。看護師。②乳母。

ナース コール　【和製 nurse＋call】入院患者が、必要なときに看護師を呼ぶための装置。

ナーセリー【nursery】種苗園。

ナード【nerd】コンピューターやネットワーク分野のおたく。コンピューターやインターネット等にのめり込み、この分野の知識は豊富だが、一般的な社会性に欠けるような人を俗にいう。

ナーバス【nervous】神経質なさま。神経が過敏なさま。

ナイーブ【naive】純真なさま。また、物事に感じやすいさま。素朴。

ナイス【nice】他の外来語の上に付いて、「すてきな」「うまい」「みごとな」などの意を表す。▷感動詞的にも用いる。

ナイト【knight】①中世ヨーロッパの騎士。②イギリスの爵位の一。国家に功労のあった者に一代限りで授け、サー(Sir)の称号を許す。勲功爵。③女性を大切にする男性。④チェスの駒の一。将棋の桂馬のように飛び、八方に動ける。

ナイト【night】他の外来語の上または下に付いて、「夜」「夜間」の意を表す。

ナイトキャップ【nightcap】①寝ている間に髪の乱れるのを防ぐためにかぶる帽子。②寝酒。

ナイト ズー【night zoo】動物園で、夜に開催するイベントのこと。

ナイフ【knife】①物を切ったり削ったりするのに使う、洋式の小刀。②洋食用の小刀。

ナイロン【nylon】アメリカのカロザースが発明した、アジピン酸とヘキサメチレンジアミンの縮合重合により得られる合成繊維。また、それと類似の構造をもつ一群のポリアミド系合成高分子の総称。商標名。

ナイン【ドイツ nein】いいえ。ちがいます。ノー。

ナイン【nine】①9。ここのつ。②1チームが9人であることから、野球チームのメンバー。

ナウ【now】現代的で新しいさま。

ナウい　「ナウ(now)」を形容詞化した語。ナウな様子である。▷1970年代後半に流行。その後も、死語の代表格として言及されることが多い。

ナウキャスト【Nowcast】新 気象庁が発表する、現在から1時間先までの気象予測。降水ナウキャスト(2004年に運用開始)、雷ナウキャスト(同2010年)、竜巻発生確度ナウキャスト(同2010年)、高解像度降水ナウキャスト(同2014年)がある。

ナクバ【nakba】1948年のイスラエル建国とパレスチナ難民の発生を、パレスチナ側からいう語。▷アラビア語で大厄災のこと。

ナゲット【nugget】①金塊。②一口大の鶏・魚肉などに衣をつけて揚げたもの。③オーストラリアの政府が発行する地金型金貨。

ナサ ⇨NASA

ナシ ゴレン【マレー nasi goreng】マレー風の焼き飯。ご飯と具を混ぜ、サンバル(辛口ソース)・ケチャップ-アシン(醬油)・ケチャップ-マニス(甘口醬油)などで味付けし、炒(いた)める。目玉焼き・海老煎餅(せんべい)などが添えられる。

ナショナリスト【nationalist】国家主義者。民族主義者。国粋主義者。

ナショナリズム【nationalism】一つの文化的共同体(国家・民族など)が、自己の統一・発展、他からの独立をめざす思想または運動。国家・民族の置かれている歴史的位置の多様性を反映して、国家主義・民族主義・国民主義などと訳される。

ナショナル【national】他の外来語の上に付いて「国立の」「国家の」「国民の」などの意を表す。

ナショナル センター【和製 national＋center】労働組合の全国中央組織。

ナショナル チーム【national team】国を代表して編成した選手団。

ナショナル チェーン【national chain】全国展開をしているチェーン-ストア。

ナショナル トラスト【National Trust】自然や歴史的建造物の保存を目的に、それらを寄贈・買い取りなどによって入手して、保全・管理するイギリスの民間団体。1895年設立。また、広く同様の組織や同様の形式による運動をもいう。

ナショナル トレーニング センター【National Training Center】世界水準にある国内スポーツ競技者が、国際競争力を強化するために利用できるトレーニング施設。国立スポーツ科学センターに隣接する中核拠点施設(競技ごとの専用練習場と宿泊施設を備える)と、既存施設を指定する競技別強化拠点(冬季競技などの強化施設)がある。中核拠点施設は2008年(平成20)供用開始。ナショナルトレセン。

ナショナル ブランド【national brand】有名メーカーのよく知れわたった商標、また商品。NB。→プライベート-ブランド

ナスダック ⇨NASDAQ

ナタ デ ココ【スペイン nata de coco】ココナッツの汁を発酵させてつくる寒天状の食べ物。フィリピン原産。独特の歯ごたえがあり、シロップなどをかけて食べる。

ナチス【ドイツ Nazis】第一次大戦後、ヒトラーを党首としてドイツに擡頭(たいとう)したファシズム政党。1919年結成。33年政権を掌握、第二次大戦を起こしたが敗れ、45年崩壊。ナチ。

ナチズム【Nazism】ナチスの主義および政策。反民主主義・反自由主義・全体主義・アーリア人種の優越などを内容とする。

ナチュラリスト【naturalist】①自然主義を奉ずる人。自然主義者。②動植物などの自然を愛好する人。また、その研究をする人。自然愛好家。

ナチュラル【natural】①自然なさま。天然のさま。→アーティフィシャル ②楽譜で、嬰(えい)記号(シャープ)や変記号(フラット)などの、変化記号を取り消す記号。本位記号。

ナチュラル キラー細胞 ⇨NK 細胞

ナチュラル チーズ【和製 natural＋cheese】乳のタンパク質を酵素と乳酸菌で固め熟成させたチーズ。→プロセス-チーズ

ナチュラル ハイ【和製 natural＋high】酒やドラッグなどを用いずに、自然に気分が高揚したり、幻覚を見たりすること。

ナチュラル ボーン【natural-born】生まれつきの。

ナックル【knuckle】①指の関節。②ナックル-ボールの略。野球で、中の3本の指を曲げて親指と小指とで球を挟み、曲げた指の関節で突き出すようにして投げる変化球。球は回転せずにゆるく進んでいき、打者の近くで不規則に落ちる。

ナッジ【nudge】新 人々が望ましい行動を自発的に取るよう後押しすること。強制や報酬などに頼らない、心理学的な工夫に基づく誘導をいう。行動経済学者のセイラー(R. Thaler[1945～])と法学者のサンスティー(C. Sunstein[1954～])が提唱。▷軽く促す、後押しするなどの意。

ナッシング【nothing】①何もないこと。②野球で、ボール球のカウントがゼロであること。

ナッツ【nuts】クルミ・アーモンド・ピーナッツなど、堅い殻をもち、食用とされる果実の総称。ナット。

ナット【nut】①ビス・ボルトと組み合わせて締め付けに用いるもの。多くは六角形で中心に穴をあけ雌ねじが切ってあるが、蝶ナッ

ト・袋ナットなど用途に応じた特別な形のものもある。②ナッツに同じ。

ナツメグ【nutmeg】ニクズクの種子の仁。また、それからつくる香辛料。主に肉料理に使用する。ナッツメッグ。ナツメッグ。

ナトー ⇨NATO

ナトリウム【ドイツ Natrium】1族元素(アルカリ金属)の一。元素記号 Na 原子番号 11。原子量 22.99。軟らかい銀白色の金属。地球上に広く多量に存在し、海水中にイオンとして約1%含まれる。イオンは生体の重要な構成分で、体液の浸透圧の維持、筋収縮や神経の興奮伝達など動物の生理に重要な役割を果たす。ソディウム。

ナノ【nano】単位に冠して、10^{-9} すなわち10億分の1の意を表す語。記号 n

ナノ カーボン【nano carbon】ナノメートル単位の分子構造を持つ炭素素材の総称。軽量である、強度がある、導電性や熱伝導性が高いなどの特徴を持つ。カーボン-ナノチューブ・フラーレンなど。

ナノSIM(シム)【nano SIM】SIMカード規格の一。大きさは 12.3 × 8.8 × 0.67 ミリ-メートル。→SIMカード

ナノシルバー【nanosilver】超微粒子化された銀。殺菌・消臭効果が高く、生活用品などに広く利用される。ナノ銀。▷アメリカ環境保護局はナノシルバーの殺菌作用が生態系に影響を及ぼす可能性が否定できないとして、2006年、製品に規制を導入。

ナノテクノロジー【nanotechnology】ナノ(10億分の1)メートルの精度を扱う技術の総称。マイクロ-マシンなどの加工・計測技術だけでなく、新素材の開発などをも含めていう。㊟超微細技術

ナノマシン【nanomachine】ナノ(10億分の1)メートル-レベルの大きさで、一定の機能をもった機械・器官。あるいは、タンパク質・脂質・DNAなどの生体分子を組み合わせて、一定の機能をもたせた機械。

ナノ マテリアル【nano material; nanomaterial】ナノ(10億分の1)メートルの精度で配列や構造を制御した材料。

ナビ ナビゲーターの略。また、ナビゲーションの略。→ナビゲーター・ナビゲーション

ナビ【アラビア nabi】イスラム教で、アッラーの言葉を人々に伝える者。預言者。ナービー。

ナビゲーション【navigation】①航海術。航空術。②経路誘導。自動車ラリーでナビゲーターが速度・走行位置・進路の状況等を知らせること。

ナビゲーション システム

ナ

【navigation system】 ⇨カー-ナビゲーション-システム

ナビゲーター【navigator】①航法士。航海士。②自動車のラリーで、速度や方向を指示する同乗者。

ナビダイヤル【NAVIDIAL】新 NTTコミュニケーションズが提供する電話サービス。ひとつの代表番号に対する発信を、複数の拠点で受け付けることが可能。主にコールセンターの受付に用いられる。ただし通話料金は発信者負担。また携帯電話のかけ放題サービス等の対象外となる。0570で始まる電話番号を用いることから、0570ダイヤルとも呼ばれる。商標名。

ナプキン【napkin】①食事のとき、衣服の汚れを防ぐために膝(ひざ)や胸にかける布や紙。②生理用品の一種。▷ナフキンとも。

ナフサ【naphtha】原油の蒸留によって得られる、ガソリンなどを含む低沸点の部分。原油の重質部分を分解して得る低沸点炭化水素の混合油。自動車や航空機の燃料として、また、溶剤や石油化学製品の原料として利用される。ナフタ。

ナフタ ⇨NAFTA

ナフタレン【naphthalene】芳香族炭化水素の一。コール-タールの留分(200～250℃)中に多く存在する。光沢ある無色または白色の鱗片(りんぺん)状結晶。特異臭があり、常温で昇華する。合成化学工業の重要な原料のほか防虫剤に用いる。ナフタリン。

ナポリタン【フランスnapolitain】炒(い)ためたスパゲッティにトマト-ソースの一種のナポリタン-ソースをからめ、パルメザン-チーズをふりかけた料理。▷「ナポリ風」の意。

ナムル 朝鮮料理の一。大豆もやし・ゼンマイ・ホウレンソウなどのあえもの。▷朝鮮語。

ナラタージュ【narratage】映画で、画面外の声に合わせて物語が展開していく技法。多く回想場面に用いられる。▷narration(ナレーション)とmontage(モンタージュ)から。

ナラトロジー【フランスnarratologie】物語の構造や語りの機能を分析する文学理論。ロシアの民俗学者プロップによって創始。狭義の文学のみならず、神話・絵画・映画・歴史叙述などへの幅広い適用が試みられる。

ナル 主に若者言葉で、自分で自分に酔うさま。▷ナルシストから。

ナル【null】①意味のないさま。価値のないさま。②何もないさま。存在しないさま。

ナルコレプシー【narcolepsy】突然激しい眠気を催し、眠ってしまう発作を主な症状とする病気。

入眠時に鮮明な幻覚を見たり、金縛り状態に陥ったりする症状を伴うこともある。病因は不明。居眠り病。睡眠発作病。

ナルシシズム【narcissism】①自分の容姿に陶酔し、自分自身を性愛の対象としようとする傾向。自己愛。ギリシャ神話のナルキッソスにちなむ精神分析用語。②うぬぼれ。自己陶酔。

ナルシス【フランス Narcisse】ギリシャ神話に見える美少年。泉に映る自分の姿に恋い焦がれるが、その思いが満たされずにやつれ果て、ついに水仙になったという。▷ナルキッソスのフランス語読み。

ナルシスト【narcissist】自己陶酔型の人。うぬぼれや。ナルシシスト。

ナルシズム【narcissism】⇨ナルシシズム

ナレーション【narration】①話し方。話法。話術。②映画やテレビで、登場人物の心理状態や、情景・筋などの説明。語り。

ナレーター【narrator】映画・テレビ・ラジオなどの語り手。

ナレッジ【knowledge】知っていること。知識。

ナレッジ マネージメント【knowledge management】社員が業務で得た個別の知識やノウハウを、企業全体で一元的に管理して共有し、問題解決や新商品開発に役立てようとする経営手法。KM。

ナレッジ ワーカー【knowledge worker】知識労働者。知識を資本として付加価値を生み出す労働者。経営学者のドラッカー(Peter Drucker[1909～2005])が提唱。

ナロー【narrow】幅の狭いさま。

ナローバンド【narrowband】データ伝送の分野において、狭帯域のこと。高速・大容量のブロードバンドに対して、低速・小容量の伝送をいう。

ナン【nahn】インドの発酵パン。平たく洋ナシの形をしている。

ナンセンス【nonsense】意味のないこと。ばかばかしいこと。また、そのさま。相手の発言を否定し、くだらないからやめろという気持ちで使うこともある。ノンセンス。

ナンパ ①強硬な意見・主義をもたない一派。②詩や小説を読みふけったり、異性との交際や流行の派手な服装を好む若い人々。③転じて、遊びを目的に異性に交際を求めることをいう。▷「軟派(なんぱ)」から。

ナンバー【number】①数。数字。②番号。③定期刊行物などの号数。④音楽での曲目。⑤陸上競技選手が胸や背につける番号。1994年(平成6)日本陸上競技連盟が「ゼッケン」から変更。

ナンバー スクール 【和製number＋school】設置順に数を冠せられた一高から八高までの旧制高等学校。後に設立され、地名などを冠した高等学校と区別していう。

ナンバーレス【numberless】新 番号の表示がないこと。「—カード(＝番号の印字がないクレジットカード)」

ナンバリング 番号印字器。押すと、設定した回数ごとに自動的に数字が進むようになっている。▷numbering machineの略。

ナンプラー【namplaa】タイ料理で使われる魚醤(ぎょしょう)。

二

ニアショア アウトソーシング【nearshore outsourcing】近隣国や国内への業務移管や業務委託。オフショア-アウトソーシングより近い場所への業務移管や業務委託をさす。ニアショア。「—開発」

ニア ミス【near miss】航空機どうしが空中で接触しそうなほどに接近すること。異常接近。

ニアリー イコール 【nearly equal】ほぼ等しいこと。

ニー【knee】膝(ひざ)。膝がしら。他の外来語と複合して用いる。

ニーズ ⇨NIES

ニーズ【needs】必要。要求。

ニー ソックス 【knee-socks】膝(ひざ)下までの靴下。ハイ-ソックス。

ニート【neat】きちんとしたようす。飾り気がなくさっぱりしたようす。

ニート【NEET】(not in employment, education or training)職業にも学業にも職業訓練にも就いてない、あるいは、就こうとしない若者。

ニードル【needle】①針。針で縫うこと。②登山用語で、針のようにとがった岩峰。

ニー ハイ【knee-high】膝の高さまであること。→サイ-ハイ

ニーハオ【你好】こんにちは。▷中国語。

ニカブ【アラビアniqāb】イスラム教徒の女性が着用する、目の部分だけをあけて全身をすっぽりとおおう布。→ブルカ

ニキ 新 ネット利用者が使う俗語で、兄貴のこと。

ニグロ【Negro】黒色人種。黒人。ネグロ。

ニコチン【nicotine】タバコの葉に含まれるアルカロイドの一種。無色の油状液体。中枢神経・末梢神経を興奮させ、血管を収縮さ

せて血圧を高める。有毒。

ニス ワニスの略。

ニッカーボッカーズ【nickerbockers】ゆったりした形で、裾をしぼった、膝(ひざ)下丈のズボン。ゴルフ・登山・乗馬などに用いる。ニッカーボッカー。ニッカーズ。

ニックネーム【nickname】本名とは別にその人を親しんで呼ぶ名。愛称。

ニッケル【nickel】10族(鉄族)に属する遷移元素の一。元素記号Ni 原子番号28。原子量58.69。銀白色の強磁性固体金属。比重8.90(25℃)。針ニッケル鉱・ケイニッケル鉱・ヒニッケル鉱などが主鉱石。合金成分・触媒として用途が広い。

ニッチ【niche】①西洋建築で、壁面を半円または方形にくぼめた部分。彫刻などを飾ったり噴水を設けたりする。壁龕(へきがん)。②隙間(すきま)。③他社が進出していない市場の隙間。特定市場分野。④トンネル・橋などの脇に設けられた退避用の場所。⑤生態的地位。個々の生物種が、生態系の中で占める位置または役割。同じ生態的地位をもつ2種は共存できないとされる。

ニット【knit】編んだもの。編み物。また、その衣類。

ニッパー【nipper】主として銅線の切断、電線の被覆をむくのに用いる電気用工具。

ニップル【nipple】①乳頭。哺乳瓶の乳首。②ねじのついた継ぎ管。

ニトロ【nitro】ニトログリセリンの略。

ニトログリセリン【nitroglycerin】グリセリンの硝酸エステル。グリセリンを水を含まない混酸と反応させてつくる無色の油状液体。きわめて爆発しやすく、ダイナマイト・無煙火薬の原料となる。また、冠状動脈に直接作用して拡張させるので狭心症・心筋梗塞(こうそく)に舌下(ぜっか)錠として用いる。三硝酸グリセリン。

ニヒリスト【nihilist】①ニヒルな考え方をする人。虚無主義者。②19世紀後半のロシアにおける、一群の過激な唯物論者・革命家・無政府主義者・テロリストたち。また、その結社や党派。

ニヒリズム【nihilism】真理・価値・超越的なものの実在やその既成の様態をことごとく否定する思想的立場。虚無主義。

ニヒル【ラテン nihil】虚無。また、虚無的なさま。

ニプレス 貼り付けることで、乳首を隠したり保護したりするためのシール。商標。ニップレスとも。▷英語ではpastiesと呼ぶ。

ニホニウム【nihonium】新 超アクチノイド元素の一。元素記号Nh 原子番号113。2004年、アメリシウムをカルシウム-イオンで、またビスマスを亜鉛イオンで衝撃して得られた放射性の人工元素。質量数284と286の同位体が知られている。質量数284の同位体はアルファ壊変し、半減期は約0.48秒。

ニュアンス【nuance】(表現・感情・色彩などの)微妙な意味合いや色合い。また、そのわずかな差異。

ニュー【new】「新しい」「今までと違った」の意。多く外来語の上に付いて複合語を作る。

ニュー【nu; Ν・ν】ギリシャ語アルファベットの第13字。

ニュー イヤー【new year; New Year】新しい年。新年。正月。

ニュー エイジ【New Age】西洋の価値観や文化を否定し、異質なものとの融和や全体論的なアプローチを重視する思潮。特に、宗教・医学・哲学・占星術などさまざまな分野で東洋的なものを取り入れようとする動きに代表される。

ニューカマー【newcomer】新しくやってきた人。新しく加わった人。新参者。

ニュース【news】①珍しい出来事や新しい出来事。また、その知らせ。②新聞・ラジオ・テレビなどにより報道される事件や出来事。また、それを伝える番組や記事。

ニュース ソース【news source】情報源。

ニュース バリュー【news value】ニュースとして報道する価値。報道価値。

ニュー スピーク【Newspeak】オーウェル(George Orwell[1903-1950])の小説「1984」で登場する架空言語。作中の国家が国民の思考を抑制するため、英語(オールドスピーク)を原型として作っているもの。極端に単純化された文法や語彙、国家にとって好ましい言い換えなどが特徴。新語法。

ニュース リリース【news release】官公庁・企業などが報道機関に対して行う情報発表または発表資料の印刷物。→プレス-リリース

ニュー セラミックス【new ceramics】⇨ファイン-セラミックス

ニュー ディール【New Deal】アメリカ大統領F.ルーズベルトが大恐慌克服のため採用した一連の革新的政策。テネシー渓谷開発法・農業調整法・全国産業復興法などを立法化、連邦政府の権限を拡大し積極的な救済政策をとった。▷新規まき直しの意。

ニュートラ　1970年代後半から80年代前半にかけて流行した、神戸発祥の若い女性のファッション。プリント柄ワン-ピースやブレザーなどをベースに、有名ブ

ランドの小物(バッグやスカーフなど)を組み合わせる。▷ニュー-トラディショナル(ニュー-トラッド)の略。→ハマトラ

ニュートラル【neutral】①対立する二つのいずれにも属さないこと。また、そのさま。中立。中間。②自動車のギアなどで、エンジンの動力が車輪に伝達されない状態。

ニュートリノ【neutrino】素粒子の一。記号ν　電荷0、スピン1/2で質量はほとんどゼロ。レプトンに属し、弱い相互作用において、それぞれ電子、ミュー粒子、タウ粒子と対になって作用する。中性微子。

ニュートロン【neutron】素粒子の一。記号n　電荷をもたず、スピン1/2、質量は陽子の質量より0.1%ほど大きく、平均寿命889秒でベータ崩壊する。バリオンに属し、陽子とともに原子核を構成して、核子と呼ばれる。中性子。

ニュートン【newton】力の大きさのSI単位。1kgの質量をもつ物体に1m/s^2の加速度を生じさせる力の大きさを1ニュートンとする。ダインの10万倍。記号N ▷I. ニュートンにちなむ。

ニュー ノーマル【new normal】新 ①感染症流行などの災害に際して、新たな事態に対応するように変容を促される生活様式。新しい生活様式。新常態。▷2020年、COVID-19のパンデミックに際して言われるようになった。②2008年のリーマン-ブラザーズ破綻をきっかけにした金融危機後の国際経済の変化を表現した語。アメリカの経営者エラリアン(Mohamed El-Erian)が提唱したもので、金融経済から実体経済への回帰、政府による関与の強化、新興国などを含む経済の多極化、低い経済成長などの展望をさす。

ニュー ハーフ【和製 new＋half】女装した男性や、女性に性転換した元男性の俗称。特に、これを売りにした接客業・ショー-ビジネスなどの従事者をさす場合が多い。→シー-メール

ニュービー【newbie】インターネットの初心者。ヌーブとも。

ニューボーン フォト【newborn photography】新 新生児を撮影した記念写真。▷ニューボーンは新生児の意。

ニューマチック【pneumatic】「空気の」「圧搾空気を利用した」などの意。

ニュー メディア【new media】新聞・ラジオ・テレビなどの既存のメディアに対し、通信・情報・電子技術によって生み出された新しいメディアや情報伝達システムの総称。インターネット・携帯電話などがある。

ニューラル ネットワーク【neural network】人間の脳の神経細胞をモデルとして構想されている情報処理システム。分散処理・並列処理・学習機能・自己組織化などを特徴としている。

ニューロ【neuro】「神経の」「神経組織の」の意。他の外来語の上について複合語をつくる。

ニューロン【neuron】神経単位。神経細胞体・樹状突起・軸索からなり、刺激を受容・伝達する機能をもつ。神経元。神経細胞。ノイロン。→シナプス

ニョク マム【ベトナムnuoc mam】ベトナムやカンボジアの料理に使われる魚醤(ぎょしょう)。

ニョッキ【イタリアgnocchi】小麦粉、または小麦粉にジャガイモ・カボチャなどを加えてつくる団子状のパスタ。

ニルバーナ【サンスクリットnirvāṇa】①あらゆる煩悩(ぼんのう)が消滅し、苦しみを離れた安らぎの境地。究極の理想の境地。悟りの世界。寂滅(じゃくめつ)。涅槃(ねはん)。②死ぬこと。また、死。入寂(にゅうじゃく)。入滅。一般に釈迦(しゃか)の死をいう。

ニンフ【nymph】①ギリシャ神話に登場する、樹木・山野・川・泉などの精。歌と踊りを好む美しい乙女の姿で現れる。ギリシャ語名ニュンフェ。②清純で愛らしい女性。③不完全変態をする昆虫の幼虫。

ヌ

ヌーディー【nudie】新 ①ヌードを売り物にした雑誌や映画。②肌に似た色合いである様子や、肌色・体形などその人の身体を活かした様子。ファッションや美容の分野でいう。▷和製用法。

ヌード【nude】①絵画・彫刻・写真などにおける裸体像。また、裸体。はだか。②むきだしであること。また、そのさま。

ヌードル【noodle】①小麦粉などで作った帯状の洋風麺。②麺類。

ヌーブ【noob】ニュービーの別称。▷n00bとも。→ニュービー

ヌーブラ【NuBra】ストラップやベルトを使わず、胸に直接貼り付けて用いる、シリコン製のブラジャー。商標名。▷nude(ヌード)とbrassiere (ブラジャー)から。

ヌーベル【フランスnouvelle】①「新しい」「新傾向の」の意。外来語に付いて複合語をつくる。②コントとロマンの中間の長さの小説。中編小説。

ヌーベル キュイジーヌ 【フランス nouvelle cuisine】新傾向のフランス料理。日本料理の影響を受け、素材の持ち味を重視、あっさりした味わいと盛り付けの工夫を特徴とする。▷新しい料理の意。

ヌーベル シノワ 【フランス nouvelle chinois】 新傾向の中華料理。ヌーベル-キュイジーヌの影響を受けた西洋食材の利用、フランス料理のような盛り付けなどが特徴。▷1980年代の香港から始まった動き。 →ヌーベル-キュイジーヌ

ヌーベル バーグ 【フランス nouvelle vague】1958年頃からフランスに興った新しい映画の傾向。ストーリーの否定や既成の映像手法の打破など、従来の作品への反逆精神に満ちている。▷新しい波の意。

ヌーボー 【フランス nouveau】①当年産のワイン。②20世紀初頭、フランスで流行した新しい美術様式。ヌーボー式。 →アール-ヌーボー ▷新しいの意。

ヌーボー ロマン 【フランス nouveau roman】伝統的な小説の概念を否定し、筋や物語性を重視しない新しい手法による実験的な小説。ナタリー=サロートの小説の序文で、サルトルがその作品をアンチ-ロマン(反小説)と評したことに始まり、1950年代以降フランスの一群の若い作家の一傾向となった。アンチ-ロマン。

ヌガー 【フランス nougat】 キャンデーの一。水あめ・砂糖を煮つめ、泡立てた卵白などを混ぜ込んだ、白くやわらかなもの。ナッツなどを入れる。

ヌクレオチド 【nucleotide】ヌクレオシドの糖の水酸基にリン酸がエステル結合したもの。核酸の構成単位。

ヌック 【nook】新 ▷部屋などの片隅の意。住宅の部屋・廊下などの一角に、溜まり場として設ける小空間。

ヌバック 【nubuck】表面加工で起毛し、スエードやビロード地のような質感をもたせた革素材。

ヌルゲー 新 俗に、難易度が低く手応えのないコンピューターゲームのこと。

ヌン活(かつ) 新 ホテルなどでアフタヌーンティーを楽しむ活動。

ネ

ネイチャー 【nature】 ⇨ネーチャー

ネイティブ 【native】 ⇨ネーティブ

ネイル【nail】⇨ネール

ネウボラ【フィンランドneuvola】新 フィンランドの地方自治体が実施する子育て支援制度。また、その拠点。妊娠期から就学前まで、担当保健師や各分野の専門家による検診・育児情報の提供などの支援を継続的に行う。▷助言の場の意。

ネ

ネーション【nation】国家。国民。民族。

ネーチャー【nature】自然。天然。本性。▷ネイチャーとも。

ネーチャー ゲーム【nature game】五感を通じて自然を体験するための野外活動プログラム。自然の美しさやその働きなどを直接体験し、学べるように工夫されている。

ネーティブ【native】▷ネイティブとも。①その土地生まれの。②生まれつきの。③ある言語について、その言語を母語とすること。また、その話者。ネーティブ-スピーカー。④対象となるシステムで、あるプログラムやデータが直接利用できる状態。

ネーティブ アメリカン【Native American】アメリカ大陸の先住民。▷コロンブス以来の誤った用法であるインディアンに代え、近年、広く使用される語。

ネーティブ広告 インターネット広告の一。デザイン・内容・フォーマットがSNSなどの記事・コンテンツ形式やサービスの機能と類似の体裁で、それらと一体化しており違和感がない。ネーティブ-アド。

ネービー【navy】▷ネイビーとも。①海軍。②ネービー-ブルー(濃紺色)の略。英国海軍の制服の色であることから。

ネーブル【navel】ネーブル-オレンジの略。ブラジル原産。果実は球形ないし楕円形で頂点がへそ形に盛り上がっている。

ネーミング【naming】名前をつけること。命名。特に、印象の強い名前を商品名や会社名につけること。

ネーミング ライツ【naming rights】スポンサーの企業名・ブランド名などを、スタジアムなどの施設の名称にする権利。また、そのような広告手法。1980年代以降、アメリカで発達。命名権。

ネーム【name】①名。名称。氏名。②ネームプレートの略。③書籍・新聞などで、図版に添えた説明。

ネーム バリュー【和製 name＋value】名前のもつ価値・効果。知名度。

ネール【nail】つめ。ネイル。

ネール アート【nail art】爪に絵を描いたり、宝石をつけたりして飾ること。ネール-ファッション。

ネール サロン【nail salon】ネール-ケアやネール-アートをす

る美容院。

ネール リング【nail ring】爪の部分にはめる指輪。チップ-リング。

ネオ【neo】他の外来語の上について、「新しい」「新」の意を表す。

ネオ アコ【和製 neo ＋ acoustic】ポピュラー音楽のジャンルの一。1980 年代、パンク-ロックを経過したあとに登場した、生楽器を取り入れた音楽の総称。ネオ-アコースティック。

ネオコン【neocon】① 1960～70 年代のアメリカ政界で、リベラル派から転向した保守派。②俗に、2000 年代初頭のアメリカ政界で、強い軍事力を背景に、民主主義・自由主義経済などの世界化を志向し、対外的に強硬姿勢をとる保守主義者。▷新保守主義派の意。ネオ-コンサバティブ(neo-conservative; neoconservative)。

ネオジム【ドイツ Neodym】ランタノイドの一。元素記号 Nd　原子番号 60。原子量 144.2。銀白色の金属。展性・延性に富む。空気にふれると酸化されて青白色になる。レーザーに用いられるほか、酸化物はブラウン管ガラスに添加してテレビ画面のコントラストを上げるのに用いる。ネオジウム。

ネオ ダダ【neo dada】1950 年代アメリカ美術の前衛的な動向。R. ラウシェンバーグや J. ジョーンズを中心に、廃物など卑俗な物を作品のなかに取り込むことで、芸術の真の意味を問いかけた。

ネオ ナチ【Neo-Nazi】(第二次大戦後の)新ナチ主義(Neo-Nazism)の信奉者。新ナチ主義者。

ネオニコチノイド【neonicotinoid】ニコチンに似た構造・作用を持つ殺虫剤の総称。有機リン系農薬に比べて動物に対する毒性が低く、また効果が長く続くため、1990 年頃から広く使用されてきたが、ミツバチ減少との関わりが指摘され、使用を規制する動きがある。

ネオプレン【Neoprene】クロロプレンを主体とする合成ゴムの商標名。

ネオ リベラリズム【neo-liberalism】新自由主義。政府の積極的な民間介入に反対するとともに、古典的なレッセ-フェール(自由放任主義)をも排し、資本主義下の自由競争秩序を重んじる立場および考え方。

ネオ レアリズモ【イタリア neorealismo】①第二次大戦直後のイタリアで顕著にあらわれたイデオロギー的色彩の濃い、19 世紀的リアリズム変革の文芸思潮。民衆を表現の主体に据え、多くレジスタンスや労働争議を主題とする。文学ではパベーゼ・ビットリーニ、絵画ではグットゥーゾなどが代表者。②第二次大戦後のイタリア映画における現実描写法と、その作品群に対する呼称。現実社会を客観的態度でドキュメンタリー風に描く。ロッセリーニ「無防備都市」、デ=シーカ「自転車泥棒」など。新現実主義。

ネオン【neon】①18族元素(希ガス)の一。元素記号Ne　原子番号10。原子量20.18。単原子分子気体で大気中に微量に含まれる。ガイスラー管で放電して橙赤色に光るので、放電管・ネオン・ランプとして利用される。②ネオン-サインの略。

ネオン カラー【neon color】ネオン-サインに用いられるような、派手で鮮やかな色。

ネオン サイン【neon sign】ネオン管を利用した広告・装飾・標示など。ネオン。

ネガ　ネガティブ①の略。→ポジ

ネガティブ【negative】①撮影したフィルムまたは乾板を現像したときにできる画像。また、そのフィルム。白黒写真では被写体と明暗が逆、カラー写真では色相が補色で表される。ネガ。陰画。②電気の陰極。③否定的であるさま。消極的なさま。悲観的なさま。→ポジティブ

ネガティブ オプション【negative option】販売業者が一方的に商品を送付し、送付を受けた者が一定期間内に返送を行わなければ商品を購入したとみなして代金を請求する販売方法。

ネガティブ キャンペーン【negative campaign】相手の政策上の欠点や人格上の問題点を批判して信頼を失わせる選挙戦術。また、広告で他社商品の短所を強調する宣伝方法。

ネカマ　インターネット上で、匿名性を利用して女性のように振る舞う男性をいう俗語。▷ネットおかまの略。

ネガワット【negawatt】節電を発電と同等にみなすこと。米国の物理学者ロビンス(Amory Lovins[1947～])が提唱。この電力を市場で売買することをネガワット取引という。

ネキ 新 ネット利用者が使う俗語で、姉貴のこと。

ネクサス【nexus】①結合。結びつき。つながり。②主語と述語の関係となっている語と語の結合。意味上の主語・述語の関係も含む。英文法学者イェスペルセンの用語。→ジャンクション

ネクスト【next】次の。今度の。多く他の外来語に付いて複合語をつくる。

ネクター【nectar】①ギリシャ神話で、神々の飲み物。神酒。飲む者は不老不死になるという。ネクタル。霊酒。②果肉飲料。

ネクタイ【necktie】ワイシャツなどの首まわりに巻いて結び、飾りとする細い帯状の布。タイ。

ネグリジェ【フランス négligé】ワンピース型の女性用の寝巻。また、化粧着。

ネグる 無視する。おろそかにする。▷「ネグレクト」を省略した「ネグ」の動詞化。

ネグレクト【neglect】①無視すること。放置すること。怠ること。②養育者による、子供に対する不適切な保護や養育。衣食住を十分に世話しない場合や、精神的・医療的なケアを十分に行わない場合など。育児放棄。養育放棄。
案 育児放棄／無視

ネクロフィリア【necrophilia】死体を姦淫(かんいん)すること。屍姦(しかん)。

ネゴ ネゴシエーションの略。

ネゴシエーション【negotiation】契約や協定を結ぶ際の、条件に関する話し合い。交渉。折衝。

ネゴシエーター【negotiator】交渉者。交渉担当者。

ネスト【nest】①巣。②居心地がよく、安心できる場所。隠れ家。ねぐら。③プログラムで、構成要素の一部として同じ構成要素が現れること。入れ子構造。

ネタ ①もとになるもの。材料。原料。②証拠。また、証拠の品。③手品などの仕掛け。▷「たね(種)」の倒語から。

ネタバレ 仕掛け(ネタ)が事前にわかってしまうこと。公開直後に発表される映画論評に、物語の結末が書かれている状態など。

ネチケット【netiquette】コンピューター-ネットワークを利用するときのエチケット。▷ network(ネットワーク)と etiquette(エチケット)から。

ネック【neck】①首。襟。②物事の障害となっている事柄。隘路(あいろ)。③洋服の襟ぐり線。ネック-ライン。▷ bottleneck から。

ネック ゲイター【neck gaiter】首を覆う防寒具。衣服の襟(えり)から首(さらには口や鼻)にかけてを覆う。登山などに用いる、→ゲートル ▷ゲイターはゲートルのこと。

ネックレス【necklace】首飾り。

ネッティング【netting】差額決済。輸出入などで発生する債権と債務を特定の期日に相殺(そうさい)し、差額分のみを資金決済すること。複数の企業間がまとめて相殺する場合や、銀行などがリスクを回避するために行う。→プーリング・CMS

ネット【net】余分な部分を除いた、実際に意味のある部分。経費などを差し引いた純益、風袋(ふうたい)を差し引いた正味(しょうみ)の重量など。正味。

ネット【net】①網。網状のもの。②バレー・テニス・卓球などで、コートの中央に張る網。③女性

が髪の乱れを防ぐため頭にかぶる網。ヘア-ネット。④ ⇨ネットワーク

ネット オークション【net auction】インターネット上での商品の競売。あるいはそのサービスを提供するホーム-ページ。ホーム-ページ上での出品や入札などが可能。オン-ライン-オークションとも。→エスクロー

ネット カフェ【和製 net＋café】⇨インターネット-カフェ

ネットカフェ難民 定まった住居がなく、昼間は日雇い派遣などの仕事をし、夜間はインターネット-カフェや漫画喫茶などで過ごす人々。ワーキング-プアの代表的な形態とされる。ネカフェ難民。▷2007年(平成19)に急速に広まった語。

ネット ゲーム【net game】⇨オンライン-ゲーム

ネット サーフィン【net surfing】インターネットで興味の赴くままに情報を検索すること。次々に ウェブ-サイトを見て回ることを波乗りにたとえていう。

ネット ショップ【net shop】⇨オンライン-ショップ

ネット スーパー【和製 net＋supermarket】新 インターネットを利用して、生鮮食料品や日用雑貨を販売するスーパーマーケットの通称。

ネット スラング【net slang】インターネットで用いられる俗語や俗な表現。インターネット-スラング。

ネット ゼロ【net zero】新 正味ゼロ。実質ゼロ。主に二酸化炭素の排出や、1次エネルギーの消費についていう。「—エミッション(＝正味ゼロの排出)」▷二酸化炭素の排出が正味ゼロになることを、カーボンニュートラルとも呼ぶ。

ネット断食 ストレス軽減などを目的として、情報機器やインターネットの利用を一時的に断つ行為。デジタル-デトックス。

ネット バンキング【net banking】⇨インターネット-バンキング

ネット バンク【net bank】インターネットを利用して決済・振替・預金受入などの業務を行う銀行。現金の出し入れはATMを利用するが、店舗をもたず他行のATMを利用するインターネット専業銀行もある。オン-ライン銀行。インターネット銀行。ネット銀行。

ネットフリックス【Netflix】定額制動画配信を手がける大手IT企業。またその配信サービス名。1997年設立。

ネット プロモーター スコア【Net Promoter Score】新 顧客ロイヤルティー(顧客が企業・ブランドなどに対して抱く信頼感な

ど)を測る指標の一。顧客へのアンケート調査で「友人や同僚に勧めたいか？」を0点から10点で答えさせ、点数により推奨者・中立者・批判者を判定したうえで、推奨者の割合(百分率)から批判者の割合を引いた数値を算出する。NPS。▷正味推奨者比率の意。

ネット リテラシー　【和製 net＋literacy】新 ⇨インターネットリテラシー

ネットワーキング　【networking】①ネットワークにより互いに結びつくこと。②環境問題・消費者問題・社会福祉などの市民運動団体が、運動を進めるために、相互に結びつくこと。

ネットワーク【network】①テレビ・ラジオで、番組を送り出す局を中心に、中継回線によって結ばれた、全国的な放送局の組織。放送網。ネット。②⇨コンピューター-ネットワーク　③ある計画を遂行するために必要なすべての作業の相互関係を図式化したもの。コンピューターによる工程管理に利用される。④人や組織のつながり。⑤要素が互いにつながっていて、網目状に形成されているもの。「鉄道—」「生態系—」

ネットワーク カメラ　【network camera】新 ネットワーク回線を通じた操作・撮影が可能なリモート-カメラ。IPカメラ。→リモート-カメラ

ネットワーク ゲーム　【network game】　⇨オンライン-ゲーム

ネットワーク ビジネス　【network business】　①インターネットなどのネットワーク上で展開される経済行為。または、それらの支援業務。ネット-ビジネス。②商品を購入することで組織に加入し、その者がさらに商品を販売するとマージンなどが支払われる販売方法。特定商取引法ではマルチ商法と同一と見なされ、連鎖販売取引として規制されている。

ネトゲ　ネットワーク-ゲームの略。→オンライン-ゲーム

ネプチューン　【Neptune】①ローマ神話の海神ネプトゥヌス(Neptunus)の英語読み。ギリシャ神話の海・泉の神ポセイドンと同一視される。②海王星。

ネブライザー【nebulizer】水や薬液を霧状に変え、気道内の加湿や薬液投与のため用いる吸入器具。

ネフローゼ【ドイツ Nephrose】腎臓の糸球体の病変により、血液中のタンパクが尿中に多量に排出されて減少し、著しいむくみがみられる症状。腎炎など腎臓の病気のほか、糖尿病などの代謝異常などによって起こる。

ネ

ネポティズム【nepotism】身内びいき。縁故採用。

ネメシス【Nemesis】ギリシャ神話で、人間の思い上がりに対する神の怒りと罰とを擬人化した女神。

ネル フランネルの略。

●●●ノ●●●

ノイジー マイノリティー【noisy minority】声高に主張する少数集団。→サイレント-マジョリティー

ノイズ【noise】①騒音。雑音。②情報理論などで、信号の性質・内容に影響を与えるおそれのあるデータの乱れ。③まぎれ込んだ無関係なデータ。

ノイズ キャンセリング ヘッドホン【noise cancelling headphone】飛行機内や電車内などの周囲のノイズを除去するヘッドホン。

ノイズ ミュージック【noise music】通常は雑音や騒音とされるような音(極端に歪ひずんだ楽器音、人の叫び声、工場の騒音など)を主体として構成する音楽の総称。メロディーやリズムが存在しないことも多い。単にノイズとも。

ノイズ リダクション【noise reduction】信号のSN比を向上させる技術。音声信号が低レベルのとき、高い周波数を強調して録音し、再生時にもとに戻すことにより、録音テープのヒス-ノイズなどの影響を小さくする。ドルビー方式が有名。

ノイズレス【noiseless】①雑音がないこと。静かであること。②余計なもの、邪魔なものなどがないこと。

ノイローゼ【ﾄﾞｲﾂ Neurose】心因によって起こる精神障害。不合理だとわかっていながら現れる強い不安や強迫観念・抑鬱(よくうつ)・ヒステリーなど種々の症状のため自分自身が苦しむ。精神神経症。神経症。

ノウ ハウ【know-how】①製品の開発や製造などに必要な技術・知識。技術情報。②ものごとのやり方に関する知識。実際的な知識。▷ノー-ハウとも。

ノエル【ﾌﾗﾝｽ Noël】クリスマス。

ノー【no】①外来語の上に付いて、ないこと、禁止されていること、不要であることなどの意を表す。②否定や拒否を表す語。いいえ。いや。否。→イエス

ノーコード【NoCode】ソース-コードを記述することなく、すで

に存在する部品を図示的に組み合わせることで、ウェブ-サービスやアプリケーションなどを開発できること。またそのサービス。→ローコード

ノー サイド【no side】ラグビーで、試合終了のこと。▷終了すれば敵味方の別がなくなることから。

ノー スリーブ【和製 no＋sleeve】袖のないこと。袖のない洋服。スリーブレス。ノースリ。

ノー タッチ【和製 no＋touch】①触れていないこと。②ある事柄に関与していないこと。

ノー チャージ【和製 no＋charge】飲食店でテーブル-チャージ(飲食代とは別に支払う料金)がないこと。▷英語で no charge は無料の意。

ノーチャン 俗に、機会がないこと。▷ノー-チャンスの略。

ノーティス【notice】①通達。告知。警告。②掲示。掲示板。はり紙。③注目。観察。④論評。評価。

ノート【note】①書き留めること。また、書き留めたもの。②ノート-ブックの略。帳面。③注釈。注。④音符。譜。

ノード【node】①つなぎ目。結び目。②節点。交点。集合点。③通信ネットワークの中継点。物流の中継点。

ノートパッド【notepad】①はぎ取り式のメモ帳。②コンピューターで、簡単なメモを入力できるソフトウエア。

ノー ノー 俗に、ノーヒット-ノーラン-ゲームの略。

ノー ファンデ【和製 no＋foundation】新 化粧でベースメークをする際、ファンデーション②だけを使わないこと。ノーファンデーション。

ノー プラン【和製 no＋plan】俗に、計画がないこと。見切り発車であったり、思い付くままであること。

ノーブル【noble】高貴なさま。上品なさま。

ノーブレス オブリージュ【フランス noblesse oblige】高い地位や身分に伴う義務。ヨーロッパ社会で、貴族など高い身分の者にはそれに相応した重い責任・義務があるとする考え方。

ノー プロブレム【no problem】問題ないこと。さしつかえないこと。大丈夫。

ノーベル賞 ノーベルの遺言と遺産によって1896年に設定された賞。毎年、物理学・化学・医学および生理学・文学・世界平和・経済学にすぐれた業績をあげた人に賞金・メダルなどが贈られる。

ノーマライゼーション【normalization】障害者に、すべての人がもつ通常の生活を送る権

利を可能な限り保障することを目標に社会福祉をすすめること。デンマークの取り組みから生まれた理念。ノーマリゼーション。▷常態化の意。㊫等生化／等しく生きる社会の実現

ノーマル【normal】正常なさま。普通なさま。標準的なさま。→アブノーマル

ノームコア【normcore】㊪ ファッションで、普通の服を普通に着こなそうとする姿勢。また、そのような着こなし。▷ノーマルとハード-コアを合成した語で「究極の普通」の意。2013年にアメリカのトレンド予測グループが提唱して広まった語。本来は、普通を目指すことにより、差別化を求める価値観から自由になることを意味した。

ノー メーク【和製 no＋make-up】化粧をしていないこと。素顔。

ノーリー【nollie】㊪ スケートボードやスノーボードで、ノーズ(ボードの前方)側を踏み切ってジャンプするトリック(技)。▷nose ollie の略。→オーリー

ノー リターン【no return】㊪ ①戻らないこと。「ハイリスク—(＝危険を冒しても得るものがない状態)」②直帰。NR とも。③ゴルフで、競技中の途中棄権。競技を行ったものの、スコアカードを提出しないこと。NR とも。

ノー ルック【no-look】㊪ 対象を目視で確認しないこと。「—パス(＝球技で相手を見ないパス)」

ノギス【ドイツ Nonius】主尺と主尺上を移動する副尺(バーニヤ)とからなる物差し。主尺と副尺にある嘴(はし)で物を挟み、または物の内側に当てて厚さ・長さを測る。

ノクターン【nocturne】主としてロマン派時代のピアノのための性格小曲。静かな夜の気分をあらわす抒情的なもの。ショパンが多くの名曲を残した。夜想曲。

ノシ ネット利用者が使う顔文字の表現で、手を振ったり、挙げたりする様子を表わすもの。多くの場合「(・∀・)ノシ」のように、顔文字の一部として表現する。のし。

ノスタルジー【フランス nostalgie】異国にいて、離れた故郷を懐かしむ気持ち。郷愁。望郷心。ノスタルジア。

ノスタルジック【nostalgic】懐旧の念を起こさせるさま。郷愁にふけること。

ノズル【nozzle】気体や液体を噴き出させるための筒状の装置。噴射管。嘴子(さいし)。

ノッキング【knocking】ガソリン-エンジンなど内燃機関で起こる、燃料・空気の混合気の異常燃焼。正常に燃焼する前に混合気が自発火することが原因で起こり、金属性の打撃音を発する。ノック。

ノック【knock】①部屋へ入る前に入室の許しを求めてドアをたたくこと。②野球で、守備練習のために野手にボールを打ってやること。③ノッキングに同じ。

ノックアウト【knockout】①ボクシングで、相手を再び立ち上がれないようにたたきのめすこと。KO。②完全に相手をやっつけてしまうこと。③野球で、相手投手を打ちこんで降板させること。④スポーツなどの大会で、敗者が脱落する仕組みを持つ試合形式。またその脱落のこと。トーナメントなど。

ノックス【NO_x】⇨NO_x

ノックダウン【knockdown】①ボクシングで、パンチを受けた選手が試合を続行できない状態になること。10 カウント以内に試合のできる態勢をとらないとノックアウトになる。②組み立て式の意。部品に分割して運搬し、現場で組み立てる方式の製品。

ノッチ【notch】①刻み目。階級。格付けの段階などにいう。②V 字形・U 字形などの切り込み。溝。③抵抗器の抵抗値を切り換える接点。また、その装置。

ノット【knot】船舶・海流などの速さの単位。1 時間に 1 海里(1852m)進む速度をいう。記号は kn・kt

ノドン【nodong】朝鮮民主主義人民共和国が開発しているとされる弾道ミサイル。旧ソ連製のスカッド-ミサイルを改良したものといわれる。→テポドン

ノニ【ハワイ noni】アカネ科の常緑低木、モリンダ-シトリフォリアの通称。フランス領ポリネシアなどの熱帯・亜熱帯地域に多く分布し、花と果実(複合果)を年間を通じて付ける。熟した果肉には強いチーズ臭がある。ノノ。ヤエヤマアオキ。

ノネナール【nonenal】皮脂に含まれる脂肪酸である 9- ヘキサデセン酸が酸化分解されて生じる不飽和アルデヒド。中高年者特有の体臭の原因となる物質。

ノバ【nova】数日間に数千倍ないし数万倍に光度を増し、その後ゆるやかに減光してもとの明るさにもどる星。新星。

ノブ【knob】ドアなどの丸い取っ手。握り。ノッブ。

ノベライズ【novelize】映画・演劇・テレビ-ドラマ・マンガ・テレビ-ゲームなどを小説形式にすること。

ノベル【novel】長編小説。特に、写実的な長編小説。

ノベルティー【novelty】広告・宣伝のため、社名や自社の商品名を記して配布する記念品。ノベルティ。

ノマド ワーカー【nomad worker】特定のオフィスを持たず、PC やスマートフォンを利用

し、カフェやレンタル-オフィスなど自分の好きな場所で仕事をする人。▷ノマドは遊牧民の意。→スマートフォン

ノミナル【nominal】①名目上だけであるさま。公称上であるさま。②ノミナル-レート(nominal rate)の略。実際の取引が行われず、そのときの経済状況により推定された名目的な相場。

ノミニー【nominee】推薦・任命・指名された人。

ノミネート【nominate】候補として推薦すること。指名すること。

ノルアドレナリン【noradrenaline】カテコールアミンの一。交感神経末端・中枢神経系などに広く分布し、興奮を伝達する化学伝達物質。アドレナリンの前駆物質。昇圧薬として用いられる。ノルエピネフリン。→アドレナリン

ノルディック【Nordic】①北ヨーロッパの。北欧風。②ノルディック種目の略。スキー競技のうち、距離・ジャンプ・複合の３種目。

ノルディック ウオーキング【Nordic walking】両手にストックを持って歩行する運動。起伏がある丘陵地などを歩き、足だけでなく腕や肩などの筋肉も鍛える。発祥地はフィンランドで、北欧で盛ん。ポール-ウオーキング。

ノルマ【ロシア norma】①個人や工場に割り当てられた、基準的生産責任量。②各自に課せられた仕事などの量。

ノルマル【ドイツ Normal】①化学で、規定濃度を表す単位。記号N ②鎖式化合物のうち、枝分かれのある異性体と区別するために、一本鎖の形の化合物の名称につける接頭語。現在の正式な命名法では使わない。

ノルム【フランス norme】法則。規範。標準。

ノロウイルス【ラテン Norovirus】食中毒や胃腸炎の原因ウイルス。従来小型球形ウイルス(SRSV)とよばれていたもの。▷生ガキを介する感染が多いが、人経由の感染も多数認められている。

ノワール【フランス noir】黒い。暗い。

ノン【non】外来語の上に付いて、それがないことを表したり、打ち消しの意を添えたりするのに用いられる語。

ノン【フランス non】いいえ。いや。否。ノー。

ノンアルコール飲料 ①アルコール分を含まない飲料。いわゆるソフト-ドリンク。▷ノン-アルコール-ドリンクとも。②アルコール分を含まないか、わずかに含む(1％未満である)アルコール風飲料。ビール風飲料(ビールテースト飲料)など。

ノン キャリア【和製 non＋career】日本の中央官庁で、国家公務員Ⅰ種試験合格者でない公務員の俗称。

ノングレア液晶 表面に光沢のない液晶画面。照明などの映り込みを防げる。非光沢液晶。アンチグレア液晶。▷グレア(glare)はまぶしい光の意。→グレア液晶

ノン ステップ バス【non-step bus】乗降を容易にするために、床面を低くしてあるバス。多くの場合、乗降口と車内の床面にも段差が存在しない。また乗降時に、乗降口から補助スロープを出したり、車体を傾けるものもある。ノー-ステップ-バス。案 無段差バス

ノン ストップ【nonstop】乗り物が途中で止まらずにまっすぐ目的地まで行くこと。

ノン テンダー【non-tender】新 メジャーリーグで、球団が年俸調停権(原則、登録３年以上、６年未満)を有する選手に対して、来季の契約を提示しないこと。その選手は自由契約となり、当該球団を含むあらゆる球団との交渉が可能になる。「—FA(＝この仕組みによる自由契約選手)」▷申し込みを行わない意。

ノンバーバル コミュニケーション【nonverbal communication】非言語コミュニケーション。言葉や文字によらないで表情・動作・姿勢・音調・接触などによって行われるコミュニケーション。NVC。

ノン バイナリー【non-binary】新 自身の性自認について、男性・女性という二元論的な枠組みをはめないこと。またその人。

ノンバンク【nonbank】法律で定められた銀行などの金融機関以外で、貸金業務を営む金融関連会社の総称。預金の預け入れや決済機能をもたない。いわゆるサラ金、商工ローン、カード会社、リース会社などをいう。

ノンフィクション【nonfiction】虚構によらず事実に基づく伝記・記録文学などの散文作品、または、記録映画など。→フィクション

ノン フライ【和製 non＋fry】新 油で揚げない代わりに、焼いたり、熱風で乾かしたりする調理方法。スナック菓子、インスタントラーメンの製法の一。

ノン フライヤー【和製 non＋fry＋-er】新 高温の熱風を対流させて、油をほとんど用いることなく揚げ物をつくる調理器具。商標名。

ノンブル【フランス nombre】印刷物で、ページ数を示す数字をいう語。

ノンポリ 政治問題に対して無関心であること。また、そういう人。▷nonpoliticalの略。

ノンリニア編集【non-linear

editing】ビデオ映像の編集で、コンピューターを利用した編集手法のこと。従来的な編集手法(リニア編集)に比べ、編集箇所の指定や、削除・追加・複製・並べ替えなどの作業が容易となった。

ノン ワイヤー ブラジャー【和製 non + wire + brassiere】新 ⇨ブラレット

ハ

バー【bar】①棒。棒状のもの。棒状の表示。②横棒。高跳び・棒高跳びに用いる横木やサッカー・ホッケーのゴール上端の横木。③バレエの練習で体を支えるための手すり。④重量挙げで、バーベルの棒。⑤カウンターのある洋風の酒場。⑥客が自由に選べるよう飲食物をおいてある場所。

パー【par】①価値が同じであること。同価。同等。特に、株券や債券など有価証券の市価や公募価格が、その額面金額と同じであること。②ゴルフで、各ホールに定められた基準打数。

パーカ【parka】フードつきのゆったりしたジャケット。かぶり型のものが多い。パルカ。

パーカッション【percussion】ドラム・シンバル・カスタネットなど、打楽器の総称。

パーキング エリア【parking area】駐車場。

パーキンソン病【Parkinson's disease】脳の代謝異常により脳底の錐体(すいたい)外路系の神経核に障害が起こり、手足が絶えずふるえ、筋の緊張が高まり運動障害を伴う疾患。中年以上に多い。

バーク【bark】樹皮。

バーク【bark】洋式帆船の形式の一。3本マスト以上で、最後尾のマストに縦帆を取り付け、それより前の方のマストにはすべて横帆を取り付けるもの。

パーク【park】新 ①公園。②駐車すること。パーキング。③スケートボードやスノーボードを練習したり楽しんだりするための施設。またスケートボード競技で、窪地(くぼち)状の複雑なコースを用いて技の難易度を競う種目。「スケート―」

パーク アンド ライド【park and ride】出発地からは自動車を利用し、途中で電車やバスなどに乗り換えて目的地まで移動する方式。地方都市などの都心部渋滞対策として導入されている。

ハーケン【ドイツ Haken】登山で、岩場や氷壁を登るとき、岩や氷に打ち込んで確保の支点や手掛かりとする金属製の釘。頭部の穴にカラビナをかけ、これにザイルを通す。ピトン。

バーゲン【bargain】①取引の交渉をすること。バーゲニング。②バーゲン-セールの略。商品の安売り。見切り品の売り出し。

ハーケンクロイツ【ドイツ Haken-kreuz】かぎ十字。さかさまんじ。ナチスが党章に採用し、1935〜

45年にはドイツ国旗にも用いられた紋章。

バーゲン ブック【和製 bargain＋book】刊行より一定の時間が経過したなどの理由から、再販売価格維持契約の拘束を外れた書籍。新本ではあるが、小売店が自由に価格を設定して売ることができる。バーゲン本。B本。自由価格本。

バー コード【bar code】太さや間隔の異なる棒を並べ合わせて表示する符号。各種商品に印刷または貼付(ちょうふ)され、ポス(POS)システムのような商品管理に広く利用されている。

パーゴラ【pergola】ツタやバラなどのつるを絡ませるため、格子に組んだ棚。緑廊(りょくろう)。

パーコレーター【percolator】濾過(ろか)器のついたコーヒー沸かし。

パーサー【parser】コンピューターのプログラムの一。自然言語を処理するため、入力された文字列の文法構造を分析し、構文解析に必要なツリー構造に変換するためのもの。

パーサー【purser】船や飛行機の客室乗務員の長。

バーサス【versus】対(たい)。…に対する。vs. または v. と略す。

バージ【barge】平底の荷船。艀(はしけ)。

パージ【purge】追放。特に、公職から追放すること。→レッド-パージ

パーシャル【partial】①一部だけのさま。全体でないさま。部分的な。②パーシャル-フリージングの略。食品中に氷の結晶ができ始める−3℃付近の温度で冷蔵すること。氷温冷蔵。

パーシュート【pursuit】⇨パシュート

バージョン【version】コンピューターのプログラムなどの版(はん)。

バージョン アップ【和製 version＋up】プログラムなどを改訂すること。

バージン【virgin】①処女。生娘(きむすめ)。②新品・未使用・未加工などの意。主に、製造業で再生品と対比していう。

バージン オリーブオイル【virgin olive oil】新 絞ったままのオリーブ油。バージン-オイル。「エキストラ―(＝酸度が低く良質なもの)」

バージン パルプ【和製 virgin＋pulp】古紙を含まない、新たに木材から作られたパルプ。

バース【berth】①(岸壁・埠頭(ふとう)などの)船の停泊水域。船の接岸できる埠頭数を数える単位にも用いる。錨地(びょうち)。②船・列車の寝台。③バス・タクシーの発着場。

バース【verse】①(散文のプ

ローズに対して)韻文。詩。②詩の1行。また、詩の節・連。③ポピュラー音楽の構成で、コーラスに至る導入部分。

パース【perspective】建築で、透視図のこと。

パース【purse】さいふ。金入れ。

バース コントロール【birth control】産児制限。受胎調節。バスコン。

バースデー【birthday】誕生日。

バースト【burst】①走行中に、自動車のタイヤが急激に破裂するように破れること。ラジエーター-ホースの破裂にもいう。②宇宙線の観測で、電離箱中に一時に大量のイオンが発生する現象。③天体からX線やγ線が短時間に大量に放射される現象。

パースペクティブ【perspective】①遠近法。透視画法。②遠景。眺望。③予想。見通し。視野。

パーセプション【perception】知覚。理解。認識。

パーセンテージ【percentage】パーセントで表された割合。百分率。百分比。

パーセント【percent】100分の幾つであるかを表す語。100分の1を1パーセントという。記号%　百分率。

パーソナライズ【personalize】個々の要望に合わせること。パーソナライゼーション。

パーソナリティー【personality】①個性。人格。②個人個人に特徴的な、まとまりと統一性をもった行動様式、あるいはそれを支えている心の特性。③(アメリカで、担当者の個性的魅力を利用した番組を称したことから)特定番組を担当するタレント。

パーソナリティー障害　人格の偏りや異常によって自分自身や周囲に困難を生じるような障害。統合失調症や脳疾患などによる人格の変化は含めない。人格障害。

パーソナル【personal】①一個人に関するさま。個人的であるさま。②他の外来語の上に付いて複合語をつくり、個人用であること、小さくて手軽であることの意を表す。

パーソナル コンピューター【personal computer】事務所や家庭などで、個人の利用を目的としたマイクロコンピューター。パソコン。PC。

パーソナル スペース【personal space】身体の周囲の心理的な縄張り空間。他人が侵入すると、心理的な不快感が起こる。空間の大きさは、状況・対人関係・心理状態などによって変化する。PS。

パーソナル モビリティ【personal mobility】一人用の乗り

物。既存の乗り物(自転車・原動機付自転車・自動二輪車・自動車など)とは異なる、新型の移動用機器を総称する。

パーソン【person】人。人間。男女を区別せずに表現するために用いられる語。

バーター【barter】物々交換。

パーチェス【purchase】買うこと。買い入れること。

バーチャル【virtual】①他の外来語の上について複合語をつくり、「仮想の」「インターネット上の」の意を表す。②現実ではなく、コンピューター技術によって生成されたようなさま。仮想的なさま。▷バーチュアルとも。案仮想

バーチャル ツアー【virtual tour】実在する観光地や施設などの風景を、ウェブ-サイト上で案内するサービス。

バーチャル背景 新 テレビ会議用システムで、人物の背景部分だけを合成で別の画像に置き換える技術。またその画像。

バーチャル プロダクション【virtual production】新 映像作品で、仮想空間の背景と実物の被写体(セットや俳優など)をリアルタイムで合成する撮影技術。背景映像を表示するための壁状の巨大ディスプレーを用意して、その前面に被写体を配置したうえで撮影を行う。

バーチャル ユーチューバー【virtual YouTuber】新 動画配信サイトのユーチューブで、生身の人間に代わって投稿コンテンツの主役を務めるコンピューター-グラフィックスのキャラクター。2016 年(平成 28)に日本で発祥。Vtuber(ブイチューバー)。

バーチャル リアリティー【virtual reality】コンピューター技術や電子ネットワークによってつくられた、現実を模した環境から受ける、さまざまな感覚の疑似的体験。仮想現実。VR。

バーツ【baht】タイの通貨単位。記号 B・Bt

パーツ【parts】機械・器具などの部品。部分品。

バーディー【birdie】ゴルフで、そのホールの基準打数(パー)より一つ少ない打数でホール-アウトすること。

パーティー【party】①社交的な集まり・会合。②仲間。一行。特に登山で、行動をともにするグループ。③党派。政党。

パーティー ゲーム【party game】大勢で一緒に楽しめるゲームの総称。パーティーを盛り上げることを目的とするもの。

バーティカル【vertical】①垂直なさま。直立したさま。②垂直な面や線。垂直な位置。

パーティクル【particle】①微量。少量。微細。極小。②素粒子。

パーティクル ボード【particle board】木材の小片に合成樹脂接着剤を塗り、加熱圧縮して成形した板。チップ-ボード。

パーティション【partition】①分割。区画。②部屋や講堂など空間を仕切る、取りはずしが可能な壁。間仕切り。③コンピューターで、1台の記憶装置を論理的に複数の小部分に分割したもの。それぞれが独立したディスクのように取り扱えるようになる。

バーテンダー【bartender】バーで酒類の調合などをする人。バーテン。

ハート【heart】①心臓。②心。また、思いやりの感情。③トランプのカードの種類の一。心臓の形を赤でかたどったもの。

> アップデート ハートポーズの流行は時代により激しく入れ替わります。2010年代初期には両手(あるいは二人の手)を組み合わせてハートの形をつくるポーズ、10年代中期には親指と人差し指をクロスさせるポーズ(指ハート)、2020年代初期には両手ハートの間に自分の顔を挟むポーズ(ルダハート、韓国アイドルに由来)が流行しました。

ハード【hard】①厳しいさま。激しいさま。②固い。堅牢な。③ハードウエアの略。④運営・交流・教育など人の活動に対して、建物・設備など物の要素。

バード【bird】鳥。小鳥。多く他の外来語と複合して用いる。

パート【part】①部分。全体の一部。また、小説などの章・編。②役割。職分。受け持ち部分。③音楽で声部。また、各楽器の担当部分。④パート-タイム・パート-タイマーの略。

ハードウエア【hardware】コンピューター-システムを構成する装置・機器。→ソフトウエア

バード ウオッチング【bird watching】自然の中のあるがままの野鳥の姿を観察し、楽しむこと。探鳥。

ハードカバー【hardcover】表紙の芯に厚いボール紙を使った、硬表紙の本。

ハード コア【hard-core】①露骨な性表現の映画・雑誌。ハード-コア-ポルノ。②パンク、テクノ、ヒップ-ホップなどの音楽ジャンルで、より激しい表現を行うサブジャンルのこと。ハード-コア-パンクなど。

ハード コピー【hard copy】コンピューターやワープロで、ディスプレー上に表示されたものを印刷出力したもの。

バード ストライク【bird strike】鳥が何らかの人工物に衝突する事故。主に飛行機に衝突する事故をさす。また、鉄道・風力発電所・ビルなどに衝突する事故をさす場合もある。

ハード セルツァー【hard seltzer】新 アルコール入り炭酸飲料。

パート タイマー 【part-timer】 パート-タイムで働く人。短時間労働者。パート。

パート タイム 【part time】 その職場で、正規の労働時間として定められている時間より、1日・1週・1か月あたりの労働時間が短いこと。短時間労働。パート。→フル-タイム

バードック 【burdock】 牛蒡(ごぼう)。

ハード ディスク 【hard disk】 コンピューターの外部記憶装置として用いる、アルミ合金などの磁気ディスクのこと。また、その読み書き装置(ハード-ディスク-ドライブ)も含めた総体のこと。記憶容量が大きく、読み書き速度も速い。HD。

ハードトップ 【hardtop】 自動車の型式の一。プラスチックや金属の硬い材質の屋根があり、左右の窓にピラー(支柱)がないか、またはピラーを隠したもの。▷硬い屋根の意。

パートナー 【partner】 ①ダンス・競技などの、二人で一組みとなるときの相手。②仕事などを共同でするときの相手。相棒。③配偶者。

パートナーシップ 【partnership】 友好的な協力関係。案 協力関係

パートナーシップ法 パートナーとしての登録をすることで、同性のカップルにも法的な婚姻と同等または同等に近い利益と保護を認める法律。▷施行する国または地域によって認める内容に違いがある。→パクス法

アップデート 日本でも同性結婚を認めようとする動きがあります。例えば2015年(平成27)には東京都渋谷区が「渋谷区男女平等及び多様性を尊重する社会を推進する条例」を制定。同性カップルにパートナーシップ証明書を発行する取り組みを始めています。ただしその法的拘束力はありません。

ハード パワー 【hard power】 政治権力を構成する要素のうち、軍事力や警察力などの物理的強制力。→スマート-パワー・ソフト-パワー

ハート ビート 【heartbeat】 ①心臓の鼓動。②情報通信機器やソフトウエアが正常に稼働していることを示すため、外部に対して定期的に発信する信号。

ハード フォーク 【hard fork】 新 仮想通貨の分裂。ある仮想通貨のブロックチェーンが互換性のない2系統に分かれ、それぞれ別の仮想通貨になること。

ハートフル 【heartful】 心のこもったさま。温かい気持ちがあふれているさま。▷現代英語では hearty などが普通であり、一般

的には用いられない。

ハートブレイク【heartbreak】悲嘆。断腸の思い。失意。傷心。失恋。▷ハートブレークとも。

ハード ボイルド【hard-boiled】①第一次大戦後アメリカ文学に現れた創作態度。現実の冷酷・非情な事柄を、情緒表現をおさえた簡潔な文体で描写していこうとする。ヘミングウェーの初期の短編がその代表的なもの。②感情をおさえた行動的な主人公の登場する探偵小説の一ジャンル。D. ハメット・R. チャンドラーなどがその代表的な作家。▷(卵の)固ゆでの意から転じて、冷酷な、非情なの意。

ハードル【hurdle】①障害。障害物。困難。②陸上競技のハードル競走で用いる枠(わく)型の障害物。

ハート レート【heart rate】心拍数。

ハード ロック【hard rock】電気楽器・機器の進歩に伴って生まれた大音量のロック。1960年代後半に発生した音楽スタイルで、ブルースを基調とした演奏スタイルと歪んだギター-サウンドを特徴とする。

ハード ワーク【hard work】新 ①過酷な仕事。重労働。激務。②熱心な仕事。努力。③サッカーなどのプレーヤーが、豊富な運動量で試合に貢献すること。

バーナー【burner】ガスあるいは気化させた液体燃料などを空気と混合して燃焼させ高温を得る装置。燃料によりオイル-バーナー・石油バーナー・微粉炭バーナーなどがある。

バーニャ カウダ【イタリア bagna cauda】オリーブ油・ニンニク・アンチョビなどで作る温かいソースに、野菜などをつけて食べる料理。イタリア北西部にあるピエモンテ州の料理。▷温かいソース(ディップ)の意。

ハーネス【harness】①盲導犬がつける、ひものついた革具。胴輪。牛や馬などが荷車やそりなどを引くときにつけるものもいう。②登山・ダイビング・トローリングやヨットの帆走時などに着用する、特殊な用具のついた衣類。

ハーバー【harbor】港。船着き場。

パーパス【purpose】①目的。意図。趣旨。②決心。決意。③効果。成果。④ある特定の組織やブランドなどについていう、社会的な存在意義。「—ブランディング」「—ドリブン(＝存在意義が主導すること)」

ハーバリウム【herbarium】新 透明な容器に防腐用の液体を満たし、そのなかに乾燥させた草花を漬けたインテリア雑貨。▷本来は植物標本などの意。

ハーピスト【harpist】ハープの

ハ

奏者。

ハーフ【half】①２分の１。半分。②ハーフバックの略。③サッカーやラグビーなどの試合の前半、または後半。④異なる人種・民族である父母の間に生まれた人。→ダブル・ミックス

ハーブ【herb】薬草。香草。また特に、芳香が強く、料理に用いられるローズマリー・セージ・タイム・オレガノなどの香草。

ハ

ハープ【harp】撥弦(はつげん)楽器の一。湾曲した糸倉と響胴との間に、通常47本の弦を張ったもの。ペダルで音高を変えられるものが、現在は多い。胴を右肩にもたせかけて、両手の指で弦をはじいて演奏する。竪琴(たてごと)。

ハーフ アンド ハーフ【half-and-half】等量ずつ混ぜたもの。特に、色の薄いビールと、スタウトや黒ビールなど色の濃いものを等量ずつ混ぜたもの。

パーフェクト【perfect】①すべてが完璧(かんぺき)であるさま。完全。②パーフェクト-ゲームの略。(ア)野球で、投手が相手チームの走者を一人も出さず、完投して勝った試合。完全試合。(イ)ボウリングで、全フレームをストライクで終了したゲーム。得点は300点となる。

ハープシコード【harpsichord】鍵盤楽器の一。グランド-ピアノを小さくしたような型の撥弦楽器で、鍵に連動する爪が弦を弾(はじ)いて音を出す。16~18世紀に、ヨーロッパ音楽で広く用いられた。クラブサン。チェンバロ。クラビチェンバロ。

ハーブ ソルト【herb salt】香草・香辛料と塩を混ぜ合わせた調味料。

ハーフタイム【halftime】サッカー・ラグビー・ホッケーなどで、試合の前半終了から後半開始までの間。休憩時間がとられる。

ハーブ ティー【herb tea】乾燥したものや生のハーブを湯で煮出し、茶のようにした飲料。

ハーフ バースデー【half-birthday】新 誕生日の半年前、もしくは半年後の日。また、そのお祝いのこと。日本では多くの場合、生後６か月の日についていう。

ハーフ パイプ【half pipe】スノーボードやスケートボードの競技種目の一。半円筒状の専用コースの斜面を利用してジャンプや回転などの技を競う。また、そのための専用コース。

ハーフバック【halfback】サッカー・ラグビー・ホッケーなどで、バックスのうち、フォワードのすぐ後ろに位置する選手。サッカーではミッドフィールダーとも。中衛。ハーフ。

パープル【purple】紫。赤みがかった紫色。

バーベキュー【barbecue】(野外で)肉や野菜などを串(くし)に刺して直火(じかび)で焼きながら食べる料理。▷丸焼きの意から。

ハーベスト【harvest】①農作物などの収穫。取り入れ。②収穫期。刈り入れ時。③収穫高。収穫量。④結果。報酬。

バーベル【barbell】鉄棒の両端に鉄の円板のおもりをつけたもの。重量挙げやウエート-トレーニングなどに用いる。

バーボン【bourbon】トウモロコシを主原料としたアメリカ産のウイスキー。▷ケンタッキー州バーボンで作られたことから。

パーマ パーマネント-ウエーブの略。

パーマネント【permanent】①永久であるさま。不変であること。常設であること。②パーマネント-ウエーブの略。熱や薬品などで頭髪をカールさせたり波打たせたりすること。パーマ。

バーミキュライト【vermiculite】黒雲母が風化して水分を含んだ鉱物。急に熱するとヒルのように伸長する。焼成して耐熱材・防音材などに用いる。蛭石(ひるいし)。

パーミッション【permission】①許可。承認。同意。許諾。②コンピューターで、利用者が特定のファイルやディレクトリーを利用する権利。また、他の者がファイルやディレクトリーを利用できないように設定する機能。③販促活動などの際に、事前に企業が顧客から得る許可。企業が顧客から個人情報の提供を受ける場合に得る同意などをいう。▷パーミションとも。

バーミリオン【vermilion】硫化水銀を主成分とする朱色の顔料。また、その色。

パー ミル【per mill】1000分の幾つであるかを表す語。1000分の1を1パーミルという。記号‰ プロミル。千分率。

パーム【palm】①手のひら。掌。②ヤシ科の植物の総称。

パーム リジェクション【palm rejection】新 タブレット端末などでペン入力する際、ペンを持つ手が板面に接触しても、その接触を無視する機能。ペン先の入力のみを受け付ける。

ハーモナイゼーション【harmonization】①調和。調整。協調。②国際的に協力し、方法・方式・制度などを同じものにすること。▷ハーモニゼーションとも。案 協調

ハーモニー【harmony】①音楽で、和声(わせい)。②和音。特によく協和する音。③調和。

ハーモニカ【harmonica】小型のリード楽器。口にくわえ息を吐いたり吸ったりして演奏する。長方形の板に、音階に応じた金属

製の簧(した)を配列し、金属製のカバーが全体をおおう。単音・複音・重音などの種類、また音域や調律により大小さまざまの型がある。ハモニカ。▷「口風琴」とも書く。

パーラー【parlor】①洋菓子・果物・アイス-クリームなどを主にした軽食堂。②洋風の客室。

バーリンホウ【八零后】中国で1980年以降に生まれた人。狭義には80年代生まれの人をさす。改革開放政策および一人っ子施策の実施後、ほぼ最初の世代となった。八零後。八〇后。80後。▷后は後の意。

バール【bar】てこ・釘抜きなどに用いる棒状の金属工具。

バール【イタリアbar】気軽にワインを飲んだり、軽食をとることのできる店。▷喫茶店・バーの意。

バール【bar】圧力の単位。1バールは1m²あたりに10万ニュートンの力が働くときの圧力。1バールは10万パスカル、1気圧は1013.25ミリバール。記号bar. →パスカル

パール【pearl】真珠。

パール富士 富士山の山頂に満月が重なってみえる状態。→ダイヤモンド富士

バーレスク【burlesque】踊り・寸劇・曲芸などを組み合わせた大衆演芸の一。本来は正統な文芸・劇を戯画化したものをいったが、19世紀後半頃からは大衆向きの音楽滑稽劇・道化芝居などをいう。アメリカでは、ストリップ-ショーなどもまじえたボードビルをさす。

ハーレム【harem】①イスラム社会で、女性専用の居間。血族以外の男の出入りを厳禁した。②オスマン帝国の王室の後宮。③転じて、一人の男性が愛欲の対象として多くの女性を侍(はべ)らせたところをいう。▷ハレムとも。出入り禁断の場所の意。

バーレル【barrel】体積の単位。イギリスでは36ガロン。アメリカでは31.5ガロン、ただし石油の場合は42ガロン(約159L)。バレル。▷樽(たる)の意。

バーン【ドイツBahn】新 ①道路。②スキー場のコース。

バーン アウト【burn-out】仕事のし過ぎによるストレスが原因で、精神的・肉体的に消耗しつくすこと。

ハイ【high】①高さが高い意を表す。②高価な、高級な、上流の、などの意を表す。③気分が高揚した状態。

パイ【pi; Π・π】①ギリシャ語アルファベットの第16字。②数学記号。㋐円周率を表す記号(π)。㋑相乗積を表す記号(Π)。

パイ【pie】①小麦粉とバターを合わせてこね、薄くのばして重ねた皮にジャムや肉などを入れて、

天火で焼いた菓子あるいは料理。②分けあうべき収益や経費などの総額。

パイ【牌】麻雀用の駒。普通、竹に象牙(ぞうげ)・骨材などをはりつけたものが使われる。全部で136個。▷中国語。

バイアウト【buyout】価格操作や経営権の獲得を目的に、企業の株式を買い占めること。

バイアグラ【Viagra】勃起障害(ED)治療薬の商品名。医師の診断処方が必要。一般名はクエン酸シルデナフィル製剤。→ED

バイアス【bias】①考え方などが他の影響を受けて偏(かたよ)っていること。偏向。偏見。②一般に、ある動作の動作基準点を偏らせるために加える何らかの作用。例えば、トランジスタでベースに加えておく電圧など。③布目に対して、斜めに裁つこと。バイヤス。➲よくわかる「バイアス」の意味と使い方(p.569)

バイアスロン【biathlon】クロス-カントリー-スキーとライフル射撃の複合競技。スキーの所要時間と射撃の的中数を総合した得点を競う。冬季オリンピックの一種目。

ハイエナ【hyena】食肉目ハイエナ科の哺乳類の総称。外見は犬に似るが、分類上はジャコウネコに近縁。死肉をあさるが、大形動物を襲うこともある。夜行性。アフリカからインドに分布。▷弱った者や隙のある者に群がり、財産や利権などを奪い取ろうとする者を意味する場合もある。

ハイ エナジー【high-energy】新 ①電子楽器を導入したディスコミュージック。1980年代初頭のヨーロッパで勃興。ユーロビートの原型とされる。▷Hi-NRGとも。②力がみなぎっているさま。勢いがあるさま。

ハイ エンド【high-end】同種の製品の中で、価格や品質が最高のもの。→ロー-エンド

バイオ【bio】①他の語の上について、生命・生物などの意を表す。②⇨バイオテクノロジー

バイオインフォマティクス【bioinformatics】生命科学の研究において、とりわけ情報処理技術を応用した研究分野のこと。ヒト-ゲノムの解析など。生物情報学。

バイオ エコノミー【bioeconomy】新 バイオテクノロジー(生物工学)やバイオマス(生物由来資源)などの活用で実現する持続可能な経済社会。2009年に経済協力開発機構(OECD)が提唱した考え方。

バイオ エタノール【bio-ethanol】植物を原料とするエチルアルコール。輸送用燃料などに用いられる。バイオマス-エタノール。

バイオガス【biogas】生物反応

ハ

（微生物発酵や酵素などの利用）によって生成する燃料用ガスの総称。メタン・水素など。

ハイオク ハイ-オクタン-ガソリン(high-octane gasoline)の略。アンチノック性を高めるため、オクタン価を高くしたガソリン。プレミアム-ガソリン。

バイオグラフィー 【biography】伝記。伝記文学。

バイオケミカル 【biochemical】生化学の。生化学的な。

バイオス【BIOS】(basic input/output system)パソコンの基本的なハードウエアを制御するプログラム。ROMに書き込まれ、ハードウエアに実装されている。

バイオセンサー 【biosensor】生体または生体内分子が特定の分子と特異的に反応することを利用した検出素子。酵素センサー・微生物センサーなど。

バイオディーゼル【biodiesel】植物油・動物油、または廃食用油を精製して作るディーゼル-エンジン用の燃料。バイオ-ディーゼル燃料。BDF。▷軽油と混ぜて利用する場合もある。

バイオテクノロジー 【biotechnology】 生物を工学的見地から研究し、応用する技術。近年は特に、遺伝子組み換え・細胞融合などの技術を利用して品種改良を行い、医薬品・食糧などの生産や環境の浄化などに応用する技術をさす。生物工学。バイオ。㊄生命工学

バイオテロ【bioterrorism】生物兵器によるテロ行為。細菌やウイルスなどの病原体を大量散布し、人体や環境に対して重度で長期的な被害を与える。

パイオニア 【pioneer】ある分野の開拓者。先駆者。

バイオニクス【bionics】生物のもつすぐれた機能、たとえば情報処理・認識・運動、エネルギー変換・貯蔵などを工学に応用する学問。生物工学。生体工学。

バイオ燃料 石油代替燃料のうち、植物などの生物から作った燃料の総称。バイオ-エタノールなど。

バイオハザード 【biohazard】実験室や病院内から細菌・ウイルスなどの微生物が外部へ漏出することによってひき起こされる災害・障害。特に、遺伝子操作により有害な遺伝子をもつようになった微生物による生態系の破壊や感染症などの災害。

バイオマーカー 【biomarker】病気の診断や環境中の微量有害物質の検出などで指標とされる、生体内で代謝された物質。

バイオマス【biomass】①ある時点にある空間内に存在する生物の量。重量またはエネルギー量で表す。生物量。生物体量。②エネルギー源または化学・工業原料

よくわかる「バイアス」の意味と使い方

詳しい意味は？

バイアス（bias）は英語で、「斜め」の意に加え「偏り」に関係する様々な意味を持つ言葉です。日本語でも、おおむね英語と同様の意味で用いられます。

もっとも一般的に使われる意味は「偏りを生じさせるもの」です。例えば「評価にバイアスがかかっている」と表現した場合、「評価者が持つ先入観や偏見が影響して偏った評価がなされている」ことを意味します。

どんな時に登場する言葉？

「偏り」のバイアスは、思考・心理・思想などが関わる分野や、統計学・心理学・社会学・疫学・電気・電子・経済などで登場します。また「斜め」のバイアスは、機械・服飾などの分野で登場します。

バイアスの使い方を実例で教えて！

［ジェンダーバイアス］　男女の役割について存在する固定観念を「ジェンダーバイアス（gender bias）」とよびます。例えば「男性は外で仕事をするべきだ」「女性は家を守るべきだ」といった考え方が、これに相当します。

［統計の「バイアス」］　統計学でもバイアスという言葉が使われています。分析に使う標本の選び方に偏りがある場合や、分析によって推定した結果が実像とかけ離れている場合などに、バイアスという用語が使われます。

［心理学の「バイアス」］　いっぽう心理学では、人が抱きがちな思い込みのことを「認知バイアス」と呼んでいます。例えば火災報知器が鳴った時に「たぶんこれは訓練だろう」と思い込むなどの心理である「正常性バイアス」もそのひとつ。また詐欺に騙（だま）されている人が「自分は騙されていない」と信じたい一心で、周囲の助言に耳を貸さず詐欺師の言うことだけを聞いてしまう心理である「確証バイアス」も認知バイアスのひとつです。

として利用される生物体。また、生物体をそのように利用すること。案 生物由来資源

バイオマス エネルギー【biomass energy】サトウキビやサツマイモのアルコール発酵によって得られるエタノール、海草や糞尿(ふんにょう)の発酵によって得られるメタンなど、生物体によるエネルギー。また、そのエネルギーを利用すること。

ハ

バイオマス プラスチック【biomass plastics】植物などの再生可能な有機資源でつくるプラスチック。

バイオミメティックス【biomimetics】新 生物体、特にヒトのもつさまざまな優れた機能を模倣し、人工的に再現する技術。人工臓器やバイオセンサー・ニューロコンピューターなど。生体模倣技術。

バイオメカニクス【biomechanics】人間の運動を、力学の研究手法を利用して研究する学問分野。

バイオメトリックス【biometrics】人間の肉体の特徴を読み取り、登録してあるものと照合するシステム。指紋・声紋・網膜の血管パターンなどにより識別する。防犯システムなどに応用される。生体認証。▷バイオメトリクスとも。

バイオリアクター【bioreactor】固定化酵素や微生物を触媒として、物質の分解・合成などを行う装置、あるいはシステム。

バイオリズム【biorhythm】①あらゆる生物機能でみられる時間的周期性。狭義には、外部環境の周期に近い変動現象をさす。体内時計と外界の同調因子(明暗や気温など)によって調整されるものと考えられている。概日リズムや概年リズムなど。生体リズム。②人間の知性・感情・身体の変化の周期性。運命判断の手法として用いられる。

バイオリン【violin】擦弦楽器の一。16世紀に出現し17世紀にイタリアで完成。ビオラ・チェロ・コントラバスなどのバイオリン属中最も小型で、最高音域を受け持つ。

バイオレット【violet】①すみれ。②ニオイスミレの別名。③すみれ色。紫色。④リキュールの一。紫色の甘い酒。カクテル用。

バイオレンス【violence】暴力。乱暴。

バイカー【biker】バイク(オートバイ)に乗る人。

ハイ カカオ【和製 high ＋ cacao】チョコレートやココアで、一般的な製品よりもカカオマスの含有率が高いこと。

ハイカラ(明治時代、西洋の文物を好む政治家・官吏がハイ-カラーを着用していたことから)目

新しく、しゃれていること。西洋風なこと。また、そのさま。そのような人をもいう。

ハイ カラー【high collar】たけの高い襟(えり)。ハイカラ。

バイ カラー【bi-color】2色。2色づかい。

ハイキング【hiking】山野・海辺などを自然を楽しみながら歩くこと。ハイク。

バイキング【Viking】①8世紀から11世紀にかけて、スカンディナビアやデンマークから、海路ヨーロッパ各地に進出したノルマン人の別名。②「バイキング料理」の略。多種類の料理を食卓に並べ、客が自分で好みのものを皿に取り分けて好きなだけ食べる形式の料理。日本で命名したもの。

バイク【bike】①モーターバイクの略。②自転車。

バイザー【visor】日よけ帽子。また、ヘルメットなどの目(ま)びさし。

バイ サイド【buy side】商品・サービスを買う側。特に金融市場では、機関投資家を指す。

ハイジニック【hygienic】衛生的な。▷ハイジェニック、ハイジーニックとも。

ハイジャック【hijack】(脅迫・暴行その他の方法で)航行中の航空機を占拠し、その航行を支配すること。スカイジャック。

バイス【vice】「副」「次席」の意。外来語の上に付いて複合語をつくる。

バイス【vise】万力(まんりき)。

ハイ スコア【high score】(試験・ゲームなどの)高得点。

バイス プレジデント【vice-president】副大統領。副会長。副社長。副総裁。

バイセクシャル【bisexual】両性愛者。バイセクシュアル。

ハイソ 上流社会のような感じのするさま。▷ハイ-ソサエティーの略。

ハイ ソサエティー【high society】上流社会。また、上流階級の人々が集まる社交界。

パイソン【python】ニシキヘビ。▷ギリシャ神話で、アポロンに退治された大蛇ピュトンにちなむ。

ハイ ダイナミック レンジ【high dynamic range】⇨HDR

ハイ タッチ【high touch】①人間的な触れ合い。②スポーツ選手などがチームメートと喜びを表すために、頭上で手を打ち合わせること。

バイタリティー【vitality】活力。生活力。生命力。

バイタル【vital】活気のあるさま。活力に満ちたさま。

バイタル エリア【vital area】サッカーのフィールドのうち、得点に繋がるプレーがよく起こる場

ハ

所。ペナルティー-アークとセンター-サークルに挟まれた一帯をさすことが多い。

バイタル サイン【vital signs】新 生命が維持されていることを示すもの。呼吸・心拍・血圧など。生存徴候。

バイタル チェック【vital check】新 バイタルサインの確認。脈拍・呼吸・体温・血圧などを測定すること。バイタルサインチェック。

ハ

パイタン【白湯】豚骨・鶏がらなどを強火で煮込んで作る、白濁したスープ。▷中国語。

ハイツ【heights】高台にある集合住宅地。住宅団地や集合住宅の名称の一部に用いられる。▷高地・丘陵の意。

ハイ テク【high-tech】高度な科学技術で、時代の先端にあって関連分野に影響を及ぼすような技術の総称。先端技術。▷ハイ-テクノロジーの略。

ハイ デッカー【和製 high＋decker】観光バスの一種。一般のバスより座席が高い位置にあり、眺めがよい。

ハイ テンション【和製 high＋tension】緊張したり、興奮したりして、気持が高ぶっていること。

ハイト【height】①高さ。高度。海抜。また、身長。②高い所。高地。丘。高台。③頂点。極致。絶頂。

ハイド【hide】①隠すこと。秘密にすること。②隠れること。潜むこと。③隠れる場所。特に、野鳥などを観察するための隠れ場所。

バイト アルバイトの略。→アルバイト

> アップデート SNS の一角で、高額な報酬をうたう「闇バイト」が募集されています。これは犯罪に加担して報酬を得る行為。振り込め詐欺などの集金役である「受け子」(隠語で U とも)や、ATM からの出金役である「出し子」(同 D)、強盗を意味する「たたき」(同 T)などの職種があります。多くは詐欺集団の末端として使い捨てとなります。

バイト 旋盤・平削盤などに用いる切削用の刃物。▷ bit(刃)あるいは bite(切り込む)から出た語か。

バイト【byte】情報量を示す単位。普通、1 バイトは 8 ビット。→ビット

ハイド アンド シーク【hide-and-seek】隠れん坊。

バイト テロ【和製 ドイツ Arbeit ＋ 英 terrorism】新 アルバイト店員が店内で悪ふざけを行い、その様子を収めた写真や動画をインターネットで公開すること。店舗の評判が落ちるなどの悪影響をテロに例えた語。

> アップデート この言葉が最初に話題になったのは 2013 年(平成 25)のこと。ピザ店のバイト店員がピザ生地

を顔面に貼り付けた写真を投稿する、などの事例が相次ぎ、社会問題化しました。19年には再度似たような騒動が続発。前回の騒動や教訓が若い世代に伝わっていない現状が明らかになりました。

ハイドレート【hydrate】水和物。分子またはイオンに水分子が結合したもの。→メタン-ハイドレート

ハイドロ【hydro】外来語の上に付いて複合語をつくり、「水の」「水素の」などの意を表す。

ハイドロカルチャー【hydro-culture】溶液栽培の一種。土を使わず発泡煉石(れんせき)などの人工礫(れき)を支持体とし、イオン交換樹脂肥料などを与えて育てる。観葉植物の室内栽培などに適する。

ハイドロプレーン【hydro-plane】水上飛行機。水上滑走艇。

バイナリー【binary】二つの要素からなるもの。2進数。

バイナル【vinyl】①ビニールの。ビニール製の。②ビニール製のレコード盤。アナログ-レコード。ビニール。

バイノーラル【binaural】両耳性(りょうじせい)。両耳の。両耳用の。

ハイパー【hyper】①外来語の上に付いて複合語をつくり、度を越した、極度の、などの意を表す。普通「スーパー」よりも高い程度を意味する。②コンピューターの上で、テキストなどの情報が同一線上にあるのではなく、多重に結びつけられているさま。

ハイパーカー【hypercar】新 スーパーカーより高性能であるスポーツカー。

ハイパーテキスト【hyper-text】コンピューター上の文書の一部から、関連した他の文書を検索・参照したり、その文書へ移動したりできる仕組み・考え方。直線的でないダイナミックな表現が可能。→ハイパー-リンク

ハイパー リンク【hyper link】従来の枠組みを離れた新たな概念の展開を求めて、一見関連性のない複数の情報の間に自由な相互関係を与えること。また、特にインターネット上においては、異なる構造をもつ多様な情報を相互に結び付けること。および、それによってできた相互関係。

ハイパー ループ【Hyper-loop】 実業家のマスク(Elon Musk[1971～])が2012年に構想を明らかにした、旅客用・貨物用の超高速輸送システム。低圧状態のチューブ内に、ポッドと呼ばれる輸送装置を浮遊させ、最小限の空気抵抗で移動させる。

バイパス【bypass】①交通の渋滞を緩和するため、混雑した市街地を迂回(うかい)して設けられた道路。迂回道路。②主要な管から分かれ、再び主管に戻る側管。

ハイバネーション【hibernation】ノート型パソコンなどで、メイン-メモリーの内容を外部記憶装置に移すことで消費する電力を減らす機能。▷冬眠の意。

パイパン【白板】①麻雀(マージャン)で、何も書いてない白い牌(パイ)。はく。しろ。▷中国語。②転じて陰毛のない状態。またその人。

ハイ ビーム【high beam】自動車のヘッドライトが投射できる光のうち、地面と水平方向に発する光のこと。→ロー-ビーム

ハイ ビーム アシスト【high beam assist】新 ⇨オートマチック-ハイ-ビーム

ハイビジョン (high-definition television)日本で開発された、高精細度テレビジョンの愛称。

ハイ ピッチ【和製 high＋pitch】進行がはやいこと。

パイピング【piping】①二つ折りにした布や革を２枚の布の継ぎ目に挟んでとめ、切り替え線などの装飾とすること。②バイアス-テープで布端(ぬのはじ)をくるみ、ほつれないように始末する方法。

ハイプ【hype】①過大に誇張すること。だますこと。②刺激的なこと。格好良いこと。

バイブ【vibes】①雰囲気。感じ。②打楽器の一。鉄琴の一種で、各音板につけた金属性の共鳴筒中の円板をモーターで回転させ、音にビブラートをつけるもの。ビブラフォン。バイブラフォーン。ビブラフォーン。

パイプ【pipe】①空気・ガス・液体などを通し、他に導くための管。鉄管・鉛管・土管・ゴム管・ビニール管などがある。②刻みタバコを詰めて喫煙する洋式の用具。タバコを詰める火皿と中空の軸および吸い口からなる。③紙巻きタバコの喫煙に用いる筒状の吸い口。④①から転じて、二者の間の橋渡しをする人や組織。⑤マイクロプロセッサーの内部での数段階にわたる処理を並行して同時に行うこと。高速化が可能になる。パイプライン処理。

ハイ ファイ【hi-fi】オーディオ機器で、再生される音が原音に忠実であること。▷ high fidelity(高忠実度)の略。

ハイ ファンタジー【high fantasy】新 ファンタジー作品のうち、現実世界とは全く異なる世界で英雄が活躍する内容のもの。

パイプ カット【和製 pipe＋cut】精管切断による男性不妊法の俗称。

バイブス【vibes】新 言葉がなくとも感じられる、気持ちや雰囲気や高揚感のこと。▷元々は音楽(主にジャズ、ヒップ-ホップ、レゲエ)の用語。2010 年代中期に若者言葉としても普及した

パイプライン【pipeline】①石油・天然ガスなどを目的地まで輸

送するため、地下・地上に埋設・固定した管路。②(パイプの中を物が流れていくように)ひと続きの過程が進行すること。またその過程。③基本ソフトやプログラム言語で、ある処理の結果を別の処理に引き渡す連鎖的な仕組み。

ハイブラウ【highbrow】 ⇨ハイブロー

ハイ ブランド【和製 high ＋ brand】高級ブランド。

ハイブリッド【hybrid】①雑種。②異なった要素が混ざり合っていること。異なったものが組み合わされていること。混合。混成。案 複合型

アップデート 2020年のコロナ禍以降「リアルとネットとの組み合わせ」を意味するハイブリッドの用例が増えています。例えばハイブリッド開催は、会議・セミナー・イベント等で来場とネット参加を組み合わせた開催形式のこと。ハイブリッド-ワークはオフィス-ワークとリモート-ワークを適宜組み合わせる働き方を意味します。

ハイブリッド カー【hybrid car】複数の動力源を用いて走行する自動車。排ガス規制地域を電気で、規制緩和地域をガソリン-エンジンで走る自動車など。

ハイブリッド ワーク【hybrid work】新 多様な働き方を組み合わせる働き方。特に事務所に出向いて行う仕事(オフィスワーク)と、事務所から離れて行う仕事(リモートワーク)を、適宜使い分ける働き方のこと。ハイブリッド勤務。

バイブル【Bible】①キリスト教の聖典。聖書のこと。②(比喩(ひゆ)的に)それぞれの分野で最も権威があるとされる書物。

バイブレーション【vibration】①震動。振動。②声楽で、声を細かくふるわせて出すこと。

バイブレーター【vibrator】①振動によって筋肉をもみほぐす器具。電気マッサージ器。②コンクリート打ち込みに際し、コンクリートに振動を与えて均質化をはかり、締め固めるための棒状・枝状の機械。③女性用性具の一。電気で振動させるもの。電動こけし。

バイプレーヤー【和製 byplay ＋er】演劇などで、脇役(わきやく)。

ハイブロー【highbrow】①学問・教養のある人。知識人。また、知的で高級なさま。②学問・教養を鼻にかける人。▷ハイブラウとも。

ハイフン【hyphen; -】英文などで、2語を連結して1語相当の語としたり、1語が2行にまたがって書かれたりするときに用いる符号。

ハイボール【highball】ウイスキーなどを炭酸水で薄め、氷を浮かべた飲み物。

ハイムリック法　【Heimlich maneuver】気道に詰まった異物を排出する方法の一。まず傷病者を座位にして後ろにまわり、両手で上体を抱え込む。次に片手で握り拳(こぶし)を作り傷病者のみぞおちの下に当て、それをもう片方の手で握る。そして拳を内側上方に押し上げて圧迫する。上腹部圧迫法。腹部突き上げ法。▷胃破裂や肝破裂の危険もあるため、意識のない人、また妊婦や乳幼児には行なってはならない。

バイメタル【bimetal】熱膨張率の異なる２種の金属の薄板を貼り合わせ、温度変化に伴い湾曲するようにしたもの。温度計・温度調節器などに用いる。

ハイヤー【hire】営業所などに待機し、客の求めに応じて派遣する貸し切り乗用車。▷貸借の意。

バイヤー【buyer】買い手。特に、買い入れのため外国から来た貿易業者。また、デパートやスーパーなどの仕入れ係。→サプライヤー

ハイライト【highlight】①絵画や写真で、特に明るい部分や白く見える部分。②演劇・映画・スポーツ・ニュースなどで、最も興味をそそる場面やできごと。

バイラテラル【bilateral】両側の。双方の。二国間の。

バイラル【viral】ネット上の口コミで、話題が急速に拡散するさま。▷「ウイルスの」の意。ウイルス感染が広がるさまにたとえる。

バイラル マーケティング【viral marketing】バイラルを利用して、商品やサービスの宣伝を行う手法。オンライン-ショッピングで「この商品を友達に勧める」という選択肢を用意して、電子メールによる情報の伝搬を促すような手法など。

ハイ リスク ハイ リターン【high-risk, high-return】損失の危険性が高い反面、収益性も高いこと。

バイリンガル【bilingual】①状況に応じて二つの言語を自由に使う能力があること。また、その人。②２か国語で表現されていること。

パイル【pile】①織物の地組織から突き出て布の表面をおおっている輪奈(わな)や毛羽(けば)。②原子炉。③土木・建築の基礎工事に地中に打ち込む杭(くい)。

パイレーツ【pirates】①海賊。②著作権や特許権を侵害する者。

ハイレグ　(high-leg cut)女性の水着やレオタードで、脚のつけ根の部分を深くカットして脚を長く見せるもの。

ハイレゾ音源 新　音楽CDより高品質の音楽データ。音楽CDの規格(サンプリング周波数44.1 kHz、量子化ビット数16ビット)

を超える記録方式のデータをさす。音楽配信サービスで購入し、専用ソフトや機器で再生する。ハイ-レゾリューション音源。▷ハイレゾはハイレゾリューション(高解像度)の略。

パイレックス【Pyrex】耐熱強化ガラス製の一連の調理用ガラス器。商標名。

ハイ ローラー【high roller】①浪費家。金遣いの荒い人。②カジノや競馬などのギャンブルで多額の賭け金を使う人。

パイロット【pilot】①航空機の操縦士。②水先人(みずさきにん)。一定の水先区で、船舶に乗り込み船舶を安全に導く業務を行う資格を有する者。③ガス用の口火。④パイロット-ランプの略。⑤試験的に行うもの。

パイロット ランプ【pilot lamp】装置の運転状況などを示す表示灯。

パイロン【pylon】①古代エジプトの、神殿の入り口にある塔状の門。ピュロン。ピロン。②飛行機のエンジンなどを吊(つ)る支柱。③ ⇨コーン④

バインダー【binder】①用紙・書類などを綴(と)じ込むための文房具。綴じ込み用表紙。②接合剤。③麦などを刈り取って自動的に束ねる機械。

バインド【bind】①縛ること。束ねること。括(くく)ること。②装丁すること。製本すること。③束縛すること。拘束すること。④コンピューター-ネットワークでデータ経路確保に必要なプロトコルやサービスなどを関連づけること。

パイント グラス【pint glass】1 パイント(8 分 1 ガロン)程度の容量を持つコップ。主にビール用。

バイン ミー【ベトナム bánh mì】ベトナム風のサンドイッチ。バゲットに切り込みを入れてパテ(バターやレバーなど)を塗り、マリネにした野菜や肉類、パクチーなどを挟み、ニョクマム(魚醤(ぎょしょう))などベトナム風調味料をかける。▷本来はベトナム風バゲットの総称。→ニョク-マム

ハウジング【housing】①家屋。住宅。また、土地・住宅・家具・インテリアなどを含む、総合的な住宅の供給。また、それに関連する産業の総称。②インターネットなどで、通信事業者がユーザーのサーバーを預かり管理を代行すること。利用者は、安価で高速回線を利用できる。コロケーション。→データ-センター・ホスティング ③機械や装置の機構などをおおう箱の部分。

ハウス【house】①家。住宅。建物。② ⇨ビニール-ハウス ③会社。商社。④ ⇨ハウス-ミュージック ⑤カーリングでストーンを投げ入れる同心円状の目標。

ハ

ハウス カード【house card】百貨店などが顧客サービスのために発行している、割引などの特典付き自社専用カード。

ハウス キーパー【house keeper】①雇われて家事をする人。家政婦。②住宅や事務所の管理人。③ホテルの客室管理の総責任者。

ハウスキーピング【house-keeping】家事。家計。家政。

ハウス ダスト【house dust】家の中の塵(ちり)や埃(ほこり)。ダニの死骸や糞などを含み、アレルギー性疾患の原因の一つとされる。

ハウス ミュージック【house music】ダンス-ミュージックの一。四つ打ちと呼ばれる四拍子の機械的なリズムを基本とする。1970年代後半にアメリカのシカゴで誕生。ハウス。▷発祥地であるクラブ⑦の名、ウェアハウス(Warehouse)から。

ハウス ワイン【house wine】レストランなどで、その店の指定銘柄のワイン。

パウダー【powder】粉。粉末。粉末状のもの。

パウダー スノー【powder snow】気温の低いときに降る細かな雪。また、水分の少ない粉状の積雪。スキーに好適の雪質。粉雪。

パウダー ルーム【powder room】洗面所。化粧室。

パウダリー【powdery】粉末状であること。

パウチ【pouch】①⇨ポーチ ②紙や布を保護するために、プラスチックなどの透明フィルムで覆うこと。ラミネート。③加工食品をアルミや合成樹脂などの袋で密封すること。また、その食品。レトルト-パウチ。

バウチャー【voucher】①証拠書類。領収書。②引換券。ホテルの宿泊券。食事券。③教育や福祉などの公的なサービスを提供する国や自治体が、それを必要とする人に事前に発行する利用券。利用者が自ら主体的に選択したものを利用するため、公的な事業に競争原理が持ち込まれる。

ハウ ツー【how-to】実用的な方法や技術。▷「どのように…すべきか」という意。

バウト【bout】格闘技の一試合。一勝負。一番。

バウハウス【Bauhaus】1919年建築家グロピウスを中心としてワイマールに設立されたドイツの国立総合造形学校。工業技術と芸術の統合をめざした教育と研究が行われ、現代建築・デザインに大きな影響を与えた。33年ナチスの圧迫により閉鎖。

ハウリング【howling】スピーカーから出た音を、マイクが再び取り込むことによって雑音が生じる現象。▷遠吠えの意。

バウンサー【bouncer】1歳以下の乳児に用いるベビー-チェア。軽い素材でできているのが特徴で、シートは取り外して洗える、適度に揺らすことができる、おもちゃやオルゴールなど付属品の取り付けもできるなど、さまざまな機能が備えられている。ベビー-バウンサー。

バウンダリー【boundary】新 境界。境界線。限界。

バウンド【bound】(球などが物に当たって)はねること。はずむこと。

パウンド【pound】ポンドに同じ。

パウンド フォー パウンド【pound for pound】新 ボクシング・キックボクシング・総合格闘技などの格闘技において、全階級を通じて誰が総合的に優れているかを格付けすること。各格闘技メディアが独自に評価・発表している。PFP。P4P。

パエリア【スペイン paella】米と肉や魚介類・野菜を、オリーブ油とサフランを加えて煮込んだスペイン料理。パエーリャ。

パオ【包】モンゴル人など遊牧民が住む、移動生活に便利な饅頭(まんじゅう)形の組み立て式の家。支柱を用いず湾曲した梁(はり)の上をフェルトでおおう。ゲル。▷中国語。

パオズ【包子】点心の一。肉や餡(あん)などを入れた饅頭(まんじゅう)。ポーズ。▷中国語。

バ終(おわ) 若者のネット利用者が使う俗語で、その日のアルバイトが終わったこと。バイト終わり。

ハカ【haka】マオリ(ニュージーランドの先住民族)の伝統的舞踊。戦士が戦いの前に自らを鼓舞する踊り。集団で手を叩いたり、足を踏み鳴らしたりする。ラグビーのニュージーランド代表チームが試合前に披露することで有名。

バガス【bagasse】サトウキビなどの搾りかす、またはその繊維で作られた紙。

バカップル 俗に、ばかなカップルのこと。一般常識では考えられないような行動や、周囲が呆れるような行動をとるカップル。

バガボンド【vagabond】放浪者。さすらいびと。

バカラ【フランス baccara】トランプを使った賭博(とばく)の一。おいちょかぶに似たゲームで、手札の合計数の末尾が9または9に近いほうを勝ちとする。

バカルディ【Bacardi】①カクテルの一。ラム酒にライム-ジュース・シロップを加えてつくる。②ラム酒の商標名。

バカロレア【フランス baccalauréat】フランスで、中等教育の終了時の国家試験。合格者に大学入学資格が与えられる。

バカンス【フランス vacances】休暇。特に、夏・クリスマスなどの連続した休暇。バケーション。

バギー【buggy】①折りたたみ式の小型のうば車。ベビー-バギー。②砂地を走行するためのレジャー用自動車。タイヤが太い。サンド-バギー。③小型の運搬車。特に、ガーデニングに使われる一輪の手押し車のこと。ガーデン-バギー。

ハ

バギナ【ラテン vagina】膣(ちつ)。ワギナ。

バキューム【vacuum】真空。

ハグ【hug】抱きしめること。

バグ【bug】コンピューターのプログラムにおける誤りの箇所。▷原義は虫の意。創成期のコンピューターで、回路に蛾(が)が挟まり動作不良を起こしたことから。→デバッグ

パグ【pug】イヌの一品種。中国原産。短毛で、体色は黒・銀白色など。顔は黒く鼻ぺちゃで、目が大きい。額のしわが特徴的。

パクス法　(フランス Pacte civile de solidarité)事実婚や同性どうしのカップルにも法的な婚姻と同様の税制優遇措置や社会保障給付の権利などを一定条件のもとに認める法律。1999年、フランスで成立。民事連帯契約法。パックス法。▷養子縁組や相続権などは認められない。

パクチー　コリアンダーのこと。▷タイ語。→コリアンダー

パクツイ　他人のツイートを丸写し(または一部改変)し、自身の発言として投稿すること。▷ぱくりツイートの意。ツイッター利用者が使う俗語から。

バクテリア【bacteria】細菌。▷バクテリヤとも。

バクテリオファージ【bacteriophage】細菌に感染して菌体を溶かして増殖するウイルスの総称。核酸と少数の酵素をタンパク質の殻でつつんだ簡単な構造をもち、それぞれ特定の細菌種にのみ感染する。ファージ。細菌ウイルス。▷バクテリアを食う意。

バグ フィルター【bag filter】排出ガス処理装置の一つで、袋状・円筒状の濾過(ろか)器。バッグ-フィルター。

バクラバ【baklava】新 フィロとよばれる薄くのばした生地に、砕いたナッツなどを折り込みながら層状に重ねて焼いた菓子。ひよこ豆やレンズ豆を折り込むものもある。甘いシロップなどをかけて食べる。トルコやギリシャのほか、中近東から西アジアにかけて、デザートとして人気がある。

バグる 新 ▷俗語。バグから。①コンピューターのソフトウエアが動作不良を起こす。仕様に定められていない、予定外の動作を起こす。②(比喩的に)本来あるべき

働きや振る舞いではなくなる。

バゲージ【baggage】 手荷物。小荷物。

バケーション【vacation】（長期間の）休暇。バカンス。

バケツ【bucket】上部のあいている円筒形の容器。持ち運ぶための鉉(つる)がついている。

バケット【bucket】①バケツに同じ。②鉱石・土砂などを入れて運ぶ容器。各種の運送機に取り付けられる。

バゲット【フランス baguette】棒状のフランス-パン。

パケット【packet】データ通信で、データを一定の単位に分割し、それぞれに伝送・交換に必要な情報を付したもの。▷小包の意。

パケット通信 データ通信の方法の一。データをパケットに分割し送受信を行うもの。特定の通信によって伝送路が独占されないため、通信回線を効率よく利用できる。また通信経路の一部に障害が発生しても、代替する経路に回避させることが可能。インターネットもこの方式による。

バケット ハット【bucket hat】新 底の浅いバケツを逆さにしたような形状の、ふち(ブリム)のある帽子。バケハ。

バケット リスト【bucket list】新 死ぬまでに実現させたいことをまとめた一覧。▷俗語の慣用句 kick the bucket(死ぬ、くたばる)に由来する。

バサ【basa】新 ナマズ目パンガシウス科の魚の一種。メコン川やチャオプラヤ川の流域が原産。白身で食用となる。

バザー【bazaar】①慈善事業・社会事業などの資金を得るために品物を持ち寄って売る催し。慈善市。②バザール①に同じ。

ハザード【hazard】①危険。危機。障害。また、それを生じさせるもの。②ゴルフで、バンカー・池・川など、コース中の障害地域の総称。③ハザード-ランプの略。自動車の緊急警告灯。

ハザード マップ【hazard map】地震・台風・火山噴火などにより発生が予想される被害について、その種類・場所・危険度などを地図に表したもの。災害予測地図。案 災害予測地図／防災地図

バザール【フランス bazar】①イスラム圏の街頭市場。バザー。スーク。②商店の大売り出し。また、その特設会場。

バ先(さき) 若者のネット利用者が使う俗語で、アルバイト先のこと。

ハサップ ⇨HACCP

バジェット【budget】予算。予算案。

バジェット ホテル【budget hotel】低価格帯のホテル。

パシフィック【pacific】平和なさま。穏やかなさま。

パシフィック【Pacific】①太平洋の。太平洋沿岸の。②日本のプロ野球リーグの一。パシフィック-リーグの略。

パジャマ【pajamas】ゆったりした上着とズボンからなる寝巻。

パジャマ パーティー【pajama party】女子どうしが誰かの家に泊まり込み、パジャマ姿などで楽しむ集まり。

パシュート【pursuit】①追跡。追求。②チーム-パーシュートの略。→チーム-パシュート

パシュミナ【サンスクリット pashmina】ヒマラヤヤギの首に生えている細い毛を使った高級毛織物。柔軟で保温性に富む。ストールの素材などに用いられる。▷動物の宝石の意。

パシリ 俗に、使い走り(あちこち使いに行くことや、その人の意)のこと。特に、ある人が自分より立場の弱い者に対して、用事を頼むような場合についていう。ぱしり。使いっぱ。使いっパ。▷使いっ走(ぱし)りの略。

バジリコ【イタリア basilico】シソ科の一年草。熱帯アジアに分布。葉は卵形。全草に芳香と辛みがあり、香辛料や芳香剤とする。バジル。

バス【bass】①最低音域の男声。②楽曲の中の最低声部。③コントラバスの略。④同族楽器の中で最も低い音域を受け持つもの。

バス【bath】洋風の浴槽・浴室。

バス【bus】①大勢の人を乗せることのできる大型自動車。乗り合い自動車。②コンピューターの内部で制御部・メモリー部・入出力部を並列に接続している回線。各部間のデータのやりとりはこの回線を通じて行われる。

バズ【buzz】①蜂(はち)や機械などが発する、ブンブン唸るような低い音。また、人のがやがや話す声。②(主にインターネットで)口コミで一気に広まること。

パス【pass】①審査・試験などに合格すること。関門を通過すること。②入場・通行・利用などの際に必要な券。通行証。定期券・入場券など。③球技で、味方の選手に送球すること。④辞退すること。参加しないこと。特に、自分の順番を飛ばして次の人に回すこと。

パス【path】①UNIXやMS-DOSなどのツリー構造のファイルシステムで、サブディレクトリを含めて指定されたファイル名のこと。パス名。②UNIXやMS-DOSで、実行可能ファイルが保存されているディレクトリ名を指示する情報の名称。▷道の意。

バスーン【bassoon】⇨ファゴット

ハスカップ 北海道とシベリアの一部に生育するスイカズラ科

の落葉性の低木。6~7月頃にクリーム色をした筒状の花が咲き、7~8月頃に熟する。果実は水分が多く青みがかった黒色となり、甘酸っぱく美味。アイヌ民族が「不老長寿の実」として珍重してきたものでビタミン類が多く、カルシウム、鉄分などが豊富。

パスカル【pascal】圧力のSI単位。1パスカルは1m^2に1ニュートンの力が働くときの圧力。記号Pa →バール

パスカル【PASCAL】(フランス Programme Appliqué à la Sélection et à la Compilation Automatique de la Littérature)コンピューターのプログラム言語の一。構造化プログラミングが容易にでき、教育に用いられる。

ハスキー【husky】声がかすれているさま。

パスキー【Passkey】新 パスワードなしの認証を可能にする仕組み。利用者はサービスごとにパスキーを作成して、ログイン時にそのキーを利用する。キーを作成・利用する際、生体認証などによるローカル認証を行う。またキーはデバイス間で同期可能。パスワードレス認証技術の推進団体FIDO(ファイド)アライアンスと、ウェブの標準化団体であるW3Cが規格化。

バスキュラー アクセス【vascular access】人工透析の際に血液を抜き出し、戻すために患者の身体につくる血液の出入口のこと。動脈と静脈を直接つないだシャント(動静瘻(ろう))や留置カテーテル、人工血管などの方法がある。ブラッド-アクセスとも。

バスク チーズケーキ【Basque burnt cheesecake】新 バスク風のベークド-チーズケーキ。内側はやわらかく、外側が焦げつくほど焼き上がっている。スペイン・バスク地方のバルで発祥したことから。

バスケット【basket】①籠(かご)。②バスケットボールのゴールとして用いる、底のない網。また、バスケットボール。③ツイードの一。バスケットの編み目状の織り柄。

バスケットボール【basketball】5人ずつからなる2チームで一つのボールを取り合って、相手方の陣内にあるゴールに投げ入れて得た得点数を争う競技。

パスコード【passcode】情報システムの認証に用いる数字群。正しい利用者を認証する場合や、正しい機器の組み合わせを認証する場合などに用いる。→パスワード

パスタ【イタリア pasta】小麦粉をこねてつくる、イタリアの麺類の総称。スパゲッティ・マカロニ・ラビオリ・カネロニなど。

バスター【bastard】野球で、打者がバントの構えから強打するこ

と。▷日本での用法。

バスタブ【bathtub】洋風の浴槽。湯舟。

パスティーシュ【フランスpastiche】音楽・美術・文学で、先行作品の主題やスタイルを模倣・剽窃(ひょうせつ)・混成などの手法によって改変してできた作品。パスティシュ。→パロディー

パステル【pastel】粉末顔料を白粘土(しろねんど)に混ぜ、アラビア-ゴムなどで棒状に練り固めた固形絵の具。

パステル カラー【pastel color】柔らかい感じの中間色。

バスト【bust】①胸。特に女性の胸。②胸囲。③胸像。半身像。

バスト アップ【和製 bust＋up】①上半身。胸から上の部分。②女性の胸のサイズが上がること。また、そのような見え方を工夫すること。

パストラミ【pastrami】牛の赤身肉を塩漬けして粒胡椒(こしょう)をまぶし、燻煙(くんえん)したもの。前菜やサンドイッチなどに用いる。

パストラル【pastoral】①牧歌的な気分の声楽曲あるいは器楽曲。パストラーレ。②田園の情景を中心とした音楽劇。③羊飼い・農夫を主人公に、田園の情景を描いた詩。田園詩。牧歌。

ハズバンド【husband】夫。良人。亭主。ハズ。

パスポート【passport】①旅券。②入場券。利用券。③許可証。認定証。証明書。

バズ マーケティング【buzz marketing】口コミによって噂話(バズ)を誘発する宣伝活動。人気のあるブログで商品を紹介してもらう手法など。

バスマティ【basmati】新 インディカ米の一。インド、パキスタンなどの地域で栽培される。香りに特徴があり高級品とされる。ビリヤニなどの料理に用いる。バースマティー。

バズる新 ネット利用者が使う俗語で、特定の言葉や、特定の話題への言及が突如として増える。▷buzz の動詞化。

パズル【puzzle】図形・絵・文字配列を使って出される問題を解く遊び。判じ物。謎(なぞ)。難問。

バスローブ【bathrobe】湯上がりに着る部屋着。タオル地のものが多い。

バズ ワード【buzz word】如何にも、もっともらしい専門用語。専門家や通人が好んで用いるような言葉。

パスワード【password】複数の人があるシステムを利用する場合、機密保護などのためにシステムに登録し利用者の確認に用いる符号。キャッシュ-カードの暗証番号など。合い言葉。

パスワード レス【passwordless】新 情報システムの個人認

証にあたり、パスワードの入力が必要ないこと。またその技術や方式。パスワード管理の煩雑さ、漏洩の可能性などを低減できる。本人が所有する生体認証デバイスで認証を行う方式などがある。

ハセップ ⇨HACCP

パセティック【pathetic】哀れをさそうさま。悲愴(ひそう)であるさま。悲劇的。

バセドー病 甲状腺の機能亢進によって起こる疾患。眼球突出・頻脈・甲状腺腫を特徴とする。また体重減少、自律神経系の異常興奮、手指のふるえなどを伴う。女性に多い。グレーブス病。

パセリ【parsley】セリ科の二年草。地中海沿岸地方原産。特有の香りと味があり、香味野菜として用いる。

パソコン ⇨パーソナル-コンピューター

パソコン通信 インターネットが普及する以前に行われた通信サービス。パーソナル-コンピューターどうしが電話回線などを経由してホスト-コンピューターに接続し、情報を交換する通信サービス。パソ通。

バター【butter】牛乳から分離した脂肪分を練り固めた食品。パンに塗ったり、料理・製菓などに用いる。

パターン【pattern】①型。模型。類型。②模様。図案。③洋裁の型紙。

バタフライ【butterfly】①蝶(ちょう)。②泳法の一。両腕で同時に水をかき、足はドルフィン-キックを用いる。平泳ぎから独立した泳法。蝶の飛ぶ形に似ることからいう。③ヌード-ダンサーの恥部をおおう蝶形の小さな布片。

バタフライ ナイフ【butterfly knife】携帯時には刃の部分が折り込まれ、使用時には柄を左右に開き刃を出す方式のナイフ。蝶の羽ばたきに似ているところから名づけられた。

パタンナー【和製 pattern＋er】デザイン画をもとにして型紙をおこす人。パターン-メーカー。

パチ 俗に、パチンコの略。

バチェラー【bachelor】①学士。英米で大学を卒業した者に与える称号。②独身の男。

バチェラー パーティー【bachelor party】結婚を直前に控えた男性のために、同性の友人たちが催す遊び。スタッグ-パーティー。

バチェロレッテ【bachelorette】若い独身女性。

バチスタ手術【Batista operation】心臓手術の方法の一。正称、左室縮小形成術。移植でしか助からないとされる拡張型心筋症の患者の心臓を切り縮め、心機能を改善する。▷ブラジルの外科医バチスタ(Randas J. Ba-

ハ

tista［1947～　］)が考案。日本で改良が重ねられてきた。

パチスロ　俗に、パチンコ店に設置されているスロット-マシンのこと。得たコインを景品と交換する。

ハチノス 新 (料理用の)牛の第2胃。▷形が蜂の巣に似ているところから。

パチンカー 新 俗に、パチンコをする人のこと。

ハ

ハツ【heart】(料理用の)牛・豚・鶏などの心臓。

バツ　①誤り・不可などの意や、伏せ字を表すのに用いる「×」のしるし。②転じて、離婚経験のあることを俗にいう語。

ハッカー【hacker】コンピューターに熱中している人。特に、不法に他のコンピューター-システムに侵入してデータを改変したり、無断でコピーしたりする人。→クラッカー

バッカス【Bacchus】 ⇨ディオニュソス

ハッカソン　【hack-a-thon; hackathon】 特定技術に興味をもつプログラマーが集まり、短時間(1日ないし数日以内)で集中的にソフトウエアの共同開発などを楽しむイベント。▷ハック(hack)とマラソン(marathon)の合成。

パッカブル【packable】新 衣料やバッグなどが、折りたたんで小さな袋に収納できること。

パッキング【packing】①荷造り。包装。②破損を防ぐために荷物のすき間に詰めるもの。パッキン。③管の継ぎ目などにあてて、気体や液体のこぼれるのを防ぐもの。パッキン。④ラグビーで、スクラムやラックのとき、味方どうしがしっかりと組み合うこと。

バック【back】①背。背面。後ろ。→フロント ②背景。③後援。後援者。④後退すること。⑤戻すこと。⑥ ⇨バックス ⑦背泳。バックストロークの略。⑧バックハンドの略。ラケットを持つ手と逆の側に来た球を打ったり、グローブを持つ手と逆の側で捕球したりすること。

バッグ【bag】袋。かばん。

パック【pack】①包むこと。詰めること。また、包んだもの。詰めたもの。②複数の物事をひとまとめにすること。また、まとめられたもの。③美容法の一。皮膚を人工の被膜でおおって外気を遮断すること。毛穴の汚れをとり、血行を良くし、肌を引き締めるなどの効果がある。④コンピューターで、8ビットで構成される1バイトに、数字二桁を記録するなど、一つの記憶単位に二つ以上の情報単位を詰め込むこと。

パック【puck】アイス-ホッケーで、他球技のボールに相当する小円盤。厚さ2.54cm、直径

7.62cmの硬化ゴム製。

パック【Puck】イギリスの中世伝説に出てくるいたずら好きの小妖精。シェークスピアの「真夏の夜の夢」で知られる。

バックアップ【backup】①球技などで、守備者の失策などに備えて、後ろに回って補助すること。カバー。②支持して、もりたてること。③コンピューターで、誤操作などによるデータ-ファイルなどの破壊や誤った更新に備えコピーをつくっておくこと。また、コンピューター-システムの故障時に、代わりに働くコンピューター-システムを用意しておくこともいう。案 支援／控え

バックエンド【backend】①先端に対し、後部。②コンピューターで、ユーザー側からは見えにくい部分。ウェブ開発におけるサーバー側のシステムなど。③マーケティングで、フロントエンド(集客商品)のあとに提供する商品・サービス。利益商品。④核燃料サイクルで、使用済み核燃料の再処理。

バック オーダー【back order】注文されたものの在庫がないため未納になっている注文。繰り越し注文。

バック オフィス【back office】企業などで、営業や生産部門また経営中枢に対し、事務処理部門。案 事務管理部門

バックカントリー スキー【backcountry ski】人工的につくられたスキー場ではなく、自然の山の中を滑走するスキー。ネーチャー-スキー。▷バックカントリーは、未開拓地の意。

バック キャスティング【backcasting】新 望ましい最終目標を先に定めて、そこからの逆算で中間目標を計画する手法。過去や実績からの延長で目標を定める手法に対していう。バックキャスト。→フォーキャスティング

アップデート この語は持続可能性が関わる分野でよく登場します。例えば、気候変動の問題では「産業革命前に比べた平均気温の上昇を1.5℃以内に抑制する」という国際目標がよく知られます。この目標を達成するにあたり「積み上げではなく、逆算による行動が不可欠」とする主張があり、その主張でよく登場するのです。

バックグラウンド【background】①絵画・写真などの背景。遠景。②ある人物や事件を生み出すもととなった事情・環境など。③コンピューターの画面で、文字や図形が表示されていない背景部分。

バック サイド【backside】新 後ろ側。背面側。▷サーフィンでは波に背を向ける姿勢や方向、スケートボード・スノーボードなどでは進行方向に背を向ける姿勢や

ハ

方向をいう。

バックス【backs】ラグビー・サッカー・ホッケーなどで、自軍の後方に位置する選手。後衛(こうえい)。→フォワード

パックス【ラテン pax】ある支配の下での平和。また、力の均衡により武力抗争がない状態。パクス。▷「平和」の意。

パックス【Pax】ローマ神話の平和の女神。ギリシャ神話のエイレネに同一視される。

ハ

バックスキン【buckskin】①鹿のもみ革。また、それに似せて仕上げた小羊の革。②①に似せた毛織物。

バック ストリート【back-street】裏通り。路地裏。

バック スラッシュ【back slash】逆斜線。また、コンピューターで用いられる逆斜線符号。▷ ASCII 文字のバック-スラッシュは、JIS ローマ字での円記号(¥)に相当する。→スラッシュ

バックドア【backdoor】裏口。裏門。転じて、不正侵入のための経路。

バックドラフト【backdraft】火災時に、燃焼により酸素が欠乏した室内に、何らかの原因で大量の酸素が流れ込み、部屋の外側に向かって炎が爆発的に広がる現象。消火活動でドアを開ける際などに発生する。▷逆気流の意。→フラッシュオーバー

バック ナンバー【back number】①定期刊行物の、既刊号。②自動車の後ろに掲げる登録番号。③運動選手などが背中につける番号。背番号。

バック パス【back pass】サッカーで、味方ゴールキーパーに対する意図的な送球。

バックパッカー【backpacker】バックパッキングの旅行をする人。特に、若者に多くみられる。

バックパッキング【backpacking】食糧や寝袋を背負って山野を旅行すること。▷バックパックは軽合金フレームでつくった背負(しょ)い子にリュックサックを取り付けたもの。

バッグ ハンガー【bag hanger】手持ちのバッグをテーブルにぶら下げるために用いる携帯用器具。飲食店などでの食事の際に、テーブルの端にひっかけて用いる。バッグ-フック。

バックビルディング現象 新 (back building)積乱雲が風上で繰り返し発生し、複数並ぶことで線状の降水帯をつくり出すこと。集中豪雨の原因のひとつとされる。▷積乱雲が並ぶさまをビルの林立にたとえていう。

バッグ フック【bag hook】⇨バッグ-ハンガー

バックボーン【backbone】①背骨。②人の生き方・信条などを貫いてゆるがないもの。しん。③

複数のネットワークを高速で結ぶ幹線。バックボーン-ネットワーク。

バック マージン【和製 back＋margin】メーカー・問屋が販売した商品の価格の一部を、その販売先に返却すること。

バックヤード【backyard】①裏庭。②店の売り場の裏側にある倉庫や準備室。

バックヤード ツアー【和製 backyard＋tour】動物園・博物館・競技場などの施設が、通常は非公開である場所を一般客に公開するサービス。係員などによる説明とともに施設内を巡る。

バックラッシュ【backlash】①特定の社会現象に対する反対運動。フェミニズムに対する女性差別の主張など。②歯車がかみ合うときのすき間。▷逆回転、反動の意。

バックリンク【backlink】ウェブ-ページにおいて、他のページから該当ページに貼られているリンクのこと。被リンク。

バックル【buckle】ベルト・靴などの締め金。とめ金。実用と装飾を兼ねたものが多い。

パッケージ【package】①包装すること。荷造り。包装。また、商品包装用の箱。②商品としてひとまとまりにセットしたもの。③コンピューターで、特定の業務用にあらかじめ作成されたプログラム群をいう語。

パッケージ買い 中身や価格などの要因よりも、パッケージから受ける印象を優先させて商品を購入すること。パケ買い。→ジャケット買い

バッジ【badge】徽章(きしょう)。記章。

バッジ【BADGE】⇨BADGE

パッシブ【passive】①受け身であるさま。他からの動作や作用を受けるさま。消極的。受動的。②動詞の文法形式で、受動態。受け身。→アクティブ ③商品・サービスへの満足度が中立的である人。プロモーター(推奨者)やデトラクター(批判者)に対していう。

ハッシュ【hash】①肉や野菜を細かく切って、炒(いた)めたり煮込んだりした料理。②コンピューターのデータを、高速で検索する方法の一。文字列データにハッシュ値という数値データを対応させ、ハッシュ値の表から目的のデータを検索する。データ-ベースなどでも用いられる。ハッシュ法。

ハッシュ【hush】①静かにさせること。黙らせること。また、その時に言うことば。静かに。しっ。②醜聞などを揉み消すこと。口止めすること。

ハッシュ タグ【hash tag】ツイッターにおいて、特定の話題であることを示すためにコメントに追記する目印(# で始まる文字

列)のこと。これを検索すると、話題に関連するコメントのみ閲覧できる。今聞いている曲の話題を示す「#nowplaying」など。▷ハッシュは #(番号記号)のこと。→ツイッター

アップデート ハッシュタグを起点にした情報発信は、国際的な社会運動をも引き起こすようになりました。とりわけ近年注目されたのは 2017 年に流行した #MeToo(「私も」の意)。セクハラなどの被害者が問題を告発するためのタグでした。英語圏ではこの種の社会運動を hashtag activism とも呼びます。

ハッシュド ビーフ 【hashed beef】牛肉の細切りとタマネギを炒(いた)め、ドミグラス-ソースなどで煮込んだ料理。

ハッシュ マーク【hash mark】数字の先頭に付けて、番号であることを表す記号。「#」で表す。コンピューターではさまざまな用途に用いられる。井桁(いげた)。番号記号。▷厳密には記号の縦棒を斜めに書く。音楽記号の「♯」(シャープ)は横棒を斜めに書く。

パッション【passion】①情熱。激情。②キリストの受難。また、それを主題にした受難曲。

パッション フルーツ【passion fruit】果実を食用にするトケイソウの一種。ブラジル原産。果実は長さ約 5cm の卵円形で暗紫色に熟す。果肉は橙黄色で甘酸っぱく香りがよい。

バッシング【bashing】激しく非難・攻撃すること。

パッシング【passing】①自動車で、ライトを点滅させて前走車や対向車に合図を送ること。②トランスセクシャルやトランスジェンダーである人が、社会的に自分の希望する性で認知されていること。生得の性が露見しないこと。→カミング-アウト・クローゼット・リーディング ▷「通用する」の意。

ハッスル【hustle】はりきること。十分な意欲・闘志をもって活動すること。

パッセージ【passage】音楽で、独立した楽想をなさず、楽曲の中で旋律音の間を経過的につなぐ急速な音の一群。経過句。経過楽句。

パッセンジャー【passenger】旅客。乗客。

バッター液 小麦粉と溶き卵に、牛乳または水を混ぜあわせたもの。揚げ物を作る際に、具材をこれにつけてからパン粉をつけて揚げる。▷バッター(batter)は食材の衣用生地のこと。

パッ タイ【タイ phad thai】新 タイ風のやきそば。米粉でできた平たい麺に具材を加えて、甘酸っぱいソースを絡めて炒める。▷「タイ炒め」の意。

バッタ効果 残留性有機汚染物

質が、蒸発と凝縮を繰り返しながら大気循環に沿って拡大する現象。発生源から遠く離れた地域で高濃度の汚染を引き起こす。グラスホッパー効果。▷拡大の過程がバッタの移動に似ていることから。

ハッチ【hatch】①船の甲板の上げ蓋(ぶた)のついた昇降口。②台所と食堂の間などの間仕切りに、両側から受け渡しするために設けた窓。また、出入りのための小さな潜り口。

バッチ 「バッジ(badge)」の訛(なま)り。

バッチ【batch】①束。かたまり。群れ。②コンピューターで、一括して処理されるデータ。

パッチ ももひき。▷朝鮮語からという。

パッチ【patch】①継ぎ当てにする布。当て布。継ぎ布。②小布。小片。③コンピューターで、問題のあるプログラムの一部だけを修正すること。ソフトウエアを最新の版に改める際、その一部分だけを置き換えること。また、その置き換えに用いる差分データのこと。

バッチ処理【batch processing】コンピューター-システムにおける処理方法の一。データを一定量あるいは一定期間蓄積し、まとめて一括処理する方法。一括処理。

パッチ テスト【patch test】アレルギー性疾患の原因物質を調べる検査。原因と推定される物質を体皮に貼って反応を調べる。

ハッチバック【hatchback】ファーストバック形式の乗用車のうち、後背部に船のハッチのようなはね上げ式のドアが付いているもの。リフト-バック。

バッチ ファイル【batch file】パソコンなどで、あらかじめ一連の手順を登録しておき、自動的に実行させるためのファイル。

パッチワーク【patchwork】さまざまな布の小片をはぎ合わせて1枚の布とする手芸。

バッティング【batting】野球で、打者が投手の投げた球を打つこと。打撃。

バッティング【butting】①ボクシングで、頭などを相手にぶつけること。反則。②(日本での用法)時間や日程がぶつかること。物事が重複すること。

バッテラ【ポルトガル bateira】①ボート。大きな船に搭載する短艇。②(形が①に似ることから)サバの押し鮨(ずし)。

バッテリー【battery】①電池。②野球で、投手と捕手。③軍隊の太鼓連打による合図。④ギターで、弦を打つ奏法。⑤打楽器群。または大太鼓・小太鼓の組み合わせ。

ハット【hat】ふち(ブリム)のある帽子。

ハ

バット【bat】野球で、球を打つときに用いる棒。

バット【vat】浅い、底の平らな、四角形の容器。料理や写真の現像などに用いる。

パット【putt】ゴルフで、グリーン上の球をホールに向けて打つこと。

パッド【pad】①当てもの。詰めもの。②1枚ずつはぎ取って使う帳面。

ハ

ハット【hut】新 小屋。

ハットグ 新 ▷朝鮮語。⇨チーズ-ドッグ

ハット トリック【hat trick】サッカー・アイス-ホッケーで、一人の選手が1試合に3点以上得点すること。

ハッピー【happy】幸福であるさま。しあわせ。

ハッピー アワー【happy hour】バーやパブ・レストランで、平日の夕方頃に設定される酒などの割引サービスの時間帯。

ハッピー マンデー【和製 happy＋Monday】国民の祝日の一部を月曜日に移し、土曜日・日曜日と合わせ3連休にする制度。2000年(平成12)から「成人の日」が1月第2月曜日に、「体育の日」(現「スポーツの日」)が10月第2月曜日に、2003年から「海の日」が7月第3月曜日、「敬老の日」が9月第3月曜日となった。

パッピンス 韓国風のかき氷。グラスにかき氷を盛り、その上に小倉餡(あん)・果物・アイス-クリームなどを載せる。これらをかき混ぜて食べる。▷朝鮮語で小豆氷の意。

バップ【bop】⇨ビバップ

バッファー【buffer】①急激な衝撃や変動を緩和するための装置。緩衝装置。②外部から酸や塩基を加えても、そのpH値が大きくは変化しない性質をもつ溶液。普通は弱酸とその塩、または弱塩基とその塩との混合溶液。生化学・医学・化学分析において、pH値を一定に保つために広く用いられる。緩衝液。③スケジュールなどにおけるゆとり。余裕。予備。▷「バッファ」とも。➲よくわかる「バッファー」の意味と使い方(p.593)

パテ【フランス pâté】パイの一種。細かくした鳥獣肉や魚介を詰めて焼いたもの。冷やして薄切りにし前菜とする。

パテ【putty】白亜・胡粉(ごふん)・亜鉛華などを油で練った充塡(じゅうてん)材。ガラスの枠どめ、すき間、割れ目、鉄管の継ぎ目などに塗布する。

バディ【buddy】①仲間。相棒。②エイズ患者を介助し、精神的な支えともなるボランティア。

パティーナ【patina】①青錆(あおさび)。緑青(ろくしょう)。②古色(こしょく)。長い年月をかけて備わった、趣き

よくわかる「バッファー」の意味と使い方

詳しい意味は？

バッファー(buffer)はもともと英語で「衝撃を吸収するもの」、すなわち「緩衝(かんしょう)」を意味する言葉です。

この言葉が持つ中心的なイメージは「何かと何かの間に存在して衝撃を和らげる」というもの。例えば、昔の鉄道車両に付いていた緩衝器「バッファー」は「車両どうしがぶつかり合うときの衝撃を和らげる」ための装置でした。また大国に挟まれた緩衝国「バッファーステート」も「大国どうしの衝突を防ぐ」立ち位置にあります。

また、近頃ビジネスの世界では、予算・日程・人材・物資・在庫などに設ける「余裕」をバッファーと呼ぶことがあります。例えば日程の余裕がない事業の場合、個別の工程のどれかが長引くだけで事業全体の進行が遅れてしまいます。それを防ぐには、「個別の工程の間に、遅延を吸収できる予備の日程を差し込む」必要があります。その日程をバッファーと呼んでいます。

実際の使われ方は？

[バッファーを持たせる]　ビジネスの世界では、予算・日程・人材・物資・在庫などに余裕を確保することを「バッファーを持つ」「バッファーを持たせる」「バッファーをとる」などと表現できます。

[バッファー処理中]　コンピューター分野では「入力と出力の間に置いてデータを一時的に蓄える記憶領域」をバッファーと呼びます。例えばインターネットで動画を観るとき「バッファー処理中」といった表示とともに再生が止まってしまうことがあります。これは「ネットからの入力が何らかの原因で途絶えたため、バッファーの中身も尽きてしまい、画面出力もできない」ことを意味します。

[バッファーゾーン]　政治(地政学)や環境などの分野では、異なる地域の間に存在して、互いの影響の緩衝する役割を持つ地域のことをバッファーゾーン(緩衝地帯)と呼びます。

のある外観や風貌。多く骨董(こっとう)家具などについていう。

パティオ【スペインpatio】スペイン建築の中庭のこと。

パティシエ【フランスpâtissier】デザートの菓子を専門につくる職人。菓子職人。製菓職人。

パティシエール【フランスpâtissière】女性のパティシエ。→パティシエ

パティスリー【フランスpâtisserie】ケーキ・パイ・ビスケットなど、小麦粉でつくる菓子の総称。

ハデス【Hādēs】①ギリシャ神話で、冥府の王。見えない者、の意。クロノスとレアの子。ゼウスの兄。姉妹の女神デメテルの娘ペルセフォネをさらって妻とした。プルトン(富める者)・クリュメノス(名高き者)などの別名をもつ。ハイデス。②死の国。冥界。

パテント【patent】特許。特許権。記号 pat.

パテント トロール【patent troll】ある特許権を保有しているものの、それに基づいた商品やサービスを提供せず、特許に抵触した大企業からライセンス料や損害賠償金などを得る中小企業などの俗称。特許ゴロ。▷特許怪物の意。

パテント レザー【patent leather】エナメル革の欧米での称。

パトス【ギリシャpathos】哲学で、外界を受容して内面に生まれる心的状態。感情・感動・情熱など。無記・無方向であることから知性(ロゴス)と対比され、一時的であることから持続的習性(エートス)と対比される。▷受動の意。

パドック【paddock】①競馬場などで、レース前に出走馬を引き回して見せる場所。下見所。②自動車レース場で、出場する自動車を整備点検する場所。

バドミントン【badminton】球技の一。ネットをはさんで、ラケットで羽毛球(シャトルコック)を打ち合うスポーツ。イギリスのグロスター州バドミントンでゲームの原型がつくられたことからの称。▷バトミントンとも。

バトラー【butler】召し使いの頭(かしら)。執事。

パトリオティズム【patriotism】愛国主義。

バトる 俗に、闘う。▷battle から。

バトル【battle】(一定地域内の)戦い。戦闘。

パドル【paddle】カヌーをこぐ櫂(かい)。柄の両方に水かきのついているものと、片方だけのものがある。

バトルシップ【battleship】戦艦。

バトル パス【battle pass】新 ネットワークゲームで、シーズン(期間)ごとに提供される追加コ

ンテンツ(期間限定スキンなど)の獲得権。ふつう課金が伴うものをいう。権利を得ると、その時点または条件を達成した際に、権利者だけの報酬が得られる。また期間ごとに異なる報酬が設定される。BP。▷ゲームにより別の呼称を用いる場合もある。

バトル ロイヤル【battle royal】プロ-レスで、10〜15人のレスラーがリング上に集まり、最後の一人になるまで闘う試合形式。バトル-ロワイヤル。

パトロール【patrol】巡回すること。巡視して回ること。特に、警官が犯罪や事故などの防止と早期発見のために、担当区域を巡回すること。

パトロン【patron】①芸術家や芸人、または特定の団体などを経済的に援助する人。後援者。②水商売の女性に金を出して援助する人。

ハトロン紙 片面つや出しのクラフト紙。封筒・包装紙などに用いる。▷(オランダ patroonpapier)薬莢(やっきょう)を包む紙の意。

バトン【baton】①リレー競技で、走者が持って走り、次の走者に手渡す筒状の棒。②パレードや応援のときに、振ったり回したりする細い棒。③音楽の指揮棒。タクト。④舞台の上部にあり、幕・照明などを吊り下げるために用いる棒。

バナー【banner】①旗。幟(のぼり)。横断幕。②インターネットのホーム-ページなどに表示される長方形の見出し画像。

バナー広告 ①ポップ広告分野で、紙やプラスチックで長方形や半円形に作った旗状の広告物。②インターネットのホームページに表示される帯状の広告。クリックすると広告主のホームページへつながる。

バナキュラー【vernaculer】①(建築・工芸などの)民俗趣味。民芸調。お国柄。②お国ことば。地方訛り。自国語。

バナナ スプリット【banana split】新 バナナやアイスクリームなどを組み合わせたデザート。定番のレシピでは、縦方向に切り分けたバナナの間に3種のアイスをひとすくい毎に盛り付けて、チョコレートなどのソース、ホイップクリーム、チェリー、ナッツなどをのせる。アメリカ発祥。

ハニー【honey】①蜂蜜(はちみつ)。②(呼びかけとして)いとしい人。

バニー ガール【bunny girl】クラブやキャバレーなどで、うさぎをかたどった衣装をつけて、接客をする女性。

ハニー トラップ【honey trap】性的関係を持ちかけて、機密情報を得たり弱みを握ったりする策略。

パニーニ【イタリア panini】イタリア

風の温かいサンドイッチ。パンにハム・モッツァレラやレタス・トマトなどを挟み、専用のグリルでパン表面に焼き目を付ける。

ハニー マスタード【honey mustard】蜂蜜(はちみつ)とマスタードを混ぜたソース。

ハニカム【honeycomb】①蜂(はち)の巣。②ハニカム構造のこと。薄い2枚の板の間に蜂の巣を輪切りにしたような多孔材をはさんだもの。自動車や航空機の構造部材として使われる。

パニクる 突発的な出来事に頭の中が混乱する。パニック状態に陥る。▷名詞パニックを動詞化した語。

パニック【panic】①強い恐怖・不安・驚きなどにより陥る混乱状態。②恐慌。経済恐慌。

パニック買い 値上がりや供給不足への不安感を背景に、あわてて目的の商品を購入すること。

パニック障害 突発的な動悸(どうき)やめまいなどの発作に繰り返し襲われ、再発への恐怖心にとらわれる精神障害。不安神経症の一。恐慌性障害。パニック-ディスオーダー。

バニティー【vanity】虚栄。虚飾。うぬぼれ。

バニティー ケース【vanity case】女性が化粧品などを入れて携帯するケース。バニティー-バッグ。

バニラ【vanilla】①ラン科のつる性常緑多年草。熱帯アメリカ原産。果実を食品の香料とするため熱帯各地で栽培。また、果実から採った香料。②バニラ-エッセンスで香りをつけたアイス-クリーム。

バニング【vanning】⇨バンニング①

パネェ 若者言葉で、半端ではないこと。中途半端ではなく、むしろ突き抜けて甚だしい様子。

ハネムーン【honeymoon】①結婚してからの1か月。新婚の月。蜜月。②新婚旅行。蜜月旅行。

パネラー【和製 panel＋-er】①⇨パネリスト ②クイズ番組の解答者。▷panelは、出場者の一団の意。

パネリスト【panelist】パネル-ディスカッションの問題提起者・討論者。パネラー。

パネル【panel】①壁板・扉板など一定の枠にはめ込む一枚板。鏡板。羽目板。②建築用の、規格の寸法・仕様で製造された板。③絵を描くための板。また、その板に描いた画。パネル画。④展示のために写真・ポスターなどを貼る板。また、貼ったもの。⑤配電盤。⑥スカートなどの上に重ねて垂らす装飾布。また、たての切り替え線ではめ込んだ別布。⑦陪審員。陪審員名簿。⑧登録名簿。⑨紛争処理小委員会。WTOの国際紛争処理機関の一。紛争当事国間の協議による解決が不可能な場合、当事国の要請により設置。討論者団の意。

パネル ディスカッション【panel discussion】討論会の一形式。ある問題について異なる意見をもつ代表者数人が、座談会形式で聴衆の面前で討議し、のちに聴衆が質問などを通じて討論に加わるもの。

パノプティコン【panopticon】イギリスの思想家ベンサムが考案した円形の刑務所施設。中央に高い塔を置きそれを取りまくように監房をもつ。フーコーが著書「監獄の誕生」の中で現代管理システムをこれにたとえた。一望監視施設。

パノラマ【panorama】①遠景を曲面に描き、その前に立体的な模型を配置して、実景を見るかのように都市や戦闘の場面などを表した装置。②全景。展望。

パパ【papa】①おとうさん。→ママ ②愛人が自分のパトロンである男性を甘えて呼ぶ語。③カトリック教会で、ローマ教皇の愛称。

パパイヤ【ラテン Papaya】パパイア科の常緑の草本状小高木。熱帯アメリカ原産。果樹として熱帯地方で広く栽植される。雌果実は黄熟し、果肉は厚く甘みがある。パパイア。パパヤ。

パパ活(かつ) 新 女性が男性(パパ)と付き合い、その報酬を得る活動。2016年(平成28)ごろから言われるようになった。

パパ友(とも) 父親どうしの友人。狭義には、子どもを通じて知り合った友達やそのグループをさす。▷ママ友からの派生。→ママ友

ハバネロ【habanero】メキシコ原産の唐辛子。世界一辛い香辛料といわれている。

パパラッチ【イタリア paparazzi】ゴシップ写真を撮影するために有名人を追い回すカメラマン。▷フェリーニ監督のイタリア映画「甘い生活」に登場するカメラマンの名前からいう。

ババロア【フランス bavarois】ゼリー状の冷菓の一種。卵・牛乳・砂糖を煮たものに、ゼラチンを加えて冷やし固めたもの。果汁や生クリームなどで風味づけすることも多い。

パピー ウォーカー【puppy walker】将来、盲導犬となるラブラドール-レトリバーなどの子犬を、生後2か月~1年の間家庭的な環境の下で育てる、里親ボランティアのこと。子犬に社会性などを躾(しつけ)ることを目的とする。▷パピーは子犬の意。

パピー ミル【puppy mill】工場で機械を生産するかのように、

大規模かつ機械的に子犬を繁殖する場所。また、繁殖する人。▷子犬の工場の意。

バ美肉(びにく) 新 動画配信で、主に男性がCGによる美少女のアバターを使うこと。裏声やボイスチェンジャーを用いる。 ▷バーチャル美少女(セルフ)受肉の略。この分野で、キャラクターのCGを「肉体」、それをまとうことを「受肉」と呼ぶことから。演者のことは「魂」と呼ぶ。

ハ

パピヨン 【フランス papillon】 ①蝶(ちょう)。②イヌの一品種。フランス・ベルギー原産。耳が蝶のように見えることからこの名がある。被毛は美しい絹糸状。

パビリオン【pavilion】①博覧会の展示用に一時的に建てた建物。②別棟。はなれ。③庭園のあずまや。園亭。

パピルス【ラテン Papyrus】①カミガヤツリの別名。②①の茎を裂いて縦横に重ねてつくった、一種の紙。筆写材料としてエジプトや地中海沿岸地方を中心に、紀元前3100年頃から紀元後10世紀頃まで使われた。

ハブ【hub】①車輪の部分で、スポーク(輻(や))の中心部である軸受に連接し、軸受とともに中を車軸が貫くところ。車輪のぐらつきをなくすのに役立つ。②中心となるところ。中枢。拠点。③スター型のネットワークで、いくつかの装置を接続するために用いられる中継装置。集線装置。

バフ【buff】①黄味のあるくすんだ褐色。▷牛・水牛・鹿などの揉(も)み皮の意。②ゲームで、対象キャラクターの能力を強めること。またその効果をもたらす技・呪文・魔法など。

パフ【puff】①白粉(おしろい)を顔などにつけるための化粧用具。②ユスリカ・ショウジョウバエなど、ハエ目の幼虫の唾液腺(だえきせん)・腸・マルピーギ管などの細胞核内の巨大な染色体にみられるふくらみ構造。発生過程のある一定時期に染色体上の一定の場所に一定の順序で現れて、発生がすすむと元に戻る。

パブ 【pub】 (イギリスの)大衆酒場。洋風の居酒屋。▷public house の略。

バブーシュ 【フランス babouche】 中近東の室内履き。民俗靴の一種。革または布製で甲に金や銀の刺繡(ししゅう)、ビーズ模様などの装飾を施す。踵(かかと)が開いたスリッパ状。

バブーシュカ【ロシア babushuka】ロシアの農婦に見られる、三角形あるいは三角に折ったスカーフ。布の両端を顎(あご)の下で結ぶ。

パフェ 【フランス parfait】 アイス-クリームに、生クリーム・果物・チョコレートなどを添えた冷菓。パルフェ。

パフォーマー【performer】音楽・演劇・舞踏などの舞台芸術を演ずる人。

パフォーマンス【performance】①演奏・演技・技・ポーズなどの身体的な表現。②現代芸術で、演劇やダンスなどのジャンルを超えて行われる肉体を用いた表現形態。③能力。性能。効率。成績。実績。④注目を集めたり、うわべを繕ったりするための行動。

ハブ空港 幹線航空路が集中するとともに、地域の航空路の中継点となる空港。▷自転車の車輪のハブに模されることからいう。

ハプニング【happening】①思いがけない出来事。偶発的な事件。②意表をついた出来事がもたらす表現効果を積極的に追求する芸術活動。

パフューム【perfume】①香水。香料。②芳香。

パプリカ【paprika】①ピーマンの一種。赤・黄・オレンジ・紫などさまざまな色があり、肉厚で甘味が強い。オランダ-パプリカ。カラー-ピーマン。②香辛料の一。赤いピーマンの一種を乾燥させ、粉末にしたもの。辛みはない。鮮やかな赤色は料理の彩りに用いる。

パブリシティー【publicity】企業・団体・官庁などが、その製品・事業などに関する情報を積極的にマスコミに提供し、マス-メディアを通して報道として伝達されるよう働きかける広報活動。▷公開、広告の意。

パブリック【public】公にかかわるさま。公のものであるさま。公共に関するさま。社会全体にかかわるさま。→プライベート

パブリック アート【public art】広場・歩道・ホールなどの公共の空間を飾る芸術作品。

パブリック コメント【public comment】行政機関が規制の設定や改廃を行う際に、原案を公表し、国民の意見を求め、それを考慮して決定すること。ノーティス-アンド-コメント。PC。㊈意見公募

パブリック スクール【public school】①イギリスで、中世以来の伝統をもつ私立中等学校。大部分は寄宿制で、富裕な階級の子弟が入る。②アメリカの公立学校。

パブリック スペース【public space】公共の空間。不特定多数の人間が利用できる空間。集合住宅における通路や、ホテルのロビーなど外部の人間が自由に入れる場所。

パブリック セクター【public sector】公企業(国や地方自治体が出資・経営する公共のための企業)。上下水道・公立病院など。

パブリック ドメイン【public

domain】特許権や著作権が消滅して、誰でも自由に利用できる状態にあること。共有財産。PD。

パブリック ビューイング【public viewing】一般公開のこと。天文台で望遠鏡を一般に開放するイベントや、街頭や競技場の大型スクリーンでスポーツ競技を中継するイベントなど。

パブリック リレーションズ【public relations】⇨PR

バブル【bubble】①あわ。あぶく。②泡のように消えやすいもの。はかないもの。不確実なもの。③泡沫的な投機現象のこと。株や土地などの資産価格が、経済の基礎条件から想定される適正価格を大幅に上回る状況をさす。日本では特に、1986年(昭和61)以降の土地や株の高騰をバブルおよびバブル経済とよび、90年(平成2)以降の地価・株価の急落をバブル崩壊とよぶ。

パペット【puppet】指人形。操り人形。

バベルの塔（Babel）①旧約聖書創世記に記されている伝説の塔。ノアの洪水後、人間が天にも届くような高い塔を築き始めたのを神が見てそのおごりをいかり、人々の言葉を混乱させ建設を中止させたという。②転じて、自己の限界をも省みない、実現不可能なくわだて。

ハマース【Hamas】パレスチナのイスラエル占領地のスンナ派イスラム原理主義組織。2006年のパレスチナ立法評議会選挙で勝利し、政権についた。▷ハマスとも。アラビア語のイスラム抵抗運動の頭文字から。

ハマトラ 1970年代に流行した、横浜・元町を発祥とする若い女性のファッション。アイビー-ルックに地元ブランドの靴やバッグなどを組み合わせる。▷横浜トラディショナル(横浜トラッド)の略。→ニュートラ

ハミング【humming】口を閉じ、声を鼻に抜いてメロディーを歌うこと。

ハム【ham】豚肉を硝石などをとかした食塩水に漬け込み、薫製にした食品。もも肉の骨付きハムが本来のものであるが、ほかにボンレス-ハム・ロース-ハム・プレス-ハムなどの種類がある。

ハム【ham】アマチュア無線家のこと。

ハム【hum】交流電源の振動が、テレビやラジオの音声にまじって聞こえる「ブーン」という雑音。

バむ【バ向】若者のネット利用者が使う俗語で、アルバイト先に向かっていること。

ハムスター【hamster】①ネズミの一種。正式名はゴールデン-ハムスター。モルモットに似るが短い尾がある。体の上面は赤橙色、下面は白色。全身白色の品種

もある。東ヨーロッパから中近東にかけて分布。生物学・医学の実験用や愛玩用として広く飼育。②①を含むキヌゲネズミ亜科の齧歯(げっし)類の総称。25種ほどが属し、アフリカからユーラシアにかけて分布する。

ハムストリング【hamstring】太股(ふともも)の後ろ側の筋肉の総称。

ハモる 俗に、合唱などで、ハーモニーを生み出す。▷ハモはハーモニーの略。ハーモニーを動詞化した語。

ハモンセラーノ【スペインjamón serrano】新 スペインの生ハム。豚の腿(もも)肉を塩漬けにして乾燥・熟成させる。▷山のハムの意。

パヤオ 主に深海に設置された浮き魚礁。金属ブイから海底に延びるロープまたは鎖に海藻が付着し、海藻に集まる小形魚、それを食べる大形魚が集まり、豊かな漁場が形成される。沖縄などに多く設置される。

ハヤシライス 牛肉の薄切りとタマネギなどの野菜をいため、ブラウン-ソースで煮込んで、飯の上にかけた洋風の料理。▷hashed beef with rice からか。

パラ【para】①他の語の上に付いて複合語をつくり、「両側」「そば」「超」などの意を表す。②他の語の上に付いて複合語をつくり、「疑似」「副」「欠陥」などの意を表す。③他の語の上に付いて、障害者スポーツを意味する複合語をつくる。

ハラ 新 他の語の下に付いて、それに関する嫌がらせの意を表す。▷ハラスメントの略。「セク—(=セクシャルハラスメント)」「パワ—(=パワーハラスメント)」

パラ アスリート【para athlete】新 パラ-スポーツの選手。

バラード【フランスballade】①普通、3つのスタンザから成り、各スタンザの最後の行と結句とは同一のリフレーンで終わる抒情詩。中世のフランスやイギリスの詩型。バラッド。譚詩(たんし)。②素朴な言葉で伝説・民話をうたう物語詩。バラッド。譚歌。③物語詩的な内容や雰囲気をもつ歌曲または器楽曲。譚詩曲。④(ballad)ポピュラー音楽で、愛などをテーマとする感傷的な歌。

ハラール【アラビアḤalāl】イスラム法において合法的と判断される行為。転じて、イスラム教徒が食べてもよいとされる食品。ハラル食品。

バラエティー【variety】①種々さまざまであること。変化のあること。②バラエティー-ショーの略。③視聴者を楽しませるためのさまざまな要素を盛り込んだテレビの娯楽番組。

バラエティー ショー【variety show】歌・踊り・コントなどを取り合わせた演芸の形式。バラエティー。

バラクーダ【barracuda】カマス類のこと。また、特にオニカマスのこと。

パラグライダー【paraglider】四角形あるいはブーメラン形のパラシュートで滑空するスポーツ。斜面を助走して離陸する。スロープ-ソアリング。

バラクラバ【balaclava】目出し帽。▷クリミア戦争におけるバラクラバの戦いで、イギリス兵がこれを着用しことから。

パラグラフ【paragraph】文章の一区切り。段落。節。

パラサイト【parasite】①寄生生物。寄生虫。②寄生すること。

パラサイト シングル【和製 parasite＋single】親と同居する独身者。住居や家事を親に依存して生活する。

パラジウム【palladium】10族(白金族)に属する遷移元素の一。元素記号Pd　原子番号46。原子量160.4。銀白色で展性・延性に富む。多くの気体、特に水素をよく吸蔵する。合金・触媒、陶器の黒色顔料などに用いる。

ハラショー【ロシア khorosho】①よろしい。承知した。②すばらしい。結構。

バラス　バラスト③の略。

バラスト【ballast】①船の安定をよくするために船底に積む鉄塊・砂利などや、二重底内のタンクに注入する水・油など。②潜水艦の浮上・潜水や気球の昇降のために積み込む水や砂袋などの錘(おもり)。③道路・鉄道線路にしく小石・砂礫(されき)。バラス。

パラ スポーツ【para sports】新 障害者が競技するスポーツ。▷もうひとつのスポーツの意。

> アップデート パラ(もうひとつの)という言葉は、近年、障害者スポーツを意味する語としてよく登場します。パラアスリート(障害者スポーツの選手)などの言葉が好例です。またパラアイスホッケー(旧称アイススレッジホッケー)のように、競技名にこの接頭語を取り入れる動きも広まっています。

ハラスメント【harassment】嫌がらせ。→セクシャル-ハラスメント

> アップデート 関連する複合語が続々登場中です。例えば人種に基づく嫌がらせである「レイシャル-ハラスメント」、薄着の女性をじろじろ見る「見るハラ」などの語も登場しました。これらが今後定着するかどうか注目されます。一方でほっこりする話題も。猫による在宅勤務などの妨害を意味する「ネコハラ」が猫好きの間で話題になりました。

パラソル【フランス parasol】婦人の日よけ用の洋傘。日傘。

パラダイス【paradise】①エデンの園。②天国。楽園。③(転じて)悩みや苦しみのない幸福な世

界・境地。

パラダイム【paradigm】①アメリカの科学史家クーンが科学理論の歴史的発展を分析するために導入した方法概念。科学研究を一定期間導く、規範となる業績を意味する。のちに一般化され、ある一時代の人々のものの見方・考え方を根本的に規定している概念的枠組みをさすようになった。②語形変化の型を代表的語例で示した一覧表。用言の活用表、格変化表などがその例。➲よくわかる「パラダイム」の意味と使い方(p.605)

パラダイム シフト【paradigm shift】①科学者集団に共有されているパラダイムが、ある時点で革命的・非連続的に変化すること。②思考や概念、規範や価値観が、枠組みごと移り変わること。

バラック【barrack】①間に合わせに建てる、粗末な家屋。仮小屋。②軍隊が宿営するための細長い兵舎。営舎。

バラッド【ballad】⇨バラード

パラドックス【paradox】①通常の把握に反する形で、事の真相を表そうとする言説。②論理学で、相互に矛盾(むじゅん)する命題がともに帰結し得ること。また、その命題。逆説。

パラノ【parano】①パラノイアの略。②ドゥルーズとガタリの提示する概念。偏執的・統合的に物事をとらえ、制度内に安住する保守的傾向をいう。生産を基盤とする近代文明の特徴的性格。→スキゾ

パラノイア【ドイツ Paranoia】妄想が内的原因から発生し、体系的に発展する病気。その他の思考・行動には異常がみられず、人格の荒廃もきたさないのが特徴。40 歳以上の男性に多い。

パラパラ ユーロ-ビートなどのリズムに合わせ、集団で同じ振りを行うダンス。振りは腕や手先の動きが中心で、楽曲ごとに決まっていることが多い。1980 年代に日本の若者たちの間で発生した。→ユーロ-ビート

パラフィン【paraffin】①石油から分離される蠟状(ろうじょう)の白色半透明の固体。高級メタン系飽和炭化水素の混合物で、臭気はなく、融点は 45～65℃。蠟燭(ろうそく)の原料、軟膏(なんこう)や化粧品の基剤とする。石蠟。②アルカン(メタン系飽和炭化水素、パラフィン系炭化水素)の総称。③パラフィン紙。グラシン紙・模造紙などに①を浸み込ませた防水性の紙。

パラフレーズ【paraphrase】①原文の語句を別のやさしい言葉に置き換えること。意訳。②ある楽曲を他の楽器の演奏用などに変形・編曲すること。また、その

曲。改編曲。

パラペット【parapet】屋上や、ベランダ・橋梁(きょうりょう)・埠頭(ふとう)などの端部に設けられた低い手すり壁。構造物の先端を保護するためのもの。胸壁。扶壁(ふへき)。

パラベン【paraben】パラオキシ安息香酸エステル類の総称。メチル-パラベン、プロピル-パラベンなど。飲料・食品・医薬品・化粧品の防腐剤として用いる。

ハ

パラベン フリー【paraben free】その化粧品が、防腐剤としてパラベンを使用していないこと。「一化粧品」

パラボラ【parabola】①放物線。②パラボラ-アンテナの略。電波の反射面に放物面を用いたお椀(わん)型の指向性アンテナ。電波を一定方向に集中して送受信でき、マイクロウエーブ中継や衛星放送の受信などに用いられる。

パラメーター【parameter】①プログラムの起動と同時に指定し、プログラムの動作を決定する数値や文字などのこと。②プログラム中で呼びだされる関数に与えられる引数。③二つ以上の変数間の関数関係を間接的に表示する、補助の変数をいう。媒介変数。助変数。④母集団の特性を表す値。母数。⑤ゲーム-ソフトが定めた、キャラクターの能力などを示す数値。

バラモン①(サンスクリット brāhmaṇa) インドのバルナ(四種姓)の最上位の身分で、司祭者。祭式と教育を独占する特権階級。ブラーマン。→カースト ②バラモン教。また、その僧侶。▷「婆羅門」とも書く。

バラライカ【ロシア balalaika】ウクライナの民俗撥弦楽器。三角形の共鳴胴をもち三本の弦を指先ではじいて演奏する。

パラリーガル【paralegal】弁護士の指示・監督の下、法律業務を補佐する者。法律事務所だけではなく政府機関や企業内で働く場合もある。リーガル-アシスタント。

パラリンピアン【Paralympian】パラリンピック選手。パラリンピックに出場した人。

パラリンピック【Paralympics】障害者の国際スポーツ大会。イギリスのストーク-マンデビル病院で行われた競技会をきっかけに、1952年に最初の国際大会が開催された。4年に1度オリンピック開催地で開かれる。

パラレル【parallel】①平行なこと。二つの物事の状態・変化・傾向などが相似の関係にあること。→シリアル ②電気で、並列。→シリアル ③スキーを平行にそろえたまま滑る技術。

パラレル キャリア【parallel career】新 本業のほか、副業・非営利活動なども並行して従事す

よくわかる「パラダイム」の意味と使い方

詳しい意味は？

パラダイム（paradigm）とは、ある時代や分野において支配的規範となる「物の見方や捉え方」のことです。狭義には科学分野の言葉で、天動説や地動説に見られるような「ある時代を牽引するような、規範的考え方」をさします。このような規範的考え方は、時代の変遷につれて革命的・非連続的な変化を起こす事があり（＝天動説から地動説への変化など）、この変化をパラダイムシフトと呼びます。シフト前後の考え方に対して、優劣などの価値判断を行わない概念である点に注意してください。

どんな時に登場する言葉？

科学・思想・産業・経済など、さまざまな分野で用いられる言葉です。例えば科学（物理学）の分野では、かつて「ニュートン力学からアインシュタイン相対論へ」のパラダイムシフトが起きています。また産業の分野では、現在「大量生産・大量消費社会から持続可能な社会へ」のパラダイムシフトが起きています。

どんな経緯でこの語を使うように？

現在の意味のパラダイムを最初に用いたのは、科学史家のクーン（Thomas S. Kuhn）でした。クーンは著書『科学革命の構造』（1962 年）の中でこの語を登場させ、「科学とは累積的に一定方向に成長するのではなく、時代によってパラダイムを変化させるもの」という新しい史観を提示したのです。この考え方が、科学のみならず思想・哲学の分野においても大きな影響を与え、その他のあらゆる分野でも用いられる言葉になりました。

言い換えたい場合は？

「規範」「模範」「範例」「典型」「理論的枠組み」などの訳語が用いられていますが、どれも不十分な言葉かもしれません。ここは面倒でも「パラダイム（ある時代や分野において支配的な物の考え方）」などのような注釈表現を考えてみてください。

ること。またその活動。経済学者のドラッカーが著書で提唱。

パラレル ワールド【parallel world】四次元宇宙に、我々の世界とともに存在しているとされる異世界。四次元宇宙を三次元宇宙の集合と考えて導き出されたもの。SFでしばしば題材とされる。多次元宇宙。

バランサー【balancer】均衡を保つ装置や人など。

バランス【balance】つりあい。均衡。

バランス シート【balance sheet】①財務諸表の一。一定の時点における企業の財務状態を明らかにするために作成される表で、一方に負債と資本を、他方に資産を記入して両者を対照させるもの。貸借対照表。②(比喩(ひゆ)的に)損得のつりあい。

バランス ボール【balance ball】空気が入っており、全身を乗せられる程度の強度や弾力性をもつボール。バランス感覚の養成、トレーニング、フィットネス、リハビリテーション等に用いる。フィットネス-ボール。ヨガ-ボール。エクササイズ-ボール。ジム-ボール。ボディ-ボール。

バリ【burr】工作物の加工過程で、はみ出た余分な材料。

バリア【barrier】障壁。障害。防壁。▷「バリアー」「バリヤー」とも。

バリア フリー【barrier free】高齢者や障害者が社会生活を送るうえで、障壁となるものを取り除くこと。当初は、道路や建物の段差や仕切りをなくすことをいったが、現在では、社会制度、人々の意識、情報の提供などに生じるさまざまなバリアをふくめて、それらを取り除くことをいう。▷「障壁のない」の意。㊎ 障壁なし

バリアント【variant】①変形。別形。②原稿などの本文の異同。異文。

ハリウッド【Hollywood】アメリカ合衆国、カリフォルニア州ロサンゼルス市北西部の地区。映画撮影所が集中し、世界的な映画の都として知られる。▷「聖林」とも当てた。

バリウム【barium】①2族元素(アルカリ土類金属)の一。元素記号Ba　原子番号56。原子量137.3。銀白色の軟らかい金属。軸受け合金の成分などに用いる。バリウム-イオンは無色で有毒。②X線造影剤の硫酸バリウムの俗称。

バリエーション【variation】①変化。変動。②変化させたもの。少し違えたもの。変形。変種。③一つの主題をさまざまに変化させる手法。変奏。また、その手法による楽曲。変奏曲。

パリ協定 新 2015年にパリで開催された気候変動枠組み条約第

21回締結国会議(COP21)において採択された協定。気候変動への世界的な対応の強化を目的とする。

バリケード【barricade】 市街戦などの際、敵の攻撃を防ぐため土嚢(どのう)・木材などで道路や建物を封鎖して築く臨時の防壁。

ハリケーン【hurricane】 大西洋西部・カリブ海・メキシコ湾や、北太平洋東部に発生する強い熱帯低気圧。

パリジェンヌ【フランスparisienne】 パリで生まれ育った女性。

バリスタ【イタリアbarista】 イタリアのバール(喫茶店)におけるバーテンダーや給仕人のこと。狭義にはエスプレッソを抽出する職人をさし、イタリアでは資格制度も実施されている。

バリスター【varistor】 オームの法則に従わず、電圧が増すと急速に抵抗が減少する半導体抵抗素子。保護回路などに使われる。

パリティー【parity】 ①等しいこと。等価であること。均衡。平衡。②2進法によって表された数に現れる1が偶数個であるか奇数個であるか、ということ。偶奇性。反転性。③転換社債を株式に転換したらどれくらいの価値になるかを示す尺度。現在の株価をその転換価格で割った百分比。

バリデーション【validation】 ①妥当性確認。検査・分析の方法やその作業プロセスなどが適切であるか科学的に検証すること。②痴呆症の高齢者の介護法の一。共感することを基本に、一般の人に理解できない行動などもすべて受容し、コミュニケーションをとろうというもの。アメリカで開発された。バリデーション療法。バリデーション法。▷確認、承認の意。

バリトン【baritone】 ①男声の中位の高さ、すなわちテノールとバスとの中間の音域。また、その音域を受け持つ歌手。②バリトンの音域の音を出す管楽器。また、特にバリトン-サックスの略。

パリピ 新 俗に、クラブなどでの遊びが好きな人々。また、そういう場所にいるような、集まって盛り上がることが好きな人々のこと。パーリー-ピーポー。パーティー-ピーポー。

バリヤー【barrier】 ⇨バリア

バリュー【value】 ①(相対的な)価値。値打ち。多く他の外来語と複合して用いられる。②価格、値段。評価額。③品質の割に、価格が低いこと。また、価格の割に品質が高いこと。お値打ち。

バリュー チェーン マネージメント【value chain manegement】 多国籍企業などが開発から資材調達・製造・販売に至る業務の全過程を、世界全体で最も効率的に行う経営手法。価値連鎖経営。VCM。

パル【pal】友達。仲間。

バルーン【balloon】気球。風船。

バル街(がい) 地域で飲食店を回遊できるイベント。綴りのチケットを購入して飲食店で半券を渡すと、ドリンク1杯とおつまみを楽しめる。街(まち)バル。バル-イベント。 ▷バルはスペイン語でバー・喫茶店の意。つまみを出すのが特徴。2004年(平成16)に函館で行われた同名イベントが広まった。

バルカン【Vulcan】ローマ神話の古い火の神。のち、ギリシャ神話のヘパイストスと同一視された。ムルキベル(火よけの神)とも称される。ウルカヌス(Vulcanus)。

バルカン砲 アメリカの六連装回転式機関砲。口径20mm。航空機などに搭載される。

バルキー【bulky】①かさばった。分厚い。②太い糸でざっくりと編まれたもの。

バルク【bulk】①船などに、荷造りをしないでそのまま積み込んだ、鉱石や穀物などの荷物。ばら荷。ばら積み貨物。②紛状や粒状のものが、一塊りになっていること。③大量に扱うこと。④商品を大量に安値で売買すること。

パルクール【フランスparkour】自分の体のみを用いて、素早い移動・跳躍・登攀(とうはん)などを行うパフォーマンス。主に都市にある人工物(塀・壁・建物・手摺(す)りなど)を障害物として用いる。PK。▷フランスで発祥。

パルコ【イタリアparco】広場。公園。

バルコニー【balcony】①建物の外面に張り出した、屋根のない平らな所。露台。バルコン。②劇場の2階席。

パルサー【pulsar】規則正しい間隔で電波またはX線を放射する天体。周期は0.001秒から数秒くらいのものまで現在約700個が観測されている。高速自転する中性子星と解釈されている。

バルサミコ酢 白ブドウの液を発酵・熟成させて作る、イタリアの伝統的な酢。▷バルサミコ(balsamico)はイタリア語で芳香性の意。

ハルシオン【Halcion】睡眠導入剤の商品名。

パルス【pulse】非常に短い時間の間だけ変化する電流や電波。周期的に繰り返すものと、1回だけ孤立して生ずるものがある。

パルス オキシメーター【pulse oximeter】動脈血の酸素飽和度(SpO_2)と脈拍数を計測する機器。採血によらず、指などに装着するだけで計測できる。

パルチザン【フランスpartisan】戦時に、武装した一般人民によって組織された非正規の戦闘集団。多く正規軍と連携しながら、遊撃隊として活動する。別動隊。

パルティータ【イタリア partita】17～18 世紀の楽曲の形式。変奏の意から組曲をさすようになった。

パルテノン【ギリシャ Parthenōn】ギリシャのアテネのアクロポリスに建つ、古代アテネの主神アテナ＝パルテノスの神殿。紀元前 5 世紀に造られ、ドリス式建築の代表例。

バルト三国【Baltic States】バルト海東岸のエストニア・ラトビア・リトアニアの 3 共和国。1940 年ソ連邦に編入され、その構成国となっていたが、91 年それぞれ独立を回復。

バルネラビリティー【vulnerability】①傷つけられやすいこと。脆弱(ぜいじゃく)性。②コンピューター利用の高度化に伴って生じるコンピューター社会のもつ脆弱性。③心理学で、攻撃を受けやすいこと。攻撃誘発性。

バルブ【bulb】①球根。②電球。特に、閃光(せんこう)電球。③カメラのシャッター目盛りの一。記号 B　シャッター-ボタンを押している間中、シャッターは開き続ける。

バルブ【valve】①弁。気体や液体の流れの方向を調節する装置。②真空管のこと。

パルプ【pulp】木材などの植物体を機械的・化学的に処理してほぐし、セルロース繊維を水に懸濁した状態や厚紙状にしたもの。製造法により化学パルプと機械パルプの 2 種に大別され、紙・レーヨンやアセテートなどの原料とする。

パルフェ【フランス parfait】①生クリームをベースにつくった軽いアイス-クリーム。②⇨パフェ

ハルマゲドン【ギリシャ Harmagedōn】①新約聖書ヨハネ黙示録で、世界の終末に起こる善と悪との勢力の最後の決戦の場所。アルマゲドン。②転じて、世界の終わり。

パルム ドール【フランス Palme d'Or】カンヌ国際映画祭で、コンペティション部門の最優秀作品に贈られる賞。▷金色のシュロ(パーム)の意。シュロの葉は勝利の象徴。

パルメザン【Parmesan】ナチュラル-チーズの一。イタリアのパルマ地方原産の硬質チーズ。パルミジャーノ。

ハルモニ 祖母。おばあさん。▷朝鮮語。

バレー ⇨バレーボール

バレエ【フランス ballet】中世イタリアの宮廷に生まれた舞踊形式の一。踊りや身振りで感情を表現する、歌詞を伴わない舞踊劇。16 世紀後半以後フランスの宮廷で保護を受けて発展し、17、18 世紀にクラシック-バレエの定式が確立し

ハ

た。

バレー【valley】新 ①谷。②他の語の下について、特定産業の企業や研究機関などが集積する地域の意を表す。シリコンバレーにならっていう。

ハレーション【halation】①写真やテレビなどで、強い光が当たった部分の周囲が白くぼやけて写る現象。②反感や軋轢(あつれき)などの好ましくない反応。

パレード【parade】祝賀や催し物の時などに、行列を整えて行進すること。また、その行進。

バレーボール【volleyball】球技の一。2チームがネットを境に左右に分かれ、ボールを手で相手コートに打ち込み、得点を争う。ルールは、6人制と9人制とで異なる。6人制はオリンピック種目の一。バレー。

パレオ【pareu】女性が体に巻きつけて装う、鮮やかな色彩の長方形の布。ポリネシアの民族衣装から広まった。

パレス【palace】①宮殿。王宮。御殿。②娯楽などのための大きな建築物の名に用いられる語。

バレッタ【フランスbarrette】金具のついた髪留め。バレット。

パレット【palette】①油絵や水彩画を描く時、絵の具を混ぜ合わせて色を作るために用いる板。一端に親指のはいる穴があって握り持つようになっている。調色板。②複数色の化粧品や化粧道具を収めた板状の小箱。③コンピューターのソフトウエアで、多数の命令用アイコンなどを集めて表示する領域。

パレット【pallet】フォークリフトで荷物を移動するときに使う荷台。

バレル【barrel】⇨バーレル

ハレルヤ【hallelujah】キリスト教で、神の栄光をほめたたえ、また神の恵みへの感謝を表す語。旧約聖書詩篇などに見られる語。アレルヤ。▷ヘブライ語で「主をほめたたえよ」の意。

バレンタイン デー (Saint Valentine's Day)聖人バレンタインの祝日。2月14日。古代ローマの異教の祭りと結びついて、(日本では女から男へ)愛の告白や贈り物をする習慣がある。セント-バレンタイン-デー。▷バレンタインは、3世紀にローマで殉教したキリスト教徒の英語名。

ハロウィーン【Halloween】万聖節(ばんせいせつ)(11月1日)の前夜祭。古代ケルト起源で、秋の収穫を祝い悪霊を追い出すための祭り。アメリカでは、カボチャをくりぬき目鼻口をつけた提灯(ちょうちん)を飾り、夜には怪物に仮装した子供たちが近所を回り菓子をもらう。ハロウィン。ハローイン。

アップデート 日本でもイベントとしてのハロウィーンが定着。毎年10月下旬には、東京・渋谷などの繁華街にコスプレ姿の若者が集まる新習慣も登場しました。しかしお祭り騒ぎに乗じて迷惑行為を働く人もおり、社会問題化しています。

ハロー【halo】①太陽・月の周囲にできる光の輪。②聖画像の頭部の背後に描かれる光輪。光背。③写真で、強い光を発している被写体を写した時、その周辺にできる白いぼやけた輪。④銀河系本体の周辺のほぼ球状な部分。球状星団が分布している。

ハロー【harrow】犂(すき)で起こされた土塊を砕き、耕地をならす農作業機械。トラクターで牽引(けんいん)する。砕土機。

ハロー【hello】呼びかけ、または挨拶(あいさつ)の語。もしもし。おい。こんにちは。

ハロー効果【halo effect】心理学用語。人や事物のある一つの特徴について良い(ないしは悪い)印象を受けると、その人・事物の他のすべての特徴も実際以上に高く(ないしは低く)評価する現象。後光効果。光背効果。

ハロー ワーク【和製 Hello+Work】公共職業安定所のニック-ネーム。俗にハロワとも。

ハロゲン【halogen】周期表17族のうちフッ素・塩素・臭素・ヨウ素・アスタチンの5元素の総称。最も典型的な非金属元素で、一価の陰イオンになりやすい。生物体には必須の元素であるが、多量では有害。

バロック【フランス baroque】16世紀末から18世紀中頃にかけて、ヨーロッパ全土に盛行した芸術様式。ルネッサンス様式の均整と調和に対する破格であり、感覚的効果をねらう動的な表現を特徴とする。建築・美術・文学・音楽、さらには、ひろく時代概念をさす。

パロディー【parody】既成の著名な作品また他人の文体・韻律(いんりつ)などの特色を一見してわかるように残したまま、全く違った内容を表現して、風刺・滑稽(こっけい)を感じさせるように作り変えた文学作品。演劇・音楽・美術にもいう。

バロメーター【barometer】①気圧計。晴雨計。②物事の状態を推測する目安となるもの。指針。指標。

ハロワ ハロー-ワーク(公共職業安定所)の俗称。

ハロン【furlong】競馬で使う距離の単位。1ハロンは8分の1マイルで、約201.168m。日本では200m。

ハロン【halon】化合物中に臭素を含むフロン。消火剤として用いられたが、オゾン層破壊物資として使用が禁じられた。

バロン【baron】男爵。

バロン【インドネシア barong】バリ島民が信仰の対象とする獣。獅子(しし)

の形で表され、邪悪な力を追い払うとされる。

バロン ドール【フランスBallon d'or】ヨーロッパでプレーするサッカー選手のうち、年間を通して最も優れた活躍をした選手に贈られる賞。フランスのサッカー専門誌が1956年から毎年選定。黄金のボールをデザインしたトロフィーが受賞者に贈られる。欧州年間最優秀サッカー選手。▷黄金のボールの意。

パワー【power】①力。腕力。また、馬力。②権力。また、軍事力。③集団の力。④動力。工率。⑤数学で、冪(べき)。

パワー カップル【power couple】新 ともに高収入である夫婦。

パワー ゲーム【power game】(国際政治における)大国間の駆け引き。

パワー コンディショナー【power conditioner】太陽光発電や燃料電池で得られる直流の電気を、家庭で利用できる交流に変換する装置。パワコン。

パワー ショルダー【power shoulder】ファッションで、肩にボリュームのあるデザイン。

パワー ステアリング【power steering】(自動車の)操舵(そうだ)倍力装置。エンジンで駆動されるオイル-ポンプの油圧や電動モーターを利用してハンドル操作にかかる力を軽減するもの。ハンドル操作が軽くなる。パワステ。

パワー スポット【power spot】心身を活性化させたり、心が癒されたりするとされる場所。パワスポ。スピリチュアル-スポットとも。▷近年、女性誌などで内外の著名な聖地をさす語に用いられ、観光分野などで注目されている。

パワー デバイス【power device】電力制御に用いる半導体素子。パワー半導体とも。

パワード スーツ【powered suit】人体に装着し筋力を補助する装置。腰や腕などの負担を軽減し、歩行や運搬などの動作を補強する。パワー-アシスト-スーツ。ロボット-スーツ(商標名)。マッスル-スーツ(商標名)。

パワー ハラスメント【和製power＋harassment】職場内の人間関係において発生する、いじめや嫌がらせ。上司が部下に対して行うものや、高い職能をもつ者がそうでない者に対して行うものなど。パワハラ。

> アップデート 近年のスポーツ界では、パワハラに関連する不祥事が続いています。大相撲では、2017年(平成29)横綱が幕内力士に対して酒宴の席で暴力を振るった事件が発生。アメフトでは、18年大学チームの監督が自陣選手に対して相手選手への悪質タックルを指示したとされる事件も起こっています。

パワー半導体 ⇨パワー-デバイス

パワー ポリティックス【power politics】軍事力や経済力を背景に、国際政治を有利に展開しようとする政策。権力政治。

パワー ユーザー【power user】情報機器などのユーザーのうち、その使い方に習熟した人。

パワー ランチ【power lunch】商談や打ち合わせをしながらとる昼食。ビジネス-ランチ。

パワー リザーブ【power reserve】新 機械式腕時計で、ぜんまいによって蓄えられているエネルギーの残量。

パワー ワード【和製 power ＋ word】新 非常に強い印象をもたらす言葉。

パワコン ⇨パワー-コンディショナー

パワステ ⇨パワー-ステアリング

パワハラ ⇨パワー-ハラスメント

パワフル【powerful】力強いさま。強力なさま。

ハン【恨】植民地時代の抑圧の中で、朝鮮の民衆の中に蓄積されてきた痛恨・悲哀・怒りなどの感情。▷朝鮮語。

バン【bang】 ⇨ビッグ-バン

バン【van】箱形の貨物自動車。

バン【拌】中国料理で、和えること。▷中国語。

パン【pan】映画・テレビで、カメラの位置を固定したまま、左右に動かしながら広い範囲を撮影すること。

パン【pan】底が平らで浅く、取っ手の付いている鍋。平鍋。

パン【ポルトガル pão】①小麦粉を主な原料とし、水でこね、イーストを加えて発酵させてから焼きあげた食品。②精神的なものに対する物質的なもの。

パン【Pān】ギリシャ神話の牧人と家畜の神。元来はアルカディアの神。山羊の角・鬚(ひげ)・下半身をもつ半獣神。笛の音楽・舞踊を好む。昼寝を妨げられると人や家畜に突然の恐怖(パニック)を与える。ローマ神話のファウヌスにあたる。

パン【幇・幫・帮】中国で、省外・海外など異郷にあって同郷・同業・同族などの人々からなる相互扶助組織。宋代に始まる。▷中国語。

ハンガー【hanger】洋服かけ。えもんかけ。

バンカー【banker】銀行家。

バンカー【bunker】ゴルフ場のコース内に障害物として設けられた砂地のくぼみ。

ハンガー ストライキ【hunger strike】抗議の意思を示したり、要求を通すために行う、食事を断つ示威行動。ハンスト。

パンガシウス【pangasius】新 ナマズ目パンガシウス科の魚の総称。南アジアの汽水・淡水に生

ハ

息する。白身の種は食用。

ハンカチ 正方形で小形の手ふき。ハンカチーフ(handkerchief)の略。ハンケチ。

パン活(かつ) 新 パン屋めぐりやパン作りなどを楽しむ活動。

バンガロー【bungalow】①小さい木造平屋建ての住宅。正面に広縁がある。②キャンプ場に設けられた簡易な小屋。

バンキング【banking】銀行業。銀行業務。

ハンギング フォルダー【hanging folder】吊り下げ式の書類挟み。

ハング【hang】①つるすこと。掛けること。②絞首刑にすること。③ハング-アップの略。

バンク【bank】①土手。堤防。②大陸棚上の、水深の浅い部分。堆(たい)。③飛行機が旋回や合図のために機体を傾けること。④自転車競技場などの走路の傾斜部分。

バンク【bank】銀行。

パンク【puncture】①自動車・自転車などのタイヤやチューブが破れ、空気が抜けること。②内部がふくらみすぎて破裂すること。③本来の能力を超えたためにその機能が失われること。

パンク【punk】1970年代中頃、体制化したロック音楽の批判として、ロンドンにはじまった音楽。社会通念や道徳に対する攻撃的な姿勢、やり場のない怒りを表現する。また、髪を原色に染めたりする奇抜なファッションなどもいう。

ハング アップ【hang up】コンピューターなどが、操作不能な状態で異常停止すること。ロック-アップ。

パンクス【punks】パンク文化(音楽ジャンルであるパンクを中心とした文化)を体現する人々。

ハングリー【hungry】空腹であること。飢えていること。また、そのさま。物事を強く求める精神的な飢えについてもいう。

ハングル 朝鮮語の表記に用いられる音節文字。10の母音字母と14の子音字母を組み合わせて音節を表す。1446年、李朝第4代世宗が「訓民正音」として公布。諺文(オンモン)。朝鮮文字。▷朝鮮語。大いなる文字の意。

バングル【bangle】留め金のない、輪になった腕輪。

パンク ロック【punk rock】⇨パンク

パンケーキ【pancake】①小麦粉に牛乳・卵などを加えて、薄く平らに焼いた菓子。②固形おしろいの商標名。

バンケット【banquet】晩餐(ばんさん)会。宴会。パーティー。

バンコマイシン【vancomycin】抗生物質の一。ブドウ球菌などのグラム陽性菌に有効。

MRSA 感染症の治療に用いられる。

パンサー【panther】豹(ひょう)。または、ピューマ。

ハンサム【handsome】男子の顔だちのよいさま。美男。

パンジー【pansy】①スミレ科の越年草。北ヨーロッパ原産。春、花柄の先に五弁花をつける。多数の園芸品種があり、3色から成るものが多い。花壇・切り花用。三色菫(さんしきすみれ)。②深い青紫色。

バンジー ジャンプ〔bungee jumping〕ゴム製の命綱を足に固定し、橋やジャンプ台の上から地面や水面近くまで飛び降りる遊び。

バンズ【buns】小さな丸いパン。干しぶどうなどの入った甘いものと、ハンバーガー用の何も入っていないものがある。

ハンスト ハンガー-ストライキの略。

パンスト パンティー-ストッキングの略。腰までおおう、タイツ型のストッキング。

ハンズ フリー【hands-free】手に何も持っていない状態のこと。また、手を使わなくてもよい状態。

パンセ【フランスpensée】考え。思考。思想。

ハンセン病【Hansen's disease】癩菌(らいきん)によって起こる慢性感染症。感染力は弱い。皮膚に結節・斑紋(はんもん)ができ、その部分に知覚麻痺(まひ)がある。かつては不治の病とされたが、治療薬の出現により治療可能となった。日本では新患者の発生はほとんどない。レプラ。▷癩菌を発見したノルウェーのハンセン[1841～1912]の名にちなむ。

パンダ【panda】①ジャイアント-パンダとレッサー-パンダの2種をさす。熊猫。②特に、ジャイアント-パンダのこと。

ハンター【hunter】①狩りをする人。狩猟家。②ほしい物を、あさり求める人。

パンタグラフ【pantagraph】①電車・電気機関車の屋根についている、伸縮自在の集電装置。②一定の倍率で図形を写すのに用いる、製図器具。写図器。パントグラフ。

バンダナ【bandanna】絞り染めまたは更紗(サラサ)染めのインドの大型のハンカチーフ。スカーフ代わりに用いる。

パンタロン【フランスpantalon】長ズボン。日本では特に、裾(すそ)広がりのものをいう。

パンチ【punch】①切符やカードに穴をあけること。また、そのための鋏(はさみ)や装置。②ボクシングで相手を打つこと。げんこつで突くようになぐること。③人を圧倒したり、刺激したりするような力強さ。

パンチ【punch】ポンチに同じ。

パンチェッタ【イタリア pancetta】新 豚のバラ肉を塩漬けにして、乾燥・熟成させたもの。イタリア料理に用いる。

パンチ ドランカー【和製 punch-drunk＋er】ボクシングで、パンチを受けた後遺症で脳に障害を生じたボクサー。

パンチ パーマ【和製 punch＋permanent】短い頭髪にパーマをかけ、毛髪を小単位で螺旋(らせん)状にまとめた髪形。ごく短い髪はアイロンを使用。螺髪(らほつ)に似る。主に男性用。

パンチ ライン【punch line】①冗談などの落(お)ち。②ヒップホップにおいて、印象的なフレーズ。

ハンチング【hunting cap】鳥打ち帽。

パンチング【punching】①こぶしでたたくこと。②サッカーのゴール-キーパーなどが、こぶしでたたいたり、突いたりしてボールをはじき返すこと。フィスティング。

パンツ【pants】①ズボンのこと。②下半身にはく短い肌着。

ハンデ ハンディキャップの略。

ハンディー【handy】持ち運びのしやすいさま。携帯用。

パンティー【pantie; panty】股下(またした)のほとんどない女性用の肌着。ショーツ。

ハンディー ファン【handy fan】充電式で携帯が可能な小型扇風機。多くはペロペロキャンデーのような形状をしている。ポータブル-ファン。

ハンディキャップ【handicap】①不利な条件。また、それによって生じる不利益。②競技や勝負事などで、優劣を平均するために、強い者に加える負担。▷ハンデとも。

パンデイロ【ポルトガル pandeiro】ブラジルで使われるタンバリン。表面の皮の張り具合で音の高低を調節できる。ショーロ、サンバ、ボサ-ノバなどの演奏で用いる。

ハンティング【hunting】狩り。狩猟。

バンデージ【bandage】ボクシングで、こぶしと手首を保護するために巻く包帯。長さと幅が定められている。

パンデミック【pandemic】病気が世界の複数の地域で同時に大流行すること。感染爆発。一定の地域から周辺地域へ大きな広がりをみせるエピデミック(epidemic)に対していう

> アップデート 2020年3月11日、世界保健機関(WHO)は新型コロナウイルス感染症COVID-19のパンデミックを宣言しました。WHOによるパンデミック宣言は、2009年にH1N1型インフルエンザで行われて以来11年ぶりの出来事でした。

ハンド【hand】①他の外来語の上または下に付いて、「手」「手動の」「手で」などの意を表す。②ハンドリング①の略。③ラグビーの反則。スクラムまたはラックの中にあるボールを手で扱うこと。④ビリヤードの一試合。

バント【bunt】野球で、バットを振らずに軽くボールに当て、内野にゆるく転がすこと。→スクイズ

バンド【band】①ひも。帯。②洋装で、腰に締める革や布の帯。ベルト。③二つの周波数の間に挟まれた、連続した周波数の範囲。また、無線周波数を区分したもの。周波数帯。

バンド【band】①演奏者の一団。楽隊。楽団。②採集狩猟民社会にみられる生活集団。自然資源の変化に応じて離合集散を繰り返す。▷集団の意。

ハンドアウト【handout】記者会見などで事前に配布される報道用の資料。

ハンドクラップ【handclap】拍手。手拍子。

パン と サーカス【ラテン panem et circenses】為政者による愚民政策や、市民の政治的無関心を批判して言う語。古代ローマの時代、為政者からパン(食糧)とサーカス(娯楽)を無料で与えられた市民が、政治的無関心に陥った状況を風刺していう。詩人ユウェナリスの言葉。

ハンド サイン【hand sign】新 手や指の位置や動きによって、なんらかの意思表示を行うこと。またその合図。ハンドジェスチャー。

ハンド ジェスチャー【hand gesture】新 ①⇨ハンドサイン ②①によって、情報機器になんらかの指示を与えること。

ハンド スピナー【hand spinner】新 掌(てのひら)に収まる大きさのプロペラ状の玩具。コイン状の中央部と放射状の錘(おもり)が、ボール-ベアリングでつながっている。指で錘を弾くと回転が続く仕組み。フィジェット-スピナー。フィンガー-スピナー。

ハンド ドリップ【hand drip】コーヒーメーカーを使うのではなく、手でお湯を注いでコーヒーを濾(こ)しだすこと。

バンドネオン【スペイン bandoneón】アコーディオンと同種の小型のリード楽器。19世紀にドイツ人ハインリヒ=バンドが考案。ボタン式鍵盤を用いる。アルゼンチンに伝えられタンゴ演奏の主要楽器となった。

ハンドブック【handbook】①小型の本。②手引き書。案内書。便覧。

ハンドベル【handbell】手で鳴らすことができる小型のベル(振鈴)。またそれを用いた楽器。音階の異なるベルを用意しておき、大人数で順序よく振って演奏する。

ハ

ハンドヘルド【handheld】携帯用の。

ハンドボール【handball】7人一組みで、ドリブルまたはパスで前進し、相手チームのゴールに投げ入れ、得点を競い合う球技。

パントマイム【pantomime】台詞(せりふ)を用いず、身振りや表情だけで演ずる劇。無言劇。黙劇。ミーム。

ハンド ミキサー【和製 hand＋mixer】手持ち式のミキサー。鍋やボウルに入れてある具材を、そのまま潰したり混ぜたりすることができる。

パンドラ【Pandōrā】ギリシャ神話中の人類最初の女性。プロメテウスが天上の火を盗んで人間に与えたのを怒って、ゼウスが復讐のためにヘファイストスに粘土(ねんど)で造らせた。

パンドラの箱 ゼウスがすべての悪と災いを封じこめて、人間界に行くパンドラに持たせた箱。パンドラが好奇心からこれを開いたため、あらゆる罪悪・災禍が抜け出て、人類は不幸にみまわれるようになり、希望だけが箱の底に残ったという。

パントリー【pantry】食料品貯蔵室。食器室。配膳室。

ハンドリング【handling】①サッカーで、ゴールキーパー以外の選手が手や腕で故意にボールに触れる反則行為。ハンド。②ラグビーで、キャッチングやパスの際のボールさばき。③取り扱い。運用。④ハンドル操作。

バンドリング【bundling】⇨バンドル

ハンドル【handle】①機械や器具を操作・運転する際、手で握って扱う部分。特に、自動車や自転車のかじ取りのためのもの。②ドアなどの、手で握る部分。取っ手。柄。ノブ。③ ⇨ハンドル-ネーム

バンドル【bundle】別々の商品を組み合わせ、一式にして販売すること。特に、パソコンにソフトウエアを組み合わせて販売する場合などにいう。バンドリング。▷束・包みなどの意。

ハンドル ネーム【和製 handle＋name】インターネットなどで用いる、本名以外の名前。単にハンドルとも。HN。▷ハンドルは通称・あだ名などの意。

ハンドレール【handrail】新 ①手すり。②スケートボードやスノーボードなどで技を出すために用いる、①や平均台に似た形の構造物。レール。

バンドワゴン【bandwagon】パレードの先頭を走る楽隊車。

バンドワゴン効果 優勢な意見や声高な主張に引きずられ、多くの人々がそれに同調するようになる現象。

パンナ コッタ【(イタリア)panna cotta】生クリームに牛乳・砂糖・香

料などを加え、ゼラチンで固めた菓子。

バンニング【vanning】①物流の過程で、コンテナに荷物を詰め込む作業。バニング。→デバンニング ②ワゴン車(ミニバンやライト-バン)の外観や内装などを改造すること。また、その手法。

ハンパー【hamper】持ち手と蝶番(ちょうつがい)式の蓋がついた籠。またその籠にいくつかの品物を入れたセット。ピクニックで食品や食器を持参する際、またクリスマスなどでプレゼントを贈る際などに用いる。イギリス発祥。

バンパー【bumper】急激な機械的衝撃を緩和するための装置。ゴム・ばね・空気・油などの弾性を利用して、衝撃の運動エネルギーを吸収する。車両・銃砲など各種機械装置に組み込まれる。自動車の緩衝器もこの一種。ダンパー。緩衝装置。

ハンバーガー【hamburger】ハンバーグと野菜などをはさんだパン。

ハンバーグ【hamburg】ひき肉にパン粉・卵・玉ねぎなどを加えてこね、小判形に丸めて焼いたもの。ハンバーグ-ステーキ。▷ドイツの都市ハンブルクの英語読みから。

バンパイア【vampire】①吸血鬼。②チスイコウモリの異名。

パンパン 第二次大戦後、米兵を相手にした街娼をいった語。

バンバンジー【棒棒鶏】中国料理の一。鶏肉をゆでて細く裂き、トウガラシなどの香辛料を加えた胡麻味噌(ごまみそ)のたれであえたもの。▷中国語。

パンピー 俗に一般人のこと。▷一般ピープルの略。言外に、自分は違うという意を含む。

バンピー【bumpy】新 乗り物が揺れる環境であること。また、そのさま。自動車などの場合は路面に凸凹がある状態、サーフィンでは波面が凸凹になった状態、パラグライダーでは大気が不安定になった状態を意味する。▷「凸凹の」の意。

バンピング【bumping】特殊加工した鍵(バンプキー)を用いてドアを解錠すること。→ピッキング

ハンプ【hump】①貨車操車場で、仕訳線の手前に設けた小丘。貨車をこの小丘に押しあげ、反対側の下り勾配(こうばい)を貨車が惰力(だりょく)で走行する間に、行き先別に仕分ける。②自動車のスピードを抑制するために、駐車場や建物の構内などの路上を横切るように置かれた、こぶ状の段差。バンプ。スピード-ハンプ。スピード-バンプ。

バンプ【bump】ハンプ②に同じ。▷衝突、出っ張り、こぶの意。

バンプ【vamp】男を惑わす女。妖婦。▷バンパイア(吸血鬼)の

略。→ファム-ファタル

パンフ パンフレットの略。

バンブー【bamboo】竹。

バンブー シュート【bamboo shoot】筍(たけのこ)。▷直訳で「竹の芽」の意。

パンプキン【pumpkin】かぼちゃ。

パンプス【pumps】甲の部分が広くあいた、締め紐(ひも)や留め金のない婦人靴。本来は正装用・舞踏用。

パンフレット【pamphlet】仮綴じの薄い冊子。パンフ。

ハンマー【hammer】①物を打ちたたくための、鉄製の大形の槌(つち)。鉄槌(てっつい)。②ピアノなど鍵盤(けんばん)楽器で、弦を打って音を出させる小槌。③銃砲の撃鉄。④ハンマー投げに使う器具。全重量7.26kg以上。金属製の球に鋼鉄線をつけ、末端に取っ手をつけたもの。

ハンマー プライス【hammer price】競売で、落札価格。▷競売人がハンマー(この場合は木槌)をたたくところから。

ハン リュウ ▷朝鮮語。2003年(平成15)頃から始まった、日本における韓国大衆文化の流行現象。映画・テレビ-ドラマ・音楽などの流行についていうが、料理・言語・文学などにもその影響は及んだ。韓流(かんりゅう)。

● ● ● ヒ ● ● ●

ビア【beer】ビール。他の語と複合して用いる。▷ビヤとも。

ピア【peer】同じ地位にある者。同僚。仲間。

ピア【pier】①桟橋。波止場。②角柱(かくばしら)。

ビア ガーデン【beer garden】⇨ビヤ-ガーデン

ピア サポート【peer support】①同じ悩みや症状をもつ仲間どうしが、体験や考えを発表しあうことで、互いに支え合うこと。ピア-カウンセリング ②学生どうしで支え合うこと。▷ピアは仲間の意。

ピアス 身体の一部に穴をあけて付ける装身具。▷pierced earrings の略。ピアス(pierce)は刺し通す意。

ピア ツー ピア【peer-to-peer】⇨P2P

ピアニカ【Pianica】吹鳴楽器の一。鍵盤ハーモニカ。商標名。

ピアニズム【pianism】ピアノの演奏。また、その技術のこと。

ピアノ【(イタリア)piano】①音楽の強弱記号の一。「弱く」「やわらかく」を指示する。記号 p →フォルテ

②鍵盤楽器の一。鍵に連動するハンマーで金属弦を打って音を出す。18世紀初頭にイタリアで考案され、同世紀末にドイツでほぼ完成。▷ピアノ-フォルテの略。

ピア プレッシャー【peer pressure】同僚やクラスメートなど、共通の立場に置かれた仲間集団からの圧力。

ヒアリ 新 アリの一種。赤褐色で働きアリの体長は2~6ミリメートル。南米原産。毒針を持ち、人が刺されるとアレルギー反応を起こす場合がある。特定外来生物。アカヒアリとも。火蟻。

ヒアリング【hearing】①(言語教育で)聞き取り。②公聴会。聴聞会。▷ヒヤリングとも。

ピアリング【peering】インターネット-プロバイダー(ISP)が多くのプロバイダーが集中するIX(インターネット相互接続点)を用いずに、プロバイダーどうしで相互に直接接続すること。→P2P

ヒアルロン酸【hyaluronic acid】多糖類の一。タンパク質と結合して動物結合組織中の基質の重要な構成成分をなし、特に関節液・眼球ガラス体・皮膚・臍帯(さいたい)に多くみられる。組織の保護および構造の維持、摩擦を和らげ、細菌の侵入を防ぐなどの機能を果たす。

ピア レビュー【peer review】同じ専門領域をもつ仲間の中で、業績評価を行うこと。科学者どうしで行う論文審査や、発電所間で行う安全評価など。▷ピアは「同僚」の意。

ピーアール【PR】(public relations) ①会社や官公庁などが事業内容や施策などを一般に広く知らせること。②売りこみ。宣伝。

ビーカー【beaker】円筒形で注ぎ口のあるガラス製容器。化学実験に多く使う。

ビーガン【vegan】新 より厳格な菜食主義者。卵や乳製品だけでなく、動物由来のものは衣類なども避ける。

ピーカン 直射日光の当たる快晴の状態。ぴいかん。▷屋外撮影現場の俗語から。

ピーク【peak】①山の頂上。山頂。峰(みね)。②物事の程度の最高の時。最高潮。

ピーク アウト【和製 peak ＋ out】(業績や株価などが)頂点を過ぎること。落ち目。

ピーク カット【和製 peak ＋ cut】電力需要における最大時の需要を抑制すること。

ピーク シフト【和製 peak ＋ shift】最大時の需要を他の時間帯に分散させること。おもに電力需要についていう。

ビークル【vehicle】①乗り物。特に、自動車。②輸送手段。輸送機関。③伝達手段。媒体。特に、媒体の銘柄。

ヒ

ビーグル【beagle】イヌの一品種。イギリス原産。頭は半球状で大きく、長く垂れた耳をもつ。毛は短くなめらか。ウサギ猟に用いられていた。

ピー コート【pea coat】厚手ウールの、ダブル前、腰丈のコート。元来は船員などが着る防寒用コート。色はネイビー-ブルーが一般的。ピー-ジャケット。▷ pea は錨(いかり)の爪(つめ)の意。

ピーコック【peacock】孔雀(くじゃく)。

ビーコン【beacon】位置・方位・情報などを知らせる設備や装置。航路や航空路の標識、無線標識、VICS(道路交通情報通信システム)、回転灯、雪崩ビーコンなどがある。

ビーズ【beads】球形・管形などの小さな、色とりどりのガラス玉。糸でつないで、婦人服の飾りや手芸品にする。

ピース【peace】平和。

ピース【piece】①一切れ。小片。セットになったもののうちのひとつ。②中指と人差し指を立てて作るサイン。ピース-サイン。

ビースト【beast】動物。けだもの。野獣。

ヒーター【heater】①熱を発生させる装置。発熱器。放熱器。電熱器。②暖房装置。暖房器具。

ピータン【皮蛋】アヒルの卵を殻のまま、木灰・泥・塩に漬けたもの。黄身は濃緑褐色、白身は半透明褐色。中国料理に用いる。▷中国語。

ビーチ【beach】浜辺。海辺。なぎさ。

ピーチ【peach】①桃(もも)。②桃の果実のようなごく薄い黄赤色。

ビーチ グラス【beach glass】新 ⇨シー-グラス

ビーチコーミング【beach-combing】海岸に打ち上げられた漂着物を観察・収集すること。

ビーチ スポーツ【beach sports】沿海で行うスポーツの総称。ビーチ-バレー、トライアスロン、サーフィンなど。

ビーチ テニス【beach tennis】砂浜で行うテニスのような競技。パドルと呼ばれる専用のラケットを用いる。コートはビーチ-バレーと同じ大きさ。バドミントンのようにバウンドなしでボールを打ち合う。

ビーチ バレー【beach volley-ball】砂浜で行うバレーボール。通常は2人制。ルールは6人制とほぼ同じ。少し重いボールを使用。

ビーチ フラッグス【beach flags】ライフセービング競技(サーフ種目)の一。複数のプレーヤーがスタート-ライン上で後ろ向きにうつぶせになり、スタートの合図とともに起き上がって走り、人数より少なく置かれた20

前方の旗を奪い合う。→ライフセービング

ビーチ ヨガ【beach yoga】砂浜で行うヨガ。

ヒート【heat】①熱。熱気。多く他の外来語に付いて用いられる。②競技会の予選。または一試合。

ビート【beat】①水泳で、足で水を打つ動作。クロール泳法のばた足など。②音楽で、拍。拍子。特にジャズ・ポップスで、強調されている拍子。③干渉のために生ずる音波のうなり。

ビート【beet】アカザ科の一、二年草。地中海沿岸地方原産。根は円錐(えんすい)形に肥大して径10～20cmとなる。根に糖分が多く、一般には砂糖原料用に育種されたサトウダイコンをさす。

ピート【peat】泥炭(でいたん)。

ヒート アイランド【heat island】都市部を中心にした高温域。風の弱いときに顕著になり、周辺地域よりも高温の空気が都市域をドーム状におおう。都市化に伴う地表面の人工的改変、大量のエネルギー消費などで熱がたまることがその成因。熱の島。▷気温分布図に等値線が島の形を描くことから。案 都市高温化

ヒート アップ【heat up】議論・試合などが白熱すること。

ヒート ガン【heat gun】熱風を出す工具。乾燥、加工などに用いる。ヒーティング-ガン。ホット-ガン。

ヒート ショック【heat shock】①急激な温度変化が身体に及ぼす影響。血圧の急変動や脈拍が速くなるなど。②食品などの温度変化による品質変化。

ヒート シンク【heat sink】コンピューターのCPUなどから発生する熱を吸収・発散させるための金属板。熱だめ。

ヒート ポンプ【heat pump】低温の物体から高温の物体へ熱を運ぶ装置。冷暖房などに応用。熱ポンプ。

ビート メーカー【beat maker】⇨トラック-メーカー

ピート モス【peat moss】ミズゴケが堆積してできた泥炭。透水性・保水性がよく、園芸用資材として利用。

ビートル【beetle】①カブト虫。②ドイツのフォルクスワーゲン社製の車種の一つの俗称。

ビードロ【ポルトガル vidro】①ガラスの古称。②首の長いフラスコ状の玩具。吹くと底部が凹んで、ポピンポピンと音がする。

ピートロ 豚の頬(ほお)から肩にかけての肉。豚(とん)トロ。▷ポーク(pork)の頭文字pに、マグロ肉のとろを掛け合わせた呼称。

ビーナス【Venus】①ローマ神話の菜園の女神ウェヌスの英語名。のちギリシャ神話の美と愛の女神アフロディテと同一視され

ヒ

た。②金星(きんせい)。

ビーバップ【bebop】 ⇨ビバップ

ピーピング トム【Peeping Tom】のぞき見をする人。出歯亀。▷夫の過酷な税とりたてを止めさせようと、裸で街を歩き訴えたゴディバ領主夫人を盗み見し、盲目になった男の故事(イギリス)から。

ヒーブ ⇨HEIB

ビーフ ジャーキー【beef jerky】牛の乾燥肉。

ビーフ ストロガノフ【beef stroganoff】ロシア料理の一。牛肉をサワー-クリームのソースで煮込んだ料理。

ピープル【people】人々。人民。国民。

ビーフン【米粉】粳(うるち)米の粉でつくった中国の麺(めん)の一種。▷中国語。

ビーム【beam】①建造物の梁(はり)。②光や電子の流れの束、または電波の束。

ビームフォーミング【beam-forming】無線通信において、電波を特定方向かつ集中的に発すること。またその技術。

ヒーメン【ドイツ Hymen】 処女膜(しょじょまく)。

ヒーラー【healer】心身の癒しを促す働きかけを行う人。

ピーラー【peeler】野菜やくだものの皮むき器。

ヒーリング【healing】心身に働きかけて生命力・自己治癒力を引き出し、治癒・回復を促す活動。癒し。

ピーリング【peeling】 ⇨ケミカル-ピーリング

ヒール【heel】①靴のかかと。②卑劣な奴。悪役。

ビール【オランダ bier】麦芽を原料としてつくる苦みのあるアルコール飲料。麦芽(主に大麦)の糖化液にホップを加えて低温で発酵させ、発生した炭酸ガスを混和したもの。ビア。

ピール【peel】①皮をむくこと。②果物、特に柑橘(かんきつ)類の皮。

ビール掛け 日本のプロ野球で優勝したチームの選手や監督、コーチなどが、互いにビールを掛け合って祝うイベント。

ビールス【ドイツ Virus】 ⇨ウイルス

ヒール スリッパ【heel slipper】踵(かかと)のついたスリッパ。

ビールテースト飲料 アルコール分をほとんど含まない(1%に満たない)ビール風飲料。ビールからアルコール分を抜く製造法や、もともとアルコール発酵を抑える製造法などがある。

ヒーロー【hero】①英雄。勇士。②はなばなしい活躍をした人。③小説・演劇などで、男の主人公。→ヒロイン

ビーンズ【beans】豆類のこと。

ピエタ【イタリアPietà】画題の一。キリストの遺体を膝に抱いて悲しむ聖母マリアの図像。嘆きの聖母像。▷哀れみ・敬虔の意。

ヒエラルキー【ドイツ Hierarchie】ピラミッド形に上下に序列化された位階制の秩序あるいは組織。本来はローマ-カトリック教会における天使群の序列のこと。転じて教会組織の階層秩序をさすようになった。現在では軍隊や大組織の官僚制的秩序をいうことが多い。階層制。階統制。教階制。▷ヒエラルヒーとも。

ピエロ【フランスpierrot】①サーカスなどで、滑稽(こっけい)な格好でおどけたしぐさをし、人を笑わせる役の人。道化役者。②フランスのパントマイムに登場する代表的役柄。真っ白に塗った顔、白のだぶだぶの衣装を定型とする。③おどけたしぐさで人を笑わせる人。また、もの笑いの種になるだけの人。

ヒエログリフ【hieroglyph】①古代エジプト文字の書体の一。人・鳥・獣などを絵として表した象形文字で、神殿・墓・ピラミッドなどに使用された。聖刻文字。②古代エジプト文字の総称。1822年フランスのシャンポリオンによって解読された。

ビエンナーレ【イタリアbiennale】1年おきに開催する美術展覧会。▷2年ごとの意。→トリエンナーレ

ビオトープ【biotope】野生の動物や植物が共生できるように造成・復元された生息空間。日本では1990年代より、公園の造成・河川の整備などに取り入れられるようになった。㊟生物生息空間

ビオラ【イタリアviola】バイオリン属のアルト楽器。バイオリンよりやや大形のもの。室内楽・管弦楽の内声部を受け持つ。

ピカタ【イタリアpiccata】薄切りの肉を小麦粉と卵の衣で包み、油で焼いたイタリア料理。

ピカレスク小説【picaresque novel】16世紀半ば、スペインにおこりヨーロッパ中に流行した小説の様式。ならず者の冒険を描き、辛辣(しんらつ)に社会を風刺する。悪漢小説。悪者小説。▷スペイン picaro(ならずもの・悪漢)に由来。

ピギーバック【piggyback】①貨物を積んだトレーラーやトラックを鉄道車両に直接載せて輸送する方法。台車輸送。②同一コマーシャル時間枠の中で、複数の商品広告をすること。

ピギー バンク【piggy bank】豚の形をした貯金箱。

ビギナー【beginner】初心者。

ビギナーズ ラック【beginner's luck】賭(か)け事などで、初心者が往々にして得る幸運。

ビキニ【bikini】胸と腰の部分がそれぞれ分かれた海水着。

ピクシー カット【pixie cut】女性の髪形の一。極端なショート-カット。▷ピクシーは妖精の意。1960年代に流行したヘアスタイル。

ピクセル【pixel】画像を構成する最小の単位要素。画素。

ピクチャー【picture】絵。絵画。

ピクトグラフ【pictograph】①絵文字。象形文字。②絵を用いた統計図表。▷ピクトグラムとも。

ビクトリー【victory】勝利。

ピクニック【picnic】野山などに出かけて遊ぶこと。遠足。

ピグマリオン【Pygmaliōn】ギリシャ伝説で、彫刻が巧みなキプロス島の王。自作の象牙の乙女像に恋したので、アフロディテがこれに生命を与えて妻にさせたという。

ピグマリオン効果 他者に対する期待が、結果としてその実現の方向に機能すること。▷Pygmalion effects。

ピクルス【pickles】西洋風の漬物。野菜・果実を酢や香辛料などを合わせた汁に漬けたもの。ピックルス。

ピケ ピケットの略。

ピケ【(フランス)piqué】畝(うね)を織り出した織物。多く木綿織物で、夏の帽子・服地などに使う。ピケ織り。

ピケット【picket】労働争議の際、労働者側がスト破りを防ぎ、また一般市民に訴えるために、事業所の入り口などに見張りを立てること。また、その見張り人。ピケッティング。ピケ。

ピコ【pico】単位に冠して10^{-12}すなわち1兆分の1の意を表す語。記号p

ピコ【(フランス)picot】編み物で縁飾りとして編む玉状の飾り。ピコット。

ピコピコ音 俗に、電子音のこと。初期のテレビ-ゲーム機における音楽や効果音のような音。

ビザ【visa】その外国旅行者が正当な理由と資格で旅行するものであることを証明する旅券の裏書き。通常、行先国の駐在領事が行う。入国査証。査証。

ピザ【(イタリア)pizza】小麦粉を練って広げた生地の上に、サラミ・チーズ・トマトなどをのせて焼いた食品。もとイタリアのナポリ地方のもの。ピッツァ。ピザ-パイ。

ピザ饅(まん) トマトやチーズなどを用いたピザ風の具材を、小麦粉の皮に包んで蒸し上げた中華饅頭(まんじゅう)。

ビジー【busy】①忙しいさま。多忙なさま。②コンピューター-ネットワークで、通信回線やサイトが混雑していて接続できない状態。

ビシソワーズ【(フランス)vichyssoise】ジャガイモを用いた冷製クリーム-スープ。▷ビシー風の意。

ビジター【visitor】①訪問者。②会員制の施設で、会員の同行あるいは紹介で、臨時に料金を払って施設を利用する人。③スポーツで、その試合の行われる場所を本拠地としないチーム。ビジティング-チーム。

ビジット【visit】①訪問。滞在。②訪れること。滞在すること。

ビジネス【business】①仕事。職務。②業務。実務。③営利活動。事業。④個人的な感情をまじえない、金もうけの手段としての仕事。

ビジネス インテリジェンス【business intelligence】企業が蓄積するデータ資産を、経営に役立つ情報として有効活用すること。また、収集法・分析法・意思決定法などの電子的技法の総称。BI。→データ-マイニング・データ-ウエアハウス

ビジネス クラス【business class】旅客機の席で、ファースト-クラスとエコノミー-クラスの中間のクラス。エグゼクティブ-クラス。

ビジネス ゲーム【business game】①ビジネスで必要とされる知識・技術などを疑似体験的に習得できる、ゲーム形式の研修プログラム。「—研修」②ビジネス上の競争。

ビジネス ジェット【business jet】企業または個人の事業活動に使用するための小型ジェット機。ビジネス-ジェット機。

ビジネス スクール【business school】①簿記など、商業事務を教える学校。②アメリカの大学で、経営学専攻の大学院。企業経営の実務教育を重んずる。

ビジネス センター【business center】①官庁・銀行・企業などが集中している都市の中心地区。②宿泊客の仕事に便宜をはかるためのホテル内の施設。

ビジネス チャット【business chat】新 業務上の連絡や情報共有などを目的とする、チャット機能をベースとした情報システム。またそのサービス。

ビジネス チャンス【和製 business＋chance】新事業の開始や新たな商談成立の機会。商機。

ビジネス トーク【business talk】①仕事のための会話。商談など。②転じて、感情などを交えずに、割り切って進める会話についてもいう。

ビジネス パーソン【business person】ビジネスマンである男女の総称。ビジネス-パースン、ビジネス-ピープルとも。

ビジネス プロセス アウトソーシング【business process outsourcing】⇨BPO

ビジネス ホテル【和製 business＋hotel】仕事で出張したビジネスマンを主な客とするホテル。機能的で比較的低料金。交通の便がよい所に立地する。

ヒ

ビジネス マナー【business manner】ビジネス上の礼儀や作法。名刺の交換、電話の応対、言葉遣い、報告・連絡・相談などの作法のこと。

ビジネスマン【businessman】①実業に携わる人。実業家。商売人。②会社員。特に、事務系の仕事をする社員。

ビジネス モデル【business model】利益を生み出す仕組み。特に、情報技術やインターネットを利用して、消費者や取引先とのアクセス手段・商品や行為の選択・決済・配送まで一連の経済行為をシステム化し、さらにそれをモデル化したものをさす場合が多い。

ビジネスモデル特許 電子商取引の仕組みなど、経済行為の方法に関する特許。アメリカでは1980年代から金融分野などで認められてきた。日本では、コンピューターを利用するビジネスの方法をソフトウエア技術として認めることで、特許法による保護を行なっている。正式には「ビジネスの方法」に対する特許法上の保護であることから、ビジネス方法特許という。

ビジネスライク【business-like】仕事とわりきって能率的にするさま。事務的。職業的。

ヒジャーブ【アラビア hijāb】イスラム教地域で女性がかぶるスカーフ、頭巾(ずきん)。ヒジャブ。ヘジャブ。

ビジュ 新 ▷ビジュアルの略。①容姿。外見。見た目。②キービジュアルの略。商品やサービスの象徴として制作するイラストや写真などの図案。

ビジュアライゼーション【visualization】新 普通では見えないものを見えるようにすること。可視化。見える化。

ビジュアル【visual】①視覚に訴えるさま。視覚的。②見た目がよいさま。③キー-ビジュアルの略。

ビショップ【bishop】①キリスト教会の聖職位の一。司教。主教。監督。②チェスのこまの種類の一。将棋の角行に当たる。

ビジョン【vision】①将来のあるべき姿を描いたもの。将来の見通し。未来像。未来図。構想。②幻想。幻影。まぼろし。③視覚。視力。視野。④見えるもの。光景。ありさま。案 展望

ピジン【pidgin】通商のために中国・東南アジアなどで発達した、英語と中国語などの混成語(ピジン-イングリッシュ)。また、世界各地で、異言語間のコミュニケーションに際して生まれた同様の混成語についてもいう。→クレオール

ヒス ヒステリーの略。

ビス ⇨BIS

ビス【フランス vis】小ねじ。特に、金属

接合などにナットと組み合わせて用いる小形のねじ。

ビズ【biz】商売。職業。業界。「ショー-―」▷ business から。

ビスキュイ【フランス biscuit】新 小麦粉にバター・卵・牛乳などを加えて焼いたフランス菓子の総称。ビスケット・クッキー・クラッカーなど。

ビスク【フランス bisque】海老(えび)・蟹(かに)など甲殻類を主材料にして煮詰めてつくる濃厚なスープ。

ビスケット【biscuit】小麦粉に牛乳・卵・砂糖・バターなどを加えて一定の形に焼いた菓子。

ビスコース【viscose】セルロースと水酸化ナトリウムとの反応生成物(アルカリセルロース)に二硫化炭素を反応させて得たセルロースキサントゲン酸ナトリウムを、水あるいは薄い水酸化ナトリウム水溶液に溶かした粘度の高い黄赤色のコロイド溶液。レーヨンやセロファンの製造原料。

ビスタ【vista】①見通しのある場所。特に、両側に山や並木などがある狭長な見通し。②眺め。見晴らし。展望。

ピスタチオ【イタリア pistàcchio】ウルシ科の落葉樹。中央・西アジア原産。種子の殻は白色でかたく、中にある緑色または黄色の実を食用にする。

ヒスタミン【histamine】動物の組織内に広く存在する化学物質。普通は不活性状態にあるが、けがや薬により活性型となり、血管拡張を起こし(発赤)、不随意筋を収縮する。またかゆみや痛みの原因となるともいわれる。過剰に活性化されるとアレルギー疾患の原因となる。

ビスチェ【フランス bustier】肩ひものないブラジャー。また、同型の上着。ビュスチェ。ビュスチエ。

ヒステリー【ドイツ Hysterie】①神経症の一。精神的な原因で、運動麻痺(まひ)・失声・痙攣(けいれん)などの身体症状や健忘・痴呆などの精神症状を示すもの。②精神的な原因で一時的に生じる病的興奮状態の通称。ヒス。③虚栄心が強く、感情が変わりやすく暗示にかかりやすい性格。

ヒステリシス【hysteresis】一般に、物質や系の状態が、それまでたどってきた経過に依存する現象。特に、磁気ヒステリシスをさすが、他に、誘電分極や弾性体のひずみなどにもみられる。

ヒステリック【hysteric】ヒステリーのようなさま。

ピスト【フランス piste】①飛行機の滑走路。②フェンシングの試合を行う演台。③(スポーツの)競技場。トラック。馬場。ゲレンデ(スキーの滑降コース)。④ブレーキや変速装置のない、固定ギアの自転車。多く、競輪やトラック競技などで使用される。微妙なスピー

ヒ

ド調節が可能だが、急停止が難しい。ピスト-バイク。ピスト-レーサー。トラック-レーサー。トラック-バイク。

ヒストグラム【histogram】統計資料の度数分布図の一。横軸に階級を、縦軸に度数を取り、度数分布の状態を長方形の柱で表したグラフ。柱状グラフ。

ヒストリー【history】歴史。

ヒストリック【historic】新 歴史的に価値があるさま。歴史に残るさま。

ピストル【pistol】拳銃(けんじゅう)。短銃。

ビストロ【フランス bistro】小さなフランス料理店。

ピストン【piston】①蒸気機関・内燃機関などのシリンダー内を往復運動する、円柱形または円盤状の部品。②金管楽器の管長を調節し、音高を変えるための装置。③(何度も)往復すること。繰り返すこと。「—輸送」

ヒスパニック【Hispanic】アメリカ合衆国で、スペイン語を母語とするラテン-アメリカ系住民。

ビスフェノール エー【bisphenol A】ベンゼン環２個からなる化合物。エポキシ樹脂やポリカーボネートなどの原料として広く利用されてきた。BPA。▷内分泌攪乱(かくらん)物質としての懸念があり、人体への影響についての議論がなされている。

ビスマス【bismuth】15族(窒素族)元素の一。元素記号Bi 原子番号83。原子量209.0。早くから単体として知られた。やや赤みを帯びた銀白色の金属。電気伝導性・熱伝導性は金属中で非常に小さい。融点が低く、易融合金の材料にする。

ピタ【pita】平たく、内部に空洞がある中東・地中海諸国のパン。半分にしてポケット状にし、具をはさんで食べる。ピタパン。

ビター【bitter】苦いさま。苦味の利いたさま。

ビターズ【bitters】各種の植物の根・皮などをアルコールに漬けて成分を浸出させた、強い苦みと芳香をもつリキュール。カクテルなどの香味づけに使う。ビタース。ビター。

ビタミン【ドイツ Vitamin】栄養素の一。生物の正常な発育と栄養を保つ上で、微量で重要な作用をする有機化合物の総称。普通、動物の体内では生成されず、外界から摂取しなければならない。不足すると特有の欠乏症状が現れる。脂溶性ビタミンと水溶性ビタミンに大別される。

ピチカート【イタリア pizzicato】⇨ピッチカート

ピッキング【picking】①物流において、物品を保管場所から取り出したり、配送先ごとに仕分けたりする作業。②弦楽器で、弦をピックで弾く演奏法。→ピック③針金状の専用工具を使って、不法にドアを開錠すること。また、その手法で行う窃盗。

ビッグ【big】大きいさま。また、外来語の名詞の上に付いて、「大きい」「重要な」「大規模な」などの意を表す。

ピック【pick】①つるはし。②ピッケルのつるはし状の部分。③ギターなどの弦をはじくための爪(つめ)。義甲。義爪(ぎそう)。

ピックアップ【pickup】①拾い上げること。選び出すこと。②信号や情報を取り出す装置。エレキ-ギターでは弦の振動を電気信号に変換する装置、光ディスクではレーザーで盤面の情報を読み取る装置、またレコード-プレーヤーではレコードの溝から音声を再生する装置など。③ラグビーの反則の一。スクラムやラックの中のボールを手で拾い上げること。④セダンに似た前席を備え、ボディー外板を運転台と一体に作られた小型無蓋(むがい)トラック。

ビッグ エア【big air】Xスポーツで、プレイヤーが巨大な坂を滑走してジャンプ台から飛び出し、空中で繰り出す技の出来を争う種目。BMX・スケートボード・スノーボード・スリースタイル-スキーなどで行われる。

ビッグ エア【big air】新 スノーボード、フリースタイルスキー、BMX、スケートボードなどの一種目。急斜面を滑走したのち、ジャンプ台から空中に飛び出し、宙返りやひねりなどの空中演技を競う。

ビッグ クラブ【和製 big＋club】サッカーで、世界有数の名門クラブ-チームをいう語。

ヒッグス粒子【Higgs boson】標準理論が成り立つ場合に、全ての素粒子に質量を与える素粒子。この粒子が空間を埋め尽くしていて全てのクオーク、レプトン、ゲージ粒子はこの粒子との相互作用によって質量を得ると考えられる。ヒッグス-ボソン。

ビッグ データ【big data】インターネット上に存在する膨大なデータ(特に非構造化データ)を迅速に収集・分析することで、ビジネスや学術などに有用な知見を得ようとする考え方。また、その分析対象となる膨大なデータ。

ビッグ テック【Big Tech】新 巨大IT企業。テックジャイアントとも。

ビッグ バン【big bang】①宇宙の初めに起こり、現在の膨張宇宙に至ったと説く、大爆発のこと。この説では、宇宙が有限時間の過去において非常に高温・高密な状態から爆発的に膨張を始めたとし、急激な温度降下の過程で素粒子の生成・分化の経過を解明することを試みる。膨張宇宙・宇宙背景放射はビッグ-バンを裏づける観測結果と考えられている。②日本の金融市場の活性化を目的とする、金融分野の規制緩和、完全自由化を中心とした大規模な改革の俗称。

ビッグ バンド【big band】多人数で編成した大型のジャズの楽団。

ビッグ ビート【big beat】テクノとロックが融合した音楽ジャンル。1990 年代中期より発生。日本ではデジタル-ロックともよんだ。

ピック病 退行変性疾患の一。前頭葉、側頭葉、頭頂など、脳葉が限局的に萎縮(いしゅく)する。パーソナリティー障害、認知障害、言語障害、感情障害、行動異常、判断力障害などがみられる。50 歳代に好発し、若年性認知症の原因疾患の一つとされる。▷チェコの精神科医ピック(Arnold P. Pick [1851～1924])が 1898 年に初めて症例を報告したことから。

ビッグ ベン【Big Ben】イギリス国会議事堂の時計塔に設置された巨大な時鐘。1856 年鋳造。重さ 13.5 トン。15 分ごとに時を告げる。時計塔の名称はエリザベス塔と 2012 年に改称。▷初代の時鐘設置委員長ベンジャミン＝ホール(Benjamin Hall)の愛称から。

ビッグ マウス【big mouth】大口をたたくこと。また、大口をたたく人。

ピッケル【ドイツ Pickel】登山用具の一。鋼鉄製の鋭いつるはし状の金具のついた杖。氷雪上に足場を切ったり、体を支えたりするのに使う。アイス-アックス。

ヒッコリー【hickory】クルミ科の落葉高木。約 20 種あり、北アメリカ・中国に分布。種子はナッツとして食用。材を器具の柄などに使う。

ピッコロ【イタリア piccolo】木管楽器の一。音はフルートより 1 オクターブ高く、音色は鋭く透明。▷小さいの意。

ピッチ【pitch】①同じことを続けて行う場合や一定の間隔で繰り返して行う場合の速度や回数。はやさ。②球を投げること。ピッチング。③音の高さ。音高。高低。④プロペラ・スクリューやねじなどが 1 回転したときに進む距離。⑤歯車の歯と歯の間の長さ。⑥登山で、休憩から休憩までの区間。また、岩登りで、一つの確保点から次の確保点までの間。⑦サッカー・ホッケーなどの競技場で、ラインで囲まれた競技を行う場所。フィールド。

ピッチ【pitch】コール-タール・原油などの蒸留残渣(ざんさ)。黒っぽい粘着性のある物質。防水・屋根材料、電極材、電気絶縁材、炭素繊維の原料、道路舗装などに用いる。タール-ピッチ。
ピッチカート【イタリアpizzicato】バイオリンなどの弦楽器で、弓を使わず指で弦をはじく奏法。ピチカート。
ピッチ クロック【pitch clock】新 野球の時間制限ルール。試合時間を短くする目的で設けるもの。米大リーグでは2023年より導入。▷大リーグの場合、投手が捕手からの返球を受けてから投球動作までの時間が15秒(走者なし)または20秒(走者あり)以内と設定されており、超過した場合はボールが宣告される。このほか打者に対する規則などもある。
ヒッチ ハイク【hitchhike】通りすがりの自動車に便乗させてもらいながら目的地まで行く無銭旅行。
ピッチャー【pitcher】投手。
ピッチャー【pitcher】(取っ手のついた)水差し。
ピッツァ【イタリアpizza】⇨ピザ
ヒット【hit】①野球で、打者が守備側の失策や野選によらず、塁に出ることができる打球。ベース-ヒット。安打。②(映画やレコードなど)発表したものが多くの人の支持を受けること。③ボクシングで、パンチが命中すること。④釣りで、魚が餌(えさ)に食いつくこと。当たり。⑤アーチェリーで、標的に命中すること。
ビット【bit】①二進法で用いられる数字の0または1。②情報量を示す単位。真・偽を表現するための最小の単位。→バイト ▷binary digitの略。
ピット【pit】①穴、凹みの意。②陸上競技の跳躍種目で、競技者が着地する砂場またはマット。③自動車レース場の、タイヤ交換や給油などをする整備所。④ボウリングで、倒れたピンが落ち込むレーン後方の穴。
ビットコイン【bitcoin】新 インターネット上で利用できる仮想通貨の一。ブロックチェーン(分散型公開台帳)技術を用いることで、利用者間の直接取引を可能にする。Satoshi Nakamotoを名乗る人物が発表した論文(2009年)に基づく仕組み。通貨記号はBTC、またはXBT。

アップデート ビットコインを始めとする仮想通貨ですが、現状では投機対象としての注目度が高く、決済手段としての利用実態がまだ少ない現状もあります。そこで各国の通貨当局の間では、法定通貨との混同を避ける意図もあり、これらを「仮想通貨」ではなく「暗号資産」(Crypto Asset)と呼ぶ動きが広がり、日本でも2019年(令和1)法改正によって「暗号資産」への改称を行いました。

ピット サービス【和製pit+service】自動車の保守作業を提供するサービス。日常的な点検

ヒ

や修理、オイルやバッテリーなどの交換、部品の取付け、車検などを受け付ける。

ビット マップ【bit map】情報を、メモリー上のビットのパターンとして表現する手法。画像表示などに利用される。

ビット レート【bit rate】単位時間当たりに処理あるいは送受信できるデータ量。通常は1秒間当たりのデータ量bps(ビット毎秒)で表す。転送レート。

ヒッピー【hippie】自然への回帰を主張し、伝統・制度など既成の価値観にしばられた社会生活を否定する青年集団。1960年代後半、アメリカの若者の間に生まれ、世界中に流行した。

ヒップ【hip】尻(しり)。腰まわり。また、その寸法。

ヒップスター【hipster】(主にサブ-カルチャーの分野で)流行の先端を行く人。▷1950年代はジャズ-ファンを、2000年代以降は都会に住みサブ-カルチャーを好む中産階級の若者を指した。

ヒップ ホップ【hip-hop】1980年代、ニューヨークに住む黒人の若者たちによってつくられた音楽やダンスなどのサブカルチャーのスタイル。DJ・ラップ・ブレーク-ダンス・グラフィティ-アートなどから成り立つ。→DJ・ラップ・ブレーク-ダンス

ビデ【フランス bidet】女性用局部洗浄器。

ビデオ【video】①映像。特にテレビジョンで、オーディオ(音声)信号に対して、画像をいう。②ビデオテープ-レコーダー・ビデオ-カセットなどの略。

ビデオ オン デマンド【video on demand】視聴者の要求に応じて番組が視聴できる仕組み。回線に接続されたコンピューターの大容量記憶装置に番組を記憶させるなどの方法による。

ビデオカード【videocard】コンピューター(パソコン)から映像を出力するための回路をもつ基盤。グラフィック(ス)-カード。グラフィック(ス)-ボード。ビデオ-ボード。

ビデオ会議 ⇨テレビ会議

ビデオ キャプチャー【video capture】映像情報をコンピューターに取り込んで、デジタル情報にすること。→キャプチャー

ビデオ クリップ【video clip】ポップスの新曲などを売り出すために製作されたテレビ向け宣伝用ビデオ。

ビデオ ゲーム【video game】家庭用ゲーム機で行うゲーム。パソコンを用いるPCゲーム(PC game)に対比していう。→テレビ-ゲーム

ビデオ判定 スポーツ競技で審判による判定が難しい場合、録画した映像を利用して判定を行

う方式。→チャレンジ

ヒトカラ 俗に、カラオケ-ボックスを一人だけで利用すること。一人カラオケ。独りカラオケ。

ヒト ゲノム【human genome】ヒトの全遺伝情報のこと。約30億塩基対のDNAからなる。1990年以降、ヒト-ゲノムの塩基配列をすべて解読する計画が、アメリカ・ヨーロッパ・日本などで進められ、2003年解読の完了が宣言された。→ゲノム・DNA

ビニール【vinyl】ビニル樹脂・ビニル繊維などでつくった製品の総称。

ビニール傘 ビニール-シートを貼った雨傘。

ビニール ハウス【和製 vinyl＋house】合成樹脂材・金属パイプなどで骨組みをつくり、その上を透明なビニールで覆った温室。野菜・花の促成栽培に用いる。

ピニオン【pinion】①ラック②にかみ合う小歯車。②歯数の異なる二つのかみ合う歯車のうち小さい方の称。

ピ逃げ 新 出席の確認だけを済ませて講義や授業を抜け出すこと。ピー逃げ。▷出席確認用の装置に学生証などをかざした時に、ピッなどの電子音が鳴ることから。

ビニル【vinyl】①ビニールに同じ。②「ビニル樹脂」「ビニル繊維」の略。

ビネガー【vinegar】林檎(りんご)酒・ワイン・蒸留アルコールなどでつくった西洋酢。

ビネグレット ソース【vinaigrette sauce】酢・油・塩・胡椒(こしょう)を合わせたドレッシング。ビネグレット-ソース。フレンチ-ドレッシング。

ピノノワール【フランス Pinot Noir】ブドウの一品種。フランスのブルゴーニュ地方で多く栽培され、赤ワインの原料にされる。

ビバ【イタリア viva】万歳。

ビバーク【フランス bivouac】登山で、露営すること。野宿。

ビハインド【behind】球技などで、リードされていること。→アヘッド

ビバップ【bebop】1940年代に起こったジャズの新たな流れ。従来のスイング-ジャズより小人数編成で演奏され、アド-リブを重んじ高い音楽性を持つ。パーカー・ガレスピー・パウエルらに代表される。バップ。

ビバレッジ【beverage】(水以外の)飲料。ベバレッジ。

ビビッド【vivid】生き生きしているさま。鮮やかなさま。

ビビンバ 米飯の上に野菜の和え物を中心とした種々の具をのせて食べる朝鮮料理。ピビンパプ。ビビンパ。▷朝鮮語。

ビビン麺(めん) 朝鮮料理の一。ジャガイモやそば粉などで作った

ヒ

麺、肉・キムチ・野菜などの具、コチュジャン(唐辛子味噌)ベースのたれを混ぜ合わせて食べる。冷麺(水冷麺)と異なり、スープは入らない。ビビン冷麺。▷ビビンは朝鮮語で「混ぜる」の意。

ビブ【bib】①よだれ掛け。胸当て。② ⇨ビブス

ビブス【bibs】スポーツ競技などで、人物やチームを識別できるよう、選手が着用する布。チーム別に色分けして番号を記したベスト(胴着)やランニング-シャツ状のものなどがある。ビブ。▷ bib の原義はよだれ掛け、胸当ての意。

ビブ ナンバー【bib number】競技会において、各々の参加者に振り分けられる固有の番号。ビブスに記すことから。→ビブス

ビブラート【イタリア vibrato】歌唱や楽器演奏で、音の高さをわずかに連続的に上下させ、震えるような音色を出すこと。

ビブラフォン【vibraphone】打楽器の一。鉄琴の一種で、各音板につけた金属性の共鳴筒中の円板をモーターで回転させ、音にビブラートをつけるもの。ビブラフォーン。バイブラフォーン。バイブ。

ビブリオ【ラテン Vibrio】グラム陰性桿菌(かんきん)の一群。一端に 1 本の鞭毛(べんもう)がある。水中に多く存在。コレラ菌・腸炎ビブリオなど。

ビブリオグラフィー【bibliography】①書誌学。②参考文献目録。

ビブリオ バトル【和製 biblio＋battle】新 本を紹介するコミュニケーションゲーム。参加者がそれぞれ自分が読んで面白いと思った本について紹介し、参加者全員でディスカッションする。参加者全員の本の紹介とディスカッションが終わった後、一番読みたいと思った本(チャンプ本)を投票で決める。▷ biblio は「書籍」、battle は「議論」の意。2007 年(平成 19)京都大学の研究室で谷口忠大によって考案された。

ヒブ ワクチン【Hib vaccine】乳幼児が罹患する細菌性髄膜炎の原因菌に対する、不活化ワクチン。Hib ワクチン。▷原因菌であるヘモフィルス-インフルエンザ菌 b 型 Haemophilus influenzae type b の頭文字から。

ビヘイビア【behavior】行動。振る舞い。

ピペット【pipette】分析用化学実験器具の一。一定体積の液体を正確に採取するために用いる。先端が細く中央部がやや太い目盛り付きのガラス管製で、上端に口またはゴム-キャップをつけて試薬を吸い上げる。

ピボット【pivot】①先が円錐状に細くなり、丸みをおびている軸。時計などに使われる。②片足を軸にし、他方の足を動かし

て体を回転させること。③ゴルフで、バック-スイングのとき、脊柱を軸として腰から上を右へひねること。④ボートのオールの握りと幹との中間にある、オール受けと接触する部分。⑤方向転換。路線変更。⑥スプレッドシートなどで、集計の見せ方を変えること。また、その表示。⑦ディスプレーの表示画面を90度回転させること。

ビヤ ガーデン【beer garden】庭園やビルの屋上など、屋外でビールを飲ませる店。

ヒヤリハット 俗に、大事故に繋(つな)がりかねないミスの総称。直前・直後に回避したミスや、幸い被害が小さかったミスなどをさす。医療・建築の現場など、生命上の安全性が求められる分野で多く使われる。▷ヒヤリとしたり、ハットしたりすることから。

ヒヤリング【hearing】⇨ヒアリング

ピュア【pure】①まじりけがなく純粋なこと。また、そのさま。②清純なこと。高潔なこと。また、そのさま。▷ピュアーとも。

ビュー【view】①見晴らし。眺め。景色。眺望。②意見。見解。③見ること。視聴すること。④表示画面。表示機能。参照機能。

ビューアー【viewer】①スライドを見るための簡単な拡大装置。透視鏡。②映画フィルムを拡大して見る小型の映画編集用装置。③コンピューターで、データやファイルの表示・閲覧専用のソフトウエア。

ヒューズ【fuse】電気回路にとりつけて、過大な電流が流れると、発生する熱で溶け、回路を遮断する、薄い板状あるいは細い線状の可溶合金。安全器などに用いる。▷フューズとも。

ビューティー【beauty】①美。②美人。

ビューティー テック【BeautyTech】新 美容分野に応用した情報通信技術。また、その技術を用いたビジネスやサービス。▷beauty(美)technology(技術)からの造語。

ビューティフル【beautiful】①美しいさま。きれいな。②すばらしいさま。みごと。

ヒューマニスト【humanist】①人道主義者。②人文主義者。

ヒューマニズム【humanism】人間中心、人間尊重を基調とする思想態度。「人間」の捉(とら)え方により種々の形態がある。人文主義。人道主義。マルクス主義的ヒューマニズムなど。

ヒューマノイド【humanoid】SFなどで、人間のような外形をした生命体やロボットのこと。人間型。→アンドロイド

ヒューマン【human】人間らしいさま。人間的。

ヒューマン エラー　【human error】人間が犯す誤りや失敗。機械やシステムの事故の原因が、人間のミスによる場合をいう。人的エラー。

ヒューマン キャピタル　【human capital】人的資本。労働者が有する生産に有用な能力を、物的資本と同等に扱っていう語。企業における人材を、適切な投資(教育・訓練など)によって価値が高まる存在ととらえていう。

ヒューマン ビートボックス　【human beatbox】人間の声だけで楽器やスクラッチの音を演奏するパフォーマンス。→ボイス-パーカッション

ヒューマン ライト　【human rights】人権。

ヒューマン リソース　【human resources】すぐれた研究員や熟練した労働者がもつ能力の経済的価値を、ほかの物的資源と同じように生産資源の一つとみなしていう語。人的資源(じんてきしげん)。

ビューラー　【Beaura】アイラッシュ-カーラーのこと。商標名。→アイラッシュ-カーラー

ピューリタン　【Puritan】①16世紀後半、イギリス国教会の宗教改革をさらに徹底させようとした国教会内の一派およびその流れをくむプロテスタント各派の総称。その一部は信仰の自由を求めて、17世紀前半に北アメリカへ渡った。清教徒。②極度に潔癖で、真面目な人。

ピューレ　【フランス purée】果実や野菜をすり潰(つぶ)し、裏ごしした汁を煮詰めた食品。トマト-ピューレなど。

ビューロー　【bureau】①事務所。営業所。案内所。②官庁などの、局・部・課。③引き出しつきの事務机。

ビューロクラシー　【bureaucracy】官僚政治。官僚制。

ヒュッゲ　【デンマーク hygge】居心地のよい雰囲気。またそこから生まれる幸福感や充足感。

ヒュッテ　【ドイツ Hütte】登山者やスキーヤーなどのための山小屋。

ビュッフェ　【フランス buffet】▷ブッフェとも。①駅や列車内の、簡易食堂。②パーティーなどで、立ったまま飲食する形式。③食べ放題。バイキング料理。

ピュリッツァー賞　アメリカの新聞人ジョセフ=ピュリッツァー(Joseph Pulitzer)の遺言により1917年に設けられた賞。毎年、報道・文学・音楽の各部門ですぐれた社会的功績をあげた作品に与えられる。ピューリッツァー賞。

ビヨンド　【beyond】新　他の言葉の上に付き「超えた」「以降の」などの意を表す。「—5G(ファイブジー)(＝第5世代移動体通信の次世代にあたる技術)」

ビラ　【villa】都市郊外や山中に

建つ住宅。別荘。

ピラティス【pilates】筋力トレーニングとストレッチを組み合わせた運動法。ヨガに似たゆったりとした動きと呼吸法で全身を鍛える。▷1920年代にドイツ人のジョゼフ=ピラティス(Josef Pilates)が創案。

ピラフ【フランスpilaf】米をバターでいためて、肉や野菜などの具を入れて塩・こしょうで調味し、スープで炊いた洋風ご飯。また、洋風の炒め飯にもいう。

ピラミッド【pyramid】①石または煉瓦(れんが)を積んでつくった四角錐の建造物。エジプト・スーダン・エチオピア・メキシコなどでつくられ、特にエジプトの王の墳墓群は有名。②転じて、少数の上位を多数の下位が支える構造。

ビラン【villain】悪役。悪党。▷日本では、アメコミなどに登場する悪役を指すことが多い。

ピリオド【period】①欧文など横書きの文につける終止符、「.」の符号。②運動競技などで、全体の時間の中での、あるまとまった一区切り。

ビリオネア【billionaire】億万長者。

ビリオン【billion】10億。

ビリケン【Billiken】①アメリカの福の神。1908年、アメリカの女流美術家が夢にみた神の姿をモデルにつくったものが世界的に流行したもの。頭がとがり眉(まゆ)がつりあがった裸像の後ろに、後光のようなものがついている。②頭のとがった人。

ビリジアン【viridian】酸化クロムを主成分とした青緑色の顔料。また、その色。

ビリヤード【billiards】ラシャ張りの長方形の台上で、いくつかの球をキューとよばれる専用の棒で撞(つ)いて楽しむゲーム。撞球(どうきゅう)。玉突き。

ビリヤニ【ヒンディーbiryani】新 茹でた香り米と、肉・野菜・スパイスを混ぜ合わせた具材を層状に重ねて蒸し上げた料理。インドを中心に親しまれる。ビリヤーニー。

ヒル【hill】丘。

ビル ビルディングの略。

ビル【bill】①かきつけ。勘定書。②手形。

ピル【pill】①丸薬。錠剤。②経口避妊薬(ホルモン剤の女性用の内服避妊薬)の俗称。

ビルイン 商業ビルやホテルなどの施設の中にある店。小売業で、繁華街などに多い出店形式。→フリー-スタンディング

ピルスナー【pilsner】下面発酵法で作られる淡色のビール。チェコのピルゼン地方の原産。まろやかな味と喉越し、きめ細かな泡などが特徴。ピルゼン-ビール。

ビルダー【builder】建築業者。建設業者。施工業者。

ヒ

ビルディング【building】鉄筋コンクリート造りの高層建築物。ビル。

ビルド【build】①組み立てること。建てること。築くこと。②カクテルをつくるとき、シェーカーなどを使わないで、材料を順に直接グラスに入れる方法。

ビルト イン【built-in】①(機械やシステムなどの中に)内蔵されていること。②(家具などの)作りつけ。

ビルドゥングス ロマン【ドイツ Bildungsroman】教養小説。主人公のさまざまな体験による自己形成の過程を描いた小説。ドイツ文学の伝統の一。ゲーテの「ウィルヘルム=マイスター」など。発展小説。

ビルボード【billboard】屋外広告のための、直立した板状の構造物。広告掲示板。

ビルボード【Billboard】アメリカの音楽業界誌。売り上げ、オンエア、配信再生回数によるヒット-チャートなどを掲載する。

ヒレ【フランス filet】①牛や豚の、背骨の内側の左右にある脂の少ない上等の肉。ヒレ肉。テンダーロイン。フィレ。②魚を3枚におろした片身。

ビレッジ【village】村。

ヒロイズム【heroism】英雄を崇拝し、英雄的行為を賛美する考え方。英雄主義。

ヒロイック【heroic】勇ましいさま。英雄的。

ヒロイン【heroine】小説・戯曲などの、あるいは実際の事件の女主人公。→ヒーロー

ピロー【pillow】枕。

ビロード【ポルトガル veludo】表面が毛羽・輪奈(わな)でおおわれた、滑らかな感触のパイル織物。ベルベット。

ピロー トーク【pillow talk】寝物語。睦言(むつごと)。

ピロシキ【ロシア pirozhki】ロシア風の肉饅頭(まんじゅう)。小麦粉の皮でひき肉・春雨・きのこ・卵・カニ・エビなどをいためた具を包み、揚げたりオーブンで焼いたりした料理。

ピロティ【フランス pilotis】建物の2階以上に室を設け、1階は柱を残して吹きさらしにしておく建築様式。また、その脚のような柱。建築家ル=コルビュジエの提唱。▷杭(くい)の意。

ヒロポン【和製 Philopon】覚醒剤、塩酸メタンフェタミンの商標名。法律により製造・所持・使用が禁止されている。

ピロリ菌【ラテン Helicobacter pylori】グラム陰性の桿菌(かんきん)。ヒトの胃粘膜より発見された。胃潰瘍(かいよう)、十二指腸潰瘍、慢性胃炎、胃癌(がん)との関連が指摘されている。ヘリコバクター-ピロリ。

ピン ①カルタ・さいの目などの1

の数。②第１番。最上等のもの。→キリ ③(１割をはねる意から)上前(うわまえ)。▷ポルトガル語 pinta (点の意)からか。

ピン【pin】①物を差しとめる針。②髪をはさみとめる小さな金具。③針で衣服などに留め付ける装身具。ネクタイ-ピン・ブローチなど。④機械で、ある部分を固定するために穴に差し通す細い棒。⑤ボウリングで、ボールの標的とする徳利(とっくり)形の標的。⑥ゴルフで、ホールに立てる旗竿(はたざお)。⑦電気・電子機器の接続に用いる金属端子。⑧靴底の滑り止めとして用いる突起。⑨⇨ヒンジ

ピンイン【拼音】中国語をローマ字で表音化したもの。1958年２月、中華人民共和国第一期全国人民代表大会で批准された漢語拼音方案に準拠して漢字の発音教育や辞書の配列順などに用いられている。▷中国語。

ピンガ【ポルトガル pinga】⇨カシャーサ

ピンキー リング【pinkie ring】小指にはめる指輪。▷ピンキーは小指の意。

ピン球 俗に、ピンポン球(だま)。

ピンク【pink】①淡紅色。②(日本での用法)色事や性的なものに関すること。色っぽいこと。

ビンゴ【bingo】①数字の付されている球や札を任意に一つずつ取り、その数字と手元のカードに描かれたます目の数字を一致させ、いち早く縦・横または斜めのます目がつながることを競うゲーム。②転じて、的中すること。また、何かが的中した時に発する感動詞。①の勝者が「ビンゴ」と宣言することから。

ヒンジ【hinge】上下左右には動かないが、回転は自由であるような材と材の接点または支点の状態。また、そのための機構。ちょうつがい。

ピンズ【pins】⇨ピン-バッジ

ピンストライプ【pinstripe】ごく細い線の縞模様。特に服地で、無地に極細の縦縞模様のもの。

ピンチ【pinch】さしせまった事態。危機。窮地。

ピンチ アウト【pinch out】新 タッチ-パネルを用いたインターフェースで、パネルに２本の指を置きながら、指先どうしの幅を拡げていく入力操作。表示画面の拡大などに用いる。ストレッチとも。

ピンチ イン【pinch in】新 タッチ-パネルを用いたインターフェースで、パネルに２本の指を置きながら、操作対象を摘(つ)まむように、指先どうしの幅を縮めていく入力操作。表示画面の縮小などに用いる。ピンチとも。

ピンチョス【スペイン pinchos】肉・魚・野菜などを、小さな串に刺し

たり、小さく切ったパンに乗せたりした食べ物。▷楊枝(ようじ)の意。

ビンテージ【vintage】①特定の地域あるいは特定の年のワイン。②醸造年入りの極上のワイン。ビンテージ-ワイン。③製造時期や型式による希少性があり、時間の経過とともに価値の高まった製品。

ヒント【hint】問題を解決したり、物事を理解するための手がかりとなるもの。暗示。示唆。

ピント ①カメラのレンズの焦点。フォーカス。②物事の要点。的(まと)。▷オランダ brandpunt から。

ピンナップ【pinup】ピンで留めて壁に飾る写真。特に、女性のヌードや水着姿のものなど。

ピン バッジ【pin badge】服や帽子、バッグなどにつける、裏に針(ピン)が突き出ているバッジ。装身具のほかキャンペーンの目印や、各種スポーツ大会、観光地などの記念品などに用いられ、収集する愛好家も多い。ピンズ。

ピンポイント【pinpoint】①限定された狭い地点。②正確な位置制御。▷「針の先」の意。

ピンホール【pinhole】針でついたほどの小さな穴。

ピンポン【ping-pong】卓球。ネットを張ったテーブルをはさんで競技者が相対し、ラケットでセルロイド製のボールを打ち合い得点を競う球技。

フ

ファー【fore】ゴルフで、打球の方向にいる人へ警告する際に用いる掛け声。フォア。

ファー【fur】毛皮。また、その製品。

プアー【poor】貧しいさま。貧弱なさま。

ファースト【fast】早いさま。

ファースト【first】①第1。1番目。また、第一級。多く他の外来語と複合して用いる。②野球で、一塁。また、一塁手。③他に優先し、第一に考えるという意を表す。「アスリートー」

ファースト クラス【first class】航空機・客船などで、設備・サービスの最もよい席。

ファースト ネーム【first name】(姓に対する)名。

ファースト バイト【first bite】①結婚披露宴で、新郎新婦がケーキに入刀した後、互いにそのケーキを食べさせ合うこと。フィーディングとも。②釣りで、最初の「あたり」のこと。▷バイトは「ひとくち」「ひとかじり」「ひとかみ」などの意。

ファースト フード【fast food】注文してすぐに供される食品。ハンバーガー・ホット-ドッグ・牛丼など。ファスト-フード。

ファースト ペンギン【first penguin】新 新しいことにいち早く挑戦する果敢な人。群れの中で他に先駆けて海に飛び込むペンギンの様子から言う。

ファースト ラン【first run】映画の封切り。

ファースト レディー【first lady】①大統領夫人。首相夫人。②ある分野で、指導的地位にある女性。

ファー トリム【fur trim】襟・袖口・フードなどの装飾として、部分的に毛皮を用いること。

ファー ブーツ【fur boots】毛皮で覆われているブーツ。

ファーマシー【pharmacy】薬局。薬屋。

ファーマシスト【pharmacist】薬剤師。

ファーム【farm】①農場。②プロ野球などの二軍。ファーム-チームの略。

ファームウエア【firmware】ハードウエアに組み込まれたソフトウエア。ROMなどに書き込んで使用することで処理の高速化と回路の単純化を図るほか、パソコンのBIOSなどのように、書き換え可能なデバイスを使用し、機器の基本性能の改善・拡張を図るものもある。

ファイ【phi; Φ・φ】⇨フィー(phi)

ファイア【fire】火。炎。多く外来語と複合して用いられる。ファイヤー。

ファイア ウォール【fire wall】①防火壁。②ネットワークへの、外部からの不正な侵入からコンピューターを守るための防御システム。③銀行・証券会社・生損保会社が他の業務に相互参入するにあたって、本来の業務における影響力を行使しての不公平取引や顧客情報の流用を防ぐための制限や規制。業務隔壁。

ファイター【fighter】①闘士。戦士。また、闘志のある人。②ボクシングで、果敢に相手に接近して攻撃をしかける選手。③戦闘機。

ファイト【fight】①戦い。試合。特に、ボクシングの試合。②ファイティング-スピリット。積極的に戦おうとする気力。敢闘精神。闘志。③スポーツで、「頑張れ」「しっかりやれ」などの意で用いる掛け声。

ファイナライズ【finalize】追記や書き換えが可能なCDやDVDで、ユーザーが追記などをすべて終えたことをディスクに記録すること。原則的にこれ以降は追記などができない代わり、再生専用機で読み出し可能になる。▷完結させる意。

ファイナリスト【finalist】試合や審査を勝ち進み、決勝戦に出場する資格を得た者や最終審査に残った者。

ファイナル【final】①おもに外来語の上に付いて、最終の、最後の、の意を表す。②スポーツで、最後の勝負。決勝戦。

ファイナンシャル【financial】財政・財務・金融などにかかわるさま。フィナンシャル。

ファイナンシャル アドバイザー【financial adviser】プロジェクト-ファイナンスにおいて関係者の利害を調整し、まとめ役となる金融機関。

ファイナンシャル プランナー【financial planner】個人の資産運用や生活設計に基づく資金計画などの指導・助言を行う専門家。FP。

ファイナンス【finance】①事業などを行うために必要な金。財源。資金。②事業や活動を行う資金の調達や管理。財政。財務。③資金を供給すること。金融。融資。

ファイナンス リース【finance lease】リース会社が使用者に購入した物件を賃貸し、その期間中に、リース料として、物件の取得費用や金利、手数料などの総額を回収する形態。

ファイバー【fiber】①繊維。糸状のもの。②植物の繊維や細胞壁などを構成する多糖類で、ヒトでは消化できないか、消化の困難な物質。セルロース・リグニン・ヘミセルロース・ペクチンなど。食物繊維。DF。ダイエタリー-ファイバー。③代用皮革の一種。木綿や化学パルプを塩化亜鉛の濃い溶液にひたして膠(にかわ)状にしたものを圧縮してつくる。バルカン-ファイバー。

ファイバースコープ【fiberscope】内視鏡検査に用いる器具。ガラス繊維を多数束ねて像を導き出す。細くて、柔軟性がある。

ファイブ アイズ【Five Eyes】新 UKUSA(ユークーサ;ウクサ)協定に基づいて、機密情報を共有する枠組みに参加する5か国の通称。英国・米国・カナダ・オーストラリア・ニュージーランドのこと。

ファイヤー【fire】⇨ファイア

ファイリング【filing】書類・新聞などを分類・整理して綴じ込むこと。

ファイル【file】①書類挟(ばさ)み。紙挟み。ホルダー。②書類・新聞・雑誌などを綴じ込んで保存すること。また、綴じ込んだもの。③コンピューターで、整理されたデータやプログラムの集まり。補助記憶装置に書き込むときの単位になる。

ファイル ボックス【file box】

書類を格納するための箱。

ファイン【fine】①みごとな。すばらしい。②精密な。微細な。

ファイン アート【fine art】コマーシャル-アートに対して、芸術的な意図のもとに制作される美術。

ファイン ケミカル【fine chemical】多品種・少量生産で機能性・付加価値が高く、複雑な構造の化学製品。医薬品、農薬、染料、油脂・界面活性剤など、幅広い用途をもつ。精密化学品。

ファイン セラミックス【fine ceramics】セラミックスのうち、耐熱性・耐薬品性・絶縁性・半導体性その他特定の機能を著しく向上させたもの。精密機械・半導体・医療用具などの材料として開発された。ニュー-セラミックス。

ファインダー【finder】①撮影範囲や焦点調整の具合をみるための、カメラののぞき窓部分。②大望遠鏡に平行に取り付けて目標の天体を探すための小型補助望遠鏡。案内望遠鏡。

ファイン プレー【fine play】スポーツで、すばらしい技。美技。妙技。

ファウル【foul】①競技で、規則違反。種目によって種類や扱いは異なる。②野球で、ファウル-ラインの外側にそれた打球。邪球。ファウル-ボールの略。→フェア

ファウル カップ【foul cup】股間(こかん)を守るために着用する防具。主に、野球の捕手や格闘技の選手が用いる。ファール-カップ。

ファウンデーション【foundation】⇨ファンデーション

ファウンドリー【foundry】主に半導体業界で、自社では設計せずに顧客からの設計データに基づいて製品を造る会社。受託生産会社。ファンドリー。→ファブ-レス

ファクシミリ【facsimile】写真・図表・文書などの画像を画素に分解し、それを電気信号に変換して通信回線を用いて伝送する方法。また、そのための装置。ファックス(fax)。

ファクター【factor】①ある物事や状態が生じるもとになったもの。要素。要因。因子。②数学で、因数。

ファクタリング【factoring】企業の売掛債権を買い取り、自己の危険負担で債権の管理・回収を行う金融業務。

アップデート 近年「給料ファクタリング」と称する闇金融が現れています。これは「給与の前払い」を名目に金を貸し出すサービス。業者は利用者から賃金債権(給与をもらう権利)を買い取り額面より安い金銭を交付して、給与支給後に利用者から額面どおりの金銭を回収します。2020 年(令和 2)には貸金業

フ

法違反で摘発される業者も現れました。

ファクト【fact】事実。実際。

ファクト シート【fact sheet】データ表。事実を示した印刷物。概況報告書。

ファクト チェック【fact check】新 事実確認。文書や発言の中に述べられた事柄が事実であるかどうかを確認すること。

ファクトリー【factory】工場。製造所。

ファゴット【イタリア fagotto】木管楽器の一。複リードで、円錐管を二つに折り曲げた構造をもつ。管弦楽で中低音部を担当する重要な楽器。音域は約３オクターブ半にわたる。バスーン。

ファサード【フランス façade】建物の正面。また、建物の外観を構成する主要な立面をもいう。

ファシア【fascia】新 内臓・筋肉・血管などの組織をおおう膜の総称。筋肉をおおう筋膜など。

ファジー【fuzzy】あいまいなさま。ぼんやりした様子。

ファシスト【fascist】①ファシズムを信奉する人。②イタリアのファシスト党の党員。ファシスタ。

ファシズム【fascism】第一次大戦後に現れた全体主義的・排外的政治理念、またその政治体制。一党独裁による国粋主義をとり、反共を掲げ侵略政策をしいた。イタリアのファシスト党に始まる。ファッショ。

ファシリティ【facility】①容易なこと。たやすいこと。②便宜。便益。③便宜を図るための設備や施設。

ファシリティ ドッグ【facility dog】新 病院などに常勤して、患者や家族に安らぎを与えられるよう訓練を受けている犬。

ファシリティ マネージメント【facility management】効率的な活動を行えるように、建築物の設備・人員組織などを総合的に管理すること。

ファシリテーション【facilitation】グループによる活動が円滑に行われるように支援すること。特に、組織が目標を達成するために、問題解決・合意形成・学習などを支援し促進すること。▷容易にすること・助長などの意。

ファシリテーション グラフィック【和製 facilitation＋graphic】新 ファシリテーションで、発言を言葉や図案などを用いて同時に表していくこと。またそれを表した図表。参加者が議論の現状を把握・共有するために作成する。グラフィックファシリテーション。ファシグラ。

ファシリテーター【facilitator】ファシリテーションを行う人。▷後援者・補助役・まとめ役の意。→ファシリテーション

ファスティング【fasting】断

食。絶食。

ファスト【fast】速い。素早い。多く、他の外来語と複合して用いる。

ファスト映画 新 映画を10分程度に編集し、結末を含む全編の内容を説明する字幕やナレーションを付けてインターネットなどで公開する動画。製作者・配給会社など著作権者に許可無く行われる海賊版の一種。ファストシネマ。▷2021年(令和3)に社会問題となった。ファストはfastから。

ファスト トラック【fast track】通常よりも迅速な処理を進める道筋。医薬品の優先審査制度など。

ファスト パッキング【fast-packing】登山で、通常より軽量の装備。より早く荷造り(パッキング)でき、機動性も増す。

ファスト ファッション【fast fashion】最先端の流行をいち早く取り入れ、それを安く提供する衣料販売チェーンの業態。また、そのようなファッション。SPA(製造小売り)であることが多い。ファースト-ファッション。▷ファースト-フードに倣(なら)っていう語。→SPA

アップデート 同語が新語・流行語大賞のトップテンに選ばれたのは2009年ですが、2022年ごろからは「ウルトラ-ファスト-ファッション」と称する概念も注目されるようになりました。これは実店舗を持たずに低価格の衣料品を販売するネット通販サービスのこと。中国発の通販サービスであるSHEIN(シーイン)がその代表とされます。

ファスナー【fastener】左右1列に布にとめつけた細かい金属あるいはプラスチックの歯を、かみ合わせたり離したりして開閉するもの。衣服や袋物などに用いる。チャック。ジッパー。

ファセット【facet】①宝石などの切子面。②物事の局面。

ファック【fuck】性交することを俗にいう語。

ファックス【fax】ファクシミリにより伝送すること。また、伝送されたもの。

ファッショ【イタリア fàscio】①イタリアのファシスト党。②転じて、ファシズム的な傾向をもつ団体・人物・運動などをさしていう語。▷束・団結の意。

ファッション【fashion】流行。はやり。多く、服装・髪形などについていう。また、単に「服装」の意でも用いられる。

ファッション ヘルス【和製 fashion＋health】個室で女性によるマッサージが行われる性風俗店。ヘルス。

ファッション ホテル【和製 fashion＋hotel】⇨ブティック-ホテル

フ

ファット バイク【fat bike】極太のタイヤを用いるマウンテン-バイク。雪上や砂浜などオフ-ロードでの走行に適している。

ファナティック【fanatic】①狂信者。②狂信的なさま。熱狂的なさま。

ファニー【funny】①おかしなさま。滑稽(こっけい)なさま。面白い。②奇妙なさま。不思議なさま。怪しい。

ファビコン【favicon】ウェブ-ページ用のアイコン。多くのウェブ-ブラウザーにおいてアドレス(URL)の隣りに表示される。▷favorite icon の略。

ファビュラス【fabulous】すばらしい。「—な装い」

ファブ【fab】新 ①製作。組み立て。▷ fabrication の略。「プレ—(=プレハブ)」②工場。主に建築鉄骨の製造工場や、半導体集積回路のファウンドリー(ファブレス企業による設計に基づいて生産を行う工場)を指す。▷ fabricator や fabrication facility などの略。

ファブリック【fabric】織物。編物。布地。繊維製品。

ファブ レス【和製 fabrication+less】工場をもたない製造業。半導体業界などで、付加価値の高い開発・設計だけを行い、製造は外部に委託するメーカーなどをいう。→ファウンドリー

ファブレット【phablet】新 画面の大きさが、スマートフォンとタブレット端末の間位のスマートフォン。▷電話(phone)とタブレット(tablet)の合成。およそ画面サイズが5インチから7インチ程度の製品をさす。→スマートフォン・タブレット端末

ファミキャン 新 ⇨ファミリーキャンプ

ファミコン テレビ-ゲーム用コンピューターの商標名。ファミリー-コンピューター。

ファミリア【familiar】①親しいさま。うちとけたさま。家族的。②よく知られているさま。普通であるさま。

ファミリー【family】①家族。一家。②族。群。

ファミリー セール【family sale】アパレルメーカーなどが社員・関係者・得意先などを招待して、自社製品を安価に販売するイベント。▷多くの場合、招待制をとる。

ファミリー ブランド【family brand】同一企業内で、類似する複数の商品やサービスを統括するために用いるブランド。統一ブランド。

ファミリー ホーム【和製 family+home】改正児童福祉法にもとづいて創設される、虐待などの理由から親元で暮らせない子どもを家庭的な環境下で養育す

る制度。一定の条件を備えた養育者の住居で、5、6 名程度の子どもが共に生活を送る。2009 年(平成 21)4 月施行。小規模住居型児童養育事業。

ファミリー ユース【family use】(個人用ではなく)家族用。

ファミリー レストラン【和製 family＋restaurant】家族連れで気楽に利用できるレストラン。ファミレス。

ファミレス ファミリー-レストランの略。

ファム【フランス femme】服飾品・化粧品などのうち女性用のもの。▷女・女性の意。

ファム ファタル【フランス femme fatale】男性を破滅に導く女性。妖婦(ようふ)。バンプ。▷宿命の女性、の意。

ファラオ【Pharaoh】古代エジプト王の称号。旧約聖書ではパロ。▷大きな家の意。

ファランジ リング【和製 phalange＋ring】新 手の指の第 1 関節と第 2 関節の間にはめる指輪。ファランクス-リング。ミディ-リング。▷ファランジは指骨(しこつ)の意。

ファルス【フランス farce】笑劇。こっけいなどたばた劇。本来は、フランス中世に宗教劇の幕間に上演された軽い喜劇の称。ファース。

ファルス【ラテン phallus】陰茎。男根。

ファルセット【イタリア falsetto】男性歌手が頭声(とうせい)よりもさらに高い声域で歌う技法。また、その声域。仮声(かせい)。裏声。

ファン【fan】芸能・スポーツなどの熱心な愛好者。また、特定の俳優・選手・団体などをひいきにする人。▷フアンとも。

ファン【fan】扇風機。送風機。換気扇。

ファン アート【fan art】原作の世界観や設定などを利用して作り出す、第三者による創作物。主にイラスト作品を指すことが多い。▷海外で一般的な呼び方。日本では二次創作物と呼ぶ。

ファンキー【funky】黒人独特のノリのあるさま。

ファンク【funk】ジェームズ=ブラウンが 1960 年代半ばに完成させたソウル-ミュージックのスタイル。単純なコード進行とはねるビートの感覚が前面に押し出されたサウンドを特徴とする。

ファンクション【function】①ある物事に備わっている働き。機能。②数学で、関数(函数)。

ファン サービス【和製 fan＋service】新 芸能人、スポーツ選手やチーム、クリエーターなどが、自身や作品のファンに楽しんでもらう目的で行う行動。ファンとの交流、ファンに向けた特別なグッズやコンテンツの提供、イベントの開催など様々な形態がある。

フ

ファンサ。

ファンシー【fancy】①想像。空想。②趣味的な意匠をこらしてあるさま。奇をてらっているさま。

ファンタジア【イタリアfantasìa】⇨ファンタジー

ファンタジー【fantasy】①空想。幻想。夢。②形式にとらわれず作者の自由な幻想によって作り上げられた曲。幻想曲。③幻想的・夢幻的な文学作品。

ファンタジスタ【イタリアfantasista】卓越した技術をもち、思いもよらないプレーで観客を魅了するサッカー選手。▷多才な芸人・アド-リブの上手な芸人の意。

ファンタジック【和製 fantasy＋ic】ファンタスティック。

ファンタスティック【fantastic】①幻想的・空想的なさま。また、風変わりなさま。②すばらしいさま。

ファンダム【fandom】新 熱心なファンたち。熱心なファンによる世界。多く、特定の小説・映画・アニメなどについていう。

ファンダメンタル【fundamental】基本的であるさま。根本的であるさま。

ファンダンゴ【スペインfandango】スペインのアンダルシア地方の舞踊およびその舞曲。3 拍子または 6 拍子の速い舞踏で、2 人で踊る野性的なもの。

ファンデーション【foundation】▷ファウンデーションとも。基礎の意。①体形を整えるための女性用下着類。ブラジャー・ガードル・コルセットなど。②下地用の化粧品。粉おしろいを油脂に混ぜてクリーム状・液状にしたもの。③絵画で、油彩画の下地として塗る白色絵の具、またそれによる下塗り。④財団。基金。多く、団体名に用いる。

ファンド【fund】①基金。資金。②公債。国債。③投資信託。また、投資信託によって運用される資金。

ファントム【phantom】①幽霊。幻。②(Phantom)アメリカのジェット戦闘機 F-4 の愛称。1958 年初飛行。航空自衛隊も使用。

ファンド ラップ【fund wrap】ラップ口座のうち、投資対象が投資信託(ファンド)であるもの。

ファンドリー【foundry】⇨ファウンドリー

ファンド レイジング【fund-raising; fundraising】資金調達。NPO (非営利組織) などが、専門の担当者を置いて寄付などによる資金調達を行うことなど。

ファン ネーム【fandom name】新 特定のアイドルやミュージシャンなどについて、そのファンやコミュニティーを総称するための名前。公式に命名・追認される場合もある。ファンネ。

アップデート 有名な事例には、米国の歌手レディー=ガガのファンを意味する「リトルモンスター」や、韓国のボーイズグループ、BTSのファンを意味する「アーミー」などがあります。命名のプロセスは様々。当事者が決める場合、当事者とファンが一緒に決める場合があるほか、非公式な呼称が自然発生したり、ときに併存したりする場合もあります。

ファンファーレ【ドイツ Fanfare】儀式や祭典の合図に用いられる3和音の音だけを使ったトランペットの信号。また、それを模した楽曲。

ファン ベルト【fan belt】自動車のエンジン冷却用のファンを回すベルト。

ファン マーケティング【fan marketing】新 企業が、商品・サービスなどの熱心なファンと継続的な接点を持つことにより、ニーズの発掘、商品などの継続的利用、顧客層の拡大などを目指していくマーケティング手法。

ファン ミーティング【fan meeting】新 ファンを集めて開催するイベント。握手会・トークショー・撮影会など。ファンミ。

ファンレス【fanless】新 ファン(送風機)がないこと。特にパソコンなどで、冷却用の送風機能を持たないこと。モーターの動作音がないため音が静か。

ブイ【buoy】①港湾などで、水面に浮かべておく目印。浮標。②浮き袋。

フィアンセ【フランス(男性) fiancé (女性) fiancée】結婚を約束した相手。婚約者。いいなずけ。

フィー【fee】料金。手数料。

フィー【phi; Φ・φ】ギリシャ語アルファベットの第21字。▷ファイとも。

フィーダー【feeder】①プリンターに、用紙を供給する機構。②発電所または変電所から配電幹線に至る配電線路。給電線。③アンテナと送信機・受信機を接続して高周波電力を伝送する線路。

フィーチャー【feature】①特に目立つところ。著しく注意をひく点。際だっている部分。特に注目されるもの。②新聞・雑誌・放送などの特集企画。また、特集すること。特別企画映画。③軽音楽で、特別の演奏家や楽器を参加させること。④顔の造作。目鼻立ち。顔つき。▷フィーチュアとも。

フィーチャー フォン【feature phone】通話、電子メール、ウェブ閲覧、デジカメなどの機能をもつ携帯電話端末。通話機能に特化した携帯電話(ベーシック-フォン)とスマートフォンの中間にあたる。▷日本ではガラパゴス携帯(ガラケー)という俗称でよばれることも多い。→スマートフォン・ガ

ラケー

フィーチャリング【featuring】⇨フィーチャー

フィート【feet】ヤード-ポンド法の長さの単位。1フィートは12インチ(30.48cm)で、3分の1ヤードに相当。 ▷フート(foot)の複数。

フィードバック【feedback】①入力と出力のあるシステムで、出力に応じて入力を変化させること。増幅器や自動制御などの電気回路に多く使われる。帰還。②心理学・教育学で、結果を参考にして行動や反応を修正し、より適切なものにしていく仕組み。③転じて、結果を原因に反映させて自動的に調節していくこと。

フィーバー【fever】熱狂すること。熱中。

フィーリング【feeling】①漠然(ばくぜん)と、また直感的に抱く感情。気分。感じ。②物事に対する感じ方。感覚。

フィールド【field】①野原。野外。②陸上競技場。特にそのトラックの内側にある区域。③野球場の内野と外野。また、サッカー・ラグビーなどの競技場。④専門家の活動範囲。特に、学者や研究者の専門分野。⑤物理学で、場。特に、磁場のこと。⑥コンピューターで、レコードを構成する単位。一つ以上のフィールドが集まって1レコードとなる。

フィールド サービス【field service】現場に出向いて作業を行うサービス。工事・点検・修理・配送など。

フィールド シート【和製 field＋seat】野球場でファウル-グラウンドにせり出している観客席。

フィールド スコープ【和製 field ＋ scope】遠方の地上物を拡大して見るための望遠鏡。野鳥観察などに用いる。スポッティング-スコープ。

フィールドワーク【fieldwork】文化人類学・社会学・地質学・生物学などで、研究室外で行う調査・研究。実地研究。野外調査。フィールド-スタディ。

フィギュア【figure】①形。図形。②スケート競技の一つである、フィギュア-スケートの略。音楽に合わせて滑走演技を行い、その技術や美しさを競うもの。③人や動物・アニメーションのキャラクターなどをかたどった人形。フィギュア-モデルの略。

フィクサー【fixer】事件の調停やもみ消しをして報酬を得る黒幕的人物。

フィクション【fiction】①想像によって作り上げられた事柄。虚構。②作者の想像力によって作り出された物語。小説。作り話。→ノンフィクション

フィジーク【physique】新 引き締まった肉体美を審査する競技。

筋肉量の多さを重視するボディビルとは異なり、ウエストの引き締まりなどのバランスが求められる。また髪型、サーフ-パンツのデザイン、表情などの要素も審査対象となる。「メンズ―」▷(男性の)体格・体付きの意。

フィジカル【physical】新 ①物理的なさま。物理学的。②肉体的なさま。身体的。③物質的なさま。実体のあるさま。物質的。実体的。④主にスポーツで、身体能力。

アップデート フィジカルはデジタル(またはサイバー)に対比される言葉としても用いられます。例えば音楽や映像の世界では、レコード盤や光ディスクなどがフィジカルメディア(物理メディア)と総称されるようになりました。これはデジタル配信に対比する概念です。➲ よくわかる「フィジカル」の意味と使い方(p.655)

フィジカル コンタクト【physical contact】新 身体的接触。

フィジカル ディスタンス【physical distance】新 感染症の流行拡大を防ぐため、人どうしで物理的距離をとって生活すること。フィジカル-ディスタンシング。▷世界保健機関(WHO)は2020年、コロナウイルス感染症COVID-19の感染予防に際して、physical distancingの語を用いるよう推奨した。インターネットなどの活用により人どうしの社会的距離は密接に保てるとする趣旨。

フィジカル リリース【physical release】新 音楽や映像などについて、CDやDVDのように手に取ることができるメディアで販売すること。

フィスカル ポリシー【fiscal policy】政府支出額を弾力的に増減することによって、景気の調整・完全雇用・安定成長などの経済目標の達成をめざす政策。広義には財政の機能を利用した政府の政策全般をさす。財政政策。

フィックス【fix】①固定すること。据えること。備え付けること。②カメラを固定して、映像を撮ること。③日時・価格・場所などを決定すること。▷フィクスとも。

フィッシュ ボーン【fish bone】仕上がりが魚の骨のように見える、髪の編み込み方。▷魚の骨。

フィッシング【phishing】有名企業などを装い、ネット上で不正に個人情報を入手する詐欺手法。クレジット-カードの継続手続きなどを装ったスパム-メールをばらまき、ウェブ-ページ上でカード番号などの個人情報を入力させるもの。フィッシング詐欺。▷sophisticated (洗練された)とfishing(釣る)から。→スパム-

メール

フィッティング【fitting】①衣服の、試着。仮縫い。寸法合わせ。②取り付け。据え付け。

フィット【fit】適合すること。似合うこと。特に、洋服などが体にぴったり合うこと。

フィットネス【fitness】①健康な生活を営むために必要とされる能力。②転じて、健康維持のために行う運動。

フィットネス トラッカー【fitness tracker】新 ⇨スマート-ブレスレット

フィットネス バイク【fitness bike】自転車を漕ぐのと同等の運動を室内で行える器具。トレーニング-バイク。エクササイズ-バイク。ルーム-バイク。ステーショナリー-バイク。サイクリング-マシン。

フィットネス ボール【fitness ball】⇨バランス-ボール

フィデューシャリー デューティー【fiduciary duty】受託者責任。受託者が委託者に対して履行すべき責任。金融の場合、資産を顧客から預かる金融機関は顧客の利益を最大化するように行動すべきということ。

フィトテラピー【phytotherapy】ハーブ(薬草)などの植物を、病気治療・健康増進・美容などに利用する方法の総称。入浴剤として用いる方法(ハーバル-バス)や、芳香剤として用いる方法(アロマテラピー)など。植物療法。フィトセラピー。

フィトンチッド【ロシア fitontsid】樹木から放散されて周囲の微生物などを殺すはたらきをもつ物質。1928年にソ連のトーキンが提唱したもので、樹木の香気成分であるテルペン類がこれに相当すると考えられる。森林浴の効用の源とされる。

フィナーレ【イタリア finale】①演劇・祭典・催事などの最後の場面。大団円。②音楽で、最終楽章。終曲。また、オペラの最終場面。

フィナンシャル【financial】⇨ファイナンシャル

フィニッシュ【finish】①終わり。結末。②スポーツで、最後の動作。特に、体操競技で最後の着地につながる技。

フィブリノーゲン【fibrinogen】血漿(けっしょう)中に含まれる糖タンパク質の一種。血液を凝固させる因子の一つで、肝細胞でつくられる。繊維素原。

ブイヤベース【フランス bouillabaisse】地中海地方の料理。魚介類をニンニク・タマネギ・トマト・オリーブ油などと煮込み、サフランで色と香りをつけたスープ料理。

フィヨルド【ノルウェー fjord】陸地深くはいり込んだ狭い湾。氷食谷の沈降したもので、両岸は切り立っ

よくわかる「フィジカル」の意味と使い方

詳しい意味は？

大きく分けて四つの意味があります。第１は「肉体的・身体的（な）」という意味。例えばフィジカルトレーナーといえば筋力トレーニングなどの指導をする人のこと。フィジカルな関係といえば肉体関係のことを意味します。

第２は「物質的・実体的（な）」という意味。例えば音楽では、ストリーミングなどのネットサービスに対し、CD などでパッケージ販売を行う形式を「フィジカルな形式で販売する」などと表現することがあります。

第３は「物理学的（な）」という意味。アストロフィジカルといえば宇宙物理学（の）という意味になります。

そして第４は「スポーツにおける身体能力」のこと。「あの選手はフィジカルが強い」などの表現がこれに該当します。

実際の使われ方は？

[物質的なフィジカル]　ネットサービスの発達に伴い、旧来のパッケージメディアが相対的にフィジカルと呼ばれるようになりました。例えば「フィジカルメディア」といえば、CD などの物理的メディアのこと。「フィジカルリリース」といえば、CD などの作品の販売を始めることを意味します。音楽以外ではｅスポーツに対比して従来のスポーツのことを「フィジカルスポーツ」と呼ぶ場合もあります。

[身体能力のフィジカル]　前述の通り、スポーツにおける身体能力のこともフィジカルといいます。例えば驚異的な身体能力を持つ人は、よく「フィジカルモンスター」と呼ばれます。

[フィジカルディスタンシング]　人と人との物理的距離を取ることです。これは新型コロナウイルス感染症のパンデミックという状況下に世界保健機関（WHO）が推奨した表現でした。一般に使われ始めていたソーシャルディスタンス（「社会的距離」の意）がもともと社会学用語であったため、混乱を避ける意図で推奨したという経緯がありました。また「人と人との心理的距離は遠ざけない」というメッセージも込められていまし

た絶壁をなす。ノルウェー・チリ・アラスカなどの海岸にみられる。峡湾。峡江。

ブイヨン【フランス bouillon】①西洋料理で用いるだし。牛脛(すね)肉・牛骨・鶏がらなどに香味野菜、香辛料を加え、静かに長時間煮たもの。②細菌の培養に用いる肉汁の培地。

フィラメント【filament】①連続した長い繊維。②白熱電球などの発熱・発光部分。タングステン線などを用いる。

フィラリア【filaria】新 袋形動物門線虫綱糸状虫目の寄生虫の総称。体は細長く糸状。吸血昆虫によって媒介され、脊椎動物の体内に寄生する。人間に寄生して象皮病などの症状を起こすバンクロフト糸状虫、犬に寄生する犬糸状虫などがある。糸状虫。

フィランソロピー【philanthropy】企業などによる社会貢献活動。▷慈善の意。

フィリグリー【filigree】金属(特に金や銀)を糸状にして蠟(ろう)付けしレース編みのような装飾をほどこす工芸法。フィリグレ。線状細工。金線細工。銀線細工。

フィリング【filling】ケーキ・サンドイッチ・パイなどに詰めたり、はさんだりするもの。

フィル【fill】①満たすこと。いっぱいにすること。②満ちること。いっぱいになること。充満する。

フィル【和製 phil】フィルハーモニー(ドイツ語 Philharmonie、音楽を愛好する意)の略。交響楽団の名に用いられる語。

フィルター【filter】新 ①濾過(ろか)器。濾過装置。②スペクトルのある範囲だけを取り出す装置。③電気回路などにおいて、特定の周波数範囲を通過させたり阻止したりする装置や回路。④紙巻きタバコの吸い口に取り付け、ニコチンや、やにを吸着させるもの。⑤特定の条件に合う光のみを透過・吸収・屈折・拡散させるもの。写真撮影などに用いる。⑥指定されたデータを抜き出す小規模なプログラムや、アプリケーションに組み込まれた機能。⑦情報技術で、データを一定のルールに従って抜き出したり加工したりすること。またそのプログラムや機能やサービス。⑧考え方や意見などの偏りを生じさせるもの。⑨音声・写真・動画を加工すること。またその機能。拡張現実(AR)などの技術を使って、人物をリアルタイムで加工する機能など。「—加工」

フィルター バブル【filter bubble】新 ネットで情報を検索または閲覧する際、検索履歴・閲覧履歴・位置情報などに基づいた情報の選別が行われるため、利用者が好む情報だけが提示される現象。またそのように閉じた情報空間。インターネット活動家のイーライ=パリサーが 2011 年に同名の著書で示した概念。

フィルタリング【filtering】①選別し、不要なものを取り除くこと。②高級住宅の老朽化に伴い居住者が他に転じ、より低い所得階層の人がそこに住むようになること。都市衰退の一原因。案 選別

フィルタリング サービス【filtering service】インターネット上などに公開されている情報のうち、暴力や犯罪など特定のテーマへのアクセスを選択的に制限するサービス。インターネット-サービス-プロバイダーや携帯電話事業者が提供する。選別サービス。

フィルタリング ソフト【filtering software】インターネット上などの情報のうち、暴力や犯罪など特定のテーマへのアクセスを選択的に制限するソフトウエア。遮断ソフト。

フィルム【film】①薄い膜状のもの。②感光乳剤を透明な支持体(フィルム-ベース)に塗布したもの。支持体にはトリアセチル-セルロース・ポリエステルなどが用いられる。用途により多くの種類がある。③②に写し出された映像。特に、映画・スライドなど。▷フイルムとも。

フィルム コミッション【film commission】映画のロケーション撮影の際に発生する業務を代理で行う機関。撮影場所の使用申請、地元住民との調整、宿泊施設・警備会社・エキストラの手配などを行う。

フィルム ノワール【フランス film noir】フランス映画のうち、暗黒街を舞台に人生の裏面を自然主義的な手法で冷酷に描いた第二次大戦後の一連の作品。「犯罪河岸」「現金(げんなま)に手を出すな」など。▷暗黒映画の意。

フィルム ライブラリー【film library】映画図書館。映画を収集・保存し、研究・鑑賞用に上映する施設。シネマテーク。

フィルモグラフィー【filmography】映画関係の文献。監督や俳優などに関する作品リスト、テーマ別の作品目録や解説など。

フィレ【フランス filet】⇨ヒレ

フィロ【filo; phyllo】新 紙のように薄い生地。ふつうオイルやバターを塗って層状に重ね合わせて用いる。中近東で料理や菓子の材料となる。フィロペストリー。

フィロソフィー【philosophy】哲学。

フィン【fin】①潜水用の足ひれ。②サーフボードの下面にある、ひれ状の方向安定板。

フィンガー【finger】①指。また、指状のもの。②飛行場の送迎デッキ。

フ

フィンガー プリント【fingerprint】新 ①指紋。②デジタルデータの同一性を確認できる情報。一般にはハッシュ値を用いる。データに変更が加わると、ハッシュ値も変化するため、同一性がないことが分かる。

フィンガー ボード【fingerboard】新 ①バイオリンやギターなどの音程をとるために指で押さえる所。指板。②ピアノやオルガンなどの鍵盤。③指で操作できる、ミニチュアのスケートボード。スケートボードのイメージトレーニングなどに用いるほか、競技も行われる。指スケ。

フィンガリング【fingering】新 楽器を演奏する際の指の運び。運指。

フィンテック【FinTech】新 金融分野に応用した情報通信技術。また、その技術を用いたビジネスやサービス。▷ finance(金融)と technology(技術)の合成。

アップデート フィンテックの具体的な適用分野は、決済・送金・投資・通貨・資金調達・融資・保険など多岐に渡ります。例えばスマホ決済などは決済分野の、ロボットアドバイザーは投資分野の、ビットコインなどの仮想通貨は通貨分野の新技術ということになります。

ブーイング【booing】音楽会やスポーツで、観客が声を発して不満の意を表すこと。

フーガ【イタリアfuga】主題とその模倣(応答)が交互に現れる、対位法による多声音楽の形式。遁走曲。追復曲。

ブーケ【フランスbouquet】花束。

ブーケ ガルニ【フランスbouquet garni】数種類の香草を束ねたもの。煮込み料理やスープ-ストックの風味づけに用いる。

ブーケ トス【bouquet toss】結婚式で、新婦が持参していたブーケを後ろ向きに投げ上げる演出。未婚女性がこれを受け取ると、次の花嫁になるといわれている。

ブーケ プルズ【和製フランスbouquet＋英pulls】結婚披露パーティーなどで、多数の紐(ひも)を未婚女性に引っ張ってもらう演出。紐のうち１本だけがブーケに繋がっている。当たりを引いた人はブーケを受け取り、次に結婚できるといわれている。

ブース【booth】間仕切りをした小さな空間。

ブースター【booster】①補助推進装置。②電気の昇圧器。また、無線機の送受信用の増幅器。③油圧や水圧を高める装置。④大型シンクロトロンの入射器として用いる小型シンクロトロン。▷押し上げるものの意。

ブースター接種 新 ブースター効果(追加免疫効果)を目的とする、ワクチンの追加接種。▷2020年にパンデミックとなった

COVID-19では、3回目以降のワクチン接種を指す。

フーダニット【whodunit】犯罪を扱った小説や映画で、最後まで犯人がわからないようにしてあるもの。▷Who done it? の略で「やったのは誰か」の意。

ブーツ【boots】くるぶしより上まである深い靴。長靴。

ブーツ カット【boots cut】スラックスやジーンズの型の一種。太腿(もも)から膝(ひざ)にかけて細めで、膝から裾(すそ)にかけて少し広がったもの。

ブーツ サンダル【boot sandal】ブーツ型のサンダル。丈が長く、足の一部が露出するデザインの靴。ブーサン。

フーディー【hoodie; hoody】パーカ。

フード【food】食べ物。食品。

フード【hood】①ゆったりした頭巾風のかぶりもの。②機械や器具のおおい。レンズ-フード。③煙や臭気などを排出するために、ガス台の上に取り付けた天蓋(てんがい)形の装置。

ブート　ブートレグの略。「—屋」「—品」

ブート【boot】コンピューターのプログラムを自動的にロードすること。

ブート キャンプ【boot camp】アメリカ軍で行われる新兵のための訓練。また、それを行う訓練所。

フード コーディネーター【和製 food＋coordinator】食品や料理に関する分野で、指導・調整にあたる専門家。メーカーや飲食店における新製品や料理の開発、イベントや料理番組における料理の演出、食生活に関するアドバイスなどを行う。

フード コート【food court】ショッピング-センターやアミューズメント施設で、軽飲食店を集めた区画のこと。

フード システム【food system】新 食料需給に関わる連鎖的プロセスの総称。生産、加工、流通、販売、消費、資源循環の総体。食料システム。

ブート ジョロキア【アッサム Bhut jolokia】新 北インド原産のトウガラシの一種。辛みが非常に強く香辛料にされる。ジョロキア。▷チベット唐辛子の意。

フード デザート【food desert】新 住民が安価かつ簡便に生鮮食料品を購入できない地域。商業地域の郊外化などの理由で、地域の小売店が撤退するため生じる現象。遠方へのアクセス手段をもたない貧困者や高齢者などが取り残され、生活の利便性や健康を損なう問題が指摘されている。▷食の砂漠の意。→シャッター通り

フード テック【FoodTech】新 ▷food(食品)とtechnology(技

フ

術)の合成語。食品分野に応用した情報通信技術。またその技術を用いたビジネスやサービス。

フード デリバリー【food delivery】新 消費者に対する料理・食品の配送。多くの場合、スマートフォン用の専用アプリを通じて、料理・食品の受注・配送を代行するサービスをいう。サービスにより、配送にギグエコノミーの仕組みを持つものもある。

フード ドライブ【food drive】家庭で余った食料品を学校や職場などに集約して、これをフード-バンクや慈善団体などに寄付する活動。食料品は、ホームレス・被災者・高齢者・貧困者・養護施設などの支援に役立てる。▷この場合のドライブは活動の意。→フード-バンク

ブートニア【boutonniere】襟のボタン穴にさす花飾り。結婚式では新郎が胸元にさす。その際、新婦のブーケと同じ種類の花を用いることが多い。ブトニエール。

フード バンク【food bank】寄付を受けた食料品を貯蔵して、食糧を必要としている人や団体に供与するボランティア活動。ラベルの間違いなどで店頭に出せなかったり、小売店で発生する賞味(消費)期限切れ間近の食品や、企業が寄付目的で購入する食品などを受け付ける。集めた食料品はホームレス・被災者・高齢者・貧困者・養護施設などに提供する。食糧銀行。

フード ファイター【和製 food＋fighter】早食いや大食いを競技として行う人のこと。

フード プロセッサー【food processor】料理の下ごしらえに使う電動の調理器具。食品を切り刻んだり、すりつぶしたり、混ぜ合わせたりする。

フード ポルノ【food porn】新 料理や調理風景を魅力的に撮影した写真や動画。またそれをネットに公開すること。刺激的かつ扇情的な様子をポルノグラフィーに例えた語。

プードル【poodle】イヌの一品種。ヨーロッパ原産。大きさによって、スタンダード・ミニチュア・トイなどがある。毛が長く、独特な形に刈り込む。毛色は白や黒など。愛玩用。

プードル【フランス poudre】粉おしろい。パウダー。

ブートレグ【bootleg】海賊盤。海賊版。

フード ロス【food loss】食品ロス。▷食べられるのに廃棄される食品。加工・流通・消費の各段階で発生する。

ブーニー ハット【boonie hat】熱帯や森林地帯などでの戦闘時に着用される布製の帽子。また、これを真似たファッション-アイテムとしての帽子。ジャングル-

ハット、ブッシュ-ハットとも。

プーパッポン カリー【タイ poo pad pong curry】新 タイのカレー料理。カレー粉などで炒めた蟹を、ココナッツミルクと卵でとじたもの。プーパッポンカレー。

ブービー【booby】ゴルフやボウリングで、最下位から２番目。▷本来は最下位の意。

フープ【hoop】①回して遊ぶ輪。②運動用具の一。直径約 2m の２個の鉄の輪を数本の鉄の横棒でつないだもの。中に入って手足を横棒に掛けて回転させ運動する。▷輪・たがの意。

ブーム【boom】①ある事が爆発的に流行すること。急激に盛んになること。②にわかな需要で価格が上がること。にわか景気。

ブーメラン【boomerang】①オーストラリア-アボリジニが狩猟・儀礼に用いた木製の投具。「へ」の字形で、投げると回転しながら飛行する。獲物に当たらない時は曲線を描いて戻ってくる。②自分に跳ね返るもの。自分を棚に上げた他者批判など。

ブーランジェリー【フランス boulangerie】パン屋。ブランジュリー。

プーリー【puli】イヌの一品種。ハンガリー原産。縄を垂らしたような被毛が特徴。牧羊犬などに用いられる。

プーリー【pulley】①滑車。②ベルト車。調べ車。

フーリエ変換 関数 $f(x)$ に e^{-ixt} を掛けて区間 $(-\infty, \infty)$ で積分したものは、t の関数になり $F(t)$ で表され、$f(x)$ に対して $F(t)$ を対応させることを、$f(x)$ のフーリエ変換という。時間の信号である $f(t)$ から周波数の関数 $F(\omega)$ へのフーリエ変換は重要な応用例である。

フーリガン【hooligan】ならずもの。特にヨーロッパで、サッカー場で騒ぎを起こす熱狂的なファンをいう。

プーリング【pooling】親会社と子会社や企業グループ全体の資金を集中管理し、過不足などを調整する仕組み。→ネッティング・CMS

フール【fool】①馬鹿。愚か者。②中世ヨーロッパの王侯・貴族に抱えられていた道化。宮廷道化師。

プール【pool】①水泳をするために設けた水槽。スイミング-プール。水泳場。②たまり場。置き場。③ためること。蓄えること。④共同の利益のために協定を結んだ、同種企業間の連合体。

プール【pool】①ビリヤード台。② ⇨グループ-リーグ

フールー【腐乳】豆腐を発酵させてチーズ状につくった中国の食品。朝食の粥(かゆ)によく添えられる。ふにゅう。▷中国語。

プール バー【和製 pool＋bar】ビリヤード台のあるバー。

フェ 朝鮮料理で刺身のこと。フェー。▷朝鮮語。

フェア【fair】市。見本市。展示即売会。

フェア【fair】①公明正大なさま。公平なさま。公正。→アンフェア ②野球で、フェア-グラウンドに打ち返された打球。フェア-ボールの略。→ファウル

フェア トレード【fair trade】発展途上国の生産物を、その生産者の生活を支援するために、利潤を加えた適正な価格で、生産者から直接購入すること。オルタナティブ-トレード。

フェアネス【fairness】新 公平。公正。

フェア プレー【fair play】競技・勝負に際して要求される、正しく立派な振る舞い。転じて、公明正大な行動や態度。

フェア ユース【fair use】利用目的や著作物の性格等から、その利用が公正であると判断される場合、著作権者の許諾がなくても著作権侵害にならないとする考え方。▷公正な使用の意。アメリカでは著作権法で認められているが、国によって規定が違う。

フェアリー【fairy】仙女。妖精。

フェアリー テール【fairy tale】おとぎ話。童話。

フェイキー【fakie】新 スケートボード・スノーボード・BMXで、通常とは逆向きの滑走。→スイッチスタンス

フェイク【fake】▷フェークとも書く。いかさまの意。①模造品。にせもの。②アメリカン-フットボールで、攻撃側の選手が相手をだますためにしかける行為。③メロディーをある程度の装飾的な変化をつけて演奏すること。

フェイク ドキュメンタリー【fake documentary】⇨モキュメンタリー

フェイク ニュース【fake news】新 虚偽のニュース。主にインターネットで発信・拡散される、虚偽の内容を含む記事についていう。

フェイク ファー【fake fur】合成繊維を素材とする人工毛皮。

フェイク フラワー【fake flower】造花。

フェイク ミート【fake meat】新 代替肉。家畜から生産される食肉の代替とする、肉に似た味や食感などを再現した食品。人口増加に伴う食料危機の回避、畜産に伴う環境負荷の低減、動物福祉などの観点から、その生産技術が注目されている。フェイクミート。オルタナティブミート。代用肉。▷多くの場合は植物肉を指すが、培養肉や昆虫食などを含める場合もある。

フェイク レイヤード【fake layered】重ね着をしているように見えるデザインの衣料。襟の内

側に小さな生地を縫い付けることで、下に別の服を重ね着しているように見せる場合など。→レイヤード-ルック

フェイク レザー【fake leather】合成皮革。

フェイス【face】⇨フェース

フェイスブック【Facebook】新 アメリカのメタプラットフォームズ社(2021年にフェイスブックより改称)が運営するSNS。2004年サービス開始。実名登録制。FB。商標名。

フェイル【fail】①失敗すること。しくじること。②不足すること。欠けていること。

フェイル セーフ【fail-safe】あるシステムが、起こりうる障害に対して安全な方向に動作すること。また、それを実現する設計。

フェイント【feint】スポーツで、相手をまどわすための動作。▷見せかけの意。

フェーク【fake】⇨フェイク

フェース【face】①顔。容貌。「ニュー-—」「ポーカー-—」②額面。券面。③登山で、広がりのある急な岩場をいう。岩壁。④ゴルフのクラブ-ヘッドの、打球面。▷フェイスとも。

フェーズ【phase】①物事のありさま。相。様相。②変化する過程の一区切り。局面。段階。③振動や波動のような周期的現象において、ある時刻・ある場所で、振動の過程がどの段階にあるかを示す変数。位相。

フェース ガード【face-guard】目を中心とする顔面の防護のために頭部から顔の前面につける透明の板。火花などの飛来物の衝突や感染性物質を含む飛沫の付着を遮るなど、産業用や医療用などさまざまな用途がある。

フェース シールド【face-shield】⇨フェース-ガード

フェース ツー フェース【face-to-face】新 ▷フェイストゥフェイスとも。①面と向かうこと。対面。②格闘技の試合前に行う計量および記者会見で、対戦者どうしが至近距離でにらみ合うこと。

フェータル【fatal】①運命的なさま。宿命的。②致命的なさま。

フェーディング【fading】電波を受信しているとき、受信電界強度が変動する現象。異なる伝播(でんぱ)路を通った電波が互いに干渉し合って起こる。

フェード【fade】①色褪(あ)せること。薄らぐこと。②しおれること。衰えること。③ゴルフで、まっすぐだった球筋が、落下しながら少し曲がること。右打ちの場合右に、左打ちの場合左に曲がるものにいう。フェード-ボール。

フェード アウト【fade-out】①映像や音が次第に消えていくこと。溶暗。→フェード-イン ②周

囲の人が気づかないうちに、その場からいなくなること。

フェード イン【fade-in】画面が次第に明るくなり映像が現れてくること。音が次第に大きくなり、聞こえてくること。溶明。→フェード-アウト

フェーバリット【favorite】①お気に入り。大好きなもの。②人気者。寵児。③優勝候補。本命。

フェーン【ﾄﾞｲﾂ Föhn】山から吹きおろす乾いた熱風。山腹をのぼる際に雨を降らせて乾燥した空気が、山を越えて吹きおろすときに断熱変化により温度上昇して吹きおろすもの。日本では、山間の盆地や日本海側の各地で低気圧の発達したときにしばしば発生する。▷元来アルプス山中の局地風の名。

フェザー【feather】鳥の羽。羽毛。

フェスタ【ｲﾀﾘｱ festa】祭り。祝祭。祭日。

フェスティバル【festival】祭り。祭典。

フェチ ⇨フェティシズム

フェップ【FEP】コンピューターで、目的の処理に先だって、あらかじめ入力データを加工する処理装置、またはシステム。パソコンでは、日本語入力システムをいうことが多い。IM(input method)とも。フロント-エンド-プロセッサー。

フェティシズム【fetishism】①人造物や自然物に神秘的価値を認めて、信仰・儀礼の対象とする呪術的・宗教的態度。呪物(じゅぶつ)崇拝。物神(ぶっしん)崇拝。②異性の身体の特定部位・衣類・所持品などの事物に対し、執着・愛好することで性的満足を得る心理。フェチ。

フェティッシュ【fetish】①呪力や霊験があるとされる物。呪物(じゅぶつ)。②フェティシズムにおける対象物。異性の衣類・装身具・毛髪など。

フェデラル【federal】①連邦政府の。連合の。②アメリカ合衆国国家の。

フェデレーション【federation】連合。連邦。

フェトチーネ【ｲﾀﾘｱ fettuccine】帯状に切った手打ちパスタ。ホウレンソウやトマトで色づけしたり、生でない乾燥したものもある。イタリア中西部でよく食べられる。フェトゥッチーネ。

フェニックス【phoenix】①エジプト神話にでてくる霊鳥。500～600年ごとに自ら香木を積み重ねて火をつけて焼死し、その灰の中から再び幼鳥となって現れるという。不死鳥。②ヤシ科の常緑木本。ナツメヤシ・カナリーヤシなど亜熱帯に十数種が分布。葉は大形の羽状で、茎頂に集まってつく。

フェニルアラニン【phenylalanine】芳香族アミノ酸の一種。ヒトの必須アミノ酸の一。多くのタンパク質中に2~5%ほど含まれる。

フェノール【phenol】①特異な臭(にお)いのある、無色または白色の、針状結晶または結晶性のかたまり。水に少し溶け、弱い酸性を示す。防腐剤・消毒殺菌剤とするほか合成樹脂や染料・爆薬などの原料。石炭酸。②芳香族化合物で、ベンゼン環に結合した水素原子がヒドロキシル基で置換されたものの総称。

フェノメノン【phenomenon】現象。兆候。

フェミニスト【feminist】①女性に対する差別や不平等の解消を唱える人。女性解放論者。女権拡張論者。②女性を大切に扱う男性。女性に対して優しくする男性。

フェミニズム【feminism】男女同権を実現し、性差別のない社会をめざして、女性の社会的・政治的・経済的地位の向上と性差別の払拭(ふっしょく)を主張する論。19世紀から20世紀初頭の欧米諸国を中心とする女性参政権運動の盛り上がりを第1波、1960年代以後のウーマン-リブに代表される動きを第2波と区別することが多い。

フェミニティー【feminity】女性らしさ。フェミニニティーとも。

フェミニン【feminine】女性らしいさま。フェミナン。→マスキュリン

フェム ケア【和製 feminine＋care】新 女性の心身の健康に対するケア。またそれを支援する商品やサービスのこと。情報通信技術を用いないものをいう。→フェムテック

フェムテック【FemTech】新 ▷female(女性)とtechnology(技術)の合成語。女性の健康問題(生理・妊娠・出産など)を解決するための情報通信技術。またその技術を用いたビジネスやサービス。

フェムト【femto】単位に冠して10^{-15}、すなわち1000兆分の1の意を表す語。記号f

フェライト【ferrite】①一般に酸化鉄(III)を一成分とする複合酸化物およびその誘導体。特にMを2価の金属元素として$MO \cdot Fe_2O_3$で表される酸化物。磁鉄鉱など。フェリ磁性を示すものが多く、高周波用変圧器・ピック-アップ・テープ-レコーダーの磁気ヘッドなどに用いられる。②純粋な鉄(α鉄)およびこれに他の元素を微量に含む固溶体。

フェラチオ【fellatio】唇や舌でする男性性器の愛撫(あいぶ)。フェラ。尺八。

フェリーボート【ferryboat】

旅客や貨物を自動車ごと運搬する連絡船。▷渡し舟の意。

フェルト【felt】毛のからみあう性質を利用して、羊毛などの毛を縮絨(しゅくじゅう)させて固めたもの。帽子・敷物・履物などの材料に用いる。フエルト。

フェルト ペン【felt pen】油性または水性インクを詰めた容器にフェルトを芯軸(しんじく)としてさしこんだ筆記用具。

フェルマータ【イタリアfermata】楽曲の途中で拍子の運動を停止する記号。音符や休止符を長く持続する。延長記号。延音記号。

フェルミ【fermi】素粒子論・原子核理論で用いられる長さの単位。10^{-15}m。SI単位系ではない。▷物理学者E. フェルミにちなむ。

フェレット【ferret】イタチの一種。ヨーロッパケナガイタチを家畜化したもの。実験動物として用いられるほか、愛玩用としても人気がある。

フェロー【fellow】①仲間。同輩。②(英米の大学や企業などで)特別研究員。

フェローシップ【fellowship】英米の大学などの特別研究員の地位。または研究員奨学金。㊟研究奨学金

フェロモン【pheromone】動物の体内で生産され体外へ分泌放出して同種個体間に特有な行動や生理作用を引き起こす有機化合物。多くはにおい刺激として受容される。昆虫や哺乳類でよく知られている。

フェンシング【fencing】西洋流の剣術。細長い剣を片手で持ち、突いたり斬ったりしあうもので、中世ヨーロッパの騎士の間で戦闘術として発達し、次第に運動競技化した。サーブル・エペ・フルーレの3種がある。

フェンス【fence】①柵(さく)。垣根。②野球のグラウンドなどのまわりを囲む塀。

フェンダー【fender】①自動車・自転車の車輪をおおうように付けた泥よけ。②列車などの前部に付ける緩衝装置。③接舷の際船体を傷めないように、舷側や岸壁に設けてある緩衝物。防舷材。

フェンネル【fennel】香辛料の一。茴香(ういきょう)の種子を乾燥させたもの。ほろ苦さと樟脳(しょうのう)に似た香りが特徴。魚料理や中国料理・キャンディーなどに用いる。フェネル。

フォア【four】①4。4つ。フォー。②ボート競技で、4人こぎの競漕用ボート。また、そのレース。フォア-オール。

フォア グラ【フランスfoie gras】肥育したガチョウの肥大した肝臓。主にフランス料理に用いる。

フォー【ベトナムpho】ベトナムの

麺(めん)料理。牛骨スープをニョク-マムで味付けし米粉からつくる麺を入れ、肉や香草などの具を加えて食べる。具やスープに牛肉を使うフォー-ボーや、鶏肉を使うフォー-ガーなど。

フォーエバー【forever】①永遠に。永久に。②絶えず。ずっと。

フォーカス【focus】焦点。ピント。

フォーキャスティング【forecasting】新 ①予測。フォーキャスト。②実績などに基づく積み上げで目標を計画する手法。バックキャスティング(最終目標からの逆算で中間目標を計画する手法)と対比していう。フォアキャスティング。

フォーキャスト【forecast】①気象などについて、予報すること。②予測すること。予想すること。

フォーク【folk】①民俗。民衆。庶民。②民謡調のポピュラー-ソング。フォーク-ソングの略。

フォーク【fork】①洋食で、食べ物を刺したりのせたりして口にはこぶ食器。肉刺し。②①に似た大形の農具。堆肥や牧草などを扱う。③フォーク-ボールの略。野球の変化球で、打者の近くで急に落ちるもの。

フォーク ギター【folk guitar】1920年代にアメリカで生まれた、スチール製の6弦をもつギター。フォーク-ソングなど歌の伴奏に広く使われる。

フォーク ミュージック【folk music】①民俗音楽。②1960年代後半から盛んになった、若者の心情をうたう音楽。

フォークリフト【forklift】車体前部に突き出た2本のフォーク状の腕で、荷物の積み降ろしや運搬をする車。

フォーク リング【和製 fork ＋ ring】輪の一部が開いた形状の指輪。

フォークロア【folklore】①民間伝承。民衆の日常生活の中で古くから受け継がれてきた知識・技術・習俗など。また、その研究。民俗学。②北欧や南米やアジアなど、世界各地の民族衣装をモチーフにしたファッション。

フォーク ロック【folk rock】エレクトリック-ギターを用い、ドラムやベースを加えたフォーク-ソングのスタイル。1960年代中頃に登場。

フォース【force】①力。勢い。②軍。軍隊。

フォーチュン【fortune】①運命。運勢。②富。財産。

フォーマット【format】①形式。書式。②コンピューターで、データやその記録媒体に設定される一定の形式。また、記憶媒体にデータを記録できるようにするため、一定の形式で記録領域を区分し、管理領域を設けること。初期化。③ラジオ・テレビ番組などの構成・形式。

フォーマル【formal】公式的であるさま。形式的。儀礼的。

フォーミュラ【formula】方式。公式。

フォーム【foam】泡。泡状のもの。

フォーム【form】①動きの型。姿勢。②事物の形式。形態。フォルム。③(コンピューターで)記入用・入力用の欄。また、その用紙や書式。

フォーメーション【formation】①形づくること。形成。②球技で、攻撃時・防御時の選手の配置、あるいはそこからの展開の型のこと。③フォーク-ダンスで、男女がつくる4種類の隊形。

フォーラム【forum】①古代ローマの都市中央にあった広場。集会や討論会などが開かれた。転じて、集会所のこと。②パソコン通信サービスなどの情報交換の場。

フォーリン【foreign】外国の。他地域の。

フォール【fall】レスリングで、相手の両肩を約1秒間マットに押さえつけること。この瞬間に勝敗が決まる。プロ-レスでは3カウント。

フォールト【fault】①テニス・バレーボール・卓球などで、サーブの失敗。ミス。②バドミントンなどで、反則。▷フォルトとも。過失・欠点の意。

フォールト トレランス【fault tolerance】あるシステムについて、起こりうる障害に対する耐性。

フォカッチャ【イタリア focàccia】イタリアのパンの一種。生地にオリーブ油を練り込み、ハーブなどで風味をつけて、薄く焼いたもの。

フォッサ マグナ【ラテン Fossa Magna】本州の中央部を南北に縦断する独特の構造発達史を持つ地帯。火山帯が通る。その西縁は糸魚川静岡構造線によって限られるが、東縁は明らかでない。▷「大きな裂け目」の意。

フォト【phot】照度の単位。1cm² 当たり1ルーメンの光束が均等に入射したときの照度を1フォトとする。1万ルクスに等しい。記号 ph

フォト【photo】①フォトグラフの略。②外来語の上に付いて、「光の」「写真の」「映画の」などの意を添える。

フォト アルバム【photo album】⇨フォト-ブック

フォトグラフ【photograph】写真。

フォトグラファー【photographer】写真家。カメラマン。

フォトジェニック【photogenic】人の顔などで、写真うつりのよいさま。

フォト ブース【photo booth】新 ①スピード写真を撮影するための箱型の装置。②結婚式場やイベント会場などに用意する、記念写真用の演出を施した空間。

フォト ブック【photo book】①写真集。②写真帳。③手持ちの写真データを組み合わせてオリジナルの写真集を作成するサービス。また、そのように作成した写真集。店頭で発注するものと、ネット経由で発注するものがある。▷フォト-アルバムとも。

フォト フレーム【photo frame】写真立て。写真を入れる額。

フォト プロップス【photo props】新 写真を撮る時に用いる演出用の小道具。被写体となる人が自分の顔にかざすなどする。眼鏡・帽子・髭ひげ・唇などの絵や、台詞せりふが書き込んである吹き出しなどをパネルにし、持つための棒が付く。また、これらの小道具を模した画像加工の部品をもいう。▷プロップは、プロパティー(property)の略で、演劇や映画で用いる小道具の意。

フォトン【photon】光は波動と粒子の二重性をもち、振動数 ν(ニュー)の光(電磁波)は $h\nu$(h はプランクの定数)のエネルギーをもつ量子として振る舞う、その量子をいう。フォトンは、電磁場の量子化によって現れる電磁相互作用を媒介する素粒子(ゲージ粒子)で、スピンは1、質量は0、つねに光速で進行する。光量子。光子。記号 γ

フォビア【-phobia】新 他の外来語の後に付いて、特定の対象への恐怖症の意を表す。「ゼノー(＝外国人恐怖症)」

フォリオ【folio】二つ折り判。全紙を二つ折りにして4ページ分とした大きさ。また、その印刷物。

フォルクローレ【スペイン folklore】民謡。民俗音楽。日本では、特に南米の民俗音楽にいう。

フォルダー【folder】①書類挟み。紙挟み。ホルダー。②コンピューターのデスクトップ環境で、書類を保存するための区分。

フォルダブル【foldable】新 折りたたみが可能であるさま。

> アップデート スマートフォン(スマホ)の分野で、新種の折りたたみ携帯の開発が活発化しています。曲げられるディスプレーを利用して、画面ごと端末を折りたためるようにしたスマホのことです。2019年には中韓メーカーの実用化製品も登場。これらがフォルダブル-スマホなどと呼ばれています。

フォルテ【イタリア forte】音楽の強弱記号の一。「強く」を指示する。記号 f →ピアノ

フォルト【fault】⇨フォールト

フ

フォルマッジョ【イタリアformaggio】チーズ。

フォルム【フランスforme; ドイツForm】⇨フォーム(form)②

フォレスト【forest】森。山林。森林地帯。

フォロー【follow】①追跡すること。②おぎない助けること。③被写体を追って移動して撮影すること。

フォロー【follow】ツイッターで、特定の人のツイートを自分のホーム画面に表示されるようにすること。→ツイッター・ツイート・フォロワー

フォロワー【follower】ツイッターで、ある人のツイートをフォローしている人。→ツイッター・ツイート・フォロー

フォワーダー【forwarder】運送業者。貨物運送取扱業者。

フォワード【forward】①ラグビー・サッカーなどで、自軍の最前で主として攻撃に当たる選手。FW。前陣。→バックス ②先渡し。先渡し取引。

フォン【フランスfond】フランス料理で、ソースや煮込みの下地に使うだし汁。

フォン【phon】⇨ホン

フォンダン【フランスfondant】製菓材料で、滑らかなクリーム状をした砂糖衣の一種。

フォンテーヌ【フランスfontaine】噴水。泉。

フォンデュ【フランスfondue】①スイス料理の一。チーズを白ワインとともに火にかけて溶かし、焼いたパン切れにからませて食べる鍋料理。チーズ-フォンデュ。②フランス、ブルゴーニュ地方の鍋料理。牛肉などを卓上で油で揚げながら食べる。フォンデュ-ブルギニョンヌ。

フォント【font】①大文字・小文字・数字など、同一書体で、同一の大きさの欧文活字のひとそろい。②コンピューターが表示、または印刷に使う文字の形を収めたデータ。③②により表示された文字。

フォンドボー【フランスfond de veau】子牛の骨・すじなどでつくるフォン。

ブギウギ【boogie-woogie】ブルースから派生したジャズ音楽の一形式。1920年代にシカゴの黒人ピアニストにより流行した。ブギ。

フクシア【ラテンFuchsia】アカバナ科の低木。中南米に約100種が分布。交配・改良種を園芸植物として観賞。葉は卵形。枝先の葉腋(ようえき)の花柄に花をつけ垂れ下がる。萼(がく)は筒状で上半が4裂し、紅・紫・白など。花弁は4個。雄しべ・雌しべが長く突き出る。釣浮草(つりうきそう)。ホクシャ。フクシャ。フューシャ。

ブクマ ネット利用者が使う俗語

で、ブックマークの略。

フコイダン【fucoidan】硫酸多糖類の一。モズクやコンブなどの海藻のぬめり成分。抗血栓作用や癌(がん)治療に効果があるとされる。

ブザー【buzzer】電磁石を利用し、鉄片を振動させて音を出す装置。警報や呼び鈴に用いる。

ブザー ビーター【buzzer beater】試合終了のブザーが鳴ると同時にゴールに入る劇的なシュート。また、そうしたシュートを決めた選手。

プサイ【psi; Ψ・ψ】①ギリシャ語アルファベットの第23字。▷プシーとも。②⇨psi

ブサメン新 若者言葉で、容姿の悪い男性。キモメン。シケメン。ダサメン。▷不細工な面、またはメンズ(mens)の略。

フタル酸【phthalic acid】オルト位に2個のカルボキシル基をもつ芳香族カルボン酸。無色柱状結晶。ポリエステル樹脂や種々の染料・医薬品などの合成原料に用いる。

ブタン【butane】炭素数4個のアルカン。化学式 C_4H_{10} 直鎖状のノルマルブタンと枝分かれのあるイソブタンとがあり、ともに常温では気体。天然ガスや石油分解ガスに多量に含まれる。液化しやすく、液化石油ガス(LPG)として燃料などに用いる。

プチ【フランスpetit】他の語の上に付いて、「小さな」「かわいい」「ちょっとした」などの意を表す。

プチ ガトー【フランスpetit gâteau】一人用に切り分けた、あるいは小さく作ったケーキや菓子。▷小さな菓子の意。

プチ フール【フランスpetits fours】一口大につくった小形の菓子の総称。シュー-クリーム・タルトレットなどの小形のもの。

プチプラ ⇨プチ-プライス

プチ プライス【和製 フランスpetit＋英 price】俗に、安価・低価格のこと。女性ファッション誌などで多く用いられる表現。プチプラ。プリティー-プライス。プリプラ。

プチブル ブルジョアとプロレタリアとの中間に位置する階層。また、趣味や生活意識がブルジョア的な中産階級の人々を軽蔑的に呼ぶ語。小市民。小ブルジョア。▷プチ-ブルジョアの略。

フッ軽(かる) 俗に、フットワークが軽い(機動力に優れる)こと。

ブッキッシュ【bookish】①(書物の上のことだけで)実際的でないさま。机上の。②堅苦しいさま。▷ブキッシュとも。

ブッキング【booking】①帳簿に記入すること。②航空券・ホテルなどの予約。③映画館と映画配給会社との間で結ぶフィルムの貸借契約。④テレビ・ラジオ番組や雑誌などのメディアと出演

フ

者との間で、スケジュールや企画内容の調整などを行うこと。

フック【hook】①鉤(かぎ)。また、鉤形のもの。ホック。②ボクシングで、ひじを曲げてわきから打つこと。③ゴルフで、打球が右打ちの場合左に、左打ちの場合右に曲がりながら飛ぶこと。→スライス ④釣り針。⑤サーフィンの波頭。⑥興味・関心を持たせる要素。⑦ヒップホップ(ラップ)の楽曲で、聞かせどころ。

ブック【book】①本。書籍。②帳面・帳簿。

フックアップ【hook up】新 ヒップ-ホップで、成功者が新進気鋭の実力者をゲストに呼ぶなどして世間に紹介すること。▷元来は「接続する」「紹介する」などの意。

ブック トーク【book talk】テーマに沿った数冊の本を紹介すること。また、その会。青少年向けに、学校や図書館などで行われることが多い。

ブック トラック【book truck】たくさんの書籍をまとめて運搬できる台車。図書館などで利用する。

ブックマーク【bookmark】①しおり。②インターネットのブラウザーで、頻繁にアクセスするデータのある場所とその形式を登録すること、およびその機能。

ブックメーカー【bookmaker】①安易に多くの本を出す人。②競馬の私設馬券屋。のみ屋。イギリスなどでは公認の馬券取扱業者をいう。

ブックレット【booklet】小冊子。パンフレット。

プッシャー【pusher】①押すもの。押して使うもの。②押しの強い人。遣り手。③俗に、麻薬や覚醒剤などの密売人。

ブッシュ【ドイツ Busch; 英 bush】やぶ。茂み。叢林(そうりん)。

プッシュ【push】①押すこと。押し出すこと。②推薦すること。③能動的に働きかけること。

プッシュ プル【push-pull】電子回路の一。逆位相にした2個の増幅器を組み合わせ、出力側で信号を合成するもの。

プッシュ ホン【和製 push＋phone】押しボタン式電話機の愛称。

ブッシング【bushing】碍管(がいかん)。また、碍管に導線を通した構造の端子。機器などに引き込む電線を外箱から絶縁するために用いる。

ブッダ【サンスクリット Buddha】①釈迦(しゃか)の尊称。ぶつだ。②真理を悟った者。すべての煩悩(ぼんのう)を打ち消し、完全な真理を実現している者。覚者。仏。ぶつだ。▷目覚めた人の意。

フッター【footer】書類の下部に印刷される、ページ番号などの定型の文字列。

フット【foot】①足。特に、くるぶしから下の部分。②ヨットの帆・スパーなどの下辺。③ページの脚部。

フットゴルフ【footgolf】サッカー-ボールを蹴って行うゴルフ。2009年にオランダでルール化。フットボール-ゴルフ。

フットサル【futsal】通常のサッカーより小さな競技場で行う5人制のサッカー。1987年に国際サッカー連盟により統一ルールが制定された。

フットボーラー【footballer】フットボールの選手。

フットボール【football】①サッカー・ラグビー・アメリカン-フットボールなどの総称。②特に、サッカーのこと。

フット レスト【foot rest】足のせ台。椅子に座って、足を置くための台。

フットワーク【footwork】①スポーツで、足の運び。足さばき。②行動。立ち働き。

ブッフェ【buffet】⇨ビュッフェ

フツメン[新] 若者言葉で、容姿が普通の男性。

ブティック【フランス boutique】▷ブチックとも。①ある主張や独自性をもって商品を販売する服飾小売店。②小規模な専門組織。

ブティック ホテル【和製フランス boutique＋英 hotel】カップルを主なターゲットとする宿泊施設で、ラブ-ホテルの別称。シティー-ホテル風の内外装、娯楽性の高い設備や施設などが特徴。ファッション-ホテル・アミューズメント-ホテルとも。▷原義はヨーロッパにおける小型ホテル。

プディング【pudding】米・小麦粉・肉などに牛乳・卵・果物や調味料を加えて煮たり蒸したりして固めた、柔らかい食品の総称。日本ではカスタード-プディングが一般的。プリン。

ブトニエール【boutonniere】⇨ブートニア

ブナ【Buna】ブタジエンを主体とした合成ゴム。商標名。

ブブゼラ【vuvuzela】南アフリカの応援用管楽器。多くプラスチック製で、細長い角のような形状をしている。サッカーの地元サポーターが応援に用いることで知られる。

フムス【アラビア hummus】[新] ひよこ豆やゴマなどをペースト状に加工したもの。パンにつけるなどして食べる。中東の家庭料理。

フューエル【fuel】燃料。フュエル。

フューシャ【fuchsia】⇨フクシア

フュージョン【fusion】①融合。②ジャズを主軸に、ロック・ソウル・ラテンなど異なったジャンルの音楽の要素を混合させた音

フ

楽。クロスオーバー。

フューチャー【future】①未来。将来。②先物取引。将来の一定期日(限月)に現品の受け渡しまたは決済を行うことを約束した売買取引。

フューチャリスティック【futuristic】未来的な。未来の。

フューネラル【funeral】葬式。告別式。

フラ【ハワイ hula】ハワイの民族舞踊。各動作に意味をもたせ、物語を演じるもの。古典形式のフラ-カヒコ、新形式のフラ-アウアナがある。フラ-ダンス。▷俗にイメージされる「手や腰を激しく振る踊り」はフラではなくタヒチ起源のタムレ。→タムレ

ブラ【bra】ブラジャー。

プラーク【plaque】歯垢(しこう)。歯の表面に付着する柔らかい堆積物。デンタル-プラーク。

フラーレン【fullerene】多数の炭素原子のみからなる球状の分子の総称。60個の炭素がサッカー-ボール状に結合した分子(C_{60})が、1985年クロトー(H.W.Kroto)とスモーリー(R.E.Smalley)らによって確認された。▷アメリカの技術者フラー(R.B.Fuller)にちなむ。

フライ【fly】野球で、打者が打ち上げた球。飛球。

フライ【fly】①ハエ。アオバエ。②擬餌鉤(ぎじばり)の一。鉤の軸に羽毛や獣毛などを巻いて、水生昆虫に似せたもの。リールを使ったフライ-フィッシング用の毛ばり。③テントの垂れ布。

フライ【fry】魚・肉・野菜などの揚げ物。普通、小麦粉・とき卵・パン粉の順に材料にまぶして揚げる。

プライ【ply】①合板・タイヤなどを構成する層。②撚(よ)り糸などを構成する単糸の数。

プライウッド【plywood】合板。ベニヤ板。

プライオリティー【priority】他より扱いが先になること。優先していること。優先順位。優先権。優先事項。案 優先順位

フライス【フランス fraise】金属用の切削工具の一。円筒形で、外周または外周と端面に刃をつけたもの。回転させて切削する。

プライス【price】値段。価格。相場。

プライズ【prize】賞。賞品。

プライス カード【price card】値札。

フライス盤 工作機械の一。フライスを定位置で回転させ、工作物を取り付けたテーブルを動かして切削する。ミリング-マシン。ミーリング盤。

ブライズメイド【bridesmaid】欧米の結婚式で、新婦の付き添い役となる女性。多くの場合、新婦と身近な関係にある、複数人の

独身女性が務める。

プライス リーダー【price leader】ある製品の市場価格を決定する力をもつ有力企業。

ブライダル【bridal】婚礼。結婚式。

フライト【flight】①飛ぶこと。飛行。また、飛行機の定期飛行。②スキーで、ジャンプ。また、空中飛型。③キャピタル-フライトの略。

ブライト【ドイツ breit】スキーの板を平行に開くこと。

プライド【pride】誇り。自尊心。自負心。

フライト アテンダント【flight attendant】⇨キャビン-アテンダント

ブライトニング【brightening】新 明るくすること。主に肌の美容についていう。

ブライトネス【brightness】新 明るさ。ディスプレーの明るさなど。

プライバシー【privacy】私事。私生活。また、秘密。

プライバシー ポリシー【privacy policy】インターネット上のサービスにおいて、サービスの提供者が明らかにする、サービスを受ける者の個人情報に対する取り扱い方針。メール-アドレスや通信記録の管理方法、クッキーの具体的使用方法などを明らかにする。→クッキー・セキュリティー-ポリシー

プライバシー マーク【和製 privacy＋mark】個人情報の取り扱いを適切に行なっている民間企業に発行されるマーク。経済産業省の個人情報保護ガイドラインを満たした企業に対して、日本情報処理開発協会が発行する。店頭・宣伝広告・ホーム-ページなどで使用。P マーク。

プライベート【private】①個人にかかわるさま。私的。②非公開の。→パブリック

プライベート エクイティー ファンド【private equity fund】機関投資家などから資金を集め、主に未上場企業を買収し、経営改善や収益力を高めた後の株式上場や企業売却で資金を回収して利益を得るしくみ。企業投資ファンド。PE ファンド。PEF。

プライベート サウナ【private sauna】新 個室サウナ。一人から数人程度の客に対して、サウナ施設を含む個室を貸し出すサービス。またその店舗や施設。

プライベート ジェット【private jet】⇨ビジネス-ジェット

プライベート バンキング【private banking】金融機関の業務の一。個人資産家を対象として、金融情報の提供や資産運用などを行い、総合的に財産を管理するサービス。

プライベート ブランド【private brand】メーカーではなくスーパーや百貨店などの販売業者が、自ら企画開発した低価格商品につける独自の商標。商業者商標。PB。

フライホイール【flywheel】はずみを利用し、回転を持続させ、回転の速さを滑らかにするため回転軸に取り付ける大きく重い車。勢車。弾み車。

プライマー【primer】①入門書。手引き書。②生合成の反応開始時に必要な分子。

プライマリー【primary】①最初の。初歩の。初級の。②初心者が離着陸の練習をするためのグライダー。初級滑空機。

プライマリー ケア【primary care】最初に施される治療。患者が最初に利用する医療は、身近な地域の医師との信頼関係に基づく総合的な診断処置および指導であるべきとする考え方に基づくもの。PC。

プライマリー バランス【primary balance】財政における、公債金収入以外の租税などの収入と、公債費を除く歳出との収支。

プライム【prime】新 ①最も重要であること。最も上等であること。最上部。極上。②マーケティングなどで、信用リスクの小さい消費者。一般に高所得者をいう。③東京証券取引所の最上位市場。海外投資家と対話できる企業向け。2022年(令和4)4月、旧一部・二部・ジャスダック(スタンダード・グロース)・マザーズの各市場を再編して開設。プライム市場。東証プライム。→スタンダード・グロース ▷ prime market。

プライム タイム【prime time】テレビ視聴率測定における時間区分の一。午後7時から午後11時までをさす。→ゴールデン-タイム

プライム レート【prime rate】優良企業に適用される最優遇貸出金利。アメリカの制度だが、日本でも、市中銀行が優良企業に対して貸し出すときの最優遇金利である標準金利の通称とされる。

フライヤー【flier】①空を飛ぶ鳥や昆虫。②飛行機。③飛行士。パイロット。空軍兵士。④広告の散らし。ビラ。⑤弾み車。フライホイール。

フライング【flying】①飛ぶこと。飛行。②フライング-スタートの略。陸上競技・競泳などで、合図の号砲が鳴る前にスタートすること。転じて、行動を起こすのが不適切に早すぎること。

フライング ディスク【flying disk】投げたり受けたりして遊ぶプラスチック製の円盤。また、それを用いて行う競技の総称。→

アルティメット・フリスビー

ブラインド【blind】①盲目の。②おおい隠すもの。③日除(よ)け、目隠しのために窓などに設けるおおい。普通は羽根板でできたものをいう。よろい戸。

ブラインド サッカー【blind soccer】新 ①視覚障害者もプレイできるサッカー。5人1チーム。フットサルをアレンジしたルールを用いる。ゴールキーパーは晴眼者または弱視者。狭義のブラインド-サッカーと、ロー-ビジョン-フットサルがある。②(1)のうち、フィールド-プレーヤーとして全盲(B1クラス)の人が参加できるカテゴリー。フィールド-プレーヤーによるアイ-マスクの着用、音の出るボールの使用など独特のルールがある。▷ブラサカ、視覚障害者サッカーとも。

ブラインド スポット モニター【blind spot monitor】新 自動車のドア-ミラーにおいて、死角にいる並走車の存在を警告表示などで運転手に知らせる機能。車線変更の判断に用いる。BSM。

ブラインド タッチ【和製blind＋touch】⇨タッチ-タイピング

ブラウザー【browser】コンピューターのデータやプログラムを大まかに見るために、画面上に文字や画像として表示するためのプログラム。特に、インターネット上のホームページの情報を画面上に表示するための閲覧ソフトをいう。

ブラウザー ゲーム【browser game】特定のサイトにアクセスすれば、ブラウザー上で遊ぶことのできるゲーム。ソフトウエアの購入やダウンロードが不要で、パソコンの機種にも依存しない。ブラウザ-ゲーム。

ブラウジング【blousing】上着の腰回りの上の所にゆったりしたふくらみをもたせること。また、そのふくらみ。

ブラウジング【browsing】情報を閲覧すること。ウェブ-ブラウザーでウェブ-サイトを閲覧する場合など。ブラウズ。

ブラウス【blouse】上半身をおおう、ゆったりした衣服。表着としても中着としても用いられる。

ブラウズ【browse】⇨ブラウジング(browsing)

ブラウニー【brownie】溶かしたチョコレートとバターを入れた生地を焼き上げた洋菓子。ナッツ類を混ぜることが多い。ケーキとクッキーの中間のような食感をもつ。

ブラウン【brown】茶色。褐色。

ブラウン管 電気信号を光の像に変換する電子管。陰極から生ずる電子ビームの進路を、外部信号に応じて変化する電場または磁場によって制御し、蛍光面にあてて像を得るもの。テレビジョン・レーダー・オシロスコープなどに用いられる。CRT。

ブラウン ソース【brown sauce】小麦粉をバターできつね色になるまでいためて、フォンでのばした茶色のソース。デミグラス-ソースなどの基となる。

プラカード【placard】主張・要求・標語・校名・国名などを書いて掲げる板。デモ・入場行進などに使う。

ブラキャミ 新 内側にブラジャーのカップ部分を取り付けたキャミソール。ブラ-キャミソール。

フラグ【flag】⇨フラッグ

プラグ【plug】①コードの先端に取り付ける、配線に接続するための差し込み器具。②イグニッション-プラグの略。エンジンの点火プラグ。③ルアーの一。プラスチック・バルサ材などを用いて、小魚の形に似せたものを付けた釣り針。引くと水面を滑ったり、激しい動きをする。→ルアー

プラグ アンド プレイ【plug and play】パソコンに接続するだけで、複雑な設定をしなくても周辺機器などをすぐに使えるようにする機能。PnP。

プラグ イン【plug-in】アプリケーション-ソフトウエアに新しい機能を付け加えること。またそのためのソフトウエア。

プラグイン ハイブリッド【plug-in hybrid】新 家庭用コンセントから充電できるハイブリッドエンジン。また、それを搭載した自動車。PHV。

フラクタル【fractal】部分が全体と相似(自己相似)となるような図形。雲の形など自然の中の複雑な図形に見出せるほか、コンピューター-グラフィックスを用いて表現される。1960 年代に数学者マンデルブローにより新しい幾何学の概念として導入された。▷不規則な断片の意のラテン語 fractus に由来。

フラクチャー【fracture】(骨や金属などの)裂け目。割れ目。ひび。

プラクティカル【practical】①実際の役に立つさま。実用的。②実地から割り出したさま。実践的。

プラクティス【practice】①何度も繰り返し行う練習。訓練。けいこ。②実際に行うこと。実行。実践。

プラグマティズム【pragmatism】① 19 世紀後半以降、アメリカを中心に展開された反形而上学的な哲学思想。デカルト以来の意識中心の立場を批判して、行動を重視し、思考・観念の真理性は環境に対する行動の結果の有効性から実験的検証を通じて帰納的に導かれるとする立場。②転じて、実際的な考え方。実用

主義。

プラグマティック【pragmatic】実用的。実利的。

フラグメント【fragment】破片。断片。断簡。

フラゲ 新 俗に、CD・DVD・雑誌・単行本・ゲームソフトなどの商品を販売日よりも前に購入すること。▷フライングとゲットの合成語。

ブラケット【bracket】①壁や柱から水平に突き出て、梁(はり)・床・棚などを支える三角形状の補強材。持ち送り。②壁などの鉛直面に取り付ける照明器具。③印刷の約物の一。文字や句を囲む括弧(かっこ)。[ ]【 】などの類。

プラザ【plaza】広場。市場。

ブラザー【brother】兄弟。

ブラシ【brush】①ごみを払ったり物を塗ったりする道具。はけ。ブラッシュ。②絵筆。画筆。③発電機・電動機で、整流子などに接触して、電流を取り出し、あるいは、供給するもの。

プラシーボ【placebo】ある医薬品の真の効果を試験するためや、患者の気休めのために与える、乳糖など生理作用のない物質で製した薬。プラセボ。偽薬(ぎやく)。

フラジール【fragile】⇨フラジャイル

ブラジャー【brassiere】女性用下着の一。乳房を包み、胸の形を整えるためのもの。ブラ。

フラジャイル【fragile】こわれやすい。きずつきやすい。もろい。

ブラジリアン柔術【Brasilian Jiu-Jitsu】柔術の一。日本の柔道家・前田光世によって1910年代後半にブラジルに伝えられた技術が、ブラジル人のグレイシー一家によって改良されたもの。寝技の組み技を主体とするもの。グレイシー柔術とも。

ブラス【brass】①真鍮(しんちゅう)。黄銅。②金管楽器。真鍮楽器。

プラス【plus】①加えること。足すこと。②加えることを示す記号。また、正数の符号「＋」。③ためになること。有利になること。④利益。黒字。⑤陽電気。また、その符号「＋」。⑥陽性。→マイナス

フラスコ【ポルトガル frasco】①ガラス製の首の長い徳利。酒・水・油などを入れる。フラソコ。②化学の実験器具の一。ガラスでつくった首の長い下がふくらんだ瓶。

プラス サイズ モデル【plus size model】新 プラス-サイズ(衣類の大きいサイズ)のためのファッション-モデル。

プラスター【plaster】①石膏(せっこう)・漆喰(しっくい)・土などを水で練り合わせたもの。塗装材として用いる。②膏薬。

プラスチック【plastic】可塑性があり、加熱により軟化し、任意

フ

の形に成型できる有機高分子物質の総称。天然のものと合成品があるが普通は後者(合成樹脂)をさす。フェノール樹脂・メラミン樹脂・ポリエチレン・ポリ塩化ビニルなど数多くの種類があり、日用品・機械部品・建築材料などに広く用いられる。

プラスチック資源循環促進法 新 正称、プラスチックに係る資源循環の促進等に関する法律。プラスチックのライフサイクル全体で資源循環の取り組みを促進するもの。国による基本方針やプラスチック使用製品設計指針の策定、特定プラスチック使用製品(同法に基づいて品目を定める使い捨てプラスチック製品)の使用合理化、市区町村による分別収集・再商品化の促進、製造・販売事業者などによる自主回収の促進、排出事業者による排出抑制・再資源化の促進を定める。2022年(令和4)4月施行。

プラスチック フリー【plastic free】新 プラスチックを使用していないこと。

フラストレーション【frustration】欲求がなんらかの障害によって阻止されている状態。また、その結果生じる不快な緊張や不安。要求阻止。欲求不満。

ブラス バンド【brass band】金管楽器を中心にして、太鼓などを加えた小楽団。吹奏楽団。

プラズマ【plasma】①自由に運動する正負の荷電粒子が混在して、全体として電気的中性となっている物質の状態。気体放電によって気体分子が高度に電離した状態や、星の内部・星間空間にある物質の状態のほか、半導体内の電子と正孔の集団もプラズマと考えられる。②血液の液状成分。血清とフィブリノーゲンからなる。血漿(けっしょう)。

プラスミド【plasmid】細胞内にあって核以外の細胞質中のDNA。自律的に増殖し、親から子へ伝えられるが、細胞の生存には関係しない。染色体DNA以外の細胞質DNAに対して用いられる名称。遺伝子工学では、細菌のこれに特定の遺伝子DNAを組み込んでベクターとして利用している。

プラセンタ【placenta】胎盤。また、その抽出物。肝機能障害の治療に用いられるほか、美容にも効果があるとされている。

プラタナス【ラテン Platanus】スズカケノキ科スズカケノキ属の属名。スズカケノキ・アメリカスズカケノキ・モミジバスズカケノキなどが含まれ、街路樹などとされる。

フラ ダンス【和製 hula＋dance】⇨フラ

プラチナ【スペイン platina】①白金(はっきん)。10族(白金族)に属する遷移元素の一。元素記号Pt 原子番号78。原子量195.1。比重21.4(20℃)。銀白色の金属。展性・延性に富む。酸素・水素を吸収して酸素・水素が活性化するので酸化還元触媒として用いられる。また抵抗温度計・坩堝(るつぼ)・電気炉・電極・装飾用貴金属として用いられる。②「特別」「高級」「上級」などの意。「一会員」

プラチナ世代 新 ①(元気な)高齢者世代。▷作家の渡辺淳一(1933~2014)の造語。②その分野で傑出した人物が多く世に出た世代。▷黄金世代が既存の場合に呼称される傾向がある。

プラチナ バンド 【和製スペイン pla-tina+英 band】有用性が高いとされる周波数帯域を貴金属にたとえていう語。障害物があっても跳ね返るなどして進むために電波が遠くまで届きやすく、一度に伝送できる情報量が多い。プラチナ周波数帯。▷700MHzから900MHzの周波数帯を中心とする極超短波帯域。

プラチナム【platinum】新 ①白金(はっきん)。②他の語に付いて、特別・高級・上級などの意を表す。▷企業・ブランドなどの名称に使うことが多い。

フラッグ【flag】①旗。②アメリカン-フットボールで、反則があった場合にその場所に審判が投げ込む、おもりのついた黄色の布。イエロー-フラッグ。ペナルティ-マーカー。③コンピューターで、実行中のプログラムの状態についての情報を示す変数やレジスター。④③が転じて(映画などの物語で)今後の成り行きが容易に予想できる演出や出来事。「死亡一が立つ」▷③④は一般的にフラグと記す。

ブラック【black】①黒。黒色。②ミルクも砂糖も入れないコーヒー。③黒人。④外来語の上に付いて、「不正な」「闇の」などの意で複合語をつくる。

ブラックアウト【blackout】①停電。灯火管制。②一時的な記憶・意識の喪失。③場面の暗転。④報道管制。放送中止。

> アップデート 2018年(平成30)の北海道胆振東部地震では、大規模停電を意味するブラックアウトが話題になりました。地震の直後、道内最大規模の火力発電所が故障のため緊急停止。連鎖的に他の発電所の運転も止まり、道内全域に停電が拡大してしまったのです。

ブラック企業 俗に、従業員に対し劣悪な条件での労働を強要したり、暴力や人権侵害などの違法な対応を行う企業。ブラック会社。

フラッグシップ【flagship】①艦隊の司令官が乗って、艦隊の指揮をとる軍艦。マストに司令官の官階を示す旗を掲げる。旗艦。②転じて、最も重要なもの。企業

フ

やグループが最も力を入れている商品・店などにいう。フラッグシップ-ショップ。旗艦店。

ブラックジャック【blackjack】トランプ遊びの一。集めた手札の数の合計が21に最も近い者を勝ちとするもの。トゥエンティー-ワン。にじゅういち。どぼん。

フラックス シード【flax seed】亜麻の種子。食用。亜麻仁(あまに)とも。

ブラック スワン【black swan】新 ①コクチョウ。②予測困難で稀な物事。▷かつて「黒い白鳥はいない」と信じられたことから。

ブラック バス【black bass】スズキ目の淡水魚。北アメリカ南東部の原産で、日本には大正時代に芦ノ湖に移入された。ルアー釣りの対象魚として全国に移植され、在来種に深刻な影響を与える。

ブラックフェース【blackface】新 ステレオタイプとしての黒人を演じるため、黒人以外の演者が顔を黒く塗ること。またその演者。米国で19世紀に流行。公民権運動を経て差別表現と認識されるようになった。

ブラック フライデー【Black Friday】アメリカで、感謝祭(11月の第4木曜日)の翌日。クリスマス-シーズンを控えた年間最大の商戦が繰り広げられる。▷この日の売り上げによって黒字に転じる小売店が多いことから。

ブラック ブロック【black bloc】黒い服装やマスクなどを着用した人が集まり、デモ行進などを行う抗議手法。またはその集団。グローバリゼーションに反対する人や団体が自律的に集まり、国際会議の周辺で活動することが多い。▷黒同盟の意。

ブラック ホール【black hole】物質も光も外部へ脱出できないような強い重力場をもつ天体。質量が太陽の数倍程度のブラック-ホールは、大質量の星が超新星爆発したときに残された中心部が重力崩壊したもの。銀河の中心核にあるとされる、質量が太陽の数百万倍以上もあるブラック-ホールは、銀河の形成初期につくられたと考えられている。

ブラック ボックス【black box】①電気回路や機械、生物的な系などについて、その内部構造は問題にせずに、その機能、あるいは、それに対する入力と出力の関係だけが考察の対象とされるような過程、あるいは、その装置。②俗に、使い方だけわかっていて、動作原理のわからない装置のこと。③フライト-レコーダー。航空機の飛行高度・速度・機首の方位など飛行に関するデータを自動的に時刻とともに記録する装置。耐熱・耐震性の堅牢な箱に納められている。

ブラック マンデー【Black Monday】 1987年10月19日月曜日に起きたニューヨーク株式市場の大暴落。世界的な株価の暴落を招いた。暗黒の月曜日。

ブラック ユーモア【black humor】笑ったあとで背筋が寒くなるような残酷さや不気味さを含んだユーモア。

ブラック ライト【black light】近紫外線を主に放射するように設計された蛍光ランプ。鉱石や宝石の鑑定や各種検査、補虫器用光源などのほか、蛍光物質を光らせる特徴を利用して劇場での演出やインテリアなどに用いられることも多い。

ブラック ライブズ マター【Black Lives Matter】 新 ⇨BLM

ブラックリスト【blacklist】注意・監視を要する人物の氏名や住所などを記した表。黒表(こくひょう)。ブラックブック。

フラッシュ【flash】 ①閃光(せんこう)。特に、写真撮影で、被写体に当てる閃光。閃光電球・ストロボなどを用いる。フラッシュライト。②映画・テレビで、瞬間的に現れる場面。

フラッシュ【flush】トランプのポーカーにおける役の一。同じ種類の札が5枚そろうこと。→ポーカー

ブラッシュ【brush】 ⇨ブラシ

ブラッシュアップ【brushup】①ブラシをかけて磨き上げること。②一段とすぐれたものにすること。

フラッシュオーバー【flashover】火災時に、燃焼物から発生する可燃性ガスがたまり、それが一時に引火して爆発のように全体に炎が回る現象。→バックドラフト

フラッシュ カード【flash card; flashcard】学習教材で、単語や数字、絵を書いたカード。幼児などの学習者に短時間見せて、反応速度を向上させる練習をする。早期教育などで用いる。

フラッシュバック【flashback】①過去の出来事や情景がはっきりと思い出されること。②映画・テレビなどの編集技法の一。ごく短いショットを複数つなぐこと。驚きや衝撃などの心理表現などに使用。③麻薬を常用していた者に起こる幻覚の再現。

フラッシュ メモリー【flash memory】電源を切っても内容が保存される不揮発性の半導体メモリーの一種。容易に内容の書き換えができるため、携帯用コンピューターの補助記憶装置などに応用される。

ブラッスリー【フランスbrasserie】カフェとレストランを合わせたような大型の店。ブラスリー。

フ

フラット【flat】①音楽で、ある音を半音低めることを示す変化記号。変記号。「♭」で表す。→シャープ ②端数がないこと。主に競技の計時で用いる。③共同住宅で、各住戸が同一階内で完結している形式。1戸が複数階にまたがるメゾネット形式に対比していう。④平らであるさま。変化がなく、平板であるさま。

ブラッド【blood】①血。血液。②血すじ。血統。家柄。

プラットフォーマー【platformer】①ビジネスにおいて、他社も利用可能な基本的な仕組みを提供する企業。家庭用ゲーム市場で、ゲーム機やその開発環境を提供する企業など。②インターネット上でさまざまなサービスとその基盤となる環境を構築・提供するIT企業。③②のうち、特に巨大な規模の企業。膨大なユーザーの個人情報を収集することが問題視されている。

プラットホーム【platform】①駅で、列車の乗降に便利なように、線路に沿って適当な高さに築いた構築物。ホーム。②アプリケーション-ソフトを稼働させるための基本ソフト、またはハードウエア環境。③自動車生産で、異なった車種の間で共通に用いる車台。▷立つための台、壇の意。プラットフォームとも。

フラップ【flap】①飛行機の主翼後縁にある小翼。離着陸時などに、より大きな揚力が得られるよう、主翼の翼型を修正する役割をもつ。高揚力装置。下げ翼。②ポケット口の上に垂れ下がった蓋。雨蓋(あまぶた)。

フラッフィー【fluffy】新 質感がふわふわであること。

フラッペ【フランス frappé】かき氷にシロップまたはリキュールを注いだ飲み物。また、かき氷にシロップをかけ、果物・クリームなどを盛った冷菓。

プラトー【plateau】技能の学習で、進歩が一時的に止まり横ばいになった状態。▷高原・台地の意。

ブラ トップ【和製 bra＋top】タンク-トップなどの内側に、ブラジャーのカップ部分を取り付けた衣料品。

プラトニック【Platonic】純粋に精神的なさま。特に、恋愛において、肉欲を伴わず純粋に相手を思うさま。▷プラトンのようなの意。

プラトニック ラブ【Platonic love】肉欲を伴わない、精神的な愛。

プラナリア【ラテン Planaria】三岐腸目のプラナリア科(淡水生三岐腸亜目)に属する扁形動物の総称。体は扁平で、口は腹面中央にある。体長20〜30mm。渓流などにすむ。再生の実験によく使われる。ナミウズムシ・ミヤマウズムシなど。

プラネタリー【planetary】他の言葉の上について「惑星の」「地球の」の意を表す。

プラネタリー【planetary】新「惑星の」「地球の」の意。

プラネタリウム【planetarium】恒星の配置や太陽・月・惑星の運動など、天球面の諸現象を室内のドームに映写機で映して、天体の運行を模型的に見せる装置。天象儀。

プラネット【planet】惑星。遊星。

フラノ ⇨フランネル

ブラフ【bluff】はったり。こけおどし。特に、ポーカーなどでみせる、はったりの態度。

フラフープ【Hula-Hoop】遊具の商標名。プラスチックのチューブを直径1メートルくらいの輪にしたもの。輪の中に体を入れて腰を振って回し、腰の周りに回転させる。1958年(昭和33)日本で大流行。

フラペチーノ【Frappucino】コーヒーとミルクを氷とともに攪拌(かくはん)したコーヒー飲料。商標名。▷フランス frappé とイタリア cappuccino から。

ブラボー【フランス bravo】歓喜・称賛・喝采(かっさい)などの意を表すかけ声。うまいぞ。すてきだ。

アップデート 2022年にカタールで開催されたFIFAワールドカップで、日本代表チームは優勝経験国であるドイツとスペインに勝利してグループリーグを突破。ベスト16でもクロアチアと引き分け(PKで敗退)という結果を残しました。ドイツ戦を終えた長友佑都選手は試合後に「ブラボー!」を連呼。これが流行語となりました。

フラボノイド【flavonoid】植物の全器官、特に緑葉や柑橘(かんきつ)類の皮に多く含まれる植物色素の総称。毛細血管を強化する作用がある。ビタミンP類などが含まれる。

プラム【plum】①スモモ。バラ科の落葉高木。中国原産。果実は球形で、赤紫色または黄色に熟し、甘酸っぱい。生食するほか、ジャム・果実酒・乾果などにする。②干しブドウ。

フラメンコ【スペイン flamenco】スペイン南部アンダルシア地方で、ロマによって伝えられている芸能。歌・舞踊・ギター伴奏が一体となったもの。

ブラレット【bralet】新 ワイヤーが入っていないブラジャー。ノン-ワイヤー-ブラジャー。ノン-ワイヤー-ブラ。

フラワー【flower】花。

フラワー アレンジメント【flower arrangement】①「生け花」の英語訳。②主に欧米で発達した、花を飾るための様式。

生け花よりも飾り方の自由度が高い。

フラン【フランス flan】タルト生地にカスタード-クリームを入れて焼いたパイ。中に干しブドウなどを入れることもある。

フラン【フランス franc】スイスの通貨単位。フランス・ベルギーなどの旧通貨単位。1フランは100サンチーム。記号F

ブラン【bran】小麦の粗い皮。麩(ふすま)。

プラン【plan】①計画。はかりごと。案。②図面。見取り図。平面図。

フランク【frank】率直なさま。遠慮のないさま。

ブランク【blank】空白。余白。空白期。

プランク【plank】筋力トレーニングの一。うつ伏せに横たわった状態で爪先(つまさき)を立て、前腕を床に接したままにしながら膝や腰を宙に浮かせて、体全体を直線状に保つ。▷本来は厚板の意。

プランクトン【plankton】水中や水面に浮遊して水の動きのままに生活している水生生物。ケイ藻などの植物プランクトンとミジンコのような動物プランクトンとがあり、大きさはミクロン単位のものからクラゲ大まである。魚などの餌(えさ)として重要。また、赤潮をおこす原因ともなる。浮遊生物。

ブランケット【blanket】①毛布。ケット。②ガラス繊維・岩綿・獣毛などを毛布状に成形した柔軟な多孔質建築材料。吸音材・断熱材に用いる。

ブランケット【フランス blanquette】子牛や子羊、鶏肉のホワイト-ソース煮込み。

フランジ【flange】①軸や管などの端に鍔(つば)状に張り出した継ぎ手部分。②鉄道用の車輪の一方の側に張り出した輪縁(わぶち)。脱輪を防ぐ。

プランジャー【plunger】シリンダー内を往復して、流体を圧送する円筒形のもの。ピストンと同じ働きをするが、ピストンより高圧のポンプ・水圧機などに用いる。棒ピストン。

プランター【planter】草花などの栽培容器の一。プラスチック製で、形は長方形のものが多い。

プランタン【フランス printemps】春。

ブランチ【branch】①枝。また、枝分かれしたもの。②全体をおおまかに分けたもの。部門・分科など。③中枢から分かれて活動や営業をおこなうところ。支部・支店・支局など。

ブランチ【brunch】昼食を兼ねた遅い朝食。▷breakfastとlunchの合成。

フランチャイザー【franchiser】フランチャイズ契約におけ

る親業者のこと。加盟店(フランチャイジー)に対して一定地域内の営業販売権を与え、特約料を受け取る。

フランチャイジー【franchisee】フランチャイズ契約における加盟店のこと。親業者(フランチャイザー)から一定地域内の営業販売権を譲り受け、特約料を支払う。

フランチャイズ【franchise】①プロ野球で、球団が特定の都市や地域を本拠地にして、その地域における野球上の利益を保護される権利。また、その本拠地。②親企業(フランチャイザー)が加盟店(フランチャイジー)に与える、一定地域内での営業販売権。▷特権・免許の意。

フランチャイズ チェーン【franchise chain】本部からフランチャイズを与えられた加盟店の組織。本部が加盟店を直営店と同様に管理する。FC。

ブランディング【branding】①家畜などの体に、焼いた金属を押し付けて模様をいれること。焼き印。②経営・販売上の戦略として、ブランドの構築や管理を行うこと。

ブランデー【brandy】果実からつくった蒸留酒の総称。普通はワインを蒸留したもの。アルコール含量40％以上。樽に詰めて醸成する年数によって階級が分かれる。コニャックなど。

プランテーション【plantation】熱帯・亜熱帯地域で、先住民や移民の安い労働力を使って商品作物(綿花・タバコ・ゴム・コーヒー・紅茶など)を栽培する大規模農園。

ブランド【brand】①自己の商品を他の商品と区別するために、自己の商品に使用する名称や標章。銘柄。商標。②特に優れた品質や評価をもつ商品・企業などの名称や標章。

プラント【plant】①植物。草木。また、それを植えること。②生産設備一式。大型機械など。

ブランド アイデンティティー【brand identity】企業・商品・サービスなどのブランドについて、他とは異なる個性が確立されていること。

プラント ベース【plant based】新 食品や化粧品などが、植物を原料として製造されていること。またその活用を主軸とするライフスタイル。

プランナー【planner】企画をたてる人。立案者。

ブランニュー【brand-new】他の外来語などに付いて「新品の」「真新しい」「おろしたての」などの意を表す。

プランニング【planning】計画を立てること。立案。企画。▷プラニングとも。

フ

フランネル【flannel】両面を起毛した柔らかな平織り、または綾織りの紡毛織物。フラノ。ネル。

フランベ【フランス flambé】肉料理やデザートにリキュール類をかけて火をつけ、アルコール分をとばして香りをつけること。

フランボワーズ【フランス framboise】キイチゴ。特にラズベリー。

ブラン マンジェ【フランス blanc-manger】菓子の一。アーモンドで香り付けした牛乳に甘く味付けし、ゼラチンまたはコーンスターチで固めた冷菓。もとは、アーモンドだけで製したもの。ブラ-マンジェ。

フリー【free】①自由であること。束縛されないこと。また、そのさま。②どこにも所属していないこと。③無料。④フリー-ランスの略。⑤そのものを「含まない」「使用しない」、そのものが「存在しない」「なくてよい」などの意。

ブリー【フランス Brie】フランス北東部のブリー地方原産の軟質チーズ。外見はカマンベール-チーズに似ているが、強い風味と芳香がある。

フリー アドレス【free address】①オフィスなどで、社員ごとに固定した机をもたない方式。社員が必要とする時間だけ机を占有するもの。資料や私物などはロッカーに格納する。イントラネットで業務情報を共有することも多い。ホテリング。ホット-デスキング。→イントラネット ②フリー-メールで取得したメール-アドレスのこと。→フリー-メール

フリーウエア【freeware】無料で利用できるソフトウエア。フリー-ソフトウエア。

フリー エージェント【free agent】①スポーツで、所属チームとの契約を解消し、どのチームとも自由に契約を結ぶことができる選手。自由契約選手。②プロ野球などで、在籍期間などの一定の条件を充たし、どの球団とも自由に契約できること。

フリー キック【free kick】サッカー・ラグビーなどで、相手側に妨害されずに、セットしたボールに行えるキック。サッカーでは間接フリー-キックと直接フリー-キックの２種類がある。

フリー キャッシュ フロー【free cash flow】企業の一会計期間における純現金収支。一般的に、企業の営業活動によるキャッシュ-フローから設備投資に要するキャッシュ-フローを引いた形(税引き後の営業利益と減価償却費を合計し、そこから運転資金の増加分と設備投資額を差し引く)で計上される。企業の業績や価値を判断する際の重要な指標となる。→キャッシュ-フロー

フリーク【freak】①普通とは違

う形のもの。異形のもの。奇形。怪物。②ある物事が大好きな人。熱狂的なファン。マニア。

フリークエント【frequent】たびたびあるさま。頻発するさま。

フリー ゲージ トレーン【free gage train】軌道の幅が異なる線路を走行するための軌間変換装置をもつ列車。軌間可変列車。

フリーザー【freezer】冷凍機。冷却器。

フリージア【freesia】アヤメ科の秋植え球根植物。南アフリカ原産。鉢植え・切り花とする。早春、狭漏斗状の花を数個上向きにつける。花は白色・黄色・紫紅色などで、芳香がある。

フリー シフト【和製 free＋shift】出勤日や労働時間を定めない雇用形態。業務に合わせて労働日や始業・終業時間が指示され、働いた時だけ賃金が支払われる。

フリージャズ【free jazz】即興演奏を重視した前衛的なジャズ-スタイルの総称。1960年代、従来のジャズの枠組みにとらわれず、自由な発想で実験的な試みが展開された。

フリージング【freezing】食品を冷凍すること。

フリース【fleece】①羊毛。また、羊毛に似たもの。②柔らかく、起毛した布地のこと。特に、ポリエステル製のペット-ボトルを再利用した素材と、それで作られた製品を指す。保温性・吸湿性に優れる。

フリーズ【freeze】①凍ること。固まること。②作動しなくなること。反応しなくなること。

プリーズ【please】人に物をすすめたり、頼みごとをする時などに言う語。どうぞ。

フリー スクール【free school】既成の学校教育制度の外にあり、子どもの自由・自主性・個人差などに配慮し、児童・生徒中心主義の教育を行う学校形態の総称。オルタナティブ-スクール。▷広義には、不登校の児童・生徒を受け入れるさまざまな機関・団体も含まれる。

フリースタイル スキー　スキー競技の一つ。特設のゲレンデやジャンプ台を使って、競技者が滑走や演技を行い、その技術などを競うもの。エアリアル・モーグル・スキークロスなどの種目がある。アクロバット-スキー。▷freestyle skiing。

フリー スタンディング【free standing】店舗が独立した建物で、道路に面して立地している店。大きな駐車場も併せもつ。小売業で、郊外に多い出店形式。▷「独立の」の意。→ビルイン

プリースト【priest】キリスト教の聖職者。特に、司祭や牧師。

フリーズ ドライ【freeze-drying】物を凍らせて、真空中に置き水分を昇華させて除く乾燥法。熱変性を受けないので、医薬品・インスタント食品などに利用される。凍結乾燥。

フリーター 【和製 英 free＋ドイツ Arbeiter】定職に就かず、アルバイトで生計を立てる人。フリー-アルバイター。▷「平成12年版労働白書」では「年齢が15〜34歳。アルバイト・パートである雇用者で、男性については継続就業年数が1〜5年未満の者、女性については未婚で仕事を主にしている者。また、現在無業の者についてもパート、アルバイトの仕事を希望する者」と定義している。

ブリーダー【breeder】家畜や植物などの交配・育種・生産などを行う人。

フリー ダイビング【free diving】⇨スキン-ダイビング

フリー タイム 【和製 free＋time】①個人が自由に行動できる時間。自由時間。②時間の制約を受けないこと。③一定時間内に店のサービスを自由に利用できること。

フリー ダイヤル 【和製 free＋dial】NTTの電話料金サービスの一。通話料金を受信者が支払う方式の電話。0120で始まる電話番号。1985年(昭和60)からサービス開始。

フリーダム【freedom】自由。

ブリーチ【bleach】脱色すること。漂白。

プリーツ【pleats】ひだ。

プリーツ スクリーン 【pleats screen】新 じゃばら状の布地を開閉させる仕組みの日除け。

フリート【fleet】①保有する全車両・航空機。②ヨットやサーフィンなどのマリン-スポーツの愛好者の団体。▷艦隊・船団の意。

フリー トーキング 【和製 free＋talking】自由討論。自由な話し合い。フリー-ディスカッション。

フリー トーク 【和製 free＋talk】 ⇨フリー-トーキング

フリー ハグ【Free Hugs】見知らぬ人とハグする(抱き合う)活動。街角で「Free Hugs」と書いたプラカードを掲げて、それに同意した通行人とハグするもの。喜びを分かち合い、苦しみを癒やすことを目的とする。フリー-ハグズ。▷2004年にオーストラリアで行われた活動が動画サイトに投稿され、世界的な流行に発展した。

フリーハンド 【freehand】 定規・コンパスなどを用いずに、自在に描くこと。

ブリーフ【briefs】男性用の腰部をぴったり包む股下の短い下ばき。

ブリーフィング【briefing】報道機関などに対し当事者が行う簡潔な状況説明。また、イベントなどの企画の事前説明。

ブリーフケース【briefcase】書類などを入れる薄い角型の革鞄(かばん)。

フリー フロー【free flow】①ベルトコンベヤーのライン上で、作業員が自分で作業の流れを調整できるシステム。②飲食店の飲み放題(定額制で決められたメニューの中から好きな飲物を好きなだけ飲めるサービス)のこと。

フリー ペーパー【free paper】無料配布の新聞。地域が限定され、発行費用は広告収入で賄われる。

フリー マーケット【flea market】公園などで、不用品の売買・交換を行う市。▷蚤(のみ)の市。古物市。

フリーミアム【freemium】基本サービスを無料で、付加的なサービスを有料で提供するビジネス-モデル。主にネット上のサービスについて言う。一定容量を無料で、追加容量を有料で提供するストレージ-サービスなど。▷free(無料)とpremium(割増金)の合成。

フリーメーソン【Freemason】18世紀初めイギリスで結成された、博愛・自由・平等の実現をめざす世界的規模の団体。多くの名士を会員に含むとされるが全容は明らかでない。

フリー メール【和製 free＋mail】無料で電子メール-アカウントを取得できるサービス。▷アメリカではfree E-mailという。

フリー ライダー【free rider】他人が費用負担したものを、対価を払わずに利用するだけの人。▷ただ乗りする人の意。

フリー ラジカル【free radical】⇨ラジカル

フリー ランス【free-lance】一定の会社・組織に属していない自由契約のジャーナリストや俳優など。フリー。フリー-ランサー。案自由契約

フリー ランニング【free running】自分の体のみを用いて、素早い移動・跳躍・登攀(とうはん)などを行うパフォーマンス。主に都市にある人工物を障害物として用いる。原型であるパルクールに、アクロバティックな動きを加えたもの。→パルクール

フリー ルーム【和製 free＋room】⇨サービス-ルーム②

プリインストール【preinstall】パソコン製品などに、OS(基本ソフト)やアプリケーション-ソフトウエアがあらかじめ組み込まれていること。→インストール

プリオン【prion】タンパク質の一。脳などに存在する。異常型プリオンは、クロイツフェルト-ヤコブ病、スクレイピー、牛海綿状脳症などの病原体とされる。異常型プリオンが体内に入ると正常型

を不可逆的に異常型に変え、増えた異常型プリオンが脳組織を破壊し発症に至ると考えられている。

プリカ 新 プリペイドカードの略。

フリカッセ【フランス fricassée】フランス料理の一。鶏・子牛などの淡白な材料を軽くいためてから煮込み、ホワイト-ソースで仕上げたもの。

ブリキ【オランダ blik】スズをめっきした薄い鉄板。建材や缶の材料とする。

フリクション【friction】摩擦。軋轢(あつれき)。不和。

プリクラ 自分の顔写真の入ったシールを作成できる遊戯機器、プリント倶楽部(商標名)の通称。

フリゲート【frigate】対潜・対空・船団護衛などに用いる小型軍艦。

ブリザード【blizzard】極地方で発生する、猛吹雪を伴う強風。

プリザーブ【preserve】①守ること。保護すること。②保存すること。また、保存食品。缶詰。瓶詰。③果物の砂糖煮。ジャム。④禁猟地。禁漁区。

プリザーブド フラワー【preserved flower】薬品を用いて、保存用に加工した草花。生花から色素と水分を取り除き、人工色素を茎から吸わせてつくる。生花のような色と質感を、数年以上にわたって保存することが可能。プリザービング-フラワー。

フリスビー【Frisbee】プラスチック製の円盤形をした遊戯具の商標名。

プリズム【prism】ガラスなどでできた多面体で、光を分散・屈折・全反射・複屈折させる光学部品。

プリセプター【preceptor】新人に一対一でつき指導にあたる先輩。

フリッカー【flicker】揺らぐ光。点滅。ちらつき。

フリック【flick】タッチ-パネルを用いたインターフェースで、指をある一点に置いてから、特定の方向にはじく入力操作。画面のスクロールや文字入力などに用いる。▷はじくことの意。

ブリック【brick】①煉瓦。煉瓦状の塊。②玩具の積み木。ブロック。

ブリックス【BRICS】(Brazil, Russia, India, China, South Africa)経済成長が著しい、ブラジル、ロシア、インド、中国、南アフリカ共和国の5か国。それまでブラジル、ロシア、インド、中国の4か国(BRICs)をさしていたが、2010年の4か国首脳会議で南アフリカ共和国の加入を認めたことに伴い改称。

ブリッジ【bridge】①橋。橋梁。②船の前部の甲板にある望楼。船橋。③トランプ遊びのコントラクト-ブリッジ。または、セブン-ブリッジ。④抜けた歯の両隣の歯を支えとして、橋をかけるように入れた義歯。橋義歯。架工歯(かこうし)。⑤眼鏡の、鼻にかかる部分。⑥あおむけのまま頭と足あるいは手と足を使って橋状になって体を支える体勢。⑦抵抗・静電容量・インダクタンスなどの測定に用いる電気回路。

フリッター【fritter】泡立てた卵白を加えた軽い衣で魚肉・野菜などを揚げた料理。ベニエ。

フリップ【flip chart】①テレビ放送などで、図解によって視聴者の理解を助けるために用いる大型のカード。②⇨フリップ-ジャンプ ③「ひっくり返す」「めくる」の意。

フリップ ジャンプ【flip jump】新 フィギュア-スケートで(基本的な反時計回りの跳躍を行う場合)左足で親指側に重心をかけながら後ろ向きに滑走して、右足の爪先を氷に突く動作をきっかけに跳躍して、回転ののち後ろ向きに着氷する跳躍演技。

フリップ フロップ【flip-flop】1つの入力(1または0)に対して、常に二つの状態(1または0)の出力を発生させ、かつ次に逆の入力を与えるまでこの出力状態を安定的に保持している回路。コンピューターの集積回路の中で記憶素子として用いられる。

プリティー【pretty】かわいいさま。

ブリティッシュ【British】「イギリスの」「イギリス人の」「イギリス式の」の意。

プリテンダー【pretender】何かのふりをする人。偽善者。

プリ フィクス【フランス prix fixe】フランス料理店において、比較的安価に提供されるコース-メニュー。料金が決まっており、前菜・主菜・デザートなどのそれぞれについて、あらかじめ決められたいくつかの料理から選択する方式。プリ-フィクス-メニュー。▷定価の意。

プリフィックス【prefix】接頭辞。語・式・名称などの先頭に添えたもの。→サフィックス

プリペイド【prepaid】他の語に付いて、「支払い済の」「代金前払い式の」の意。

プリペイド カード【prepaid card】代金を前払いして購入し、自動販売機などで使うカード。PC。プリカ。

フリマ フリー-マーケットの略。→フリー-マーケット

プリマ【イタリア prima】①第一の。首位の。主たる。②プリマ-ドンナの略。③プリマ-バレリーナの略。

プリマ ドンナ【イタリア prima donna】歌劇団の中で第1位の女性歌手。主役をつとめる女性歌手。

プリマ バレリーナ【イタリア prima ballerina】主役のバレリーナ。

また、バレエ団の女性第1舞踊手。

プリミティブ【primitive】①自然のままで、文明化されていないさま。原始的。②素朴なさま。幼稚なさま。

ブリリアント【brilliant】①輝くさま。華麗なさま。また、才気のあるさま。②ダイヤモンドの研磨の一法。通常58面体にしたもの。ブリリアント-カット。

フリル【frill】①細い布の片側をギャザーまたはひだにして、他の側を波打たせたもの。切り替え線や縁の装飾とする。②余分なもの。転じて、航空会社などの過剰なサービスをいう。

プリン プディングの転。一般にはカスタード-プディングをいう。

プリン【purine】複素環式化合物の一。無色の針状結晶。生体内には、その誘導体として存在する。

ブリンク【blink】①まばたきをすること。②明滅すること。ちらちら光ること。またたくこと。③コンピューターで、ディスプレー上の文字やカーソルの表示などを明滅させること。

フリンジ【fringe】①周辺。外縁。②毛糸やひもを束ねた房飾り。

プリンシパル【principal】①主な。重要な。②校長。主役。本人。③元金。

プリンシプル【principle】①原則。原理。②主義。

フリンジ ベネフィット【fringe benefit】賃金以外の付加給付。法律で規定されたもの、雇用主が定めたもの、労働組合が獲得したものなどがある。健康保険の家族療養付加金や各種の社員福利施設など。

プリンス【prince】①王子。皇子。皇太子。②その世界で将来第一人者になりうると嘱望されている若い男子。

プリンセス【princess】王女。皇女。王子・皇太子の妃。

プリンター【printer】①印刷機。焼き付け機。②コンピューターの出力装置の一。データを用紙に印刷するもの。

プリン体 プリン誘導体のうちの一群の塩基性化合物。アデニン・グアニン・キサンチンや、尿酸・カフェインなどがある。アデニンとグアニンとはピリミジン塩基とともに核酸の構成成分となっている。プリン塩基。

プリント【print】①印刷すること。印刷物。②写真で焼き付けをすること。また、焼き付けをしたもの。③捺染(なっせん)すること。

プリント アウト【print out】コンピューターのデータをプリンターで印刷すること。また、その印刷物。

フル【full】いっぱいであるさま。

十分であるさま。最大限。

ブル ①ブルドッグの略。犬の一品種。イギリス原産。もと闘犬用。体毛は短く、毛色は茶・白など。顔の下半分がしゃくれて上を向いた特異な外見だが、性質は温順。②ブルドーザーの略。③ブルジョア・ブルジョアジーの略。

ブル【bull】①雄牛。②(株式の)強気筋。→ベア

プル【pull】①引くこと。引っ張ること。②野球やゴルフで、引っ張って打つこと。③水泳のストロークで、水をとらえてから腕をかくこと。

フルイド【fluid】新 液体や気体など流動体の総称。流体。▷フルードとも。

ブルー【blue】①青色。②気が晴れないさま。憂鬱(ゆううつ)なさま。

ブルー オーシャン【blue ocean】競合が少ない未開拓の市場。競合が多い既存市場であるレッド-オーシャンに対して言う。▷青い海の意。

ブルー カーボン【blue carbon】大気中の二酸化炭素から、おもに沿岸生態系の働きで海洋に固定される炭素。2009年に国連環境計画(UNEP)が命名。→グリーン-カーボン

ブルー カラー【blue-collar】生産現場で作業に携わる労働者。▷作業服の色から。→ホワイト-カラー

ブルーギル【bluegill】スズキ目の淡水魚。体は卵円形で側扁する。背は緑褐色で腹部は淡い。雄の鰓(えら)の後端が青黒く見える。北アメリカ原産で、近年、湖沼に移入された。釣りの対象魚。

ブルー シート【和製 blue+sheet】建築資材の雨除けや、野外での敷物などに用いる合成樹脂製の青いシート。

ブルース【blues】4分の4拍子の哀愁を帯びた歌曲。アメリカ黒人に歌われた哀歌。ジャズの音楽的基盤になった。▷ブルーズとも。

ブルー ステート【blue state】アメリカで、民主党の支持層が多い州のこと。民主党のイメージ-カラーが青であることから。北東部や西海岸の州に多い。青い州。→スイング-ステート・レッド-ステート

ブルー チーズ【blue cheese】半硬質のナチュラル-チーズの一。牛乳を原料とし、アオカビによって熟成したもの。独特のにおいと味をもつ。

ブルー チップ【blue chip】優良株。業績・経理内容がよく、配当率も高い会社の株。▷もとはニューヨーク証券取引所の優良株のことだが、現在はアメリカに限らず各国の市場の優良株全般をよんでいる。

フルーツ【fruit】くだもの。

フルーツ飴 新 串に刺した果物を飴でコーティングしてつくる菓子。▷韓国で流行し、2019年頃日本国内に流入した。

フルーツ カービング【fruit carving】メロンやパパイヤなどの果物に彫刻を施すこと。タイの伝統工芸。

フルーツ サンド【和製 fruit + sandwich】果物とクリームを挟んだサンドイッチ。▷2010年代の後半、これをナイフで切った断面が「萌え断(もえだん)」と呼ばれるようになり、写真共有サイトへの投稿が流行。フルーツ-サンド自体の人気も高まった。

フルーティー【fruity】果物の風味がいっぱいに感じられるさま。

フルート【flute】木管楽器の一。横笛で、現在は多く金属製。フリュート。

ブルートゥース【Bluetooth】複数のデジタル機器を無線で接続し、音声通信やデータ通信を行う技術の共通仕様。携帯電話、パソコン、デジタル家電などを接続する。▷対話と説得を重視したバイキングの王の通称から。

ブルー ノート【blue note】①長音階の3度(ミ)と5度(ソ)と7度(シ)の音を半音下げた音。ブルース・ジャズに特徴的な音。②アメリカのジャズ-レコードのレーベル名。

プルーフ【proof】①証明。証拠。②酒類のアルコール含有量を示す単位の一。アメリカ式では、アルコール含有量が体積で50％の場合を100プルーフ、イギリス式では57.1％の場合を100プルーフとする。③印刷で、本刷り前に校正をするための刷り物。

ブルー ベース【和製 blue + base】新 俗に美容の分野で、肌の色味が比較的青色に寄っていること。イエローベース(黄色寄り)に対していう。「—肌」

ブルーベリー【blueberry】ツツジ科のスノキ属の低木の一群で、果樹として栽培されるものの総称。北アメリカ原産。果実は濃青・黒色に熟す。甘酸っぱく、ジャムやジュースにする。

ブルー マウンテン【Blue Mountain】コーヒー豆の銘柄の一。ジャマイカ産。良質の香りをもち、最高級品とされる。▷ジャマイカ東部の山地の名から。

ブルーム【bloom】①製鋼の圧延工程の中間製品の一。大型の鋼片。角形の断面をもつ。②果物や野菜などの表面に表れる白い粉状の物質。果粉。蠟粉(ろうふん)。

プルーム【plume】①羽毛。②羽根飾り。③水煙。水柱。④地球内部のマントルに存在する、深部から表層部への上昇流。→ホット-スポット ⑤立ち上る雲。

特に、放射能を含んだものをいう。

ブルー ムーン【blue moon】①青く見える月。②一つの季節の中で見ることのできる4回の満月のうち、3回目の満月。また、暦月の中で2回目の満月。③転じて、極めてまれなこと。

ブルームバーグ【Bloomberg L.P.】経済・金融専門の情報サービス事業を行うアメリカ企業。1994年に開局した24時間放送のニュースチャンネルなどが知られる。実業家のブルームバーグ(Michael Bloomberg)が1981年に設立。

ブルー ライト【blue light】可視光線の中で、380～195ナノメートルの青色光。▷LEDに多く含まれ、目に対する負担や生体リズムへの影響について近年研究されている。

ブルー レイ ディスク【Blu-ray Disc】次世代光ディスク規格の一。青紫色レーザーを用い、DVDの約5倍の記録容量をもつ光ディスク。デジタル-ハイビジョン放送を2時間以上録画できる。BD。

プルーン【prune】西洋スモモの一種。また、その果実を乾燥した食品。鉄分に富む。プルン。

フルHD(エッチディー) 液晶ディスプレーなどのテレビ受像器が、ハイ-ビジョン映像を十分に楽しめる画面解像度(横1920ピクセル、縦1080ピクセル以上)をもつ状態。フル-ハイ-ビジョン。フル-スペック-ハイ-ビジョン。フル-スペックHD。▷HDはhigh-definitionの略で、高解像度の意。

プルオーバー【pullover】頭からかぶって着る形の洋服。特に、セーター。

フルオロカーボン【fluorocarbon】炭化水素の水素原子をすべてフッ素原子で置換した化合物の総称。熱や化学反応に対してきわめて安定。プラスチックや潤滑油などに利用される。

ブルカ【アラビアburqu‘; 英burka】目の部分だけをあけて頭からすっぽり全身をおおう外衣。イスラム教徒の婦人が外出時に着用する。

ブルゴーニュ【Bourgogne】①フランス、パリの南東方、ソーヌ川流域を占める地域。5世紀に定着したブルグンド族の名に由来する。中世にブルゴーニュ公国が栄えた。葡萄(ぶどう)栽培が盛ん。ブルゴーニュ-ワインで知られる。中心都市ディジョン。英語名バーガンディー。②①で産するワイン。

プルコギ 朝鮮風味付け焼肉。たれに漬け込んだ薄切肉や野菜を、たれごとドーム型の鉄板で焼く。▷朝鮮語。

フルコミット【和製full＋commit】全力で関わること。→

コミット

フル コンタクト 【full contact】新 スポーツで相手に対して、力を抑制しない接触を認める形式。主に空手などでいう。フルコン。コンタクト。

プル サーマル 【和製 plutonium＋thermal＋use】 ウランとプルトニウムの混合酸化物燃料を用いること。プルトニウムの利用効率が低く、高速増殖炉が実用化するまでの過渡的なもの。

ブルジョア 【フランス bourgeois】 ①中世ヨーロッパにおいて貴族・聖職者と農民・労働者との中間の階級に位置した商工業者。市民。②近代社会における有産者。マルクス主義で資本家や資本家階級に属する人をいう。→プロレタリア ③富裕者。金持ち。

ブルジョアジー 【フランス bourgeoisie】ブルジョア階級。市民階級。有産階級。現代では主に資本家階級をさす。→プロレタリアート

フル スクラッチ 【和製 full ＋ scratch】既存の部品をまったく利用せずに、模型やシステムなどを作り上げること。

フル スクリーン 【full screen】コンピューターの画面で、ウィンドウの内容を画面いっぱいに表示すること。動画を再生する場合や、ゲームをプレーする場合などに用いる。

フルスタック 【full-stack】求められる全ての要素が揃っていること。ウェブ開発の技術者が、必要とされる技術や知識を一通り持ち合わせている状態など。

フルセグ 一般向け地上デジタル-テレビ放送の俗称。移動体向け放送を表すワンセグに対して言う。→ワンセグ

フル セット 【full set】要求される機能や道具などが不足なくそろっている状態。ソフトウエアの完全機能版や、台所用品の一式など。→サブセット

ブルゾン 【フランス blouson】ふくらませた身頃の裾(すそ)をしぼった、ウエスト丈または腰丈のジャケット。ジャンパー。

フル タイム 【full time】①所定の時間のすべて。②正規の勤務時間を完全に勤務すること。→パート-タイム

プル ダウン メニュー 【pull-down menu】 コンピューターで、メニュー-バーの項目を選んだときに、項目の下に表示されるコマンド一覧メニュー。ドロップ-ダウン-メニュー。

フル タッチ 【full touch】携帯電話などの電子機器で、操作面のほとんどの面積をタッチ-パネルが占める方式。ボタンやキーなどは必要最小限だけを配置するか、隠れた場所に配置する。

プル タブ 【pull-tab】 プル-トップ式の缶詰のふたの、指を掛けて

引き開けるためのつまみ。

フル電動自転車 新 電動アシスト自転車より強い補助動力をもつ電動自転車。ペダルを漕こがなくても走行できる。

ブルドーザー【bulldozer】土木機械の一。トラクターの前面に排土板を取り付けたもの。土の運搬・排土・削土・地ならしなどを行う。ブル。

プル トップ【pull-top】缶詰で、つまみ(プル-タブ)を引き起こして開ける方式の蓋(ふた)。缶切りを必要としない。

プルトニウム【plutonium】アクチノイドの一。元素記号 Pu 原子番号 94。超ウラン元素の一で、同位体はすべて放射性。最も半減期の長い核種の質量数は 242 で、3.76×10^5 年。天然にも質量数 239 のものが微量に存在する。銀白色の金属。プルトニウム 239 は、原子炉中でウラン 238 の中性子照射によって多量に得られ、核燃料として利用される。プルトニウムなどの超ウラン元素は放射能毒性が大きい。

プルニエ【フランス prenier】フランス風の魚料理。また、フランス風の魚料理専門のレストラン。

フル ネーム【full name】略さない名。特に、苗字と名の全部。

ブルネット【brunet(te)】褐色の髪。また、髪・目・皮膚などが褐色の人。特に、女性にいう。

フルバック【fullback】サッカー・ラグビー・ホッケーなどで、攻撃陣形の最後尾に位置する選手。

フルフィルメント【fulfillment】商品の注文から出荷までに関わる一連の処理。受注、ピッキング、梱包、発送、代金請求、入金処理、返品・交換などの作業を総称する。

フル フラット シート【和製 full + flat + seat】自動車や航空機で、背もたれを倒すなどの操作をするとベッドのような状態になる座席。

フル フレックス【和製 full＋flex】新 コアタイムのないフレックスタイム(自由勤務時間制)のこと。精算期間(月間・週間などの期間)内の総労働時間を法定労働時間の総枠の範囲で満たせば、労働者自身が自由に出退勤できる。スーパーフレックス。

ブルベ【フランス brevet】新 長距離コースを制限時間内に走りきることを目指す自転車イベント。順位やタイムではなく完走を認定する。▷認定の意。

ブルベ ⇨ブルー-ベース

ブル ペン【bull pen】野球場の一角に設けた投手の練習場。▷雄牛の囲いの意。

フルボッコ 徹底的に打ちのめすこと。→ボコる ▷若者言葉で、「フルパワーでぼこる」の意。

フルボディ (full bodied)力強くて風味があること。こくがあること。また、そのようなワイン。

ブルマー【bloomer(s)】①股下が長く、裾(すそ)にゴムを入れてしぼった、女性・子ども用の下着。②①と同形で、丈が短く、多くのひだを畳んだ、女子用の運動着。▷ブルーマーとも。

フル マッチ【full match】試合の最初から最後までのすべて。スポーツの中継などで言う。

フル マラソン (full-length marathon)42.195キロメートルを走るマラソン。ハーフ-マラソンなどに対していう。

フル リモートワーク【full remote work】新 事務所での勤務をまったく行わないリモートワーク(テレワーク)。フルリモート。

フルロナ【flurona】新 インフルエンザウイルスとコロナウイルスの同時感染。▷コロナウイルス感染症COVID-19の世界的感染拡大を受けて作られた造語。

ブルワリー【brewery】ビールなどの醸造所。ブリュワリー。

プレ【pre】名詞の上に付いて、「…以前」「…に先行する」などの意を表す。プリ。

フレア【flare】①洋裁で、裾(すそ)が朝顔形に開くこと。また、その部分。②光学器械のレンズに正規の屈折以外の光線が入ったために映像が白くぼやけたり円や弧状の白い斑点が現れる現象。ゴースト。③太陽彩層の小部分が、数秒から数時間の間、閃光(せんこう)を発する現象。地球大気上層および地磁気に影響を与える。太陽面爆発。

プレアデス【Pleiades】ギリシャ神話で、アトラスとプレイオネの7人の娘。狩人オリオンから逃れるため、ゼウスによって鳩の姿に変えられ、天に置かれて7つの星となった。プレイアデスの英語読み。

フレア パンツ【flared pants】フレア(朝顔形の広がり)をもつズボン。膝(ひざ)から下が広がっているベルボトムなど。

プレイ【play】⇨プレー

プレイアブル【playable】ビデオ-ゲームなどで、操作が可能な状態。

ブレイキン【breakin'】新 ⇨ブレークダンス

ブレイク【break】⇨ブレーク

ブレイクスルー【breakthrough】⇨ブレークスルー

プレイ ステーション【Play Station】ソニー-コンピューター-エンタテインメント(後にソニーインタラクティブエンタテインメント)が開発・販売している家庭用・携帯用ゲーム機(またはその関連サービス)のシリーズ。初代の家庭用機は1994年(平成6)に発売開始。プレステ。

フレイル 新 高齢期に運動処理能力・認知機能・栄養状態などが低下することでストレスに対する脆弱性が増し、生活機能障害・要介護状態・死亡などに陥りやすい状態。フレール。▷弱さ・虚弱を表すフレイルティー(frailty)から。2014年(平成26)、日本老年医学会が提唱。→サルコペニア

プレ インストール 【pre-install】 ⇨プリインストール

プレー 【play】 ①遊ぶこと。遊戯。娯楽。②競技。試合。また、その一つ一つの動き。③劇。戯曲。脚本。また、上演。④演技。演奏。⑤試合を開始すること。プレー-ボールの略。▷プレイとも。

プレー オフ 【play-off】 引き分けや同点のときなどの、再試合・延長戦。同点者・同率者間の優勝決定戦。また、通常のリーグ戦終了後に行われる、上位チームによる優勝決定戦。

プレー オン 【play on】 新 サッカーでアドバンテージ③が適用される際、審判が試合を続行させること。またその宣告。▷競技・演奏の続行の意。

ブレーカー 【breaker】 ①定められた以上の電流が流れると回路を自動的に遮断する装置。電流制限器。サーキット-ブレーカー。②ブレーク-ダンスを踊る人。ブレイカーとも。

ブレーキ 【brake】 ①機械の運動を停止または減速させる装置の総称。制動機。②物事の進行を抑制するもの。順調な進行を妨げるもの。歯止め。

ブレーキン 【breakin'】 新 ⇨ブレークダンス

フレーク 【flake】 ①薄片。また、薄片にして加工した食品。②石器をつくるために原石から剝がされた小片。剝片(はくへん)。

ブレーク 【break】 ①ボクシングで、クリンチした両者にレフェリーが離れることを命じる語。②テニスで、相手のサービス・ゲームを破ること。③休憩。④急に流行したり、人気が出ること。▷ブレイクとも。

ブレークスルー 【break-through】 ①行き詰まりの状態を打開すること。②科学技術などが飛躍的に進歩すること。③難関や障害を突破すること。▷ブレイクスルーとも。案 突破

ブレークスルー感染 新 ワクチン接種後に当該の病原体に感染すること。 ▷2020年にパンデミックとなったCOVID-19の場合、2回目接種から2週間後以降の感染をこう呼ぶ。

ブレークダウン 【breakdown】 ①機械などが故障したり破損したりすること。②心身が衰弱すること。体力や気力を消耗すること。③関係が壊れること。交渉が決裂すること。

フ

ブレーク ダンス 【break dance】 ニューヨークの黒人少年たちの街頭の踊りから始まったダンス。ヘッド-スピンなどのアクロバット的動作が特徴。1980年代に大流行して定着した。ブレイキング。ブレイキン。

アップデート 2024年のパリ五輪では新競技としてブレーク-ダンスが実施されることになりました。ただし競技名としては「ブレイキン」の語形が用いられます(おおまかな意味は同じ)。ルールは一対一のバトル形式。DJの音楽に合わせ交互に2〜3ターンのパフォーマンスを行い、審査員が技術・表現・構成などの観点で勝者を判定します。

ブレークビーツ 【breakbeats】 ①音楽で、楽曲の途中に現れる、リズムだけの部分のこと。②①をサンプリングしてつくるリズム-フレーズのこと。狭義にはヒップ-ホップのDJが、ラップの間奏部分などで、ターンテーブルを用いて創り出すリズム-フレーズをさす。③②の手法を多用した、ダンス-ミュージックのジャンル。▷ブレークビートとも。

ブレークビート 【breakbeat】 ⇨ブレークビーツ

フレーズ 【phrase】 ①句。成句。②モチーフ(動機)の発展によりつくられる旋律の自然な区分。楽句。

ブレース 【brace】 中括弧。{ }の形のもの。

プレース 【place】 ①場所。住所。②置く。配置する。③ゴルフで、急斜面でドロップできないときに、ルールに従って手で球を地面に置くこと。

プレースメント 【placement】 置くこと。(商品などの)配置。

ブレード 【blade】 ①刃物の刃。②ボートのオールの水をかく平たい部分。③アイス-スケートの靴に付ける金属の刃。 ④スクリュー・プロペラなどの羽根。⑤ピッケルの、刃のついている部分。⑥石刃(せきじん)。

ブレード 【braid】 編んだ髪。また、髪全体(または一部)を多数の束に分け、それぞれを細かく編み込んだ髪型のこと。頭の形に沿って編み込むコーンロウなど。ブレーズ。ブレイド。ブレイズ。

プレート 【plate】 ①板金。金属板。②皿。③野球で、(ア)投手が投球すべき位置に置いてある板。投手板。(イ)本塁。ホーム-プレート。④写真の感光板。⑤真空管の陽極。⑥地球表層を形づくる、厚さ100km内外の岩盤。現在の地球表面は、大小十数個のプレートでモザイク状に敷き詰められている。

フレーバー 【flavor】 ①風味。香り。おもむき。②調味料。香味料。

プレー パーク 【play park】 どのような遊びでも自由にできるよ

うに、一切の禁止事項をなくした子供の遊び場。冒険遊び場。

フレーミング【flaming】 かっとなること。特にコンピューターネットワーク上で激しい批判や罵倒などの、相手を挑発する発言をすること。▷燃え上がる意。

フレーム【frame】①物の周囲を囲むもの。枠。縁。額縁。②建造物・機械などの、骨組み・枠組み。③映画・テレビ・写真で、撮影される範囲の枠取り。また、フィルムの一こま、映画・テレビの画面など。④映画・テレビ・ゲーム機などでの動画の一こま。⑤苗を育てるために土を温かくした苗床。温床。⑥ボウリングで、1ゲームを構成する各回。1ゲームは10フレームからなる。⑦自転車・自動車などの車体枠。⑧テニス・バドミントンなどのラケットの枠。⑨人工知能の分野における、知識表現に関するフレーム理論で、知識の枠組み。

フレーム ライト【flame light】炎があがっているように見える照明器具。

フレーム リレー【frame relay】 データ通信で、情報をフレームとよばれる可変単位にまとめ、伝送する方式。従来のパケット交換よりも、より高速で大容量の通信が可能。

フレーム レート【frame rate】動画で、単位時間(通常は1秒)あたりの画面の書き換え回数。単位はfps(frames per second)。

フレームレス【frameless】縁(ふち)がないこと。縁が極めて小さいこと。「—-ディスプレー」「—-デザイン」

フレームワーク【framework】①骨組み。骨格。枠組み。②体制。組織。構造。③問題について考えるときの枠組み。案 枠組み

プレーヤー【player】①競技をする人。競技者。②演奏者。③レコード盤やCDなどの音響再生装置。④俳優。役者。「バイ—」⑤社会・業界・市場などにかかわる組織や人。

プレー ヤード【play yard】乳児用の遊び場。小型のベッドなどのスペースを、ネットなどの柵で囲ったもの。▷遊び場の意。

プレーリー【prairie】北アメリカ大陸、ミシシッピ川以西、アメリカからカナダに広がる大草原。肥沃な黒色土からなり、小麦・トウモロコシ・綿花・大豆・豚・牛など農畜産物の大産地。

プレーリー ドッグ【prairie-dog】リス科の哺乳類。頭胴長約30センチメートル。尾長6センチメートルほど。全身茶褐色。プレーリーに分布し、穴を掘って家族群で集団生活をする。鳴き声が犬に似るところからの名。5種に分かれる。

プレーリスト【playlist】選曲の

フ

一覧。▷プレイリストとも。

ブレーン【brain】①頭脳。②顧問。相談相手。ブレーン-トラスト。

プレーン【plain】①複雑でないさま。わかりやすいさま。平凡。②飾らないさま。③味つけをしないで、あっさりしたさま。

ブレーンストーミング【brainstorming】参加者が自由に多くの意見を出しあうことによって、独創的なアイディアを引き出す集団思考法。ブレスト。

プレーン テキスト【plain text】①暗号における平文(ひらぶん)。②コンピューターで、文字コードのみで構成されたテキスト-データ。→テキスト-ファイル

プレ エントリー【pre-entry】新 正式な申し込みの前段階として行う申し込み。▷就職活動では、企業への資料請求や説明会予約などのため、就職支援サイトなどを通じて個人情報の登録を行うことを指す。

ブレーン フォグ【brain fog】新 頭がぼんやりして思考力・集中力・記憶力などが低下した状態。頭の中に靄(もや)がかかったようであることから。医学用語ではない。脳の霧。▷ブレインフォグとも。

プレカット【precut】①従来大工が手で刻んでいた木材の継手・仕口などを、工場に設置された自動工作機械で加工すること。②流通段階で、調理の手間を省くためにあらかじめ野菜などを切っておくこと。

フレキシビリティー【flexibility】柔軟性。融通性。

フレキシブル【flexible】①物が、しなやかなさま。柔軟性のあるさま。②精神や性格が、柔軟なさま。順応性があるさま。③制度や組織が融通のきくさま。

ブレグジット【Brexit】新 イギリスのEUからの離脱。▷Britain(イギリス)とexit(退出)とを組み合わせた造語。2016年にイギリスがEUからの離脱の是非につき国民投票を行った際、EUからの離脱を支持する人々が態度表明に用いた語。投票の結果、2020年1月31日(英時間)に正式離脱。

フレグランス【fragrance】①心地よい香り。芳香。②ボディー-ローションやパーヒューム-コロンなど芳香性化粧品の総称。

フレグランス ミスト【fragrance mist】新 スプレー型の芳香性化粧品。

ブレザー【blazer】スポーティーな背広型のジャケット。主にフラノ地を用い、パッチ-ポケットで金属ボタン。ブレザー-コート。

プレジデント【president】大統領。また、学長・総長・総裁・会長・社長など。

プレジャー【pleasure】喜び。楽しさ。

プレジャー ボート【pleasure boat】個人がレジャー用として使う、モーター-ボート、ヨットなどの船舶。

ブレス【breath】①息。呼気。②歌唱または管楽器の演奏や水泳などで、必要な呼吸をとること。息つぎ。

プレス【press】①押すこと。押しつけること。②アイロンや仕上げ機械によって、洗濯した衣服のしわをのばして仕上げること。③金型を押して、板金に穴をあけたり曲げたりする機械。④印刷すること。また、印刷物。⑤新聞社などの報道機関。また、その記者。⑥バーベルを押し上げること。⑦アタッシェ-ド-プレス(フランス語attachéde press)の略。アパレル-メーカーの広報・販促担当者。⑧バスケットボールやサッカーなどで、ボールを持っている選手までの距離を詰めて、進行を妨げたりパスを封じたりボールを奪ったりする。プレッシング。プレス-ディフェンス。

フレスコ【イタリアfresco】下地の漆喰が乾ききらないうちに水溶性顔料で描く技法、また、そのようにして描いた壁画。

プレステ ⇨プレイ-ステーション

プレスティージ【prestige】社会的な高い価値づけ・評判。社会的な威信。声望。名声。▷プレステージとも。

ブレスト【breast】①胸。胸部。乳房。また、乳。母乳。②ブレスト-ストロークの略で、平泳ぎのこと。

プレスト【イタリアpresto】音楽の速度標語の一。「きわめて速く」の意を指示するもの。

プレス リリース【press release】官庁・企業・団体などが広報のために、報道関係者に向けてする発表。また、そのために配布する印刷物。ニュース-リリース。

ブレスレット【bracelet】腕輪。

プレゼン プレゼンテーションの略。

プレゼンス【presence】国外における軍事的・経済的影響力。▷存在の意。案 存在感

プレゼンテーション【presentation】①提示。説明。表現。②自分の考えを他者が理解しやすいように、目に見える形で示し発表すること。また特に、広告代理店が依頼主に対して行う広告計画の提示や説明活動。プレゼン。案 発表

プレゼント【present】贈り物をすること。また、贈り物。

プレタ ポルテ【フランスprêt-à-porter】有名デザイナーによる高級既製服。

フレックス【flex】①曲げること。曲がること。②⇨フレキシブ

ル

フレックスタイム【flextime】自由な時間に出・退社し、所定の時間数を勤務する制度。コア-タイムを設ける場合もある。1987年(昭和62)の労働基準法改正で法制化された。自由勤務時間制。変動労働時間制。㊫自由勤務時間制

ブレックファスト【breakfast】朝食。

プレッシャー【pressure】圧力。精神的重圧。

フレッシュ【fresh】①新鮮なさま。清新なさま。さわやか。②コーヒー・紅茶用のミルク。主に関西での表現。③サッカーなどで、選手の体力が残っているさま。

フレッシュマン【freshman】新人。新入生や新入社員など。

フレッツ【FLET'S】NTTによる定額制のインターネット常時接続サービスのサービス名。商標名。

プレッツェル【pretzel】小麦粉・水・塩・イースト菌でつくった生地を、棒状やひらがなの「め」のような形にして焼いた食べ物や菓子。

フレット【fret】弦楽器の指板に付いている、弦を押さえる場所を示す線状の突起。

ブレッド【bread】パン。特に、食パン。

フレットレス【fretless】弦楽器でフレットがないこと。「―-ベース」

プレデター【predator】新 他人を食い物にする人。捕食者。略奪者。▷原義は捕食動物・肉食動物の意。

プレナリー【plenary】新 構成員の全員が出席すること。またその会議(総会議・本会議・全体会議など)のこと。

フレネミー【frenemy; frienemy】友人の振りをする敵やライバル。▷friend(友)とenemy(敵)の合成。

プレパパ【和製 pre＋papa】新 俗に、父親になる直前の男性。妊婦のパートナーである男性。→プレママ

プレハブ【prefab】あらかじめ工場で部品の加工・組み立てをしておき、現場では取り付けのみを行う建築構法。▷prefabricated houseの略。

プレパラート【ドイツ Präparat】生体や鉱物の資料をスライド-ガラスにのせ、カバー-ガラスでおおって封じた顕微鏡標本。

プレパレーション【preparation】①準備。用意。予習。②病気の子どもに対するインフォームド-コンセント。病気や治療上の処置などに関する正確でわかりやすい情報を子どもに提供し、恐怖心・不安感を取り除いて治療

にのぞむ心の準備を手助けする。→CLS

プレビュー【preview】①映画・演劇の一般公開に先立つ試写・試演。②コンピューターのソフトウエアで、文書などの印刷の前に、仕上がりイメージを画面上で確かめること。また、その機能。

プレ ママ【和製 pre＋mama】俗に、母親になる直前の女性。妊婦。

プレミア ⇨プレミアム

プレミア12 新 ⇨WBSC プレミア 12

プレミアム【premium】①景品。おまけ。賞品。賞金。報奨金。②株式や外国為替などに生じる割り増し価格。打歩(うちぶ)。③正規の料金に上乗せされる金額。入場券・記念切手などのほか、商品にさまざまな希少価値が付加された場合に生じる。④他の物より価値があること。高級。上等。高価。⑤保険料。掛け金。▷プレミアとも。

プレミアム付き商品券 購入額に割り増しした金額を利用できる商品券。地方自治体や商工会議所関連団体が消費の喚起を目的に発行するもの。地元店で限定的に利用できる。プレミアム商品券。プレミアム付商品券。

プレミアム フライデー【Premium Friday】新 毎月最終金曜日、午後３時をめどに仕事を終えることを推奨するキャンペーン。またその金曜日。消費喚起と働き方改革を目的とする。経済産業省、日本経済団体連合会などが主導して 2017 年(平成 29)2 月に開始。

プレミア リーグ【Premier League】▷プレミアは、最上位の意。イングランドのプロ-サッカーの最上位リーグ。

プレミックス【premix】①あらかじめ混ぜてあるもの。②調製粉(ちょうせいこ)。

プレリュード【prelude】前奏曲。序曲。

フレンチ【French】「フランスの」「フランス人の」「フランス風」の意。他の語に付いて複合語をつくる。

フレンチ トースト【French toast】卵を溶きまぜた牛乳に食パンを浸してバター焼きにしたもの。

フレンド【friend】友。友達。

ブレンド【blend】洋酒・タバコ・コーヒーなどで、数種のものを混ぜ合わせること。また、混ぜ合わせたもの。

フレンドリー【friendly】①親切なさま。好意的。②配慮されているさま。「ユーザー―」

プロ ①プロフェッショナルの略。②プロダクションの略。他の名詞に付いて用いる。③プログラムの略。④プロレタリアまたはプロレタリアートの略。⑤プロパガンダの略。

アップデート 2019年(平成31)4月、改正労働基準法の施行に伴い「高度プロフェッショナル制度」(高プロ)が導入されました。これは高収入の一部専門職について、本人同意のもと労働時間規制の対象外とできる制度のこと。時間ではなく成果での評価を目指した制度です。しかし「働きすぎを助長する」との批判もあります。

フロア【floor】①床。②ナイトクラブやダンス-ホールで、ショーやダンスをする場所。また、デパートなどの売り場。③(講壇・ステージに対して)聴衆席。議場。④(ビルの)階。

プロアクティブ【proactive】先回りで行動すること。

ブロイラー【broiler】①肉をあぶる器具。②食肉用に飼育された若鶏の総称。アメリカの規格では、体重1.1kg以下の小型のもの。あぶり焼きに用いられる大きさのものであることから。

フロー【flow】①流れ。②ある一定期間に産出・支出された財の総量。マクロ経済学の領域では国民所得・投資など。ミクロ経済学の領域では売上高・賃金など。→ストック ③業務・処理の手順。

ブロー【blow】①吹くこと。吹きつけること。特に、ドライヤーを吹きつけて髪形を整えること。②吹奏楽器を吹くこと。吹奏。③ボクシングで、強打。④ボウリングで、スプリットの外側にボールを外すこと。

ブローカー【broker】①仲買人。仲介業者。②証券市場では、有価証券の売買に際して、顧客からの委託により売買を執行する者をいう。証券委託売買業者。

ブロークン【broken】①こわれた。故障した。②文法にはずれていてでたらめなさま。変則。破格。多く外国語についていう。

ブローシャー【brochure】企業・団体などの業務内容や企画などを知らせるパンフレット。

フローズン【frozen】①他の外来語に付いて、「凍った」「冷凍の」の意を表す。②(資金・物価などが)凍結されること。

ブローチ【broach】切削用工具の一種。鍔(つば)状の刃物を積み重ねた棒状のもので、金属・プラスチックの表面や穴の内面を加工するのに用いる。矢。

ブローチ【brooch】洋服の、胸・襟などに付けるアクセサリーの一種。襟元や胸元の留め針が装飾品化したもの。

フロー チャート【flow chart】仕事の流れや処理の手順を図式化したもの。作業管理やコンピューター用のプログラムの設計に用いられる。流れ図。フロー-シート。

フロート【float】①浮き。浮標。②水上飛行機の足部についている浮き舟。浮舟(ふしゅう)。③アイス-クリームを浮かせた冷たい飲み物の総称。④変動為替相場制のこと。⑤パレードの山車(だし)。

ブロード【broadcloth】地合いが密で手ざわりがよく、光沢のあるポプリンに似た綿織物。婦人服・ワイシャツとする。

ブロードキャスト【broadcast】①放送をすること。放送。②ネットワークで、接続されているすべての端末に対し相手を特定せずにデータを送ること。

ブロードバンド【broadband】データ伝送の分野において、広帯域のこと。狭義には、複数の信号を同一の伝送路(ケーブルなど)で送る方式をさす。近年は、単に高速度で大容量のデータ伝送をいうことが多い。動画の伝送など、ネットワーク上の高度なサービスを実現する。

プローブ【probe】①探査。②探り針。特に、電子測定器で、測定する場所に接触させる電極。探針。③生化学で、ある物質の存在を確認するための手掛かりに用いる物質。対象物質と相互作用するような物質が用いられる。

フローラ【ラテン flora】①特定の地域に生育する植物の全種類。植物相。②体の特定の器官に生育する細菌の全種類。細菌叢(さいきんそう)。常在細菌叢。

フローラル【floral】花のようなさま。花の香りがするさま。

フローリング【flooring】木質系の床仕上げ用板材の総称。▷床を仕上げる意。

ブロガー【blogger】ブログを開設する人。ブロッガー。→ブログ

ブロカント【フランス brocante】古物。古物商。古物店。

プロキシ【proxy】当人に代わって物事を処理すること。当人の代わりになる人。代理。代理人。

プロキシ サーバー【proxy server】LANなどの内部ネットワークから外部のインターネットへのアクセスの中継・管理を行い、内部ネットワークへの不正侵入を防ぐサーバー。

ブログ【blog】個人が身辺の出来事や自分の主張などを日記形式で書き込むインターネットのサイトやホーム-ページ。▷ウェブ(web)とログ(log)との造語ウェブログ(weblog)の略。

プログラマー【programmer】コンピューターのプログラムを作成する人。

プログラミング【programming】コンピューターのプログラムを作成すること。一般にはプログラムの仕様の決定、コーディング、誤りの修正などの作業すべてをさすが、コーディングだけを

フ

さすこともある。

> アップデート 2020年度(令和2)から小中高でプログラミング教育が順次必修化されています。これには将来のIT人材を育成する目的もありますが、もっと大きな目的として「プログラミング的思考」の育成が想定されています。つまり「目的を達成するために、全体の作業を分解したり、それを組み合わせたりする能力」が求められているのです。

フ

プログラム【program】①物事の予定。行事の進行についての計画。②映画・演劇・コンサートなどの演目や曲目、あらすじや解説などを書いた表や小冊子。③コンピューターに、情報処理を行うための動作手順を指定するもの。また、それを作成すること。

プログレス【progress】進歩。前進。向上。進取。

プログレス バー【progress bar】コンピューターのGUI(グラフィカル-ユーザー-インターフェース)で、現在の作業がどの程度進んでいるかを示す、棒グラフのような表示。→GUI

プログレッシブ【progressive】進歩的。また、進歩主義者。プログレ。→コンサバティブ

プログレッシブ ロック【progressive rock】1960年代後半イギリスで起こったロックのスタイル。クラシックやジャズの要素を感じさせるサウンドが特徴。

プロシージャ【procedure】①物事を行う手順。物事を進める上での順序。手続き。方法。②法律上の正式な手続き。訴訟手続きなど。③プログラムで、呼び出されて計算や処理を行うなど特定の機能をもった部分。

プロジェクション【projection】放射。投影。映写。

プロジェクション マッピング【projection mapping】新 プロジェクターを用いて建物などに映像を投影する技術。建物の形状に合わせた映像を投影することにより、立体的な空間演出が可能になる。

プロジェクター【projector】①映写機。②投光機。③計画立案者。

プロジェクト【project】新しいものを考え出し、実用化するための研究や事業。

プロジェクト チーム【project team】企業活動などで、特別な目的のために編成されたチーム。タスク-フォース。

プロジェクト ファイナンス【project finance】巨大プロジェクトの資金調達手段。銀行が調査・立案から参画し、プロジェクトの完成後の収益を担保とし、融資するもの。

プロジェクト マネージメント【project management】プロジェクトを計画通り完遂できるよ

う管理すること。計画の立案、スケジュールの作成、人員・物資・予算の見積もりと確保、進行の管理などを行う。プロジェクト管理。

プロジェクト マネージャー【project manager】プロジェクトを計画通り完遂できるよう全体を管理する人。→プロジェクト-マネージメント

プロシュート【(イタリア)prosciutto】イタリア産の生ハム。

プロシューマー【prosumer】自分の満足度を高めるために、自ら製品を生産する消費者。A.トフラーが「第３の波」の中で提唱。▷producer(生産者)とconsumer(消費者)から。

フロス【floss】⇨デンタル-フロス

フロスト【frost】霜。氷結。また、冷蔵庫の中などの、霜。

プロスペクト【prospect】物事がうまくいく見通し。利益が上がる見込み。よい予測。期待。展望。

プロセス【process】①物事を進める手順。②物事が変化するときの経過。物事が進む過程。③食品の保存のためなどに行う加工処理。④コンピューターで動作している一つ一つの処理。

プロセス チーズ【process cheese】２種以上のナチュラル-チーズを加熱溶解して香辛料などを加え、練り固めたもの。

プロセッサー【processor】コンピューターにおいて、命令を解読・実行する装置。コンピューターの中で最も重要な機能を果たす。→CPU

プロダクション【production】①つくりだすこと。制作。生産。②映画やテレビ番組、出版物などの制作会社。プロ。③芸能人その他の人材を集めて、興行や事業を行う組織。プロ。

プロダクティブ【productive】生産力のあるさま。肥沃(ひよく)なさま。

プロダクト【product】製品。生産品。製造物。特に、工業製品。

プロダクト アウト【product-out】企業が生産・販売活動をする際に、消費者のニーズは無視し、生産者側の都合を優先するという考え方。→マーケット-イン

プロダクト アクティベーション【product activation】商用ソフトウエアについて、インターネットなどを通じてライセンス認証を行い、使用可能な状態にする仕組み。ソフトウエアのシリアル番号とパソコンの固有情報を照合し、契約に基づく正しい組み合わせについてプロテクトを解除する。不正コピー防止技術の一。アクティベーション。▷アクティベーションは活性化の意。

プロダクト イノベーション【product innovation】技術革

フ

新のうち、これまでに存在しなかった新製品を開発すること。

ブロッキング【blocking】①進路をふさぐこと、妨害すること。②バスケットボール・ハンドボールなどで、球を持っていない相手の動きを妨害するため体を接触させること。反則の一。③ボクシングで、相手の攻撃を肩・ひじ・腕などで受け止めること。 ④切離(せつり)高気圧が生じて上空の偏西風の流れを阻止する現象。通常の流れをいちじるしく変え、異常気象をもたらす。⑤インターネット-プロバイダーが違法なサイトへのアクセスを遮断し、接続できないようにすること。

フロック【fluke】①玉つきなどで、まぐれあたり。②思いがけずうまくいくこと。まぐれで成功すること。

フロック【frock】フロック-コート(frock coat)の略。男性の昼間用礼服。上着はダブルで丈はひざまであり、縞(しま)のズボンと組み合わせて着る。現在はモーニング-コートの方が多く用いられる。

ブロック【block】①(ア)かたまり。(イ)コンクリート-ブロックのこと。②市街地の一区域。③鉄道の一閉塞区間。④滑車。⑤木版の版木。⑥バレーボールで、前衛の選手がネットぎわでジャンプし、手をのばして相手のスパイクをくい止めること。⑦おもちゃの積み木。⑧妨害すること。障害。遮断すること。

ブロック【フランス・英 bloc】政治・経済上の利益のために結びついている国・団体など。

ブロック アイス【block ice】新 角氷(かくごおり)。立方体状に製造または加工した氷。角氷(かくひょう)。ブロックアイス。ブロック氷(ごおり)。

ブロックチェーン【blockchain】新 台帳情報をネット上で分散的に公開・管理して、自律的な監査により真正性を確保する技術。またそのように管理される台帳情報。Satoshi Nakamoto を名乗る人物が発表した論文(2009 年)に基づく仕組み。▷ブロックと呼ばれる情報単位がチェーン(鎖)のようにつながるデータ構造であることから。

ブロックバスター【blockbuster】大型高性能爆弾。転じて、映画などの超大作やベスト-セラーをいう。

ブロッコリー【broccoli】キャベツの一変種。カリフラワーに似るが、食べる部分が緑色の野菜。

プロッター【plotter】コンピューターの出力装置の一。データを二次元の図形表現で、紙・フィルムなどの上に出力する。X-Y プロッター。

プロット【plot】物語・小説・戯曲・映画などの筋立て。構想。

フロッピー【floppy】ディスク

材料としてプラスチックなどを用いたコンピューター用磁気ディスク。記憶容量などではハード-ディスクに劣るが、取り扱いが容易で低価格のため、広く利用されてきた。ディスケット。▷フロッピー-ディスクの略。

プロップ【prop】①支柱。支え。②映画や劇の小道具。 ③ラグビーでフォワードがスクラムを組んだとき、第1列の両はしにいる選手。

プロテイン【protein】①タンパク質。約20種類のL-α-アミノ酸からなるポリペプチドを主体とする高分子化合物の総称。種類・機能はきわめて多種多様で、生体内の化学反応の触媒となる各種の酵素、生物体を構成するもの(コラーゲンなど)、運動をつかさどるもの(アクチン・ミオシンなど)、各種のホルモンや抗体など、いずれも生命現象に本質的な役割を果たす。②プロテイン-サプリメントの略。タンパク質を効率良く摂取するための栄養補助食品。粉状のもの、液体状のものなどがある

プロテーゼ【ドイツ Protese】身体の欠損した部分を補う人工物。義歯や義肢のほか、人工関節・豊胸用シリコンなど。

プロテオーム【proteome】ある特定の細胞において発現しているすべてのタンパク質。修飾や立体構造が関係するタンパク質の機能について、ゲノムの塩基配列とそれから決定されるタンパク質の単純なアミノ酸配列から推定することは難しいため、プロテオームを分離・精製した後、個々のタンパク質についての研究を行う手法が開発されている。▷protein(タンパク質)とgenome(ゲノム)から。

プロテオミクス【proteomics】プロテオームについて研究する学問分野。

プロテクター【protector】スポーツで、からだにつける防具の総称。▷保護者・保護物の意。

プロテクト【protect】①守る。保護する。②コンピューターのソフトウエアに、コピー防止、消去防止のために施す処理。

プロテスタンティズム【Protestantism】ルター・ツウィングリ・カルバンなどによる16世紀の宗教改革の中心的思想。聖書を重視し、信仰による義認・万人祭司説などを主張する。新教。

プロテスタント【Protestant】プロテスタンティズムを奉ずる人。▷プロテストする者の意。

プロテスト【protest】抗議。異議。異議申し立て。

プロデューサー【producer】映画・演劇・放送などで、制作責任者。作品の企画から完成までの一切を統轄する。

フ

プロデュース【produce】演劇・映画・放送・音楽などの作品を企画しつくること。製作。

プロトコル【protocol】①外交などの国際儀礼。②外交などにおける議定書。③実験・治療などの手順。④データ通信を行うために、あらかじめ定めておく規約。信号送信の手順、データの表現法、誤り検出法などを定める。通信規約。▷プロトコールとも。

プロトタイピング【prototyping】ソフトウエア開発方法の一。大まかなプログラムを作り、それにユーザーの要求を反映させながら完成させていくもの。試作開発。

プロトタイプ【prototype】①実験的に少数だけつくられるもの。試作品。②余計な装備を省いて、最低限必要な物だけを備えた型の製品。③そのものや種類の特徴・本質を、最もよく表しているもの。▷原型・見本の意。案原型

プロトン【proton】素粒子の一。質量数1の水素の原子核。記号p　電荷は正の電気素量、スピン1/2、質量約1.673×10^{-27}kgで電子の質量の約1863倍。バリオンに属する。中性子とともに核子とよばれ、原子核を構成、陽子の個数(原子番号)によって元素の種類が決まる。陽子。

プロパー【proper】①本来であること。特有、固有であること。正規であること。②その分野・方面に対して、専門にかかわっている こと。また、その人。生え抜きであること。▷他の語の下に付いて用いられることが多い。➲よくわかる「プロパー」の意味と使い方(p.715)

プロバイオティクス【probiotics】腸内環境を改善し、整腸作用や免疫調節作用などをもたらす、生きた微生物。また、これを含む食品。乳製品などによって摂取し、病気の予防に役立てる。生菌剤。▷治療のために用いられる抗生物質(antibiotic)に対比していう語。

プロバイダー【provider】⇨インターネット-プロバイダー

プロパガンダ【ロシア propaganda】(政治的意図をもつ)宣伝。特定の考えを押しつけるための宣伝。プロ。→アジテーション ➲よくわかる「プロパガンダ」の意味と使い方(p.717)

プロパティー【property】①資産。財産。②特質。属性。③小道具。④コンピューターで、ファイルや周辺機器など、さまざまな対象の属性に関する情報。

プロパン【propane】無色・無臭の可燃性ガス。加圧すれば容易に常温で液化する。液化石油ガス(LPG)の主成分をなし、家庭用

よくわかる「プロパー」の意味と使い方

詳しい意味は？

プロパー（proper）とは、英語の形容詞で「正しい」「適切な」「本来的な」「特有の」などの意味を表します。これが転じて、日本語のプロパーは「正しいもの」「適切なもの」「本来的なもの」「特有のもの」などを意味し、名詞的な用いられ方をします。多くの場合、他の言葉とともに使われ、熟語を形成します。

実際の使われ方は？

[プロパー社員]　いわゆる職場言葉の世界では「プロパー社員（職員）」もしくは「プロパー」という表現をよく用いますが、その具体的な意味は各々の職場によって異なります。まず一つ目に考えられるのは、中途入社ではない「生え抜きの社員」という意味。もう一つ考えられるのは、出向社員や契約社員ではない「正社員」という意味です。従って「田中ってプロパーだっけ？」という言い方をした場合、「田中って生え抜きの社員だっけ？」あるいは「田中って正社員だっけ？」のどちらかの意味を表す事になります。

[社会学プロパー]　学問の分野では「○○学プロパー」という表現によって、「○○学を専攻している人」「○○学本来の」という意味を表すことができます。例えば「社会学プロパーの問題だ」と言った場合は「社会学に固有の問題だ」という意味に、「社会学プロパーの皆さんへ」と言った場合は「社会学を専攻している皆さんへ」となります。

[プロパー商品／プロパー融資／プロパーカード]　この他、さまざまな分野でもプロパーの語が用いられます。例えば流通の分野では、卸売業者から小売業者に卸される正規商品などが「プロパー商品」と呼ばれます（同業界内で他の意味もあります）。また金融の分野では、金融機関が独自に行う融資を「プロパー融資」と呼びます（信用保証協会の保証付き融資に対比して言う）。また信販の分野では、信販会社が他社との提携なしに発行する独自のクレジットカードのことを「プロパーカード」と呼びます。いずれの場合も、正規・独自などの意味を持っています。

や自動車用などの燃料となる。プロパン-ガス。

プロビジョン【provision】供給。用意。準備。対策。

プロピレン【propylene】無色可燃性の気体で、重要な有機合成化学原料。プロペン。メチルエチレン。

プロフ ネット上で手軽に開設できる自己紹介ページ。またそのサービス。主に携帯電話で利用する。写真、名前(ハンドル-ネーム)、性別、誕生日、血液型、趣味などのプロフィールを掲載することが可能。2000年代初頭に若者どうしの交流用ツールとして定着した。プロフィール-サイト。自己紹介サイト。▷プロフィール(profile)の略。

プロファイリング【profiling】過去の犯罪のデータベースを基に、犯人の動機や行動パターンを推理し、犯人像を割り出す方法。アメリカで発達。

プロファイル【profile】①ある物事について、情報を集約すること。また、集約したもの。②コンピューターの基本ソフトで、さまざまな設定情報を集約したもの。ユーザーに関するユーザー-プロファイル、ハードウエア環境に関するハードウエア-プロファイルなど。

プロフィール【profile】①横側から見た時の顔の輪郭。横顔。また、横顔を描いた肖像画や横顔を撮影した写真。②普通とは違った角度から見た人物評。③人や物などの特徴。また、個人的特徴。▷プロフィルとも。

プロフィット【profit】もうけ。利益。利潤。利得。収益。

プロフィット センター【profit center】利益責任単位。一般に事業部を独立採算制をとる組織単位としてみたときにいう語。

プロフェッサー【professor】(大学の)教授。

プロフェッショナル【professional】それを職業として行うさま。専門的。また、その人。専門家。→アマチュア

プロプライエタリー【proprietary】所有していること。独占しているさま。▷ソフトウエアなどの知的所有権についていう。

プロブレム【problem】問題。難問。

プロペラ【propeller】回転力を推進力に変える飛行機の装置。

プロポーザル【proposal】①提案。申し込み。②債券を発行するとき、もっとも有利な条件で発行するため、引受けを希望する証券会社にさせる条件提示。③建築の設計者を決定するときに、建築家たちにさせる提案。

プロポーショナル フォント【proportional font】▷プロポーショナルは「釣り合った」の

よくわかる「プロパガンダ」の意味と使い方

詳しい意味は？

プロパガンダ（propaganda）とは、特定の思想によって個人や集団に影響を与え、その行動を意図した方向へ仕向けようとする宣伝活動の総称です。特に、政治的意図をもつ宣伝活動を多くさします。要するに情報による大衆操作・世論喚起と考えてよく、国際情報化社会においては必然的にあらわれるものです。今日その方法は、必ずしも押しつけがましいものではなくなり、戦略化し巧妙なものとなってきています。

どんな時に登場する言葉？

思想・政治・歴史・宗教・情報・マスコミュニケーション・ジャーナリズムなどの分野に登場します。「コミュニケーション論から見た戦争プロパガンダ」「組織ぐるみのプロパガンダ疑惑」「切手によるプロパガンダ」などのように用いられます。

どんな経緯でこの語を使うように？

比較的古くから用いられているカタカナ語ですが、第二次世界大戦後のアメリカで、ナチスのゲッペルスによる国際宣伝戦を特定して「プロパガンダ」と呼ぶ風潮があったため、日本でも好ましくない感じを受けて敬遠されました。ところが、1989年のベルリンの壁崩壊に始まり湾岸戦争やイラク戦争などに至る国際紛争が、衛星放送やインターネットを含む情報戦でもあったことから、限定された意味ではなく「プロパガンダ」という言葉が再び用いられるようになってきたようです。

実際の使われ方は？

[プロパガンダに踊らされないようにするには？]　「プロパガンダに踊らされる」というのは、何らかのプロパガンダの宣伝効果に惑わされる状況をさします。情報リテラシー、つまり情報の取捨選択を自分で行える能力が、現代人には必要不可欠という議論に繋がります。

意。コンピューターで、文字ごとに異なった幅を持つフォント。アルファベットなどを美しく表示できる。▷文字ごとに同じ幅のものは「等幅フォント」という。

プロポーション【proportion】①釣り合い。調和。均整。②割合。比例。

プロポーズ【propose】申し込むこと。特に、結婚の申し込みをすること。

プロ ボノ【ラテン pro bono】自らの職能を利用して、無償または低額によって行う公共的活動。弁護士が貧困者を対象に行う無料の法律相談など。▷ラテン語で「公益のため」を意味するプロ-ボノ-プブリコ(pro bono publico)の略。

プロポリス【propolis】ミツバチが、集めた樹液と唾液を混合して膠(にかわ)状にしたもの。抗菌作用があり巣の中を清潔に保つ働きをする。

フロマージュ【フランス fromage】チーズ。

ブロマイド【bromide】スターなどの葉書大の肖像写真。▷ブロマイド紙(印画紙の一種)を用いたことから。

プロマネ プロジェクト-マネージャーの略。

ブロマンス【bromance】新 性愛は伴わないが強い絆で結ばれている、男性どうしの関係。▷ブラザー(brother)とロマンス(romance)の合成。

プロミス【promise】約束。誓約。契約。

プロミネンス【prominence】①太陽の紅炎(こうえん)。②文中のある語句を強調するために、特に強く発音すること。卓立。

プロム【prom】アメリカの大学や高校で、学年末や卒業記念に行うダンス-パーティー。

プロムナード【フランス promenade】①散策。②散歩道。遊歩道。

プロメテウス【Promētheus】ギリシャ神話のティタン神族の一人。アトラスの兄弟。先に考える者、の意。粘土から人間を創ったとされる。天上の火を人間のために盗み与えたことで、ゼウスの怒りをかい、カフカス山の岩に鎖で縛られ、鷲に肝臓をついばまれるという責め苦にあうがヘラクレスに救われる。

プロモーション【promotion】販売などを促進するための活動。

プロモーション ビデオ【和製 promotion＋video】⇨ビデオ-クリップ

プロモーター【promoter】①発起人。主催者。②興行主。外国から芸能人などを呼んで興行を企画する人。③調節遺伝子の一種。DNA分子上にあって、RNA合成酵素が結合してオペロンの転写を開始する部位。プロモーター遺伝子。→オペロン ④商品・サービスへの満足度が高い人。パッシブ(中立者)やデトラクター(批判者)に対していう。

プロモート【promote】①事業や計画を推進、促進すること。②興行を企画、主催すること。

プロ ユース【和製 pro ＋ use】道具や装置などが、業務(専門家の使用)にも耐える品質や性能であること。プロフェッショナル-ユース。

フロランタン【フランス florentin】新 キャラメルでコーティングしたナッツ類をクッキー生地にのせて焼き上げた菓子。フランスなどで親しまれている。▷「フィレンツェの」の意。

プロ レス【professional wrestling】興行として行われるショー的要素の濃いレスリング。プロ-レスリング。

プロレタリア【ドイツ Proletarier】資本主義社会における賃金労働者。また、その階級。無産者。▷古代ローマの貧困な下層民プロレタリウス(proletarius)から。→ブルジョア

プロレタリアート【ドイツ Proletariat】プロレタリア階級。労働者階級。無産階級。→ブルジョアジー

プロローグ【prologue】①演劇や音楽などで、その主題や進行を暗示する内容をもった前置きの短い部分。②物事の始まり。発端。→エピローグ

フロン【flon】クロロフルオロカーボン(CFC)、フルオロカーボンの日本での慣用名。特に、クロロフルオロカーボン(CFC)のうちオゾン層を破壊する特定フロンが問題となっている。→CFC・フルオロカーボン

ブロンズ【bronze】銅とスズとの合金。青銅。また、青銅製のもの。

フロンティア【frontier】①国境地方。辺境。②アメリカ合衆国の西部開拓において最前線となった辺境地帯。転じて、広い可能性を秘めた開拓の対象となる領域の意に用いられる。案 新分野

フロント【front】①正面。→バック ②ホテルの受付。帳場。③戦線。前線。④プロ-スポーツで、チームの経営や管理にあたる首脳陣・事務局。

ブロンド【blond】西洋人の毛髪などの金茶色のもの。金髪。

フロントエンド【front-end】①後部に対し、先端。②コンピューターでユーザーから見える部分。ウェブ開発における利用端末側のシステムなど。③マーケティングで、集客用に提供する商品やサービス。集客商品。④核燃料サイクルで、核燃料製造や原子力発電所での運転のこと。→

フ

バックエンド

フロント ガラス【和製 英 front＋オランダglas】自動車の運転席の前面にある風防ガラス。

フロント サイド【frontside】新 前側。正面側。▷サーフィンでは波と向かい合う姿勢や方向、スケートボード・スノーボードなどでは進行方向に向かう姿勢や方向をいう。

プロンプター【prompter】演技中の俳優に台詞(せりふ)を教える役目の人。

プロンプト【prompt】新 ①コンピューターで、入力が可能な状態であることと、入力位置とをディスプレー上で示す表示。②対象者の望ましい行動を引き出す目的で、その行動の直前や途中で行う援助。身体に触れて手伝う、手本を見せる、言葉をかけるなどの方法がある。③人工知能システムに対して、指示・要求を伝えるための言葉や文章。呪文とも。「ネガティブー(＝指示から除外する条件)」

アップデート 2022年ごろから人工知能(AI)の世界では「生成AI」と呼ばれる技術が急速に発達しました。文章で指示を与えると、意図に沿った画像・文章などが生成されるという仕組みです。この指示を与える際に用いる文章のことを、特に画像生成の分野では「プロンプト」あるいは「呪文」などと呼ぶようになりました。

へ

ヘア【hair】①毛。髪の毛。②特に、陰毛。▷「ヘアー」「ヘヤ」とも。

ベア ⇨ベース-アップ

ベア【bare】むきだしのさま。裸のようす。

ベア【bear】①熊。②(株取引で)弱気筋。→ブル

ペア【pair】①二つまたは二人で一組みになっているもの。また、男女の一組み。②スポーツで、二人で組んだ1チーム。③一対のオールを備えた二人漕ぎのボート。また、そのレース。④トランプで、同じ数の札の2枚ぞろい。

ペア【pear】西洋梨。洋梨。ペアー。ペヤ。

ヘア サイクル【hair cycle】髪の毛が生え替わってから、抜け落ちるまでの周期。成長期、退行期、休止期の3段階がある。男性は3~5年、女性は4~6年。毛周期(もうしゅうき)。

ヘアダイ【hairdye】化学薬品

を用いて頭髪を脱色しながら染めること。また、その染毛剤。

ヘア ヌード【和製 hair＋nude】陰毛を露出させたヌード。また、その写真。

ヘアピン【hairpin】①髪の毛を整えるために髪の毛をはさんでとめるピン。装飾をかねたものもある。②ヘアピン-カーブの略。鋭く折れ曲がっている道路のカーブ。

ベアフット ランニング【barefoot running】裸足で走ること。裸足ランニング。

ベア ボーン【bare-bones】土台となる部品(ケース・電源・マザー-ボードなど)だけで販売されるパソコン。CPU・メモリー・ハード-ディスク・キーボードなどの装置は、別途購入して付け加える。ベアボーン-パソコン。▷骨子だけの意。

ヘア メーク【和製 hair＋make】新 髪型を整えること。またその髪型。ヘアメ。▷ヘアメイクとも。

ベアラー【bearer】新 旗などを運ぶ人。「プラカード―」

ベアリング【bearing】軸受(じくう)け。

ペアレンタル コントロール【parental control】パソコンなどの情報機器で、親が子どもの利用環境を管理すること。またはその機能。子どもが利用できるコンテンツやソフトウエアの種類を制限したり、利用時間を制限したり、操作記録を取ったりする。

ベイ【bay】湾。入り江。

ペイ【pay】①報酬。賃金。給料。②支払うこと。③採算がとれること。引き合うこと。元が取れること。

> アップデート キャッシュレス決済の分野では、○○ Pay(ペイ)という語形のサービス名がよく登場します。主なものだけでもQRコード決済系のLINE PayやPayPayなど、銀行系のゆうちょPayなど、コンビニ系のファミペイなど、ITプラットフォーマー系のApple PayやGoogle Payなどの命名があります。

ペイオフ【payoff】預金の全額保障を行わない制度。金融機関が破綻した場合、預金保険機構が一定額だけを払い戻す。

ヘイズ【haze】もや、かすみ、煙霧のこと。また、森林火災による煙害のこと。

ペイズリー【paisley】⇨ペーズリー

ヘイト【hate】憎悪。反感。嫌悪。

ヘイト クライム【hate crime】新 憎悪に基づく犯罪。とりわけ人種・民族・宗教・セクシュアリティーなどに対する偏見や差別に基づくものをさす。憎悪犯罪。

ヘイト スピーチ【hate speech】憎悪に基づく言論。とりわけ人種・民族・宗教・セクシュアリティーなどに対する偏見や差別に基づくものをさす。

ペイ パー ビュー【pay-per-view】ケーブル-テレビや衛星放送などで、視聴した番組単位で料金を課すこと。また、そのサービス。PPV。

ベイブレード べいごまを原型とする小型のこま。ひもの代わりにシューターとよばれる器具を使って回し、すり鉢状の台の上で相手のこまをはじき飛ばすことなどによって勝敗を競う。商標名。

ペイメント【payment】支払い。納入。弁済。

ペイロード【payload】①乗客・貨物などの有料荷重。②航空機やミサイルの有効搭載量、搭載物。③ロケットの打ち上げの性能を示す指標の一。所定の高度に打ち上げることのできる人工衛星の重量。④人件費。⑤データの本体部分。パケット通信ではヘッダー(宛先)ではない部分をいう。

ペイロール【payroll】給与の支払い台帳。給与者名簿。

ペイン【pain】痛み。苦しみ。

ペイン【pane】コンピューターのGUIにおいて、ウィンドウ内部を機能別に区画した領域のこと。例えば電子メール-ソフトにおける「受信メールの一覧」や「メール本文」の領域など。▷窓枠・窓ガラスなどの意。→GUI

ペイン クリニック【pain clinic】神経痛・癌(がん)末期の痛みなど治りにくい痛みの軽減を目的とする診療部門。

ペイント【paint】①着色や表面保護のために物の表面に塗る材料の総称。塗料。②塗料を塗ること。

ペイントボール【paintball】圧縮ガス入りの銃を用いて、塗料の入った弾丸を撃ち合うスポーツ。またその弾丸。弾丸が当たると、塗料が飛び散り着弾を確認できる。チーム戦で相手陣地の旗を奪う試合形式などがある。アメリカで発祥。

ベーカリー【bakery】パン・ケーキなどをつくって売る店。

ベーキング【baking】パンやケーキなどを焼くこと。

ベーキング パウダー【baking powder】ふくらし粉。

ベーク ベークライトの略。「紙—(＝紙にフェノール樹脂を塗って固めたもの)」

ベークド【baked】食べ物を焼いたことを表す接頭語。ベイクド。「—-チーズケーキ」「—-ポテト」

ベークライト【Bakelite】フェノールとホルムアルデヒドからつくるフェノール樹脂の商標名。

ベーグル【bagel】生地をゆでてから焼いたドーナツ形のパン。カロリーが低い。

ベーコン【bacon】豚・鯨などのばら肉を塩漬けにしたあと薫製にした食品。

ページ【page】①本・ノートなどの紙の一面。また、その順序を示す数字。ノンブル。助数詞的にも用いる。②ウェブ-ページの略。

ページェント【pageant】①野外劇。②祝祭日などに行われる仮装行列や、大規模なショーの類。▷もと、中世ヨーロッパで祝祭日に演じた宗教劇。

ベーシス【basis】基礎。基準。基盤。

ベーシスト【bassist】ベースの奏者。

ベーシス ポイント【basis point】⇨BP

ベーシック【basic】基礎となるさま。基本的。

ベーシック インカム【basic income】政府が全国民に対して定期的かつ無条件(就労や所得などと無関係)に、最低限の生活を送るのに必要な現金を個人単位に支給する制度。多様な観点(所得格差解消や雇用流動性確保など)から実現を求める議論がある。BI。

ベージュ【フランスbeige】明るい灰黄色。染色・漂白する前の、自然のままの羊毛の色。らくだ色。ベージ。

ベース【base】①野球で、塁。②基準。基礎。土台。③根拠地。基地。特に軍事基地。④トランジスタの電極の一。コレクターとエミッターの間に設けられた領域をいい、一般にベースとエミッターの間に信号電流を流す。

ベース【bass】①ダブル-ベースの略。→コントラバス ②ジャズ・ロック・ポップスなどで最低音部を担当する楽器の総称。③男声の最低音域。バス。

ペース【pace】①歩いたり、走ったり、泳いだりする時の速度。②物事を進める速度。また、進み具合。テンポ。

ベース アップ【和製 base＋up】賃金ベース(企業別・産業別・地域別などに賃金の支給総額を労働者の総数で除した平均賃金)の引き上げ。定期昇給も含めた所定内賃金の引き上げをさすこともある。ベア。

ペースト【paste】①糊(のり)。②はんだ付けの効果をあげるために用いる糊状の助剤。③肉や野菜などを煮てすりつぶし、練った食品。④任意のデータをクリップボードとよばれる一時的な記憶領域に保存し、別の位置にその内容を貼り込むこと。

ベースボール ファイブ【Baseball 5】打者自身がゴムボールをトスして手で打つ形式の、簡易的な野球。ボール以外の道具を必要としない。フェアゾーンは1辺18メートルの正方形。

5人制。5イニング。公式国際試合は男女混合で実施する。キューバの遊びを原型として世界野球ソフトボール連盟(WBSC)が考案した。ベースボール5。B5。

ペースメーカー【pacemaker】①中距離以上の競走や自転車競技などで、先頭を走って基準となるペースをつくる選手。②心臓に電気刺激を周期的に与えて収縮させ、心拍を正常に保つ装置。

ベースライン【baseline】①基準線。②野球で、塁と塁とを結ぶ線。

ペーズリー【paisley】先端が細く曲がった勾玉(まがたま)形の植物文様。▷スコットランドの都市ペーズリー産のカシミヤ風ショールの模様から。

ベース ロード【base load】最小限の稼働量。また、物資や設備の必要最小限度。ベース負荷。

ベーゼ【フランス baiser】接吻(せっぷん)。キス。

ヘーゼル【hazel】カバノキ科の落葉小高木。地中海沿岸地方原産。秋、球形の堅果(ヘーゼルナッツ)がなり、炒(い)めて食用とし、また菓子の材料とする。西洋榛(せいようはしばみ)。

ペーソス【pathos】物悲しさ。哀愁。

ベータ【beta; B・β】ギリシャ語アルファベットの第2字。

ベーダ【サンスクリット veda】古代インドのバラモン教の根本聖典。インド最古の文献。感得した神の啓示を詩的所作により著したもの(天啓文学)。古典サンスクリットより古いベーダ語で記される。▷「知識」の意。

ベーチェット病 口内炎・陰部潰瘍・皮膚症状・葡萄(ぶどう)膜炎の4つの症状を主症状とする慢性の炎症性疾患。原因不明。関節炎や神経・血管・消化器病変も伴う。発病年齢は男女とも20～40歳に多く、特に日本に多い。トルコのベーチェット(H. Behçet [1889～1948])が初めて発表。

ペーハー【ドイツ pH】溶液の水素イオン濃度を表す指数。水素イオンのモル濃度の逆数の常用対数として定義される。酸性でpH＜7、中性でpH＝7、アルカリ性でpH＞7となる。水素イオン濃度指数。

ペーパー【paper】①紙。特に洋紙。②貼り紙。レッテル。③サンドペーパーのこと。④新聞。⑤論文。⑥書類上だけで、実体が伴っていないこと。

ペーパー ウエート【paper weight】文鎮。

ペーパー カンパニー【和製 paper＋company】税金逃れや債務の移し替えなどを目的に設立される、登記だけしてあって実体のない会社。

ペーパーバック【paperback】

仮製本で、紙の表紙をつけただけの簡略な装丁の本。廉価な普及版に多い。

ペーパーレス【paperless】情報処理や資料の保存などに紙を使わないこと。

ペーブメント【pavement】道路の舗装。また、舗装した道路。ペーブ。

ベール【veil】①装飾・保護・遮蔽(しゃへい)などの目的で、婦人が顔の前に垂らす薄い布。 ②物をおおって見えなくしているもの。

ペール【pail】バケツ。円筒型容器。

ベガ【Vega】琴座のアルファ星。8 月下旬の宵、天頂に輝き、光度 0.0 等。距離 25 光年。中国名を織女といい、天の川を隔ててアルタイル(牽牛(けんぎゅう))と対し、七夕にまつられる。

ペガサス【英 Pegasus;ギリシャ Pēgasos】ギリシャ神話の有翼の天馬。ペルセウスに退治されたメドゥーサの血から生まれる。英雄ベレロフォンの愛馬として怪獣キマイラ退治などで活躍、天に昇ろうとする彼を振り落とし自ら天に昇る。その蹄(ひづめ)で蹴られた地から泉が湧き出たという。ペガソス。

ヘキサ【hexa】ギリシャ語で、6 の意。ヘキサゴンは六角形。

ヘキサゴン【hexagon】六角形。

ペグ ⇨PEG

ベクター【vector】① ⇨ベクトル ②ある遺伝子を一つの生物から大腸菌など他の生物へ移植する(組み換え DNA 実験)際に、その遺伝子を運ぶ役割をする自律的増殖能力をもつ DNA 分子。多くはプラスミドまたはバクテリオファージの DNA が用いられる。

ヘクタール【フランス hectare】土地の面積の単位。1 万 m^2。記号 ha ▷1 アールの 100 倍の意。

ペクチン【pectin】細胞間の結合物質であるペクチン質の主成分として、植物体に広く含まれている多糖類。黄白色の粉末。リンゴや柑橘(かんきつ)類の果皮から酸溶液で加熱抽出して得る。ジャム・マーマレード・ゼリーの製造、微生物培地・胃腸薬などに用いる。

ヘクト【hecto】単位に冠して 100 倍の意を表す語。記号 h

ヘクトパスカル【hectopascal】圧力の SI 単位パスカルの 100 倍に相当する呼称。1 ヘクトパスカルは 1 ミリバールに等しい。記号 hPa

ベクトル【ドイツ Vektor; 英 vector】速度・力のように、大きさと向きを有する量。ベクトル量。平面または空間においては有向線分で表される。数学では、この概念をさらに一般化・抽象化してあつかう。→スカラー

ベクレル【becquerel】放射能

の壊変強度を表すSI単位。1ベクレルは、放射性核種が1秒間に1つの割合で崩壊する放射能。1キュリーは$3.7×10^{10}$ベクレル。記号Bq

ヘゲモニー【(ドイツ) Hegemonie】指導的な立場。主導権。

ベジタブル【vegetable】野菜。青物。

ベジタリアン【vegetarian】菜食主義者。

へ

ベジ ミート【veggie meat】新 植物性タンパク質を加工してつくる肉状の食品。植物肉。PBM。

ペシミズム【pessimism】①物事を悲観的に考える傾向。悲観主義。厭世(えんせい)主義。厭世観。→オプチミズム ②世界(人生・歴史)は不合理・無意味であり、それを変えることはできないとみなす態度。さまざまな宗教にもみられるが、哲学学説としてはショーペンハウアーに代表される。

ペスカトーレ【(イタリア) pescatóre】漁師風の。イタリア料理で、魚介類を使った料理の名称に用いられる。▷漁師の意。

ベスト【best】①最も優れたもの。一番よいもの。最上。②最善。全力。

ベスト【vest】①チョッキ。胴着。②「ベスト判」の略。写真フィルムで、縦横の長さが、41mm×63.5mmのもの。

ペスト【(ドイツ) Pest】ペスト菌の感染によって起こる感染症。症状が激しく死亡率が高い。古くはしばしば流行し、特に14世紀にはヨーロッパ全域に大流行した。黒死病。

> アップデート 2020年のコロナ禍では、感染症を題材とした過去の映画・ドラマ・文学などを再注目する動きも広まりました。特に注目されたのが、作家カミュ(Albert Camus)による不条理文学の名作『ペスト』(1947年)。ペストの感染に襲われ遮断された都市の人間模様を、ドキュメンタリー風に描いた作品でした。

ベスト プラクティス【best practice】課題の克服や問題解決のためのすぐれた実践例。優良事例。▷企業の経営を改革する際の事例として用いられることが多い。

ベスト マン【best man】結婚式で、アッシャー(新郎の付き添い役)の代表者のこと。多くの場合、新郎と身近な関係にある独身男性が務める。→アッシャー

ペストリー【pastry】油脂の多いパイ状の生地を使った菓子パン。

ベスポジ 新 俗に、ベストポジションの略。最適な場所や位置のこと。

ベゼル【bezel】時計のガラス、情報機器のディスプレーなどの枠。

ベゼルレス【bezel-less】スマートフォンなどで、ディスプレーの枠が極めて細いこと。

ペソ【スペイン peso】①中南米諸国・フィリピンなどの通貨単位。②昔のスペインの貨幣。

ベタ ①すきまのないさま。一面に広がっているさま。②名詞またはそれに準ずる語の上に付いて、「すきまのないさま」「すっかり」「すべて」などの意を表す。

ベタ【betta】スズキ目の淡水魚。全長約5センチメートル。体は長楕円形で側扁し、各ひれが著しく発達する。体色は赤・青・紫色などが混じり美しい。観賞用。東南アジア原産。シャム闘魚。

ペタ【peta】単位に冠して10^{15}(1000兆)を表す語。記号P。

ベター【better】(比較して)よりよいさま。最善とはいえないが、比較的よいさま。

ベター ハーフ【better half】よき配偶者。妻。

ペタル【petal】花弁。はなびら。

ペタンク【フランス pétanque】金属製のボールを投げて、木製の目標球との距離を競うゲーム。フランスで盛ん。

ペダンチック【pedantic】学者ぶるさま。学識をひけらかすさま。衒学(げんがく)的。▷ペダンティックとも。

ペチコート【petticoat】スカートの形を整えるために着けるスカート形の下着。ペティコート。

ペッグ【peg】釘。掛け釘。境界をしめす杭。ペグ。

ヘッジ【hedge】商品・株式・外国為替の取引で、買い方の値下がり損や売り方の値上がり損を防ぐため、逆の空売り・空買いをする保険的な操作。つなぎ売買。保険つなぎ。掛けつなぎ。ヘッジング。リスク-ヘッジ。▷垣根の意。

ヘッジ ファンド【hedge fund】株式・債券・為替など多様な変動商品を投資対象として、高収益を目的に、空売りや空買いなどをしながら投機的に運用されるファンド。限られた大口投資家の資産で運用されるものが多い。

ヘッズ【heads】新 ファン。愛好家。信奉者。収集家。「メタル―(＝ヘビーメタルのファン)」

ヘッダー【header】印刷物のページ上部の日付・文書名・小見出しなどを記した部分。また、電子メールなどで、データの先頭に置かれる、内容識別のための定型の情報。

ヘッディング【heading】①サッカーで、ボールを前額部で止めたり打ったりすること。②ボクシングで、頭で相手を突くこと。反則となる。→バッティング ③(新聞・文書などの)見出し。標題。▷「ヘディング」とも。

ペッティング【petting】男女が

互いに愛撫し合うこと。性的に刺激し合うこと。

ヘット【オランダvet】料理用の牛のあぶら。牛脂。

ヘッド【head】①頭。また、頭の働き。②物の頭部。③かしらに立つ人。キャップ。④テープ-レコーダー・ビデオ-レコーダーなどで、テープ面に触れ、録音・録画・再生・消去などを行う部分。⑤野球のバットの先端。ゴルフ-クラブのボールを打つ部分。

ベッド【bed】①寝台。ねどこ。②機械類を置く台。③裁縫ミシンの縫い床。④苗床。

ペット「トランペット」の略。

ペット ⇨PET

ペット【pet】①飼ってかわいがっている動物。愛玩動物。②かわいがっている年下の者。お気に入り。

ペット カート【和製 pet ＋ cart】ペットを乗せることができる手押し車。

ヘッドクォーター【headquarters】司令部。本部。

ヘッドセット【headset】頭部に装着して使用する、携帯用の機器・装置などの総称。ヘッド-ホンやヘッドホン-ステレオなど。

ベッド タウン【和製 bed＋town】大都市周辺の住宅地域。住宅衛星都市。▷大都市に働く人々が夜になると寝るために帰ってくるところから。

ヘッドハンティング【headhunting】他の会社などから優秀な人材を引き抜くこと。

ペット ボトル【PET bottle】⇨PET ボトル

ヘッドホン【headphone】頭にかけて使用する、両耳をおおう形のレシーバー。▷ヘッドホーンとも。

ヘッドライナー【headliner】①コンサートなどの主役である出演者。②自動車で、天井の内張りのこと。

ヘッドライン【headline】新聞・雑誌などの見出し。

ヘッドランド【headland】人工岬。海岸の侵食を防ぐために設置される、多くはTの字形の構造物。砂浜に一定間隔で設置し、岬と岬の間で砂の移動を安定させる。▷ヘッドランドの周辺では強い離岸流が発生したり急に水深が深くなるため遊泳禁止であるが、周辺での水難事故が多発している。

ヘッドレスト【headrest】自動車の座席の背もたれの上に付いていて、衝突による衝撃から頭部を保護する枕。

ペット ロス【pet loss】愛玩動物との別れが原因で飼い主に生じる心理的な打撃。▷ペット喪失の意。

アップデート ペットとの別れは大きな出来事です。一部に「ペットが亡くなる」との表現に抵抗感を持つ立場もありますが(「亡くなる」は人間用の表現であるとする考えから)、実際にはこの表現がよく使われています。近年用例が増えた「虹の橋を渡る」という婉曲表現も含め、喪失感を的確に表す言葉が求められているようです。

ペッパー ミル【pepper mill】新 卓上用胡椒(こしょう)ひき。底部に歯がついていて上部を回すと粉状の胡椒が底から出てくる。

ペディキュア【pedicure】足の爪(つめ)の化粧。→マニキュア

ペティ ナイフ【和製 フランス petit＋英 knife】小型の包丁。野菜の皮むきや面とりなどに用いる。ペテ-ナイフ。

ペディメント【pediment】①西洋の古典建築で、切妻屋根の妻壁にできる三角形の部分。②窓や出入り口上部に取り付けられた三角形状の装飾。

ヘディング【heading】⇨ヘッディング

ペデストリアン【pedestrian】歩行者。徒歩で旅行する人。

ペデストリアン デッキ【pedestrian deck】自動車道路と立体的に分離した歩行者専用通路。

ベテラン【veteran】ある事柄について豊富な経験をもち、優れた技術を示す人。老練者。ふるつわもの。

ヘテロ【hetero】他の外来語の上に付いて、異種・異型・異性などの意を表す。→ホモ

ヘドバン ヘッドバンギング(headbanging)の略。演奏に合わせて頭を前後に激しく振る動作。ヘビー-メタルなどのライブで観客が行う。

ペドフィリア【pedophilia】幼児を性的欲求の対象とする心理。小児性愛。

ペナルティー【penalty】①罰則。②罰金。

ペナント【pennant】①細長い三角旗。学校・団体などのマーク。②優勝旗。優勝。

ペニシリン【penicillin】1928年、英国の細菌学者A. フレミングが青かびの一種から発見した抗生物質。肺炎・淋疾(りんしつ)など多くの細菌性疾患に優れた効果を示す。

ペニス【ラテン penis】陰茎。男根。

ベニヤ【veneer】木材の薄板。単板。

ベニュー【venue】新 開催地。会場。

ベネフィット【benefit】①利益。恩恵。②時間の短縮や作業の軽減など、その商品を使用することで得られる利便性や満足感。③慈善のための催し。➲ よくわかる「ベネフィット」の意味と使い方(p.731)

ペパーミント【peppermint】

①シソ科の多年草。乾燥した葉からメントールや薄荷(はっか)油を採る。芳香があり、菓子・化粧品などの香料とし、薬用ともする。②薄荷油・丁子(ちょうじ)油・シロップを入れた甘味のあるリキュール。普通、緑色。

ペパロニ【pepperoni】牛肉と豚肉を合わせてつくる香辛料の利いたドライ-ソーセージ。ペパローニ。

ヘビー【heavy】①重い。②はげしいこと。きびしいこと。③馬力をかけること。努力すること。④量・程度が普通以上であること。

ベビー【baby】①赤ん坊。ベイビー。②「赤ん坊用の」「ごく小型の」などの意で複合語をつくる。

ベビー オイル【baby oil】肌の乾燥を防ぐための油。

ベビーシッター【baby-sitter】親が外出している間など、その幼児の世話をする人。子守り。

ベビー シャワー【baby shower】出産を控えた女性を迎えて、お祝い品を贈呈するパーティー。哺乳瓶やベビー服、おむつなど、育児に必要な品物を贈呈する。▷アメリカで一般的な習慣。

ベビー スリング【baby sling】乳幼児を抱くための専用の布。ハンモックのような形状にして乳幼児を包み込むように抱いたり背負ったりすることができるスリング。▷スリングは、三角巾(さんかくきん)・吊(つ)り包帯などの意。

ベビー テック【BabyTech】新 出産や育児を支援する情報通信技術。またその技術を用いたビジネスやサービス。▷baby(乳児)とtechnology(技術)の合成語。

ヘビーデューティー【heavy-duty】酷使に耐えるさま。耐久性のあること。

ベビー ブーマー【baby boomer】ベビー-ブームのときに生まれた人たち。また、その世代。団塊(だんかい)の世代。

ベビー ブーム【baby boom】出生率が急激に上昇すること。第二次大戦後の日本では、1947～49年(昭和22～24)、71～74年の2度にわたって見られた。

ベビー フォト【baby photo】新 乳児を撮影した写真。また、記念写真としてそれを撮影するサービス。

ヘビー メタル【heavy metal】ロック音楽の一。ギターを中心とする荒々しいサウンド、高音やだみ声によるボーカル、楽曲の複雑な構成、攻撃的な歌詞などを特徴とする。1960年代末期に勃興。メタル。▷一般にはヘビ-メタの略称で呼ばれることもあるが、ファンの間では蔑称と解されることが多いので注意が必要。

アップデート アイドルとヘビー-メタルの融合をテーマとする、日本の女性

よくわかる「ベネフィット」の意味と使い方

詳しい意味は？

ベネフィット(benefit)とは、英語で「利益」を意味する言葉です。ただしここで言う利益とは、必ずしも金銭的な利益だけを指すのではありません。例えば自動車を購入したとき、消費者は機能的な利益(例:移動時間の短縮)や心理的な利益(例:自動車で旅行した時の楽しさ)を得ることになります。このような「お金ではかることができない便益」もベネフィットと言うことができます。

どんな時に登場する言葉？

利益・便益などが関連するあらゆる分野で登場します。例えばマーケティング分野では「顧客に提供する便益」のこと、行政などの分野では「事業によって得られる便益」のこと、医療分野では「医薬品の安全性や有用性」のことを、ベネフィットと表現します。

ベネフィットの使い方を実例で教えて！

[マーケティングの「ベネフィット」] マーケティングの分野では「メリット(merit)とベネフィットの違いを意識せよ」という論説も見かけます。この場合メリットとは「商品・サービスそのものが持つ長所」のことで、ベネフィットは「顧客にとっての便益性」を意味します。

[医薬品の「ベネフィット」] 医療分野では「医薬品の安全性や有用性」のことをベネフィットと呼びます。ベネフィットと対照をなす概念はリスク。こちらは「副作用などの不具合の可能性」を指します。近年これらを評価・比較するための具体的方法論について、活発な議論が交わされるようになりました。

[そのほかの「ベネフィット」] 「手当・給付金」や「慈善興行」を意味する場合もあります。金銭以外の給付をも指す本給以外の諸手当や福利厚生制度などがあたる「フリンジベネフィット」(fringe benefit)。また慈善目的で行う音楽興行の「ベネフィットコンサート」(benefit concert)があります。

アイドル-グループ(公式にはメタル-ダンス-ユニット)ベビーメタルが、世界中のメタルファンの間で人気となっています。2016 年にはロンドンのウェンブリー-アリーナで日本人初の単独ライブを成功させました。

ヘビー ローテーション【heavy rotation】①ラジオ放送で、短期間に同じ楽曲を何度も放送すること。聴取者に対する楽曲の浸透を狙う。パワー-プレーとも。②転じて、短期間に同じ行為を繰り返すこと。ファッションにおいて、お気に入りの服を何度も着用することなど。

ペプシン【pepsin】タンパク質分解酵素の一。脊椎動物の胃液中に前駆体ペプシノーゲンとして分泌され、塩酸または既存のペプシンの作用でペプシンに変わり、タンパク質を分解する。

ペプチド【peptide】2 個以上のアミノ酸がペプチド結合によって縮合してできた化合物の総称。多数のアミノ酸からなるものはポリペプチドといい、タンパク質は 1 または数個のポリペプチドからなる。加水分解によりもとのアミノ酸が生成する。

ヘブライ【ギリシャ Hebraios】イスラエル民族、またその言語や文化のこと。ヘブル。

ペブル【pebble】①(水などの作用で丸くなった)小石。②カーリングで、リンクの表面につくる氷の細かい粒。ストーンが滑りやすくなる。

ヘブン【heaven】天。天国。

ヘブンリー【heavenly】(天国のように)素晴らしい。ヘヴンリーとも。「―な気分」

ペペロンチーノ【イタリア peperoncino】イタリアのパスタ料理の一。ニンニク・唐辛子(とうがらし)を炒(い)めて香りを出したオリーブ-オイルをロング-パスタにからめる。▷唐辛子の意。

ヘム【hem】衣服や布地のへり。縁(ふち)。特にスカートなどの裾(すそ)の折り上げをいう。

ヘモグロビン【hemoglobin】脊椎動物の赤血球に含まれる鉄を含む色素(ヘム)とタンパク質(グロビン)とからなる複合タンパク質。酸素と可逆的に結合する能力があり、血中での酸素運搬の役割をもつ。酸素と結合すると鮮紅色、酸素を離すと暗赤色を呈する。血色素。血紅素。

ヘラ【Hērā】ギリシャ神話のオリンポス十二神の一。クロノスとレアとの娘。ゼウスの妃で女神の主神。既婚女性の守護神として結婚をつかさどる。ゼウスが浮気を繰り返したため、イーオー、ヘラクレスなど、夫の愛人やその子どもたちを迫害した。ローマ神話のユノ(ジュノー)と同一視される。

ヘラクレス【Hēraklēs】ギリ

シャ神話中最大の英雄。ゼウスとアルクメネとの子。ミュケナイ王エウリュステウスによってその遂行を命ぜられた、ネメアのライオン退治、レルネー湖のヒュドラ退治、黄金の林檎(りんご)の獲得、冥界の番犬ケルベロスの捕獲などの12の難業をはじめ数多くの武勇伝をもつ。妻の嫉妬からオイテ山上で自らを火葬にふした。ハーキュリーズ。ヘルクレス。

ベランダ【veranda】建物から張り出した縁。普通、庇(ひさし)のあるものをいう。

ベランピング【和製 veranda + glamping】新 住宅のベランダでキャンプのような遊びを楽しむこと。

ベリー【berry】イチゴ・ラズベリー・ブラック-ベリーなど、多肉質の小果類の総称。

ベリー ショート【和製 very＋short】非常に短く切った女性の髪形。

ベリー ダンス【belly dance】北アフリカや西アジア地方の、腹をくねらせ、腰をすばやく振る、官能的な女性の踊り。▷ベリーは腹・胴体の意。

ベリー ペイント【belly paint】新 妊婦の腹部に絵を描くこと。また、その絵。▷ベリーは腹の意。完成した絵は写真に撮影して記録する。出産の無事と子どもの健康を願う意味で行うもの。

ヘリウム【helium】18族元素(希ガス)の一。元素記号 He　原子番号 2。原子量 4.003。他の元素と化合しない。無色・無臭の気体。水素に次いで軽く、沸点は−268.9℃であらゆる物質の中で最低。超低温用の冷媒・気球用ガスなどに用いる。

ヘリオス【Hēlios】ギリシャ神話の太陽神。毎日4頭立ての戦車を操り、天空を東から西へ横切り、夜間には黄金の杯に乗って大地のまわりを流れる大河オケアノスの流れを渡り東へ戻るという。

ヘリカル【helical】螺旋(らせん)状であること。螺旋の。

ヘリコプター【helicopter】機体の上に大型のプロペラ状の回転翼をもち、それによって垂直の上昇・降下や前進後退・空中停止などが可能な航空機。ヘリ。

ベリタス【ラテン veritas】真理。本質。

ベリファイ【verify】コンピューターで、記憶装置にデータが正しく書き込まれたかどうかを確認すること。

ベリフィケーション【verification】真正であるかどうかの検証・確認。

ヘリポート【heliport】ヘリコプターの発着場。

ベリリウム【beryllium】金属元素の一。2族に属するが、普通アルカリ土類金属には入れない。

元素記号 Be　原子番号 4。原子量 9.012。銀白色の金属で展性・延性に富み、軽合金の材料や原子炉の減速材などに用いる。有毒で、皮膚・肺などを侵す。

ヘリンボーン　【herringbone】①魚の骨を図案化した模様。②杉綾(すぎあや)。③スキーの先を開いて登る方法。▷「ヘリングボーン」とも。ニシンの骨の意。

ヘル【hell】地獄。

ヘル【ドイツ Herr】ドイツ語で、男性の姓または官職名の前につける敬称。

ベル【bell】①電磁作用を利用して音を発生させる装置。電気回路に電流を通じて回路中のコイルを電磁石とし、ばねのついた打撃槌(つち)の柄を引きつけて発音体に打ちあてる。②手で作動するりん。③(教会などの)鐘。④オーケストラで用いる打楽器。長い金属管を音調に従って数本つり下げたもの。槌(つち)で奏する。チューブ-ベル。チャイム。グロッケン。

ベル【フランス belle】美人。麗人。美しい。

ベルーガ【beluga】①シロイルカ。②黒海・カスピ海に棲息(せいそく)するチョウザメ。またはそのキャビア。

ベル エポック　【フランス belle époque】古き良き時代。▷フランスでは 20 世紀初頭の平和で豊かな、芸術の栄えた時代をさす。

ベルガモット【bergamot】ミカン科の常緑低木。イタリアで多く栽培される。未熟果の果皮からベルガモット油をとり、オー-デ-コロンや石鹸の香料とする。

ベルカント【イタリア bel canto】18 世紀のイタリアで成立した歌唱技法。艶(つや)のある声色と響きの美しさが特徴。▷美しい歌の意。

ベルギー ワッフル　【和製オランダ België＋英 waffle】　洋菓子の一。小麦粉・卵・牛乳・砂糖などを混ぜて格子状の型で挟んで焼いたもの。生地自体にあまり味がなく、軽い食感で、メープル-シロップやホイップ-クリーム、アイス-クリームなどと一緒に食べるブリュッセル-タイプと、味も食感もしっかりとした生地でそのまま食べるリエージュ-タイプに分けられる。ワッフル。

ベルクロ　【Velcro】　面ファスナーの欧米での商標名。▷オランダのベルクロ社が開発したことから。

ヘルシー【healthy】健康に関するさま。健康的であるさま。

ヘルス　【health】　①健康。②ファッション-ヘルスの略。

ヘルス ケア【health care】健康管理のこと。

ヘルス センター　【和製 health＋center】　浴場などを中心に、休養や娯楽のための設備を備えた大衆的な施設。

ヘルス ツーリズム【health tourism】健康増進や治療などを目的とした滞在型の観光活動。湯治(とうじ)・癌(がん)検診ツアーなど。保健観光。健康観光。健康保養型観光。

ヘルス テック【HealthTech】新 医療・健康などの分野に応用した情報通信技術。またその技術を用いたビジネスやサービス。

ヘルス リテラシー【health literacy】保健・医療に関する情報リテラシー。

ペルソナ【ラテン persona】①キリスト教の三位一体論で、父と子と聖霊という3つの位格。②人。人格。人物。③美術で、人体・人体像のこと。④仮面。

ヘルツ【hertz】振動数(周波数)のSI単位。1秒間に1周期の振動数を1ヘルツとする。記号Hz ▷物理学者ヘルツの名にちなむ。

ヘルツ フリー【和製 hertz＋free】新 電気製品が50ヘルツ(東日本)と60ヘルツ(西日本)のどちらの交流電源でも動作すること。

ベルテント【bell tent】円錐型のテント。中央に支柱がある。

ベルト【belt】①腰に締める洋服用の帯。バンド。②帯状の広がりをもつ場所・地帯。③2個の車輪にかけ渡し、一方の車から他方の車へ動力を伝える帯。

ヘルニア【ラテン hernia】臓器の一部が本来あるべき腔(くう)から逸脱した状態。鼠蹊(そけい)ヘルニア・大腿(だいたい)ヘルニア・椎間板ヘルニアなどがある。

ヘルパー【helper】①手伝い。助手。②介護をする人。特に、訪問介護員(ホームヘルパー)。

ヘルプ【help】①救助。援助。手伝い。②ソフトウエアの使用中にその機能や操作方法の説明を画面に表示する機能。

ヘルプ デスク【help desk】企業において、社内外からの問い合わせ・苦情などに、一元的に対応する窓口(部署)のこと。

ヘルプ マーク【和製 help＋mark】新 公共の場で、周囲に配慮を求めるためのマーク。赤地に白い十字とハートをあしらっている。▷妊娠初期、義足や人工関節を使用している、内部障害がある、難病があるなど、外見だけでは配慮が必要であることが分かりにくい人の使用を想定している。

ヘルペス【herpes】小水疱(すいほう)・小膿疱(のうほう)が群がってできた状態。疱疹(ほうしん)。ヘルペス-ウイルス感染症の単純性疱疹・帯状疱疹などがある。

ベルベット【velvet】ビロード。

ベルボーイ【bellboy】ホテルのボーイ。主に玄関から客室まで、利用客の荷物運搬などの接待をする男性。

ベル ボトム【bell-bottoms】膝(ひざ)から下が釣り鐘状に広がったズボンやパンタロン。ベルボトム-パンツ。

ヘルメス【Hermēs】ギリシャ神話のオリンポス十二神の一。ゼウスとマイアとの子。商売・盗み・賭博・競技・旅人の守護神。富・幸運・使者・道しるべの神。霊魂を冥界に導く役割をももつ。ローマ神話のメルクリウス(マーキュリー)と同一視される。

ヘルメット【helmet】①頭を衝撃から守るための金属またはプラスチック製の帽子。②熱暑を避けるための帽子。コルクで形を作り、布を張ったもの。トーピー。

ベルモット【フランスvermouth】さわやかな苦みのあるリキュール。白ワインにニガヨモギ・ニッケイなどの成分を浸み出させたもの。食前酒やカクテルに用いる。

ペレストロイカ【ロシア perestroi-ka】旧ソ連のゴルバチョフ政権で進められた改革の総称。▷建て直しの意。

ペレット【pellet】①小錠剤。皮下や筋肉内に埋めこむ円柱状の圧縮錠剤。ホルモン剤などに応用される。②原子炉用の酸化ウランあるいは酸化プルトニウムの粉末を円柱状にプレスで成形し、高温で焼き固めたもの。これをヘリウムガスとともに被覆管に密封したものを燃料棒という。③廃棄物を、再利用のため粉末にしたうえで粒状に固めたもの。▷弾丸、銃弾の意。

ヘレニズム【Hellenism】①ギリシャ的な思想や文化に由来する精神。②アレクサンドロスの東方遠征以後、ギリシャとオリエントが影響し合うことにより生じた歴史的現象。ギリシャ文化が普及し、東方的な専制国家が成立。紀元前4～前1世紀頃をいう。

ベロア【フランスvelours】毛足の長いビロードに似た織物。柔らかく肌ざわりがよい。コートなどに用いる。

ヘロイン【ドイツ Heroin】モルヒネからつくる陶酔作用・依存性のきわめて強い麻薬。麻薬取締法でその製造・所持・使用が禁止されている。ジアセチル-モルヒネ。

ベローズ【bellows】カメラの蛇腹。

ペロペロ キャンデー 棒が付いた円盤状のキャンデー。ペロキャン。ロリポップ。

ペン【pen】①インク・墨などをつけて字・絵などをかく先の尖(とが)った筆記用具。②万年筆・ボール-ペンなど、筆記具の総称。③文章を書くこと。文筆活動。

ベンガラ【オランダBengala】①赤色顔料の一。酸化鉄(III)を主成分とし、着色力・耐久性が強い。塗料やガラス・金属板の研磨剤などに用いる。▷インドのベンガル地方で産したことから。②①のような暗く黄がかった赤色。

ペンキ【オランダpek】表面の保護や着色のために塗る油性の塗料。

ペンション【pension】民宿の家族的雰囲気とホテルの機能性を兼ね備えた宿泊施設。

ベンジン【benzine】石油の分留成分のうち、沸点がほぼ30～150℃のもの。ガソリンの一部をなす。引火しやすい。燃料・溶剤・しみ抜きに用いる。石油ベンジン。

ベンゼン【benzene】最も基本的な芳香族炭化水素。亀の甲型の平面正六角形構造をもつ。芳香のある無色揮発性の液体で、医薬・染料・香料・爆薬などの合成原料となる。蒸気を吸入すると有害。ベンゾール。

ペンタ【penta】ギリシャ語で、5の意。

ベンダー【vendor; vender】①自動販売機。ベンディング-マシン。②売る人。売り手。売り主。また、販売店。販売会社。

ペンタグラム【pentagram】星形の正多角形。正五角形に内接する。しばしば図案として用いられる。五芒星。

ペンタゴン【Pentagon】アメリカ国防総省の通称。建物が正五角形であることからいう。▷五角形の意。

ペンダント【pendant】①鎖やひもで吊るして首につける飾り。耳輪の垂れ飾りにもいう。②天井から吊り下げる照明器具。コード-ペンダント。

ペンダント ライト【pendant light】天井から紐(ひも)でつり下げるタイプの照明器具。

ベンチ【bench】①(駅・公園などにある)数人掛けの細長い椅子。長椅子。②競技場・野球場に設けられる、選手・監督・コーチなどの控え席。転じて、監督・コーチ陣。③波食棚のこと。

ペンチ 針金を切ったり、金属の薄板を曲げたりするのに用いる、鋏(はさみ)とやっとこを兼ねた工具。▷ pinchers から。

ベンチ プレス【bench press】パワー-リフティングの種目の一。台にあお向けになった姿勢で、両手でバーベルを胸から真上に押し上げる競技。

ベンチ マーキング【bench marking】優良企業の経営手法や業務の実例から目標とする基準(ベンチマーク)を設定し、それとの差を埋めるために業務改善を行うという経営手法。

ベンチマーク【benchmark】①測量で、高低の基準となる水準点。計測指標。②一般に、ものごとの基準となるもの。コンピューターの性能を調べる際の評価基準などにいう。③投資信託の運用実績を判断する基準となるもの。

ベンチマーク ソフト【bench-mark software】ベンチマーク-テストを行うためのソフトウエア。ベンチマーク-プログラムとも。→ベンチマーク-テスト

ベンチマーク テスト【bench-mark test】ソフトウエアやハードウエアの性能評価の方法の一。実際の利用条件と同じか、または同等の条件を設定して、処理の速度や効率を測定する。

ベンチャー【venture】①冒険。②⇨ベンチャー-ビジネス 案新興企業

ベンチャー キャピタル【venture capital】有望なベンチャー-ビジネスに対して、株式の取得などによって資本を提供する企業。また、提供される資本。株式公開時に得られるキャピタル-ゲインの獲得を目的としている。VC。

ベンチャー ビジネス【和製 venture＋business】新技術や高度な知識を軸に、大企業では実施しにくい創造的・革新的な経営を展開する小企業。ベンチャー。ベンチャー企業。

ベンチレーター【ventilator】換気装置。通風機。換気扇。また、人工呼吸器のこと。

ベンチ ワーク【和製 bench＋work】新 スポーツで、監督やコーチによる采配。

ベンツ【vent】ジャケットやコートの背中心または両脇の裾(すそ)にあるあき。持ち出しをつけて重なりとする。馬乗り。

ベンティ【(イタリア) venti】20。 ▷コーヒー-チェーンのスターバックスでは「ドリンクの大きなサイズ」(20 オンス、約 0.6 リットル)の意。

ペンディング【pending】留保すること。未決定の。

ペンデュラム【pendulum】振り子。

ベント【bent】ベント芝。ヨーロッパ北方原産のシバの一種。良質で密生し耐寒性があるが、日本の夏には弱い。高麗(こうらい)芝とともに、ゴルフ-コースのグリーンに用いられる。ベント-グラス。

ベント【vent】①排気口。通気口。②排出すること。排気すること。

ベンド【bend】スキー板の中央部の反(そ)り。

ベントナイト【bentonite】凝灰岩などが風化してできた粘土。水を加えると膨潤する。鋳型の材料、土木掘削工法の泥水、軟膏(なんこう)類の基剤などに用いる。

ペントハウス【penthouse】①階段室・空調室・機械室など、屋上に突き出た建築物。塔屋(とうや)。②ビルの最上階に設けたテラス付きの住宅。

ペンネ【イタリアpenne】太く短い管状で、端がペン先のように斜めに切ってあるパスタ。

ペン ネーム【pen name】文章を書くときに用いる本名以外の名前。筆名。

ヘンプ【hemp】大麻(たいま)。麻(あさ)。また、麻紐(あさひも)でつくるアクセサリーをいう場合もある。

ペン回し 指の動きを駆使してペンを回す遊び。勉強中や会議中などに、手慰みとして行うことが多い。回す筆記具の種類によって、鉛筆回しなどと呼ぶ場合もある。ペン-スピニング。

ペン ライト【penlight】万年筆形の小型懐中電灯。

ヘンリー【henry】インダクタンスのSI単位。1秒に1Aの割合で一様に変化する電流が流れる時に、1Vの起電力を生ずる回路のインダクタンスを1ヘンリーとする。記号H ▷物理学者J.ヘンリーにちなむ。

ホ

ボア【boa】①有鱗目ボア科のヘビの総称。大半は中・小形のヘビだが、アナコンダは体長10m、コモンボアは6mに達する大形種。ほとんどが卵胎生。オーストラリアを除く熱帯・亜熱帯に分布。②毛皮や羽毛の、長い筒状の襟巻。③毛足の長い、アクリルなどのニット地。

ボア【bore】満潮の際に潮流の前面が垂直の壁となり、砕けながら川の上流へさかのぼる現象。河口がらっぱ状に開いた川口に見られる。潮(しお)津波。海嘯(かいしょう)。

ポア【チベットpowa】チベット仏教で、現時点より高い世界へ意識を移し変えること。自ら修行する場合と、導師が授ける場合がある。ポワ。▷「転移」の意。

ホアジャオ【花椒】新 ミカン科の落葉低木であるカホクザンショウの異名。原産は中国。乾燥させた果皮を主に四川料理で香辛料とするほか、漢方にも利用する。花椒(かしょう;ホワジャオ)。中国山椒。四川山椒。▷中国語。

ポアソン【フランスpoisson】フランス料理で、魚料理のこと。

ホイール【wheel】車輪。円輪。

ホイール マウス【wheel mouse】ホイールとよばれる円盤状の部品が組み込まれているマウス(入力装置)のこと。→スクロール-ホイール

ポイ活(かつ) 新 ポイント-サービス(商品・サービスの対価に応じて点数を与えるサービス)のポイントを貯める活動。

ボイコット【boycott】①組織的もしくは集団的にある商品を買わないこと。また、取引を拒絶すること。不買同盟。②特定の人物を共同で排斥したり、集まりなどへの参加を共同で拒否すること。▷1880年、アイルランドで小作人から排斥された農場の差配人ボイコット大尉の名に由来。

> アップデート 国際政治では五輪がよくボイコットの舞台となります。有名な事例は1980年モスクワ五輪における西側選手団の不参加でしょう。これはソ連のアフガニスタン侵攻を背景とする出来事でした。近年では2022年北京五輪で、一部国家が外交的ボイコット(政府代表者の不参加)を行っています。中国が抱える人権問題が背景でした。

ボイジャー【Voyager】アメリカの無人惑星探査機。1977年打ち上げ。1号は木星と土星、2号は木星・土星・天王星・海王星を観測し、多くの有用な情報をもたらした。

ボイス【voice】①声。音声。②文法で、態(たい)。能動態・受動態などの文の種類。

ボイス チェンジャー【voice changer】音声信号処理により、声の音色を加工する装置(ハードウエアやソフトウエア)のこと。

ボイス チャット【voice chat】新 音声通話も利用できる、インターネットでのチャット。ボイチャ。

ホイスト【hoist】軽い物を上げ下げしたり運搬したりする軽便な起重機。

ホイスト【whist】トランプ遊びの一。2人で組になり、4人で行う。ブリッジのもとになった。ウィスト。

ボイス パーカッション【和製 voice+percussion】人間の声だけで打楽器音を作り出し演奏すること。ボイパ。

ボイス メール【voice mail】コンピューターなどを利用した、音声の録音・再生による電子メール-システム。音声メール。

ポイズン【poison】毒。有毒物。毒薬。

ホイッスル【whistle】①汽船などの警笛。②競技で、審判などが合図のために鳴らす笛。

ホイップ【whip】卵やクリームを強くかき回して泡立たせること。

ボイラー【boiler】①給湯用の湯沸かし釜。②水を加熱して蒸気を発生させる装置。工業用に広く用いられるほか、炊事・暖房用など各種のものがある。汽缶。

ホイル【foil】薄い金属箔(はく)。特に、料理用のアルミ箔。

ボイル【boil】ゆでること。また、ゆでたもの。

ボイル【voile】強撚糸(きょうねんし)で

粗く織った薄地の布。夏服やシャツに使用。

ボイルド【boiled】「ゆでた」「煮た」の意で、多く他の語に付いて複合語をつくる。

ポインター【pointer】①イヌの一品種。スペイン原産。被毛は短く、白地に斑点がある。猟犬として用いられ、獲物を見つけると姿勢を低くして前の片足で場所を指示(ポイント)する。②黒板やスクリーンなどを指し示すために使う棒や機器。③コンピューターでマウスがどこを指しているかを示すカーソル。矢印で表示されることが多い。

ポインティング デバイス【pointing device】コンピューターの入力装置の中で、座標や画面上の位置、また、その動きなどの情報の入力に用いられるもの。マウス・トラック-ボール・スタイラス-ペンなど。

ポイント【point】①点。地点。箇所。②要点。重要な箇所。③得点。点数。④転轍機(てんてつき)。⑤小数点。コンマ。⑥指数を表す単位。パーセントを意味する。⑦トランプの1点札。エース。⑧活字・込め物などの大きさを表す単位。1ポイントは一辺が0.3514mm。

ポイント カード【point card】小売店が消費者の購買額に応じて点数を与え、その累積点数によって景品と交換したり値引きなどのサービスを行うカード-システム。ICカードの導入などで、より細分化した管理、多機能・高度化が進んでいる。

ポイント レース【point race】新 自転車競技のトラック種目の一。レース中に獲得した点の合計を競うもの。規定周回数ごとに1位から4位の走者へ得点(5点、3点、2点、1点)を与える。ただし最終周回の得点はその2倍。またラップした(周回遅れの主集団に追いついた)選手には20点を与える。

ボウリング【bowling】直径約22cmの非金属性のボールを転がし、約20m前方の床上に正三角形に並べられた徳利形の10本のピンを倒す競技。ボーリング。

ボウル【bowl】料理に使う深い鉢。粉を練ったり材料をまぜたりするのに用いる。ボール。

ボウル【bowl】アメリカン-フットボールで、シーズン終了後、地域別に好成績の大学チームを招いて行われる大会。ローズ-ボウル、オレンジ-ボウル、シュガー-ボウル、コットン-ボウルが四大ボウルとして知られる。ボウル-ゲーム。

ポエジー【poesy】①詩。詩歌。ポエトリー。②詩の世界のもつ情趣。詩情。③作詩法。詩学。ポエトリー。

ポエトリー【poetry】詩。作詩法。詩学。ポエジー。

ポエム【poem】①(個々の)詩。韻文の作品。②俗に、体裁だけは良いが、何を言っているのかは分からない発言や文章表現。

ボー【baud】データ伝送における変調速度の単位。1秒間に1要素送る速度を1ボーという。

ボー【bow】①蝶(ちょう)結び。また、蝶結びにしたリボン。ボウ。②ボー-タイの略。蝶ネクタイ。③弓。

ボーイ【boy】①少年。男の子。年若い男。多く他の外来語と複合して用いられる。→ガール ②給仕。男の給仕人。ウエーター。

ボーイズ グループ【boys group】新 若い男性メンバーで構成し、歌とダンスのパフォーマンスをみせるグループ。▷英語ではboy bandが主。

ボーイズ ラブ【和製 boys＋love】女性読者のために創作された、男性同性愛を題材にした漫画や小説などの俗称。BL。

ボーイッシュ【boyish】(女性の服装や髪形が)少年のようであるさま。少年風。

ボーイフレンド デニム【boy-friend denim】ゆったりとしたシルエットのデニム-パンツ(ジーンズ)。ボーイフレンド-ジーンズ。▷女性がボーイフレンドのデニム-パンツを借りて履いたように見えることから。→スキニー

ポーカー【poker】トランプ遊びの一。各自配られた5枚の札を基に役を作り、その役の強さを競うもの。

ポーカー フェース【poker face】心の動きを隠してつくった無表情な顔つき。とぼけ顔。▷ポーカーをする時、持ち札のよしあしを相手に知られないように表情を変えないことから。

ボーカル【vocal】声楽。歌唱。

ボーカロイド【VOCALOID】①コンピューターでの歌声合成技術。また、それを応用した製品。音符と歌詞を入力すると、サンプリングされた人の声をもとに歌声を合成する。商標名。②①の製品に特に設定されたキャラクターをさす語。ボカロとも。

ボー ガン【bow gun】石弓の一種。銃のように引き金を引いて発射させる弓。クロスボー。▷ボウガンとも。

ボーキサイト【bauxite】アルミニウムの鉱石。水酸化アルミニウムを主成分とする灰色ないし赤褐色粘土状の鉱物。

ホーク【fork】⇨フォーク(fork)

ボーク【balk】①野球で、走者が塁にいる時の、投手の投球上の反則行為。②陸上競技のフィールド種目で、試技の失敗。③バドミントンの反則の一。サーブを行

うとき、ラケットの振りを途中で止めるなどして相手を惑わそうとするもの。④ボウリングで、投球の際、ボールが手から離れないうちに投球線を越えてしまうこと。やり直しができる。

ポーク【pork】豚肉。

ホークス【hoax】警戒を促す噂(うわさ)が流れるにもかかわらず、実在しない架空のコンピューター-ウイルス。また、そのような噂を流すメール。ウイルス-デマ。デマ-ウイルス。▷担ぐことの意。

ポーク パイ ハット【pork pie hat】男性用帽子の一。ソフト帽の一種。フェルト製や麦藁(むぎわら)製で、頂が平らで周囲をへこませた形がポーク-パイ(豚の挽肉を入れたパイ)に似ていることからいう。

ポーザー【poser】【poseur】気取り屋。体裁ばかりを気にする人。

ボージョレ【Beaujolais】フランス南東部、ソーヌ川下流の西岸地方。ワインの産地として有名。また、そこで産するワイン。▷ボジョレーとも。

ポーション【portion】部分。取り分。料理で、一人前。

ポージング【posing】ポーズをとること。

ホース【オランダ hoos】ゴムやビニールなどでつくった、液体や気体を送るための管。蛇管。

ポーズ【pause】①一時停止。休止。区切り。②音楽で、休止符のこと。

ポーズ【pose】①意識してとる姿勢。姿態。すがた。②気取った態度。また、見せかけ。

> アップデート スマホの普及に伴い、若者の間で新しい「写真用ポーズ」が相次いで流行しました。例えば2014年(平成26)には頰に手を当てる「虫歯ポーズ」、15年(平成27)には親指と人差し指をクロスさせる「指ハート」、22年(令和4)には両手でピースサインを上に向けて突き出す「ギャルピース」が流行しました。

ボーダー【boarder】ボードを利用するスポーツをする人。→ボード

ボーダー【border】①ふち。へり。②境目。境界。

ポーター【porter】①駅やホテルで客の荷物の運搬を仕事とする人。②登山隊を助けてベース-キャンプまで荷物を運ぶ現地労働者。③他人の自動車を預かり、道路を車庫代わりに利用して不法な報酬を得る者の通称。

ボーダー ライン【border line】境界線。また、どちらとも決めにくいすれすれの所。

ボーダーレス【borderless】境界が薄れた状態。また、そのさま。特に経済活動・情報通信・メディア・環境問題など、国家の枠にと

どまらない多様な事象や活動についていう。㊇無境界／脱境界

ポータビリティー【portability】①小型・軽量で持ち運びに適していること。②転職時に転職先へ年金資産を移動することが可能であること。確定拠出型年金の導入で実現。③ソフトウエアなどが、別なシステムにも移植可能であること。④電話などの通信サービスの利用者が、契約していた事業者を変更しても、使用番号を変更せずに使えるようにする制度。番号ポータビリティー。

ポータブル【portable】手軽に持ち運びできる大きさ、重さであること。また、そのもの。携帯用。多く他の外来語と複合して用いる。

ポータブル電源 持ち運びできる大きさ・形状の電源装置。家庭用電源から充電を行う。多くの装置でコンセント、USBポートへの出力に対応する。アウトドア、屋外作業、非常用などの用途がある。ポータブル-バッテリー。

ポータブル バッテリー【portable battery】①⇨モバイル-バッテリー ②⇨ポータブル電源

ポータブル ファン【portable fan】⇨ハンディー-ファン

ポータル【portal】㊊①入り口。門。玄関。②ポータルサイトの略。③創作で、異世界などへの入り口。

ポータル サイト【portal site】インターネットを利用する際、まず最初に閲覧されるような、利便性の高いウェブ-サイト。

ポーチ【porch】①洋風建築で建物の本体から張り出して設けられた、屋根のついた玄関。車寄せ。②マンションで、各住戸の玄関と共用廊下の間につくる空間。

ポーチ【pouch】(女性用の)小物を入れる小さな袋。

ポーチド エッグ【poached egg】沸騰した湯に卵を割り入れ煮たもの。落とし卵。

ボーテ【フランス beauté】㊊ 美。美人。

ポーティング【porting】コンピューターの特定機種用に作られたプログラムを他の機種で使えるように書き換えること。移植。

ボート【boat】①オールで漕いで進む小舟。短艇。②①を漕ぐ競技。ローイング。③ボート-レースの略。

ボート【vote】賛否の表示。投票。議決権。

ボード【board】①板。特に建築材料として加工した板。合板・メラミン樹脂板など。②基板。→マザー-ボード ③スケートボード・スノーボード・ボディー-ボードなどに用いる板状の用具のこと。④委員会。役員会。取締役会。

ポート【port】①港。②パソコンなどで、周辺機器を接続するため

の端子。③船の左舷(さげん)。また、とりかじ。

ボード ゲーム【board game】チェスやオセロなど、盤上の駒(こま)を動かして勝敗を競うゲームの総称。ボドゲ。

ボード スポーツ【board-sports】新 ボードを用いるスポーツの総称。サーフィン・スケートボード・スノーボードなど。

ボードビリアン【vaudevillian】寄席演芸人。また、軽演劇俳優。

ポートフォリオ【portfolio】①携帯用書類入れ。②写真家やデザイナーなどが自分の作品をまとめたもの。③経済主体(企業・個人)が所有する各種の金融資産の組み合わせ。④収益性の異なる方向をもつ商品を組み合わせることで、リスクを分散させる投資手法。ポートフォリオ-セレクション。案 資産構成／作品集

ボード メンバー【board members】取締役会の構成員。

ポートレート【portrait】①肖像画。②肖像写真。③ある人物を描き出した簡単な文章。

ポートレート モード【portrait mode】印刷用紙や画面表示についての用語で、縦長の向きで用いるモード(形式)のこと。ポートレート(肖像画)と同じ向きであることから。ポートレイト-モード。→ランドスケープ-モード

ポート ワイン【port wine】発酵途中でブランデーを加えて、アルコール度を高めた甘味のあるワイン。本来はポルトガル特産で、オポルト港から積み出されたものをいう。

ボーナス【bonus】①主に年末あるいは夏期、正規の給与以外に特別に与えられる賞与金。もとは、能率給制度において標準以上の成果を挙げた労働者に対して支払われる賃金の割増し分。賞与。特別手当。期末手当。一時金。②株式の特別配当金。

ボーノ【イタリア buono】おいしい。

ホープ【hope】①希望。のぞみ。②将来を期待されている者。有望な新人。

ホーミー【khoomii; khoomij】モンゴルの民族音楽における倍音唱法(複数の音を一人で同時に出す唱法)。歌詞を伴わず、楽器的に用いる。フーミー。→ホーメイ

ホーミング【homing】①ミサイルが、目標の発する熱や電波・音響などを探知して、自動的に目標を捕捉追跡すること。自動追尾。②動物が自分のすみかや巣あるいは生まれた場所へ帰ってくる性質、または能力。帰巣性(きそうせい)。

ホーム プラットホームの略。

ホーム【home】①家庭。家。②故郷。本国。祖国。③児童保護施設・老人福祉施設・療養所など、

家庭的な収容施設。④スポーツで、そのチームの本拠地。⑤野球で、本塁。→アウェー

ホーム アプライアンス【home appliance】家庭で利用する装置や器具の総称。家電製品やキッチン用品など。▷アプライアンスは装置の意。

ホーム オートメーション【home automation】新 防犯・防災や家事の省力化などを目的に、住宅内に情報通信機器を設置すること。HA。

ホームカミング デー【home-coming day】学校が、卒業生や教職員 OB などを招待して歓待するイベントのこと。同窓の交流促進などを目的に行われるもの。記念式典、記念講義、学内ツアー、懇親会などが行われる。▷ホームカミングは帰宅・帰郷などの意。

ホーム画面 スマートフォンやタブレット端末の GUI(グラフィカル-ユーザー-インターフェース)で、操作の基本となる画面のこと。ホーム-スクリーン。→GUI

ホーム シアター【home theater】家庭で、スクリーンなどの大画面での映画鑑賞や高音質での音楽鑑賞をするための映像・音響機器システム。

ホームシック【homesick】自分の家庭や故郷などから遠く離れている者がそれらを異常なほど恋しがる病的状態。郷愁。懐郷病。

ホームステイ【homestay】外国の家庭に寄留し、広く生活体験をすること。

ホーム ステージング【home staging】新 住宅を売却・賃貸する際に、内見者が生活の様子を想像できるよう、部屋の中に家具や調度品などを置いて演出すること。

ホーム センター【和製 home＋center】日曜大工用品・自動車関連用品・各種工作用品・園芸用品・組み立て式家具など、生活素材を幅広く取りそろえた店舗。ホム-セン。

ホームタウン【hometown】①郷里。生まれ故郷。②活動の根拠地。

ホーム ドア【和製 platform＋door】駅のプラットホームと線路の境目に設けられた壁やフェンスなどの仕切り。車両の停車中、乗降のために開く。乗客が線路に落下することを防ぐ。プラットホーム-ドア。可動柵。可動式ホーム柵。

ホーム ドクター【和製 home＋doctor】家族のかかりつけの医者。家族や地域住民の健康相談や初期診察を受け持つ医者。かかりつけ医。家庭医。▷英語では family doctor など。

ホーム ベーカリー【和製

home＋bakery】家でパンを焼くこと。また、そのための家電機器。

ホーム ページ【home page】インターネットのWWWサーバーに接続して最初に見える画面。個人や企業・団体が提供する情報の、簡単な紹介や目次に当たる内容などが掲載される。また、WWWサーバーが提供する画面の総称としても用いられる。

ホーム ヘルパー【和製 home＋helper】在宅で福祉の援助を必要とする高齢者や障害者のもとに派遣されて家事・介護を行う者。養成研修制度があり、1級から3級までの資格が認定される。介護保険制度では2級以上が必要。

ホーム ヘルプ サービス【和製 home help＋service】ホーム-ヘルパーの派遣によって行われる在宅福祉サービス。

ホーム ポジション【home position】タッチ-タイピングで、指が常に置かれるキーボード上の位置。

ホーム ユース【home-use】家庭用。

ホーム ラン【home run】野球で、本塁打。ホーマー。

ホーム ラン ダービー【home run derby】新 ①野球の本塁打王争い。▷和製用法。②野球のオールスターゲームで行われる余興。選抜された強打者が参加して、一定時間内のホームラン数を競う。メジャーリーグでは1985年より実施。▷Home Run Derby。

ホームレス【homeless】失業などによって住む家を失い、路上や公園などに寝泊まりせざるをえない人。

ホーメイ【khoomei】ロシア連邦トゥバ共和国の民族音楽における倍音唱法(複数の音を一人で同時に出す唱法)。楽器的に用いたり、歌詞を伴う歌唱に用いたりする。フーメイ。→ホーミー

ホーリー【holly】セイヨウヒイラギの別名。

ホーリー【holy】神聖な。神々しい。

ボーリング【boring】①穴をあけること。②地質調査や地下資源の採取などのために、地中深くに細い穴をほること。

ボーリング【bowling】⇨ボウリング

ポーリング【polling】ネットワークに接続された複数の端末に対し、送信要求の有無を、順次問い合わせ、許可をすること。通信回線の効率を上げ、応答時間の短縮を可能にする。▷投票の意。

ホール【hall】①大広間。②会館。集会所。③飲食店などの客席のある部分。

ホ

ホール【hole】①孔。穴。②ゴルフで球を入れる穴。カップ。③絶縁体や半導体の原子間の結合を担っている電子が、外部からエネルギーを受けとって高い状態に移り、あとに残った結合の抜け孔。正孔(せいこう)。

ホール【whole】全体の。まるごと。完全な。健康な。

ボール　「ボール紙」の略。▷board の転。

ボール【ball】舞踏会。ダンス-パーティー。

ボール【ball】①球形のもの。球状のもの。②ゴム・革・プラスチックなどでつくった丸いもの。まり。球。③野球で、打者に対する投球のうち、ストライク-ゾーンを通過せず、なおかつ打者がバットを振らなかったもの。→ストライク

ボール【bowl】⇨ボウル

ポール【pole】①細長い棒。さお。②市街電車などの屋根にあって、電線から電気をとるさお。③測量に用いる測桿(そっかん)。④長さの単位。5.5 ヤード(5.0292m)。測量で用いる。⑤面積の単位。30.25 平方ヤード($25.29m^2$)。

ボール紙　藁(わら)を原料とする厚い紙。

ホールセール【wholesale】卸。卸売。

ポール ダンス【pole dance】柱状の細いポールにからみつくようにして、セクシーでアクロバチックな動きや姿勢を披露するダンス。

ホールディング【holding】①保持すること。保有すること。②スポーツで、不正な手段によって相手の動きを封じたり、ボールを保持したりする反則。

ホールディング カンパニー【holding company】持ち株会社。他社の株式を、その事業活動を支配する目的で保有する会社。製造・販売などの事業活動を行わない純粋持ち株会社と、事業も兼業する事業持ち株会社がある。

ホールド【hold】①手でつかむこと。押さえること。②登山で、岩登りの際の手がかり。③社交ダンスで、男女が組み合って踊りの姿勢をとること。④レスリングで、押さえ込み。フォール直前の状態も含まれる。⑤プロ野球で、勝利に貢献した中継ぎ投手に与えられる記録。→セーブ

ボールト【vault】アーチ状をなす天井や屋根。かまぼこ型屋根。穹窿(きゅうりゅう)。

ボールド【board】黒板。ボード。

ボールド【bold】欧文書体の一。立体で、ローマンよりも肉太である。ボールド体。

ボールパーク【ballpark】アメリカで、野球場のこと。

ボール ハウス【ball house】多数のボールを入れたうえで、子どもが中に入って遊べる室内用テント。ボール-テント。

ボール盤 板などにきりで穴をあける工作具。

ボール ハンドリング【ball handling】新 バスケットボールなどの球技で、ボールを自在に操ること。単にハンドリングとも。

ホール フード【whole food】①野菜や果物などを丸ごと食べること。また、その食べ物。②有機栽培などによる自然食品。無添加食品。

ボール ペン【ball pen】ペン先のかわりに、回転する小さな鋼球をはめこみ、そこからインクをしみ出させて書くペン。

ポール ポジション【pole position】自動車レースのスタートで、最前列の一番内側の位置。もっとも有利なポジションで、予選で一位になったドライバーに与えられる。

ボールルーム【ballroom】舞踏会場。

ホーン【horn】①角笛。②自動車の警笛。クラクション。

ホーン【phon】⇨ホン

ボーン【bone】骨。

ボカロ ⇨ボーカロイド②

ホカンス 新 ホテルに滞在すること自体を、バカンス(休暇)として楽しむこと。▷韓国語でホテルとバカンスの合成語。

ポキ【ハワイ poki】マグロの赤身のぶつ切りにタマネギ・胡麻ごま・海藻などを加え、醤油や胡麻油などで和えるハワイ料理。マグロの代わりに、タコやサケも用いる。ポケ。

ボギー【bogey】ゴルフで、そのホールの基準打数(パー)より1打多くホール-アウトすること。2打数多いものはダブル-ボギーという。

ボキャブラリー【vocabulary】語彙(ごい)。

ボクササイズ【boxercise】運動やフィットネスの一環として、ボクシングの練習方法を取り入れた健康法。エアロボクシングとも。▷boxing と exercise から。

ボクシング【boxing】両手にグローブをはめ、互いに相手のベルト以上の上体を打ち合い、判定やノックアウトで勝敗を決する競技。約6m四方のロープをめぐらしたリング上で体重別階級に分けて行う。

ボクセル【voxel】▷体積(volume)とピクセル(pixel)の合成語。立体を構成する最小の単位要素となる立方体。平面でいうピクセル(画素)に相当する。

ポケッタブル【pocketable】新 ポケットに入れられるほど小さいさま。携帯的。

ポケット【pocket】①衣服に縫

いつけてある物入れの袋。②ビリヤードの玉受け。台の四隅と両側にある、玉の受け穴。③ボウリングの1、3ピン、または1、2ピンの間。④中、長距離の陸上競技で、まわりを他の選手に囲まれて思うように走路がとれない状態。

ポケット ベル 【和製 pocket＋bell】ポケットに入る小型の携帯用無線通信装置の商標名。1980年代に広く使われた。ポケベル。

ポケベル ⇨ポケット-ベル

ポケモン 任天堂の携帯用ゲーム機、ゲームボーイ用ソフト「ポケット-モンスター」の略称。また、それに登場するキャラクターの総称。

ボコ ハラム【Boko Haram】新 イスラム教スンニ派の過激派組織の一。2002年設立。ナイジェリア北部を活動拠点として、同国政府の打倒を掲げる。2009年ごろから活動が過激化。2014年には同国内で女子生徒の大量拉致事件を起こした。▷西洋式教育は罪、の意。

ボコる 若者言葉で、ぼこぼこに殴る。ぼこる。ボコボコにする。

ボサ ノバ【ポルトガル bossa nova】サンバにジャズの要素を加え都会的に洗練させた音楽。1950年代末、ブラジルに興った。▷「新しい感覚」の意。

ポジ ポジティブ①の略。陽画。→ネガ

ポシェット【フランス pochette】長い吊り紐のついた小さなバッグ。肩からななめにさげる。▷小さなポケットの意。

ポジショニング【positioning】①球技などで、試合の状況に応じて、各選手が自分の位置を定めること。位置取り。②全体や他との関係で、位置を定めること。市場における、競合製品に対しての自社製品の位置づけなど。

ポジショニング マップ【positioning map】マーケティングで、同分野に属する複数ブランドのそれぞれの位置づけを、縦横2軸の平面上に位置・大きさで表現したもの。価格と品質の2軸でブランドを配置する場合など。

ポジション【position】①位置。場所。②職務上の地位。③スポーツで、選手が配置される場所。④外国為替取引、債券・株式取引、資金貸借の金融取引などでの債権と債務との差額のこと。持高。

ポジション トーク【和製 position＋talk】①金融市場で何らかのポジションを持つ人が、そのポジションにとって有利になる方向の発言を行うこと。②その人の置かれている立場に強く依拠した発言。

ポジティブ【positive】①写真の陽画。明暗や色調が、被写体と同じ画像・画面。ポジ。②電気

の陽極。③前向きで、積極的なさま。④肯定的なさま。㊟積極的 →ネガティブ

ポジティブ アクション【positive action】少数民族や女性、障害者に対する社会的差別を是正するために、雇用や高等教育などにおいて、それらの人々を積極的に登用・選抜すること。積極的差別撤廃措置。アファーマティブ-アクション。

ポジティブ シンキング【positive thinking】物事をできるだけ肯定的、前向きに捉(とら)える思考方法。ポジティブ思考。

ボジョレー ヌーボー【フランスBeaujolais Nouveau】フランスのボジョレー地区の当年産のガメイ種の赤ワインで、特に仕込んでから2か月足らずの新酒。毎年11月の第3木曜日が解禁日。

ボス【boss】①親分。親方。顔役。支配者。②組織・派閥・党などの長をさす俗な言い方。

ポス ⇨POS

ホス狂い㊖ 俗に、ホスト(ホストクラブで接客をする人)に入れ込んでいること。また、そのさま。また、その女性客。ホス(ト)狂(きょう)。

ポスター【poster】広報や宣伝のために掲示する貼り紙。絵・写真・文字などで構成され、視覚的効果をねらった比較的大形のものをいう。

ホスティング【hosting】インターネットなどで、通信事業者のサーバーの一部領域をユーザーに貸し出し、ユーザー独自のウェブ-サーバーとして運用するサービス。レンタル-サーバー。コンテンツ-ホスティング。→ハウジング・データ-センター

ポスティング【posting】①書面や封書などを投函すること。特にちらしなどの広告物を郵便受けに入れて配ること。②(簿記で仕訳帳から元帳への)転記。③入札。→ポスティング-システム

ポスティング システム【posting system】アメリカの大リーグ球団が、移籍を希望する日本のプロ野球選手との独占交渉権を獲得するために行う入札制度。落札した球団は、選手が所属する球団へ落札額(移籍金)を支払う。1998年、日米間選手契約協定に盛り込まれた。

ホステス【hostess】①パーティーなどで、主催者側の女主人。接待役の女性。②バーやナイトクラブで、客の接待をする女性。女給。

ホスト【host】①パーティーなどで、主催者側の男主人。②女性のためのクラブで、接客を行う男性。③ショー形式のテレビ・ラジオ番組で、男性の司会者。④多民族社会・多文化社会における、多数派。ホスト-トライブ。⑤⇨ホスト-コンピューター

ホ

ポスト【post】①郵便物を投函する箱。郵便差し出し箱。②家庭などの郵便受け。③地位。部署。役職。④証券取引所の立会場内の株式売買を行うカウンター。⑤ブログやSNSに投稿すること。

ポスト【post】他の語の上に付いて、「それ以後」「その次」の意を添える。

ポスドク 博士号は取得したが、正規の研究職または教育職についていない者。▷post-doctoral resarcher(fellow)から。

ホスト クラブ 【和製 host＋club】男性従業員が女性客をもてなす酒場。

ポスト コロナ 【post corona】新 ⇨アフター-コロナ

ホスト コンピューター 【host computer】オン-ラインで接続されている2台以上のコンピューターのうち、大容量をもち主演算・制御を受け持つ上位コンピューター。ホスト。

ポストスクリプト 【Post-Script】ページ記述言語の一。デスクトップ-パブリッシングに使われるページ-プリンター用の標準的なページ記述言語となっている。

ポストハーベスト 【postharvest】収穫後の農産物の品質を保持するための処理。温度や湿度やガスの調節、農薬の使用、放射線照射、マイクロ波照射などがある。▷刈り入れ後、の意。

ポスト マン【postman】郵便の配達人・集配人。

ポスト モダニズム 【post modernism】機能性・合理性を追求し、装飾を排した近代建築を批判的にとらえ、古典様式の引用や装飾の多用など、自由な様式や造形を求める建築デザインの潮流。1970年代半ばに提唱された。

ポストモダン 【postmodern】主体・進歩主義・人間解放などといった啓蒙の理念に支えられた近代主義の原理を批判し、脱近代をめざす立場・傾向。建築の領域から思想に流入した概念。

ホスピス【hospice】死期の近い患者に対して、身体的苦痛や死への恐怖をやわらげるための医療的・精神的・社会的援助を行う施設。▷原義は、巡礼者などを泊める宗教団体の宿泊所。

ホスピタリティー 【hospitality】丁重なもてなし。また、もてなす心。

ホスピタル【hospital】病院。

ポセイドン 【Poseidōn】 ギリシャ神話の海神。オリンポス十二神の一。地震・馬・泉・大地の神。兄弟とともに父クロノスに呑み込まれ、吐き出されたのち、ゼウスおよびハデスと世界の支配をくじで分割し、海の支配権を得た。青銅の蹄(ひづめ)に黄金のたてがみの馬が引く戦車に三叉の戟(ほこ)を手にして乗る。ローマ神話のネプトゥヌス(ネプチューン)と同一視される。

ポタージュ【フランスpotage】どろっとした濃厚なスープ。→コンソメ

ボタニカル【botanical】植物の。植物学の。

ボタニカル アート【botanical art】植物細密画。

ポタリング【pottering】自転車で散歩すること。目的地を定めたり走行計画を立てたりせず、気分や体調に合わせて気の向くままに走ることをいう。▷ potter; putter(ぶらつくの意)から。

ボタン【ポルトガルbotão】①衣服を打ち合わせてとめるもの。主に皿状や半球形で、一方の側の穴やループに通してとめる。装飾も兼ねる。②指で押して装置を操作する突起した部分。スイッチ-ボタン。

ボタン電池　直径が1センチメートル 前後のボタン形小型電池。アルカリ電池・水銀電池・リチウム電池などで、補聴器・腕時計などに用いられる。コイン(形)電池。コイン-ボタン電池。ボタン形電池。ボタン-コイン(形)電池。ボタン-コイン電池。

ボタン ダウン【button-down】襟先をボタンで身頃にとめるようにした襟。スポーティーなシャツなどに用いる。ボタンダウン-カラー。

ホチキス　コの字形の針を紙に打ち込んでとじあわせる道具の商標名。アメリカ人ホチキス(B.B.Hotchkiss)が発明した。ステープラー。ホッチキス。

ポチる　ネット利用者の俗語で、通信販売サイトにおいて何かを購入すること。ブラウザー上で購入ボタンをポチっと押す(マウスをクリックする)ことから。

ホック【hock】ドイツ、ライン川沿いのラインガウで産出するワインの英語での呼称。また、ライン川沿いの地方で産出する白ワインの総称。

ホック【hook】衣服の留め具。㋐鉤(かぎ)と受け金が一組みになったもの。鉤ホック。㋑スナップ。

ボックス【box】①箱。また、箱状に仕切った一区画や箱形状の建物。②線で区切った区画。③ダンスで、基本的なステップの一。四角形の形に足をはこぶもの。

ボックス シート【box seat】①劇場・競技場などのボックスの中の座席。桟敷席。ボックス席。②電車などで、2人ずつ向かい合って座る4人席。

ポッサム 新 臭い消しの野菜とともに茹でた豚肉。スライスした状態で供され、味噌やキムチなどと共にサンチュなどで包んで食べることが多い。韓国料理の一。ボッ

ホ

サム。▷朝鮮語。

ホッチキス ⇨ホチキス

ホット【hot】①熱いもの。熱くしたもの。→コールド ②事件などが、最新であるさま。③激しいさま。また、熱狂的なさま。④稼働中の情報システムと連動していること。「—スタンバイ」⑤ホット-コーヒーの略。

ボット【bot】①ユーザーによる逐次操作を必要としない、自律プログラム(エージェント)の総称。検索サイト用の情報収集を自動的に行うプログラムや、チャット-システムで自動応答を行うプログラムなど。ロボット(robot)のように動作することからいわれる。②インターネット上でウイルスなどを通じて不正に仕込まれ、外部からの命令に従い悪質な動作(スパム-メール送信、サービス拒否攻撃など)を行うことを目的としたプログラムの総称。

ポット【pot】①紅茶やミルクなどを入れて出す、つぎ口のついた壺(つぼ)形の容器。②魔法瓶(びん)。

ホット ガン【hot gun】①ヒート-ガン。②グルー-ガン。

ポッドキャスト【podcast】ネット上で公開される音声データを、パソコンや携帯プレーヤーへ自動的に蓄積させるサービス。更新情報はRSSを通じて知らせる。例えば自分の好きな番組を専用ソフトに登録しておくと、新たに公開された録音が次々に蓄えられる。ポッドキャスティング。▷iPod(ポータブル-オーディオ-プレーヤーの商標名)とbroadcast(放送)の合成。

ホット スナック【和製 hot ＋ snack】コンビニエンス-ストアなどで、温めた状態で販売されている軽食。揚げ物、中華饅頭など。

ホット スポット【hot spot】①地球内部からマントル上部の高温の物質が絶えず上昇してくる地点。②革命や武力衝突が今にも起きそうな危険な場所。紛争地帯。③流行の店や最新の施設など、注目されている場所。④コンピューターのディスプレー上でマウスによって指定される位置あるいは領域のこと。⑤無線によるネットワーク接続ができる公共の場所や施設。また、そのようなサービス。商標名。⑥放射能漏れ事故の後、局地的に高い放射能が観測された場所。

ホット ドッグ【hot dog】細長いパンに切れ目を入れ、温めたソーセージをはさんだもの。

ホット フラッシュ【hot flash; hot flush】更年期障害の症状の一。急なのぼせやほてり、発汗、脈拍の増加など。自律神経の不調による。

ホット ヨガ【hot yoga】高温多湿の部屋で行うヨガ。発汗と水分補給を繰り返すことで新陳代謝を促す。ビクラム-ヨガ。

ホット ライン【hot line】①非常の際に2か国の首脳が直接話し合えるように設置された直通の通信線。②緊急非常用の直通電話。

ホッパー【hopper】石炭・砂利などの貯蔵槽。底開式のじょうご型の口から落下させて取り出すもの。

ホッピー【Hoppy】麦芽やホップなどを原料にした、ビール風の清涼飲料水。1948年(昭和23)発売。一般に、焼酎を割るために用いられる。商標名。

ホッピング【hopping】①両足で乗って飛び跳ねることができる棒状の器具。棒の上端に持ち手、下端にばねと連動する踏み板がある。日本での呼称。ポゴ-スティック。②次から次へと移動すること。「バー -—」

ポッピング【popping】ダンスのスタイルの一。要所で筋肉を瞬間的に緊張させる動作(ヒット、またはポップ)を行うもの。ポップ。ポッピン。

ホップ【hop】①跳ぶこと。跳ねること。②三段跳びで第1段目の跳躍。③投げた球などが途中で浮き上がること。

ホップ【ｵﾗﾝﾀﾞhop】クワ科のつる性多年草。ヨーロッパ原産。温帯各地で栽培。黄粉状の腺体(ホップ腺)に苦みと芳香があり、ビールに用いる。

ポップ ⇨POP

ポップ【pop】①ポップスのこと。また、ポップス風、ポップス調であるさま。②軽妙で洒落ているさま。③広く大衆に受け入れられやすいさま。

ポップ アート【pop art】1960年代にアメリカを中心として広まった前衛芸術。広告・漫画などの大衆的な図像を作品の素材としてとりいれたもの。

ポップ アップ【pop-up】①絵本などにある、開くと絵が飛びだす仕掛け。②できあがったものが中から飛びだす仕掛け。③コンピューターで、画面の最前面に現れる表示部分の総称。基本ソフトにおけるポップ-アップ-メニューや、ブラウザーでウィンドウの最前面に表示されるポップ-アップ広告など。

ポップ アップ ストア【pop-up store】数日から数か月ほどの短い期間だけ、空き店舗や空きテナントなどに臨時で出店する小売店舗。ポップ-アップ-ショップ。ポップ-アップ-リテール。

ポップス【pops】ポピュラー-ソング・ポピュラー-ミュージックのこと。

ポップス【POPs】残留性有機汚染物質。自然分解されにくく食物連鎖の過程で生物濃縮されやすいうえ、大気により長距離移動

ホ

する、急性・慢性毒性を有する有機物。ダイオキシン、PCB、DDTなど。

ボディー【body】①からだ。特に胴の部分。②自動車の車体、航空機の機体、船舶の船体などの称。③服飾で、人台(じんだい)のこと。④ボクシングで、腹部のこと。

ボディー ブロー【body blow】①ボクシングで、相手の胸や腹を打つこと。②(比喩的に)じわじわと悪影響をもたらすもの。

ホ

ボディー ボード【body board】サーフ-ボードを小型にしたようなウレタン製の板。腹ばいになって波に乗り楽しむ。

ボディー ランゲージ【body language】身振りや手まねで相手に意思を伝えること。また、その方法。身体言語。身振り言語。

ボディウム【podium】新 ▷ポディアム、ポーディアムとも。①演台。「―練習(＝体操競技で本番と同じ環境で行う練習)」②指揮台。「―席(＝クラシックのコンサートホールで、舞台後方に設ける席。指揮者を正面から見ることができる。P席)」③表彰台。④ビルの低層階。またホテルで客室以外の部門の総称。▷多くポディアム。⑤ギリシャ建築の基壇。

ボディコン 服飾で、女性特有の身体の線を強調した衣服。▷ボディー-コンシャス(body conscious 身体を意識する、の意)の略。

ポテサラ ポテト-サラダの略。ゆでたじゃが芋を使ったサラダ。

ポテチ ポテト-チップの略。

ポテト チップ【potato chip】薄く切ったジャガイモを空揚げにして塩味をつけたもの。ポテチ。

ホテル【hotel】西洋式の設備を備えた宿泊施設。洋風の旅館。

ポテンシャル【potential】①可能性としてもっている能力。潜在的な力。②力の場の中で物質粒子が現在の位置からある基準点まで移動するとき、力の場によって粒子になされる仕事の大きさを位置の関数として表したスカラー量。スカラー-ポテンシャル。案 潜在能力

ポトフ【フランス pot-au-feu】フランスの家庭料理。塊の肉とニンジン・キャベツなどの野菜を塩味で煮こんだもの。煮汁をスープとし、具は別にマスタードなどをつけて食べる。ポトフー。

ボトム【bottom】①底。下部。②衣服のすそ。③ズボンやスカートなど、下半身に着用する衣服の総称。

ボトム アップ【bottom up】企業経営などで、下位から上位への発議で意思決定がなされる管理方式。→トップ-ダウン

ボトム ライン【bottom line】①収益・損失の最終結果。②結果。総決算。成果。③ぎりぎりの

値段。最低線。▷決算書の最終行の意。

ボトラー【bottler】新 ▷瓶詰め会社の意。ボトラーズとも。①清涼飲料水製造のフランチャイズ契約における、フランチャイジー。フランチャイザーから原液を仕入れて最終的な飲料に加工し、その販売などを行う。②ウイスキーの蒸留所から直接原酒を買い付けて、独自の方法により熟成・ブレンド・瓶詰め・販売を行う会社。この手法による商品をボトラーズウイスキーなどと呼ぶ。インディペンデントボトラー。

ボトリング【bottling】新 瓶詰め。▷企業名としても用いられる。

ボトル【bottle】①瓶(びん)。特に、洋酒の瓶。②ボトル-キープした酒瓶。

ボトルネック【bottleneck】全体の円滑な進行・発展の妨げとなるような要素。隘路(あいろ)。障害。ネック。▷瓶の首の意。案 支障

ポトレ 新 ポートレートの略。とくにコスプレイヤーとして活動する人が、コスプレではない姿で撮影されている写真。

ポニー【pony】体の小さい種類の馬。

ポニーテール【ponytail】女性の髪形の一。髪を後頭部で一つにまとめて、毛先をポニーのしっぽのように垂らしたもの。

ボヌール【フランス bonheur】幸福。幸運。

ホバークラフト【Hovercraft】機体の下面から圧縮空気を吹きつけて、地上および水上すれすれの高さを走る乗り物の商標名。エア-カー。エアクッション-カー。

ホバリング【hovering】ヘリコプターが、空中で停止している状態。

ホビー【hobby】趣味。道楽。

ポピー【poppy】けし。ひなげし。

ホビー クラフト【和製 hobby ＋ craft】趣味の工芸・工作。

ポビドン ヨード 外皮用消毒・殺菌薬の一。刺激性が少なく、皮膚や口腔・咽頭の消毒などに用いられる。▷ povidone-iodine。

ポピュラー【popular】①一般に受け入れられ親しまれているさま。大衆的。民衆的。②ポピュラー-ソングの略。欧米風の大衆歌謡。ポップス。③ポピュラー-ミュージックの略。ロック・ラテンなど、広く一般に親しまれている欧米風民衆音楽。クラシック音楽以外の、大衆的な音楽。

ポピュラリティ【popularity】世に広く知られていること。大衆性。人気。

ポピュリズム【populism】①情緒的支持を基盤とする指導者が、国家主導により民族主義的政策を進める政治運動。民衆主義。人民主義。②転じて、大衆迎

ホ

合主義。政治指導者が大衆の一面的な欲望に迎合し、大衆を操作することによって権力を維持しようとするあり方。

ポピュレーション【population】①人口。②個体群。

ボビン【bobbin】①コイルを巻く、絶縁物でつくった筒。②ミシンの下糸を巻く糸巻。③紡織用具の一。整理用の糸巻。

ボブ【bob】襟首の所で切りそろえた女性の髪形。ボッブ。

ボブスレー【bobsleigh】前後に滑走部があり、ハンドルとブレーキを備えた鋼鉄製の橇(そり)。また、それを用いて斜面に設けた氷のコースを滑り降りる競技。4人乗りと2人乗りがある。

ポプリ【フランス pot-pourri】香りのよい花・葉・樹皮・香料などを取り合わせて瓶(びん)や壺(つぼ)などに入れたもの。

ホペイロ【ポルトガル roupeiro】プロサッカー-チームの用具担当者。また、その職業。ボールやスパイクなど、用具類の管理・整備・準備を行う。

ボヘミアン【Bohemian】①ジプシーとよばれてきた少数民族ロマのこと。②社会の習慣に縛られず、芸術などを志して自由気ままに生活する人。③ボヘミア地方の民俗的なファッション。④第二次大戦前のパリやベルリンの芸術家などにみられる独特のファッション。スモック-ブラウスにベレー帽姿の画家風スタイルなど。⑤①のイメージや、その民族衣装の要素を取り入れたファッション。

ボマー ジャケット【bomber jacket】第二次世界大戦中、爆撃機の乗務員が着ていたジャケット。また、それに似たジャケット。ボンバー-ジャケット。→ボンバー

ホム セン ホーム-センターの略。

ホメオスタシス【homeostasis】生体がさまざまな環境の変化に対応して、内部状態を一定に保って生存を維持する現象。また、その状態。血液の性状の一定性や体温調節などがその例。動物では主に神経やホルモンによって行われる。恒常性。

ホメオパシー【homeopathy】代替医療の一。1796年にドイツの医師ハーネマン(Samuel Hahnemann [1755~1843])が体系化した治療法。疾病に似た症状を起こす物質を低濃度に希釈したものを治療薬として用いる。同種療法。類似療法。▷有効性およびメカニズムは科学的に証明されていない。

ホモ【ギリシャ homo】①他の外来語の上に付いて、同種・同型・均質・同性などの意を表す。→ヘテロ② ⇨ホモセクシャル

ホモ【ラテン Homo】霊長目(サル

目)ヒト科ヒト属の学名。▷人間の意。

ホモ サピエンス【ラテン Homo sapiens】①動物分類上、現生人類の属する種の学名。ヒト。②他の動物に比して、人間の本質は理性的な思考を行うことにあるとする人間観。知性人。▷知恵ある人の意。

ホモセクシャル【homosexual】同性愛者。狭義には男性の同性愛者をさす。▷略称のホモは、蔑称として使われた経緯がある点に注意。→バイセクシャル・レズビアン

ホモソーシャル【homosocial】新 恋愛や性愛を伴わない、同性どうしの親密な人間関係。同性愛者や異性を排除しつつ、異性愛を志向する傾向がある。

ポモドーロ テクニック【Pomodoro Technique】集中的に仕事をこなすための時間管理術。25 分を作業単位として、他のことをやらず集中して仕事するもの。作業後は 3~5 分程度の休憩を挟んで、次の作業単位に移る。作業単位 4 回分で 15~30 分程度の長い休憩を取る。商標名。▷ポモドーロはイタリア語でトマトの意。考案者がトマト型のキッチン-タイマーで時間を計っていたことに由来。

ホラー【horror】恐怖。

ボラード【bollard】船が岸壁に停泊するときに、そのもやい綱を取るため陸上に備え付ける低い鉄柱。係船柱。双係柱。

ボラティリティ【volatility】為替相場などで、予想変動率。

ポラリス【Polaris】北極星。

ボランタリー【voluntary】自発的なさま。任意であるさま。

ボランタリー チェーン【voluntary chain】資本的にも結合したチェーン-ストアに対し、独立した複数の小売り店が仕入れ・広告・配送などを共同で展開し、経営効率の向上を図ろうとするもの。任意連鎖店。→チェーン-オペレーション

ボランチ【ポルトガル volante】サッカーで、中盤に位置し比較的自由に動いて、相手の攻撃を早期に潰し、味方の攻撃の起点となる働きをする選手。

ボランティア【volunteer】自発的にある事業に参加する人。特に、社会事業活動に無報酬で参加する人。篤志奉仕家。

ボランティア ツーリズム【volunteer tourism】ボランティアを兼ねた観光。ボランツーリズムとも。

ポリ ポリエチレンの略。→ポリエチレン

ポリ ポリスの略。警官を軽蔑していう語。

ポリ【poly】「重合体」の意で他の語の上に付いて、化合物名など

に用いられる。▷ギリシャ語で、「多い」意。

ポリアミド【polyamide】アミド結合により高重合体となっている高分子化合物の総称。一般に、強靱(きょうじん)で耐摩耗性・耐薬品性・電気絶縁性にすぐれ、合成繊維・機械部品・電気部品として用いられる。ナイロンは、合成繊維として最初に市販されたものの商標名。

ポリアモリー【polyamory】当時者による合意のうえで、複数のパートナーを愛する恋愛形態。

ポリープ【polyp】外皮・粘膜・漿膜(しょうまく)などから発生する、茸(きのこ)状・卵球状の限局性隆起性腫瘤(しゅりゅう)。ポリプ。

ポリウレタン【polyurethane】ウレタン結合により高重合体となっている高分子化合物の総称。塗料や接着剤、繊維などに利用する。発泡させて得られるウレタン-フォームは家具・建築材料や包装・マットなどに使用。

ポリウレタン レザー【polyurethane leather】合成皮革の一。生地表面にポリウレタン(PU)樹脂を塗布し、天然皮革に似せた外観をもたせたもの。PUレザー。

ポリエステル【polyester】多価カルボン酸と多価アルコールとの縮合重合によって得られる高分子化合物の総称。代表例はテレフタル酸とエチレングリコールからつくられるポリエチレンテレフタレート繊維で、テトロン・ダクロンなどの商標名で普及している。合成繊維やフィルム材、機械・電気部品として利用される。

ポリエチレン【polyethylene】エチレンの付加重合により得られる高分子化合物の総称。無色半透明の可燃性物質。耐薬品性・電気絶縁性・防湿性・耐寒性・加工性が高く、絶縁材料・容器・パッキングなどに用いられる。

ポリオ【polio】ポリオ-ウイルスによる感染症。多くは子どもがかかる。経口的に感染。ウイルスは脊髄を侵し、手足の麻痺(まひ)が起こる。現在ではワクチンの投与によりほとんどみられない。俗に小児麻痺という。急性灰白髄炎(かいはくずいえん)。

ポリカーボネート【polycarbonate】炭酸と二価アルコールまたは二価フェノールの縮合重合体とみなせるポリエステルの総称。耐衝撃性・機械的強度が大きく、レンズ・コンパクト-ディスクをはじめ、機械部品・電気部品として用いられる。PC。

ポリ コレ ポリティカル-コレクトネスの略。

ポリゴン【polygon】①多角形。②コンピューター-グラフィックスなどで、立体物をデータ化するために表面を分解して描く時に用いる多角形。

ポリシー【policy】①物事を行うときの原則。方針。②政治上の方針。政策。

ポリシリコン【polysilicon】多結晶シリコン。液晶ディスプレーなどに用いられ、アモルファス-シリコンに比べ、省電力・高精細などの利点をもつ。

ポリス【police】警察。また、警官。巡査。

ポリス【ギリシャ polis】古代ギリシャの都市国家。

ポリスチレン【polystyrene】スチレンの付加重合により得られる高分子化合物。無色透明の熱可塑性樹脂で熱や電気の絶縁性が高い。種々に成型しプラスチック製品として、また、泡状にしたものは発泡スチロールとよばれ、断熱材・包装材として広く用いられる。スチロール樹脂。

ホリスティック【holistic】全体にかかわるさま。

ホリゾント【ドイツ Horizont】舞台後方の壁。これに投光・投影して空などの背景を効果的に表現する。

ポリティカル【political】政治にかかわるさま。政治的なさま。政治の。

ポリティカル コレクトネス【political correctness】性・民族・宗教などによる差別や偏見、また、それに基づく社会制度・言語表現は是正すべきとする考え方。政治的妥当性。ポリコレ。PC。

ポリティックス【politics】政治。政治学。政策。行政。

ホリデー【holiday】①休日。②年末年始。クリスマスシーズン。「—ギフト」

ポリテクセンター 独立行政法人高齢・障害・求職者雇用支援機構が設置する職業能力開発促進センターの愛称。求職者、在職者を対象にした短期間の職業訓練などを行う。

ポリテクニック【polytechnic】職業訓練学校。

ポリファーマシー【polypharmacy】新 一人の患者に同時に多種の薬が処方されること。多剤処方。

ポリフェノール【polyphenol】複数の水酸基が結合した芳香族化合物の総称。アントシアニン、カテキン、タンニン、ルチンなど。活性化酸素を分解する抗酸化作用があるとされている。

ポリプロピレン【polypropylene】プロピレンの付加重合により得られる高分子化合物。フィルムや成型製品として、また溶融紡糸して繊維製品として用いる。PP。

ポリマー【polymer】二つ以上の単量体が重合してできた化合物。いくつの単量体が重合するかによって二量体・三量体…という。重合体。

ボリューム【volume】①量。量感。②音量。③(書物の)巻。冊。④コンピューターで、補助記憶媒体の領域。→パーティション

ポリリズム【polyrhythm】音楽で、異なる複数のリズムを、別々のパートで同時進行させる手法。また、それにより作られるリズム。

ボリンジャー バンド【Bollinger Bands】新 テクニカル分析の一。チャートに記された移動平均線の上下に、標準偏差(予測変動率、ボラティリティ)に基づく上限と下限の線を加えたもの。価格が上限に近づくほど買われすぎ、下限に近づくほど売られすぎと判断できる。▷1980年代に投資家ボリンジャー(John Bollinger [1950〜])が開発した。

ポルカ【polka】特徴的なリズムをもつ急速な2拍子の舞踊。また、その舞曲。1830年頃ボヘミアに興った。

ボルサリーノ【イタリアBorsalino】縁の広い柔らかな男性用フェルト帽。▷イタリアの製造会社の名前から。

ボルシェビキ【ロシアBol'sheviki】ロシア社会民主労働党の左派。レーニンを指導者とし、マルトフらのメンシェビキと対立。3月革命後の臨時政府を支持せず、11月革命を起こしプロレタリア独裁を樹立。1918年ロシア共産党と改称。ボリシェビキ。▷多数派の意。

ボルシチ【ロシアborshch】ロシア料理で、肉・野菜などを大切りにして長時間煮込み、ビーツ(赤かぶ)を入れて仕上げたスープ。サワー-クリームを加えて食べる。

ホルスタイン【ドイツHolstein】ウシの一品種。オランダ原産の代表的乳牛。毛色は白と黒のまだらで、乳房が大きく、乳量が非常に多い。全世界で飼育。ホルスタイン-フリージアン。

ホルダー【holder】①物を支えたり挟んだりして固定するもの。②保持者。多く、他の外来語と複合して用いる。

ポルダー【polder】オランダで、アイセル湖を干拓して造成した低地。15世紀以来、干拓が行われ、牧場・耕地に利用されている。

ボルダー【boulder】新 ①巨石。巨岩。②スポーツクライミングのボルダリング種目。「―アンドリード(=リードクライミングとの複合種目)」

ポルターガイスト【ドイツPoltergeist】家の中で大きな物音がしたり、家具が動いたりする現象。また、それを引き起こすとされる霊。騒霊(そうれい)。

ホルターネック【halterneck】婦人服で、前身頃から続いた布

または紐(ひも)を首にかけたような形のもの。肩や背は露出している。ホールターネック。

ボルダリング【bouldering】▷ボルダーは大丸石・巨礫(きょれき)などの意。①フリー-クライミングの一。飛び降りられる程度(通常5メートル 程度)の岩や壁を、ロープを用いずに自由に登るもの。②①を競技化したもの。人工壁を使う。スポーツ-クライミングの種目の一。ボルダー。▷日本山岳-スポーツクライミング協会により2023年4月から種目名はボルダーとなった。

ポルチーニ茸(たけ) (イタリア Porcini)イタリア産のキノコの一。肉質はしっかりしていて、歯ごたえと独特の香りがある。パスタやリゾットなどの料理に用いる。

ボルツマン定数 普遍定数の一。気体定数をアボガドロ定数で割った値に等しく1.30649×10⁻²³J/K 記号k 熱運動のエネルギーと温度を結びつける役割を果たす。オーストリアの物理学者ボルツマン(L. Boltzmann)にちなむ。

ボルテ 新 ⇨VoLTE

ボルテージ【voltage】①電圧。②気持ちの高ぶり具合。興奮度。

ボルト【bolt】①雄ねじを切った金属の丸棒に頭をつけたもの。ナットと組み合わせて物を締めたり結合したりするのに用いる。②戸や窓が開かないようにかける留め具。

ボルト【volt】電位差(電圧)・起電力のSI単位。1Aの電流が2点間で1Wの電力を消費するとき、その2点間の電位差を1ボルトとする。記号V ▷物理学者ボルタの名にちなむ。

ボルドー【Bordeaux】①フランス南西部、大西洋に注ぐガロンヌ川下流の西岸にある河港都市。ワイン・ブランデーの輸出港として知られる。航空機・電子・化学などの工業が発達。フランス革命期にはジロンド党の本拠地。②①で産するワイン。

ポルノ【porno】①ポルノグラフィーの略。②他の語の下に付いて複合語を作り、それによって感情を煽るものの意を表す。「フード—(＝食欲を煽る料理の画像など)」

ポルノグラフィー【pornography】性的な行為を露骨に表現した文学・映画・書画・写真など。ポルノ。

ホルマリン【formalin】ホルムアルデヒドの35〜38％水溶液。消毒・防腐剤、写真フィルムや乾板製造などに広く用いられる。フォルマリン。

ホルムアルデヒド【formaldehyde】最も簡単なアルデヒド。刺激臭の強い気体。水によく溶け、水溶液はホルマリンとよぶ。

ホ

ベークライトや尿素樹脂など合成樹脂の原料。フォルムアルデヒド。▷シックハウス症候群の原因物質の一つとして、2002年(平成14)居室の建築材料での使用が制限された。→シックハウス症候群

ホルモン 豚・牛などの臓物。もつ。

ホルモン【ドイツ Hormon】体内の特定の組織または器官で生産され、直接体液中に分泌されて運ばれ、特定の組織や器官の活動をきわめて微量で調節する生理的物質の総称。

ホルン【horn】①角笛。②金管楽器の一。角笛を改良したもので、丸巻きの管形で、開口部は朝顔形。音高を調節する3つのバルブがある。フレンチ-ホルン。ホーン。

ポレポレ【スワヒリ polepole】ゆっくり。のんびり。

ボレロ【スペイン bolero】①18世紀の末から広まったスペインの舞踊、またその舞曲。4分の3拍子で、踊り手の打つカスタネットが独特のリズムをもつ。②前を打ち合わせない、ウエストより短い丈の上着。

ポレンタ【イタリア polenta】乾燥させて挽(ひ)き割りにしたトウモロコシを煮込み、とろみを出したもの。そのままで、またはトマト-ソースをかけたり、焼いたりして食べる。

ポロ【polo】馬に乗り、マレット(先がT字型になっている杖)でボールを打って相手のゴールに入れる競技。1チーム4名。

ホロー【hollow】①中身のないこと。②へこませること。③くぼみ。へこみ。穴。

ホログラフィー【holography】物体で回折を受けた光波(信号波)と別の一様な光波(参照波)とを干渉させて生じた干渉縞を写真乾板などに記録し、それに別の光波を当てることによって信号波を再生し、物体の立体像を復元する方法。また、これを応用した光学技術の総称。

ホログラム【hologram】ホログラフィーを応用し、特殊なフィルムやプラスチック板の上にレーザー-ビームを使って立体画像をプリントしたもの。光線をあてると、立体画像が再現される。

ホロコースト【holocaust】大虐殺。特に、ナチスによるユダヤ人の大量殺戮(さつりく)をいう。

ポロ シャツ【polo shirt】襟のついた二つないし三つボタンのかぶり型半袖スポーツ-シャツ。▷ポロ競技で着たことから。

ホロスコープ【horoscope】西洋の占星術。また、それに用いられる黄道十二宮の図。生まれた月日によってその人を支配する宮があると考えて運勢を占うも

の。

ポロネーズ【フランスpolonaise】①ゆるやかな4分の3拍子のポーランドの舞踏。また、舞踏曲。18世紀以降、芸術音楽に好んで使われた。②料理などで、ポーランド風の意。

ホロン【holon】部分として全体の構成に関与すると同時に、それぞれが一つの全体的・自律的まとまりをもつような単位。たとえば、生物に対する器官、器官に対する細胞のような単位をいう。科学の要素還元主義を批判して、イギリスの作家ケストラーが提唱。

ホワイエ【フランスfoyer】劇場・ホテルなどの休憩所。ロビー。

ホワイト【white】①白。白色。②白色の絵の具。③白色人種。白人。④他の語に付いて複合語を作り、「好ましい」「善良」などの意を表す。「一企業」

ホワイトアウト【whiteout】①極地の雪原で、一面の雪の乱反射のために天地の区別や方向・距離などの感覚が失われる現象。②猛吹雪のために視界が極度に低下すること。

ホワイト ウオッシュ【white-wash】新 差別意識を背景にした白人化。映画で非白人の登場人物を白人が演じる場合や、黒人女性の写真について肌色を明るく加工する場合など。▷原義は漆喰(しっくい)で塗る、隠蔽するなどの意。

ホワイト カラー【white-collar】事務労働に従事する者。サラリー-マン。事務労働者。▷作業服を着た現場労働者に対して、白い襟の服を着ることから。→ブルー-カラー

ホワイト カラー エグゼンプション【white collar exemption】裁量性の高いホワイト-カラー労働者について、労働時間規制を除外する制度。労働時間の多少にかかわらず、成果(業務内容)に対して一定の賃金を支払う。残業代などは支払われない。ホワイト-カラー-イグゼンプション。▷エグゼンプション(exemption)は免除の意。

ホワイト ゴールド【white gold】白金の代用品となる合金。金にニッケル・銅・亜鉛などを加えて造る。装飾品や歯科材料に用いる。模造白金。

ホワイト スペース【white space】①コンピューターの空白文字。②放送において、行政があらかじめ放送用として確保していながら、放送局への割り当てが行われていない空き周波数のこと。地域ごとに割り当てをずらすことで混信を防げる。有効利用が課題。

ホワイト デー【和製 white＋day】バレンタイン-デーにチョコレートをもらった男性が、そのお

返しに女性へ菓子などの贈り物をする日。3月14日。

ホワイト トラッシュ【white trash】米国で、貧困層の白人を表す蔑称(べっしょう)。▷白い屑(くず)の意。

ホワイト ナイト【white knight】敵対的買収を仕掛けられた企業からの要請に従い、友好的買収を行う企業。▷白い騎士、白馬の騎士の意。

ホワイトニング【whitening】メラニン色素の生成を抑制し、しみ・そばかすのない、美しい白い肌にすること。美白。→SPF・PA

ホワイト ノイズ【white noise】①あらゆる可聴覚周波数帯域の周波数成分が含まれているノイズ。発振器で生成し音響測定に用いるほか、シンセサイザーの音色合成などにも使われる。白色雑音。②騒音を消すために流す音。

ホワイト ハッカー【white hacker】新 善良なハッカー。悪意のハッカーに対していう。ホワイト-ハット-ハッカー。

ホワイト ボード【white board】専用マーカーで字や絵を書き示すのに用いる白い板。書いた字や絵は、専用の字消しで消せる。磁石で資料を留めることもできる。授業・会議・伝言などに用いる。

ホワイト ボックス【white box】⇨ショップ-ブランド

ホワイト リカー【和製 white＋liquor】連続式蒸留機で製造した焼酎(しょうちゅう)。酒税法上の甲類の焼酎に相当するもの。

ホワイト リスト【white list】①フィルタリング-ソフトにおいて、限られたウェブ-サイトの閲覧のみを許可する方法。またはそのために作成・運用される閲覧許可サイトのリストのこと。→フィルタリング-ソフト ②電子メールの受信システムにおいて、限られたアドレス(またはドメイン)からのメールのみを受信する方法。またはそのために作成・運用される受信許可アドレス(またはドメイン)のリストのこと。スパム-メール対策の一。→スパム-メール ▷ブラック-リストの逆であることから。

ポワレ【フランス poêler】フランス料理で、水分を加えず、オーブンで肉を蒸し焼きにする調理法。また、その料理。

ホン【phon】音の大きさを表す単位。その音と同じ大きさに聞こえる1000Hzの純音の音圧をデシベルで表したもの。人の会話は60ホンくらい、きわめて大きな声で100ホンくらい。騒音のレベルもホンで測る。フォン。ホーン。→デシベル

ボン【フランス bon】よい。すてき。うまい。

ポン【碰】麻雀で、他家から刻子(コーツ)の完成に必要な牌(パイ)が捨てられたとき、その牌をもらうこと。この場合できた刻子は卓上にさらす。▷中国語。

ホンキー トンク【honky-tonk】アメリカ南部の安酒場でよく弾かれる独特なピアノの演奏スタイル。▷安酒場・安キャバレーの意。

ボンゴレ【イタリア vòngole】ボンゴラ(セイヨウアサリ)を使ったイタリア料理。

ポンジ スキーム【Ponzi scheme】新 自転車操業的な投資詐欺の手法。新たに得た出資金を運用に充てず、そのまま配当金とする。▷ポンジはこの詐欺を行った人物の名前。

ボンジュール【フランス bonjour】朝から夕方までの挨拶(あいさつ)の言葉。こんにちは。おはよう。

ポンス【オランダ pons】①橙(だいだい)を搾(しぼ)った汁。ポン酢。②ポンチに同じ。

ポンチ【punch】①工作物の表面に目印の点を付ける工具。センターポンチ。②鍛造工具で、穴を開けたり拡げたりするのに用いる、テーパーの付いた鋼の棒。③「ポンチ絵」に同じ。

ポンチ【punch】ブランデーに果物の汁や砂糖などを加えた飲み物。パンチ。ポンス。

ポンチ絵 風刺を込めた滑稽な絵。漫画。ポンチ。パンチ。▷1862年頃、画家ワーグマンが創刊した英文の漫画雑誌「ジャパン-パンチ(The Japan Punch)」に掲載された漫画を称したことによる。

ポンチョ【スペイン poncho】中南米の男女の用いる外衣。四角形の布の真ん中に頭の通る穴をあけたもの。

ポンツーン【pontoon】浮かせて用いる箱形の構造物。台船・浮(う)き桟橋など。

ボンデージ【bondage】▷束縛、緊縛の意。身体を束縛するラバーやシリコーンで作った着衣。

ボンド【bond】①電車の線路の継ぎ目を電気的につなぐ電線。②債券。保証証券。

ボンド【Bond】金属・プラスチック・木などに用いる強力な接着剤。商標名。

ポンド【オランダ pond】①ヤード-ポンド法の質量の単位。記号 lb(s) (ア)常用ポンド。1 ポンドは 16 オンスで、約 453.59g。パウンド。(イ)薬量ポンドおよびトロイ-ポンド。薬剤や貴金属・宝石を量る単位。1 ポンドは 12 オンスで、約 373.24g。パウンド。②イギリスの通貨単位。1 ポンドは 100 ペンス。記号£または L ③エジプト・シリア・レバノンなどの貨幣単位。

ボンネット【bonnet】①後頭部にかぶり、額を出すようにした婦人・子どもの帽子。②自動車の前部の、エンジンを収容する部分のカバー。

ボンバー【bomber】爆撃機。▷英語の発音は正しくは「ボマー」。→ボマー-ジャケット

ボンビー 俗に、貧乏のこと。お金がないこと。▷ビンボー(貧乏)の倒語。

ポンピング ブレーキ【和製pumping＋break】自動車の運転で、ブレーキを軽く何度か踏んで減速すること。

ポンプ【オランダpomp】圧力の作用で、液体や気体を吸い上げたり送ったりする機械。

ボンボローニ【bomboloni】新 生地を揚げてその中にクリームなどを詰め、外側に砂糖をまぶした菓子。主にイタリアのトスカーナ地方で親しまれている。

ボンボン【フランスbonbon】キャンデーの一種。中に果汁やブランデー・ウイスキーなどを包みこんだもの。

ボンレス ハム【boneless ham】豚の腿肉(ももにく)から骨を抜き取って作ったハム。

マ

マーカー【marker】①しるしをつける人。また、そのための道具。②しるしをつけるための筆記具。マーカー-ペン。③目じるし・目標・境界線として使われるもの。標識。④得点記録係。特にゴルフで、スコアを記録するために選任された人。

マーガリン【margarine】植物油・植物硬化油を主成分とする、バターに似た食品。1869年フランスでバターの代用品として製造。人造バター。

マーキュリー【Mercury】①ローマ神話の商人の神であるメルクリウスの英語名。ギリシャ神話のヘルメスと同一視される。②水星。

マーキング【marking】①印をつけること。標識をつけること。②動物が尿などの分泌物を利用し、縄張りを示す行動。

マーク【MARC】(machine readable cataloging)出版物の書名・著者名・出版社名など書誌情報を、コンピューターで情報処理できるようにしたデータベース。1960年代末にアメリカ議会図書館で開発された。

マーク【mark】①しるし。記号。標章。②トレードマークの略。③ある人・物などに特に目をつけて注意すること。④記録をつくること。⑤目印を置くこと。印をつけること。

マークアップ【markup】①利幅。利ざや。②原稿の問題箇所などに、書き込みをすること。

マークアップ言語　(markup language)コンピューターで、文書の中にマークをつけて、文書の構造や修飾情報などを記述するための言語。SGML・HTML・XMLなど。

マークシート方式　選択肢の中から該当する項目を選び、解答(回答)用紙にあるその項目のマークを塗りつぶして答える方式。答えはマーク読み取り機で読み取り、コンピューター処理される。

マークダウン【Markdown】新 コンピューターのマークアップ言語の一。

マーケター【marketer】①市場で売買する人。②マーケティングの担当者。マーケッター。

マーケット【market】①日用品・雑貨品・食料品などを売る店の集まっている所。市場(いちば)。②商品の売り先。市場(しじょう)。

マーケット イン【market-in】

企業が生産・販売活動をする際に、消費者のニーズを満たす製品であることを最優先する考え方。→プロダクト-アウト

マーケットプレース【marketplace】インターネット上で商品やサービスの売り手と買い手を結びつける取引所のこと。またはそのサービス。オンライン-マーケットプレース。▷市場の意

マーケティング【marketing】消費者の求めている商品・サービスを調査し、供給する商品や販売活動の方法などを決定することで、生産者から消費者への流通を円滑化する活動。㊎市場戦略

マーケティング プランナー【marketing planner】マーケティング活動の企画などを業務とする人。また、そのような職業。

マーケティング リサーチ【marketing research】消費者の動向や市場の分析など、企業が製品の開発や販売に関して行う調査。市場調査。マーケット-リサーチ。MR。

マージ【merge】コンピューターで、複数のファイルを併合して、一つのファイルをつくること。併合。▷合併する意。

マージー ビート【Mersey beat】1960年代初頭、ビートルズを筆頭に次々とヒットを放った、リバプールなどイギリス北部出身のロック-グループの総称。リバプール市内を流れるマージー川からつけられた名称。

マージナル【marginal】周辺にあるさま。限界であるさま。

マーシャル アーツ【martial arts】格闘技。武術。

マージン【margin】①売買によって生じる差額利益。売買差益。利ざや。②販売や委託に対する手数料。③取引で、証拠金。④本などでページの余白。欄外。

マーチ【march】行進曲。

マーチ【March】3月。

マーチャンダイザー【merchandiser】商社や卸売り・小売り等の販売業で、特定の商品について仕入れから販売に至るまで一貫して担当する者。仕入販売係。

マーチャンダイジング【merchandising】マーケティング活動の一つで、消費者の欲求を満たすような商品を、適切な数量・価格で市場に提供する企業活動。商品化計画。MD。

マーチャント【merchant】商人。

マート【mart】食品などの小売店。多くの場合、店名に用いる。▷「市場」の意。

マーブル【marble】①大理石。②墨流しの方法で染めた、大理石の表面模様に似た模様。

マーベリック【maverick】①

所有者の焼き印が押されていない子牛のこと。②どの派にも所属しない政治家や芸術家などのこと。一匹狼。異端者。▷所有する子牛に焼き印を押さなかった19世紀のアメリカ・テキサスの牧場主マーベリックの名に由来。

マーマレード【marmalade】オレンジ・夏みかんなどを用いたジャムのうち、果皮の薄片の含まれているもの。ママレード。

マーマン【merman】男の人魚。

マーメード【mermaid】人魚。マーメイド。

マーラー【麻辣】新 花椒(ホアジャオ)の辛さ(麻、舌が痺れる感じ)と唐辛子の辛さ(辣、舌がひりひりする感じ)を合わせた味。▷中国語。

マール【ドイツ Maar】爆発的な噴火によってできた円形火口。顕著な山体をもたない。火口に水をたたえたものもある。

マール【フランス marc】ブドウの搾(しぼ)り滓(かす)を水で抽出し、それを発酵・蒸留してつくったブランデー。

マール【marl】炭酸塩に富む泥質の堆積岩。泥岩と石灰岩との中間。石灰質泥岩。泥質石灰岩。泥灰岩(でいかいがん)。

マイカ【mica】雲母(うんも)。

マイク マイクロホン(microphone)の略。音声を電気信号にかえる装置。

マイグレーション【migration】①移動。移住。②現在使用しているシステムやソフトウエアから別のものに移行すること。

マイクロ【micro】①外来語の上に付いて複合語をつくり、微小な、小さいの意を表す。ミクロ。②単位に冠して、10^{-6} すなわち100万分の1の意を表す語。ミクロ。記号μ

マイクロ アグレッション【microaggression】新 無自覚な差別的発言や行動。人種・文化・セクシャリティーなどへの先入観や無理解が背景となるもの。1970年にアメリカの精神科医ピアス(Chester Pierce)が提唱した概念。▷微細な攻撃の意。

マイクロ インフルエンサー【micro-influencer】新 主にSNSを通じて、特定分野のコミュニティーに影響力を及ぼす人。

マイクロカプセル【microcapsule】高分子材料でつくられた小さな容器。直径は数マイクロメートル〜1ミリメートル程度で、中に気体や液体などを封入する。物質の隔離・保護や放出の制御に用いる。

マイクログリッド【microgrid】需要地において、複数の分散型電源と電力貯蔵装置などを統合的に運用・制御するネットワークを構築し、自立的に電力を供給するシステム。既存の電力系統との連係に適した分散型電源の運用形態とされる。

マイクロクレジット【micro-credit】金融機関の融資の対象となりにくい、低所得者や貧困層などに対して、NGOや国際機関などが少額の融資を行うこと。

マイクロコントローラー【microcontroller】 電子機器の制御を行うための集積回路。CPU(中央処理装置)、メモリー、入出力回路などをひとつの集積回路に組み込んだもの。MCU。μC。

マイクロコンピューター【microcomputer】中央処理装置や記憶装置などを、1個から数個のLSIチップによって実現した、ごく小型のコンピューター。マイコン。

マイクロ サービス【microservices】新 ソフトウエアのアーキテクチャー(構造)の一。目的別かつ個別に開発された小さなサービスを連携させ、全体としてのサービスを機能させる考え方。またその個別のサービス。柔軟性・迅速性・独立性のある開発を志向する。

マイクロSIM(シム) 【micro SIM】SIMカード規格の一。大きさは15×12×0.76ミリ-メートル。→SIMカード

マイクロチップ 【microchip】新 ①超小型集積回路。②動物の皮下に埋め込んで用いる、個体識別用の小型カプセル。専用装置をかざすと識別情報を読み取れる。▷2022年6月よりブリーダーやペットショップ等で販売される犬や猫について装着が義務化。

アップデート 動物愛護管理法の改正法施行に伴い、2022年(令和3)6月より、購入した犬や猫へのマイクロチップの装着・登録が義務化されました。これにより迷子・災害時の個体確認が容易になる、飼育放棄を抑止できるなどの効果が期待されています。なお飼われている犬や猫への装着等は努力義務という位置づけです。

マイクロ ツーリズム 【micro tourism】新 自宅からの近場で行う観光。

マイクロ波 慣用的な電波区分で、波長1m〜0.1mm(周波数300MHz〜3THz)の電波。電話やテレビの遠距離中継やレーダーなどに用いる。マイクロ-ウエーブ。

マイクロビーズ【microbeads】新 洗顔料・歯磨き粉・研磨剤などに用いる、微小なプラスチック粒子。→マイクロプラスチック

マイクロ ビキニ【micro bikini】新 生地の面積が極端に少ないビキニ。

マイクロ ファイナンス 【microfinance】新 マイクロクレジット(少額融資)を含む、貧困層向け金融サービスの総称。預金、

送金、保険などのサービスも含めていう。

マイクロフィルム【microfilm】印刷物・図面・写真などを資料として保存するため、縮小撮影したフィルム。マイクロ-リーダーで拡大して閲読でき、また複写も可能。

マイクロプラスチック【microplastics】新 大きさが5ミリメートル以下の微細なプラスチック。ペットボトル・レジ袋・ストロー等のプラスチック製品が海洋に流入し、波や紫外線等によって劣化し、砕けたもの。大量に存在することが知られるようになり、深刻な環境汚染の原因として近年問題化。

マイクロプロセッサー【microprocessor】コンピューターの中央処理装置(CPU)をLSIチップに収めたもの。現在はほとんどが1個のチップでCPUを構成する。MPU。

マイクロマシン【micromachine】超小型の機械。一般に、10立方ミリメートル以下の大きさのものをいう。半導体技術が応用され、超小型モーターなどが用いられる。

マイクロ マネジメント【micromanagement】新 管理者が部下に裁量権を与えず、業務に対して必要以上の監視や干渉を行う管理手法。

マイクロミニ【micromini】①超小型の。②丈が極めて短いミニ-スカート。超ミニ-スカート。

マイクロメーター【micrometer】ねじの回転角とねじの移動距離との関係を利用して、2点間の距離を精密に測定する器具・装置。また、顕微鏡などにとりつけ、視野の中の目盛り線や標線をもとに、物体の位置や長さを精密に測定する器具。

マイコプラズマ【mycoplasma】マイコプラズマ目に属する微生物群。細菌濾過(ろか)器を通過し、細胞壁を欠くことから、ウイルスと細菌との中間に位置するものと考えられる。グラム陰性で熱に弱い。40種以上知られ、動物に肺炎・関節炎、植物に萎黄(いおう)病・天狗巣病などを起こす。

マイコン マイクロコンピューターの略。

マイスター【ドイツ Meister】①巨匠。大家。②(徒弟制度上の)親方。師匠。③ドイツなどの職業能力の認定制度。

マイセン【Meissen】ドイツ南東部、エルベ川に臨む都市。陶磁器製造で名高い。

マイナー【minor】①規模や重要度が小さいさま。②あまり知られていないさま。有名ではないさま。③マイナー-リーグの略。アメリカのプロ野球で、メジャー-リーグの下位の連盟の総称。④短

調。短音階。短旋法。→メジャー(major)

マイナー チェンジ【minor change】(自動車などの)商品のデザインや性能の、部分的で小規模な変更。マイチェン。

マイナス【minus】①減ずること。引くこと。②減ずることを示す記号。また、負数の符号。「−」③ためにならないこと。不利益になること。④欠損。赤字。⑤陰電気。また、その符号。「−」⑥陰性。→プラス

マイナス イオン【和製 minus＋ion】空気中に存在するイオンの一種とされるもの。▷空気の澄んだ森林や高原、滝の周辺などに多く存在し、体内に取り込まれると、新陳代謝を促進し、心身をリラックスさせる効果があるといわれるが科学的根拠はない。

マイナス ワン【minus one】完全なバンド演奏から特定パート(楽器や声)を一つだけ引くこと。またはその演奏や録音のこと。楽器の練習などに用いる。

マイナポータル【Mynaportal】新 マイ-ナンバー-カードを持つ人が利用できる、政府運営のオンライン-サービス。自己情報の閲覧、行政機関からの通知などのサービスが利用可能。2017年(平成29)運用開始。▷名称はマイ-ナンバー制度のマスコット-キャラクター「マイナちゃん」に由来。

マイナ保険証 新 マイナンバーカードを、健康保険証として利用できる仕組み。またそのカード。医療機関の専用リーダーにカードをかざして用いる。2021年(令和3)本格運用開始。

マイ ナンバー【和製 my＋number】新 社会保障・税などを一元管理するため、国民一人一人に割り当てられる番号。

マイ ナンバー カード【和製 my number＋card】新 マイ-ナンバー法に基づき、市町村・特別区が希望者に交付するICカード。券面には氏名、住所、生年月日、性別、マイ-ナンバー、顔写真などを表示。公的な身分証明書として利用できる。個人番号カード。マイナカード。

マイニング【mining】新 ①採掘。採鉱。②ビットコインなどの仮想通貨システムに計算資源を提供し、その報酬として仮想通貨を得ること。天然資源の採掘を真似て言う。計算資源はブロックチェーンを管理する処理に利用される。

マイノリティー【minority】少数。少数派。→マジョリティー

マイ箸(ばし) 外食時に用いるため携帯する、自分用の箸。森林保護・地球温暖化防止・リサイクル推進などの立場から、割り箸の代わりに利用する。▷マイはしとも

いう。

マイ バッグ 【和製 my＋bag】自分用のバッグ。特に、使用後ごみになりやすいレジ袋を使わないために買い物に持参するかばんや袋。

マイ ブーム【和製 my＋boom】世間の流行とは無関係な、自分だけの流行。現在の個人的な好み。▷自分の趣味性を他人にアピールするニュアンスをもつ場合もある。

マイ ページ 【和製 my＋page】インターネットのサービス利用者が、アカウント-サービスを利用するためのウェブ-ページのこと。→アカウント-サービス

マイ ペース 【和製 my＋pace】自分に適した速度で、物事を進めること。

マイ ボトル【和製 my＋bottle】①酒場に客が預けてあるボトル(酒瓶)。② PET ボトルに対して、水筒。

マイム【mime】パントマイムの略。

マイ メン【my man】(ヒップ-ホップ文化で)我が友。信頼できる仲間。

マイモ【MIMO】 ⇨MIMO

マイラー【miler】中距離(1 マイル)競走向きの馬、または選手。マイル-レーサー。

マイル【mile】①ヤード-ポンド法における長さの単位。距離にのみ用いられる。1 マイルは 1760 ヤードで、約 1609.344m。記号 mil または mi ②海里。③マイレージ-サービスで獲得できる点数。

マイルストーン 【milestone】①道路のわきなどにたてる、起点からの距離をしるした標識。里程標。②歴史や人生における画期的な出来事。大事件。

マイルド【mild】(飲食物などの味が)やわらかいさま。口あたりのよいさま。刺激の少ないさま。→ストロング

マイルドハイブリッド 【mild hybrid】新 簡易型のハイブリッド電気自動車。モーターがエンジンの補助を行う。モーターのみで走行可能なシステムに対していう。

マイルド ヤンキー 新 ヤンキーではないが、地元志向の強い若者像。地元に住み、地元企業に勤め、早婚で子育てや親の面倒をみることにも積極的な傾向をもつとされる。

マイレージ【mileage】航空会社の多利用搭乗客向けプログラム。一定搭乗距離になると無料航空券や上級座席への切替えなどをするサービス。FFP。マイレージ-サービス。

マインド【mind】心。精神。

マインド コントロール 【和製 mind＋control】①心を平静に

保ったり、集中力を高めたりするために、自らの心理状態を制御・調整すること。②他人の心理状態や態度を支配すること。

マインドセット【mindset】ある人や集団の中で確立している思考様式、態度、価値観などのこと。

マインドフルネス【mindfulness】欧米発祥の瞑想法。集中力の向上やストレス低減につながるとされ、企業などでの導入が進む。

マインド マップ【mind map】複数のキー-ワードを線で結ぶなどして、断片的な概念を放射的・連想的に図示し、思考の流れやその全体像を明らかにする記録法。または、そのように作成した図のこと。

マウス【mouse】①実験動物化されたハツカネズミ。非常に多くの系統があり、体色も様々。研究目的に合わせて厳格に育種・管理され、動物学・医学などの重要な実験動物。愛玩動物としても飼われる。②コンピューターの入力装置の一。小形の箱状のもので、机上でスライドさせると、それに伴って画面のカーソルが移動する。付属のボタンでアイコンを指定したり、図形を入力したりする。

マウス【mouth】口。

マウス ガード【mouth-guard】①⇨マウスピース ②⇨マウス-シールド

マウス シールド【mouth-shield】感染症のウイルス対策用具の一。息による飛沫の直接の拡散を防ぐために口の前につける透明の板。マウス-ガード。

マウス パッド【mouse pad】コンピューターのマウスのボールを滑らかに動かすために、その下に置くパッドやシート。

マウスピース【mouthpiece】①管楽器などの口にあてる部分。②ボクシングなどで、競技者が舌をかまないように口に入れるゴム製用具。マウス-ガード。▷マウスは口の意。

マウンティング【mounting】①サルがほかのサルの尻に乗り、交尾の姿勢をとること。霊長類に見られ、雌雄に関係なく行われる。動物社会における順序確認の行為で、一方は優位を誇示し他方は無抵抗を示して、攻撃を抑止したり社会的関係を調停したりする。馬乗り行為。②(比喩的に)人間関係の中で、自分の優位性を誇示すること。

マウンテン パーカ【mountain parka】登山用のパーカ(フードつきの防寒上着)。マウンパ。

マウンテン バイク【mountain bike】オフ-ロードを走るための自転車。軽量で堅牢なフレーム、深いトレッドのタイヤ、直線状のハンドル、多段変速ギヤなどが特徴。MTBは商標名。ATBとも。

マウント【mount】①絵や写真をはる台紙。また、スライドをはさむ枠。②レンズ交換カメラのレンズの台座。③コンピューターで、外部ディスクなどを使用可能にするための接続。④格闘技で、馬乗り。マウント-ポジション。⑤(比喩的に)人間関係の中で、自分の優位性を誇示すること。

マウンド【mound】①野球で、投手が投球するときに立つ、盛り土をした場所。中央に投手板がある。②ゴルフで、バンカーやグリーンの周りの小さな丘・土手。

マエストロ【イタリアmaestro】ある分野で、特にすぐれている人。巨匠。大家。達人。▷特に、芸術の分野で用いられる。

マガジン【magazine】①雑誌。②生フィルムを巻き取り、収納するための容器。明るい所でもカメラに装塡(そうてん)できるようにしたもの。③連発銃の弾倉。

マカロニ【イタリアmacaroni】小麦粉を練って短い管状、あるいは貝殻などの形にしたパスタ。グラタンやサラダに用いる。

マカロニ ウエスタン【和製macaroni＋western】イタリアで制作された西部劇。残酷趣味と哀感にみちた音楽で人気を得た。ほとんどが復讐譚(ふくしゅうたん)である。

マカロン【フランスmacaron】泡立てた卵白にアーモンド・砂糖・小麦粉を加えて小球形に焼いた菓子。マコロン。

マカロン カラー【和製フランスmacaron＋英color】洋菓子のマカロンに使われているような色。パステル-カラーよりやや鮮やかな中間色などをいう。

マキシ【maxi】①マキシマムの略。②洋装で、くるぶし丈や床丈。

マキシ シングル【maxi single】12cm盤CD、あるいはその大きさのジャケットで発売されるシングル盤のCD。▷日本の音楽業界の慣習では、バージョン違いを除いた楽曲が4曲以内のCDをさす。

マキシマム【maximum】①最大。最高。最大限。最高度。マクシマム。②数学で、最大値。極大値。→ミニマム

マキシム【maxim】格言。金言。

マキャベリズム【Machiavellism】①どんな手段でも、また、たとえ非道徳的行為であっても、結果として国家の利益を増進させるなら許されるとする考え方。イタリアの政治思想家マキャベリの思想。②目的のためには手段を選ばないやり方。

マグ【mug】筒形で、取っ手が付いた大型のカップ。

マグサイサイ賞 ラモン-マグサイサイ賞財団(フィリピン)が毎

マ

年、アジア地域に対して社会貢献した個人や団体に贈る賞。政府、社会奉仕など6部門がある。アジアのノーベル賞とも言われる。1958年より授与。▷賞名はフィリピンの元大統領マグサイサイ(Ramón Magsaysay［1907～1957］)に由来する。

マクスウェル【maxwell】磁束のCGS電磁単位またはガウス単位。1億分の1ウェーバ。記号Mx ▷イギリスの物理学者マクスウェルにちなむ。

マグナム【magnum】①マグナム弾薬筒。他の同一サイズのものに比べ火薬の装塡量が多くて強力。マグナム弾。商標名。②①を使用した大型拳銃。③1.5L入りの大型びん。

マグナム【Magnum】キャパやカルティエ=ブレッソンなどによって、1936年にパリで設立された国際的な写真家団体。マグナム-フォト。

マグニチュード【magnitude】地震の規模を表す尺度。また、その数値。記号M　地震波の最大振幅・震央距離・震源の深さなどを公式に当てはめて算出するが、観測条件などの違いに対応して各種の公式がある。震度が各地点の揺れの強弱を表すのに対し、地震そのものの大小を示す。

マグネシア【magnesia】酸化マグネシウムの慣用名。

マグネシウム【magnesium】金属元素の一。2族に属するが、普通、アルカリ土類に入れない。元素記号Mg　原子番号12。原子量24.31。海水中には陽イオンとしてナトリウムに次いで多量に含まれる。クロロフィルの中心金属イオンになるなど、生物体にとって必須の微量元素。精製されたものは銀白色で展性・延性に富む。強い光を放って燃え、また、多くの金属酸化物を還元する。ゲッター・還元剤のほか、軽合金の材料として用いられる。

マグネタイト【magnetite】磁鉄鉱(じてっこう)。

マグネット【magnet】磁石。磁力。

マグネトロン【magnetron】マイクロ波用の真空管。円筒形陽極と、その中心軸にある陰極をもち、電場に垂直な磁場をかけて発振させる。レーダー・電子レンジなどに用いられる。磁電管。

マグ ボトル【mug bottle】新 筒型で飲み口(のみくち)が広い水筒。

マグマ【magma】地下に生ずる高温・溶融状態の造岩物質。冷却・固結すると、種々の火成岩となる。岩漿(がんしょう)。

マクロ【macro】①巨大であること。また、巨視的であること。→ミクロ ②コンピューターで、複数の命令群を一つの命令で代行するように定義したもの。ワープロや

表計算などで、特定の処理を自動化させるときなどに使われる。㊟巨視的

マクロ経済学 国民所得や国全体の投資・消費・輸出入といった集計概念を用いて、失業率・インフレなど経済全体に関わる問題を分析する経済学。市場機構の不備を経済政策によっていかに補うかが中心的課題となる。巨視的経済学。→ミクロ経済学

マクロビオティック【macro-biotics】陰陽の原理を取り入れた自然食中心の食生活に基づく長寿法の一種。自然との調和を食の観点から捉え、陰陽に基づくバランスを重視し、その土地の旬の穀物や野菜を主食材とする食事法の実践により心身の健康の獲得をめざす。マクロビオティックス。

マクロファージ【macro-phage】動物の組織内に分布する大形のアメーバ状細胞。生体内に侵入した細菌などの異物を捕らえて細胞内で消化するとともに、それらの異物に抵抗するための免疫情報をリンパ球に伝える。大食細胞。貪食(どんしょく)細胞。

マザー【mother】①母。母親。②女子修道院長。

マザー グース【Mother Goose】イギリス古来の伝承童謡集の通称。ロンドンの出版業者ニューベリーが18世紀に出版した童謡集 Mother Goose's Melodies（がちょうおばさんの歌)に由来。

マザーズ【Mothers】(Market of the high-growth and emerging stocks)東京証券取引所が運営していた新興企業向けの市場。1999年(平成11)設立。2022年(令和4)、東京証券取引所の市場再編に伴い廃止。

マザー ボード【mother board】コンピューターの主機能を担う部品が装着された基板。システム-ボード、メイン-ボードとも。

マザコン 母親に対する過度な愛着や執着をいう語。母親や母親に似た女性を慕うような傾向。マザコン。▷マザー-コンプレックスの略。

マサラ【ヒンディー masala】⇨ガラム-マサラ

マシーン【machine】⇨マシン

マ シェリー【フランス ma chérie】(女性に対して)私の愛する人。私の最愛の女性。→モン-シェリー

マジカル【magical】魔法のようなさま。魔術的なさま。

マジック【magic】①魔法。奇術。手品。②不思議な力のある意で、多く他の外来語と複合して用いられる。③マジック-ナンバーの略。④マジック-インキ(商標名)の略。油性のフェルト-ペン。

マジック テープ【和製 Magic

Tape】面ファスナーの商標名。

マジック マッシュルーム【magic mushroom】幻覚作用のある毒キノコの総称。メキシコの先住民族などが宗教儀礼に用いた。幻覚キノコ。▷合法ドラッグ(脱法ドラッグ)として流通していたが、2002年(平成14)「麻薬及び向精神薬取締法」に基づく政令が改正され、栽培・販売・所持などが禁止された。

マジック ミラー【和製 magic＋mirror】明るい側から暗い側は透視できないが、その逆は可能な鏡。板ガラスに金属膜を薄く塗ってガラスを重ねたもの。半透明鏡。ハーフ-ミラー。マジック-ガラス。

マシニング センター【machining center】複合NC工作機械の一。NCの指令により、多種・多数の工具の自動交換装置を備え、多様な加工を全自動で行う。MC。

マジパン【marzipan】粉末のアーモンド・砂糖・卵白をこねてペースト状にしたもの。細工をして洋菓子の装飾に用いる。

マシュマロ【marshmallow】ゼラチン・卵白・砂糖などをまぜてつくった、弾力のあるふっくらとした洋菓子。マシマロ。

マジョリティー【majority】多数。多数派。過半数。→マイノリティー

マシン【machine】①機械。②競走用自動車。▷マシーンとも。

マシンガン【machine-gun】機関銃。

マシン ジム【和製 machine＋gym】トレーニング-マシンを備えたジム。

マシン ラーニング【machine learning】新 機械学習。人間がプログラムを与えるのではなく、コンピューターがデータから学習して自律的に判断できるようにする技術。

マス ⇨マスターベーション

マス【mass】①多く、他の外来語の上に付いて、集団、多数、大衆の意を表す。②絵画・彫刻などで、一つのかたまりとして知覚される部分。マッス。

マスカット【muscat】ブドウの一品種。アラビア半島原産。粒は大形で黄緑色に熟し、香りが高く甘味が強い。

マスカラ【mascara】まつ毛を濃く、長く見せるためにつける化粧品。

マスカルポーネ【イタリア mascarpone】イタリアのロンバルディア州特産のクリーム-チーズ。

マスカレード【masquerade】仮面舞踏会。仮装舞踏会。

マスキュリン【masculine】男性らしいさま。マスキュラン。→フェミニン

マスキング【masking】塗装の

際、色を塗らない部分を保護するために、粘着テープなどを貼ること。▷「覆う」「かぶせる」の意。

マスク【mask】①面。仮面。②寒気やほこり、あるいはウイルスの感染などを防ぐために、口・鼻をおおうもの。③顔面の保護のためにつける面。特に、スポーツで顔面をおおう防具。④防毒マスク。⑤顔。容貌。⑥写真・映画の撮影時または焼き付け時に、画面の一部を写らないように遮光するために用いるもの。

> アップデート 2020年(令和2)のコロナ禍ではマスク不足や転売が社会問題になりました。また政府が実施した布マスク配布をアベノマスク(アベノミクスのもじり)と称して批判する声も聞かれました。さらにマスク警察(マスクの不適切な着用方法に関して私刑的に糾弾する人)の起こすトラブルも問題になりました。

マスク スプレー【mask spray】新 マスクに芳香剤を吹きかけるためのスプレー。またその芳香剤。

マス ゲーム【和製 mass＋game】多人数が一団となって行う体操やダンス。集団体操。

マスコット【mascot】幸運をもたらすものとして、身近に置いて愛玩する小動物や人形など。

マスコミ ①マス-コミュニケーションの略。②転じて、マス-メディア。

マス コミュニケーション【mass communication】新聞・ラジオ・テレビ・雑誌などのマス-メディアを通じて、不特定の大衆に大量の情報を伝達すること。また、そのマス-メディア。大衆伝達。マス-コミ。

マスター【master】①主任。長。②酒場・喫茶店などの店主。③大学院で修士課程を修了した者。修士。④会得すること。十分に理解すること。⑤他を制御する機器やソフトウエア。▷IT業界ではポリティカル-コレクトネスの観点で⑤を言い換える動きも進む。

マスター キー【master key】管理する建物の、どの錠も開けられる合い鍵。親鍵。

マスターズ【Masters】①アメリカのオーガスタで、毎年4月に開催される世界的ゴルフ競技会。1934年有力選手の招待競技として創設。マスターズ-トーナメント。②中高年のための国際スポーツ大会。男子35歳、女子30歳以上の人たちが5歳きざみの年齢別で競技を行う。世界マスターズ大会。③中高年のための競技会。

マスタード【mustard】西洋芥子菜(からしな)の干した実を粉末にして作った調理用の芥子。洋芥子。

マ

マスター トラスト【master trust】年金基金が複数に委託して運用していた資産を、信託銀行が一括して管理すること。基金側はこれまで運用委託先ごとにしか把握できなかった資産の運用状況を一括して理解できるメリットがある。信託銀行側は高度で効率的なサービスが可能になる。

マスターピース【master-piece】傑作。大作。マスターワーク。

マスター プラン【master plan】全体の基本となる計画または設計。㊡基本計画

マスター ブランド【master brand; masterbrand】上位にあるブランド。商品ブランドに対する企業ブランドなど。

マスターベーション【masturbation】①手淫(しゅいん)。自慰。オナニー。マス。②(比喩的に)自己満足をうるための行為。

マステ 新 マスキングテープの略。▷特に、カラフルな色や柄が入っているもの。装飾やメモ用途などとして使用する。

マスト【mast】舟の帆柱。

マスト【must】必要なことやもの。

マスト アイテム【must item】流行している、あるいは機能的・便利であるなどの理由から、手に入れておきたいもの。▷必要なものの意。→マスト(must)

マスト バイ【must-buy】絶対に買うべき商品。お薦め。

マスプロ マス-プロダクション(mass production)の略。大量生産。量産。

マス メディア【mass media】マス-コミュニケーションの媒体となるもの。新聞・雑誌・ラジオ・テレビなど。

マゼラン雲 (Magellan)銀河の一。形は不規則で南天にあり、銀河としては小さく、銀河系に最も近い。日本からは見えない。大マゼラン雲と小マゼラン雲があり、前者は旗魚(かじき)座にあり、距離16万光年、後者は巨嘴鳥(きょしちょう)座にあり、距離20万光年。

マゼンタ【magenta】絵の具・印刷インクなどの三原色の一。赤紫。フクシン。

マゾ マゾヒスト・マゾヒズムの略。

マゾヒスティック【masochistic】マゾヒズムの傾向にあるさま。→サディスティック

マゾヒスト【masochist】マゾヒズムの傾向にある人。マゾ。→サディスト

マゾヒズム【masochism】肉体的・精神的苦痛を受けることにより性的満足を得る状態。マゾ。▷作家ザッヘル=マゾッホの名にちなむ。→サディズム

マター【matter】①物質。成分。

要素。②事柄。事態。問題。

マターナル【maternal】母親の。

マタドール【スペイン matador】闘牛で、剣で牛に最後のとどめを刺す主役の闘牛士。

マタニティー【maternity】①「妊婦の」「出産の」の意。②マタニティー-ドレスの略。妊娠中に着る、身体をゆったり包むようなドレス。

マタニティー ハラスメント【和製 maternity＋harassment】新 職場において発生する、妊娠・出産に伴ういじめや嫌がらせ、解雇・雇い止めなど。マタハラ。

マタニティー ブルー【maternity blue】妊娠中や出産直後の母親にみられる一時的な気分の落ち込みや精神的に不安定な状態。

マタニティー マーク【和製 maternity＋mark】自身が妊婦であることを周囲に知らせ、公共の場での配慮(座席確保や禁煙など)を求めるマーク。民間・地方自治体・厚生労働省などがそれぞれ独自のマークを公開し、利用を呼びかけている。バッジやステッカーなどにより表示する。マタニティー-マーク。

マタニティー ママ【和製 maternity＋mama】⇨プレ-ママ

マタニティー ヨガ【maternity yoga】妊婦を対象としたヨガ。運動不足や腰痛・肩凝りを防ぐとともに、リラックス効果やストレス解消にも役立つ。

マタハラ 新 ⇨マタニティー-ハラスメント

マダム【英 madam;フランス madame】①喫茶店・酒場などの女主人。②既婚の女性。奥さん。夫人。

マチエール【フランス matière】①材料。材質。②素材・材質によってつくり出される美術的効果。材質効果。

マチソワ 新 演劇などの公演で、マチネー(昼の公演)とソワレ(夜の公演)の総称。特に、1日にマチネーとソワレの両公演があること。

マチネー【フランス matinée】演劇・音楽会などの、昼間興行。▷「午前中」の意。

マチュア【mature】①熟していること。②成長していること。発達していること。

マッキントッシュ【Macintosh】アップル社が1984年に販売を開始したパソコン-シリーズの名称。マウス操作によるGUIやウィンドウ表示などを備えて注目を集めた。

マッキントッシュ【mackintosh】ゴム引きの防水布でつくったレーンコート。

マッキントッシュ【McIntosh】リンゴの品種の一。カナダのオンタリオ州原産。

マック【Mac】①(Macintosh) アップル社のパソコン Macintosh の愛称。②(McDonald's) ファースト-フード-チェーンのマクドナルドの愛称。関西を中心にマクドともいう。

マックス【max】マキシマムに同じ。

マッコリ 米・粟(あわ)などを原料としてつくった朝鮮の濁り酒。▷マッカリとも。朝鮮語。

マッサージ【massage】手または器具で、体をもんだりさすったりたたいたりして行う治療法。血行をよくし、筋肉や神経の機能を回復し、緊張をほぐして疲労をとる。保健・美容の目的でも行われる。

マッサマン カレー【massaman curry】新 タイ南部のカレー。肉・ジャガイモ・ピーナッツなどの具材を、比較的に甘みのあるソースで煮込んだもの。

マッシュ【mash】野菜をゆでてすりつぶし、裏ごししたもの。

マッシュアップ【mashup】①ポピュラー音楽で、二つの既存楽曲の要素を取り出して組み合わせ一つの新しい楽曲を作り上げるリミックス手法。マッシュアップス。②インターネットで、複数のウェブ-サービスなどを結びつけることで、統合的なウェブ-アプリケーションを作り上げる手法。▷すりつぶす・押しつぶすなどの意。

マッシュポテト【mashed potatoes】ゆでたジャガイモをすりつぶして裏ごしし、塩・バター・牛乳などで味つけしたもの。肉料理などの付け合わせにする。

マッシュルーム【mushroom】担子菌類ハラタケ目の食用きのこ。作(つく)り茸(たけ)。

マッスル【muscle】筋肉。

マッチ【match】①勝負。試合。②調和がとれていること。ぴったり合っていること。

マッチポンプ 自分で起こしたもめごとを鎮めてやると関係者にもちかけて、報酬を得ること。▷自分でマッチを擦って火をつけておいて消火ポンプで消す意。

マッチ メイク【match make】試合を組むこと。

マッチョ【スペイン macho】男っぽいさま。また、男らしい男。たくましい男。

マッチング【matching】①似合うこと。釣り合うこと。②照合すること。③仲介して組み合わせること。

マッチング アプリ【matching app】新 恋愛・仕事などの同じ目的を持つ人どうしを繋げる、スマートフォン向けのアプリケーション-ソフトウエア。

マット【mat】敷物。

マット【mat; matte】①つや消

し。②色・つやなどが、鈍く光らないさま。

マッド【mad】①気が狂っていること。②かんかんに怒っていること。

マッド【mud】①泥。泥土。②価値のないもの。つまらないもの。

マットレス【mattress】敷き布団の下やベッドに敷く、フォーム-ラバーなどのはいった厚い敷物。

マッハ【ドイツ mach】新 ▷オーストリアの物理学者マッハ(Mach)から。①マッハ数。音速との比。「—5を超える極超音速」②俗に、急ぎ行うさま。即座に。「—で着替える」

マッハ数 流速と、その流体中を伝わる音速との比。飛行機などの速度を表すのに用いる。マッハ1は秒速約340m。記号 *M* または mach

マッピング【mapping】①地図をつくること。②ある情報を別の情報と一対一に対応させること。③数学で、写像。

マップ【map】地図。

マティーニ【martini】カクテルの一。ジンとベルモットを主体とし、オリーブの実を添える。マルティーニ。マーティニ。

マディソン【madison】自転車競技のトラック競技種目の一。二人一組みで行うポイント-レースで、規定周回数ごとに1~4位までの走者に得点が与えられ、完走した周回数と獲得した得点で順位を競う。二人で交代しながらレースを進めていく。▷マディソン-スクエア-ガーデンでの人気種目だったことから。

マデイラ酒 (Madeira)モロッコの沖合、大西洋上にあるポルトガル領マデイラ島産の甘口ワイン。

マテハン ⇨マテリアル-ハンドリング

マテリアリティー【materiality】新 ある企業の事業活動が有している、CSR(企業の社会的責任)の観点から見たときの重要課題。▷重要性の意。

マテリアル【material】①材料。原料。素材。生地。②用具。器具。③物質的。物質本位。④重要であるさま。

マテリアルズ インフォマティクス【materials informatics】新 材料開発のための情報科学。MI。

マテリアル ハンドリング【material handling】運搬管理。原材料・製品・部材などの運搬・管理を、効果的に行うための技術や方法のこと。略してマテハンとも。

マテリアル リサイクル【material recycle】廃棄物を回収し製品の原材料として再生利用すること。

マトック【mattock】鶴嘴(つるはし)に似た形の道具。一方が鍬(くわ)、一方が斧(おの)になっている。

マドモアゼル 【フランスmademoiselle】お嬢さん。娘さん。また、未婚女性の名に冠する敬称。

マドラー 【muddler】カクテルなどの飲み物をかきまわす棒。

マドリガル 【madrigal】①イタリアのマドリガーレ、およびその影響のもとにエリザベス朝のイギリスその他の国で成立した歌曲の総称。②①のうち、特にイギリスで成立した、歌詞が英語の歌曲。

マトリックス 【matrix】①母体。基盤。②母型。鋳型。③数学で、行列のこと。多数の数あるいは文字を長方形に並べたもの。並べた数あるいは文字をその行列の成分または要素といい、横並びの要素を行、縦並びの要素を列という。

マトリョーシカ 【ロシアmatryoshka】ロシアの民芸品。中をくりぬいて胴の所で上下に分けられるようになった、大きさの異なる木製人形を、何重にも入れ子にしたもの。

マドレーヌ 【フランスmadeleine】卵・バター・小麦粉・砂糖を混ぜ、香料を加えて貝殻型に入れて焼いたケーキ。

マドロス 【オランダmatroos】水夫。船員。船乗り。

マトン 【mutton】食用の、羊の肉。特に、成長した羊の肉。→ラム(lamb)

マドンナ 【イタリアMadonna】①聖母マリアの称号。また、絵画や彫刻で、幼児キリストを伴う聖母マリアの像。聖母子像。②あこがれの対象となる、美しい女性。▷我が淑女、の意。

マナ 【mana】超自然的な力・霊力・呪力などの観念。メラネシア起源の語で、宗教の原初的機能を説明する語として用いられた。

マナー 【manner】行儀。作法。礼儀。

マナー ハウス 【manor house】①イギリスの領主の邸宅。貴族が自分の領地にもつ館や本宅。②①を観光用の宿泊施設に改築したもの。

マナー パンツ 【和製 manner＋pants】犬のマーキング防止用パンツ。

マナー ベルト 【和製 manner＋belt】犬のマーキング防止用ベルト。

マナー モード 【和製 manner＋mode】携帯電話における着信通知設定の一。着信の際、音を使用せず振動などによって通知するもの。公衆の場で、他人に迷惑をかけない目的で使用する。

マニア 【mania】特定の分野・物事を好み、精通している人。

マニアック 【maniac】一つの事に異常に熱中しているさま。

マニエリスム 【フランスmaniérisme】

極度に技巧的・作為的な傾向をもち、時に不自然なまでの誇張や非現実性に至る美術様式。ルネサンスからバロックへの移行期に生まれ、ポントルモ・ブロンツィーノ・グレコなどにみられる。マニリズモ。

マニキュア【manicure】 手の爪(つめ)の手入れ。特に、爪の形を整えて磨き、ネイル-エナメルを塗ったりして美しく見せる化粧。

マニッシュ【mannish】 男っぽいさま。

マニピュレーション【manipulation】新 ①巧みな操作。「マイクロ—(＝生物工学で行う微細操作)」②株式などの市場操作。③手で行う筋肉や骨などの治療。徒手療法。④音楽の制作・演奏のために行う、コンピューターや電子楽器などの操作。⑤ステージマジックで行う、手先・指先の技。またその演目。

マニピュレーター【manipulator】新 ①人間の手に近い動作をし、人間に代わって、工作その他の作業をする装置。人間が操作するものと、自律制御するものがある。ロボット-アーム。マジック-ハンド。ロボット-ハンド。②コンピューターや電子楽器などの操作を行い、楽曲を制作・演奏する専門家。③(自己の利益のために)他人を操る人。そのような人格。

マニフェスト【manifesto】①宣言。声明書。檄文(げきぶん)。②マルクス・エンゲルスにより起草され、1848年に発表された共産党宣言。③選挙の際に、政党や立候補者が発表する公約集。具体性を欠く選挙スローガンや公約と異なり、政策の目標数値、実施期限、財源などを明示する。政党や当選者は、明示したものに基づいて政策を実行しなければならない。

マニュアル【manual】①作業や操作の手順についてまとめたもの。案内書。手引き書。取扱(操作)説明書。手順書。②自動車で、変速装置が手動のもの。マニュアル車。

マニュアル敬語 俗に、マニュアルに縛られた画一的な敬語表現のこと。「ご注文の品はこちらでよろしかったでしょうか？」などの表現。

マニュファクチャー【manufacture】工場制手工業。

マニュファクチュール【フランス manufacture】新 ムーブメント(動力装置)や部品も含めた一貫生産を行う時計メーカー。▷manufacture d'horlogerie(時計メーカー)の略。

マヌカン【フランス mannequin】 ⇨マネキン②

マネー【money】かね。金銭。

マネー クリップ【money clip】

紙幣を挟んで携帯するためのクリップ。紙幣を折らずに挟んだり、二つ折りにして挟んだりする。

マネー ゲーム【和製 money＋game】最大限の利益を得ることを目的とした投機的な投資や資金の運用。

マネー サプライ【money supply】市場に流通している通貨の量。金融機関以外の民間部門が保有する現金通貨・要求払い預金・定期性預金などの残高。物価や景気の動向と密接に関係し、金融政策上重視される。通貨供給量。

マネージ【manage】管理すること。経営すること。処理すること。

マネージド サービス【managed service】新 サーバーの運用・保守・障害対応などを、一括して請け負うサービス。

マネージメント【management】①管理。経営。特に、人・費用・時間などを効率的に用い、企業を維持・発展させるために、管理・経営を行うこと。②管理者。経営者。▷マネジメントとも。案 経営管理 ➡ よくわかる「マネージメント」の意味と使い方(p.789)

マネージャー【manager】①ホテルや飲食店で、経営者に代わって仕事を取りしきる人。支配人。管理人。②芸能人などについて、スケジュールの調整や外部との交渉を行う人。③スポーツ-チームなどで、雑務を担当する人。▷マネジャーとも。

マネー プラン【money plan】生活設計に基づいた家計の計画。

マネー ロンダリング【money laundering】麻薬などの犯罪や不正取引などで得た資金を、多数の銀行の口座を転々と移動させることで、資金の出所や受益者をわからなくすること。資金洗浄。グリーンウオッシュ。

マネキン【mannequin】①衣料品店などで、商品を着せて展示・陳列する等身大の人形。マネキン人形。②商品を身に着けたり使ってみせたりしながら宣伝・販売をする女性。マヌカン。

マネジメント【management】⇨マネージメント

マネジメント ゲーム【management game】経営で必要とされる知識・技術などを疑似体験的に習得できる、ゲーム形式の研修プログラム。

マネタイズ【monetize】収益に繫(つな)げること。特にインターネットにおいて、無料サービスによって獲得した顧客やトラフィックを利用して、何らかの収益を得ようとする行為のこと。▷原義は、換金すること、貨幣と定めること、貨幣を鋳造することなどの意。

マネタリー ベース【monetary

よくわかる「マネージメント」の意味と使い方

詳しい意味は？

マネージメント（management）の基本的な意味は「物事をうまく扱うこと」です。

端的に言えば、ひとつには「管理」です。例えば「部下をマネージメントする」と言った場合は「部下の仕事について、監督し指示・指導などを行うこと」、すなわち「部下の仕事を管理すること」を意味します。

もうひとつには、「経営」ということです。「事業をうまく扱うこと」イコール「経営」と考えれば、この意味もよく理解できることでしょう。例えば「企業のマネージメント」という表現は「企業経営」と置き換えることが可能です。

実際の使われ方は？

[マネージメントする]　動詞として使えます。例えば「組織をマネージメントする」と言った場合は「組織を管理・運営する」ことを意味します。

[マネージメント手法のいろいろ]　経営手法を表す言葉のなかには、マネージメントを含む複合語が数多く存在します。例えば人材管理を行うための「人材マネージメント」、事業遂行を管理するための「プロジェクトマネージメント」、危機管理のための「リスクマネージメント」、知識を共有するための「ナレッジマネージメント」など、実に様々な経営手法が存在するのです。

[そのほかのマネージメント]　経営以外の分野にも、マネージメントを含む複合語は数多く存在します。例えば資産管理を意味する「アセットマネージメント」、不動産管理を意味する「プロパティマネージメント」、怒りの感情を制御するための「アンガーマネージメント」、心理的ストレスを制御するための「ストレスマネージメント」、時間管理を意味する「タイムマネージメント」などがあります。

base】日本銀行が供給する通貨。市中に出回っている流通現金と日銀当座預金の合計。→マネー-サプライ

マハラジャ【サンスクリット mahārāja】インドの藩王国の王の称号。▷大王の意。

マヒマヒ【ハワイ mahi-mahi】鱰(しいら)。

マフィア【Mafia】①イタリアで強い勢力をもつとされる大規模な犯罪組織。シチリア島で結成された秘密結社が起源といわれる。②イタリア系移民を中心とするアメリカの犯罪組織。コーザ-ノストラ。

マフィン【muffin】ベーキング-パウダーを使ってふくらませた小さな丸いパン。

マフラー【muffler】①毛糸・布などの、細長い襟巻き。②原動機の排気口や銃口の先に装着して、音を消す装置。消音器。サイレンサー。

マホガニー【mahogany】センダン科の常緑大高木。北アメリカ南東部・西インド諸島原産。熱帯各地で栽植。材は紅褐色で、木目が美しく緻密(ちみつ)で堅い。家具材や建築の内装仕上げ材とされる。

ママ【mama; mamma】①母。おかあさん。②(バーなどの)女主人。マダム。

ママ活(かつ) 新 男性が女性(ママ)に付き合い、その報酬を得る活動。2018年(平成30)ごろから言われるようになった。

ママ コート【和製 mama + coat】乳児を抱いたり背負ったりしたまま着用できるコート。

ママタレ 俗に、母親である(ことを売りにしている)芸能人のこと。

ママチャリ 俗に、生活用途に特化した仕様の自転車のこと。乗降が容易なフレーム形状、買った物を運搬できるカゴやキャリア付きなどの特徴がある。▷「ママが乗るちゃりんこ」の意。

ママ友(とも) 母親どうしの友人。狭義には、子どもを通じて知り合った友達やそのグループをさす。▷ママ友達の略。

ママ振袖(ふりそで) 新 母親が成人式で着用した振袖。これを現代風にアレンジして引き継ぎ、子供も成人式(二十歳の集い)で着用する場合にいう。ママ振(り)。ママ袖。▷これに対して姉から引き継ぐ振袖は、姉振(あねふり)と呼ぶ。

ママン【フランス maman】お母さん。ママ。

マヨネーズ【フランス mayonnaise】卵黄に油・酢・塩などを加えてかきまぜた、クリーム状のソース。サラダやフライ料理などに用いる。マヨネーズ-ソース。

マヨラー 俗に、マヨネーズが好きな人。一般にはマヨネーズをかけないような食べ物にマヨネーズをかけて食べる人など。

マラ【サンスクリット māra】①仏教で、人の心を迷わし修行のさまたげとなるもの。▷魔羅・摩羅。②(もと僧侶の隠語)陰茎。男根。

マラカイト【malachite】塩基性炭酸銅からなる鉱物。単斜晶系に属し、孔雀の羽のような緑色の絹糸状の光沢がある。銅鉱床の酸化帯に産し、飾り石となる。日本では、岩緑青と称し、顔料として古くから用いられた。孔雀石(くじゃくせき)。

マラカス【スペイン maracas】ラテン-アメリカ音楽のリズム楽器。ウリ科のマラカの果実をくりぬいて干し、中に干した種子を入れたもの。高音と低音の二個一組みで用い、振って音を出す。

マラサダ【malassada; malasada】ポルトガル風の揚げパン。ポルトガル人移民によりハワイにも伝えられ、同地で一般化した。

マラソン【marathon】陸上競技の一つで、公路を走る長距離競走。1924年の第8回オリンピック大会以降、正式距離は42.195kmに決められた。転じて、長い距離を走ることや、長い時間をかけて行うことにも用いられる。

マラリア【malaria】熱帯・亜熱帯に多いマラリア原虫感染症。ハマダラカが媒介。潜伏期は普通1〜3週間。周期的な発熱発作が特徴で、貧血や肝脾腫(かんひしゅ)が見られる。▷イタリア語のmala(悪い)aria(空気)からの語。

マリアージュ【フランス mariage】①結婚。結婚式。結婚生活。②組み合わせ。色・香り・味わいなどの配合。特にフランス料理などで、料理とワインの組み合わせや相性がよい場合に用いられることが多い。

マリー【marry】①結婚する。②同一通貨建ての手持ちの売り為替と買い為替を抱き合わせて、持ち高を相殺すること。相場変動のリスクを避けるために行う。→カバー

マリーシア【ポルトガル malicia】サッカーで、試合を有利に進めるために必要とされる、許容範囲内のずる賢さ。▷ずる賢さ、悪意の意。

マリーナ【marina】ヨットやモーターボートのための基地。係留・保管・燃料補給ができる。

マリオネット【フランス marionnette】糸で操る人形。また、その人形を用いる劇。

マリオネット ライン【marionette line】新 俗に、口角から顎(あご)に向かってできる皺(しわ)のこと。マリオネット(糸操り人形)の口元に似ていることから。

マリオン【mullion】建物の開口部を支える垂直の材。

マリガン【mulligan】新 ▷由来は人物名(Mulligan)か。①主に仲間内のゴルフで、ショットを打

ち損じた場合にやり直しを許すこと。②カードゲームで最初に揃えた手札が悪い場合に、ペナルティー付きで引き直しができるルール。

マリッジ【marriage】結婚。

マリッジ ブルー【和製 marriage+blue】結婚直前の人にみられる抑鬱(よくうつ)や情緒不安定な状態のこと。女性に多いとされる。ウエディング-ブルー。エンゲージ-ブルー。

マリトッツォ【イタリア maritozzo】新 ブリオシュに切り込みを入れて、生クリームをたっぷり挟んだ菓子パン。ローマ発祥。

マリネ【フランス mariné】魚・肉・野菜などを香味野菜や香辛料・酢・油などを合わせた液に漬け込んだ料理。

マリファナ【スペイン marijuana】大麻(たいま)。アサの葉や花穂を乾燥したもの。また、その樹脂。喫煙すると開放感などの精神作用を生ずる。日本では大麻取締法により栽培や所持・譲渡が規制されている。マリワナ。

マリン【marine】「海の」「海上の」の意。多く他の外来語と複合して用いる。マリーン。

マル ウエア【malware】悪意のもとに開発・利用されるソフトウエアの総称。コンピューター-ウイルス、ワーム、スパイ-ウエア、悪意で用いられるキー-ロガーなど。▷malicious software(悪意あるソフトウエア)の略。→コンピューター-ウイルス・ワーム・スパイ-ウエア・キー-ロガー

マルガリータ【Margarita】テキーラ-ベースのカクテルの一。リキュールとライムまたはレモンのジュースを加え、スノー-スタイルにしたカクテル-グラスに注ぐ。

マルク【Mark】ドイツの旧通貨単位。1マルクは100ペニヒ。マルッカ。

マルクス主義 マルクスとエンゲルスにより確立された思想体系。史的唯物論に立脚、人類史は生産力と生産関係の矛盾により展開し、資本主義も私的所有と社会的生産との矛盾から社会主義へ移行せざるをえないとする。そして歴史的発展過程での社会変革は階級闘争により実現するもので、資本主義社会の中で搾取され、疎外された労働者が社会主義社会の担い手として形成され、階級闘争を通じて社会主義・労働者解放を実現すると説く。マルキシズム。

マルシェ【フランス marché】市場。市。見本市。

マルス【Mars】①ローマ神話の戦の神。ユピテルとクイリヌスとともにローマ三主神を構成する神。ローマの始祖ロムルスの父といわれる。ギリシャ神話のアレスと同一視される。②火星。▷英

語名マース。

マルチ【mulch】栽培する作物の根の周りを覆うビニールやわら。乾燥や湿気を防ぐ。

マルチ【multi】①「多数の」「多量の」「複数の」などの意を表す。多く、他の語の上に付けて用いる。②⇨マルチ商法

マルチキャスト【multicast】一つの情報を同時に複数の相手へネットワークを通じて配信する技術。インターネット上の情報配信などに用いられる。

マルチコア【multicore】複数のプロセッサー-コアを単一パッケージ内に搭載したマイクロプロセッサー。論理的には、それぞれのコアが独立したマイクロプロセッサーとして動作する。プロセッサー-コア間で、キャッシュ-メモリーを共用する場合もある。→マイクロプロセッサー・キャッシュ-メモリー

マルチコプター【multicopter】新 3つ以上の回転翼(ローター)を設けた回転翼機。遠隔操作または自律飛行による、小型の無人機であることが多い。空撮・娯楽などに用いる。マルチローター。

マルチ商法 加入者が他の者を次々と組織に加入させることにより、販売組織を拡大させていく販売方法。ねずみ講に類似し、特定商取引法により規制される。連鎖販売取引。

マルチシンク【multi sink】新
⇨スロップシンク

マルチ スレッド【multi thread】コンピューターのプログラムが、複数のスレッド(処理単位)を並列で実行させること。また、そのように動作しているスレッドのこと。

マルチタスク【multitask】①一台のコンピューターで、複数の処理を同時に実行すること。複数のアプリケーションを同時に起動して利用することができる。②複数の仕事・作業を並行でこなすこと。

マルチ タッチ【multi touch】新 タッチ-パネルを用いたインターフェースにおいて、パネルに複数の指で触れる入力操作。またそのような入力操作を可能にする技術や機能。

マルチ バース【multiverse】新
▷ multi-（多数の）と univerce（宇宙）の合成語。①理論物理学の仮説である多元宇宙。②映画などのフィクションで、並行的に存在する世界のこと。③(相互接続した)複数のメタバース。

マルチ プラットフォーム【multi-platform】新 同じ仕様であるソフトウエアが、異なるプラットフォームでも動作すること。クロス-プラットフォーム。

マルチプル【multiple】①多様であること。多彩なこと。多重。複

合。②企業価値を評価する手法の一。企業価値が特定指標の何倍なのかを算出する。またその数値。EBITDA 倍率など。③美術で、作家の指示に基づいて作品を量産すること。また、その作品。

マルチ マテリアル【multi-material】ひとつの部材に複数の材料を用いること。自動車の車体を軽量化するため、アルミニウム合金と炭素繊維強化プラスチックを併用する場合など。

マルチメディア【multimedia】デジタル化された映像・音声・文字データなどを組み合わせた総合的なメディア。案 複合媒体

マルチ モーダル【multi-modal】①効率的な輸送体系の確立と、良好な交通環境の創造を目指した、道路・航空・海運・水運・鉄道など複数の交通機関の連携交通施策。②視覚・聴覚など複数の様式が組み合わさっていること。

マルチョウ【丸腸】新（料理用の）牛の小腸。ホソ、コプチャン、コテッチャンとも。

マルチリンガル【multilingual】①複数の言語で書かれている、または話されている状態のこと。コンピューターにおける操作環境（マルチリンガル環境）など。②複数の言語を自由に話すこと。また、その人。

マレット【mullet】全体は短髪であるが、襟足だけを長く伸ばした髪形。▷ボラ（魚）の意。

マロニエ【フランス marronnier】トチノキ科の落葉高木。バルカン半島原産。欧米では街路樹とする。5～6 月、白花を円錐状につける。果実は球形でとげがある。ウマグリ。セイヨウトチノキ。

マロン【フランス marron】栗。

マロン グラッセ【フランス marrons glacés】栗の砂糖漬け。ゆでた栗を砂糖液に漬けたのち表面の糖液を洗い乾燥させたもの。

マン【man】人。男。多く、名詞の下に付いて複合語をつくり、それを職業とする人、それにかかわりのある人、その集団の一員などの意を表す。

マンガン【ドイツ Mangan】7 族（マンガン族）に属する遷移元素の一。元素記号 Mn　原子番号 25。原子量 54.94。地表に広く分布し、動植物にとって不可欠の微量元素。純粋なものは銀白色で、鉄より硬いが、非常にもろい。空気中で速やかに酸化し、被膜をつくる。マンガン鋼などの合金の材料、乾電池・化学薬品に用いる。

マンガン【満貫・満款】麻雀で、1 回の上がりの点数が多くなりすぎないように特定の点数で決めた限度。▷中国語。

マングース【mongoose】①食肉目ジャコウネコ科のうち、約 30

種を示す総称。アフリカ・インド・東南アジアに分布。ネコイタチ。②①のうち、特にインド産の汎存種をさす。毛は柔らかく、暗赤褐色の霜降り状。ヘビ・ネズミ・トカゲ・小鳥などを食う。毒蛇駆除の目的で沖縄本島や奄美大島などに移入され、生態系に影響を与える。

マングローブ【mangrove】熱帯・亜熱帯の河口周辺に生育する樹林。ヒルギ科・クマツヅラ科など独特の樹木が生え、多くは呼吸根・支柱根をもつ。日本では鹿児島以南にみられる。

マンゴー【mango】ウルシ科の常緑高木。南アジア原産。果樹として栽培。果実は長さ10～20cmの卵形で、果肉は多汁で甘酸っぱく、独特の香りがある。

マンゴスチン【mangosteen】オトギリソウ科の常緑高木。マレー半島原産といわれ、果樹として栽培。果実は径約6cmの平たい球形で、果肉は香りがよく、甘味と水分に富む。果物の女王といわれる。果皮は黄色の染料とする。

マンション【mansion】中・高層の集合住宅。比較的規模の大きい集合住宅。▷大邸宅の意。

マンスリー【monthly】月1回の定期刊行物。月刊。

マンスリー マンション【和製 monthly + mansion】月単位などにより短期間だけ貸し出される、家具や家電などが備え付けのマンション。

マンタ【manta】エイ目の海魚オニイトマキエイのこと。

マンダリン【mandarin】①中国、清朝の高級官吏。②中国の公用・標準語。官話(かんわ)。③中国原産で、ヨーロッパで栽培されるミカンの類。

マン ツー マン【man-to-man】一人の人に一人の人が対応すること。一対一。

マント【フランス manteau】衣服の上から羽織る外套(がいとう)。ゆったりした外衣。マンテル。

マントー【饅頭】粉を練って蒸した丸いパン。また、粉を練った生地で餡(あん)を包み、蒸した菓子。マントウ。▷中国語。

マンドポップ【Mandopop】新 マンダリン②で歌唱されるポピュラーソング。

マントラ【サンスクリット mantra】密教で、仏・菩薩の誓いや教え・功徳などを秘めているとする呪文的な語句。真言。▷元来はベーダ聖典中の賛歌のこと。

マンドリン【mandolin】撥弦楽器の一。胴は洋梨を縦割りにした形で、後ろは曲面をなす。4本の複弦(通常はスチール製)をもち、鼈甲(べっこう)・セルロイド製の爪(ピック)で弾いて演奏する。複弦を利したトレモロ奏法の多用が

マ

特色。

マントル【mantle】①ガス灯などの炎をおおう器具。白熱套(とう)。ガス-マントル。②地殻の下限(モホロビチッチ不連続面)から深さ約2900kmまでの部分。地球の体積の約83%を占める。橄欖(かんらん)岩を主成分とする固体と推定されるが、地質学的にきわめて長い時間でみれば流動していると考えることもできる。

マントルピース【mantelpiece】暖炉の焚(た)き口を囲む装飾枠。

マンナン【mannan】マンノースを主な構成成分とする多糖類の総称。植物や酵母の細胞壁を形成する。

マンネリ マンネリズムの略。

マンネリズム【mannerism】思考・行動・表現などが型にはまり、新鮮さや独創性がなくなること。マンネリ。

マンパワー【manpower】人間の労働力。人的資源。㊀人的資源

マンボ【スペイン mambo】ラテン-アメリカ音楽の一。ルンバを基にした4分の2拍子のダンス曲。また、そのリズムやダンス。メキシコに興り、キューバ出身のピアノ奏者ペレス=プラドによって、1950年代に世界的に流行。

マンホール【manhole】下水道・暗渠(あんきょ)などで、路面から人が出入りできるように設けて蓋(ふた)をした穴。

マンホール トイレ【和製 manhole+toilet】災害時に利用する非常用トイレ。あらかじめ公園などに下水直結のマンホールを用意しておき、災害時にはその真上に簡易トイレとテントを設ける。

マン マーク【man-mark】球技で、相手選手ひとりにつき味方選手ひとりが、付き切りで守備にあたる手法。

マンモグラフィー【mammography】乳房レントゲン撮影法。弱いX線で乳房の幅を撮影する。触診ではわからない微少な乳癌(にゅうがん)の発見に有用。

マンモス【mammoth】①長鼻目ゾウ科マンモス属の化石獣の総称。6種ほどが知られる。肩高4mほど。体毛は赤褐色で長く、牙(きば)は長大。更新世にヨーロッパ・アジア・北アメリカ・アフリカで栄えた。シベリアなどで凍土から発見されている。②形や規模が巨大なものの形容。

ミ

ミーグリ 新 著名人とファンの交流会。握手会、サイン会、撮影会、トーク会などのこと。▷ meet and greet の略。

ミーティング【meeting】打ち合わせ。会合。集会。

ミート【meat】牛・豚などの肉。精肉。

ミート【meet】野球で、ボールにバットをうまく当てること。

ミード【mead】蜂蜜(はちみつ)酒。水で薄めた蜂蜜に酵母を加え、これを発酵させたもの。

ミート アップ【meet up】ネット上で日時や参加者などを決め、実際に集まる会合や交流会のこと。オフ会。

ミート ローフ【meat loaf】牛または豚肉に粉乳・穀類の粉・野菜・ゼラチンなどを加えて調味し、型に入れてオーブンで焼くか、蒸し上げた食品。

ミーハー 世の中の流行などに熱中しやすい人たち。▷「みいちゃんはあちゃん」の略。もともとは、趣味・教養の低い人たち、また、その人たちを卑しめていった語。

ミーム【meme】①個々の文化の情報をもち、模倣を通じてヒトの脳から脳へ伝達される仮想の遺伝子。イギリスの動物学者ドーキンスが著書「利己的な遺伝子」の中で命名・提唱。②ネット上のコミュニケーションを通じて流行する言葉・画像・動画など。インターネット-ミーム。ネット-ミーム。

> アップデート ミームとして流行する情報は様々です。ロシアのウクライナ侵攻に際しては、ロシア側のプロパガンダに対抗する人の間で、ミームの常連ネタである「柴犬」の画像を投稿する動きもありました。変わった所では株取引の分野でミーム化する(ネット社会で突如将来性が注目される)株もあり、それらは「ミーム銘柄(株)」などと呼ばれます。

ミイラ【ポルトガル mirra】腐敗せずに乾燥し、原形を残している死体。天然のものと人工のものがある。人工のものの多くは宗教的目的をもって遺体の腐敗を防いだもので、エジプトなどにみられる。日本では即身仏とよばれる宗教者のものがある。

ミール【meal】食事。食事どき。

ミール【meal】穀物の実などをひき割って粗い粉にしたもの。

ミール【Mir】1986 年に旧ソ連が打ち上げた宇宙ステーション。

長期滞在できる唯一の宇宙実験施設だったが、老朽化が進み、2001年に大気圏に落下させ廃棄された。

ミール キット【meal kit】新 下拵(ごしら)えした食材、調味料、レシピをセットにした商品。料理キット。

ミール クーポン【meal coupon】食券。

ミールワーム【mealworm】⇨ミルワーム

ミオグロビン【myoglobin】ヘモグロビンに類似した色素タンパク質の一種。ヘモグロビンより酸素親和性が高く、動物の筋肉中にあって酸素貯蔵体として機能する。

ミオシン【myosin】筋原繊維を構成する主要なタンパク質の一。複雑な繊維構造を形成してATPを加水分解する酵素活性をもち、その際生ずるエネルギーでアクチン上を滑るように筋収縮を起こす。平滑筋にも分布し、白血球など遊走細胞の細胞運動全般にも関与する。

ミカエル【Michael】ユダヤ教・キリスト教などにおける大天使の一。サタンと論戦し、神の威勢を示した。

ミキサー【mixer】①果実・野菜などを細かく砕く家庭電気器具。ブレンダー。②セメント・砂・砂利・水などを混ぜ合わせてコンクリートなどをつくる機械。③放送などで、複数の音声や映像を混合したり調整したりする装置。また、それを操作する技師。ミクサー。

ミキシング【mixing】放送や録音で、複数の音声・映像を混合して効果的になるよう調整すること。

ミクスチャー【mixture】混合。混合物。ミクスチュア。

ミクスト ダブルス【mixed doubles】テニス・卓球・バドミントンなどで、男女各一名が組んで行う試合。混合ダブルス。ミックス。ミックス-ダブルス。

ミクスト メディア【mixed media】絵画やオブジェを制作する場合にさまざまな素材を混合して用いる現代アートの手法。混合素材。

ミクロ【micro】①非常に小さいこと。微小。また、微視的であること。→マクロ ② ⇨マイクロ

ミクロ経済学 家計・企業など個々の経済主体の行動およびそれらが相互に調節される市場機構の働きを分析する経済学。価格の作用を重視し、資源配分と所得分配を細かく分析する。微視的経済学。→マクロ経済学

ミクロン【フランス micron】長さの単位。1mmの1000分の1。現在は、μmマイクロメートルを用いる。記号μ

ミサ【ラテン missa】①ローマ-カトリック教会で、神をたたえ、キリストによる救いを記念して賛美と感謝をささげ、聖体拝領を行う典礼。聖書朗読、祈願、信仰宣言、賛美の歌を含む。②ミサ曲。ミサ通常式文を作曲したもの。

ミサイル【missile】ロケットあるいはジェット推進による飛翔(ひしょう)爆弾。多くは誘導装置により、自動的に目標に向かう。発射地点と目標により地対空・地対地・空対地・空対空などと分類される。誘導弾。

ミサイル防衛【missile defense】飛来する弾道ミサイルを探知・追尾し、迎撃・破壊して防衛すること。MD。

ミサンガ【ポルトガル miçanga】カラフルな刺繍(ししゅう)糸やビーズでつくった、手首・足首に巻きつけるひも状の輪。プロミス-リング。

ミサンドリー【misandry】男嫌い。→ミソジニー

ミシュラン ガイド【Michelin Guide】(フランス le Guide Michelin)ミシュラン社が出している旅行案内などのガイドブック。緑表紙のものは各国の旅行案内書(グリーン-ミシュラン)。赤表紙のものはホテル・レストランのガイド-ブック(レッド-ミシュラン)で、ホテルやレストランの等級を独自に判定し、それを星の数によって格付けしているもの。毎年改訂している。

ミシン ①布・革などを縫い合わせたり、刺繍(ししゅう)をしたりするための機械。②紙の切り取り線などにつける細かい穴の列。

ミス【Miss】①未婚の女性の姓や名の上に付ける敬称。②未婚の女性。③代表的な美人として選ばれた未婚女性。コンテストなどでの優勝者。

ミス【miss】失敗すること。やりそこなうこと。

ミス【myth】神話。作り話。

ミズ【Ms.】既婚・未婚を問わない女性の敬称。アメリカの女性解放運動から生まれた造語。

ミスコン 未婚女性が容姿・特技・教養などを競う催し。▷ミス-コンテストの略称。

ミスター【Mister; Mr.】①男性の姓名につける敬称。②代表的な男性。名詞に冠して用いる。

ミスティック【mystic】①神秘的。②神秘主義的。

ミステリアス【mysterious】不思議なさま。謎を秘めたさま。神秘的。

ミステリー【mystery】①神秘的なこと。不可思議。なぞ。②怪奇・幻想小説を含む、広い意味での推理小説。

ミステリー サークル【mystery circle】畑や野原の稲や小麦などが、円形や幾何学模様に倒される現象。また、その模様。ク

ロップ-サークル。コーン-サークル。

ミステリー ショッパー【mystery shopper】営業中の小売店などで、客に扮して顧客満足度を点検する覆面調査員のこと。

ミスト【mist】①霧。かすみ。もや。②スプレーで霧状にして用いる整髪料。

ミスト サウナ【和製 英 mist＋フィンランド sauna】温水をノズル(噴射管)で噴霧する方式のサウナ。高温の蒸気を使用する通常のサウナに比べ、身体への負担が少ない。

ミストレス【mistress】①主婦。女主人。②情婦。

ミスマッチ【mismatch】適合しないこと。不釣り合い。不似合い。案 不釣り合い

ミスリード【mislead】①誤った方向に人を導くこと。②新聞・雑誌などで、見出しと記事の内容が著しく異なっていること。

ミスる ミスをする。失敗する。「実地試験で―・ってしまった」▷ミス(miss)を動詞化した語。

ミセス【Mrs.】①既婚の女性の姓につける敬称。②既婚の女性。奥様。夫人。▷ Mistress の略。

ミゼット【midget】超小型であること。

ミゼラブル【フランス misérable】哀れなようす。悲惨なさま。

ミソジニー【misogyny】女嫌い。→ミサンドリー

ミッキー【mickey】コンピューターのマウスの感度を示す単位。マウスを 1 インチ動かしたときのコンピューターに送られる移動量を表したもの。ミッキー-マウスに由来することば。

ミックス【mix】①まぜあわせること。また、まぜあわせたもの。②種類・性質の異なるものを組み合わせて一つのものとすること。③テニス・卓球・バドミントンなどで、男女のペア。④異なる人種・民族である父母の間に生まれた人。ハーフに代わる表現。ダブル、ミックス-ルーツとも。

ミックス犬 異なる純粋種を交配して生まれた犬の総称。プードルとコッカー-スパニエルの交配種であるコッカープーや、ラブラドル-レトリーバーとスタンダード-プードルの交配種ラブラドードルなど。▷多くの場合、雑種と区別される。

ミックス ダウン【mix down】楽曲の制作において、あらかじめ録音された複数のパートを、最終的な 2 音のステレオ状態に混合・調整する作業工程。

ミックス ダブルス ▷ mixed doubles。⇨ミクスト-ダブルス

ミッション【mission】①任務。使命。②代表団。使節団。③キリスト教の宣教。伝道。また、そのために設けられた団体。④ミッ

ション-スクールの略。⑤トランスミッションの略。変速装置。案 使節団／使命 ➲ よくわかる「ミッション」の意味と使い方(p.803)

ミッション クリティカル【mission-critical】　間断なくサービスを提供するコンピューター-システムなどにおいては、故障による中断が業務に深刻な影響を及ぼし、巨額の損害を与えるため、高い信頼性や障害に対する耐性が求められること。▷業務がきわめて重大である意。

ミッション スクール　【mission school】キリスト教団体が異教世界での宣教を目的として設立したキリスト教主義の学校。日本では明治の初めから設立され、英語教育などを行った。ミッション。

ミッション ステートメント【mission statement】企業などの組織が、存在理由や社会的使命などを内外に示すために作成する声明文。

ミッション ビジョン バリュー【mission, vision, and value】新 ⇨MVV

ミッシング【missing】あるべきところにないこと。見つからないこと。欠けていること。

ミッシング リンク　【missing link】進化において、生物の系統を鎖の環に見立て、その欠けた部分(間隙(かんげき))に想定される未発見の化石生物。始祖鳥(鳥類と爬虫(はちゅう)類との間)・アウストラロピテクス(人類と類人猿との間)の化石などの発見は、その間隙をつないだ例。▷失われた環(わ)の意。

ミッド センチュリー【mid-century】1950年代前後にアメリカや北欧などで工業製品として大量生産された家具類やそのデザインのこと。また、そのデザイナーたちが活躍した時代をさす。プラスチックや成型合板などを素材に採り入れ、ポップな色合いと滑らかな曲線によるシンプルで機能性の高いモダンなデザインを特徴とする。▷世紀の半ばの意。

ミッドナイト【midnight】真夜中。深夜。

ミディ ⇨MIDI

ミディアム【medium】①媒体。媒介物。②顔料を溶かす媒剤。メディウム。③霊媒。④程度や大きさが中間のもの。⑤ビーフ-ステーキの焼き方で、レアとウエル-ダンの中間のもの。

ミディ リング【midi ring】新 ⇨ファランジ-リング

ミトコンドリア　【mitochondria】真核細胞内にあって、主に呼吸に関与する、棒状または粒状の細胞小器官。ADPと無機リン酸とからATPを合成する酸化的リン酸化を行なっている。ま

ミ

た、DNA・RNA を含んで細胞質遺伝に関与し、細胞内で分裂増殖する。

ミドル【middle】①中間。中級。多く他の外来語と複合して用いる。②ボートの中央部にいる漕ぎ手。③「ミドル-エージ」の略。中年。

ミドルウエア【middleware】OS とアプリケーション-ソフトウエアの間に位置するソフトウエアの総称。複数のソフトウエアを結び付け、システムの運用・管理、分散処理などを可能にする。

ミドル ネーム【middle name】欧米の人名で、ファースト-ネームとファミリー-ネームの間にある名。

ミドル ヒール (middle-heeled shoes)かかとの高さが 4~5cm くらいの靴。

ミトン【mitten】親指を別にして、残りの指が一つに入る手袋。

ミニ【mini】①名詞、特に他の外来語に付いて、「小さい」「小形の」「小規模の」などの意を表す。②ミニスカートの略。膝上丈のスカート。

ミニアチュール【miniature】⇨ミニチュア③

ミニ アプリ【mini app】スマートフォンなどのスーパー-アプリに、個別のサービスとして組み込まれるアプリケーション-ソフトウエア。ミニ-プログラム。→スーパー-アプリ

ミニオン【minion】お気に入り。手先。子分。

ミニ コミ【和製 mini＋communication】少数者に対して情報を伝達すること。また、その伝達媒体。マス-コミに対していう。

ミニ シアター【和製 mini＋theater】座席数が 300 以下の小規模映画館。主に芸術性の高い映画などを上映する。

ミニチュア【miniature】①小さいもの。小型のもの。②小型の模型。③小さな油彩画。細密画。微細画。ミニアチュール。

ミニパト 主に軽自動車を用いたパトロール-カー。

ミニマム【minimum】①最小。最小限。最低限。②数学で、極小。極小値。→マキシマム

ミニマリスト【minimalist】新 ①ミニマリズムの建築家・美術家・音楽家など。→ミニマリズム ②身の回りの物を最小限にして暮らすことを信条とする人。

> アップデート 2 番目の意味のミニマリストが注目されたのはゼロ年代後半のこと。米国の男性二人組ユニット The Minimalists(ザ・ミニマリスツ)が、この生活様式をネットや書籍を通じて発信して話題になったのです。2015 年以降は、国内でも同様の書籍がいくつも登場しています。

ミニマリズム【minimalism】

よくわかる「ミッション」の意味と使い方

どんな時に登場する言葉？

目標が設定されるあらゆる分野で用いられている言葉です。例えば、経営などの分野では「当社のミッション」「プロジェクトのミッション」など、理念や目標を表現する言葉として多く登場します。これを特に「ミッションステートメント」と呼ぶ場合もあります。またその到達目標は「ミッションゴール」と呼ばれる場合もあります。

どんな経緯でこの語を使うように？

ミッションの語源はラテン語で「送る」などを意味するmittereです。その昔、キリスト教の礼拝の終わりに、司教が「Ite, missa est.(行きなさい、解散する)」と告げる習慣があったことから(missa estは受動完了形)、この表現が「神の言葉を送り届けよ」と解釈されるようになりました。ゆえにmissionは「伝道」の意味を表すようになったのです。その後missionは、広く一般に「任務や使命」の意味でも用いられるようになりました。例えば軍事(近年では宇宙開発)の分野では、一連の作戦行動のことをミッションと呼ぶ習慣があります。

実際の使われ方は？

[ミッションを達成する]　ある任務や使命を全うした場合、これを「ミッションを達成した」などと表現することが可能です。

[ミッションクリティカル]　それがないと全体が機能しないほど「重要かつ不可欠な任務」のことを「ミッションクリティカル」と表現することができます。この場合のクリティカル(critical)とは「危機をはらんだ」とか「重要な」などを意味する言葉です。例えば金融機関の情報システムは、それが機能不全に陥ると、金融機関のみならず社会全体の機能不全も招いてしまうためミッションクリティカルシステムと呼ぶ事が出来ます。

①建築・美術・音楽などの分野で 1960 年代に登場した、装飾的要素を最小限に切り詰めた簡素な形式。ミニマル-アート、ミニマル-ミュージックなど。②アメリカで 1980 年代に興った文学傾向の一。レイモンド=カーバーなどに代表される簡潔な文体と日常生活のリアルな描写を特徴とする。③必要なものを必要最小限しか持たない生活様式。

ミニマル【minimal】(物事を成立させたり、要求を満たしたりする上で)最小限であるさま。最低限であるさま。→ミニマリズム

ミニマル ライフ　【和製 minimal ＋ life】新 必要最小限のものしか持たない生活。→ミニマリスト

ミニ ランドセル【和製 英 mini ＋オランダ ransel】使用済みのランドセルを再加工して作る、小型ランドセル。子どもの親などが記念として残しておくもの。ランドセルに付いた傷や皺(しわ)などを、そのまま活かして加工することが多い。

ミニ レター　【和製 mini＋letter】　切手付き封筒兼用便箋(びんせん)。通信文を書いて折り畳み、封をして使用する。全体の重さが 25g 以内になるものを同封可能。通常の定形郵便物(25g 以内)の料金より安い。1966 年(昭和 41)に開始。旧称、郵便書簡。

ミネストローネ【イタリア minestrone】イタリア料理の、実だくさんのスープ。トマト・ニンジン・タマネギなど多種の野菜のほか、米・パスタなどを加える。

ミネラル【mineral】①鉱物。無機物。②栄養素の一。

ミネラル ウオーター【mineral water】①無機塩類を多く含む水。②ミネラル分を調整した飲料水。

ミネルバ【Minerva】ローマ神話の技術・工芸の女神。ローマのカピトリヌスの丘にユピテル、ユーノーとともに、国家神としてまつられていた。のち、ギリシャ神話の知恵・学芸・戦・工芸の女神アテナと同一視される。

ミノ　(料理用の)牛の第 1 胃。ガツ。

ミミガー　沖縄地方で、豚の耳皮の呼称。ゆでて酢味噌やピーナッツ-ソースなどで食べる。

ミミック【mimic】①動作・姿態・顔かたちなどに思想・感情を表現する技術。表情術。身振り。②物まね。

ミメーシス　【ギリシャ mimēsis】①(芸術における)模倣。模写。②隠蔽的擬態(いんぺいてきぎたい)。動物の擬態の一。無生物体や、捕食者の関心をひかないような他の動植物に似る場合をいう。▷ミメシスとも。

ミモザ【mimosa】①マメ科の落葉高木、ギンヨウアカシアの通

称。②マメ科オジギソウ属の学名。草本が多く、熱帯に産する。オジギソウなど。

ミモレット【フランスmimolette】硬質のナチュラル-チーズの一。牛乳を原料とし、オレンジ色の色素を使う。ダニを使って熟成させる。

ミュー【mu; M・μ】①ギリシャ語アルファベットの第12字。②長さの単位。ミクロンを表す記号(μ)。③ミュー粒子の記号(μ)。④マイクロ(micro)の略号(μ)。

ミュージアム【museum】博物館。美術館。

ミュージカル【musical】①第一次大戦後アメリカで独自の発達をとげた、音楽・舞踊・演劇を巧みに融合させた総合舞台芸術。イギリスのコミック-オペラから発生し、アメリカ的な機知や好みをもつ音楽劇として発達した。ミュージカル-コメディー。②他の外来語の上に付いて、「音楽の」「音楽的な」などの意を表す。

ミュージシャン【musician】(ポップス・ジャズの)音楽家。特に、演奏家。

ミュージック【music】音楽。

ミュージック ビデオ【music video】主にポップスの楽曲に合わせて制作した映像作品。プロモーション-ビデオ・ビデオ-クリップ・ミュージック-クリップ

ミューズ【Muse】ギリシャ神話で詩歌・音楽・学問・芸術などあらゆる知的活動を司る女神ムーサの英語名。ゼウスとムネモシュネとの間に生まれた娘。一般に9人とされる。

ミュータント【mutant】突然変異が形質的な変化として現れている個体や細胞・ウイルス。突然変異を起こした遺伝子自体をいうこともある。突然変異体。

ミュート【mute】①弦楽器・金管楽器などで、音の振動を抑制したり音色を変化させたりするための器具。弱音器。②オーディオ機器やテレビなどで、音を消すこと。またそのための機能。③ソーシャル-ネットワーキング-サービス(SNS)で、特定のアカウントについて、フォローを維持したまま投稿を表示しないようにすること。またその機能。

ミュール【mule】①騾馬(らば)。②クロンプトンが発明した紡績機。

ミュール【フランスmule】かかとや甲を覆わない形状の靴。特に外出用の婦人靴をさす。▷原義は室内履きの意。

ミラー【mirror】鏡。

ミラー カーテン【和製 mirror＋curtain】部屋の中が外から見えにくいカーテン。布地を光沢加工することで光を反射する。

ミラー ゲーム【和製 mirror＋game】新 サッカーなどで、同じ

フォーメーションのチームどうしで戦う試合。

ミラー サイト【mirror site】インターネット上の特定のサイトにアクセスが集中するのを避けるために設けられた、全く同じ内容の複製サイト。

ミラージュ【mirage】蜃気楼(しんきろう)。幻影。

ミラーリング【mirroring】①コンピューター内のデータを同時に別の記憶装置に書き込み、ハード-ディスクを二重化すること。ハード-ディスク障害によるデータ破壊を防ぐために用いる。②ある情報機器のディスプレーで表示されている内容を、別の機器にも同時に表示すること。画面ミラーリング。スクリーン-ミラーリング。

ミラーレス一眼カメラ 一眼レフ-カメラから、光学式ファインダーを取り除いて電子式ファインダーを付けた構造のカメラ。マイクロ一眼カメラ。ミラーレス機。ミラーレス-カメラ。ミラーレス-デジタル一眼カメラ。

ミラクル【miracle】不思議なこと。驚くべきこと。奇跡。

ミリ【フランスmilli】①単位に冠して1000分の1の意を表す語。②ミリメートルの略。

ミリオネア【millionaire】百万長者。大金持ち。

ミリオン【million】100万。

ミリオン セラー【million seller】100万部(枚)以上売れた本またはレコード・コンパクト-ディスクなど。

ミリタリー【military】「軍人の」「軍隊の」の意。多く複合語として用いる。

ミリバール【millibar】圧力の単位。1バールの1000分の1。1ヘクトパスカルに等しい。気象学ではこれを大気圧の単位としていたが、現在はヘクトパスカルを用いている。記号mb・mbar →バール

ミル【mil】ヤード-ポンド法の長さの単位。1インチの1000分の1。

ミル【mill】新 ▷ひき臼の意。①粉砕機。製粉機。「コーヒー—」②回転させた刃物による切削加工。またその機械。③圧延機。「ローリング—」④風車。「ジャイロ—」

ミルキー【milky】「乳のような」「乳白色の」の意。

ミルキー ウエー【Milky Way】銀河。天の川。

ミルク【milk】①乳牛からしぼった乳。牛乳。②コンデンス-ミルクの略。牛乳を濃縮したもの。練乳。

> アップデート 2019年(平成31)より、乳児用の「液体ミルク」の販売が国内でも始まりました。溶かして用いる粉ミルクとは異なり、調乳済みの

液体として常温保存できるミルクのことです。16年の熊本地震では、フィンランドからの支援物資として液体ミルクが届いたことも話題になりました。

ミルク フォーム【milk foam】蒸気で泡立てた牛乳。カプチーノなどに用いる。フォーム-ミルク。フォームド-ミルク。▷フォームは泡の意。

ミルクレープ クレープとクリームのうすい層が何枚も重なったケーキ。▷フランス mille crêpes＝千枚のクレープ。

ミルフィーユ【フランス millefeuille】薄いパイを何層も重ねたパイ菓子。カスタード-クリームなどをはさむ。▷「千枚の葉」の意。

ミルワーム【mealworm】生き餌として販売する幼虫の総称。コメノゴミムシダマシの幼虫など。ミールワーム。

ミレニアム【millennium】①キリストが再臨して1000年間支配するという王国。千年王国。②1000年。1000年間。③1000年の区切りである西暦2000年。

ミレニアル世代 新 アメリカで、主に1980年代から90年代に生まれ、生まれ育った時から情報通信機器やサービスに慣れ親しんだ世代。ミレニアルズ。▷英語では Millennial Generation また、Millennials。ミレニアルは「千年紀の」の意。

ミンク【mink】イタチ科の哺乳(ほにゅう)類、アメリカ-ミンクとヨーロッパ-ミンクの総称。茶色から暗褐色。泳ぎがうまく、完全な肉食性。毛皮が柔らかく美しいので珍重され、捕獲・育種・繁殖されている。

ミングル【mingle】血縁関係や婚姻関係のない友人や知人関係にあって、住戸を共用して共同生活を営む人々、またはその住まい方。

ミンス【mince】(肉などを)細かく切り刻むこと。

ミンチ【mince】⇨メンチ

ミント【mint】薄荷(はっか)。

ム

ムース【moose】ヘラジカ。

ムース【フランス mousse】①泡立てた卵白や生クリームを加えて作る、ふんわりした料理や菓子。②泡状の化粧品。

ムーディー【moody】ある雰囲気にあふれているさま。ムードのあるさま。▷英語では、不機嫌な意。

ムーディーズ【Moody's】アメ

リカの代表的な投資顧問会社、ムーディーズ-インベスターズ-サービス(Moody's Investors Service、Inc.)のこと。投資家向けに国や銀行・企業を対象とする財務格付けや発行債券の格付けを行う。

ムード【mood】①雰囲気。気分。情緒。風潮。②インド-ヨーロッパ語で、表現内容に対する話し手の心的態度を表す動詞の語形変化。直説法・命令法・接続法(仮定法)などに分かれる。

ムートン【フランス mouton】羊の毛皮。シープ-スキン。

ムービー【movie】映画。

ムーブ【move】新 ①動かすこと。移動させること。また、動き。②ブレーク-ダンスで(ひとまとまりの)技。「パワー―(＝大技)」

ムーブメント【movement】①政治的・社会的な運動。②絵画・彫刻などで、動き。流動感。躍動感。ムーブマン。③音楽で、楽章。章。ムーブマン。

ムーラン ルージュ【Moulin Rouge】①パリにあるレビュー劇場。大きな赤い風車を屋根に飾りつけてある。1889年ダンス-ホールとして開場、フレンチ-カンカンで有名となった。のちミュージック-ホールとなり、現在は映画館。併設の舞踊場でレビューが上演されている。②東京、新宿にあった軽演劇の劇団・劇場。1931年(昭和6)創立、都会風のしゃれた風刺喜劇を上演して人気を得た。51年解散。▷フランス語で「赤い風車」の意。

ムール貝 (フランス moule)ムラサキイガイの地中海型。殻表は黒ずんだ紫色。食用。ブイヤベース・ワイン蒸しなどに用いる。

ムーン【moon】月(つき)。

ムーンショット【moonshot】新 挑戦的で壮大な目標。▷月へのロケット発射の意。

ムーンストーン【moonstone】長石の一種。ある面でカットすると、美しい青色の金属的な内光があらわれる。6月の誕生石。月長石(げっちょうせき)。

ムーン フェイズ【moon phase】①月の満ち欠け。月相(げっそう)。②機械式時計で文字盤に月相を表示する仕組み。またその表示。

ムエタイ【タイ muaythai】タイの格闘技。グローブを付け、パンチやキックなどによって相手を倒す。戦いの前にワイ-クー(wai kru)とよばれる民族舞踊を行う。キック-ボクシングの原型。タイ式ボクシング。

ムコ多糖 アミノ糖を含む多糖類の総称。ヒアルロン酸・コンドロイチン硫酸など。ムコ多糖類。▷ムコは(ラテン) mucusから。動物の粘性分泌物の意。

ムスク【musk】ジャコウジカの

雄の麝香腺(じゃこうせん)分泌物を乾燥したもの。紫褐色を帯びた粉末で、特異な香気がある。香料とするほか、漢方で強心・鎮痙(ちんけい)・解毒薬などに用いられるが、ワシントン条約による規制をうける。また、広義には、これと同種の香気を示す物質を指す。

ムスリム【アラビアMuslim】①イスラム教徒。モスレム。②ボスニア-ヘルツェゴビナで、オスマン帝国の支配下の時代にイスラム教に改宗したスラブ系の人々の民族名称。

ムチン【mucin】粘素。粘液素。胃液や唾液などに含まれる粘液性の物質の総称。

ムック【mook】造本・編集・発行の様式が、視覚的な雑誌と文字中心の書籍の中間であるような本。▷ magazine と book から。

ムッシュー【フランスmonsieur】①男性の姓名の前に付けて敬意を表す語。ミスター。②目上の男性や親しい男性に呼びかけるときに用いる語。

ムニエル【フランスmeunière】魚に小麦粉をまぶしてバターで焼いた料理。ムニエール。

メ

メアド 俗に、メール-アドレスの略。

メイカー【maker】⇨メーカー

メイキング【making】⇨メーキング

メイク【make】⇨メーク

メイズ【maze】迷路。

メイソン ジャー【mason jar】密封用の蓋が付いた、口広のガラス瓶。瓶詰めを作る際に用いる。米国のブリキ職人、メイソン(John Landis Mason)が考案。

メイド【maid】⇨メード

メイン【main】⇨メーン

メーカー【maker】①製造業者。特に、有名・大手の製造会社。②つくり出す人の意で、他の語に付いて複合語をつくる。「トラブル—」▷メイカーとも。

メーキング【making】①製作過程。また、それを記録したもの。②「つくること」「整えること」の意で、他の語に付いて複合語をつくる。

メーク【make】新 ①作ること。整えること。「マッチ—(＝対戦の組み合わせを決める)」「ルーム—」②メークアップの略。化粧の意。メーキャップ。メイク。③スケートボードなどのスポーツで、技を成功させること。

メーク ブラシ【和製 make＋

brush】化粧用の筆。メイクアップ-ブラシ。化粧筆。化粧ブラシ。メイク-ブラシ。

メーザー【maser】(microwave amplification by stimulated emission of radiation)誘導放出を利用してマイクロ波を増幅する装置。外部からマイクロ波でエネルギーを与え、高い準位にある電子の数を低い準位の電子の数より多くし、さらにマイクロ波を与えて、高い準位のものを低い準位に落とし、位相の揃ったマイクロ波を増幅・発振する。雑音がきわめて小さい増幅器として原子時計・宇宙通信・電波望遠鏡などに利用。

メーター【meter】①メートル①に同じ。②自動式の計(量)器。電気・水道・ガスなどの自動計量器やタクシーの料金計など。

メーデー【Mayday】無線電話の国際救難信号。▷フランス語(Venez)m'aider「助けて」から。

メー デー【May Day】①5月1日、国際的に行われる労働者の祭典。メイ-デー。②欧州文化圏に伝統的な春の訪れを祝う祭。通例5月1日に行われ、広場の中心などに立てたメイ-ポールの周囲で踊ったり、「5月の女王(メイ-クイーン)」を選んで花の冠を被せたりする。5月祭。

メード【maid】①女中。お手伝いさん。②ホテルの客室係の女性。▷メイドとも。

メード カフェ【和製 英 maid＋フランス café】メード姿の女性店員による給仕を呼び物にする喫茶店。2000年(平成12)前後から、東京の秋葉原などに現れた。メイド-カフェ。メード喫茶。

メートル【フランス mètre】①メートル法・SIの長さの基本単位。光が真空中を、1秒の2億9979万2458分の1の時間に進む長さを1メートルとする。1875年、子午線の長さを基準として定義され、その後メートル原器による定義、クリプトン86の発する光の波長による定義を経て、1983年から現在の定義。記号m ②メーター②に同じ。

メープル【maple】カエデ。モミジ。

メープル シロップ【maple syrup】サトウカエデの樹液を煮つめた濃厚な糖蜜。食卓用・製菓用。

メーラー【mailer】電子メールを送受信したり、管理するためのアプリケーション-ソフトウエア。狭義にはメールの送受信を行うサーバーに対する、クライアント-ソフトウエアのこと。メール-ソフトとも。

メーリング リスト【mailing list】特定のグループに属する人々に対し、電子メールを同時に送信する仕組み。メーリング-リス

メ

ト宛に電子メールを送信すると、登録されている人々に同じメールが配信される。グループなどで情報を共有するためなどに用いられる。ML。

メール【mail】①郵便。郵便物。②コンピューター通信ネットワーク上で、個人間で、文字情報・プログラム・データなどを転送する手段。送られたのち受け手がネットワークにアクセスすればいつでも受け取ることが可能。E-mail。電子メール。

メール【フランスmer】海。

メール アドレス【mail address】インターネット上で、電子メールを送受信するための宛て先。「ユーザー名@ドメイン名」で表示する。メアド。メルアド。

メール フォーム【mail form】ウェブ-サイトにおいて、閲覧者がテキスト-ボックスなどに書き込んだ情報を、運営者あてに電子メールで送信するための仕組み。

メールボックス【mailbox】電子メールのメッセージを格納するため、そのネットワーク上のコンピューター内に設けたファイル。▷郵便受けの意。

メール マガジン【和製 mail＋magazine】電子メールで配信される雑誌的な読み物。簡単に多数の読者に配信できる、即時性に優れているなどの特徴をもつ。メルマガ。

メーン【main】①主要なことがら。中心。②名詞の上に付いて、主要な、主な、の意を表す。▷メインとも。

メーン バンク【和製 main＋bank】複数の取引銀行の中で、最大の取引関係をもつ銀行のこと。企業の資金調達を他行との間に立って取りまとめたり、人材を派遣するなど企業経営に重要な役割を果たす。主力銀行。

メーン フレーム【main frame】大型コンピューターの、周辺装置・端末装置を除いた本体部分。

メカ メカニズムの略。

メガ【mega】▷「大きい」意のギリシャ語から。①単位に冠してその 10^6 すなわち100万倍の意を表す語。記号M ②非常に規模の大きいこと。巨大。

メガ ソーラー【和製 mega-＋solar】大規模な太陽光発電施設。

メガ トレンド【mega-trend】大きな時代の趨勢(すうせい)。時代の最先端を強調していう言葉。

メカトロニクス 機械工学と電子工学を統合した学問分野。機械の制御などに電子技術を応用、高性能化・自動化を図る。▷メカニクスとエレクトロニクスの合成。

メカニカル【mechanical】動きなどが機械のようであるさま。

機械に関するさま。機械的。メカニック。

メカニズム【mechanism】①機械の装置。仕掛け。メカ。②物事の仕組み。組織。機構。

メカニック【mechanic】①機械工。特に、自動車整備工。②メカニカルに同じ。

メガバンク【megabank】持ち株会社方式などを用い銀行・証券・保険など幅広い金融業務を行う巨大総合金融会社。大銀行どうしの合併・統合によって誕生した巨大銀行をいう場合もある。

メガピクセル【megapixel】デジタル-カメラなどのCCDのピクセル(画素)数が100万を超えること、またはそのようなCCDをもつ機種。画素数が多いほど画質が向上する。→CCD

メガ ファーマ 巨大製薬会社。▷メガ-ファーマシーの略。

メガマウス【megamouth】サメの新種。ネズミザメ目メガマウスザメ科。1976年ハワイのオアフ島沖合で初めて確認。体は円筒形で頭部は丸く、大きく横に裂けた口をもつ。全長約5前後。主に動物プランクトンを捕食。これまでに110個体ほどしか確認されておらず、分布など不明な点が多い。▷巨大な口の意。日本近海でも20個体ほどが確認されている。

メガロポリス【megalopolis】①紀元前370年頃に勃興した、古代ギリシャの都市。②大都市圏が連接して人口が集中し、経済・社会・文化・情報などの機能が相互に一体化した巨大な都市圏。▷メガポリスとも。

メサイア【Messiah】①メシアに同じ。②ヘンデル作曲のオラトリオ。3部54曲。1742年初演。英語で歌われる。宗教音楽中の傑作。中でも「ハレルヤ-コーラス」は有名。

メザニン【mezzanine】①アメリカなどの劇場で、中二階桟敷の最も前の部分。イギリスの劇場で、舞台下。②中二階。

メシア【Messiah】①旧約聖書で出現を待望された救世主。キリストはこのギリシャ語訳クリストスに由来。②キリスト教で救世主としてのイエスに用いる敬称。メサイア。▷ヘブライ語で、油を注がれて聖別された者の意。

メジアン【median】資料のすべてをその値の大きさの順に並べたとき、中央にくる数値。資料の個数が偶数なら、中央の順位に隣り合う2数の平均値。中位数。中央値。メディアン。

メジャー【major】①大きなこと。一流であること。また、そのさま。→マイナー ②よく知られているさま。有名であるさま。③長調。長音階。長旋法。→マイナー ④(the Majors)国際的な市場支配力を有する巨大会社。特に、国際石油資本や巨大多国籍穀物商社をいう。メジャーズ。⑤メジャー-リーグの略。

メジャー【measure】①定量。計量。②ものさし。巻き尺。③基準。尺度。

メジャー リーグ【major league】アメリカのプロ野球で、最上位の連盟。ナショナル-リーグとアメリカン-リーグの二つがある。大リーグ。ビッグ-リーグ。

メス【オランダ mes】手術や解剖に用いる鋭利な小刀。

メスカル【スペイン mezcal; 英 mescal】リュウゼツランの茎の汁を発酵させて蒸留した酒。メキシコ産。▷テキーラは本来メスカルの一種で、特定のリュウゼツランを使ってテキーラ村で産出されたものをいう。

メスティン【messtin】新 アルミ製で箱型の飯盒(はんごう)。本来は野戦用。▷「食事缶」の意。

メセナ【フランス mécénat】企業が文化・芸術活動に対し後援・資金支援を行うこと。▷アウグストゥス治下の古代ローマの政治家で文芸を庇護したマエケナス(Maecenas)の名にちなむ。

メソッド【method】①目的を達成するための決められたやり方。方法。方式。②オブジェクト指向プログラミングにおいて、オブジェクトに対する操作を定義した手続き。メソッドをオブジェクトの属するクラスに定義するプログラミング言語が多い。→オブジェクト指向・オブジェクト・メッセージ・クラス ▷メソードとも。

メゾネット【maisonette】①各住戸が複数階にまたがる形式の共同住宅。②ホテルの客室タイプの一。上下2層の部屋が螺旋(らせん)階段などでつながっている客室。

メゾン【フランス maison】家。住居。住宅。▷集合住宅の名称などに用いられる。

メタ【meta】「間に」「超えて」「高次の」などの意。接頭語的に用いられる。

メタ アナリシス【meta-analysis】独立した複数の研究で得られたデータを収集・統合して、統計的な解析を行うこと。臨床研究などで行われる。メタ分析。メタ解析。

メタ言語【metalanguage】意味論において、ある言語について論じるための言語。高次言語。

メタデータ【metadata】データの意味について記述したデータ。→メタ

メタノール【ドイツ Methanol】最も簡単なアルコール。無色で、かすかな刺激臭がある。沸点64.5℃。可燃性液体で有毒。燃料・溶剤・有機合成の原料として用いる。メチルアルコール。カビ

ノール。

メタバース 【metaverse】新 ネットワーク上に構築される、3次元グラフィックの仮想空間。利用者はアバターを操作し、仮想空間に参加する。

メタファー 【metaphor】 隠喩(いんゆ)。言葉の上では、たとえの形式をとらない比喩。「…の如し」「…のようだ」などの語を用いていない比喩。「雪の肌」「ばらの微笑」の類。→シミリ

メタボ ① ⇨メタボリック-シンドローム ②俗に、太っていること。

メタボリック シンドローム 【metabolic syndrome】肥満・高血糖・高中性脂肪血症・高コレステロール血症・高血圧の危険因子が重なった状態。複合することによって糖尿病・心筋梗塞(こうそく)・脳卒中などの発症リスクが高まる。高カロリー・高脂肪の食事と運動不足が原因。メタボリック症候群。メタボ。▷代謝症候群の意。

メタモルフォーゼ 【ドイツ Metamorphose】変身。変形。

メタリック 【metallic】 金属的であるさま。金属的な光沢があるさま。金属でできているさま。

メタル 【metal】 ①金属。多く他の語に付いて、複合語をつくる。②ヘビー-メタルの略。

メダル 【medal】 金属製の記章。多くは円形で浮き彫りなどの細工を施す。賞牌・記念として贈られる。

メタン 【英 methane; ドイツ Methan】最も簡単な飽和炭化水素で天然ガスの主成分。沸点−161.4℃。水に不溶。無色・無臭。点火すると青い炎を出して燃える。沼や湿地土中で有機物の腐敗・発酵によっても発生。メタン-ガス。

メタン ハイドレート 【methane hydrate】天然ガスの主成分であるメタンが低温高圧下で水に溶け込み、シャーベット状になったもの。シベリア・アラスカなどの永久凍土地帯や大陸周辺の深海底に埋蔵しているとみられ、天然ガス資源として有望視されている。

メタンフェタミン 【methamphetamine】覚醒剤の一。疲労感の減少、多幸感が得られる。覚醒剤取締法の適用を受け、認可を受けた医師のみが使用できる。商標名ヒロポン。

メチエ 【フランス métier】①職業。②技能。また、画家・文筆家などのもつ専門的な表現技巧・方法・流儀。

メチオニン 【methionine】 ヒトの必須アミノ酸の一。硫黄を含む。タンパク質の構成成分で、生体内でのメチル基供与体として重要。栄養剤、肝臓疾患や中毒症の治療薬。

メチル【ﾄﾞｲﾂ Methyl】①最も簡単なアルキル基。メチル基。②メチルアルコールの略。

メチルアルコール【ﾄﾞｲﾂ Methylalkohol】⇨メタノール

メチル水銀 有機水銀化合物の一。一般には塩化メチル水銀をいう。無色揮発性の液体。水俣病の原因物質で、強い神経毒性を示す。

メッカ【Mecca】①サウジアラビアの中西部、ヘジャズ地方の宗教都市。ムハンマドの出生地。イスラム教の発祥地でカーバ神殿があり、多数の巡礼者が訪れる。イスラム教第一の聖地。マッカ。②転じて、ある分野の中心地や発祥地。また、あこがれの地。

メッシー バン【messy bun】わざと無造作にまとめた髪形。▷メッシーは取り散らかした、バンは小さく丸めた髪の意。

メッシュ【ﾌﾗﾝｽ mèche】毛髪の一部を染めること。▷原義は「髪の房」。

メッシュ【mesh】①網目。網目織り。②篩(ふるい)の目の大きさを表す単位。また、粒体および粉体の粒の大きさを表す語。③平面や立体の情報を網目で区切って扱うこと。また、その網目。地図を正方形の網目で区切り、各々に気温を示す色を表示する場合など。

メッシュ キャップ【mesh cap】頭部の全体あるいは一部に編み目の生地を用いた、前面につばのある帽子。野球帽に似る。

メッセ【ﾄﾞｲﾂ Messe】見本市。▷大規模な展示場・会議場の名称などに用いられる。

メッセージ【message】①伝言。ことづて。②伝えたいこと。訴えたいこと。③アメリカ大統領が議会に送る教書。④言語や記号によって伝えられる情報内容。⑤オブジェクト指向プログラミングやアクター-モデルにおいて、オブジェクト等のエンティティー(実体)との通信に用いられる指示。 →オブジェクト指向・オブジェクト・メソッド②・エンティティー

メッセージ アプリ【message app】主にモバイル機器用のインスタントメッセンジャー。多くの場合、文字・スタンプによるやりとりのほか音声通話なども可能。チャットアプリ。コミュニケーションアプリ。メッセンジャーアプリ。メッセアプリ。

メッセージング【messaging】データや文字列などの情報を送ること。人どうしのやり取り、ソフトウエアどうしのやり取りなどをさす。

メッセンジャー【messenger】依頼を受けて品物・伝言を送り届ける者。使い。

メッセンジャー アプリ【messenger app】⇨メッセージ-アプリ

メ

リ

メディア【media】①手段。方法。媒体。特に、新聞・テレビ・ラジオなどの情報媒体。②情報を保存する外部記憶装置の媒体。磁気ディスク・MOディスク・CD・DVDなど。③情報を頒布する手段。コンピューターの分野では、②のメディアに加え、通信回線などが利用される。

メディア アート【media art】物質性に依拠しない媒体を表現手段として用いる作品。コンピューター-プログラム・インターネットなどの電子メディアや、テレビ・ラジオなどの電波メディアを活用した表現活動全般をいう。

メディア スクラム【media scrum】社会的関心の高い事件などに対する報道機関の取材行動によって引き起こされる被害のこと。事件の被害者や容疑者およびその親族、近隣に住む住民に対して、多くの取材者が押し寄せたり過剰な取材が繰り返されたりすることによって、プライバシーが侵害され、日常生活が脅かされる。報道被害。集団的過熱取材。

メディア ミックス【media mix】効果をより高めるために、出版・放送など複数のメディアを組み合わせて広告活動を行うこと。また、広義には、現代社会の複合的なメディア状況をさす。

メディア リテラシー【media literacy】メディアを利用する技術や、メディアが伝える内容を分析する能力のこと。

メディア リレーションズ【media relations】企業(組織)の広報担当者が、マスコミなどの取材担当者と築く関係。また、その関係を用いて行う広報業務。

メディエーション【mediation】調停。仲介。

メディエーター【mediator】仲介者。

メディカル【medical】「医療の」「医学の」「医療用の」などの意。複合語として用いられる。

メディカル チェック【medical checkup】運動時における不慮の事故を防止するために行われる医学的診断のこと。㊫医学的検査

メディカル モール【medical mall】複数の開業医が集まった、外来専用の医療施設。受付・待合室・検査機器などの施設を共有するほか、医師どうしの連携も行う。医療モール。グループ診療所。

メディケア【Medicare】アメリカ・カナダの65歳以上の高齢者や身体障害者などに対する政府の医療保険制度。入院に関する保険と医薬品に関する保険とがある。

メディシン【medicine】①薬剤。薬。②医学。医療。▷メディ

スンとも。

メティス【Métis】カナダにおける、先住民族(イヌイットやインディアン)とヨーロッパ人の混血子孫。フランス語の発音はメティで、混血の意。

メディテーション　【meditation】瞑想。黙想。

メテオ【meteor】隕石(いんせき)。流星。

メドック【Médoc】フランス南西部、ジロンド川の西岸地方。赤ワインの産地。また、そこで産するワイン。

メトリクス【metrics】定量的な測定法、評価法。多くの場合、他の語のあとに付く。メトリックス。「バイオ -—」

メトリック【ドイツ Metrik】①詩の韻律について研究する学問。②音楽の拍節を示す方法。拍節法。

メドレー【medley】①いくつかの曲をつないで続けて演奏すること。また、その曲。②メドレーリレーの略。陸上競技で、4 人の走者が異なる距離を走るリレー。また、競泳で、4 人の泳者が背泳・平泳ぎ・バタフライ・自由形の順序で泳ぐリレー競泳。

メトロ【フランス métro】(パリの)地下鉄。

メトロノーム【ドイツ Metronom】音楽のテンポを示す器具。ぜんまい式・電子式などがある。

メトロポリス【metropolis】①首府。首都。②ある地域の中心となっている都市。大都市。巨大都市。

メトロポリタン　【metropolitan】①大都市の。首都の。②都会人。

メニエール病　悪心・嘔吐・めまい・耳鳴り・難聴が発作的に起き反復する慢性の内耳疾患。内耳の血行障害や自律神経障害などにより起こる。メニエール症候群。▷フランスの医師メニエール(P.　Ménière18011862)の名から。

メニスカス【meniscus】界面張力によって細管内の液体の表面がつくる曲面。ガラス管と水とのように両者間の付着力が大きい場合は下にくぼみ、ガラス管と水銀とのように付着力が小さい場合は上に盛り上がる。

メニュー【フランス menu】①献立表。料理品目を表にしたもの。②コンピューターがディスプレー装置の画面上に表示する操作手順の一覧表。ユーザーは、その中から適当な操作を選択し、必要な処理ができる。③用意されている項目。

メニュー バー【menu bar】コンピューターのメニューを並べたエリア。通常は画面の最上部または最下部に表示される。処理内容をアイコン化して並べたエリアはツール-バーとよばれる。

メ

メヌエット【ドイツ Menuett】4分の3拍子の優雅な舞曲。17世紀中頃フランスの宮廷に流行し、のち舞踏から離れて楽曲として独立した。ミニュエット。

メモ【memo】忘れたときの用心に書き付けておくこと。また、その書き付けたもの。手控え。覚え書き。▷メモランダム(memorandum)の略。

メモラビリア【memorabilia】記憶すべき出来事・事柄・品物のこと。特に、スポーツや音楽などの分野で、コレクションの対象となるような記念品をさす。

メモランダム【memorandum】覚え書き。備忘録。メモ。

メモリアル【memorial】故人や出来事を記念するもの。

メモリー【memory】①記憶。思い出。記念。②コンピューターの記憶装置。

メモリー カード【memory card】半導体メモリーのチップをカード状のケースに収めたもの。

メモリー スティック【Memory Stick】フラッシュ-メモリーを利用した記録媒体の一。デジタル-カメラやICレコーダーの記録媒体に使われる。板状のガムのような形状。商標名。

メラトニン【melatonin】脳の松果体から分泌されるホルモン。成熟を抑制する。松果体内・血中・尿中の濃度は、夜高く、昼低い概日リズムを示す。▷睡眠のリズムを調節していると考えられている。

メラニン【melanin】種々の動物の組織内にある褐色ないし黒色の色素。一般にフェノール化合物、特にチロシンから黒色素胞およびメラノサイトの中で生合成され、その量により毛髪や皮膚および目の網膜の色が決まる。

メラノーマ【melanoma】メラノサイトから生じる悪性腫瘍(しゅよう)。足の裏や爪(つめ)の下、顔などに好発し、ほくろのようなものが急に大きくなる。転移が早く、皮膚癌(がん)にくらべ予後が悪い。悪性黒色腫。

メラミン【melamine】尿素とアンモニアを加熱して得られる無色柱状結晶。昇華性がある。メラミン樹脂の原料。

メランコリア【melancholia】⇨メランコリー

メランコリー【melancholy】躁鬱(そううつ)病の鬱の状態。憂鬱(ゆううつ)症。また、憂鬱。メランコリア。

メランコリック【melancholic】憂鬱(ゆううつ)なさま。

メリー【merry】陽気なさま。快活なさま。

メリケン ①アメリカ。アメリカ合衆国。②アメリカ人。③げんこつでなぐること。げんこつ。▷アメリカン(American)の転。

メリット【merit】①功績。手柄。②ある物事を行なって生じる利益。得るもの。→デメリット

メリトクラシー【meritocracy】近代社会の構成原理の一。人をその人の努力によって獲得されると考えられる業績によって評価しようとする考え方。業績主義。

メリヤス【スペイン medias; ポルトガル meias】1本の糸で、一つの輪奈(わな)に次の輪奈をからめながら、平面または筒状に編んだ布地。表と裏の編目が異なる。伸縮性に富む。▷靴下の意。

メルアド メール-アドレスの略。→メール-アドレス

メルクマール【ドイツ Merkmal】一定の内容を表す印となるもの。目印。記号。指標。

メルコスール ⇨Mercosur

メルシー【フランス merci】ありがとう。

メルティング ポット【melting pot】るつぼ。多数の民族・文化が溶けあって新しい社会を形成しているアメリカ社会をたとえていう語。

メルト【melt】溶けること。また、溶かすこと。

メルト アウト【melt-out】メルト-スルーによって溶けた核燃料が格納容器を破壊して外部に漏出すること。高濃度の放射性物質が周囲に拡散する。→メルト-スルー

メルト スルー【melt-through】炉心溶融によって溶けた核燃料が圧力容器を破壊し、核燃料が圧力容器の外へ出て格納容器に流れ出た状態。溶融貫通。→メルト-アウト

メルトダウン【meltdown】①冷却材の流出などにより炉心が高温になって核燃料が溶ける現象。原子炉事故で最も危険。炉心溶融。②瓦解。崩壊。

メル友(とも)「メール友達」の略。電子メールを媒介とした友人関係。双方の面識がない場合も多い。▷1990年代後半に一般化。

メルトン【melton】紡毛糸を平織りまたは綾織りにしたのち、縮絨(しゅくじゅう)して毛羽でおおった織物。コート・ジャケットなどに用いる。

メルヘン【ドイツ Märchen】おとぎばなし。童話。

メルマガ メール-マガジンの略。→メール-マガジン

メレンゲ【merengue】4分の2拍子のリズムをもつドミニカのダンス音楽。もとはカーニバル行進用の音楽で、1950年代にアメリカやヨーロッパに伝わり広まった。

メレンゲ【フランス meringue】卵白を固く泡立てて、砂糖を加えたもの。洋菓子の飾りなどに用いる。

メ

メロ【スペイン mero】スズキ目ノトテニア科の魚であるマジェランアイナメの市場名。日本ではギンダラの代用魚として輸入量が増えた。脂身の多い白身魚で、煮付けや照り焼きなどにする。▷スペイン語の mero はスズキ目ハタ科の食用魚を指す。かつてメロは銀ムツの名で市場に出回った時期もあるが、現在この名は JAS 法に基づき原則使用できない。

メロー【mellow】なめらかで甘美なさま。豊潤なさま。また、高齢者や熟年者に関する事柄などにいう。▷メロウとも。

メロス【ギリシャ melos】歌。旋律。

メロディー【melody】旋律。音楽の節(ふし)。

メロドラマ【melodrama】恋愛をテーマとした、感傷的・通俗的なドラマ。▷メロスとドラマが結合した語で、元来は伴奏つきの簡単な所作劇。

メンション【mention】ツイッターやラインなどで、読んでもらいたい相手のアカウント名が、書式に従って記入してある書き込み。▷言及の意。

メンス【ドイツ Menstruation】月経(げっけい)。

メンズ【men's】他の語に付いて、男性用の、男の、の意の複合語をつくる。

メンズ ライン【men's line】男性向けに提供する商品群。通常は女性向けであるブランドが提供する商品群をさすことが多い。

メンソール【menthol】⇨メントール

メンター【mentor】良き指導者。優れた助言者。恩師。▷「オデュッセイア」の登場人物(Mentor)の名から。

メンタリティー【mentality】心のあり方。精神のもち方。心性。精神性。

メンタリング【mentoring】新 先輩が後輩・新人に対して指導・助言などを行うこと。特に企業などが、制度(メンター制度)として実施するものをいう。▷「コーチングは実務の指導」「メンタリングはキャリア全般の指導」などのように、両者を区別する傾向がある。

メンタル【mental】精神に関するさま。心理的。

メンタル ヘルス【mental health】精神衛生。精神の健康促進をはかったり、精神障害の予防や治療をはかったりする活動および研究。案 心の健康

メンチ【mince】細かく刻んだ肉。ひき肉。ミンチ。

メンツ【面子】①体面。②麻雀(マージャン)で、3つで一揃いとなるパイの組み合わせ。③(麻雀の)メンバー。▷中国語。

メンテ ⇨メンテナンス

メンテナンス【maintenance】

①建物や機械の維持・保守をすること。②コンピューター-システムを正常に動作させるために行う日常的な作業。メンテ・メインテナンスとも。

メントール【ドイツ Menthol】テルペン系のアルコールの一。無色の結晶で芳香がある。香料、医薬などに用い、ハッカ油から得られる天然品は薄荷脳(はっかのう)という。メンソール。

メンバー【member】①団体の構成員。会員。②顔ぶれ。

> **アップデート** マスコミが芸能人の不祥事を報じる際「○○メンバー」「○○司会者」などと表現する場合があります。「起訴猶予などの人物を実名で報じる際には肩書や敬称を用いる」とするマスコミの内規に準じた表現です。しかしこれらの表現に違和感を覚える人も少なくないようです。この種の表現が広まったのはゼロ年代以降のことでした。

メンバーシップ【membership】団体の構成員であること。また、その地位・資格。

メンバーシップ型雇用 新卒一括採用、年功序列、終身雇用による雇用形態。職種などを限定せずに採用を行い、従業員を育成しながら都度仕事を割り振る方式。ジョブ型雇用(職務内容、勤務地、労働時間などを定める)に対していう。日本型雇用。→ジョブ型雇用

メンヘラ 俗に、精神状態が良くない人を揶揄(やゆ)していう語。メンヘラーとも。▷メンタル-ヘルス(精神衛生)を略したメンヘルに、接尾辞の -er を加えた表現。ネット上の俗語として広まった。

メンマ【麺麻】麻竹(まちく)の筍をゆでて土中で発酵させた食品。主に中国料理で用いる。しなちく。▷中国語。

モ

モア【moa】ダチョウ目モア科の鳥の総称。絶滅した走鳥類。ニュージーランド産のダチョウに似た鳥。最大のものは体高約3.5m、卵の重さは4、5kgもあったという。恐鳥。

モアイ【moai】南太平洋、イースター島にある巨大な石像遺跡。10～80トンの凝灰岩製で、祭祀場(さいしじょう)に600余体が立ち、石切り場にも未完成の約300個が残る。

モアレ【フランス moiré】①見る方向により木目の模様の表れる織物。

また、その加工。②規則正しく分布している細かな点や線を重ね合わせたときに新たに生じる斑紋(はんもん)。各版の網点を刷り重ねる多色印刷などで起こる。

モイスチャー【moisture】湿気。しめりけ。水分。

モーグル スキー【mogul skiing】フリースタイル-スキーの一種目。凹凸の多い急斜面を滑り降り、途中にある台からジャンプし空中演技を行うもの。滑走と演技の技術、滑走時間を得点化して順位を争う。

モーゲージ【mortgage】抵当。抵当権。モアゲージ。

モーション【motion】動き。動作。

モーション アクター【和製 motion ＋ actor】モーション-キャプチャーで動作の記録を行うために演技を行う人。

モーション キャプチャー【motion capture】人間や他の動物の体にセンサーを取りつけ、動きをコンピューターに取り込むための技術。MC。

モーション コントロール【motion control】動作の制御。モーターの制御など。

モーション センサー【motion sensor】人などの動きを感知するセンサー。

モーション ブラー【motion blur】写真で、動きのあるものを撮影した際に生じるぶれのこと。または、画像や映像に動きを演出するために加えるぶれのこと。

モーター【motor】①磁場内で電流が受ける力を応用して、電気エネルギーを回転などの機械エネルギーに変える装置。電動機。②原動機。発動機。③自動車。

モーターバイク【motorbike】小型のガソリン-エンジンを取り付けた自転車。原動機付き自転車。モーターサイクル。バイク。

モーター プール【motor pool】(営業用の)駐車場。主に関西でいう。

モータウン サウンド【Motown Sound】1960年デトロイトで開業したモータウン-レコード社が世界的に流行させたポップな黒人音楽。

モータリゼーション【motorization】自動車が生活必需品として普及する現象。自動車の大衆化。案 車社会化

モーダル シフト【modal shift】交通・輸送手段を変えること。特に、貨物輸送をトラックから船や鉄道に変えること。▷様式の転換の意。→マルチ-モーダル

モーテル【motel】①自動車旅行者用の簡易ホテル。②(特に日本で)自動車で乗りつける構造の連れ込み旅館。▷「モテル」とも。

モード【mode】①(ファッションの)流行。②様式。形式。方法。

③旋法。調。音階。④統計資料で、最もしばしば表れる数値。度数の最も多い数値・階級値。最頻値。並数(なみすう)。⑤俗に、現在の自分自身の状態。

モード系 ファッションにおいて、コレクションを発信源とする最新の流行。またそれに基づいたファッション。▷転じて、シンプルで上品な服装などをさす場合もある。

モーニング【morning】①朝。多く他の語と複合して用いる。②モーニング-コートの略。③モーニング-サービスの略。

モーニング アフター ピル【morning after pill】ECP(緊急避妊薬)の俗称。アフター-ピル。→ECP

モーニング コート【morning coat】男性の礼服の一。元来はフロック-コートの代わりに着た昼の略礼服であるが、日本では昼夜いずれにも用いる正式礼服。後部が垂れた黒の上衣と共布のチョッキにたて縞のズボンからなる。

モーニング コール【morning call】朝の指定された時刻に人を起こすために電話をかけること。また、その電話。

モーニング サービス【和製 morning＋service】喫茶店などで早朝から昼近くまで、飲み物やそれに軽食などを加えた特定のメニューを割安に供すること。

モーニング ルーティン【morning routine】毎朝の起床後に習慣として行う一連の行動。モーニングルーティーン。▷2019年以降、著名人を中心に自身の習慣を動画で公開することが世界的に流行した。

モービル【mobile】⇨モビール

モーフィング【morphing】コンピューター-グラフィックスで、ある物体が別の物体に変形してゆくさまを表す一連の効果・手法。

モーメント【moment】①非常に短い時間。瞬間。②きっかけ。要因。契機。③ある点または軸のまわりに運動を引き起こす能力のこと。また、定点に関するある量の効果を示すために、定点からその量までの距離をその量に掛けたもの。▷モメントとも。

モーラ【ラテン mora】①ラテン語で詩作法上用いられていた概念で、等時間のリズムを捉える単位。モラ。②日本語などにおける音韻論上の単位。単一のリズムをなす音節(音韻論的音節)で、普通は子音音素と母音音素の組み合わせで一つのモーラをなす。日本語では、原則仮名1文字が1モーラになる。拍。

モール【mall】①並木やベンチなどのある遊歩道。②⇨ショッピング-モール

モール【maul】ラグビーで、ボールを持ったプレーヤーの周りに両チームのプレーヤーが集まり、立ったまま体を密着させている状態。

モール【ポルトガル mogol】①緞子(どんす)に似た浮き織りの織物。たて糸に絹糸を、よこ糸に金糸・銀糸・色糸を用いて花紋などを織りだしたもの。モール織り。②金・銀あるいは色糸をからませた飾り撚(よ)りの糸。モール糸。③針金に色糸・ビニールなどを撚りつけたもの。クリスマスの飾りや手芸などに用いる。▷インドのムガル帝国に由来するという。

モールディング【molding】建物や家具につけられる帯状の装飾。繰形(くりかた)。

モカ【Mocha】①イエメン、紅海に面する港湾都市。現在は閉港。かつてはモカ-コーヒーの輸出で知られた。②イエメンおよびエチオピアで産するコーヒー豆の銘柄。かつて①から輸出されたことからの名。芳醇な香りと酸味が特徴。ホディダやアデンから輸出される。

モカシン【moccasin】1枚の革で底から側面・爪先を包み、甲部分にU字型の革をあてて革紐でつないだ靴。もとネーティブ-アメリカンが柔らかい鹿皮でつくり履いていたもの。現在では別の本底をつけるものも多い。

モキュメンタリー【mockumentary】架空の事実を取り扱いながら、ドキュメンタリーの手法を用いることで、さも事実であるかのように表現した映像作品。また、その手法。モックメンタリー。フェイク-ドキュメンタリー。

モクテル【mocktail】新 アルコールを含まないカクテル。▷mockは「見せかけの」などの意。

モクバン ▷朝鮮語。⇨モッパン

モクパン ▷朝鮮語。⇨モッパン

モザイク【mosaic】①貝殻・ガラス・石などの小断片を並べて模様を表した飾り。②遺伝構成の異なる細胞からなる単一個体。昆虫に多くみられ、体の一部、あるいは左右で体色などの遺伝的形質が異なって現れる。③映像の一部または全部の解像度を落とし、粗いブロックの集まりに置き換える。被写体の詳細を隠す場合などに用いられる。

モサド【Mossad】イスラエル中央情報局。1951年創設。

モジュール【module】①(工業製品などで)組み換えを容易にする規格化された構成単位。②建造物などを作る際の基準とする寸法。また、その寸法の集合。西洋古典建築では円柱の基部の直径または半径、日本建築では柱の太さまたは柱と柱の間の長さ。③歯車の歯の大きさを表す値。ミリメートルで表したピッチ円の直径を歯数で割ったもの。④ソフトウエアやハードウエアを構成する部分のうち、独立性が高く、追加や交換が容易にできるように設計された部品。▷尺度の意。

モジュラー【modular】基準寸法にしたがってつくられていること。→モジュール

モジュラー ジャック【modular jack】電話機やモデムなどのコードを電話回線に接続するコネクター。

モス モスリンの略。

モス【moss】苔(こけ)。

モスキート【mosquito】蚊。

モスキート音 17.6キロヘルツという非常に高い周波数の音。人間は年齢が高くなるにつれて高い周波数が聞こえづらくなることから、一般には20代前半までの人だけが聞き取れるといわれる。▷モスキート(mosquito)は蚊の意。蚊が飛ぶように不快に聞こえることから。2005年にイギリスのステープルトン(Howard Stapleton)が、これを利用して店舗内外にたむろし反社会的行為を行う若者たちを立ち去らせる装置「モスキート」を開発したことからいわれるようになった。

モスク【mosque】イスラム教の礼拝所。神像は安置せず、メッカの方に向けてミフラーブという壁龕(へきがん)を設ける。ミナレットという塔を備える。

モスリン【フランス mousseline】薄く柔らかい平織りの梳毛(そもう)織物。メリンス。モス。唐縮緬(とうちりめん)。▷イラク北部の都市モスルから織り出されたからという。

モダナイゼーション【modernization】現代化。近代化。最新化。▷IT分野ではソフトウエアやハードウエアを最新のシステムに置き換えることをいう。

モダニズム【modernism】①現代の流行・感覚に合わせようとする傾向。新しがり。現代風。②一般に芸術分野で、伝統主義に対立して現代的な感覚で表現しようとする傾向。美術では前衛芸術の諸運動を現代感覚にマッチしたものとしようとする態度・運動をいう。現代主義。近代主義。③特に、大正末期から昭和初期にかけての、新感覚派・新興芸術派など一連の文学・芸術運動の総称。

モダリティ【modality】①文によって表された客体的な事態に対する話し手の判断や認識。またはそれを表すための文法的範疇(はんちゅう)。日本語では「だろう」「かもしれない」、英語ではmay,can,mustなどによって表される。②外交などでの手続き。また貿易交渉などで、各国に共通に適用される取り決め。

モダン【modern】現代的である

さま。近代的であるさま。モダーン。

モダン ジャズ【modern jazz】1940年代に起こったバップ以降現代に至るまでに現れたジャズの総称。コンボ編成による奏者のアド-リブ重視、高度な音楽性など、その後におけるジャズの展開の主流となるもの。

モダン ダンス【modern dance】新しい舞台舞踊。伝統的バレエに対抗して、自由で個性的な舞台表現を求めるところから生まれた。

モチーフ【フランス motif】①小説・音楽・絵画などで創作の動機となった中心的な題材。②音楽で、ある表現性をもつ旋律の断片、または音型。③模様の構成単位。▷モティーフとも。

モチベーション【motivation】①生活体(人や動植物)を行動へ駆り立て、目標へ向かわせるような内的過程。行動の原因となる生活体内部の動因と、その目標となる外部の誘因がもととなる。動機付け。②物事を行うための動機や意欲となるもの。▷消費者の購買動機や、スポーツ選手の意欲などについて用いられることが多い。案 動機付け

モック アップ【mock-up】実物と同じ大きさにつくった模型。原寸模型。▷多く、実験や展示のためにつくられたものをいう。

モッズ【Mods】1960年代前半のイギリスで、イタリア風のファッションを好み、アメリカの黒人音楽を愛好した若者たちを総称してよんだ語。▷modernの短縮形。

モッツァレラ【イタリア mozzarella】イタリア中南部でつくられる軟質のフレッシュ-チーズ。元来は水牛の乳からつくるが、現在は牛乳で代用されることが多い。

モットー【motto】ふだん行動するうえで、心がけている事柄。また、それを表した言葉。標語。

モッパン ▷朝鮮語。出演者による大食いの様子を伝えるライブ配信、動画などのこと。ライブ配信では視聴者とのリアルタイムでの交流も可能。2010年代に韓国で隆盛したネット文化。モクパン。モクバン。

モップ【mop】長い柄の先に雑巾をつけた掃除道具。床などをふくのに用いる。

モテ 若者言葉で、異性にもてる状態のこと。

モディファイ【modify】一部を変更すること。

モディフィケーション【modification】①変化をつけること。②部分的な変更・修正。

モテ期 若者言葉で、異性からもてる時期のこと。

モデム【modem】コンピューターが送り出す信号を電話回線

などの信号に変え、電話回線などにより送られた信号をコンピューターの信号にもどす装置。▷modulator(変調器)+demodulator(復調器)から。

モデラート【イタリア moderato】楽曲の速度標語の一。中ぐらいの速さ。

モデリング【modeling】①設計案に基づき模型を製作すること。②塑像に肉づけしたり、絵画に陰影をつけたりして、立体感を現すこと。③他人の行動を観察することによって、本人が実際に体験しなくてもその行動様式を学習すること。観察学習。④モデル⑦を作成すること。「科学的—」

モデル【model】①自動車や機械などの型式(かたしき)。②模型。③商品や事柄の標準となるもの。模範。手本。見本。④画家・彫刻家・写真家などが、製作のとき対象として使う人物。⑤小説・戯曲などに描かれる人物の素材になった実在の人。⑥ファッション-モデルの略。ファッション-ショーなどで、衣装を着て見せることを職業とする人。⑦問題とする事象(対象や諸関係)を模倣し、類比・単純化したもの。また、事象の構造を抽象して論理的に形式化したもの。模型。

アップデート プリンストン大学上級研究員の真鍋淑郎(まなべ・しゅくろう)が2021年のノーベル物理学賞を受賞しました。同氏による気候モデルの開発が評価されたものです。気候モデルとはコンピューター上で地球上の気候をシミュレーションするためのモデル⑦のこと。このモデルは現在の気候変動対策にも生かされています。

モデレーション【moderation】①グループインタビューを行うこと。グループインタビューで司会をすること。②ブログサービスやSNSなどの運営者が投稿内容を監視すること。また監視や介入によって、サービスにとって適切な状態を維持すること。

モデレーター【moderator】新 ①調停者。仲裁者。②討論会などの司会者や進行役。③ネットサービスで、利用者による書き込みを適切に管理する人。また、その役割や業務。④原子炉において核反応により放出される中性子の速度を落とし、燃料に吸収されやすくするために用いるものをいう。水(軽水)・重水・炭素(グラファイト)などが使われる。減速材。

モトクロス【motocross】山林や原野に設定された悪路・急坂を走り、タイムを競うオートバイ-レース。

モナド【monad】充実した内面をもち、自発的知覚を担う単位実体。ピタゴラス学派などにおいて用いられ、ライプニッツに至って

モ

その形而上学説の中心におかれた。単子。

モニター【monitor】①放送・新聞の内容や商品の性能などについて、一般の視聴者・読者や消費者の中から選ばれて、意見や感想を述べる人。②放送する映像や音声の状態を監視すること。また、そのための装置。③機械などの作動状態を監視すること。また、それを行う人や装置。④コンピューターに接続される表示装置。

モニタリング【monitoring】①状態を監視すること。②状態を把握するために観測や測定を行うこと。③製品・サービスについての感想や評価を調べること。案継続監視

モニタリング ポスト【monitoring post】原子力発電所の放射能漏れを監視するために、大気中の放射線量を常時測定する装置。

モニュメント【monument】①ある事件・人物などの記念として建てられる建造物。記念碑・記念像など。②一時期を画するような作品や業績。

モノ【mono】ギリシャ語で、単一の意。

モノカルチャー【monoculture】①一種の作物だけを栽培する農業。②単一、または少数の一次産品に依存する経済構造。旧植民地の発展途上国に多くみられる。

モノキニ【monokini】後ろから見るとビキニに見えるような、ワン-ピースの女性用水着。ビキニのトップスとボトムが、身体の前方で繋がった形状。

モノグラフ【monograph】①特にある一つの問題について研究した論文。②社会科学で、個人や小集団の生活を多様な角度から分析・調査した調査報告。

モノグラム【monogram】氏名の頭文字など二つ以上の文字を組み合わせて図案化したもの。商標・マーク・作品の署名などに用いる。組み字。

モノクル【monocle】片方の目にだけ用いる、レンズが1個の眼鏡。片眼鏡。

モノクロ モノクロームの略。

モノクローム【monochrome】①1色だけで描かれた絵画。単色画。単彩画。②画面が黒と白の写真や映画。→カラー

モノコック【monocoque】自動車などで、車体とフレームが一体構造であること。単体構造。

モノトーン【monotone】①単調。一本調子。②1色の濃淡・明暗だけで表現すること。

モノポール【monopole】磁石のN極、S極の一方だけを単独に取り出せるとしたときの粒子。1931年のディラックの理論によ

るが、実験では未発見。ある種のゲージ理論ではその解にモノポールが自動的に含まれていることが知られている。磁気単極子。

モノポリー【monopoly】①独占。専売。②独占権。専売権。③経済活動を模倣したボード-ゲーム。勝者が一人ですべての資産や資本を独占し、他は破産する。

モノホン 俗に、本物のこと。▷ホンモノ(本物)の倒語。

モノマー【monomer】重合体を構成する基本単位物質。例えば、ポリエチレンにおけるエチレンなど。単量体。

モノマニア【monomania】一つのことに異常な執着をもち、常軌を逸した行動をする人。偏執狂(へんしゅうきょう)。偏狂。

モノラル【monaural】音を単一系統で録音、または再生する方式。モノーラル。→ステレオ

モノリシック【monolithic】一体化していること。一枚岩であること。

モノレール【monorail】軌道が1本の鉄道。軌道から吊(つ)り下がる懸垂式と、上にまたがる跨座(こざ)式とがある。単軌鉄道。

モノローグ【monologue】①劇や小説で、登場人物が心の中に思っていることを相手なしにひとりで言うこと。また、そのせりふや文体。独白(どくはく)。②登場人物が一人だけの芝居。→ダイアローグ

モバイラー【和製 mobile＋-er】モバイル-コンピューティングをする人。通信端末搭載のノートパソコンなどを使い、電話回線や無線LANスポットなどがあれば場所を選ばず必要に応じてネットワークにアクセスする人。

モバイル【mobile】①可動性の。移動式の。②⇨モバイル-コンピューティング ③⇨モビール

モバイル アプリケーション【mobile application】新 スマートフォンやタブレット端末などの携帯用情報端末で動作するアプリケーション-ソフトウエア。モバイル-アプリ。

モバイル オーダー【mobile order】新 スマートフォンなどを通じて飲食店のメニューを注文すること。またそのサービス。訪店前に注文を行うと、注文したものを待ち時間なく受け取れる。

モバイル コマース【mobile commerce】新 携帯情報機器を利用した電子商取引。携帯電話やPDAなどを媒体とした通信販売やオークションなど。m-コマース。

モバイル コンピューティング【mobile computing】携帯型のコンピューターと携帯電話等を組み合わせ、場所を限定せずにネットワークにアクセスすること。またはその環境。

モバイル バッテリー【mobile

battery】新 充電池を内蔵する小型電源。自宅などで充電して携帯するもの。携帯用電子機器の充電が外出先で切れた際に、これを接続して代わりの電源とする。モバイル電源。

モバイル バンキング【mobile banking】銀行口座の残高照会や振り込みなどのサービスを、携帯情報端末を通じて受けられるシステム。日本では多くの場合、携帯電話を通じて行うシステムをさす。

モ

モバイル ビジネス【和製 mobile+business】携帯電話の通信機能を利用したビジネス全般。音楽・ゲームの配信や通信販売など。携帯ビジネス。

モバイル フレンドリー【mobile friendly】新 ウェブサイトなどが、スマートフォンなどのモバイル端末で利用しやすいこと。また、そのさま。

モバイル ヘルス【mobile health】⇨mHealth

モバイルPOS【mobile POS】新 無線通信機能を持つ情報端末を利用したPOS(販売時点情報管理システム)。スマートフォンやタブレット端末を利用したシステムなど。→POS

モバイル ワーク【mobile work】情報通信技術によって実現する、場所・時間に縛られない働き方。

モバイルWi-Fiルーター【mobile Wi-Fi router】新 携帯電話の回線を利用し、Wi-Fi機能のついたノート-パソコンやスマートフォンなどの端末に無線LAN環境を提供するための装置。モバイル-ルーター。

モビール【mobile】①(大きさ・形状の異なる)何個かの金属板などを針金でつるし、各部分がバランスを保ちつつ微妙に動くように構成した芸術作品。室内装飾などにも用いられる。②他の名詞に付いて、「動くもの」の意を添える。▷モービルとも。

モヒカン刈り 男性の髪型で、頭部中央の前から後ろへ一直線に髪を残し、両脇を剃り落とすもの。▷モヒカン(Mohican)はネーティブ-アメリカンの一族。

モビリティ【mobility】(場所・階層・職業などの)可動性。移動性。案 移動性

モブ【mob】群衆。暴徒。モッブとも。

モブ キャラクター【和製 mob+character】漫画・アニメ・ゲームなどで、群衆として表現される人物など。モブ-キャラ。▷モブ(モッブ)は群衆の意。

モヘア【mohair】アンゴラヤギの毛。光沢があり、繊維が柔らかく長い。また、それでつくった毛織物。

モペット【moped】新 ペダルを

こいで走らせることもできる原動機付き自転車。

モムチャン 新 最高に美しい体。筋肉質の体つきや、グラマラスな体つきのこと。男女を問わずに用いられる語。▷韓国の流行語。モムは体、チャンは最高の意。俳優やモデルなどについていわれることが多い。→オルチャン

モメンタム【momentum】①勢い。方向性。試合の流れや、株価の変動などにいう。②物体の質量と速度の積で表される運動量。

モラール【morale】①やる気。士気。②集団の共通目標の実現のために積極的に努力しようとする態度。士気。勤労意欲。作業意欲。→モラル

モラトリアム【moratorium】①戦争・恐慌・天災などの非常時に、社会的混乱を避けるため法令により金銭債務の支払いを一定期間猶予すること。支払い猶予。②知的・肉体的には一人前に達していながら、なお社会人としての義務と責任の遂行を猶予されている期間。また、そういう心理状態にとどまっている期間。猶予期間。③実行・実施の猶予または停止。多く、核実験や原子力発電所設置についていう。一時的停止。案 猶予

モラハラ ⇨モラル-ハラスメント

モラリスト【英 moralist;フランス moraliste】①道徳的な人。真面目な人。道徳家。② 16～18 世紀のフランスで、人間性と道徳に関する思索を随想風に書き記した一群の人々。モンテーニュ・パスカルなど。③②の伝統を受け継ぎ、人間観察と心理分析に重きをおく作家。

モラル【moral】道徳。倫理。人生・社会に対する精神的態度。→モラール

モラル ハザード【moral hazard】①保険に加入したことによって、加入者が果たすべき注意を怠ったり、故意に事故を起こしたりするような危険。道徳的危険。②金融機関や預金者、企業が節度を失った利益追求に走るような責任感や倫理性の欠けた状態。倫理の欠如。案 倫理崩壊

モラル ハラスメント【moral harassment】言葉や態度による、精神的な嫌がらせ・暴力・虐待。モラハラ。

モリブデン【ドイツ Molybdän】6 族(クロム族)に属する遷移元素の一。元素記号 Mo　原子番号 42。原子量 95.94。銀白色の金属。植物の窒素同化に必要であるほか、いくつかの酸化還元酵素の触媒作用に必要であるなど、生体にとって重要。高融点で耐酸性が強く、耐熱材料や鋼に加えて特殊鋼製造に用いる。

モル【ドイツ Mol】① SI(国際単位

モ

系）の物質量の基本単位。6.02214076×10^{23} の要素粒子量。アボガドロ定数により導き出される。単位 mol　②モル濃度。溶液の濃度の表示法の一。溶液 1L 中に溶けている溶質の物質量(モル)で表す。単位は mol/L ▷①は 2018 年 11 月改定され、2019 年 5 月から導入された。

モルタル【mortar】①セメントまたは石灰に砂を混ぜて水で練ったもの。外壁塗装・タイル貼りなどに用いる。②電子商取引で、実際の店舗のこと。→クリック-アンド-モルタル

モルック【フィンランド Mölkky】新 離れた場所から棒(モルック)を投げて、地面に立つ 12 本のピン(スキットル)を倒すスポーツ。2 チーム以上が交代してプレーする。倒れたピンが単独・複数の場合で異なる加点を行い、倒れた場所でピンを立て直してゲームを進める。先に 50 点ちょうどになったチームの勝利。1996 年にフィンランド企業が考案。商標名。

モルト【malt】①麦芽。特に、ウイスキーの原酒醸造用の乾燥麦芽。②麦芽を原料として醸造・蒸留され、樽(たる)に入れて長年貯蔵されたウイスキーの原酒。

モルヒネ【オランダ morfine】阿片に含まれるアルカロイドで麻薬の一。鎮痛・鎮静薬として種々の原因による疼痛(とうつう)に有効。習慣性が著しいので、法律により使用が制限されている。モルフィン。モヒ。

モルモット【オランダ marmot】①テンジクネズミの異名。▷ 16 世紀にオランダ人が南アメリカからヨーロッパに移入したとき、別種のマーモットと誤認したことから生じた名という。②実験台として他人に利用される人。▷①が実験動物として多く用いられることから。

モロッカン【Moroccan】モロッコの。モロッコ風の。モロカン。

モロヘイヤ【アラビア mulūkhiyya】中東、アフリカ原産の野菜。葉はシソに似ているが、ゆでると独特の粘りを生ずる。ビタミン・カルシウムなどのミネラル類を多く含む。

モンキー【monkey】①猿。②モンキー-レンチの略。ボルトやナットの大きさに合わせて口幅を調節できるレンチ。モンキー-スパナ。

モンゴロイド【Mongoloid】黄色(おうしょく)人種。

モン シェリー【フランス mon chéri】(男性に対して)私の愛する人。私の最愛の男性。→マ-シェリー

モンスーン【monsoon】①アラビア海(インド洋北西部)にみられる半年交代で吹く風。夏季は南西風、冬季は北東風。②夏季

の南西風がもたらす、南アジア・東南アジアの雨季。また、その雨。③季節風のこと。

モンスター【monster】①怪物。化け物。②巨大なさま。③非常識で迷惑な存在。

モンスター ペアレント【和製monster＋parent】学校の教師に対して、理不尽な要求や苦情を突きつける親のこと。学校運営に支障を来すことから社会問題化している。モンスター親。モンペ。

モンタージュ【フランスmontage】①映像の組み合わせ方により意味を表現すること。また、その技法。②写真を合成すること。または合成された写真。合成写真。

ヤ

ヤーコン【yacon】アンデス地方原産のキク科の根菜。根茎はサツマイモに似た形状をしており、生で食べることも可能。フラクト-オリゴ糖を豊富に含む。

ヤード【yard】ヤード-ポンド法の長さの単位。1ヤードは3フィート。91.44cm。記号yd　ヤール。

ヤード【yard】①庭。裏庭。②仕事場。置き場。(自動車などの)解体場。

ヤッケ【ドイツ Jacke】フードつきの防風・防水・防寒用の上着。登山・スキー・釣りなどの時に着る。ウインドヤッケ。

ヤハウェ【Yahweh】旧約聖書の神の名。有りて有るもの、の意で、イスラエル民族とともにあることを示す。ヤーウェ。エホバ。

ヤミ金　正規の登録を行っていない金融業者。また、法定外の金利で融資を行う金融業者。ヤミ金融。▷闇(やみ)金融の略から。

ヤムチャ【飲茶】麺・粥(かゆ)・餅・饅頭(マントー)や、菓子などの点心を食べ、茶を飲んで楽しむ中国の習慣。▷中国語。

ヤンキー【Yankee】①アメリカ人。初めニューイングランドの住民をさしたが、アメリカ人全体をさすようになった。②不良少年少女。ツッパリ。▷頭髪を脱色した姿が①に似ていたことから、1980年代以降、関西地方を中心に用いられるようになったという。

ヤング【young】①若いこと。また、若い人。若者。②他の外来語の上に付いて、「若い」の意で複合語をつくる。

ヤング アダルト【young adult】10代後半の若者。ときに、20代前半も含める。

ヤング ケアラー【young carer】新 家族の介護にあたる子供や若者。同世代の人間関係からの孤立、教育機会の損失などの問題が指摘されている。若年介護者。

ヤング率　弾性率の一。等方的な弾性棒を軸方向に伸ばすか縮めるかするとき、棒に垂直な断面に作用する応力と、単位長さあたりの伸びまたは縮みとの比。単位パスカル(Pa)またはN/m^2。イギリスの物理学者ヤングによる。伸び弾性率。縦弾性係数。

ヤング レディース【和製 young＋ladies】①若い女性のこと。②特に、若い女性を対象にしたレディース-コミック。→レディース-コミック

ヤンニョム【薬念】新 韓国料理で、組み合わせて使う各種の調味料および香辛料の総称。焼肉や魚の刺身などにつける。ヤンニョン。▷朝鮮語。

ヤンママ 若い母親のこと。特に、若くして結婚・出産・育児を経験している元不良(ヤンキー)の女性をさすことが多い。▷ヤング-ママが語源。後に不良(ヤンキー)の意味が加わったという。

ユ

ユーカリ【ラテン Eucalyptus】フトモモ科の常緑高木。オーストラリアを主とし、世界で300種以上が知られている。全体に芳香がある。葉はコアラの食糧となり、ユーカリ油をとる。材は建築・土木・船舶材などに用いる。

ユークリッド幾何学 ユークリッド(Euclid)の「ストイケイア(幾何学原本)」の体系に基づく幾何学。その平行線の公理を否定した非ユークリッド幾何学ができるまで、唯一の幾何学体系をなしていた。

ユーザー【user】(メーカーに対して)商品を買う人。商品を使う人。使用者。

ユーザー インターフェース【user interface】 コンピューターとそれを使う人間の間にあって、人間の指示をコンピューターに伝えたり、コンピューターからの出力結果を人間に伝えるためのソフトウエアやハードウエアの総称。コンピューターの使いやすさを決定する大きな要因となる。ユーザー-インターフェース。

ユーザー エクスペリエンス【user experience】製品やサービスの全体的な利用体験。また製品やサービスについて、その利用体験の心地良さを付加価値と捉える考え方。個別の機能や性能などを付加価値と捉える考え方に対していう。ユーザー体験。UX。▷アメリカの認知心理学者ノーマン(Donald Norman)が提唱。

ユーザー コンテンツ 【user contents】インターネットにおいて、サービスの利用者が作り出して掲載した情報(テキスト・写真・音声・動画など)のこと。

ユーザー車検 専門業者に依頼せず、ユーザー自らが点検・整備して受ける車検。

ユーザビリティ 【usability】有用性。使いやすさ。特にコンピューターで、ハードウエアやソフトウエアの使い勝手のこと。

ユーザビリティが高いといった場合、利用者にとって作業効率や満足度が高いことを表す。

ユース【youth】①若者。青年。②主に、スポーツで高校生以下の世代。また、その世代のクラブ-チーム。

ユース オリンピック【Youth Olympic Games】 ⇨ユース五輪

ユース ケース【use case】①情報システムを開発する際に定義する、想定利用者(または外部の情報システム)とシステムとの相互的なやり取りの個別事例。「社員情報を追加する」「社員情報を照会する」などの類。「—図」②想定される利用形態。

ユース五輪【Youth Olympic Games】国際オリンピック委員会(IOC)が主催する、14 歳から 18 歳を対象とする国際スポーツ競技大会。4 年に 1 度開催する。ユース-オリンピック。▷ 2007 年に同委員会が創設を決定。夏季大会は 10 年に、冬季大会は 12 年に開始。

ユース ホステル【youth hostel】青少年の健全な旅行の拠点として設けられた、安価で健康的な宿泊施設。多くは会員制。ドイツに始まり、日本では 1951 年(昭和 26)に創始。ユース。YH。

ユーチューバー【YouTuber】新 動画共有サイトのユーチューブで、独自制作の動画を公開する人。狭義には、動画閲覧に伴う広告収入を得ることを生業とする人をさす。→ユーチューブ

ユーチューブ【YouTube】グーグル社が提供するインターネット上の動画共有サービス。2005 年 12 月より公式にサービス開始。商標名。

ユーティリティー【utility】①役に立つこと。役に立つ度合。使い勝手がいいこと。有用性。②データ処理やコンピューターの運用を支援する、単独で使用可能なプログラム。入出力媒体間のデータ変換プログラム、テキストの出力プログラムなど。ユーティリティー-プログラム。

ユーティリティー ルーム【utility room】住宅で、洗濯・アイロンがけなどの家事作業を行うための諸設備を設けた部屋。また、病院の汚物処理作業室など。

ユートピア【Utopia】①T. モアの主著。1516 年刊。架空の国ユートピアの見聞記の体裁をとり、共産主義・男女平等、また宗教上の寛容を説く。②(utopia)転じて、理想郷。空想上の理想的社会。▷どこにもない場所の意の造語。

ユーフォリア【euphoria】陶酔。根拠のない過度の幸福感。▷ガルブレイスがバブル期の人びとの陥いる状態として指摘した。

ユーモア【humor】思わず微笑させるような、上品で機知に富んだしゃれ。ヒューモア。ヒューマー。フモール。

ユーモラス【humorous】ユーモアのあるさま。おかしみのあるさま。

ユーロ【Euro】他の語の上に付いて、ヨーロッパ、ヨーロッパ共同体(EU)の意を表す。

ユーロ【Euro】ヨーロッパ連合(EU)の通貨統合に際し、まず資本市場で使用され、1999年から導入された単一通貨。2002年1月1日から従来の各国通貨が単一通貨ユーロに切り替えられ、一般にもユーロの紙幣・硬貨の流通が始まった。

ユーロパ【Europa】1610年、ガリレイが発見した木星の四大衛星中で最小のもの。半径1565キロメートル。表面は氷の厚い層でおおわれている。エウロパ。

ユーロ ビート【Euro beat】1970年代後半のディスコ-ブーム以降の、ヨーロッパで制作されたダンス-ミュージックの総称。4拍子の機械的なリズムと、わかりやすいメロディーが特徴。

ユーロビジョン【Eurovision】①ヨーロッパ放送連盟(EBU)が運営する国際放送網。1954年サービス開始。②ユーロビジョン-ソング-コンテストの通称。①が毎年主催。1956年から開催。

ユッケ 朝鮮料理の一。牛の赤身の生肉をたたき、醬油・胡麻(ごま)油・ニンニク・唐がらし入り味噌などを合わせた調味料であえたもの。ユックェ。▷朝鮮語。

ユッケジャン新 朝鮮料理の一。細切りにした牛肉、ねぎ・もやしなどの野菜を粉唐辛子などで味付けして煮込んだスープ。牛肉の代わりに鶏肉を使う場合もある(その場合はタッケジャンなどと呼ぶ)。▷朝鮮語。ユッは肉の意。ケジャンは本来は犬肉のスープの意。

ユナイテッド【united】連合すること。団結。提携。

ユニーク【英・フランスunique】①同じようなものがほかにあまり見られないさま。めったにないさま。独特なさま。②重複のないさま。

ユニオン【union】①結合。同盟。連合。②労働組合。

ユニオン ジャック【Union Jack】イギリス(連合王国)の国旗。

ユニコード【unicode】世界中の文字表現に対応できるコンピューター用の統一文字コードの名称。

ユニコーン【unicorn】①一角獣(いっかくじゅう)。ウニコール。②企業価値が10億ドル以上あると評価されるベンチャー企業。ユニコーン企業。▽有望さを伝説のユニコーンにたとえた語。

アップデート 有力な未上場企業を意味

するユニコーンには、さらに上位の言葉も存在します。例えば評価額100億ドル以上はデカコーン(デカは10倍の意)、同1000億円以上はヘクトコーン(ヘクトは100倍の意)と呼ばれます。2023年現在、宇宙企業のスペースXやアパレル通販のSHEIN(シーイン)やヘクトコーンの代表例とされます。

ユニセックス【unisex】男女の区別がないこと。特に、服装についていう。

ユニセフ【UNICEF】(United Nations Children's Fund)第二次大戦の犠牲になった児童の救済を目的として、1946年に国際連合国際児童緊急基金の名で設立された国際連合の機関。53年に国際連合児童基金と改称したが、略称はそのまま。主に発展途上国の児童に対する援助を行う。

ユニゾン【unison】①同じ高さの音。広義には、1オクターブ異なる音もさす。②同じ高さの2音が形成する音程。1度。同度。③斉唱。斉奏。④ダンスで、全員で同じ振りを一斉に踊ること。

ユニックス ⇨UNIX

ユニット【unit】①(全体を形づくる)単位。単元。②規格化された部品。③個人の組み合わせによる集団。

ユニット折り紙 1枚の紙で部品(ユニット)を作り、それを組み合わせて作品を完成させる折り紙。手裏剣、薬玉(くすだま)など。

ユニット ケア【unit care】介護施設において、少人数用の生活単位(ユニット)ごとに介護する方式。生活単位は入居者用の個室と共用スペース(台所・居間・トイレ・浴室など)で構成される。専任スタッフも住み込み、食事・入浴・余暇などの生活活動を共に行う。→グループ-ホーム

ユニット バス【和製 unit＋bath】洗い場・洗面台・浴槽・電気設備などを一体化し工場生産したもの。

ユニバーサル【universal】①宇宙に関連するさま。世界にわたるさま。②すべてのものに共通しているさま。普遍的。一般的。汎用。万人用。➲よくわかる「ユニバーサル」の意味と使い方(p.839)

ユニバーサル サービス【和製 universal＋service】すべての人のために提供されるサービス。特に、地域・所得などにかかわらず、均質に受けられるサービスなどをいう。㊟全国一律サービス

ユニバーサル ツーリズム【universal tourism】障害の有無や年齢などに関係なく、すべての人が安心して楽しめるような旅行活動。

ユニバーサル デザイン【universal design】障害者・高齢者・健常者の区別なしに、すべて

よくわかる「ユニバーサル」の意味と使い方

詳しい意味は？

ユニバーサル(universal)とは「宇宙に関わる・世界的な」「普遍的な」「汎用・万人向け」などを表す言葉です。これらの意味の中核には「すべてで通用する」というイメージがあります。

例えば「ユニバーサルな視野に立つ」という表現は、「世界的な視野に立つ」とか「普遍的な視野に立つ」などを意味します。言い換えると、その視野が世界的あるいは普遍的に「通用する」様子を意味するわけです。

また「ユニバーサルな機能」という表現は、「汎用の機能」とか「万人向けの機能」を意味します。言い換えると、その機能があらゆる用途やあらゆる利用者に「通用する」様子を意味するわけです。

もともと英語の universal は、宇宙や森羅万象のことを意味する universe(ユニバース)の形容詞形です。また universe の語源はラテン語の ūniversum で、直訳で「ひとつになった」ことを意味する言葉でした(参考:「ランダムハウス英和辞典」小学館)。つまり universal という言葉には「ひとつ」というイメージが隠れています。これが「ひとつのことがすべてに通用する」イメージにつながっています。

実際の使われ方は？

[ユニバーサル電源]　汎用を意味するユニバーサルにも、さまざまな複合語が存在します。例えば電気・電子機器の分野では、世界各地の様々なプラグ形状や電圧に対応した電源装置のことを「ユニバーサル電源」と呼びます。またカメラの分野では、異なるメーカーでも共用できる交換用レンズの接続規格を「ユニバーサルマウント」と呼びます。

[ユニバーサルタイム]　いわゆる世界時(学術的には UTC＝協定世界時、UT0、UT1、UT2 の総称)のことを「ユニバーサルタイム」と呼びます。これは「世界の」という意味のユニバーサルの例です。

の人が使いやすいように製品・建物・環境などをデザインすること。また、そのようなデザイン。誰もが利用でき、使い方が簡単で、安全性が高く、身体に負担の少ないことなどを原則としている。㊎ 万人向け設計

ユニバーサル デザイン フード【和製 universal design＋food】日常の食事から介護食まで幅広く利用できるよう、食べやすさに配慮した食品。また、その規格。日本介護食品協議会が制定。食品の堅さと粘度の違いにより「容易にかめる」「歯ぐきでつぶせる」「舌でつぶせる」「かまなくてよい」に区分する。規格に適合した食品はUDマークを表示できる。UDF。→ユニバーサル-デザイン

ユニバーサル電源 多種類のプラグ形状と電圧に対応した電源装置。

ユニバーサル ファッション【和製 universal＋fashion】年齢・サイズ・体型・障害に関係なく着用できる衣服のこと。また、これらに関係なく、好みの衣料を豊富な選択肢から選べる状態。

ユニバーシアード【Universiade】国際大学スポーツ連盟の主催する国際学生競技大会。1年おきに開催される。夏季、冬季大会がある。

ユニバーシティー【university】多くの学部をもつ総合大学。→カレッジ

ユニバース【universe】宇宙。世界。森羅万象。

ユニホーム【uniform】▷ユニフォームとも。①制服。②スポーツ用のそろいの服。③軍服。

ユネスコ【UNESCO】(United Nations Educational,Scientific and Cultural Organization) 国際連合教育科学文化機関。教育・科学・文化を通じて国際協力を促進し、世界の平和と安全に貢献することを目的とする、国際連合の機関。1946年発足、日本は51年(昭和26)加盟。

ユネスコ エコ パーク【和製 UNESCO＋eco＋park】生物圏保護区。ユネスコが人間と自然の共生が実現している地域を対象に登録する特別保護地域。

ユビキタス【ubiquitous】いつでも、どこにでもあること。▷インターネットなどの情報ネットワークに、空間や時間を問わずアクセスができる環境にあること。→ホット-スポット

ユプシロン【upsilon; Υ・υ】⇨ウプシロン

ユマニチュード【フランス humanitude】認知症患者のケア技法の一。患者の人間らしさを尊重したうえで、「見る」「話す」「触れる」「立つ」という四本柱による包括的なコミュニケーションを行うも

の。体育学者ジネスト(Yves Gineste)とマレスコッティ(Rosette Marescotti)が考案。▷人間らしさの意。

ユリイカ【ギリシャ heurēka】アルキメデスが金の純度を量る方法を発見した時に叫んだといわれる言葉。ヘウレーカ。▷「発見した」の意。

●●● ヨ ●●●

ヨウ素 (iodine)17族元素(ハロゲン)の一。元素記号I　原子番号53、原子量126.9。光沢ある黒紫色の鱗片状結晶。昇華しやすく、蒸気は紫色で有毒。デンプンと反応して青紫色を呈する(ヨウ素デンプン反応)。脊椎動物の甲状腺ホルモン中に含まれ、栄養学上欠くことのできない元素。海藻などに有機化合物として濃縮されて含まれる。ヨードチンキ・ルゴール液、その他の医薬品の原料。沃素。ヨード。

ヨーク【yoke】洋服の身頃(みごろ)やスカートの上部に入れた切り替え布。

ヨーグルト【ドイツ Yoghurt】牛乳・山羊乳などに乳酸菌を加えて発酵させ、タンパク質を固めたクリーム状の食品。

ヨーデル【ドイツ Jodel】新 スイスやオーストリアのアルプス地帯で歌われるファルセット(裏声)を交えた独自の民謡ならびにその唱法。

ヨード【ドイツ Jod】ヨウ素。

ヨーヨー【yo-yo】玩具の一種。2個の円盤をつないだ軸にひもを巻きつけ、ひもの先端を持って釣り下げ、回転の反動により上下させて遊ぶもの。

ヨガ【サンスクリット yoga】古代インドで広く行われた宗教的実践法。心身の統一・訓練などによって、物質の束縛から自由になることをめざす。苦行による超日常的能力の開発法や神秘的瞑想(めいそう)法として、宗派を超えて実践される。現代では心身の健康法としても応用されている。ヨーガ。

ヨギ【yogi】新 ヨガの行者。

ヨクト【yocto】単位に冠して、10^{-24} を表す語。記号y

ヨタ【yotta】単位に冠して、10^{24} を表す語。単位Y。ヨッタとも。

ヨット【yacht】①帆あるいは機関で動く快走小型船。スポーツやプライベートな遊覧に用いる。機関を備えたものには数千トンの大型船もある。②特に、オリンピックのヨット競技に用いる小型帆船。

ヨ

ラ

ラー【Ra】古代エジプトの主神・太陽神。テーベのアモン神と習合してアモン=ラーと呼ばれる。エジプト王はラーの子とされ神聖視された。

ラーゲ【ドイツ Lage】性交時の男女の体位。

ラージ【large】大きいこと。

ラード【lard】豚の脂肪組織を加熱・精製した乳白色半固体の油。料理などに用いる。

ラーニング【learning】①学問。知識。学識。②学習。習得。

ラーニング コモンズ【learning commons】新 大学が図書館などに設置する学習支援施設。自習・グループ学習用のスペース、相談用のカウンターなどが設けられる。

ラーメン【ドイツ Rahmen】外力を受けても変化しない剛接合(ごうせつごう)によって組みたてられた骨組み。箱型に組む鉄筋コンクリート造りの骨組みなどにみられる。→トラス

ライ【lie】①ゴルフで、落下した球の位置や状態。②ゴルフで、クラブのヘッドとシャフトの角度。

ライ【rai】西ヨーロッパの影響を受けたアルジェリアの音楽。伝統楽器に加えシンセサイザーなどを用いる。

ライオンズ クラブ【Lions Club】1917年、アメリカの実業家が中心となって結成した国際的民間社会奉仕団体。52年(昭和27)、日本支部結成。▷liberty(自由)・intelligence(知性)・our nation's safety(我が国民の安全)から。

ライク【like】①好むこと。気に入ること。②他の語の下に付いて「似ているさま」「似合っているさま」の意を表す。「メンズ—」

ライジャケ ①ライフ-ジャケット(救命胴衣)の略。②ライダーズ-ジャケット(オートバイのライダー用の革ジャケット)の略。

ライジング【rising】上がること。昇ること。上昇。

ライジング サン【rising sun】昇る太陽。朝日。

ライス【rice】米の飯。ごはん。

ライス シャワー【rice shower】結婚式で、新郎新婦に参列者が米をまいて祝福する風習。

ライス ペーパー【rice paper】①薄紙の一種。良質の亜麻・麻・木綿などを原料とした不透明な薄い紙。紙巻きタバコの用紙に用いる。②ベトナム料理に用いる、米の粉で作った薄いシート状の

食品。野菜などを包んで食べる。

ライセンサー【licenser】特許権などの許諾(ライセンス)を与える者。実施許諾者。

ライセンシー【licensee】特許権などの許諾(ライセンス)を受ける者。実施権者。

ライセンス【license】①許可。免許。また、それを証明する文書。②他企業のもつ商標や製造技術の特許権の使用許可。

ライセンス フリー【license free】制作者の許諾なしに、または制作者に利用料を支払うことなしに、目的の製品などを利用できること。ソフトウエアなどにいう。

ライター【writer】文章を書くことを業とする人。作家。著述家。

ライダー【rider】(オートバイなどの)乗り手。

ライチー【litchi】ムクロジ科の常緑高木。中国南部原産。亜熱帯で果樹として栽培。果実は径約3cmの卵形の核果で、皮は凸凹があってかたく薄い。果肉は白色半透明、多汁で甘い。リーチー。茘枝(れいし)。

ライツ【rights】権利。人権のような権利を指す場合や、特許や商標のような利用許可料の得られる権利を指す場合がある。

ライティング【lighting】①照明。採光。配光。②舞台や映画・写真の撮影のために行う照明。

ライティング【writing】文章を書くこと。作文。

ライディング【riding】新 乗ること。馬・オートバイ・自転車・スケートボード・スノーボード・サーフボード(サーフィンで波に乗ること)などについていう。

ライト【light】①光。光線。②照明。③他の外来語の上に付いて、明るい、淡いの意を表す。→ダーク ④軽い、手軽ななどの意を表す。⑤飲食物が、低カロリー・低脂肪・低コレステロールであることを表す。

ライト【right】①右。右側。②(right field(fielder)の略)野球で、右翼。または、右翼手。③保守的な立場。右派。→レフト

ライト アップ【light up】照明で明るく照らし出すこと。特に、建造物や庭園・橋・噴水などに照明をあて、夜の景観を演出すること。

ライト ノベル【和製 light＋novel】10代の若者を主な読者層に想定した気軽に読める小説の総称。会話の多用やアニメ-タッチの挿絵などが特徴。ラノベ。ライノベ。

ライナー【liner】①野球で、地面にふれないで直線的に飛ぶ打球。②定期船。③ファスナーやボタンで留め、取りはずしができるコートの裏布。④(日本での用法)快速列車。

ラ

ライナー ノート【liner note】音楽鑑賞の参考にするための解説文。多くの場合、CD やレコードのパッケージに同梱・印刷されたものをさす。

ライニング【lining】①腐食・摩耗などを防ぐために用途に適した材料を張り付けること。裏張り。裏付け。②コートなどに、裏を付けること。

ライバー【和製 live ＋ -er】新 コメント機能や投げ銭などの仕組みを持つ動画配信サービスで、自身が出演するライブ配信を行う人。「公式―」 ▷英語の liver は肝臓(レバー)の意味になる。

ライバル【rival】互いに相手の力量を認め合った競争相手。好敵手。

ライフ【life】①命。生命。②一生。生涯。③生活。④救命のための。

ライブ【live】①(ラジオやテレビの)生放送。②生演奏。▷生きている意。→デッド

ライフ イベント【和製 life＋event】ライフ-プランを考えるにあたって想定される結婚・退職など、その人にとっての大きな出来事。→ライフ-プラン

ライフガード【lifeguard】職業として水難救助を行う者。オーストラリアなどで発達。▷ライフセーバーは、主にボランティアをさす。→ライフセービング・ライフセーバー

ライブ カメラ【和製 live＋camera】インターネット上でライブ映像(画像)を公開するため定点に置かれるカメラ。またはそのようなシステムやウェブ-ページ。

ライブ キッチン【live kitchen】新 レストランなどで、調理の様子を客の目の前で見せる演出。また、そうした演出を行うための調理場と客席。

ライブ コマース【live commerce】新 生放送の動画配信で紹介される商品を、その場で購入できる形式の電子商取引。視聴者は、コメントや質問などを通じて配信に参加できる。

ライフ サイエンス【life science】生命現象を生物学を中心に化学・物理学などの基礎的な面と、医学・心理学・人文社会科学・農学・工学などの応用面とから総合的に研究しようとする学問。生命科学。

ライフ サイクル【life cycle】①前の世代がつくる生殖細胞から出発して、次の世代の生殖細胞までを結んだ生活史の表現法。核相交代・受精・変態などに注目して表現されることが多い。生活環。②誕生から死にいたる人の一生。人生の周期。生活周期。③商品が市場に登場してから他の商品に駆逐されるまでの過程。商

品の寿命。㊎ 生涯過程

ライフ サイクル アセスメント【life cycle assessment】製品や構造物の評価を、原料の調達から部品・部材の加工、製品・構造物の製造・建設、運用、解体・廃棄に至るすべての過程で生じる環境負荷を分析して行うこと。LCA。

ライフ ジャケット【life jacket】救命胴衣(どうい)。ライフ-ベスト。

ライフスタイル【lifestyle】個人や集団の、生き方。単なる生活様式を超えてその人のアイデンティティーを示す際に用いられる。

ライフ ステージ【life stage】人の一生を少年期・青年期・壮年期・老年期などと分けた、それぞれの段階。

ライブ ストリーミング【live streaming】新 生放送のストリーミング配信。中継元の音声・映像を即時にデータ化し、これを配信する仕組み。→ストリーミング

ライフセーバー【lifesaver】水難事故を防止したり、水難が発生した際に人命を救助する人の総称。狭義にはボランティアをさす。オーストラリアなどで発達。人命救助員。水難救助員。▷プロの水難救助員はライフガードとよばれる。

ライフセービング【lifesaving】①水難事故を防止する活動や、水難が発生した際に人命を救助する活動などの総称。19世紀末にフランスで創始された奉仕活動の形態で、オーストラリアなどで発達した。→ライフセーバー ②①の訓練行為を競技化したもの。

ライフ タイム バリュー【life time value】長期的に一人の顧客から得られる利益を指標化したもの。生涯価値、寿命価値ともよばれ、1回の購入額に一生涯での購入回数を乗じたりして得る。この値が大きいほど優良顧客となる。ライフ-タイム-シェア。LTS。LTV。

ライブ ハウス【和製 live＋house】ジャズやロックの生演奏を聴かせる店。ライブ-スポット。

ライブ ビュー【live view】デジタル-カメラで、液晶モニターへ被写体の様子をリアル-タイムに映し出す機能。

ライブ ビューイング【和製 live＋viewing】コンサートや演劇などの公演の様子を、映画館で上映すること。また、そのような興行。生中継によるものと、録画によるものがある。→パブリック-ビューイング

ライフ プラン【和製 life＋plan】就職・結婚・出産・退職などのその人にとって大きな出来

ラ

事を節目にした人生設計。→ライフ-イベント

ライフライン【lifeline】生活・生命を維持するための水道・電気・ガス・通信などの施設。㊟生活線

ライブラリー【library】①図書館・図書室。②蔵書。③叢書につける名。④プログラミングに使用するさまざまなモジュールを収めたファイル。⑤各種のソフトウエアやデータを収めたパッケージ-ソフトウエア。または、オン-ライン-サービスやBBSのエリア。㊟図書館

ライフル【rifle】①銃砲の筒内に刻んだ螺旋(らせん)状の溝。②「ライフル銃」の略。弾丸に回転を与えて命中度を高め、射程を伸ばすために、銃身の内側に螺旋(らせん)状の条溝を刻み込んだ銃。

ライフ ログ【lifelog】生活や行動をデジタル-データとして記録すること。

ライフログ リストバンド【和製 lifelog ＋ wristband】新 腕輪型の活動量計。ライフログ-バンドとも。

ライフワーク【lifework】一生をかけた仕事・作品など。

ライム【lime】ミカン科の常緑低木または小高木。熱帯地方で栽培。果実はレモンに似るがやや小さい。果肉は緑色で多汁、酸味と香気に富み、料理に添えたり、ジュース・ライム-オイル・クエン酸の原料とする。

ライム【rhyme】韻。脚韻。押韻。

ライ麦 (rye)イネ科の越年草。カフカス・小アジア原産。ロシア連邦・北欧諸国で作物として栽培。耐寒性があり、やせ地によく育つ。実は緑褐色または紫色で、製粉して黒パンをつくる。

ライラック【lilac】①モクセイ科の落葉低木または小高木。ヨーロッパ原産。観賞用に植える。春、枝先に多数の小花が円錐状につき、芳香を放つ。花色は紫・淡紫・青紫・白など。フランス語名リラ。②①の花のような薄い紫色。

ライン【line】①線。②列。行列。③水準。レベル。④系列。系統。⑤航路や経路、路線。コース。⑥経営組織で、局・部・課・係などのような上下の管理系列。権限系列。⑦生産・販売など企業目的を果たす上で直接的な活動を担当する部門。→スタッフ ⑧一貫した流れ作業による生産・組み立ての工程。⑨電話線。通信線。

ライン【LINE】新 ライン社が提供する、インスタント-メッセンジャーのサービス。携帯電話やパソコンなどで利用できる。スタンプと呼ばれる画像メッセージを送ることも可能。2011年(平成23)にサービス開始。商標名。

ラインアップ【lineup】①野球で、打順。バッティング-オーダー。②陣容。顔ぶれ。③番組などの内容。プログラム。▷ラインナップとも。

ラウド ロック【和製 loud ＋rock】ポピュラー音楽で、おもにヘビー-メタルの流れを組みつつ、多様な音楽的要素を取り入れたジャンル。

ラウンジ【lounge】①休憩室。社交室。②空港内の搭乗待合室。③女性キャストが男性客の席について会話する飲食店。

ラウンジャー【lounger】寝そべるなどの楽な姿勢で座れる椅子。

ラウンチ【launch】⇨ローンチ

ラウンド【round】①ボクシングなどで競技の各回。②ゴルフで、コースの各ホールを一巡すること。1 ラウンドは 18 ホール。③他の外来語の上に付いて丸い意を示す。④関税などに関する一括交渉。

ラウンドアバウト【round-about】新 環状交差点。通行部分が環状になっていて、車両が一定方向(日本では時計回り)に通行することが指定されている交差点。

ラウンド ガール【和製 round ＋girl】ボクシングなどの興行で、ラウンドの合間にリングに上がり、次のラウンド数を記したボードを掲げる女性。多く、モデルやアイドルなどが担当する。リング-ガール。

ラウンド ロビン【round robin】新 ▷「リボンの輪」の意で慣用句。17 世紀ごろのフランスの嘆願書で、誰が発起人かを悟られぬよう(処刑を免れるよう)署名を放射状かつ環状に記したことから。①スポーツなどの総当たり戦。②情報通信技術において、複数の使用者に対して特定の資源を順に割り当てる方式。並列で実行するプログラムに対して、基本ソフトが順番に実行時間を割り当てる場合など。

ラガー【rugger】①ラグビー。②(日本での用法)ラグビーの選手。

ラガード【laggard】イノベーター理論の用語。革新的商品やサービスを最後になって受容するか、最後まで受容しない人。市場全体で最も保守的とされる。採用遅滞者。▷ぐずぐずしている人の意。→アーリー-アダプター・アーリー-マジョリティー・レイト-マジョリティー

ラガー ビール【lager beer】瓶詰め・缶詰めにして加熱殺菌したビール。

ラギッド【rugged】無骨で頑丈なデザインや仕上がりを楽しむファッション。主に家具や男性用の服飾品などについていう。▷頑丈な、壊れにくいなどの意。

ラグ【lag】時間的なずれ。タイム-ラグ。

ラグ【rug】イギリス原産の厚手の毛織物。床の一部に敷く敷物やひざ掛けに用いる。

ラグい 新 入力に対する反応が遅れ、動作が滑らかでない。ネットワーク-ゲームやビデオ通話などでいう。▷若者言葉。ラグ(遅れ)から。

アップデート 少なくともゼロ年代には存在していた俗語ですが、2020年代に入って以降、その使用頻度が一段と高まりました。グーグル-トレンドで同語を検索すると、2020年に一度大きなピークが存在することもわかります。コロナ禍でネットワーク-ゲームを楽しむ人が増えて、その分、ラグに悩まされた人も増えたことが想像できます。

ラグー【フランスragoût】フランス料理で、煮込みのこと。

ラグーン【lagoon】砂州または沿岸州によって海と切り離されてできた湖や沼。狭い水路で海に通ずるものもある。潟湖(せきこ)。潟(かた)。

ラグジュアリー【luxury】豪華なさま。ぜいたくなさま。

ラグタイム【ragtime】1880年代にアメリカのミズーリ州を中心におこったピアノ音楽。ジャズの前身とされるが、即興演奏は行わない。

ラクト アイス【和製 lacto＋ice】アイス-クリーム類のうち、乳固形分3.0％以上を含むもの。厚生労働省令に規定。

ラクトフェリン【lactoferin】主に哺乳類の乳汁中に存在する鉄結合性の糖タンパク質。特に初乳に多く含まれ、抗菌作用がある。▷C型肝炎ウイルスの感染防止作用なども注目されている。

ラグビー【rugby】フットボールの一種。両チーム15人ずつの選手で得点を競う球技。楕円形のボールを手で持ち運んだり足で蹴(け)ったりして、相手のゴールに持ち込み得点する。ラグビー-フットボール。ラガー。

アップデート 2015年のW杯(イングランド)では日本が強豪南アに勝利。大会フル出場の五郎丸歩選手は、五郎丸ポーズ(ゴールキック前のルーチン)で人気になりました。19年のW杯は日本で開催。日本代表は初めて8強入りを果たしています。同代表のスローガン「ワンチーム」は2019年の新語・流行語大賞で年間大賞を受賞しました。

ラグラン【raglan】襟ぐりから袖下に切り替えが入り肩から続いた、ラグラン-スリーブのコート。

ラクロス【lacrosse】球技の一。10人でチームを構成し、先端にネットのついたスティックでボールを投げたり、受けたり、運んだりして相手ゴールに入れる競技。

ラケット【racket】テニス・バドミントン・卓球などで、球を打つ道具。

ラザニア【伊lasagna】幅広で扁平のパスタ。また、それとホワイト-ソースやミート-ソースを交互に重ね天火で焼いたイタリア料理。ラザーニャ。

ラジアル【radial】①放射状をしているさま。②ラジアル-タイヤの略。高速走行用の自動車タイヤ。タイヤの接地面と側面を構成する繊維層(カーカス-コード)が、タイヤの回転方向に対して直角に並んでいる構造のもの。

ラジアン【radian】角度の単位。半径の長さに等しい弧に対する中心角の大きさを1ラジアンとし、約57度17分44.8秒。180度はπラジアンにあたる。弧度。記号rad

ラジウム【radium】2族元素(アルカリ土類金属)の一。元素記号Ra　原子番号88。同位体はすべて放射性で質量数223、224、226、228の4種類が天然に存在する。最も半減期の長い核種は226のもの。1898年、フランスのキュリー夫妻がウラン鉱石から発見した最初の放射性元素。銀白色の金属。放射線源として用いられた。

ラジエーター【radiator】①蒸気などを利用した暖房装置。放熱器。②自動車エンジンの冷却装置。

ラジオ【radio】①放送局が報道・教育教養・娯楽などの番組を公衆に伝達するために行う無線電波による放送。また、その受信装置。②他の語に付いて「放射」の意を表す。

ラジオアイソトープ【radio-isotope】放射能をもつ同位体。放射性核種を原子核として含む同位体。放射性同位体。

ラジオ ボタン【radio button】コンピューターのGUIにおいて、複数の選択肢の中からひとつを選択するためのボタン。多くの場合、丸い形状。▷原義はラジオ受信機の選局ボタン。→チェック-ボックス

ラジカル【radical】①過激なさま。極端なさま。度を越しているさま。②改革や変化を急激に進めようとするさま。急進的。③根源的であるさま。④不対電子をもつ原子団・原子または分子。一般に、化学反応性が大きく、不安定。気相での光化学反応や熱化学反応、また工業化学上重要な各種の重合反応など、種々の化学反応の中間体として現れる。フリー-ラジカル。

ラシャ【ポルトガルraxa】紡毛を原料とし、起毛させた厚地の毛織物。日本には16世紀後半に輸入された。

ラジャー【roger】了解。▷無線

通信などで言う応答のことば。

ラス【lath】漆喰(しっくい)・モルタル塗りなどの下地とする小幅な板。ふつうにはモルタル塗りに用いるメタル-ラス・ワイヤ-ラスをいう。

ラスク【rusk】パン・カステラなどを薄く切り、卵白と練りまぜた粉砂糖を塗って焼いた洋菓子。

ラスター【luster】①光沢。つや。また、光沢剤。②つや出しの布。

ラスト【last】最終。おしまい。最後。おわり。

ラスト ベルト【Rust Belt】新 アメリカ合衆国中西部から北東部にかけての工業地域の呼称。かつて重工業・製造業が隆盛したが、その後、鉄鋼や自動車など当時の主要産業が衰退した。▷ラストは錆(さび)の意。

ラスト ボス【和製 last＋boss】コンピューター-ゲームで、最後の関門として登場する敵キャラクター。ラスボス。

アップデート 演歌歌手の小林幸子は、ネットで「ラスボス」という愛称で親しまれています。彼女が紅白歌合戦で披露する巨大衣装が「ゲームに登場するラスボスのよう」と評されたことが由来です。2015年(平成27)の紅白では、彼女みずからラスボスを意識した演出を行い、視聴者を楽しませました。

ラスト リゾート【last resort】金融機関の信用が揺らぎ、金融不安が広まった場合、パニックを防止するために資金融資を行う中央銀行のこと。レンダー-オブ-ラスト-リゾート。▷最後の手段の意。

ラスト ワン マイル【last one mile】①通信サービスの利用者である家庭や事務所の加入者と、最寄りの電話局を結ぶ回線。基幹線に比べ伝送速度の高速化に費用・時間がかかる。利用者側の立場から、ファースト-ワン-マイルともいう。②物流で、地域の配送拠点から配送先までの最終経路。幹線的な経路に比べて、個別対応が必要となりコストがかかる。

ラズベリー【raspberry】バラ科の落葉低木。キイチゴの一群で、種類は多く、主として北アメリカで栽培される。果実は白・黄・淡紅・暗紅色などで香りが高い。生食のほかジャム・ゼリーなどとし、また香料をとる。

ラスボス ⇨ラスト-ボス

ラスワン 俗に、最後の一つ。▷ラスト-ワンの略。

ラダー【rudder】舵(かじ)。方向舵(だ)。

ラタトゥイユ【フランス ratatouille】ナス・トマト・ズッキーニなど何種類かの野菜を煮込んで作る南フランス料理。

ラタン【rattan】籐(とう)。籐製品。

ラチェット【ratchet】鋸(のこぎり)歯

状の歯をもった歯車。逆転止めの爪(つめ)と組み合わせて、一方向だけに回転するようにつくられている。爪車(つめぐるま)。

ラッカー【lacquer】ニトロセルロース・樹脂・顔料などを揮発性溶剤に溶かした塗料。乾燥が非常に速く、耐水性・耐摩耗性にすぐれる。ピロキシリン-ラッカー。

ラッキー【lucky】①運のよいこと。また、そのさま。②よかった、やった、の意を表す感動詞。

ラック【lac】ラックカイガラムシが体表から分泌した黄褐色の樹脂状物質。精製したものをシェラックという。→シェラック

ラック【rack】①棚。また、掛けたり載せたりして物を納めておくもの。②歯車と同様な歯をもったまっすぐな棒。小歯車(ピニオン)とかみ合わせて、直線運動と回転運動との変換に用いる。歯竿(はざお)。

ラック【ruck】ラグビーで、地上にあるボールの周りに両チームの選手が集まり、立ったまま体を密着させてボールを奪い合っている状態。ルース-スクラム。

ラッコ イタチ科の哺乳類。後ろ足はひれ状となる。体毛は密で、毛色は濃褐色・黒・茶など。海面にあお向けに浮かんでアワビ・ウニ・カニなどを食べる。殻の硬いものを割るのに石を使う。北太平洋の沿岸に分布。毛皮は極めて優良。乱獲で激減し、現在は捕獲禁止。▷アイヌ語。

ラッシー【lassi】インドのバターミルク。ギー(食用油)をつくる際の副産品。飲料にしたり、調味料などに利用される。

ラッシュ【rush】①殺到すること。物事が一時に集中して起こること。②突進すること。特にボクシングで猛烈な攻撃。③ラッシュ-アワーの略。④編集作業の完了していない映画のポジ-フィルム。ラッシュ-プリント。

ラッシュ アワー【rush hour】通勤者・通学者などで乗り物が混雑する時間帯。ラッシュ。

ラッシュ ガード【rash guard】日焼けやけがを防ぐため、また、防寒のために着用する袖のある水着。▷ラッシュは発疹の意。

ラッセル【russel】①「ラッセル車」の略。先頭部に取り付けたくさび形の鋤(すき)と車体両側の開閉翼を用いて、線路上の雪を排除する車両。②登山で、深い雪をはらいのけ、道を開きつつ進むこと。▷ラッセル車の発明者の名にちなむ。

ラッチ【latch】ドア・門などのかけがね。留めがね。

ラッテ【(イタリア)latte】牛乳入りのエスプレッソのこと。カフェ-ラッテ。

ラット【rat】実験動物化されたドブネズミ。マウスより大きいものをいい、多くの系統がある。愛

ラ

玩用にもされる。ダイコクネズミ。ラッテ。

ラット レース【rat race】新 際限のない生存競争。

ラッパー【rapper】ラップ音楽を演奏する人。特にその中で、早口の語りを担当する人。

ラッピング【wrapping】包み紙やリボンを使ってプレゼントなどを美しく包装すること。

ラッピング車両 ラッピング広告を施した、鉄道やバスなどの車両。

ラップ【lap】①競走路の1周。また、競泳でプールの1往復。②ラップ-タイムの略。③精密に仕上げた面をもつ研磨用工具。平板・円筒形など用途に応じて種々ある。

ラップ【rap】ダンス-ビートに合わせてリズミカルに早口の語りを乗せていくスタイルの音楽。また、その早口の語り。1970年代後半ニューヨークの黒人街で流行し、80年代のヒップ-ホップ-カルチャーへ継承された。ラップ-ミュージック。→ヒップ-ホップ

ラップ【wrap】①包むこと。包装すること。②食品包装用の薄い透明なフィルム。また、それで食品を覆ったり包んだりすること。③ボタンなどを用いない、体に巻いて着るコート。ラップ-コート。④小麦粉やトウモロコシの粉でつくった生地を薄く焼き上げ、肉や魚介、野菜など多彩な具材を包んだ食べ物。→トルティーヤ②

ラップ口座 証券会社の個人向け資産管理サービス口座。証券会社が投資家の資金の運用・管理を行い、投資家は運用された資産残高に応じた手数料を一括して支払う。

ラップ タイム【lap time】中・長距離の陸上競技・スピード-スケート・競泳などで、一定距離ごとに計測した所要時間。途中計時。途中記録。

ラップトップ【laptop】ひざの上。転じて、パソコン・ワープロなどで、小型・軽量で携帯が容易なものをいう。→デスクトップ①

ラップ バトル【rap battle】新 ヒップ-ホップで、MC（ラッパー）どうしが即興のラップによって互いを攻撃しあう勝負。MCバトル。フリースタイル-バトル。

ラティーノ【latino】アメリカに住むラテン-アメリカ系の人々。男性のみをさす場合もある。また、ラテン-アメリカに住む人々をいう。→ヒスパニック

ラディカル【radical】⇨ラジカル

ラティス【lattice】園芸用の四つ目垣。ラティス-フェンス。ラチス。

ラディッシュ【radish】ハツカダイコン。赤かぶ。

ラテックス【latex】①ゴム植物の樹皮を傷つけた際に分泌する乳白色の液体。30～40％のゴム質(炭化水素)のほか、タンパク質・無機物などを含む。生ゴムの原料。また、粘着剤などに用いる。②合成ゴム製造の際、乳化重合によって得られる反応生成物。これから各種用途のゴムを製造する。

ラテン【Latin】他の語と複合して、ラテン系の、ラテン民族の、などの意を表す。

ラドン【radon】18族元素(希ガス)の一。元素記号Rn　原子番号86。同位体はすべて放射性で、質量数222、220、219の3種類が天然に存在する。最も半減期の長い核種は質量数222のもので、ラジウムの崩壊によって生ずる。

ラナイ【lanai】ハワイで、家屋のベランダ。また、ベランダ付きの部屋。

ラ ニーニャ【スペインLa Niña】東太平洋赤道海域で海面水温が著しく低下する現象。▷女の子の意。→エル-ニーニョ

ラバ【イタリアlava】溶岩(ようがん)。

ラバー【lover】恋人。愛人。

ラバー【rubber】①ゴム。②消しゴム。

ラバー カップ【和製 rubber＋cup】便器や風呂などの排水部に生じた詰まりを除去する掃除道具。棒の先に半球状のゴム製カップを付けたもの。排水部にカップを当て、棒を上下させて用いる。通水カップ。俗にスッポン、カッポン、キュポキュポ、キュッポンなどとも。

ラバー ダック【rubber duck】ゴム製のアヒルの玩具。

ラビ【rabbi】ユダヤ教の聖職者。律法に精通した霊的指導者の称。歴史的に、すぐれた学者も多い。

ラビオリ【イタリアravioli】小麦粉を練って薄くのばした生地の間に、挽き肉と野菜のみじん切りを入れて包んだパスタ。

ラピス ラズリ【lapis lazuli】ナトリウムのアルミノケイ酸塩で、少量の硫黄・塩素などを含む。立方晶系。黄鉄鉱の結晶が点在するものは研磨すると特に美しい。古来から珍重され、アフガニスタン産が有名。瑠璃(るり)。青金石。ラズライト。

ラビット【rabbit】①うさぎ。②陸上競技のうち、長距離種目でのペース-メーカーの俗称。

ラビリンス【labyrinth】①ギリシャ神話で、怪物ミノタウロスがクレタ島の王ミノスによって閉じこめられた迷宮。ラビュリントス。②ゴシック聖堂の床などに表された迷路の紋様。③生け垣などでつくった庭園中の迷路。

ラフ【rough】①手ざわりがざら

ラ

ざらしているさま。②荒っぽいさま。乱暴なさま。③大まかなさま。無造作なさま。くだけたさま。④ゴルフ-コースで、フェアウエー以外の手入れをしていない草地。⑤硬式テニスのラケットで、飾り糸の編み目のこぶが粗い方の面。トスの際、ラケットの表裏をこれで見分ける。→スムーズ

ラブ【love】①愛。愛情。②恋。恋愛。③情事。④テニスなどで、無得点のこと。

ラファエル【Raphael】旧約聖書における大天使の一。旅人の守護者。若者の姿で描かれる。

ラブい 俗に、愛し合っていること。または愛らしいこと。

ラプソディー【rhapsody】19世紀にヨーロッパで数多く作曲された自由で幻想的な楽曲。叙事的・民族的な性格のものが多い。狂詩曲。

ラフティング【rafting】大型のゴム-ボートに乗り、パドルで操船しながら急流を下るレクリエーション-スポーツ。▷いかだ流しの意。

ラブ ドール【和製 love + doll】女性の形を模した人形。シリコーンなどで作られた、比較的高級な人形を指すことが多い。性行為・愛玩・鑑賞・撮影などに用いる。セックス-ドール。

ラブ ホテル【和製 love+hotel】洋風の連れ込み宿。ラブホ。

ラブラブ 互いに愛し合っている様子。仲むつまじい様子。

ラ フランス【フランス La France】西洋梨の一品種。表皮は薄い緑色。果肉が密で果汁も多く、芳香に富む。

ラフレシア【ラテン Rafflesia】ラフレシア科の無葉緑植物。東南アジアのジャングルに生える。ブドウ科の植物の根に活物寄生し、茎はなく赤色肉質の五弁花を直接つける。花は世界最大といわれ、径1mに達するものもあり、開花すると臭気を放つ。

ラベラー【labeler】 ⇨ラベル-ライター

ラベル【label】広告や標識のためにはる小さな紙片。レッテル。レーベル。

ラペル ピン【lapel pin】背広やジャケットの襟につけるピン。▷ラペルは背広などの下襟のこと。

ラベル プリンター【label printer】ラベル印刷専用のプリンター。商品に貼るラベルに文字やバー-コードなどを印刷するプリンターなど。ラベラー。

ラベル ライター【label writer】文字などを入力して、そのまま専用のシールなどに印刷できる機器。

ラベル レス【label less】商品のラベルがない(あるいは極めて小さい)こと。プラスチックごみ

ラ

を低減するため、ラベルを廃したペットボトル飲料などについていう。「―ボトル」

ラベンダー【lavender】①シソ科の半木本性植物。地中海沿岸地方原産。全体に芳香があり、白毛を密生。葉は披針形。夏、枝先に淡紫色の花穂をつける。花からラベンダー油をとり香料とする。②①の花のような、くすんだ青みがかった紫色。

ラボ ①ラボラトリーの略。②外国語の学習・習得のために応答・録音装置を設置した教室。また、その設備。語学実験室。LL。ランゲージ-ラボラトリー。

ラポール【フランス rapport】互いに親しい感情が通い合う状態。打ちとけて話ができる関係。心理療法などで面接者と被面接者の間に必要とされる。

ラボラトリー【laboratory】実験室。研究室。写真の現像所。ラボ。

ラマ【チベット bla-ma】チベット仏教の僧侶。ラマ僧。本来は高僧の尊称。▷無上者・上人の意。

ラマ【llama】ラクダ科の一種。頸(くび)は細長く、耳も長く、尾は短い。体は茶・黒・白など。草食性。家畜化され南米アンデスの高地で荷物の運搬に使われている。肉は食用にされる。リャマ。

ラマーズ法 精神予防性の無痛分娩法の一。呼吸とリラックスの訓練を反復して行うとともに夫が分娩に積極的に立ち会うことで疼痛を和らげるもの。フランスの産科医ラマーズ(F. Lamaze)が開発。

ラマダーン【アラビア Ramaḍān】イスラム暦(太陰暦)の第9月。イスラム教徒の断食が行われる。ラマダン。

ラミー【rummy】トランプ遊びの一。手札が、同じ印で3枚以上続くか、同じ数が3枚か4枚そろえば表向きにして出し、先にすべて出し終わった者が勝ちとなる。

ラミネート【laminate】アルミ箔・紙・フィルムなどの薄い材料を貼り合わせて層をつくること。

ラム ⇨RAM

ラム【lamb】①子羊。子羊の肉。②子羊からとった上質の羊毛。

ラム【ram】①雄の羊。牡羊(おひつじ)。②軍艦の艦首に付けてある衝角。相手艦に衝突させて沈没させるためのもの。③水圧機などで、圧力を受ける方のプランジャー型の大きな円柱。④形削り盤などの、刃物を取り付けて往復運動をする部分。

ラム【rhm】(roentgen per hour at one meter)放射線源の強さを表す単位。空気中1mの距離で1時間に1レントゲンの線量を与えるような線源の強さを1ラムとする。

ラム【rum】糖蜜を発酵させてつくる蒸留酒。香りが高くアルコール度も強い。西インド諸島の特産。ラム酒。

ラムサール条約 水鳥の生息地として重要な湿地及び湿地に生息する動植物の保護を目的とした条約。1971年イランのラムサール(Ramsar)で採択され、日本では釧路湿原・伊豆沼・内沼・クッチャロ湖・ウトナイ湖などが登録されている。→ワシントン条約

ラム酒 ⇨ラム(rum)

ラムダ【lambda; Λ・λ】ギリシャ語アルファベットの第11字。

ラムネ 清涼飲料水の一。水にシロップと香料を加えたもの。サイダーとほとんど同じだが、炭酸ガスを混ぜ、玉を栓にして瓶に詰める。▷「レモネード」の転とされる。

ラメ【フランス lamé】金糸・銀糸あるいは金属糸を用いて模様を織り出した織物。また、金属の切り箔を巻き付けたラメ糸で織った布。

ララバイ【lullaby】子守り歌。

ラリー【rally】①バレーボール・テニス・卓球などで、ボールの打ち合いが続くこと。②自動車競技の一種。指定されたスピード・時間で決められたルートを走り、減点方式で順位を決める。

ラルゴ【イタリア largo】音楽の速度標語の一。「非常にゆっくりとした速度で」の意。通常「表情豊かに」の意も含む。

ラワン【タガログ lauan】フタバガキ科の常緑の巨木。東南アジア原産。俗にラワン材とよばれる木材をとる樹種の総称。材の色によって赤ラワン・白ラワン・黄ラワンに区別される。材は家具材・建材など用途が広い。

ラン【LAN】⇨LAN

ラン【run】①走る。②コンピューターで、一つのプログラムまたは処理を実行すること。③映画・演劇などの興行。④野球で、得点。⑤ゴルフで、着地したボールが転がること。また、その転がった分の距離。⑥スケートボードやスノーボードの滑走。⑦ランニングの略。

ランウエー【runway】①滑走路。②劇場やファッション-ショーにおける花道。③(動物の)通り道。水路。

ランカー【ranker】新 スポーツなどで、ランキング(成績に基づく順位)の上位にいる人。

ラン活(かつ) 新 小学校への入学を控えた子どものため、前年度の早い時期からランドセルの選定・購入を行う活動。

ランキング【ranking】成績・記録による順位。

ランク【rank】順位づけること。また、その順位。

ラング【フランス langue】言語学者ソ

シュールの用語。ある社会に採用され、その成員の共有財産となっている言語活動の規則・手段の体系的目録としての言語をいう。言語活動のうちの社会的・恒常的・抽象的・一般的な側面であり、パロールに対する。「言語」と訳される。

ランゲージ【language】ことば。言語。

ランゲルハンス島 膵臓(すいぞう)全体に島状をなして散在する内分泌細胞の集まり。インシュリン・グルカゴンなどを分泌。膵島。▷ドイツの病理学者ランゲルハンス(Paul Langerhans［1847〜1888］)が発見。

ランサムウエア【ransom-ware】パソコンに侵入して何らかの障害を与え(あるいは実在しない障害を演出し)、これを解決するためのソフトウエアを押し売りするプログラム。▷ランサムは身代金の意。

ランジェリー【フランス lingerie】装飾性の高い女性用下着。

ランタイム【runtime】コンピューターで、プログラムが実行されている時。プログラムがコンパイルされているコンパイル時に対していう。実行時。

ランダム【random】①無作為にすること。任意にすること。偶然に任せてすること。また、そのさま。②ランダム-サンプリングの略。特別な意志をもたないで、母集団から標本を抽出すること。任意抽出法。→シーケンシャル

ランダム アクセス【random access】コンピューターの記憶装置へのデータの入出力を、アドレスの順序に従わず無作為に行う方式。時間が節約される。

ランタン【lantern】手さげの角形のランプ。角灯。

ランタン【ドイツ Lanthan】ランタノイドの一。元素記号La　原子番号57。原子量138.9。銀白色の金属。展性・延性に乏しい。発火合金ミッシュ-メタルや高温超伝導体の成分に用いられる。

ランチ【launch】港湾内で連絡・交通に使用する小型の機動艇。艦艇に積載されているものもある。

ランチ【lunch】①昼の食事。昼食。②簡単な西洋風の定食。

ランチ【ranch】牧場。大農場。また、観光牧場。

ランチ ジャー【和製 lunch ＋ jar】保温機能を持つ弁当箱。フード-ポット。フード-ジャー。

ランチャー【launcher】①ロケットなどの発射装置。②コンピューターの画面上で、アプリケーション-ソフトウエアを簡単に起動するためのソフトウエア。多くの場合、ボタンをマウスでクリックし起動する。

ランチョン【luncheon】格式

ばった昼食。

ランチョン マット 【和製 luncheon＋mat】食卓で一人前ずつの食器を載せるための敷物。

ランディング 【landing】①飛行機の着陸。②スキーのジャンプ競技や体操競技などで、着地。

ランデブー 【フランス rendez-vous】①人とおちあうこと。特に、恋人どうしが会うこと。あいびき。②宇宙空間で別個の軌道を有する宇宙船どうしが意図的に会合すること。

ランド 【land】新 ①国。土地。②遊園地や娯楽施設。③メタバースなどの仮想空間上にある土地。多く、NFTの仕組みによって所有・利用・売買できる。

ラ

ランドスケープ 【landscape】景観。特に、人工環境と自然環境の調和を目指して構成された外部空間の総合的な景観。

ランドスケープ モード 【landscape mode】印刷用紙や画面表示についての用語で、横長の向きで用いるモード(形式)のこと。ランドスケープ(風景画)と同じ向きであることから。→ポートレート-モード

ランドセル 小学生が学用品を入れて背中に背負うかばん。▷オランダ ransel(背嚢(はいのう))の訛(なま)り。

ランドマーク 【landmark】山や高層建築物など、ある特定地域の景観を特徴づける目印。

ランドリー 【laundry】クリーニング店。

ランナー 【runner】①走る人。走者。②野球で、出塁した攻撃側の選手。走者。③蔓(つる)になって地上を這(は)い、節から根や茎を出して繁殖する茎。ユキノシタ・オランダイチゴなどにみられる。④カーテン-レールに取り付ける滑車付きの部品。⑤プラスチック-モデルの部品を取り付けている枠。

ランナーズ ハイ 【runner's high】ランニングの途中で、苦しさが消え、爽快な気分になる現象。

ランニング 【running】①走ること。②ランニング-シャツの略。襟を深くくったそでなしのシャツ。③ヨットで、追い風を受けて帆走すること。④企業などを運営すること。

ランニング ウオッチ 【running watch】新 ランニングやジョギングの際に役立つ機能を持つ腕時計。ストップウオッチ・心拍計・GPS(位置情報の取得や記録)・防水・バックライトなどの機能を持つ。

ランニング コスト 【running cost】維持に必要な費用。経営では運転資金、設備・機械などでは維持費のこと。→イニシャル-コスト

ランニング チェンジ 【running change】新 製品について、型番を変えないままで設計に変更を加えること。またそのような製品が流通すること。

ランニング マン【running man】同じ位置にとどまりながら、走っているように見える踊り方。

ランバー【lumber】木材。材木。

ランプ【オランダ英 lamp】①石油を燃料とし灯心に火をつけ、ほやをかぶせて用いる灯火。洋灯。②電灯など、灯火の総称。

ランプ【ramp】▷傾斜路の意。①高速道路のインターチェンジで、一般道路と高速道路とを接続する傾斜道。ランプ-ウエー。②都市高速道路の出入り口。③車いすや乳母車が上れるように、段差のある部分に設けられた傾斜路。スロープ。④スポーツ競技で使う斜面や傾斜状の道具。

ランプ【rump】牛肉の部位でしり肉のこと。赤身肉でやわらかい。ステーキやすき焼きに用いる。

リ

リア【rear】他の外来語の上に付いて、「後ろの」の意を表す。

リアール【rial】イランの通貨単位。1リアールは100ディナール。記号RI リアル。

リアクション【reaction】①反応。②反作用。反動。③反響。反発。抵抗。

リアクション動画 新 動画サイトで、動画を鑑賞する人の様子を収めた動画。鑑賞者の反応・感想などを見せる。

リアクター【reactor】①原子炉あるいは核融合炉。②その中で化学反応を起こさせる装置。反応炉。▷反応するものの意。

リアクタンス【reactance】コイルやコンデンサーに交流を流したときに、電流の位相を変化させる抵抗部分。インピーダンスを複素表示したときの虚数部分。単位はオーム(記号Ω)。

リアクティブ【reactive】反応を起こすこと。また、受動的なこと。

リアコ インターネットの俗語で「リアルに恋してる」の略。アイドル・俳優・アニメのキャラクターなどに激しい好意を抱いている状態をいう。

リア充 インターネットの俗語で、現実(リアル)の生活が充実している様子。またその人。ネット生活が充実している一方、仕事・生活・恋愛などに充実感のない人が多く用いる。文脈により嫉妬(しっと)・羨望(せんぼう)・自虐・揶揄(やゆ)・冗談などのニュアンスを伴う。

リアス式海岸【rias coast】出入りの複雑な海岸線を示し、入江や湾に富む海岸。開析された山地が沈水してできたと考えられ、三陸海岸の南半部、若狭湾などにみられる。呼称はスペイン北西部ガリシア地方のリア(ria 入江)の多い海岸にちなむ。

アップデート 2011年(平成23)の東日本大震災では鉄道網も大打撃を受け、三陸鉄道(北リアス線・南リアス線)が全線不通、南北リアス線を結ぶ JR 山田線も一部不通となりました。このうち南北リアス線が14年(平成26)に全線復旧。さらに JR 東日本が山田線を三陸鉄道に移管。2019年(平成31)これらの全線が三陸鉄道「リアス線」となり、全線の運行を開始しました。

リアタイ 主にネット利用者が使う俗語で、リアル-タイムの略。

リア友(とも) 新 「リアルな友達」の略。(ネット上の友人に対し)現実社会での友人。リアフレ。リアル友。

リアフレ 新 ▷リアルフレンドの略。⇨リア友

リアライズ【realize】①現実化すること。実現すること。②実感すること。

リアリスティック【realistic】①現実的であるさま。現実主義的。実際的。②表現する対象をありのままに写そうとするさま。真に迫っているさま。

リアリスト【realist】①現実を重んじる人。実際家。②写実主義者。写実派。③実在論者。

リアリズム【realism】①理想やたてまえにこだわらず、現実に即応して事を処理しようとする態度。現実主義。②一般に、現実をありのままに模写・再現しようとする芸術上の傾向。特に、19世紀中葉ヨーロッパに興った芸術思潮をいう。写実主義。▷フランス語ではレアリスム。

リアリティー【reality】現実み。現実性。レアリテ。

リアリティー ショー【reality show】ある状況を設定し、そこで繰り広げられる参加者の行動や人間模様を娯楽的に見せるテレビ番組。リアリティー TV。リアリティー TV ショー。

リアル【real】①現実。実際。②写実的。③(映像・インターネットなどによらない)実際の。実物の。「—店舗」④本当に。「—に恐ろしい」

アップデート 2018年より米大リーグのロサンゼルス-エンゼルスに所属して、投打の二刀流で活躍している大谷翔平選手。2021年4月4日には投打双方で同時出場。いわゆる「リアル二刀流」を実現させました。さらに22年には28試合でリアル二刀流を実現したうえ、大リー

グ２リーグ化後で初めて規定投球回・規定打席を満たしました。

リアル【rial】⇨リアール

リアル ショップ【real shop】実店舗。オンライン-ショップ(ネット-ショップ)に対していう。

リアル タイム【real time】即時。同時。実時間。案 即時

リアルタイムOS【real-time operating system】素早い応答が必要なコンピューター-システムで利用される基本ソフト。おもに組み込みシステム(家電や自動車など)で用いられる。RTOS。

リアルタイム視聴 新 テレビ番組などを放送時間に視聴すること。録画などによる視聴に対していう。→タイムシフト視聴

リアルティ【realty】新 不動産。▷主に企業名として用いる。

リアル ファー【real fur】新 天然毛皮。フェイク-ファーに対して言う。

リアル マネー【real money】①現金。大金。②金融市場において、中長期的な安定運用を志向する投資資金のこと。年金基金、投資信託、生命保険会社などの運用資金をさす。ハイリスクハイリターンを志向するリスクマネーに対していう。

リアル レザー【real leather】本革。フェーク-レザーに対して言う。

リーガル【legal】①法律にかかわること。法律に定められていること。法的。法定。②法にかなっていること。法的に正当なこと。適法。合法。

リーガル テック【LegalTech】法務分野に応用した情報通信技術。またその技術を用いたビジネスやサービス。

リーガル マインド【legal mind】法律の適用に際して必要とされる、柔軟で的確な判断力や処理能力。

リーキ【leek】ユリ科の二年草。地中海沿岸地方原産。日本のネギよりずんぐりして太い。軟白したものを食用とし、秋植え球根草として栽培もされる。ポロネギ。ポワロー。セイヨウネギ。

リーク【leak】①(水などが)漏れること。②秘密や情報を意図的に漏らすこと。機密漏洩(ろうえい)。

リーグ【league】①競技団体などの、連盟・同盟。②リーグ戦の略。

リーグ戦 競技に参加したチームや個人が、すべての相手と対戦する試合方式。総当たり戦。→トーナメント

リーグ ワン【League One】新 ⇨ジャパンラグビーリーグワン

リーシュ【leash】(動物、サーフボードなどが)離れないよう繋いでおく紐。「—-コード」

リージョナル【regional】「地域の」「地方の」などの意を表す。グ

リ

ローバルやナショナルに対して用いられる。

リージョン【region】地方。地域。地帯。地区。

リージョン コード【region code】DVDのディスクとプレーヤーのそれぞれに記録されている地域識別用のコード。双方の有するコードが一致しないと再生ができない。ソフト供給者が販売地域を管理しやすいよう、世界を6つの地域に分けている。日本のコードは2。地域コード。リージョナル-コード。→DVD

リージョン フリー【region free】そのプレーヤーが、すべてのリージョン-コードのメディアを利用可能であること。→リージョン-コード

リース【lease】料金を取って、物を貸すこと。土地や建物、大型の機械や設備などを、比較的長期にわたって貸すことをいう。賃貸し。→レンタル

リース【wreathe】花・葉・枝などを組み合わせてつくった輪。花輪。花冠。→クランツ

リーズナブル【reasonable】①合理的であるさま。納得できるさま。②値段が妥当であるさま。価格がてごろなさま。

リースバック【leaseback】①所有する資産をリース会社に売却した後、元の所有者が資産を借りるような売買の方式。セール-アンド-リースバック。▷事業会社の所有車両や店舗不動産などで多く用いられるが、大型施設付き不動産や債権処理の原資確保のため大企業の本社ビルなどでも行われている。② OA機器のリース終了品などを修理・再生した商品。

リーゼント【regent】男の髪形の一。前髪を高く盛り上げて後ろへ流し、両横を後方になでつけたもの。リーゼント-スタイル。

リーダー【leader】①指導者。統率者。指揮者。②印刷で、点線。破線。③新聞・雑誌などの社説、論説。④フィルムや録音テープなどの先端の部分。

リーダー【reader】①教科書。読本。②データの読み出し専用のハードウエア、またはソフトウエア。

リーダーシップ【leadership】①指導者・統率者としての地位・任務。②指導者としての能力・資質。統率力。指導力。

リーダブル【readable】①文章やコンピュータープログラムなどが、人間にとって読みやすいさま。②文字やデータなどが、機械やコンピューターに取り込みやすい形式で用意されているさま。

リーチ【reach】①スポーツで、手・足・道具の届く範囲。ボクシングでは腕と拳(こぶし)の長さ、テニスではラケットの届く範囲など。②

情報・試作などが対象者に届くこと。また、その範囲。③インターネット広告で、広告を見た人の数。

リーチ【立直】麻雀で、門前の手牌を聴牌(テンパイ)した時にかけることのできる宣言。宣言後は手牌を変えることはできない。▷中国語。

リーチ サイト【和製 leech ＋ site】新 違法にアップロードされた出版物・映像・音楽・ソフトウエアなどの著作物について、自身ではデータを持たない代わりに、該当コンテンツへのリンクを示して利用者を誘導するウェブサイト。多く広告収入を得る。▷2020年(令和2)施行の改正著作権法では「侵害著作物等利用容易化ウェブサイト」と呼び、民事措置と刑事罰が定められた。

リーディング【leading】他の語の上に付いて、先頭または首位である意を表す。

リーディング【reading】①読むこと。読み方。朗読。②トランス-セクシャルやトランス-ジェンダーである人が、生得の性と異なっている事実を周囲に気づかれること。生得の性が露見すること。→カミング-アウト・クローゼット・パッシング

リーディング カンパニー【leading company】業界を主導する企業。

リート【ドイツ Lied】ドイツの芸術歌曲。詩とピアノ伴奏が一体となって、深い情感を表現する。18世紀後半におこり、19世紀にはドイツ独自の重要な声楽の分野となった。リード。▷歌の意。

リート【REIT】(real estate investment trust)不動産投資信託。不動産やその抵当証券を投資対象とする投資信託。アメリカなどで広く行われており、日本では2000年(平成12)、投資信託法改正で設定が可能となった。▷法改正を受け、東京証券取引所では、01年、会社型投資信託の市場が創設された。

リード【lead】①先に立って導くこと。先導すること。②競技や勝負事で、相手を引き離して優位に立つこと。また、引き離した量・得点など。③野球で、走者が盗塁・走塁に備えて塁を離れること。④社交ダンスで、男性が手足や身体の動きで、女性を次のステップに導くこと。⑤新聞や雑誌で、記事の概要を書いた文。前書き。前文。⑥電気の引き込み線。導線。リード線。⑦犬などの引き綱。⑧ねじを1回転したときに進む距離。一条ねじではピッチと一致する。多条ねじではピッチの条数倍となる。⑨クレー射撃で、動いている標的の移動方向の前方に射撃すること。狙い越し。⑩クライミングで、コース上にロープを

セットしながら登るもの。リード-クライミング。⑪カーリングで、最初に投げる選手。⑫見込み客。

リード【ドイツ Lied】 ⇨リート

リード【reed】気鳴楽器の発音源となる舌状の小薄片。簧(した)。材質は葦(あし)・竹・木・金属など。空気流(息)により振動して音を発する。▷植物アシの意。

リード オフ マン【lead-off man】①野球で、1番打者。②その分野で、先頭に立って全体を引っ張っていく人。

リード ジェネレーション【lead generation】見込み顧客(将来的に商品・サービスを購入する可能性がある人)を獲得する目的で行うマーケティング活動。▷リードは見込み顧客(sales lead)の意。

リード タイム【lead time】製品の発注から納品までの期間。製品の企画から生産までの期間。調達期間。手配期間。㊟事前所要時間

リード ディフューザー【reed diffuser】芳香剤入りの瓶に、香りを拡散させるための棒を挿した器具。

リード ナーチャリング【lead nurturing】見込み顧客(将来的に商品・サービスを購入する可能性がある人)に対して、購入意欲を高める目的で行うマーケティング活動。▷リードは見込み顧客(sales lead)、ナーチャリングは育成の意。

リーフ【leaf】植物の葉。

リーフ【reef】暗礁。砂洲(さす)。

リーブ【leave】①去ること。出発すること。②残していくこと。置いていくこと。そのままにしておくこと。③許し。許可。④休暇。休暇の期間。

リーファー【reefer】冷蔵庫。冷蔵車。

リープ フロッグ【leapfrog】新 ①蛙(かえる)跳び。馬跳び。②社会基盤が未整備である途上国や新興国に新技術が導入されることにより、先進国が歩んできた発展の過程を一気に飛び越えること。固定電話が未整備の地域に、携帯電話網がいきなり整備される場合など。

リーフレット【leaflet】宣伝・案内などのための、1枚刷りの印刷物。折りたたんで冊子にしたものもある。㊟ちらし

リーマー【reamer】鋼材などにあけた穴の内面を滑らかにし、精密に仕上げるための工具。リーマ。

リーマン 俗に、サラリー-マンの略称。

リーマン ショック【和製 Lehman＋shock】2008年9月15日、アメリカ証券業界第4位のリーマン-ブラザーズが連邦破産法第11章の適用を裁判所に申

請し、経営破綻したこと。これに端を発し、世界的な金融危機が引き起こった。

リール【reel】①糸・ひも・電線、映画用のフィルムや磁気テープなどをまきとるための枠(わく)。巻き軸。また、そのひと巻き。②スコットランドの民俗舞踊。また、その曲。4拍子でテンポが速く活発。③釣り具の一。糸巻き(スプール)に釣り糸を巻きつけておいて、必要に応じて糸の出し入れをする装置。竿(さお)に取り付けて用いる。

リーン【lean】①やせていること。脂肪のないこと。②引き締まっていること。特に企業などが不必要なコストを削って、より効率的であることを表す。③貧弱なこと。乏しいこと。

リーン スタートアップ【lean startup】新 ▷無駄のない起業の意。起業を成功させるための経営管理手法の一。構築(実用最小限の事業を開発する)、計測(アーリーアダプターの反応を見る)、学習(計測を踏まえて事業を改善する)を短時間で繰り返していくもの。米国の起業家リース(Eric Ries)が2008年に提唱。

リーン バーン【lean burn】理論空燃比より薄いガスを安定して燃焼させること。これを応用した自動車エンジンは、排出ガス低減と低燃費を実現できる。▷希薄燃焼の意。

リウマチ 骨・関節・筋肉などの運動器の疼痛(とうつう)とこわばりを主徴とする疾患の総称。リューマチ。リウマチス。ロイマチス。

リエゾン【フランス liaison】新 ▷結びつきの意。①連絡。連絡係。②精神医療と身体医療の連携。「—チーム」③語末に綴り字だけで通常は発音されない子音をもつ単語に、語頭に母音をもつ単語が強い結びつきで連続するとき、その語末子音と次の語頭母音が結合し1音節として発音される現象。フランス語に顕著。連音。④ソースやスープにとろみをつけるためのもの。小麦粉・ブール-マニエ・生クリームなど。⑤自動車のラリー競技で、複数あるスペシャルステージ(競技区間)をつなぐ公道区間。その地域の交通法規に基づいた走行が求められる。

リエゾン オフィス【和製 liaison＋ office】大学などが、産官や地域との連携のために設置する事務所や窓口。

リエット【フランス rillettes】豚肉やガチョウの肉をラードで煮込み、容器に入れて固めた保存食。パンに塗って食べる。

リエンジニアリング【reengineering】1990年代、アメリカで企業経営の抜本的な立て直し策として生まれた考え方。業務の流れ(ビジネス-プロセス)や組織構

リ

造を抜本的に再構築することに重点をおく。

リカー【liquor】蒸留酒。

リカバー【recover】回復すること。取り戻すこと。

リカバリー【recovery】①取られたものを取り返すこと。失ったものを取り戻すこと。再び得ること。②失敗を補うこと。ミスをカバーすること。③障害を起こして使用不能または不安定になったコンピューターを元の状態に修復すること。特に、OSやアプリケーションなどのプログラムの動作不具合や、破損したデータの回復についていうことが多い。④一度放したものを集めて戻すこと。回収すること。⑤(石油・天然ガスなどの)採取。

リガメント【ligament】靭帯(じんたい)。

リカレント【recurrent】再発するさま。繰り返されるさま。周期的に起こるさま。

リカレント教育 一度社会に出た者が、学校やそれに準ずる教育・訓練機関に戻ることが可能な教育システム。1970年代に経済協力開発機構(OECD)が提唱した教育概念。

リガンド【ligand】①配位子。錯体の中で、中心の原子またはイオンに配位している原子・分子・イオンなど。②特定のタンパク質や細胞膜の各種受容体などと特異的に結合する物質。酵素分子と結合する基質、細胞膜上の各種受容体と結合するレクチンなど。→レクチン

リキッド【liquid】①液体。②ヘアーリキッドの略。液体整髪料の総称。

リキャップ【recap】①注射器から外した蓋を、注射器の廃棄前に再び装着すること。感染症の原因となる針刺し事故を起こす可能性がある。②⇨リキャップ缶

リキャップ缶 開け閉めできる蓋のついた飲料用の缶。

リキュール【フランス liqueur】混成酒の一。アルコールまたはブランデーに砂糖・植物香料などを加えてつくったもの。アブサン・キュラソー・ペパーミントなど。

リクエスト【request】希望すること。希望するものを伝えること。特に、テレビ・ラジオなどの音楽番組で、視聴者が希望曲を放送局などに伝えること。

リグニン【lignin】木材・竹・藁(わら)など木化した植物体中に20〜30%存在する芳香族高分子化合物。セルロースなどと結合して存在し、細胞間を接着・固化する。パルプ製造の廃液に多量に含まれる。

リクリエーション【recreation】⇨レクリエーション

リクルート【recruit】新人募

集・人材募集。転じて、学生などの就職活動にもいう。

リケーブル【和製 re+cable】取り外しのできるタイプのヘッドホンやイヤホンなどのケーブルを、他のケーブルに取り替えること。断線対策・音質の向上などが目的。

リケジョ 新 俗に、理系の学問や職種を選択した女性。▷「理系女子」の略。→リケダン

リケダン 新 俗に、理系の学問や職種を選択した男性。▷「理系男子」の略。→リケジョ

リケッチア【ラテン Rickettsia】グラム陰性菌と似た構造をもつリケッチア科の細菌。通常は球状または桿(かん)状で、細菌より小さくウイルスより大きく、0.3~0.5 μm 程度。主に昆虫によって媒介され、生きた細胞でのみ増殖。発疹チフス・紅斑病・ツツガムシ病・Q 熱などの病原体が属する。

リコイル【recoil】新 (発砲時の)反動。

リコーダー【recorder】木製の縦笛。弱く柔らかな音色をもつ。中世からバロック時代にかけて愛用され、さまざまな音域のものがある。ブロック-フレーテ。レコーダー。▷日本ではプラスチック製のものが、学校教育で使用されている。

リコール【recall】①公職にある者を有権者の意思により解職すること。また、それを要求すること。最高裁判所裁判官の国民審査、地方公共団体の長・助役・議員などの解職請求および議会の解散請求などが制度化されている。②製品に欠陥があるとき、生産者が公表して製品を回収・修理すること。

リコピン【lycopene】カロテノイドの一。トマトに多く含まれる赤い色素。高い抗酸化作用を有することから、癌(がん)や老化の予防に効果があるといわれる。

リコメンデーション【recommendation】推薦(すいせん)。推奨。

リコメンド【recommend】勧めること。推薦(すいせん)すること。▷レコメンドとも。

リサージェンス【resurgence】再起。再生。復活。

リサーチ【research】調査すること。

リサーチ アシスタント【research assistant】新 大学や研究機関などで研究の補助を行なう仕事。またその人。大学院の学生を雇用して従事させる。RA。

リザーブ【reserve】①予約すること。②準備。予備。

リザーブ給食 献立の一部について、数種類の料理から一つを選べる給食。カレーとシチューから一方を選ぶ場合など。生徒による事前申告に基づき、料理は決まった数だけ用意される。食に対

する主体的なかかわりを促す目的で、一部の学校が実施している。セレクト給食。

リサイクル【recycle】資源の節約や環境汚染の防止のために、不用品や廃物を再生して利用すること。

リサイクル コットン【recycled cotton】従来廃棄されてきた落ち綿(おちわた)(紡績の過程で出る屑綿(くずわた))を利用した綿の生地。用途により、落ち綿の配合比率は異なる。さまざまな斑(むら)が独特の素材感を生み、膨らみや吸水性に富む。

リサイクル ショップ【recycle shop】不用品や中古品の売買をする店。

リサイクル センター【和製 recycling + center】地方自治体が設置する、リサイクルの拠点施設。不要品情報の掲示板、リサイクル品(家具・自転車など)の販売所、学習施設なども設置されている。リサイクル-プラザ。

リサイクル ボックス【recycle box】分別収集用のごみ箱。

リサイクル マーク【和製 recycle + mark】リサイクル可能な製品に表示するマーク。ごみを出すときの分別を容易にできるよう表示が義務付けられているリサイクル識別表示マーク(アルミ缶、スチール缶、PET ボトル、紙容器包装、プラスチック容器包装)など。

リサイタル【recital】独唱会。独奏会。

リザベーション【reservation】①予約。予約席。②留保。条件。ただし書き。

リシェイプ【reshape】新 形を作り変えること。

リジェクト【reject】①拒絶すること。拒否すること。②捨てること。除くこと。③身体が拒絶反応を起こすこと。

リジェネレーション【regeneration】地球環境の悪化を低減したり、持続可能性(サステナビリティー)を実現させたりするだけではなく、環境の再生や繁栄も目指す考え方。▷再生・復活・再建などの意。

リシン【lysine】塩基性アミノ酸の一。ヒトの必須アミノ酸の一つで、ほとんどすべてのタンパク質の構成成分となる。アルブミン・ゼラチン・カゼインなどに多く含まれる。植物の幼芽などには遊離して存在する。リジン。

リシン【ricin】トウゴマの種子に含まれる糖タンパク質の一種。猛毒。生の種子を多量に食べると死ぬ。リチン。

リス【ドイツ Riss】登山で、岩の狭い割れ目。ハーケンを打ち込むのに利用する。

リスカ ⇨リスト-カット

リスキー【risky】危険があるさ

ま。冒険的なさま。

リスキリング 【reskilling】新 職業能力の再教育や再開発。リスキル。▷「学び直し」の意。

アップデート この語が急激に注目されるようになったきっかけは2020年のダボス会議とされます。第4次産業革命(AI時代の産業構造の変化)に対応するため、2030年までに地球人口のうち10億人をリスキリングするとする発表があったのです。また同年国内でも、日本経済団体連合会(経団連)が「新成長戦略」の中でこの語を取り上げています。

リスク【risk】①予測できない危険。②保険で、損害を受ける可能性。

リスク アセスメント【risk assessment】事前に危険度を質的・量的に評価する手法。放射線・化学物質などによる健康への危険度や食品の安全性への評価などに用いられる。また、広くは社会システムや制度がもつ危険度に対する評価の手法をもいう。危険度評価。RA。

リスク オフ 【和製 risk＋off】投資リスクを下げること。株安や景気後退時などに株式などのリスクの高い投資を避け、相対的に安全と思われる資産に資金を移すこと。→リスク-オン

リスク オン 【和製 risk＋on】株式などのリスクの高い投資に資金を移し、投資リスクを上げること。損失額が大きくなる恐れはあるが、リターンの見込みが大きくなる。→リスク-オフ

リスク コミュニケーション【risk communication】リスクに関する情報を専門家や行政、事業者だけでなく、消費者・一般市民などすべての関係者が共有し、意思疎通を図ること。

リスク資産 価格が変動する可能性をもつ資産。市場変動によって時価が変動する株式、投資信託や外貨預金など。高い収益が望める代わり、元本割れなどのリスクも伴う。リスク-アセット。危険資産。

リスク テイク 【和製 risk ＋ take】危機を承知で行うこと。「—する」▷英語では risk taking と表現する。

リスク ファクター 【risk factor】ある疾患の原因あるいは指標となる因子。脳卒中に対する高血圧、冠動脈硬化に対する高血圧・糖尿病・肥満など。危険因子。

リスク ヘッジ 【risk hedge】⇨ヘッジ

リスク マネージメント 【risk management】①発生が予測される危機(リスク)を可能な限り回避し、危機が発生した際の被害を最小限にするため、あらかじめ対応や体制を整えておくこと。特に営業活動において発生する

さまざまな損失に対応するために、企業が行う管理活動。危機管理。危険管理。②リスク-アセスメントの結果に基づいて、放射線や化学物質などの危険度を一定値以下に抑えるために管理する手法。危険度管理。RM。

リスケジューリング【rescheduling】債務者が債務返済時期を当初の契約より遅らせること。

リスケジュール【reschedule】①債務返済の繰り延べ。→リスケジューリング ②日程や予定の変更・立て直し。▷リスケとも。

リスタート【restart】⇨リブート

リスト【list】①目的に合わせ、多数の項目を一定の形式に従って書き並べたもの。一覧表。目録。名簿。表。②プログラムのソース-ファイルを出力したもの。③要素間がポインターで連結されたデータ構造。ポインターの変更で、データの関係を柔軟に変更できる。

リスト【wrist】(スポーツなどで)手首。

リストア【restore】①もとに戻すこと。復旧させること。回復させること。②コンピューターで、テープなどの別メディアに保存していたデータをもとに戻すこと。

リスト アップ【和製 list＋up】数多くの中から条件に合うものを選び出すこと。また、それを一覧表にすること。

リスト カット【wrist cut】自殺を目的に、また自傷行為として、手首を切ること。手首切り。リスカ。

リストバンド【wristband】手首につける汗止めのバンド。

リストラ 企業が人員を削減すること。従業員を解雇すること。▷元来はリストラクチャリングの略。

リストラクチャリング【restructuring】①企業が不採算部門を切り捨てたり、新規事業に乗り出すなど、事業構造の転換を目指すこと。企業再構築。リストラ。②債務者が当初の契約どおりに債務を返済することが困難になったとき、より返済期間の長い債務に切り換えること。→リスケジューリング

リストランテ【イタリア ristorante】イタリア料理のレストラン。

リストレット【wristlet】①腕飾り。②腕を通せるストラップが付くポーチ。

リスナー【listener】聞き手。特に、ラジオ番組の聴取者。

リスニング【listening】①外国語の聞き取り。②音楽やラジオを聞くこと。③意見・気持ちなどの聞き取り。傾聴。▷①③はヒアリングとも。

リスペクト【respect】尊敬。ま

た、敬意を表すること。

リスポーン【respawn】新 コンピューターゲーム(FPSやMMORPGなど)で、自分のキャラクターがやられた後、所定の位置で再度そのキャラクターが復活すること。→スポーン

リズム【rhythm】①周期的に反復・循環する動き。律動。②運動・音楽・文章などの進行の調子。③詩の韻律。④音楽の最も根源的な要素で、音の時間的進行の構造。

リズム アンド ブルース【rhythm and blues】第二次大戦後のアメリカ黒人の間に興ったポピュラー音楽。スイング感のあるリズムとビートに乗って叫ぶように歌う。ロック-ミュージックの母体となった。R&B。

リセール【resale】転売。

リセール バリュー【resale value】新 転売価値。手放して買い替えるときの価値。

リセッション【recession】一時的な景気の後退。不況までにはいたらないような、景気の浅い谷間。

リセット【reset】①(機械装置などを)再び始動の状態に戻すこと。セットしなおすこと。②(気持ちなどを入れ替えて)やり直すための状態に戻すこと。

リセマラ 新 スマートフォン用のゲームで、プレーヤーがアプリのインストールとアンインストールを繰り返す行為。プレーに有利となる初期状態を獲得することが目的。▷リセット-マラソンの略。

リセラー【reseller】商品やサービスを仕入れ、一般の販売店や消費者に再び販売する業者。

リソース【resource】①資源。財源。資産。②コンピューターで、利用できるハードウエアやソフトウエアのこと。資源。➲よくわかる「リソース」の意味と使い方(p.873)

リゾート【resort】避暑・避寒・保養のための場所。

リゾート ウエディング【和製 resort+wedding】国内外のリゾート地で行う結婚式や披露宴。リゾート婚。

リゾーム【フランス rhizome】無数の網の目状態で広がる植物の根のイメージを借りて、現代の思想と文化の状態を特徴づけるドゥルーズとガタリの用語。▷根茎の意。

リソグラフィー【lithography】①石版印刷。石版画。リトグラフ。リソグラフ。リトグラフィー。②半導体製造の際、基板表面に光を照射し微細な回路パターンを転写する技術の総称。

リゾット【イタリア risotto】イタリア料理の一。油で炒(いた)めた米をスープで炊いたもの。茸(きのこ)・肉・魚介などを入れることもある。

リ

リターゲティング【retargeting】インターネット広告の手法の一。広告主のウェブ-サイトを閲覧したことがある人を対象に、別サイトの広告枠でその広告主の広告を表示する手法のこと。ある家電製品の公式ページを閲覧した人が、別のニュース-サイトでその家電製品の広告を目にする場合など。

リターナブル【returnable】(紙容器・瓶などが)リサイクルのために返却・回収ができること。㊎回収再使用 →ワン-ウエー

リターン【return】①戻ること。戻すこと。復帰すること。②利益。報酬。③テニスや卓球で、球を打ち返すこと。返球。

リ

リターン ポリシー【return policy】商品の返品に関する対応。小売店が消費者に示す方針。

リターン マッチ【return match】①プロ-ボクシングなどで、選手権を奪われた者が、新しい選手権保持者への最初の挑戦者となって戦う選手権試合。②一度敗れた者が、雪辱を期して再度行う戦い。

リタイア【retire】①引退すること。退職すること。②途中で退場・棄権すること。

リダイヤル【redial】今ダイヤルした電話番号を、すぐにもう一度ダイヤルすること。リダイアル。

リダイレクト【redirect】ウェブ-ブラウザーで、閲覧したウェブ-ページが自動的に別のページに転送されること。▷向け直す意。

リダクション【reduction】①減少。縮小。②補正。修正。③還元。

リチウム【lithium】1族元素(アルカリ金属)の一。元素記号Li　原子番号3。原子量6.941。銀白色の軟らかい金属。比重0.534で金属中で最も軽い。原子炉の制御棒、合金などに用いる。

リチウムイオン電池　両極間のリチウムイオンの移動により放電する電池。コバルト酸リチウムを陽極、炭素材料を陰極に用いる。軽量で電気容量が大きい。

リチウム電池　陰極にリチウム、陽極にフッ化炭素や酸化銅など、電解質には過塩素酸リチウムの有機溶液や固体のヨウ化リチウムなどを用いた乾電池。自己放電が少なく、長期間使用できる。軽量小型で腕時計・電卓などに用いる。

リチウムポリマー電池　電解質の一方または両方に、ゲル状の高分子固体電解質を利用した電池。軽量で液漏れしない。リチウムポリマー二次電池。ポリマー電池。

リツイート【Retweet】ツイッターにおいて、他者のコメント(ツイート)を引用して再投稿するこ

よくわかる「リソース」の意味と使い方

詳しい意味は？

リソース（resource）とは、英語で「資源」を意味する言葉です。すなわち「なにかに役立つものごと」のことです。

具体的には、水・鉱物・化石燃料などの「天然資源」、景観・史跡・風物などの「観光資源」、人・物・金・時間などの「経営資源」、コンピューターにおける「計算資源」（後述）など、あらゆる資源のことを「リソース」と言えます。風物や時間のように「物質ではないもの」もリソースに含まれる点に注目してください。

実際の使われ方は？

［リソースと結びつきやすい言葉］　一般にリソースと結びつきやすい言葉には「活用」「集中」「追加」「管理」「不足」「確保」「消費」などがあります。例えば「リソースを活用する」「リソースを集中させる」「リソース不足」「リソース確保」などと言えます。

またコンピューターの分野では、以上の一部に加えて「割り当て」「最適化」「配置」「統合」「共有」「定義」「制限」「解放」「拡張」「アクセス」などの言葉もよく使われます。例えば「リソースを割り当てる」「リソースを解放する」「リソースにアクセスする」「リソース定義」などと表現できます。

［ヒューマンリソース］　経営資源のうち人的資源（人材）のことを「ヒューマンリソース」（human resources）と呼びます。ただし、「資源＝消費するもの」という印象を避けるために「ヒューマンキャピタル（human capital：人的資本）」と言い換える場合もあります。

言い換えたい場合は？

基本的には「資源」と言い換えられます。指し示す対象によっては「天然資源」「経営資源」「観光資源」「計算資源」などの言葉を使うこともできます。さらに、具体的に「水・鉱物・化石燃料」（天然資源）、「景観・史跡・風物」（観光資源）、「人材・物資・予算・時間」（経営資源）、「CPU 時間・メモリー占有量」（計算資源）などと言い換えてしまう方法もあります。

と。注目すべきコメントを広める目的で行う。RT。▷もともと利用者の間で独自発達した書式(RT @ 利用者名 コメント内容)。後に公式機能(元コメントがそのまま表示される)として採用された。これらを非公式 RT、公式 RT と呼び分ける場合もある。→ツイッター・ツイート

リッター【liter】 ⇨リットル

リッチ【rich】富んでいるさま。金持ちであるさま。豊かな。

リッチ マン【rich man】裕福な人。

リッド【lid】新 ①ふた。②まぶた。アイリッド。

リットル【フランスlitre】体積の単位。1000cm³ の呼称。1964 年以前には、水 1kg が 1 気圧のもとで最大密度を示すときの体積を 1 リットルと呼んだ。記号 L,l(かつては l、ℓが用いられた) リッター。

リッパー【ripper】①ミシンの縫い目をほどくときに用いる道具。②切り裂き魔。③リッピングを行うためのアプリケーション-ソフトウエア。CD リッパー。リッピング-ツール。リッピング-ソフト。

リッピング【ripping】CD に記録されている音声を、パソコン上にデータとして取り出したり、それをファイル化すること。▷引き裂く意。

リップ【lip】くちびる。

リップ サービス【lip service】口先だけで調子のいいことを言うこと。その場だけのお世辞を言うこと。

リップ シンク【lip sync; lip-synch】声と口の動きを同期させること。舞台や放送で行われる口(くち)パク、デジタル映像処理における音声と映像の同期、ゲームにおける音声と口の同期など。▷シンクはシンクロナイゼーション(synchronization =同期)の略。

リップ スティック【lipstick】棒状の口紅。棒紅。

リップ ブラシ【lip brush】口紅を塗るための筆。

リップ ライン【lip line】唇に口紅を塗る際の輪郭部分。

リップル【ripple】苛性(かせい)ソーダで処理して波形の凹凸を表した布地。夏向きの服地にする。▷さざ波の意。

リテール【retail】①小売り。小売店。②個人や中小企業を対象にした小口の取引。

リテールテック【RetailTech】新 小売業務に応用した情報通信技術。またその技術を用いたビジネスやサービス。▷ retail(小売)と technology(技術)の合成語。

リテール パッケージ【retail package】小売のために商品を収めた箱や容器。

リテール バンキング【retail

banking】大企業などの大口顧客を対象とするホールセール-バンキングに対し、中小企業・個人向けの銀行業務のこと。

リデザイン【redesign】新 再設計。

リデュース【reduce】①削減すること。縮小すること。②資源の有効利用や環境保護のために、廃棄物の発生を抑制すること。案 ごみ発生抑制 →3R・4R

リテラシー【literacy】読み書きをする能力。また、ある分野に関する知識や、それを活用する能力。案 読み書き能力／活用能力 →メディア-リテラシー ➲ よくわかる「リテラシー」の意味と使い方(p.877)

リテラル【literal】コンピューターのプログラムの中で使用される数値や文字、文字列などの定数のこと。書かれたままの値で用いられる。

リテンション【retention】①保有。保持。保留。維持。②差し押さえ。③保有されているもの。また、保有する力。④分配や配当などをしないで、自分が保有すること。また、そのもの。

リトグラフ【lithograph】⇨リソグラフィー

リトマス【litmus】リトマスゴケ・サルオガセなどの地衣類から得られる紫色の色素。酸により赤色に、アルカリにより青色に変化するので、分析用指示薬として用いられる。

リトマス試験紙 新 ①リトマスの溶液をしみこませた濾紙の小片。赤色と青色との２種がある。赤色紙をアルカリ性溶液に浸せば青色に変わり、青色紙を酸性溶液に浸せば赤色に変わる。溶液の酸性・アルカリ性の簡単な検査に用いる。②不明瞭な物事を明確に判別できる材料。

リトミック【フランス rythmique】スイスの音楽教育家ダルクローズが創案した音楽教育法。リズムを身体の運動によって把握させようとするもの。律動法。

リトリート【retreat】新 ▷避難・退却などの意。①日常から離れて行う、静養・保養・修養などの活動。またその場所や集まり。②宗教・政治・ビジネスなどで、保養地などに泊まって行う修養・研修・会議のこと。③サッカーで相手にボールを奪われた際、ほとんどの選手が自陣に戻って守備の体制を敷くこと。

リトリビューション【retribution】報い。報復。天罰。

リトル【little】他の語の上に付いて、複合語をつくる。小さいの意を表す。

リトル プレス【和製 little ＋ press】少部数の雑誌。主に自主制作・独自流通による雑誌を指す。

リ

リナックス ⇨Linux

リニア【linear】①他の語の上に付いて、直線の・直線的な・線状の、などの意を表す。②リニア-モーター-カーの略。

リニア モーター【linear motor】可動部が直線運動をする電動機。超高速電気鉄道などに応用される。

リニア モーター カー【linear motor car】リニア-モーターで動かす車両。磁気で車体を浮かせて走るため、摩擦が小さく、高速走行が可能。

リニューアブル【renewable】新 エネルギーや資源が持続的に繰り返し利用でき、再生可能である意を表す。

リ

リニューアル【renewal】①新しくすること。新しいものに変えること。一新。②店舗などを改装・改修すること。案 刷新

リネーム【rename】コンピューターで、ディレクトリー(フォルダー)やファイルの名前を変更すること。

リネン【linen】①亜麻の繊維を原料とする糸・織物。強く、水分の吸収発散が早く涼感がある。夏物衣料などに広く用いられる。②テーブル-クロス・シーツ・タオルなど。▷リンネルとも。

リネン サプライ【linen supply】シーツ・タオルなどのリネン製品の貸出サービス。定期的な回収・洗濯・修繕・補充などを行う。

リノベーション【renovation】①刷新。改革。②修理。改造。修復。③既存の建物を大規模に改装し、用途変更や機能の高度化を図り、建築物に新しい価値を加えること。▷リフォームに比べ、用途変更や市場ニーズにあわせた機能向上により建物の価値を高める、大規模な改装・改築に用いられる。

リノリウム【linoleum】亜麻仁(あまに)油などの乾性油を酸化させたコロイド状物質に、樹脂・おがくず・コルク粉などを練り合わせ、麻布に塗抹(とまつ)し乾燥させたもの。耐水性・弾性に富み、床張り・壁張り・版画材料に用いる。

リバー【river】川。河川。

リハーサル【rehearsal】①放送・映画・演劇・演奏などの下げいこ。予行演習。②心理学で、記憶する情報を頭の中で繰り返し思い浮かべること。

リバーサル【reversal】①反転。逆転。逆戻り。②リバーサル-フィルムのこと。

リバーシブル【reversible】表裏ともに使える布や衣服。

リバース【reverse】①反転すること。逆にすること。②俗に、嘔吐すること。

リバース エンジニアリング【reverse engineering】競合す

よくわかる「リテラシー」の意味と使い方

詳しい意味は？

リテラシー(literacy)とは、もともと英語で「文字を読み書きする能力」のことを意味します。いわゆる「識字」のことです。

しかし現在日本語で登場するリテラシーは、多くの場合、あるものに関する知識やその「活用能力」を意味します。「○○リテラシー」のように複合語としても多く使われます。

どんな経緯でこの語を使うように？

古くは1959年の学術誌に「識字」の意味での使用例が認められますが、登場機会が増えたのは、1980年代以降のことだと思われます。例えば1985年(昭和60)に郵政省(現総務省)が発表した『通信白書』には「主体的な選択により情報を活用できる情報化リテラシー(情報を使いこなす能力)のかん養」という表現も登場しました。

実際の使われ方は？

[リテラシーが高い]　読解能力・活用能力の「程度や有無」について述べる場合、「リテラシーが高い(低い)」「リテラシーが不足している」「リテラシーがある(ない)」などの表現が可能です。

またそうした能力の「獲得や育成」について述べる場合は「リテラシーを持つ」「リテラシーを身につける」「リテラシーを向上させる」「リテラシーを高める」「リテラシーを育成する」などの表現も可能です。

[メディアリテラシー]　新聞・雑誌・テレビ・インターネットなどの情報メディア(情報媒体)を利用する能力や、それらのメディアが伝える内容を主体的に読み解く能力のことを「メディアリテラシー」と呼びます。たとえばニュースとして伝わった情報を批判的に吟味したり、そこから自分自身の意見を形作ったりする能力をさします。

[情報リテラシー]　情報を収集・分析・活用するための能力のことを「情報リテラシー」と呼びます。前述したメディアリテラシーも、情報リテラシーの一種と捉えることも可能です。

る他社が開発した新製品を分解・解析し、その原理・製造技術などの情報を獲得して自社製品に応用すること。分解工学。RE。

リバース モーゲージ【reverse mortgage】住宅などの資産はあっても現金収入が少ない高齢者などを対象に、居住中の持ち家を担保に資金を貸し出し、生活費や福祉サービス費にあてる制度。▷資産担保年金、住宅担保年金、逆抵当融資、逆住宅ローンなどともよばれる。

リパーゼ【lipase】脂肪酸エステルを脂肪酸とグリセリンとに加水分解する反応の触媒となる酵素。動物の膵液(すいえき)・腸壁・肝臓などや植物種子・カビ類・細菌などに見いだされている。

リバート【revert】新 元の状態に戻すこと。

リバイアサン【Leviathan】①政治思想書。ホッブズ著。1651年刊。自然法に従った社会契約により、絶対的権力をもつ国家(リバイアサン)を設定すべきだと説く。②旧約聖書のヨブ記などにしるされた水にすむ巨大な幻獣。悪の象徴とされる。

リバイス【revise】見直すこと。改めること。修正。訂正。改正。改訂。

リバイバル【revival】①古い映画・演劇などが、再上映・再上演されること。②昔のものが再評価され、もてはやされること。③キリスト教で、信仰の原点へ戻る運動。信仰が新たに活発化する現象。信仰覚醒運動。▷再生・復興・復活の意。

リバウンド【rebound】①はね返ること。特に、球技で、ボールがはね返ること。②ダイエットをした後に、体重が増加すること。③薬剤の投与を中止した後に、病状の悪化がみられること。④いったんおさまりかけた感染症の感染が再び増加、拡大に転じること。案 揺り戻し

リバタリアニズム【libertarianism】現代の国家論・正義論の一つ。リベラリズムが福祉国家による所得再分配に走ったことを批判し、個人の自由を徹底するために私有財産権や市場機構を擁護する立場。完全自由主義。自由至上主義。

リパッケージ【repackage】販売済みの商品について、見た目や中身を変更したうえで再発売すること。▷「包装しなおす」などの意。

リバティー【liberty】自由。解放。

リハビリ リハビリテーションの略。

リハビリテーション【rehabilitation】事故・疾病で後遺症が残った者などを対象とし、その能力を回復させるために行う訓練・

リ

療法。社会復帰。リハビリ。

リバプール サウンド【Liverpool sound】⇨マージー-ビート

リバランス【rebalance】①バランスの再調整。②分散投資において、投資家があらかじめ設定した資産配分を相場変動後も維持できるよう、適宜、資産の再配分(売却や買い増し)を行うこと。

リビアン グラス リビア砂漠で見つかる天然のガラス。アクセサリーなどにされる。▷ Libyan desert glass.

リピーター【repeater】買い物・食事・宿泊・旅行などの際に、同じ店やホテルや観光地を何度も利用したり訪れたりする人のこと。

リピート【repeat】繰り返すこと。繰り返し。反復。レピート。

リピート オーダー【repeat order】ある特定の商品やサービスへの再注文。

リピート買い 気に入った商品を再び購入すること。リピ買い。

リビジョン【revision】それまであったものを、誤りや不十分な点がないか、もう一度調べ考えること。また、その結果、誤りや不十分な点を改めること。見直し。訂正。修正。

リビドー【ラテン libido】フロイトの用語。性的衝動の基になるエネルギー。また、ユングでは、あらゆる行動の根底にある心的エネルギーを広くいう語。▷欲望の意。

リピる リピートするの略。繰り返すこと。

リビング【living】①他の語の上に付いて、「生活の」「生きている」の意を表す。②リビング-ルームの略。

リビング学習 子供が個室ではなく居間で勉強すること。親の目が行き届くなどの利点がある。

リビング デッド【living dead】生ける屍(しかばね)。ゾンビ。

リビング ラボ【living lab】新しい技術・サービス・事業などを開発するにあたり、生活者中心のオープン-イノベーションを創出できるように整える、生活の場を拠点とする協同環境。行政、研究機関、企業などによる取り組みがある。→オープン-イノベーション

リビング ルーム【living room】居間。茶の間。特に、洋風の居間をいう。リビング。

リビング レジェンド【living legend】存命中でありながら、すでに伝説的な存在になっている人。生ける伝説。

リフ【riff】ポピュラー音楽で、ソロ楽器やボーカルのバックとして使われる、短い反復フレーズ。また、ブルースのテーマ部をもいう。

リブ【lib】①(liberation の略)解放。②(woman's lib の略)女性解放運動。女性解放主義者。→ウーマンリブ

リブ【rib】①肋骨(ろっこつ)。②板の

変形防止のために平面に直角にとりつける補強材。③柱から柱へアーチ状にかけ渡して、屋根の荷重を柱へ伝える部材。かまぼこ形や半円形の屋根などに用いる。④ ⇨リブ-ロース

リプ リプライ(返事)のこと。狭義には、相手のユーザー名を明記したツイート(書き込み)を言う。「—する」「—を返す」 ▷ツイッター利用者が使う俗語から。

リファイナンス【refinance】新 資金の借り換え。

リファイン【refine】洗練すること。純化すること。

リファビッシュ【refurbish】メーカーが製品(初期不良品やリース返却品など)を回収・整備して、これを明示した上で再販売する手法。パソコンなどで行われる。リハビッシュ。リファービッシュ。▷磨き直す意。

リファラル採用【employee referral】新 企業の採用活動のうち、従業員の推薦により人材の紹介を受けたうえで選考を行う手法のこと。リファラル-リクルーティング。

リファレンス【reference】①参考。参照。②照会。問い合わせ。▷レファレンスとも。

リフィル【refill】詰めかえ・差しかえ用の品。替え芯(しん)や替え用紙など。レフィル。

リフィル処方箋 新 定められた期間・回数内であれば、2回目以降は医師の処方なしに繰り返し薬を受け取れる処方箋。症状が安定している患者を対象とする。2022年度(令和4)の診療報酬改定により制度開始。

リブート【reboot】①パソコンを再起動させること。リスタート。②映画の既存シリーズ作品を、スタッフ・配役・脚本などを変更した新しいシリーズとして再開させること。

リフォーム【reform】作り直すこと。洋服などの仕立て直し。また、建物の改築。

リフター【lifter】①持ち上げるための道具や機器。②重量挙げの選手。▷ウエート-リフター(weight lifter)の略。

リフティング【lifting】①サッカーで、ボールを地面に触れぬ様、手以外の部分を使って打ち上げ続けること。②老化してたるんだ皮膚に張りを与えること。▷上げる意。

リフト【lift】①エレベーター・起重機など、ものを持ち上げる機械・装置の総称。揚重機。②スキー場などで、低地から高地に人を運ぶ設備。③バレエや、フィギュア-スケートのペア競技で、男性が女性の体を高く持ち上げる動作。

リフト アップ【lift up】持ち上げること。

リフトオフ【liftoff】ロケットや飛行機が飛び立つこと。

リフト バス【和製 lift ＋ bus】新 車椅子用の昇降機を持つバス。

リブ ニット【rib knit】ゴム編み(リブ編み)で編んだ生地・服・服飾品。▷リブは畝うねの意。

リフューズ【refuse】拒絶すること。環境保護の分野では、ごみになるものを断る場合(レジ袋を断るなど)についていう。→4R

リプライ【reply】返事をすること。応答すること。返信すること。

リブランディング【rebranding】ブランドの再構築や再定義。

リフレ ⇨リフレーション

リプレー【replay】①再び行うこと。再演。②(録画・録音テープの)再生。

リフレーション【reflation】①景気循環の過程で、デフレーションを脱したがインフレーションに至らない状態。→ディスインフレーション ②景気を回復させるために行われる通貨膨張政策。統制インフレーション。▷略して、リフレとも。

リプレース【replace】①置き換えること。取り替えること。コンピューターやシステムを新しいものに取り替えることなどをいう。②元の位置に戻すこと。ゴルフで、拾い上げたボールをもとの位置に置くことなどをいう。

リプレースメント【replacement】交換。入れ替え。またその品など。

リフレーン【refrain】詩・音楽などで、同じ句や曲節を繰り返すこと。また、その部分。特に、一節の終わりの部分の繰り返し。畳句。ルフラン。

リフレクション【reflection】①反射。反映。② 内省。熟考。

リフレクソロジー【reflexology】足の裏・掌(てのひら)・耳にある反射区とよばれる点を刺激し、それぞれの反射区とつながっていると考えられる内臓や内分泌腺の活性化を促す療法。反射療法。

リフレクター【reflector】反射鏡。反射板。レフレクター。

リフレッシュ【refresh】元気を回復させること。気分を一新すること。

リフレッシュメント【refreshment】軽めの飲食物。

リフレッシュ レート【refresh rate】更新の頻度。ディスプレーにおける画面の書き換え頻度や、メモリー(DRAM)における再書き込みの頻度をいう。通常ヘルツを単位とする。

リフロー【reflow】新 ①プリント基板に部品を接合する際、常温で付けておいた半田ペーストにあとで熱を加えること。フロー(溶かした半田の槽に基板下部を浸す方法)に対していう。②コンピューターで文章や書籍などを表示する際、環境(表示画面・文字の大きさなど)に合わせたレイアウトを自動的に作り直すこと。フィックス型(固定したレイアウトで表示を行う方法)に対していう。「一型電子書籍」

リブ ロース【rib roast】牛肉のうち、左右の肩から背の中央の部位のもの。肉質は軟らかく、ステーキなどにする。リブ。

リプロダクション【reproduction】①複製。模写。複写。翻刻。②再生産。③生殖。繁殖。

リプロダクティブ ヘルス【reproductive health】性と生殖に関する健康。女性が全生涯にわたって、身体的・精神的・社会的に良好な状態にあること。リプロダクティブ-ライツの前提となるもの。1994年、国連の国際人口開発会議での行動計画の中で提唱された。

リプロダクティブ ライツ【reproductive rights】妊娠中絶・受胎調節など性と生殖に関する女性の自己決定権。国家・男性・医師・宗教などの規制や社会的圧力を受けることなく、女性が選択できる権利。女性の再生産の権利。

リプロダクト【和製 re-＋product】意匠権の切れたデザインを用いて、オリジナル製品とは異なるメーカーが生産する製品。デザイナーズ家具などについて言う。リプロダクト家具(製品・商品)。ジェネリック-プロダクト。

リペアマン【repairman】修理工。

リベーク【rebake】新 パンなどを焼き直すこと。▷多くリベイクと記す。

リベート【rebate】①支払い代金の一部を手数料・謝礼などの名目で、支払者に戻すこと。また、その金。割り戻し。歩戻し。②一定の行為に対する報奨として、受け取る金銭。手数料。

リベット【rivet】金属板や鋼材などをつなぎ合わせるために打つ鋲(びょう)。頭部のある金属棒で、接合部に穴を開けて挿し込み、余った端をつぶして固定する。

リベラリスト【liberalist】自由主義者。

リベラリズム【liberalism】自由主義。

リベラル【liberal】①自由を重んじるさま。慣習や伝統にとらわれないさま。②自由主義に基づくさま。自由主義の立場をとるさま。また、そのような立場。③穏やかに改革を行おうとするさま。また、そのような立場。

リベラル アーツ【liberal arts】①職業や専門に直接結びつかない教養。また、そのための普通教育。②大学における一般教養。

教養課程。

リベロ【イタリア libero】①サッカーで、通常はスイーパーと同じディフェンス-ラインと自陣ゴールの間に位置するが、戦術に応じて自由に位置を変更し、守備と攻撃をバランスよく両立するディフェンダーの通称。→スイーパー ②バレーボールで、守備専門の選手。後衛の選手と何度でも交代できる。ネットよりも高い位置にあるボールに触れることができない。▷「自由な」の意。

リベンジ【revenge】①復讐(ふくしゅう)。仕返し。雪辱。②再挑戦。➲よくわかる「リベンジ」の意味と使い方(p.885)

リベンジ ポルノ【revenge porno】新 離婚や失恋などの腹いせに、元配偶者や元恋人の裸体写真や動画を許可なくインターネット上に公開すること。復讐ポルノ。▷リベンジは復讐(ふくしゅう)の意。

リベンジ マッチ【revenge match】一度負けた相手と行う再試合。→リターン-マッチ

リベンジャー【revenger】新 (恨みや怒りに基づく)復讐(ふくしゅう)者。報復者。

リポート【report】レポートに同じ。

リポジトリー【repository】①貯蔵庫。倉庫。②共有利用するための情報を保管する場所。ソフトウエア開発のバージョン管理、コンテンツ管理、学術情報の管理(学術機関リポジトリ)などの分野でいう。▷リポジトリとも。

リボソーム【ribosome】すべての細胞の細胞質にあってタンパク質合成の場となる小顆粒(かりゅう)。RNAとタンパク質からなる。

リボ払い ⇨リボルビング-ローン

リボルバー【revolver】①連発拳銃(けんじゅう)の一種。弾倉が回転式になっている。レボルバー。②回転するもの。回転装置。

リボルビング【revolving】一定限度まで繰り返し融資を受けられること。

リボルビング ローン【和製 revolving＋loan】クレジット-カードによる買い物やキャッシング-サービス(自動現金貸し出し)の月間利用限度枠を決めておき、その枠内で反復利用し、返済は一定の額や率で毎月支払っていく方式。リボ払い。

リボン【ribbon】①幅の狭い薄地の織物。洋服・帽子・頭髪の飾りや贈答品の包装に用いる。また、手芸の材料とする。②プリンターなどに使う、印字用のインクを塗布したテープ。③新体操で用いる、棒に細長い布が付いた道具(手具)。またその種目。帯状布とも。④メダルや勲章などを身につけるための布。または勲章の略式として身につける小さな帯状の

リ

布。⑤意思表示のために身につける布。また、その意思表示の対象。「ピンク—(＝乳がん早期発見キャンペーンの名称・シンボル)」

リマインダー【reminder】何かを思い出させたり、気付かせたりするもの。メモや助言など。

リマインド【remind】思い出させること。忘れないようにすること。

リマスター【remaster】過去の音楽作品や映像作品について、高品質化したうえで新しい原盤を作り直すこと。

リミックス【remix】すでに発表されている楽曲の録音素材を再編集して別の観点からその曲を再構築すること。また、その曲。

リミッター【limiter】自動車で、ある設定速度や回転数を超えると自動的にエンジン出力を抑える装置。▷制限装置の意。

リミット【limit】限界。限度。極限。また、境界。範囲。

リム【rim】①ベルト車のベルトのかかる輪の部分。②自動車・自転車などの、タイヤを保持する輪。

リムーバー【remover】ペンキやマニキュアを落とす溶剤。

リムーバブル【removable】取り外しや除去が可能なこと。

リムジン【limousine】①乗用車の型式の一。運転席と客席の間にガラスの仕切りをつけた大型高級車。②空港の旅客を送迎するバス。

リムる　ツイッターなどのソーシャル-ネットワーキング-サービスの俗語で、フォローを解除すること。▷リムはリムーブ(remove)の略で取り除くの意。

リムレス【rimless】(眼鏡などの)縁ふちがないこと。

リメーク【remake】作り直すこと。また、作り直されたもの。特に、既存の映画を改作して再映画化すること。また、その作品。

リモート【remote】①他の語の上に付いて複合語をつくり、「遠隔」の意を表す。②「リモート会議」「リモートワーク」「リモート授業」「リモート飲み会」などの略。情報通信を用いる遠隔の行為。

> アップデート 2020年(令和2)のコロナ禍では、人どうしが直接接触するあらゆる社会活動が制限されました。これに伴い、テレビ会議を利用する無数のリモート○○(リモートワーク、リモート会議、リモート授業、リモート飲み会など)が登場しています。テレビ会議での顔映りを気にするリモート映えという概念も登場しました。

リモート アクセス【remote access】新 通信回線を通じて、遠隔地にあるコンピューターや関連機器にアクセスすること。

リモート カメラ【remote

よくわかる「リベンジ」の意味と使い方

詳しい意味は？

リベンジ(revenge)とは英語で、「復讐(ふくしゅう)」を意味する言葉です。すなわち「誰かからひどい仕打ちを受けた人が、その相手に対して報復すること」を意味します。

しかし日本語のリベンジは、多くの場合、スポーツ分野における「雪辱(せつじょく)」を意味します。つまり「勝負に負けた相手に対して勝つこと」を意味するのです。例えば「前大会の決勝で敗れた相手にリベンジを果たす」といった表現が可能です。

また一般には、リベンジが「再挑戦」の意味も持つようになりました。その場合「満員でラーメン屋に入れなかったので明日こそリベンジする」などと使われています。

どんな経緯でこの語を使うように？

日本でリベンジの認知度が本格的に高まったのは、1990年代に入ってからのことでした。格闘技「K-1」が1993年に始まり、他の格闘技と同様、敗れた選手と勝利した選手との再試合(リターンマッチ)が組まれることも多くありました。この頃から格闘家やそのファンの間に、雪辱を意味するリベンジが広がり始めました。

1999年には、K-1のファンでもあったプロ野球の松坂大輔投手が、ある試合で負けた際に「リベンジします」と宣言して話題になりました。「リベンジ」はその年の新語・流行語大賞において年間大賞を受賞。その後「再挑戦」の意味でも使われるようになりました。

言い換えたい場合は？

「復讐」「報復」「仕返し」、「雪辱」「再戦」、「再挑戦」などと言い換えることが可能です。「リベンジする」は「借りを返す」と言い換えられます。

また、リベンジマッチは「雪辱戦」「復讐戦」、リベンジポルノは「復讐ポルノ」と言い換えることが可能です。

camera】遠隔からの操作や撮影ができるカメラ。

リモート コントロール【remote control】①遠隔制御。遠隔操作。リモコン。②人をかげから操ること。

リモート サポート【remote support】オンライン-サポートの一種。業者が利用者のパソコンを遠隔操作して設定や修復を行うもの。→オンライン-サポート

リモート センシング【remote sensing】人工衛星や飛行機などに搭載された検知器を用いて、対象物から反射または放射される電磁波を測定・記録して、地表付近の情報を収集する技術。遠隔探査。RS。

リモート デスクトップ【remote desktop】ネットワークに接続した他のコンピューターのデスクトップ環境を、手元のコンピューターで遠隔的に操作する技術。

リモート ワーク【remote work】⇨テレワーク

リモコン リモート-コントロールの略。また、それに用いる装置。

リモデル【remodel】作り変えること。改造すること。

リモネン【limonene】柑橘類の果皮に存在し、レモンのような香気を有する精油成分。油脂との親和性が高い。

リヤール【riyal】サウジアラビアの通貨単位。1リヤールは20クルシェおよび100ハララーに等しい。記号SRl リアル。

リヤ カー【和製 rear＋car】自転車の後ろに連結して荷物を運ぶための、ゴムタイヤを付けた荷車。人力でもひけるようになっている。リアカー。▷後方の車の意。

リュウグウ【Ryugu】新 地球軌道と火星軌道の間の楕円軌道を1.3年周期で回る小惑星。ほぼ球形で最長部は約900メートル。自転周期は約7時間半。1999年にアメリカで発見。2015年、宇宙航空研究開発機構(JAXA)の公募・選定を経て命名。

アップデート 2020年(令和2)12月6日、小惑星探査機「はやぶさ2」(宇宙航空研究開発機構)が地球に帰還。「リュウグウの採取試料が入ったカプセル」を分離しました。回収された砂粒状の試料は、目標の54倍である約5.4グラムだったと発表されています。一方はやぶさ2は地球を再び離れ、別のミッションに向かいました。

リュージュ【フランス luge】舵(かじ)・ブレーキなしの小型の木製そり。また、それを用いて、氷で固めたコースを滑降し、タイムを競う競技。冬季オリンピック種目の一つ。トボガン。

リユース【reuse】再使用すること。また、再使用するもの。容器などにいう。案 再使用 →3R・4R

リュート【lute】アラビアのウードに由来し、中世から16、7世紀にかけてヨーロッパで広く用いられた撥弦(はつげん)楽器。洋梨形の共鳴胴とフレットをもつ棹(さお)からなり、2本一組みに張られた多数の弦をもつ。

リューベ ①立方メートルのこと。コンクリートの単位などに用いる。②圧縮ガスの容器の単位。常温・常圧にもどしたときのガスの体積で表す。▷立方メートルを「立米(りゅうべい)」とも書くことから。

リュクス【luxe】華美。優雅。高級。贅沢(ぜいたく)。

リュック リュックサックの略。

リュックサック【ドイツ Rucksack】登山などに行くとき、荷物を入れて背負う袋。ルックザック。リュック。ザック。

リユニオン【reunion】再結合。再結成。

リヨネーズ【フランス lyonnaise】フランス料理で、リヨン風の。リヨン地方の料理に用いる語。玉葱(たまねぎ)を使ったものが多い。

リラ【フランス lilas】ライラックの別名。

リラ【lira】トルコの通貨単位。イタリアの旧通貨単位。

リラ【ギリシャ lyra】古代ギリシャなどで用いられた竪琴(たてごと)。共鳴胴にたてた2本の支柱に横木を渡し、弦をはったもの。

リライタブル【rewritable】書き換えが可能なこと。

リライト【rewrite】(執筆者以外の人が)文章に手を入れて書き直すこと。

リラクセーション【relaxation】休養。息抜き。気晴らし。また、心身の緊張緩和を図る技法。リラクゼーション。

リラックス【relax】精神や肉体の緊張をほぐすこと。くつろぐこと。

リリース【release】①離すこと。放つこと。解放すること。②投球動作の中で、球を手から離すこと。③釣った魚を水の中に返すこと。放流すること。④作品・製品・サービスなどを、新たに発売・公開すること。⑤⇨レリーズ ⑥官庁・企業・団体などによる発表(文)。⑦投球動作の中で、球を手から離すこと。㊟発表

リリースノート【release note】ソフトウエアの改訂版を公開する際、それと同時に利用者に示す、改訂の概要。新機能の内容、不具合の修正内容など、直前の版からの変更点を記す。

リリーバー【reliever】①野球の救援投手。リリーフ投手。②喘息の発作をしずめる薬。発作治療薬。▷レリーバーとも。喘息の薬は、発作治療薬(リリーバー)と長期管理薬(コントローラー)に分けることができる。

リリーフ【relief】①野球で、救援すること。また、救援投手。リリーバー。②レリーフに同じ。

リリカル【lyrical】抒情的・抒情詩的であるさま。

リリコイ【ハワイ lilikoi】パッション-フルーツ。

リリシズム【lyricism】抒情精神。抒情性。

リリック【lyric】①抒情詩。リラに合わせて歌われる詩としてギリシャに発生した。→エピック ②歌詞。

リリック ビデオ【lyric video】新 楽曲に連動して歌詞が表示されるミュージック-ビデオ。▷リリックは歌詞の意

リレー【relay】①受け継いで次々に渡していくこと。中継。②陸上競技・水泳・スキーなどで、定められた距離を数人の選手が分担して、次の選手へと受け継いでいく競技。リレー競走。リレー-レース。③継電器。

アップデート 2020年(令和2)、コロナ禍の自粛生活が続く中、著名人の間で○○リレーと題した動画により世間を勇気づける企画が流行りました。例えばプロ野球の松田宣浩選手が始めた熱男(あつお)リレーは、熱男ポーズを動画で披露して次の投稿者にバトンを渡す趣向。バトンはスポーツ界にとどまらず芸能界にも繋がりました。

リレー アタック【relay attack】新 盗難の目的で、電子キーに対応する自動車を解錠する方法の一。キーが置いてあると思われる建物と自動車との間に無線の中継機を設けて、キーが発する解錠用の電波を自動車に届ける。

リレーショナル データベース【relational database】行と列からなる表形式でデータを関連づけて表現するシステム。データの検索・比較・集計が、柔軟かつ効率的にできる。RDB。

リレーション【relation】かかわりがあること。つながりがあること。関係。関連。

リレーションシップ【relationship】関係。関連。結びつき。つながり。▷企業が顧客との関係について用いることが多い。

リロード【reload】ブラウザーに表示済みのウェブ-ページを、改めてインターネットからダウンロードして再表示すること。再読み込み。更新。▷再装塡(さいそうてん)・再積載などの意。

リロケーション【relocation】転勤などで留守になる住宅を預かり、企業や個人に斡旋(あっせん)・賃貸を行うサービス。また、その業種。▷「再配置」「移転」の意。

リワーク【rework】作り直すこと。作業をやり直すこと。

リワード【reward】報酬。褒賞。リウォード。

リンガ フランカ【イタリア lingua franca】異なる母語を持つ人たちが共通に理解できる言語。▷もとは、「フランク人の言葉」を意味した。

リンク【link】①連動すること。連結すること。②運動や力を伝達する装置。また、特に、その装置に用いる細長い棒をさすことがある。③コンピューターで、複数のオブジェクト-プログラムを連結して実際に使用できるプログラムにすること。④インターネット上の他のウェブ-ページにジャンプするために、行き先のURLをテキスト中に埋め込むこと。ウェブ-リンク。

リンク【rink】スケート場。スケート-リンク。

リング【ring】①指輪。②輪(わ)。輪状のもの。③ボクシングやプロ-レスなどの試合場。④体操競技のつり輪。

リングイネ【イタリア linguine】スパゲッティを押し潰したような、細長く平たいパスタ。断面は楕円状。リングイーネとも。▷小さな舌の意。

リンク コーデ 新　恋人・家族・友人どうしで、同じ素材・色・柄などを部分的に用いるコーディネート。ペアルックに比べて縛りが少ないものを指す傾向がある。

リンクス【links】(海沿いの)ゴルフ場。

リンクス【lynx】ネコ科の哺乳類。全身が灰褐色ないし赤褐色で、暗色の斑点がある。耳は大きく三角形で、先端に黒色の長毛がある。敏捷(びんしょう)で性質が荒く、木登りや泳ぎがうまい。平原や森林にすみ、夜行性でウサギ、小形のシカなどを捕食する。毛皮は優良。ヨーロッパ・シベリア・朝鮮・サハリンなどに分布。大山猫(おおやまねこ)。

リンク フリー【和製 link＋free】俗に、インターネットのウェブ-ページにおいて、他のウェブ-ページからのリンクを許可する意思表示。

リングライト【ringlight】写真撮影に用いる、ドーナツに似た形状のライト。円心部を通して撮影する。接写や人物撮影で光を瞳に映り込ませる際などに用いる。→キャッチライト

リンケージ【linkage】①国際間の交渉を進める上で、全く別の問題を関連づけ、双方を抱き合わせて交渉すること。②同一染色体上にある二つ以上の非対立遺伝子が、メンデルの独立の法則に従わず、互いに結びついて行動すること。リンケージ。連関。連鎖。

リンス【rinse】①すすぐこと。②石鹼(せっけん)のアルカリ分を中和し、洗った物をしなやかにする薬剤。また、その溶液でよくすすぐこと。

リ

特に、洗髪の場合にいう。ヘア-リンス。

リンチ【lynch】法律によらないで、民衆や団体内において行われる暴力的な私的制裁。私刑。▷18世紀末、私的法廷を主宰していたアメリカのW.Lynchの名から。

リンネル【フランス linière】⇨リネン

リンパ【lymph】リンパ管系を流れる無色あるいは淡黄色の透明な液体。組織液がリンパ管に入ったもので、細胞成分としてリンパ球を含む。リンパ液。

リンパ節 哺乳類のリンパ管の所々に存在する球状または大豆状の膨らみ。結合組織性の被膜に包まれ、内部の空所にリンパ球・マクロファージ・形質細胞、少数の白血球などの細胞を含む。リンパが通過する間に、リンパ中の異物が各細胞に捕食されて生体が防御される免疫反応器官。リンパ球が分裂増殖する場でもある。リンパ腺。

リンパ ドレナージュ【lymph drainage】リンパの流れに沿って行うマッサージ。リンパや血液の流れをよくし、老廃物の流れを促進して身体機能・美容効果を高めるとされる。リンパ-ドレナージ。

ル

ルアー【lure】擬餌鉤(ぎじばり)の一種。餌(えさ)の小魚などに似せた形・色につくったもの。スプーン・スピナー・プラグ・ジグ・ワームなどの種類がある。

ルアー フィッシング【和製 lure＋fishing】ルアーを使って行う魚釣り。

ルアウ【ハワイ luau】ハワイ式の宴。

ルイベ 凍った魚、またはその刺身。本来は凍らせて貯蔵した魚などをとかして食べるものをいう。▷アイヌ語。とける食物の意。

ルー【フランス roux】バターで炒(いた)めた小麦粉を、牛乳やスープなどでのばしてつくったソース。

ルーキー【rookie】スポーツで、新人選手。▷新兵(しんぺい)の意。

ルーク【rook】チェスの駒の一。城をかたどった駒。

ルーザー【loser】敗者。負け犬。→グッド-ルーザー

ルージュ【フランス rouge】口紅。▷赤の意。

ルーズ【loose】しまりがないさま。だらしないさま。▷英語発音はルース。

ルーズ ソックス【和製 loose＋socks】ゴムを抜いた白いハイ-ソックス。たるませた状態で着

用。1990年代中頃から女子高生の間で流行。ミニスカートの学校制服に組み合わせることが多い。

ルーズ リーフ【loose-leaf notebook】1枚ずつ自由に綴じたり取りはずしたりできるノート。

ルーター【looter】ネット-ゲームで、他のプレーヤーが倒したモンスターなどから、戦利品のアイテム(武器などの装備品)を持ち逃げするプレーヤー。▷略奪者の意。→ルート

ルーター【router】①高速で回転するカッター-ヘッドで加工材の面取り、切り抜きなどを行う木工機械の総称。②複数のコンピューター-ネットワークを接続し、最適な経路を選択して情報を伝送する装置。

ルーチン【routine】①きまりきった仕事。日々の作業。ルーチン-ワーク。②コンピューターのプログラムの部分をなし、ある機能をもった一連の命令群。③アーティスティック-スイミングで、音楽に合わせて行う演技。▷ルーティーン・ルーティンとも。

アップデート 2019年(令和元)ごろから「モーニン-ルーティン」(多くルーティンと書く)と呼ばれる動画が世界的に流行しました。これは朝の起床から身支度・食事を経て外出に至るまでの様子を収めた動画のことです。その影響で、動画以外の分野でもモーニング-ルーティンという言葉をよく見かけるようになりました。

ルーチン ワーク【routine work】⇨ルーチン

ルーツ【roots】①根。根元。②物事の根源。起源。③祖先。

ルーツ ミュージック【roots music】ある音楽ジャンルから見て、その起源に相当する音楽ジャンルのこと。ヒップ-ホップやR&Bから見たブルースやジャズなど。▷ルーツは起源の意。

ルーティング【routing】ネットワークで、相手のデバイスにデータを送信するための経路を決定すること。

ルート【loot】ネット-ゲームで、他のプレーヤーが倒したモンスターなどから、戦利品のアイテム(武器などの装備品)を持ち逃げする行為。▷略奪・略奪品などの意。→ルーター

ルート【root】累乗根あるいはその記号。√で表す。普通、平方根をさすことが多い。

ルート【route】①一定の所へ至る道筋。また、路線。②入手や販売のための経路。手づる。

ルート セールス【route sales】すでに取引のある顧客を、定期的に訪問する営業活動。

ルート ドライバー【route driver】決まった経路の複数箇所を巡りながら集配を行う運転手。

ル

ルード ボーイ【rude boy】(ジャマイカやイギリスの)不良少年。

ルーバー【louver】①一定幅の羽板を平行に並べたよろい戸状のもの。日除け・雨除け・通風・換気などの目的で、建物の開口部に取り付ける。②照明調整器具。金属や樹脂の薄い板を格子状に組み、光源近くにはめて光を和らげる。③ヨーロッパ中世の住宅で、採光・排煙のため羽板状の格子を備えた小塔。

ルーピー【loopy】頭のおかしい、いかれた、変わった。

ルーフ【roof】屋根。

ループ【loop】①輪。輪の形をしたもの。②服飾で、布や糸で作った輪。ベルト通し・ボタン穴などに用いる。③コンピューターのプログラムで、何回も繰り返して実行される命令群。④飛行機の宙返り。⑤何度も繰り返すこと。⑥⇨ループ-ジャンプ

ルーフィング【roofing】フェルトの両面にアスファルトを浸透させ、表面に雲母などの粉を付着させた屋根葺(ふ)き下地や防水材。アスファルト-ルーフィング。

ループ ジャンプ【loop jump】フィギュア-スケートで(基本的な反時計回りの跳躍を行う場合)右足で後ろ向きに滑走して、そのまま右足で踏み切り回転し、後ろ向きに着氷する跳躍演技。踏み切る瞬間に両足が交差する形になる。ループ。

ルーフトップ【rooftop】屋上。

ルーブル【ロシア rouble】ソ連、およびその解体後はロシア連邦の通貨単位。1ルーブルは100カペイカ。記号 Rbl.　ルーブリ。

ルーフ レール【roof rail】自動車の屋根の左右に取り付ける棒状の器具。荷物を載せて固定するためのもの。

ルーペ【ドイツ Lupe】拡大鏡。虫眼鏡。

ルーム【room】①部屋。②学級。クラス。

ルーム サービス【room service】ホテルで、宿泊客の部屋まで飲食物を運ぶこと。

ルーム シェア【room share】他人同士が、共同で一つの部屋を借り、分け合って住むこと。フラット-シェア。

ルーム スケール【room scale】バーチャル-リアリティー(VR)で、体験者が物理的に動き回れる範囲。またその範囲を設ける方式。

ルーム チャージ【room charge】ホテルの宿泊料金。

ルーメン【lumen】光束の SI 単位。すべての方向に一様に1カンデラの光度をもっている点光源が、単位立体角(1ステラジアン)に放射する光線束を1ルーメンとする。記号 lm

ルーラー【ruler】①定規。物差し。②支配者。統治者。

ルール【rule】規則。きまり。

ルーレット【フランスroulette】①賭博(とばく)道具の一。また、それによる賭博。赤と黒に交互に色分けされた0から36までの数字の目に区分をしるしたすり鉢状の回転盤に球を投げ入れ、どの目や色に止まるかを賭けて争うもの。②柄の先に小さな歯車のついた道具。歯車を回転させて紙・布地などに点線の印をつける。ルレット。

ルーローハン【魯肉飯】新 豚肉を細かく切って炒め、甘辛く煮込んだうえで、ご飯にかけた料理。多くの場合、ゆで卵や青菜を付け合わせる。台湾料理。ルーローファン。ルーロー飯。▷中国語。

ルクス【フランスlux】照度のSI単位。1m² の面積に1ルーメンの光束が一様に分布しているときの表面の照度を1ルクスとする。記号 lx　ルックス。

ルサンチマン【フランスressentiment】強者・支配者に対する怨恨(えんこん)。被支配者あるいは弱者が、支配者や強者に対してため込んでいる憎悪やねたみ。この心理のうえに成り立つのが愛とか同情といった奴隷道徳であるという。ニーチェの用語。

ルシフェル【ポルトガルLucifer】堕天使(だてんし)のこと。

ルチャドール【スペインluchador】ルチャ-リブレの男性レスラー。

ルチャ リブレ【スペインlucha libre】メキシコ式のプロレス。覆面レスラーが多い。ルチャ。

ルチン【rutin】ソバ・エンジュの新鮮なつぼみなどに含まれる配糖体。淡黄色の結晶で無味。毛細血管の透過性を抑制しもろくなるのを防ぐ。出血性の病気の予防薬として用いる。

ルッキズム【lookism】ルックス(容姿や容貌(ようぼう))による差別。

ルック【look】そのような特徴や雰囲気をもった服装。他の語と複合して用いる。

ルック アップ【lookup】新 調べること。探すこと。特に情報技術では、情報源から目的に合うデータを検索・参照・取得すること。

ルックス【looks】顔かたち。容貌。器量。

ルックス【lux】⇨ルクス

ルックブック【lookbook】ファッションで、デザイナーやブランドなどが新作を紹介するために制作・公開する写真集。

ルッコラ【イタリアrucola】アブラナ科の一年草、キバナスズシロ草。地中海沿岸原産。葉はへら形から長楕円形、緑色で柔毛が散在している。葉にはゴマに似た風味と辛みがあり、サラダに用いられる。また種からは油をとる。ロケット-サラダとも。

ルッツ ジャンプ【Lutz jump】フィギュア-スケートで(基本的な反時計回りの跳躍を行う場合)左足で小指側に重心をかけながら後ろ向きに滑走して、右足の爪先を氷に突く動作をきっかけに跳躍して、回転ののち後ろ向きに着氷する跳躍演技。アクセルに次いで難度が高い。ルッツ。▷初めてこの技で飛んだ選手、ルッツ(Alois Lutz)から。

ルナ【Luna】ローマ神話の月の女神。ときにダイアナと同一視される。ギリシャ神話のセレネに当たる。

ルナティック【lunatic】常軌を逸したさま。

ルネッサンス【フランスRenaissance】14〜16世紀、イタリアから西ヨーロッパに拡大した人間性解放をめざす文化革新運動。個性・合理性・現世的欲求を求める近代的価値の創造が古代ギリシャ・ローマ文化の復興という形式をとったので、「ルネッサンス(再生)」の語で表現された。西欧近代化の思想的源流となる。文芸復興。▷「ルネサンス」とも。

ルバーブ【rhubarb】軟化栽培した大黄(だいおう)の葉柄。弱い酸味があり、生食やジャムの原料などにする。

ルビ【ruby】①振り仮名用の活字。主に4〜6ポイントの小活字。ルビー。②振り仮名。

ルビー【ruby】①鋼玉(こうぎょく)の一。微量に含まれるクロムによって赤色を呈する。良質のものは宝石にする。7月の誕生石。紅玉。②5.5ポイントの欧文活字の古称。→ルビ

ルビー チョコレート【ruby chocolate】新 ピンク色のチョコレート。ダーク、ミルク、ホワイトに次ぐ第4のチョコレートともいわれる。チョコレート製品のメーカー、バリーカレボー(本社チューリヒ)が2017年に発表。

ルフラン【フランスrefrain】⇨リフレーン

ルポ ルポルタージュの略。

ルポ ライター【和製 フランスreportage＋英 writer】主に社会的事件や事象を、現地や関係者間に取材して記事にまとめあげる人。

ルポルタージュ【フランスreportage】①(新聞・放送などで)現地報告、または報告文。探訪。ルポ。②記録文学。

ルミエール【フランスlumière】光。明かり。

ルミナリエ【イタリアluminària】イルミネーション。電飾。

ルンバ【スペインrumba】19世紀初頭、キューバのアフリカ系住民の間からおこった舞曲。また、その踊り。活気にみちた速い4分の2拍子のリズムに特色がある。

ルンペン【ドイツ Lumpen】浮浪者。

●●● レ ●●●

レア【rare】めったにないこと。きわめてまれであること。また、たいへん珍しいさま。希少なさま。「—物」

レア【rare】ビーフ-ステーキの焼き方で、中を赤身の生の食感を残す程度に焼いたもの。生焼き。→ウエル-ダン・ミディアム

レア【ラテン Rhea】ダチョウ目レア科の鳥。ダチョウに似るがやや小さい。多くは灰褐色。足指は3本。翼は退化して飛べない。ブラジル・アルゼンチンのパンパに生息。

レア【Rheā】ギリシャ神話の女神。ウラノスとガイアの娘。兄弟クロノスの妻となって、男神ハデス・ポセイドン・ゼウス・女神ヘスティア・デメテル・ヘラを生む。小アジアの大母神キュベレと同一視された。

レア グルーブ【rare groove】ポピュラー音楽(クラブ音楽などの分野)で、DJやコレクターなどが「踊れる」などの現代的観点により発掘・再評価した楽曲。1980年代後半、それ以前の音楽を指していわれるようになった。

レア ケース【rare case】非常に珍しい事例。特殊な例。

レア シュガー【rare sugar】希少糖。

レア メタル【rare metal】存在量が少なかったり抽出が困難なため、純粋な金属として得がたい金属。ニッケル・コバルト・クロム・マンガン・チタンなど。希少金属。

レイ【ハワイ lei】首にかける花輪。ハワイで儀礼などに用いた。現在は旅行者の歓迎などに使用する。

レイアウト【layout】①空間や平面に目的物の構成要素を配列すること。配列。配置。②印刷物の紙面の割り付け。

レイアウトフリー【和製 lay-out + free】主に什器(じゅうき)について、その自由な配置が可能であること。

レイオフ【layoff】①不況の際に、業績が回復したときには再雇用するという条件で労働者を一時的に解雇する制度。一時解雇。②操業短縮などで人手が余った際に、雇用関係は継続されているが、経営者が従業員を休ませる一時帰休の制度。

レイシスト【racist】人種主義者。人種差別主義者。▷レーシストとも。

レイシズム【racism】人種に本質的な優劣を認め、構成する人種により社会や文化の優劣を判

断する考え方。人種差別主義。人種主義。

レイティング【rating】 ⇨レーティング

レイテンシー【latency】 処理の待ち時間。処理の遅延。

レイト【late】 ①遅いさま。遅れているさま。②近ごろのこと。最近のこと。▷レートとも。

レイト ショー【和製 late＋show】夜の遅い時間帯に行われる映画の上映。

レイト マジョリティー【late majority】 イノベーター理論の用語。新たに現れた革新的商品やサービスを、世の中の普及状況を見てから採用・受容するような人々。イノベーター理論の５つの顧客層のうち、アーリー-マジョリティ(前期追随者)の次に受容する人々。新しい価値観や様式の受容には懐疑的とされる。後期追随者。後期多数採用者。→アーリー-アダプター・アーリー-マジョリティー・ラガード

レイブ【rave】主に屋外で、テクノやハウスなどのダンス-ミュージックを大音量で流すイベント。

レイプ【rape】 強姦(ごうかん)すること。婦女暴行。

レイヤー コスプレをする人。コスプレを趣味にする人。▷コスプレイヤーから。

レイヤー【layer】 ①層。階層。②コンピューター-グラフィックスで、絵が描かれている、層になった透明のシート。

レイヤード【layered】 ①層になっているさま。段々になっているさま。 ②レイヤード-カットの略。長さに段差をつけて頭髪をカットすること。また、その髪形。

レイン【rain】 ⇨レーン

レイン シャワー【rain shower】新 頭上の高い位置で固定したヘッドから、水や湯が出てくる方式のシャワー。オーバーヘッドシャワーとも。

レインボー【rainbow】虹(にじ)。

レインボー フラッグ【rainbow flag】虹のような多色で構成される旗。セクシュアリティーの多様性を象徴する旗(多くは６色のストライプ)や、南アフリカの国旗など。→LGBT

レーキ【lake】有機顔料のうち、有機色素を金属と結合させるなどして水に溶けなくしたものの総称。ペイント・プラスチックなどの着色に用いる。レーキ顔料。

レーキ【rake】短い鉄の歯を粗い櫛(くし)状に並べた農具。草かきなどに用いる。

レーザー【laser】(light amplification by stimulated emission of radiation)振動数が光および光に近い周波数にあるメーザー。単波長で位相のそろった光であるため、減衰・拡散しにくい強い光が得られる。光通信・ホ

ログラフィー・臨床医学、あるいは金属の切断などに利用される。→メーザー

レーザー【razor】⇨レザー

レーザー ディスク【laser disk】円盤上に記録してある音声・画像を、レーザーを用いて再生するビデオ-ディスクの方式の一。LD。

レーザー ビーム【laser beam】①レーザーの光線。②野球で、外野手からほぼ水平な軌道で投げられる、本塁あるいは各塁への正確で速い返球。特に補殺、または進塁を断念させるものをいう。▷レーザー光のように真っ直ぐであることから。

レーシック【LASIK】(Laser in situ Keratomileusis)近視などの屈折異常を治すための手術方法の一。角膜表面の上皮を薄く剝いで蓋状にし、その下の角膜をエキシマーレーザーで削って形状を修正する。その後剝いだ上皮で角膜を覆う。レイシックとも。

レーション【ration】①支給(品)、配給(品)、割り当てのこと。②軍隊の配給食。野戦食。ミリめし。▷コンバット-レーション(combat ration)の略。

レース【lace】糸を編んだり撚(よ)ったりして、透かし模様を作って布状にしたもの。

レース【lathe】旋盤。

レース【race】人種。

レース【race】ゴールをめざして争うこと。競走・競漕・競泳・競馬など、スポーツについていうことが多い。

レース クイーン【和製 race+queen】自動車レースなどで、スポンサーの宣伝などを行い、レースに華をそえる女性。

レーゾン デートル【フランス raison d'être】ある物が存在することの理由。存在価値。レゾン-デートル。

レーダー【radar】(radio detection and ranging)電波を利用して、目標物の距離・方位を測定する装置。一定方向にマイクロ波のパルスを発射し、目標物からの反射波を受信して、距離や方位を知る。航空機・船舶・気象など広く利用されている。電波探知機。

レーダー チャート【radar chart】新 多角形で表現するグラフ。原点から放射状に三つ以上の軸を描いて各軸に点を打ち、隣どうしの軸にある点を直線で結ぶ。5教科のテスト結果を5角形で表現したものなど。同じ図に複数系列のグラフ(複数人のテスト結果など)を描くと、それらの直感的な比較も可能になる。

レーティング【rating】①評価。見積もり。格付け。②債券などの元本償還や利払いの確実性の度合について序列をつけること。ア

ルファベットなどの簡単な記号で表示され、投資家の判断材料とされる。債権格付け。③映画・テレビ番組・ゲーム-ソフトなどの内容について、子供の視聴・利用が適当であるかどうかを表示すること。

レート【late】 ⇨レイト

レート【rate】率。割合。歩合。

レート チェック 【和製 rate＋check】新 日本銀行が民間銀行に対して、現在の為替レートの提示を求めること。平時の聞き取りとは異なり、為替介入を念頭に置いた牽制的行動をいう。

レードル【ladle】食卓で、取り分けに用いる杓子(しゃくし)。

レーバー 【labor】 ①労働。勤労。仕事。②労働者。労働者階級。③苦心。骨折り。努力。

レーベル【label】①ラベル。②レコードの中央に曲目・演奏者・レコード会社名などを刷り込んである円形の紙。転じて、音楽を制作・販売する会社やブランド。

レーム ダック【lame duck】任期終了を間近に控え、政治的影響力を失った大統領や首相を比喩(ひゆ)的にいう語。▷脚に傷をおった鴨の意。

レーヨン 【rayon】 セルロースを溶解してコロイド溶液にし、これを細孔から凝固液中に引き出して得る再生繊維。溶解方法によってビスコース-レーヨン・銅アンモニア-レーヨンなどがある。人造絹糸。人絹。

レール【rail】①列車の車輪を一定の方向へ、容易に回転させるために敷いた鋼鉄製の棒状の道。軌条。軌道。②敷居などに取り付け、引き戸などを滑らかに走らせる鉄棒状のもの。③物事を進めるために、あらかじめ用意される道筋。

レーン【lane】①ボウリングで、球をころがす床。アレー。アレー-ベッド。②車線。通行帯。③陸上競技や水泳などで、各々の競技者が進むコース。④人を誘導するために設ける進路。⑤回転寿司などで、コンベヤーが移動する進路。

レーン【rain】雨。▷レインとも。

レーン ウエア 【rainwear】 雨着。

レーン チェンジ 【lane change】車線の変更。

レーン プルーフ 【rainproof】防水。

レオタード【leotard】ダンス・体操などの際に着る、体にぴったりした衣服。伸縮性のある布地で上下続きにつくる。

レオロジー【rheology】物質の変形と流動とに関する科学。コロイド性物質・高分子物質・生体物質など複雑な化学組成をもつ物質が力を加えられた際に示す弾性・変形・流動などの現象を研究する。工学上、また生物学上にも重要な分野。流動学。

レガース【leg guards】新 スポーツで用いる防護用のすね当て。シンガード。レガーズ。レガーツ。▷英語では shin guards などの呼称が一般的。

レガート【イタリア legato】音と音の間に切れを感じさせず、滑らかに続けて演奏する方法。また、それを示す符号。

レガーロ【イタリア regalo】贈り物。喜び。

レガシー【legacy】①遺産。②過去の遺物。旧態依然のもの。③企業で長期間使用されてきて、業務上不可欠であるが、古くて使い勝手が悪く維持が困難なコンピューター-システム。➲よくわかる「レガシー」の意味と使い方(p.901)

レガッタ【regatta】ボート・ヨットなどの競漕(きょうそう)。ボート-レース。

レギュラー【regular】①正規のものであること。規則正しいこと。→イレギュラー ②レギュラー-メンバーの略。スポーツで、正選手。また、放送番組で、常時出演する者。③レギュラー-ガソリンの略。オクタン価の低い普通のガソリン。無鉛ガソリン。

レギュラー スタンス【regular stance】新 サーフィン・スノーボード・スケートボードで、左足を前にする姿勢。レギュラー。→グーフィースタンス

レギュラー チェーン【和製 regular＋chain】チェーン-ストアのこと。特に、ボランタリー-チェーンと区別する際に用いられる。コーポレート-チェーン。

レギュレーション【regulation】規制。規則。規定。

レギュレーター【regulator】調整器。加減器。

レギンス【leggings】①足の甲、または足先まで覆うように仕立てた幼児の防寒用ズボン。②伸縮性のある素材で作った、脚にぴったりつく長いパンツ。スパッツ。カルソン。

レギンス パンツ【和製 leggings＋pants】レギンスのような履き心地のパンツ。パギンス。レギパン。→レギンス

レグ【leg】(スポーツ競技などにおける)1区間。

レク 新 ①レクリエーションの略。②レクチャー(説明)の略。

レクイエム【ラテン Requiem】①カトリック教会で、死者のためのミサ。死者が天国へ迎えられるよう神に祈る。入祭文が「レクイエム」という言葉で始まるところからいう。②死者の鎮魂を願う入祭文を含めて作曲した、死者のためのミサ曲。鎮魂曲。鎮魂ミサ曲。▷「安息を」の意。

レクタンギュラー【rectangu-

レ

lar】長方形の。

レクタングル【rectangle】長方形。矩形(くけい)。

レクチャー【lecture】①講義。講演。講話。②口頭で、詳しく説明すること。

レクチン【lectin】細胞膜を構成する糖タンパク質や糖脂質の糖の部分に結合することによって、細胞凝集・細胞分裂の誘発などを起こす物質の総称。タンパク質から成り、植物種子・細菌・動物の体液や組織中に見られる。細胞表面の糖の検索、複合糖質の特異的精製などに利用。

レクリエーション【recreation】仕事や勉強などの疲れを癒やし、元気を回復するために行う娯楽。リクリエーション。

レゲエ【reggae】1970 年代に世界的に広まったジャマイカのポピュラー音楽。偶数拍にアクセントのあるリズム-パターンが特徴。

レコーダー【recorder】①記録・録音などをする装置。②リコーダーに同じ。

レコーディング ダイエット【和製 recording＋diet】ダイエット法の一。運動などを特にしなくても、自分の食べたものを毎日記録(レコーディング)していくことで、自分の食事の見直しができ、自然に痩(や)せられるというもの。▷ 2007 年に出版された「いつまでもデブと思うなよ」の中で岡田斗司夫が紹介。

レコード【record】①競技などの記録。特に、最高記録。②音声を記録した円盤。盤面に刻まれた溝の凹凸によって音を記録する。録音盤。ディスク。③録音。録画。③コンピューターのデータ構造で、データをひとまとまりにした単位。データベースで顧客情報を扱う場合の一人分の顧客データなど。

レコメンド【recommend】⇨リコメンド

レコンキスタ【スペイン Reconquista】イスラム教徒に占領されたイベリア半島をキリスト教徒の手に奪回する運動。711 年のイスラム侵入後から、1492 年のグラナダ開城まで続いた。この過程でポルトガル・スペイン両国家が成立した。国土回復戦争。

レザー【leather】①なめし革。②レザー-クロスの略。布の表面に合成樹脂などを塗って型押しし、革の風合いを出したもの。

レザー【razor】かみそり。特に、西洋かみそり。

レジ レジスター①②の略。

アップデート 2020 年(令和 2)7 月、容器包装リサイクル法の省令改正によりレジ袋の有料化が実施されました。これにはプラスチックの過剰な使用を抑制する目的があります。消費者の間ではマイバッグの携帯が流行。一方でこれを隠れ蓑に

よくわかる「レガシー」の意味と使い方

詳しい意味は？

レガシー(legacy)は英語で「遺産」を意味する言葉です。本来は「亡くなった人がのこした財産」を意味するのですが、派生的に「世代から世代へ受け継ぐものごと」も意味します。日本語のレガシーは、後者をさします。例えば「前政権のレガシー」と表現した場合、ここでのレガシーは、前政権によって残された「政治的業績」を意味します。

またレガシーという言葉は、レガシーシステムなどのように、名詞の前に付いて複合語となることもあります。そしてその多くで、レガシーが「従来型の」「時代遅れの」という意味を持ちます。

レガシーの使い方を実例で教えて！

[オリンピックの「レガシー」]　国際オリンピック委員会(IOC)が定めるオリンピック憲章の中に次のような一節があります。「オリンピック競技大会の有益な遺産(positive legacy)を、開催国と開催都市が引き継ぐよう奨励する」(オリンピック憲章・2016 年版／日本オリンピック委員会による和訳)。この項目は2003 年版で新設されたものです。そして 2021 年の東京オリンピックに向けて、「オリンピックのレガシー創出に向けた活動を進める」などの使用例が増えました。ここでいうレガシーとは、スポーツ・社会・環境・都市・経済の各分野で長期的に残っていく「有益性の高い影響全般」のこと。その中には競技施設のような「有形」のものもあれば、観光地としての知名度など「無形」のものもあります。

[レガシーシステム]　コンピューターの分野には「レガシーシステム」(legacy system)という概念があります。新技術が登場したため、相対的に古びてしまった情報システムをさします。

[レガシーコスト]　過去から引き継がれており、なおかつ経営を圧迫する要因に掛かる費用を「レガシーコスト」(legacy cost)と呼びます。

する「エコバッグ万引き」や、スーパーの買い物かごを精算後に持ち帰る「カゴパク」などの問題もおきました。

レシート【receipt】領収書。一般に、金銭登録器で印字したものをさす。

レシーバー【receiver】①電話・電信・ラジオなどの受信装置。②電気信号を音声信号に変換する装置で、主として直接耳にあてて聞くものをいう。③テニス・バレーボールなどで、相手の攻撃するボールを受ける人。

レシーブ【receive】テニス・バレーボールなどで、相手の攻撃するボールを受けること。また、打ち返すこと。

レジーム【regime】①制度。政治体制。政権。→アンシャン-レジーム ②国際レジーム。通商・金融などの特定問題領域に対して各国が同意した上で行動のルールや紛争の処理方法を定める制度。

レジェンダリー【legendary】伝説的な。

レジェンド【legend】①伝説。神話。言い伝え。②伝説的な人物。偉人。③地図などの凡例。記号一覧。➲よくわかる「レジェンド」の意味と使い方(p.903)

レジオネラ【Legionella】グラム陰性の桿菌(かんきん)。自然界の土壌・水、ビルの給湯系・空調の冷却水などに生息する。感染すると発熱や肺炎を発症する。

レジスター【register】①金銭登録器。レジ。②デパート・飲食店などで、客からの支払いを受け、記録し、釣り銭などを渡す場所。また、その係の者。レジ。③コンピューターで、特定の目的に使用される一時的な記憶装置。データの読み書きが高速で、CPU内部に使用される。

レジスタンス【フランス résistance】侵略者などに対する抵抗運動。特に、第二次大戦中ナチス-ドイツ占領下のフランスをはじめとし、ヨーロッパ各地で組織された地下抵抗運動をいう。

レジストラー【registrar】▷記録者、登録者などの意。①美術館で、収蔵作品の状態・貸借などに関する情報を管理する人。②大学などで学生に関する記録を管理する人。③インターネットで、ドメイン名の登録申請を受け付ける業者。▷多くレジストラと記す。

レシチン【lecithin】グリセロリン酸を骨格としてもつリン脂質。生体膜の主要構成成分で、動物・植物・酵母・カビ類に広く分布している。食料品や医薬品のマイクロカプセル剤として利用。ホスファチジルコリン。

レジデンシャル【residential】住宅用。居住用。

よくわかる「レジェンド」の意味と使い方

詳しい意味は？

レジェンド（legend）とは英語で「伝説」のこと。つまり「人々に語り伝えられている話」をさします。日本語では「（伝説のように語り継がれるべき）すぐれた」といったニュアンスで、商品名などに使われています。

また、「伝説的な人物」というニュアンスから、「偉業を成し遂げた人」といった意味でも使われます。端的に言えば「偉人」のことです。

ちなみに legend の語源は、ラテン語で「聖人伝」を意味する legenda です。直訳では「読まれるべき」という意味を持っています（参考：『ランダムハウス英和辞典』小学館）。つまり「読まれるべき」ものが「伝説」であり、伝説のように語り伝えられるべき人物が「偉人」ということになるわけです。

どんな経緯でこの語を使うように？

2014 年に開かれたソチ冬季五輪で、7 度目のオリンピック出場となるスキージャンプの葛西紀明（かさい・のりあき） 選手（当時 41 歳）が銀メダルを獲得しました。このとき葛西選手に対する称号として、「レジェンド」が一躍注目を浴びました。「伝説的人物」という、この新しい意味の「レジェンド」は、同年の新語・流行語大賞のトップテン入りを果たしました。

実際の使われ方は？

[○○界のレジェンド]　特定分野における偉人・巨匠などのことを「○○界のレジェンド」と表現することも可能です。例えば「角界のレジェンド」「ファッション界のレジェンド」といった具合です。スポーツや文化の世界でよく登場します。

[レジェンドを使った命名]　創作作品やスポーツ関係の命名でもよく登場します。例えば競馬の馬名（レジェンドハンターなど）、プロレスの選手名（ジョー＝レジェンドなど）やグループ名（新日本プロレスのユニット、レジェンド軍など）といった例があります。

レジデンス【residence】住宅。邸宅。▷元来は大邸宅や高級住宅の意。日本では集合住宅の名称などに用いられる。

レジデント【resident】①居住者。②研修医。

レシピ【recipe】①料理の材料の分量と作り方。　②処方箋(しょほうせん)。

レシピエント【recipient】臓器移植や骨髄移植で、臓器や骨髄の受容者。案 移植患者 →ドナー②

レジャー【leisure】余暇。また、それを使ってする娯楽。

レジャー シート【和製 leisure＋sheet】ピクニックなどで敷物とする合成樹脂製のシート。ピクニック-シート。

レジャー ホテル【和製 leisure＋hotel】①ゴルフ場・プール・テニス-コートなどが利用できる、観光地や保養地のホテル。② ⇨ブティック-ホテル

レジューム【resume】パソコンの電源を切ったときに、その時点での動作中の状態を保存する機能。▷再開する意。

レジュメ【フランス résumé】①論文の内容などを簡潔にまとめたもの。②講義やゼミナールで、発表者が参加者に配布する、発表の内容を簡潔に記したもの。③履歴書。職務経歴書。▷要約の意。レジメとも。 ➲よくわかる「レジュメ」の意味と使い方(p.905)

レジリエンス【resilience】新 ①回復力。強靭さ。変化などからの復元力。②心理学で、ストレスやトラウマなどの困難を跳ね返し、物事に対して前向きになろうとする力。→バルネラビリティー③物理などで、弾性エネルギー。

レジン【resin】樹脂。

レス インターネット上のコミュニケーションにおいて、相手の発言に返答すること。▷応答を表すレスポンス(response)から。

レズ【les】レズビアンの略。

レスキュー【rescue】救助。救出。救援。

レスキュー シート【和製 rescue ＋ sheet】新 防水・保温・断熱などの機能をもつ薄いシート。災害・遭難などの非常時に防寒具などとして使用できる。サバイバル-シート。防寒シート。防寒保温シート。エマージェンシー-ブランケット。保温ブランケット。

レスト【rest】①休むこと。休憩。休息。②音楽で、休止。休止符。

レスト ハウス【rest house】休憩所。休養のための宿泊所。

レストラン【restaurant】西洋料理店。「食堂」より高級な店という語感で用いられる。レストラント。

レスト ルーム【rest room】①劇場・デパートなどで、休憩室。②便所。

よくわかる「レジュメ」の意味と使い方

詳しい意味は？

「要旨・要約・摘要・概要・梗概・概論」などを意味します。「論文の内容などを簡潔にまとめたもの」や、「講義・セミナー・研究会などでの発表内容を簡潔に記したもの」です。また、最近では、「履歴書」の意味でも用いられることがあります。

どんな時に登場する言葉？

大学をはじめ教育・学習・研究などに関わる分野で用いられることが多いようです。講義の要点を記したものとして、教員が学生に配布したり、ウェブサイトに掲載したりします。また、ゼミ形式の授業や研究会で発表者が発表資料として配付するものや、学会誌掲載論文の要約なども「レジュメ」と呼ばれます。書類の多い官公庁でも「要約」の意味合いで用いられているようです。

ビジネス分野では、「履歴書」の意味でも使われます。この意味で「レジュメ」といった場合は、JIS規格にあるような従来の履歴書というより、アメリカ型の「自分を売り込むための身上書」の意味合いを含むものが連想されます。

実際の使われ方は？

[講義レジュメ]　大学や市民講座などで、講義の要点を簡潔にまとめたもの。受講者に配布するためのものだけでなく、講義者が個人的に講義内容をメモしたものをさしたり、それらを編集出版したもののタイトルに用いることもあります。

言い換えたい場合は？

講義や講演などで用いられる「レジュメ」を漢字に言い換える場合は「発表要旨」。論文や報告書の「レジュメ」といえば「概論・要約・梗概」などがあげられます。

就職希望者の身上書をさす場合は、一般には「履歴書」が用いられていますが、「経歴書」「職務経歴書」などということもできます。

レスバ 新 ソーシャルメディア上の言い争い。▷レスバトルの略。

レスパイト【respite】新 小休止。休息。▷日本では多くの場合、看護者・介護者などの一時的な休養をいう。→レスパイトサービス

レスパイト サービス【和製 respite＋service】介護を要する高齢者や障害者を、一時的に預かって家族の負担を軽くする援助サービス。▷レスパイトは息抜きの意。

レスパイト入院 新 レスパイトサービスとして病院が受け入れる、被介護者などの短期入院。

レズビアン【lesbian】女性の同性愛者。レズ。ビアン。▷レスビアンとも。女性をたたえた詩で名高い古代ギリシャの女流詩人サッフォーの生地レスボス島から。略称のレズは、蔑称として扱われた経緯がある点に注意。

レスポンシブ【responsive】すぐに反応すること。敏感。リスポンシブ。

レスポンシブ ウェブ デザイン【responsive web design】新 ウェブ-デザインの一。単一のファイルで、情報機器の種類や画面サイズなどの多様な表示環境に対応できるようにする設計方法。表示環境に応じて最適な表示を行うもの。レスポンシブ-デザイン。

レスポンシブ デザイン【responsive design】新 ⇨レスポンシブ-ウェブ-デザイン

レスポンシブル【responsible】責任のあるさま。責任を伴うさま。

レスポンシブル ケア【responsible care】化学物質に関連する企業が、開発・製造から消費・廃棄に至るすべての段階において、安全・環境・健康に対する自主的な配慮を行おうとする国際運動。国際化学工業協会協議会(ICAA)が推進。日本では1995年(平成7)に、日本レスポンシブル-ケア協議会(JRCC)が設立されている。レスポンシブル-ケア活動。RC。

レスポンス【response】①反応。応答。返事。②操作に対する自動車の加速・制動・操作などの反応。▷リスポンスとも。

レセプショニスト【receptionist】受付係。案内係。フロント係。

レセプション【reception】①公式の宴会。歓迎会。招待会。②(ホテルの)フロント。受付。③バレーボールでサーブ-レシーブのこと。

レセプター【receptor】細胞表面あるいは細胞内に存在し、外から細胞に作用する因子と反応して、細胞機能に変化を生じさせる物質。受容体。

レセプタント【和製 receptant】パーティー会場に派遣され、給仕や接客を行う女性。また、そのような職業。日本バンケット事業協同組合が、コンパニオンに代わる名称として、2002年(平成14)から使用している。▷レセプションとアテンダントから。

レセプト【ドイツ Rezept】病院が健康保険などの報酬を公的機関に請求するために提出する明細書。医療機関による不正請求を防ぐため、閲覧を患者に認めるようになった。診療報酬明細書。

レター【letter】①手紙。②文字。

レターヘッド【letterhead】便箋(びんせん)上部に印刷された会社名やマーク。また、その便箋。

レターボックス【letterbox】①郵便箱。②テレビ画面の縦横比よりも横長で撮影された映像を、上下に黒枠を追加して従来の縦横比を保ったまま表示する方式。

レタッチ【retouch】写真・オフセット製版などのフィルム、また絵画などに、加筆や補筆をして修正すること。修整。

レタリング【lettering】視覚的な効果を考慮してデザインした文字。また、その文字を書くこと。

レチョン【スペイン lechon】豚あるいは鶏を丸焼きにしたもの。フィリピン料理。▷lechonは子豚の意。

レッグ レイズ【leg raise】新 筋力トレーニングの一。仰向けに横たわった状態で、伸ばした足を浮かせて上下させる。

レッスン【lesson】①課業。授業。稽古(けいこ)。②学課。教程。

レッツ ⇨LETS

レッテル【オランダ letter】①メーカー・会社などが自己の製品であることを示すために、商品にはりつける小形の札。②ある人や事物に与えられる評価。

レット【let】①テニスで、サーブをやり直すこと。②卓球で、無効にすること。

レッド【red】①赤。赤色。②共産主義的な思想・運動などをいう語。

レッド オーシャン【red ocean】競合が多い既存市場。競合が少ない未開拓の市場であるブルー-オーシャンに対して言う。▷赤い海の意。赤い海は、競合するもの同士が血で血を洗うような状況になることから。

レッド カード【red card】①サッカーなどで、審判を侮辱したり、粗暴で悪質な行為をしたりした選手に退場を命じるときに審判が示す赤色のカード。②悪質な行為に対する懲戒的な判定や処分。

レッド ステート【red state】アメリカで、共和党の支持層が多い州のこと。共和党のイメージ-カラーが赤であることから。中西部や南部の州に多い。赤い州。→スイング-ステート・ブルー-ステート

レッド ゾーン【red zone】①エンジンの回転限界を示す領域。回転計のその領域を赤く塗ることからいう。②危険度の高い範囲や場所。

レッド データ ブック【red data book】絶滅のおそれのある野生生物についての資料集。1966年国際自然保護連合(IUCN)が発行したのが最初。日本では89年(平成1)旧環境庁が編集。

レッドネック【redneck】米国南部で、保守的な白人貧困層を揶揄していう語。肉体労働のため、首が赤く日焼けしているというステレオタイプがあることから。

レッド パージ【red purge】1950年(昭和25)GHQの指導により政府・企業が行なった、日本共産党員とその同調者に対する一方的解雇。

レッド ライン【red line】①アイス-ホッケーで、リンクを中央で分ける赤い線。センターライン。②越えてはならない一線。譲れない一線。「—を超える」

レッド リスト【red list】絶滅のおそれのある生物種を掲載したリスト。▷レッド-データ-ブックの表紙が危機を表す赤色であることから。→レッド-データ-ブック

レップ【rep】筋力トレーニングにおける1回分の動作。またそれを数える助数詞。レップス。▷repetition(繰り返し・反復)の略。

レディー【lady】①淑女。貴婦人。→ジェントルマン ②女の人。婦人。

レディース【ladies'】他の語に付いて、「女性の」「女性用の」の意の複合語をつくる。

レディース コミック【和製 ladies'＋comic】成人女性を対象とした漫画。恋愛・結婚・仕事などのテーマを扱う。

レディース ライン【ladies line】女性向けに提供する商品群。通常は男性向けブランドが提供する商品群をさすことが多い。

レディー ツー ウエア【ready-to-wear】既製服。RTW。→プレタ-ポルテ

レディー メード【ready-made】①できあいの品物。既製品。→オーダー-メード ②マルセル=デュシャンの用語。芸術作品として提示された日常的な既製品。便器に製造会社の社長名をサインし「泉」と題した作品が有名。

レディネス【readiness】①準備のできている状態。②ある学習に対する特定の準備が整っている状態。言語の習得や歩行な

どがある一定の発達段階に達しなければ不可能であるなどの類。準備状態。

レトリーバー【retriever】猟用に改良されたイヌの総称名の一。獲物の回収運搬(レトリーブ)を得意とする。ゴールデン-レトリーバー・ラブラドル-レトリーバーなど。

レトリック【rhetoric】①修辞学。美辞学。②文章表現の技法・技巧。修辞。③実質を伴わない表現上だけの言葉。表現の巧みな言葉。

レトルト【オランダ retort】①蒸留・乾留を行う化学実験器具。ガラスまたは金属製。球状の加熱反応部と、細長い管からなる。②加工済み食品をアルミや合成樹脂の袋または容器に入れ、高圧高温で殺菌、密封したもの。レトルト食品。

レトロ【フランス rétro】復古調であること。また、そのさま。懐古趣味。

アップデート レトロの世界がいよいよ「平成」を射程圏内に収めつつあります。2021年(令和3)ごろから若者文化の世界で「平成レトロ」と呼ばれる流行が起こりました。これは平成初期の90年代に注目されたギャル文化を再評価する流れ。ルーズ-ソックスなどの懐かしいファッション-アイテムも流行しました。

レトロウイルス【retrovirus】遺伝物質としてRNAをもち、感染細胞(宿主細胞)内で逆転写によってDNAを合成するウイルスの総称。肉腫ウイルス・白血病ウイルス・乳癌(にゅうがん)ウイルスなど。分子遺伝学や遺伝子工学に利用。

レトロスペクティブ【retrospective】①振り返ること。回顧的であること。②回顧展。

レトロフィット【retrofit】①旧型のものを改良することによって存続させること。②既存の建築物を補強・改修することで耐震性を向上させること。

レトロ フューチャー【retro future】懐古的、かつ未来的な感覚。過去の文化に現れる未来感覚や、それを現在の文化に応用して得られる未来感覚をさす。古いSF映画に登場する未来都市のデザインや、アナログ-シンセサイザーでアレンジされた音楽など。

レバー【lever】①梃子(てこ)。②梃子を応用した取っ手。

レバー【liver】肝臓。きも。特に、食品となるものについていう。

レパートリー【repertory】①音楽・演芸などで、演者が演奏したり演じたりすることのできる曲目や芸の種類。上演種目。上演目録。②その人の得意とする分野・範囲。

レバレッジ【leverage】①借入

金によって投資を行い、借入利子よりも高い利潤を得ようとすること。借入資本利用。→LBO ②小さな努力で大きな効果を生むこと。▷挺子(てこ)の働きの意。

レバント【Levant】地中海東部の沿岸地域。明確な定義はないが、狭義ではシリア・レバノン・イスラエル(パレスチナ自治区)・ヨルダンを指す。また広義ではギリシャ・トルコ・キプロス・エジプトも含める場合もある。

レビー小体 脳の神経細胞内部にみられる封入体。異常なタンパク質が蓄積されて形成される。パーキンソン病患者では脳幹に、レビー小体型認知症患者では大脳皮質全体にみられる。LB。▷発見者であるドイツの神経学者レビー(F. H. Lewy [1885~1950])の名から。→パーキンソン病・レビー小体型認知症

レビー小体型認知症 (Dementia with Lewy bodies)変性疾患の一。大脳皮質の神経細胞内にレビー小体が出現することにより発症。進行性の認識機能障害、認知機能の変動(日によって認知機能に違いがあるなど)、幻視や幻覚、パーキンソン症状の筋肉の収縮などが現れる。レビー小体病。DLB。→レビー小体

レビュアー【reviewer】レビューする人のこと。評論する人、批評する人、校閲する人、論文の審査をする人など。レビューアー。

レビュー【review】①評論。批評。②評論雑誌。③再調査。再検討。④コンピューターのシステム開発で、工程ごとに行う品質の検査。

レビュー【フランスrevue】舞台芸能の一。歌・踊り・コントなどあらゆる舞台芸術・演芸の要素をとりこみ華麗多彩な展開を見せる娯楽性の強いショー形式のもの。

レピュテーション【reputation】評判。名声。また、特に、外部から見た企業の評価。

レフ ①レフレックス-カメラの略。カメラ-レンズに入射する光線を反射鏡でファインダーのピント-グラス上に導き、フィルム上の像と同一状態の像が見られるようにしたカメラ。一眼レフと二眼レフとがある。②レフレクターの略。反射鏡。反射板。

レファレンス【reference】①参考。参照。②照会。問い合わせ。③推薦状。身元保証書。

レフェリー【referee】競技の審判員。サッカー・ラグビー・レスリング・ボクシングなどでは主審のこと。レフリー。

レフト【left】①左。左側。②(left field(fielder)の略)野球で、左翼。または左翼手。③急進的な立場。左派。→ライト(right)

レプリカ【replica】複製品。特

に、優勝カップなどの複製品で、長く記念にできるよう、優勝者に贈与されるもの。

レプリケーション【replication】①複製。複写。模写。②データベースなどで、ファイル全体をまるごと複製するのではなく、追加・変更・削除されたデータのみを複製し、バックアップをとること。

レフレックス【reflex】反射。リフレックス。

レベチ 主に若者言葉で「レベルが違う」の略。「—すぎる」

レベニュー【revenue】①収入。所得。②歳入。税収。

レベル【level】①価値づけや評価をする場合の標準。全体の水準。基準。程度。②①の段階・階級・度合い。③水平面。水平線。④測量機械の一。高低差を精密に測量するためのもの。水平に回転する望遠鏡と水準器とを組み合わせたもの。水準儀。

> アップデート 近年開発競争が激化している自動運転技術の分野では「自動運転レベル」と呼ばれる区分がよく登場します。主流とされるのは米自動車技術会(SAE)が定義する区分。同区分では0から5までの6段階を設定しており、0は運転自動なし、1~3は人が運転主体となる段階、4~6は自動車が運転主体となる段階とされています。

レポ ①レポートの略。②情報提供。連絡。また、それを行う人。▷非合法の政治活動やスパイなどについていう。

レポーター【reporter】①報告者。②連絡係。③テレビなどで、取材をし、その内容を報告する人。▷リポーターとも。

レポート【report】①研究・調査の報告書。学術研究報告書。②新聞・雑誌・放送などで、現地からの状況などを報告すること。また、その報告。レポ。▷リポートとも。

レポジトリ【repository】保管しておくための容器や場所。貯蔵室。収納庫。

レボリューション【revolution】革命。

レミング【lemming】ネズミ科の哺乳類ノルウェー-レミングのこと。尾は短く、ずんぐりした体形で、耳が小さい。体は黄褐色で、頭部から肩にかけて黒っぽい。周期的に大発生し、大群で直線的に移動する。フィンランド・スカンディナビア半島に分布。タビネズミ。

レム【rem】(roentgen equivalent man)放射線の線量当量の旧単位。1レムはSI単位では0.01シーベルトにあたる。放射線防護関係にのみ使用される暫定的単位。記号 rem

レム【REM】⇨REM 睡眠

レモネード【lemonade】レモン

の果汁に砂糖シロップを入れ、冷水または湯で割った飲み物。レモン水。

レモン グラス【lemon grass】イネ科の多年草。茎・葉から精油をとって香料にするため、熱帯地方で広く栽培する。全体にレモンに似た香りがある。レモン草。

レモン ライス【lemon rice】ターメリック、マスタード-シードなどを混ぜて油でいため、レモンで風味をつけた飯料理。南インド料理の一。

レリーズ【release】三脚などにのせたカメラのシャッターを遠隔操作するために使う、細い曲折自由な管状の器具。ケーブル-レリーズ。リリース。

レリーフ【relief】浮き彫り。リリーフ。

レリック【relic】①遺物。遺品。②残存種。

レリッシュ【relish】野菜・果物・漬物などを刻んでつくる薬味。特に、ハンバーガー・ホット-ドッグ・タルタル-ソースなどに用いる刻んだピクルスのこと。▷薬味の意。

レンジ【range】①天火とこんろを備えた料理用かまど。②「電子レンジ」の略。③統計で、変動・影響などの範囲。分布幅。④機械などの、作動するべき範囲や条件。

レンジ アップ【和製 range ＋ up】新 電子レンジで食品を温めること。「—する」「—商品」

レンジ ファインダー【coupled range finder camera】レンズのピント合わせ機構に連動した距離計を内蔵し、光学的三角測量の原理を利用してピントを合わせるカメラの方式。

レンジャー【ranger】①特殊目標の攻撃・奇襲攻撃や後方攪乱(かくらん)などの特殊訓練を受けた部隊。②森林警備員。また、国立公園・公立公園などの管理人。▷レーンジャーとも。

レンズ【オランダ lens】①向かい合った二つの表面が、二つとも曲面、あるいは1つが曲面で他が平面になっている板状の透明体。また、それらを複数個組み合わせたもの。その形により、凸レンズ・凹レンズなどがあり、光線束を発散・収束させて実像・虚像を結ぶ。②目の水晶体のこと。③電子線や電磁波を屈折、収束・発散させるための電場と磁場とを配置した装置。

レンズ フレア【lens flare】⇨フレア②

レンタカー【rent-a-car】貸し自動車。

レンダラー【renderer】レンダリングを行うためのソフトウエアやハードウエア。レンダリング-エンジン。

レンダリング【rendering】①

(デザイン・建築関係で)建物や製品の完成した状態を写実的に表現すること。透視図。また、そのように表現された完成想像図・透視図。②(油脂などを溶かして)精製加工すること。煮沸処理をして肉骨粉を製造すること。

レンタル【rental】料金をとって、短期間貸すこと。賃貸。→リース

レンタル移籍 サッカーなどで、一定期間後に元のチームへ戻るという制限付きで選手を他チームに貸し出す制度。期限付き移籍。

レンタル オフィス【和製 rental+office】ビジネスに必要・有用な設備が整った貸し事務所。受付や電話対応、インターネット接続などが利用できる。

レンチ【wrench】ナット・ボルト・鉄管などをねじってまわすのに用いる工具。スパナ。

レン ちん 「レンジでちんする(=電子レンジデ加熱スル)」の略。ちん

レント【Lent】イエスの受難・十字架の死をしのんで修養(斎戒)する、復活祭の前の40日間(6主日を除く)。イエスが荒野で断食・修行した40日間(四旬)にちなんだもの。大斎節。四旬節。

レント【イタリア lento】音楽の速度標語の一。「ゆっくりと」の意。

レントゲン【ドイツ Röntgen】①X線またはγ線の照射線量の旧単位。記号R ②「レントゲン線」の略。電磁波のうち、波長が紫外線より短くγ線より長いもので0.001~10nm程度の範囲のもの。1895年にレントゲンが発見し、未知の放射線の意味でX線と命名。物質に対する透過力が強い。物質研究・材料試験・医療などに利用する。③「レントゲン写真」の略。X線を物体に照射して透過光を撮影した透過写真。人体内部の異物の発見、疾病の診断のほか、金属材料の内部構造の解明、結晶解析にも用いる。X線写真。

ロ

ロイシン【leucine】ヒトの必須(ひっす)アミノ酸の一。各種タンパク質中に含まれ、カゼインなどの酸加水分解物から得る白色結晶。弱い苦みがあり、水・アルコールに溶ける。

ロイズ【Lloyd's】ロンドンにある保険引受人の団体。世界の損害保険市場の中心となる。

ロイター【Reuters】イギリスの

通信社。ドイツ人ロイター(Paul Julius von Reuter [1816～1899])が1851年ロンドンに設立。2008年、トムソンの買収によりトムソン-ロイターとなる。

ロイヤリティー【loyalty】国家や主人に対する献身の心。忠誠。忠実。忠義。ローヤリティー。ロイヤルティー。

ロイヤリティー【royalty】特許権・商標権・著作権などの使用料。ローヤリティー。ロイヤルティー。

ロイヤリティー フリー【royalty free】ソフトウエアやコンテンツなどを使用する際、定められた条件を満たしていれば、何度でも追加料金なしにそれを使用できる許諾形態。写真・動画などの素材については基本利用料を払う場合が多い。

ロイヤル【royal】「王の」「王室の」の意。他の語と複合して用いる。ローヤル。

ロイヤル ミルク ティー【royal milk tea】濃くいれた紅茶に温めた牛乳をたっぷり注いだもの。また、熱い牛乳でいれた紅茶。

ロイン【loin】牛肉のうち、背側の肩からももにかけての部位のもの。サーロインとリブ-ロースを合わせた部分。

ロウリュ【フィンランド löyly】サウナで、焼けた石に水をかけて発生させる蒸気のこと。もともとはフィンランド式サウナの手法。ロウリュウ。

ロー【law】法律。規則。法則。

ロー【low】①自動車の変速機で、第1速度のこと。②他の語と複合して、低い、安いなどの意を表す。

ロー【rho; Ρ・ρ】ギリシャ語アルファベットの第17文字。

ロー【row】表形式のデータで、横の行のこと。→カラム

ローイング【rowing】新 ①ボートを漕ぐスポーツ競技。ボート競技。競漕(きょうそう)。②漕ぐ動作によるトレーニング。「―マシン(＝漕ぐ動作を行うトレーニング機器)」

アップデート 2023年(令和5)1月、日本ボート協会の名称が日本ローイング協会に変わりました。ボート競技を統括する国際団体がワールド・ローイングとの通称を用いていること、国際的な競技名もローイングであること、さらにはボート-レース(競艇)との混同を避けることが狙いとされてます。

ロー エンド【low-end】低価格であるさま。高性能・高品質であることを求めないこと。→ハイ-エンド

ローカライズ【localize】ある国の製品を他国で販売するために、その国の状況にあわせて機能の修正や付加を行うこと。アメリカで開発されたソフトウエアを日本語化する作業などをさす。ローカライゼーション。

ロ

ローカル【local】①ある地方・地域・場所に限定されていること。そこに特有であること。また、そのさま。「—紙」②範囲が限定的・局所的であるさま。ネットワークの範囲やプログラミング言語における変数の適用範囲などについていう。「—ネットワーク」③(ネットワークから独立した)環境が手元にあるさま。

ローカル5G(ファイブジー) 新 建物内・敷地内などの限定的範囲で、企業・自治体などが私設する5G(ファイブジー)ネットワーク。工場における機械の遠隔操作、防災のための河川監視など、さまざまな業務に用いる。免許取得や保守運用が必要。▷携帯キャリアが展開する一般の5Gネットワークのことはパブリック5G、企業・自治体などに提供する範囲限定型の5Gネットワークのことはプライベート5Gという。

ローカル パーティー【local party】地域政党。

ローカル ヒーロー【和製 local+hero】テレビ-ドラマではなく、地方や自治体などの地域のヒーローとして作られたキャラクター。各地元向けの設定で考案され、造形された着ぐるみをつけてヒーロー-ショーや各種催しなどで活動する。ご当地ヒーロー。

ローコード【LowCode】すでに存在する部品を図示的に組み合わせたり、一部だけソースコードを記述したりすることで、ウェブサービスやアプリケーションなどを開発できること。またそのサービス。→ノーコード

ロー コスト キャリア【low cost carrier】⇨LCC

ローコスト住宅 低価格住宅。特に、一定の水準を保ちながら、工事の効率化や、資材の一括大量仕入れなどにより、建築費用を低く抑えた住宅をさす場合が多い。ロー-コスト-ハウス。

ローション【lotion】化粧水・整髪料など液状の化粧品。

ロース 牛・豚などの、肩から背にかけての上等な肉。▷ローストの転。ローストに適する肉の意。

ローズ【rose】①薔薇(ばら)。②薔薇色。紫がかった赤、または淡紅色。

ロー スイーツ【和製 raw ＋ sweets】新 ロー-フードの手法でつくる生菓子。

ローズウッド【rosewood】マメ科の常緑小高木。唐木の一。インド南部原産。辺材は白色、心材は暗紫紅色で、質硬く、木目が美しいので、床柱や家具に用いる。朱檀(しゅだん)。紫檀(したん)。

ロー スクール【law school】アメリカで、法学の大学院。日本では、法科大学院をいう。法曹を養成する専門職大学院。

ロースタリー【roastery】新

コーヒーの焙煎(ばいせん)所。

ロースト【roast】肉などを焼いたり、蒸し焼きにしたりすること。また、その肉。

ローズ ヒップ【rose hip】野バラ(ドック-ローズ)の実。ビタミンCやリコピンなどに富み、ジャムやハーブ-ティーなど食用やアロマ-オイルに用いられる。▷ヒップはバラの実の意。

ローズマリー【rosemary】シソ科の常緑低木。地中海沿岸地方原産。葉は線形。春から夏、葉腋に鮮青色の唇形花をつける。全体に芳香があって香料・薬用とし、花は蜜源となる。

ローター【rotor】①機械部品で、回転するものの総称。②誘導電動機の回転子。③ヘリコプターの回転翼。

ロータス【lotus】①ギリシャ神話の英雄伝説で、万事を忘れさせる甘い果実。これをたしなむ人々の国に上陸した部下たちが、帰国を忘れてこれを食べるのを欲したため、オデュッセウスは泣き叫ぶ彼らを無理に船に連れ戻したという。ロートス。②蓮(はす)。

ロータリー【rotary】①市街の交差点の中央に設けられた、交通整理のための円形地帯。②ロータリー-クラブの略。③他の名詞の上に付いて、「回る」「回転する」「輪状の」などの意を表す。

ロータリー エンジン【rotary engine】往復運動をするピストンを用いず、回転子(ローター)を用いて直接回転運動を得るエンジン。回転式発動機。RE。

ロータリー クラブ【Rotary Club】国際親善と社会奉仕を目的とする、実業人・専門職業人の国際的な社交団体。1905年アメリカに始まる。▷会合を各会員の事業所が輪番で開いたことからの名。

ローディング【loading】①フィルムをカメラの巻き枠に装填(そうてん)すること。②コンピューターで、外部記憶装置からデータをメモリーに読み込むこと。

ローテーション【rotation】①輪番。持ち回り。②(ア)野球で、投手を登板させる順序。(イ)6人制バレーボールで、サーブ権を得たチームが、選手の守備位置を時計回りに順次一つずつ変えること。

ロー データ【raw data】生データ。

ローテク【low-tech】単純で初歩的な技術。▷ロー-テクノロジーの略。

ロード【load】①荷重(かじゅう)。②コンピューターで、補助記憶装置にあるプログラムやデータなどを主記憶装置に移すこと。→セーブ

ロード【Lord】①(キリスト教の)神、またキリスト。主。②イギリスの貴族の称号。卿(きょう)。

ロード【road】道。道路。多く、他の外来語と複合して用いる。

ロードキル【roadkill】新【road kill】野生動物の交通事故死。▷英語では主にその死体を指す。

ロードサイド【roadside】道路沿い。▷自動車交通量が多い、幹線道路沿いの商圏をさすことが多い。

ロード ショー【road show】一般公開に先立って特定の劇場で行う映画の封切り上映。▷もと新作演劇の一部分を宣伝のために街路などで演じたことから生まれた語。

ロードスター【roadster】自動車の型式の一。ツー-ドアで、2人乗り、まれに3人乗りで、折りたたみ式の幌(ほろ)を備えるもの。

ロード バランサー【load balancer】 コンピューター-ネットワークで、クライアントからの要求を複数のサーバーに割り振る装置。負荷を分散するために用いる。

ロード マップ【road map】①ドライバー用に、自動車道路の情報を詳しく記した地図。ドライブ-マップ。②物事が展開していく過程を示した計画案。

ロード ムービー【road movie】主人公が作中で旅や放浪をしながら、さまざまな出来事に遭遇したり変化していくさまを描いた映画。

ロートル【老頭児】年寄り。老人。ロウトル。▷中国語。

ロード レイジ【road rage】新 自動車の運転手が、渋滞・追い越し・割り込み・クラクションなどのため激昂すること。またその腹いせに、煽(あお)り運転や暴力などによる仕返しを行うこと。

ロード レース【road race】一般道路で行う競走。自動車・自転車などのレースやマラソン・競歩・駅伝など。

ロード ワーク【roadwork】スポーツのトレーニングで、道路や野原を走り込むこと。

ロー ビーム【low beam】自動車のヘッドライトが投射できる光のうち、斜め下方向に発する光のこと。→ハイ-ビーム

ロー ビジョン【low vision】レンズで矯正しても十分な視力が得られない低視力や、視野に見えない部分が生じる視野欠損など、視覚による日常生活が不自由になるさまざまな視覚障害のこと。医学的に機能の回復が困難で、外傷や眼科的疾患により生じる。教育や福祉の分野では弱視とよばれる。

ローブ【robe】①上下一続きの、長くてゆったりとした衣服。②女性のワンピース式の衣服。

ロープ【rope】綱。縄。麻・針金などを太くより合わせた綱。

ローファー【Loafer】紐(ひも)の代

ロ

わりにベルトの付いた、スリッポン式の革靴。商標名。▷「のらくら者」の意。

ロー ファンタジー【low fantasy】新 ファンタジー作品のうち、現実世界を舞台としながら非現実的な要素を加えたもの。→ハイファンタジー

ロー フード【raw food】有機栽培野菜・果物を中心に生のままや低温加熱したものしか食さないこと。また、そのような食材。

ローマ クラブ (Club of Rome)地球の有限性という共通の問題意識をもった、世界各国の知識人で構成される民間団体。1968年ローマで初会合を開き、以後「成長の限界」(1972年)などの提言を含んだ報告書を発表している。

ローマナイズ【romanize】文字をもたない民族の言語やローマ字以外の文字で書かれる言語をローマ字で書き表すこと。ローマ字化。

ローミング【roaming】①携帯電話など移動体通信で、契約している事業者のサービス区域外でも、他の事業者のサービスを受けられること。また、そのサービス。②インターネットなどで、プロバイダーが国際間で提携し、互いの利用者に海外でもアクセス-ポイントを利用できるようにすること。また、そのサービス。▷歩き回る、巡回する意。

ローム【loam】①砂・シルト・粘土が適度に混ざった、粘りすぎず、また粗すぎない土壌。壌土。②関東ローム層など、赤土と俗称される風化した火山灰層。

ローヤリティー【loyalty】⇨ロイヤリティー

ローヤリティー【royalty】⇨ロイヤリティー

ローラー【roller】①円筒形の回転物。ルーラー。ロール。②地ならしに使う機械・道具。ロード-ローラー。③ころ。

ローラー スポーツ【roller sports】ローラースケート、インラインスケート、スケートボードなど、ローラーの付いた道具を用いて行うスポーツの総称。インラインホッケーなどの競技がある。

ローライズ パンツ【low-rise pants】股上(またがみ)が浅いパンツ。腰骨でとめてはくタイプが多い。ヒップ-ハンガーとも。

ローリエ【フランス laurier】クスノキ科の常緑小高木、月桂樹(げっけいじゅ)の葉を乾燥させた香辛料。煮込み料理に用いる。ローレル。ベイ-リーフ。

ローリング【rolling】①船などが進行方向に対して横に揺れること。横揺れ。②回転すること。③波がうねること。

ローリング ストック【和製 rolling＋stock】非常食を備蓄

する方法の一。常に一定量蓄えた、水・保存食などを日常生活の中で古いものから順次消費し、消費した分だけ補充し、非常食の鮮度を保つ。ローリング-ストック法。

ロール【roll】①巻くこと。また、巻いたもの。②ローラー①に同じ。③板金・鋼板などを曲げる機械。ロール機。④長巻きのままのフィルム。

ロール アウト【roll-out】新 ①本格的・全面的な展開を始めること。新製品の初公開、新サービスの運用開始など。②コンピューターで、主記憶装置のメモリー領域が足りないとき、当面使用しないデータやプログラムを外部記憶装置に移すこと。スワップアウト。

ロールアップ【roll-up】①(カーテン・ブラインドなど)巻き上げ式のもの。②ファッションで、袖や裾を巻き上げること。また、そのスタイル。

ロールオーバー【rollover】①転倒。転覆事故。②(債務の)借り換え。更改。③越年。④走り高跳びの跳び方の一。からだを横に倒して、バーの上を回転させながら越える跳び方。

ロール サンド【和製 roll + sandwich】耳を切り落とした食パンに具材をのせ、円筒状に巻いて作るサンドイッチ。

ロール スクリーン【roller screen】棒に布地を巻きつけて収納することによって昇降する日除け。ロール-カーテン。ロール-ブラインド。

ロールバック【rollback】巻き戻すこと。巻き返すこと。

ロール プレーイング ゲーム【role-playing game】ゲームの一種。プレーヤーがゲームの世界の中で、ある人物の役割を演じ、さまざまな経験を通して成長していく過程を楽しみながら、目的を達成していくもの。RPG。

ローレライ【Lorelei】①ライン川の岩の上から美貌(びぼう)と美声で舟人を誘惑し、舟もろとも沈めるという伝説中の妖女(ようじょ)。②ドイツのジルヒャー(F. Silcher [1789～1860])作曲の歌曲。①の伝説に基づくハイネの詩に1837年作曲。

ローレル【laurel】⇨ローリエ

ローン【lawn】芝生。

ローン【lawn】薄地の軽い綿・麻織物。しなやかで張りがあり、やや透ける。夏物衣料・ハンカチ・カーテンなどとする。▷フランスの原産地ラン(Laon)に由来する称。

ローン【loan】貸した側からは貸付金。借りた側からは借金。

ローンチ【launch】新しい商品やサービスを始めること。ラウンチ。ロンチ。▷進水・発射などの

ロ

意。

ローン ワード【loan word】借用語。外来語。

ロガー【logger】新 データを自動的に記録する装置やソフトウエア。

ロカール【locale】 ⇨ロケール

ロカビリー【rockabilly】ロックン-ロールの草創期のスタイル。アメリカの山岳地帯などの民謡調歌曲ヒルビリーの影響を受けたもので、1950 年代後半プレスリーらにより世界的に流行。

ログ 数学で、ロガリズム(対数)の略。記号 log の読み方。

ログ【log】①丸太。丸木。②船の速力や航走距離を測る計器。測程器。③航海日誌。航空日誌。▷ logbook の略。④コンピューターの利用状況や通信の記録。

ログ アウト【log out】利用ユーザー制限のあるコンピューター-システムで、作業を終了してシステム外に出る手続き。ログ-オフ。

ログ イン【log in】利用ユーザー制限のあるコンピューター-システムで、ユーザー認証をしてシステム内に入る手続き。ログ-オン。案 接続開始

ログ ハウス【和製 log＋house】丸太を組んで造った家屋。ログ-キャビン。

ロケ ロケーションの略。

ロゲイニング【rogaining】山野に多数設置されたコントロール(各々異なる得点が付いた目印)を、地図と磁石を用いて順不同で発見し、制限時間内での得点を競うスポーツ。普通二人以上のグループで行う。1976 年にオーストラリアで創始。ロゲイン。▷創始者 3 名の名前(Rod・Gail・Neil)に由来する。

ロケーション【location】①位置。場所。②映画などで、撮影所の外で行う撮影。野外撮影。ロケ。

ロケーション フォト【和製 location＋photo】野外など、スタジオ以外の場所で撮影する婚礼写真。また、その写真を撮影するサービス。

ロケール【locale】ソフトウエアにおいて、言語・国などにより異なる一連の設定。表示言語、日時・通貨の表記法などの設定の集まりをさす。ロケール設定を変更すると、これら一連の設定を一度に変更できる。ロカール。▷現場・場面などの意。

ロケット【locket】装身具の一。写真などを入れる小さなケース。普通、鎖やリボンを通して胸元に下げる。

ロケット【rocket】機体内の火薬・液体燃料などの爆発によって生ずるガスを噴射して、その反動力で物体を推進させる装置。また、その力を利用した飛行物体。

ロ

ロケット スタート【和製 rocket + start】開始直後から全力を出すこと。また開始直後から勢いが良いこと。

ロケ ハン　【和製 location＋hunting】撮影に適当な場所を探すこと。

ロケ弁　映画やテレビ番組などのロケーション(野外撮影)の際に、用意される弁当のこと。

ロコ【loco; local】ハワイ生まれの人。ハワイの地元の人。▷ハワイ語と英語の混成語(ピジン)から。

ロゴ【logo】⇨ロゴタイプ

ロゴ【LOGO】コンピューターのプログラム言語の一。子どもの教育用に開発されたもので、記号処理や画像表現が容易に行える。

ロココ【フランスrococo】18世紀にフランスを中心に広まった装飾様式。唐草・貝殻模様などの曲線を主にした軽快・繊細・優美な装飾性が特徴。バロックと新古典主義の中間に位置する。

ロゴス【ギリシャlogos】①言葉。意味。論理。②言葉を通して表された理性的活動。言語・思想・理論など。③宇宙万物の変化流転する間に存在する調和・秩序の根本原理としての理法。

ロゴタイプ【logotype】①二つ以上の活字を組み合わせて1つの活字としたもの。ロゴ。②社名やブランド名の文字を個性的かつ印象をもたれるように、デザインしたもの。ロゴ。

ロゴ マーク　【和製 logo＋mark】企業やブランドのイメージを印象づけるように、ロゴタイプやマークを組み合わせて図案化したもの。

ロコモ　⇨ロコモティブ-シンドローム

ロコ モコ【loco moco】ハワイ料理の一。ご飯の上にハンバーグと目玉焼きをのせて、グレービーソースをかけたもの。▷ハワイ語と英語の混成語(ピジン)による表現。

ロコモティブ シンドローム【和製 locomotive＋syndrome】加齢に伴う筋肉や骨・関節、神経などの運動器障害が原因で、要介護となる危険性の高い状態。日本整形外科学会が2007年(平成19)に提唱。略してロコモとも。運動器症候群。▷ロコモティブは移動能力を有するの意。

ロザリアン【rosarian】バラの栽培家。

ロザリオ【ポルトガルrosario】①キリストの生涯を黙想する祈りの方法の一。ロザリオの祈り。②①で用いる数珠(じゅず)様のもの。普通、大珠6・小珠53をつらね、端に小さな十字架を付す。コンタツ。ロザリヨ。

ロシアン ティー　【和製 Russian＋tea】ジャム・ウオツカなどをいれた紅茶。ロシア紅茶。

ロシアン ルーレット【Russian roulette】リボルバー式の拳銃に一発だけ弾を込め、弾倉を回転させて弾の位置を分からなくしたのち、交互に自分に向けて引き金を引く、死を賭した遊び。

ロジカル【logical】理論にかなっているさま。論理的。

ロジカル シンキング【logical thinking】論理的思考。

ロジスティックス【logistics】①戦場の後方で行う物資の補給や調達。また、そのための機関。兵站(へいたん)。②原材料の調達から生産・在庫・販売に至る物の流通。また、その流れを合理的に組み立て統制する管理活動。▷ロジスティクスとも。

ロジック【logic】①論理。議論のすじみち。②論理学。

ロジハラ 新 ロジカル-ハラスメントの略。感情に配慮せず、正論ばかりを投げかけて相手を不快にさせること。

ロス【loss】①損失。減損。むだ。②他の語のあとに付いて、それを失った時の喪失感を表す。「ペット-—」

ロス カット【loss cut】相場で損を覚悟で見切り売りすること。損切り。

ロスジェネ ロスト-ジェネレーションの略。

ロス タイム ①むだに使った時間。②サッカー・ラグビー・ホッケーなどで、負傷選手の処置などで費やされた時間。競技時間には算入しない。インジュリー-タイム。▷loss of time から。→アディショナル-タイム

ロスト【lost】失った状態にあること。失われた。なくした。

ロスト ジェネレーション【Lost Generation】①失(うしな)われた世代(せだい)。第一次大戦後、戦争の残酷さの実感から虚無と絶望に陥った、アメリカの青年文学者たち。ヘミングウェー・フィッツジェラルドなど。▷ガートルード=スタインの命名による称。②氷河期世代。バブル経済崩壊後の不況期(企業が新卒の採用を抑制した時期)に、就職活動を経験した世代。およそ1970年代生まれの人をさす。就職氷河期世代。ロス-ジェネ。

ロスト バゲージ【lost baggage】航空機を利用する際、搭乗前に預けた荷物を目的地で受け取れない状況。積み忘れ・乗り継ぎ時のミス・他の搭乗者の取り違えなどにより起こる。

ロストル【オランダ rooster】通風をよくし火がよく燃えるように、炉やストーブの下部に設けた鉄の格子。火格子。

ロスレス【lossless】劣化や損失

などがないこと。特にデータの可逆圧縮。多く音楽データ(圧縮に起因する音質の劣化がない)についていう。「—オーディオ」「—配信」

ロゼ【フランスrosé】薄赤色のワイン。濃色種のブドウをつぶして発酵させ、程よい色になったところで果皮を取り除いて発酵を続けたもの。ロゼ-ワイン。バン-ロゼ。▷薔薇(ばら)色の意。

ロゼッタ ストーン【Rosetta stone】エジプト文字解読の鍵(かぎ)となった石碑。プトレマイオス5世の頌徳(しょうとく)碑。紀元前196年起草。古代エジプト文字2種(ヒエログリフとその俗字であるデモティック)とギリシャ文字で同一内容を記している。1799年ナポレオンのエジプト遠征時にナイル川河口のロゼッタで発見された。1822年シャンポリオンがヒエログリフを解読。大英博物館蔵。ロゼッタ石。

ロゼット【rosette】①短い茎から葉が重なり合って出て、地に接し円座形になったもの。多年草・越年草の越冬の一型。タンポポの葉など。②バラの花をモチーフにした小円盤状の文様。薔薇(ばら)形装飾。また、そのように結んだリボン。③②の文様をもつ装飾器具。シャンデリアのつり元などに用いられる。

ロタウイルス【rotavirus】球状のRNAウイルス。冬季に流行する胃腸炎の原因となる。

ロッカー【locker】各人の衣服・持ち物などをしまう戸棚。

ロッカー【rocker】(特にハード-ロックやロックン-ロールの)ミュージシャン。また、そのファン。

ロック【lock】①錠(じょう)。②鍵(かぎ)をかけて開かないようにすること。錠をおろすこと。③停止したまま動かなくなること。また、動かなくすること。

ロック【rock】①岩。岩石。②ロックン-ロールに同じ。③電気楽器を使いビートを強調した音楽。1960年代にロックン-ロールから派生し、エレキ-ギター・エレキ-ベース・ドラムスを中心とする小編成のバンドにより演奏されることが多い。④氷の塊の上にウイスキーなどの酒を注いだ飲み物。オン-ザ-ロック。

ロックアウト【lockout】労働争議に際し、使用者側が労働者の争議行為に対抗するため、作業所などを一時閉鎖して労働者の就労を拒否すること。工場閉鎖。作業所閉鎖。

ロックアップ【lockup】大株主などが協定を結んで持ち株を売らないようにすること。▷固定された資本の意。

ロック イン【lock-in】変更ができなくなること。一度、特定のサービスや商品を利用し始めたユーザーが途中から他のものに変更しずらくなることをいう。固定化。束縛。

ロック オン【lock-on】レーダー波を照射して、目標物を捕捉すること。レーダー照射。

ロックスミス【locksmith】錠前工。

ロック ダウン【lock down】新 緊急時の安全確保のため、人の移動を強制的に制限すること。感染症対策として行う都市封鎖など。▷囚人の独房への閉じ込めの意。

ロックン ロール【rock 'n' roll】1950年代にアメリカから世界中に流行したポピュラー音楽。黒人のリズム-アンド-ブルースをもとに白人のカントリー-ミュージックの要素を加味したもの。ロック。

ロッジ【lodge】山小屋。また、山小屋風の旅館。

ロット【lot】①生産の単位としての、同一種類の製品のまとまり。②土地の一区画。

ロッド【rod】①棒。また、棒状の道具や部品。②釣りざお。③(rods)タロットのスート(マーク)のうち棒のこと。トランプのクラブに相当する。バトン。ワンド。

ロデオ【rodeo】カウボーイの競技会。暴れ馬を鞍(くら)なしで乗りこなしたり、投げ縄で牛を捕らえたりする技を競う。

ロナ【ronna】新 単位に冠して、10の27乗の意を表す語。記号R ▷国際度量衡委員会の単位諮問委員会が、2022年に国際単位系(SI)の接頭語として追加した。

ロハ ただ。無料。▷「只(ただ)」の字を片仮名の2字(ロハ)に分けた語。

ロハス【LOHAS】⇨LOHAS

ロバスト【robust】①頑健なさま。がっしりしたさま。②コンピューターのプログラムが、起こったエラーに自動的に対処して処理を続行すること。

ロビー【lobby】①ホテルや劇場などで玄関を入ったところにある広間。応接室・休憩室・通路などを兼ねる。②議員が院外者と面会するための、議院内の控え室。

ロビー活動 特定の利益をはかるために議員・官僚・政党などにはたらきかけ、政治的決定に影響を及ぼそうとする院外活動。特にアメリカにおけるものをいい、議員への陳情だけでなく、世論の形成・動員までも含める。ロビイング。

ロビイスト【lobbyist】ロビー活動の専門家。アメリカでは登録が義務づけられている。

ロビン【robin】スズメ目ツグミ科の小鳥。日本のコマドリと同属で形・色ともよく似る。背面は褐色、顔と胸は赤く、腹は白い。森林にすむ。

ロヒンギャ【Rohingya】新 ミャンマー西部のイスラム系住民。英領インドの時代、労働力として現在のバングラデシュから移住したとされる。ミャンマー政府は市民権を認めておらず、海上漂流を含む難民流出が国際問題化している。

ロブスター【lobster】①海産のエビ。ザリガニ類に近く、3種が知られる。大きなはさみをもつ。頭胸部は固い殻におおわれ、腹部の筋肉が発達し、尾は扇状。食用。オマール海老。②(料理店などで)①とイセエビ類を含めた呼称。

ロフト【loft】①屋根裏部屋。倉庫などの上階。アトリエ・スタジオなどに利用される。②ゴルフで、クラブの打球面の傾斜角度。また、球を高く打ち上げること。

ロボ アドバイザー【robo-advisor】新 資産運用の方法について、コンピューターが自動的に助言を行うサービス。証券会社などが提供するもの。助言に基づいた、自動的な運用まで行うサービスもある。ロボアド。

ロボット【robot】▷チェコスロバキアの作家チャペックが戯曲「人造人間」(R・U・R)中で用いた造語。①機械でできた人造人間。②人間の仕事を代替し、複雑な動作や作業をコンピューター操作により自動的に行う装置。③他人の指示のままに動く人。傀儡(かいらい)。④自律的または半自動的に動作するソフトウエア。ボット。ソフトウエア-ロボット。

ロボット アーム【robot arm】⇨マニピュレーター

ロボット カー【robot car】運転者による操作なしに、目的地まで自動的に走行するような自動車。▷self-driving car, driverless car とも。

ロボット コンテスト【和製 robot+contest】製作したロボットどうしを競わせる大会。大会ごとに課題やルールが設定され、参加チームは製作したロボットを操作して課題克服に要する時間や勝敗などを競う。ロボコン。

ロボット スーツ【robot suit】⇨パワード-スーツ ▷商標名。

ロボトミー【lobotomy】前頭葉白質を切り離して神経経路を切断する手術。統合失調症などの治療のために試みられたが、現在は行われない。

ロマ【Roma】ヨーロッパを主に、各地に散在している少数民族。原住地はインド北西部とされる。数家族から十数家族で移動生活を送ってきたが、現在ではその多くが定住。ロマーニー語を話し、音楽をはじめ、独自の文化をもつ。ナチスによる絶滅政策など各地で厳しい迫害を受けてきた。

ロ

▷自称で、人間の意。ジプシーとよばれてきた。

ロマネスク【romanesque】①(Romanesque)11世紀から12世紀にかけてヨーロッパに広まったキリスト教美術様式。ゲルマン民族や古代ローマ、古代オリエントの要素を含み、ゴシックに先行するもの。重厚な石造り建築や、絵画のミニアチュールに特色がある。②伝奇小説のようであるさま。空想的な。

ロマネスコ【romanesco】カリフラワーの一種。上部のつぼみ(花蕾)が黄緑色の円錐(えんすい)状をしており、ブロッコリーに似た風味をもつ。

ロマン【フランス roman】①ロマンス①に同じ。②小説のように変化に富み、かつ甘美な筋をもった出来事。恋愛事件などにいうことが多い。ロマンス。③小説のように変化に富んだ大冒険や一大事業。▷ローマンとも。

ロマン主義　(romanticism)18世紀末から19世紀の初めにかけてのヨーロッパで、芸術・哲学・政治などの諸領域に展開された精神的傾向。近代個人主義を根本におき、秩序と論理に反逆する自我尊重、感性の解放の欲求を主情的に表現する。日本では北村透谷・島崎藤村らに始まり、雑誌「明星」によった歌人らに代表される。ロマンチシズム。ロマンチスム。

ロマンス【romance】①伝奇的空想的な要素をもつ物語。ロマン。②恋物語。恋愛事件。③放浪楽人の歌った抒情的な歌曲。④形式の自由な甘美な小楽曲。⑤18世紀前半からフランスで流行した、感傷的で単純な形式からなる有節歌曲。19世紀前半に芸術歌曲(メロディー)が現れると衰退。

ロマンス グレー　【和製 romance＋grey】中年男性の白髪まじりの頭髪。また、そのような髪をした、女性にとって魅力のある中年男性。

ロマンス詐欺 新 外国人を装い、恋愛感情を抱かせて金の相談を持ちかけて、だましとる詐欺の手法。国際ロマンス詐欺。

ロマンス シート　【和製 romance＋seat】劇場・乗り物などで、二人掛けの座席。

ロマンチシスト【romanticist】①ロマンチシズムを主張する人々。浪漫主義者。②空想家。夢想家。

ロマンチシズム　【romanticism】⇨ロマン主義

ロマンチスト　ロマンチシストの転。

ロマンチック【romantic】現実離れしていて甘美なさま。空想的で波乱に満ちたさま。情熱と理想にあふれているさま。ローマン的。

ロ

ロム ⇨ROM

ロラン【loran】(long range navigation)航法援助装置の一。また、それを用いた航法。二つの無線局からの電波を受信し、その到達時間の差を測定して現在位置を算出する。

ロリータ【Lolita】①小説。ナボコフ作。1955年刊。中年詩人の異常な少女愛を描く。②転じて、少女。また、あどけない感じのする女の子。

ロリコン ロリータ-コンプレックス(性愛の対象を少女にのみ求める心理)の略。またその人。▷ロリータは、米国のナボコフ(V. Nabokov)の同名小説に登場する性的に早熟な主人公の名。

ロリショタ ①ロリコン(少女性愛)とショタコン(少年性愛)の総称。②アニメ・マンガ・ゲームなどに登場する、少女のような容姿をもつ少年。または、そのような少年に対する嗜好(しこう)。▷ロリコンとショタコンの合成。→ロリコン・ショタコン

ロリポップ【lollipop】棒付きキャンデー。

ロリロリ 俗に、少女らしいさま。女性の容姿やファッションなどについて、幼く可愛らしい様子をいう。→ロリータ

ロン 麻雀で、他の人の捨てた牌(パイ)で上がること。また、そのときの宣言。▷中国語「栄和(ロンホー)」の略。

ロング【long】①長いこと。多く他の外来語に付いて長いという意を表す。→ショート ②被写体の全体が入るように、遠くから撮影すること。ロング-ショット。③ゴルフで、ボールを遠くに飛ばすこと。ロング-ショット。

ロング コビッド【long COVID】新 コロナウイルス感染症COVID-19を罹患した人の一部に長期間みられる後遺症。嗅覚・味覚の異常、倦怠感などの様々な症状がある。ロング COVID。新型コロナ後遺症。▷世界保健機関(WHO)は「COVID-19の発症から3か月以内に、少なくとも2か月間持続し、他の疾患として説明できない症状を持つ場合」と定義する。

ロング ターム【long term】長期間。

ロング テール【long tail】小売業などで、主力商品の総売り上げより、ニッチ商品の総売り上げの方が多い状態。ロング-テイル。▷長い尾の意。売上高(または販売数)を縦軸、販売品目(売上順)を横軸にした棒グラフで、右側に「長い尾」が現れることからいわれる。

ロングトレール【long trail】新 山道などで構成された長距離歩行用のコースを歩く旅。またそのコースを歩く旅。

ロング ラン【long-run】演劇・映画などの長期間興行。

ロンダリング【laundering】⇨マネー-ロンダリング

ロンド【イタリアrondo】音楽形式の一。ABACABAのように反復主題部(A)と挿入部(B・C)の交替からなる。古典派ではソナタ・交響曲などの終楽章に、ロマン派ではピアノ小曲に好んで用いられた。回旋曲。

ロント【ronto】新 単位に冠して、10のマイナス27乗の意を表す語。記号r ▷国際度量衡委員会の単位諮問委員会が、2022年に国際単位系(SI)の接頭語として追加した。

ロンパース【rompers】上衣とブルマーを一続きにした子ども服。

ロンパリ 斜視を嘲っていう語。▷一方の目でロンドンを見、他方の目でパリを見ている意。

ロンリー【lonely】孤独であるさま。寂しいさま。

ロンリネス【loneliness】孤独。孤独感。

ワ・ヲ

ワーカー【worker】①労働者。②ソーシャル-ワーカーの略。

ワーカホリック【workaholic】仕事中毒。▷ワーク(work 仕事)とアルコホリック(alcoholic アルコール中毒)から。

ワーキング グループ【working group】特定の任務や作業のために設けられる集団。作業部会。[案]作業部会

ワーキング プア【working poor】働く貧困層。公的扶助を受けず就業しているが、資産や所得が低いなどの理由から、最低水準の生活から抜け出せずにいる人々。

ワーキング ホリデー【Working Holiday】青少年が海外旅行中、訪問国で労働することを認める制度。1980年(昭和55)日本とオーストラリアとの間で始まり、のち、実施国を増やしてきている。

ワーキング マザー【working mother】働きながら子供を育てる母親。ワーママ。

ワーキング ママ【working mama】⇨ワーキング-マザー

ワーク【work】①仕事。労働。研究。他の外来語と複合して用いる。②ワークブックの略。児童・生徒の補助教材や自習のためにつくられた練習帳。学習帳。③機能すること。うまくいくこと。④体や物をうまく動かすこと。「ロープ―」

ワークアウト【workout】①トレーニング。練習。②検査。点検。③現場の従業員など全員が参加して、生産性向上や職場改善などの提案をしあうこと。

ワーク キャップ【work cap】前面に庇(ひさし)のついた帽子で、頭を覆う部分が半球ではなく円柱状になっているもの。作業帽。▷元は鉄道員や炭坑労働者が着用した。

ワークシート【worksheet】コンピューターの表計算ソフトの作業画面。碁盤の目状に行と列で区切られ、セルとよばれる枡目(ますめ)からなっている。▷集計紙の意。

ワーク シェアリング【work sharing】一人当たりの労働時間を減らすことにより、仕事を多くの人で分かち合うこと。失業者の増加を防ぎ、雇用の水準を維持するために行われる。▷新聞・雑誌の見出しなどでは、略してワークシェアとも。[案]仕事の分かち合い

ワ

ワークショップ【workshop】①仕事場。作業場。②研究集会。講習会。③舞台芸術などで、組織の枠を超えた参加者による講習や実験的な舞台づくり。㊫研究集会

ワーク スーツ【和製 work ＋ suit】㊪ 作業服として兼用できるスーツ。伸縮性がある、水洗いできる、しわができにくいなどの特徴がある。▷英語の work suit は作業服の意。

ワークステーション【workstation】高解像度のグラフィック機能と通信機能をもつミニコンあるいはパソコン。

ワーク スペース【work space】①作業空間。②コンピューターが処理中に一時的にデータを保存するメモリー内の領域。③学校の教室に設けられ、多目的に活用される学習スペース。

ワーク プレース【workplace】仕事場。職場。

ワークフロー【workflow】オフィスの業務に関連する情報の流れをコンピューターで管理すること。部門間の連携ミスを防いだり、作業効率の向上などをめざして行われるもの。リエンジニアリングの一環として導入される。▷作業の流れの意。→リエンジニアリング

ワークマンシップ【workmanship】(職人の)技術。またその技術でできた作品。

ワーク ライフ バランス【work-life balance】仕事と生活を両立させること。特に、それを実現するための企業の施策。勤務形態・休暇制度の多様化、育児・介護の支援、キャリア形成の支援、カウンセリング、退職者の支援などを行う。WLB。

ワーク ルール【work rules】働く、働かせるうえで把握すべき法律や慣習などの総称。

ワーケーション【workation】㊪ リゾート地などに滞在しつつ、現地でテレ-ワークにあたること。また企業が従業員に対して、そのような勤務を認める制度。▷ワーク(仕事)とバケーション(長期休暇)の合成語。

ワースト【worst】一番ひどいこと。もっとも悪いこと。最低。

ワーディング【wording】言葉遣い。語法。▷アンケート調査の設問や広告のコピーにおける言葉遣いをさすことが多い。

ワード【word】①単語。語。ことば。多く他の外来語と複合して用いられる。②英文タイプでの単位。5 文字を 1 ワードとする。③コンピューターの内部で一度に処理される情報量の単位。1 ワードを構成するビット数でその大きさを表す。1 ワードが 8・16・32・64 ビットなどコンピューターによって異なる。語。

ワード プロセッサー 【word processor】 マイクロ-プロセッサーを用いて文章の入力・記憶・編集・印字の処理を行う装置。また、そのような処理を行うソフトウエア。ワープロ。

ワードローブ 【wardrobe】 洋服だんす。また、個人の衣装全体。

ワーニング 【warning】新 警告。注意。 ▷ウオーニング、ウォーニングとも。

ワープ 【warp】 瞬間的に移動すること。SF に登場する方法で、三次元空間を四次元的に折り曲げて、出発点と目的地をくっつけ一瞬で目的地に行くというもの。

ワープロ ワード-プロセッサーの略。

ワーム 【worm】 ①ミミズなどの虫。②コンピューターで、自分自身を複製して増殖するプログラム。ネットワークを通じて他のコンピューターに出現することもある。感染対象のプログラムを必要としない。▷ネット上で繁殖して動き回るようすからいう。→コンピューター-ウイルス ③ルアーの一。ミミズなどに似せた形の軟質プラスチックを付けた釣り針。ブラック-バス釣りなどに用いる。

ワールド 【world】 世界。

ワールド アスレチックス 【World Athletics】新 陸上競技の国際統括組織。1912 年に国際陸上競技連盟(IAAF)として創立。2019 年より現名称。本部はモナコ。WA。世界陸連。

ワールド カップ 【World Cup】 各種スポーツ競技の国際選手権大会。また、その優勝杯。W 杯とも。サッカー・バレーボール・スキーなどが有名。

ワールド カフェ 【world café】 カフェのような寛いだ雰囲気で、比較的少人数が自由に対話を行うワークショップの形式。1995 年に米国で誕生。

ワールド トレード センター 【World Trade Center】 ニューヨーク市マンハッタン南端部にあった一対の超高層建築。1974 年竣工。110 階。2001 年 9 月 11 日、テロ事件により崩壊した。世界貿易センター。WTC。

ワールド ベースボール クラシック 【World Baseball Classic】新 アメリカの大リーグ機構(MLB)とその選手会が主催する、野球の国別対抗戦。2006 年創始。WBC。

ワールド マラソン メジャーズ 【World Marathon Majors】 世界の主要マラソン大会で収めた順位を得点化し、それらを加算して成績を競うシリーズ。東京(2013 年に加入)、ボストン、ロンドン、ベルリン、シカゴ、ニューヨークの各マラソン大会が共催するもの。前述の 6 レースに加え、オリンピック、世界陸上競技選手権のマラソン競技も対象レースとなる。2 年間の成績のうち、順位の高い 4 試合分が加算対象となる。06 ～ 07 年シリーズから毎年実施。WMM。▷実施期間は互いに重なり合う。06 ～ 07 年シリーズの次は 07 ～ 08 年シリーズ。

ワールド ミュージック【world music】欧米から見た異文化圏、主にアフリカ・東洋・中南米の民族音楽と欧米のロックなどが融合したポピュラー-ミュージック。1980 年代以降プロモーターたちによって多くのグループが登場した。

ワールド ラグビー【World Rugby】新 ラグビーの国際競技団体。1886 年発足。2014 年より現名称。本部ダブリン。WR。

ワールドワイド【worldwide】世界的な広がりをもつさま。

ワールド ワイド ウェブ【World Wide Web】ネットワーク上の複数の独立した情報を変更することなく統合し、ハイパーテキストとして提供するシステム。CERN (セルン)で開発された。ダブリュー-スリー。ウエッブ。WWW。→ハイパーテキスト

ワイアード【wired】情報交換にコンピューターや情報工学の技術、特にインターネットを利用すること。

ワイシャツ 前開きで、台襟・カフス・前立てのついたシャツ。多く男性が背広などの下に着る。▷ホワイト-シャツの転。「Y シャツ」とも書く。

ワイズ【wise】賢い。分別のある。

ワイド【wide】①幅の広いこと。大型であること。また、そのさま。②ワイド-レンズの略。標準レンズより広い視野が写せるレンズ。写角が約 60 度より広いもの。広角レンズ。

ワイド エフエム【和製 wide ＋ FM】新 民放 AM ラジオ局による、FM 補完放送の通称。▷もとは東京の民放 AM ラジオ局 3 社による愛称。

ワイド ショー【和製 wide＋show】テレビの娯楽番組の一形態。さまざまな出来事や話題について、いくつかの部分(コーナー)に分けて紹介するもの。

ワイド スパン【和製 wide＋span】マンションなどの集合住宅で、間口の広い間取りのこと。

ワイド ダイナミック レンジ【wide dynamic range】⇨WDR

ワイド バルコニー【wide balcony】奥行きが通常より大きいバルコニー。

ワイナリー【winery】ワインの醸造所。

ワイパー【wiper】自動車などの

前窓に付けて雨滴をぬぐい取り、視界を確保する装置。

ワイプ【wipe】①映画やテレビで、場面を転換する際に画面を片隅から斜めや上下左右にふきとるように消し、同時に次の画面を現してゆく方法。②テレビで、画面の隅に設けられる小窓のような画面。主たる映像とは異なる映像を映す。

ワイファイ【Wi-Fi】⇨Wi-Fi

ワイヤレス【wireless】①無線電信。無線電話。②ワイヤレス-マイクロホンの略。小型の送信装置のついたマイクロホン。

ワイヤレス イヤホン【wireless earphone】新 接続用コードのないイヤホン。無線によって音声信号を伝える。▷このうち左右のイヤホンが互いにコード接続されていないものを、完全ワイヤレスイヤホンという。

ワイヤレス給電 ケーブルによる接続が必要ない電力供給。スマートフォンを充電器に置くだけで充電する場合など。無線給電。

ワイヤレス ディスプレー【wireless display】新 パソコンやスマートフォンなどの画面を、無線経由で他のディスプレー装置に出力する機能。またその出力先となるディスプレー。

ワイルド【wild】①野生であるさま。未開であるさま。②荒々しいさま。野性的。

ワイルド カード【wild card】①トランプで、どのカードの代用にもできるカード。②共通の文字や文字列を一括して指定するための特別な文字。コンピューターで検索する際などに用いる。「*」「?」など。③テニスなどのトーナメント大会で、ランキングなどに関係なく、主催者の裁量で出場できる枠。およびそれを得た選手。④野球やアメリカン-フットボールなどのリーグ戦終了後、優勝チーム以外が勝率の比較などで選手権への出場資格を得ること。

ワイルド ライス【wild rice】北米産のマコモ。黒く細長いコメに似た種子は、西洋料理のつけ合わせに用いる。

ワイン【wine】①葡萄(ぶどう)酒。②果実あるいはそのしぼり汁を発酵させてつくった醸造酒。③洋酒。酒。

ワイン クーラー【wine cooler】①ワインを瓶ごと冷やす容器。②ワインをベースに、リキュール・ジュースなどを加えてつくる、清涼感に満ちたカクテル。

ワイン セラー【wine cellar】ワインの貯蔵庫。適度な温度・湿度を保てるようにしてある。

ワイン ビネガー【wine vinegar】ワインからつくった食酢。

ワカモレ【スペイン guacamole】料理のソースであるサルサの一種。アボカドを主体としたクリーム状のソース。グワカモレ。

ワギナ【ラテン vagina】 ⇨バギナ

ワクシング【waxing】ワックスをかけること。

ワクチン【ドイツ Vakzin】①感染症の予防のため各種伝染性疾患の病原菌から製した抗原の総称。弱毒化した病原体を含む生ワクチン、殺した病原体を含む不活化ワクチン(死菌ワクチン)、病原体の毒性をなくしたトキソイドがある。予防接種剤。②((英) vaccine)コンピューター-ウイルスの活動を検出して、システムの改変を未然に防止するプログラム。また、コンピューター-ウイルスを検出したり、被害を防止、または修復するプログラムの総称。アンチ-ウイルス-ソフト。ウイルス-チェッカー。

ワゴン【wagon】①4輪の荷馬車。②手押し車。特に、食器・料理などをのせて運ぶ移動配膳台。③ステーション-ワゴンの略。

ワゴン サービス【和製 wagon ＋service】ワゴン②に料理をのせて客の前に運び、見せてから取り分けるなどのサービスの仕方。ワゴンの上で調理することもある。

ワゴン セール【和製 wagon＋sale】(店頭や店内の一角で)ワゴン②に商品を載せて行う安売り。

ワゴン タクシー【和製 wagon ＋taxi】 ステーション-ワゴンやワン-ボックス-カーを用いるタクシー。ジャンボ-タクシー。ワン-ボックス-タクシー。

ワシントン条約 正称、絶滅のおそれのある野生動植物の種の国際取引に関する条約。1973年ワシントンでの会議で採択、75年発効。日本は80年(昭和55)批准。CITES(Convention on International Trade in Endangered Species of Wild Fauna and Flora)。

ワスプ ⇨WASP

ワセリン【Vaseline】重油から得る炭化水素の混合物。白色あるいは淡黄色の軟膏状。中性で刺激性がなく、空気酸化や化学薬品の作用を受けにくいので、軟膏・化粧品の基剤、機械類の防銹(ぼうしゅう)剤・減摩剤などに用いる。商標名。石油工業ではペトロラタムという。

ワックス【wax】蠟(ろう)。特に、床や家具の艶(つや)出し、スキーの滑走面に塗るものなどをいう。

ワックス マン【和製 wax ＋ man】 スキーやスノーボードにワックスをかけることで選手をサポートする専門家。サービスマン。

ワッシャー【washer】ボルトを締めるとき、ナットの下に敷く金属板。座金(ざがね)。

ワット【watt】仕事率・電力のSI

単位。1秒あたり1ジュールの仕事率。記号W ▷J. ワットにちなむ。

ワッフル【waffle】洋菓子の一。小麦粉・卵・牛乳・砂糖をまぜて格子状などの型に入れて焼き、二つに折って中にジャムなどをはさんだもの。ワップル。

ワッフル コーン【waffle cone】アイス-クリームを入れるコーン(食べられる円錐容器)の一。焼き上げた板状の生地を、柔らかいうちに巻いて作る。甘みがあり、硬い食感。

ワッペン【ドイツ Wappen】ヨーロッパの紋章を模した、主として盾形の記章。フェルトなどに刺繡(ししゅう)したものをジャケットの胸や帽子につける。▷紋章の意。

ワニス【varnish】透明な被膜を形成する塗料。天然または合成の樹脂を溶媒に溶かしたもの。ニス。

ワラビー【wallaby】①小形のカンガルー。②スエードなどの一枚革を左右から包むような形にして、袋縫いで仕上げたショート-ブーツ。商標名。

ワラント債 普通社債にその社債発行会社の新株を、社債発行時に決められた一定の値段(行使価格)と一定の割合(付与率)で引き受ける権利の付いた社債。新株引受権付社債。WB。▷ワラント(warrant)は保証する意。

ワルキューレ【Valkyrie】北欧神話に登場する武装した処女たち。主神オーディンに仕え、戦場で倒れた戦士たちを天上のワルハラ宮に導く。ワグナーの楽劇「ニーベルングの指輪」第1夜「ワルキューレ」はこれに取材。

ワルツ【waltz】3拍子の優美な舞曲。19世紀の初めに始まる。また、ピアノ曲など舞踊に用いない器楽曲もある。円舞曲。

ワレット【wallet】⇨ウォレット

ワン【one】ひとつ。いち。

ワン【WAN】⇨WAN

ワン ウエー【one-way】①一方通行。片道。②瓶や紙パックなどの容器で、リサイクルのための回収・再利用などが行われないこと。③レンタカーなどの乗り捨て。出発地とは別の拠点に返却する方式。→リターナブル

ワンオーナー車 以前の持ち主(オーナー)が一人だけである中古車のこと。▷中古車販売などで用いられる語。

ワン オフ【one-off】ひとつ限りの。「—-パーツ」

ワンオペ 新 飲食店で、接客・調理・会計などの業務を一人ですべてこなすこと。ワン-オペレーション。▷「一人」を表すoneと「運営、操業」を表すoperationを合わせた造語の略。

ワン オン【和製 one ＋ on】新 ゴルフにおいて、ティー-ショット

(第1打)でボールがグリーンに乗ること。▷2打目の場合はツー-オン、3打目の場合はスリー-オンと表現する。

ワンオンワン【one-on-one】1対1。「—-ミーティング」

ワン切り 電話をかけ、呼び出し音を1回だけ鳴らして電話を切る行為。相手の電話機に着信履歴が残るため、相手はかけ直すことができる。ワン-コール。

ワンクリック詐欺 ウェブ-サイトで、クリック1回だけで登録完了とみなし、利用料金を請求する詐欺の仕組み。「—サイト」

ワンス【once】①一回。一度。②かつて。以前。昔。

ワン ストップ【one-stop】複数のことを1か所で処理できること。1か所ですべてのものがそろうこと。1か所ですべてが間に合うこと。㊟一箇所

ワン ストップ サービス【one-stop service】1か所で業種や管轄の異なった複数のサービス利用や手続きが行えたり、多様な商品が購入できること。

ワンセグ 携帯電話などのモバイル機器に向けて送信される地上デジタル-テレビ放送。1チャンネル内の13セグメント(送信単位)のうち、通常放送で使われない1セグメントを利用して送信するもの。▷「ワン-セグメント放送」の略。

ワンダー【wonder】驚異。不思議。

ワンダーフォーゲル【ドイツ Wandervogel】グループで、親睦・健康のため山野を歩く運動。ドイツに始まる。ワンゲル。▷渡り鳥の意。

ワンダーランド【wonderland】おとぎの国。不思議の国。

ワン タイム パスワード【one time password】ネットワーク上の認証において、毎回変化する1度限りのパスワード。通信経路上でパスワードを盗まれた場合でも、次回のアクセスでは無効となる。使い捨てパスワード。OTP。

ワン タフト ブラシ【和製 one + tuft + brush】新 毛束全体が細い歯ブラシ。通常の歯ブラシで磨きにくい箇所を磨ける。

ワンダフル【wonderful】すばらしいこと。すてきなこと。▷感動詞的に使うことが多い。

ワンタン【雲吞・餛飩】中国料理の点心の一。小麦粉でつくった四角形の薄皮で豚のひき肉を包んだもの。ゆでてスープに入れたり、揚げたりする。フントゥン。▷中国語。

ワン チーム【one team】新 ①ひとつのチーム。②チームがひとつにまとまること。またそのチーム。▷2019年ラグビーワールドカップに出場した日本代表チームが用いたことから広まる。

ワンチャン 新 近年の若者言葉で、成果を得る可能性が低いながらも、まだ残されている挑戦の機会。「もしかしたら(挑戦できる)」「ひょっとすると(挑戦できる)」などの意で副詞的にも用いる。▷ワン-チャンスの略。

ワン チャンス【one chance】1度だけの機会。与えられたたった1回の機会。

ワン ツー コーデ【和製 one ＋ two ＋ coordination】トップスとボトムスの組み合わせだけで完成するコーディネート。

ワンツー フィニッシュ【one two finish】競技で同じ国や組織に属する出場者が1位と2位を独占すること。

ワンド【wand】新 ①(魔法の)杖。②タロットのスート(マーク)のうち棒のこと。トランプのクラブに相当する。ロッド。バトン。▷wands。

ワン パターン【和製 one＋pattern】きまりきった型にはまっていて、変化がみられないこと。

ワンパン 新 調理に使う鍋がフライパンがひとつだけであること。▷ワン(one)とフライパン(fly-pan)の合成語。

ワン ピース【one-piece】上着とスカートが一続きになっている婦人・子ども服。

ワン フィンガー【one finger】ウイスキーの分量で、グラスの底から指の幅1本分。

ワン プレート【one plate】1枚の皿。他の語に付けることで、1枚の皿に複数の料理が載っている状態(また、そのような食事)を意味する。

ワン ヘルス【one health】新 人、動物、環境の衛生を一体的に捉えること。人獣共通感染症、薬剤耐性菌などに対応する目的で、医学、獣医学など各専門分野を連携させる観点からいう。

ワン ポイント【one point】①一点。②ひとところ。1か所。要点。③1か所だけに模様や刺繡(ししゅう)などを配したデザイン。

ワン ボウル【one bowl】新 1個のボウル(鉢)。ボウルひとつだけを用いる調理や、ボウルひとつに料理を盛り合わせること。

ワン ボックス カー【one box car】構造上エンジン-ルーム・キャビン・トランクが一体になった箱型の乗用車。

ワン ボックス タクシー【one box car】⇨ワゴン-タクシー

ワン ポット【one pot】新 ①化学で、ひとつの反応容器のみを用いて多段階の反応を行い、目的となる化合物を合成する手法。▷one-pot synthesis。②調理に使う鍋がひとつだけであること。

ワンホン【網紅】新 中国ネット界のインフルエンサー。美容・ファッションなどの情報を発信す

ワ

る女性がよく知られる。▷中国語で「網絡紅人」(ネットの人気者)の略。

ワン マン【one-man】①(日本語の独自用法)独断で組織などを動かす人。②「ひとりの」「ひとりで」などの意で、他の語と複合して用いる。

ワン マン ショー【one-man show】新 ①一人の出演者を中心にして展開するショー。②一人だけが目立ったり注目されたりする状況。

ワン メーター【和製 one＋meter】タクシーの初乗り運賃。▷タクシー-メーターで料金が上がる前の状態であることから。

ワンルーム マンション【和製 one-room＋mansion】各戸が一部屋だけの集合住宅。

ヲ

ワンレングス【one-length cut】女性の髪形の一。たらした髪を同じ長さに切りそろえたもの。ワンレン。

ヲタク オタクの別表記。ヲタとも。▷「オタク」「おたく」の語形に比して、蔑視(べっし)や自嘲(じちょう)の意味を伴う場合もある。

A ～ Z

AAA(トリプルエー) 各種の格付けによる最高点。

A & D【acquisition and development】買収と開発。また、買収を通じての研究開発。自社に不足する経営資源や技術を得るために、高度な技術を持つ企業を買収することで早い製品開発をめざす考え方。▷M&AとR&Dから。→M & A・R & D

A & R【artist and repertoire】レコード会社において、アーティストと会社の間に立ち、契約や、レコーディングにおける企画・制作、宣伝戦略などを管理する業務。

ABC【activity-based costing】活動基準原価計算。原価計算法の一。間接費を各生産物に正確に割り振ることによって、より正確に原価を算出する方法。

ABC予想(エービーシーよそう) 数学(数論)の予想の一。$a+b=c$ を満たし互いに素である自然数の組 (a,b,c) に対し、$d=\mathrm{rad}(abc)$ とすると、任意の実数 $\varepsilon>0$ に対して $c>d^{1+\varepsilon}$ を満たす組 (a,b,c) は高々有限個しか存在しないとする予想。1985年に数学者のオステルレ(Joseph Oesterlé)とマッサー(David Masser)が提起。

ABCP【asset-backed commercial paper】資産担保コマーシャル-ペーパー。企業がもつ売掛債権や手形債権などから得られる収入を裏付けに発行されるコマーシャル-ペーパー。

ABL【asset based lending】動産担保融資。企業が保有する動産・債権を担保に資金調達を行う手法。

ABM【activity-based management】ABC(活動基準原価計算)により得られる情報を基に生産工程や組織を管理する手法。活動基準管理。→ABC

ABM【antiballistic missile】弾道ミサイル迎撃ミサイル。大陸間弾道ミサイル(ICBM)と潜水艦発射弾道ミサイル(SLBM)を迎撃・破壊する目的のミサイル。▷1972年アメリカと旧ソ連の間でABMを制限する条約が結ばれたが、アメリカは2001年条約の失効を宣言し、02年正式に脱退。→ICBM・SLBM・TMD・NMD

ABS【access to genetic resources and benefit-sharing】遺伝資源の利用から生じた利益の公正で衡平(こうへい)な配分。遺伝資源を利用した製品(食料品、医薬品、化粧品等)から得られた利益を、遺伝資源の利用国から提供国(多くは途上国)へ適正に還元すること。生物多様性条約(1993年発効)がその実施を求めている。

ABS【antilock-brake system】アンチロック-ブレーキ-システム。自動車で、ブレーキをかけたとき車輪がロックしないよう、車速と車輪回転速度を検出してブレーキを自動的にコントロールするシステム。車輪と路面間の摩擦力と車輪の回転を確保することで、制動安定性と操縦性を得る。アンチスキッド。

ABS【asset-backed securities】資産担保証券。債権などの資産を証券化したもの。または、その ような証券化商品の総称。債権などを特別目的会社に譲渡し、特別目的会社がその資産を担保として発行する。アセット-バック証券。

ABW【activity-based working】新 仕事の内容に応じて、働く場所(職場・自宅・そのほかの場所)や時間を自由に選べるようにする仕組み。

AC【adult children】⇨アダルト-チルドレン

AC【alternating current】交流。時間とともにその大きさと方向が周期的に変化する電流。日本で家庭に供給されているのは100あるいは200、50あるいは60の交流。交流電流。交番電流。AC 。→DC(直流)

ACジャパン【Advertising Council Japan】公共広告を行う公益社団法人。1971年(昭和46)に関西公共広告機構(任意団体)として創始。74年に社団法人化し公共広告機構を設立。2009年(平成21)に現名称に改称。11年に公益社団法人化。

ADAS(エーダス)【advanced driver-assistance systems】新 安全のため、自動車の運転者に対して運転操作を支援するシステム。車線の維持、前方車両への追従、緊急時の自動ブレーキなど。先進運転支援システム。

ADB【Asian Development Bank】アジア開発銀行。アジア諸国に対する開発資金の融資と技術援助を目的として設立された金融機関。本部をマニラに置く。アジア開銀。

ADHD【attention-deficit hyperactivity disorder】注意欠陥多動性障害。発達障害の一。小児期に出現することが多い、注意力散漫と多動を特徴とする症候群。

ADI【acceptable daily intake】(食品添加物や農薬の)1日摂取許容量。毎日摂取しても一生影響がないであろうと考えられる最大値。食品添加物の使用基準や、農産物の農薬残留基準。

ADL【activities of daily living】摂食・着脱衣・排泄(はいせつ)・移動など、人間の基本的な日常生活動作。障害者のリハビリテーションに用いられる語。また、高齢者の介護の必要性の判定指標にも用いられる。日常生活動作能力。

ADR【alternative dispute resolution】当事者の意思に基づく任意の方法によりなされる、裁判手続きとは別個の手続きである仲裁・裁定・調停・斡旋などによる紛争解決処理。そのための第三者機関、苦情処理委員会や消費生活センターなどを、ADR 機関という。▷裁判外紛争解決手段、代替的紛争解決手段の意。

ADSL【asymmetric digital subscriber line】電話の加入者線を利用した高速データ伝送技術。上り回線に比べ、下り回線の通信が高速。▷非対称デジタル加入者線の意。

AEB【Autonomous Emergency Braking】新 衝突被害軽減ブレーキ。自動車が障害物に近づいた際、運転者に警告したり、自動的にブレーキをかけたりする機能。衝突の回避、衝突時の被害軽減を目的とする。AEB。エマージェンシー-ブレーキ。プリ-クラッシュ-ブレーキ。

AEC【ASEAN Economic Community】 ⇨ASEAN 経済共同体

AET【assistant English teacher】英語指導助手。ALT のうち、英語の指導を行う者。

AfCFTA【African Continental Free Trade Agreement】新 アフリカ大陸自由貿易協定。2018 年に 44 カ国で調印。2019 年に発効。

AFP【affiliated financial planner】 日本ファイナンシャル-プランナーズ協会が認定する、ファイナンシャル-プランナーの資格。FP 普通資格。

AFTA(アフタ) 【ASEAN Free Trade Area】ASEAN 自由貿易圏。共通効果特恵関税の導入により、ASEAN 地域内の貿易拡大をめざす。1992 年、第 4 回 ASEAN 首脳会議で合意。

AGA【androgenetic alopecia】新 男性型脱毛症。思春期以降の主に男性にみられる薄毛・脱毛症状。男性ホルモンの影響などで、額の生え際または頭頂部の髪の毛が進行的に薄くなるもの。

AHB【auto high beam】 ⇨オートマチック-ハイ-ビーム

AHS【advanced cruise-assist highway systems】道路と車両の間で双方向通信を行い安全走行を支援するシステム。危険警告、衝突の回避を支援する機能などを車にもたせようというもの。

車の自動運転もめざす。走行支援道路システム。→ITS

AI【artificial intelligence】人工知能。学習・推論・判断といった人間の知能のもつ機能を備えたコンピューター-システム。応用として、自然言語の理解、機械翻訳、エキスパート-システムなどがある。

アップデート AIの流行はこれまでに3度ありました。1950年代から70年代にかけて推論を使って限定的問題を解決したのが最初の流行。80年代ごろにエキスパート-システムで専門家判断の自動化を行なったのが2度目の流行。ゼロ年代中期に登場したディープ-ラーニング技術により技術開発が活性化したのが現在の流行です。

AIスピーカー【和製 AI ＋ speaker】新 ⇨スマート-スピーカー

AID【artificial insemination by donor】非配偶者間人工授精。→AIH

AIDS【acquired immunodeficiency syndrome】⇨エイズ

AIH【artificial insemination by husband】配偶者(夫婦)間人工授精。→AID

AIIB【Asian Infrastructure Investment Bank】新 ⇨アジアインフラ投資銀行

AIOps(エーアイオプス)【AI for IT operations】新 人工知能(AI)を応用したITシステムの運用。2016年に調査会社のガートナーが提唱した概念。

a.k.a.【also known as】人・物などが特定の呼び名としても知られている、の意。AKA。

ALM【assets and liabilities management】資産負債総合管理。中・長期的に資産と負債を総合的に管理して、収益の極大化、リスクの極小化を図ろうとする銀行など金融機関のリスク管理手法の一。

ALPS(アルプス)【Advanced Liquid Processing System】新 高濃度汚染水から62種の放射性物質を法定濃度限度以下まで取り除く設備。ただしトリチウム(三重水素)は除去できない。2011年の東日本大震災で事故を起こした福島第一原子力発電所に設置されている。2013年(平成25)より稼働。多核種除去設備。

ALS【amyotrophic lateral sclerosis】筋萎縮(いしゅく)性側索硬化症。筋肉が次第に萎縮し、不随意な攣縮(れんしゅく)が起こる疾患。脊髄中にある運動神経繊維の進行性変性によるが、原因は不明。特定疾患の一。

ALT【assistant language teacher】外国語指導助手。日本人の教員を補佐し、主に会話の指導にあたる外国人補助教員。

AMED【Japan Agency for

Medical Research and Development】新 日本医療研究開発機構。

AMeDAS(アメダス) 【Automated Meteorological Data Acquisition System】気象庁の地域気象観測システム。電話回線を利用して、全国約1300か所の自動気象観測所から雨量の観測資料(うち約840か所からは気温・風・日照も)を集め、コンピューターで処理して各気象官署に配信する。

AMEX(アメックス) 【American Stock Exchange; American Exchange】アメリカン証券取引所。2004年、NASDAQ(ナスダック)の運営母体であるNASDと合併。

AMF【Asian Monetary Fund】アジア通貨基金。アジアの通貨安定と経済危機支援のため構想されているアジア各国が拠出する基金。IMFの地域版として、1997年(平成9)、アジア通貨危機の際に日本が提唱。

AML 【anti-money laundering】新 金融機関におけるマネーロンダリング対策。

AML/CFT【anti-money laundering / combating the financing of terrorism】新 AML(マネー-ロンダリング対策)とCFT(テロ資金供与対策)の総称。

ANZUS(アンザス) 【Australia, New Zealand and the United States Treaty】太平洋安全保障条約。1951年にオーストラリア・ニュージーランド・アメリカ合衆国の間で結ばれた相互防衛条約。太平洋地域における自由主義陣営の防衛を目的とする。1986年にニュージーランドが防衛上の義務を打ち切り、事実上二国間安保条約となった。アンザス条約。

AO【admissions office】 ⇨アドミッション-オフィス

AO入試 2021年度入試より導入された総合型選抜より前に実施されていた入試方法。専任の部署または委員会が、学業成績や活動記録などの書類、小論文、面接などを通じ、人物本位の選考を総合的に行う。

APEC(エーペック) 【Asia-Pacific Economic Cooperation Conference】アジア太平洋経済協力会議。1989年に創設されたアジア太平洋地域初の経済協力のための会議。日本・韓国・中国・台湾・香港・オーストラリア・ニュージーランド・パプア-ニューギニア・アメリカ・カナダ・メキシコ・チリ・ASEAN諸国などの国・地域が参加。

API【application program interface】アプリケーションの開発を容易にするために、OSなどのプラットホームにあらかじめ備えられたソフトウエア資源。描画など共通して用いられる機能を一定の規約に基づいて利用する。

APN【access point name】新 スマートフォンなどでデータ通信を行う際、その接続先を指定するために用いる名前。

APS【Advanced Photo System】小型化した新規格のフィルムと専用カメラによる写真システムの通称。1996年(平成8)発売。フィルム装塡(そうてん)が簡便で、高度な画質が得られる。新写真システム。

AR【augmented reality】拡張現実。現実の知覚に仮想の知覚情報を付け加える技術。また、それにより知覚される仮想の世界。AR。→バーチャル-リアリティー

ARF【ASEAN Regional Forum】アセアン地域フォーラム。ASEAN加盟国およびアメリカ・中国・日本などの外相による、アジアの安全保障問題に関する会合。1994年第1回会合開催。

ARPANET(アーパネット、アルパネット)【Advanced Research Projects Agency Computer Network】アメリカ国防総省の高等研究計画局(DARPA)が1969年に開発し71年頃から運用を開始した、全米規模のコンピューター-ネットワーク。90年以降その役割はNSFNET(全米科学財団ネットワーク)などに引き継がれ、後にインターネットへと発展。

ARPU(アープ、アルプ)【average revenue per user】移動体通信事業において、加入者一人あたりの月間平均収入のこと。→MOU

ART【assisted reproductive technology】補助生殖技術。不妊治療に利用する技術の総称。排卵誘発剤などの薬物投与、体外受精など。

AS【artistic swimming】新 ⇨アーティスティックスイミング

ASCII(アスキー)【American Standard Code for Information Interchange】アメリカ規格協会が定めたデータ通信用の符号体系。数字・アルファベット・制御符号を7ビットで表している。アスキー-コード。

ASEAN(アセアン)【Association of Southeast Asian Nations】東南アジア諸国連合。1967年、タイ・マレーシア・フィリピン・インドネシア・シンガポールの5か国が結成した地域協力機構。決定機関である外相会議の下に常設の事務局、経済閣僚会議などを有する。84年ブルネイ、95年ベトナム、97年ラオス・ミャンマー、99年カンボジアが参加、ASEAN10が実現した。

ASEAN経済共同体 新 ASE-

AN諸国で構成する経済圏。1993年開始のASEAN自由貿易地域(AFTA)を発展させ2015年に発足。共通の通貨や金融政策は導入しない一方、域内関税の撤廃、サービス・投資・移動の自由化などを目指す。AEC(ASEAN Economic Community)とも。

ASEANプラス3【ASEAN plus 3】ASEAN加盟10か国に、日本・中国・韓国が加わった13か国の会議。1997年から首脳会議や蔵相会議などが開催されている。→ASEAN

ASEM【Asia-Europe Meeting】アジア-ヨーロッパ首脳会議。ASEANを中心とするアジア諸国とEUとの首脳会議。1996年発足。

ASF【African swine fever】新 ブタやイノシシの感染症の一。ASFウイルスよって起きる。致死率が極めて高く、有効なワクチンや治療法がない。家畜伝染病の一。▷CSF(豚コレラ)とは別の感染症。ヒトの疫病であるコレラと無関係であるため、農水省は2019年(令和元)に名称をアフリカ豚コレラからASFに変更。

ASMR【autonomous sensory meridian response】新 ある種の音や映像に、おのずと惹きつけられてしまう感覚。焚き火が燃える時、はさみで紙を切る時などの音や映像についていう。▷2010年、英語圏のネットにおいて動画の分野名として使われるようになった。

ASP【application service provider】⇨アプリケーション-サービス-プロバイダー

ASSY 新 複数の部品が組み合わさった部品。▷assemblyの略。読みはアッシー、アッセンブリーなど。

ASV【advanced safety vehicle】安全性を確保するための高度な機能を有する自動車。AHS(走行支援道路システム)と組み合わせることによって、衝突防止や自動走行などを実現する。先進安全自動車。→AHS・ITS

ATB【all-terrain bike】オフロードを走るための自転車。軽量で堅牢なフレーム、深いトレッドのタイヤ、直線状のハンドル、多段変速ギヤなどが特徴。マウンテン-バイク。MTBは商標名。

ATL【adult T-cell leukemia】成人T細胞白血病。成人のT細胞が白血病細胞となって異常に増殖するウイルス性の病気。九州・四国の一部に多発する。ヒトT細胞白血病。

ATM【automated teller machine】カード・通帳を用いて払い出し・預け入れ、また振り込みなどを行う装置。現金自動預け入れ払い機。

ATP【adenosine triphosphate】アデノシンに３分子のリン酸が結合したヌクレオチド。生体内のエネルギーの貯蔵・供給・運搬を仲介している重要物質。

ATS【automatic train stop】自動列車停止装置。運転士の操作がなくても、赤信号の手前で列車を自動的に停止させる装置。

AU【African Union】アフリカ連合。2002年に、アフリカ統一機構(OAU)を改組して設立された、アフリカの地域的国際機構。アフリカ各国の政治的・経済的・社会的な連合をめざす。安全保障上の相互監視機構も有している。

AUD 豪ドルの通貨コード。

AUKUS(オーカス)【Australia, the United Kingdom, and the United States】新 オーストラリア、イギリス、アメリカの３か国による安全保障の枠組み。太平洋地域における西側諸国の影響力強化を目的とする。2021年９月に発足。

AUV【autonomous underwater vehicle】新 自律航行型の無人潜水機。

AV新法(エーブイしんぽう) 新 正称、性をめぐる個人の尊厳が重んぜられる社会の形成に資するために性行為映像制作物への出演に係る被害の防止を図り及び出演者の救済に資するための出演契約等に関する特則等に関する法律。アダルトビデオ(AV)への出演強要を防止する目的で、制作者の義務、出演者の権利を定める。2022年(令和4)6月施行。

AVOD【advertising video on demand】新 広告付きで無料配信する形式のビデオ-オン-デマンド(VOD)。

AWACS(エーワックス)【airborne warning and control system】空中早期警戒システム。高性能のレーダーを装備して、空中から攻撃機を誘導できるシステム。また、その航空機のこと。

AWD【all-wheel drive】全輪駆動。

AYA世代(アヤ)【Adolescent and Young Adult】新 15歳から29歳(または40歳)までの思春期と若年成人をいう語。「—医療」

B級グルメ 俗に、大衆向けの飲食店で供される安価な料理(ラーメンなどの麺類、カレー-ライス、丼物など)の総称。▷本来グルメ(gourmet)は食通・美食家の意。

B系 俗に、ヒップ-ホップの影響下にあるファッションのこと。また、その愛好者。パーカ・ナイロン-パンツ・スニーカーを組み合わせたファッションなど。▷ヒップ-ホップの愛好家を、b-boy・b-girlということから。→ヒップ-ホップ

B反(たん) 染め斑(むら)や織り傷などのため、商品価値が通常品に

劣る反物(たんもの)のこと。

Bリーグ(ビーリーグ)【B.LEAGUE】新 ジャパン-プロフェッショナル-バスケットボール-リーグが運営するバスケットボールの男子プロ-リーグ。分裂していたbjリーグとNBLが合同して参加し発足。2016年(平成28)レギュラー-シーズンを開始。

BADGE(バッジ)【Base Air Defense Ground Environment】半自動防空警戒管制組織。レーダーと結んだコンピューターを用い、敵機発見から迎撃管制までの操作を自動的に行う。航空自衛隊が1969年(昭和44)から2009年(平成21)まで運用。

ban(バン)新 ネット利用者が使う俗語で、サービスの運営者が規約に違反した利用者のアカウントを停止、または削除すること。

BAT(バット)【Baidu, Alibaba, Tencent】新 中国の大手IT企業であるバイドゥ(百度)、アリババ(阿里巴巴集団)、テンセント(騰訊)の3社の総称。

BATH(バス, バース)【Baidu, Alibaba, Tencent, HUAWEI】新 中国の大手IT企業であるバイドゥ(百度)、アリババ(阿里巴巴集団)、テンセント(騰訊)、ファーウェイ(華為技術)の4社の総称。

BATJ(バットジェー)【Baidu, Alibaba, Tencent, Jingdong】新 中国の大手IT企業であるバイドゥ(百度)、アリババ(阿里巴巴集団)、テンセント(騰訊)、ジンドン(京東)の4社の総称。

BB【broadband】 ⇨ブロードバンド

BBクリーム【BB cream】美容液や化粧下地、日焼け止め、ファンデーションなどがひとつになったクリーム。 ▷BBはblemish balm(欠点を軽減させる軟膏の意)の略。

BB弾 エア-ガンで用いる球状の弾丸。多くの場合、直径6mmで、重量はさまざま。プラスチック製、生分解プラスチック製など。

BBレシオ【booking-to-billing ratio】受注対出荷比のこと。特に半導体市場においては、受注対出荷比が市場の先行指標として使われている。

BBS【bulletin board system】ネットワークに加入している人が自由に見たり記入したりできる、コンピューター-システム上の掲示板。電子掲示板。

bcc【blind carbon copy】電子メールソフト機能の一。メールの写しを特定の第三者に送付する機能。受取人は、メールが写しであることは分からない。→cc

BCP【business continuity plan】新 事業継続計画。企業などで、災害・事故・事件などが発生した際、トラブル前と同様の事

A～Z

業が継続できるよう備える活動計画。リスク顕在化の防止計画、顕在化した場合の復旧計画、これらを執行するための体制などが定められる。

BD【Blu-ray Disc】ブルーレイ-ディスク。次世代光ディスクの規格の一。青紫色レーザーを用い、DVDの約5倍の記録容量をもつ光ディスク。デジタル-ハイビジョン放送を2時間以上録画できる。

BDF【bio diesel fuel】バイオ-ディーゼル燃料。食用として使用済みの植物油・動物油を精製してつくる燃料。通常のディーゼル-エンジンに、改造なしで流用可能。硫黄酸化物・浮遊粒子状物質などの排出が少なく、生物分解されやすいなど、環境への負担が少ないといわれる。

BDXL 新 ブルー-レイ-ディスクの拡張仕様。100または128ギガバイトの記憶容量を持つ。

BEPS(ベップス)【base erosion and profit shifting】新 税源浸食と利益移転。多国籍企業による租税回避行動(税制の隙間を突いて、国際的かつ合法的に実施する法人税の節約)のこと。

BEV(ビーイーブイ)【battery electric vehicle】新 蓄電池(充電池)が電源、モーターが原動機の乗り物。多くの場合、電気自動車を指す。

BF(ビーエフ)【boyfriend】ボーイフレンド。女性からみた男友達。

BFF【best friend forever】永遠の親友。▷英語圏の俗語が流入した。若者言葉の「ズッ友(ずっと友達)」に近い。

BHN【basic human needs】衣食住、教育、保健、さらに雇用を含めての人間の基本的欲求。1976年ILOが提唱。従来の開発が結果として貧困の解消へと結びつかなかったという反省から、その充足の必要が強調されている。基本的人間要請。

Bing(ビング) 新 マイクロソフト社が提供する、検索エンジンおよびポータルサイトのサービス。1998年にMSNサーチとしてサービス開始。何度かの改称を経て、2020年より現名称(Microsoft Bing)となる。

BIOS【basic input/output system】⇨バイオス

BIS(ビス)【Bank for International Settlements】第一次大戦後のドイツの賠償を処理するため、1930年スイスのバーゼルに設立された国際銀行。現在では国際的な金融政策の調整の場として重要。国際決済銀行。

BIS規制 民間銀行の自己資本比率に関する国際的な統一規制の俗称。バーゼル銀行監督委員会(国際決済銀行=BIS内に常設事務局を置く)が、銀行の健全性確

A~Z

保や競争の公平性確保を目的に定める。バーゼルⅠ(制定は1988年)、Ⅱ(同2004年)、Ⅲ(同2010年)と改定を重ね、規制強化を進めている。

BLマーク【和製 Better Living mark】 日本の消費者マークの一。財団法人ベターリビングが品質・性能・価格などにおいて優良住宅部品(BL部品)と認定したものにつけられる。

BLM【Black Lives Matter】新 黒人への差別・暴力に反対するデモから広がった社会運動でのスローガン。また、その社会運動の呼称。2012年、フロリダ州で自警団員が黒人少年を射殺する事件が発生。翌年その加害者に無罪判決が下された際、ハッシュタグとして拡散した。

BMI【body mass index】 ボディー-マス-インデックス。体重(g)を身長(cm)の2乗で割り、10をかけた数。肥満度指数。

BMX(ビメックス)【bicycle motocross】バイシクル-モトクロス。オートバイのモトクロス競技を自転車で行う競技。専用の自転車を使用し、荒れ地のコースで競技を行う。

BNPL【buy now pay later】新 クレジットカードではない後払い決済方式の一。またその決済サービス。利用手続きが簡便で、審査基準が緩く、手数料無料の分割払いも選択できる代わりに、加盟店は比較的高い手数料を負担する。2020年頃から欧米を中心に発達した業態。後払い決済。▷いま買って、あとで払う意。

BOD【biochemical oxygen demand】水の汚染を表す指標の一。好気性微生物が一定時間中に水中の有機物(汚物)を酸化・分解する際に消費する溶存酸素の量。ppmで示す。生物化学的酸素要求量。

BOHO(ボーホー) ファッションやインテリアにおける様式の1。ボヘミアンやヒッピーの影響を受けた様式のこと。

BOP【base of the pyramid】開発途上地域における低所得者層。世界の所得別人口構成をグラフ化した時、下から低所得者層、中間層、富裕層とピラミッド型となることから。▷ピラミッドの底辺の意。

BOPビジネス【BOP business】企業がBOPを対象に展開するビジネス。新市場の開拓と、社会的課題(貧困など)の解決を同時にめざす。開発援助機関やNGO(非政府組織)との連携も行う。▷BOPは、base of the pyramid(発展途上国の低所得者層の意) →BOP

BOPIS(ボピス) 【buy online pick-up in store】新 オンラインショッピングで購入した商品を、

消費者自身が店舗で受け取る仕組み。

BOT方式【build, operate and transfer; building-operation-transfer】外国企業が自ら資金調達を行なって途上国にプラントを建設し、一定期間現地で操業を行い、その収益で投下資本を回収した後にそのプラントを相手国に引き渡す方式。ビルド-オペレーション-トランスファー。

BP【basis point】金融などで、利回りを示す最小の尺度。1BP は 100 分の 1％。ベーシス-ポイント。

BPAフリー【BPA free】製品の原材料にビスフェノール-エー(BPA)が含まれていないこと。→ビスフェノール-エー

BPM【beat par minute】音楽で、楽曲の速さ(テンポ)を表す単位。1 分間あたりの拍数(四分音符の数)で表す。

BPO【Broadcasting Ethics & Program Improvement Organization】放送倫理番組向上機構。日本放送協会と日本民間放送連盟が、自主的に設置する第三者機関。放送倫理の向上と、視聴者との信頼関係の強化を目的とする。機関内には 3 つの委員会をもつ。「放送と人権等権利に関する委員会機構」(BRO)と「放送番組向上協議会」(向上協)を統合し、2003 年(平成 15)7 月に設立。略称、放送倫理機構。

BPO【business process outsourcing】人事・総務・経理などの業務について、子会社や外部企業に業務委託を行うこと。

BPR【business process reengineering】 ⇨リエンジニアリング

bps【bits per second】ビット毎秒。情報送受信速度の単位。

BPS【book-value per share】1 株当たり株主資本。株主資本を期末発行済株式数で除したもの。1 株当たり純資産。

BRICS(ブリックス) ⇨ブリックス

BRM【biological response modifier】生物学的応答調節物質。腫瘍(しゅよう)細胞に対する生体の抵抗を、免疫系やホルモンの分泌などを介して調節する物質。インターフェロンやインターロイキンなど。

BRMS【business rule management system】企業などの事業者において、業務上のルールを定義・管理するためのソフトウエア。個別の業務用ソフトウエアがそれを参照する。ビジネス-ルール管理システム。

B/S【balance sheet】 ⇨バランス-シート

BS【broadcasting satellite】放送衛星。放送用の静止衛星。テレビなどの電波を、地上中継局を使わず直接家庭で受信できるよう増幅・中継・送信する。

A〜Z

BSE【bovine spongiform encephalopathy】牛海綿状脳症。ウシの感染性疾患の一。脳に障害をきたし、行動異常や運動失調などの後、死に至る。病原体は異常型プリオンと考えられている。狂牛病。

BSM【blind spot monitor】⇨ブラインド-スポット-モニター

BTO【build to order】受注生産方式。顧客の希望する部品を組み合わせ、その製品を販売する。インターネットにおけるパソコン販売に多用される手法。メーカーは製品在庫を持つ必要がなく、ユーザーは必要最小限の機能をもつ製品を購入できる。

B to B【business to business】電子商取引の分野における企業(business)間の取引のこと。B2B。

B to C【business to consumer】電子商取引の分野において、企業(business)と消費者(consumer)の取引のこと。オンライン-ショッピングなど。B2C。

B to E【business to employee】電子商取引の分野における、企業(business)から従業員(employee)への取引。イントラネットなどで提供する福利厚生サービス・社員販売制度など。B2E。

BWC【Biological Weapons Convention】生物毒素兵器禁止条約。生物および毒素兵器の開発・生産・貯蔵を禁止し、保有している国は廃棄することを規定する。1972年署名、75年発効。日本は82年(昭和57)批准。生物兵器禁止条約。

BWH【bust, waist, and hip】女性のスリー-サイズ(バスト・ウエスト・ヒップ)。

BYOD【bring your own device】職場が用意する情報機器ではなく、従業員が個人所有する情報機器を持ち込んで利用すること。→CYOD

B2B ⇨B to B

B2C ⇨B to C

B2E ⇨B to E

C値(シーち) 住宅に存在する隙間の大きさを表した数値。床面積1平方メートル当りの隙間面積を表し、数値が低いほど気密性が高い。相当隙間面積。→Q値

CA【cabin attendant】⇨キャビン-アテンダント

CAD(キャド)【computer-aided design】コンピューターを利用して機械・電気製品などの設計を行うこと。コンピューターとの会話形式で設計を行う。計算機支援設計。

CAFM【computer aided facility management】コンピューターを利用して行う、ファシリティ-マネージメント。「—システム」

CAM【computer-aided manufacturing】 コンピューターを利用して製品の製造の自動化を図ること。コンピューターで工作機械の選択、加工手順の決定などを行う。計算機支援製造。→CAD

CAN(キャン) 【Controller Area Network】新 車載ネットワークにおける通信プロトコルの規格。「―インベーダー(=同ネットに侵入して解錠などを行う自動車の盗難手法)」

CAP(キャップ) 【child assault prevention】子どもにかかわる暴力(いじめ・虐待・誘拐・性的暴力など)を防止するための教育プログラム。子どもや大人(親・教師・地域住民)が、感情の制御方法・暴力の防衛方法・人権意識などを実践的に学び、子どもが主体的に暴力に対応できるようにする。

CAPP 【companion animal partnership program】 1970年代にアメリカで始まった、人と動物との絆を強め、触れ合いをすすめる運動。病人や高齢者への心理療法にも採り入れられている。→アニマル-セラピー

CAPTCHA(キャプチャ) 【completely automated public turing test to tell computers and humans apart】情報システムがサービスを提供する際、利用者が「人間かコンピューターか」を自動的に判断するために示す画像。自動解析が困難な歪ひずんだ文字列などを表示して、その入力を促す。正しい文字列が入力されたら、利用者を人間と判断する。ボット(自動処理プログラム)がサービスを不正利用するのを防ぐために用いる。▷コンピューターと人間を区別する完全自動の公開チューリング-テストの意。

CAS【Court of Arbitration for Sport】 ⇨スポーツ調停裁判所

CASE(ケース)【Connected, Autonomous, Shared and Services, Electric】電気自動車時代の自動車産業において重要とされている技術・サービスの傾向。相互接続、自動運転、シェアリングとサービス、電動化を総称する。▷2016年にダイムラーが中長期戦略で示した造語。

CATV【cable television】 ⇨ケーブル-テレビ

CATVインターネット 【和製CATV+Internet】 CATVケーブルを利用した高速インターネット接続サービス。ケーブル-インターネット。

CB【convertible bond】転換社債。一定期間内に一定の条件で発行会社の株式に転換できる権利を付与した社債。

CBD【cannabidiol】新 ⇨カンナビジオール

CBDC 【central bank digital

currency】新 中央銀行デジタル通貨。中央銀行が債務として発行する、法定通貨建てのデジタル通貨。

CBM【confidence-building measures】信頼醸成措置。誤解や誤算に基づく偶発戦争や意図しない衝突を避けるための諸措置のこと。軍事情報の交換、軍事演習の事前通告、非核・非武装地帯の設置など。

CBO【collateralized bond obligation】社債担保証券。複数の企業の社債を裏づけに発行される証券。

CBRN(シーバーン) テロ対策の分野で、化学(Chemical)、生物(Biological)、放射性物質(Radiological)、核(Nuclear)の総称。

CBRNE(シーバーン) テロ対策の分野で、化学(Chemical)、生物(Biological)、放射性物質(Radiological)、核(Nuclear)、爆発物(explosive)の総称。

CBS【combined braking system】新 自動二輪車において前輪・後輪のいずれかにブレーキ操作を行うことで、その双方のブレーキを適宜作動させる仕組み。

CBT【computer based testing】コンピューターを利用して行う試験の総称。紙を利用した試験と異なり、受験者ごとにランダムな問題を出せる、利用者の好きなタイミングで受験できる、瞬時に採点できるなどの利点がある。→WBT(web based testing)

CBT【computer based training】コンピューターを利用して行う教育や訓練の総称。利用者の好きな時間や場所で、双方向的な教育や訓練を受けることが可能。インターネットを利用して行うWBT(web based training)など。→WBT(web based training)・eラーニング

cc【carbon copy】電子メールソフト機能の一。受取人の他にメールの写しを特定の第三者に送付する機能。また、写しのメールのこと。受取人は、メールが写しであることを通知される。→bcc

CC【closed caption】新 ⇨クローズドキャプション

CCCD【和製 copy＋control＋CD】複製制御機能を備えたコンパクト-ディスク(CD)。CDプレーヤーでの再生が可能で、パソコン上に楽曲データを取り出す行為(リッピング)が不可能なCDなどをさす。著作権保護の観点から、一部国内メーカーが2002年(平成14)に販売を開始したが、音質劣化などの問題が指摘されたこともあり2006年までに順次販売を終えている。コピー-コントロールCD。

CCD【charge-coupled device】入力された光の明暗に比例した

A～Z

電流を発生する素子。ビデオ-カメラの受光部などに用いられる。電荷結合素子。

CCJ【Cross-border Consumer center Japan】越境消費者センター。海外から購入した商品のトラブルについて相談を受け付ける窓口。消費者庁が2011年(平成23)に開設。15年(平成27)、国民生活センターに移管。

CCPC【Cooperative Credit Purchasing Company】共同債権買取機構。金融機関の保有する不動産担保付きの不良債権を買い取り、処理する株式会社。162の金融機関の出資により、1993年(平成5)設立。

CCTV【closed circuit television】有線テレビやそのシステムのこと。入力装置(ビデオ-カメラ)から出力装置(モニター)までが一体となったシステムの総称。防犯・監視用のカメラや、弱視者が用いる拡大読書機など。▷closed circuitは閉回路の意。

CCUS【carbon dioxide capture, utilization and storage】新 二酸化炭素回収・有効利用・貯留。大気中に放出される二酸化炭素を分離・回収して、資源として利用したり、地中などに固定化する技術。資源化の方法には、燃料や化学品に変換する方法や、二酸化炭素のまま利用する方法(油田の残存原油の回収など)がある。→二酸化炭素回収貯留

CD【cash dispenser】キャッシュ-カードを使って現金を引き出す装置。現金自動支払い機。キャッシュ-ディスペンサー。

CD【certificate of deposit】譲渡可能定期預金証書。第三者に預金の譲渡が可能な定期預金。アメリカで導入され、日本では1979年(昭和54)に創設された。譲渡性預金。NCD。

CD【compact disc】デジタル信号を記録した円盤(ディスク)。レーザー光による非接触読み出しを行う。コンパクト-ディスク。

CD【cross dressing】クロス-ドレッシング。異性の服を着ること。狭義には、フェティシズムを伴わない異性装をさし、これを伴う狭義のトランスベスタイトと区別する。

CDシングル【CD single】シングル盤として発売されるCD。多くの場合、8cm CDをさす。シングルCD。▷8cm CDは規格名。

CDC【Centers for Disease Control and Prevention】アメリカの疾病管理予防センター。疾病の予防および伝染病発生時の対応に従事する保健社会福祉省の下部機関。

cDDP【cis-diamine dichloro platinum; cisplatin】プラチナと塩素イオン・アンモニウムが結

A〜Z

合した白金錯化合物。抗腫瘍(しゅよう)性がある。シスプラチン。

CDMA【code division multiple access】符号分割多元接続。移動体通信の方式の標準の一。複数ユーザーによる同一周波数帯域の共有を可能にするもの。従来に比べ帯域幅当たりのユーザー数を増やすことができる。

cDNA【complementary DNA】相補的DNA。mRNAと相補的な塩基配列をもつ一本鎖DNA。mRNAなどを鋳型として逆転写酵素を用いて合成する。

CDO【chief digital officer】新 最高デジタル責任者。企業マネジメント組織上での呼称。

CD-R【compact disc recordable】データを1回だけ書き込むことのできるCD。

CDR【child death review】新 子供の死因究明。子供の死亡時に、医療・警察・消防・福祉などの関係者が連携して死因を調べること。その子供の既往歴・家族背景・死に至る経緯などの情報をもとに調査を行う。予防対策の導出が目的。アメリカ、イギリスなどが実施。▷日本では2020年度(令和2)から厚生労働省によるモデル事業が実施されている。

CD-ROM(シーディーロム)【compact disk read-only memory】CDを、コンピューターの読み出し専用の記憶媒体としたもの。1枚が約500メガバイトの記憶容量をもつ。

CD-RW【compact disc rewritable】データを繰り返し記録・消去することのできるCD。

CEマーク【CE mark】製品を欧州連合(EU)の加盟国などに輸出する際、EUが定める安全基準・環境性能基準を満たしていることを証明するマーク。

CEA【Council of Economic Advisers】大統領経済諮問委員会。アメリカ大統領直轄の政府機関の一。議会への経済報告の作成や経済動向の分析、経済政策の勧告などを行う。

CEMS【Community Energy Management System】新 地域全体を対象とするエネルギー管理システム。IT(情報技術)を活用して、地域全体のエネルギー消費の効率化を図る。

CEO【chief executive officer】最高経営責任者。アメリカの企業マネージメント組織上での呼称。経営上の意思決定において最高の責任をもつ。日本での会長職、社長職にあたる。日本でも、経済のグローバル化、意思決定のスピード化、経営責任の明確化などから、この呼称が使われることが多くなった。

CERN(セルン)【フランス Conseil européen pour la recherche nucléaire】ヨーロッパ合同原子核

A〜Z

研究機構。1954年に西ヨーロッパ諸国の協力によって スイスのジュネーブに設立された高エネルギー物理学の研究所。▷1991年に世界初のウェブ-サイトが開設された施設としても知られる。

CERO(セロ)【Computer Entertainment Rating Organization】コンピューター-エンターテインメント-レーティング機構。国内で販売される家庭用ゲーム機用のソフトウエアについて、その表現を自主的に審査し、消費者の目安となる「年齢別レーティング区分」の表示を行う。2002年(平成14)設立。

CEV(セブ)【clean energy vehicle】新 ⇨クリーンエネルギー自動車

CEX【centralized exchange】新 暗号資産(仮想通貨)の中央集権型取引所。管理者が存在する。→DEX

CF【Compact Flash】⇨コンパクト-フラッシュ

CFast(シーファスト) フラッシュ-メモリーを利用した小型メモリー-カードの一。またその規格。前身の規格(CF)より高速の転送が可能。登録商標。

CFC【chlorofluorocarbon】クロロフルオロカーボン。炭化水素の水素原子の少なくとも1個をフッ素原子で置換した化合物の総称。通常、フッ素以外に塩素も含む。一般に、無色無臭。低沸点の液体で、化学的に安定。冷蔵庫などの冷媒、エーロゾル噴霧剤・消火剤などに用いられてきた。大気中に放出されると紫外線で光分解して塩素ガスを発生し、成層圏でオゾン層を破壊するため使用が規制される。フロン。フレオン。特定フロン。

CFIUS(シフィウス)【Committee on Foreign Investment in the United States】対米外国投資委員会。米国政府の省庁間機関。外国企業による米国企業に対する投資(合併・買収など)について、安全保障の観点から承認の可否を審査する。

CFO【chief financial officer】最高財務責任者。アメリカの企業マネージメント組織上での呼称。

CFRC【carbon fiber reinforced concrete】炭素繊維強化コンクリート。ピッチ系炭素繊維を混入したコンクリートで、従来のものより引っ張りや曲げに対して強い。

CFS【chronic fatigue syndrome】慢性疲労症候群。長期間にわたる原因不明の疲労を主症状とする症候群。微熱・咽頭(いんとう)痛・筋力低下・リンパ節の腫れなどの副症状がある。

CFT【combating the financing of terrorism】新 金融機関にお

けるテロ資金供与対策。

CG【computer graphics】コンピューターによる図形処理。コンピューターで、データから図形表示へ、あるいは図形表示からデータへ変換する処理のこと。CAD・アニメーション作成などに利用されている。コンピューター-グラフィックス。

CGI【common gateway interface】　ネットワークで、ブラウザーから要求されたプログラムをサーバー側で実行し、その実行結果を返す仕組み。ウェブ-サイトの来訪者数の表示や、データベースとの連携処理などに利用される。

CGPI【corporate goods price index】企業物価指数。日本銀行が調査・発表してきた卸売物価指数を改称し、2002年(平成14)指数基準改定時から使用の名称。公表は03年1月から。企業間の流通段階における商品の価格から算定した物価指数。国内企業物価指数。

ChatGPT（チャットジーピーティー）新 人工知能を用いて、チャット形式で文章を生成できるサービス。オープンエーアイ(OpenAI)社が2022年に提供開始。同社が開発する言語モデル、GPT(Generative Pre-trained Transformer)シリーズを調整・利用している。

CHF　スイス-フランの通貨コード。

CHRO【chief human resources officer】最高人事責任者。企業マネージメント組織上での呼称。CHO。

CI【composite index】景気総合指数。DI(景気動向指数)を修正し、景気のスピードや振幅を測定する指数。

CI【corporate identity】企業のもつ特性を、内部的に再認識・再構築し、外部にその特性を明確に打ち出し、認識させること。コーポレート-アイデンティティー。

CICA(シカ) 新 ⇨シカ

CI/CD(シーアイシーディー)【continuous integration / continuous delivery (deployment)】新 継続的インテグレーションと継続的デリバリー。または継続的インテグレーションと継続的デプロイ。情報システムの開発と運用において、システムの変更、運用環境への投入、次の変更と続く循環を迅速に実現するための技術的な仕組み。CICDとも。

CIO【chief information officer】最高情報責任者。アメリカの企業マネージメント組織上での呼称。

CIPS(シップス)【Cross-Border Interbank Payment System】新 人民元について金融機関の

A～Z

どうしの国際金融取引を行うためのシステム。中国人民銀行が2015年に導入。

CIS(シス) 【Commonwealth of Independent States】 独立国家共同体。1991年12月ソビエト連邦の解体後、連邦を構成していた11か国(ロシア・ウクライナ・ベラルーシ・モルドバ・アルメニア・アゼルバイジャン・カザフスタン・ウズベキスタン・トルクメニスタン・タジキスタン・キルギス)が結成した、ゆるやかな国家連合体。1993年にジョージア(当時グルジア)が加盟。のちにトルクメニスタンが準参加国(2007年)となり、ジョージア(2008年)とウクライナ(2014年)が脱退した。

CIS 【critical incident stress】 惨事ストレス。大規模災害や悲惨な事件現場において活動した消防隊員や救急隊員などが、被災者や被害者と同様に心理的衝撃を受け、感情の麻痺(まひ)や睡眠障害などのストレス反応を起こすこと。

CIVETS 【Colombia, Indonesia, Vietnam, Egypt, Turkey, South Africa】経済的な新興国とされるコロンビア、インドネシア、ベトナム、エジプト、トルコ、南アフリカの総称。

CJD 【Creutzfeldt-Jakob disease】 クロイツフェルトヤコブ病。脳に異常型プリオンが蓄積することにより、脳の機能が障害される疾患。50〜70歳代に多く発症し、性格の変化や失見当識などの症状から、急速に認知症症状が進行する。▷ドイツのクロイツフェルト(H.G.Creutzfeldt)とヤコブ(A.M.Jakob)が報告。

CKO 【chief knowledge officer】企業内でその企業がもつ知識やノウハウを統括管理する担当者。アメリカの企業マネージメント組織上での呼称。企業のナレッジ-マネージメントの重要性から、日本でも注目されている。▷知識担当役員、知識執行役員、知識統括役員などともよばれる。→ナレッジ-マネージメント

CLM 【Cambodia, Laos, Myanmar】カンボジア、ラオス、ミャンマーの3か国。

CLMV 【Cambodia, Laos, Myanmar, Vietnam】カンボジア・ラオス・ミャンマー・ベトナムの4か国。→ASEAN

CLO【collateralized loan obligation】ローン担保証券。不動産貸付などの事業貸付債権を裏付けに発行される証券。

CLS【child life specialist】チャイルド-ライフ-スペシャリスト。入院中の子どもの精神面をケアし、その生活全般を支援する専門家。チャイルド-ライフ-プログラムに基づき、遊びを通じた心のケアやプレパレーション(インフォーム

ド-コンセントの一種)などを行うほか、子どもの病気に関する家族の悩みや不安にも対応する。

CLT【cross laminated timber】挽板(ひきいた)または小角材を並べて接着した板を作り、それらの板を繊維方向が直行するように何層か重ねて接着した材料。土木・建築・家具などの用材とする。日本農林規格(JAS)では直交集成板と呼ぶ。「—パネル」「—工法」▷交差状に張り合わせた木材の意。

CMM【Capability Maturity Model】ソフトウエア開発・保守の能力成熟度を測定する品質管理基準。5段階のレベルがある。ソフトウエア開発における品質と生産効率の向上をめざす管理手法として用いられる。アメリカのカーネギー-メロン大学ソフトウエア工学研究所が提唱。能力成熟度モデル。

CMMS【computerized maintenance management system】工場やプラントなどの設備について、その保守・管理に関する情報をコンピューターで一元管理するためのシステム。

CMO【collateralized mortgage obligation】モーゲージ担保債務証書。モーゲージ証券の償還の不確実性を軽減するため貸付債権を担保として発行する証券。

CMO【chief marketing officer】新 最高マーケティング責任者。企業マネジメント組織上での呼称。

CMOS(シーモス)【complementary metal oxide semiconductor】電子が多いnチャンネル型と正孔が多いpチャンネル型のMOSトランジスターの組み合わせで構成される半導体回路の一種。消費電力が低く、小型化・高集積化に適する。相補性金属酸化膜半導体。

CMOSイメージ センサー【CMOS image sensor】CMOS(シーモス)を利用した撮像素子。CCDに比べ消費電力が低く、周辺回路も一体化できるなどの特徴をもつ。デジタル-カメラや携帯端末用のカメラなどに使用される。→CCD

CMS【cash management service】国際的に展開する企業に対し、企業の海外資金の効率化・リスク回避などのため、銀行が国際的ネットワークを利用して提供するサービス。キャッシュ-マネージメント-サービス。▷国内においても持ち株会社制や連結会計制度の導入などを受け、国内企業グループの効率的な資金管理サービスをいう場合も増えている。→ネッティング・プーリング

CMS【content management system】ウェブ-サイトの構築お

A~Z

よび運用を簡易化するソフトウエア。ユーザーにコンテンツ(文章や画像など)の管理機能を提供するもの。サイト構築は自動的に行われる。ブログなど。コンテンツ-マネージメント-システム。

CNF【cellulose nanofiber】新 ⇨セルロース-ナノファイバー

CNY 人民元の通貨コード。

COD【cash on delivery】 ⇨キャッシュ-オン-デリバリー

COD【chemical oxygen demand】水の汚れを表す指標の一。水中の有機物を酸化するのに消費される酸素量。単位はppm。大きい値ほど汚れがはなはだしい。化学的酸素要求量。

COIL(コイル) 【Collaborative Online International Learning】新 大学が学生に対して、国を超えて交流や協働ができる環境を情報通信技術によって提供する教育プログラム。動画配信による講義、ビデオ会議による討論や課題解決など。ニューヨーク州立大学が開発した手法。海外連携型協働学習。

COMEX 【commodity exchange】ニューヨーク商品取引所。

COO【chief operating officer】最高執行責任者。アメリカの企業マネージメント組織上での呼称。経営上の実務・運営において最高の責任をもつ。日本での社長職にあたる。CEOと共に企業経営の中心的役割を担う。日本でも、経済のグローバル化、意思決定のスピード化、経営責任の明確化などから、この呼称が使われることが多くなった。

COP(コップ) 【Conference of the Parties】国際条約の中で、その締結国による最高決定機関。特に、気候変動枠組み条約の締結国会議をいうことが多い。1997年に京都で開催され、温暖化ガス排出量の削減計画を定めた京都議定書を採択した第3回会議(COP3(コップスリー))などがある。

COPD 【chronic obstructive pulmonary disease】慢性閉塞性肺疾患。気管支や肺胞に炎症・破壊が生じ、呼吸機能に異常を起こす疾患の総称。

COP21(コップにじゅういち) 【21st Session of the UNFCCC Conference of the Parties】新 2015年パリで開催された、国連気候変動枠組み条約第21回締結国会議のこと。パリ協定を採択。

COVID-19(コビッドナインティーン) 新 感染症の一。ウイルス・SARS-CoV-2が人に感染することで発症し、呼吸器疾患を引き起こす。2019年12月に中国湖北省武漢市で検出され、パンデミックを起こした。▷COVIDはコロナウイルス感染症(corona virus disease)の略。19 はウイルスが初検出された年に由来する。世界保健機関(WHO)が命名。

アップデート 2015 年、世界保健機関(WHO)はウイルスや感染症の命名に際し「人名・地名等に由来する命名を避ける」とするガイドラインを設けました。病名由来の差別が社会問題化したためです。例えばMERS(中東呼吸器症候群)との名称は中東地域への差別につながりました。これが COVID の名前が記号的である理由です。

CO_2(シーオーツー) 新 (温室効果ガスとしての)二酸化炭素。▷化学式から。

CO_2センサー(シーオーツーセンサー)【CO_2 sensor】新 周辺環境の二酸化炭素濃度を測定・監視する機器。室内における換気の目安とするもの。CO_2 濃度測定器。CO_2 モニター。

CP【commercial paper】企業や金融機関などが短期資金を調達するために発行する無担保の有価証券。日本では 1987 年(昭和 62)に初めて発行。コマーシャル-ペーパー。

CPA【cost per action】新 広告効果を測る指標の一。成果(コンバージョン)一件あたりの広告コスト。顧客獲得単価。▷具体的に何を成果として数えるのかは「会員登録」「来店予約」「問い合わせ」など取り組みによって異なる。

CPAP(シーパップ)【continuous positive airway pressure】新 睡眠時無呼吸症候群(SAS)の治療法の一。鼻に装着した専用のマスクから空気を送り込んで気道を広げる。持続陽圧呼吸療法。

CPC【cost per click】新 ①広告効果を測る指標の一。クリック 1 回あたりの広告コスト。②クリック課金型の広告。またその広告単価。

CPCR【cardiopulmonary cerebral resuscitation】心肺脳蘇生術。呼吸停止また心停止した患者への救命処置。

CPD【cost per day】新 広告効果を測る指標の一。1 日あたりの広告コスト。

CPE【cost per engagement】新 広告効果を測る指標の一。エンゲージメント(消費者による広告への反応)ひとつあたりの広告コスト。

CPI【consumer price index】消費者物価指数。消費財の価格の変動を示す指数。基準時に対する価格の比率を各品目ごとに求め、消費支出額に基づいて加重平均した数値。

CPI【cost per install】新 広告効果を測る指標の一。アプリのインストール、1 件あたりの広告コスト。インストール単価。

CPO【chief privacy officer】

最高プライバシー責任者。アメリカの企業マネージメント組織上での呼称。顧客に関する個人情報の管理・保護について責任を負う。

CPO【cost per order】新 広告効果を測る指標の一。注文1件あたりの広告コスト。

CPR【cost per response】新 広告効果の経費効率を示す指標の一。広告1反応あたりのコスト。

CPS【cyber physical system】新 サイバーフィジカルシステムの略。→サイバーフィジカル

CPU【central processing unit】中央処理装置。コンピューターの中枢となる装置で、命令の解釈と実行の制御を行う。

CPV【cost per view】新 広告効果を測る指標の一。動画広告の視聴1件あたりの広告コスト。広告視聴単価。▷視聴数の定義は取り組みによって異なる。

CR機 カード式のパチンコ台。プリペイド-カードを差し込んで玉を借りる。貸し出し数や出玉などの情報が、オンラインで集計される仕組み。1992年(平成4)に登場し、後に確率変動とよばれる機能が認可・追加された。▷CRはcard readerの略。

CRC【clinical research coordinator】 治験コーディネーター。治験業務の円滑な進行と運営を支援する専門家。治験実施医療機関において被験者・医師・製薬会社間の調整役となり、治験に関する医学的判断を伴わない業務全般にかかわる。

CRM【cockpit resource management】人的要因による航空機事故を防ぐため、操縦室内におけるパイロット間の意思疎通を円滑にし、乗員間の連携や計器類から得られる情報など、利用可能なすべてのリソース(資源)を有効に活用すること。

CRM【customer relationship management】顧客の購入・利用履歴だけでなく、苦情や意見なども含めた企業とのあらゆる接点での情報を統合管理する経営手法。顧客へ最適なサービスを提供し、顧客維持率をあげ長期的な収益を高めようとする。カスタマー-リレーションシップ-マネージメント。▷IT技術を利用した企業経営の概念として、SFA・ERMなどとともに提案されている。→SFA・ERM

CS【和製 climax+series】 ⇨クライマックス-シリーズ

CS【communications satellite】通信衛星。地上局の遠距離通信の中継局となる人工衛星。放送事業にも用いられる。

CS【convenience store】 ⇨コンビニ

CS【customer satisfaction】顧客満足。顧客のニーズを充足す

A〜Z

ることにより得られる顧客の満足。顧客へのサービスの個性化によって競争企業との差別化を図ろうとするものをいう。

CSデジタル放送　通信衛星(CS)を使用するデジタル放送。1996年(平成8)より放送開始。

CS【customer success】新 ⇨カスタマー-サクセス

CSA【community supported agriculture】新 地域支援型農業。消費者が地元農家と直接契約を結び、前払いで農産物を購入することにより、農家を支える仕組み。農家は収入の安定化を図れる。また消費者は新鮮な農産物を定期的に入手できる。

CSEC(シーセック)【Commercial Sexual Exploitation of Children】子どもの性的商業的搾取。児童買春、児童ポルノ、性目的による子どもの人身売買をさす。

CSF【classical swine fever】新 ブタの感染症の一。CSFウイルス(豚コレラ-ウイルス)によって起き、死亡率が高く、伝染力が強い。家畜伝染病の一。豚(とん)コレラ。豚ペスト。▷ヒトの疫病であるコレラと無関係であるため、農水省は2019年(令和元)に名称を豚コレラからCSFに変更。

CSF【critical success factor】新 ⇨KSF

CSIRT(シーサート)【Computer Security Incident Response Team】セキュリティー-インシデント(コンピューターシステムの安全が脅かされる出来事)に対応するための専門チーム。行政機関・企業などに設けるものが多い。

CSO【chief strategy officer】新 最高戦略責任者。企業マネジメント組織上での呼称。

CSPI【corporate service price index】企業向けサービス価格指数。不動産賃貸料・運送費・広告料金など、企業間で取引されるサービスの価格変動を示す指数。日本銀行が1991年(平成3)から四半期ごとに公表。のちに月次公表。現在のSPPI。

CSR【corporate social responsibility】　企業の社会的責任。企業の責任を、従来からの経済的・法的責任に加えて、企業に対して利害関係のあるステークホルダーにまで広げた考え方。→ステークホルダー ➲よくわかる「CSR」の意味と使い方(p.965)

CSS【cascading style sheets】HTMLにおいて、レイアウトに関するタグを定義しスタイル-シートとして組み込むための規格。→スタイル-シート・HTML

CSTO【Collective Security Treaty Organization】新 集団安全保障条約機構。ワルシャワ条約機構解体後の1992年に、

ロシアを中心とする6か国が調印した集団安全保障条約を創始とする。2002年に機構化。アルメニア、カザフスタン、キルギス、タジキスタン、ベラルーシ、ロシアの6か国(2012年現在)が加盟する。本部、モスクワ。

CSV【comma-separated value】データベースなどで、各項目のデータをカンマで区切ったテキスト形式のファイル。

CSV【creating shared value】新 共通価値の創造。企業が社会と価値を共有することで、経済的価値と社会的価値を両立させ、企業の競争力向上と社会的問題解決の両立を目指すこと。→CSR

CT【computed(computerized) tomography】 コンピューター断層撮影装置。X線装置とコンピューターを組み合わせた医療機器。X線を360°回転しながら照射して人体の横断面を撮影、各方向からの像をコンピューターで処理して、その平面の画像を得る。X線のほか、粒子線・超音波などを用いたものもある。

CTBT【Comprehensive Test Ban Treaty】包括的核実験禁止条約。地下核実験を含め、すべての核実験を禁止する国際条約。1996年国連で採択。未批准・未署名の国があるため、発効の見通しが立っていない。→PTBT

CTI【computer telephony integration】 コンピューターと電話の機能統合、あるいはそれによって得られる高度なサービス。企業の電話窓口において、発信者の電話番号から自動的に顧客データを検索することがその例。

CTO【chief technical officer】最高技術責任者。アメリカの企業マネージメント組織上での呼称。

CTP【computer to plate】DTPで、印刷用のデジタル-データをフィルムに出力せず、刷版(plate、プレート)に直接焼き付ける方式。コンピューターから直接刷版をつくるため、フィルムレスによる経費削減や、工程短縮による納期の短期化を可能にする。→DTP

CTR【click through rate】新 インターネット広告における指標の一。広告の表示回数に対するクリック回数の割合を百分率で表す。クリック率。

CTS【carpal tunnel syndrome】手根管症候群。反復運動過多損傷の一。長時間のキーボードを用いた入力作業など、手首に負担を強いる不自然な姿勢のまま手や腕を酷使することによって起こる疾患。手首の中にある手根管の中を通る神経が圧迫され、指に痛みやしびれを生じる。

よくわかる「CSR（シーエスアール）」の意味と使い方

詳しい意味は？

CSRとは英語の **c**orporate **s**ocial **r**esponsibility を略した言葉で「企業の社会的責任」を意味します。言い換えると、企業経営の際に、自社の利益追求だけでなく、人権・環境・雇用・消費者保護・事業慣行・企業統治などにも配慮する責任を指します。

そもそも企業が果たすべき責任には様々なものがあります。このうち最低限果たすべき責任が「法的責任」（法律を遵守した経営を行うこと）と「経済的責任」（賃金や代金の支払い・納税・配当などをきちんと行うこと）とされます。

しかしながら現代の企業の責任には、これ以外にも「倫理的責任」があります。企業は「社会の不利益にならない行動」をいっそう求められるようになりました。CSRとは、以上に示したあらゆる責任を「社会的責任」として包括的にとらえる考え方です。

どんな時に登場する言葉？

責任の主体が企業であることから、この言葉は企業経営の分野で頻出します。また責任の及ぶ分野も多岐にわたるため、その分野から見た言及も少なくありません。例えば人権・環境・雇用・消費者保護・事業慣行（例：公正な取引など）・企業統治（→ガバナンス）・社会貢献などの分野でも、CSRに関する言及がよく登場します。

CSR（シーエスアール）の使い方を実例で教えて！

［CSR経営］　企業の社会的責任を果たすための取り組みのことを「CSRの取り組み」「CSR（の）活動」「CSR（の）推進」などと表現できます。また、その取り組みを行う経営のことを「CSR経営」とも表現できます。

［CSR推進室］　企業の組織内に、CSR活動を行うための専門部署を設けることがあります。そのような部署を「CSR推進部」「CSR推進室」「CSR委員会」「CSR部」「CSR室」などと呼びます。

CTV【connected TV】新 ⇨コネクテッドティービー

CVC【corporate venture capital】新 金融機関以外の企業が、社外のベンチャー-ビジネスに対して投資を行うこと。またそのための子会社。事業におけるシナジー効果を創出することが主な狙い。

CVD【chemical vapor deposition】半導体・絶縁体・金属などをガスにして、加熱した基板上で化学反応により堆積させ、薄膜を形成する技術。化学的気相成長法。化学蒸着法。

CVID【complete, verifiable, and irreversible denuclearization】完全で検証可能かつ不可逆的な非核化。北朝鮮の核開発問題をめぐる6か国協議(日本・米国・中国・ロシア・韓国・北朝鮮)において、米国が示した原則。

CVR【conversion rate】 ⇨コンバージョン率

CVS【convenience store】 ⇨コンビニ

CVV【card verification value】クレジット-カードに記載されているセキュリティー用のコード番号。オンライン決済の際、不正利用を防ぐ目的で入力するもの。具体的な呼称はカードのブランドによって異なる。クレジット-カード-セキュリティ-コード。

CWC【Chemical Weapons Convention】化学兵器禁止条約。正称、化学兵器の開発、生産、貯蔵及び使用の禁止並びに廃棄に関する条約。化学兵器の根絶をめざすもので、広範で厳密な検証制度、遺棄化学兵器の撤去なども定めている。1993年調印、97年発効。日本は95年(平成7)批准。

CxO 企業経営における最高責任者の総称。CEO(最高経営責任者)、COO(最高執行責任者)、CFO(最高財務責任者)などがある。

CYOD(シーワイオーディー)【choose your own device】職場が用意した選択肢のなかから、従業員が好みの個人用情報機器を選んで、それを業務に利用すること。→BYOD

C4I(シーフォーアイ)【command, control, communication, computer and intelligence】現代的な軍事行動に必要とされる要素。指揮・統制・通信・コンピューター・情報収集の総称。

C4ISR(シーフォーアイエスアール)【command, control, communication, computer, intelligence, surveillance and reconnaissance】現代的な軍事行動に必要とされる要素。指揮・統制・通信・コンピューター・情報収集・監視・偵察の総称。

A〜Z

D端子 アナログ映像信号の入出力端子の一。日本独自の規格。対応する映像フォーマットによりD1からD5まである。▷Dはコネクターの形状に由来する。

dボタン データ放送を受信できるテレビ受像機で、そのリモコンに搭載されているボタンの一。これを押すことで、視聴中の番組の関連情報や生活情報の閲覧、クイズやアンケートへの参加などが可能になる。→データ放送 ▷dはデータの略。

DaaS(ダーズ；ダース) 【Desktop as a Service】新 コンピューターのデスクトップ環境を、インターネット上のサービスとして利用できるようにする提供方式。

DAC【downhill assist control】⇨ダウンヒル-アシスト-コントロール

DAC(ダック) 【direct air capture】新 二酸化炭素を大気から直接回収する技術。地球温暖化の抑止が目的。吸収剤を利用する方法などがある。直接空気回収技術。

D&I【diversity and inclusion】多様性を認めて、それを受け入れること。企業の人材活用などの分野でいう。ダイバーシティーアンドインクルージョン。

DAO(ダオ) 【decentralized autonomous organization】新 分散型自律組織。中央的な管理者が存在しない代わりに、ガバナンストークン(投票権が付与された仮想通貨)の保有者が意思決定に参加できる。事業運営にはスマートコントラクトの技術を用いる。

DApps(ダップス) 【decentralized applications】新 ブロックチェーン技術を用いることで、非中央集権型の情報処理を可能にするアプリケーションソフトウエアの総称。多くの場合、オープンソース形式で開発が行われる。分散型アプリ。Dapps。DApp。dApp。Dapp。dapp。

DASH食(ダッシュしょく)【dietary approaches to stop hypertension】高血圧にストップをかけるための食事療法。血圧をコントロールするためにNIH(アメリカ国立衛生研究所)の主導によりアメリカで導入された食事の方法。脂肪・コレステロール・飽和脂肪酸を減らし、食物繊維や良質のタンパク質、ミネラル(カリウム・マグネシウム・カルシウム)を多く含む食品を摂取する。

DAT(ダット) 【digital audio tape】音声をデジタル信号に変換してPCM録音するカセット-テープの方式。高音質でダイナミック-レンジが広く、SN比に優れ、テープ-ダビングなどによる音質の劣化がほとんどない。

DAW (ディーエーダブリュー、ダウ)

A〜Z

【digital audio workstation】コンピューターで音楽を制作するためのシステム。

DBS【Disclosure and Barring Service】新 イギリス内務省が管轄する、性犯罪などの犯罪履歴を管理する組織。子どもに関わる職業の求職者に対して、無犯罪証明書を交付する。雇用主は求職者から証明書の提出を受けて履歴の照会を行う。

DC【direct current】直流。時間的に流れる方向が変わらない電流。また、方向と同時に大きさも変化しない電流。直流電流。→AC(交流)

DC年金 確定拠出年金。企業年金制度の一。年金支給額を決めるのではなく、保険料を定め、それを積み立ててその運用実績により支給される年金額が決定する仕組みの年金。日本版401k。▷DCはdefined contribution(確定した拠出)。

DCモーター【DC motor】新 直流の電力で動くモーター。直流電動機。

DCAT(ディーキャット)【Disaster Care Assistance Team】新 災害福祉支援チーム。災害医療支援チーム(DMAT)の福祉版。大規模な災害などが発生した際、直ちに避難所などに赴いて高齢者・障害者などの支援を行う。介護福祉士、社会福祉士などで編成する。▷DWAT(Disaster Welfare Assistance Team)とも。

DCF【discounted cash flow】⇨ディスカウント-キャッシュ-フロー

DD【due diligence】新 ⇨デューデリジェンス

DDM【dividend discount model】配当割引モデル。株式の評価方法の一。将来の配当金を現在価値に割り引いた額を評価する。

DDoS【distributed DoS attacks】分散サービス拒否攻撃。複数のサーバーに分散したプログラムによって行われるサービス拒否攻撃。→DoS攻撃

DDS【drug delivery system】ドラッグ-デリバリー-システム。薬物の副作用を軽減したり効果的に使用するために、生体内で必要とされる部位に選択的に到達するように、また長期間にわたって持続的に放出されるように製剤などの工夫をした投与形態。

DE&I【diversity, equity and inclusion】新 多様性と公平性と包摂性。性別・人種など多様な属性(多様性)を持つ人材を単に受け入れる(包摂性)だけでなく、個別の事情に配慮することによって労働機会の不均衡を排除する(公平性を実現する)こと。企業の人材活用などの分野でいう。

DEI。→ダイバーシティーアンドインクルージョン

DeFi(デフィ、ディファイ、ディーファイ)【decentralized finance】分散型金融。分散型台帳技術を応用して実現する、中央管理を必要としない金融システム。

DEHP【diethylhexyl phthalate】フタル酸ジエチルヘキシル。フタル酸エステルと総称される有機化合物の一。塩化ビニールなどの可塑剤として多く用いられる。内分泌攪乱(かくらん)物質として生殖障害などを引き起こす可能性が指摘されている。

DEP【diesel exhaust particles】⇨ディーゼル排気粒子

DES【debt equity swap】①多額の債務を抱える企業が、債務免除と引き換えに取引金融機関に自社株式を引き受けてもらうこと。②発展途上国の対外債務を国内債務ないし投資用現地通貨に転換することで、累積債務を軽減し、国内経済の建て直しを図る方法。外国企業が金融機関から債務を購入し、債務国の中央銀行に売却し、代金を債務国への投資資金にあてる。デット-エクイティー-スワップ。

DevOps(デブオプス)新 ソフトウエアの開発技法の一。開発と運用の担当者が連携する体制をつくり、迅速な開発を行う仕組み。▷開発(development)と運用(operations)の合成語。

DEWKS(デュークス)【dual-employed with kids】子どもをもって共働きをする夫婦。夫婦のライフスタイルのあり方・選択にかかわることば。→DINKS

DEX【decentralized exchange】新 暗号資産(仮想通貨)の分散型取引所。管理者が不在。→CEX

DFSS【design for six sigma】シックス-シグマのための設計。→シックス-シグマ

DHA【docosahexaenoic acid】ドコサヘキサエン酸。6個の二重結合をもつ不飽和脂肪酸。イワシ・サバ・ブリなどの魚に多く含まれ、血中コレステロールの低下や脳のはたらきを活発にする作用があるとされる。

DHC【district heating and cooling】地域熱供給。熱供給プラントから同地域内の住宅やビルに温水・冷水などを供給するシステム。

DHCP【dynamic host configuration protocol】TCP/IPを利用する際のIPアドレスの設定などを自動的に行う、ネットワーク設定用プロトコル。

DI【diffusion index】景気や業況の動きをとらえるための指数。景気動向指数や業況判断指数など。

DID【densely inhabited district】人口集中地区のこと。国勢調査において設定される人口密度が1 haあたり40人以上、人口5000人以上の地域で、実質的な都市地域を表す。

DIMM(ディム) 【dual inline memory modules】パソコンのメモリー増設用の基板モジュール。メモリー-チップを基板の両面に装着してある。SIMMに比べデータ-バス幅が2倍になっているため、集積度が高い。→SIMM

DINKS(ディンクス) 【double income, no kids】子どものいない共働きの夫婦。夫婦のライフスタイルのあり方・選択に関わることば。→DEWKS

DIY【do-it-yourself】自分でつくること。日曜大工。

DJ【disk jockey】①ラジオなどで音楽を選曲・再生しながら語る司会者。もともとは、放送機材の操作なども単独で行う人をさした。②クラブやディスコなどで、音楽を選曲・再生する人。またはヒップ-ホップなどの音楽で、リズム演奏のためにレコードを再生する人。▷ディスク-ジョッキーとも。

アップデート 男子サッカー日本代表がW杯出場を決めた2013年(平成25)6月4日、東京・渋谷には出場を喜ぶ人々があふれかえりました。それを誘導する警官が、軽快な語り口で機知に富んだ呼びかけを行い話題になりました。「皆さんは12番目の選手です。日本代表のようなチームワークで(横断道路を)進んでください」。警官には「DJポリス」との愛称が付きました。

DL【download】新 ダウンロードの略。

DLNA 【Digital Living Network Alliance】異なるメーカーの家電・情報機器などが、家庭内の相互接続によって画像・音声・映像をやりとりできるようにする規格。メーカーが加盟する同名の非営利組織が策定。

DLP【digital light processing】フィルムを用いずに、コンピューターから直接プロジェクターに映像データを送る映写方式。デジタル光処理技術。

DMAT(ディーマット) 【Disaster Medical Assistance Team】新 災害医療支援チーム。大規模な自然災害やテロなどが発生した際、直ちに被災地に赴いてトリアージや応急処置などの医療活動を行う。専門の教育・訓練を受けた医療関係者で編成される。→トリアージ

DMO 【destination management organization】新 地域の多様な関係者と連携して、経営的観点でその地域の観光地づくりを主導する法人。日本では2015年(平成27)に観光庁による登録制度が開始。

A～Z

DMU【decision making unit】マーケティング活動において、購入の意思決定に関与する人物の総称。狭義には最終決定者のこと。

DMZ【demilitarized zone】新 ①非武装地帯。条約によって武装を禁じられる地域。②コンピューターネットワークの外部と内部の中間におく緩衝的なネットワーク。緩衝部から内部に向かう通信が制限されているため、外部からの不正アクセスが内部に及びにくい。

DNA【deoxyribonucleic acid】デオキシリボ核酸。遺伝子の本体。デオキシリボースを含む核酸。ウイルスの一部およびすべての生体細胞中に存在し、真核生物では主に核中にある。アデニン・グアニン・シトシン・チミンの4種の塩基を含み、その配列順序に遺伝情報が含まれる。1953年ワトソンとクリックとが、デオキシリボ核酸の分子モデルとして二重螺旋(らせん)構造を提案し、分子生物学を大きく発展させた。→RNA

DNAチップ DNAの機能解明に用いられる素子。ガラス基板に構造・機能がわかっているさまざまなDNA断片を微量ずつ整列・配置して作成する。試料と結合した素子上のDNAの機能からその試料のDNAの機能が推定できる。

DnB【drum'n bass】⇨ドラムン-ベース

DNF【did not finish】新 スポーツ競技で、スタートしたがゴールできなかったこと。途中棄権(リタイア)。

DNS【debt for nature swap】環境スワップ。発展途上国の累積債務の返済負担を軽減する代わりに、保護区の設定など、自然保護政策を確約させること。環境NGOが金融機関から債権を割引価格で購入し、金融機関は途上国の現地通貨を債務国に提供する、という形をとる。債務・自然保護スワップ。

DNS【did not start】新 スポーツ競技で、競技者がスタートできなかったこと。スタート以前の棄権。

DNS【domain name system】ネットワーク上で、ドメイン名とIPアドレスの対応を管理する方法やデータベース。

DOA【dead-on-arrival】デッド-オン-アライバル。来院時心肺停止。患者が心停止の状態で病院に搬送されてくること。▷もともとは、アメリカで救急隊員などが用いた俗語。

DOE【dividend on equity】株主資本配当率。投資指標の一。配当金総額を株主資本で割って算出した数値から、投資の還元度を知る。

DONET(ドゥーネット) 【Dense Oceanfloor Network system for Earthquakes and Tsunamis】新 地震・津波観測監視システム。海底に複数の観測点を設けて、海域で起こる地震・津波を観測する。海洋研究開発機構が2011年(平成23)より運用開始。16年(平成28)、防災科学技術研究所に移管。

DOOH 【digital out-of-home】デジタル屋外広告。

DoS攻撃 【denial of service attacks】サービス拒否攻撃。コンピューターのネットワーク上で、目的のサーバーの機能を無効化する攻撃。サーバーに対して多大な処理を要求し、機能を低下させる。複数のサーバーに分散したプログラムが、特定のサーバーを攻撃する場合もある。

DPAT(ディーパット) 【Disaster Psychiatric Assistance Team】災害派遣精神医療チーム。大規模な自然災害・事故・テロなどが発生した際、都道府県の派遣要請により被災地に赴いて、被災者や被害者の心のケアにあたる。精神医療の専門家で構成される。→DMAT

DPF 【diesel particulate filter】ディーゼル-エンジンの排出ガス中の、有害物質を含む微粒子を除去するフィルター。排気微粒子除去装置。

dpi 【dot per inch】解像度を表す尺度。1インチの間の点(ドット)の密度により表される。パソコンのディスプレーやプリンターの印刷の精細さを示すのに用いられる。

DR 【depositary receipt】預託証券。企業が海外で資金を調達する際、株券は本国の銀行に預けておき現地で現物の様式を特定機関に預託し、それと引き換えに発行・売買される代替証券。

DRAM(ディーラム) 【dynamic random access memory】半導体記憶素子の一。データ保持のため一定時間毎に再書き込みが必要。記憶密度は高い。ダイナミック-ラム。→RAM

DRG/PPS 【diagnosis related group / prospective payment system】医療費の定額払い方式。各種の疾病を医療資源の必要度から数百程度の診断群に分類して(DRG)、その診断群ごとに標準的な医療費を定めて支払う(PPS)方法。

DSM 【demand side management】デマンド-サイド-マネージメント。季節や時間帯による電力需要量平準化のために、電力会社が消費者に働きかける諸活動のこと。高効率機器の奨励や深夜割引料金の設定などをいう。

DSM 【Diagnostic and Statistical Manual of Mental Disorders】アメリカ精神医学会が作成する、精神疾患の診断・統計マニュアル。臨床像と特徴的症状から、精神疾患の分類と診断基準を得ることができる。通常、版とともにDMS- V(第5版・2013年)などと表記される。

DSP【digital signal processor】デジタル-シグナル-プロセッサー。基音の信号をデジタル的に処理するプロセッサー。

DSP【demand side platform】新 インターネット広告において、広告主が利用する広告プラットホーム。

DSQ【disqualified】スポーツ競技において、ルール違反による失格。

DSR【debt service ratio】デット-サービス-レシオ。債務返済比率。国家の対外債務支払能力を示す指標で、分子に年間の対外債務元利支払額、分母に年間の財・サービス輸出額を使って算出される。カントリー-リスクの指標の一つ。

DSRC【dedicated short range communications】 数mの狭い範囲で自動車どうし、また特定施設との間で行われる無線による高速データ通信の技術。ETCに用いられる。狭域通信。→ETC

DSS【dynamic spectrum sharing】携帯電話の通信技術の一。LTEの周波数帯の一部もしくは全部を、5G(第5世代移動体通信)と共用できるようにする。ダイナミックスペクトラムシェアリング。

DTC【direct-to-consumer】新 医療用医薬品の広告のうち、医療専門家ではなく消費者に対して直接訴求するもの。「—マーケティング」

DTM【desktop music】机上で楽曲制作の作業を行うこと。また、そのようにして制作された楽曲。パソコンなどを使用して、作曲・演奏・録音などの作業を行う。デスクトップ-ミュージック。

DTP【desktop publishing】コンピューターを用いて、原稿の作成、レイアウト、版下作成など、出版のための一連の作業を行うこと。デスクトップ-パブリッシング。

DTx【digital therapeutics】医療的根拠に基づき、情報通信機器を予防・診断・治療などの医療行為に活用すること。デジタル-セラピューティクス。デジタル治療。デジタル療法。

DV【domestic violence】 ⇨ドメスティック-バイオレンス

DVD【Digital Versatile Disc】DVDフォーラムが制定した、光ディスクにデジタル情報を記録する際の統一規格。メディアの種類(物理フォーマット)にはDVD-ROM・DVD-RAM・DVD-R・

DVD-RWの4規格が、使用方法(アプリケーション-フォーマット)にはDVD-Video・DVD-Audio・DVD-VRなどがある。デジタル多目的ディスク。▷一般的なDVDソフトは、DVD-ROM形式のメディアに、DVD-Video形式で映像を記録したもの。

DVI【digital video interactive】デジタル画像の圧縮技術の一。動画・音声をCD-ROMに記録・再生するために用いられる。

DVT【deep vein thrombosis】深部静脈血栓症。深部静脈で血栓が発生する病気。血液の循環を妨げるほか、血栓が血流に乗り脳・肺・心臓などに移動することで、それらの臓器に損傷を与える場合もある。

DWAT(ディーワット)【Disaster Welfare Assistance Team】⇨DCAT

DWP【digital workplace】新 ⇨デジタルワークプレース

DX【digital transformation】⇨デジタル-トランスフォーメーション ▷DXのXはtrans-の意。

D2C【direct to consumer】新 メーカーが自社サイトを通じて、みずから企画・製造した商品を直販するビジネス-モデル。

e-【electronic】名詞の前に付けて、「電子の」「インターネットの」の意を表す。特に、インターネットなどコンピューター-ネットワークを媒体とするものであることを表す。

e-コマース【e-commerce】電子商取引。ネットワーク上で、個人や企業が商品購入から決済までの商取引を行うこと。EC。エレクトロニック-コマース。

eスポーツ【e-sports】新 コンピューター-ゲームを用いた競技。パソコンや家庭用ゲーム機、スマート-フォンなどのゲーム-ソフトで対戦するもの。シューティング-ゲームやスポーツ-ゲームを使用することが多い。エレクトロニック-スポーツ。

アップデート 2018年(平成30)のアジア競技大会では、同競技が公開競技として実施され、日本人選手が金メダル(ウイニングイレブン2018)を獲得しました。同年の新語・流行語大賞では同語がトップテンに入賞。国内における同競技の知名度も徐々に上昇しています。

e-タグ【和製 e-tag】RFIDを利用したタグ(荷札)による航空手荷物の管理システム。現在の主流であるバーコード型のタグに比べ、紛失する荷物の削減や手荷物管理の効率化、セキュリティーの向上などが期待されている。→RFID

e-チケット【e-ticket】紙製の航空券に記入されていた出発日や便名などのフライト情報を航空

A〜Z

会社のコンピューターに記録することで、航空券の代わりとするもの。搭乗者はメールなどで送られる控えをもち、カウンターで搭乗手続きを行う。また、コンサートなどのチケットにもいう。

Eバイク【e-bike】電動アシスト自転車。

eポートフォリオ【e-portfolio】個人の学習記録を電子的に記録したもの。

E-メール【E-mail】電子メール。コンピューター-ネットワークを使って、文字情報やデータを通信すること。送信された情報は、受信者がネットワークにアクセスすればいつでも受け取ることができる。

eラーニング【e learning】ネットワークを活用した教育や研修のこと。利用者はパソコンを使い、好きなときに学ぶことができ、講師との質疑応答も可能。

e-シール【e-Seal】新 電子データの発信元と完全性を証明する添付データ。狭義には、欧州連合(EU)が eIDAS (イーアイダス)規則(2016年発効)で定める仕組みをいう。▷ electronic seal の略。

EAP【employee assistance program】生産性を向上させるために、企業が従業員の生活全般、特に、メンタル-ヘルスに関して支援するシステム。従業員援助プログラム。

E-A-T(イーエーティー)【expertise, authoritativeness, and trustworthiness】新 専門性と権威性と信頼性。グーグルが定めるガイドラインに登場する語で、ウェブページの検索順位を決める際に重視するとされる。

EB【exchangeable bond】他社株転換債。一定期間内に一定の条件で発行会社以外の会社の株式に転換できる権利を付与した社債。他社株転換可能債。

eBike(イーバイク)【electric bike】⇨E バイク

EBITDA(イービットディーエー、イービットダー)【earnings before interest, taxes, depreciation and amortization】利払い・税引き・償却前利益。税引き前利益に支払い利息と固定資産の減価償却費を加えたもの。企業の収益力を示す指標の一。国ごとに異なる会計基準や税率、金利の影響を最小限に抑えた利益で、企業の収益力に関する国際的な比較や、海外で事業展開している企業の分析などに用いられる。キャッシュ利益。 →EBITDA 倍率

EBITDA倍率 EV(企業価値)を EBITDA(利払い・税引き・償却前利益)で除したもの。EV が EBITDA の何倍に相当するかを示し、株式投資の指標となる。株価水準の判断や株価の国際比較

のほか、M & A で対象企業の価値を判断する際にも用いられる。→EBITDA・EV(enterprise value)

EBM【evidence-based medicine】根拠に基づいた医療。経験則に頼る医療から脱却し、臨床研究などの科学的データをもとに、患者にとって最も有益で害の少ない治療法を選択する医療。

EBO【employee buy-out】取締役や管理職以外の一般の従業員が株式の過半数を取得し、経営権を獲得すること。エンプロイー-バイ-アウト。→MBO・MBI

EBPM【evidence based policy making】新 確かな根拠に基づく政策立案。

EC【electronic commerce】⇨e- コマース

eCall(イーコール) 新 自動車が事故を起こした際、自動的に関連情報(事故の発生地点、衝突センサーの情報など)を救急サービスに通報するシステム。欧州連合(EU)が 2018 年から域内販売の新車で義務化。

ECB【European Central Bank】ヨーロッパ中央銀行。欧州通貨統合で導入された新通貨ユーロを管理する EU の中央銀行。欧州通貨機構に代わるもので、1998 年ドイツのフランクフルトに本部を設置。欧州中央銀行。

ECCS【Emergency Core Cooling System】原子炉の緊急炉心冷却装置。原子炉の冷却材喪失事故などが起こったとき、炉心部に水を注入し、反応を抑える。

ECG【electrocardiogram】心電図。

ECM【extracellular matrix】細胞外マトリックス。動物細胞から分泌され、細胞の外側に蓄積された物質の総称。細胞の接着・増殖や分化の調節に関与している。

ECMO(エクモ)【extracorporeal membrane oxygenation】新 体外式膜型人工肺。体から血液を抜き出し、人工肺による処理を行い体内に戻す。重症呼吸不全または重症心不全の患者に対して用いる。

ECN【electronic communications network】証券取引所を通さないネットワーク上の私設相対証券取引システム。証券会社は顧客からの注文をネットワークに流し、自動的に売買注文を付け合わせる。電子証券取引ネットワーク。▷取引所が閉鎖している時間でも売買が可能である、売買コストが低いなどのメリットがある。一方で、始値は取引所の終値を引き継げるが、ECN の終値は取引所に引き継がれないなどの問題もある。

ECP【emergency contraceptive pill】緊急避妊薬。性交後に服用することにより、卵子の子宮への着床を妨げる働きをする。

ECR【efficient consumer response】メーカー・卸業者・小売業者が連係し流通の効率化を進め、無駄な在庫をもたないことで低価格を実現するなど、より高い消費者価値を実現しようとすること。

eCRM【electronic customer relationship management】経営手法の一つで、電子化されたCRM(顧客関連性管理)のこと。個々の顧客について、購買履歴・苦情などの情報を全社統合的にデータベース化し、顧客に最適化した広告・販売などを行う。→CRM

ED【erectile dysfunction】勃起障害。勃起不全。性交時に十分な勃起が得られない、あるいは維持できない状態。従来のインポテンス(性的不能)に代わる用語。

EDI【electronic data interchange】電子データ交換。コンピューター-ネットワークを用いて、受発注・決済などの業務用文書をやりとりすること。プロトコルの標準化が進められている。

EDINET(エディネット)【Electronic Disclosure for Investors' Network】電子開示制度による企業情報開示システムの通称。

EDM【electronic dance music】電子楽器を用いたダンス-ミュージックの総称。エレクトロニック-ダンス-ミュージック。

EDP【electronic data processing】コンピューターによるデータ処理。また、その処理部門。

EDTV【enhanced definition television】画質改善型テレビ方式の一。機器の改良やデジタル技術の応用により、現行テレビとの両立性を保ったままで現在より良好な映像が得られる。

EEOC【Equal Employment Opportunity Commission】アメリカの、雇用機会均等委員会。雇用平等委員会。

EEZ【exclusive economic zone】排他的経済水域。領海の外側にあり、沿岸から200海里以内の水域。沿岸国に天然資源の開発・管理などについての権利や海洋汚染規制などの権限を認める。経済水域。

EFO【entry form optimization】新 入力フォーム最適化。電子商取引で問い合わせや注文の数を増やすため、ウェブサイト上にある入力フォームの使い勝手を調整すること。

e-Gov(イーガブ) 新 日本の電子政府の総合窓口となるウェブサイト。電子申請、法令検索、パブリックコメントの提出や確認、行政文書の検索、個人情報ファイル簿(行政機関が管理する個人情報について、その存在・概要を明らかにする資料)の検索、政策に関する企画・提案が可能。デジタル庁が運営。

EIA【environmental impact assessment】 環境アセスメント。開発が環境に与える影響の程度や範囲またその対策について、事前に予測・評価をすること。環境影響評価。

eKYC(electronic Know Your Customer) 新 金融機関が行う本人確認(KYC)のうち、オンライン上ですべての手続きが完結するもの。→KYC

EL【electroluminescence】 エレクトロルミネセンス。蛍光物質に強い電場を加えたときに発光する現象。表示素子などに用いる。

eLTAX(エルタックス) 地方税電子申告・納税システムの愛称。地方税に関する申告・納税および申請・届け出を、インターネットを利用して行う。一般社団法人地方税電子化協議会が運営。地方税ポータル-システム。▷ electronic(電子)、local(地方)、tax(税)を合成した造語。→e-Tax

E-mail(イーメール) 【electronic mail】 ⇨E-メール

EMIS(イーミス) 【Emergency Medical Information System】 新 広域災害救急医療情報システム。大規模な自然災害が発生した際に、医療施設の被災状況・稼働状況などを都道府県を超えて共有するための情報システム。厚生労働省が2006年(平成18)より運営。

EMS【electronics manufacturing service】電子機器の製造請負を専業とする企業。従来の下請けとは異なり、複数の企業から請け負うことで稼働率を上げ、製造ノウハウを蓄積している。エレクトロニクス-マニュファクチャリング-サービス。電子機器製造サービス。▷1980年代、アメリカで発達。2000年代には中国で生産を行う台湾企業が台頭した。

EMS 【Energy Management System】新 IT(情報技術)を活用して、エネルギー消費の効率化を図るシステム。住宅を対象にしたHEMS、業務用ビルを対象にしたBEMSなどがある。エネルギー-マネージメント-システム。エネルギー管理システム。

EMS【environmental management system】環境管理システム。企業活動などが環境に与える負荷を効果的に軽減するための仕組み。

EMS(エムス) 【European Monetary System】ヨーロッパ通貨制度。EC(ヨーロッパ共同体)内の通貨安定を図るため、1979年3月に発足した制度。ECU(ヨーロッパ通貨単位)を定め、EC各国の通貨間にゆるい変動幅をもつ固定レートを設定。その後EU成立にともない、経済・通貨統合の基礎的制度となる。

EMS【Express Mail Service】国際スピード郵便。郵便局が扱う海外郵便の一種。

eMTB【electric MTB】新 電動アシスト型のマウンテン-バイク。e-MTB。

EMV 新 ICカード化したクレジット-カードの国際規格。▷Europay、Mastercard、VISAの頭文字から。

EnMS【Energy Management System】新 エネルギー利用に関して、企業などの組織が自身を指揮・管理するための仕組み。国際規格であるISO 50000シリーズが定めている。エネルギー-マネージメント-システム。エネルギー管理システム。▷略称をEnMSとするのは、環境マネージメント-システムの略称であるEMSと区別するため。

EOD【end of day】終業時間。

EOS【electric ordering system】店舗からの商品の受注・発注をコンピューターと通信回線を利用して処理するシステム。

EPA【eicosapentaenoic acid】⇨IPA

EPC【engineering, procurement, construction】ターンキー式輸出。設備がすぐに稼働する状態にしたプラント輸出。さらに関連する土木工事など、いっさいを含む場合をフルターンキー輸出という。

EPG【electronic program guide】電子番組ガイド。テレビ画面上での放送予定や内容などの番組案内サービス。デジタル放送のデータ放送として情報を送信している。

EPO【erythropoietin】⇨エリスロポエチン

EPR【Extended Producer Responsibility】拡大製造者責任制度。製造業者がその製品の廃棄やリサイクルにも責任を負うという考え方。要するコストの製品価格への盛り込みや廃棄費用の負担など消費者・製造業者・行政の各責任分担まで踏み込む。▷経済協力開発機構(OECD)がガイダンス-マニュアルの策定(2001年)を通じて示した概念。日本では循環型社会形成推進基本法(2000年成立)などに取り入れられている。

EPROM(イーピーロム)【erasable and programmable ROM】紫外線で一挙に情報を消去し、電気的に再書き込みする方式のROM。

EPS【earnings per share】1株当たり利益。最終的な税引き後に利益を発行済み株数で除したもの。企業の収益力を表す。

EPWING(イーピーウイング) 日本

における、辞書や事典などの電子出版物のデータに関する規約。

EP3 アメリカ海軍や海上自衛隊などの、電子情報を収集するための偵察機。P-3C 対潜哨戒機の改良型で、皿形アンテナやコンピューター、レーダーなど電子戦用機器を装備。

EQ【educational quotient】教育指数。学力検査の結果得られた教育年齢を暦年齢で割り、100倍したもの。年齢に比べ学習が進んでいるか遅れているかを示す。

ER【emergency room】緊急救命室。重篤な状態にある救急患者の治療を行う医療機関。

ERAB(イーラブ)【和製 energy ＋ resource ＋ aggregation ＋ business】仮想発電所(分散型エネルギーを束ねる仕組み)やデマンド-レスポンスを用いて、一般配電事業者・小売電気事業者・需要家・再生可能エネルギー発電事業者といった取引先に対して、調整力・供給力・インバランス回避・電力料金削減・出力制御回避などのサービスを提供する事業。→デマンド-レスポンス

ERG【employee resource group】新 従業員リソースグループ。企業などの組織内で、セクシュアリティー・障害・人種・宗教・世代などの属性が同じ人たちや、その支援者が自発的につくるグループ。属性固有の問題について情報交換・話し合い・提言・支援などを行う。ERGs。

ERIA【Economic Research Institute for ASEAN and East Asia】東アジアアセアン経済研究センター。東アジアの経済統合に関する政策研究、政策提言を行う国際機関。日本やアセアン加盟国などの合意に基づき、2008年に設立。本部ジャカルタ。

ERM【enterprise relationship management】企業がもつ顧客情報をはじめ営業、仕入先や物流などの情報を統合的に管理し、競争力を高めようという概念。▷SFA、CRM などとともに IT 技術を利用した企業経営の概念として提案されている。→SFA・CRM(customer relationship management)

ERM【Exchange Rate Mechanism】ヨーロッパ為替相場メカニズム。ヨーロッパ通貨制度(EMS)の基幹をなすもので、為替安定のため各国の為替相場に一定の変動幅を定めた仕組み。1999年より、通貨統合不参加国とユーロとの間で為替相場を一定の範囲で連動させる ERM2 が導入されている。

ERP【enterprise resource planning】財務や人事・顧客情報など企業の業務をサポートするシステム。統合業務ソフト。

ES【employee satisfaction】従

業員満足。CS(顧客満足)の向上のために重要とされる従業員の満足の度合。

ES細胞【embryonic stem cell】受精卵が分化を始める前の段階の胚(はい)である胚盤胞の内部細胞塊から取り出した細胞。生体のさまざまな組織に分化する可能性があるため、再生医学において重要な役割を果たすと期待されている。胚性幹細胞。万能細胞。

ESCO事業【energy service company】ビルや事業所等の省エネルギー対策を請け負うサービス。計画を立案し、技術・設備・人材・資金などを提供する。削減される経費から投資を回収し報酬を得る。

ESG【environmental, social, governance】責任投資原則(PRI)において、機関投資家が投資の意思決定プロセスで考慮の対象としている課題の総称。環境問題への取り組み、社会的公正・貢献、企業統治のこと。「—投資」▷ environmental(環境)・social(社会)・governance(企業統治)の頭文字。

eSIM(イーシム)【embedded SIM】携帯電話などの通信端末にチップとして組み込まれているSIMカード。オンラインで、契約先変更などの処理ができる。→SIMカード

ESL【English as a second language】第二言語としての英語。母語が英語でない人々のための英語。→JSL

ESOP(イソップ)【employee stock ownership plan】自社株運用年金。アメリカで、自社株を主な運用対象にする企業年金制度。企業自身が資金を拠出する従業員の持ち株制度で、1974年創設された。

EST【electronic sell-through】新 売り切り型のビデオ-オン-デマンド(VOD)。購入した作品を原則無制限で試聴できる。

e-Tax(イータックス) 国税電子申告・納税システムの愛称。国税に関する申告、納税および申請・届け出を、インターネットを利用して行うシステム。電子政府実現の一環として国税庁が導入。

ETC【electronic toll collection】電子料金徴収システム。無線通信を用いて有料道路などの料金精算を完全自動化するシステム。2001年(平成13)3月から本格導入。ノンストップ自動料金収受システム。▷愛称はイーテック。→ITS

ETF【exchange traded funds】株価指数連動型上場投信。特定の株価指数に連動するように運用される投資信託。株式のように取引所に上場・売買される。日本では2001年(平成13)、東証と大証にETF市場が創設された。

株価指数連動型上場投資信託。

ETV【Educational TV】NHK教育テレビジョンの略称。

EU【European Union】ヨーロッパ連合。経済・通貨統合の実現、共通の外交・安全保障政策の設定、国家主権の一部移譲などを中心とする、ヨーロッパの地域統合体。EC(ヨーロッパ共同体)から発展。1991年のマーストリヒト条約で設立が合意され、93年発足。欧州連合。

EU委員会 ヨーロッパ連合委員会。ヨーロッパ連合の諸機関の一。主に行政的分野を担当し、EU閣僚理事会に政策や法案を提出する。委員は加盟国政府により選出されるが、連合全体の利益を追求する。

EU閣僚理事会 ヨーロッパ連合閣僚理事会。ヨーロッパ連合の諸機関の一。ヨーロッパ連合委員会からの提案を討議し、立法や政策の決定を行う。討議内容によりそれぞれの加盟国の担当の閣僚1名が加盟国政府を代表して構成。加盟各国の人口を基準に特定多数決制で決議する。

EUサミット【EU summit】ヨーロッパ連合理事会。ヨーロッパ連合の諸機関の一。加盟国の首脳により構成され、EU閣僚理事会で決定できなかった重要事項などを討議する。

EU指令【EU Directive】新 欧州連合(EU)の第2次法(条約を根拠に制定される法令)のうち、各加盟国に対して国内法の制定や改正を義務付けるもの。▷EU規則(EU Regulation)は、各加盟国の国内法より優先する法令を意味する。

EUR ユーロの通貨コード。

EV【electric vehicle】電気自動車。電池をエネルギー源とする車。EV車とも。

EV【enterprise value】企業価値。事業価値。企業の株式時価総額に純負債(負債総額から現金および預金を引いた額)を加えたもの。企業を買収する際の金額に相当する。→EBITDA倍率

EVシフト【EV shift】自動車産業の主力がエンジン車から電気自動車(EV)に移行する世界的な傾向。環境問題への対応を背景に、2010年代後半からいわれるようになった。

EVA【economic value added】経済付加価値。企業の経営評価のための指標の一。税引き後の営業利益から利息や配当金などの資本コストを差し引いたもの。企業の資本を使って生み出された価値を表す。→MVA

EVA【extra vehicular activities】船外活動。宇宙飛行士が宇宙船を出て宇宙空間で行う作業。人工衛星の修理などの作業。

EVMS【earned value management system】進捗を定量的に把握できるプロジェクト管理手法の一。個別の作業項目を金銭的価値(アーンドバリュー)に置き換えて定量化するもの。

eVTOL(イーブイトール) 【electric vertical takeoff and landing】新 電動の垂直離着陸機(VTOL)。

EX【employee experience】新 従業員体験 。従業員が働くことで得られるあらゆる体験。経験や能力の獲得、福利厚生、報酬などの総体。離職防止や生産性向上を目的に、体験を向上させる立場からいう。従業員エクスペリエンス。

EX【experience point】新 ロールプレーイングゲームなどで、主に経験値を表示する際に用いる表記。EP。XP。EXP。

E2EE(イーツーイーイー) 【end-to-end encryption】新 エンドツーエンド暗号化。送信者と受信者だけで鍵を共有するため、その両者しか暗号化データの復号ができない方式。通信経路やサーバーでデータが漏洩しても、第三者はそれを復元できない。▷端から端までの暗号化の意。

Fナンバー【F-number】レンズなどで、焦点距離と有効直径との比。口径比の逆数。光学系の明るさを表し、この数値が小さいほど明るい。F数。F値。記号F

Fワード【F-word】新 英語で「Fから始まる言葉」のこと。fuckやfuck youなどの卑俗な言葉を婉曲にいう語。

FA【factory automation】コンピューター導入による工場の生産システムの自動化。

FA【flight attendant】⇨フライト-アテンダント

FA【free agent】プロ-スポーツなどで、選手が自由に契約できる権利。特に、プロ野球で一定の条件を満たし、本人の希望による球団の選択が可能になること。フリー-エージェント。

FAA【Federal Aviation Administration】アメリカの、連邦航空局。運輸省の一局で航空保安行政(安全基準の立案、事故の調査と対策など)を担当。

FANG(ファング) 【Facebook, Amazon, Netflix, Google】新 世界的IT企業である、フェイスブック・アマゾン・ネットフリックス・グーグルを総称していう語。主に投資分野で言われる。▷フェイスブックの現社名はメタ-プラットフォームズ。

FAO(ファオ) 【Food and Agriculture Organization of the United Nations】国際連合食糧農業機関。国際連合の専門機関の一。世界各国民の生活水準の向上、食糧および農産物の生産・供給の改善に寄与する目的で

1945年設置。本部はローマ。

FAQ【frequently asked question】誰もが疑問に思うために、頻繁に出てくる質問。また、インターネットなどで、このような質問と回答をまとめた文書。

FASB【Financial Accounting Standards Board】アメリカの財務会計基準審議会。財務会計基準を制定する民間機関。1973年設立。

FAST【fast emergency vehicle preemption systems】現場急行支援システム。パトカーや消防車など緊急車両が迅速に現場に急行できるよう信号機の制御や経路誘導を行うシステム。

FATCA(ファトカ)【Foreign Account Tax Compliance Act】新 アメリカ人やアメリカ法人による租税回避を防ぐ目的で、国外の金融機関に対してIRS(内国歳入庁)への情報提供を求めるアメリカの法律。2014年施行。外国口座税務コンプライアンス法。▷外国口座税務コンプライアンス法。

FAZ(ファズ)【Foreign Access Zone】輸入・対内投資法(1992年(平成4)制定、2006年廃止)に基づき、空港や港湾、その周辺部に指定された輸入促進地域。輸入関連施設の集積を図るため、補助金や地方税の減免などの措置が設けられた。

FB【finance bill】政府短期証券。財政の一時的な資金不足を補うために国が発行する短期の公債。1999年(平成11)に財務省証券(旧大蔵省証券)・食糧証券・外国為替資金証券を統合して誕生。2009年に割引短期国庫債券(TB)と統合され国庫短期証券(TDB、TBill)となった。

FBO【fixed base operator】空港やその隣接地で、一般航空(軍事航空、定期航空を除いた航空)用のサービスを提供する施設。駐機、給油、保守、点検、休憩所などのサービスを提供する。

FBR【fast-breeder reactor】高速増殖炉。核分裂に伴って発生する高速中性子をそのまま核分裂連鎖反応に利用する増殖炉。発生するプルトニウムを取り出すには再処理工程が必要で、その危険性が指摘されている。

FC【franchise chain】⇨フランチャイズ-チェーン

FCEV【Fuel Cell Electric Vehicle】燃料電池車。燃料電池を搭載した電気自動車。燃料電池自動車。

FCV【fuel cell vehicle】燃料電池自動車。

FD【fair disclosure】フェアーディスクロージャー。企業が未公表かつ重要な情報を特定の市場関係者に明かした場合、一般投資家にも速やかに公表しなければならないこと。

FDA【Food and Drug Administration】アメリカの、食品医薬品局。有害食品・有害薬品の調査・摘発を行う政府付属機関。

FDIC【Federal Deposit Insurance Corporation】新 アメリカの、連邦預金保険公社。加盟銀行が破綻したときに小口預金を保証する政府機関。1933 年設立。本部はワシントン DC。

FEALAC【Forum for East Asia - Latin America Cooperation】アジア中南米協力フォーラム。東アジアと中南米との交流と協力の強化を目的とするフォーラム。シンガポール、チリの提案により 1999 年に設立。アセアンや日本を含む東アジア諸国と南米諸国が参加。事務局ソウル。

Fed【Federal Reserve Bank】⇨FRB

FeliCa(フェリカ)【Felicity Card】非接触 IC カード技術の一。データの読み取り・書き込み速度に優れ、信頼性・安全性も高いとされる。プリペイド-カード、電子マネーなどに用いられる。商標名。▷ felicity は、幸福・至福の意。

FEMS【Factory Energy Management System】新 工場向けのエネルギー管理システム。IT(情報技術)を活用して、工場におけるエネルギー消費の効率化を図るもの。

FF【federal funds】フェデラル-ファンド。アメリカの連邦準備制度加盟銀行が連邦準備銀行に預け入れる準備預金。この預け金は各銀行間の資金ポジション調整のため、短期的に貸借される。

FF外(エフエフがい) 新 ツイッター利用者の俗語で、互いにフォローしていない利用者どうしであること。「—から失礼します」

FFレート【federal funds rate】フェデラル-ファンドの残高調整のために行われる銀行間取引に適用される金利。連邦準備制度が金融調節のために利用する金利の代表的なもの。

FFT【Fast Fourier Transform】高速フーリエ変換。→フーリエ変換

FGM/C【female genital mutilation/cutting】成人儀礼の割礼で女性性器の一部を切除すること。女性の権利保護の観点から問題とされている。女性性器切除。FGM。

FGT【和製 free ＋ gauge ＋ train】軌道の幅が異なる線路を走行するための軌間変換装置をもつ列車。フリーゲージトレーン。軌間可変列車。

FHD【Full HD】フル HD。→フル HD

FIA【フランス Federation internationale de l'automobile】国際自動車連盟。1904 年創立。本部パ

り。日本はJFAが加盟。

FIDO(ファイド) 【Fast Identity Online】新 パスワードレス認証を推進する業界団体(正称、FIDOアライアンス)。またその団体が策定する、公開鍵暗号方式を用いた認証技術の標準。→パスキー

FIFA(フィーファ) 【フランス Fédération internationale de football association】 国際サッカー連盟。世界6地域のサッカー連盟を統括する組織。4年ごとにワールド-カップを開催している。1904年創設。本部はチューリヒ。日本サッカー協会(JFA)の加盟は29年(昭和4)。

FINA 【フランス Fédération Internationale de Natation Amateur】国際水泳連盟。1908年創立。本部はローザンヌ(スイス)。国際水連。

FIP(フィップ) 【feed-in premium】新 再生可能エネルギーの発電事業者が市場取引によって電力を販売する際、その対価とは別に補助額(プレミアム)を受け取れる仕組み。日本では2022年(令和4)4月、固定価格買取制度(FIT)に追加する形で開始。

FIRE(ファイヤー) 【financial independence, retire early】新 経済的自立と早期退職を目標とする生活様式。標準的モデルでは、年間支出の25倍程度を目標として資産を形成し、これを年間4パーセント程度で運用することで退職後の生活費とする。2010年代の米国で広まった考え方。

FIRRMA【Foreign Investment Risk Review Modernization Act】(ファーマ) 新 米国の外国投資リスク審査現代化法。外国企業による米国企業への投資を審査する機関であるCFIUS(対米外国投資委員会)について、その審査対象を拡大する規定を盛り込んだ。2018年成立。

FIX窓(フィックスまど) 住宅で、開閉ができない窓(嵌め殺し)のこと。▷ fixは固定の意。

FLAC(フラック) 【Free Lossless Audio Codec】音声データ圧縮(可逆圧縮)の規格の一。オープン-ソース方式による開発。

FLOPS (フロップス) 【floating-point operations per second】コンピューターの演算性能を示す指標の一。1秒間に実行できる浮動小数点演算の回数を示す。→MIPS

FM音源 電子楽器などで用いられる音源の一。複数の正弦波を組み合わせることによって、さまざまな種類の波形(音色)を合成できる。▷ FMは 周波数変調(frequency modulation)の意。

FMCT 【Fissile Material Cut-Off Treaty】兵器用核分裂性物質生産禁止条約。核兵器用のプ

A~Z

ルトニウムや高濃縮ウランなどの新たな生産を禁止する条約。将来の生産だけを禁止するか、現在の貯蔵も対象にするかなどの対立があり未成立。カットオフ条約。

FMEA【failure mode and effect analysis】故障モード影響解析。システムやプロセスの構成要素ごとに故障モード(故障を引き起こす原因)と故障影響(故障が引き起こす不具合)を予測・列挙して、その影響度などを評価することにより、設計上の問題点を事前に抽出する手法。

FMECA【failure modes effects and criticality analysis】故障モード影響致命度解析。FMEA (故障モード影響解析)に、故障モード(故障を引き起こす不具合)の発生確率の分析を加えて、システムやプロセスへの致命度を定量的に評価する手法。→FMEA

FMS【facility management system】ビル設備の保有・運用・維持を支援する情報システム。ファシリティー-マネジメント-システム。

FMS【flexible manufacturing system】フレキシブル生産システム。多品種少量生産にも対応できるオートメーション-システム。数値制御(NC)工作機械・ロボット・自動搬送装置などを有機的に結合、集中管理して構成する。

FMV【fair market value】公正市場価格。アメリカ向け最低輸出価格。

FMX【freestyle motocross】フリースタイル-モトクロス。オフロード用のオートバイを使い、ジャンプ台を使った技の完成度を追求するスポーツ。またその競技。

FOC【flag of convenience】便宜置籍船。船籍を実際の船主の国ではなく、税金や人件費節減、漁業資源管理を逃れるなどのために他の国に置いている船舶。

FOCAC【Forum on China–Africa Cooperation】中国アフリカ協力フォーラム。中国とアフリカ諸国が政治・経済・安全保障について協議を行う枠組み。2000年に創始。3年おきに会議を開催。

FOIP(フォイップ)【Free and Open Indo-Pacific】新 自由で開かれたインド太平洋。インド洋・太平洋をまたぐ地域を自由で開かれた地域とすることにより、平和・安定・繁栄を促進する外交方針。法の支配、経済的繁栄、平和と安定の確保を軸とする。2016年(平成28)に第97代内閣総理大臣の安倍晋三が提唱。

FOMC【Federal Open Market Committee】連邦公開市場委

A～Z

員会。アメリカの連邦準備制度において、FFレートの誘導目標など金融政策を議論・決定する機関。

FOREX【foreign exchange】外国為替。

FOTA【firmware over the air】新 ファームウエアの更新を、無線通信を経由して行う方式。

FP【financial planner】⇨ファイナンシャル-プランナー

FP&A【financial planning and analysis】新 経営上の意思決定を支援する目的のもとで、管理会計の立案・監視・予測・分析・報告などを集約的に行う業務。またその組織や専門家。一般的にはCFO(最高財務責任者)の下部に置く。欧米の企業でよくみられる形態。▷日本企業でいう経営企画室(社長室)と経理部を合わせた機能に近い。

FPV【first person view】新 一人称視点。またはその映像を利用した遠隔操縦。例えばドローンを遠隔操縦する際、搭載カメラからの中継映像を用いるような状況を指す。「―ドローン」

FRA【futures rate agreement】金利先渡し契約。デリバティブ取引の一。将来の取引における金利を事前に決定し、実際の取引時の市場金利との差額のみを決済する。

FRB【Federal Reserve Bank】連邦準備銀行。アメリカの連邦準備制度により全国12の準備区に1行ずつ設立された銀行。各銀行は連邦準備制度理事会に統括されており、他国の中央銀行と同じ業務を行う。Fed。

FRB【Federal Reserve Board; Board of Governors of the Federal Reserve System】連邦準備制度理事会。アメリカの連邦準備制度の中枢機関。理事長を含め、大統領により任命される7人の理事で構成される。FOMCを通して連邦準備券の発行、公定歩合やFFレートの誘導目標の変更などを行う。

FRP【fiberglass reinforced plastics】繊維強化プラスチック。ガラス繊維や炭素繊維などを補強材として埋め込んだ合成樹脂複合材料。軽くて機械的強度・耐食性・成形性にすぐれる。小型船舶の船体、航空機の機材、浴槽・波板・保安帽などに用いる。

FRS【Federal Reserve System】連邦準備制度。アメリカで、1913年の連邦準備法により設けられた中央銀行制度。

FS【feasibility study】フィージビリティー-スタディ。新事業を計画する際、採算面からその事業が成立する可能性を事前に調査すること。実行可能性調査。採算性調査。企業化調査。

FSB【Financial Stability Board】金融安定理事会。国際

金融システムに関する規制や監督などを行うための組織。主要国・地域の中央銀行や金融当局、主要な国際金融機関(国際決済銀行など)、その他の国際組織で構成する。前身の金融安定化フォーラム(FSF)を引き継いで2009年に設立。事務局はスイス。

FSO【free space optics】光無線を用いるデータ伝送技術。光ファイバーを用いたデータ伝送技術に比べ、施設の設置・管理が容易とされる。ビルどうしの通信などに用いる。空間光伝送。

FSOC【Financial Stability Oversight Council】米金融安定監督評議会。金融規制改革法(ドッド-フランク法)に基づき設置される。米国内の金融システムの安定性確保を目的とした監視を実施する。

FSSC22000 食品安全マネジメントシステムの国際規格。ISO 22000に前提条件プログラムと追加要求事項を加えたもの。認証制度を持つ。▷FSSCはFoundation of Food Safety System Certification(食品安全認証財団)の略。

FTA【free trade agreement】自由貿易協定。2か国以上の国々の間で、関税や数量制限または商慣行の違いなどの貿易障壁を排除し、国際取引を自由化して単一の経済圏を形成しようとする取り決めをいう。関税の撤廃による輸入価格の低下をはじめ、輸出の拡大、投資促進などのメリットがある。

FTAA【Free Trade Area of the Americas】南北アメリカ大陸と、キューバを除くカリブ海諸国34か国を一つのエリアとする自由貿易圏構想。米州自由貿易圏。米州自由貿易地域。→NAFTA・Mercosur

FTC【Federal Trade Commission】アメリカ連邦取引委員会。独占禁止に関する業務を担当し、不正競争・価格協定・誇大広告などを取り締まる。

FTE【full-time equivalent】新 プロジェクト管理で、常勤社員を基準として換算する仕事の分量。またその単位。フルタイム換算。フルタイム当量。▷例えば常勤社員がこなす分量を週40時間とすると、週20時間働くパート社員は(能力差のない単純計算で)0.5FTEと計算できる。またそのパート社員3名が1週間にこなせる仕事の分量は1.5FTEで、常勤1.5人分と解釈できる。

FTM【female to male】自分の性を女性から男性へ移行したい人。また、移行した人。→MTF

FTP【file transfer protocol】ファイル転送プロトコル。ネットワーク上でのファイルの送受信手順や方法を定めた規約。

FTTH【fiber to the home】通信事業者の基地局から各家庭まで光ファイバーを敷設すること。既存の銅線を置き換えることによって、高速・広帯域のデータ伝送を可能にする。ファイバー-ツー-ザ-ホーム。

FTZ【free trade zone】自由貿易地域。関税免除等によって貿易の拡大をはかり、経済成長、完全雇用、資源の有効利用などをめざすために設定された地域。フリー-ゾーン。

FUD(ファド)【fear, uncertainty and doubt】恐怖、不確実性、疑念の総称。また自身の主張を優位にみせるため、批判対象についてこれらを煽る宣伝手法のこと。

FVNO【fixed virtual network operator】新 光ファイバーなどの固定回線網をもつ通信事業者から回線網や設備を借り受けて、ネット接続サービスを提供する事業者。少ない初期投資で通信事業に参入できる。仮想固定通信事業者。→MVNO

FVOD【free video on demand】新 無料で視聴するビデオ-オン-デマンド。無料動画配信。フリー-ビデオ-オン-デマンド。→ビデオ-オン-デマンド

FX【foreign exchange on margin】外国為替証拠金取引。一定額の証拠金を支払い、その10倍程度の額の外国為替の売買を行う取引。FX。 ▷1998年(平成10)の外国為替及び外国貿易法(外為法)改正で個人でも取引を行えるようになったハイリスク-ハイリターンな金融商品。

F1 テレビ視聴率測定における対象者の区分の一。20～34歳の女性をさす。マーケティングなどでも使用され、流行に敏感な層とされる。▷Fはfemale(女性)の頭文字。35～49歳はF2、50歳以上はF3。男性はMで区分する。→M1

F1(エフワン)【Formula One】国際自動車連盟の規定する単座席のレースのうちで、最高の性能と格式をもつレースの分類。世界各国を転戦する選手権シリーズ戦を行う。

Gマーク【G-mark(good design mark)】①公益財団法人日本デザイン振興会が選定した市販商品・サービス・システムなどにつけられるGの文字を図案化したマーク。メーカーの優良商品開発への意欲を高めることを目的に1957年(昭和32)から実施。②公益社団法人全日本トラック協会が、交通安全対策などに取り組むトラック運送事業者を評価し、認定した「安全性優良事業所」に与えるマーク。2003年(平成15)から実施。

GAAP【Generally Accepted

Accounting Principles】アメリカの会計基準。アメリカ公認会計士協会(AICPA)、財務会計基準審議会(FASB)、証券取引委員会(SEC)などにより策定。アメリカの証券市場に株式を上場する場合には、この基準に従わねばならない。

GAB(ギャブ)【General Arrangement to Borrow】一般借り入れ協定。IMF に主要 10 か国が自国通貨を供出し、この資金を国際収支の悪化した国に融資する。1962 年発効。

GABA【γ-aminobutyric acid】⇨ギャバ

GAFA(ガーファ)【Google, Amazon, Facebook, Apple】新 世界的 IT 企業である、グーグル・アマゾン・フェイスブック・アップルを総称していう語。▷フェイスブックの現社名はメタ-プラットフォームズ。

GAO(ガオ)【General Accounting Office】アメリカの、会計検査院。連邦予算の支出、政府機関の活動を監査し議会に報告する、議会付属の機関。

GATT(ガット)【General Agreement on Tariffs and Trade】関税および貿易に関する一般協定。関税や輸出入制限などの貿易の障害を取り除き、自由で無差別な貿易を促進することを目的とする国際経済協定。1995 年から世界貿易機関(WTO)に移行。→WTO

GBコード 中国を中心とした地域で用いられている情報交換用符号。1981 年制定。漢字 6763 字を含む 7445 文字のセット。中に日本語の平仮名と片仮名を含む。

GBP 英ポンドの通貨コード。

GCOS【Global Climate Observing System】全球気候観測システム。大気・海洋・氷雪・生物圏など気候系全体にわたる観測システム。1992 年設立。

GCP【good clinical practice】医薬品の臨床試験の実施に関する基準。IRB の設置などを盛る。

GCS【Global Custody Service】グローバル-カストディ-サービス。投資家が唯一のカストディアン(管理サービス業者)を通して諸外国への投資を指示し、かつ関連情報の提供サービスを受けること。

GDI【gasoline direct injection】燃焼室内にガソリンを直接噴射する方式のエンジン。超希薄燃焼が可能なため、従来のエンジンより燃費が向上。

GDI【gender-related development index】ジェンダー開発指標。男女間の不平等(平均年齢、進学率、賃金格差など)を調節した HDI(人間開発指数)。→HDI・GEM

A～Z

GDP【gross domestic product】国内総生産。国民総生産から海外で得た純所得を差し引いたもので、国内の経済活動の水準を表す指標となる。

GDPR【General Data Protection Regulation】新 一般データ保護規則。ヨーロッパ連合(EU)の個人情報保護を目的としたルール。2016 年発効。18 年適用。企業などによる個人情報の取り扱いについて法的要件を定めたもの。

GEF【Global Environment Facility】地球環境基金。発展途上国の環境保護のために、贈与や低利の融資を行う資金。世界銀行・国連環境計画・国連開発計画の3機関によって共同で運用。

GEM【gender empowerment measure】 ジェンダー-エンパワーメント測定。女性が政治・経済活動に参加し、意思決定に参加できているかを調べた指標。女性の稼働所得割合、専門職・管理職や国会議員に占める助成の割合から算出。→GDI

GEMS【Global Environmental Monitoring System】地球環境モニタリング-システム。国連環境計画が運営している観測システム。地球温暖化やオゾン層破壊などにかかわる基礎データを収集する。

GERD(ガード)【gastro esophageal reflux disease】胃食道逆流症。

GF【girlfriend】ガールフレンド。男性からみた女友達。

GGAP(ジーギャップ)【GLOBALG.A.P.】農業生産工程管理(適正農業規範、GAP)の認証制度の一。1997 年に創始したユーレップ GAP が前身。2007 年より現名称。事実上の国際標準とされる。グローバル-ギャップ。「—認証」

GGI【Gender Gap Index】 ⇨ジェンダーギャップ指数

GHS【Globally Harmonized System of Classification and Labelling of Chemicals】正式名称、化学品の分類および表示に関する世界調和システム。統一基準に基づき、化学品の危険有害性を種類(引火性や急性毒性など)と程度で分類し、製品などにシンボル-マークや注意喚起語などを表示するもの。2003 年 7 月に国連が勧告。

GI値【glycemic index】ある食物が体内で糖に変わるスピードを表す指数。血糖値が上昇しやすいかどうかの目安にする。ブドウ糖 50g の血糖上昇反応度を 100 として表す指数が一般的。血糖指数。グリセミック指数。

GID【gender identity disorder】性同一性障害。身体上の性に対して違和感や不快感を持ち、自己の認識する性への適合を強く望むもの。

GIF【graphics interchange format】コンピューターの画像ファイル保存形式の一。対応するアプリケーション-ソフトウエアが多いため、インターネットなどで広く利用される。

GIGAスクール構想 新 児童・生徒用の一人一台の情報端末と、高速大容量の通信ネットワークを、全国の学校において一体的に整備する構想。多様な子供それぞれに、公正かつ個別最適化された教育環境を提供する。2019年(令和1年)、文部科学省がその実現に向けた環境整備を開始。▷GIGA(ギガ)はGlobal and Innovation Gateway for Allの略。

GIS【geographic information system】地理的な情報にさまざまなデータを加えて視覚的に表示するシステム。防災・防犯・交通・市場調査などに利用される。地理情報システム。

GIS【global information system】全地球的情報システム。地球全体に張りめぐらされた情報網によりデータ交換・交信などを世界各地域の間で可能にしようとする構想。

Git(ギット) 新 オープンソースによる分散バージョン管理システムの一。複数の開発者がソースコードなどの編集を行う際、その履歴を統一的に管理する目的で使用する。初版はフィンランドのリーナス=トーバルズ(Linus Torvalds)が開発。▷Gitを利用した開発者向けサービスにGitHub(ギットハブ)などがある。

GLAM(グラム)【galleries, libraries, archives, museums】新 自然・文化に関する収集・研究・展示などを行う公共施設の総称。美術館・図書館・公文書館・博物館を総称する。▷MLA(museums, libraries, archives)とも。

GLT【goal-line technology】新 サッカーで、ボールがゴール-ラインを超えたかどうかの判定を補助する技術。ワールド-カップでは2014年のブラジル大会より導入。

GM【general manager】ゼネラル-マネージャー。組織全般を統括・指揮する人。総支配人。

GMO【genetically modified organisms】遺伝子組み換え作物。遺伝子組み換え技術によって微生物などから外来遺伝子を導入し、除草剤耐性・害虫抵抗性などの性質を付与した作物。

GMS【general merchandise store】総合小売業。大規模スーパー。

GND【gross national demand】国民総需要。GNE(国民

総支出）のうち、個人消費支出・政府の財貨・サービス経常購入・国内総固定資本形成・在庫品増加・輸出と海外からの所得を合計したもの。

GNP【gross national product】国民総生産。一国において一定期間(通常1年間)に生産された財貨・サービスを市場価格によって評価した総計。ただし、企業間で売買される原材料は除く。一国の経済の大きさを測る尺度となる。

GNSS【global navigation satellite system】新 全地球航法衛星システム。複数の衛星から発射した時刻信号の電波の到達時間などから、地球上の電波受信者の位置を三次元測位するもの。GPS(米国が運用)などの一般名称。

GNU(グニュー； グヌー) 【GNU's not UNIX】 オープン-ソースによって、UNIX互換のソフトウエア環境を普及させるプロジェクト。また、その成果であるソフトウエア群のこと。フリー-ソフトウェア財団(FSF)が推進。

GOAT(ゴート) 【greatest of all time】新 史上最高。またそのような人や物事。英語圏のネット社会における俗語。G.O.A.T.「—論争(＝誰が史上最高の選手なのかを問う論争)」▷山羊(goat)と同じ綴り。山羊の絵文字などを記して、この意味を表す場合もある。

GOOS【global oceans observing system】世界海洋観測システム。地球規模の海洋観測データの収集・処理・利用を目的とするプロジェクト。

GPA【grade point average】学生の成績評価法の一。成績を5段階(A、B、C、D、F)で評価し、それぞれに4、3、2、1、0の点数を与え、この点数の履修単位当たりの平均をとる方法が主流。＋や－を用いて細かく評価することもある。アメリカで広く採用されている。グレード-ポイント-アベレージ。

GPCP【global precipitation climate program】全地球降水気候計画。1989年から始まった地球規模の降水量産出のプログラム。気象衛星などを利用。

GPGPU【General Purpose GPU】本来は画像処理用の演算装置であるGPUを、汎用目的で利用すること。またその技術や装置。→GPU

GPS【global positioning system】全地球無線測位システム。24個の衛星から発射した時刻信号の電波の到達時間などから、地球上の電波受信者の位置を三次元測位する。カー-ナビゲーション-システムなどに利用されている。

GPU【graphics processing unit】コンピューターにおいて、画像表示用の計算を専門に行う処理装置。グラフィックス-プロセッシング-ユニット。

GRC【governance, risk management and compliance】新 企業などの経営における、ガバナンス(統治)、リスク管理、コンプライアンス(法令や社会規範の遵守)に関する取り組みの総称。

GRIスタンダード【GRI Standard】企業などの組織が、経済・環境・社会に関する情報開示を行う場合の国際基準。国連環境計画(UNEP)の公認協力機関である非政府組織(NGO)、グローバルレポーティングイニシアチブ(GRI)が策定。▷第1版はGRIガイドラインとして2000年に発行。版を重ねたのち、2016年にGRIスタンダードとなった。

GRS【gender reassignment surgery】性別再判定手術。性同一性障害の治療における、性転換手術のこと。性別再指定手術・SRSとも。

GRWM【get ready with me】新 美容系動画のジャンルの一。化粧や身支度など、外出前の準備の様子を収めた動画。韓国の動画配信者が用いて広まった用語とみられる。2019年ごろから流行。▷「一緒に準備しよう」の意。

G-SIFIs(ジーシフィーズ)【global systemically important financial institutions】グローバルな金融システム上、重要な金融機関。金融安定理事会(FSB)が認定を行い、自己資本の上乗せなどを求めるもの。2011年指定開始。

GSM【Global System for Mobile communications】携帯電話など、移動体通信システムの標準規格。ヨーロッパをはじめとする多くの国が標準方式として採用。

GSOMIA(ジーソミア)【General Security of Military Information Agreement】新 軍事情報包括保護協定。締結国間で提供し合う秘密軍事情報の第三国への漏洩(ろうえい)を防止するための協定。2か国以上の国々の間で結ばれる。

GTL【gas to liquid】天然ガスを改質し化学反応によって灯油や軽油などの液体燃料を製造すること。またその技術。製品は硫黄、窒素、芳香族などの不純物を含まないため、環境負荷の少ない低公害燃料として期待されている。ガス-ツー-リキッド。

GUI【graphical user interface】 コンピューターのグラフィックス表示とマウスなどのポインティング-デバイスを用いたソフトウエアの操作体系。直観的に理解可能で、操作が容易。

GWP【global warming potential】地球温暖化係数。温室効果ガスの単位重量当たりの温室効果を比較するために用いる係数。各ガスの値は、温室効果を見積もる期間の長さ、ガスの大気中での寿命、ガスが吸収する赤外線の波長などによって決まる。期間を100年としたときの値(二酸化炭素を1とする)は、メタンが約20、一酸化二窒素が約310である。

GX【green transformation】新 ⇨グリーントランスフォーメーション

G20【Group of 20】日米欧の先進国や新興市場国など20の国と地域の蔵相・中央銀行総裁会議。1999年開催。先進国と新興国が幅広い国際金融問題について、世界的な金融システムの安定と危機再発防止に向けて話し合う。

G20(ジートゥエンティー)【Group of 20】新 G7にアルゼンチン、オーストラリア、ブラジル、中国、インド、インドネシア、韓国、メキシコ、ロシア、サウジアラビア、南アフリカ、トルコ、欧州連合(EU)を加えた20の国・地域。財務大臣・中央銀行総裁会議(1999年創始)や首脳会合(2008年創始、G20サミットとも)などが適宜開催されている。

G7【Group of 7; Conference of Ministers and Governors of the Group of 7】先進7か国(アメリカ・イギリス・ドイツ・フランス・日本・カナダ・イタリア)のこと。または、その蔵相・中央銀行総裁会議。国際経済や通貨問題について主要先進国間の政策協調を推進するため、1986年(昭和61)の東京サミットで設置された。

> アップデート 先進国首脳会議の参加国数は国際情勢に応じて増減してきました。例えば1973年の先進国首脳会議の構想段階ではG5(イタリア、カナダが未参加)、その開催時にはG6(イタリアが参加)、76年にはG7(カナダが参加)、98年にはG8(ロシアが参加)、2014年にはG7(ロシアが参加資格停止)と変化しています。

G8【Group of 8; Conference of Ministers and Governors of the Group of 8】G7に、ロシアを加えたもの。

HAB【human animal bond】人と動物との相互作用。両者の触れ合いを通じ、相互の幸福・福祉を模索すること。アニマル-セラピーなどに応用される。人と動物の絆(きずな)。ヒューマン-アニマル-ボンド。

HACCP(ハセップ)【hazard analysis and critical control point of evaluation】食品の製造過

程で発生する可能性のある衛生・品質上の危険性を分析し、安全性確保のために監視すべき重要管理点を定め、厳格に管理・記録を行うシステム。危害分析重要管理点方式。ハサップとも。

HAPS(ハップス)【High Altitude Pseudo Satellite】人工衛星の代わりとして、成層圏で飛行・運用する機器の総称。気球・飛行船・飛行機・ドローンなどを指す。高高度疑似衛星。

HBC【health and beauty care】健康・美容に関連すること。

HCD【human centered design】人間中心設計。人間と道具を媒介するインターフェースを開発する際、人間の使いやすさに主眼を置いて設計を行うもの。認知科学者ノーマン(Donald A. Norman)によって提唱され、国際規格 ISO13407 にも採用されている。人間中心デザイン。

HCFC【hydrochlorofluorocarbons】ハイドロクロロフルオロカーボン。水素を含むクロロフルオロカーボン。対流圏で分解しやすく、特定フロンよりオゾン層破壊能力が低く代替フロンとして用いられるが、モントリオール議定書の規制対象(1992 年改正で消費量、99 年改正で生産量)に追加された。

HD【hard disk】 ⇨ハード-ディスク

HD+(エイチディープラス)【High Definition Plus】新 ディスプレー装置で、WXGA+(1,440 × 900 ドット)の長辺を拡げた解像度。1,600 × 900 ドット。WXGA++ とも。

HDD【hard disk drive】ハード-ディスク-ドライブ。ハード-ディスクの読み書き装置のこと。▷ハード-ディスクとハード-ディスク-ドライブは一体化した構造であるため、両者ともほぼ同義語として用いられる。

HDI【human development index】人間開発指数。国民総生産(GNP)や国内総生産(GDP)に反映されない「人間的な生活の度合」を測る指数。毎年 UNDP (国際連合開発計画)により算出・報告される。各国の所得水準・平均寿命・教育水準などから計算される。人間開発指標。

HDLコレステロール【high density lipoprotein】高密度リポタンパク質(HDL)に包まれたコレステロール。末梢組織で不要となったコレステロールを肝臓に輸送する働きをする。善玉コレステロール。→LDL コレステロール

HDMI【High-Definition Multimedia Interface】テレビ・録画機・家庭用ゲーム機などを有線接続するための通信規格。映像や音声などのデジタル信号を、ひと

つのケーブルで送ることが可能。

HDML【handheld device markup language】マークアップ言語の一。携帯情報端末向けコンテンツを記述するための言語。▷HTMLから派生し、WMLの元となっている。

HDR【high dynamic range】①おもに画像や映像で、ダイナミック-レンジ(扱うことのできる最大信号と最小信号の比)が大きいこと。白飛びや黒潰れが少ない。②露出の異なる写真・動画を自動的に同時撮影したうえで、これらを合成することによって、階調の欠落が抑えられた写真・動画を撮影できる技術。デジタル-カメラやスマートフォンの機能。

HDTV【high-definition television】高精細度テレビジョン。走査線数が従来(NTSC、PALなどの方式)の倍以上あり、解像度の高い鮮明な映像が得られるテレビ方式。ハイビジョンなどがある。高品位テレビ。

HEIB(ヒーブ)【home economist in business】企業内で家政学の知識をいかし、消費者の視点を製品開発や広告活動に取り入れたり、消費者へ助言を行なう人。また、広く企業の消費者関連部門で働く女性をいう場合もある。

HEMS【home energy management system】家庭用ホーム-エネルギー-マネージメント-システム。IT(情報技術)を活用して、家庭における家電などのエネルギー消費の効率化を図るシステム。各種の電気機器をネットワークで連結し、室内状況に応じて自動制御する。

HEMT(ヘムト)【high electron mobility transistor】高電子移動度トランジスター。異なった化合物半導体をヘテロ(異種金属)接合し、高速化を図ったトランジスター。スーパー-コンピューターや超高周波回路などの素子に利用されている。

HEV【hybrid electric vehicle】ハイブリッド電気自動車。ハイブリッド-カー(複数の動力源を用いる自動車)のうち、エンジンとモーターを動力源とするもの。

HFC【hybrid fiber coax】CATVにおけるネットワーク構成手法の一。基幹ネットワークに光ファイバー(fiber)を用い、利用者家屋への引き込みに同軸ケーブル(coax)を用いる。光同軸ハイブリッド。

HFC【hydrofluorocarbon】ハイドロフルオロカーボン。代替フロンの一。エアコンなどの冷却材などに用いられる。

HFSP【human frontier science program】ヒューマン-フロンティア-サイエンス-プログラム。人間の生体機能についての国際基礎研究計画。1987年(昭和

A~Z

62)に日本が提唱。90 年から研究開始。推進本部はストラスブール。

HFT【high frequency trading】新 ミリ秒単位の時間で売買注文を繰り返すアルゴリズム取引。超高速取引。高頻度取引。→アルゴリズム取引

HIDランプ【high-intensity discharge lamp】高輝度・高出力ランプ。水銀ランプ・高圧ナトリウム-ランプ・メタルハライド-ランプなど。

HIPC【heavily indebted poor countries】重債務貧困国。累積対外債務が特に多く返済の可能性が低い貧困国。IMF と世界銀行が認定する。

HIV【human immunodeficiency virus】ヒト免疫不全ウイルス。エイズの原因となるレトロウイルスの一つで、つぎつぎと免疫細胞を侵食し免疫機能を低下させていく。

HLA抗原【human leukocyte antigen】ヒト白血球抗原。人間の主要な組織適合抗原。

HMD【head mounted display】ヘッド-マウント-ディスプレー。立体的な映像を個人的に提示するための視覚装置。左右の眼に対応した二つの小型ディスプレーからなり、ゴーグルの形状をしている。

HMR【home meal replacement】ホーム-ミール-リプレイスメント。家庭の中でとる食事を家庭内で作らなくてもよいように、総菜など調理済みのものを提供すること。家庭内食代行。

HN【和製 handle＋name】 ⇨ハンドル-ネーム

HP【home page】 ⇨ホーム-ページ

HP【hit points】新 ①ロールプレーイングゲームなどで、攻撃力や体力の量を表す際に用いる表記。②(①が転じて)元気や体力のこと。

HPC【high-performance computing】 コンピューターで大規模な計算を行うこと。またその計算を行うための研究。おもにスーパー-コンピューターで実行するような計算についていう。

HPV【human papilloma virus】ヒト-パピローマ-ウイルス。パポバウイルス科のウイルス。皮膚や粘膜に感染し、良性の腫瘍(しゅよう)や子宮頸癌(しきゅうけいがん)などを形成する。

HQ【high quality】新 高品質。

HR【human resources】人材。人事部。

HRテック【HR Tech】新 人材管理・人事管理の分野に応用した情報通信技術。またその技術を用いたビジネスやサービス。HRテクノロジー。▷ HR は human resource(人的資源)の略。

HRM【human resource management】経営体において社員の給与・職歴という管理だけでなく教育・訓練、さらに人的組織までを包括的に管理しようという人事管理手法。

HRT【hormone replacement therapy】ホルモン補充療法。雌性ホルモン(エストロゲン・プロゲステロン)を投与する更年期障害の治療法の一。骨粗鬆症(こつそしょうしょう)などの病気予防にも有効。

HSP【highly sensitive person】新 生まれつき高い感覚処理感受性を持つ人。良い刺激についても悪い刺激についても、通常より強く反応する人のこと。心理学者のアーロン(Elaine Aron)が命名。

HTLV【human T-cell leukemia virus】ヒトT細胞白血病ウイルス。レトロウイルスの一。I、II型があり、前者は成人T細胞白血病ウイルス(ATLV)ともいわれる。

HTML【hyper text markup language】ハイパーテキストを記述するための言語。インターネットのホーム-ページを作成するのにも用いられる。

http【hyper text transfer protocol】インターネットなどで情報を送受信するために用いるプロトコル。

https【hypertext transfer protocol secure】新 http(インターネットなどで情報を送受信するために用いるプロトコル)にSSL(暗号化機能)を加えたもの。

HUD【head up display】ヘッド-アップ-ディスプレー。透明な表示板の上に映像を表示する装置。空間に画像が浮かんで表示されているように見える。自動車や航空機の計器表示などに用いられる。

H_2ブロッカー【H_2-blocker】抗ヒスタミン薬の一。胃酸の分泌を抑えるので、胃潰瘍(かいよう)など胃の疾患の治療に用いられる。▷胃酸を分泌させるヒスタミンH_2受容体の働きを阻害することから。

H-2ロケット【H-2 launch vehicle】H-1に続いて開発された大型ロケット。2トン級の静止衛星を打ち上げる能力をもつ。1994年(平成6)1号機の打ち上げに成功。

H-2Aロケット【H-2A launch vehicle】H-2に続いて開発されたロケット。H-2より低コストで、標準型は2トン級、増強型はロケット-ブースターを追加装備することにより、7トン級の衛星を打ち上げることができる。2001年(平成13)8月、試験機1号機の打ち上げに成功した。▷2号機(02年2月打ち上げ)までは試験機と位置づけられていた。

H.264(エッチにろくよん) 動画の圧

縮符号化方式の標準の1。2003年に国際電気通信連合(ITU)が勧告。

H.265(エッチにろくご) 動画の圧縮符号化方式の標準の1。H.264の後継にあたり、圧縮率が改善されている。2013年に国際電気通信連合(ITU)が勧告。

Iターン【和製 I+turn】もともと都市部に住んでいた人が、地方に移住し定職に就くこと。▷行動パターンをUターンと同様にたとえたもの。

iモード【i mode】専用の携帯電話を端末にして、電子メールの送受信や情報の閲覧などを可能にするサービス。NTTドコモが1999年(平成11)にサービス開始。2017年専用端末の販売を終了。商標名。▷iはinteractive・information・internetなどの頭文字。

IAAF【International Amateur Athletic Federation】 ⇨ワールド-アスレチックス

IAEA【International Atomic Energy Agency】国際原子力機関。原子力の平和利用を促進するために、国際連合の下に設立された国際的な協力機関。1957年発足。平和利用に関する技術情報の交換、原子力施設の運転の安全基準作成、軍事目的への転用の防止などを行う。

IAMD【Integrated Air and Missile Defense】米国における防空とミサイル防衛の統合構想。対弾道ミサイル防衛(BMD)を、巡航ミサイル・無人機などの防空領域にも拡大したもの。2013年に発表。

IAS【International Accounting Standards】国際会計基準。国際会計基準委員会が作成した、企業会計に関する国際的な基準。証券監督者国際機構の承認を経て、各国に導入された。日本でも新会計基準として導入された。2001年以降は国際会計基準委員会(IASC)に代わり、国際会計基準審議会(IASB)が国際財務報告基準とともに改訂作業を行う。

IASB【International Accounting Standards Board】国際会計基準審議会。国際会計基準委員会(IASC)の後継組織として2001年設立。各国の会計基準に代わり、世界的な統一会計基準である国際財務報告基準(IFRS)の作成を進める。国際会計基準理事会とも。

IASC(イアスク) 【International Accounting Standards Committee】国際会計基準委員会。各国の職業会計士団体が構成する民間の国際機関。1973年設立。日本公認会計士協会が参加。各国の会計基準が違うことで起こる問題の解決をめざし、国際会計基準(IAS)を作成。2001 年、組織改編で国際会計基準審議会(IASB)に引き継がれた。

IATA(イアタ)【International Air Transport Association】国際航空運送協会。世界の航空運輸企業の団体。航空運賃の決定を重要な業務とする。

IBF【International Banking Facilities】ニューヨーク-オフショア市場。FRB が国際銀行業務の名の特別勘定を設定し、優遇措置を付して非居住者間の国際金融の活性化を図る。1981 年設置。

IBRD【International Bank for Reconstruction and Development】国際復興開発銀行。1945 年、加盟各国の復興と開発のための長期貸付を目的として設立された国際金融機関。国連の専門機関の一。現在は発展途上国に対する融資が主要業務。通称、世界銀行。

ICカード【IC card】IC を組み込んで情報容量を大きくしたカード。キャッシュ-カード・クレジット-カードなどに利用される。スマート-カード。

IC乗車券 鉄道などで用いる IC カードを搭載した乗車券。改札や精算などを電子的に処理できる。また電子マネーとして利用できるものもある。IC カード乗車券。

ICタグ【IC tag】記憶装置と無線通信の機能をもつタグ(付け札)。在庫管理や盗難防止などの目的で用いる。カード型やラベル型など、さまざまな形状がある。RFID タグ。無線タグ。→RFID

ICレコーダー【IC recoder】内蔵もしくは外付けのフラッシュ-メモリーを媒体とし、音声を録音・再生する装置。

ICAN(アイキャン)【International Campaign to Abolish Nuclear Weapons】新 核兵器廃絶国際キャンペーン。核兵器の禁止・廃絶のための活動を行う国際 NGO(非政府組織)。核戦争防止国際医師会議(IPPNW)を母体として 2007 年に設立。核兵器禁止条約の採択への寄与が認められ、2017 年にノーベル平和賞を受賞した。本部ジュネーブ。→核兵器禁止条約

ICANN(アイキャン)【Internet Corporation for Assigned Names and Numbers】インターネットで使用されるドメイン名・IP アドレス・プロトコルなどの管理を行う非営利公益法人の国際機関。世界各地から集まった理事によって運営される。1998 年に設立。本部はアメリカのカリフォルニア。

ICBM【intercontinental ballistic missile】大陸間弾道ミサイル。射程約 6400km 以上の弾道ミサイルの総称。→ABM

ICC【International Chamber of Commerce】国際商業会議所。各国の民間実業家によって組織された国際的な組織。1920年発足。国際取引の促進を目的とし、その円滑化のための統一規則の作成などを行う。

ICC【International Criminal Court】国際刑事裁判所。集団殺害(ジェノサイド)や戦争犯罪、人道に対する罪など、非人道的な国際犯罪を犯した個人を裁くための常設裁判所。オランダのハーグに、2003年開設。

ICF【International Classification of Functioning, Disability and Health】国際生活機能分類。障害に関する国際的な分類法。人間の生活機能と障害について、アルファベットと数字の組み合わせにより分類する。2001年、世界保健機関(WHO)総会で採択。

ICJ【International Court of Justice】国際司法裁判所。オランダのハーグにある常設の国際裁判所。国連の主要機関の一。国家間の紛争の司法的解決に当たり、また、国連の機関などの諮問に対し勧告的意見を与える。国連の総会と安全保障理事会で選ばれた国籍を異にする15名の裁判官で構成される。

ICO【Initial Coin Offering】新 仮想通貨技術を用いた資金調達。事業者が電子的な権利書(トークン)を発行し、投資家がその権利書を仮想通貨で購入する仕組み。事業者は仮想通貨を現金に換金して資金調達を行う。またトークンは仮想通貨取引所での売買が可能。クラウド-セール。

ICOCA(イコカ)【IC Operating Card】JR西日本の出改札システムで用いる、非接触ICカード(定期券・プリペイド-カード)の愛称。2003年(平成15)に導入。▷「行こか！」の意味も込められている。→Suica

ICR【interest coverage ratio】インタレスト-カバレッジ-レシオ。営業利益と受取利息および配当金の合計を支払利息で除したもの。企業の金利負担能力をみる指標。

ICU【intensive care unit】重症患者を収容して、集中的な治療を行うための病室。酸素テントや人工呼吸器などのほか、監視用の各種のモニターや記録装置を備え、医師・看護師のチームにより常時看護が行われる。集中治療室。

ID【identification】①識別。身分証明。同定。一体化。②識別子。コンピューター-ネットワークなどで、ユーザーや機器を識別するための符号。通例、数字やアルファベットを組み合わせたものが用いられ、パスワードと組み合わ

A~Z

せてログインする。

IDカード【identity card】身分証明書。

IDA【International Development Association】国際開発協会。発展途上国の経済開発促進のための資金を貸し付ける目的で、1960 年に設立された国際金融機関。世界銀行の活動を補完し、第二世界銀行ともいわれる。

IDaaS(アイダース)【identity as a service】情報システムで必要となる ID の管理や認証などの処理を、クラウド上の外部サービスを利用して行う形式。

IDE【integrated device electronics】パソコンと記憶装置を接続するための規格化されたインターフェース。ハード-ディスクや CD-ROM 装置に対応している。

iDeCo(イデコ)【individual-type defined contribution pension plan】新 個人型確定拠出年金の愛称。個人が掛け金を払う確定拠出年金。掛け金は全額所得控除。運用益は非課税。受け取り時の税制優遇措置もある。個人型 DC。▷確定拠出年金普及・推進協議会(国民年金基金連合会、金融機関などが参加)が 2016 年(平成 28)9 月、公募により決定。

IDO【initial DEX offering】新 トークン(証券として扱える暗号資産)を発行して資金調達を行う手法の一。DEX(分散型取引所)でトークンの販売が実施されるものをいう。

IEA【International Energy Agency】 国際エネルギー機関。OECD の付属機関。オイル-ショック後の 1974 年にアメリカの提唱に基づいて先進石油消費国間で設立。緊急時の加盟国間での石油融通システムの確立、代替エネルギー開発等を目的とする。

IEC【International Electrotechnical Commission】国際電気標準会議。電気および電子技術分野の規格の標準化を目的とする国際機関。本部はジュネーブ。1908 年設立。1987 年以降 ISO(国際標準化機構)の電気通信部門を担当。

IEEE(アイトリプルイー)【Institute of Electrical and Electronics Engineers】アメリカの電気電子技術者協会。標準規格の制定に大きな役割を果たす。

IELTS(アイエルツ)【International English Language Testing System】新 英語を母語としない人を対象とする、英語習熟度の検定試験。ブリティッシュカウンシルなどが共同運営する。アカデミックとジェネラルトレーニングの 2 種類の試験があり、それぞれ

A～Z

書く・読む・聞く・話すの4技能について各9点満点の評価を行う(全体はその平均)。留学・研修時の英語力証明、移住申請などに利用されている。登録商標。

IEO【initial exchange offering】新 トークン(証券として扱える暗号資産)を発行して資金調達を行う手法の一。発行者と投資家が直接取り引きできるICOの手法に対して、仮想通貨取引所を仲介させる手法をいう。取引所が発行者を審査することで詐欺などの不正行為を防げる。→ICO

iFデザイン賞【iF Product Design Award】ハノーバー工業デザイン協会(iF)が、毎年、優れたデザインの工業製品に対して贈る賞。1953年創始。

IFA【independent financial advisor】新 独立系の金融アドバイザー。特定の金融機関には所属せずに、中立的立場から資産運用の助言を行う法人や個人。日本では金融商品取引法に基づく金融商品仲介業者が相当。

IFRS【International Financial Reporting Standards】国際財務報告基準。国際会計基準審議会が作成を進めている財務・会計基準。国際会計基準委員会が公表していた国際会計基準(IAS)を包含し、世界的な統一基準をめざしている。

IGAD【Inter Governmental Authority on Development】政府間開発機構。東アフリカの国が加盟する地域機構。1996年設立。事務局はジブチ。

IH【induction heating】誘導加熱。交流磁場中に導体を置くと電磁誘導作用により起電力が発生し、電流が流れて渦電流損失として発熱することを利用して加熱すること。

IH調理器 誘導加熱を利用した電磁加熱式調理器。

IIRC【International Integrated Reporting Council】国際統合報告評議会。企業の統合報告書(財務情報と非財務情報を合わせた報告書)について、その指針づくりを行う非営利の国際団体。規制者、投資家、企業、基準設定主体、会計専門家、非政府組織(NGO)が参加する。GRI(Global Reporting Initiative)を母体として2010年に発足。

IJF【International Judo Federation】国際柔道連盟。1951年発足。本部ローザンヌ。

ILO【International Labor Organization】 国際労働機関。1919年ベルサイユ条約に基づいて創設され、46年国際連合の専門機関となる。政府・労使の代表によって構成され、国際的規模での労働条件の改善をめざし、完

A～Z

全雇用、生活水準の向上、最低賃金の保障、団結権擁護などを活動の基本とする。

IM【instant message; instant messaging; instant messenger】⇨インスタント-メッセージ

IMAP(アイマップ)【Internet Message Access Protocol】新 コンピューターで、電子メールを受信するためのプロトコルの一。サーバーで一元的にメールを保存・管理する仕組みであるため、複数のコンピューターからの利用が可能。

IMAX(アイマックス) 大型映画方式のうち、前面大型スクリーンに映写するもの。通常の 70 ミリメートル映画 3 齣(こま)分を 1 齣として用いる。商標名。

IMF【International Monetary Fund】国際通貨基金。第二次大戦後の国際通貨制度の安定をめざすブレトンウッズ協定に基づき、1945 年 12 月に発足した国連の専門機関。通貨に関する国際協力と為替の安定・自由化を通じて、国際貿易の均衡のとれた発展を図ることを目的とする。日本は 52 年に加盟。

Inc.【Incorporated】(アメリカで)株式会社。企業名の後につける。→Ltd.

Incoterms(インコタームズ)【International Commercial Terms; International Rules for the Interpretation of Trade Terms】国際商業会議所が制定した「貿易条件の解釈に関する国際規則」の略称。1936 年に策定。現行の規則(Incoterms2010)は 2011 年に発効。11 規則が規定されている。

INF【intermediate-range nuclear forces】中距離核戦力。戦略核と戦術核の中間に位置する核兵器。戦域核。

INS【information network system】高度情報通信システム。NTT が、1988 年(昭和 63)に開始した ISDN の商用サービス。

I/O, IO【input/output】入出力。また、入出力装置や入出力インターフェースをさすこともある。

IoB【Internet of behavior; Internet of bodies】新 人の行動や身体に関するデータをインターネットで収集・分析・活用して、生活の向上を目指す考え方。人に装着する機器、埋め込む機器(将来的には脳とつなぐ機器)とインターネットが連携すること。「振る舞い(行動)のインターネット」「身体のインターネット」とも。

IOC【International Olympic Committee】国際オリンピック委員会。1894 年創立。オリンピック大会の国際的統轄機関。

IoMT【internet of medical things】医療分野に応用する IoT(モノのインターネット)。

A〜Z

iOS ⇨アイオーエス

IoT【Internet of things】新 情報機器以外のさまざまなものに通信機能を付加し、インターネットに接続できるようにすること。それにより自動制御・遠隔監視などが行え、効率的なデータの送受信・応答が可能になる。モノのインターネット。

IP【internet protocol】コンピューター-ネットワークにおける、通信規約(プロトコル)の一。ネットワークに接続する個々のコンピューターにアドレスを割り振り、データ転送における伝送経路の確定方法を定めている。▷IPによって世界中のコンピューターが相互に接続した状態がインターネット。

IP【internet provider】⇨インターネット-プロバイダー

IPアドレス【internet protocol address】インターネットに接続した個々のコンピューターに割り振られた、識別のための個別の数字列。データを送受信する際、発信元と宛て先を特定するのに用いられる。

IP電話 インターネット-プロトコルを用いた音声通話やその機能の総称。端末(通常の電話機・パソコンなど)や通信経路(インターネット・専用回線など)について、さまざまな形態がある。インターネット電話。

IPA【icosapentaenoic acid】イコサペンタエン酸。5個の二重結合をもつ不飽和脂肪酸。イワシ・サバなどに多く含まれ、血中コレステロールの低下や血栓の形成抑制などの作用がある。エイコサペンタエン酸(EPA)。

iPad ⇨アイパッド

IPBES【Intergovernmental science-policy Platform on Biodiversity and Ecosystem Services】新 生物多様性及び生態系サービスに関する政府間科学-政策プラットフォーム。生物多様性に関して、科学的観点から政策提言を行う政府間組織。2012年設立。本部ボン。▷気候変動問題におけるIPCC(気候変動に関する政府間パネル)に相当する組織。

IPC【International Paralympic Committee】国際パラリンピック委員会。パラリンピックを主催する国際組織。1989年に設立。本部はドイツのボン。

IPCC【Intergovernmental Panel on Climate Change】気候変動に関する政府間パネル。国連環境計画と世界気象機関が共催し、各国政府が指名した専門家や行政官が参加する会合。1988年に設置。地球温暖化の機構と将来予測、環境や社会・経済への影響・対応策についての知見の整理を目的とする。

IPEF(アイペフ)　【Indo-Pacific Economic Framework】新 インド太平洋経済枠組み。参加国が貿易、サプライチェーン、クリーン経済、公正な経済の4項目について交渉を行う。ただし参加したい項目は国ごとに選べる。アメリカの主導で2022年5月に発足。同国のほかオーストラリア、ブルネイ、インド、インドネシア、日本、韓国、マレーシア、ニュージーランド、フィリピン、シンガポール、タイ、ベトナムが参加。

iPhone　⇨アイフォーン

IPO【initial public offering】株式公開。限られた株主によって所有されていた会社の株式を、創業者利得や資金調達のために広く不特定多数の者に売り出すこと。

IPoE【IP over Ethernet】イーサネット上でIPパケットを伝送する通信方式。PPPoEを使用せず、インターネットに直接接続できる。ネイティブ方式。

IPP【independent power producer】卸電力供給を目的とする独立発電事業者。

iPS細胞(アイピーエスさいぼう)【induced pluripotent stem cell】受精卵や卵子を用いず、体細胞に遺伝子を導入することでつくり出した万能細胞。生体のさまざまな組織に分化する可能性があるため、再生医学において重要な役割を果たすと期待されている。誘導多能性幹細胞。新型万能細胞。人工多機能性幹細胞。▷ES細胞は胚を用いることから倫理的な問題についての批判があるが、iPSは体細胞を用いるため、倫理的問題は生じにくいとされる。→ES細胞

> アップデート この細胞を発見した山中伸弥(やまなか・しんや)教授は、2012年にノーベル生理学・医学賞を受賞しました。なお「iPS」という名前を付けたのも同教授。アップル社の携帯音楽プレイヤー、iPod(アイポッド)から着想を得た命名だったそうです。

IPX　家電製品などにおける防滴・防水性能の等級。続く数字(0から8まで)が大きいほど性能が高い。▷IPはInternational Protectionの略、Xは防塵性能の省略を意味する。

IQ【intelligence quotient】新 ①知能指数。知能検査で測定した精神年齢を暦年齢で割って100を掛けた数で表す。②理解力・判断力・創造力などのような知的能力を俗に言う語。「サッカー—」

IQ制【import quota system】輸入割当制。特定品目について輸入を制限するため輸入数量を割り当てる制度。

IR【information retrieval】情報検索。ある目的のために収集・

蓄積した膨大な情報を体系的に整理し、必要に応じて希望する情報を迅速にとり出すこと、あるいはその方法。

IR【integrated resort】新 統合型リゾート。カジノを中心とした複数の施設を統合した保養地。宿泊施設、娯楽施設(劇場やテーマ-パークなど)、保養施設(温泉など)、飲食施設、商業施設(ショッピング-モールなど)、MICE施設(展示場や会議場)などが集積する。

IR【investor relations】⇨インベスター-リレーションズ

IR推進法(アイアールすいしんほう) 新 正称、特定複合観光施設区域の整備の推進に関する法律。統合型リゾート(IR)の整備を推進する目的や基本方針などを定める。2016年(平成28)成立。

IRD【integrated receiver decorder】衛星デジタル放送を見るためのセット-トップ-ボックス。ICカードを組み込み、チューナー機能とスクランブル解除や契約情報の管理機能をもつ。

IrDA【Infrared Data Association】赤外線を使ってデータ転送を行うための規格を制定する団体。1993年設立。また、この団体によって標準化されたデータ通信方式。

IRENA(アイリーナ)【International Renewable Energy Agency】国際再生可能エネルギー機関。再生可能エネルギーの利用促進をめざす国際機関。2011年に正式に設立。日本は2010年に批准書を寄託。本部アブダビ。

IS【Islamic State】新 イスラム教スンナ派の過激派組織。2011年シリア内戦に乗じてシリア・イラクで支配地域を拡大し、14年からは国家を自称する。その後は衰退したが、テロや難民問題など世界に影響が波及する。別称は、ISIL、ISIS、イスラム国(IS)など。▷国家として承認されなかったため、イスラム国の表記は避けられる傾向にある。

ISBN【International Standard Book Number】国際標準図書番号。書籍の流通業務合理化のため、市販される図書につけるコード。13桁の数字で国籍・出版社・製品を表示する。

ISDB【integrated services digital broadcasting】総合デジタル放送。多チャンネル化することにより、テレビ放送と一緒に文字やデータを送る。

ISDN【integrated service digital network】デジタル総合サービス網。デジタル化された公衆通信網で、電話・ファクシミリ・データ通信などのサービスを一つのインターフェースを介して利用できる。

ISIL【Islamic State of Iraq

and the Levant】 新 ⇨IS ▷ Levant は地中海東部の沿岸地方(シリアなどが位置する)の意。

ISIS【Islamic State of Iraq and Syria】 新 ⇨IS ▷イラクとシリアのイスラム国の意。

ISMS 【Information Security Management System】情報セキュリティ-マネジメント-システム。情報セキュリティーについて、企業などの組織が自身を指揮・管理するための仕組み。国際規格である ISO 27000 シリーズが定めている。

ISO(イソ) 【International Standardization Organization; International Organization for Standardization】国際標準化機構。工業・農業産品の規格の標準化を目的とする国際機関。1947 年設立。

ISO感度 【ISO speed】 ISO が制定する写真感光材料の感度。かつては ASA として表示された。ISO 100、ISO 200 などと表示。数値が倍になれば感光度も倍になる。

ISOファイル【ISO file】CD や DVD などの光ディスクについて、その中身をひとつにまとめたファイル。国際標準化機構(ISO)が定義。拡張子は .iso。ISO イメージ。ISO イメージファイル。

ISOC【Internet Society】インターネット管理機構の頂点に立つ非営利組織。インターネット技術に関する議論や標準化などを目的としている。1992 年に設立。インターネット-ソサエティー。

ISO 14000 ISO による、設計・製造から消費・回収・廃棄に至る、製品生涯における企業の環境管理・監査システムを認証するための一連の国際規格。環境管理規格を定める ISO 14001、環境監査について規格を定める ISO 14010 番台などが含まれる。環境 JIS。

ISO 26000 【International Standardization Organization 26000】ISO(国際標準化機構)による規格の一。社会的責任に関する行動指針。任意のガイドラインであり、認証規格として使用されることはない。

ISO 9000 ISO による、設計・製造から検査・アフター-サービスに至る、企業の品質管理システムを認証するための一連の規格。

ISP【internet service provider】 ⇨インターネット-プロバイダー

ISR【intelligence, surveillance and reconnaissance】軍事行動における情報収集・監視・偵察活動の総称。

ISS【International Space Station】国際宇宙ステーション。世界 15 か国(日本・アメリカ・欧州諸国・カナダ・ロシア)が共同で宇

A～Z

宙軌道上に設置する有人研究施設。また、そのプロジェクト名。宇宙飛行士が常時滞在し、研究や観測を行う。

ISTAR(アイスター)【intelligence, surveillance, target acquisition and reconnaissance】新 軍事行動における情報収集・監視・目標捕捉・偵察の総称。

IT【information technology】情報技術。情報通信技術からその応用利用場面まで広く使用され、コンピューターやインターネットの進化と広がりで、工学的技術から企業経営、人文・社会科学、コミュニケーションまでその応用範囲を広げている技術・手法を総称していう。アイ-ティー。

IT革命 情報技術(IT)の革新によって、経済をはじめとする地球規模での社会システムが大きく変化していく動向のこと。産業革命にならってよばれる。

IT重説 情報通信技術(IT)を活用した重要事項説明。遠隔地にいる相手への説明を可能とする。

ITバブル IT(情報技術)関連企業への過剰な投資や、それに伴う株価の高騰などの現象のこと。1990 年代後半にアメリカなどで起きた現象をさす。→バブル

ITAR(イタル)【ロシア Informatsionnoe Telegrafnoe Agentstvo Rossii】ロシア通信社。ロシアが1992 年 1 月の大統領令により旧ソ連のタス通信とノーボスチ通信を合併して創設。対外的には「ITAR-TASS(イタル-タス)」としてニュースを配給。

ITC【International Trade Commission】アメリカの、国際貿易委員会。1974 年関税委員会を改称。輸入ダンピング問題などを扱う。

ITER(イーター)【International Thermonuclear Experimental Reactor】国際熱核融合実験炉。IAEA が核融合研究を国際協力で進める実験炉。

ITS【intelligent transport system】高度道路交通システム。最先端の情報通信技術を利用し、安全性・輸送効率などの最適化をめざす新しい道路交通システムの総称。VICS、AHS、ETC などのさまざまなシステムにより実現を図る。

ITTA【International Tropical Timber Agreement】国際熱帯木材協定。熱帯木材の需給の安定と資源保護とを目的とする。これに基づき ITTO(国際熱帯木材機関)が発足。

ITU【International Telecommunication Union】国際電気通信連合。国際間の電気通信の改善・合理化を目的とする国際機関。本部はジュネーブ。1932 年設立。47 年以降国際連合の専門機関。

IU【international unit】国際単位。㋐国際的に統一して規定された物理量の実用単位。国際実用温度目盛りなど。㋑ビタミン・ホルモン・酵素などの生理的効力を国際的に統一して示す時に用いる単位。

IUU【illegal, unreported and unregulated】新 違法、無報告、無規制で行うこと。特に、国際的な資源管理の枠組みを逃れて行う漁業についていう。「—漁業」「—漁船」

IWC【International Whaling Commission】国際捕鯨委員会。クジラ資源の持続可能な利用をめざして、1948年に国際捕鯨条約により設立された国際機関。▷1970年代以降のクジラ保護を求める国際世論を受けて、82年に商業捕鯨の一時停止(商業捕鯨モラトリアム)を決議した。これを受け、日本も87年からは調査捕鯨のみを行なっていたが、2019年、同条約から脱退し排他的経済水域内で商業捕鯨を再開。

IX【internet exchange】インターネット-プロバイダー(ISP)の相互接続を仲介する場。

Jアラート【J-ALERT】緊急事態が生じたとき、瞬時に住民に警報を発するシステム。地震・津波などの自然災害や武力攻撃など、対処に時間的余裕のない事態が発生した場合、通信衛星を利用して国から住民に警報を瞬時に伝達することを目的とする。特に、弾道ミサイル情報・津波情報・緊急地震速報などを通信衛星を通じて送信し、市町村の防災行政無線を自動起動させる。消防庁が2007年(平成19)から運用開始。全国瞬時警報システム。

Jクレジット【J Credit】新 温室効果ガスの削減量・吸収量を、売買可能なクレジットとして国が認証する仕組み。またそのクレジット。購入したクレジットはカーボンオフセットなどに利用できる。経済産業省、環境省、農林水産省が運用。2013年(平成25)開始。

Jターン【和製 J+turn】地方出身の都市部の居住者が、出身地に近い中核都市に移住して定職に就くこと。▷行動パターンをUターンと同様にたとえたもの。

Jビレッジ【和製 J Village】福島県双葉郡にあるサッカー専用施設。1997年完成。正称、ジャパン-フットボール-ビレッジ(Japan Football Village)。

Jリーグ【和製 J League】日本プロ-サッカー-リーグの通称。1991年(平成3)設立。

JADA【Japan Anti-Doping Agency】日本アンチ-ドーピング機構。国内におけるアンチ-ドーピング活動を推進する。2001年

A〜Z

(平成 13)設立。→WADA

JADGE(ジャッジ)【Japan Aerospace Defense Ground Environment】航空自衛隊が運用する自動警戒管制システム。2009年(平成 21)に従前の自動防空警戒管制組織(BADGE、バッジ)を換装して運用開始。

JAEA【Japan Atomic Energy Agency】日本原子力研究開発機構。原子力に関する研究ならびに核燃料サイクルを確立するための研究開発を行う独立行政法人。日本原子力研究所(JAERI)と核燃料サイクル開発機構(JNC)を統合して 2005 年(平成 17)に設立された。原子力機構。

JAN【Japanese article number】日本共通商品コード。JIS に組み入れられた食品・雑貨商品用バー-コード。

JAPRPO【Japan Publicity Rights Protection Organization】肖像パブリシティ権擁護監視機構。タレントやスポーツ選手などのパブリシティ権を擁護することを目的にした、特定非営利活動法人。正規に氏名・肖像が使用された商品に対して、認定マークを発行している。1986 年(昭和 61)に発足。

JARTIC(ジャティック)【Japan Road Traffic Information Center】新 日本道路交通情報センター。道路交通情報の収集・提供を行う公益社団法人。1970 年(昭和 45)に財団法人として設立。2013 年(平成 25)に公益財団法人となる。

JAS法【Japanese Agricultural Standard】正称、農林物資の規格化及び品質表示の適正化に関する法律。1999 年(平成 11)、品質表示を一般消費者向けのすべての飲食料品に、また原産地表示の義務づけをすべての生鮮食料品に適用。有機食品表示は、第三者機関が認証したものだけが、有機の表示をつけて流通できる仕組みを新設。JAS 規格制度に製造業者が自ら格付けを行う仕組みなどが導入された。2000 年 6 月施行。

JASDAQ市場　東京証券取引所が開設する取引所市場のこと。2013 年(平成 25)東京証券取引所に統合。2022 年(令和 4)廃止。東証スタンダードと東証グロースに再編。JQ。▷ JASDAQ、ジャスダックと表記される場合も多い。

JASRAC(ジャスラック)【Japanese Society for Rights of Authors, Composers and Publishers】日本音楽著作権協会。日本における音楽関係の著作権を管理する社団法人。1939 年(昭和 14)設立。

Java(ジャバ)　プログラム言語の

A～Z

一。コンピューターの機種やOSに依存しない、ネットワークでの使用に対応したプログラムの開発が可能。

JAXA(ジャクサ) 【Japan Aerospace Exploration Agency】宇宙航空研究開発機構。宇宙と航空に関する研究開発を統合的に行う独立行政法人。人工衛星の開発・運用や、宇宙科学の基礎研究などを行う。特殊法人改革の一環で、宇宙開発事業団(NASDA)・宇宙科学研究所・航空宇宙技術研究所が統合され、2003年(平成15)10月に発足。

JAZA 【Japanese Association of Zoos And Aquariums】新 日本動物園水族館協会。日本の動物園・水族館等で構成される公益社団法人。動物園・水族館の調査研究、野生動物の保全活動、希少動物の保護などを目的として活動。1939年(昭和14)任意団体として発足。

JB Net 【Japan Bond Settlement Network Co.,LTD.】債券決済ネットワーク会社。国債を除いた公社債の店頭取引決済を円滑にするシステムを運営。1996年(平成8)設立。

JC 俗に、「女子中学生」。

JCM 【Joint Crediting Mechanism】新 2国間クレジット制度。日本が途上国に対して温室効果ガスの削減に寄与する技術・製品・サービス・インスラを提供し、その効果を定量的に評価して両国で分け合う枠組み。2013年(平成25)に開始。

JCQHC 【Japan Council for Quality Health Care】日本医療機能評価機構。医療の質の向上を図るために、医療機関の機能を学術的・中立的に評価する機関。1995年(平成7)発足。

JC08モード 【JC08 mode】自動車の燃費を測定・表示する方法の一。国土交通省が制定。2011年(平成23)4月以降の新型車で表示したが、18年(平成30)10月よりWLTCモードに移行した。「一燃費」→WLTCモード

JD 俗に、「女子大生」。

JDリーグ 【JD.LEAGUE】新 日本女子ソフトボールリーグ機構が主催する、女子ソフトボールのリーグ。2022年(令和4)に開幕。▷Japan Diamond Softball LEAGUEの略。ダイヤモンドには内野の形と女性の輝きの意味をこめている。

JEPX 【Japan Electric Power Exchange】日本卸電力取引所。電気事業法に基づく卸電力市場の取引所。翌日分の電力を取引するスポット市場(1日前市場)、30分単位の電力を取引する当日市場(1時間前市場)などを運営する。2003年(平成15)に設立、

A～Z

05 年に取引開始。

JFC【Japanese Filipino Children】フィリピン人女性と日本人男性の間に生まれた子ども。ジャピーノ。

JGAP(ジェーギャップ) 日本 GAP 協会が運営する、農業生産工程管理(適正農業規範、GAP)の認証制度。2005 年(平成 17)開始。「—認証」

JGN【Japan Gigabit Network】情報通信研究機構(NICT)が研究開発用に構築・運用する、超高速大容量ネットワーク。1999 年(平成 11)に初代 JGN を運用開始。現行版の新 JGN は 2016 年に運用開始。ギガビット-ネットワーク。

JICA(ジャイカ)【Japan International Cooperation Agency】国際協力機構。外務省所管の独立行政法人の一。国際協力事業団の業務を引き継ぎ、2003 年(平成 15)発足。発展途上国への政府開発援助、青年海外協力隊の派遣、海外移住者の指導・援助などを行う。政府開発援助(ODA)の実施機関の一つであり、開発途上地域等の経済および社会の発展に寄与し、国際協力の促進に資することを目的としている。

JIS(ジス)【Japanese Industrial Standard】日本産業規格。産業標準化法により主務大臣が定める、鉱工業品の種類・形状・寸法・構造などに関する規格。2019 年(令和 1)日本工業規格から改称。

JIS漢字 JIS で定められた「情報交換用漢字符号」に収載されている漢字。→JIS コード

JISコード【JIS code】JIS により制定された情報交換用符号。英数字・片仮名など 256 種類の文字(ANK 文字)を 8 ビットで、漢字を 16 ビットで表し、漢字は第 1 水準から第 4 水準まであり、第 1 水準 2965 文字、第 2 水準 3390 文字などが定められている。

JISマーク【JIS mark】日本産業規格に適合している製品につけられるマーク。

JK 俗に、「女子高生」。

JKビジネス 女子高生(JK)や女子高生姿の女性が、男性に対して接客を行うことを売りにするサービス業の総称。男性に対してマッサージを行う JK リフレや、一緒に散歩を楽しむ JK お散歩など。▷2000 年代の中期から増えはじめた業態。労働基準法や児童福祉法などに抵触する可能性があること、児童売春の温床になることなどから社会問題となった。

JNTO【Japan National Tourist Organization】独立行政法人国際観光振興機構。外国人旅行者に対する観光 PR、誘致活動、情報提供などを行う。1964

年(昭和 39)国際観光振興会として発足。2003 年(平成 15)振興会の業務を同機構が引き継いだ。通称、日本政府観光局。

JOC【Japan Olympic Committee】日本オリンピック委員会。オリンピック規約に基づき、日本国内での関連事業を管理・推進する。

JOCジュニア オリンピック カップ【JOC Junior Olympic Cup】日本オリンピック委員会(JOC)が後援し、同会所属の国内競技連盟が主催する、スポーツ競技の若年層向け全国大会の総称。オリンピック選手の育成を目的に後援するもの。1992 年(平成 4)より実施。ジュニア-オリンピック。

JOM【Japan offshore market】東京オフショア市場。

JP【Japan Post】日本郵政グループ。日本郵政株式会社を中核とする、民間の企業グループ。郵便・銀行・保険事業を行う。

JPCZ【Japan sea Polar air mass Convergence Zone】新 日本海寒帯気団収束帯。冬の日本海で、大陸から日本列島に向かって形成される線状の収束帯(気流が合流してできる帯)。長さは 1000 キロメートル程度。連続した雪雲が形成されるため、日本海側を中心に豪雪をもたらす。俗に線状降雪帯とも呼ばれる。

JPEG(ジェーペグ)【joint photographic expert group】静止画像などを圧縮、伸長させる機能を持ったアルゴリズム。→MPEG

J-POP 歌謡曲やニュー-ミュージックより後の日本の若者向けポピュラー音楽のこと。▷ J は Japan から。

JPX【Japan Exchange Group】日本取引所グループ。

JPY 日本円の通貨コード。

JREIT(ジェーリート) 日本版の REIT(リート、不動産投資信託)。J-REIT。

JSAA【Japan Sports Arbitration Agency】公益財団法人日本スポーツ仲裁機構。国内のスポーツに関する紛争を解決するための独立機関。2003 年(平成 15)設立。

JSL【Japanese as a second language】第二言語としての日本語。母語が日本語でない人々のための日本語。→ESL

J-SOX法(ジェーソックスほう) 金融商品取引法の通称。日本版 SOX 法。▷アメリカの SOX 法(Sarbanes-Oxley act、上場企業会計改革および投資家保護法)に倣った法律であることから。

JST【Japan Science and Technology Agency】科学技術振興機構。科学技術振興のための基盤整備、先端的・独創的な研究開発の推進などを目的とする国

A～Z

立研究開発法人。2003年(平成15)科学技術振興事業団を独立行政法人化。2015年に国立研究開発法人化。

J-Stock Index JASDAQ市場の株価指数の一。同市場を運営する東京証券取引所が銘柄を選定、時価総額加重平均方式により算出する株価指数。2022年(令和4)4月市場区分再編に伴い廃止。Jストック指数。

JTC【Japanese traditional company】新 ネット利用者が用いる俗語で、伝統的な日本の大企業。日本の企業文化に見られる非生産性・硬直性を批判する立場からいう語。

JV【joint venture】一企業では請け負うことのできない大規模な工事を複数の企業が協力して請け負うこと。共同企業体。ジョイント-ベンチャー。

J1(ジェーワン) Jリーグ1部の略称。

J2(ジェーツー) Jリーグ2部の略称。

Kボール【和製 K＋ball】⇨KWBボール

Kカー(ケーカー)【kei car】新 軽自動車の俗称。

K字 新 業績・所得・資産などの推移が、立場の違いによって徐々に二極化する経済状況。グラフにとったとき、アルファベットのKの形のように乖離が拡大することから。

KAMIOKANDE【Kamioka Nucleon Decay Experiment】⇨カミオカンデ

KBF【key buying factor】新 購買決定要因。顧客が商品・サービスの購買を決めるときに重視する要素。

KEDO(ケドー)【Korean peninsula Energy Development Organization】朝鮮半島エネルギー開発機構。朝鮮民主主義人民共和国の所有する黒鉛減速型原子炉の軽水炉への転換を支援するコンソーシアム。アメリカ、韓国、日本の他23か国とEUが参加。1995年発足。事務局はニューヨーク。2006年プロジェクト終了。

KGI【key goal indicator】新 ビジネスの最終目標について、その達成度を定量的に把握するための指標。重要目標達成指標。→KPI

KJ法【KJ method】カードによる情報整理・アイデア発想法の一。▷KJは提唱者川喜田二郎の頭文字から。

KKD 非合理的な仕事の進め方を皮肉っていう語。▷経験・勘・度胸の頭文字から。

KM【knowledge management】⇨ナレッジ-マネージメント

KOC【key opinion customer】

A〜Z

新 商品・サービスの販売促進に影響力のある消費者。▷中国語圏のマーケティング界で言われるようになった。

KOL【key opinion leader】新 商品・サービスの販売促進に影響力のある専門家。製薬業界が医師について言う場合や、ネット通販の業界がライブコマースなどの発信者について言う場合がある。▷後者は中国語圏のマーケティング界で言われるようになった。

KPI【key performance indicator】新 ビジネスの最終目標を達成するために必要となる各取組について、その達成度を定量的に把握するための指標。重要業績評価指標。→KGI

K-POP 韓国の若者向けポピュラー音楽のこと。▷Kは Korea から。

KPT(ケプト) 【keep, problem, try】プロジェクトの節目で、実施した活動をふり返って次の活動方針を決める手法。ホワイト-ボードなどの盤面を3分割して、各々の空白に今後も続けたいこと(keep)、問題点(problem)、それらから導き出される次の活動内容(try)を書き出す。「—法」

KSF【key success factor】新 主要成功要因。事業を成功させるための鍵となる要素。CSF(critical success factor)とも。

KWBボール 【和製 KWB+ball】硬球に似せたゴム製野球ボール。硬球と大きさ・重さ・反発力が同じだが、衝突時の衝撃は小さい。主に少年野球で使用される。旧称Kボール。日本KWB野球連盟が2015年(平成27)に改称。▷Kはからだ(karada)にやさしい、硬式(ko-shiki)への架け橋の意味が、Wには世界(world)に通じるという意味が、Bにはボール(ball)の意味がある。

KY 若者言葉で、「空気が読めない(人)」または「空気を読め」の略。

KYC【know your customer】新 金融機関が口座開設を受け付ける際、その顧客に対して実施する身元確認作業。資金洗浄などの不正利用を防ぐために行うもの。顧客確認。

K-1(ケーワン) 1993年(平成5)に始められた、立ち技格闘技の興行。また、そこで行われる競技。リング上で、パンチやキックによって戦い、KO・TKO・判定などで勝敗を決める。▷格闘技および空手、キック-ボクシングなどの頭文字がKであることから。

Lアラート【L-ALERT】新 災害情報共有システム。災害の発生時、地方自治体・ライフライン関連事業者が、放送局・新聞社・ネット事業者などに対して必要な情報を迅速に伝達するためのシステム。2011年(平成23)よりマルチメディア振興センターが本運用を開始。14 年(平成 26)より現名称。▷ L はローカルの意。

LAN(ラン) 【local area network】同一敷地(同一建物)内などの総合的な情報通信ネットワーク。コンピューター-ネットワークを基本とし、多様な情報を一括して送受・処理できる。

LAWS(ローズ) 【lethal autonomous weapons systems】新 自律型致死兵器システム。人間の関与なく自律的に攻撃目標を設定したうえで、致死的な攻撃を行うことができる無人兵器。

LaWS 【Laser Weapon System】新 アメリカ海軍のレーザー兵器システム。艦上に置いて無人航空機などを攻撃できる。2014 年に配備開始。

LBO【leveraged buyout】企業買収で、対象となる企業の資産を担保にし、少ない自己資金で買収すること。→M & A

LCA【life cycle assessment】⇨ライフ-サイクル-アセスメント

LCC【low cost carrier】格安航空会社。業務の効率化を図ることで、低価格のサービスを提供する航空会社のこと。ロー-コスト-キャリア。格安エアライン。

LCD【liquid crystal display】液晶表示ディスプレー。

LD【laser disk】 ⇨レーザー-ディスク

LD【learning disability】学習障害。全般的な知能の水準や身体機能に障害はみられないが、読み書き・計算や注意の集中といった能力に欠けるために学習が困難な状態。

LDLコレステロール 【low density lipoprotein】低密度リポタンパク質(LDL)に包まれたコレステロール。肝臓で合成されたコレステロールを末梢組織へ輸送する働きをする。血中濃度が高いと動脈硬化の発生率が増加することから、悪玉コレステロールともよばれる。→HDL コレステロール

LDR【labor, delivery, recovery】アメリカで開発された出産システム。陣痛(labor)時から分娩(delivery)・回復(recovery)までを家庭的雰囲気の一室で過ごし、自宅分娩や自然分娩に近い出産をめざす。

LED【light-emitting diode】接合部に電流が流れると光を放射するダイオード。材料によって決まった波長の光を発する。エネルギー効率に優れ、低消費電力、高速応答などの特徴をもつ。発光ダイオード。▷ 1990 年代に青色 LED が開発され、LED によるフルカラー表示が可能となった。→ダイオード

LEO【low earth orbit】低軌道周回衛星。静止衛星よりも低い、

地上数百から1万kmの軌道を回る通信衛星。移動体通信に利用される。

LETS【local exchange trading system】限定地域や共同体だけで利用可能である、相互扶助的な貨幣制度。貨幣の発行は中央銀行ではなく、財やサービスの享受者が自主的・分散的に行う。また、無利子、取引内容の公開なども原則とする。赤字を債務と考えず、共同体に対する貢献期待と捉える点が特徴。レッツ。▷地域交換取引制度の意。

LEV【low emission vehicle】大気汚染や地球温暖化などの原因となる排出物の発生が少ないエネルギーを用いる自動車。メタノール車・電気自動車・天然ガス車・ハイブリッド-カーなどをいうが、低排出ガス化されたガソリン車を含める場合もある。低公害車。→ULEV

LGBT【lesbian, gay, bisexual, transgender】新 セクシャル-マイノリティーのこと。レズビアン・ゲイ・バイセクシャル・トランスジェンダーの総称。GLBT。→レズビアン・ゲイ・バイセクシャル・トランスジェンダー ➲よくわかる「LGBT」の意味と使い方(p.1021)

LGBTQ 新 セクシャル-マイノリティーの総称。レズビアン・ゲイ・バイセクシュアル・トランスジェンダーの総称であるLGBTに、クエスチョニング(性的指向や性自認が定まっていない人)またはクイアを意味するQを加えた表現。→クイア

LGBTs 新 セクシャル-マイノリティーの総称。レズビアン・ゲイ・バイセクシュアル・トランスジェンダーの総称であるLGBTに、それ以外を意味するsを加えた表現。

LGWAN【Local Government Wide Area Network】総合行政ネットワーク。地方自治体などが個別に運用するローカル-エリア-ネットワーク(LAN)を相互接続した広域ネットワーク(WAN)のこと。2001年10月に本運用を開始。

LIBOR(ライボー、リボール)【London Interbank Offered Rate】ロンドンのユーロ市場における銀行間の短期金利。2021年12月末に米ドルの一部、日本円、英ポンド、ユーロ、スイスフランで公表を停止。2023年6月末をもって公表を完全停止。

LiDAR(ライダー)【light detection and ranging】目標物に光を照射・反射させて、目標物(まで)の距離・位置・形状などを測定する技術。またその装置。レーダー(電波探知機)の仕組みを光に置き換えたもの。レーザーレーダー。「—センサー」

A~Z

よくわかる「LGBT」の意味と使い方

詳しい意味は？

「性的少数者」（セクシャルマイノリティー）のうち、女性同性愛者のレズビアン（lesbian）、男性同性愛者のゲイ（gay）、両性愛者のバイセクシャル（bisexual）、生物学的な身体の性と自身が自覚する性（性自認）が異なるトランスジェンダー（transgender）の総称としての呼称です。GLBT と呼称する場合もあります。

LGBT は性的少数者の総称ではありません。性的少数者の中には、LGBT のどれにも属さない人もいます。例えば恋愛・性愛の対象が何であるかという性的指向が存在しない「アセクシャル」は LGBT のどれでもありません。

また LGBT の概念の中には、性的指向と性自認の要素が混在する点にも注意が必要です。具体的には LGB が性的指向に関わる概念で、T が性自認に関わる概念です。例えば「自分はトランスジェンダーでありゲイでもある」という具合に、一人で二つの要素を持ち合わせることもあります。

実際の使われ方は？

[LGBTQ]　前述の LGBT に Q を加えた表現があります。この Q はクエスチョニング（questioning）またはクイア（queer）という意味。前者は自身の性自認や性的指向などが定まっていない人のこと。また後者は性的少数者全体を意味します。クイアの原義は「風変わり」の意味で元は同性愛者への蔑称でしたが、のちに性的少数者が肯定的に自称する言葉に変化しました。

[SOGI]　性的指向（sexual orientation）と性自認（gender identity）を総称する言葉。読み方はソジ、またはソギ。LGBT が「性的指向と性自認を混在させている」ことから、それらの概念を整理する意図で誕生した言葉です。性的指向と性自認はすべての人に関係する話題である、という含意もあります。

LINE(ライン)　ライン社が提供する、インスタント-メッセンジャーのサービス。携帯電話やパソコンなどで利用できる。スタンプと呼ばれる画像を織り交ぜてメッセージを送ることが可能。2011年(平成23)にサービス開始。商標名。

Linux　(リナックス、ライナックス)　UNIXをベースにしたOSの一。フィンランドのリーナス=トーバルズ(Linus Torvalds［1969～　］)が中心になって開発。オープン-ソース運動の流れの中で広く利用されるようになった。ライセンスはフリー。

LISA(リサ)【low input sustainable agriculture】低投入持続型農業。環境保全や安全性を確保するため、農薬や化学肥料の使用に過度に頼らずに生産性を維持しようとする農業。

LLDC　【least less-developed country】後発発展途上国。発展途上国の中でも特に発展の遅れている国。一人当たりの国内総生産や成人の識字率が一定以下などの条件に該当する国。最貧国。

LLM【large language model】新 大規模言語モデル。大量のテキストデータを使用して学習を行い、高度な自然言語処理(文章生成・翻訳・要約・質問応答など)を行えるようにした人工知能モデル。

LME　【London Metal Exchange】ロンドン金属取引所。世界最大の非鉄金属取引所。1877年開所。

LNG　【liquefied natural gas】液化天然ガス。メタンを主成分とする天然ガスを冷却、加圧して液化したもの。都市ガス用・発電用燃料、化学工業原料に用いる。

LO【last order】新　ラストオーダーの略。

LOHAS(ロハス)【life styles of health and sustainable】健康的で持続可能なライフ-スタイルのこと。また、それを志向する市場のこと。5分野の市場(持続可能な経済への貢献・健康的ライフ-スタイル・代替医療・自己啓発・環境配慮型ライフ-スタイル)からなるといわれる。

LOL【laughing out loud】大笑い。英語圏のネット利用者が用いる略語。日本語の(笑)に近い。

LPG　【liquefied petroleum gas】液化石油ガス。常温常圧下で気体の低級炭化水素を、冷却、加圧して液化したもの。主成分はプロパン・プロピレン・ブタン・ブチレンなど。家庭用・工業用・自動車用燃料、化学工業の原料に用いる。LPガス。

LPWA　【low power wide area】新 低消費電力で長距離(広範囲)の通信に対応できる無線通信技術の総称。IoT(モノのインターネット)に適した技術領域とされる。「—ネットワーク」

LRT【light rail transit】低床・低騒音・高速化などを新技術導入により実現し、利便性を高めた路面電車のシステム。ライト-レール-トランジット。

LSD【lysergic acid diethylamide】リセルグ酸ジエチルアミド。麦角(ばっかく)中のアルカロイドから合成的に得られる強力な幻覚誘発剤。視覚・触覚の幻覚が顕著。麻薬に指定され法律で規制されている。

LSI【large-scale integrated circuit】集積回路の一。多層化・微細化などによりICよりさらに素子の集積度を高くしたものをさす。高密度集積回路。大規模集積回路。

Ltd.【Limited】(イギリスで)株式(有限)会社。企業名の後につける。→Inc.

LTE【Long Term Evolution】携帯電話の規格の一。光ファイバーなみの高速データ通信が可能。ロング-ターム-エボリューション。3.9G。

LTV【life time value】 ⇨ライフ-タイム-バリュー

Lv(レベル)【level】新 ロールプレーイングゲームなどで、レベル(獲得した経験値が規定値を越えたときに到達できる段階)を表す際に用いる表記。

M資金 GHQ(連合国軍最高司令官総司令部)が占領下の日本で接収した財産を元に、日本政府が秘密裏に運用しているとされる架空の資金。社会的地位のある人物を相手にその存在を信じ込ませて、融資手数料などを騙し取る詐欺が昭和30年代以降続いている。▷Mは、GHQ経済科学局長名の頭文字とする説が有力。

Mリーグ【M.LEAGUE】新 Mリーグ機構が主催する、プロ麻雀チームのリーグ戦。2018年(平成30)発足。

MaaS(マース)【mobility as a service】新 サービスとしての移動。情報通信技術を応用することによって、あらゆる交通手段を必要な時だけ(統合的・横断的に)利用できるようにすること。自動車や自転車をシェアリングするサービスなど。

MAD(マッド) ▷英語のmad(気が狂った)から。日本独自の呼称。元々存在する音声や動画を勝手にコラージュして、まったく別の意味を加える文化。ラジオ-ニュースの切り貼りなど。カセット-テープの時代に流行した音声作品が源流と見られ、後に動画作品も広まった。

MAGA(マガ)【Make America Great Again】新「アメリカ合衆国を再び偉大に」の略。レーガン(Ronald Reagan)やトランプ(Donald Trump)が大統領選挙で用いたキャッチフレーズとして知られる。

M & A【merger and acquisition】企業の合併・買収。→LBO

M & D【和製 mother and daughter】母と娘。特に50～60歳代の母親と20～30歳代の娘のペア。1990年代後半から、ファッション・旅行・グルメなどの分野における積極的な消費行動が注目されるようになった。

MAU(エムエーユー)【monthly active users】新 インターネット上のサービスにおいて、アクティブ-ユーザーの数を測るための指標の一。1か月のうちに利用実態のあったユーザーの数を指す。月間アクティブ-ユーザー数。

MBA【Master of Business Administration】アメリカで、経営管理学修士。ビジネス-スクール(経営学大学院)で経営管理学専攻・修了者に授与。

MBI【management buy-in】M&Aの手法の一。業績が低迷している企業を買収し、経営者を一新して経営を改善し、企業価値を高めるもの。最終的には株式売却などで利益を得る。マネージメント-バイ-イン。→MBO

MBO【management buy-out】M&Aの手法の一。企業の事業部門や子会社等の責任者や従業員が、事業の継続性を前提に本体企業から株式等を買い取り、経営権を得て独立する手法。企業の成長分野への資金集中や新会計基準の連結決算の導入から不採算部門の切り離しなどのために行われる。マネージメント-バイ-アウト。→MBI

MBO【management by objectives】目標管理。従業員が自主性を尊重しつつ各自の個人目標を達成することで、組織全体の目標達成や従業員の勤労意欲の向上を図る管理方式。

MBP【milk basic protein】母乳、牛乳などに微量に含まれる成分の一。骨形成を促進し、骨吸収を抑制することにより、骨の強度や骨密度を増加させる。乳塩基性タンパク質。

MBS【mortgage-backed securities】住宅ローン債権を多数集め、これを裏づけに発行される証券。不動産担保証券。モーゲージ担保証券。モーゲージ証券。

MC【machining center】⇨マシニング-センター

MC【master of ceremonies】①司会者。②コンサートなどで曲と曲との間に入れるトーク。

MCバトル(エムシーバトル)【和製 MC ＋ battle】新 ⇨ラップ-バトル

MCI【mild cognitive impairment】新 軽度認知機能障害。

A～Z

認知症の前駆段階。標準化された診断基準はない。アルツハイマー病に進展する危険性が高い。軽度認知障害。

MCU【micro-control unit】⇨マイクロコントローラー

MD【merchandising】⇨マーチャンダイジング

MD【mini disc】デジタル方式の小型録音再生機用の光磁気ディスク。直径 64mm。デジタル信号を圧縮技術により CD の約 5 分の 1 に圧縮、最大 74 分のデジタル録音・再生が可能。ミニ-ディスク。

MDA 合成麻薬の一。白色結晶性の粉末で、純度によって黄色や茶色のものもある。視覚や聴覚に幻覚作用を引き起こし、乱用を続けると錯乱状態に陥ったり、腎・肝障害や記憶障害などを引き起こす。俗称はラブ-ドラッグなど。▷物質名 3.4-methylenedioxyamphetamine の略。

MDGs【Millennium Development Goals】国際社会が 2015 年までに達成すべき、目標数値を伴った開発目標。2000 年に国連で採択。国連ミレニアム宣言と主要な国際開発目標を統合したもの。貧困の撲滅、初等教育の普及の達成、男女平等の推進、疾病との闘い、環境の持続可能性確保などの 8 項目を目標とする。ミレニアム開発目標。→SDGs

MDM【mobile device management】モバイルデバイス管理。複数のモバイル端末を一元的に管理すること。またそのシステム。企業が備品のモバイル端末を管理する場合などに用いる。

MDMA 合成麻薬の一。白色結晶性の粉末で、錠剤やカプセルの形状で流通する。視覚や聴覚に幻覚作用を引き起こし、乱用を続けると錯乱状態に陥ったり、腎・肝障害や記憶障害などを引き起こす。俗称はエクスタシーなど。▷物質名 3.4-methylenedioxymethamphetamine の略。

ME【medical engineering; medical electronics】医工学あるいは医用電子工学。医学や生物学に用いられる工学的な技術や装置・システムなどを研究する学問分野。医学や生物学の知見や方法論を工学分野に応用する領域も含む。

ME【microelectronics】半導体電子素子などの超微細化に関する技術。また、それを研究する電子工学の分野。

MEMS【micro electro mechanical system】微細な電気部品や機械部品を集積化した、極小システムの総称。マイクロマシンなど。→マイクロマシン

MEO【map engine optimization】新 マップエンジン最適化。地図サービスで業種名などによ

A〜Z

る検索を行った際、自社の店舗・施設等が上位に表示されるよう、サービスに登録されている情報の最適化をはかること。ローカルSEO。

Mercosur(メルコスール) 【スペイン Mercado Común del Sur】 1991年にアルゼンチン・ブラジル・パラグアイ・ウルグアイの4か国が合意した共同市場の計画。95年1月1日発効。関税の相互引き下げと対外共通関税を定める。南米南部共同市場。▷2012年にベネズエラが正加盟国となったが、2016年に資格停止。

MGT 【micro gas turbine】 マイクロ-ガス-タービン。ガス-タービンを用いた出力30〜300kWの小型発電器。分散型電源として需要地に設置でき、排ガスや熱を利用するコジェネレーションとしても注目されている。同能力のエンジン発電機と比べ、NO_xの排出量が少ない、小型で冷却水が不要などの利点がある。

mHealth(エムヘルス) 新 携帯または装着可能な情報通信端末を活用した健康管理や医療支援。モバイル-ヘルス。▷mobile health の略。

MICE(マイス) 【meeting, incentive travel, convention and event; meeting, incentive travel, convention and exhibition】 新 会議(meeting)、研修・報奨旅行(incentive travel)、国際会議(convention)、イベントや展示会(event または exhibition)など、多くの集客が見込まれるイベントの総称。

MIDI(ミディ) 【musical instrument digital interface】 シンセサイザー・シーケンサー・コンピューターなどの演奏情報を相互に伝達するためのデータ転送規格。

MIGA(ミガ) 【Multilateral Investment Guarantee Agency】 多国間投資保証機関。発展途上国に対する民間の直接投資を促進するため、商業以外でのリスクを補うことを主目的とする国際金融機関。1988年発足。本部ワシントン。

MIL規格(ミルきかく) 【military standard】 アメリカ軍が物資の調達に際して設けている規格。ミル-スペック。MILスペック。

MILスペック(ミル) 【MIL-SPEC】 ⇨MIL規格

MIMO(ミモ; マイモ) 【multiple input multiple output】 データの送受信において、複数のアンテナを同時に用いる無線通信技術。別々の情報を同一の周波数で伝送することが可能。通信速度が向上するほか、障害物の多い環境での性能に優れる。

MINT 【Mexico, Indonesia, Nigeria, Turkey】 新 経済的な

A〜Z

新興国とされるメキシコ・インドネシア・ナイジェリア・トルコの総称。

MIPS(ミップス) 【million instructions per second】 コンピューターの演算性能を示す指標の一。1秒間に実行できる命令の回数を100万単位で示す。→FLOPS

MIS 【management information system】 経営上の意思決定支援を目的に一連のコンピューター-プログラムやデータベースなどから構成されたシステム。経営情報システム。

ML【mailing list】 ⇨メーリング-リスト

MLD【minimum lethal dose】 最小致死量。㋐有効治療量を超えて薬物を投与して、ヒトまたは動物が死に致るとき、その最小量をいう。㋑致死または症状(反応)をきたす毒素単位(毒素の活性を定量的に表示する量)の最小量。▷MRD(minimum reacting dose)ともいう。

MLOps(エムエルオプス) 新 機械学習の予測モデルについて、継続的に予測精度の向上やモデルの再構成を実施する取り組み。機械学習と運用の担当者が連携する体制をつくり、迅速な調整を行う。▷ML(機械学習)とDevOpsの合成語。

MMA【mixed martial arts】新 総合格闘技。打撃・関節技・投げ技など、さまざまな攻撃法を取り入れた格闘技。

MMC【money market certificate】金融商品の一。市場金利に連動して金利が変動する預金。金融自由化に伴って新設。市場金利連動型預金。

MMF 【和製 Money＋Management＋Fund】 日本で1992年(平成4)に証券会社が発売した短期公社債投資信託の商品名。

MMF 【money market(mutual) fund】アメリカで金融革命の先駆けとして1974年に証券会社によって発売された短期金融資産投資信託のこと。MMMF。

MMT【modern monetary theory】新 現代貨幣理論。自国通貨を発行できる国であれば、財政が破綻することはないとする考え方。米国の経済学者ケルトン(Stephanie Kelton)らが提唱。経済学を2分する議論が起こった。

MOAB(モアブ) 【Massive Ordnance Air Blast】新 米空軍が開発した大型爆弾。全ての爆弾の母(mother of all bombs)との異名も持つ。

MOF(モフ) 【Ministry of Finance】財務省。2001年の中央省庁再編以前の大蔵省の英語略称でもあった。

MoM 【month on month;

month over month】経済指標や企業決算などで前月比。

MOOCs(ムークス)【massive open online courses】新 大学などの高等教育機関が、インターネット上で運営する公開講座。一般から受講者を募り履修登録を行い、講義、質疑応答、宿題、試験などを実施して、条件を満たした者に履修証明書を発行する。MOOC(ムーク)。▷大規模公開オンライン講座の意。→オープンコースウェア

MOU【minutes of use】移動体通信事業において、加入者一人当たりの月間平均通話時間(分数)のこと。→ARPU

MOX燃料【mixed oxide fuel】原子燃料の一。ウランとプルトニウムの混合酸化物の核燃料。高速増殖炉やプルサーマルに使用される。混合酸化物燃料。

MP【magic point; magic power】新 ロールプレーイングゲームなどで、魔力の量を表示する際に用いる表記。

MPB(エミペーベー)【ポルトガル Música Popular Brasileira】ブラジルにおけるポピュラー-ミュージック。トロピカリズモ運動(1960年代後半)以降のポピュラー-ミュージックを総称する。

MPEG(エムペグ)【moving picture expert group】リアル-タイムで動画と音声の圧縮・伸長の機能を実現する規格決定のための委員会。また、その規格。→JPEG

MPU【microprocessing unit】⇨マイクロプロセッサー

MP3【MPEG-1/Audio Layer-3】音声データ圧縮の規格の一。3種のレイヤーの内、最も圧縮比率の高いもので、インターネットなどでの利用が進んでいる。

MR【marketing research】⇨マーケティング-リサーチ

MR【medical representative】医薬情報担当者。新薬に関する情報を病院側に伝え、臨床データを収集する製薬会社の担当者。

MR【mixed reality】複合現実。コンピューターでつくられた画像などの仮想映像と実写の現実映像を融合させた映像で仮想体験を得ること。また、その技術の総称。

MRA【magnetic resonance angiography】磁気共鳴血管撮影。核磁気共鳴を利用して血液の流れを画像化する技術。

MRAM(エムラム)【magnetic random access memory】磁性体の性質を利用したメモリー素子の一。書き込んだ情報を永久的に記憶でき、書き込み・読み出しが速く、消費電力が低いなどの特徴を有するため、次世代のメモリーとして開発が進められてい

る。磁気ランダム-アクセス-メモリー。マグネティックRAM。

MRF【money reserve fund】証券総合口座。証券会社が設定している顧客口座の一。有価証券の取引やMMF・中期国債ファンドへの投資の管理および、給与振り込み・公共料金引き落としなどの生活資金の決済などが総合的に処理できるもの。

MRI【magnetic resonance imaging】核磁気共鳴映像法。人体の細胞がもつ磁気を核磁気共鳴を利用して検出し、その情報をコンピューターにより画像化する診断法。生体に害を与えず、任意の断層像や、軟らかい組織を診断できる。

MRO【maintenance repair and operations】企業が経費で購入する雑多な物品の総称。文具、書籍、工場での作業用品、機械部品など。

MRSA【methicillin-resistant staphylococcus aureus】メチシリン耐性黄色ブドウ球菌。変異によりメチシリンなどの抗生物質に対する耐性を獲得した黄色ブドウ球菌。化膿性疾患・肺炎・敗血症などを起こし、院内感染の原因となる。→VRSA

MSCI指数 アメリカのMSCI社が独自に算出し、発表している世界的な株価指数。先進国やエマージング-マーケット別、業種別・領域別などさまざまな種類があり、海外の機関投資家の多くが国際株式投資における運用の評価基準にしている。▷MSCIの略称は、MSCI社の源流に当たる企業モルガン-スタンレー-キャピタル-インターナショナル社に由来する。

MSF【フランス Médecins sans frontières】国境なき医師団。緊急医療援助などのために医師や看護師を派遣する国際的なボランティア団体。1971年結成。

MSO【multiple systems operator】マルチプル-システムズ-オペレーター。複数のCATV事業区域を統括運営する会社。

MTBE【methyl tertiary butyl ether】ガソリンの原料となる基材の一。イソブチレンとメタノールから合成されるエーテルの一種で、成分中に酸素を含む。アンチノック剤としてガソリンに添加される。メチル-ターシャリー-ブチル-エーテル。

MTCR【Missle Technology Control Regime】ミサイル関連技術輸出規制。大量破壊兵器の不拡散を目的に、ミサイル関連品の輸出を規制する国際的な枠組み。規制対象は、ミサイルやその構成部品、ミサイルの開発に流用できる汎用品や技術。1987年に発足し、日本など35か国が参加している。ミサイル技術管理レ

A～Z

ジーム。

mtDNA【mitochondrial DNA】ミトコンドリアDNA。ミトコンドリア内に存在する固有のDNA。核内のDNAより小さく、環状で、母親のDNAのみが子へ伝えられる。進化の過程をたどるうえで有用。

MTF【male to female】自分の性を男性から女性へ移行したい人。また、移行した人。→FTM

MTR【multitrack recorder】マルチトラック-レコーダー。複数のトラック(録音可能な単位)について、同時かつ個別に録音や再生の操作ができる機器。主に音楽制作で、パートごとの録音・編集を行うために利用する。録音媒体に磁気テープを利用するものや、ハード-ディスクを利用するものなどがある。

MTSAT(エムティーサット)【Multi-functional Transport Satellite】運輸多目的衛星。静止衛星の一。気象観測機能および航空管制機能を有する。

MVA【market value added】市場付加価値。企業の市場価値(株式時価総額と負債の時価を合計したもの)から投下資金(株主資本と負債の簿価)を差し引いたもの。それまでに企業に投じられた資金が生み出した企業価値を表す。▷MVAは現在と将来生み出されるEVAの合計額の現在価値と等しくなり、経営・投資指標としてEVAとともに使用されることが多い。→EVA

MVNO【mobile virtual network operator】周波数帯域の割り当てを受けている通信事業者から回線設備を借り受けて移動体通信サービスを提供する事業者のこと。仮想移動体通信事業者。→FVNO

MVV【mission, vision, and value】新 企業などの組織が、経営の理念や方針を内外に示す方法の一。ミッション(恒久的な存在意義)、ビジョン(中長期的な目標)、バリュー(以上を支える行動指針や価値観)を示す方法。経営学者のドラッカー(Peter Drucker)が提唱。ミッションビジョンバリュー。

M1 テレビ視聴率測定における対象者の区分の一。20〜34歳の男性をさす。▷Mはmale(男性)の頭文字。35〜49歳はM2、50歳以上はM3。女性はFで区分する。→F1

M2M【machine to machine】新 コンピューター-ネットワークに接続している機器どうしで、人間を介在させることなく通信を行うこと。また、そのシステム。M2M通信。機器間通信。マシン-トゥー-マシン。

Nシステム【N system】自動車ナンバー自動読み取り装置の通

称。道路上に設置されたカメラ装置でそこを通過する全車両の通過時刻とナンバーを自動的に撮影・記録する。警察庁が犯罪捜査を目的に運用するもの。▷Nはナンバー(number)の意。

N分N乗方式(エヌぶんエヌじょうほうしき) 新 所得税額を世帯単位で計算する税制。世帯の合計所得を子供も含めた構成人数(N)で割り、その金額に基づいて累進課税額を求め、再びNで掛ける。世帯人数が多いほど税額が低くなるため、少子化対策に有効とされる。一方で、高所得者層に有利、共働きに不利などの問題点もある。1946年にフランスで導入された。▷フランスでは2人目までの子を0.5人で計算。

NAB【New Arrangements to Borrow】IMFの新借入取り決め。緊急融資の資金調達にあたって、GABに優先する資金源となる。1997年創設。

NAC【New Agenda Coalition】新アジェンダ連合。1999年、核兵器廃絶への外相共同声明を発表したニュージーランド、ブラジル、エジプト、アイルランド、メキシコ、スロベニア(のち脱退)、南アフリカ、スウェーデンの8か国。

NAFTA(ナフタ)【North American Free Trade Agreement】北米自由貿易協定。米国、カナダ、メキシコ間で1994年発効。関税の相互引き下げを定め、原産地規則を設定して域内の貿易と生産の活性化を目指した。2020年、後継の協定であるUSMCAの発効に伴い失効。

NASA(ナサ)【National Aeronautics and Space Administration】アメリカ航空宇宙局。総合的に宇宙開発を推進するための政府機関。大統領に直属する。1958年発足。

NASDA(ナスダ)【National Space Development Agency of Japan】宇宙開発事業団。日本の宇宙開発事業(主に人工衛星やロケットの開発・打ち上げ業務)を行う特殊法人。1969年(昭和44)創設。2003年(平成15)10月、宇宙科学研究所・航空宇宙技術研究所と統合され、JAXA(宇宙航空研究開発機構)となる。

NASDAQ(ナスダック)【National Association of Securities Dealers Automated Quotations】全米証券業協会(NASD)が開設した店頭銘柄市場。1971年創設。ベンチャー企業やハイテク企業、新興企業が多く上場。

NATO(ナトー)【North Atlantic Treaty Organization】北大西洋条約機構。1949年、共産主義勢力に対抗する目的でアメリカ・カナダおよび西ヨーロッパ諸国が結成した集団安全保障機構。本部はブリュッセル。90年代に入りその性格を大きくかえた。

NAWA【North Africa and West Asia】⇨WANA

NB【national brand】⇨ナショナル-ブランド

NBC兵器 核(nuclear)兵器・生物(biological)兵器・化学(chemical)兵器の総称。

NbS【nature-based solutions】新 自然を基盤とした解決策。社会課題の解決を念頭に、自然や人為的に改変した生態系の保護、持続可能な管理、回復に取り組むこと。

NC【numerical control】数値制御。工作機械などを自動的に制御する方式。製品の特性を数値に変換し、コンピューター制御する方式。精度の高い工作ができる。

NCD【negotiable certificate of deposit】譲渡可能定期預金証書。第三者に預金の譲渡が可能な自由金利預金。アメリカで導入され、日本では1979年(昭和54)創設。譲渡性預金。CD。

NDA【non-disclosure agreement】秘密保持契約。機密保持契約。非公開情報を知りうる者に対して、その情報に関する守秘義務を求める契約のこと。

NDL【National Diet Library Classification】国立国会図書館分類表。アルファベットと数字の組み合わせによる。

NDT【nondestructive testing】非破壊検査。部材・構造物などの傷・歪(ひず)みなどを、X線・超音波・磁場などをあてたり表面を染色したりして、被検査物を破壊することなく検査すること。無破壊検査。

NEMS【nano-electro-mechanical system】MEMSよりも更に微細なシステム。

NEPAD【New Partnership for Africa's Development】アフリカ開発のための新パートナーシップ。2002年のアフリカ連合発足とともに策定されたアフリカ諸国主導による包括的なアフリカ開発戦略。グローバル化のなかアフリカの周縁化を防ぎ、貧困撲滅、持続可能な成長と開発、世界経済への統合をめざす。

NEV【new energy vehicle】新エネルギー車。中国の環境政策・産業政策で用いる語。電気自動車(EV)、燃料電池車(FCV)などを指す。「—規制」

NFC【near field communication】新 国際標準規格に承認された無線通信技術の一。非接触ICカードなど10センチメートル程度の通信距離でデータ通信を行う。近距離通信。

NFT【non-fungible token】新 デジタルデータの所有権・真正性・唯一性を保証するためにブ

ロックチェーン(分散型台帳管理技術)上で発行するデータ。アート作品やゲームのアイテムなどの所有権を保証・管理するために用いる。非代替性トークン。▷暗号資産(仮想通貨)と異なり「同じ価値のデータが他にはない」ため非代替的とされる。

NG【no good】①映画撮影などでの、演技の失敗。また、その撮影フィルム。②認められないこと。禁止事項。

NGO【nongovernmental organization】非政府組織。政府間の協定によらずに創立された、民間の国際協力機構。

NGV【natural gas vehicle】天然ガス自動車。

NICU【neonatal intensive care unit】低出生体重児や疾患のある新生児を収容して、最も効果的かつ集約的な治療を行うための施設。新生児集中治療室。新生児特定集中治療室。

NIE【newspaper in education】新聞を学校教育の教材として利用すること。学校への新聞の提供や、紙面提供、新聞社見学など。教育に新聞を。

NIES(ニーズ)【newly industrializing economies】発展途上国のうち急速に工業化が進んだ諸国・地域。1978年のOECDの報告で、韓国・台湾・香港・シンガポール・ブラジル・スペイン・ポルトガル・ギリシャ・トルコ・ユーゴスラビアをニックス(NICS;newly industrializing countries)とよんだが、国家でない地域を含むため88年以降ニーズとよばれる。新興工業経済地域。

NIH【National Institutes of Health】アメリカの国立衛生研究所。公衆衛生局の下部機関で、癌(がん)研究所など多数の研究所・病院からなる。

NIPT【non-invasive prenatal genetic testing】妊婦の血液を利用して行う、胎児の遺伝学的検査。非侵襲的出生前遺伝学的検査。無侵襲的出生前遺伝学的検査。▷日本では、臨床研究として認定された施設でのみ実施されている。

NIS【National Intelligence Service】新 韓国の国家情報院。大統領直属の情報機関。1961年に創設された韓国中央情報部(KCIA)が源流。1981年に国家安全企画部(ANSP)に再編。1999年に現名称となる。

NISA(ニーサ)【Nippon individual savings account】新 少額投資非課税制度の愛称。▷証券会社や銀行などの金融機関に専用口座を設け、上場株式や株式投資信託等を新規購入すると、配当金や売買益等が一定期間非課税となる。2014年(平成26)導入。

NK細胞【natural killer cell】ナチュラル-キラー細胞。リンパ球の一種。腫瘍(しゅよう)細胞を融解する機能をもつ。

NLD【National League for Democracy】新 ミャンマーの全国民主連盟。同国最大の民主化運動組織。

NLP【night landing practice】アメリカ海軍の空母搭載機の夜間離着陸訓練。陸上基地で行う。

NMD【national missile defense】アメリカの国家ミサイル防衛構想。アメリカ本土を弾道ミサイルから防衛するシステム。→ABM

NNE【net national expenditure】国民純支出。GNE(国民総支出)から資本減耗引当てを控除したもの。

NNT 無い内定。就職活動中の学生が使う俗語で、どの会社からも内定を得ていない状態のこと。▷内内定をもじった語。

NNW【net national welfare】国民福祉指標。国民の福祉水準を測る指標。国民総生産(GNP)から軍備など福祉に役立たない部分を控除し、福祉に不可欠な余暇・家事労働などを加算したもの。国民純福祉。

NOC【National Olympic Committee】国内オリンピック委員会。オリンピックに参加するためにそれぞれの国で国内の各競技団体を統括してつくられた団体。日本では日本オリンピック委員会(JOC)がこれに相当する。→IOC

NOx(ノックス)【nitrogen oxides】一酸化窒素(NO)・二酸化窒素(NO_2)など窒素酸化物の総称。自動車の排ガスや工場設備などから発生し、大気汚染の原因となる。

No.1調査(ナンバーワンちょうさ) 新 広告で訴求するため、その商品・サービスが何らかの観点で1位であることを証明する調査。またその調査を行うサービス。顧客満足度No.1、業界シェアN0.1の類。▷客観性に乏しい調査が横行しており、社会問題化している。

NPM【new public management】民間の経営手法を応用した公共部門の運営。競争原理、結果主義、顧客主義などの概念を導入して、サービスの向上や効率化を図る。1990年代より欧米を中心に拡大。新公共経営。新公共管理。ニュー-パブリック-マネージメント。

NPO【nonprofit organization】政府・自治体や私企業とは独立した存在として、市民・民間の支援のもとで社会的な公益活動を行う組織・団体。特定非営利活動法人。非営利組織。非営利団体。市民活動法人。市民事業体。➲よ

くわかる「NPO」の意味と使い方(p.1037)

NPS【Net Promoter Score】新 ⇨ネットプロモータースコア

NPT【Nuclear Nonproliferation Treaty】核不拡散条約。核兵器保有国の増加を防ぐため、保有国の限定、非保有国の製造の禁止、国際原子力機関による査察などを規定する。1968年アメリカ・イギリス・旧ソ連で作成、70年に発効。日本は76年(昭和51)批准。核拡散防止条約。

NPV【net present value】投資期間中のキャッシュ-フローから投資対象の現在価値を算出する方法。投資により得られる各期の純現金収益を割引率(資本コスト・必要な収益率)で割り引いたものの合計から投資金額を引いて算出する。正味現在価値。▷複数の投資を比較する場合、NPVが大きい投資ほど有利な投資と判定される。

NR【national record】スポーツ競技における国内記録。日本における日本記録に相当する。

NR【和製 no＋return】従業員が訪問先に出掛けて、会社に戻らずに自宅に帰ること。直帰。

NRN【no reply necessary】英語の電子メールで、返事不要を示す略語。

NSC【National Security Council】①アメリカの国防政策の統合・調整について、大統領に助言することを任務とする機関。大統領および主要閣僚などからなる。1947年設置。②国家安全保障会議。日本の安全保障に関する重要事項を審議するため内閣に設置された機関。従来の安全保障会議を再編して2013年(平成25)設置。内閣総理大臣を議長とし、関係省庁の大臣で構成。日本版NSCとも。

NTB【non-tariff barrier】非関税障壁。関税以外の方法で行う輸入抑制手段。輸入について、数量制限を設けたり、検査基準・手続き・認証を厳しくするなどの他、広義には、その国独特の取引慣行など外国企業に不利に作用する経済の仕組み・制度を含む。NTM(non-tariff measures、非関税措置)ともいう。

NTN【non-terrestrial network】新 非地上系ネットワーク。静止衛星・低軌道衛星・HAPS(成層圏で運用する移動体)を組み合わせて構築する通信ネットワーク。

NUD【nonulcer dyspepsia】非潰瘍(かいよう)性消化不良。癌(がん)・潰瘍などが認められないのに、吐き気・胸焼けなどの不快感が持続する症候群。

NUMO(ニューモ)【Nuclear Waste Management Organization of Japan】新 原子力発

A～Z

電環境整備機構。原子力発電に伴って生じる高レベル放射性廃棄物の最終処分を実施するための組織。20000年(平成12)に制定された「特定放射性廃棄物の最終処分に関する法律」によって規定され、同年設立された。

NYMEX(ナイメックス)【New York Mercantile Exchange】ニューヨーク-マーカンタイル商品取引所。

NYPD【New York City Police Department】ニューヨーク市警。

NYSE【New York Stock Exchange】ニューヨーク証券取引所。1792年設立。

NZD ニュージーランド-ドルの通貨コード。

NZEB【net zero energy building】新 ⇨ZEB

OA【office automation】会社の事務部門における能率向上のために行われる自動化。特に、パソコン・ファクシミリなどの導入により、書類の作成・保存・検索・送付などの事務を合理化することをいう。オフィス-オートメーション。

OA【on the air】オンエアの略。放送。放送中。

OAPEC(オアペック)【Organization of Arab Petroleum Exporting Countries】アラブ石油輸出国機構。アラブ産油国の利益の確保・維持のため、1968年サウジアラビア・クウェート・リビアが設置した機関。のち、多くのアラブ諸国が加盟。本部をクウェートに置く。

OAuth(オーオース) ▷authはauthorization(権限付与)の略。ネット上のサービスAでアカウントを持つ利用者が、サービスBに対してAへのアクセスを認可するための仕組み。BにAのパスワードを渡す必要がない。

OAV【和製 original＋animation＋video】⇨OVA

OBOR【One Belt, One Road】新 一帯一路。中国が2013年に提唱した経済圏構想。シルクロードに沿った陸路(＝一帯)と、南シナ海から中東を経てヨーロッパまで続く海上シルクロード(＝一路)を広域経済圏と考え、域内のアジア・欧州・アフリカにおいて、中国主導でインフラ整備を進め、産業集積を形成することを目的とする。

OBS【Olympic Broadcasting Services】オリンピック放送機構。オリンピックとパラリンピックの公式放送を制作・配信する組織。国際オリンピック委員会が2001年に設立。OBS。

OC【oral contraceptive】⇨ピル①

OCR【optical character reader】印刷または手書きの文字を、

A〜Z

よくわかる「NPO（エヌピーオー）」の意味と使い方

詳しい意味は？

NPO は英語の **n**on**p**rofit **o**rganization を略した言葉で「非営利団体」または「非営利組織」を意味します。多くの場合「公益に資する活動を非営利で行う民間団体」を指します。ここで言う公益に資する活動とは、地域振興・福祉・教育・文化・人権など様々な分野で社会的課題を解決するための活動のこと。また民間団体とは、行政・企業以外の団体を指します。

この NPO に似た言葉に「NPO 法人」もあります。これは NPO 法（正式名称は「特定非営利活動促進法」）に基づいて登記できる、NPO 専用の法人格のことです。この登記を行っていない NPO は、法律上、任意団体という扱いになります。また「認定 NPO 法人」という制度もあります。これは NPO 法人のうち、一定の条件を満たすものに税制上の優遇措置を与える制度です。

もうひとつ、NPO に似た概念に「NGO」もあります。これは英語の **n**on**g**overnmental **o**rganization を略した言葉で「非政府組織」のこと。これも NPO と同じく「公益に資する活動を非営利で行う民間団体」ですが、「国際的活動を主体とする団体であること」「非政府の組織であること」を強調する際に、この語を用いることが多いようです。代表的な NGO には「国境なき医師団」（1971 年設立）などがあります。

言い換えたい場合は？

ふつう「非営利組織」または「非営利団体」を用いることができます。また、NPO 法に基づく NPO 法人を言い換える場合は、正式な用語である「特定非営利活動法人」を使うことができます。さらに同法に基づく「認定 NPO 法人」を言い換える場合も、正式な用語である「認定特定非営利活動法人」を用いることができます。

光学的に読み取る装置。光学式文字読み取り装置。

ODA【Official Development Assistance】政府開発援助。開発途上国ないし国際機関へ、先進国の政府機関からなされる援助。贈与・借款・賠償・技術援助などの形をとる。

ODF【OpenDocument Format】オフィス-ソフト用のファイル形式の一。異なる種類のアプリケーション-ソフトでも共用できるよう、構造化情報標準促進協会(OASIS)が策定したもの。ワープロ・表計算・プレゼンテーションなどのファイル形式がある。

ODM【original design manufacturing】取引先のブランドで販売される製品の設計・生産。→OEM

OECD【Organization for Economic Cooperation and Development】経済協力開発機構。1961年OEECを改組し、アメリカ・カナダなども参加して発足した西側の経済協力機構。貿易・資本の自由化、発展途上国援助、経済政策の調整などを目的とする。日本は64年(昭和39)加盟。

OEL【organic electroluminescence】有機EL。有機材料を用いたEL素子(強い電場を加えて発光する蛍光物質を用いた素子)。薄型の表示装置に用いる。

OEM【original equipment manufacturing】取引先の会社の商標名で販売される製品の受注生産。→ODM

OJD【on-the-job development】主に若手の人材を対象に、仕事の現場でマネージメント能力の育成を行うこと。▷OJTよりも長期的な観点で行う人材開発をいう。

OJT【on-the-job training】⇨オン-ザ-ジョブ-トレーニング

OKR【objectives and key results】▷目標と主要な結果の意。組織の目標設定を管理する手法の一。一つの「目標」(O)に対して、数値化できる数個程度の「主要な結果」(KR)を設定するもの。

OKY新 企業の海外駐在員が使う俗語で「お前がここへ来てやってみろ」の略。現地事情を無視した無理難題の要求など、本社の無理解に対する苛立ちをあらわす。

OLED【organic light-emitting diode】有機発光ダイオード。いわゆる有機EL素子のこと。

OMO【online merges with offline】新 オン-ラインとオフ-ラインの融合。マーケティングにおいて両者を区別しない施策を実施すること。2017年にベンチャー投資家の李開復(リ=カイフ)が提唱。→オムニチャネル・O2O

A～Z

OODAループ(ウーダループ) observe(観察)、orient(方向づけ)、decide(意思決定)、act(行動)を循環させることで、変化の激しい状況においても成果を得られるようにする考え方。

OOP【object oriented programming】 オブジェクト指向プログラミング。計算過程を複数のオブジェクトの相互作用としてモデル化したプログラミングの枠組み。動作中のプログラムはオブジェクトの集合であると考え、オブジェクトの生成、消滅、オブジェクト間通信により計算が進行する。

OOTD【outfit of the day】新 今日のコーディネート。その日の全身写真をSNSなどで公開する際に用いる語。▷直訳では、今日の服装一式の意。

OOTN【outfit of the night】新 今夜のコーディネート。その夜の全身写真をSNSなどで公開する際に用いる語。▷直訳では、今夜の服装一式の意。

OPAC【online public access catalog】図書館が提供する、オンライン蔵書目録。

OPEC(オペック) 【Organization of Petroleum Exporting Countries】 石油輸出国機構。産油国が、欧米の石油カルテルに対抗して、みずからの利益を守るため、1960年結成した組織。イラン・イラク・クウェート・サウジアラビア・ベネズエラ・リビア・アルジェリア・ナイジェリアなどが主な加盟国。本部・事務局をウィーンに置く。

OPECプラス(オペック) 【OPEC plus】石油輸出国機構(OPEC)と、ロシアなどの非加盟産油国で構成される組織。

OPS(オプス; オーピーエス) 【on-base plus slugging】新 野球で打者を評価する指標の一。出塁率(安打と四死球の和を打数と四死球と犠飛の和で割った数字)と長打率(塁打を打数で割った数字)の和。

OPTA(オプタ) サッカーの試合で各選手のボール-タッチに関するプレーを詳細に分析するシステム。パスやドリブルの総数、成功率など細部にわたって数値化する。▷1996年にイギリスで開発され、日本では2001年(平成13)からJリーグ公認のデータ-システム(名称はJ-STATS OPTA)として導入された。

OPV【offshore patrol vessel】外洋哨戒(しょうかい)艦。排他的経済水域内の哨戒監視活動、外洋での捜索救難などを行なう。排水量数百~3000tで、通常ヘリコプターを搭載する。

OR【Olympic record】新 オリンピック記録。

ORBIS ⇨オービス

OS【operating system】⇨オペレーティング-システム

OSAT(オーサット)【outsourced semiconductor assembly and test】新 半導体製造の後工程を請け負う業者。

OSI【Open Systems Interconnection】異種コンピューター間や異種ネットワーク間の接続ができるように、ISOが制定したコンピューター-ネットワーク用の通信プロトコル。開放型システム間相互接続。1996年、プロジェクトを解散。

OT【occupational therapist】作業療法士。国家試験により免許を受け、医師の指示のもとに作業療法を行う者。

OTA【over the air】情報通信分野で、無線を経由して行うデータの送受信。従来は有線で行なっていた送受信を無線に置き換える場合についていう。

OTA【online travel agent】新 オンライン専門の旅行代理店。航空券予約サイトや宿泊予約サイトなどの運営会社を指す。オンライントラベルエージェント。

OTC【over-the-counter】①(株式取引所を経ない)「店頭取引」の意。②大衆薬。処方箋なしで購入できる一般用医薬品。薬理作用が穏やかで、副作用も少ない。市販の風邪薬・胃腸薬など。

OTEC【ocean-thermal energy conversion】海洋温度差発電。海上と深海との温度差を利用して行う発電。アンモニアなどの熱媒体を海上で気化させて発電用タービンを駆動し、使用後のガスを深海から汲み上げた冷水で冷却液化する。温度差は10〜20℃で可能。温度差発電。

OTT【over the top】新 通信事業者やインターネットサービスプロバイダーではない企業が、大容量の通信を必要とするサービスを提供すること。動画配信サービスにおけるユーチューブやネットフリックスのような形態をいう。

OVA【和製 original＋video＋animation】家庭用ビデオ市場(ビデオやDVDなど)に向けて制作・販売されるアニメーション作品の総称。テレビ放送や映画公開を目的にしていないものをさす。1980年代前半からみられる。OAV。

O-157【Escherichia coli O-157】病原性大腸菌の一。ヒトや動物の腸管内に侵入すると、タンパク質の一種であるベロ毒素を放出し、激しい下痢や腹痛を起こす。▷O血清型を持つ157番目に発見されたものの意。

O2O(オーツーオー)【online to offline】新 オンラインで提供される情報やツールが実店舗での購買に影響すること。▷オンラインからオフラインへの意。→クリッ

A〜Z

クｰアンドｰモルタル

P波【P-wave; primary wave】弾性波のうち、体積変化の状態が伝わる縦波。波の進行方向に振動する。弾性波の中で最も速い。通常、地震波に用いられる語。→S波

Pマーク【和製 P(privacy)+mark】⇨プライバシーｰマーク

PA【protection grade of UV-A】日焼け止め用化粧品に表示される、日光防止指数の一。UV-A(紫外線A)波を防止する効果を指数化したもの。→SPF・ホワイトニング

PALM(パーム)【Pacific Islands Leaders Meeting】太平洋島サミット。日本と太平洋島嶼(とうしょ)国・地域、オーストラリア、ニュージーランドの首脳が集まって行う国際会議。1997年開始。3年ごとに開催。正称、日本・太平洋諸島フォーラム首脳会議。

PAM制御(パム) 電圧の高さを変えることにより、電動モーターの回転数を効率よく制御する方式。電源の利用効率が高く、エアコンや冷蔵庫などの家電製品で採用されている。▷PAMはpulse amplitude modulationの略で、パルス振幅変調のこと。

P&A【purchase and assumption】資産・負債の継承。金融機関の破綻(はたん)処理に際し、破綻金融機関を買い取る銀行がその資産や負債を継承する、営業譲渡方式の破綻処理。監督当局は経営危機の金融機関の経営状況を事前に把握、水面下で譲渡先を決める。破綻公表後すぐ営業を引き継ぐことでペイオフを避け、預金支払いなどに支障が生じないようにする。アメリカで普及。

PB【personal best】自己最高記録。

PB【private brand】⇨プライベートｰブランド

PBO【peace building operations】平和構築活動。発展途上国や紛争地域の自立的安定をめざし、経済・医療・教育などの援助を予防的に行う。→PKF・PKO

PBR【price book-value ratio】株価純資産倍率。株価をその会社の1株当たりの純資産で割ったもの。株価資産倍率。

PC【personal computer】⇨パーソナルｰコンピューター

PC【political correctness】ポリティカルｰコレクトネス。アメリカで、性・民族・宗教などによる差別や偏見、またそれに基づく社会制度・言語表現は、是正すべきとする考え方。政治的妥当性。

PC【primary care】⇨プライマリーｰケア

PCカード【PC card】パソコンに用いるカード型周辺機器の規格、およびそれに基づいた製品の総称。ハードｰディスク、メモリー、

モデムなどがある。

PCゲーム【PC game】コンピューター-ゲームのうち、パーソナル-コンピューター(PC)を用いるものの総称。パソコン-ゲーム。→コンピューター-ゲーム

PCリサイクル マーク 家庭用パソコンのリサイクルのために貼付されるマーク。2003年(平成15)10月以降に出荷されたものに貼付され、販売価格に回収・再資源化費用が上乗せされている。それ以前の製品については、ユーザーが回収依頼時にその費用を支払う。

PCB【polychlorinated biphenyl】ジフェニルに2個以上の塩素が置換した化合物。化学的に安定で絶縁性にすぐれ、絶縁油・熱媒体・可塑剤などに広く用いられたが、毒性および化学的安定性による人体蓄積・廃棄処理難のため、日本では1972年(昭和47)から製造・使用禁止。ポリ塩化ビフェニル。

PCE【personal consumption expenditure】個人消費支出。

PCFR【price cash flow ratio】株価キャッシュ-フロー比。株価尺度の一。株価を、1株当たりの利益と減価償却費を加えた額で除して得る。

PCM【pulse code modulation】パルス変調方式の一。周期的パルスの振幅・幅・位置などは変えず、信号波の振幅に応じて、パルスの有無の組み合わせなどの符号化された信号にする。歪(ひず)みが少なく、雑音がない。パルス符号変調。

PCM音源 サンプリング音源の一。録音(符号化)の際に、PCM方式を用いるもの。狭義には、あらかじめ音声が記録されている再生専用の装置(LSI)をさす。

PCR【polymerase chain reaction】ごく少量のDNAを大量に複製する手法。耐熱性のDNA合成酵素を用い、加熱によって、基質であるDNAの構造が変化することを利用して行う。分子進化学の研究や犯罪捜査などに活用される。ポリメラーゼ連鎖反応。

PCT【Patent Cooperation Treaty】特許協力条約。国際的な特許取得を容易にするのを目的とする。1978年発効。

PCU【Palliative Care Unit】緩和ケア病棟。緩和ケアを行う病棟。患者の意思や生活を大切にし、個室でキッチンなどの設備をもち、家族の付き添いや外泊・外出も制限されないなどの特徴をもつ。1990年(平成2)、医療制度に導入された。

PDA【personal digital assistance】携帯情報端末。住所録、スケジュール管理などの個人情報管理やデータ通信に用いる、

小型の情報機器。▷当時アップル-コンピュータのCEOであった実業家スカリー(John Sculley[1939～])による1992年の造語。のちにスマートフォンがこの機能を吸収する形になった。

PDC【Personal Digital Cellular】移動体通信システムの標準規格の一。日本におけるデジタル携帯電話の標準方式。800MHz/1.5GHzの周波数帯を利用している。この方式によるサービスは1993年(平成5)に開始された。2012年使用停止。

PDCAサイクル 行政政策や企業の事業評価にあたって計画から見直しまでを一貫して行い、さらにそれを次の計画・事業にいかそうという考え方。▷plan(立案・計画)、do(実施)、check(検証・評価)、action(改善・見直し)の頭文字を取ったもの。

PDF【portable document format】アメリカのアドビ-システムズが開発したファイル形式の一。異種のパソコン間でのドキュメントの交換を可能にする。

PDM【product data management】製品の企画・製造から販売まで、設計図や技術情報など多岐にわたる製品情報を管理すること。それぞれの担当部署を越え企業内で統合的に一元管理し、効率化と情報の活用を図ろうというもの。▷PDMよりもさらに広範な概念としてのPLMも提案されている。→PLM

PDPC【process decision program chart】コンティンジェンシー-プラン(偶発事件や不測の事態に対処するための計画)を策定するため、予測される事態とその方策をフローで図示したもの。

PDS【public domain software】パブリック-ドメイン-ソフトウエア。一般に公開されているソフトウエア。

PED【porcine epidemic diarrhea】豚流行性下痢ウイルスによるブタやイノシシの急性伝染病。食欲不振、水様性下痢などを起こす。生後1週間以内のブタは死亡率が高い。家畜伝染予防法による家畜伝染病の一。

PEF【private equity finance】プライベート-エクイティー-ファイナンス。未上場企業へ投資し、株式の上場や企業売却で利益を得る投資手法。

PEF【private equity fund】プライベート-エクイティー-ファンド。機関投資家などから資金を集め、主に未上場企業を買収し、経営改善や収益力を高めた後、株式上場や企業売却で資金を回収して利益を得るしくみ。企業投資ファンド。

PEG(ペグ)【percutaneous endoscopic gastrostomy】内視鏡と局所麻酔により、胃の内腔と

腹壁外部とのバイパス(胃瘻(いろう))をつくる医療手法。口からの食物摂取が困難である患者に、栄養を供給する目的で行う。経皮内視鏡的胃瘻造設術。

PER【price-earnings ratio】株価収益率。株価を1株当たりの税引き利益で割った値。

PEST分析(ペストぶんせき)【PEST analysis】事業・経営を取り巻く外部環境を巨視的に分析するための枠組みの一。政治(politics)、経済(economy)、社会(socio-cultural)、技術(technology)の4要素により分析をおこなう。

PET(ペット)【polyethylene terephthalate】ポリエチレン-テレフタレート。ポリエステルの一。汚れにくく、電気特性に優れる。飲料用の容器や写真フィルム・磁気テープなどに用いられる。

PET【positron emission tomography】陽電子放出撮影法。半減期の短い放射性同位元素を投与し、それが放出する陽電子を検出してコンピューターで画像処理し、臓器の生理状態や炭素や酸素などの代謝の様子を調べる方法。

PETボトル(ペット)【PET bottle】ポリエチレン-テレフタレート樹脂からつくられる瓶状の容器。軽くて耐久性に優れることから、飲料用容器として多く用いられる。繊維製品などへのリサイクルも可能。→PET

PFI【private finance initiative】プライベート-ファイナンス-イニシアチブ。これまでの公的部門による社会資本の整備・運営に民間資本や経営ノウハウを導入し、民間主体で効率化を図ろうという政策手法。イギリスで用いられているが、日本でも1999年(平成11)、PFI推進法(民間資金等の活用による公共施設等の整備等の促進に関する法律)制定。→PPP

PFM【personal financial management】新 現金・銀行・クレジット-カード・証券など個人資産に関する情報を一元的に管理すること。またそのためのソフトウエアやサービス。

PFS【pay for success】成果連動型民間委託契約方式。地方自治体などが民間事業者に委託する事業のうち、解決すべき行政課題に対応した成果指標を設けて、指標の改善状況を民間事業者への報酬に連動させる方式。

PGP【Pretty Good Privacy】電子メールのセキュリティー管理に利用される暗号化プログラム。

PGT-A【preimplantation genetic testing for aneuploidy】着床前染色体異数性検査。着床率をあげ流産を防ぐため、体外受精の受精卵について染色体数を

A〜Z

検査すること。日本では日本産科婦人科学会が一定条件下での臨床研究を認めている。

PGT-M【preimplantation genetic testing for monogenic】着床前単一遺伝子欠損検査。どちらかが重い遺伝性疾患を持つ夫婦を対象に、受精卵を検査すること。日本では日本産科婦人科学会が一定条件を満たす人に対する医療行為として認めている。

PGT-SR【preimplantation genetic testing for structural rearrangements】着床前胚染色体構造異常検査。染色体転座に起因する反復・習慣流産を防ぐため受精卵の構造異常を検査すること。日本では日本産科婦人科学会が一定条件を満たす人に対する医療行為として認めている。

PG12【parental guidance-12】映倫(映画倫理規定管理委員会)の規定の一。12 歳未満(小学生以下)の鑑賞には保護者の同伴が望ましいことを示す。▷ parental guidance は、親の助言・指導の意。

PHEV【plug-in hybrid electric vehicle】新 プラグイン-ハイブリッド電気自動車。家庭用コンセントからの充電機能を併せ持ち、電気だけで走れる距離を長くしたハイブリッド電気自動車。プラグイン-ハイブリッド-カー。

PHS【personal handyphone system】微弱な電波を用いるコードレス電話機を屋外でも利用できるように、多数の無線基地局を設け、専用の番号を与えたデジタル電話。2018 年(平成 30)公衆向けサービスの新規契約受付を終了。

PI方式【public involvement】パブリック-インボルブメント。公共事業の計画段階から住民の意見を聞き、事業計画にその意思を反映させる手続き手法。

PIAAC(ピアック)【Programme for the International Assessment of Adult Competencies】新 世界各国の 16 ～ 65 歳の男女個人を対象に OECD(経済協力開発機構)が実施する調査。読解力・数的思考力・IT を活用した問題解決能力について習熟度を測定するもの。このほか対象者の背景(年齢、性別、学歴、職歴など)も調べる。初回の結果は 2013 年に公表。国際成人力調査。

PICU【pediatric intensive care unit】新 子供を対象とする集中治療施設(ICU)。後天的な疾患や怪我で集中治療が必要となった、新生児から成人(または中学生程度)までの子どもが対象。小児集中治療室。

PICU【psychiatric intensive care unit】新 急性期の精神病患者、または内科疾患を併発し

ている精神病患者を対象とする集中治療施設。精神科集中治療室。

PIGS ヨーロッパで、財政状況が厳しいとされる4か国の総称。ポルトガル・イタリアまたはアイルランド・ギリシャ・スペインをさす。→PIIGS ▷ポルトガル(Portugal)・イタリア(Italy)またはアイルランド(Ireland)・ギリシャ(Greece)・スペイン(Spain)の頭文字から。ギリシャの財政危機が顕在化した2009年末から広く言われ始め、当事国に批判的なニュアンスがある。

PII【personally identifiable information】新 個人を特定可能な情報。

PIIGS ヨーロッパで、財政状況が厳しいとされる5か国の総称。ポルトガル・イタリア・アイルランド・ギリシャ・スペインをさす。→PIGS ▷ポルトガル(Portugal)・イタリア(Italy)・アイルランド(Ireland)・ギリシャ(Greece)・スペイン(Spain)の頭文字から。ギリシャの財政危機が顕在化した2009年末から広く言われ始め、当事国に批判的なニュアンスがある。

PIM【personal information manager】個人情報管理用のソフトウエア。住所録・スケジュール管理・作業予定などの機能を備える。ピム。

PIP【picture in picture】ディスプレーにおいて、画面内に表示する小さな画面のこと。またその機能。テレビ画面の一部に、別チャンネルの内容を小さな画面で表示する場合など。

PISA【OECD Programme for International Student Assessment】世界各国の15歳の子どもを対象にOECD(経済協力開発機構)が実施する試験。生活上の知識や技能を、どの程度身につけているかを調査・比較する。出題分野は読解力・数学的思考力・科学的思考力。2000年より実施。

PKF【Peace-Keeping Forces】国際連合平和維持軍。平和維持活動を任務とする軍隊。受け入れ国の同意を基礎とし、停戦や撤兵の実施を助け、治安維持にあたるなど、戦闘以外の活動を行う。紛争当事者に対して公正な立場で望むことが要求されるので中立的な国から編成され、国連の直接の統制下におかれる。

PKO【Peace-Keeping Operations】国際連合平和維持活動。国際紛争に対処し、国際的平和および安全を維持するために、国連総会または安全保障理事会の決議に基づき、国連の統括の下に行われる活動。治安回復を目的とする国連平和維持軍(PKF)、停戦監視や選挙監視などの活動がある。

PKO【price keeping operation】価格維持操作。政府による株価維持のための政策・操作の通称。→PLO

PKS【palm kernel shell】パーム椰子殻(やしがら)。パーム油を生産する際の残渣。バイオマス発電の燃料となる。

PL【product liability】製造物責任。商品の欠陥により損害が生じた場合、商品の製造者にその賠償責任を負わせること。

PLC【power line communication】電力線搬送通信。電力線を使用して行われるデータ通信。電力線通信。電力線インターネット。

PLM【product lifecycle management】製品に関するマーケティング・企画・製造から販売・保守・廃棄までのライフ-サイクル全般にわたる情報、製造・販売コストや部品供給会社など外部の関連情報までを包括的に管理すること。▷PDMをより広げた概念として提案されている。→PDM

PLMD【periodic limb movement disorder】周期性四肢運動障害。睡眠障害の一。睡眠時、四肢(主として足)に周期的な不随意運動が生じる症状。高齢者に多くみられ、むずむず脚症候群を合併する場合が多い。睡眠時ミオクローヌス症候群。

PLO【Palestine Liberation Organization】パレスチナ解放機構。反イスラエル解放組織の統合機関として結成、1974年アラブ首脳会議でパレスチナ人を代表する唯一の政治機構と公認され、国連オブザーバーの資格を得た。

PLO【price lifting operation】価格吊り上げ操作。低迷する株価を上昇させるために政府が行う政策・操作の通称。→PKO

PM【particulate matter】粒子状汚染物質。大気汚染物質のうち、粒子状のもの。燃料の不完全燃焼によって生じる炭素や炭化水素類、ブレーキ材(石綿など)やスパイク-タイヤによるアスファルトの粉塵など。

PM【product manager】プロダクト-マネージャー。新製品の開発と商品化を一貫して行うための、専任担当者。

PMI【post-merger integration】新 ⇨ポストマージャーインテグレーション

PMTC【professional mechanical tooth cleaning】歯科衛生士などの専門家による歯のクリーニング。歯磨きだけでは落ちにくい汚れや歯垢(しこう)・歯石を専門の器具と研磨剤を使って徹底的に除去する歯科処置で、定期的に行うことにより虫歯や歯周病予防に高い効果があるとされる。

PNG(ピーエヌジー；ピング)【Portable Network Graphics】拡張子の一。PNG 形式で作成した画像ファイルを表す。各ピクセル毎に透明度を設定することも可能。

PO【play-off】新 プレーオフ。

PoC【proof of concept】新 概念実証。ビジネスや技術などで新手法の導入を試みる際、その実現可能性を簡易な方法で実証すること。

POD【print on demand; publish on demand】オン-デマンド出版。利用者の注文に応じて出版を行うシステム。インターネットなどによって注文を受け付け、デジタル-データとして保存されている書籍を印刷・製本・配本する。

POP(ポップ)【point-of-purchase】購買時点。店頭。

POP(ポップ)【post office protocol】電子メールを格納してあるサーバーから、自分宛のメールをダウンロードするためのプロトコル。

POP広告(ポップ)【point-of-purchase advertising】購買時点広告。ポスターなど商店に掲示される広告。▷たんに POP とも。

POPs【persistent organic pollutants】⇨ポップス

POS(ポス)【point-of-sale】販売時に販売活動に関する情報処理を行うこと。各店舗の POS 端末とホスト-コンピューターを結んで、売上管理・在庫管理などを自動的に行うことができる。販売時点情報管理システム。

POSA(ポサ)【Point Of Sales Activation】新 プリペイド-カードなどを販売時点で有効化する仕組み。商標。「―カード」

POV(ピーオーブイ、ポブ)【point of view】映像が主観的視点であること。▷視点、観点の意。

PP【physical protection】核物質防護。核物質の外部流出を防ぐために、封じ込めと監視を行うこと。

PP&E【property, plant, and equipment】新 有形固定資産。PPE とも。

ppb【parts per billion】十億分率。成分比や濃度を表す単位。10 億分のいくつにあたるかを示す。

PPC【plain paper copier】普通紙複写機。

PPE【property, plant, and equipment】新 有形固定資産。PP&E とも。

ppm【parts per million】百万分率。成分比や濃度を表す単位。

PPM【product portfolio management】製品ポートフォリオ-マネージメント。市場占有率を縦軸に、成長性を横軸にとって製品や事業を分類し、組み合わせて、各々の分野に対する戦略を決定するという経営。

PPP【point-to-point protocol】別の場所にあるコンピューターを接続してデータ伝送を行う際に用いるプロトコル。プロバイダーのサーバーを経由してインターネットに接続する時などに利用される。

PPP【polluter pays principle】汚染者負担原則。環境汚染を防止するための費用は、すべてその原因となった者が負担するという原則。

PPP【public private partnership】パブリック-プライベート-パートナーシップ。公的部門による社会資本の整備・運営を公共と民間の協力により効率化しようという政策手法。同種のPFIに対し、より行政のかかわりを強めた手法。イギリスでいわれている。→PFI

PPPoE【PPP over Ethernet】イーサネット上で、PPPと同等の機能を実現するプロトコル。本来は電話回線などで行われるダイヤルアップ接続と同等の機能を、LANなどの常時接続環境で実現する。DSLによるインターネット接続などに利用される。

PPS【power producer and supplier】電力会社以外で、特定規模の需要(大口需要家)に応じて電気の供給を行う事業者。特定規模電気事業者。

PPS【prospective payment system】⇨DRG/PPS

ppt【parts per trillion】一兆分率。極めて低い濃度などを表す単位。

PPV【pay-per-view】⇨ペイ-パー-ビュー

PR【public relations】①会社や官公庁などが事業内容や施策などを一般に広く知らせること。②売りこみ。宣伝。

PRI【Principles for Responsible Investment】責任投資原則。投資の意思決定プロセスにESGを組み込むことをめざす、機関投資家向けの指針。6原則からなる。2006年に国連環境計画金融イニシアティブと国連グローバル-コンパクトが策定。→ESG

PRTR【pollutant release and transfer register】環境汚染物質排出・移動登録制度。企業などが汚染物質の種類ごとに大気や水への排出量、廃棄物として出す量(移動量)の目録をつくり、行政などに報告する制度。

PRTR法(ほう) 正称、特定化学物質の環境への排出量の把握等及び管理の改善の促進に関する法律。特定化学物質に指定された環境汚染物質の排出量の報告義務などを定める。事業所だけでなく研究・教育機関なども対象となる。1999年(平成11)制定。2001年施行。化学物質排出把

握管理促進法。化管法。→PRTR

P.S.　追伸。二伸。▷ postscript の略。

PS【payload specialist】ペイロード-スペシャリスト。搭乗科学技術者。宇宙船に搭乗し、実験装置を操作する科学技術者。

PS【personal space】⇨パーソナル-スペース

PSC【port state control】ポート-ステート-コントロール。外国籍の船舶が入港した際、寄港国の機関がその船舶に立ち入り、検査する制度。事故防止や環境保全などの観点から、国際基準を満たさない船舶(サブスタンダード船)を排除することを目的にする。日本では1983年(昭和58)より実施。外国船舶監督。▷本来、船舶の監督は旗国(船籍のある国)で行われる。

PSEマーク【和製 PSE＋mark】電気用品安全法に基づき製造・輸入された電気用品に表示されるマーク。特定電気用品(登録機関で検査する電気用品)には外周の四角いマーク、それ以外の電気用品(事業者が自主検査する電気用品)には外周の丸いマークが表示される。▷ PSE は Product Safety of Electrical appliance and material の略。

psi(プサイ)【pounds per square inch】ヤード-ポンド法の圧力の単位。1平方インチ当たり1ポンドの力が加わるときの圧力。

PT【physical therapist】理学療法士。国家試験により免許を受け、医師の指示のもとに理学療法を行う者。

PTBT【Partial Test Ban Treaty】部分的核実験禁止条約。正式名称、大気圏内、宇宙空間および水中における核兵器実験を禁止する条約。アメリカ・イギリス・旧ソ連が署名、1963年発効。地下核実験は禁止されておらず、フランス・中国が不参加。→CTBT

PTS【proprietary trading system】私設取引システム。株式など有価証券を取引所を通さず、証券会社や機関投資家などが直接取引するシステム。1998年(平成10)取引所集中義務の撤廃で可能になった。

PTSD【posttraumatic stress disorders】心的外傷後ストレス障害。地震・交通事故・監禁などの強いストレスを受けたあとに起きる精神障害。不安・睡眠障害・抑鬱(よくうつ)がみられ、夢や錯覚により外傷を繰り返し体験する。

PUレザー【PU leather】⇨ポリウレタン-レザー

PUA【potentially unwanted application】不要と思われるアプリケーション-ソフトウェア。マルウェアほど悪質ではないものの、利用者にとって望ましくないソフトウェアをいう。広告の大量

A〜Z

表示、計算資源の大量消費、不審な情報送信を行うソフトウェアなど。

PURPA【Public Utility Regulatory Policies Act】アメリカで1978年に制定された「公益事業規制政策法」の略称。電力会社に、コジェネレーション・バイオマス・風力などの小規模発電から適正な価格で電力を購入することを義務づけ、省エネルギー・省資源をめざす。

PV【page view】ページ-ビュー。ウェブ-サイトへのアクセス量を判断する基準の一。一定期間内に、サイト内のウェブ-ページが、アクセスしたユーザーによって表示された回数をさす。

PV 【和製 promotion＋video】⇨ビデオ-クリップ

PvE【player versus environment】新 コンピューターゲームで、プログラムが制御する敵との対戦。

PvP【player versus player】新 ネットワークゲームなどで、プレーヤーどうしが戦うこと。

PWA【person with AIDS】エイズと共にある人。エイズ患者、およびその支援者をいう。

PWR【pressurized water reactor】加圧水型原子炉。軽水を減速・冷却材として使う軽水炉の一方式。原子炉で加熱された加圧水で二次冷却水を加熱し、その蒸気でタービンを回す。

PWYW【pay what you want】新 何らかの対価を支払う際に、買い手がその額を自由に決めることができる方式。

P2C(ピーツーシー)【和製 person＋to＋consumer】新 インフルエンサーなどの個人が企画したオリジナルの商品を、オンラインショッピングの形式で消費者に販売するビジネスモデル。P to C。

P2E(ピーツーイー)【play to earn】新 稼ぐためにゲームをプレーすること。ネットワークゲームでのプレーを通じて、暗号資産やNFT(非代替性トークン)形式のアイテムが得られる仕組み。アイテムの販売や貸与による収益化も可能。

P2P(ピーツーピー)【peer-to-peer】ネットワークに接続された複数のコンピューターのうち、任意の1対1が対等な接続状態にあること。また、それを利用した技術やアプリケーション-ソフトウエア。処理能力やファイルなどのネットワーク上の情報資源を対等な立場で共有する。ピア-ツー-ピア。▷ peerは同等の人の意。

P2V(ピーツーブイ)【physical to virtual】コンピューターで、サーバーなどを物理環境から仮想環境へ移行させる作業。

Qアノン【QAnon】新 米国にお

ける陰謀論の一。またその信奉者。トランプ大統領(在任2017年～21年)を妨害する闇の勢力(ディープステート)の存在を主張するもの。ネット掲示板上で匿名投稿者Qが主張したことから言われるようになった。▷アノンはanonymous(匿名の)の略。

Q値(ち) ①周期的な外力による振動や電気的共振回路の強制振動の際に、共振の鋭さを表す量。Q値が大きいほど共振が鋭い。②核反応などの過程で、吸収または放出される全エネルギー。反応前後での粒子の質量エネルギーの差。③熱損失係数。住宅の断熱性能を表す数値。小さいほど性能が高い。

Q熱【Q fever】リケッチア性疾患の一。家畜の熱病。人に感染すると高熱・頭痛など感冒のような症状を呈する。人から人には感染しないが、近年、ペットから人への感染例が知られるようになった。▷Qは疑問(query)の意。発見当時、病原体が不明だったことから。

Qコマース【Q-commerce】新 ⇨クイックコマース

QC【quality control】品質管理。製品の品質を一定のものに安定させ、かつ向上させるためのさまざまな管理。

QCサークル【quality control circle】職場内で品質管理を行う従業員のグループ。品質や生産性の向上のほか、従業員の自主性や経営への参加意識を育てるとされる。

QCD【quality, cost, delivery】新 製造業の生産管理において重視する、品質・コスト・納期の3要素。

QE【quick estimation】国民所得統計速報。内閣府が四半期ごとに発表するGDP(国内総生産)速報。

QFHD【Quad Full HD】ディスプレー装置で、フルHD(1,920×1,080ドット)を面積比で4倍にした解像度。3,840×2,160ドット。約4,000×2,000ドットであることから、4Kまたは4K2Kとも呼ぶ。QHD(Quad HD)。→フルHD

Qi(チー) 電子機器を非接触で充電するための規格の一。規格対応する充電器に、規格対応する電子機器を置くことで充電が可能になる。

QMS【Quality Management System】品質マネジメント-システム。製品・サービスなどの品質について、その製品・サービスを提供する組織を管理するための仕組み。国際規格であるISO 9000シリーズが定めている。

QOL【quality of life】⇨クオリティー-オブ-ライフ

QoQ【quarter on quarter;

quarter over quarter】新 経済指標や企業決算などで前四半期比。四半期推移。

QoS【quality of service】ネットワーク上の通信品質。また、ネットワークの帯域を適切に配分し、それぞれの通信が必要とする通信速度を確保する技術の総称。▷サービス品質の意。

QQE【quantitative-qualitative easing】量的質的金融緩和。日本銀行が2013年(平成25)4月に導入した金融政策。2%の物価目標を達成するまで、国債などの買い入れによってマネタリーベース(供給通貨量)を増加させる。

QR【quick response】クイック-レスポンス。POSシステムを用いて、販売情報を迅速に生産に反映させる方式。

QRコード【QR Code】2次元バー-コードの方式の一。製造・流通などの分野で使用されている。商標名。▷QRはquick response(素早い反応)から。

QRコード決済 ⇨コード決済

QS【quality start】新 野球で、投手の実力を測る指標の一。6イニング以上を投げて自責点が3点以内の試合で記録する。「―数」「―率」

R言語【R programming language】統計解析用のプログラム言語。単にRとも。

radiko(ラジコ) 新 株式会社radikoが提供するインターネットラジオのサービス。国内聴取者に向けて、国内ラジオ局(全国・広域・県域の民間放送と日本放送協会)のサイマル配信を、専用アプリ・サイト経由で行う。2010年(平成22)配信開始。

RAID(レイド)【Redundant Arrays of Inexpensive Disks】⇨ディスク-アレイ

RAM(ラム)【random-access memory】ランダム-アクセスが可能な記憶装置。特に、読み出しだけでなく書き込み可能な半導体記憶装置をさす。

R & D【research and development】研究開発。基礎的研究とその応用化研究の成果をもとに、製品化まで進める開発業務。

R & Dレシオ【research and development ratio】企業の研究開発への取り組みを示す指標で、通常、売上高に対する研究開発費の比率で見る。

RAS(ラス)【remote access service】電話回線などを利用して外部からネットワークに接続するための遠隔接続機能。

RC【responsible care】⇨レスポンシブル-ケア

RCC【Resolution and Collection Corporation】整理回収機構。住宅金融債権管理機構と整理回収銀行が統合し、1999年(平成11)設立。破綻(はたん)金融機

A～Z

関の不良債権だけでなく、破綻前の金融機関から債権の買い取り、回収ができる。日本版RTC。

RCEP協定(アールセップきょうてい)【Regional Comprehensive Economic Partnership Agreement】新 アセアン(ASEAN)加盟国と日本・中国・韓国・オーストラリア・ニュージーランドの15か国による経済連携協定。2012年11月にインドを含む16か国で交渉開始。2022年11月インドを除く15か国が協定に合意し署名。2022年1月発効。世界の人口とGDPの約3割を占める世界最大規模の自由貿易圏を形成する。地域的な包括的経済連携協定。旧称、東アジア地域包括的経済連携協定。

RCS【Rich Communication Services】新 業界団体GSMアソシエーションが策定する、携帯電話用メッセージングサービスの規格。従来的なショートメッセージサービス(SMS)の改良版。電話番号がわかっている相手どうしでメッセージング、グループチャット、音声メッセージ、音声通話、ビデオ通話、ファイル転送などのサービスを利用できる。2008年発表。▷日本ではNTTドコモ・KDDI・ソフトバンクが+(プラス)メッセージ(2018年サービス開始)、楽天モバイルが楽天Link(リンク)(同2020年)の名称でサービスを提供している。

RCTA【rear cross traffic alert】新 自動車を駐車スペースから後退させる際に、後方を横切ろうとする車両を検知して、それを運転者に警報する仕組み。またその警報。

RDB【relational database】⇨リレーショナル-データベース

RDF【refuse-derived fuel】可燃ごみを利用した固形燃料。ごみを粉砕し、腐敗防止のために石灰などを混ぜて圧縮加工したもの。固形化燃料。

RE【reverse engineering】⇨リバース-エンジニアリング

REACH(リーチ)【registration, evaluation and authorization of chemicals】ヨーロッパ連合(EU)による化学物質管理制度。既存の規制に代わり、化学物質の登録・評価・認可・制限を統合して行う。事前の有害性情報の提出などを製造・輸入業者に求めている。2007年6月実施。

REIT(リート)【real estate investment trust】不動産投資信託。不動産やその抵当証券を投資対象とする投資信託。アメリカなどで広く行われており、日本では2000年(平成12)、投資信託法改正で設定が可能となった。

REM睡眠(レム)【rapid eye movement sleep】睡眠の一型。眠りは深いが脳波は覚醒時のような型を示す状態。四肢や体幹の筋緊張は消失しているが、速い眼球運動を伴い、夢をみていることが多い。逆説睡眠。パラ睡眠。賦活睡眠。

RERF【Radiation Effects Research Foundation】放射線影響研究所。放射線が人体に及ぼす医学的影響を調査研究する公益財団法人。広島・長崎における原爆被爆者を調査対象とする。原爆傷害調査委員会(ABCC)が前身。日米両国の管理運営による公益法人として1975年(昭和50)発足。放影研。

RESA【Runway End Safety Area】滑走路端安全区域。航空機のオーバー-ランなどに備えて、空港の着陸帯の前後に設ける区域。

RE100(アールイーひゃく) 新 企業が事業で使用するすべての電力を、再生可能エネルギーでまかなうことを目指す国際的取り組み。国際環境NGOであるクライメートグループ(TCG)とCDP(旧称カーボンディスクロージャープロジェクト)が運営。世界各国の企業が加盟する。2014年設立。▷REはrenewable energy(再生可能エネルギー)の意。

RFI【request for information】発注候補の企業に対して、企業概要や実績などの基本情報を求める依頼書。情報提供依頼書。

RFID【radio frequency identification】ICと小型アンテナが組み込まれたタグやカード状の媒体から、電波を介して情報を読み取る非接触型の自動認識技術。複数の媒体の情報を一括で読み取ることや、内蔵されたICへの新たな書き込みが可能で、情報を消去して媒体を再利用することもできる。セキュリティーや生産・在庫・物流管理、交通、レジャー施設など幅広い分野で活用され始めている。

RFIDタグ【RFID tag】 ⇨ICタグ

RFP【request for proposal】ユーザーが情報システムの新設・増設を行う際に、ベンダーに伝える購買要件を記した提案依頼書または入札依頼書のこと。必要となるハード-ウエアやソフト-ウエア、システムの対象業務、システム構成、サービス、保証要件などが記される。▷提案依頼の意。

RFQ【request for quotation】見積依頼書。見積請求書。

RIMPAC(リムパック)【Rim of the Pacific Exercise】環太平洋合同演習。アメリカの第三艦隊とカナダ・オーストラリア・ニュージーランドの海軍で、ほぼ2年に1回行われる軍事演習。1971年に第1回。80年から海上自衛隊も参加。

RIP【ラテン requiescat in pace】安

らかに眠れ。R.I.P. とも。

rkgk(らくがき) 新 (インターネット利用者の俗語で)落書きの略。自作のイラストを投稿する場合などに用いる。▷落書きのローマ字の子音を並べたもの。

RLS【restless legs syndrome】むずむず脚症候群。睡眠障害の一。夜間、特に就寝時に足に虫が這(は)うようなむずむずとした不快感や痛みなどの感覚異常が現れる。高齢者に多いといわれ、周期性四肢運動障害を合併する場合も多い。

RM【risk management】 ⇨リスク-マネージメント

RMA【Revolution in Military Affairs】軍事革命。情報化社会の進展に伴い、軍事行動も大きく変化すること。総力戦から効率的行動への変化など。

RNA【ribonucleic acid】 リボ核酸。リボースを含む核酸。塩基成分は主にアデニン・グアニン・シトシン・ウラシルの4種。植物ウイルス、一部の動物ウイルスおよび動植物細胞の核と細胞質に存在。リボソームRNA・伝令RNA・転移RNAなどがあり、一般にDNAを鋳型として合成され、タンパク質合成に関与する。ウイルスの中には、RNAを遺伝子としてもつものも多い。→DNA

RNAウイルス 【RNA virus】遺伝物質として、DNAではなくRNAをもつウイルス。レトロウイルスなどが知られる。

ROA 【recognized operating agency】電気通信事業経営を政府から認可された政府以外の機関。国際電気通信条約上のキャリヤー(電気通信事業者)とされる。

ROA【return on asset】総資本利益率。利益を総資本(総資産)で除したもの。総合的な収益性の財務指標。純資産事業利益率。

ROAS(ロアス) 【return on advertising spend】新 広告の費用対効果。かけた広告費に対する売上の割合を百分率で示す。

ROE【return on equity】株主資本利益率。税引利益を株主資本で除したもの。株主資本に対しどれだけ利益をあげているかを示し、企業の収益性の指標となる。自己資本利益率。

ROE【Rules of Engagement】交戦規則。武力行使の条件や限界など、軍事行動の基本的枠組みを規定したもの。過剰な武力行使を防ぐために各国が用意。

RoHS指令(ロス)【restriction of the use of certain hazardous substances in electrical and electronic equipment】 ヨーロッパ連合(EU)が定めた電気・電子機器における特定有害物質の使用制限に関する規定。2006年7月から販売される製品へ

A〜Z

の水銀、カドミウム、鉛、六価クロム、PBB(ポリ臭化ビフェニール)とPBDE(ポリ臭化ジフェニルエーテル)の使用が禁止される。2003 年発効。→WEEE 指令

ROI【return on investment】投資利益率。投資額と、それが生む利益との比率。投資効率の指標の一。

ROIC(ロイック)【return on invested capital】新 投下資本利益率。税引後営業利益を投下資本(株主資本と有利子負債の和)で除したもの。事業に投下した資金からどれだけの利益を生み出したのかを示す財務指標。

ROM(ロム)【read-only memory】読み出し専用の半導体記憶装置。RAM と異なり書き込みはできないが、電源が切れても内容は失われない。

RoO【rules of origin】原産地規則。輸入国が、輸入産品の生産国を特定するために制定する規則。関税賦課など、本来は無差別でなければいけないが、自由貿易地域を設定した場合など、国によって異なる待遇が認められる場合に、どこの国の産品かを確定するために必要とされる。

ROV【remotely operated vehicle】新 遠隔操作型の無人潜水機。

RPA【Robotic Process Automation】新 ホワイト-カラー業務の自動化。またその技術。ロボティック-プロセス-オートメーション。

R-PET(アールペット)【recycled PET】新 再生したペット(ポリエチレンテレフタレート)。回収したペットボトルなどからつくる。リサイクルポリエステル。rPET。RPET。再生ペット。リサイクルペット。→ペット

RPG【role-playing game】⇨ロール-プレーイング-ゲーム

RPS【retail price survey】小売物価統計調査。国民生活上重要な商品の価格やサービス料金・家賃について行う調査。1950 年(昭和 25)以来、総務省統計局が全国各地で実施。消費者物価指数(CPI)などの基礎資料となる。

RS【remote sensing】⇨リモート-センシング

RSA暗号【Rivest-Shamir-Adelman】公開鍵暗号方式の一。1977 年に開発され、公開鍵・秘密鍵の概念はここから生まれた。▷開発者 3 人の頭文字から。

RSS【RDF site summary】ウェブ-サイトの概略をメタデータとして記述する、XML に基づくデータ-フォーマットの一種。W3C の RDF 仕様に準拠し、主にサイトの更新通知やニュースのヘッドライン配信などに用いられる。ニュース-サイトやブログなど

を中心に利用されている。▷サマリー(summary)は概略・要約などの意。→XML・RDF

RT【Retweet】⇨リツイート

RTOS【real-time operating system】⇨リアルタイムOS

RUTF【Ready to use therapeutic food】新 そのまま食べることのできる栄養治療食。栄養価が高く長期保存が可能で、調理や容器を必要としない食品を指す。食料や水の確保が難しい地域で栄養不足に苦しむ人への援助に用いるもの。

RV【recreational vehicle】野外のレクリエーションを目的とした車両の総称。レクリエーショナル-ビークル。

RVパーク【RV park】新 キャンピング-カーの旅行者を対象にしたキャンプ場。駐車スペース・トイレ・水道・電源などを提供する。

R15+ 映倫(映画倫理規定管理委員会)の規定の一。15歳以上の観客を対象とし、15歳未満の観覧を禁止することを示す。俗に15禁とも。▷Rはrestricted(観覧制限)の略。2009年(平成21)にR-15から改称。

R18+ 映倫(映画倫理委員会)の規定の一。きわめて刺激が強いため、18歳未満の観覧を禁止することを示す。俗に18禁、成人映画とも。▷Rはrestricted(観覧制限)の略。2009年(平成21)にR-18から改称。

S波【S-wave; secondary wave】弾性波のうち、ずれの弾性によっておこる横波。波の進行方向に直角の方向に振動する。通常、地震波で用いられる語。P波より伝播(でんぱ)速度が小さく(約3の平方根の逆数)、近い地震では主要動となる。→P波

Sマーク【safety mark】生活用品が消費生活用製品安全法による安全基準に合格したことを示すマーク。圧力なべやヘルメットなど、高い安全性が求められる商品を対象とする。

SaaS(サース)【software as a service】ソフトウエアのうち、必要とする機能だけをサービスとして利用できるようにする提供方式。またはそのように提供するサービス(ソフトウエア)。端末にインストールして利用する形態と、オンラインで利用する形態がある。

SAF(サフ)【sustainable aviation fuel】新 持続可能な航空燃料。なんらかの手法で二酸化炭素の排出を抑制できる燃料をいう。通常のジェット燃料に混ぜて用いるバイオ燃料など。

SAL【surface air lifted】国際郵便を一般の航空便より低い優先度で航空輸送するサービス。一般に船便よりも輸送日数が少なく、航空便よりも料金が安い。

A〜Z

SAL便。▷船便(surface mail)を空路(air)に引き上げる(lift)ことから。

SALT【Strategic Arms Limitation Talks (Treaty)】⇨ソルト

S & L【savings and loan association】アメリカの、貯蓄貸付組合。主に住宅関係の融資を行う。

SaO_2(エスエーオーツー) ▷arterial oxygen saturation。動脈血の酸素飽和度。特に採血により計測した動脈血についていう。

SAP【special automobile policy】自家用自動車総合保険。自家用車を対象にし、対人賠償保険・自損事故保険・無保険車傷害保険・対物賠償保険・搭乗者傷害保険・車両保険などを組み合わせたもの。

SAR【search and rescue system】捜索救難システム。人工衛星を用い、遭難した船舶・航空機などの救助活動を行う。

SAR【Specific Absorption Rate】生体組織(人体)が電磁波を浴びた際に、単位質量あたり単位時間にどの程度の量の電磁波エネルギーを吸収するかを示すもの。比吸収率ともいう。▷携帯電話などでは一定の基準を超えないことが義務づけられている。

SARS(サーズ)【severe acute respiratory syndrome】重症急性呼吸器症候群。SARSコロナウイルスによる感染症。肺炎に似た症状で、38℃以上の高熱や呼吸困難がみられ、頭痛、全身倦怠(けんたい)感、意識混濁などの症状もある。症例としての初報告は2003年2月、ベトナム・ハノイでのものだが、02年11月、中国広東省での非典型肺炎の集団発生も同一のものと見なされている。当初、原因が特定できず、感染経路も不明確であったが、世界保健機関(WHO)は4月、新型のコロナウイルスが原因と確認、SARSコロナウイルスと名付けた。▷日本では、2003年(平成15)7月、感染症予防医療法に基づく指定感染症に指定された。

SAS【sleep apnea syndrome】睡眠時無呼吸症候群。睡眠障害の一。7時間の睡眠中に10秒間以上の無呼吸が30回以上認められる場合をいう。大きないびきが特徴で、浅い眠り、起床時の頭痛、日中の眠気などの症状が現れる。また、高血圧を引き起こす原因となり、心筋梗塞・脳卒中などの合併率も高くなる。中高年の男性に多くみられる。

SASB(サスビ、サズビ、サスビー、サズビー)【Sustainability Accounting Standards Board】サステナブル会計基準審議会。企業がESG情報を開示する際の標準を定める非営利組織。2011年設立。本部サンフランシスコ。

→ESG

SAT【Scholastic Aptitude Test】大学進学適性試験。アメリカの大学を受験する際の資格試験。

SAT【Special Assault Team】警視庁などに置かれる特殊急襲部隊。

SA8000【Social Accountability 8000】企業による労働者の人権保護について定めた国際規格。児童労働や強制労働の禁止、健康や安全の確保などの要求事項について、第三者機関の認証を受けられる。SAI(Social Accountability International)が1997年に策定。

SB【season best】スポーツ競技で、今季の自己最高記録。

SBS【shaken baby syndrome】揺さぶられっ子症候群。乳児を泣きやませようと強く揺さぶったりすることが原因で脳内出血や硬膜下出血などを起こし、失明したり脳障害が残ったりする症状。死亡に至る場合もある。アメリカでは1970年代からいわれ、児童虐待の一つにもあげられている。

SBT【science based targets】新 科学的知見に基づいて企業が設定する、温室効果ガスの削減目標。パリ協定(気候変動枠組み条約第21回締結国会議で採択された協定)が求める2°C目標(産業革命前からの気温上昇を2°C未満に抑制する目標)と整合した削減目標をいう。SBTイニシアチブ(2014年設立)が提唱。

SC【school counselor】 ⇨スクール-カウンセラー

SCL【和製 shoes + in + closet】 ⇨シューズ-イン-クローゼット

SCMS【serial copy management system】著作権保護のため、デジタル記録されたテープからのコピーを制限するシステム。デジタル記録装置に標準装備されている。

SCP【student company program】 スチューデント-カンパニー-プログラム。学生を対象にした経済教育プログラムの一。学校内で模擬的な株式会社を設立し、学生たちが16週間にわたって起業から清算までの会社経営を体験するもの。実際に株式を発行して資本金を集め、仕入れ・製造・販売などの企業活動を行う。

SD【sustainable development】持続可能な開発。将来の環境や次世代の利益を損なわない範囲内で社会発展をすすめようとする理念。1987年ブルントラント委員会が提唱。サステナブル-ディベロップメント。

SDGs【Sustainable Development Goals】新 MDGsを引き継いで2015年に国連で採択された、目標数値を伴う開発目標。

A～Z

MDGs の成果を踏まえ、途上国、先進国にかかわらず、すべての国が 2030 年までに達成すべき 17 項目を目標とする。持続可能な開発目標。→MDGs ➲よくわかる「SDGs」の意味と使い方(p.1063)

SDI【Strategic Defense Initiative】戦略防衛構想。敵の戦略ミサイルをレーザー-ビーム兵器などにより大気圏や宇宙で破壊する防衛システムの研究構想。1983 年アメリカのレーガン大統領が提唱。俗にスター-ウォーズ計画とも呼ばれた。

SDR【special drawing rights】IMF の特別引出権。IMF 加盟国の出資割当額に応じて配分される、国際収支の悪化や国際流動性(対外支払い準備)の不足の際に、外貨を豊富に保有する他の加盟国から外貨を引き出す権利。

SDR【standard dynamic range】おもに映像で、ダイナミック-レンジ(扱うことのできる最大信号と最小信号の比)が標準的であること。標準ダイナミックレンジ。

SE【systems engineer】⇨システム-エンジニア

SEC【Securities and Exchange Commission】証券取引委員会。アメリカ政府の独立機関。1934 年設置。投資家保護を目的とし、証券市場における発行・流通を規制する強い権限を有する。

SECI(セキ) ナレッジ-マネージメントの枠組みの 1。個人が持つ知識が共同化(socialization)、表出化(externalization)、連結化(combination)、内面化(internalization)のプロセスを経て、組織全体の知的資産となる。経営学者の野中郁次郎が提唱。

SEK クローナの通貨コード。

SELHi(セルハイ)【和製 Super English Language High School】スーパー-イングリッシュ-ランゲージ-ハイスクール。文部科学省が指定・支援する、英語教育を重点的に行う高等学校。一部の教科を英語で行うなど、実践的な英語教育などに取り組む。2002 年(平成 14)度より実施。

SEO【search engine optimization】ロボット型サーチ-エンジンにおける露出度を高くするために、ウェブ-ページ(ホーム-ページ)の内容を最適化すること。またそのようなマーケティング手法。ウェブ-ページのタイトル部分に適切なキー-ワードを記述することなど。サーチ-エンジン最適化。

SET(セット)【secure electronic transaction】インターネット上のクレジット-カードでの決済を安全・確実に行うための統一規格。公開鍵暗号方式を用いる。

A～Z

SFA【sales force automation】情報技術を活用して、顧客情報や営業の進捗度などを管理し、営業の生産性を高めようとする仕組み。セールス-フォース-オートメーション。 ▷CRMの一環に位置づけられることも多い。→CRM(customer relationship management)

SFX【special effects】映像・画像における特殊効果技術。特殊な効果を得るため、撮影段階において光学的処理やコンピューター-グラフィックス(CG)などの技術を用いる。特殊効果。▷VFXは、ポスト-プロダクション(撮影後の仕上げ作業)の段階で加える効果をさす。

SGマーク【safety goods mark】生活用品が法律に基づく一定の安全基準を満たしていることを示すマーク。製品安全協会が認定。

SGH【Super Global High School】⇨スーパー-グローバル-ハイスクール

SGML【standard generalized markup language】マークアップ言語の一。ISOで規格化されている。文書の論理構造と体裁を分離することで、書かれた内容の二次利用がしやすいなどの特徴をもち、電子出版などでも利用される。

SI【フランス Système international d'unités】メートル法による単位系の統一を目的として、1960年、国際度量衡総会で採択された単位系。国際的に広く用いられており、日本でも計量法などに採用されている。国際単位系。

SI【system integration】⇨システム-インテグレーション

SI単位 SIの単位のうち、一貫性のある単位を構成している基本単位・補助単位・組立単位のこと。例えば、圧力のSI単位はNm^{-2}またはパスカル(記号Pa)、速度のSI単位はms^{-1}である。

SIC【和製 shoes + in + closet】⇨シューズ-イン-クローゼット

SIDS(シズ)【sudden infant death syndrome】乳幼児突然死症候群。健康と思われていた乳幼児が突然に死亡し、死因が特定できないもの。生後2~4か月に多い。

SIMカード(シム)【subscriber identity module card】携帯電話などの加入者情報や短縮ダイヤルなどの情報を記録したICカード。他の電話機に差し込むことで、情報を移すことができる。→GSM

SIMフリー(シムフリー)【SIM free】携帯電話の端末で、SIMロックをかけていない状態のこと。どの通信事業者が提供したSIMカードでも利用できる。SIM

よくわかる「SDGs」の意味と使い方

詳しい意味は？

Sustainable Development Goals（持続可能な開発目標）の略で、すなわち国連が定めた「2030 年までに国際社会が達成すべき 17 の目標」のことです。「エスディージーズ」と読みます。

目標の具体的内容は次の通りです。――①貧困をなくそう　②飢餓をゼロに　③すべての人に健康と福祉を　④質の高い教育をみんなに　⑤ジェンダー平等を実現しよう　⑥安全な水とトイレを世界中に　⑦エネルギーをみんなにそしてクリーンに　⑧働きがいも経済成長も　⑨産業と技術革新の基盤をつくろう　⑩人や国の不平等をなくそう　⑪住み続けられるまちづくりを　⑫つくる責任つかう責任　⑬気候変動に具体的な対策を　⑭海の豊かさを守ろう　⑮陸の豊かさも守ろう　⑯平和と公正をすべての人に　⑰パートナーシップで目標を達成しよう――なおこれらの下位には 169 のターゲットと 232 の指標もぶら下がっています。

以上は大まかにいえば経済・社会・環境を調和させて「世界の誰一人も取り残さない」ことを目指す内容です。

どんな経緯でこの語を使うように？

1972 年にローマクラブの報告書『成長の限界』が刊行されるなど、1970 年代に国際社会で大量生産・大量消費の歪みが意識され始めます。87 年には通称ブルントラント委員会で「持続可能な開発」（→ p.279 よくわかる「サステナブル」の意味と使い方）という新概念が提唱され、さらに 92 年の国連地球サミットではこの新概念が「アジェンダ 21」と称される行動計画になりました。

2000 年には国連が MDGs（ミレニアム開発目標）を採択。極度の貧困の撲滅など「2015 年までに国際社会が達成すべき 8 つの目標」を定めました。これを引き継ぎ 2015 年に国連が採択した新目標が SDGs となります。MDGs が途上国中心の内容で、策定プロセスがトップダウンだったのに対し、SDGs では先進国を巻き込み、ボトムアップ型の策定プロセスを採ったという特徴があります。

ロック-フリー。→SIMロック

SIMロック(シムロック) 【subscriber identity module lock】 携帯電話で、他社のSIMカードを挿入しても通話ができないよう電話機(端末に)制限を設定していること。

SIMEX(サイメックス)【Singapore International Monetary Exchange】 シンガポール国際金融取引所。1990年開所。1999年に旧シンガポール証券取引所(SES)と合併して、シンガポール証券取引所(SGX)となった。

SIMM(シム) 【single inline memory module】パソコンのメモリー増設用の基板モジュール。8個または4個のDRAMチップを基板の片面に装着してある。→DIMM

SIPS 【strategic internet professional service】新規ネット-ビジネスにおける立案・システム構築・運用・広告・コンサルティングなどの業務を一括して請け負うような総合サービス。各々の業務を別々の企業に発注する形態に対比していう。▷「戦略的インターネット専門サービス」の略。

SIS(シス) 【strategic information system】戦略情報システム。企業の競争戦略を支援・策定することを目的にした情報技術の利用システム。また、それを実現するためにコンピューター・通信ネットワークを統合したソフトウエアの体系。

SIT 【special investigation team】警視庁や県警などの刑事部に設置された特殊犯罪の捜査班。誘拐や立て籠もり事件などの人質救出・犯人逮捕を行う。特殊犯捜査係。特殊捜査班。▷SITはSousa Ikka Tokusyuhanの略とも言われている。大阪府警はMAATと呼称するなど県警によって呼称に違いのあるものがある。

SKIMO(スキーモ) 【ski mountaineering】新 ⇨スキーモ

SLA 【service level agreement】 サービス-レベル-アグリーメント。サービス提供者と利用者との間でサービス内容に関し明示的になされた合意。特に通信サービス事業者に多くみられ、具体的なサービス内容を定量的に明文化し、提供者はこれを保証することで他の事業者との差別化を図り、サービスに応じた適正な対価を求めことができる。

SLAPP(スラップ)【strategic lawsuit against public participation】資金力のある組織が、批判や反対意見などの言論封じのために行う民事訴訟。または、そのような訴訟を起こすことで相手を恫喝どうかつすること。スラップ訴訟。恫喝訴訟。

SLBM 【submarine-launched

ballistic missile】潜水艦発射弾道ミサイル。核弾頭を装備し、数千~1万kmの射程をもつ戦略兵器。→ABM

SLDK リビング-ダイニング-キッチン(LDK)に、サービス-ルーム(建築基準法では居室として扱わない空間)が加わった間取り。

SM【sadism and masochism】サディズムとマゾヒズム。加虐性愛と被虐性愛。エス-エム。

SMS【short message service】ショート-メッセージ-サービス。携帯電話などで、比較的少ない文字数のメールを送受信できるサービス。

SNAG(スナッグ)【Starting New At Golf】⇨スナッグ-ゴルフ

SNG【satellite news gathering】通信衛星利用ニュース収集システム。取材したビデオ-テープや中継現場の映像を、衛星を介して放送局へ送るシステム。

SNPs(スニップス)【single nucleotide polymorphisms】一塩基多型。DNAの塩基配列において、一つの塩基が個人間で異なっている現象およびその箇所のこと。この塩基の違いが人間の個人差を生み出す一要因とされる。

SNRI【serotonin noradorenaline reuptake inhibitor】セロトニン・ノルアドレナリン再吸収阻害物質。神経細胞の興奮伝達を果たしたセロトニンとノルアドレナリンが元の細胞に再び吸収・貯蔵されるのを阻害し、神経細胞間のセロトニン・ノルアドレナリンを増加させる。抗鬱(こううつ)薬として用いられる。

SNS【social networking service】⇨ソーシャル-ネットワーキング-サービス

SOA【service-oriented architecture】業務プロセスの処理単位ごとに構築されたソフトウエアをネットワーク上に公開し、それらを相互に連携させることによって情報システムを構築すること。ソフトウエアを組み合わせることによって全体のシステムを構築するため、システム投資費用や管理・メンテナンスの労力を削減することが可能。サービス指向アーキテクチャー。

SOF【Special Operations Forces】アメリカの特殊作戦部隊。多様な任務に対応できる特殊能力をもつ。1981年編成。

SOGI(ソジ)【sexual orientation, gender identity】新 性的指向と性自認。性の多様性を認め、表現するための考え方。

SOGIE【sexual orientation, gender identity and expression】新 性的指向、性自認、性表現(外見などの表現)のこと。

SOHO(ソーホー)【small office

home office】小規模な事業者や個人事業者のこと。また、事務所などを離れネットワークを利用して仕事をする形態もいう。

SOx(ソックス)【sulfur oxides】一酸化硫黄(SO)・二酸化硫黄(SO_2)など硫黄酸化物の総称。大気汚染の原因となる。硫黄酸化物。

SP【sales promotion】⇨セールス-プロモーション

SPA【speciality store retailer of private label apparel】製造小売業。自社ブランドの衣料品を売る直営店のこと。また、そのような事業形態。衣料品の企画・開発から製造・流通・販売に至るまでを一括して取り扱い、顧客のニーズに効率的に対応する。▷独自ブランド衣料の専門店販売業者の略。アメリカの衣料小売店による造語が起源。→プライベート-ブランド

SPAC(スパック)【special purpose acquisition company】新 特別買収目的会社。未公開会社の買収のみを目的に設立する企業。株式公開により資金を調達し、その資金で買収を実施する。俗にブランクチェックカンパニー(白紙小切手会社、投資家から見ると買収企業名が空欄であることから)などとも。米国など見られる手法。

SPC【special purpose company】①特別目的会社。事業会社などから資産の譲渡を受け、債券を発行するために、商法に基づいて設立される。②特定目的会社。資産や債権を証券化、小口化して売却するなど、資産流動化のために、SPC法に基づいて設立される。

SPEEDI(スピーディ)【System for Prediction of Environmental Emergency Dose Information】緊急時迅速放射能影響予測ネットワーク-システム。原子力発電所の事故により大量の放射性物質が放出されたり、そのおそれがある場合、放出源情報・気象条件・地形データをもとに周辺環境における放射性物質の大気中濃度および被曝線量など環境への影響を予測するシステム。結果は関連省庁や都道府県等に提供される。

SPF【specific pathogen free】特別に指定された病原微生物や寄生虫がいないこと。畜産業では薬剤投与の少ない家畜を生産でき、動物実験では微生物に影響されない実験結果が得られる。

SPF【sun protection factor】日焼け止め用化粧品に表示される、日光防止指数の一。UV-B(紫外線B波)を防止する効果を指数化したもの。→PA・ホワイトニング

SPM【suspended particulate

matter】浮遊粒子状物質。粒子状汚染物質のうち、粒子の直径が10 μm以下のもの。慢性の呼吸器疾患の原因とされる。

SpO2(エスピーオーツー) 新 ▷ peripheral oxygen saturation。パルス-オキシメーターで計測したときの、動脈血の酸素飽和度。

SPPI【services producer price index】サービス価格指数。金融・保険、運輸、不動産、広告、通信、情報サービスなどに関する企業向けの価格動向を知るため、日銀が開発。1991年(平成3)から四半期ごとに発表。旧英語名称CSPI(corporate services price index)を2010年基準より改称。

SQ【special quotation】スペシャル-クォーテーション。株価指数先物取引や株価指数オプション取引の限月の最終決済価格算出のために使う指数。限月の最終取引日の翌日の株価指数採用銘柄の始値から算出。特別清算指数。

SQC【statistical quality control】統計的品質管理。品質の管理に統計学を活用する手法。

SRAM【static random access memory】半導体記憶素子の一。データを定期的に書き込む動作が不用。消費電力が少なく高速性を持つのが特徴。→DRAM

sRGB【standard RGB】国際電気標準会議(IEC)が定めたRGB色空間の規格。コンピューターの一般的なディスプレーなどが対応。

SRI【socially responsible investing】社会的責任投資。社会への責任を果たそうとする企業を対象とする投資。投資信託商品で銘柄を選定する際、環境保護・男女同権・労働環境改善などに取り組む企業を評価して投資することをいう。

SROI【social return on investment】新 社会的投資収益率。投資額と、それが生む社会的成果との比率。企業経営における投資収益率(ROI)のように、社会的事業の成果を定量化するもの。→ROI

SRS【sex reassignment surgery】⇨GRS

SS【special stage】競技区間。スペシャル-ステージ。

SSD【solid state drive; solid state disk】コンピューターの外部記憶装置として用いる半導体メモリー。ハード-ディスク(HDD)と同じインターフェースを備え、その代替として使用可能。ハード-ディスクに比べ容量単価が高いが、衝撃に強く、アクセス時間が短い。ソリッド-ステート-ドライブ。ソリッド-ステート-ディスク。

SSFDC【solid state floppy disk card】⇨スマート-メディア

A〜Z

SSH【和製 Super Science High School】 スーパー-サイエンス-ハイスクール。文部科学省が指定・支援する、科学技術・理科・数学の教育を重点的に行う高等学校。学習指導要領によらないカリキュラム、大学・研究機関との連携などに取り組む。2002年(平成14)度より実施。

SSID【Service Set Identifier】 新 無線LAN(ラン)のアクセスポイントを識別するための文字列。最大32文字までの英数字。サービスセット識別子。

SSL【secure sockets layer】インターネットで安全にデータをやりとりするためのプロトコル。暗号化と認証の機能がある。セキュア-ソケット-レイヤー。

SSP【supply side platform】新 インターネット広告において、広告枠を提供するメディアが利用する広告プラットホーム。

SSRI【selective serotonin reuptake inhibitor】選択的セロトニン再吸収阻害物質。神経細胞の興奮伝達を果たしたセロトニンが元の細胞に再び吸収・貯蔵されるのを阻害し、神経細胞間のセロトニンを増加させる。抗鬱(こううつ)薬として用いられる。

SSV【space separated values】データベースなどで、各項目のデータを半角スペースで区切ったテキスト形式のファイル。半角スペース区切り。

SSW【singer-songwriter】シンガー-ソングライターの略。

STマーク【safety toy mark】日本玩具協会の安全基準に合格した玩具につけられるマーク。

START(スタート)【Strategic Arms Reduction Talks(Treaty)】①(START I)1991年米ソによって調印された戦略兵器削減交渉、またその条約。戦略攻撃兵器を、発効から7年間で3段階に分けて、米ソ同水準に削減することを定める。②(START II)米ロにより1993年締結された条約。戦略核弾頭数を3分の1に削減することを定める。

STB【set-top box】 ⇨セット-トップ-ボックス

STD【sexually transmitted disease】性行為感染症。性行為を通して感染した諸疾患症の総称。従来の性病に加えて、非淋菌(りんきん)性尿道炎・性器ヘルペス・B型肝炎・成人T細胞白血病(ATL)・AIDSなど。性感染症。

STEM(ステム)【Science, Technology, Engineering and Mathematics】新 科学・技術・工学・数学の総称。教育政策などの分野で言う。「—教育」

STO【security token offering】新 株式・社債などをトークン(証券として扱える暗号資産)として発行して、資金調達を実現する仕組み。通常の証券と同様の法規制が適用されるもの。

STS【special transport service】スペシャル-トランスポート-サービス。バスや電車など既存の交通手段では外出が困難な高齢者や障害者などのために便宜を図る交通サービスの総称。低床バスやリフト付き車両などによるドア-ツー-ドアの移動サービスなど。

STT【和製 sound＋table＋tennis】サウンド-テーブル-テニス。視覚障害者が参加できるように工夫された卓球。金属球入りのボールと、フレームで一部を囲った専用卓球台を用いる。高めに張ったネットの下で、ボールを転がしてプレーする。

Suica(スイカ)【Super Urban Intelligent Card】JR東日本の出改札システムで用いる、非接触ICカード(定期券・プリペイド-カード)の愛称。2001年(平成13)運用開始。▷「スイスイ行けるICカード」の意味も込められている。→ICOCA

SUP【stand up paddleboard】⇨スタンド-アップ-パドルボード

SUV【sports utility vehicle】スポーツタイプ多目的車の総称。→RV

SVOD【subscription video on demand】定額制のビデオ-オン-デマンド。定額動画配信。サブスクリプション-ビデオ-オン-デマンド。

SVR【ロシア Sluzhba Vneshney Razvedki】新 ロシア対外情報庁。諸外国(CIS諸国を除く)における諜報活動を管轄する機関。旧ソビエト連邦のKGB(国家保安委員会)の後継組織の一。1991年にソ連中央情報庁として設立された。▷英語ではForeign Intelligence Service。

SWAT(スワット)【Special Weapons and Tactics】アメリカの特殊機動部隊。レーンジャー部隊。FBIに所属。また、人質救出訓練などを経て特殊任務につく警察隊。

SWIFT(スウィフト)【Society for Worldwide Interbank Financial Telecommunication】新 国際銀行間通信協会。国際金融機関の通信業務を遂行するために1973年設立。本部はベルギー。

> アップデート 2022年、ロシアがウクライナへ侵攻。これを受け、各国でロシアへの経済制裁が広まりました。そのひとつがSWIFT(正確には同組織が運用する国際決済システム)からのロシア金融機関の締め出しでした。制裁国・被制裁国の双方に痛手となる措置であったため、フランスの経済・財務相はこれを「金融版核兵器」とも表現しています。

SX【sustainability transforma-

A〜Z

tion】 新 ⇨サステナビリティートランスフォーメーション ▷ sustainable transformation とも。

SXSW (サウスバイサウスウエスト)【South by Southwest】新 毎年、アメリカ合衆国テキサス州オースティンにおいて開催される音楽・映画・インタラクティブメディアなどの総合イベント。1987年に創始。

T細胞【T-cell】リンパ球の一。骨髄で造られた細胞が胸腺で分化・成熟したもので、抗体産生は行わず、移植片拒絶反応やツベルクリン反応などを起こすもの、B 細胞による抗体産生を助けるもの、免疫反応を抑制するものなど、その種類によって機能が異なる。胸腺依存性細胞。T リンパ球。▷ T は thymus(胸腺)から。

Tゾーン 額、鼻、顎(あご)先をつないだ T 字形の区域。顔面の他の部分に比べて皮脂の分泌量が多く、スキン-ケアで重視される部分。→U ゾーン

Tバック【和製 T + back】(ティーバック) 正面からはビキニのパンツ部分と同じ見た目で、背面からは T 字型に見える下着や水着。ソング(thong)。

Tマーク【和製 T-mark】家電安全マーク。国の安全基準に合格した家庭電化製品に表示が義務づけられていた。▷ 2001 年(平成 13)電気用品安全法改正に伴い PSE マークに移行

Tリーグ(ティーリーグ)【T.LEAGUE】新 日本の卓球チーム(男子チーム・女子チーム)が参加するリーグ。一般社団法人 T リーグが主催。2018 年(平成 30)創始。

Tレックス【T rex】 ⇨ティラノサウルス

TAC【total allowable catch】漁獲可能量。一定の海域における漁種別の年間漁獲量の上限。海洋生物資源保存のために定める。

TB【treasury bill】アメリカの財務省短期証券。

TB【Treasury bill】①アメリカの財務省短期証券。②日本の国庫短期証券。▷かつて日本では割引短期証券を TB と略称した。2009 年(平成 21)に割引短期証券と政府短期証券(FB)を統合して、国庫短期証券(T-Bill、TDB、TB)となった。

T-Bill(ティービル)【Treasury Discount Bills】国庫短期証券。国が発行する償還期限が 1 年以内の割引債。国庫の一時的資金不足の解消や、国債償還に伴う借り換えを目的に発行する。金融機関のみ入札可能。2009 年(平成 21)に政府短期証券(FB)と割引短期国債(TB)を統合した誕生した。TDB。TB。

TBTF【too big to fail】企業が

A～Z

大きすぎて潰つぶせないこと。金融機関や事業規模が大きい企業は、経営が破綻はたんしていても、倒産などの影響が大きすぎるため、官民の支援で存続させる状態をいう。ツー-ビッグ-ツー-フェイル。

TC【traveler's check】⇨トラベラーズ-チェック

TCAS(ティーキャス)【traffic alert and collision avoidance system】航空機衝突防止装置。他の航空機が近くを飛行しているとき、空中衝突やニア-ミスの危険性をパイロットに知らせたり、回避操作を指示する装置。航空管制用の航空機自動応答装置の情報を使い、相手機の位置(距離と方位)と高度差を計算し垂直方向への回避を指示する。

TCFD【Task Force on Climate-related Financial Disclosures】新 気候関連財務情報開示タスクフォース。金融安定理事会(FSB)が2015年に設置。企業に対して、財務に影響のある気候変動関連情報(ガバナンス・戦略・リスク管理・指標と目標)の開示を推奨する。2017年6月に最終報告書を公表。

TCO【total cost of ownership】維持管理総経費。コンピューター-システムの導入・保守に必要な総経費。パソコン本体・ソフトの購入やアップグレード、教育研修などが含まれる。

TCP/IP【Transmission Control Protocol/Internet Protocol】コンピューター-ネットワーク用の通信プロトコル。UNIXやインターネットに採用されているために世界的に普及している。

TDB【Treasury Discount Bills】⇨T-Bill

TDI【tolerable daily intake】耐容一日摂取量。ある物質を、人間が生涯を通じて摂取し続けても健康に影響が出ないとされる体重1kg当たりの1日分の摂取量。

TDL【Tokyo Disneyland】東京ディズニーランド。千葉県浦安市、舞浜の埋立地にある日本最大級の民間の遊園地。1983年(昭和58)、アメリカのディズニーランドの日本版として開園。

TDM【Transportation Demand Management】交通需要マネージメント。自動車の効率的利用や公共交通機関への転換など、交通行動の変化を促すことにより、都市や地域レベルの交通渋滞を緩和する手法。

TDS【Tokyo Disneysea】東京ディズニーシー。千葉県浦安市にある、海をテーマにしたテーマ-パーク。2001年(平成13)9月、東京ディズニーランドの隣に開園。

TEDI【trade electronic data

interchange】 貿易金融EDI。受発注だけにとどまらず、船荷証券、決済や保険手続きなどの金融機能、関税情報など、貿易事務を電子化するシステム。

TEX ⇨テフ

TFT【thin film transistor】薄膜トランジスター。光を透過する性質があり、液晶ディスプレーの画面の各ドットを構成する素子を制御するのに用いられる。

TFX【Tokyo Financial Exchange】 東京金融取引所。1989年(平成元)、東京金融先物取引所(TIFFE = Tokyo International Financial Futures Exchange)として設立。2005年現略称に。2007年、金融商品取引法の施行に伴い現名称となる。

TG【transgender】 ⇨トランスジェンダー

TGV【フランス train à grande vitesse】フランスの高速鉄道。最高時速260km。1981年パリ-リヨン間で運行開始。

THC【tetrahydrocannabinol】新 ⇨テトラヒドロカンナビノール

THP【total health promotion plan】労働者の健康保持増進を図るための措置。労働安全衛生法に基づく事業者の努力義務。産業医が従業員の健康測定を行い、従業員に対して指導(運動指導、保健指導、メンタルヘルスケア、栄養指導)を行う。厚生省(のちの厚生労働省)が1988年(昭和63)より推進。スローガンは、心と体の健康づくり。

TIBOR(タイボー)【Tokyo Interbank Offered Rate】東京オフショア市場における銀行間の為替取引金利。ロンドンのユーロ市場のライボー(LIBOR)の名にちなむ。

TIC【tourist information center】新 (外国人向けの)観光案内所。

TIFF(ティフ)【tag image file format】高密度の画像データ-ファイルを保存するための標準フォーマット。データの先頭部にファイル形式を記述する情報(タグ)をもつため、データ自体の記録形式の自由度が高い。

TKB【toilet, kitchen, bed】新 災害時の避難所において、環境の充実が必要とされる三つの要素。トイレ(排泄)・キッチン(食事)・ベッド(睡眠)のこと。避難所・避難生活学会が災害関連死を防ぐ観点で2019年(令和元)に提唱。

TKG 俗に、卵かけご飯。▷Tamago Kake Gohanの頭文字。

TL【time line; timeline】 ⇨タイム-ライン

TLD【top level domain】インターネットのドメイン名の中で、右端の文字列のこと。jpなどの国

A～Z

別TLDや、comなど組織の種類を表す一般TLDがある。

TLO【technology licensing organization】技術移転機関。大学や研究機関などの研究成果や特許を民間の製品開発等に供与することを認定された機関。大学等技術移転促進法により設立される。

TMD【Theater Missile Defense】アメリカの戦域ミサイル防衛構想。在外米軍や友好国を短・中距離弾道ミサイル攻撃から防衛するシステム。→ABM

TMD【Toutiao, Meituan, Didi】新 中国の大手IT企業であるトウティアオ(頭条)、メイトゥアン(美团)、ディディ(滴滴出行)の3社の総称。▷TMDは中国語で罵倒表現を意味する隠語でもある。

TMMD【Toutiao, Meituan, Xiaomi, Didi】新 中国の大手IT企業であるトウティアオ(頭条)、メイトゥアン(美团)、シャオミ(小米集团)、ディディ(滴滴出行)の4社の総称。

TMO【television match official】ラグビーで、映像を確認して審判による判定の補助を行う仕組み。

TMO【town management organization】中心市街地活性化法に基づき、市町村の商業関係者が組織する機関。市町村の基本計画にのっとり、中小小売商業高度化事業構想を策定する。それを具体化した事業計画が国の認定を受けることによって、補助金や免税措置などの支援措置を受けることができる。タウン-マネージメント機関、まちづくり機関、認定構想推進事業者とも。

T-N【total nitrogen】全窒素。環境基準の一。有機および無機(アンモニア態・亜硝酸態・硝酸態)の窒素化合物の総量。湖沼の窒素に関する環境基準になっている。窒素はリンとともに水系を富栄養化させ、赤潮の原因となる。

TNM分類【tumor-node-metastasis classification】悪性腫瘍(しゅよう)の進行度を表す方法。Tは原発腫瘍の大きさ、Nはリンパ節転移の広がり、Mは離れた部位への転移の有無を示す。各々の悪性腫瘍に対して分類の基準が決められており、それぞれの評点をもとに病期を決定する。

TNR【trap-neuter-return】新 猫を捕獲して、不妊手術を施し、元の場所に戻す活動のこと。手術済の猫は、耳先に切り込みを入れて目印とする。

TOB【take-over bid】株式公開買付。会社の支配権の取得や強化のため、株式の価格・数などを公表して証券市場の外で不特定多数の株主に対して行う株式買取りの提案。テンダー-オファー。

TOC【total organic carbon】水・泥などに含まれている有機物中の炭素量。有機物による汚濁の指標になる。総有機炭素。全有機炭素。有機態炭素。全有機性炭素量。

TOD【total oxygen demand】水の汚れを表す指標の一。水中に含まれている被酸化物質を完全に燃焼酸化させるのに要する酸素の量。総酸素要求量。全酸素要求量。全酸素必要量。全酸素消費量。

todo(トゥードゥー) やるべき作業。しなければならないこと。to-do とも。「―リスト」

TOEFL(トーフル)【Test of English as a Foreign Language】英語を母国語としない人々を対象に、アメリカおよびカナダに留学して学業を行える英語の能力があるかどうかを検定する試験。

TOEIC(トーイック)【Test of English for International Communication】英語を母国語としない人々を対象に、英語を使った意思伝達の能力を測定する試験。

TOP【The Olympic Partner】国際オリンピック委員会(IOC)が設けたスポンサー組織の名称。1業種1社に限られ、協賛金を払うことにより、ロゴ-マークを広告などに使用することが許される。

TOPIX(トピックス)【Tokyo Stock Price Index】新 東証株価指数。東京証券取引所が選定銘柄を対象として算出する株価指数。1968年(昭和43)1月4日を基準日とし、同日の時価総額を100として算出。同年7月公表開始。当初は東証第一部の全銘柄が対象だったが、2022年(令和4)の市場再編に伴い、プライム市場を主体とする選定銘柄が対象となった。

ToSTNeT(トストネット)【Tokyo Stock Exchange Trading Network system】東京証券取引所が1998年(平成10)導入した、立会外取引システム。単一銘柄取引とバスケット取引を対象とするToSTNeT-1と、終値取引を対象とするToSTNeT-2、自己株式立会外買付取引を対象とするToSTNeT-3がある。

T-P【total phosphorus】全リン。環境基準の一。リン化合物の総量を表す語。湖沼のリンに関する環境基準になっている。リンは窒素とともに水系を富栄養化させ、赤潮の原因となる。

TPM【total productive maintenance】総合生産保全。生産設備を見直し、能率向上のために改善すること。

TPMS【Tire Pressure Monitoring System】新 自動車のタ

A~Z

イヤについて、その空気圧を常時監視するシステム。異常を検知した際に、それを運転者に伝える仕組み。タイヤ空気圧モニタリング-システムなどとも。

TPO 時(time)と場所(place)と場合(occasion)。また、その3つの条件。

TPP 【Trans-Pacific Partnership Strategic Economic Agreement】 環太平洋パートナーシップ協定。アジア太平洋地域の諸国が、物品やサービスの貿易自由化や投資の自由化のほか、電子商取引や知的財産など幅広い分野でのルール作りを目指す包括的な経済連携の枠組み。2005年に4か国が締約した経済連携協定を原協定とし、その拡大交渉にアメリカや日本などが参加。15年12か国で合意し、翌16年調印。17年アメリカの離脱により再交渉。18年11か国がTPP11協定に署名し、同年発効。環太平洋パートナーシップに関する包括的及び先進的な協定。環太平洋連携協定。環太平洋戦略的経済協定。環太平洋経済連携協定。→TPP11

TPP11 【Comprehensive and Progressive Agreement for Trans-Pacific Partnership】新 TPP(環太平洋パートナーシップ協定)の一連の交渉を経て、発効に至った協定。2018年(平成30)3月調印、同年12月発効。正称、環太平洋パートナーシップに関する包括的及び先進的な協定(略称CPTPP)。TPP11協定。▷16年に調印されたアメリカ離脱前の協定はTPP12と呼ばれる。

TQC 【total quality control】 トータル-クオリティー-コントロール。全社的品質管理。生産部門だけでなく、営業や事務なども含めた会社全体で製品の質を高めるよう努力すること。

TQM 【total quality management】全社的(総合的)品質経営。企業で、従業員が製品の質の向上だけでなく経営的課題に対しても組織的に努力すること。

TS 【tracking stock】 ⇨トラッキング-ストック

TS 【transsexual】 ⇨トランスセクシャル

TSマーク 【traffic safety mark】自転車、高速道路の停止表示器、ヘルメットなどが安全基準に達していることを示すマーク。

TSE 【Tokyo Stock Exchange】東京証券取引所。1949年(昭和24)証券取引法によって東京に設立された証券取引所。東証。

TSE 【transmissible spongiform encephalopathy】脳にスポンジ状の変化を起こす進行性、致死性の神経性疾患。牛海綿状脳症、ヒツジのスクレイピーのほか、人間では変異型クロイツフェルト-ヤコブ病などがある。伝達性海綿状脳症。

TT【team teaching】⇨チーム-ティーチング

TTL【through-the-lens】レンズを通った光量を測定して、フィルムへの適正露光を決定する方式。一眼レフ-カメラの標準的な測光法。

TTO【technical time-out】⇨テクニカル-タイムアウト

TTT【time temperature tolerance】許容温度時間。食品の新鮮度が一定の温度下で何時間保たれるかを示す数値。

TUE【therapeutic use exemption】アンチドーピング規則のうち、病気や怪我を治療する目的であれば、一定条件下に限り禁止物質・禁止方法を使用できる例外規定のこと。申請が必要。▷治療使用特例。

TV【transvestite】⇨トランスベスタイト

TVゲーム【和製 TV＋game】⇨テレビ-ゲーム

TVOD【transactional video on demand】新 レンタル型のビデオ-オン-デマンド(VOD)。作品をレンタルするごとに課金を行う。

TWT【Target Wake Time】新 無線 LAN で、アクセスポイントが端末のスリープ状態を個別に調整して、端末の省電力化を図る機能。Wi-Fi 6 の対応機器で導入。

Uカー 中古車。▷ used car から。

Uゾーン 頬(ほお)と口の周りをつないだ U 字形の区域。顔面の他の部分に比べて乾燥しやすく、スキン-ケアで重視される部分。→Tゾーン

Uターン【U-turn】自動車などが U 字形に回って、来た方向に引き返すこと。転じて、前の状態に戻ること。また、地方出身者が都会から出身地に戻って就職することや、帰省することなどにも用いる。→J ターン

UAV【unmanned aerial vehicle; unmanned air vehicle】無人航空機。人が搭乗せず、無線で遠隔操縦する航空機。偵察や攻撃など軍事利用を目的としたものや、農薬散布や航空写真の撮影など民間利用を目的としたものがある。無人機。ドローン。

UBE【unsolicited bulk e-mail】一方的に送りつけられる大量の配信メール。▷スパム-メールを分類した語。unsolicited は「頼んでいないのに」の意。また bulk は大量の意。→スパム-メール

UCC【Universal Copyright Convention】国際著作権協定。1952 年調印、55 年発効。

UCE【unsolicited commercial

A～Z

e-mail】一方的に送りつけられる商業宣伝メール。▷スパム-メールを分類した語。unsolicitedは「頼んでいないのに」の意。→スパム-メール

UD【universal design】⇨ユニバーサル-デザイン

UDF【和製 universal＋design＋food】⇨ユニバーサル-デザイン-フード

UEFA(ウエファ)【Union of European Football Associations】欧州サッカー連盟。ヨーロッパ各国のサッカー協会を統括する組織。1954年創設。

UGV【unmanned ground vehicles】地上を走行できる無人機。

UHC【Universal Health Coverage】すべての人が適切な保健医療サービス(健康増進・予防・治療・機能回復)を支払い可能な金額で受けられる状態。持続可能な開発目標(SDGs)において、この達成がターゲット(具体的目標)のひとつとなった。

UHDTV【ultra high definition television】HDTV(ハイビジョン)よりも高精細であるテレビ。4K UHDTV(3,840×2,160ドット)と8K UHDTV(7,680×4,320ドット)がある。UHD。

UHT【ultrahigh temperature】長期間保存を可能にするため、牛乳を130℃で数秒間加熱する殺菌法。超高温殺菌法。

ULEV【ultra low emission vehicle】大気汚染や地球温暖化などの原因となる排出物が少ない自動車。排出汚染基準はLEVよりも厳しい。超低公害車。→LEV

ULP【ultra-light plane】ウルトラ-ライト-プレーン。超軽量飛行機。ハング-グライダーから発展した、構造が簡単で軽エンジンを搭載した軽飛行機。

UML【Unified Modeling Language】オブジェクト指向のソフトウエア開発において、その設計法を統一し、策定した共通言語。ソフトウエア-システム、ビジネス-モデルなどのシステムを仕様化、可視化、構築するためのもので、大規模で複雑なシステムをモデル化する際に利用される。OMG(Object Management Group)により標準化認定を受けた。▷統一モデリング言語の意。

UN【United Nations】国際連合。第二次大戦直後の1945年10月24日に発足した、国際連盟に代わる国際平和機構。国際平和と安全の維持、経済・社会・文化面の国際協力の達成などを目的とする。本部はニューヨーク。国連。

UNCED【United Nations Conference on Environment and Development】地球サ

ミット。国連環境開発会議。1992年ブラジルのリオデジャネイロで開かれた国際会議。各国の政府代表とNGOが環境問題と南北問題を論じ、リオデジャネイロ宣言・気候変動枠組み条約・生物の多様性に関する条約・森林原則宣言・アジェンダ21などが採択された。

UNCTAD(アンクタッド) 【United Nations Conference on Trade and Development】国連貿易開発会議。1964年設立。国連総会の常設機関。南北格差を是正するため、途上国に対する援助の増大、貿易の拡大などについて討議する。

UNDP 【United Nations Development Program】国際連合開発計画。経済社会理事会の下部機関の一。発展途上国が国際投資を受けるための事前調査と、開発資金その他の資源の利用に必要な状況の改善を行うことを目的とする。1965年創設。本部ニューヨーク。

UNEP(ユネップ) 【United Nations Environment Program】国際連合環境計画。国連総会の常設機関の一。1972年設立。人間環境宣言に基づき、国連諸機関の環境に関する諸活動を統括する。本部ナイロビ。

UNFCCC 【United Nations Framework Convention on Climate Change】気候変動枠組み条約。二酸化炭素などの温室効果ガスの濃度を増加させないことを最終目的とした条約。1992年の地球サミットで採択。94年発効。温室効果ガスの排出抑制の努力義務を規定している。地球温暖化防止条約。

UN-Habitat【United Nations Human Settlements Programme】国際連合人間居住計画。都市・地域開発計画や住宅および基幹構造の開発などについて、発展途上国への技術援助協力を行う国連機関。1976年の国際連合人間居住会議に基づいて、1978年に国際連合人間居住センター(UNCHS、Habitat)として設立。2002年に現称に変更。本部はナイロビ。通称、国連ハビタット。

UNHCR【Office of the United Nations High Commissioner for Refugees】新 国際連合難民高等弁務官事務所。難民の国際的な保護・救済、自発的帰国あるいは定住などを促進するための国際連合の機関。1951年国際難民機関の事業を引き継ぎ開設。本部はジュネーブ。

UNHRC【United Nations Human Rights Council】国際連合人権理事会。国際連合人権委員会(UNCHR)を改組して2006年に発足。

UNIDO(ユニド) 【United Nations Industrial Development Organization】 国際連合工業開発機関。国際連合の専門機関の一。発展途上国の工業化を援助・促進することを目的として1967年に設立。事務局はウィーン。

UNIVAS(ユニバス) 【Japan Association for University Athletics and Sport】新 大学スポーツ協会の通称。国内の大学スポーツを統括する組織。2019年(平成31)設立。

UNIX(ユニックス) アメリカのベル研究所で1969年ミニコン用に開発された、時分割処理方式でマルチタスク・マルチユーザー用のオペレーティング-システム。ワークステーションで広く使われる。商標名。

UNV【United Nations Volunteers】国際連合ボランティア。国連開発計画(UNDP)が管理する国連総会の補助機関。途上国の開発支援のために医療、農業など経済・社会のあらゆる分野の専門家をボランティアとして派遣するもの。本部はジュネーブ。

UPF 【ultraviolet protection factor】繊維製品における日焼け防止効果を示す指数。15～24が良、25～39が優良、40～50+が優秀。オーストラリア、ニュージーランドの規格。紫外線保護指数。

UPS 【uninterruptible power supply】無停電電源装置。停電などによる電力供給停止時に、短時間電力を供給する予備装置。

URI【uniform resource identifier】インターネット上で、あらゆる種類の資源を統一的方法で識別する書式。スキームとよばれる文字列(http: や urn:isbn: など)の後に、スキームごとに定義された書式で識別方法を記す。統一資源識別子。▷URL や URN は URI の部分集合にあたる。→URL・URN

URL【uniform resource locator】インターネット上で資源の「位置」を統一的方法で識別する書式。スキームとよばれる文字列(http: や mailto: など)の後、スキームごとに定義された書式で識別方法を記す。例えばウェブ-サイトの位置は http://www.sanseido-publ.co.jp/ のように記す。統一資源位置子。▷URI の部分集合にあたる。→URI

URN 【uniform resource name】 インターネット上で資源の「名称」を統一的方法で識別する書式。スキームとよばれる文字列(urn:isbn: など)の後に、スキームごとに定義された書式で識別方法を記す。例えば ISBN(国際標準図書番号)は urn:isbn:978-4-385-13169-6 の

A～Z

ように記す。統一資源名。▷ URI の部分集合にあたる。→URI

USB【universal serial bus】① パソコンと周辺機器を接続するためのインターフェース仕様の一。キーボードやマウスなどの接続に用いる。② USB メモリーの略。

USD 米ドルの通貨コード。

USGS【United States Geological Survey】アメリカ地質調査所。アメリカ内務省が所管する研究機関。自然災害の監視・研究などで知られる。1879 年設立。本部バージニア州レストン。

USJ【Universal Studios Japan】大阪市西部の、映画を題材にしたテーマパーク。大阪湾に面する。2001 年(平成 13)3 月、アメリカのユニバーサル-スタジオの日本版として開園。ユニバーサル-スタジオ-ジャパン。

USMCA【United States–Mexico–Canada Agreement】新 米国-メキシコ-カナダ協定。1994 年発効の NAFTA(北米自由貿易協定)に代わる、3 カ国の貿易協定。NAFTA に比べ保護貿易的な内容となっている。2020 年発効。CUSMA (Canada–United States–Mexico Agreement)、新 NAFTA とも。

USMLE (ユーエスエムエルイー)【United States Medical Licensing Examination】新 米国医師国家試験。

USP【unique selling proposition】独自のセールスポイント。企業・ブランド・製品・サービスなどに関する、他にはない特徴や利点。

USPTO【United States Patent and Trademark Office】米国特許商標庁。

USTR【Office of the United States Trade Representative】通商代表部。アメリカの大統領直轄機関の一。国際通商交渉を担当する。

USV【unmanned surface vehicles】水上を航行できる無人機。

UUV【unmanned underwater vehicles】水中を航行できる無人機。無人潜水機。無人潜水艇。

UV【ultraviolet; ultraviolet rays】紫外線。波長が可視光線より短く、X 線より長い電磁波の総称。波長約 400～1nm。目には見えないが、太陽光・水銀灯などに含まれ、日焼け、殺菌の作用をもつ。

UWB【ultra wideband】無線通信技術の一。数 GHz という極めて広い周波数帯域に微小なパルス信号を分散させて送受信を行う。近距離で高速・大容量の情報を通信できる一方、消費電力が少ないため情報家電機器の無線接続などが検討されている。ウルトラ-ワイドバンド。超広帯域無線。

UZR【ultimate zone rating】新 野球で、野手の実力をはかる指標の一。同じ守備範囲を平均的な選手が守る場合に比べて、どれだけ失点を防ぐことができたかを表す。0が平均。

Vシネマ 【和製 video＋cinema】劇場公開をせず、ビデオ商品用に製作される映画。商標名。▷Vシネとも。

Vターン【V turn】①サッカーにおけるフェイント技の一。②地方から都市に移住した人が、元の場所とは異なる地方に移住すること。和製用法。

Vリーグ【和製 V League】日本バレーボール協会が主催する、バレーボールのリーグ戦の通称。▷Vはバレーボール(volleyball)、勝利(victory)の頭文字。

VA【value analysis】価値分析。製品や部品の本質的機能を得るための最小原価を求める手法。この本質的機能には使用上の機能だけではなく、顧客の要求する外観・魅力なども含まれる。価値工学(VE)。

VAN(バン) 【value-added network】コンピューター間の通信をするために情報の蓄積・提供、通信速度および形式の変換、通信ルートの選択など種々の情報通信サービスを付加した通信網。付加価値通信網。

VaR【Value at Risk】ポートフォリオに発生する可能性のある損失を統計的に予測し、リスクの量として求めたもの。金融機関のリスク管理手法の一。

VAR(ブイエーアール) 【video assistant referee】新 サッカーで、映像の活用により審判による判定の補助を行う仕組み。ワールド-カップでは2018年のロシア大会より導入。ビデオ判定とも。

VB 【和製 venture＋business】⇨ベンチャー-ビジネス

VC【venture capital】 ⇨ベンチャー-キャピタル

VC【voluntary chain】 ⇨ボランタリー-チェーン

vCJD【variant Creutzfeldt-Jakob disease】変異型クロイツフェルト-ヤコブ病。異常型プリオンの蓄積により、脳にスポンジ状の変化を起こす進行性の神経性疾患。クロイツフェルト-ヤコブ病に似ているが、若年層で発生することなどが特徴的に異なる。1996年、イギリスで初めて発症が確認され、ウシの異常型プリオンが感染した可能性が報告されている。

VDT 【visual(video) display terminal】 コンピューターに接続される画面表示装置とキーボードによる入力装置。

VDT症候群 【visual display terminal syndrome】ディスプ

レー画面を長時間見ながら作業をする人に起きる、眼のつかれ、頭痛、吐き気などの症状。

VE【value engineering】⇨VA

VESA(ベサ)【Video Electronics Standards Association】新 ①コンピューターのビデオ周辺機器に関する標準化規格を定める国際的な業界団体。映像・音声の入出力規格であるDisplayPortなどが知られる。1989年創設。本部サンノゼ。②パソコンのディスプレーなどを壁やスタンドに固定する目的で、①が定めた標準化規格の通称。ディスプレーの背面に設けるねじ穴の位置・大きさなどを定める。正称、FDMI(Flat Display Mounting Interface)。

VFM【value for money】支払う金額に対して、得られる価値のこと。またはそれを最大化する考え方。

VFX【visual effects】映像・画像における特殊視覚効果技術。特殊な視覚効果を得るため、撮影後の仕上げ作業時(ポスト-プロダクション)にコンピューター-グラフィックス(CG)やデジタル合成技術を用いる。視覚効果。▷SFXは、撮影の段階で用いる効果をさす。

VHS【Video Home System】家庭用ビデオテープ-レコーダーの方式の一。2分の1インチ幅の酸化鉄系カセット-テープを使用する。商標名。

VI【visual identity】企業や組織などが、自己の特性を外部に打ち出すために用いる視覚的デザイン。ロゴ-マーク・シンボル-マークのような図案など。ビジュアル-アイデンティティー。→CI(corporate identity)・ロゴ-マーク

VICS(ビックス)【Vehicle Information Communication System】道路交通情報通信システム。道路上に設置したビーコンやFM多重放送によって、走行中の一般自動車のナビゲーション-システムに渋滞状況・交通規制などの情報を知らせる。→ITS

VIO 主に女性の体のうち、VラインとIラインとOラインの総称。「—脱毛」「—ライン」▷むだ毛の処理など、美容の対象としていわれる。

VIP(ビップ)【very important person】最重要人物。政府要人・国賓・皇族など、特別待遇を要する人。

VJ【video jockey】①テレビのビデオ-クリップを放送する番組における司会者・解説者。音楽ビデオ版のDJ。②クラブやディスコなどで、DJが流す音楽と共に映像を流す人。楽曲の変化や聴衆の雰囲気などに応じて、映像を選択する。▷visual jockeyとも。

VOC【volatile organic compound】揮発性有機化合物。常

A～Z

温・常圧で蒸発しやすい有機化合物の総称。キシレン・トルエン・ベンゼン・ホルムアルデヒドなど。大気や土壌・地下水を汚染し、シックハウス症候群の原因になるともいわれる。

VOD【video on demand】⇨ビデオ-オン-デマンド

VoLTE(ボルテ)【voice over LTE】新 携帯電話のデータ通信規格であるLTEを用いて、音声通話を実現する技術。また、この技術を用いた通話サービス。→LTE

VPN【virtual private network】仮想私設通信網。公衆回線を使って構築した企業などの通信網。国内外の拠点間で専用線のように利用できる。

VPP【virtual power plant】仮想発電所。再生可能エネルギー発電所や工場・家庭が持つ蓄電池などの、分散しているエネルギー設備を管理システムによって束ねて、需給バランスに応じた電力の融通を行い、その全体をひとつの発電所のように機能させること。

VR【virtual reality】⇨バーチャル-リアリティー

VRゴーグル【VR goggles】新 視覚的な仮想現実(VR)を体験できるHMD(ヘッドマウントディスプレー)。情報機器と組み合わせて使う装置や、それ自身が情報処理を行う装置がある。VRヘッドセット。VR眼鏡。VRグラス。

VRE【vancomycin-resistant enterococcus】バンコマイシン耐性腸球菌。変異により、バンコマイシンなどの抗生物質に対する耐性を獲得した腸球菌。院内感染の原因菌の一。→VRSA

VRSA【vancomycin-resistant staphylococcus aureus】バンコマイシン耐性黄色ブドウ球菌。院内感染の原因となるMRSAの特効薬であるバンコマイシンに対する耐性を獲得した黄色ブドウ球菌。→MRSA・VRE

VTR【videotape recorder】新 ビデオテープレコーダーの略。

VTR【videotape recording】新 録画した映像。V(ブイ)とも。「再現—(＝出来事をドラマ風に再現した映像)」▷ビデオテープ以外の録画映像についてもいう。

VTuber(ブイチューバー)【virtual YouTuber】新 ⇨バーチャルユーチューバー

VUCA【volatility, uncertainty, complexity and ambiguity】新 軍事やビジネスなどの分野で、変動性(不安定性)・不確実性・複雑性・曖昧性の総称。またはそのような社会情勢のこと。

VUI【voice user interface】情報機器を操作する際に、声(発話)による指示を用いる方法。音声ユーザー-インターフェース。

V2B(ブイツービー) 【vehicle to building】新 蓄電池を持つ自動車とビルとの間で行う、電源の相互供給。またその技術やサービスなど。→V2X

V2G(ブイツージー) 【vehicle to grid】新 蓄電池を持つ自動車と電力網(電力系統)との間で行う、電源の相互供給。またその技術やサービスなど。→V2X

V2H(ブイツーエイチ) 【vehicle to home】新 蓄電池を持つ自動車と住宅との間で行う、電源の相互供給。またその技術やサービスなど。→V2X

V2I(ブイツーアイ) 【vehicle to infrastructure】新 自動車と道路設備を、情報通信ネットワークでつなぐこと。またその技術やサービスなど。路車間通信。→V2X

V2N(ブイツーエヌ) 【vehicle to network】新 自動車と情報ネットワークを基地局経由でつなぐこと。またその技術やサービスなど。→V2X

V2P(ブイツーピー) 【vehicle to pedestrian】新 自動車と歩行者(情報機器)を、情報通信ネットワークでつなぐこと。またその技術やサービスなど。

V2P(ブイツーピー) 【virtual to physical】新 コンピューターで、サーバーなどを仮想環境から物理環境へ移行させる作業。

V2V(ブイツーブイ) 【vehicle to vehicle】新 自動車どうしを情報通信ネットワークでつなぐこと。またその技術やサービスなど。車車間通信。

V2V(ブイツーブイ) 【virtual to virtual】コンピューターで、サーバーなどを仮想環境から別の仮想環境へ移行させる作業。

V2X(ブイツーエックス) 【vehicle to x】新 ①自動車と外部環境を情報通信ネットワークでつなぐこと。またその技術やサービスなど。→V2I・V2N・V2P・V2V ②蓄電池を持つ自動車と外部設備との間で行う、電源の相互供給。またその技術やサービスなど。→V2B・V2G・V2H

V4 【Visegrad Four】チェコ・ハンガリー・ポーランド・スロバキアによる協力機構。また、これら4か国の総称。1991年2月にハンガリーのビシェグラードで、チェコスロバキア(当時)・ポーランド・ハンガリーの3か国による枠組みとして発足。ビシェグラード-グループ。ビシェグラード4か国。

Wリーグ 【W LEAGUE】日本における、女子バスケットボール実業団のトップリーグ。バスケットボール女子日本リーグが主催。1998年(平成10)に創始。

WADA 【World Anti-Doping Agency】世界アンチ-ドーピング機構。アンチドーピング運動推進のため、IOC(国際オリンピック

委員会)主導のもと、1999年に設立。本部モントリオール。→JADA

WAN【wide area network】広域ネットワーク。公衆回線や光ケーブルなどで広い範囲にわたってコンピューターを接続するネットワーク。ワン。

WANA【West Asia and North Africa】西アジアと北アフリカ諸国の総称。NAWA(North Africa and West Asia)。

WAR【wins above replacement】野球選手の実力評価指標の一。対象選手と同じポジションの代替可能選手と比べて、どれだけ勝利数を上積みしたのかを表す。投手と野手を同じ指標で評価可能。WARが0の場合は代替可能選手とみなされる。勝利数代替水準対比。

WASP(ワスプ)【White Anglo-Saxon Protestant】アングロ-サクソン系で、かつ新教徒である白人。アメリカ社会の主流を成す典型とされた。

WAZA【World Association of Zoos and Aquariums】世界動物園水族館協会。世界の動物園・水族館で構成される国際組織。世界中の動物園・水族館との活動をコーディネートし、世界中の動物園・水族館および同様の精神をもった組織との協力体制を広げている。本部はスイス。

WB【bond with warrant attached】⇨ワラント債

WBC【World Baseball Classic】新 ⇨ワールドベースボールクラシック

WBCSD【World Business Council For Sustainable Development】持続可能な開発のための世界経済人会議。世界各国の企業経営者が参加する。前身団体の合併により、1995年設立。本部はスイス、ジュネーブ。

WBSC【World Baseball Softball Confederation】世界野球ソフトボール連盟。国際野球連盟(IBAF)と国際ソフトボール連盟(ISF)を統合し2013年結成。本部はローザンヌ。

WBSCプレミア12【WBSC Premier12】 世界野球ソフトボール連盟(WBSC)が主催する、野球の国別対抗戦。WBSCの世界ランキング上位12チームが参加する。4年に1度、ワールドベースボールクラシック(WBC)の中間年に開催。正称、WBSC世界野球プレミア12。プレミア12。

WBT【web based testing】ホーム-ページ(ウェブ-ページ)を利用して行う試験。紙を利用した試験と比べて、受験者ごとに異なった出題ができる、瞬時に採点ができるなどの利点がある。→CBT(computer based testing)

WBT【web based training】ホーム-ページ(ウェブ-ページ)を利用して行う教育や訓練。利用者の都合のよい時間や場所で、双方向的な教育や訓練を受けることができる。→CBT(computer based training)・eラーニング

WCED【World Commission on Environment and Development】環境と開発に関する世界委員会。国連総会決議を受け、1984年設定。87年に発表した「地球の未来を守るために」で「持続可能な開発」の概念を強調した。ブルントラント委員会。

WDM【wavelength division multiplex】波長分割多重。光ファイバー通信で、異なる波長の光を用いて同時に複数のチャンネルで伝送する通信方式。

WDR【wide dynamic range】おもに画像や映像で、ダイナミック-レンジ(扱うことのできる最大信号と最小信号の比)が大きいこと。白飛びや黒潰れが少ない。ワイド-ダイナミック-レンジ。

WEリーグ(ウィー)【Women Empowerment League】新 日本女子サッカーのプロリーグ。旧なでしこリーグを発展させる形で2020年(令和2)に設立。2021年9月よりリーグを開始。

WebGL(ウェブジーエル) ウェブブラウザー上で3Dグラフィックスを描画するための仕様。

WebM(ウェブエム) 動画用のファイル形式の一。グーグルが公開。拡張子は .webm 。

WebP(ウェッピー) 静止画用のファイル形式の一。グーグルが公開。拡張子は .webp。

Web2.0(ウェブにてんゼロ) 新 2000年代中頃に注目された、ウェブに関する次世代概念の総称。多く「ユーザーの集合知を活用できる」「システムどうしが相互利用性をもつ」「サービス提供と改善が同時進行する」などの要素をもつ環境をいう。

Web3(ウェブスリー) 新 ブロックチェーン技術を基盤とするウェブ環境を構築することで、中央集権型ではない分散型の情報管理を実現しようとする考え方。仮想通貨プラットホームの一、イーサリアムの共同創設者であるウッド(Gavin Wood)が2014年に造語。2021年以降に注目された。▷既存概念であるWeb2.0(ウェブにてんゼロ)と対比させて、Web3.0(ウェブさんてんゼロ)と呼ぶ立場もある。

WEEE指令【waste electrical and electronic equipment】ヨーロッパ連合(EU)が定めた廃電気・電子機器に関する規定。電気・電子機器製造業者の廃棄物処理責任や廃棄量の減量などを定める。2003年発効。→RoHS指令

WEP(ウエップ)【Wired Equivalent Privacy】新 無線LAN(ラン)上で通信を暗号化する方式の一。1997年策定。のちに深刻な脆弱性が明らかになり、後継方式であるWPAが推奨されるようになった。

WEPs(ウェップス) 【Women's Empowerment Principles】女性のエンパワーメント原則。2010年に国連グローバルコンパクトと国連婦人開発基金(のちの国連ウィメン)が共同で企業向けに作成した、女性の活躍推進のための行動原則。企業は署名により遵守を宣言できる。

WFA【work from anywhere】新 テレワークにより場所を限定せずに働くこと。

WFH【work from home】在宅勤務。

WFM 【workforce management】人材を適切に配置するための管理手法。

WHO 【World Health Organization】世界保健機関。保健衛生問題のための国際協力を目的とする国際連合の専門機関。1948年設立。

Wi-Fi(ワイファイ) 【Wireless Fidelity】 無線LAN機能(IEEE 802.11に準拠)を持つ情報機器について、その相互接続性を保証するブランド。無線LANの業界団体、Wi-Fiアライアンスが認定する。商標名。WiFiとも。▷忠実な無線通信環境の意。

WiMAX(ワイマックス) 【World-wide Interoperability for Microwave Access】 無線MAN(無線で構築するメトロポリタン-エリア-ネットワーク)向けに開発された高速無線通信の標準規格。IEEEの802.16委員会が標準化した規格に付けられた愛称。最大で半径数十kmを通信エリアとする。ラスト-ワン-マイルでの利用を想定した固定通信用と、モバイル向けの移動通信用の規格がある。

WIPO(ウィポ、ワイポ)【World Intellectual Property Organization】世界知的所有権機関。知的所有権の保護を目的とする国際機関。1967年設立、74年から国連の専門機関になる。

Wi-SUN(ワイサン) 【Wireless Smart Utility Network】省電力無線通信規格の一。電気・ガス・水道の自動検針などに用いられる。

WLL【wireless local loop】基地局と家庭の電話などの固定端末を無線通信で結ぶシステム。NTTの加入者区間にあたる部分に無線を使用することで、回線使用料を支払わずにすみ、大容量のデータ通信も可能になる。FWA。

WLTCモード 【WLTC mode】新 自動車の燃費を測定・表示

する方法の一。市街地、郊外、高速道路の燃費と、それらを総合した燃費を示す。国連自動車基準調和世界フォーラムが 2014 年に採択。日本では 18 年(平成 30)10 月より新型車で表示。「―燃費」 ▷WLTC は Worldwide harmonized Light vehicles Test Cycles(世界統一試験サイクル)の略。→JC08 モード・WLTP

WLTP【Worldwide harmonized Light vehicles Test Procedure】新 排出ガスや燃費に関するデータを全世界で統一することを目的として、2014 年に国連において採択された試験方法。乗用車等の国際調和排出ガス・燃費試験法。

WMD【weapons of mass destruction】大量破壊兵器。核兵器・化学兵器・生物兵器のような、大規模な殺傷・破壊能力をもつ兵器。

WMO【World Meteorological Organization】世界気象機関。世界各国の気象事業を統合した組織で、国連の下部機構の一。1879 年(明治 12)創立の国際気象機関の後身で、1950 年(昭和 25)成立。日本は 53 年から加盟。

WPA【Wi-Fi Protected Access】新 無線 LAN(ラン)上で通信を暗号化する方式の一。またその認証制度。脆弱性が発見された WEP の後継にあたる。バージョンの違いにより WPA、WPA2、WPA3 の 3 方式が存在する。Wi-Fi(ワイファイ)アライアンスが運用。

WPA【win probability added】新 野球選手の実力評価指標の一。試合中の状況(イニング・点差・アウト数・塁状況)により変化するチームの勝利期待値(0.5 で始まり、0.0 から 1.0 の範囲で変動する)が、プレーの前後でどれだけ変化したのかを選手ごとに加算して求める。

WPI【wholesale price index】卸売物価指数。卸売価格から算定した卸売物価の水準を示す指数。日本では日銀が作成しているものが代表的。景気変動を最も敏感に反映するといわれ、景気の指標とされる。→SPPI

WPRC【和製 wood ＋ plastic ＋ recycled ＋ composite】WPC(木材プラスチック複合材)のうち、一定割合以上のリサイクル原料を用いているもの。

WPS【women, peace and security】新 女性・平和・安全保障。国際的な平和・安全保障のためには、女性の平等な参画、紛争下の性暴力からの保護、ジェンダー平等が必要であるとする考え方。国連安全保障理事会決議 1325 号(2000 年)でその旨が記されたことから。

WRC【World Rally Champi-

A～Z

onship】新 世界ラリー選手権。世界中のコースを使用して年10数戦行う自動車ラリー。1973年開始。

WSC【World Skills Competition】国際技能競技大会。職業訓練の振興と国際交流・親善を目的に、世界各地から22歳以下の青年技能者が参加して規定の職種における技能水準を競い合う国際大会。国際職業訓練機構により2年に1度(奇数年)開催される。1950年(昭和25)より開始。競技は旋盤や機械組み立てなど約40職種で行われる。通称、技能オリンピック。

WTI【West Texas Intermediate】西部テキサス原油。アメリカが産出する代表的原油で世界の原油市況の指標となる。

WTO【World Trade Organization】世界貿易機関。1995年1月にガットに代わって発足した国際機関。ガットのウルグアイ-ラウンド最終合意文書に署名した120か国以上が参加し、サービスや知的財産権をも含めた世界の貿易を統括する。常設の理事会を設置して国際紛争処理能力を強化するなど、ガットより機能が強化されている。→GATT

WWW【World Weather Watch】世界気象監視計画。世界気象機関の中心的事業の一。国際協力によって気象の長期予報の正確を図ろうとするもの。

WWW【world wide web】ワールド-ワイド-ウェブ。ネットワーク上の複数の独立した情報を変更することなく統合し、ハイパーテキストとして提供するシステム。CERN(セルン)で開発された。ダブリュー-スリー。

W3C【World Wide Web Consortium】ワールド-ワイド-ウェブのブラウザーやサーバーに関する技術について標準化を推進する団体。1994年設立。ワールド-ワイド-ウェブ-コンソーシアム。WWWコンソーシアム。

Xジェンダー【和製 X + gender】ジェンダー-アイデンティティー(性自認)が男女のどちらにも当てはまらない状態。またその人。男女の中間である状態、男女の双方である状態、男女いずれの要素も持たない状態、性自認が流動的な状態などを総称する。

Xスポーツ【extreme sports】過激で挑戦的なスポーツ種目または競技方法の総称。バンジージャンプ、インライン-スケート、ジェット-スキー、ファン-スキーなど。▷極限のスポーツの意。

X世代 ジェネレーション-エックス(Generation X)。アメリカでのベビー-ブーム世代の子どもで、1960年代半ばから1970年代半ばに生まれ高度成長期に育った世代。▷同名の小説から。やる気

A～Z

や責任感のない若者として否定的にいわれる。

Xリーグ【和製 X League】日本社会人アメリカン-フット-ボール協会が主催するリーグ戦の通称。最上位リーグは、イースト・セントラル・ウエストの3ディビジョン(部門リーグ)で構成される。1996年(平成8)に発足。▷Xはexpert(熟練者)excellence(優秀)exciting(刺激的な)などの意。

Xbox(エックスボックス) マイクロソフトが2001年より販売している家庭用ゲーム機のシリーズ。

XBT 新 ビットコインの通貨記号。BTC。

xEV 新 電動車の総称。電気自動車(EV)、ハイブリッド電気自動車(HEV)、プラグイン-ハイブリッド電気自動車(PHEV)、燃料電池自動車(FCEV)を総称する。

XML【extensible markup language】文書構造の記述言語の一。SGMLをインターネット用に最適化したもの。文書内のデータに対して、ユーザーが独自の要素名や属性情報、論理構造を定義できる。

XO醤(エックスオージャン) 干し貝柱・干し海老・中華ハムなどのエキスを熟成させた汎用調味料。主に広東料理で利用される。1980年代に香港で発案された。▷ブランデーの最高級を表すXOが語源。最高級のソースの意。

xoxo【hugs and kisses】キス(x)とハグ(o)の意。英語話者(主に若者)が親しい人に対してメッセージを送る際、親愛の情を込める目的で記すもの。主に文末で用いる。

XQD(エックスキューディー) 新 フラッシュ-メモリーを利用した小型メモリー-カードの一。またその規格。登録商標。

XR【extended reality】新 現実ではないものを知覚するための情報通信技術。またその技術によって得られる現実感。拡張現実(AR)、複合現実(MR)、仮想現実(VR)などを総称する。▷cross realityとも。

Y世代 ジェネレーション-ワイ(Generation Y)。アメリカで1990年代にティーンエージャーになった、ジェネレーション-エックスより後の世代。

YMCA【Young Men's Christian Association】キリスト教の信仰に基づき、人格の向上と奉仕の精神による社会活動を目指す国際的な団体。1844年、ウィリアムズ(George Williams [1821～1905])がイギリスに創立。キリスト教青年会。

YMYL【your money or your life】新 健康、経済的安定、安全、社会的な福祉や福利に重大な影響を与える可能性のある話題。グーグルが定めるガイドラインに登場する語で、ウェブページの検索順位を決める際にその専門性・権威性・信頼性などを重視するとされる。▷あなたのお金、あなたの生活の意。

YOLO(ヨーロー)【you only live once】英語の俗語で、人生は一度きりを意味する省略語。

YoY【year on year; year over year】新 経済指標や企業決算などで、対前年(同期)比。YOY。yoy。

YTD【year-to-date】新 暦または会計年度の年始から今日まで。

YWT 実施した活動を振り返って、次の行動方針を決める手法のひとつ。やったこと(Y)、わかったこと(W)、次にやること(T)を明確化する。

Y2K(ワイツーケー)【year 2000】新 ①西暦 2000 年。②ソフトウエアの 2000 年問題。初期のソフトウエア設計で、年号を西暦の下 2 桁で管理させたため、西暦 2000 年にシステム障害が生じるといわれたこと。③西暦 2000 年ごろの流行(肌見せなど)を取り入れたファッションスタイル。2020 年代に流行。「—ファッション」

Z世代 新 1990 年代中盤以降に生まれた世代。ミレニアル世代よりも後の世代にあたる。ジェネレーション Z。

ZD運動【zero defects movement】無欠点運動。従業員一人一人の自発性・熱意を喚起し、創意工夫により仕事の欠陥をなくして、コストの低減や製品・サービスの向上を図ろうとする運動。

ZEB【zero energy building】年間の 1 次エネルギー消費量が正味でおおむねゼロである建築物。建築物や設備の省エネ性能の向上、地域での冷暖房共有など、再生可能エネルギーの活用等によって実現する。ゼロ-エネルギービル。ネット-ゼロ-エネルギービル。▷ NZEB とも。

ZEH(ゼッチ)【net zero energy house】新 年間の 1 次エネルギー消費量が、差し引きでおおむねゼロである住宅。省エネと創エネ(再生可能エネルギーの活用など)によって実現する。(ネット)ゼロ-エネルギー-ハウス。ゼロ-エネルギー住宅。ゼロ-エネ住宅。

ZEV【zero emission vehicle】排気ガスを出さない自動車。電気自動車や燃料電池車など。ゼロ-エミッション車。

zine(ジン) 新 自主制作の出版物。小説・エッセーや写真などの自分の作品を編集し、コピー機などで印刷した冊子。インターネット上で発表されるものもある。▷雑誌を意味するマガジンからという。

ZIPコード(ジップ)【ZIP code】アメリカの郵便番号制度で、州と配達地、郵便局または郵便区を示す 5 桁の数字。 ▷ ZIP は

Zone Improvement Plan(郵便集配区域改善計画)から。

数字など

1ミリ ①1ミリメートル。②わずか。少しも。

アップデート 2022年FIFAワールド-カップのグループ-リーグで、日本は優勝経験国のスペインに対して勝利。その決勝ゴールで話題になったのが「三苫の1ミリ」でした。ゴール-ラインを越えそうなボールを三笘薫選手が戻したことで、直後の決勝点につながった出来事です。VAR(ビデオ判定)による検証も含め、大会屈指の名場面とされています。

1/fゆらぎ(エフぶんのいち) スペクトル密度が周波数(f)に反比例するゆらぎ(平均値からのずれ)。心拍の間隔や炎の揺れなど、多くの生体現象や自然現象などに見られる。

1G【1st generation】第1世代携帯電話。HiCap方式やTACS方式などのアナログ携帯電話の総称。日本では1979年(昭和54)に自動車電話としてサービスが開始され、2000年(平成12)にすべてのサービスが終了した。

1.5℃目標(いちてんごどもくひょう) 新 世界平均気温の上昇を、産業革命前に比べて1.5℃未満に収める目標。2015年に気候変動枠組条約締約国会議(COP21)が採択したパリ協定において、同目標に向けた「努力の追求」が国際的に合意された。

10・15モード(じゅうじゅうご; テンフィフティーン) 自動車の燃費を測定・表示する方法の一。運輸省(当時)が1991年(平成3)に制定。2011年(平成23) JC08モードに移行。「—燃費」→JC08モード

100均(ひゃっきん) すべての商品を100円で販売する小売業者。百円ショップ。100(百)円均一ショップ。

110度CS 東経110度の軌道にある通信衛星。デジタル-テレビ放送の送信などに利用される。放送衛星と同じ軌道のため、BSデジタルと共用のアンテナで視聴が可能。2002年(平成14)3月放送開始。東経110度CS。

1260(トゥエルブシックスティー) 1260度の回転。3回転半。スポーツの技名などに用いる表現。

1440(フォーティーンフォーティ) 1440度の回転。4回転。スポーツの技名などに用いる表現。

18禁 性や暴力などを取り扱った作品・商品・サービスについて

18 歳未満の人の利用を禁じること。

18 金 金の純度を表す語。純金の含有量が全重量の 24 分の 18 であること。

180(ワンエイティー) 180 度の回転。半回転。スポーツの技名などに用いる表現。

2次元 次元が 2 であること。例えば、平面のように長さと幅という二つの独立した方向の広がりをもっていること。

2 ショット ⇨ツー-ショット

2+2(ツープラスツー) 【two plus two】新 2 か国の外交担当大臣と防衛担当大臣による会談の通称。日米安全保障協議委員会など。

> アップデート かつてこの語は日米安全保障協議委員会のことを指していました。しかし、近年では対米以外の会合でも登場します。実際 2007 年以降、日豪、日露などの組み合わせで 2+2 が始まりました。また 2022 年実施の日米経済政策協議委員会(日本は外相・経済産業相、米国は国務長官・商務長官が出席)は経済版「2+2」と呼ばれました。

2G 【2nd generation】 第 2 世代携帯電話。PDC 方式や GSM 方式などのデジタル携帯電話の総称。デジタル携帯電話として、最初の世代に当たる。日本では PDC 方式によるサービスが 1993 年(平成 5)から開始されている。

2025年問題 1947 年(昭和 22)から 1949 年(昭和 24)生まれの団塊の世代が、後期高齢者医療制度の対象年齢(75 歳以上)に達するために生じる問題の総称。社会保険費の急増、医療・介護の逼迫などの問題をいう。

24/7(トゥエンティーフォーセブン) 【twenty-four seven】 24 時間、週 7 日。24 時間年中無休。いつでも。しょっちゅう。

2.5次元(にてんごじげん) 漫画、アニメなどの作品やキャラクター(2 次元)を題材にした現実世界の作品。特に舞台演劇やその出演俳優をいう。

2.5G 【2.5th generation】 第 2 世代と第 3 世代の中間に位置する携帯電話のこと。多くの場合、第 2 世代方式の通信基盤を利用しながら、第 3 世代の送信技術(CDMA 方式など)を実現するものをさす。

3秒ルール 床などにうっかり落とした食べ物でも、3 秒以内なら拾って食べられるとする言い訳。

3マッチ(スリーマッチ) 【3 match】 落ち物パズルゲームの一。マッチ 3 ゲームとも。

3密(さんみつ) 新型コロナウイルス感染症の感染拡大を防ぐために避けるべき三つの状況。密閉空間(換気の悪い空間)、密集場所(多人数が集まる場所)、密接場面(間近の会話など)を総称する。2020年(令和2)におけるパンデミックの際に政府が呼びかけた。3密。三つの密。

3C 1960年代中頃に「あれば理想的」とされた耐久消費財3製品のこと。自家用車(カー)・クーラー・カラー-テレビをさす。新三種の神器とも。

3C分析(スリーシー) マーケティングにおいて、自社環境(company)、競合環境(competitor)、市場環境(consumer)の3要素で分析を行うこと。

3D(スリーディー、さんディー)【three dimensions; three-dimensional】①3次元。立体映像。②3次元の。立体的な。

3D映画 立体映画。多くはやや位置をずらして映写した画面を偏光眼鏡を通して見て立体感を得るもの。

3Dカラー(スリーディーカラー)【和製 3D＋color】新 立体感を演出するヘアカラー。ベースカラーに加えて、筋状に明色や暗色を入れる手法。

3Dセキュア(スリーディー)【3D secure】ネット上でクレジット-カード決済を行おうとする利用者に対して、本人認証を求める仕組み。カード番号や有効期限などに加え、IDやパスワードなどの入力も求める。具体的な呼称はカードのブランドによって異なる。

3Dプリンター【3D printer】新 3Dプリントを行う装置。立体物用の設計データを元にして、実際の立体物を造形する装置。

3D酔い 俗に、3Dの画面を見続けることで、乗り物酔いのように気分が悪くなる現象のこと。

3Dof(スリーディーオーエフ)【three degrees of freedom】互いに直交する3軸のそれぞれについて、自由に回転が可能な状態。ロボット・コンピューター-ゲーム・バーチャル-リアリティー(VR)などの分野で言う。

3G【3rd generation】第3世代携帯電話。IMT-2000規格に準拠した、W-CDMA方式やcdma2000方式などのデジタル携帯電話の総称。音声品質の向上、国際ローミング、高速なデータ通信を実現する。日本では2001年(平成13)に、W-CDMA方式によるサービスから開始されている。

3PL【third party logistics】⇨サード-パーティー-ロジスティクス

3R 循環型社会を実現するために必要な、3つの要素のこと。リデュース(ごみの減量)・リユース(再利用)・リサイクル(再資源化)をさす。3つのR。→4R・リデュース・リユース・リサイクル

3S(さんエス) 職場環境を維持するために必要な活動の総称。整理・整頓・清掃の3項目を指す。仕事の安全や質を向上させることが

A～Z

目的。「一活動」

3x3(スリーエックススリー) 新 国際バスケットボール連盟(FIBA)が公式種目としているストリート-バスケット。旧称 3x3(スリーバイスリー)。▷日本バスケットボール協会(JBA)は、2019 年(令和元)に正式呼称をスリーエックススリーとした。

3.11(さんてんいちいち) 平成 23 年(2011)3 月 11 日に発生した。東日本大震災の俗称。

3150(さいこう) 若者のネット俗語で「最高」のこと。「#3150」のように、ハッシュタグ付きで SNS に書き込まれることも多い。▷2018 年(平成 30)ごろから流行。ボクシングトレーナーの亀田史郎による発言・書き込みから広まったと見られる。

36協定(さぶろくきょうてい) 時間外協定。使用者が休日・時間外労働を命ずるにあたり、労働組合ないし労働者の代表と取り決めることを義務づける協定。時間外労働協定。三六協定。

360(スリーシックスティー) 360 度の回転。1 回転。スポーツの技名などに用いる表現。

360 度カメラ(さんびゃくろくじゅうどカメラ) 新 周囲全方向(前後左右上下)の様子を、ひとつの画面内に切れ目なく撮影できるカメラ。全天球カメラ。全方位カメラ。

360 度動画(さんびゃくろくじゅうどどうが) 新 周囲全方向(前後左右上下)の様子を、ひとつの画面内に切れ目なく収めて撮影した動画。再生時には操作により好きな方向の様子を見ることができる。

397(サンキューな) 若者のネット俗語で「サンキューな」(ありがとうな)のこと。「#397」のように、ハッシュタグ付きで SNS に書き込まれることも多い。▷2019 年(令和 1)ごろから流行。

4時間の壁 国内の旅客運輸業界において、航空路線と鉄道路線の利用割合が逆転するとされる移動時間。鉄道での移動で 4 時間以上の区間は航空路線の利用割合が高くなるが、これに満たない区間は鉄道の割合が高いとされる。

4DX(フォーディーエックス) 体感型の映画上映システム。映画の場面に合わせて座席を動かしたり、ミスト・風・香り・煙を出したりなどの演出を行うもの。商標。

4G【4th generation】第 4 世代移動体通信の総称。また、その規格 IMT-Adovanced に対応するデジタル携帯電話の総称。光ファイバー並みの高速なデータ通信を実現する。 ▷3.9G とされる LTE 方式も 4G と呼称される

4K(よんケー) 新 横方向が約 4000 ピクセル(縦方向が約 2000 ピクセル)の画面解像度。「—テレビ」

4M 製造業において品質を左

A〜Z

右する４要素。人(men)・機械(machine)・材料(material)・方法(method)を指す。

4P　マーケティングで重要な４要素。製品(product)・価格(price)・場所(place)・販売促進(promotion)。

4R(よんアール)　循環型社会を実現するために必要な、４つの要素のこと。多くの場合、リデュース(ごみの減量)・リユース(再利用)・リサイクル(再資源化)・リフューズ(ごみになる物の拒絶)をさす。４つのＲ。

4S(よんエス)　職場環境を維持するために必要な活動の総称。整理・整頓・清掃・清潔の４項目を指す。仕事の安全や質を向上させることが目的。

4WD【four-wheel drive】四輪駆動。

5ツール(ファイブツール)　【five tool】野球で、理想的な野手が持っているとされる巧打・長打・走塁・守備・強肩の五つの能力。

5G【5th generation】新 第５世代移動体通信の総称。日本では2020年(令和2)にサービス開始。超高速、家電・自動車などを含む多数接続(IoT)、遠隔地操作を可能にする超低遅延の実現をはかる。

5P(ごピー)　マーケティングにおいて、Ｐを頭文字とする５要素で分析を行うこと。従来的な4P(製品・価格・流通・プロモーション)にもうひとつのＰを加えたもの。▷五つ目のＰが何かは立場により異なる。一般には人(people)、包装(package)、人気(popularity)、業務プロセス(process)を充てることが多い。

5S(ごエス)　職場環境を維持するために必要な活動の総称。整理・整頓・清掃・清潔・躾(しつけ)の５項目を指す。仕事の安全や質を向上させることが目的。「―運動」

5W1H　物事を計画的に進める際、あるいは物事を正確に伝える際に用いられる確認事項。who(誰が)、what(何を)、when(いつ)、where(どこで)、why(どんな目的で)、how (どのように)。→5W2H

5W2H　ビジネスにおいて、物事を計画的に進める際、あるいは物事を正確に伝える際に用いられる確認事項。5W1Hに、how much(いくら)の項目を付け加えたもの。→5W1H

5.1チャンネル サラウンド
【5.1 channel surround】映画やDVDなどで応用されている音響再生方式の一。スピーカーを前方左、前方右、中央、後方左、後方右の５か所に配置して立体音響を生み出し、さらにウーファー(低音域用スピーカー)を１か所に配置して低音効果を補強する。5.1chサラウンド。▷低音域を

0.1チャンネルと考えるため5.1チャンネルとよばれる。

540(ファイブフォーティー) 540度の回転。1回転半。スポーツの技名などに用いる表現。

6次産業 農業について、生産だけでなく加工・流通・販売等も統合的に取り扱うことで、事業の付加価値を高める経営形態。第一次産業(生産)、第二次産業(加工)、第三次産業(流通・販売等)を足した(掛けた)形態であることから。六次産業。▷農学博士の今村奈良臣が提唱。

6DoF(シックスディーオーエフ) 【six degrees of freedom】前後・左右・上下のどこにでも自由に移動可能で、かつ3つの軸のそれぞれについて自由に回転可能な状態。ロボット、コンピューター-ゲーム、バーチャル-リアリティー(VR)などの分野で言う。6自由度。

65歳の壁(ろくじゅうごさいのかべ) 新 障害者が65歳で介護保険の第一号被保険者となり、それまで利用していた障害福祉サービスを受けられなくなる問題。

7人制ラグビー ⇨セブンズ

720(セブンツー) 720度の回転。2回転。スポーツの技名などに用いる表現。

8K(はちケー) 新 横方向が約8000ピクセル(縦方向が約4000ピクセル)の画面解像度。「―テレビ」

80後 ⇨バーリンホウ

8020運動(はちまるにまるうんどう) 新 80歳になっても20本以上自分の歯を保つことを目指す運動。厚生労働省(当時厚生省)、日本歯科医師会が1989年(平成元)より呼びかけている。

8050問題(はちまるごーまるもんだい) 新 ながらく引き籠もりの状態にある人が、保護者と自分自身の高齢化(例えば親が80代、子が50代になること)に伴い生活基盤を失う危機に直面する問題。大阪府豊中市社会福祉協議会の勝部麗子による造語。

900(ナインハンドレッド) 900度の回転。2回転半。スポーツの技名などに用いる表現。

9.11(きゅうてんいちいち) 2001年9月11日に発生した、米国同時多発テロ事件の俗称。

α版【α version】ハードウエアやソフトウエアの開発において、開発の初期段階に相当する成果物のこと。基本的な機能のみが実装され、開発者の内部的な評価などに用いられる。αバージョン。→β版

β版【β version】ハードウエアやソフトウエアの開発において、開発の最終段階に相当する成果物のこと。ほとんどの機能が実装されており、商品化に当たって微調整のみを残した段階のものをさす。多くユーザー-テストなどに用いられる。βバージョン。→α版

2014 年 9 月 10 日　　初版発行
2017 年 8 月 10 日　　第 2 版発行
2019 年 9 月 10 日　　第 3 版発行
2021 年 9 月 10 日　　第 4 版発行
2023 年 9 月 10 日　　第 5 版発行

見やすい カタカナ新語辞典 第5版

2023 年 9 月 10 日　　第 1 刷発行

編　者　三省堂編修所
発行者　株式会社三省堂　代表者 瀧本多加志
印刷者　三省堂印刷株式会社
発行所　株式会社三省堂
〒 102-8371
東京都千代田区麹町五丁目7番地2
電話 (03) 3230-9411
https://www.sanseido.co.jp/

〈5 版見やすいカタカナ新語・1,120pp.〉

落丁本・乱丁本はお取り替えいたします。

ISBN978-4-385-16054-2

本書の内容に関するお問い合わせは、弊社ホームページの「お問い合わせ」フォーム(https://www.sanseido.co.jp/support/)にて承ります。